《설문해자주》 부수자 역해

說文解字注 部首字 譯解

《설문해자주》 부수자 역해

說文解字注 部首字 譯解

염 정 삼

서울대학교출판문화원

An Annotated Translation of Radicals in *Commentary on Shuowen Jiezi*

Jung-Sam Yum

Seoul National University Press

머리말

중국의 문자는 세상에 현존하는 어떤 문자보다도 오랜 역사를 가지고 있습니다. 중국의 상형 문자의 역사는 고대 이집트 문명이 그들 상형 문자의 역할을 유럽 문명의 알파벳 문자에게 넘겨 준 이후 2,000여 년만에야 해독된 것과는 전혀 다른 것입니다. 두 문명의 문자가 똑같이 그림에서 출발했는데도 유독 중국의 문자만은 어떻게 해서 그 시원의 도화(圖畵)적 성격을 잃지 않고 지금까지 존속하는 것일까요?

만약 우리 주위에 있는 수 없이 많은 사물과 개념을 모두 그림으로 옮겨서 일일이 기억하고 그것을 조합하여 문자 생활을 한다면 우리는 거대한 용량을 가진 컴퓨터와 같은 두뇌를 소유하지 않을 수 없습니다. 그러나 중국의 문자는 효율적인 음소(音素)의 길을 걷지 않고 비효율적인 의소(意素)의 길을 선택하였습니다. 즉 의미와 시각적 이미지의 적절한 결합을 끝까지 포기하지 않은 것입니다. 이 길을 선택하게 된 고대 중국의 나름의 역사는 복잡하고 풀기 어려운 수수께끼를 던지고 있습니다.

저는 그 역사의 한복판에서 시각적 형상을 포기하지 않도록 만들어 준 하나의 저작에 깊은 관심을 가지게 되었습니다. 그 책은 바로 《설문해자(說文解字)》입니다. 여기에는 만여 개에 가까운 사물과 개념들이 각각 그림으로서 나타납니다. 보통의 능력을 가진 우리가 그것들을 모두 기억하기는 너무나 힘이 듭니다. 그래서 만여 개의 그림을 기억하고 재생하는 보다 효율적인 장치가 절대적으로 필요하게 됩니다. 허신(許愼)은 절제된 형상의 최소 단위들을 추출하고 그 단위 아래에 만여 개의 문자가 모이도록 540개의 부분집합을 만들었습니다.

이것이 바로 '부수(部首)'의 탄생입니다. 저는 부수의 발명과 조합의 원리를 제시한 허신으로 인하여 이후 중국 문자는 음소의 길로 들어설 수 없게 되었다고 생각합니다. 그래서 중국 문자의 수수께끼를 풀기 위한 그 첫걸음으로 허신의 《설문해자》에 소개된 그 540개의 부수자와 주석을 번역하기로 하였습니다. 그 결과물이 바로 이 책입니다.

10여 년의 시간을 이 작업에 쏟았던 저로서는 《설문해자》라는 책과의 인연을 시작하게 되었던 처음 순간을 기억하지 않을 수 없습니다. 생애 처음으로 중국의 문자라는 것이 생생한 이미지의 재현임을 깨닫게 해 준 대학원 시절의 '문자학' 강의를 지금도 잊지 못합니다. 그 강의를 이끌어 주신 차주환(車柱環) 선생님께 먼저 감사의 말씀을 올립니다.

변변찮은 실력으로 2,000여 년이 넘는 역사를 가진 고서(古書)에 도전하겠다고 만용을 부리던 때에도 저의 사기를 꺾지 않으셨을 뿐만 아니라, 오히려 격려해 주시고 하나의 결실이 되도록 끊임없이 지도해 주신 허성도(許成道) 선생님께도 감사의 말씀을 올립니다.

지금도 그것이 만용인 줄은 알면서도 하나의 번역서로 엮어 내려 하니 저를 키워 주신 모든 선생님들께 누가 되는 것이 너무나 송구스럽습니다. 이 책의 부실한 번역에 대한 모든 책임은 저에게 있으며 모든 꾸짖음과 비난은 모두 제가 달게 받아야 합니다.

저의 뒤에서 묵묵히 하는 일을 지켜봐 주시고 언제나 믿어 주시는 어머니와 시부모님께 감사드립니다. 그리고 엄마와 아내로서의 허술함을 감내해 준 사랑하는 가족들에게 감사드립니다. 곁에서 어려운 작업을 함께 도와주고 격려해 준 후배들에게도 감사의 인사를 드립니다. 또한 이 원고를 출판하기로 결정해 주신 서울대학교출판부와 난삽하기 짝이 없던 원고를 다듬어 주신 서울대학교출판부 편집과 직원 여러분께도 감사의 인사를 올립니다. 이 모든 분들의 도움이 없었다면 이 책은 세상에 태어날 수 없었을 것입니다.

2007년 여름

반포천의 햇살 아래에서

차례

들어가면서

≪설문해자주≫ 부수자 역주

제1편 上

제1편 下

제2편 上

제2편 下

제3편 上

제3편 下

제4편 上

제4편 下

제5편 上

제5편 下

제6편 上

제6편 下

제7편 上

제7편 下

제8편 上

제8편 下

제9편 上

제9편 下

제10편 上

제10편 下

제11편 上

제11편 下

제12편 上

제12편 下

제13편 上

제13편 下

제14편 上

제14편 下

들어가면서

1. 《설문해자》 주석과 고증학(考證學)의 발달

우리가 텍스트(Text)를 이해하려는 목적을 가지고 대상에 접근할 때 그 방법은 크게 두 가지로 나눌 수 있다. 하나는 대상으로서의 텍스트가 해석자와는 본질적으로 독립하여 외부에 실재한다고 전제하고 '텍스트의 자율성'을 옹호하면서 텍스트 분석을 통하여 그 속에 파고드는 방법이다. 또 하나는 "텍스트에 대한 이해와 해석은 그 자체로 무엇인가?"라는 보다 포괄적인 문제를 묻고 '이해'라는 것이 항상 해석자의 현재와 관련을 맺을 수밖에 없음을 강조하여 '현재 우리에게 갖는 의미'를 찾는 방법이다. 전자가 텍스트의 '객관적인 해석'의 가능성을 인정하고 텍스트의 존재를 강조한다면 후자는 해석자의 '주관적인 이해'에 근거하여 현재적인 의미를 강조한다.[1] 이 두 가지 관점 모두 해석하려는 대상을 앞에 두고 대상과 해석자가 철저하게 분리될 수 있다는 것을 뜻하지는 않는다. 유의해야 할 것은 해석의 중점을 어디에 두는가에 따라 해석자의 관점과 태도가 달라지고 따라서 대상에 대한 해석의 결과물도 그 영향 아래 놓이게 된다는 점이다.[2] 현대 해석학의 지배적인 조류는 후자에 손을 들어 주고 있다. 그러나 대상에

---

1 리차드 E. 팔머, 《해석학이란 무엇인가》, 李翰雨 譯, 文藝出版社, 1988, pp. 80-87 참조. 팔머는 현재 이 두 개의 기본적인 입장을 대표하는 이론가로서 에밀리오 베티(E. Betti)와 한스 게오르그 가다머(H. Gadamer)를 들고 있다. 즉 베티는 해석 대상의 자율성을 인정하고 객관적 해석의 가능성을 주장하며 가다머는 보다 철학적인 문제에 관심을 가지고 이해가 하나의 역사적인 행위이며 그러므로 항상 현재와 관련을 맺을 수밖에 없다고 주장한다. 가다머에 의하면 '객관적으로 타당한 해석'을 믿는 것은 소박하고 불철저한 태도다.

2 우리가 이 점을 인정한다면 가다머(Gadamer)로 대표되는 현대 해석학의 입장에 어느 정도 동조하고 있는 것이다.(《해석학이란 무엇인가》, 李翰雨 譯; 가다머의 변증법적 해석학, pp. 283-315 참조.)

객관적으로 접근할 수 있으며 텍스트에 대하여 주관성에 좌우되지 않는 절대적인 해석이 가능하다는 믿음은 동서를 막론하고 심원한 역사와 근거를 가지고 있다. 중국에서 전통적으로 텍스트를 대하는 방법을 위에서 구분한 해석학적인 관점으로 반성해 본다면 몇천 년을 지속한 경전에 대한 주소(注疏)의 작업은 주관적인 해석자의 이해보다는 텍스트의 절대적인 독립성을 전제한 객관적인 해석을 지향하고 있었다고 말할 수 있다. 공자(孔子) 이래로 전통 문헌을 다루는 태도, 즉 "고전에 대한 풀이는 하되 창작은 하지 않는다.[述而不作]"라는 태도가 그 방향을 이미 결정하고 있었다고 해도 과언은 아니다. 극도로 주관적인 해석의 개입을 억제하는 중요한 장치 가운데 하나는 바로 '궐의(闕疑)'의 정신이었다. '궐의'의 전통에 의하면 해석자는 해석이 의심스러운 곳에서 자의적으로 주관을 개입하여 진행시키지 말고 그 자리에서 멈추어 "잘 모른다."라는 겸손의 표현과 비워 두는 절제력을 통하여 텍스트 자체에 대한 존중을 드러내야 한다.[3] 대상이 스스로 말하게 한다는 것은 바로 텍스트가 텍스트로서 충실하게 제시되는 것을 전제로 한다. 이는 대상의 실제 모습[實]을 왜곡하지 않고 드러낸다는 주장이나, 앞서 말했던 '궐의'나 '술이불작(述而不作)'의 전통과도 일맥상통한다. 이것은 더 나아가 지금 현재의 주관적인 판단을 유보하고 대상에 대한 체험과 관찰을 중시하는 태도로도 발전할 수 있기 때문에 경험주의나 실증주의와도 그리 멀리 떨어진 것이 아니다.[4]

우리는 중국 전통경학의 고증학적인 방법론에서 보다 실증적이고 과학적인 형태로 텍스트에 접근하는 태도를 만나게 된다. 예를 들어 단옥재(段玉裁)는 주관적인 선입견을 배제하고 지극히 객관적인 태도로 고인들의 말을 평가할 것을 주장하였다.

> 지금 사람들이 고인들이 말한 바의 옳고 그름을 가릴 때에는 마땅히 마음을 공평하게 하고 기질을 편안히 하여 어느 것이 옳고 그른지 분석하여야 하며 함부로 비난하는 말을 사용해서는 안 된다.[5]

---

3 현대 서구 해석학의 이론가들에게서도 그와 동조적인 관점이 발견된다. 예를 들어 베티(E. Betti)는 "대상은 스스로 말한다. 대상 속에는 객관적으로 검증 가능한 의미가 들어 있기 때문에 올바를 수도 있고 틀릴 수도 있다. 만약에 대상이 관찰자와 독립해서 존재하고 스스로 말하지 않는다면 어떻게 그것을(대상의 의미를) 들을 수 있는가?"라고 주장한다.(《해석학이란 무엇인가》, p. 95 재인용. 객관적인 해석학을 정초하기 위한 노력은 특히 슐라이어마허(Fr. D. E. Schleiermacher)에게서 보여진다. 강돈구, 《슐라이어마허의 해석학》, 이학사, 2000 참조.) 베티의 주장에서 우리가 만나는 것은 바로 孔子 이래 중국의 전통적인 주석가들에게 보이는 경전을 대하는 입장이다.

4 예를 들어 딜타이(W. Dilthey)는 인문학적인 텍스트에서의 이해는 '체험'을 그 맥락으로 삼는다고 주장하였다. 딜타이에 의하면 의미는 근본적으로 체험의 본성에 근거를 두고 있는 전체에 대한 부분의 관계에서 생겨난다. 즉 의미는 삶의 연관, 즉 체험과의 만남에 내재되어 있다. 그는 삶을 이해하기 위하여 체험을 통한 접근방법은 논리적인 이성보다 심원하다고 주장한다.(《해석학이란 무엇인가》, pp. 148-183)

5 段玉裁, <經韻樓集> 11: 40b "今人及古人所說之是非, 皆當平心易氣, 分析其孰是非, 不當用詬詈之言." 《段

여기에서 "마음을 공평하게 가지고 기질을 편안하게 한다.[平心易氣]"라는 말은 텍스트를 대하는 해석자의 태도를 지적한 것이다. 해석자가 주관적인 선입견을 가지고 시비를 판별하여 텍스트에 대한 객관적인 평가에서 벗어난 비난만을 일삼는다면 그것은 올바른 텍스트 분석법이 아니다. 고인의 경전이 그대로 진실을 드러내 주도록 해석자는 주관적인 마음[心]을 공평하게 만들고, 한쪽의 평가에만 쏠리지 않도록 기질[氣]을 바로잡아 주어야 한다.

청대(淸代) 고증학의 발달은 해석학적인 입장에서 본다면 경전 주석에 있어서 큰 전환점을 마련해 주었다. 똑같은 경전에 대한 학문이라 하여도 한대(漢代)와 송명대(宋明代) 그리고 청대를 구획하는 가장 큰 특징은 역시 경전을 대하는 태도와 방법론의 차이라고 할 수 있다. 송대 성리학(性理學)을 집대성한 주희(朱熹)는 인간의 본성[性]과 이치[理] 사이의 관계를 사변적으로 정리하여 전통경학을 다시 정립하였다. 이것은 경전의 자자구구에 대한 해석에 충실했던 한대 훈고학(訓詁學)의 방법론을 일면 계승하면서도 과감하게 탈피한 것이었다. 전통 경전을 텍스트로서 충실하게 대우하면서 자신의 철학을 중심으로 재정비하였던 것이다. 따라서 주희에게는 앞서 해석학적인 차별을 보여 주는 두 관점과 방법론이 혼재한다. 그러나 한편으로 주희가 세계를 포섭하는 객관적인 원리로서 제시한 '리(理)'는 '인격과 노넉의 수양'의 원리로만 인식되는 경향을 보여 주었으며 인간의 본성에 대한 탐구 영역인 마음[心]에 대한 논의에서는 주관적이고 공허한 담론으로 귀결될 소지를 보여 주고 있었다. 특히 명대 말기에 양명좌파(陽明左派)인 태주(泰州) 학파는 그 단점의 전형적인 폐해를 보여 주었다고 비난받았다. 명말청초(明末淸初)의 혼란기를 겪은 명대 말기의 지식인들은 '의리(義理)'에 기초하여 경전을 해석하던 송명대 이학(理學)적 방법론에 대하여 깊이 반성하기 시작하였다.

대표적으로 고염무(顧炎武)는 그 폐해를 극복하기 위한 학문지침으로 "모든 문장을 널리 배움[博學于文]" 것을 제시하였다. 그는 양명학 좌파의 선학(禪學)이나 청담(淸談)적인 성격을 비난하고 주희의 '마음을 다스리는[治心]' 공부보다는 외면적인 실천을 중시하였다. 그는 '박학(博學)'의 측면에서 경전의 연구를 위해서는 음운학으로부터 착수하여 고의(古義)를 밝히고 고제(古制)를 고증해야 한다는 학문 방법론을 제시하였다. 그의 이런 고증학적인 방법론은 학문의 엄밀성을 부여해 주었다. 그의 연구법은 실지조사와 직접 자료를 중시하고 구체적인 증거를 통해 실증하는 경험주의적인 귀납법을 사용한 것이었다. 고염무의 이런 선구적인 방법론은 실질적인 고증학으로의 길을 열어 주었다.[6] 18세기 중엽 이후에는 송학(宋學)-주자학에 대항하는

玉裁遺書》, 大化書局, 1986.

6 물론 顧炎武에게 있어서 주자의 理學이 전면적으로 부정된 것은 아니었다. 그의 의도는 경학에서 理學이 올바르게 추구되려면 고증적인 방법론이 필요하다는 의미였다.

한학(漢學)으로 고증학이 등장하기 시작하였다. 이것은 소주(蘇州)에서 활동하던 혜동(惠棟) 중심의 오파(吳派) 고증학이 제창된 다음부터였다.[7] 혜동을 만난 이후 환파(皖派)의 대진(戴震) 역시 반(反)주자학의 기치를 세우게 되었다. 대진은 "경(經)의 도를 밝히는 것은 어휘[詞]이며, 어휘[詞]를 구성하는 것은 문자이니, 문자로부터 어휘를 통하고 어휘로부터 도를 통해야 한다." 라고 주장하였다. 이는 성인의 도를 경전 속의 문자와 전장제도(典章制度))에서 탐구해야 한다는 방법론을 분명히 확립한 것이었다. 대진은 그 중요성을 다음과 같이 강조하였다.

> …… 만약 육경(六經)에서 찾지 않는다면 공자·맹자(孟子)의 의도를 알 수가 없고 자의(字義)·제도(制度)·명물(名物)에 대하여 탐구하지 않는다면 경전의 언어에 통할 수가 없다. 송대 유가들이 훈고의 학문을 비난하고 언어 문자에 관한 지식을 경시하였는데 이는 강을 건너려고 하면서도 노를 던져 버리는 것과 같고, 높은 곳에 오르려 하면서도 사다리를 없애는 것과 같다.[8]

대진의 학문이 궁극적으로 지향한 목표는 분명히 경전의 의리를 추구하고 성인의 도를 아는 데에 있었다. 그러나 그는 마치 강을 건너기 위한 도구인 노처럼, 높은 곳에 오르기 위한 사다리처럼 그것을 위한 가장 중요한 방법론으로서 소학(小學)을 제시하였다. 따라서 고증학의 흥성은 곧 소학의 흥성을 가져왔다. 그중에서도 한대의 문자학서인 《설문해자》가 가장 중요한 문헌으로 존중되었고 심각하게 연구되었다. 심지어 '설문학(說文學)'이 하나의 학문 분과를 이룰 정도로 《설문》 연구에 막대한 학문적인 역량이 투입되었다. 이처럼 청대 고증학자들이 17-8세기를 거치면서 '고증'의 방법을 '의리'와 대비하면서 부각시킨 까닭에 '훈고'는 '고증'과는 상통하지만 '의리'와는 대립되는 것으로 인식되었다. 해석학적인 입장으로부터 거칠게 송명대의 심학(心學)과 청대의 고증학(考證學)을 비교한다면 전자가 해석자의 개입의 여지를 배제하지 않은 채로 어느 정도 자의적인 해석의 가능성을 인정하고 있다면 후자는 텍스트 그 자체가 스스로 말하도록 해석자는 충실하게 텍스트의 언어적인 의미를 밝혀야 한다는 전제를 강하게 가지고 있다고 할 수 있다.

《설문해자》에 대한 접근방식도 청대 이전과 설문학 흥성 이후는 현저하게 다르다. 《설문》 연구 관점의 차이를 보여 주는 대표적인 예는 바로 서개(徐鍇)와 단옥재(段玉裁)의 태도다.

---

7 고증학적 작업의 선구적인 길은 閻若璩의 《尙書古文疏證》과 胡渭의 《易圖明辨》이 열었다고도 할 수 있다. 그러나 반주자학적인 기치를 내건 고증학파로서는 惠棟의 吳派와 江永·戴震의 皖派(安徽 남부)를 들게 된다.

8 戴震 <與段若膺論理書> "…… 非求之六經, 孔孟不得, 非從事於字義·制度·名物, 無由以通其語言. 宋儒譏訓詁之學, 輕語言文字, 是欲渡江而棄舟楫, 欲登高而無階梯也." 《孟子字義疏證》, 中華書局, 1961, p. 184.

서개는 우리가 현재 볼 수 있는 형태로 《설문》 판본을 복원하고 통석(通釋)했던 남당(南唐) 시대의 학자다. 그런데 그의 관점을 청대의 단옥재와 비교해 보면 선명하게 드러나는 차이점이 있다. 다음은 《說文》의 단초를 여는 '一(일)'부에 대하여 서개의 《설문해자계전(說文解字繫傳)》과 단옥재의 《설문해자주(說文解字注)》에서 각각 주석한 것이다.

> '一'은 천지가 아직 나뉘지 않은 것이다. 태극(太極)은 양의(兩儀)를 낳는다. '一'은 널리 흩어져 있던 것이 처음 모인다는 뜻이다. 이것을 일컬어 형상 없는 형상이라 하고 물체 없는 상형이라 한다. 반드시 가로로 쓴 것은 천·지·인의 기운이 사방을 가로로 이어주고 있는 것을 상형하였기 때문이다. 노자(老子)는 도(道)가 '一'을 낳는다고 말하였다. (그런데 허신은) 지금 도가 '一'에서 선다고 말하였으니[9] 그것은 '一'을 얻은 후에야 도가 모양을 갖추기 때문이다. 무욕(無欲)의 상태에서 그 오묘함을 볼 수 있기 때문에 왕필(王弼)은 도는 무(無)에서 시작한다고 말하였다. 무(無)는 또한 말로 풀이할 수 없다. 그러므로 문자를 만드는 것은 '一'에서 시작한다. 만약 천지가 아직 나누어지지 않았다면 말로 기탁할 수가 없다. 반드시 그것을 나누어야 한다면 천지는 '一' 다음에 오게 된다. 그러므로 '一'을 첫머리로 삼는다.[10]

> 《한서(漢書)》에서 "근본은 근본으로 삼으려 한다면 수(數)는 '一'에서 시작한다."라고 말하였다.[11]

서개가 '도(道)'와 '태극(太極)'과 '양의(兩儀)' 등의 철학적인 개념과 심지어 왕필(王弼)의 '무(無)'의 개념까지 힘입어 '一'자를 설명하려는 것과 대조적으로 단옥재는 철저하게 형이상학적인 의리 해석에 침묵하고 있다. 단옥재의 태도는 철저하게 고증적 방법론에 근거한 《설문》 주석의 전형을 보여 준다. 이것은 고염무, 대진에서 단옥재로 이어지는 고증학 계보의 흔들릴 수 없는 신념이기도 했다. 즉 처음부터 이론과 관점으로 대상을 재단하지 말고 실제[實]와 사물[物]을 관찰하고 체험한 증거를 가지고 연구한다는 실증적인 방법을 주장한 것이다.[12]

문자소학의 제창으로부터 시작한 고증학은 경학 이외의 여러 분야로 범위를 확대시켜 갔다.

---

9 《說文解字》 '一'부의 許愼 說解는 "惟初太極, 道立於一, 造分天地, 化成萬物."로 되어 있다.

10 徐鍇 《說文解字繫傳》 <繫傳> 一, "一者, 天地之未分. 太極生兩儀. 一旁薄始結之義. 是謂無狀之狀, 無物之象. 必橫者, 象天地人之气, 是皆橫屬四極. 老子曰, 道生一. 今云道立於一者, 得一而後道形. 無欲以觀其妙, 故王弼曰道始於無. 無又不可以訓, 是故造文者起於一也. 苟天地未分, 則無以寄言. 必分之也, 則天地在一之後, 故以一爲冠首." 中華書局, 1986.

11 段玉裁 《說文解字注》 第一篇上, "《漢書》曰, 元元本本, 數始於一." 天工書局印行.

12 그러나 고증학적 연구방법은 그 자체로 한계를 가진다. 진정으로 해석자의 주관적인 이해가 무엇인가를 탐구하는 포괄적인 질문 속으로 '객관적인 텍스트 해석'이라는 소박한 믿음이 함몰될 위험성이 있기 때문이다. 더욱이 해석자가 텍스트의 객관성을 의심하지 않고 무조건 전제하는 경우 번쇄한 자구해설로 중첩되는 경향을 배제하기 힘들어진다.

고증의 보조학문으로서 목록학(目錄學)·판본학(版本學)·교감학(校勘學) 등이 대표적으로 발달하였다. 그중에서도 가장 기초적인 실증 방법으로서 훈고와 문자, 음운을 포함하는 소학이 비약적으로 발전한 것이 청대 고증학의 가장 큰 특징이다. 그러나 고증학은 뛰어난 학문적인 방법론과 업적에도 불구하고 '고학(古學)'으로 복귀한다는 복고주의적인 요소를 가지고 있었다. 송·명대를 지배하던 주자학에 도전하여 새로운 학문체계를 세운다는 긍정적인 의미에서 '한학'을 제창하던 것도 결국은 유교 경학의 테두리에 회귀함으로써 고대문헌학에 속박되는 결과를 낳게 되었다. 즉 현실세계와 인간의 미래에 대한 관심으로까지 연결되는 데에는 실패한 것이다. 고증학은 그 자체의 한계로서 개별 문자나 사실을 대상으로 하는 번쇄한 학문으로 알려지게 되었다.[13] 그러나 한편으로 이들 고증학자들의 바탕이 없었다면 이해와 해석이 주관적인 독단으로 빠지는 위험을 벗어날 길이 없을 것이다. 그런 의미에서 《설문》에 대한 기본적인 이해와 연구는 고증학적 바탕을 무시할 수 없으며 단옥재의 주석 작업도 중요한 의의를 부여받아야 할 것이다.

2. 《설문해자》 연구 개략

(1) 청대(淸代) 이전의 연구

청대 이전의 학자들은 《설문》에 대하여 그다지 큰 흥미를 보이지 않았다. 그러나 《설문》에 대한 교정과 주석에서 그들의 작업은 중요한 의미를 가진다. 만약 그들의 작업이 없었다면 청대 설문학이 흥성하는 기초를 마련하기 어려웠기 때문이다.

당대(唐代) 이양빙(李陽氷)은 《설문해자》를 간정(刊定)하여 한대 이래로 주목받지 못하던 《설문》을 본격적으로 소개하였다.[14] 당시 이양빙은 전서(篆書)의 대가였다. 이양빙 시대의 서

13 戴震 같은 경우 고증학의 이론적인 기초를 마련하려는 노력을 보여 주었다. 그는 《맹자자의소증》을 통하여 송대 이래 존속하던 관념론적인 잔재를 청산하려고 하였다. 그는 氣의 사상에 근거하여 道理·天命·太極과 같은 형이상학적인 이념의 개입여지를 차단해 버렸다. 대진에 의하면 '道器'의 道와 '理氣'의 理는 명확히 구분되는 개념이다. '道'와 '器'는 상호전화과정에 있는 동일한 '氣'의 두 측면으로서 '道'가 '氣化流行' 즉 변동하는 미성형의 물질적인 실재의 총칭인 반면에, '理'는 추상적, 불변적인 사물의 조리, 규칙으로서 개별 사물의 차별성 속에서만 존재하는 '分理'로서 개념화된 것이다. 대진의 철학은 개별 사물의 차별성, 즉 실재현실과 개성을 중시하는 철학으로의 일보를 내디딘 것이었다.(曺秉漢, <淸代의 思想—經世學과 考證學>, 《講座中國史》, 知識産業社, 1989 참조.)

14 《崇文總目》에 의하면 李陽氷이 刊定한 《說文解字》는 모두 20권이며 지금은 傳하지 않는다.

체는 해서(楷書)와 행서(行書)가 유행하였고 그보다 오래된 서체인 전서나 예서(隸書)에 뛰어난 서예가는 없었다. 이양빙은 스스로 전서는 이사(李斯) 이후로 바로 자신에게 이른다고 자부하였다.[15] 그는 전서에 대한 지식을 바탕으로 하여 《설문해자》를 교정하고 세상에 소개하였다. 그러나 남당(南唐)의 서개(徐鍇)는 <거망(袪妄)>편에서 이양빙의 오류를 신랄하게 지적하였다.[16] 그 이후로 후대사람들은 그가 매번 《설문》을 어지럽히고 마음대로 뜯어고쳤다고 비난하였다. 하지만 공평하게 평가한다면 이양빙의 작업은 오류가 있음에도 불구하고 의미를 가지고 있다. 이양빙의 시대에 이미 《설문》은 본래의 모습이 아닌 채로 잘못되어 있었으므로 이양빙의 폐단은 그만의 잘못은 아니었다. 더구나 그의 간정본은 만당(晩唐) 시기 매우 유행하여 《설문》의 보존과 유행에 이양빙이 세운 공을 무시할 수는 없다. 또한 그 이후 서개가 본격적으로 《설문》을 연구할 수 있었던 것도 그것에 근거한다고 해야 옳을 것이다.

이양빙 이후 《설문》 연구사에서 중요한 저서는 서개의 《설문해자계전(說文解字繫傳)》이다. 모두 40권으로 되어 있는데 《설문》의 15권을 둘로 나누어 주석한 <통석(通釋)> 30권, 《설문》 540개 부수의 앞 뒤 순서를 설명한 <부서(部敍)> 2권, '天'·'地'·'人' 등 중요한 100여 글자를 논의한 <통론(通論)> 3권, 그리고 <거망(袪妄)>, <유취(類聚)>, <착종(錯綜)>, <의의(疑義)>, <계술(系述)>의 각각 1권씩으로 구성되어 있다. 서개의 책은 《설문》에 대한 본격적인 주석서로서 후대에 끼친 영향이 심대하였다. 서개의 뒤를 이어 《설문》을 교정한 서현(徐鉉)은 《계전》을 매우 존중하여 허신의 뜻을 밝히고 유속(流俗)의 폐단을 고쳐 놓은 훌륭한 문자학 저서로 칭송하였다.[17] 실제로 《설문해자계전》은 청대 이전의 연구 관점을 대표하는 저서로서 보다 깊이 있게 연구되어야 한다고 생각한다.

송초(宋初)에 서현(徐鉉)은 태종(太宗) 옹희(雍熙) 3년(986) 황제의 명령을 받고 구중정(句中正)·갈단(葛湍)·왕유공(王惟恭) 등과 함께 《설문》에 잔존하던 착간이나 빠진 글자 등을 정밀히 교정하여 헌상한다. 그의 교정 작업의 특징은 허신의 15권을 각기 상하 30권으로 나누고 손면(孫愐)의 《당운(唐韻)》에 근거하여 각 글자 아래에 반절(反切)의 발음을 달아 주었으며 주석과 신부자(新附字)[18]를 보충한 것이다. 이 교정본은 서현 이전의 어떤 《설문》본보다 《설문》의 가독성을 높여 주었기 때문에 청대 단옥재의 작업에 중요한 기초가 되었다.

그 외에 주목할 만한 청대 이전의 책은 북송(北宋) 때 이도(李燾)의 《설문해자오음운보(說文

---

15 徐鉉, 《上校定說文表》, "唐大歷中, 李陽氷篆迹殊絶, 獨冠古今, 自云斯翁之後, 直至小生. 此言爲不妄矣."

16 徐鍇, 《說文解字繫傳》, <袪妄>篇 참조.

17 徐鉉은 徐鍇의 책이 "考先賢之微言, 暢許氏之玄旨, 正陽氷之新義, 折流俗之異端, 文字之學善矣盡矣."이라며 자신의 작업에서도 많이 《繫傳》을 인용하였다.

18 徐鉉이 增補한 新附字는 모두 402자다.

解字五音韻譜》》와 청대(淸代) 초기에 모진(毛晉)·모의(毛扆) 부자가 간정한 《설문해자》본이 있다. 모진 부자의 책은 북송판에 근거한 대자본(大字本)으로서 소위 급고각본(汲古閣本)이라 불리는 것이다. 후에 단옥재는 이 판본에 대해서도 교감을 하였으며 그 결과가 《급고각설문정(汲古閣說文訂)》으로 편찬되었다.

(2) 청대의 《설문해자》 연구

왕력(王力)(1980)에 의하면 청대의 설문학은 대체로 네 종류로 나눌 수 있다. 첫째는 교감과 고증작업을 한 것으로서 엄가균(嚴可均)의 《설문교의(說文校議)》, 전점(錢坫)의 《설문해자각전(說文解字斠詮)》, 전오소(田吳炤)의 《설문이서전이(說文二徐箋異)》, 승배원(承培元)의 《설문인경증례(說文引經證例)》 등이 있다. 둘째는 《설문》에 대하여 개정한 것으로서 공광거(孔廣居)의 《설문의의(說文疑疑)》, 유월(兪樾)의 《아점록(兒笘錄)》 등이 있다. 셋째는 《설문》에 대하여 전면적인 주석을 가하고 연구한 것으로 단옥재의 《설문해자주(說文解字注)》, 계복(桂馥)의 《설문해자의증(說文解字義證)》, 왕균(王筠)의 《설문석례(說文釋例)》, 《설문해자구두(說文解字句讀)》, 주준성(朱駿聲)의 《설문통훈정성(說文通訓定聲)》 등이 있다. 넷째는 선배 혹은 동시대인의 저작을 보충하거나 정정한 것으로서 엄장복(嚴章福)의 《설문교의의(說文校議議)》, 왕소람(王紹藍)의 《설문단주정보(說文段注訂補)》, 뉴수옥(鈕樹玉)의 《단씨설문주정(段氏說文注訂)》, 서승경(徐承慶)의 《설문해자주광류(說文解字注匡謬)》, 서호(徐灝)의 《설문해자주전(說文解字注箋)》 등이 있다.[19] 이 가운데에서도 전면적인 주석을 가한 셋째 부류의 책들이 가장 중요하게 언급된다. 이 저자들은 《설문》 사대 주석가로 불리며 청대 설문학의 주류로 자리 잡았다.[20] 아래에서는 그들의 작업을 간략히 소개한다.

단옥재의 《설문해자주》는 1780년에 착수하여 1808년에 완성되는데 총 30여 년의 시간을 들인 역작이다. 왕념손(王念孫)은 《설문해자주·서(序)》에서 "대체로 1,700년 동안 이와 같은 저작이 없었다."[21]라고 극찬하였다. 허신의 《설문해자》는 서기 100년에 완성된 것이므로 왕념

19 위의 책들을 포함하여 《설문》에 관한 연구서들이 잘 정리되어 있는 자료로서 張其昀의 《『說文學』源流考略》(貴州人民出版社, 1998)이 있다. 또한 현대에 와서 《설문》에 관한 주석서와 연구서를 총집산하여 《설문》의 체제에 따라 각 글자별로 정리한 力作이 바로 丁福保의 《說文解字詁林》이다.

20 王力 著, 李鍾振·李鴻鎭 共譯, 《中國言語學史》, 啓明大學校出版部, 1983. pp. 175-213. 梁啓超, 《中國近三百年學術史》, 東方出版社, 1996. pp. 258-263.

21 《說文解字注·序》 "蓋千七百年以來, 無此作矣."

손의 뜻은 단옥재의 책이 허신을 직접 계승하고 있다는 것을 인정한 것이다. 단옥재는 청대 이전의 모든 《설문》 판본에 대하여 교감작업을 한 바탕 위에 정확하고 조리 있는 《설문》 해석의 범례를 만들었다. 그의 작업은 이전의 《설문》 연구를 종합하고 뛰어넘는 것이었기 때문에 이후의 《설문》 연구도 그 한계를 벗어나기가 어려울 정도다.

계복은 단옥재와 거의 동시기의 학자로서 그 역시 40여 년에 걸친 세월을 《설문》 연구에 투자하였다. 그의 《설문해자의증》은 사람들에게 단옥재의 《설문해자주》와 버금간다는 인정을 받았으나 책이 유행한 시기는 훨씬 뒤졌다. 장지동(張之洞)은 《설문해자의증·서》에서 두 책을 비교하여 "단옥재의 책은 간략하여 갑자기 이해하기는 어렵고, 계복의 책은 번다하여도 찾아서 이해하기는 쉽다."[22]라고 하였다. 장지동의 평어처럼 비록 번다하다는 단점이 있지만 《설문해자의증》의 최대의 장점은 자료가 풍부하다는 것이다. 예증은 자의(字義)의 설명에 지극히 중요한 요소이며 예증 속에서 우리는 자의의 시대성을 알아낼 수가 있는 것이다. 한 개인의 정력으로 과연 해낼 수 있을까 의심스러울 정도로 계복의 경사자집(經史子集)을 포괄한 예증의 범위는 매우 넓다. 따라서 그의 책은 단옥재의 책과 서로 보완하여 참고할 수 있는 훌륭한 《설문》 연구서다.

왕균은 엄가균, 단옥재, 계복을 존중하고 그들이 성취한 기초 위에서 한 걸음 더 나아갔다. 그의 《설문석례》는 허신 책의 체례를 분명하게 밝혀 주었으며, 《설문해자구두》는 처음 《설문》을 배우는 사람들을 위한 입문서로서 지어진 것이다. 왕균은 《설문구두》의 범례 속에서 "《설문의증》과 《설문해자주》를 취하여 번잡한 것은 빼버리고 요점을 들어서 책을 완성하였다."[23]라고 밝히고 있다. 왕균의 책은 《설문》의 입문서로 훌륭하다는 평가를 받는다.

주준성의 《설문통훈정성》 역시 그의 일생이 투여된 역작이다. 《설문통훈정성》이라는 이름은 그 자체로 책에 세 가지 내용이 담겨 있음을 나타낸다. 첫째는 문자의 설명이고[說文], 둘째는 뜻의 통달이며[通訓], 셋째는 발음의 확정[定聲]이다. 이 세 가지는 자형·자음·자의를 포괄하는 것이다. '설문(說文)' 부분은 주로 자형과 자의·자음의 관계를 설명하였으나 자형을 위주로 하였고 '통훈(通訓)' 부분은 오로지 의미의 인신과 가차를 설명하였으며 '정성(定聲)' 부분은 상고(上古) 시대 운문의 용운(用韻)으로 고운(古韻)을 증명하였다. 그의 가장 큰 공헌은 글자의 본의와 인신의와 가차의의 중요성을 인식하고 전면적으로 해석한 데에 있다. 더 나아가 그는 자형의 속박에서 벗어나 자음(字音)에서 자의(字義)를 관통하는 이치를 찾아내려고 하였으며 그 결과 《설문》을 자형 배열법에서 해체하여 운부(韻部) 배열법으로 재배치하였다. 따라서 그

---

22 《說文解字義證·序》 "段書約而猝難過闢, 桂書繁而尋生易了."

23 《說文解字句讀》 "乃取《說文義證》·《說文解字注》, 刪繁擧要以成其書."

의 작업은 《설문》을 소학적인 관점에서 벗어나 언어학적인 관점으로 접근하는 과감성과 창의성을 보여 준다고 할 수 있다.

3. 판본과 주석서

(1) 《설문해자》의 판본

《설문》은 거의 2,000여 년 전의 저작이므로 그 자체의 원본은 찾아볼 수 없으며 지금 볼 수 있는 것으로서 가장 오래된 것은 9세기 전반, 즉 당대(唐代) 목종(穆宗) 즉위 무렵의 당초본(唐鈔本)이다. 그나마 완전한 형태로 남아 있는 것은 아니며 '木(목)'부의 188자와 그 외에 따로 10여 개 정도의 '口(구)'부에 속한 글자들만이 전해져 온다.[24]

부분만이 남아 있는 당초본에 비하여 송대에는 《설문》 전체가 남아서 전해진다. 오대(五代) 말엽, 10세기 중반 무렵에 서현(徐鉉)과 서개(徐鍇) 두 형제가 연구하고 교정한 《설문해자》본이 지금 전해진다. 동생인 서개가 먼저 연구를 시작하였는데 그가 동생이므로 소서(小徐)라고 불리고 서현이 형이므로 대서(大徐)라고 불린다. 서개의 책은 《설문해자계전》이라는 제목이며 모두 40권으로 이루어져 있다.[25] 그의 형인 서현은 서개가 연구한 작업을 참고하면서 《설문》 그 자체를 교정하였는데 그가 저본으로 삼은 것은 소서본 즉, 이양빙본(李陽氷本)이라고 할 수 있는 것이었다.

대서본(大徐本)은 《설문》 그 자체를 교정한 것으로서 가치가 있으며 《설문》을 논할 때 가장 기초가 되는 텍스트다. 대서본의 판본은 여러 가지가 있는데 그중에서도 가장 중요한 것은 청초(清初)에 모진(毛晉)이 급고각(汲古閣)이라고 하는 곳에서 송본(宋本)에 근거하여 간각(刊刻)한 것으로서 단옥재는 이것을 '급고각본(汲古原本)', 혹은 '급고미개본(汲古未改本)'이라고 불렀

24 전해지는 이야기로는 그보다 앞서 8세기 후반 肅宗·代宗 시대에 李陽氷이라는 篆書의 大家가 《설문》을 교정하였다고 한다. 책이 전하여지지 않으므로 그가 교정한 내용은 전면적으로 파악될 수 없지만 宋代 徐鍇의 《說文解字繫傳》 <袪妄篇>에 그 내용이 약간 언급되어 있다. 이외에 《설문》의 본래 모습을 살펴보기 위한 자료로서 唐代까지의 서적 가운데에서 《설문》을 인용하고 있는 책들이 있다. 玄應의 《一切經音義》, 《文選》의 李善의 注, 《史記》와 《漢書》의 注, 그리고 《五經文字》, 顧野王의 原本 《玉篇》, 《廣韻》 등이 바로 그런 예들이다.

25 小徐가 근거한 《說文》은 李陽氷이 교정한 책이었다.

다. 이것의 저본은 명대 조균(趙均)의 송대자본(宋大字本)이며 모진은 여러 차례에 걸쳐 수정본을 내면서 《설문》의 원문 복원에 주력하였다. 이것이 소위 '급고각본'으로서 '모본(毛本)'이라고 불리며 당시에 명성을 얻은 대표적인 대서본이다. 단옥재는 《설문해자주》를 짓기 전에 이 대서본 자체를 교정하였다. 다른 네 종류의 송본과 참조하면서 대서본을 교정한 결과가 《급고각설문정》이다. 따라서 본고는 치밀한 교정을 거쳐 《설문》의 원본을 복원하고 아울러 《설문》의 전체 통례와 해석에 정통하고 있다는 단옥재의 《설문해자주》를 저본으로 삼는다.

(2) 단옥재 《설문해자주(說文解字注)》의 판본과 주석서

단옥재의 《설문해자주》로서 가장 좋은 판본은 단옥재의 경운루(經韻樓)에서 판각한 판본이다. 그것의 영인본이 제일 먼저 예문인서관(藝文印書館)에서 나왔으며 뒤에 광문서국(廣文書局)에서 나왔다. 광문서국본은 소전(小篆)과 중문(重文)을 해서화하여 보여 주고 있으므로 검색하기가 편리하다는 이점이 있다. 그 뒤 두 종류의 영인본이 나왔는데 하나는 대만(臺灣) 한경문화사업유한공사(漢京文化事業有限公司)에서 간행한 것이고 다른 하나는 상해고적출판사(上海古籍出版社)에서 간행한 것이다. 대만 한경문화사업유한공사본은 소전의 글자를 붉은 색상으로 하고 위쪽의 난외(欄外)에 소전을 해서로 고친 글자를 첨가하고 그곳에 주음자모(注音字母)의 형식으로 발음을 달아 주었다. 또한 단옥재주의 문장에 구두를 달았다. 상해고적출판사본도 전서를 붉은 색상으로 하고 해서로 고쳐서 윗칸으로 빼고 구두를 달고 색인을 넣었다. 경운루본 이외에 완원(阮元)의 《황청경해(皇淸經解)》에 수록되어 있는 단주본도 참고할 만하다. 단옥재의 《설문해자주》가 완성된 뒤 꼼꼼하게 단주를 읽은 사람들은 원간본의 오류를 정정하였는데 그 성과가 《황청경해》 수록본 속에 상당히 도입되어 있기 때문이다.

본 번역 작업에서 저본으로 한 것은 대만 천공서국(天工書局)에서 영인한 것이다. 이것은 대만 한경문화사업유한공사본을 영인한 것으로 전서가 붉은 색상으로 되어 있으며 전서를 해서로 바꾸어 난외에 실었으며 주음자모가 달려 있고 구두점이 찍혀 있으며 검자 색인이 달려 있다. 그리고 단옥재의 《육서음운표(六書音均表)》가 부록으로 실려 있다. 단주 자체에 대한 주석서로는 뉴수옥(鈕樹玉)의 《단씨설문주정(段氏說文注訂)》, 서승경(徐承慶)의 《설문해자주광류(說文解字注匡謬)》, 왕소람(王紹蘭)의 《설문단주정보(說文段注訂補)》, 풍계분(馮桂芬)의 《설문해자단주고정(說文解字段注考正)》, 서호의 《설문단주전(說文段注箋)》, 마수령(馬壽齡)의 《설문단주찬요(說文段注撰要)》 등이 있다. 본고는 그중에서도 풍계분의 《설문해자단주고정》을 많이 참고하였다. 일본의 연구 성과로는 동해대학고전총서(東海大學古典叢書)로 나오는 《훈독설문해자주(訓讀說文解字注)》가 있다.[26]

26 이 책은 金·石·絲·竹·匏·土·革·木의 총 여덟 권으로 나올 예정이며 현재 匏책까지 출판되어 있다. 《訓讀說文解字注》 匏冊, 東海大學出版會, 1993.

제1편 上

一二示三王王

玨气士丨

001. 一(일)부

一 惟初太極,[1] 道立於一, 造分天地, 化成[2]萬物.(1) 凡一之屬皆从[3]一.(2) 弌 古文一.(3)

'一'은 처음의 태극(太極)이다. 도(道)는 一에 근거하여 천지를 나누고 만물을 만들어 내었다. 一부에 속하는 한자는 모두 一의 의미를 따른다. '弌'은 一의 고문(古文)이다.

---

1 宋代 徐鉉本에는 '太極'이 '太始'로 되어 있다. 반면에 徐鍇本에는 '太極'으로 되어 있다. 일반적으로 段玉裁는 徐鉉本을 따르고 있는데 여기에서는 아무런 註釋이 없이 徐鍇本을 따르고 있다. 淸代 嚴章福은 《說文校議議》에서 허신의 '一'자 설해는 모두 네 구절로서 격구마다 韻字를 사용하고 있으므로 '太始'가 옳고 '太極'은 옳지 않다고 주장하였다. 淸代의 席世昌은 《席氏讀說文記》에서 《易緯·乾鑿度》에 '太極', '太初', '太始', '太素'가 차례로 나오는데 그중에서 '太始'는 形의 시작임을 말하고 있으니 문자의 기원을 설명하는 허신이 形과 연관되어 '太始'라고 썼을 것이라고 주장하였다. 반면에 徐鍇는 자신의 《說文解字繫傳》에서 '太極'과 '兩儀'로서 '一'과 '天地'의 관계를 설명하고 있다.

2 《古今韻會擧要》(이하 《韻會》로 약칭한다.)에는 '成'이 '生'으로 되어 있다.

3 '从'자는 徐鉉本에는 '从'으로 되어 있는데 徐鍇本에는 모두 '從'으로 되어 있다. 《說文》에 의하면 '从'자는 "서로 듣는다[相聽]는 뜻이다."라고 하고 '從'자는 "따라간다[隨行]는 뜻이다."라고 하였다. 段玉裁는 徐鉉本을 따라 '从'자를 쓰고 있으며 '从'자에 대한 注에서 다음과 같이 말하였다. "聽은 듣는다[聆]는 뜻이다. 引伸되어 허락한다[許]는 뜻이 되었다. 言부에서 許는 말을 듣는다[聽]는 뜻이라고 하였다. 从자가 지금의 從자다. 從자가 유행하자 从자는 없어졌다. …… 許愼의 책에 从某[某로 구성되었다]라고 하였을 때의 从자가 大徐本에서는 从으로 쓰였고 小徐本에서는 從으로 쓰였다. 江聲은 从이라고 쓴 것은 같은 類이면서 의미를 서로 함께 하기 때문에 从이라고 한다고 말하였다."

(1) 《한서(漢書)》에 "진정한 근원을 추구한다면 수(數)가 일(一)에서 시작한다.[元元本本, 數始於一.]"[4]라고 말하였다.

(2) '一'의 자형은 육서(六書)에서 지사(指事)에 해당된다. 일반적으로 "어떤 부(部)에 속하는 한자는 모두 그 부수자의 의미를 따른다.[凡某之屬皆从某]"라는 말은 허신(許愼)이 자신의 서(序)에서 언급한 "모든 한자를 구분하여 각각의 부(部)로 소속시킴으로써 서로 뒤섞이지 않게 하였다."[5]라는 것을 말한다. 《이아(爾雅)》와 《방언(方言)》은 전주(轉注)와 가차(假借)를 분명히 밝혔다. 《창힐(倉頡)》, 《훈찬(訓纂)》, 《방희(滂熹)》 및 《범장(凡將)》, 《급취(急就)》, 《원상(元尙)》, 《비룡(飛龍)》, 《성황(聖皇)》과 같은 책은 네 글자나 일곱 글자의 문장으로 구성되어 모두 한자의 자형에서 원래 들어 있던 의미를 말하지 않았다.[6] 자형을 전문적으로 다룬 책을 만들어서 배우는 사람들에게 자형을 통하여 그 한자의 발음[音]과 의미[義]를 고찰하게 한 것은 실로 허신에게서 시작된 것이다. 그 공로가 더 없이 크다.

'一'의 발음은 於(어)와 悉(실)의 반절(反切)이다. 古音은 제12부에 속한다. 앞으로 이 책에서 1부, 2부로부터 17부에 이르기까지 '몇 부에 속한다'라고 말하는 것은 고운(古韻)을 말한다. 나는 《육서음운표(六書音均表)》를 만들어 고운이 모두 17부라는 사실을 제시하였다.[7] 창힐(倉頡)이 글자를 만든 때부터 당우(唐虞)·삼대(三代)·진한(秦漢)의 시대에 이르기까지, 그리고 허신이 《설문(說文)》을 만들어서 "어떤 음으로 발음한다.[某聲]", "어떤 자와 같이 발음한다.[讀若某]"라고 말하기까지 모두 합리적이었으며 혼란스럽지 않았다. 그러므로 (나는 여기에서) 서현(徐鉉)의 반절음(反切音)을 사용하면서도 한자의 발음을 기록하는 경우에 "고음(古音)으로 몇 부에 속한다."라고 밝혔다. 또 배우는 사람들이 육서의 음운(音韻)에 대한 책을 읽지 않아서 내가 한 말을 이해하지 못할까 하여 《설문》 15편의 뒤

---

4 《漢書》 <敍傳>에 나오는 말이다. 이에 대하여 張晏은 "數의 근원은 初九의 一에서 시작한다.[數之元本, 起於初九之一也.]"라고 注하고 있다. '初九'란 64卦象에서 맨 아래 처음의 陽爻를 가리키는 말이다.

5 《說文》 敍: 分別部居, 不相襍廁也.

6 여기에 들어놓은 책은 口訣字書, 즉 가락이 좋아 기억하기 쉽도록 4자구나 7자구 등으로 만들어진 識字敎科書로서 후대의 《千字文》은 이런 종류에 속하는 대표적인 책이다. 《倉頡》은 秦의 李斯가, 《訓纂》은 漢 揚雄이, 《滂熹》는 後漢의 賈魴이, 《凡將》은 漢의 司馬相如가, 《急就》는 漢의 史游가, 《元尙》은 漢의 李長이, 《飛龍》은 後漢의 崔援이, 그리고 《聖皇》은 後漢의 蔡邕이 각각 편찬하였다고 하지만 지금은 《急就》편만 일부 남아 있을 뿐 그 외는 모두 散佚되었다.

7 段玉裁의 古音學은 그의 저서 《六書音均表》에 보인다. 그는 形聲字의 偏旁과 《詩經》의 用韻을 세밀하게 관찰하여 古韻을 17부로 나누었다. 그가 말하는 '고음 몇 부'란 바로 이 분류에 근거한 것이다. '均(운)'자는 '韻'자와 같은 글자다. '韻'자는 원래 許愼의 책에서는 없는 글자이며 徐鉉本의 제3편 上 '音'부에 新附字로 실려 있다. 그런데 裴光遠은 옛날에는 '均'자와 같은 글자였다고 말하였다. 여기에서 段玉裁는 '韻'자의 의미로 '均'자를 사용하고 있으므로 '均'자는 '운'으로 발음하는 것이 맞는 것 같다.

에 《육서음운표》 5편을 부록으로 첨부하여 자형[形]으로 발음[聲]을 추정하고 발음으로 자형을 추정하도록 하였다. 이러한 단서를 기반으로 연구한다면 고형(古形)·고음(古音)·고의(古義)를 상호간의 관계에서 찾아낼 수 있을 것이다.

(3) 일반적으로 《설문》에서 말하는 '고문(古文)'은 창힐이 제작한 고문을 일컫는다. 이 《설문》이라는 책에서는 후대의 왕에게 모범을 알려 주고 한(漢)나라의 제도를 높이고자 소전(小篆)을 기본으로 삼고 고문과 주문(籀文)을 함께 기록하였다. (허신이) "이제 전문(篆文)으로 기술하면서 고문(古文)과 주문(籀文)을 함께 제시하였다."라고 말한 것[8]이 이를 뜻한다. 소전(小篆) 자형은 고문과 주문의 자형을 따른 것도 있고 자형을 고치거나 자형의 일부를 생략한 것도 있다. 자형을 그대로 따른 것이 8, 9할, 자형의 일부를 고치거나 생략한 것이 1, 2할이다. 자형을 그대로 따랐다면 '소전'이 곧 '고문'이요 '주문'이므로 다시 '고문'이나 '주문'을 제시하지 않았다. 그러나 자형의 일부를 생략하거나 고친 것은 '고문'·'주문'이 '소전'과 다르므로 별도로 그 자형들을 제시하였다. '一'·'二'·'三'자는 원래 고문임이 분명한데도 왜 다시 '弌'·'弍'·'弎'자를 고문이라고 제시하였는가? 그것은 '弌'·'弍'·'弎'이 소위 고문이면서 동시에 이체(異體)이기 때문이다.[9] 이러한 한자들은 '고문기자(古文奇字)'라고 불러야 할 것이다.

(1) 漢書曰, 元元本本, 數始於一. (2) 一之形於六書爲指事. 凡云凡某之屬皆从某者, 自序所謂分別部居, 不相襍廁也. 爾雅方言所以發明轉注假借. 倉頡訓纂滂熹及凡將急就元尙飛龍聖皇諸篇, 僅以四言七言成文, 皆不言字形原委. 以字形爲書, 俾學者因形以考音與義, 實始於許, 功莫大焉. 於悉切. 古音第十二部. ○ 凡注言一部二部以至十七部者, 謂古韻也. 玉裁作六書音均表, 識古韻凡十七部. 自倉頡造字時, 至唐虞三代秦漢, 以及於叔重造說文曰某聲曰讀若某者, 皆條理合一不紊. 故旣用徐鉉切音矣, 而又某字志之曰, 古音第幾部. 又恐學者未見六書音均之書, 不知其所謂, 乃於說文十五篇之後, 附六書音均表五篇, 俾形聲相表裏. 因耑推究, 於古形古音古義, 可互求焉. (3) 凡言古文者, 謂倉頡所作古文也. 此書法後王尊漢制, 以小篆爲質, 而兼錄古文籀文, 所謂今敘篆文合以古籀也. 小篆之於古籀, 或仍之, 或省改之. 仍者十之八九, 省改者十之一二而已. 仍則小篆皆古籀也, 故不更出古籀. 省改則古籀非小篆也, 故更出之. 一二三之本古文明矣, 何以更出弌弍弎也. 葢[10]所謂卽古文而異者, 當謂之古文奇字.

---

8 《說文》 敍: 今敘篆文, 合以古籀.

9 《說文》 敍: 及亡新居攝 …… 時有六書 …… 二曰奇字, 卽古文而異者也.

10 단옥재는 '蓋'자를 모두 '葢'자로 썼다. 이하 '蓋'로 통일한다.

002. 二(상)부

二 高也. 此古文丄.(1) 指事也.(2) 凡二之屬皆从二.(3) 丄 篆文上.(4)

'上'은 높다는 뜻이다. 이 글자는 丄의 고문이며 지사(指事)다. 二부에 속하는 한자는 모두 二의 의미를 따른다. '丄'은 上의 전문(篆文)이다.

(1) 고문에서는 '上(상)'을 '二'으로 쓴다. 그러므로 (허신은) '帝(제)'·'旁(旁: 방)'·'示(시)'자에서 모두 "上의 고문 자형으로 구성되었다."[11]라고 하였다. 이는 본래 上자가 고문으로는 '二'으로 쓰고 소전으로는 '丄(상)'으로 쓰였음을 증명한다. 각 판본에서는 '丄'을 고문이라고 잘못 썼기 때문에 부득이 上의 전문을 '𠄟'이라고 고칠 수밖에 없었다.[12] '上'의 자형을 부수로 사용하면 다음의 '二'부에 부속된 글자들이 체계적으로 설명되지 않는다. 그리고 '二'부 다음에 '示'부가 오는 이유도 불분명해진다. 그러므로 이제 '丄'을 '二'으로 바로잡고 '𠄟'을 '丄'으로 바로잡아, 독자로 하여금 의심하거나 이상하게 여기지 않도록 하는 것이 좋을 것이다. 일반적으로 《설문》에서는 소전을 기본으로 한다. 그러므로 반드시 소전을 먼저 제시하고 그 다음에 고문으로는 어떻게 쓴다고 설명하고 있다. 그러나 유독 여기에서는 먼저 고문을 제시하고 다음에 소전으로 어떻게 쓴다고 설명하고 있으니 이는 변례(變例)라고 할 수 있다. 이는 부속자들이 모두 '上의 고문[二]'의 자형으로 구성되어 있으며 '上의 소전[丄]'의 자형으로 구성된 것이 아니므로 변례의 형식으로 명백히 구분하여 설명한 것이다.

(2) 지사(指事)의 원리로 만들어진 한자는 절대적으로 적다. 이런 이유로 '上'이 지사자임을 분명히 지적하여 설명한 것이다. '一'의 설해에서 '지사'라고 지적하지 않은 이유는 '一'이 지사임을 구태여 말할 필요가 없기 때문이다. 상형(象形)은 그 사물이 실제로 존재하는 것

---

11 제1편 上 '上'부의 '帝'·'旁'자 및 '示'부의 說解 참조.

12 '上'부의 說解는 徐鉉本·徐鍇本 모두 "丄. 高也. 此古文上. 指事也. 凡丄之屬皆从丄. 𠄟 篆文上."으로 되어 있다. 段玉裁는 이것을 '丄'을 '二'으로 고치고 篆文 '𠄟'을 '丄'으로 고쳤다. 그 이유는 '上'부에 속한 한자의 자형이나 '上'부 뒤에 이어오는 '示'부의 자형에서 '丄'보다는 '二'자형을 따르고 있기 때문이다. 그러나 淸代의 王筠은 《說文繫傳校錄》과 《說文釋例》에서 段玉裁가 '丄'을 '二'으로 고친 것에 대하여 許愼이 '帝'자의 古文 아래에 "二은 上자의 고문이다.[二, 古文上也.]"라고 밝히고 있으므로 '上'부의 표제자를 '二'으로 고치는 것은 옳지 않다고 주장하였다.

이다. '日(일)'과 '月(월)'자가 그에 해당한다. 지사는 어떤 사물을 지시하지 않고 그와 관련된 사실을 지시한다. '丄'(上: 상)과 '丅'(下: 하)가 이에 해당한다. '天(천)'과 '地(지)'는 하늘과 땅이라는 형체를 나타내지만, 하늘이 위[上]에 있으면 땅은 아래[下]에 있다든가 땅이 위[上]에 있으면 하늘이 아래[下]에 있다는 것은 모두 사실이 된다.[13]

(3) '上'의 발음은 時(시)와 掌(장), 또는 時(시)와 亮(량)의 두 가지 반절(反切)이다. 고음 제 10부에 속한다.

(4) (여기에서 말하는 전문이란) 이사(李斯)의 소전을 말한다. 지금 각 판본에서는 "전서는 '**上**'으로 쓴다.[篆作**上**]"[14]라고 되어 있는데 이는 후인들이 고친 것이다.

(1) 古文上作二, 故帝下旁下示下皆云, 从古文上, 可以證. 古文本作二, 篆作丄. 各本誤以丄爲古文, 則不得不改篆文之上爲**上**, 而用上爲部首, 使下文从二之字皆無所統, 示次於二之恉, 亦晦矣. 今正丄爲二, **上**爲丄, 觀者勿疑怪可也. 凡說文一書, 以小篆爲質, 必先擧小篆, 後言古文作某. 此獨先擧古文, 後言小篆作某, 變例也. 以其屬皆从古文上, 不从小篆上, 故出變例而別白言之. (2) 凡指事之文絶少, 故顯白言之. 不於一下言之者, 一之爲指事不待言也. 象形者, 實有其物, 日月, 是也. 指事者, 不泥其物而言其事, 丄丅, 是也. 天地爲形. 天在上, 地在下, 地在上, 天在下, 則皆爲事. (3) 時掌時亮二切. 古音第十部. (4) 謂李斯小篆也. 今各本篆作**上**, 後人所改.

---

13 許愼은 敍에서 "指事者, 視而可識, 察而見意."라고 풀이하면서 上·下자만을 예로 들고 있다. 그런데 여기에서 段玉裁는 허신의 '指事'를 '象形'과 비교해서 풀이하고 있다. 단옥재는 象形이란 "실제로 그 物을 있는 그대로 그려낸 글자이며" 指事란 "그 사물의 실제 모습과는 상관없이 그 物이 처한 상황을 말하는 것이다."라고 말하고 있다 그래서 敍의 注에서는 "지사가 상형과 구별되는 점은 形[모습]이란 하나의 物만을 일컫는데 事[상황, 위치]란 여러 가지 物의 (정황을) 포괄할 수 있다는 데 있다.[指事之別於象形者, 形謂一物, 事晐衆物]"라고 하였다. 이 '事'에 대하여 단옥재가 더 자세히 설명한 것은 上부 注에서이다. 즉 하늘[天]과 땅[地]을 形으로 볼 때 "하늘이 위[上]에 있다고 하면 땅이 아래[下] 있는 것이고 땅이 위[上]에 있다 하면 하늘은 아래[下] 있는 것이다."라고 말한다. 여기에서 하늘과 땅이 처한 상대적인 위치야말로 바로 事인 것이다. 따라서 허신의 指事에 대한 說을, '지사'가 '상형'처럼 금방 보아서 무엇을 나타내고 있는 글자인지 어느 물건을 그린 것인지 알 수 있는 것이 아니라, 주의 깊게 보아야만[視] 알 수 있으며 상세하게 살펴야만[察] 의미 맥락을 보아낼 수 있는 것이라고 풀이한다면, 결국 지사란 실제 보이는 모습이 아니라 사건의 발생 등에서 추상적으로 의미를 표현해 내는 방법이란 뜻이 된다.

14 徐鉉本·徐鍇本이 모두 그렇게 되어 있다. 徐鉉本은 '大徐本'이라 하고 徐鍇本은 '小徐本'이라고도 한다. 이 둘을 합쳐서 '二徐本'으로 부르기도 한다. 여기에서는 이 명칭 모두를 混用하였다. 《說文》의 版本에 관해서는 책머리의 '들어가면서' 참조.

003. 示(시)부

 天𡍮象，見吉凶，(1) 所㠯[15]示人也．从二．(2) 三𡍮，(3) 日月星也．觀乎天文，㠯察時變，(4) 示神事也．(5) 凡示之屬皆从示．(6) 𥘅 古文示．(7)

'示'는 하늘에서 상(象)을 내려주는 것인데 이는 길흉을 보여 사람들에게 제시하려는 것이다. 二(상)으로 구성되어 있다. (자형에서) 세 줄이 내려져 있는 것은 해·달·별이다. 이것으로 천문을 관찰하고 시간의 변화를 살펴서 신이 하는 일을 보여준다. 示부에 속하는 한자는 모두 示의 의미를 따른다. '𥘅'는 示의 고문이다.

(1) 《주역(周易)·계사전(繫[16]辭傳)》에 보인다.[17]

(2) ('二'은) 上의 고문이다.

(3) (세 줄이 내려져 있다는 것은) '川' 모양을 말한다.

(4) 이 구절은 《주역(周易)·비괘(賁卦)》의 <단전(彖傳)>에 보인다.[18]

(5) 이 구절은 '하늘이 어떤 상(象)을 제시하고 이를 분명하게 사람에게 보여 주면 성인은 이러한 상에 근거하여 신령한 도(道)를 가르친다'는 것을 뜻한다.[19]

(6) '示'의 발음은 神(신)과 至(지)의 반절이다. 고음 제15부에 속한다. 《중용(中庸)》, 《시(詩)·소아(小雅)》에서는 '示'를 '두다[寘(치)]'의 뜻으로 여겼다.[20]

(7) ('𥘅'는 '示'의 고문이며 '一'로 구성되어 있으므로) 이것이 허신이 말한 "丄(상)의 자형이 들어가는 한자의 고문자형은 모두 '一'로 구성된다."라는 예다.[21]

---

15 '㠯(이)'자는 篆書의 자형을 따르는 楷書體다. 지금의 楷書는 '以(이)'다. 段玉裁는 許愼의 說解에서 모두 '㠯'자를 사용하였다.

16 단옥재는 《易·繫辭傳》의 '繫'자를 '毄'자로 썼다. 이하 '繫'자로 통일한다.

17 《易·繫辭傳》 上11章: 天生神物, 聖人則之. 天地變化, 聖人效之. 天垂象, 見吉凶, 聖人象之. 河出圖, 洛出書, 聖人則之.

18 《易》 賁卦 彖傳: 分剛上而文柔故, 小利有攸往, 天文也. 文明以止, 人文也. 觀乎天文, 以察時變, 觀乎人文, 以化成天下.

19 《易》 <繫辭傳> 上: 縣象著明, 莫大乎日月. 《易》 觀卦 彖傳: 聖人以神道設教而天下服矣.

20 《中庸》 "明乎郊社之禮, 禘嘗之義, 治國其如示諸掌乎"의 鄭玄의 注: 示, 讀如寘諸河干之寘, 寘, 置也. 《詩·小雅·鹿鳴》 "人之好我, 示我周行."의 鄭玄의 箋: 示, 當作寘. 寘, 置也.

21 제1편 上 '上'부의 '帝'자 설해: 古文諸丄字皆从一, 篆文皆从二, 二, 古文上字.

(1) 見周易繫辭. (2) 古文上. (3) 謂川. (4) 見周易賁象傳. (5) 言天縣象著明以示人, 聖人因以神道設教. (6) 神至切. 古音第十五部. 中庸小雅, 以示爲寘. (7) 所謂古文諸丄字皆从一也.

004. 三(삼)부

三 數名. 天地人之道也.(1) 於文一耦二爲三, 成數也.(2) 凡三之屬皆从三.(3) 弎 古文三.

'三'은 수의 이름[數名]이다. 하늘, 땅, 사람의 도(道)를 뜻한다. 자형을 보면 '一(일)'과 '二(이)'가 짝하여 '三'이 되었으니 완전수[成數]다. 三부에 속하는 한자는 모두 三의 의미를 따른다. '弎'은 三의 고문이다.

(1) 진환(陳煥)[22]은 "수(數)란 역(易)의 수다."라고 하였다. '三'은 음양의 수를 함께 말한 것이다. '一(일)'부에서 "도(道)는 一에 근거한다."라고 하고 '二(이)'부에서 "땅의 수다."라고 했으며 '王(왕)'부에서 "三이란 하늘, 땅, 사람이다."라고 하였다. 《노자(老子)》는 "一은 二를 낳고 二는 三을 낳고 三은 만물을 낳는다."[23]라고 하였다. 이것은 '三'의 의미를 해석한 것이다. 그 다음에는 '三'의 자형을 풀이한 것이다. 그러므로 '於文[자형을 보면]'이라는 두 글자를 사용하여 별도로 설명하였다.

(2) 이 구절은 《운회(韻[24]會)》에 인용된 것에 따른다.[25] 《운회》에 인용된 《설문》은 대부분 서개본(徐鍇本)에 근거하였다. 이로부터 미루어 보면 지금 서개본도 구본(舊本)이 아니다.[26] '耦(우)'가 (《운회》의) 각 판본에 '偶(우)'로 되어 있으니 지금 바로잡는다. '二(이)'자에서 "一이 一을 짝하는 자형으로 구성되었다."[27]라고 하였으니 '二'의 자형은 一이 一과 한 쌍

---

22 陳煥(1786-1863)은 陳奐으로 써야 한다. 江蘇 長洲 사람이다. 字는 碩甫. 어려서부터 段玉裁에게 배웠다. 저서로 《詩毛詩傳疏》가 있다.

23 이것은 《老子》 42장에 나오는 구절이다.

24 段玉裁는 《韻會》의 '韻'자, 疊韻의 '韻'자 등을 모두 '韵'으로 썼다. 본고에서는 이하 '韻'으로 통일한다.

25 《韻會》: 三, 說文, 數名, 天地人之道也. 於文偶二爲三, 成數也.

26 徐鉉本·徐鍇本: 三, 天地人之道也. 從三數.

27 제13편 下 '二'부에 "地之數也, 从偶一."이라고 되어 있어서 段玉裁가 인용한 것보다 '一'자가 빠져 있다.

이 된 것이다. 이곳의 '三'에서는 "一이 二와 짝하여 三이 되었다."라고 하였으니 이는 一과 二가 한 쌍이 된 것이다. 현재의 판본에는 또한 모두 ('二'부의 '从一耦一'에서 앞의) '一'자가 빠져 있다. 세 번 획을 그으니 삼재(三才)의 도(道)가 여기에 있다. 그러므로 완전수[成數]라고 하였다. '又(우)'자에서 "손가락으로 많은 것을 열거할 때는 대략 셋[三]을 넘지 않는다."[28]라고 하였다.

(3) '三'의 발음은 穌(소)와 甘(감)의 반절이다. 고음은 7부에 속한다.

(1) 陳煥曰, 數者, 易數也. 三兼陰陽之數言. 一下曰, 道立於一. 二下曰, 地之數. 王下曰, 三者, 天地人也. 老子曰, 一生二, 二生三, 三生萬物. 此釋三之義, 下釋三之形, 故以於文二字別言之. (2) 此依韻會所引. 韻會多據鍇本, 今鍇本又非舊矣. 耦, 各本作偶, 今正. 二下曰, 从一耦一. 以一儷一也. 此曰, 一耦二爲三. 以一儷二也. 今又皆脫一字. 三畫而三才之道在焉, 故謂之成數. 又字下曰, 手之列多, 略不過三. (3) 穌甘切. 古音在七部.

005. 王(왕)부

王 天下所歸往也.(1) 董仲舒曰, 古之造文者, 三畫而連其中謂之王. 三者, 天地人也, 而參通之者, 王也.(2) 孔子曰, 一貫三爲王.(3) 凡三之屬皆从王.(4) 𠙻 古文王.

'王'은 천하가 귀의하는 곳이다. 동중서(董仲舒)는 "옛날에 문자를 만드는 사람이 세 번 획을 긋고 그 가운데를 이어서 '王'이라고 하였다. '세 개의 획'은 하늘, 땅, 사람을 의미하며 이 세 가지를 관통하는 것이 '王'이다."라고 하였다. 공자(孔子)는 "하나로써 세 가지를 관통하는 것이 王이다."라고 하였다. 王부에 속하는 한자는 모두 王의 의미를 따른다. '𠙻'은 王의 고문이다.

(1) 이 말은 《백호통(白虎通)》에 보인다.[29] '王'자와 '往(왕)'자는 운모가 같다.

---

28 제3편 下의 '又'부 說解: 又, 手也, 象形, 三指者, 手之列多, 略不過三也.

29 《白虎通義》 二 <號>: 王者, 往也, 天下之所歸往.

(2) 이 말은 《춘추번로(春秋繁[30]露)》에 보인다.[31] 이 설을 인용하여 (王의) 자형을 설명하였다. 위소(韋昭)는 《국어(國語)》를 주석하여 "參(삼)은 三이다."라고 하였다.[32]

(3) 여기에서는 다시 공자의 말[33]을 인용하여 동중서의 설을 증명하였다.

(4) '王'의 발음은 雨(우)와 方(방)의 반절이다. 10부에 속한다.

(1) 見白虎通. 王往疊韻. (2) 見春秋繁露. 引之說字形也. 韋昭注國語曰, 參, 三也. (3)又引孔子語證董說. (4) 雨方切. 十部.

006. 玉(옥)부

王 石之美有五德者.(1) 潤澤㠯溫, 仁之方也. 䚡理自外, 可㠯知中, 義之方也. 其聲舒揚, 尃㠯遠聞,(2) 智之方也. 不撓而折,(3) 勇之方也. 銳廉而不忮,(4) 絜之方也.(5) 象三玉之連,(6) 丨其貫也.(7) 凡玉之屬皆从玉.(8)

古文玉.

'玉'의 아름다움에는 다섯 가지 덕(德)이 있다. 물기에 젖어 빛남으로써 따스한 느낌을 주니, 이것이 '인(仁)'의 방면이요, 표면의 무늬가 밖으로 드러남으로써 그 내부를 알 수 있으니, 이것이 '의(義)'의 방면이요, 그 소리가 멀리 퍼져서 멀리서도 똑같은 소리로 들리니, 이것이 '지(智)'의 방면이요, 부러질지라도 굽혀지지 않으니, 이것이 '용(勇)'의 방면이요, 날카롭고 모가 나면서도 남을 찌르지 않으니 이것이 '혈(絜)'의 방면이다. 세 개의 옥이 이어져 있고, '丨'이 그것을 관통한 모양을 상형하였다.

30 단옥재는 《春秋繁露》의 '繁'자를 '緐'으로 썼다. 본고에서는 이하 '繁'으로 통일한다.

31 《春秋繁露》 卷11 <王道通三>: 古之造文者, 三畫而連其中謂之王. 三畫者, 天地與人也. 而連其中者, 通其道也. 取天地與人之中以爲貫而參通之, 非王者孰能當是.

32 《國語・周語》 "王御不參一族"의 韋昭의 注: 參, 三也.

33 《說文》 전체로 보면 孔子說은 모두 王・璠・士・羊・羌・烏・粟・黍・儿・貉・犬・狗의 12군데의 한자 說解에 나온다. 그러나 璠과 羌자 이외에는 그 출처가 분명하지 않고 해설도 기이하다. 王應麟은 《漢書藝文志考證》에서 이 설들이 緯書에 의한 것이 아닐까 의심하고 있다.(《說文解字引羣書攷》 馬宗霍 撰, 學生書局 印行 참조)

'玉'부에 속하는 한자는 모두 '玉'의 의미를 따른다. '𤣩'은 '玉'의 고문이다.

(1) ("五德者"의) '者(자)'자를 새로 보충한다.[34]

(2) ("専㠯遠聞"의) '専(전)'이 서개본(徐鍇本)에는 '尃(부)'로 되어 있으며 "발음이 敷(부)이며 펴다[布]의 뜻이다."[35]라고 설명되어 있다. 급고각(汲古閣) 모씨간(毛氏刊) 서현본(徐鉉本)에서 처음엔 '専'으로 썼다가 나중에 '尃'로 고쳤는데 나의 생각에 이것은 잘못된 것이다. 《관자(管子)》[36]에 "그것을 두드리니 소리가 맑고 한결같아서 멀리까지 이르며 온전하여 사라지지 않았다.[叩之, 其音清搏徹遠, 純而不殺.]"라고 하였는데 여기의 '搏(전)'은 옛날의 '専壹(전일)'의 (専으로) 사용된 것이다. 지금의 《관자》 판본에는 '搏(박)'으로 되어 있다. 그러나 '尃'와 '搏'은 모두 틀린 것이다. 이 설해의 '専'은 '専壹'의 뜻이며 위에서 이미 '펴진다[舒揚]'라고 하였으니 다시 '尃'라고 말할 필요가 없다.

(3) (이 구절은) 비록 쪼개지기는 하여도 구부러지지는 않는다는 뜻이다. 《관자》, 《손경(孫卿)》[37]에는 모두 "折而不撓[쪼개지지만 구부러지지 않는다.]"라고 쓰고 있다.

(4) ("廉而不忮"의) '忮(기)'는 '해친다[很]'는 뜻이다.[38]

(5) '絜(혈)'은 '둥글다[圜轉]'는 뜻을 취한 것이다. 직선을 재는 것을 '度(탁)'이라 하고 곡선을 재는 것을 '絜(혈)'이라 한다. 이 구절이 《관자》, 《손경》에는 "廉而不劌, 行也.[모가 나 있으면서도 다치지 않게 하는 것이 玉의 행실이다.]"라고 되어 있다. 여기까지의 허신의 설명과 《예기(禮記)·빙의(聘義)》,[39] 《관자·수지(水地)》, 《손경·법행(法行)》의 말이 모두 다르다.

(6) ('玉'을 구성하는) '三'을 설명한 것이다.

(7) ("丨其貫也"의) '옥을 꿰었다[貫]'는 말은 예를 들어 '璧(벽)'에 끈이 있고 '襍佩(잡패)'에 실이 있으며, '聘圭(빙규)'에 끈이 있고 '瑬(류)'에 다섯 색의 실이 있는 것 등과 같은 것을

---

34 二徐本 모두 "石之美有玉德"이라고 되어 있다.

35 小徐本에서는 "尃以遠聞"으로 쓰여졌으며 "尃, 音敷. 布也."라고 되어 있다.

36 《管子·水地》: "夫玉之所貴者, 九德出焉. 夫玉溫潤而澤, 仁也. 鄰以理者, 知也. 堅而不蹷, 義也. 廉而不劌, 行也. 鮮而不垢, 潔也. 折而不撓, 勇也. 瑕適皆見, 精也. 茂華光澤, 並通不相陵, 容也. 叩之, 其音清搏徹遠, 純而不殺. 辭也是以人主貴之. 藏以爲寶, 剖以爲符瑞, 九德出焉."

37 孫卿은 荀子를 말한다. 漢 宣帝의 諱가 '詢'이었기 때문에 '荀'자를 쓰지 못하고 '孫'자를 쓴 것이다. 이 구절은 《荀子·法行》에 보인다.

38 제10편 下 '心'부 "忮, 很也." '很'은 제2편 下 '彳'부에 보인다. '很'자에 대한 段玉裁 注: 很者, 不聽從也. …… 忮, 害也. 害卽很義之引伸也.

39 《禮記·聘義》: "夫昔者君子比德於玉焉. 溫潤而澤, 仁也. 縝密以栗. 知也. 廉而不劌, 義也."

말한다. 순언(荀偃)이 붉은 색실로 두 개의 옥을 연결시킨 일도 그것과 같은 일이다.[40]
(8) ‘玉’의 발음은 魚(어)와 欲(욕)의 반절이다. 三부에 속한다.

(1) 者字新補. (2) 尃錯作專, 音敷, 布也. 玉裁按, 汲古閣毛氏刊鉉本, 初作尃, 後改作專, 非也. 管子曰, 叩之, 其音淸摶徹遠, 純而不殺. 摶古專壹字. 今本作搏, 蓋非. 此專謂專壹也, 上云舒揚矣, 則不必更云專. (3) 謂雖折而不撓. 管子孫卿皆作折而不撓. (4) 忮, 很也. (5) 絜取圜轉之義. 凡度直曰度, 圍度曰絜. 管子孫卿皆作廉而不劌行也. 已上禮記聘義管子水地孫卿法行, 辭皆不同. (6) 謂三也. (7) 貫謂如璧有紐, 襍佩有組, 聘圭有繫, 瑬有五采絲繩, 荀偃以朱絲係玉二瑴之類. (8) 魚欲切. 三部.

007. 玨(각)부

玨 二玉相合爲一玨.(1) 凡玨之屬皆从玨.(2) 瑴 玨或从㱿.(3)

두 개의 옥(玉)을 합하여 하나의 ‘玨’을 만든다. 玨부에 속하는 한자는 모두 玨의 의미를 따른다. ‘瑴’은 玨의 혹자(或字)다.[41] ‘㱿(각)’으로 구성되었다.

(1) 《좌전(左傳)》의 《정의(正義)》에 “瑴(각)은 《창힐편(倉頡篇)》에 玨으로 썼다. 쌍옥을 玨이라 한다. 그래서 ‘玨’이 두 개의 玉으로 구성되어 있다.”라고 하였다.[42] 살펴보면 《회남자(淮南子)》에 “玄玉百工[검은 옥이 백공이다.]”[43]라는 말이 나오고 그 주석에서 “두 개의 玉이 하나의 工(공)이다.”라고 하였다. 工과 玨이 성모가 같으므로 ‘百工’이란 곧 ‘百玨’을

40 《左傳》 襄公 18년 傳: “晋侯伐齊, 將濟河, 獻子(荀偃)以朱絲係二瑴而禱曰…….”이라고 되어 있다. 荀偃이 齊나라와의 전쟁에 앞서 黃河를 건너면서 玉을 던지며 맹서했던 일을 말한다. 이때 玉을 던지면서 붉은 색실로 玉 두 개를 꿰어서 던진 일이 ‘貫’자의 의미를 설명해 주는 데 도움이 된다고 段玉裁는 생각한 것이다.

41 원문의 “…或从某”라고 되어 있는 것은 “…은 혹은 某로 구성되기도 한다.”로 번역될 수 있다. 이 책에서는 “…의 혹자(或字)로서 某로 구성되었다.”는 번역을 취한다. 여기서 말하는 或字는 或體字라고도 하며 《說文解字》의 表題字인 小篆의 異體字라고 할 수 있다.

42 《左傳》 莊公 18年 “皆賜玉五瑴, 馬三匹, 非禮也.”의 <正義>: 蒼頡篇, 瑴作玨, 雙玉爲瑴, 故字從二玉.

43 《淮南子·道應訓》 참조.

말한다. 허신이 "두 개의 玉으로 구성되었다.[从二玉]"라고 말하지 않은 이유는 의미가 자형에 있고 자형은 의미에서 드러나기 때문일 것이다. '珏'의 발음은 古(고)와 岳(악)의 반절이다. 3부에 속한다.

(2) '珏'부의 부속자로 '班(반)'·'瑏(복)'이 있어서 '珏'을 따로 하나의 부수로 배열하였다. 그렇지 않았다면 '玉'부의 뒤에 배열하였을 것이다. 일반적으로 《설문》의 통례는 이와 같다.

(3) '㱿(각)'은 발음을 나타낸다. 《좌전》의 "納玉十瑴[십각의 옥을 바쳤다.]"[44]이나 《노어(魯語)》의 "行玉廿瑴[이십각의 옥을 보내다.]"[45]의 '瑴'도 모두 이와 같이 혹자(或字)로 쓰였다. 위소(韋昭)나 두예(杜預)의 해설[46]도 《설문》과 같다.

(1) 左傳正義曰, 瑴, 倉頡篇作珏, 云雙玉爲珏, 故字从雙玉. 按淮南書曰, 玄玉百工, 注 二玉爲一工. 工與珏雙聲, 百工卽百珏也. 不言从二玉者, 義在於形, 形見於義也. 古岳切. 三部. (2) 因有班瑏字, 故珏專列一部. 不則綴於玉部末矣. 凡說文通例如此. (3) 㱿聲也. 左傳納玉十瑴, 魯語行玉廿瑴, 字皆如此作. 韋昭杜預解同說文.

008. 气(기)부

 雲气也.(1) 象形.(2) 凡气之屬皆从气.

'气'는 구름의 기운을 뜻한다. 상형(象形)이다. 气부에 속하는 한자는 모두 气의 의미를 따른다.

(1) '气'와 '氣(기)'[47]는 고금자(古今字) 관계다. '氣'를 '雲气(운기: 구름의 기운)'라는 뜻의 '气'자로 삼은 이후에 새로 다시 '餼(희)'자를 만들어 '廩氣(름기: 곡식을 먹어 얻는 기운)'라는 뜻의 '氣'자로 삼았다. '气'는 본래 雲气(운기)라는 뜻이었는데 인신되어 모든 기운을 뜻하

44 《左傳》 僖公 30年: 公爲之請納玉於王, 與晋侯, 皆十瑴, 王許之.

45 《國語·魯語》 上: 公說, 行玉二十瑴, 乃免衛侯.

46 주 37과 38의 杜注와 韋注가 "雙玉曰瑴"으로 되어 있다.

47 제7편 上 '米'부: 氣, 饋客之芻米也. 从米气聲. 春秋傳曰, 齊人來氣諸侯. 槩, 氣或从旣, 餼 氣或从食.

는 말이 되었다.

(2) 구름이 일어나는 모양을 상형하였다. '气'가 세 개의 획으로 이루어진 것은 "많은 것을 나열할 때 셋을 넘지 않는다.[列多不過三]"[48]라는 의미를 보인 것이다. 이 글자는 '三'의 의미를 따르는 종류의 글자이므로 배열 순서를 '三'부의 뒤인 여기에 놓은 것이다. '气'의 발음은 去(거)와 旣(기)의 반절이다. 15부에 속한다. (이 글자를) 가차하여 사람에게 '빌다, 구걸하다[气假]'[49]의 '气'로 사용하며, 생략하여 '乞(걸)'로 쓰기도 한다.

(1) 气氣古今字. 自以氣爲雲气字, 乃又作餼爲廩氣字矣. 气本雲气, 引伸爲凡气之偁. (2) 象雲起之皃. 三之者, 列多不過三之意也. 是類乎從三者也, 故其次在是. 去旣切. 十五部. 借爲气假於人之气, 又省作乞.

009. 士(사)부

士 事也.(1) 數始於一, 終於十. 从一十.(2) 孔子曰, 推十合一爲士.(3) 凡士之屬皆从士.

'士'는 일을 맡는다는 뜻이다. 수(數)는 一에서 시작하여 十에서 끝난다. 一과 十으로 구성되었다. 공자(孔子)는 "열 가지[十] 사항을 정리하여 한 가지[一] 일로 귀납하면 士가 된다."라고 하였다. 士부에 속하는 한자는 모두 士의 의미를 따른다.

(1) '士'를 '일을 맡는다[事]'라고 풀이한 것이 《시경(詩經)》의 <빈풍(豳風)>과 <주송(周頌)>의 전(傳)에 모두 세 번 보인다.[50] 《시경・대아(大雅)》의 "武王豈不仕[무왕이 어찌 일을 맡지 않겠는가.]"의 <모전(毛傳)>에서 "仕는 事의 뜻이다."라고 하였다.[51] 정현(鄭玄)

48 제1편 上 '三'부 說解와 段玉裁 注 참조.

49 '气'자가 '乞'의 本字라는 뜻이다.

50 《詩・豳風・東山》 "制彼裳衣, 勿士行枚." 《詩・周頌・敬之》 "陟降厥士, 日監在玆." 《詩・周頌・桓》 "保有厥士"의 <毛傳>에서 모두 "士는 事다."라고 풀이하고 있다. 이외에도 《詩・鄭風・褰裳》과 《詩・小雅・祈父》의 <毛傳>에서도 똑같이 풀이하고 있다.

51 《詩・大雅・文王有聲》의 <毛傳> 참조.

은 《예기·표기(表記)》에 주석하여 "仕는 事를 말한다."라고 거듭 말하였다.[52] '士'자와 '事'자는 운모(韻母)가 같다. 이 뜻이 확대되어 대체로 어떤 일을 담당할 능력이 있는 사람을 '士'라고 부른다. 《백호통(白虎通)》에 "士란 事다. 그러므로 일을 맡는 것을 일컫는 말이다. 그러므로 전(傳)에서 '고금(古今)의 모든 일에 대하여 그러한가 그렇지 않은가를 변별하는 사람을 士라고 부른다.'라고 하였다."[53]라고 하였다.

(2) 이 세 글자("从一十")는 《광운(廣韻)》에 근거하여 기록한 것이다.[54] 이는 '士'가 회의(會意)라는 것을 설명한 것이다.

(3) 이 구절이 《운회(韻會)》와 《옥편(玉篇)》에는 모두 "推一合十"이라고 되어 있다.[55] 서현본(徐鉉本)과 《광운(廣韻)》에는 "推十合一"이라고 되어 있다. 서현본이 더 나은 듯하다. 수(數)는 一에서 시작해서 十에서 끝난다. 학자들은 광범위한 사항을 정리하여 요약된 사항으로 귀납시키므로 "推十合一"이라고 한 것이다. "널리 배우고, 깊게 질문하고, 신중하게 생각하고, 명철하게 분별하고, 독실하게 행동해야만"[56] 지극한 경지를 추구할 수 있다는 것이 이것이다. 만약 누군가가 하나의 원리로 모든 것을 관통하였다면 성인의 극치를 이룬 사람일 것이다. '士'의 발음은 鉏(서)와 里(리)의 반절이다. 1부에 속한다.

(1) 豳風周頌傳凡三見. 大雅, 武王豈不仕. 傳亦云, 仕, 事也. 鄭注表記申之曰, 仕之言事也. 士事疊韻. 引伸之, 凡能事其事者偁士. 白虎通曰, 士者, 事也. 任事之稱也, 故傳曰, 通古今, 辯然不, 謂之士. (2) 三字依廣韻. 此說會意也. (3) 韻會玉篇皆作推一合十. 鉉本及廣韻皆作推十合一. 似鉉本爲長. 數始一終十, 學者由博返約, 故云推十合一. 博學, 審問, 愼思, 明辨, 篤行, 惟以求其至, 是也. 若一以貫之, 則聖人之極致矣. 鉏里切. 一部.

---

52 《禮記·表記》"詩云, 豐水有芑, 文王豈不仕."의 鄭玄의 注.

53 《白虎通》卷一 爵: 士者, 事也. 仕事之稱也. 故傳曰, 古今辨然否, 謂之士.(《白虎通》의 原文은 段玉裁 注에 인용된 바와는 달리 '通'자가 없고 '不'자는 '否'자로 되어 있다.)

54 《廣韻》上聲 第六 '止'부의 '士'자 풀이에 "从一十"으로 인용되어 있다. 徐鉉本에는 "从一从十"이라고 되어 있다.

55 《韻會》上聲 四, 《玉篇》第二十二 '士'부 참조.

56 《中庸》제20장: 博學之, 審問之, 愼思之, 明辨之, 篤行之.

010. 丨(곤)[57]부

丨 下上通也.(1) 引而上行, 讀若囟.(2) 引而下行, 讀若逿. (3) 凡丨之屬皆从丨.

'丨'은 아래나 위로 통하는 것이다. 위로 끌어당겨 쓰는 경우에는 '囟(신)'으로 발음하고, 아래로 끌어당겨 쓰는 경우에는 '逿(퇴)'로 발음한다. 丨부에 속하는 한자는 모두 丨의 의미를 따른다.

(1) ("下上通也"는) 《옥편(玉篇)》에 의한 설명이다.[58]

(2) '囟'은 올라간다[進]는 뜻이다.

(3) 위로 올려 쓸 수도 있고 아래로 내려 쓸 수도 있기 때문에 "아래 위로 통한다."라고 하였다. '竹(죽)'부에 "篆(전)이란 끌어당겨 쓰는 것이다."라고 하였다.[59] 모든 한자의 직선은 늘여 위로 올려 쓰는 경우와 아래로 내려 쓰는 경우가 각각 다르다. 예를 들어 '至(지)'는 아래로 내려 써야 하고 '不(불)'은 위로 올려 써야 한다. 또한 '才(재)'·'屮(철)'·'木(목)'·'生(생)'[60] 등은 모두 올려 쓰는 유형에 속하므로 이에 해당한다. 이 두 가지 서법을 구분해서 쓴다면 발음이 각각 다르다. '囟(신)'으로 발음되면 13부에 속하고 '逿(퇴)'로 발음되면 15부에 속한다. 지금의 발음은 思(사)와 二(이)의 반절인데, '囟'과 쌍성이다. 또 하나의 발음은 古(고)와 本(본)의 반절이다.

(1) 依玉篇. (2) 囟之言進也. (3) 可上可下, 故曰下上通. 竹部曰, 篆, 引書也. 凡字之直, 有引而上引而下之不同. 若至字當引而下, 不字當引而上, 又若才屮木生字皆當引而上之類, 是也. 分用之

---

57 段注에서 의미에 따라 다른 발음을 제시하여 '곤'과 '시'의 두 가지 발음이 있다. 여기에서는 '곤'으로 발음한다.

58 《玉篇》 제155 '丨'부에 보인다. 徐鉉本·徐鍇本 모두 "上下通也"로 되어 있다.

59 제5편 上 '竹'부 '篆'자 說解: 篆, 引書也.

60 제12편 上 '至'부와 '不'부, 제6편 上 '才'부와 '木'부, 제6편 下 '生'부, 제1편 下 '屮'부 說解 참조. 이 글자들이 모두 그 造字과정에서 아래에서 위로의 진행 방향을 보여 준다는 의미다. 예를 들어 '不'자는 새가 하늘을 향해 머리를 위로 하고 날아가는 모습이므로 아래에서 위로 획을 그어야 하고 '才'·'屮'·'木'·'生' 등의 글자들은 모두 땅에서 식물이 자라나는 모습에서 만들어진 글자들이므로 역시 아래에서 위로 획을 그어야 한다는 뜻이다.

上引而下之不同. 若至字當引而下, 不字當引而上, 又若才屮木生字皆當引而上之類, 是也. 分用之則音讀各異. 讀若囟, 在十三部. 讀若退, 在十五部. 今音思二切, 囟之雙聲也. 又音古本切.

제 1 편 下

屮

艸

蓐

茻

011. 屮(철)부

艸木初生也. 象丨出形有枝莖也.(1) 古文或㠯爲艸字.(2) 讀若徹.(3) 凡屮之屬皆从屮. 尹彤說.(4)

'屮'은 초목(艸木)의 싹이 나오는 것을 의미한다. '丨(신)'은 싹이 나오는 모양이며 거기에 가지와 줄기가 있는 모양을 상형하였다. 고문(古文)에서는 간혹 이 글자를 '艸(초)'자로 여긴다. '徹(철)'과 동일하게 발음한다. 屮부에 속하는 한자는 모두 屮의 의미를 따른다. 이는 윤동(尹彤)의 주장이다.

(1) '丨'은 囟(신)으로 발음하고 위로 올려 쓴다.[1] '枝(지)'는 양쪽 방향의 가지와 줄기를 말한다. 본줄기는 '丨'이다. (초목이) '屮'보다 크게 자라면 '之(㞢)'자가 되고 아래로 뿌리를 내리면 '木(朩)'자가 된다.

(2) (허신이 "古文或㠯爲艸字"라고 말한 이유는) 한대(漢代) 사람들이 사용한 것을 존중한 것이다. '或(혹)'이라는 말은 (그렇게 사용되는 경우가) 있지만[2] 모두 그렇지는 않다는 뜻이다. 일반적으로 "고문에서 (이 글자를) 어떤 자로 여긴다.[古文㠯爲某字]"라는 말은 육서(六書) 중의 가차(假借)를 설명하는 말이다. (여기서의) '㠯'는 '사용하다[用(용)]'의 뜻으로써, 본래는 그 글자가 아니지만 고문에서는 그 글자를 어떤[某] 글자로 사용하였다는 말이다. 예를 들어 고문에서는 '洒(쇄)'자를 灑埽(쇄소)의 '灑'자로 사용하고, '疋(소)'자를 《시(詩)·

1 제1편 上 '丨'부 설해 참조.

2 '或'자와 '有'자는 발음이 가까워서 모두 제1부에 속한다.

大雅(대아)》의 '雅'자로 사용하고, '丂(고)'자를 '巧(교)'자로 사용하고, '臤(간)'자를 '賢(현)'자로 사용하고, '𣥠(노)'자를 魯衛(노위)의 '魯'자로 사용하고, '哥(가)'자를 '歌(가)'자로 사용하고, '詖(피)'자를 '頗(파)'자로, '䀠(권)'자를 '靦(전)'자로 사용하였으며 주문(籀文)에서는 '爰(원)'자를 車轅(거원)의 '轅'자로 사용하였다.[3] 옛날에는 한자가 많지 않아서 (이미 있는 글자의) 발음이 같으면 그 한자로 (아직 문자화되지 않은) 사물을 표현하려고 하였다. (그러나) 고문에서 '屮(철)'을 艸(초)자로, '疋(소)'를 足(족)자로, '丂(고)'를 亐(우)자로, '侯(잉)'을 訓(훈)자로, '臭(고)'를 澤(택)자로 사용한 경우[4]는 발음에 의탁한 가차(假借)라고 볼 수는 없으며 어쩌다 그 자형이 서로 비슷하기 때문에 빌려 쓰게 된 것이다. 이는 후인들이 잘못된 것을 받아들인 경우로서 용인되어서는 안 된다.

(3) 윗 글("古文或目爲艸字")에서 '目爲(以爲)(이위)'라고 하였지만, 또한 '或(혹)'이라고 말하고 있으므로 본래 (屮은) '艸'자가 아니라는 말이다. (그렇다면 '屮'을) 어떻게 발음하여야 하는가? '徹'(철)로 발음한다. '徹'은 '통한다[通(통)]'는 의미다.[5] (屮자의) 의미가 발음에 보존되어 있다. 이는 윤동(尹彤)의 주장이다. 윤동(尹彤)은 한대(漢代) 사람들이 '艸木'의 '艸'자로 이 자(屮)를 많이 사용하였고, 속인들이 이 자(屮)를 '艸'로 잘못 알고 있음을 보았기 때문에 그것을 교정한 것이다. 가차(假借)를 언급할 때에는 반드시 '발음이 같은 한자로 사물을 표시한다.[依聲託事]'는 것을 원리로 삼아야 한다. 그러나 '屮'과 '艸'는 그 음류(音類)가 현격하게 다르다. 고문(古文)의 가차는 어쩌다 그렇게 된 경우도 있지만 지금은 더욱 그래서는 안 된다. '屮'의 발음은 丑(축)과 列(열)의 반절이다. 15부에 속한다.

(4) ("尹彤說"이라는) 세 글자는 당연히 "凡屮之屬皆从屮"의 위에 와야 하는데, 이 책을 옮겨 적은 사람이 바꾸어 쓴 것이다. 일반적으로 (허신이) '누구의 주장[某說]'이라고 한 경우에는 통인(通人)의 주장을 널리 취한 것을[6] 말한다. (이렇게 인용된 사람 중에는) 한자의 의미를 설명한 사람도 있고, 한자의 자형을 설명한 사람도 있으며, 한자의 발음을 설명한 사람도 있다.

(1) 丨讀若囟, 引而上行也. 枝謂兩旁莖枝, 柱謂丨也. 過乎屮則爲㞢, 下垂根則爲木. (2) 漢人所

---

3 제12편 上 '水'부의 '洒'자, 제2편 下 '疋'부, 제5편 上 '丂'부, 제3편 下 '臤'부, 제7편 上 '㫃'부의 '旅'자, 제5편 上 '可'부의 '哥'자, 제3편 上 '言'부의 '詖'자, 제4편 上 '䀠'부, 제4편 下 '𠬪'부의 '爰'자 참조.

4 제2편 下 '疋'부, 제5편 上 '丂'부, 제8편 上 '人'부, 제10편 下 '大'부 참조.

5 제3편 下 '攴'부 '徹'자 설해: 徹, 通也.

6 제15편 上 <敍>: 博采通人, 至於大小, 信而有證.

用尙爾. 或之言有也, 不盡爾也. 凡云古文以爲某字者, 此明六書之叚借. 以, 用也. 本非某字, 古文用之爲某字也. 如古文以洒爲灑埽字, 以疋爲詩大雅字, 以丂爲巧字, 以臤爲賢字, 以㫃爲魯衛之魯, 以哥爲歌字, 以詖爲頗字, 以𡇒爲靦字, 籒文以爰爲車轅字, 皆因古時字少, 依聲託事. 至於古文以屮爲艸字, 以疋爲足字, 以丂爲亐字. 以侯爲訓字, 以臭爲澤字, 此則非屬依聲, 或因形近相借, 無容後人效尤者也. (3) 上言以爲, 且言或, 則本非艸字. 當何讀也. 讀若徹. 徹, 通也. 義存乎音. 此尹彤說. 尹彤見漢人艸木字多用此, 俗誤謂此卽艸字, 故正之. 言叚借必依聲託事, 屮艸音類遠隔. 古文叚借尙屬偶爾, 今則更不當爾也. 丑列切. 十五部. (4) 三字當在凡屮上, 轉寫者倒之. 凡言某說者, 所謂博采通人也. 有說其義者, 有說其形者, 有說其音者.

012. 艸(초)부

 百芔也.(1) 从二屮.(2) 凡艸之屬皆从艸.

'艸'는 모든 풀을 뜻한다. 두 개의 '屮(철)'로 구성되었다. 艸부에 속하는 한자는 모두 艸의 의미를 따른다.

(1) '卉(훼)'자에서 "풀의 총명[艸之總名]이다."[7]라고 하였다. 이는 ('艸'자와 '卉'자가) 전주(轉注) 관계임을 말한 것이다. 두 개의 '屮'[艸]과 세 개의 '屮'[芔]은 같은 뜻이다. 인신되어 艸稿(초고)·艸具(초구)[8]의 '艸'가 되었다.

(2) '艸'의 발음은 倉(창)과 老(로)의 반절이다. 고음은 3부에 속한다. 속인들이 '草(초)'자를 '艸'의 의미로 쓰게 되면서 이를 구별하기 위하여 '皁(조)'자를 가지고 '草'자[9]의 의미로 사용하게 되었다.

(1) 卉下曰, 艸之總名也. 是謂轉注. 二屮三屮一也. 引伸爲艸稿艸具之艸. (2) 倉老切. 古音在三部. 俗以草爲艸, 乃別以皁爲草.

7 제1편 下 '艸'부 '卉'자 說解: 卉, 艸之總名也.

8 '艸具'는 조촐한 식사를 말한다. 《戰國策·齊策》: 願寄食文下, 左右以君賤之也, 食以草具.

9 제1편 下 '艸'부 '草'자 說解: 草, 草斗, 櫟實也. 一曰象斗.

013. 蓐(욕)부

 陳艸復生也. 从艸辱聲.(1) 一曰蔟也.(2) 凡蓐之屬皆从蓐.  籒文蓐. 从茻.(3)

'蓐'은 묵은 풀이 다시 살아난다는 뜻이다. '艸(초)'로 구성되었고 '辱(욕)'이 발음을 나타낸다. 일설(一說)에는 '누에섶[蔟(족)]'이라고도 한다. 蓐부에 속하는 한자는 모두 蓐의 의미를 따른다. ''은 蓐의 주문(籒文)이다. '茻(망)'으로 구성되었다.

(1) '蓐'의 발음은 而(이)와 蜀(촉)의 반절이다. 3부에 속한다.

(2) (蓐이 '누에섶'이라는 것은) 또 다른 뜻이다. '艸(초)'부에서 "蔟(족)은 누에섶을 깐다는 뜻이다."[10]라고 하였다. '蓐'자에서는 "묵은 풀이 다시 살아난다."라고 하였다. 인신되어 '자리 깔개[薦席(천석)]'라는 뜻의 '蓐'으로 사용하게 되었다. 이에 따라 '누에섶[蠶蔟(잠족)]'도 '蓐'이라고 불리게 되었다.

(3) '蓐'자를 '艸'부의 53개 부속자[11]에 넣지 않고 별도로 '蓐'부를 세운 이유는 '薅(호)'자가 '蓐'으로 구성되어 있기 때문이다.

(1) 而蜀切. 三部. (2) 此別一義. 艸部曰, 蔟, 行蠶蓐也. 蓐訓陳艸復生. 引伸爲薦席之蓐, 故蠶蔟亦呼蓐. (3) 此不與艸部五十三文爲類, 而別立蓐部者, 以有薅字從蓐故也.

014. 茻(망)부

 衆艸也.(1) 从四屮. 凡茻之屬皆从茻. 讀若與冈同.(2)

---

10 제1편 下 '艸'부 '蔟'자 說解: 蔟, 行蠶蓐.

11 '蓐'자의 小篆 자형은 '艸'로 구성되었지만 籒文 자형으로는 '茻'으로 구성되어 있다. 그래서 '艸'부의 부속자 전체 수인 445를 들지 않고 그중에서도 '茻'으로 구성된 53개만을 든 것이다.

‘茻’은 많은 풀을 뜻한다. 네 개의 ‘屮(철)’로 구성되어 있다. 茻부에 속하는 한자는 모두 茻의 의미를 따른다. ‘冈’(망)과 동일하게 발음한다.

(1) 내 생각에 경전(經傳)에서 ‘艸莽(초망)’의 ‘莽’자는 ‘茻’으로 써야 한다.[12]

(2) (“讀若如冈同”은) ‘茻’의 발음이 ‘冈’의 발음과 같다는 말이다. ‘茻’의 발음은 모 模(모)와 朗(랑)의 반절이다. 10부에 속한다.

(1) 按經傳艸莽字當用此. (2) 謂其讀若與冈之讀若同也. 模朗切. 十部.

---

12 제1편 下 ‘茻’부 ‘莽’자에서 許愼은 “남창지역에서는 개가 수풀 속에서 토끼 쫓기를 잘하는 것을 莽이라 한다.[南昌謂犬善逐兎艸中爲莽]”라고 하였으니 ‘풀이 많다’는 것은 ‘莽’자의 본의가 아니다. 그래서 段玉裁는 ‘艸莽’의 ‘莽’자는 ‘茻’자로 써야 한다고 주장하였다.

제 2 편 上

小八釆半牛犛

告口凵吅哭走

止癶步此

015. 小(소)부

 物之微也. 从八. 丨見而八分之.[1](1) 凡小之屬皆从小.

'小'는 물건이 작다는 뜻이다. '八(팔)'로 구성되었다. '丨'이 보이자 곧 나누었다. 小부에 속하는 한자는 모두 小의 의미를 따른다.

(1) '八'은 나눈다[別(별)]는 뜻이다. 나누어 구분한 모양을 상형하였다.[2] 그러므로 허신(許愼)이 "八로 구성되었다.[从八]"라고 설명한 것은 나누었다는 뜻이다. 나누어야 하는 것[丨]이 보이자 그것을 바로 나누었다.[3] 회의(會意)다. 일반적으로 온전한 물건은 나누면 작아진다. '小'의 발음은 私(사)와 兆(조)의 반절이다. 2부에 속한다.

(1) 八, 別也. 象分別之形, 故解从八爲分之. 丨才見而輒分之. 會意也. 凡㮯物分之則小. 私兆切. 二部.

---

1 徐鉉本에는 "小, 物之微也. 从八. 丨見而分之."라고 되어 있어서 아래의 '八'자가 없다. 王筠은 《說文句讀》에서 '八'자가 더해진 것은 옳지 않다고 주장하였다. 왜냐하면 '丨'으로 보인다는 의미를 설명하였고 '分'으로 나눈다는 의미를 설명하였으니 또다시 '八'자를 덧붙일 필요가 없다는 것이다.

2 제2편 上 '八'부 說解: 八, 別也. 象分別相背之形.

3 王筠은 《說文句讀》에서 '小'에서 '丨'은 보인다는 뜻을 가진다고 풀이하였다. 마치 '屮'자가 '丨'으로 구성된 이유가 처음으로 물건이 생겨나는 것을 뜻하기 때문인 것과 같다는 것이다. 물건이 처음으로 생겨나면 작지만 보일 수 있게 되고 또한 나눌 수 있게 된다.

016. 八(팔)부

 別也.(1) 象分別相背之形. 凡八之屬皆从八.(2)

'八'은 나눈다는 뜻이다. 나뉘어 서로 등진 모양을 상형하였다. 八부에 속하는 한자는 모두 八의 의미를 따른다.

(1) 동일한 성모와 운모를 가진 글자[雙聲疊韻字]인 '別(별)'자로 '八'자의 의미를 해설하였다. 지금 절강(江浙)지방의 속어로 다른 사람에게 물건을 주는 것을 '八'이라고 한다. 다른 사람에게 주었으니 나눈 것이다.

(2) '八'의 발음은 博(박)과 拔(발)의 반절이다. 고음은 11부에 속한다.

(1) 此以雙聲疊韻說其義. 今江浙俗語, 以物與人謂之八. 與人則分別矣. (2) 博拔切. 古音在十一部.

017. 釆(변)부

 辨別也. 象獸指爪分別也.(1) 凡釆之屬皆从釆. 讀若辨.(2)  古文釆.(3)

'釆'은 구별한다는 뜻이다. 짐승의 발가락 자국이 구별되는 것을 상형하였다. 釆부에 속하는 한자는 모두 釆의 의미를 따른다. '辨(변)'과 같이 발음한다. ''은 釆의 고문이다.

(1) 창힐(倉頡)은 새와 짐승이 지나간 발자국을 보고 그 모양이 구별될 수 있다는 것을 알아내어 마침내 서계(書契)를 만들었다.[4] '釆'자는 짐승의 발가락과 발톱이 구별된다는 것에서

---

4 《說文》 敍 참조.

자형을 얻었다.

(2) ‘釆’의 발음은 蒲(포)와 莧(현)의 반절이다. 14부에 속한다.

(3) 혜동(惠棟)은 “《상서(尙書)》에서 ‘平章(평장: 널리 밝혀 준다)’, ‘平秩(평질: 고르게 질서를 잡다)’[5]의 ‘平’은 모두 ‘㸓’[6]으로 고쳐야 한다. ‘釆’자의 고문[㸓]이 ‘平’자의 고문[7]과 서로 유사하여 잘못 쓴 것이다.”라고 하였다. 내 생각에 이는 억측이므로 따라서는 안 된다.[8]

(1) 倉頡見鳥獸蹏迒之迹, 知文理之可相別異也, 遂造書契. 釆字取獸指爪分別之形. (2) 蒲莧切. 十四部. (3) 惠氏棟云, 尙書平章平秩, 平字皆當作㸓, 與古文平相似而誤. 按此肊測不可从.

018. 半(반)부

 物中分也. 从八牛. 牛爲物大, 可㠯分也.(1) 凡半之屬皆从半.(2)

‘半’은 사물의 가운데를 나눈다는 뜻이다. ‘八(팔)’과 ‘牛(우)’로 구성되었다. 소는 물건이 크기 때문에 나눌 수 있다. 半부에 속하는 한자는 모두 半의 의미를 따른다.

(1) (소는 덩치가 크고 나눌 수 있는 물건이기) 때문에 (‘半’이) ‘牛’를 취하였다. 회의(會意)다.

(2) ‘半’의 발음은 博(박)과 幔(만)의 반절이다. 14부에 속한다.

(1) 故取牛. 會意. (2) 博幔切. 十四部.

---

5 《尙書·堯典》 참조.

6 ‘㸓’자는 ‘釆’의 古文 자형이다.

7 제5편 上 ‘亏’부 ‘平’자 참조. 平의 고문 자형은 ‘𠀒’으로 되어 있다.

8 段玉裁《古文尙書撰異》卷一 참조.

019. 牛(우)부

 事也, 理也.(1) 像角頭三封尾之形也.(2) 凡牛之屬皆从牛.

'牛'는 일하다[事], 이치를 드러내다[理]의 뜻이다. (두 개의) 뿔과 머리 이 셋과 어깨 봉우리와 꼬리의 모양을 상형하였다. 牛부에 속하는 한자는 모두 牛의 의미를 따른다.

(1) '事(사)'는 맡겨진 일을 해낼 수 있다는 말이다. 소는 밭가는 일을 할 수 있는 동물이다. '理(리)'는 소 몸체의 모양[文理]을 따라 나눌 수 있다는 것을 말한다.[9] "포정(庖丁)이 소를 가를 때에는 하늘의 이치에 따라서 한다. 큰 틈을 베어내고 빈 공간을 따라서 한다."[10] 牛(우)·事(사)·理(리) 세 글자는 모두 고음 제1부에 속한다. 여기서 ('牛'는 "事다"라고 설명한 것은) '羊(양)'은 "상서롭다[祥(상)]는 뜻이다",[11] '馬(마)'는 "화내다[怒(노)], 힘세다[武(무)]이다"[12]라고 설명한 것과 같은 예다. 천인(淺人)들이 이 의미를 알지 못하고 (허신의 설해를) 고쳐서 "큰 희생물이다. 牛는 件(건)의 뜻이고 件은 일의 이치[事理]라는 뜻이다. [大牲也. 牛, 件也. 件, 事理也.]"[13]라고 하였다. 이는 '吳(오)'자에서 "성(姓)을 말한다. 또한 군(郡)의 이름이기도 하다.[姓也. 亦郡也.]"[14]라고 함부로 덧붙인 것과 같은 오류다.

(2) '角頭三'이라고 한 것은 ('牛'의 전서(篆書) 윗부분이 세 갈래로 갈렸는데 그것이) 두 개의 뿔과 머리를 상형하여 셋이 된 것을 말한다. 소뿔과 머리를 합하면 셋이고 말의 다리와 꼬

9 여기에서 단옥재는 理를 '무늬'나 '모양'에 한정시키느라 '牛'부의 설해에서 허신이 말하고자 하는 의미를 왜곡시키고 있다. 허신에게 있어서 '소'라는 물건은 실천성[事]과 아울러 그 이치[理]를 드러내는 존재이다. 소는 살아서는 묵묵히 밭을 갈며 주어진 일을 하다가 그 임무를 마치고 죽음에 이르러서는 그 몸을 골고루 나누어 다시 유용한 곳에 쓰여지게 된다. 일할 때와 죽고 나서의 상태는 고정된 것이 아니며 그것은 나뉨[八]이라는 문자형태로 연결되어 있다. 즉 바로 牛로 구성된 半자가 牛자 앞에 위치하는 이유도 소라는 물건이 보여 주는 나누어지는 이치가 현실적인 물건에서 가장 극명하게 표출되고 있기 때문이다. 따라서 이때의 이치란 완전한 물건이었다가 다시 나누어지고 또 그 이후의 변화를 내포하는 그 과정 전체를 말하는 것이지 결코 소의 몸이 구성된 모양이나 구조만을 한정해서 말한 것이 아니다.

10 《莊子·養生主》.

11 제4편 上 '羊'부 說解 참조.

12 제10편 上 '馬'부 說解 참조.

13 徐鉉本, 徐鍇本이 모두 이렇게 되어 있다.

14 제10편 下 '夨'부 '吳'자 說解와 段玉裁 注 참조.

리는 합하면 다섯이다. '封(봉)'이라고 한 것은 가운데 획이 봉우리[封]의 형상인 것을 말한다. 이때의 봉우리[封]란 소 어깨뼈의 솟아오른 부분을 가리키며 '犎(봉)'이라고도 쓴다. 꼬리[尾(미)]는 아래로 곧게 뻗은 획이 꼬리의 모양을 상형한 것을 말한다. 양[羊]·돼지[豕]·말[馬]·코끼리[象]를 의미하는 글자들은 모두 네 다리를 상형하였다. 소를 의미하는 '牛'의 자형은 (다리를) 생략하였으나 잘 살펴서 생각해 보면 이해할 수 있을 것이다. '牛'의 발음은 語(어)와 求(구)의 반절이다. 고음에서는 '疑(의)'와 같이 발음한다.

(1) 事也者, 謂能事其事也. 牛任耕. 理也者, 謂其文理可分析也. 庖丁解牛, 依乎天理, 批大郤, 道大窾. 牛事理三字同在古音第一部. 此與羊祥也, 馬怒也武也, 一例. 自淺人不知此義, 乃改之云, 大牲也, 牛, 件也, 件, 事理也. 與吳字下妄增之曰, 姓也, 亦郡也. 同一紕繆. (2) 角頭三者, 謂上三岐者象兩角與頭爲三也. 牛角與頭而三, 馬足與尾而五. 封者, 謂中畫象封也. 封者, 肩甲墳起之處, 字亦作犎. 尾者, 謂直畫下垂像尾也. 羊豕馬象, 皆像其四足. 牛略之者, 可思而得也. 語求切. 古音讀如疑.

020. 犛(리)부

西南夷長髦牛也.(1) 从牛𠩺聲.(2) 凡犛之屬皆从犛.

'犛'는 서남이(西南夷) 지역의 긴털소다. '牛(우)'로 구성되었으며 '𠩺(리)'는 발음을 나타낸다. 犛부에 속하는 한자는 모두 犛의 의미를 따른다.

(1) 지금 사천(四川) 아주부(雅州府) 청계현(淸谿縣) 대상령(大相嶺)의 밖에 '旄牛(모우)'라는 땅이 있는데 (그 지방에서는) '旄牛'를 생산한다. 청계현의 남쪽인 녕원부(寧遠府)와 서쪽인 타전로(打箭鑪)는 옛날 서남이(西南夷)의 땅으로서 모두 '旄牛'를 생산하였다. 곽박(郭璞)은 《산해경(山海經)》에서 (旄牛에 대하여) 다음과 같이 주석하였다.[15] "등, 무릎, 턱밑, 꼬리에 모두 긴 털이 나 있다. 뿔은 작고 몸 전체가 검은색이며 토속에서는 잡아서 요리해 먹기도

15 《山海經·北山經》"潘侯之山有獸焉, 其狀如牛, 而四節生毛, 名曰旄牛."에 대한 郭璞의 注다.

한다. 꼬리는 말려서 터리개로 쓸 수 있다." (허신의 설명에서) 긴 털[長髦(장모)]이라고 한 것은 등, 무릎, 턱밑, 꼬리에 모두 긴 털이 있기 때문이다. 아래에 부속된 '氂(모)'자가 바로 그 꼬리만을 가리키는 글자다. 이 소를 '犛牛'라고 부르는데 ('犛'자는) '貍(리)'처럼 발음한다. 초(楚) 지방 말에 '巴浦之犀犛[巴浦지방의 무소와 긴꼬리소]'라는 말이 있고 <상림부(上林賦)>에 '獢旄貘犛(용모맥리)'라는 말이 있는데 모두 긴 털이라는 뜻을 취한 것이다. 그래서 《사기·서남이전(西南夷傳)》에서는 그것을 '髦牛(모우)'라고 불렀다.[16] 그리고 그 꼬리를 '氂'(모)라고 부르기 때문에 《주례(周禮)·악사(樂師)》에서 그것을 '氂牛'라고 주석한 것이다.[17] 또한 '氂'를 가지고 깃발 '旄'를 장식할 수 있으므로 《예기》의 주석, 《이아》의 주석, <북산경(北山經)>, <상림부> 주석, 《한서·서남이전》[18]에서 모두 그것을 '旄牛'라고 하였다. 氂(모)·髦(모)·旄(모) 세 글자는 발음이 같다. 犛(리)를 발음할 때 '毛(모)'라고 하는데 잘못이다. <상림부>에 의하면[19] '旄(모)'와 '犛(리)'는 다른 글자다. <중산경(中山經)>에서 "형산(荊山)에 긴꼬리소[犛牛(리우)]가 많다."라고 하였는데 곽박은 ('犛牛'가) '旄牛'의 일종이라고 하였다.[20]

(2) '犛'의 발음은 里(리)와 之(지)의 반절이다. 1부에 속한다. 내 생각에 '犛'의 발음은 里(리)와 之(지)의 반절이며 '氂'의 발음은 莫(막)과 交(교)의 반절이다. 서개(徐鍇)가 사용한 《당운(唐韻)》의 반절 발음이 틀리지 않았는데 속본에서 잘못하여 바꾸어 놓았다.[21]

(1) 今四川雅州府清谿縣大相嶺之外, 有地名旄牛, 産旄牛. 而清谿縣南抵寧遠府, 西抵打箭鑪, 古西南夷之地, 皆産旄牛. 如郭樸注山海經所云, 背厀及胡尾皆有長毛者, 小角, 其體純黑, 土俗用爲茦, 其尾腊之可爲拂子. 云長髦者, 謂背厀胡尾皆有長毛. 下文氂字, 乃專謂尾也. 此牛名犛牛, 音如貍. 楚語, 巴浦之犀犛. 上林賦, 獢旄貘犛. 以其長髦也, 故史記西南夷傳謂之髦牛. 以其尾名氂也, 故周禮樂師注謂之氂牛. 以氂可飾旄也, 故禮注爾雅注北山經上林賦注漢書西南夷傳, 皆謂之旄牛. 氂髦

---

16 《史記·西南夷傳》: 巴蜀民或竊出商賈, 取其筰馬, 僰僮, 髦牛.

17 《周禮·樂師》 "有旄舞"의 注: 鄭司農云, 旄舞者, 犛牛之尾.

18 《禮記·樂記》 "及干戚羽旄, 謂之樂."의 注: 旄, 旄牛尾也.
《爾雅·釋器》 "旄謂之藣"의 郭樸의 注: 旄牛尾也.
《漢書·西南夷傳》은 《史記·西南夷傳》과 같은 문장인데 단지 '髦牛'를 '旄牛'로 쓰고 있다.

19 <上林賦>의 "獢旄貘犛"를 말한다.

20 段玉裁는 郭樸이 '犛'와 '旄'를 같은 글자로 보는 것에 반대하고 있다.

21 徐鉉本에는 '犛'의 발음은 莫과 交의 반절[莫交切], '氂'의 발음은 '里와 之의 반절[里之切]'이라고 되어 있다. 반면에 徐鍇本에는 '犛'의 발음은 '利와 之의 반절[利之反]', '氂'의 발음은 '夢과 梢의 반절[夢梢反]'이라고 되어 있다.

旄三字音同, 因之讀犛如毛, 非也. 據上林賦則旄犛異物. 中山經, 荊山多犛牛. 郭曰, 旄, 牛屬. (2) 里之切. 一部. 按犛切里之, 氂切莫交. 徐用唐韻不誤, 而俗本誤易之.

021. 告(고)부

 牛觸人, 角箸橫木, 所㠯告人也. 从口从牛.(1) 易曰, 僮牛之告.(2) 凡告之屬皆从告.

'告'는 소의 뿔이 사람에게 닿을까 하여 소의 뿔에 횡목을 걸어서 그것으로 사람에게 알려 준다는 뜻이다. '口(구)'와 '牛(우)'로 구성되었다. 《역(易)》에서 "童牛之告[어린 소가 알려 준다.]"라고 하였다. 告부에 속하는 한자는 모두 告의 의미를 따른다.

(1) 허신의 설명에 의하면 '告'란 쇠뿔 가로막대[楅衡(폭형)][22]다. 소[牛]의 뿔에 사람의 입[口]을 합하여 회의(會意)자로 만들었다. 그러나 소와 사람의 입은 한 몸이 될 수 없으므로 소[牛]와 입[口]으로 글자를 만들었다는 설명으로는 '告'의 의미를 알 수가 없다. 또 '告'의 자형 가운데에 가로댄 나무로 볼 만한 것이 없으므로 '告'자의 뜻은 선명하지 않다. 또한 허신이 말한 바가 '口'[말하다]의 (의미를) 사용하지 않았으니 '告'에는 '口'의 자형을 사용하지 않을 수도 있었다. 그럼 무엇 때문에 '告'가 (알린다, 고한다는) 의미를 나타낸다고 여겼는가? 내 생각에 이는 (《易》의) "僮牛之告"[23]로 인하여 왜곡되어진 설명이며 이 글자의 본의는 아닌 것 같다. 그래서 '木(목)'부의 '楅(폭)'자 설명에서 이 '告'를 전주(轉注)로써 풀이하지 않았다.[24] 이 '告'자는 '口'부로 들어가서 "口로 구성되어 있고 牛가 발음을 나타낸다.[从口牛聲]"라고 설명되어야 한다. '牛'는 입성(入聲)으로 '玉(옥)'과 같이 발음할 수 있다. 《광운(廣韻)》에서는 "윗사람에게 알리는 것을 '告'라 하고 아랫사람에게

22 '楅衡'이라는 말은 <毛傳>과 鄭玄의 箋에 보인다. 《詩・魯頌・閟宮》의 <毛傳>에서 "楅衡設牛角以楅之也"라고 하였고 鄭玄의 箋에서는 "楅衡其牛角, 爲其觸觝人也."라고 하였다.

23 지금 王弼이 注한 《易》에는 "童牛之牿"으로 쓰여 있다. 이 구절은 大畜卦 六四爻의 爻辭다. 단옥재는 '僮牛'를 '僮昏之牛'라고 풀이하고 있으므로 '僮'자를 쓰고 있다.

24 제6편 上 '木'부: 楅, 以木有所畐束也.

말하는 것을 '誥(고)'라 한다." 하였다.[25] '告'의 발음은 古(고)와 沃(옥)의 반절이다. 3부에 속한다. 후에 古(고)와 到(도)의 반절로 발음이 바뀌었다. 또한 왕룡(汪龍)은 "여기서는 '嚳(곡)'자 때문에 '告'부를 세웠다."라고 하였는데 내 생각에도 그런 것 같다. '嚳'은 '斅(학)'의 생략된 자형으로 구성되었다. '斅'도 가르친다는 뜻이다.[26] (무엇인가를) 가르치므로 급히 알려 주게 되는 것이다. '嚳'에서는 '告'가 (의미를 나타내는 부분이 아니라) 발음을 나타내는 부분이므로 마땅히 '斅'부를 세워 '嚳'을 부속시켜야 하며 ('嚳'자를 부속시키기 위해) '告'부를 세워서는 안 된다.

(2) ("童牛之告"는) 《역(易)》 대축(大畜)괘의 효사(爻辭)다. '僮牛'는 젊은 소다. (이 《역》 원문의) '告'자는 구가역(九家易)은 같지만 왕필(王弼)은 '牿(곡)'자로 썼다.[27]

(1) 如許說則告卽楅衡也. 於牛之角寓人之口爲會意. 然牛與人口非一體, 牛口爲文, 未見告義. 且字形中無木, 則告意未㬎. 且如所云是未嘗用口, 是告可不用口也. 何以爲一切告字見義哉. 愚謂此許因童牛之告而曲爲之說, 非字意. 故木部楅下不與此爲轉注. 此字當入口部, 从口牛聲. 牛可入聲讀玉也. 廣韻, 告上曰告, 發下曰誥. 古沃切. 三部. 音轉古到切. ○ 又汪氏龍曰, 此因嚳字, 故立告部. 愚謂誠然. 嚳从斅省, 斅亦教也. 教之故急急告之. 告亦聲. 然則當立斅部, 嚳屬焉, 不當有告部. (2) 大畜爻辭. 僮牛, 僮昏之牛也. 告, 九家同, 王弼作牿.

022. 口(구)부

 人所目言食也.(1) 象形.(2) 凡口之屬皆从口.

'口'는 사람이 말하고 먹는 기관이다. 상형(象形)이다. 口부에 속하는 한자는 모두 口의 의미를 따른다.

(1) 말하고 먹는 일은 입이 하는 두 가지 기본적인 일이다. '舌(설)'자에서도 "입은 말하고 맛

25 《廣韻》 入聲 二 '沃'부: 告, 又音誥. 告上曰告, 發下曰誥.

26 제3편 下 '敎'부 '斅'자 說解 참조.

27 주 23번 참조.

을 구별하는 수단이다."라고 하였다.[28] 《주역(周易)·이괘(頤卦)》 <상전(象傳)>에 보면, "군자는 말을 신중히 하고 음식을 삼가한다."[29]라고 하였다.

(2) '口'의 발음은 苦(고)와 厚(후)의 반절이다. 4부에 속한다.

(1) 言語飮食者, 口之兩大耑. 舌下亦曰, 口所以言別味也. 頤象傳曰, 君子以愼言語, 節飮食. (2) 苦厚切. 四部.

023. 凵(감)부

 張口也. 象形.(1) 凡凵之屬皆从凵.

'凵'은 입을 벌린 것이다. 상형(象形)이다. 凵부에 속하는 한자는 모두 凵의 의미를 따른다.

(1) ("張口也"의) '也(야)'자가 《광운(廣韻)》에서는 '皃(모)'자로 되어 있다.[30] '凵'의 발음은 口(구)와 犯(범)의 반절이다. 8부에 속한다.

(1) 也廣韻作皃. 口犯切. 八部.

024. 吅(훤)부

 驚嘑也.(1) 从二口. 凡吅之屬皆从吅. 讀若讙.(2)

28 제3편 上 '舌'부 說解 참조.

29 《易》 頤卦 象傳: 象曰, 山下有雷, 頤, 君子, 以愼言語, 節飮食.

30 《廣韻》 上聲 55 范부: 凵, 張口皃.

'吅'은 놀라 부르는 것이다. 두 개의 '口(구)'로 구성되었다. 吅부에 속하는 한자는 모두 吅의 의미를 따른다. '讙'(환)과 같이 발음한다.

(1) 《옥편(玉篇)》에서 "吅과 讙은 (의미가) 통한다."라고 하였다.[31] 그러나 살펴보면 '言'부에 있는 '讙(환)'은 '譁(화)'[32]와 서로 풀이해 주는[互訓(호훈)] 관계에 있으므로[33] ('吅'의) '놀라 부르다[驚嘑(경호)]'라는 뜻과는 다른 것 같다.
(2) '吅'의 발음은 況(황)과 袁(원)의 반절이다. 14부에 속한다.

(1) 玉篇云, 吅與讙通. 按言部讙譁二字互訓, 與驚嘑義別. (2) 況袁切. 十四部.

025. 哭(곡)부

 哀聲也. 从吅, 从獄省聲.(1) 凡哭之屬皆从哭.

'哭'은 슬피 우는 소리다. '吅(환)'으로 구성되었고 '獄(옥)'의 생략형이 발음을 나타낸다. 哭부에 속하는 한자는 모두 哭의 의미를 따른다.

(1) '哭'의 발음은 苦(고)와 屋(옥)의 반절이다. 3부에 속한다. 살펴보면 허신의 책에서 "생략형이 성부[省聲(생성)]다."라고 한 것 중에는 의심스러운 것이 많다. ('생성(省聲)'은) 하나의 편방만을 취하고 전체 글자를 (성부로) 싣지 않고서 (그 부분이) 어느 글자의 생략형이 된다고 지적하는 방법이다. 예를 들면 '家(가)'자에서 '豭(가)'의 생략형이 성부이고,[34] '哭(곡)'자에서 '獄(옥)'의 생략형이 성부가 된다고 하는 것들로서 그것들은 모두 믿을 수가 없다. '獄'은 사실 '犾(은)'으로 구성된 글자이며[35] '犬(견)'으로 구성된 글자가 아니다. '犾(은)'자의 반[犬]만을 취할 것 같으면 왜 '㱿(곡)'·'獨(독)'·'倏(숙)'·'猶(욕)'[36]의 생략된

31 《玉篇》 103. '吅'부 참조.
32 '譁'자는 시끄럽다, 떠들썩하다는 뜻의 글자다.
33 제3편 上 '言'부에서 "讙, 譁也." "譁, 讙也."라고 하여 '讙'과 '譁'를 互訓하고 있다.
34 제7편 下 '宀'부: 家, 从宀, 豭省聲.
35 제10편 上 '犾'부: 獄, 从犾从言, 二犬所以守也.

성부는 취하지 않는가? 살펴보면 '犬'으로 구성된 글자들, 예를 들면 狡(교)·獪(회)·狂(광)·默(묵)·猝(졸)·猥(외)·㹪(산)·狼(랑)·獷(광)·狀(상)·獳(누)·狎(압)·狃(뉴)·犯(범)·猜(시)·猛(맹)·犺(항)·狧(겁)·狟(환)·戾(려)·獨(독)·狩(수)·臭(취)·獘(폐)·獻(헌)·類(류)·猶(유) 등의 30여 자는 모두 '犬'으로 구성되었으나 뜻이 옮겨져 사람(에 대한 일을) 말하게 되었다. (그렇다면) 어찌 '哭'이 본래 개 짖는 소리였으나 사람의 일을 말하는 글자로 바뀌어 쓰이지 않았겠는가? 글자를 만들 때의 본의를 알 수 없는 것으로는 '禿(독)'이 '禾(화)'로 구성된 예가 있다.[37] 글자를 사용할 때의 본의 역시 알 수 없는 것으로는 '家(가)'가 '豕(시)'로 구성된 것이나, '哭(곡)'이 '犬(견)'으로 구성된 것 등이 그 예다. 나는 '家'는 '豕'부에 들어가 '豕(시)와 宀(면)으로 구성된[从豕宀]' 글자로서, '哭'은 '犬'부로 들어가 '犬(견)과 吅(훤)으로 구성된[从犬吅]' 글자로서 (설명되어야 한다고) 생각한다. 두 글자가 모두 회의(會意)자로서 사람의 일을 말하는 것으로 바뀌었던 것이다. 이로써 '생성(省聲)'이라는 이름으로 억지로 끌어다 대는 것은 바로잡을 수 있기를 바란다. '哭'부는 당연히 '犬'부의 뒤에 붙어야 한다.

(1) 苦屋切. 三部. 按許書言省聲, 多有可疑者. 取一偏旁, 不載全字, 指爲某字之省, 若家之豭省, 哭之从獄省, 皆不可信. 獄固从㹜, 非从犬, 而取㹜之半, 然則何不取穀獨倏狢之省乎. 竊謂从犬之字, 如狡獪狂默猝猥㹪狼獷狀獳狎狃犯猜猛犺狧狟戾獨狩臭獘獻類猶卅字皆从犬, 而移以言人. 安見非哭本謂犬嗥, 而移以言人也. 凡造字之本意, 有不可得者, 如禿之从禾. 用字之本義, 亦有不可知者, 如家之从豕, 哭之从犬. 愚以爲家入豕部从豕宀, 哭入犬部从犬吅, 皆會意, 而移以言人, 庶可正省聲之勉强皮傅乎. 哭部當廁犬部之後.

026. 走(주)부

趨也.(1) 从夭止. 夭者, 屈也.(2) 凡走之屬皆从走.

'走'는 빨리 달린다는 뜻이다. '夭(요)'와 '止(지)'로 구성되었다. '夭'는 구부러진다

36 이 글자들은 '哭'과 韻部가 같은 '犬'부의 부속자들이다.

37 제8편 下 '禿'부: 禿, 無髮也. 从儿. 上象禾粟之形. 取其聲.

는 뜻이다. 走부에 속하는 한자는 모두 走의 의미를 따른다.

(1) 《석명(釋名)》에서는, "천천히 걸으면 步(보)라 하고, 빨리 걸어가면 趨(추)라 하며, 빨리 달려가면 走(주)라고 한다."라고 하였다.[38] 이것은 석언(析言)한 것이다. (그러나 여기에서) 허신은 혼언(渾言)하고 구별하지 않았다.[39] 요즘에 세속에서 "走는 천천히 가는 것이고, 趨는 빨리 가는 것이다."라고 하는데 이는 잘못된 것이다.

(2) ("从夭止. 夭者, 屈也."는) 《운회(韻會)》에 의하여 바로잡는다.[40] '夭(요)'부에서 "夭는 구부러진다[屈(굴)]는 뜻이다."[41]라고 하였고, '止(지)'부에서 "止는 발[足(족)]의 의미로 사용되었다."[42]라고 하였다. '走'자가 '夭'와 '止'로 구성된 이유는 (천천히) 편안하게 걸으면 발과 정강이가 비교적 곧게 펴지지만 빨리 걸으면 많이 구부러지기 때문이다. '走'의 발음은 子(자)와 苟(구)의 반절이다. 4부에 속한다. 《시・대아(大雅)》에서는 '本奏(본주)'를 가차하여 '빨리 달려가다[奔走(분주)]'의 의미로 썼다.[43]

(1) 釋名曰, 徐行曰步, 疾行曰趨, 疾趨曰走. 此析言之, 許渾言不別也. 今俗謂走徐趨疾者, 非. (2) 依韻會訂. 夭部曰, 夭, 屈也. 止部曰, 止爲足. 从夭止者, 安步則足胻較直, 趨則屈多. 子苟切. 四部. 大雅假本奏爲奔走.

027. 止(지)부

下基也.(1) 象艸木出有阯.(2) 故目止爲足.(3) 凡止之屬皆从止.

---

38 《釋名・釋姿容》: 徐行曰步. 步, 捕也. 如有所司捕務安詳也. 疾行曰趨. 趨, 奔也, 赴所期也. 疾趨曰走, 走, 奔也. 促有疎奏之也.

39 '析言'은 동의어 간에 의미를 나누어 세밀하게 설명하는 것이며 '渾言'은 그 차이를 구별하지 않고 하나의 단어로 취급하여 사용한 것이다. 段玉裁는 渾言을 '通言', '統言' 등의 다른 용어로 불렀는데 실은 같은 의미로 쓰였다.

40 《韻會》 上聲 26 '有'부 참조. 徐鉉本・徐鍇本에는 "走, 从夭止. 夭止者, 屈也."라고 되어 있다.

41 제10편 下 '夭'부 說解: 夭, 屈也. 从大象形.

42 제2편 上 '止'부 說解: 下基也. 象艸木有阯. 故以止爲足.

43 《詩・大雅・緜》의 "子曰有奔奏"가 《釋文》에는 "子曰有本奏"라고 되어 있으며 "本, 音奔, 本亦作奔. …… 奏如字, 本又作走. 音同."이라고 해설되어 있다.

'止'는 아래 터라는 뜻이다. 초목이 뚫고 나올 때 그 터가 있는 모습을 상형하였다. 그러므로 '止'자를 '발[足(족)]'(의 의미로) 사용하였다. 止부에 속하는 한자는 모두 止의 의미를 따른다.

(1) ('基(기)'자는) '丌(기)'자와 같은 운부(韻部)에 있고 의미가 같다.

(2) '止'는 초목이 싹터서 터 위에 있는 모양을 상형하였다. '屮(철)'은 처음으로 움이 튼 모양을 상형하였다. '㞢'(之: 지)는 풀이 싹튼 상태를 지나서 가지와 줄기가 더욱 자라난 모양을 상형하였다. '出(출)'은 초목이 더욱 무성해져 위로 뻗어 나온 모양을 상형하였다.[44]

(3) ('止'를 발[足]의 의미로 여기는) 이러한 방법은 인신(引伸)하고 가차(假借)하는 방법이다. '韋(위)'를 가죽[皮韋]의 韋로, '朋(붕)'을 무리[朋黨]의 朋의 의미로, '來(래)'를 오고간다[行來]할 때의 來로, '西(서)'를 방위[東西]의 西로, 그리고 '子(자)'를 사람을 칭하는 글자로 삼은 예 등이 그러한 것이다.[45] 특히 '止'를 사람의 발[足]로 삼은 것은 '子'를 사람을 부르는 호칭으로 삼은 것과 똑같다. 허신의 《설문》에는 (발이라는 뜻의) '趾(지)'자가 없으니 '止'자가 곧 '趾'자다. 《시》의 "麟之止[사슴의 발]", 《역》의 "賁其止[그 발을 꾸미다]",[46] "壯于前止[앞발이 성대하다]"[47] 그리고 《의례(儀禮)·사혼례(士昏禮)》의 '北止'에 대한 주석을 보면 "止는 足이다."라고 되어 있다. 고문(古文)에서 '止'는 '趾'다. 허신은 정현(鄭玄)과 마찬가지로 금문(今文)을 따랐기 때문에 '趾'자를 수록하지 않은 것이다. 예컨대 금문인 '名(명)'자만을 따르고 고문인 '銘(명)'자를 수록하지 않은 것과 마찬가지다. 어떤 사람은 '銘'과 '趾'는 당연히 금문이고 '名'과 '止'가 고문이라고 하기도 한다. 주(周)나라는 문자를 숭상했기 때문에 자연히 왜곡되고 번쇄한 글자들이 생겨 창힐과 합치되지 않는 글자들이 생겨났다. 그러므로 '名'과 '止'는 고문이고 '銘'과 '趾'는 그보다 나중에 나온 고문인 것이다. 고문 《예(禮)》와 금문 《예(禮)》는 고본(古本)과 금본(今本)을 말하는 것으로 고본은 주대(周代) 당시에 나온 것으로 뒤에 나온 고문자들을 따랐다. 금본은 한대(漢代) 당시에 성행한 것이지만 도리어 먼저 나온 고문자들을 따랐다. 마치 예서(隸書)와 해서(楷書)에서 때로 소전(小篆)을 버리고 고문(古文)이나 주문(籀文)을 사용했던 것과 같다. '止'의 발음은 諸(제)와 市(시)의 반절이다. 1부에 속한다.

---

44 제1편 下 '屮'부, 제6편 下 '之'부, '出'부 참조.

45 제5편 下 '韋'부, 제4편 上 '鳥'부 '鳳'자, 제5편 下 '來'부, 제12편 上 '西'부, 제14편 下 '子'부 참조.

46 《易》 賁卦 初九의 爻辭.

47 《易》 夬卦 初九의 爻辭.

(1) 與丌同部同義. (2) 止象艸木生有阯. 屮象艸木初生形. 㞢象艸過屮枝莖益大. 出象艸木益滋上出達也. (3) 此引伸假借之法. 凡以韋爲皮韋, 以朋爲朋黨, 以來爲行來之來, 以西爲東西之西, 以子爲人之偁, 皆是也. 以止爲人足之偁, 與以子爲人之偁正同. 許書無趾字, 止卽趾也. 詩麟之止, 易賁其止, 壯于前止, 士昏禮北止. 注曰, 止, 足也. 古文止爲趾. 許同鄭从今文, 故不錄趾字. 如从今文名, 不錄古文銘也. 或疑銘趾當爲今文, 名止當爲古文. 周尙文, 自有委曲煩重之字不合於倉頡者, 故名止者, 古文也, 銘趾者, 後出之古文也. 古文禮今文禮者, 猶言古本今本也. 古本出於周, 從後出之古文, 今本行於漢轉從冣初之古文, 猶隸楷之體, 時或有捨小篆用古籒體者也. 諸市切. 一部.

028. 癶(발)[48]부

 足剌癶也.(1) 从止𣥠. 凡癶之屬皆从癶.(2) 讀若撥.(3)

'癶'은 발이 엇갈려 있는 것이다. '止(지)'와 '𣥠(달)'[49]로 구성되었다. 癶부에 속하는 한자는 모두 癶의 의미를 따른다. '撥(발)'과 같이 발음한다.

(1) '剌(랄)'자와 '癶(발)'자는 운모가 같다. '剌'의 발음은 盧(로)와 達(달)의 반절이다.
(2) ('癶'자가) 예서(隸書)로 변하면서 '癶(발)'자가 되었다.
(3) '癶'의 발음은 北(북)과 末(말)의 반절이다. 15부에 속한다.

(1) 剌癶疊韻字. 剌, 盧達切. (2) 𨽸[50]變作癶. (3) 北末切. 十五部.

48 '癶'은 篆書의 자형을 따르는 楷書體다. 지금은 '癶'로 쓴다.
49 '𣥠'자는 '止'부의 맨 마지막 글자다. 허신은 "밟는다는 뜻이며 '止'자를 좌우로 뒤집은 모양이다. 撻(달)과 같이 발음한다."라고 설명하였다.
50 '𨽸'자는 지금의 '隸'자다. 段玉裁는 이 두 글자를 혼용하였다. 본고에서는 이하 '隸'로 통일한다.

029. 步(보)부

 行也.(1) 从止𣥂相背.(2) 凡步之屬皆从步.

'步'는 간다는 뜻이다. '止(지)'와 '𣥂(달)'이 서로 등지고 있는 모양으로 구성되었다. 步부에 속하는 한자는 모두 步의 의미를 따른다.

(1) '行(행)'부에서 行은 "사람의 걸음걸이라는 뜻이다."라고 하였다. 步(보)는 느린 걸음이고 趨(추)는 빠른 걸음이다. 《석명(釋名)》에서는 "천천히 가는 것을 步라고 한다."[51]고 하였다.

(2) '止'와 '𣥂'이 서로 나란한 것은 위로 올라가는 모양이고, 서로 따라가는 것은 걸어가는 모양이다. (여기에서 말한) 서로 등진다[相背(상배)]는 것은 서로 따라간다는 뜻과 같다. '步'의 발음은 薄(박)과 故(고)의 반절이다. 5부에 속한다.

(1) 行部曰, 人之步趨也. 步徐, 趨疾. 釋名曰, 徐行曰步. (2) 止𣥂相竝者, 上登之象. 止𣥂相隨者, 行步之象. 相背猶相隨也. 薄故切. 五部.

030. 此(차)부

 止也.(1) 从止匕. 匕, 相比次也.(2) 凡此之屬皆从此.

'此'는 멈춘다는 뜻이다. '止(지)'와 '匕(비)'로 구성되어 있다. 匕(비)는 서로 나란히 순서를 정한다는 말이다. 此부에 속하는 한자는 모두 此의 의미를 따른다.

(1) 《이아·석고(釋詁)》에 "已는 此의 뜻이다."[52]라고 하였다. (이는 허신이 "此는 멈춘다는

51 《釋名·釋姿容》 참조.

52 《爾雅·釋詁》 참조. 제14편 下 '已'부 說解 참조.

뜻이다."라고 말한 것과) 정확히 서로 뜻을 밝혀 준다. '此'는 사물에 있어서는 멈추어야 하는 곳이고 문장에서는 멈추어야 하는 말이다.

(2) '此'자가 '匕(비)'를 구성 요소로 삼고 있는 까닭을 해석한 것이다. 즉 서로 나란히 순서를 정하여 멈춘다는 뜻이 된다.[53] '此'의 발음은 雌(자)와 氏(씨)의 반절이다. 15부에 속한다. 한대(漢代) 사람들은 16부에 넣었다.

(1) 釋詁曰, 已, 此也. 正互相發明. 於物爲止之処, 於文爲止之詈. (2) 此釋从匕之故, 相比次而止也. 雌氏切. 十五部. 漢人入十六部.

53 제8편 上 '匕'부 說解: 匕, 相與比敘也.

제 2 편 下

正是辵彳廴㢟

行齒牙足疋品

龠冊

031. 正(정)부

是也. 从一. 一目止.(1) 凡正之屬皆从正. 𤴓 古文正. 从二. 二, 古文上字.(2) 𤴔 古文正. 从一足. 足亦止也.(3)

'正'은 옳다는 뜻이다. '一(일)'로 구성되어 있다. '一'로 멈추게 한다. 正부에 속하는 한자는 모두 正의 의미를 따른다. '𤴓'은 正의 고문이다. '二(상)'으로 구성되어 있다. '二'은 上(상)의 고문이다. '𤴔'은 正의 고문이다. '一'과 '足(족)'으로 구성되어 있다. 足도 멈춘다[止(지)]는 뜻이다.

(1) 강원(江沅)은 "一은 멈추게 하는 것이다."[1]라고 하였다. 마치 '乍(사)'가 없어지는 것[亡]을 멈추게 하고[2] '毋(무)'가 간교한 것[姦]을 멈추게 하는 데에[3] 모두 '一'로 멈추게 한 것과 같다. '正'의 발음은 之(지)와 盛(성)의 반절이다. 11부에 속한다.

(2) '𤴓'(正의 고문)이 二(상)으로 구성된 것은 䇂(건)·示(시)·辰(진)·龍(룡)·童(동)·音(음)·章(장)자[4] 등이 모두 '二(상)'으로 구성된 예와 같다.

(3) '止(지)'부에서 "止는 발[足]의 의미로 사용된다."[5]라고 하였다.

---

1 江沅《說文解字音均表》11部 '正': 一者, 所以止之也, 故曰一以止.

2 제12편 下 '亡'부 '乍'자 說解: 乍, 止亡詞也. 从亡一, 一有所礙也.

3 제12편 下 '毋'부 說解: 毋, 止之詞也. 从女一. 女有姦之者, 一禁止之, 令勿姦也.

4 제1편 上 '上'부 '帝'자 說解: 帝, …… 二, 古文上字. 示辰龍童音章, 皆从古文上.

5 제2편 上 '止'부 說解 참조. 여기에서는 止와 足이 서로 풀이해 줄 수 있는 관계에 있다는 말이다. 그러므로 '멈춘다'는 의미와 '발'의 의미가 두 글자에 모두 공존한다.

(1) 江沅曰, 一所目止之也. 如乍之止亡, 毋之止姦, 皆以一止之. 之盛切. 十一部. (2) 此亦同辛示辰龍童音章, 皆从二. (3) 止部曰, 止爲足.

032. 是(시)부

 直也.(1) 从日正.(2) 凡是之屬皆从是.  籒文是. 从古文正.(3)

'是'는 바르다는 뜻이다. '日(일)'과 '正(정)'으로 구성되어 있다. 是부에 속하는 한자는 모두 是의 의미를 따른다. ''는 是의 주문(籒文)이다. 正의 고문[]으로 구성되어 있다.

(1) '直(직)'부에서 "바르게 본다[正見(정견)]는 뜻이다."[6]라고 하였다.

(2) 열 개의 눈으로 어두운 곳을 밝히는 것이 '直'이요, 해로 올바름의 기준을 삼는 것이 '是'이다. '是'는 '日'과 '正'으로 구성된 회의(會意)자다. 천하의 사물 가운데 해보다 바른 것은 없다. 《좌전(左傳)》에서는 "정직한 것을 '正'이라 하고 굽은 것을 바르게 하는 것을 '直'이라 한다."[7]라고 하였다. 《오경문자(五經文字)》에서는 '是'자를 '曰(왈)'부에 넣었는데[8] 당판본[唐本]에 ('是'가) '曰(왈)'로 구성된다고 한 것을 따른 것이다. 아마도 틀린 것 같다. '是'의 발음은 承(승)과 旨(지)의 반절이다.[9] (반절의) '旨'자는 '紙(지)'로 쓰는 것이 옳다.[10] 16부에 속한다.

(3) 이것을 살펴보면 '是'의 주문(籒文)이나 전문(篆文)이 모두 '日'로 구성되어 있음을 알 수 있다.

(1) 直部曰, 正見也. (2) 十目燭隱則曰直, 以日爲正則曰是. 从日正會意. 天下之物莫正於日也.

---

6 '直'부는 없다. '直'자는 제12편 下 '乚'부에 속한다. 따라서 段玉裁 注의 '直部'는 '直下'로 써야 한다. 제12편 下 '乚'부 '直'자 說解: 直, 正見也. 从十目乚.

7 《左傳》 襄公 七年 참조.

8 《五經文字》 卷下 日部 146 참조.

9 徐鉉本에 "承과 旨의 반절[承旨切]"이라고 되어 있다.

10 段玉裁의 《六書音均表》 <今韻古分十七部表>에 의하면 '旨'는 15부, '紙'는 16부에 속한다.

左傳曰, 正直爲正, 正曲爲直. 五經文字是入日部, 則唐本从曰也, 恐非. 承旨切. 旨當作紙. 十六部.
(3) 按此知籒篆皆从日.

033. 辵(착)부

 乍行乍止也.(1) 从彳止.(2) 凡辵之屬皆从辵. 讀若春秋傳曰辵階而走.(3)

'辵'은 불현듯 갔다가 불현듯 멈추는 것이다. '彳(척)'과 '止(지)'로 이루어져 있다. 辵부에 속하는 한자는 모두 辵의 의미를 따른다. 《춘추전(春秋傳)》 '辵階而走(착계이주)'의 '辵(착)'과 같이 발음한다.

(1) 《의례(儀禮)・공식대부례(公食大夫禮)》 주석에서 "계단을 차례로 밟지 않고 내려가는 것이 辵이다."[11]라고 하였다. 정현(鄭玄)이 이렇게 주석한 이유는 계단을 차례로 밟지 않고 올라가는 것을 '栗階(율계)' 또는 '歷階(력계)'라고 하므로 계단을 차례로 밟지 않고 내려가는 것은 '辵階(착계)'라고 한다는 말이다. 《광아(廣雅)》에 "辵은 달려가는 것[犇(분)]이다."[12]라고 하였다.

(2) '彳(척)'은 불현듯 (순식간에) 가는 것이고, '止(지)'는 불현듯 (순식간에) 멈춘다는 뜻이다. '辵'의 발음은 丑(축)과 略(략)의 반절이다. 고음은 아마 2부에 속할 것이며 '超(초)'처럼 발음한다.

(3) '讀若(독약)' 두 자는 쓸데없는 것이다. 《춘추전》이란 《공양전(公羊傳)》 선공(宣公) 2년[13]의 문장이다. 지금의 《공양전》에는 ('辵'이) '躇(착)'자로 쓰여 있다. 하휴(何休)는 "躇은 급히 가서 멈출 겨를이 없는 것이다."라고 하였다.

(1) 公食大夫禮注曰, 不拾級而下曰辵. 鄭意不拾級而上曰栗階, 亦曰歷階, 不拾級下曰辵階也. 廣

---

11 《儀禮・公食大夫禮》 "賓栗階升不拜"에 대한 鄭玄의 注다.

12 《廣雅・釋宮》에 "…… 辵, 犇也."라고 되어 있는데 王念孫은 "'犇'은 '奔'과 같은 글자다.[犇與奔同]"라고 하였다.

13 '宣公二年'은 '宣公六年'으로 고쳐야 한다.

雅, 辵, 奔也. (2) 彳者乍行, 止者乍止. 丑略切. 古音蓋在二部. 讀如超. (3) 讀若二字衍. 春秋傳者, 公羊宣二年文. 今公羊作躇. 何休曰, 躇猶超遠不暇以次.

034. 彳(척)부

 小步也. 象人脛三屬相連也.(1) 凡彳之屬皆从彳.

'彳'은 작은 걸음으로 걷는다는 뜻이다. 사람의 다리가 세 부분으로 서로 이어져 있는 모양을 상형하였다. 彳부에 속하는 한자는 모두 彳의 의미를 따른다.

(1) '三屬(삼속)'이란 위의 넓적다리, 중간에 종아리, 아래로 발을 말한다. (설명에서) 종아리[脛(경)]만을 거론한 것은 가운데 종아리를 들어서 위의 넓적다리와 아래의 발을 아울러 말하려고 하였기 때문이다. 종아리가 움직이면, 다리와 발이 그를 따라간다. '彳'의 발음은 丑(축)과 亦(역)의 반절이다. 이사(李斯)는 'ㄋ'으로 썼다. 필적이 조금 변하였다.[14]

(1) 三屬者, 上爲股, 中爲脛, 下爲足也. 單擧脛者, 擧中以該上下也. 脛動而股與足隨之. 丑亦切. 李斯作ㄋ. 筆迹小變也.

035. 廴(인)부

 長行也.(1) 从彳引之.(2) 凡廴之屬皆从廴.

'廴'은 긴 걸음으로 간다는 뜻이다. '彳(척)'이 길게 늘어진 모양으로 구성되었다. 廴부에 속하는 한자는 모두 廴의 의미를 따른다.

14 이 자형은 徐鉉本의 15권 下 '新修字義'의 '篆文筆迹相承小異' 항목에 李斯의 필적이라고 실려 있다.

(1) 《옥편(玉篇)》에서 "지금은 (廴자를) '引(인)'으로 쓴다."[15]라고 하였다. 활을 당긴다는 의미의 '引(인)'자[16]가 널리 유행한 이후로 '廴'자는 쓰이지 않게 되었다.
(2) ('廴'은 '彳'을) 늘여서 길게 만든 것[17]이다. '廴'의 발음은 余(여)와 忍(인)의 반절이다. 12부에 속한다.

(1) 玉篇曰, 今作引. 是引弓字行而廴廢也. (2) 引長之也. 余忍切. 十二部.

036. 㢟(천)부

 安步㢟㢟也. 从廴止.(1) 凡㢟之屬皆从㢟.

'㢟'은 편안하게 천천히 걸어간다는 뜻이다. '廴(인)'과 '止(지)'로 구성되어 있다. 㢟부에 속하는 한자는 모두 㢟의 의미를 따른다.

(1) 발걸음을 길게 끌었다가 다시 멈추는 것이다. 이것이 바로 편안히 걷는다[安步(안보)]는 뜻이다. '㢟'의 발음은 丑(축)과 連(연)의 반절이다. 14부에 속한다. 《위지(魏志)》에 "종회(鍾會)의 조카인 의(毅)와 준천(峻𨑨)이 하옥되었다."라는 구절이 있는데, 배송지(裴松之)는 "𨑨의 발음은 勑(칙)과 連(연)의 반절이다."라고 하였다.[18] 내 생각에 이 '𨑨(천)'자가 바로 '㢟'자인 것 같다. ('㢟'의) '止'부분이 예서로 변하면서 '山'으로 바뀐 것이다.

(1) 引而復止, 是安步也. 丑連切. 十四部. 魏志, 鍾會兄子毅及峻𨑨下獄. 裴曰, 𨑨, 勑連反. 按卽㢟字也, 止之隸變作山.

---

15 《玉篇》 '廴'부 128 참조.
16 제12편 上 '弓'부 '引'자 說解: 引, 開弓也.
17 小篆 자형을 비교해 보면 '廴'자는 '彳'자의 맨 아래의 획을 길게 늘여놓은 것이다.
18 《三國志》 <鍾會傳> 및 裴松之 注 참조.

037. 行(행)부

 人之步趨也.(1) 从彳亍.(2) 凡行之屬皆从行.

'行'은 사람의 걸음걸이를 말한다. '彳(척)'과 '亍(촉)'으로 구성되어 있다. 行부에 속하는 한자는 모두 行의 의미를 따른다.

(1) '步(보)'는 걷는다[行]는 뜻이고, '趨(추)'는 달린다[走(주)]는 뜻이다. 두 가지 중에서 하나는 천천히 가는 것이고 하나는 빨리 가는 것인데, 모두 '行'이라고 한 것은 통언(通言)한 것이다. 《이아(爾雅)》에서는 "방 안[室中]에서 걷는 것을 '時(시)'라 하고, 당(堂) 위에서 걷는 것을 '行(행)'이라 하고, 당(堂) 아래에서 걷는 것을 '步(보)'라 하며, 문밖[門外]에서 걷는 것을 '趨(추)'라 하고, 뜰 가운데[中庭]를 걷는 것을 '走(주)'라 하고, 큰길[大路]에서 걷는 것을 '奔(분)'이라 한다."[19]라고 하였는데 이것은 석언(析言)한 것이다. 인신되어 순행(巡行)·항렬(行列)·행사(行事)·덕행(德行) 등의 뜻이 되었다.

(2) '彳(척)'은 작은 걸음으로 걷는 것이고, '亍(촉)'은 걸음을 멈추는 것이다.[20] '行'의 발음은 戶(호)와 庚(경)의 반절이다. 고음 10부에 속한다.

(1) 步, 行也. 趨, 走也. 二者, 一徐一疾, 皆謂之行, 統言之也. 爾雅, 室中謂之時, 堂上謂之行, 堂下謂之步, 門外謂之趨, 中庭謂之走, 大路謂之奔, 析言之也. 引伸爲巡行, 行列, 行事, 德行. (2) 彳, 小步也. 亍, 步止也. 戶庚切. 古音在十部.

038. 齒(치)부

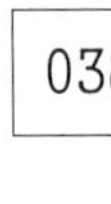 口斷骨也.(1) 象口齒之形.(2) 止聲.(3) 凡齒之屬皆从齒. (4) 古文齒

---

19 《爾雅·釋宮》 참조.

20 제2편 下 '彳'부 說解: 彳, 小步也.
'彳'부 '亍'자 說解: 亍, 步止也.

字.(5)

'齒'는 잇몸에 붙어 있는 뼈를 말한다. 입과 이빨의 모양을 상형하였다. '止(지)'는 발음을 나타낸다. 齒부에 속하는 한자는 모두 齒의 의미를 따른다. ''는 '齒'의 고문이다.

(1) 정현(鄭玄)은 《주례(周禮)》를 주석하면서 "사람은 이빨이 나면서 체형이 갖추어진다. 남자는 8개월, 여자는 7개월이 되면서 이빨이 난다."[21]라고 하였다.

(2) ''모양은 이빨을 상형한 것이고 나머지는 입을 나타내는 글자[凵]다.

(3) '齒'의 발음은 昌(창)과 里(리)의 반절이다. 1부에 속한다.

(4) (이 고문 자형은) 소서본(小徐本)을 따른다. 대서본(大徐本)이 잘못되었다.[22]

(5) '齒'의 고문은 '독립된 완전한 상형자[獨體象形]'로서 성부인 '止(지)'를 덧붙이지 않았다.

(1) 鄭注周禮曰, 人生齒而體備, 男八月女七月而生齒. (2) 者, 象齒. 餘凵字也. (3) 昌里切. 一部. (4) 从小徐也. 大徐本誤. (5) 古文獨體象形, 不加聲旁.

039. 牙(아)부

 壯齒也.(1) 象上下相錯之形.(2) 凡牙之屬皆从牙.  古文牙.(3)

'牙'는 큰 이빨(어금니)이다. 위아래가 서로 어긋나 있는 모양을 상형하였다. 牙부에 속하는 한자는 모두 牙의 의미를 따른다. '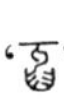'는 '牙'의 고문이다.

(1) '壯(장)'자가 각 판본에 '牡(모)'자로 잘못되어 있나.[23] 지금 판본의 《옥편(玉篇)》,[24] 《광운

21 《周禮・秋官・小司寇》의 "自生齒以上, 登于天府."에 관한 鄭玄의 注다.

22 徐鉉本의 '齒'자 고문 자형은 이것과는 다르게 생겼다.

23 徐鉉本・徐鍇本에 모두 "牡齒也"라고 되어 있다.

24 《玉篇》 60. '牙'부: 牙, 牡齒也.

(廣韻)》[25]이 모두 잘못되었다. 석각(石刻) 《구경자양(九經字樣)》만이 틀리지 않았는데 마씨[馬曰璐]의 판본에서 함부로 그것을 고쳤다.[26] '士(사)'부에서 "壯은 大의 뜻이다."[27]라고 하였으니 '壯齒(장치)'는 이빨 가운데 큰 것이다. 이빨을 통언(統言)할 때에는 '齒'라고도 하고 '牙'라고도 하는데, 석언(析言)하면 앞쪽에 입술에 닿는 것은 '齒'라 하고 뒤에 턱 쪽에 받치는 것은 '牙'라고 한다. '牙'는 '齒'보다 조금 클 뿐, 암수[牝牡]의 차이가 있는 것은 아니다.[28] 《석명(釋名)》에 "牙는 樝牙(사아)다. 모양을 따라서 그렇게 말한다." "턱[輔車(보거)]을 牙車(아거)라고 하는데 어금니가 실린 곳이라는 뜻이다."[29]라고 하였다. 《시》에 "누가 까치가 뿔이 없다고 하는가. 누가 쥐에 어금니가 없다고 하는가."[30]라는 구절이 나오는데 이 말은 까치에게 원래 뿔이 없고 쥐에게 원래 어금니가 없는데도 집을 뚫고 담을 뚫어서 마치 뿔이나 어금니가 있는 것 같다는 말이다. 쥐의 이빨은 크지 않아서 어금니가 없다고 한 것이다. 동방삭(東方朔)이 '騶牙(추아)'[31]에 대해 설명하면서 "그 이빨이 똑골라서 모두 같은 크기이고 어금니가 없다."[32]라고 하였다. 이것이 '齒'는 작고 '牙'는 크다는 분명한 증거다.

(2) '牙'의 발음은 五(오)와 加(아)의 반절이다. 5부에 속한다.

(3) ''자는 '齒'(의 고문)으로 구성되었으며 나머지는 어금니의 모양을 상형하였다. ''는 '齒'의 고문이다.

---

25 《廣韻》 下平聲 九 '麻'부: 牙, 牙齒. 又牙旗…….

26 《九經字樣》 <雜辨部> 참조. 石刻이란 唐石經 즉 西安石本을 말하는데 그곳에는 '壯齒'라고 되어 있다. 馬氏의 版本이라는 것은 馬曰璐의 小玲瓏山館叢書本을 말한다. 段玉裁는 <與江晉三說說文牙字>(《經韻樓集》 卷5)에서 이 '牙'자의 說解에 관하여 상세히 논하고 있다.

27 제1편 上 '士'부 '壯'자 說解: 壯, 大也.

28 清代의 徐灝는 《說文解字徐箋》에서 段玉裁가 '牡齒'를 '壯齒'로 고친 것에 대하여 비판하고 있다. 徐灝에 의하면 段玉裁는 齒와 牙가 구분되는 의미를 제대로 이해하지 못하고 있다. 徐灝는 앞쪽의 가지런한 이빨이 齒이고 날카로운 송곳니가 牙라고 주장한다. 그리고 《說文》의 각 판본과 《玉篇》, 《廣韻》, 《集韻》 등에서 모두 '牡齒'로 되어 있는데 段玉裁가 오직 《九經字樣》에만 의지하여 '壯齒'로 고친 것은 근거가 부족하다고 비판하였다.

29 《釋名·釋形體》: 牙, 樝牙也. 隨形言之也. 頤, 養也. 動於下止於上, 上下咀物以養人也. 或曰輔車, 言其骨强所以輔持口也. 或曰牙車, 牙所載也.

30 《詩·召南·行露》 참조.

31 '騶牙'란 '騶虞'를 말한다. '騶虞'는 성인의 덕에 감동하여 나타난다는 신령스러운 동물로서 살아 있는 풀도 밟지 않으며 자연사한 짐승의 고기만을 먹는다고 한다. 《正字通》에서 '騶虞'가 혹은 '騶吾'나 '騶牙'로 쓰이기도 하는데 같은 것이라고 하였다.

32 《史記·滑稽列傳》 참조.

(1) 壯各本譌作牡. 今本篇韻皆譌, 惟石刻九經字樣不誤, 而馬氏版本妄改之. 士部曰, 壯, 大也. 壯齒者, 齒之大者也. 統言之, 皆偁齒偁牙. 析言之, 則前當脣者偁齒, 後在輔車者偁牙. 牙較大於齒, 非有牝牡也. 釋名, 牙樝牙也. 隨形言之也. 輔車, 或曰牙車, 牙所載也. 詩, 誰謂雀無角, 誰謂鼠無牙. 謂雀本無角, 鼠本無牙, 而穿屋穿牆, 似有角牙者然. 鼠齒不大, 故謂無牙也. 東方朔說騶牙曰, 其齒前後若一, 齊等無牙. 此爲齒小牙大之明證. (2) 五加切. 古音在五部. (3) 从齒而象其形也. , 古文齒.

040. 足(족)부

 人之足也. 在體下. 从口止.(1) 凡足之屬皆从足.

'足'은 사람의 발이다. 신체의 아래쪽에 있다. '口(구)'와 '止(지)'로 구성되어 있다. 足부에 속하는 한자는 모두 足의 의미를 따른다.

(1) ("人之足也. 在體下. 从口止."의 열 자는) 《옥편(玉篇)》에 의하여 바로잡는다.[33] '口'는 사람[人] 몸 전체를 비유한다. 그래서 '口'를 가지고 발 위의 (모든 신체부위를) 포괄하였다. '齒'자는 '止'가 위에 있고 '口'가 아래에 있다. 그 다음에 오는 '足'자는 '口'가 위에 있고 '止'가 아래에 있는 글자다. 그 다음에 오는 '疋(소)'자는 '足'과 비슷한 모양의 글자다. 그 다음에 오는 '品(품)'자는 세 개의 '口'로 구성되어 있다. 각 판본에 (足이) "囗(위)로 구성되었다."[34]라고 하였는데 잘못이다. '足'의 발음은 卽(즉)과 玉(옥)의 반절이다. 3부에 속한다.

33 徐鉉本・徐鍇本 모두 "人之足也. 在下. 从止口."라고 되어 있다. 段玉裁는 《玉篇》 '足'부에서 《說文》을 인용하여 "人之足也. 在體下. 从止口."라고 되어 있는 것을 따랐다.

34 徐鍇本에서는 '口'를 "다리의 모양을 본뜬 자형이다.[口象股脛也]"라고 설명하고 있으며 徐鉉本에서도 徐鍇의 이 견해를 인용하고 있다. 그러나 단옥재는 '足'을 구성하는 '口'는 다리의 모양을 상형한 것이 아니라 '입'이라는 의미를 가진 '口'와 관련을 가진다고 보았다. 그러므로 '足'을 구성하는 '口'는 발 위의 모든 신체를 포괄하는 것으로 설명하고 있다. 그리고 바로 그 때문에 단옥재가 '口'부 이후에 '齒'부와 '足'부가 오고 '疋'부와 '品'부가 이어지는 연계성을 장황하게 설명하고 있는 것이다.

(1) 依玉篇訂. 口猶人也, 擧口以包足已上者也. 齒, 上止下口. 次之以足, 上口下止. 次之以疋, 似足者也. 次之以品, 从三口. 今各本从囗, 非也. 卽玉切. 三部.

041. 疋(소)[35]부

足也. 上象腓腸,(1) 下从止.(2) 弟子職曰,(3) 問疋何止.(4) 古文㠯爲詩大雅字.(5) 亦㠯爲足字.(6) 或曰胥字.(7) 一曰, 疋, 記也.(8) 凡疋之屬皆从疋.(9)

'疋'는 발이다. 위는 장딴지를 상형하였으며 아래는 '止(지)'로 구성되었다. 《관자(管子)・제자직(弟子職)》에서 "問疋何止['발을 어느 쪽으로 할까요'라고 묻는다.]"라고 하였다. 고문에서는 '疋'를 《詩・大雅》의 '雅(아)'자로 여긴다. 또 '발[足]'의 뜻이라고 여기기도 한다. 혹은 '胥(서)'자라고 주장하는 사람도 있다. 일설에는 '疋'는 '기록하다[記(기)]'의 뜻이라고 한다. 疋부에 속하는 한자는 모두 疋의 의미를 따른다.

(1) '肉(육)'부에 "腨(천)은 장딴지[腓腸]라는 뜻이다."[36]라고 하였다.

(2) '止(지)'는 '아래의 터[下基]'[37]라는 뜻이다.

(3) <제자직(弟子職)>은 《관자(管子)》의 편명이다. 《한서・예문지(藝文志)》에는 효경(孝經) 11가(家)에 넣었는데 단행본으로 유통된 지 오래되었다.

(4) 윗사람의 잠자리를 받들 때 발은 어느 방향으로 해야 좋을지 물었다는 뜻이다. 《예기・내칙(內則)》에서는 "이불을 깔고 어른의 자리를 받들 때 어느 쪽으로 발을 할까 청하여 물었다."[38]라고 하였다. '止'는 '趾(지)'라고도 쓰는데[39] 발이라는 뜻이다.

---

35 疋(소)자는 여러 개의 발음을 가지고 있다. 段玉裁 注에서도 설명하고 있지만 발[足]이라는 의미일 때에는 '소'로 발음하고 大雅의 '아'로 발음하기도 하며 짝[匹]이라는 뜻일 때에는 '필'로 발음하며 기록하다는 뜻으로는 '서'로 발음한다. 또한 '胥(서)'로 가차되기도 한다.

36 제4편 下 '肉'부 '腓'자 설해 참조.

37 제2편 上 '止'부 說解.

38 《禮記・內則》에는 '止'자가 '趾'로 쓰여 있다.

39 《禮記》 원문 및 《釋文》에 모두 '止'는 '趾'로 쓰여 있다.

(5) ‘雅(아)’자는 각 판본에 ‘疋’로 되어 있는데[40] 잘못이다. 이는 고문에서 ‘疋’를 가차하여 ‘雅(아)’로 썼다는 말이다. ‘雅(아)’ · ‘疋(소)’의 古音은 모두 5부에 속한다.

(6) ‘疋’를 ‘足(족)’으로 여긴 것은 자형이 비슷하여 가차(假借)한 것이며 (가차의 상례가 아니라) 변례다.

(7) ‘疋’를 ‘胥(서)’로 여긴 것 또한 발음이 같아서 가차한 것이다. ‘府(부) · 史(사) · 胥(서) · 徒(도)’[41]의 ‘胥’는 그대로 ‘疋’로 써도 된다.

(8) ‘記(기)’의 아래에 “疋也”[42]라고 되어 있는데 이것은 전주이다. 후대에 ‘疋’자를 고쳐서 ‘疏(소)’라고 쓰게 되었을 뿐이다. ‘疋’와 ‘疏’는 고금자(古今字)의 관계에 있다. 이것은 ‘발’이라는 뜻과는 완전히 다른 뜻이다.

(9) ‘疋’의 발음은 所(소)와 菹(저)의 반절이다. 5부에 속한다.

(1) 肉部曰, 腨, 腓腸也. (2) 止, 下基也. (3) 弟子職, 管子書篇名. 漢藝文志以列於孝經十一家, 是其單行久矣. (4) 謂問尊長之臥, 足當在何方也. 內則曰, 將衽, 長者奉席, 請何止. 止一作趾, 足也. (5) 雅各本作疋, 誤. 此謂古文叚借疋爲雅字. 古音同在五部也. (6) 此則以形相似而叚借, 變例也. (7) 此亦謂同音叚借. 如府史胥徒之胥, 徑作疋可也. (8) 記下云, 疋也, 是爲轉注. 後代改疋爲疏耳. 疋疏古今字, 此與足也別一義. (9) 所菹切. 五部.

042. 品(픔)부

 衆庶也. 从三口.(1) 凡品之屬皆从品.

‘品’은 많다는 뜻이다. 세 개의 ‘口(구)’로 구성되었다. 品부에 속하는 한자는 모두 品의 의미를 따른다.

(1) 사람이 셋이면 ‘많다[衆(중)]’[43]는 뜻이다. 그래서 品이 세 개의 ‘口’로 구성되었다. 회의

---

40 徐鉉本 · 徐鍇本 모두 “古文以爲詩大疋字”라고 되어 있다. 즉 ‘雅’자를 ‘疋’자로 쓰고 있다.

41 府 · 史 · 胥 · 徒는 周代 하급관리들의 명칭이다. 《周禮》 참조.

42 제3편 上 ‘言’부 ‘記’자 說解: 記, 疋也.

(會意)다. '品'의 발음은 丕(비)와 飮(음)의 반절이다. 7부에 속한다.

(1) 人三爲衆, 故從三口. 會意. 丕飮切. 七部.

043. 龠(약)부

 樂之竹管.(1) 三孔,(2) 㠯和衆聲也.(3) 从品侖.(4) 侖, 理也.(5) 凡龠之屬皆从龠.

'龠'은 악기 가운데 대나무로 된 관악기다. 구멍이 셋이며 이것으로 여러 소리의 화음을 맞춘다. '品(품)'과 '侖(륜)'으로 구성되었다. '侖(륜)'은 '조리를 세우다[理]'의 뜻이다. 龠부에 속하는 한자는 모두 龠의 의미를 따른다.

(1) '龠'은 竹(죽)부의 '籥(약)'자와는 의미가 다르다.[44] 지금의 경전에는 '龠'을 '籥'으로 쓴 경우가 많은데 그것은 잘못된 것이다.

(2) '孔(공)'은 빈 구멍[空]과 같다. '龠'에 대하여 《주례·생사(笙師)》,[45] 《예기·소의(少儀)》,[46] 《예기·명당위(明堂位)》의 정현(鄭玄)의 주석,[47] 《이아(爾雅)》 곽박(郭璞)의 주석,[48] 응씨(應氏)의 《풍속통(風俗通)》[49]에서는 모두 구멍이 셋이라고 하였는데, 오직 <모전(毛傳)>에서만 구멍이 여섯이라고 하였으며,[50] 《광아(廣雅)》[51]에서는 구멍이 일곱이라

---

43 제8편 上 '㐺'부 說解: 㐺, 衆立也. 从三人.
'㐺'부 '衆'자 說解: 衆, 多也.

44 제5편 上 '竹'부 '籥'자 說解: 籥, 書僮竹笘也.

45 《周禮·春官·笙師》 "笙師掌教歈竽笙塤籥簫篪篴管, 舂牘應雅, 以教祴樂."의 鄭玄의 注: "籥, 如篴, 三空."

46 《禮記·少儀》에 나오는 '籥'자에 대하여 鄭玄이 "籥, 如笛, 三孔."이라고 注하고 있다.

47 《禮記·明堂位》의 鄭玄의 注도 《禮記·少儀》의 注와 같다.

48 《爾雅·釋樂》의 "大籥謂之産"의 郭樸의 注에 "籥, 如笛, 三孔而短小."라고 되어 있다.

49 《風俗通》 聲音 第六: 籥, 樂之器, 竹管三孔, 所以和衆聲也.

50 《詩·邶風·簡兮》 "左手執籥, 右手執翟."의 <毛傳>: 籥, 六孔.

51 《廣雅·釋樂》: 龠謂之笛, 有七孔.

고 하였다.

(3) 여러 소리의 화음을 맞춘다는 것은 음악을 연주할 때를 말한다. 만무(萬舞)를 할 때는 오직 피리[龠]만 사용하여 춤을 조절하고 다른 악기의 소리는 없다.

(4) 이것으로만 여러 소리의 조화를 이루기 때문에 (龠이) '品(품)'으로 구성된 것이다.

(5) '亼(집)'부에서 "侖은 思의 뜻이다."[52]라고 하였다. 내 생각에 (여기에서의) '思(사)'는 '옥의 무늬 결[鰓(새)]'과 같은 말이고, '鰓'와 '理'는 같은 뜻이다. 《시·대아(大雅)》의 "於論鼓鍾[질서 있게 북을 울리네.]"에 대하여 <모전>에서 "論은 思의 뜻이다."라고 하였고, 정현은 "論은 倫의 뜻이다."[53]라고 하였다. 둘 다 의미는 같다. '龠'이 '侖'으로 구성된 것은 그 '질서 잡힌 무늬[倫理]'를 얻었다는 말이다. '龠'의 발음은 以(이)와 灼(작)의 반절이다. 2부에 속한다.

(1) 此與竹部籥異義. 今經傳多用籥字, 非也. (2) 孔同空. 按周禮笙師禮記少儀明堂位鄭注, 爾雅郭注, 應氏風俗通, 皆云三孔. 惟毛傳云六孔, 廣雅云七孔. (3) 和衆聲, 謂奏樂時也. 萬舞時, 祇用龠以節舞, 無他聲. (4) 惟以和衆聲, 故從品. (5) 亼部曰, 侖, 思也. 按思猶鰓, 鰓理一也. 大雅, 於論鼓鍾. 毛傳曰, 論, 思也. 鄭曰, 論之言倫也. 毛鄭意一也. 從侖, 謂得其倫理也. 以灼切. 二部.

044. 冊(책)[54]부

𠕋 符命也. 諸侯進受於王者也.(1) 象其札一長一短.(2) 中有二編(3)之形.(4) 凡冊之屬皆从冊. 𥿥 古文冊. 从竹.(5)

'冊'은 부명(符命)[55]이다. 제후(諸侯)가 왕(王)에게 나아가서 받는 것이다. 그 간찰(簡

52 제5편 上 '亼'부 '侖'자 說解. 侖, 思也.

53 《詩·大雅·靈臺》의 <毛傳>과 鄭玄의 箋 참조.

54 段玉裁는 許愼 說解의 원문과 자신의 注에서 '冊'자를 사용하고 '册'자를 사용하지 않았다. 冊은 篆書의 자형을 보다 정확하게 반영한 楷書자형으로서 지금은 모두 册으로 쓴다. 여기에서도 段玉裁 注의 '冊'은 모두 '册'으로 썼다.

55 제5편 上 '竹'부 '符'자 說解: 符는 信의 뜻이다. 漢代의 제도에 대나무로 만들었고 길이는 6寸이었으며 나누었다가 (나중에) 서로 합할 수 있게 하였다.(符命이란 왕이 제후들에게 命할 때 대나무 쪽에 새긴 문

札) 중에 긴 것과 짧은 것이 하나씩 이어지게 엮으며 가운데는 두 번의 묶음이 있는 모양을 상형하였다. 冊부에 속하는 한자는 모두 冊의 의미를 따른다. '𥬲'은 冊의 고문(古文)이다. '竹(죽)'으로 구성되었다.

(1) ("諸侯進受於王者也"의) '者(자)'자는 《운회(韻會)》에 의해 보충한다.[56] 《상서》의 "왕(王)이 주공(周公)에게 계속 다스리도록 명하고 책(冊)을 내려 널리 고하게 하였다."[57]라는 것, 《좌전》의 "왕(王)이 윤씨(尹氏) 및 왕자호(王子虎), 내사(內史) 숙흥보(叔興父)에게 명하여 진후(晋侯)를 策命(책명)하여 후백(侯伯)이 되게 하였다."[58]라는 것, "왕이 유정공(劉定公)으로 하여금 제후(齊侯)의 명을 받게 하였다."[59]라는 것, 그리고 <삼왕세가(三王世家)>의 '策文(책문)'[60] 등이 모두 왕이 제후에게 부명(符命)을 내린 예들이다. 후인들이 대부분 ('冊'자를) '策(책)'자로 가차하였다.

(2) ("其札一長一短"은) 다섯 개의 세로 직선에 길고 짧음이 있다는 말이다.

(3) ("中有二編"이란) 두 가로획을 말한다.

(4) 채옹(蔡邕)의 《독단(獨斷)》에서는, "策은 죽간[簡(간)]이다. 그 체제는 긴 것은 1척(尺), 짧은 것은 그 반이며 순서는 하나가 길면 하나는 짧게 하여 두 번 묶어 아래로 붙였다."라고 하였다.[61] '札(찰)'은 서판[牒(첩)]이다.[62] '簡(간)'이라고도 한다. '編(편)'은 죽간을 차례대로 묶은[次簡] 것이다.[63] '次簡(차간)'은 죽간의 길고 짧은 것을 서로 끼워 나란히 하여서 끈으로 가로로 맨 것이다. 위아래로 각각 한 줄뿐이어서 한 간(簡)에 많은 글자를 쓸 수 없으므로 반드시 차례로 이어 붙여야만 많은 글자를 쓸 수 있게 되었다. 《의례·빙례(聘禮)》에 "100글자[名][64] 이상은 '策(책)'에 쓴다."라고 한 것도 이것을 말한다.[65] 하나의 죽간[簡]에 다 쓸 수 있으면 '간(簡)'에 쓴다. 그러나 매 간(簡)은 1행뿐이라서 100글자[名]

장을 말한다.)

56 《韻會》 入聲 11 참조.

57 《尙書·洛誥》 참조.

58 《左傳》 僖公 28年 참조.

59 《左傳》 襄公 14年 참조.

60 《史記·三王世家》 참조.

61 《獨斷》 上 참조. "長者一尺"이 원문에는 "長者二尺"으로 되어 있다.

62 제6편 上 '木'부 '札'자 說解 참조.

63 제13편 上 '糸'부 '編'자 說解 참조.

64 여기서의 '名'은 '字'를 뜻한다. 그러므로 '百名'이란 100개의 글자를 말한다.

65 《儀禮·聘禮》: 百名以上書於策, 不及百名書於方.

까지 쓸 수가 없다. '方(방)'에 쓴다면 몇 行을 합쳐서 쓸 수 있다. 100 글자 이상은 '책(策)'에 쓴다. 여기서의 '方'은 곧 '牘(독)'으로서 '牘'이란 쓰는 판[書牘]이다.[66] 簡冊(간책)은 대나무로 만들고 牘(독)은 나무로 만든다. 하나의 '冊'으로 다 쓰지 못하면 '冊'을 연결시켜 만든다. 국사(國史)의 冊書(책서)는 모두 그렇다. 정현(鄭玄)은 《예》에 주석하면서 "策은 간(簡)이다."라고 하였다.[67] 이것은 '策'과 '簡'을 혼언(渾言)한 것으로 둘을 구별하지 않았다. '冊'은 다섯 개의 직선으로 하나는 길고 하나는 짧은 죽간의 모양을 상형하였다. 제작 의도를 가지고 만든 자형일 뿐이며 죽간을 실제로 몇 개나 엮었는지는 억측할 수 없다. 채옹이 "죽간이 긴 것은 1척(尺), 짧은 것은 그 반이다."[68]라고 말한 것은 한대(漢代)의 법이 그러하다는 뜻이다. 정현은 《구명결(鉤命決)》을 인용하여 "역(易)·시(詩)·서(書)·예(禮)·악(樂)·춘추(春秋)의 策은 모두 길이가 2척(尺) 4촌(寸), 효경(孝經)은 줄여서 그 반으로 1척 2촌, 논어(論語)는 策이 8촌이다. 1척 2촌에 비하면 3분의 2이니 역시 줄인 것이다."[69]라고 하였다. 이것이 옛날 책을 만들던 제도[古制]였다. 그러나 <빙례>와 <좌전서(左傳序)>의 《정의(正義)》에 인용된 정현의 말이 같지 않다. 그것을 내가 지금 여기에 인용된 문장으로 교정하였지만 과연 맞는지는 알 수 없다.[70] 정현이 《상서》에 주석하면서 "30자가 1간(簡)의 글자다."라고 하였는데 복건(服虔)이 주석한 《좌씨(左氏)》에서는 "고문의 전서(篆書)로는 1간(簡)이 8자다."라고 하였다. 《한서·예문지》에는 "유향(劉向)이 중고문(中古文)으로 금문상서(今文尙書)를 교정했는데 고문의 간(簡)은 25자가 있는 것도 있고 22자의 것도 있다."[71]라고 하였다. 이것은 모두 간(簡)의 장단이 다르고 자수도 다르다는 것을 말해 준다. '冊'의 발음은 楚(초)와 革(혁)의 반절이다. 16부에 속한다.

(5) 《좌전》의 "備物典筴[典筴을 갖춘다.]"에 대해 《석문(釋文)》에서 "筴(협)은 본래 '冊'으로

---

66 제7편 上 '片'부 '牘'자 說解 참조.

67 《儀禮·聘禮》 "百名以上書於策, 不及百名書於方."의 鄭玄의 注: 策, 簡也. 方, 板也.

68 앞에서 인용한 蔡邕의 말.

69 《左傳》 <春秋序> "大事書之於策, 小事簡牘而已."의 《正義》에서 "鄭玄注論語序以鉤命決云, 春秋二尺四寸書之, 孝經一尺二寸書之."라고 되어 있다.

70 《儀禮·聘禮》의 "百名以上書於策, 不及百名書於方."에 대한 《正義》에서 "鄭作論語序云, 易詩書禮樂春秋策皆尺二寸, 孝經謙半之. 論語八寸策者, 三分居一, 又謙焉."이라고 하였다. 《左傳》 <春秋序>의 《正義》와 《儀禮·聘禮》의 《正義》에 인용된 鄭玄의 말이 이처럼 다르다. 그래서 段玉裁는 이 둘을 합쳐서 段玉裁 注에 나온 문장으로 교정하였다. 段玉裁는 교정하기는 하였지만 스스로 확실한 것인지 자신이 없다고 밝히고 있는 것이다.

71 《漢書·藝文志》: 劉向以中古文校歐陽, 大小夏侯三家經文, 酒誥脫簡一, 召誥脫簡二, 率簡二十五字者, 脫亦二十五字, 簡二十二字者, 脫亦二十二字.

쓰는 글자인데, '策'으로도 쓰고 '篇(책)'으로도 쓴다."라고 하였다.[72] 내 생각에는 (여기서의) '筴'은 '策'의 속자(俗字)인 것 같다. '冊'이 정자(正字)이고 '策'은 가차자이며 '篇'은 冊의 고문이다. 《좌씨》는 《춘추》를 고문으로 전하였으니 (여기서는 '冊'자의 고문인) '篇'으로 쓰는 것이 옳지 않겠는가?

(1) 者字依韻會補. 尙書, 王命周公後作冊逸誥, 左傳, 王命尹氏及王子虎內史叔興父策命晉侯爲侯伯, 王使劉定公賜齊侯命, 及三王世家策文, 皆是也. 後人多假策爲之. (2) 謂五直有長短. (3) 謂二橫. (4) 蔡邕獨斷曰, 策, 簡也. 其制, 長者一尺, 短者半之. 其次, 一長一短, 兩編下附. 札, 牒也, 亦曰簡. 編, 次簡也. 次簡者, 竹簡長短相間排比之, 以繩橫聯之. 上下各一道, 一簡容字無多, 故必比次編之, 乃容多字. 聘禮記云, 百名以上書於策, 是也. 一簡可容, 書於簡. 每簡一行而已, 不及百名書於方, 則合若干行書之. 百名以上, 書於策. 方則牘也. 牘, 書版也. 簡冊, 竹爲之, 牘, 木爲之. 一冊不容, 則累冊爲之. 國史冊書, 蓋如是. 鄭注禮云, 策. 簡也. 此渾言之, 不分別耳. 冊字五直, 象一長一短, 象其意而已, 其簡之若干未可臆定也. 蔡氏云, 長者一尺, 短者半之. 此漢法如是. 鄭引鉤命決云, 易詩書禮樂春秋, 策皆長二尺四寸, 孝經謙半之, 一尺二寸, 論語策八寸. 尺二寸者, 三分居二, 又謙焉, 此古制也. 見於聘禮左傳序正義者, 乖異不同, 今訂之如是, 未知然否. 鄭注尙書云, 三十字一簡之文. 服注左氏云, 古文篆書一簡八字. 漢志, 劉向以中古文校今文尙書, 古文簡有二十五字者, 有二十二字者. 是簡之長短不同而字數不同也. 楚革切. 十六部. (5) 左傳, 備物傳筴. 釋文, 筴本又作冊, 亦作策, 或作篇. 按筴者, 策之俗也. 冊者, 正字也. 策者, 叚借字也. 篇者, 冊之古文也. 左氏述春秋傳以古文, 然則篇其是歟.

---

72 《左傳》 定公 4年의 문장과 그에 대한 《釋文》이다. '筴'자는 지금의 《左傳》에는 '策'으로 쓰여 있는데 段玉裁는 《釋文》에 '筴'으로 쓰여 있는 것을 따르고 있으며 그것에 근거하여 注를 기술하고 있다.

제 3 편 上

㗊 舌 干 谷 只 㕯
句 丩 古 十 卅 言
誩 音 䇂 丵 菐 𠬞
𠬜 共 異 𦥑 晨 爨

045. 㗊(집)부

㗊 衆口也. 从四口. 凡㗊之屬皆从㗊. 讀若戢.(1) 一曰呶.(2)

'㗊'은 많은 입이다. 네 개의 '口(구)'로 구성되어 있다. 㗊부에 속하는 한자는 모두 㗊의 의미를 따른다. '戢(집)'과 같이 발음한다. 일설에는 '시끄럽게 떠드는 소리[呶(노)]'라고도 한다.

(1) '㗊'의 발음은 阻(저)와 立(립)의 반절이다. 7부에 속한다.

(2) 서개(徐鍇)는 "呶는 떠들썩하다[讙(환)]의 뜻이다."라고 하였다. 서현(徐鉉)의 책에는 "또한 呶(노)와 같이 발음한다.[又讀若呶]"라고 되어 있다.[1] 그러나 《집운(集韻)》의 하평성(下平聲) 다섯 번째 '肴(효)'부에는 이 '㗊'자가 실려 있지 않다.[2]

(1) 阻立切. 七部. (2) 鍇曰, 呶. 讙也. 鉉本作又讀若呶. 集韻五肴不載此字.

---

1 徐鉉本에서는 "讀若戢" 다음에 "又讀若呶"라고 되어 있고 徐鍇本에는 "一曰呶"라고 되어 있다. 徐鍇는 "一曰呶"에 이어서 "呶, 讙也."라고 풀이하였다

2 段玉裁는 '呶'자는 '肴'부에 속하는데 《集韻》을 살펴보면 '肴'부에 '呶'자는 있지만 '㗊'자는 없다는 것을 말하고 있다. 즉 徐鉉本에서 말한 대로 '呶'와 '㗊'의 발음이 같다면 《集韻》에서 같은 韻部에 실려야 하는데 그렇지 않는 것을 보니 徐鉉本이 잘못된 것 같다는 판단을 하고 段玉裁는 徐鍇本의 說解를 따라 쓴 것이다.

046. 舌(설)부

 在口, 所㠯言別味者也.(1) 从干口.(2) 干亦聲.(3) 凡舌之屬皆从舌.

'舌'은 입 안에서 말을 하고 맛을 구별하게 하는 것이다. '干(간)'과 '口(구)'로 구성되었다. 干은 또한 발음을 나타내는 부분이다. 舌부에 속하는 한자는 모두 舌의 의미를 따른다.

(1) '言(언)'자 다음에 각 판본에는 '也(야)'자가 있는데 쓸 데 없는 글자다.[3] '者(자)'자는 《운회(韻會)》에 의하여 보충해 넣는다.[4] '口'부에서 "사람은 이것으로 말하고 먹는다."라고 되어 있다.[5] '口'에서는 먹는다고 하고 '舌'에서는 맛을 구별한다고 했으니 각각 자형에 따라서 뜻풀이를 한 것이다. '舌(설)'자와 '后(후)'자는 서로 잘못 쓰인 적이 있다. 《좌전(左傳)》에 '舌庸(설용)'이 '后庸(후용)'으로 잘못되고[6] 《주서(周書)》에 '美女破后(미녀파후)'가 '破舌(파설)'로 잘못된 것[7]이 그 예다.

(2) '干(간)'은 범한다[犯(범)]는 뜻이다.[8] 말은 입을 거쳐서 나오고, 음식은 입을 거쳐서 들어간다.

(3) '干'은 14부에 있지만 15부와 합운(合韻)된다. '舌'의 발음은 食(식)과 列(열)의 반절이다. 15부에 속한다.

(1) 言下各本有也, 剩字. 者依韻會補. 口下曰, 人所以言食也. 口云食, 舌云別味, 各依文爲義. 舌后字有互譌者, 如左傳舌庸譌后庸, 周書美女破后譌破舌, 是也. (2) 干, 犯也. 言犯口而出之, 食犯口而入之. (3) 干在十四部. 與十五部合韻. 食列切. 十五部.

---

3 徐鉉本・徐鍇本에는 "在口所以言也. 別味也."라고 되어 있다.
4 《韻會》 入聲 九 '舌'자에서 《說文》을 인용하여 "在口所以言也. 別味者也."라고 되어 있다.
5 제2편 上 '口'부 說解 참조.
6 《左傳》 哀公 26년, 27년 참조.
7 《逸周書・武稱》 第六 참조.
8 제3편 上 '干'부 說解 참조.

047. 干(간)부

 犯也.[9](1) 从一从反入.[10](2) 凡干之屬皆从干.

'干'은 침범한다는 뜻이다. '一(일)'로 구성되어 있으며 '入(입)'자를 거꾸로 한 모양으로 구성되었다. 干부에 속하는 한자는 모두 干의 의미를 따른다.

(1) '犯(범)'은 침범한다는 뜻이다.[11] 《모시(毛詩)》의 '干旄(간모)'·'干旌(간정)'[12]의 (干은) '竿(간)'의 가차자다.

(2) '入(입)'자를 거꾸로 하였다는 것은 위로 침범한다는 뜻이나.[13] '干'의 발음은 古(고)와 寒(한)의 반절이다. 14부에 속한다.

(1) 犯, 侵也. 毛詩, 干旄干旌, 假爲竿字. (2) 反入者, 上犯之意. 古寒切. 十四部.

---

9 王筠의 《說文句讀》에서는 戴侗이 蜀本 《說文》을 인용하면서 "干, 盾也."라고 하였다고 말하였다.

10 徐鉉本·徐鍇本에는 "从反入从一"로 되어 있다. 《韻會》에는 "从一从反入"으로 되어 있다.

11 제10편 上 '犬'부 '犯'자 說解: 犯, 侵也.

12 《詩·鄘風·干旄》 참조.

13 제5편 下 '入'부 說解: 入, 內也. 象從上俱下也. '反入'이란 '入'을 거꾸로 한 자형을 말한다. '上犯之意'의 '意'는 의미가 아니라 '入'을 뒤집어 만든 모양, 상태 등을 말한다.
* '意'는 '造字之意'(제4편 上 '隹'부 '隻'자 段玉裁 注), 혹은 '製字之意'(제4편 上 '羊'부 '羋'자 段玉裁 注), "倉頡造字之初, 取意於此."(제8편 上 '丘'부 段玉裁 注) 등에서 말하고 있는 '意'다. 段玉裁는 '意'자를 의식적으로 일종의 술어로서 사용하고 있다. 이때의 '意'는 언어의 의미라는 뜻이 아니라 문자가 만들어질 때 작용하는 사고방식을 말하는 용법이다. 원래 許愼의 說解에 문자가 만들어진 원리를 설명할 때 나오는 '與某同意'라는 정형적인 표현에 사용되는 '意'와 같은 것이다. 대체로 문자가 만들어진 방법에 대한 說解에 대하여 段玉裁는 '此說從某之意'라던가, '從某之故'·'從某之恉' 등의 말을 사용하고 있는데 이들도 '意'와 유사한 용법으로 쓰이고 있다.

048. 𧮫(각)[14]부

 口上阿也.(1) 从口. 上象其理.(2) 凡𧮫之屬皆从𧮫.  𧮫或如此.  𧮫或从豦肉.(3)

'𧮫'은 입 위의 둥글게 말린 둔덕이다. '口(구)'로 구성되어 있다. 윗부분은 주름을 상형한 것이다. 𧮫부에 속하는 한자는 모두 𧮫의 의미를 따른다. '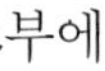'은 𧮫의 혹자(或字)로서 이렇게도 쓴다. ''은 𧮫의 혹자(或字)로서 '豦(거)'와 '肉(육)'으로 구성되었다.

(1) 《시·대아(大雅)》에 "有卷者阿"라는 시구가 나오는데[15] 전(箋)에서는 이것을 "큰 둔덕이 둥글게 말려 있는 것이다."라고 하였다. '口上阿'란 '입술 위의 살이 입을 따라 둥글게 말려 있는 것'을 말한다. <모전(毛傳)>에서 '臄(갹)'은 '函(함)'이라 하고[16] '𢎘(함)'부에서 '函(함)'은 '𧮫(각)'이라고 하였다.[17] 허신의 설해는 모씨(毛氏)의 설과 부합한다. 진작(晉灼)은 <우렵부(羽獵賦)>의 주석에서 "입의 위아래를 噱(갹)이라 한다."라고 하였다.[18] 《통속문(通俗文)》[19]에서는 "'입 윗부분을 臄(갹), 입 아랫부분을 函(함)이라 한다."라고 하였다. 복건(服虔)은 석언(析言)한 것이고, 모씨와 허신과 진작은 혼언(渾言)한 것이다. 허신은 입 윗부분을 거론함으로써 아래쪽을 포함하고 있다. 지금 《설문》의 각 판본에는 '函(함)'자 아래에 '舌(설)'이라고 잘못되어 있다.[20] 옛날에는 舌에 函이라는 이름이 없었다. 《의례·특생궤식례(特牲饋食禮)》, 《의례·소뢰궤식례(少牢饋食禮)》에 "肵俎用心舌[도마에는 심장과 혀를 올리고]"이라고 한 것과 《시·대아·행위(行葦)》에서 "加殽脾臄[안주로 비장과

---

14 '𧮫'의 발음은 반절에 의하여 '각'으로 한다. 그런데 혹자로 실려 있는 '臄'자나 단주에 등장하는 '噱'자는 현재 모두 '갹'으로 발음된다.

15 《詩·大雅·卷阿》 참조.

16 《詩·大雅·行葦》 "嘉殽脾臄"의 <毛傳>.

17 제7편 上 '𢎘'부 '函'자 說解 참조.

18 《文選》 卷八 "沇沇溶溶遙噱乎紘中"의 李善 注 참조.

19 漢代 服虔이 撰한 것이다.

20 段玉裁는 '𧮫', '噱', '臄'은 모두 입술 위의 살을 뜻하는 글자이며 따라서 '臄'과 互訓되는 '函'도 같은 뜻으로 풀이하고 있다. 만약 '函'을 '舌'의 뜻으로 푼다면 그것은 옳지 않다. 그래서 다른 판본에서 "函, 舌也."라고 說解된 것은 잘못된 것이라고 주장하고 있다.

입술살을 더하고]"이라고 한 것은 그 용도가 다르다. (그러나) 육덕명(陸德明)의 《석문(釋文)》에도 "《설문》에 函은 舌이라 하였고 입가의 살이라 하였다.[說文曰, 函, 舌也, 又云, 口次肉也.]"[21]라고 하였으니 그의 시대에 이미 《설문》이 잘못되어 있었던 것 같다. 단행본 《석문》에서는 '口次(구차)'가 다시 잘못되어 '口裏(구리)'로 되었으니 의미가 완전히 잘못되었다. 책을 올바로 독해하기가 이처럼 어렵다.

(2) '理(리)'는 무늬, 모양이다. '谷'의 발음은 其(기)와 虐(학)의 반절이다. 5부에 속한다. '郤(각)'·'綌(격)'자는 '谷'이 성부로 구성되어 있다.

(3) '㖿'·'臄' 두 글자 모두 형성자다. '臄'자는 《시·대아》에 보인다.

(1) 大雅, 有卷者阿. 箋云, 有大陵卷然而曲. 口上阿, 謂口吻已上之肉隨口卷曲. 毛傳, 臄, 函也. 𢎘部, 函, 谷也. 與毛合. 晉灼注羽獵賦曰, 口之上下名爲噱. 按通俗文云, 口上曰臄, 口下曰函. 服析言之, 毛許晉皆渾言之. 許擧上以包下耳. 今說文各本函下譌作舌也. 古者舌無函名. 特牲少牢禮, 肵俎用心舌, 與加殽脾臄異用. 陸釋文云, 說文曰, 函, 舌也, 又云, 口次肉也. 似陸時說文已誤矣. 單行釋文口次譌口裏, 則義全非. 讀書之難如是. (2) 文理. 其虐切. 五部. 郤綌从谷聲. (3) 二皆形聲. 臄見大雅.

049. 只(지)부

 語已詞[22]也.(1) 从口. 象气下引之形.(2) 凡只之屬皆从只.

'只'는 말이 끝났음을 나타내는 어사[詞]다. '口(구)'로 구성되었다. 기운이 아래로 끌어내려지는 모양을 상형하였다. 只부에 속하는 한자는 모두 只의 의미를 따른다.

(1) '已(이)'는 마친다는 뜻이다. '矣(의)'자[23]나 '只'자는 모두 말이 끝났음을 나타내는 어사[詞]다. 《시·용풍(鄘風)》에 나오는 "母也天只, 不諒人只.[어머니는 하늘이시네. 사람을

21 《詩·大雅·行葦》의 <毛傳> "臄, 函也."에서의 '函'에 대한 《釋文》.

22 제9편 上 '司'부 '詞'자 說解: 詞, 意內而言外也.

23 제5편 下 '矢'부 '矣'자 說解: 矣, 語已詞也.

믿어 주지 않으시네.]"[24]가 그 예다. 또한 (只는) '是(시)'로 가차되기도 한다. 《시·소아(小雅)》에 나오는 "樂只君子[즐거우신 이 군자]"[25]의 전(箋)에서 "只는 是의 뜻이다."라고 하였다. 《시·왕풍(王風)》에 나오는 "其樂只且[이것을 즐거워하네.]"[26]의 전(箋)에서는 "其且樂此而已[또한 이것을 즐길 따름이다.]"라고 하였다. 살펴보면 '此(차)'로 '只'를 해석한 것은 위의 《시·소아》의 전(箋)과 같다. 송대(宋代) 사람들의 시에서는 '只'를 '祇(지)'로 사용하였는데 '다만, 단지'의 뜻이다. 지금 사람들도 그 뜻을 사용하는데 그 때는 '隻(척)'과 같이 발음한다.

(2) 말을 마치면 기운이 아래로 끌어내려진다. '只'의 발음은 諸(제)와 氏(씨)의 반절이다. 16부에 속한다.

(1) 已, 止也. 矣只, 皆語止之詞. 庸風, 毋也天只, 不諒人只, 是也. 亦借爲是字. 小雅, 樂只君子. 箋云, 只之言是也. 王風, 其樂只且. 箋云, 其且樂此而已. 按以此釋只, 與小雅箋同. 宋人詩用只爲祇字, 但也. 今人仍之, 讀如隻. (2) 語止則气下引也. 諸氏切. 十六部.

050. 㕯(눌)부

㕯 言之訥也.(1) 从口內.(2) 凡㕯之屬皆从㕯.

'㕯'은 말이 어눌하다는 뜻이다. '口(구)'와 '內(내)'로 구성되어 있다. 㕯부에 속하는 한자는 모두 㕯의 의미를 따른다.

(1) 《예기·단궁(檀弓)》에는 '吶(눌)'로 되어 있는데 ('㕯'과) 같은 글자다. "그 말이 어눌하여[吶吶然] 마치 입에서 나오는 것 같지 않다."라고 되어 있다.[27] 주석에서 "'吶吶'은 느리고

---

24 《詩·庸風·柏舟》 참조.

25 《詩·小雅·南山有臺》.

26 《詩·王風·君子陽陽》.

27 《禮記·檀弓》 下第四에는 "其言吶吶然, 如不出其口."라고 되어 있으며 注는 "吶吶, 舒小貌."라고 되어 있다.

소리가 작은 모양이다."라고 하였다. 이 '㕯'자와 '言'부의 '訥(눌)'은 발음과 의미가 같기 때문에28 '訥'자로 '㕯'을 해석하였다.

(2) '內'는 들어간다는 뜻이다.29 회의(會意)자다. '內'는 또한 발음을 나타낸다. '㕯'의 발음은 女(녀)와 滑(활)의 반절이다. 15부에 속한다.

(1) 檀弓作呐, 同. 其言呐呐然, 如不出諸其口. 注, 呐呐, 舒小皃. 此與言部訥, 音義皆同, 故以訥釋㕯. (2) 內, 入也. 會意. 內亦聲. 女滑切. 十五部.

051. 句(구)부

曲也.(1) 从口丩聲.(2) 凡句之屬皆从句.

'句'는 굽었다는 뜻이다. '口(구)'로 구성되었으며 '丩(규)'는 발음을 나타낸다. 句부에 속하는 글자는 모두 句의 의미를 따른다.

(1) 구부러지는 모든 물건을 펴면 '倨(거)'라 하고 오무리면 '句(구)'라 한다.30 《주례·고공기(考工記)》에는 '倨句'라는 말이 자주 나오며31 《예기·악기(樂記)》에서도 "펴면 矩(구)에 맞추고 구부리면 鉤(구)에 맞춘다."라고 하였다.32 《회남자(淮南子)》에서도 짐승에 대해 말하면서 '구부러진[句] 발톱과 펴진[倨] 어금니'라고 하였다.33 지명에 '句'자가 들어가는 것은 지형산천이 굽어 있음을 나타낸다. '句容(구용)'·'句章(구장)'·'句餘(구여)'·'高句麗(고구려)' 등이 모두 그 예다. 章句(장구)의 句도 '잠깐 머물러 구부릴 수 있다'는 뜻을 가진다. 고음은 모두 '鉤'와 같이 발음하였는데 후인들이 '구부러지다[句曲]'의 (句는) '鉤(구)'로 발음하고 '문장[章句]'에서의 (句는) '屨(구)'로 발음하게 되었다. 또 '구부러지다

---

28 제3편 上 '言'부 '訥'자 說解: 訥, 言難也.

29 제5편 下 '入'부 '內'자 說解 참조.

30 제8편 上 '人'부 '倨'자 說解 "倨, 不遜也."의 段玉裁 注: 引伸之. 凡侈曰倨. 凡斂曰句.

31 《周禮·考工記》 <冶氏>, <韗人>·<磬氏>·<匠人>·<車人> 등에 보인다.

32 《禮記·樂記》 第十九 참조.

33 《淮南子·本經訓》 지금의 책에는 '倨'가 '居'로 되어 있다.

[句曲]'의 句는 '勾(구)'자로 쓰게 되었다. 그러나 이것은 속된 사람들이 분별한 것이며 그것으로 함께 옛것을 이야기할 수는 없다.

(2) '句'의 발음은 古(고)와 侯(후)의 반절이다. 이것은 고음이다. 4부에 속한다. 또한 九(구)와 遇(우)의 반절이기도 한데 이것은 지금의 발음이다.

(1) 凡曲折之物, 侈爲倨, 斂爲句. 考工記多言倨句. 樂記言倨中矩句中鉤. 淮南子說獸言句爪倨牙. 凡地名有句字者, 皆謂山川紆曲, 如句容句章句餘高句驪, 皆是也. 凡章句之句, 亦取稽留可鉤乙之意. 古音總如鉤. 後人句曲音鉤, 章句音屨, 又改句曲字爲勾, 此淺俗分別, 不可與道古也. (2) 古侯切, 古音也. 四部. 又九遇切, 今音也.

052. 丩(규)부

相糾繚也.(1) 一曰, 瓜瓠結丩起.(2) 象形.(3) 凡丩之屬皆从丩.

'丩'는 서로 얽혀 있다는 뜻이다. 일설에 오이과의 덩굴이 얽혀 올라가는 것이라고 하기도 한다. 상형(象形)이다. 丩부에 속하는 한자는 모두 丩의 의미를 따른다.

(1) '丩'와 '糾(규)'는 운모가 같다. '糾'와 '繚(료)'도 운모가 같은 글자다. <모전(毛傳)>에서 "糾糾는 繚繚와 같다."라고 하였다.[34] 繚는 '둘러싸다'라는 뜻이다.[35]

(2) 오이나 박 등의 줄기가 사물을 타고 말아 올라가는 것을 말한다. 《시》에서 "南有樛木, 甘瓠纍之.[남쪽의 규목(樛木), 단호박이 타고 말아 올라가네.]"라고 한 것과 같다.[36]

(3) 서로 묶여 있는 모양을 상형하였다. '丩'의 발음은 居(거)와 虯(규)의 반절이다. 3부에 속한다. 《진고(眞誥)》에서는 '一卷(일권)'을 '一弓(일규)'라고 한다.[37] '弓(규)'자는 곧 '[illegible]'(丩)자다. '一丩'란 '하나로 묶는다[一縛(일박)]'는 말이다. '丩'자와 '卷'자는 성모가 같다. 그래

34 《詩·魏風·葛屨》 "糾糾葛屨, 可以履霜."의 <毛傳>.

35 제13편 上 '糸'부 '繚'자 說解 참조.

36 《詩·小雅·南有嘉魚》.

37 《眞誥》는 道家類의 책으로 《四庫全書總目》에 분류되어 있다. 그 <提要>에 이 책에서는 '卷'자를 '弓'으로 쓰고 있다고 말하고 있다.

서 '卷'을 '丩(규)'라고 한 것이다.

(1) 丩糾疊韻, 糾繚亦疊韻字也. 毛傳曰, 糾糾猶繚繚也. 繚, 纏也. (2) 謂瓜瓠之縢緣物纏結而上, 如詩言, 南有樛木, 甘瓠纍之. (3) 象交結之形. 居虯切. 三部. 眞誥一卷爲一弓. 弓當卽是㔾字. 一丩猶言一縛. 丩卷雙聲, 故謂卷爲丩也.

053. 古(고)부

 故也.(1) 从十口. 識前言者也.(2) 凡古之屬皆从古.  古文古.

'古'는 오래되었다는 뜻이다. '十(십)'과 '口(구)'로 구성되어 있다. 오래전의 말을 기억하는 것이다. 古부에 속하는 한자는 모두 古의 의미를 따른다. ''는 古의 고문이다.

(1) 《시·패풍(邶風)》, 《시·대아(大雅)》의 <모전(毛傳)>에서 "古는 故(고)다."라고 하였다.[38] '攵(복)'부에 "故는 그렇게 하도록 하는 것이다."라고 하였다.[39] 내 생각에 '故'란 모든 일이 그렇게 되는 까닭이다. 또 그렇게 되는 까닭은 대개 옛날부터 갖추어져 있기 때문에 '古'를 '故'라고 한 것이다. 《일주서(逸周書)》에 "天爲古, 地爲久.[하늘과 땅은 오래되었네.]"[40]라고 하였다. 정현(鄭玄)은 《상서(尙書)》의 '稽古(계고)'를 '同天(동천)'이라고 주석하였다.[41]

(2) 오래전의 말을 알려 주는 것은 입이다. 열에 이르게 되면 전해지고 전해져서 인습으로 바뀌고 이것이 바로 '옛날부터[自古在昔]의 것'이 된다.[42] '古'의 발음은 公(공)과 戶(호)의

38 《詩·邶風·日月》, 《詩·大雅·烝民》의 <毛傳>.

39 제3편 下 '攴(攵)'부 '故'자 說解: 故, 使爲之也.

40 《逸周書·周祝》 第六十七 참조.

41 《尙書·堯典》의 "曰若稽古"에 대한 注. '稽古(계고)'를 '同天(동천)'이라고 주석하였던 것은 오래전의 역사를 생각해 보니 하늘이 오래된 것과 같다는 의미에서다.

42 《詩·商頌·那》에 "自古在昔, 先民有作."이라는 구절이 나온다.

반절이다. 5부에 속한다.

(1) 邶風, 大雅毛傳曰, 古, 故也. 攴部曰, 故, 使爲之也. 按故者, 凡事之所以然. 而所以然皆備於古, 故曰古, 故也. 逸周書, 天爲古, 地爲久. 鄭注尙書, 稽古爲同天. (2) 識前言者口也. 至於十則展轉因襲, 是爲自古在昔矣. 公戶切. 五部.

054. 十(십)부

 數之具也.(1) 一爲東西, 丨爲南北, 則四方中央備矣.(2) 凡十之屬皆从十.

'十'은 수(數)가 완비된 것이다. '一'은 동서(東西)이고 '丨'은 남북(南北)이니 사방과 중앙이 갖추어져 있다. 十부에 속하는 한자는 모두 十의 의미를 따른다.

(1) 《한서 · 율력지(律曆志)》에서 "十에서 모인다."[43]라고 하였다.
(2) '十'의 발음은 是(시)와 執(집)의 반절이다. 7부에 속한다.

(1) 漢志, 協於十. (2) 是執切. 七部.

055. 𠦃(삽)[44]부

 三十幷也. 古文省.(1) 凡𠦃之屬皆从𠦃.

'𠦃'은 세 개의 '十(십)'을 병렬한 것이다. 고문(古文)이며 (자형의 일부가) 생략되었

---

43 《漢書 · 律曆志》: 紀於一, 協於十, 長於百, 大於千, 衍於萬, 其法在算術.
44 段玉裁는 '卅'을 전서를 따르는 '𠦃'자로 썼다. 같은 글자이므로 이하 '卅'으로 통일한다.

다. 卅부에 속하는 한자는 모두 卅의 의미를 따른다.

(1) 여기에서는 "省多(생다)"라고 해야 하는데[45] (글자가) 빠져 있다. 고음으로 '卅'의 발음은 先(선)과 立(립)의 반절이어야 한다. 7부에 속한다. 지금의 발음은 蘇(소)와 沓(답)의 반절이다.

(1) 此亦當云省多, 奪耳. 古音當先立切. 七部. 今音蘇沓切.

056. 言(언)부

 直言曰言, 論難曰語.(1) 从口䇂聲.(2) 凡言之屬皆从言.

직접 말하는 것을 '言'이라고 하고 질문에 답하는 것을 '語(어)'라고 한다. '口(구)'로 구성되었으며 '䇂(건)'은 발음을 나타낸다. 言부에 속하는 한자는 모두 言의 의미를 따른다.

(1) 《시·대아(大雅)》의 <모전(毛傳)>에 "직접 말하는 것을 言이라고 하고 논란하는 것을 語(어)라고 한다.[直言曰言, 論難曰語.]"라고 되어 있는데, 이 구절의 '論(논)'자가 《정의(正義)》에서는 '荅(답)'자로 되어 있다.[46] 《주례·춘관(春官)·대사악(大司樂)》의 정현(鄭玄)의 주석에는 "스스로 말을 하는 것은 言이라고 하고 질문에 답하는 것을 語라고 한다.[發端曰言, 荅難曰語.]"라고 되어 있다.[47] 《예기·잡기(雜記)》의 주석에서는 "言은 자기의 일을 말하는 것이고, 다른 사람 때문에 말하는 것은 語이다.[言, 言己事, 爲人說爲語.]"라고 하였

---

45 제3편 상 '十'부 '卄'자 說解: 卄, 二十并也. 古文省多. '省多'란 획이 많은 것을 생략했다는 뜻이다. 段玉裁는 '二十'이라는 두 글자를 생략하여 한 글자 '卄'으로 만든 것이 '省多'라고 풀이하였다. 그러나 '卄'자의 說解는 徐鉉本에는 '古文省'으로 되어 있고 徐鍇本에서 '古文省多'라고 되어 있다. 段玉裁는 徐鍇本을 따라 이렇게 주장하고 있다.

46 《正義》에서는 "直言曰言, 謂一人自言. 荅難曰語, 謂二人相對. 對文故別耳, 散則言語通也. 定本集註皆云, 論難曰語."라고 되어 있다.

47 《周禮·春官·大司樂》의 "以樂語教國子, 興道諷誦言語."의 注.

다.[48] 내 생각에는 이상의 세 가지의 주석이 대략 같은 내용을 말하고 있는 것 같다. 言부 아래 부속자에서 "語, 論也.", "論, 議也.", "議, 語也."라고 하였으니[49] 《시》의 <모전>은 마땅히 (《정의》에서 언급한) 《정본(定本)》과 《집주(集注)》를 따랐을 것이다.[50] 《이아(爾雅)》나 <모전>에서 '言'은 '我(아)'라고 하였는데[51] 이것은 성모가 같은 글자로 해석한 것이며 방언에 근거한 것이다.

(2) '言'의 발음은 語(어)와 軒(헌)의 반절이다. 14부에 속한다.

(1) 大雅毛傳曰, 直言曰言, 論難曰語. 論, 正義作荅. 鄭注大司樂曰, 發端曰言, 荅難曰語. 注𥙆記曰, 言, 言己事, 爲人說爲語. 按三注大略相同. 下文, 語, 論也, 論, 議也, 議, 語也, 則詩傳當從定本, 集注矣. 爾雅, 毛傳, 言, 我也. 此於雙聲得之, 本方俗語言也. (2) 語軒切. 十四部.

057. 誩(경)부

 競言也. 从二言.(1) 凡誩之屬皆从誩. 讀若競.

'誩'은 말을 다투는 것이다. 두 개의 '言(언)'으로 구성되었다. 誩부에 속하는 한자는 모두 誩의 의미를 따른다. '競(경)'과 같이 발음한다.

(1) '誩'의 발음은 渠(거)와 慶(경)의 반절이다. 고음으로는 10부에 속한다. '彊(강)'과 같이 발음한다.

(1) 渠慶切. 古音在十部. 讀如彊.

---

48 《禮記・𥙆記》의 "三年之喪, 言而不語, 對而不問."의 注.

49 제3편 上 '言'부 '語'・'論'・'議'자 說解 참조.

50 주 46 참조.

51 《爾雅》 <釋詁>: 卬・吾・台・予・朕・身・甫・余・言, 我也.
《詩》의 <周南・葛覃>, <小雅・彤弓>, <大雅・文王>에 나오는 '言'자에 대한 <毛傳>참조.

058. 音(음)부

 聲生於心, 有節於外, 謂之音.(1) 宮商角徵羽, 聲也.(2) 絲竹金石匏土革木, 音也. 从言含一.(3) 凡音之屬皆从音.

소리가 마음에서 생겨나서 밖으로 절주가 있는 것을 '音'이라고 한다. 宮(궁)・商(상)・角(각)・徵(치)・羽(우)는 '소리[聲]'이다. 絲(사)・竹(죽)・金(금)・石(석)・匏(포)・土(토)・革(혁)・木(목)은 '음악[音]'이다. '言(언)'이 '一(일)'을 품고 있는 모양으로 구성되었다. 音부에 속하는 한자는 모두 音의 의미를 따른다.

(1) ("聲生於心, 有節於外, 謂之音."의) 11자가 한 문장[句]이다. 각 판본에는 '聲(성)'자 다음에 쓸데없이 '也(야)'자가 더해져 있다.[52] 《예기・악기(樂記)》에 "소리가 무늬를 이루면 그것을 음악이라 한다."라고 하였다.[53]

(2) 송본(宋本)에는 ("聲也"의) '也'자가 없다.[54]

(3) ('一'을 품고 있다는 것은) 절주가 있다[有節(유절)]는 뜻이다. '音'의 발음은 於(어)와 今(금)의 반절이다. 7부에 속한다.

(1) 十一字一句. 各本聲下衍也字. 樂記曰, 聲成文, 謂之音. (2) 宋本無也. (3) 有節之意也. 於今切. 七部.

52 徐鉉本・徐鍇本 모두 "聲也. 生於心, 有節於外, 謂之音."이라고 되어 있어서 '聲' 다음에 '也'자가 있다. 그러나 徐承慶은 《說文解字注匡謬》에서 段玉裁가 '也'자를 없앤 것에 대하여 옳지 않다고 말하고 있다. 徐承慶에 의하면 《說文》의 '聲'자 說解에 "音也"라고 되어 있으니 '音'자에서 "聲也"라고 되어 있어야만 두 개의 篆文이 互訓된다.

53 《禮記・樂記》: 凡音者, 生人心者也. 情動於中, 故形於聲, 聲成文, 謂之音.

54 徐鉉本에 "聲也"의 '也'자가 없다. 여기에서 말하는 宋本이란 곧 徐鉉本이며 정확하게 말하면 王昶이 소장하던 宋刊本, 周錫瓚이 소장하던 宋刊本의 徐鉉本을 말한다.(段玉裁의 《汲古閣說文訂》 序 참조.)

059. 䇂(건)부

 辠也.(1) 从干二.(2) 二, 古文上字.(3) 凡䇂之屬皆从䇂. 讀若愆.(4) 張林說.

'䇂'은 죄를 짓는다는 뜻이다. '干(간)'과 '二(상)'으로 구성되었는데 '二'은 '上(상)'의 고문(古文)이다. 䇂부에 속하는 한자는 모두 䇂의 의미를 따른다. '愆(건)'과 같이 발음한다. 이는 장림(張林)의 주장이다.

(1) '辠(죄)'는 "법을 범한다."라는 뜻이다.[55]

(2) 회의(會意)자다.

(3) 위를 침범하는 것은 곧 법을 범하는 것이다.

(4) '䇂'의 발음은 去(거)와 虔(건)의 반절이다. 14부에 속한다. 《광운(廣韻)》에서는 '䇂'이 '愆(건)'의 고문이라고 하였다.[56]

(1) 辠, 犯法也. (2) 會意. (3) 干上是犯法也. (4) 去虔切. 十四部. 廣韻曰, 䇂, 古文愆.

060. 丵(착)부

 叢生艸也. 象丵嶽相並出也.(1) 凡丵之屬皆从丵. 讀若浞.(2)

'丵'은 무더기로 나는 풀이다. 빽빽하게 나란히 나오는 것을 상형하였다. 丵부에 속하는 한자는 모두 丵의 의미를 따른다. '浞(착)'과 같이 발음한다.

(1) 이 글자가 상형자임을 말한다. '丵'과 '嶽(악)'은 운모가 같은 글자다. '族嶽(족악)'이라고도

55 제14편 下 '辛'부 '辠'자 說解 참조.

56 《廣韻》 下平聲 二 '仙'부: 愆, 過也. 去乾切, 十. 䇂, 古文. 僁, 籒文.

쓴다. 오(吳)지방 말에 (위아래) 차례대로 나타나지 않는 것을 '丵嶽(착악)'이라고 한다.
(2) '丵'의 발음은 士(사)와 角(각)의 반절이다. 3부에 속한다.

(1) 謂此象形字也. 丵嶽疊韻字. 或作族嶽. 吳語, 不經見者,[57] 謂丵嶽. (2) 士角切. 三部.

061. 菐(복)부

瀆菐也.(1) 从丵从𠬞.(2) 𠬞亦聲.(3) 凡菐之屬皆从菐.

'菐'은 번잡하고 일거리가 많다는 뜻이다. '丵(착)'과 '𠬞(공)'으로 구성되었다. '𠬞'은 또한 발음을 나타낸다. 菐부에 속하는 한자는 모두 菐의 의미를 따른다.

(1) '瀆(독)'과 '菐(복)'은 운모가 같은 글자다. '瀆'은 일이 많고 수고롭다[煩瀆(번독)]는 뜻이다.[58] '菐'은 ≪맹자(孟子)≫에서 말한 '僕僕(복복)'이다. ('僕僕'에 대하여) 조기(趙岐)는 '번잡하고 자질구레한 일이 많은 모양'이라고 하였다.[59]
(2) ('𠬞'은) 두 손을 마주하였다는 뜻이다.[60] 발음은 '邛(공)'이다.
(3) '菐'의 발음은 蒲(포)와 沃(옥)의 반절이다. 3부에 속한다.

(1) 瀆菐疊韻字. 瀆, 煩瀆也. 菐, 如孟子書之僕僕, 趙云, 煩猥皃. (2) 竦手也. 音邛. (3) 蒲沃切. 三部.

57 段注에서 말하는 '不經見者'는 위아래로 차이 나게 드러나 보이지 않는 것을 말한다고 생각된다. 그것은 다시 밀해시 기로로 나란하여 차이가 없어 보이는 모양이 된다. 段玉裁는 丵자의 의미가 한꺼번에 나란히 묶여 자라는 풀을 말하므로 그 의미와도 연관지어 吳지방 방언이 생긴 것이라고 풀이하였다.
58 徐鉉本에서 "臣鉉等曰, 瀆, 讀爲煩瀆之瀆. 一本注云, 丵, 衆多也. 兩手奉之, 是煩瀆也."라고 주석하였다.
59 ≪孟子・萬章下≫의 "子思以爲鼎肉使己僕僕爾亟拜也, 非養君子之道也."의 趙岐의 注.
60 제3편 上 '𠬞'부 說解 참조.

062. 廾(공)[61]부

 竦手也.(1) 从𠂇又.(2) 凡廾之屬皆从廾. 𢪃 楊雄[62]說廾从兩手.(3)

'廾'은 두 손을 마주한 것이다. '𠂇'와 '又'으로 구성되었다. 廾부에 속하는 한자는 모두 廾의 의미를 따른다. '𢪃' 양웅(揚雄)은 廾은 두 개의 손[手]으로 구성되어 있다고 주장하였다.

(1) '竦(송)'은 공경한다는 뜻이다.[63]

(2) 내 생각에 '廾'자는 두 손을 마주하여 받드는 것이 있음을 말하고 있는 것 같다. 그래서 아래의 ('奉(봉)'자에서) "奉은 이어 받든다[承(승)]는 뜻이다."라고 하였다.[64] '手(수)'부에서 "承(승)은 받들다[奉], 받는다[受(수)]는 뜻이다."라고 하였다.[65] 《오경문자(五經文字)》에서 ('廾'자의 발음이) "其(기)와 恭(공)의 반절이다."라고 하였다.[66] 《구경자양(九經字樣)》에는 발음이 '邛(공)'이라고 하였다.[67] 《광운(廣韻)》에서는 《설문》을 인용하여 "居(거)와 竦(송)의 반절이다."라고 하였다.[68] '菐'이 廾을 성부로 하는 것을 가지고 발음을 찾아본다면 고음은 3부에 있다.[69]

(3) 아마 《훈찬편(訓纂篇)》[70]에는 이런 글자 모양으로 되어 있었을 것이다. '𢷎(배)'자의 고문은 두 개의 '手(수)'로 이루어져 있다. 이는 '𢷎'의 고문을 '廾'의 (고문으로) 삼은 것이다.[71]

---

61 '廾'자는 楷書로 '廾'으로 쓴다. 段玉裁는 廾자와 廾자를 혼용하였다.

62 段玉裁는 揚雄의 '揚'자를 모두 楊으로 썼다. 段注 원문은 고치지 않았으나 번역문에서는 揚으로 쓴다.

63 제10편 下 '立'부 '竦'자 說解 참조.

64 '廾'부의 '奉'자 說解: 奉, 承也.

65 제12편 上 '手'부 '承'자 說解: 承, 奉也. 受也.

66 《五經文字》 卷上 十七 '宀'부 '奥'자 아래에 보인다.

67 《九經字樣》 <雜辨部> '興'자 아래에 보인다.

68 《廣韻》 上平聲三 '鍾'부: 廾, 竦手也. 說文本居竦切.
위의 세 가지 발음은 모두 段玉裁의 韻部로는 제9부에 해당한다.

69 '菐'은 "蒲沃切, 三部."다.

70 漢代 揚雄이 지은 字書. 《說文解字》 敘 참조.

71 제12편 上 '手'부의 '𢷎(배)'자 說解 참조. '𢷎'자는 '拜'자의 원래 글자다. 《설문》에는 𢷎자의 고문으로 揚雄이 제시한 두 개의 手자로 구성된 글자를 보여 주고 있다.

(1) 竦, 敬也. (2) 按此字謂竦其兩手以有所奉也. 故下云, 奉, 承也. 手部曰, 承, 奉也, 受也. 五經文字, 其恭反. 九經字樣, 音邛. 廣韻引說文, 居竦切. 以𢍏從廾聲求之, 古音在三部. (3) 蓋訓纂篇如此作. 古文𢪞從二手. 此以古文𢪞爲廾也.

063. 𠬜(반)부

𠬜 引也.(1) 从反廾.(2) 凡𠬜之屬皆从𠬜. 𢺕 𠬜或从手从樊.(3)

'𠬜'은 당긴다는 뜻이다. '廾(공)'을 뒤집은 모양으로 구성되었다. 𠬜부에 속하는 한자는 모두 𠬜의 의미를 따른다. '𢺕'은 𠬜의 혹자(或字)로서 '手(수)'와 '樊(번)'으로 구성되었다.

(1) <상림부(上林賦)>의 "仰𠬜橑而捫天[우러러 서까래를 잡고 하늘을 더듬는다.]"에 대하여 진작(晉灼)은 "𠬜은 옛날의 攀(반)자다."라고 하였다.[72] 살펴보면 지금의 글자는 '攀'으로 쓰니 '𠬜'은 고자(古字)다. '𠬜'은 또한 소전(小篆)이기도 하다.

(2) 물건을 밖으로 끌어내는 모양을 상형하였다. '𠬜'의 발음은 普(보)와 班(반)의 반절이다. 14부에 속한다.

(3) '𢺕'에서 '樊(번)'은 발음을 나타낸다. 지금은 '攀(반)'으로 쓴다. 《공양전(公羊傳)》에는 '扳(반)'으로 쓰여 있다.[73]

(1) 上林賦, 仰𠬜橑而捫天. 晉灼曰, 𠬜, 古攀字. 按今字皆用攀, 則𠬜爲古字. 𠬜亦小篆也. (2) 象引物於外. 普班切. 十四部. (3) 樊聲也. 今作攀. 公羊傳作扳.

---

72 司馬相如의 <上林賦>. 《文選》 卷八에 보인다. 晉灼의 말은 李善 注에 보인다.

73 《公羊傳》 隱公 元年: 隱長又賢, 諸大夫扳隱而立之. 何休의 注에 "扳, 引也."라고 되어 있다.

064. 共(공)부

 同也. 从廿[74]廾.(1) 凡共之屬皆从共.  古文共.(2)

'共'은 함께 한다는 뜻이다. '廿(입)'과 '廾(공)'으로 구성되었다. 共부에 속하는 한자는 모두 共의 의미를 따른다. ''은 共의 고문이다.

(1) '廿(입)'은 두 개의 '十(십)'을 병렬하였다는 뜻이다.[75] 20명의 사람이 모두 손을 마주하고 있으니[76] 함께한다는 뜻이다. '共'의 발음은 渠(거)와 用(용)의 반절이다. 9부에 속한다. 《주례(周禮)》나 《상서(尙書)》에서는 '供給(공급)', '供奉(공봉)'을 모두 '共'자를 빌어 표현하였다. 위포(衛包)는 《상서》의 '共'을 모두 '恭(공)'으로 바꿨는데, 이는 잘못이다.[77] 《이아·석고(釋詁)》에 따르면 供(공)·峙(치)·共(공)·具(구)는 같은 뜻이다. 곽박(郭樸)은 이 글자들이 모두 '갖추어 바치다[具備]'의 뜻이라고 하였다.[78] 이는 옛날에 '共'을 '供(공)'의 뜻으로 사용하였던 이치가 있었음을 보여 준다. 《상서》, 《모시(毛詩)》, 《사기(史記)》에서는 '恭敬(공경)'의 '恭'자를 모두 '恭'으로 쓰고 '共'으로 쓰지 않았다. 한대(漢代) 석경(石經)[79] 가운데 잔존하는 《상서·무일(無逸)》편에서는 '徽柔懿共(휘유의공)', '惟正之共(유정지공)'은 모두 '共'으로 되어 있고, '嚴恭寅畏(엄공인외)'는 '恭'으로 되어 있다. 그렇다면 고대의 글자 사용례를 알 수 있을 것이다. 《모시》의 '溫溫恭人(온온공인)',[80] '敬恭明祀(공경명사)',[81] '溫恭朝夕(온공조석)'[82]은 모두 '共'으로 쓰지 않았다. '靖共爾位(정공이위)'[83]의 전(箋)에서 "共은 갖춘다[具]는 뜻이다."라고 하였으니 (여기서의 '共'은) '恭'자의 뜻이 아니다. '虔共爾位(건공이위)'[84]구절의 전(箋)에 "옛날에 '恭'자를 간혹 '共'으로 쓰는 경우가

74 '廿(입)'자는 지금 해서로 '卄'으로 쓴다. 段注에서는 廿으로 썼다.
75 제3편 上 '十'부 '卄'자 說解 참조.
76 제3편 上 '廾'부 說解 참조.
77 段玉裁의 《古文尙書撰異》 卷四 <甘誓>의 "今予惟共行天之罰"에 대한 설명에 상세히 나와 있다.
78 《爾雅·釋詁》 참조.
79 熹平石經을 말한다.
80 《詩·小雅·小宛》.
81 《詩·大雅·雲漢》.
82 《詩·商頌·那》.
83 《詩·小雅·小明》.

있었다."고 하였다. 간혹[或]이라고 말한 것은 조금 그런 사례가 보인다는 것이다. 《사기》에서도 '恭敬'(의 恭을) '共'으로 쓴 경우가 없었다.[85]

(2) (이 고문의) 자체는 소서본(小徐本)을 따른 것이다.[86] 살펴보면 '[illegible](共의 고문)'의 자형에는 서로 따르는[順從] 모양이 있고, '[illegible](癸(계)자의 소전)'[87]의 자형에는 서로 거스르는[睽異] 모양이 있다.[88] 《고문사성운(古文四聲韻)》에서는 《설문》을 인용하면서 '癸(계)'자를 '共'으로 잘못 보았다.

(1) 廿, 二十幷也. 二十人皆竦手, 是爲同也. 渠用切. 九部. 周禮尙書, 供給供奉字, 皆借共字爲之. 衛包盡改尙書之共爲恭, 非也. 釋詁, 供峙共具也. 郭云, 皆謂備具. 此古以共爲供之理也. 尙書毛詩史記, 恭敬字皆作恭, 不作共. 漢石經之存者, 無逸一篇中, 徽柔懿共, 惟正之共, 皆作共, 嚴恭寅畏, 作恭. 此可以知古之字例矣. 毛詩, 溫溫恭人, 敬恭明祀, 溫恭朝夕, 皆不作共. 靖共爾位, 箋云, 共, 具也, 則非恭字也. 虔共爾位, 箋云, 古之恭字, 或作共. 云或則僅見之事也. 史記恭敬字, 亦無作共者. (2) 體從小徐本. 按[illegible]有順從之象, [illegible]有睽異之象. 古文四聲韻引說文誤以癸爲共.

065. 異(이)부

 分也.(1) 从廾畀. 畀, 予也.(2) 凡異之屬皆从異.

'異'는 나눈다는 뜻이다. '廾(공)'과 '畀(비)'로 구성되었다. '畀'는 준다는 뜻이다. 異부에 속하는 한자는 모두 異의 의미를 따른다.

---

84 《詩 · 大雅 · 韓奕》.

85 段玉裁가 '共' · '供' · '恭'의 세 글자로 말하려고 하는 것은 '供'은 '共'으로 가차할 수 있지만 '恭'은 '共'으로 가차할 수 없다는 것이다.

86 大徐本에 나오는 古文자형은 小徐本과 다르다.

87 '[illegible]'는 '癸'자의 小篆이자 古文이다. 제14편 下 '癸'부 참조.

88 이것은 [illegible](共의 고문)과 [illegible](癸의 소전)의 자형을 설명한 것이다. 이들 자형은 잘 살펴보면 [illegible]자는 같은 방향으로 갈고리 모양이 연결되는데 [illegible]자는 서로 그것들이 반대방향으로 등지고 있다. 단옥재는 《古文四聲韻》에서 그것을 구별하지 않고 글자를 혼동한 것을 지적하였다.

(1) 나누게 되면 '이것과 저것'의 다름이 생겨난다.

(2) 두 손을 마주하여[89] 다른 사람에게 주므로 (주는 사람으로부터는) 떨어져 나가 달라진다. '異'의 발음은 羊(양)과 吏(리)의 반절이다. 1부에 속한다.

(1) 分之則有彼此之異. (2) 竦手而予人則離異矣. 羊吏切. 一部.

066. 舁(여)부

 共擧也. 从臼共.(1) 凡舁之屬皆从舁. 讀若余.(2)

'舁'는 함께 들어 올린다는 뜻이다. '臼(국)'과 '廾(공)'으로 구성되었다. 舁부에 속하는 한자는 모두 舁의 의미를 따른다. '余(여)'와 같이 발음한다.

(1) (위에서) 교차하는 방향으로 마주한 손[臼][90]도 있고 (아래에서) 마주하는 손[廾][91]도 있으니 모두 함께 들어 올리는 사람들이다. 함께 들면 혹 휴식을 번갈아 할 수 있으므로 (위에서) 올려 주는 손[臼]이 있어야 한다.[92]

(2) '舁'의 발음은 以(이)와 諸(제)의 반절이다. 5부에 속한다.

(1) 謂有叉手者, 有竦手者, 皆共擧之人也. 共擧則或休息更番, 故有叉手者. (2) 以諸切. 五部.

---

89 제3편 上 '廾'부 說解 참조.

90 제3편 上 '臼'부 說解 참조.

91 제3편 上 '廾'부 說解 참조.

92 무거운 물건을 힘을 합하여 들어 올리려면 위에서 들어 올리는 손은 두 손이 깍지를 끼는 방향으로 마주하고 움직여야 하고[臼] 아래에서 밀어 주는 손은 두 손이 위쪽으로 모아져 밀어야 한다[廾]. 단옥재의 뜻은 이렇게 여러 개의 손이 필요하므로 여러 사람이 힘을 합치게 되고 그것을 나타내는 글자인 '舁'자는 위아래의 손들이 번갈아 쉴 수 있게 윗부분과 아랫부분의 자형이 모두 필요하다는 말인 듯하다.

067. 臼(국)부

叉手也.(1) 从E彐.(2) 凡臼之屬皆从臼.

'臼'은 손가락이 서로 교차하는 방향으로 마주보고 있는 것이다. 'E'와 '彐'으로 구성되었다. 臼부에 속하는 한자는 모두 臼의 의미를 따른다.

(1) '又(우)'부에서 "叉(차)란 손가락이 서로 교차된 것이다."라고 하였다.[93] 여기서 말하는 '叉手(차수)'는 손가락이 서로를 향해 있는 것을 말한다.

(2) 이 자 역시 '왼손'과 '오른손'으로 구성된 것인데[94] 변형시켰다. '臼'의 발음은 居(거)와 玉(옥)의 반절이다. 3부에 속한다.

(1) 又部曰, 叉手, 指相錯也. 此云叉手者, 謂手指正相向也. (2) 此亦從𠂇又而變之也. 居玉切. 三部.

068. 𦥯(신)[95]부

早昧爽也.(1) 从臼辰.(2) 辰, 時也. 辰亦聲.(3) 丮夕爲㚏, 臼辰爲𦥯, 皆同意.(4) 凡𦥯之屬皆从𦥯.

---

93 제3편 下 '又'부 '叉'자 說解 참조.

94 즉 '臼'자도 '𠬞'자와 같이 왼손과 오른손이 마주한 모양으로 구성되었다는 뜻이다. 그런데 손의 모양을 상형한 자형이 조금 다르다.

95 𦥯자는 지금은 晨으로 쓴다. 그런데 윗부분이 日(일)자로 구성된 것이 아니라 臼(국)자로 구성된 것이므로 𦥯으로 쓰는 것이 정확한 자형이다. 그래서 段玉裁는 𦥯자를 쓰고 晨자를 쓰지 않았다. 이 책에서는 이하 필요에 따라 𦥯과 晨을 혼용하겠다. (*그런데 제7편 上 '晶'부에 '曟'자가 나오고 그 글자의 생략형으로 '晨'자가 제시된다. 許愼의 설명에 의하면 이 글자는 제3편 上 '𦥯(신)'자와는 다른 글자로 해석하고 있다. '晨'자는 원래 '晶'과 '辰'으로 구성되어 별자리[房星]를 나타내는 이름이고, '𦥯'자는 '臼'과 '辰'으로 구성된 글자로서 손으로 농기구를 잡고[臼] 농사를 짓는 시기[辰]를 나타내는 글자로 해석하고 있다.)

'晨'은 해가 막 떠오르는 이른 새벽이다. '𦥑(국)'과 '辰(신)'으로 구성되었다. '辰'은 때를 나타낸다. '辰'은 또한 발음을 나타내기도 한다. '丮(극)'과 '夕(석)'을 가지고 '夙(숙)'자를 만든 것이나 '𦥑'과 '辰'을 가지고 '晨'자를 만든 것은 모두 글자의 구성원리가 같다.[同意(동의)] 晨부에 속하는 한자는 모두 晨의 의미를 따른다.

(1) '日(일)'부에서 "早(조)는 새벽[晨]이다."라고 하였다.96 '昧爽(매상)'이란 해가 막 떠올라 밝은 것[旦明]이다.97 《예기·문왕세자(文王世子)》의 주석에 "해 뜨는 이른 새벽에 북을 쳐서 사람들에게 알린다.[早昧爽擊鼓以召衆]"라고 하여 또한 이 세 글자를 이어서 말하고 있다.98 《좌전(左傳)》 희공(僖公) 5년의 《정의(正義)》에서 《설문》을 해설하면서 "(早昧爽(조매상)이란) '날이 새서 닭이 울 때다.[夜將旦雞鳴時]'라고 하였다."라고 하였다.99

(2) 회의(會意)자다.

(3) '晨'의 발음은 食(식)과 鄰(린)의 반절이다. 12부에 속한다.

(4) 성인(聖人)은 문자로써 천하에 근면함을 가르친다.

(1) 日部曰, 早, 晨也. 昧爽, 旦明也. 文王世子注曰, 早昧爽, 擊鼓以召衆. 亦三字累言之. 左傳僖五年正義解說文, 謂夜將旦鷄鳴時也. (2) 會意. (3) 食鄰切. 十二部. (4) 聖人以文字敎天下之勤.

069. 爨(찬)부

 齊謂炊爨.(1) 𦥑象持甑,(2) 冖爲竈口, 廾推林內火.(3) 凡爨之屬皆从爨.(4)  籒文爨省.(5)

---

96 第7편 上 '日'부 '早'자 說解: 早, 晨也.

97 第7편 上 '日'부 '昧'자 說解: 昧, 昧爽, 且明也.
段注本에는 '昧'자 說解가 "旦明也"가 아니라 "且明也"로 되어 있다. 그러나 여기 '晨'부에서 단옥재가 "旦明也"로 注한 것은 徐鉉本을 따른 것이다.

98 《禮記·文王世子》 "天子視學, 大昕鼓徵, 所以警衆也."의 注.

99 《左傳》 僖公 五年의 "公曰, 何時. 對曰, 童謠云, 丙之晨, 龍尾伏辰."의 《正義》에 "丙之晨者, 說文云, 晨, 早昧爽也. 謂夜將旦雞鳴時也."라고 되어 있다.

제(齊)지방에서는 불을 때는 것[炊(취)]을 爨이라고 한다. '𦥎'은 시루를 잡고 있는 모양을 상형하였다. '冂'은 아궁이를 뜻한다. '廾'은 나무를 밀어 넣어 불을 지피는 것이다. 爨부에 속하는 한자는 모두 爨의 의미를 따른다. '[illegible]'은 爨의 주문(籒文)이며 생략되었다.

(1) 각 본에서 '謂(위)'자 다음에 '之(지)'자가 쓸데없이 더해져 있는데 지금 바로잡는다. '火(화)'부에서 '炊(취)는 爨'이라 하였다.[100] 그러므로 두 자는 서로 풀이해 주는 글자다. 《맹자(孟子)》 조기(趙岐)의 주석에서 "爨은 炊이다."라고 하였다.[101] "齊謂炊爨"이라는 말은 "제나라 사람들이 '炊'를 일컬어 '爨'이라고 한다.[齊人謂炊曰爨]"라는 말이다. 옛날에는 '謂'라고 하면 '曰(왈)'이라고 하지 않았다. <모전(毛傳)>에 "부인(婦人)은 시집을 가면 歸(귀)라고 한다.[婦人謂嫁曰歸]"와 같은 것이 그 예다.[102] 《의례(儀禮)》 <특생궤식례(特牲饋食禮)>, <소뢰궤식례(小牢饋食禮)> 주석에서 모두 '爨은 부뚜막[竈(조)]이다.'라고 하였다. 불을 때는 일은 반드시 부뚜막에서 이루어진다. 그러므로 '竈'를 '爨'으로 여긴 것이다. 《예기》의 "燔柴於爨[땔나무를 아궁이에서 불사른다.]"의 (爨자의 용법과) 같다.[103] 《시・소아(小雅)・초아(楚茨)》의 <모전>에서 "爨은 饔爨(옹찬: 고기 굽는 부뚜막), 廩爨(름찬: 밥 짓는 부뚜막)이다."라고 하였는데 이것은 부뚜막[竈(조)]을 말한 것이다. 또 "踖踖(적적)이란 '불 땔 아궁이 넉넉하다.[爨竈有容]'라는 뜻이다."라고 하였으니 이것은 불을 때는 일[炊]을 말한 것이다.[104]

(2) (이 모양은) 가운데 부분은 시루 비슷하고 바깥에서 두 손으로 그것을 잡은 것이다. 지금 판본에는 '𦥎'이 '𦥑(국)'으로 잘못되어 있다.[105]

(3) '林(림)'은 땔감이다. '內(내)'는 넣는다[納]는 말과 같다.

(4) '爨'의 발음은 七(칠)과 亂(란)의 반절이다. 14부에 속한다.

(5) 주문(籒文) 자형이 생략형이므로 '爨'의 전문(篆文)은 고문에 근거하였다.

---

100 제10편 上 '火'부 '炊'자 說解 참조.

101 《孟子・滕文公》 上 "曰許子以釜甑爨, 以鐵耕乎."의 趙岐 注.

102 《詩・周南・葛覃》의 "言告師氏, 言告言歸."의 <毛傳>. <모전>에는 "婦人謂嫁曰歸"라고 하여 曰자가 있는데 段注에는 없다. 번역문에서는 보충해 넣는다.

103 《禮記》 第十에는 "燔柴於奧"라고 되어 있는데 鄭玄은 "奧當爲爨, 字之誤也."라고 주석하였다.

104 《詩・小雅・楚茨》 "執爨踖踖"의 <毛傳>에 "爨, 饔爨, 廩爨也. 踖踖, 言爨竈有容也."라고 되어 있다.

105 二徐本 참조.

(1) 各本謂下衍之字, 今正. 火部曰, 炊, 爨也. 然則二字互相訓. 孟子趙注曰, 爨, 炊也. 齊謂炊爨者, 齊人謂炊曰爨. 古言謂則不言曰. 如毛傳, 婦人謂嫁婦, 是也. 特牲少牢禮注皆曰, 爨, 竈也. 此因爨必於竈, 故謂竈爲爨. 禮器燔柴於爨同. 楚茨傳曰, 爨, 饔爨廩爨也, 此謂竈. 又曰, 踖踖, 爨竈有容也, 此謂炊. (2) 中似甑, 臼持之. 今本𦥑譌臼. (3) 林, 柴也. 內同納. (4) 七亂切. 十四部. (5) 然則爨本古文也.

제 3 편 下

革鬲䰜爪丮鬥

又𠂇史支𦘒聿

畫隶臤臣殳殺

𠘧寸皮㼱攴教

卜用爻㸚

070. 革(혁)부

革 獸皮治去其毛曰革.(1) 革, 更也.(2) 象古文革之形.(3) 凡革之屬皆從[1]革. ‘[illegible]’ 古文革. 從卅.(4) 卅年爲一世而道更也.(5) 臼聲.(6)

짐승의 가죽에서 그 털을 다듬어 없앤 것을 ‘革’이라고 한다. ‘革’은 고친다[更(경)]는 뜻이다. 고문 革의 모양을 상형하였다. 革부에 속하는 한자는 모두 革의 의미를 따른다. ‘[illegible]’은 革의 고문이다. ‘卅(삽)’으로 구성되었다. 30년이 한 세대이고 (그 시간이 흐른 후에는) 도(道)가 바뀐다. ‘臼(국)’이 발음을 나타낸다.

(1) (허신 원문의 “獸皮治去其毛曰革. 革, 更也. 象古文革之形.” 부분이) 각 판본에는 “獸皮治去其毛革更之, 象古文革之形.”으로 되어 있는데[2] 문장의 의미나 구두에서 모두 통하지 않는다. 이제 《시경(詩經)》의 <소남(召南)>,[3] <제풍(齊風)>,[4] <대아(大雅)>[5]와 《주례(周禮)·장피(掌皮)》[6] 등 네 개의 소(疏)에 근거하여 바로잡는다. ‘革’과 ‘鞹(곽)’ 두 글자는 전주 관계에 있다.[7] ‘皮(피)’와 ‘革’의 두 글자는 대구(對句)에서는 구별되어 쓰인다. 예를 들면 “가

1 이곳에서는 ‘从’자가 ‘從’으로 되어 있다. 誤字인 것 같다.

2 徐鉉本·徐鍇本에 이렇게 되어 있다.

3 《詩·召南·羔羊》의 “羔羊之革, 素絲五緎.”의 疏: 對文則皮革異, 故掌皮云, 秋斂皮, 冬斂革, 異時斂之, 明其別也. 許氏說文曰, 獸皮治去其毛曰革. 革, 更也. 對文言之異, 散文則皮革通.

4 《詩·齊風·載驅》의 “載驅薄薄, 簟茀朱鞹.”의 疏: 說文云, 鞹, 革也. 獸皮治去毛曰革, 鞹是革之別名.

5 《詩·大雅·韓奕》의 “鞹鞃淺幭, 鞗革金厄.”의 疏: 說文云, 鞹, 革也. 獸皮治去其毛曰革, 是鞹者去毛之皮也.

6 《周禮·天官·掌皮》의 “掌秋斂皮, 冬斂革, 春獻之.”의 疏: 許氏說文, 獸皮治去其毛曰革.

을에는 皮를 거두고 겨울에는 革을 거둔다.[秋斂皮, 冬斂革.]"[8]라고 말하는 경우가 그것이다. 산문(散文)에서는 서로 통용된다. 《주례·천관(天官)·사구(司裘)》의 '皮車'가 곧 '革路'라고 풀이된 것,[9] 《시·고양(羔羊)》의 <모전(毛傳)>에서 "革은 皮와 같다."[10]라고 한 것이 그런 예다.

(2) '革'과 '更' 두 글자는 성모가 같다. 털을 다듬어 없애므로 곧 고쳐서 바꾼다[更改]는 의미를 가진다. 그래서 새롭게 바꾼다[更新]는 의미로 인신(引伸)되어 쓰인다. 《주역(周易)·잡괘전(雜卦傳)》에 "革은 옛 것을 없애는 것[去故]이다."라고 하였다.[11] 《역》의 정현(鄭玄)의 주석에서 "革은 고친다[改]는 뜻이다."라고 하였다.[12] 《공양전(公羊傳)》의 "깨끗한 것으로 바꾼다.[革取淸者]"라는 구절에 대하여 하휴(何休)는 "革은 바꾼다[更]는 뜻이다."라고 하였다.[13] 《관자(管子)·경중(輕重)》의 "집을 다시 짓는다.[革築室]"라고 한 구절에 대하여 방현령(房玄齡)은 "革은 고친다[更]는 뜻이다."라고 주석하였다.[14]

(3) 글자 가운데에는 고문을 모방하여 소전(小篆)으로 만든 것이 있는데 허신(許愼)이 그것을 말하지 않았다면 육서의 어느 곳에 위치시킬지 끝내 알 수가 없다. 예컨대 '革'은 "고문 革의 모양을 상형하였다."라고 하고, '弟(제)'는 "고문의 모양을 따른 것이다."[15]라고 하고, '民(민)'은 "고문의 모양을 따른 것이다."[16]라고 하고, '酉(유)'는 "고문 酉의 모양을 상형하였다."[17]라고 말하여 놓은 것 등이 그런 예다. (革의 소전자형은) (革의 古文자형에서의) '臼(국)'부분을 바꾸어 '廿'으로 만들었는데 이는 복잡한 자형의 일부를 생략하여 간략하게 만든 것일 따름이다. 혹자는 (革에 대해서) "卅(삽)과 囗(위)로 구성되었다. 발음이 韋(위)다. 囗는 국읍(國邑)을 말하며 30년이면 법이 고쳐진다."라고 하였는데[18] 이것은 양승경(楊承

---

7 제3편 下 '革'부의 '鞹'자 說解: 鞹, 革也.

8 《周禮·天官·掌皮》의 문장 참조.

9 《周禮·天官·司裘》의 "大喪, 廞裘飾皮車."의 鄭玄 注: 皮車, 遣者之革路.

10 《詩·召南·羔羊》의 "羔羊之革, 素絲五緎."의 <毛傳>: 革猶皮也.

11 《周易·雜卦傳》에서 '革'괘를 설명하면서 "革, 去故也."라고 하였다.

12 唐代의 李鼎祚의 《周易集解》 卷十의 '革'괘에 주석하기를 "鄭玄曰, 革, 改也."라고 하였다.

13 《公羊傳》 成公二年의 "使頃公取飮, 頃公操飮而至. 曰, 革取淸者."의 何休의 注: 革, 更也.

14 《管子》 第七十五 <山權數篇>에 "丁氏歸, 革築室, 賦籍藏龜."라고 되어 있는데 房玄齡의 注에서 "革, 更也."라고 하였다.

15 제5편 下 '弟'부 說解 참조.

16 제12편 下 '民'부 說解 참조.

17 제14편 下 '酉'부 說解 참조.

18 《一切經音義》 卷十四 <四分律>, 卷三十八 <皮革>의 音義에서 "說文獸去毛曰革. 革,更也. 獸皮治去毛變更之. 故以爲革字也. 革者, 更也. 字三十從囗, 囗爲國邑, 國三十年而法更, 取別異之意也. 囗音韋."라고

慶)의 《자통(字統)》19에 나오는 억설인 듯하다. '革'의 발음은 古(고)와 覈(핵)의 반절이다. 1부에 속한다.

(4) '革'의 고문은 윗부분은 '卄(입)'이고 아랫부분은 '十(십)'이므로 삼십이 된다.

(5) 이것에 근거하면 '𠦀(革)'의 본의는 바꾸다[更]인데 후에 털을 없앤 가죽이라는 의미를 나타내는 글자로 삼았다.

(6) '臼'의 발음은 居(거)와 玉(옥)의 반절이다. 3부에 속한다. 革은 1부이므로 합음(合音)에서 가장 가깝다.

(1) 各本獸皮治去其毛革更之, 象古文革之形. 文義, 句讀, 皆不可通. 今依召南齊風大雅周禮掌皮四疏訂正. 革與鞹二字轉注. 皮與革二字對文則分別, 如秋斂皮, 冬斂革, 是也. 散文則通用, 如司裘之皮車卽革路, 詩羔羊傳革猶皮也, 是也. (2) 二字雙聲. 治去其毛, 是更改之義. 故引伸爲凡更新之用. 襍卦傳曰, 革, 去故也. 鄭注易曰, 革, 改也. 公羊傳, 革取淸者. 何曰, 革, 更也. 管子輕重, 革築室, 房注, 革, 更也. (3) 凡字有依倣古文製爲小篆, 非許言之, 猝不得其於六書居何等者. 如革曰象古文革之形, 弟曰從古文之象, 民曰從古文之象, 酉曰象古文酉之形, 是也. 易臼爲𠂇, 蓋省煩爲簡耳. 而或云, 從卅從囗, 音韋, 囗爲國邑, 卅年而法更. 此蓋楊承慶字統之肊說. 古覈切. 一部. (4) 上卄下十, 是三十也. (5) 據此則𠦀之本訓更, 後以爲皮去毛之字. (6) 臼, 居玉切. 在三部. 革在一部. 合音冣近.

071. 鬲(력)[20]부

鼎屬也.(1) 實五觳.(2) 斗二升曰觳.(3) 象腹交文三足.(4) 凡鬲之屬皆从鬲.  鬲或从瓦.(5)  漢令鬲. 从瓦厤聲.(6)

되어 있다.

19 《字統》은 後魏의 楊承慶이 편찬한 것이다. 《隋書·經籍志》에는 "二十卷인데 지금은 없어졌다.[二十卷, 今佚.]"라고 되어 있다. 간혹 楊承慶의 說이 《一切經音義》에 인용되어 있다.

20 '鬲'자는 '격'과 '력'의 두 가지 발음이 있다. 여기에서는 段注에 주어진 반절의 발음에 근거하여 '력'으로 한다.

'鬲'은 솥의 일종이다. 5곡(觳)을 담을 수 있다. 한 말 두 되를 '곡(觳)'이라 한다.[21] 배의 교차된 무늬와 세 발을 상형하였다. 鬲부에 속하는 한자는 모두 鬲의 의미를 따른다. '𩰲'은 鬲의 혹자(或字)로 '瓦(와)'로 구성되었다. '㽁'은 한령(漢令)의 鬲자다. '瓦(와)'로 구성되었고 '厤(력)'이 발음을 나타낸다.

(1) 《이아(爾雅) · 석기(釋器)》에 "솥 중에 다리가 구부러진 것을 鬲이라 한다.[鼎款足者謂之鬲]"고 하였다.[22]

(2) 《주례(周禮) · 고공기(考工記)》에서 "도인(陶人)이 鬲을 만든다. 5곡(觳)의 분량을 담을 수 있는데 두께가 반 촌(寸)이고 입구 둘레는 1촌이다."라고 하였다.[23]

(3) 대정(大鄭)은 "觳은 三豆를 담는다.[觳受三豆]"라고 하였고, 후정(後鄭)은 "觳이란 斗二升을 담는다.[觳受斗二升]"라고 하였다.[24] 살펴보면 《주례 · 고공기 · 방인(旊人)》에서 "豆가 셋이면 觳이 된다.[豆實三而成觳]"라고 한 것을 근거로 하여 정중(鄭衆)이 "觳受三豆"라는 말을 한 듯하다.[25] 지금 (<고공기>의) 속본이 잘못되어 "觳이 三斗를 담는다.[觳受三斗]"라고 되어 있는데 대단히 잘못된 것이다.[26] 허신은 觳이 담아낼 수 있는 분량에 대하여 반드시 언급했을 것이지만 '角'부의 '觳'자에는 그에 대한 설명이 없다. 위(魏)의 삼체석경(三體石經)에는 '鬲'을 《서경 · 대고(大誥)》의 "嗣無疆大歷服[유구하고 위대한 왕업을 이어받다.]"의 '歷(력)'으로 쓰고 있다. '鬲'과 '歷'은 모두 16부에 속한다.

(4) 윗부분은 주둥이를 상형한 것이고 '**X**'은 배 부분의 교차한 무늬를 상형한 것이며 아래는 세 개의 다리를 상형한 것이다. 《고공기도(考工記圖)》[27]에서는 '款足(관족)'이라 하였다. 내가 보건대 '款足'에 대해 곽박(郭璞)은 '구부러진 다리[曲脚]'라고 하였다.[28] 《한서(漢

---

21 '一觳'이 한 말 두 되라면 지금의 도량형으로는 약 22L 정도다. 따라서 '五觳'이면 약 110L에 해당한다.

22 《爾雅 · 釋器》 "鼎款足者謂之鬲"의 郭樸의 注에는 "鼎曲脚也"라고 되어 있다.

23 《周禮 · 考工記 · 陶人》 "陶人爲甗, 實二鬴, 厚半寸, 脣寸. ……鬲實五觳, 厚半寸, 脣寸."이라고 되어 있다.

24 《周禮 · 考工記 · 陶人》의 注에 "鄭司農云, 觳讀爲斛, 觳受三斗, 聘禮記有斛. 玄謂豆實三而成觳, 則觳受斗二升."이라고 하였다. 여기에서는 鄭司農의 설을 鄭玄이 인용하고 있는데 段玉裁가 말하는 '大鄭'이란 바로 鄭司農(鄭衆)을 말하고 '後鄭'이란 鄭玄을 말한다.

25 《周禮 · 考工記 · 旊人》에 "旊人爲簋, 實一觳, 崇尺, 厚半寸, 脣寸, 豆實三而成觳, 崇尺."이라고 하였다.

26 段玉裁는 '豆'자가 《周禮》 注에는 '斗'자로 잘못되어 있다고 주장하고 있다. 왜냐하면 大鄭이 말한 "觳受三斗"를 "觳受三豆"로 고친다면 後鄭이 말한 바와 같이 "豆實三而成觳, 觳受斗二升."에 맞추어 '豆'는 '四升'의 분량을 말하는 것으로 이해할 수가 있게 된다. 그렇게 되면 <陶人>의 注에서 말하는 '觳'의 분량은 '豆'의 세배가 되어 大鄭이나 後鄭 모두 '斗二升'이라고 말하는 것이 된다.

27 戴震의 《考工記圖》의 <陶人>조 참조.

書)·교사지(郊祀志)》에서는 "솥 중에 다리 속이 빈 것을 鬲이라 한다.[鼎空足曰鬲]"29라고 하여 '款'을 '空(공)'으로 풀이하였다. '鬲'의 발음은 郎(랑)과 激(격)의 반절이다. 16부에 속한다.

(5) 《사기·초세가(楚世家)》에 "초무공(楚武公)이 말하기를 '삼대(三代)를 두고 전해오는 그릇, 三翮六翼(삼핵육익)을 올려 세주(世主)를 높인다'고 하였다."라고 되어 있는데 소사마(小司馬)가 "翮(핵)은 곧 '鬲(력)'이다. 歷과 발음이 같다. 三翮六翼이란 구정(九鼎)을 말한다. 발이 빈 것을 翮(핵)이라 하고 翼(익)은 곧 귀를 말한다. 그 일이 《이아》에 보인다."라고 말하였다.30 내 생각에 翮은 '鬲'의 가차자이며 翼이란 '鉽(익)'의 가차자인 것 같다. 구정(九鼎)은 관족(款足)이 셋이고 밖으로 붙은 귀가 여섯이다. 《이아》에서는 "정(鼎)에서 款足을 鬲이라 하고 밖에 딸린 귀를 鉽이라 한다."고 하였다.31

(6) '歷'은 <영갑(令甲)>, <영을(令乙)>32에 실리는 '鬲'자를 말한다. (한령(漢令) 글자를 예로 든다면) 낙랑설령(樂浪挈令)에서 '織(직)'을 '紅'으로 쓴다.33

(1) 釋器曰, 鼎款足者謂之鬲. (2) 考工記, 陶人爲鬲, 實五觳, 厚半寸, 脣寸. (3) 人鄭云, 觳受三豆. 後鄭云, 觳受斗二升. 按瓬人職云, 豆實三而成觳, 大鄭本之. 今俗本譌爲觳受三斗, 誤甚. 許必言觳所受者, 角部觳下無此義也. 魏三體石經, 以鬲爲大誥嗣無疆大歷服之歷. 同在十六部也. (4) 上象其口, X象腹交文, 下象三足也. 考工記圖曰款足. 按款足, 郭云曲脚. 漢郊祀志則云鼎空足曰鬲. 釋款爲空. 郎激切. 十六部. (5) 楚世家, 楚武公曰, 居三代之傳器, 登三翮六翼以高世主. 小司馬曰, 翮亦作鬲, 同音歷, 三翮六翼謂九鼎, 空足曰翮, 翼卽耳, 事見爾雅. 按翮者鬲之假借字. 翼者鉽之假借. 九鼎, 款足者三, 附耳於外者六也. 爾雅曰, 鼎款足謂之鬲, 附耳外謂之鉽. (6) 謂載於令甲令乙之鬲字也. 樂浪挈令, 織作紅.

---

28 《爾雅·釋器》의 郭樸의 注 참조.

29 《漢書·郊祀志》: 黃帝作寶鼎三, 象天地人, 禹收九牧之金, 鑄九鼎, 象九州, 皆嘗鬺亨上帝鬼神, 其空足曰鬲, 以象三德, 饗承天祜.

30 《史記·楚世家》에 "居三代之傳器, 呑三翮六翼, 以高世王, 非貪而何."라고 되어 있다. 小司馬란 唐의 司馬貞을 말한다. 그의 <史記索隱>에 "翮, 亦作鬲, 同音歷. 三翮六翼, 亦謂九鼎也. 空足曰翮, 六翼則六耳. 翼近耳旁. 事具小爾雅."라고 되어 있다.

31 《爾雅·釋器》: 鼎, ……附耳外謂之鉽, 款足者謂之鬲.

32 법률의 효과를 가지는 詔勅을 發布하는 순서로 부를 때 쓰는 말이다. 段玉裁는 漢令을 이러한 형태로 생각한 것이다.

33 제13편 下 '糸'부 '紅'자 說解: 紅, 樂浪挈令織, 从糸从式.
'樂浪挈令'이란 樂浪郡에 시행하려고 板에 새긴 令을 말한다.

072. 䰜(력)부

 㽁也.(1) 古文亦鬲字.(2) 象孰飪五味气上出也.(3) 凡䰜之屬皆从䰜.

'䰜'은 '솥[㽁(력)]'34이다. 또한 고문(古文) 鬲(력)자이기도 하다. 푹 익어서 다섯 가지 맛의 기운이 위로 나오는 것을 상형하였다. 䰜부에 속하는 한자는 모두 䰜의 의미를 따른다.

(1) ("㽁也"의) 두 글자는 천인(淺人)들이 멋대로 덧붙인 것이다. 여기에 바로 이어서 䰜은 "또한 고문 鬲자다.[古文亦鬲字]"라고 했으니 이것은 곧 '亣'가 大의 주문(籀文)으로 고문(古文)을 고친 예와 똑같다.35 어떻게 한령(漢令)에서 쓰는 '鬲'[㽁]자로 䰜을 풀이할 수 있겠는가?

(2) '鬲'·'䰜' 모두 고문이라는 뜻이다.

(3) '弜'모양을 말한다. 鬲과 䰜은 본래 같은 글자다. '鬲'은 그릇의 모양만을 상형하였으므로 그 부속자는 대부분 그릇을 뜻한다. '䰜'은 (음식이) 익는 기운까지 아울러 상형하였으므로 그 부속자는 모두 익는다는 뜻이다.

(1) 二字淺人妄增. 此云古文亦鬲字, 卽亣籀文大, 改古文之例. 何取以漢令鬲爲訓釋乎. (2) 鬲䰜, 皆古文也. (3) 謂弜也. 鬲䰜本一字. 鬲專象器形, 故其屬多謂器. 䰜兼象孰飪之气, 故其屬皆謂孰飪.

---

34 '鬲'부 설해 참조. '㽁'은 漢令에서 쓰는 鬲자다.

35 제10편 下 '亣'부: 亣, 籀文大, 改古文. 段玉裁는 여기에서 "㽁也"의 두 글자를 완전히 빼는 것이 옳다고 주장한다. 그는 漢令에서 쓰는 '㽁'자로 䰜을 풀이할 수는 없다고 본다. 왜냐하면 鬲자나 䰜자는 실은 같은 글자이며 자형에 차이가 날 뿐이기 때문이다. 그런데 각각 다른 부수로 세운 것은 그것을 구성요소로 삼는 부속자들이 각기 따로 있기 때문이다. 그래서 䰜부를 세우고 鬲의 고문 자형임을 밝히는 데서 그쳐야 한다는 것이 단옥재의 주장이다. 마치 大와 亣가 실은 같은 글자이지만 각각 부수로 세워진 것과 같은 이치라는 것이다.

073. 爪(조)부

丮也.(1) 覆手曰爪.(2) 象形.(3) 凡爪之屬皆从爪.

'爪(극)'는 잡는다는 뜻이다. 손바닥이 아래로 향하도록 한 것을 '爪'라 한다. 상형(象形)이다. 爪부에 속하는 한자는 모두 爪의 의미를 따른다.

(1) '丮(극)'은 잡는다[持(지)]는 뜻이다.[36]

(2) 손바닥을 위로 한 것은 '掌(장)'이고[37] 손바닥이 아래로 향하도록 한 것은 '爪(조)'이다. 지금 사람들은 이것으로 손톱[㕚甲(조갑)]이라는 뜻을 나타내는 글자로 삼는데 옳지 않다. 손톱[㕚甲]이라는 뜻의 '㕚(조)'는 '又(우)'부에 보인다.[38] '蚰(곤)'부의 '蚤(조)'자 아래서 "㕚는 옛날의 爪자다."[39]라고 하였는데 이는 허신(許愼)의 말이 아니다.

(3) '爪'의 발음은 側(측)과 狡(교)의 반절이다. 2부에 속한다.

(1) 丮, 持也. (2) 仰手曰掌. 覆手曰爪. 今人以此爲㕚甲字, 非是. 㕚甲字見又部. 蚰部蚤字下云, 㕚古爪字, 非許語也. (3) 側狡切. 二部.

074. 丮(극)부

持也.(1) 象手有所丮據也.(2) 凡丮之屬皆从丮. 讀若戟.(3)

'丮'은 잡는다는 뜻이다. 손에 무엇을 잡아들고 있는 모양을 상형하였다. 丮부에 속하는 한자는 모두 丮의 의미를 따른다. '戟(극)'과 동일하게 발음한다.

---

36 제3편 下 '丮'부: 丮, 持也.

37 제12편 上 '手'부 '掌'자 說解: 掌, 手中也.

38 제3편 下 '又'부 '㕚'자 說解: 㕚, 手足甲也.

39 제13편 下 '蚰'부의 '蚤'자 說解: 蚤, ……㕚古爪字.

(1) ‘持(지)’는 잡는다[握(악)]는 뜻이다.[40]

(2) 바깥 부분은 주먹으로 잡는 모양을 상형하였다.

(3) ‘丮’의 발음은 几(기)와 劇(극)의 반절이다. 《모시(毛詩)》에서 ‘戟’자는 ‘澤(택)’·‘作(작)’자와 함께 운자(韻字)로 쓰였다.[41] 丮은 고음(古音) 5부에 속해야 한다.

(1) 持, 握也. (2) 外象拳握形. (3) 几劇切. 按毛詩戟與澤作韻. 丮古音當在五部.

075. 鬥(투)부

兩士相對, 兵杖在後. 象鬥之形.(1) 凡鬥之屬皆從[42]鬥.

‘鬥’는 두 병사가 마주 대한 것이며 병기로 쓰는 막대기는 뒤에 있다. 싸우는 모양을 상형하였다. 鬥부에 속하는 한자는 모두 鬥의 의미를 따른다.

(1) 내 생각에 이것은 허신(許愼)의 말이 아닌 것 같다. 허신은 부수를 나눈 순서에 대하여 스스로도 “자형에 근거하여 연결시킨다.[據形系聯]”라고 하였다.[43] 鬥를 구성하는 ‘丮(극)’과 ‘𠃨(국)’ 두 글자는 앞의 부수인 ‘丮’부에 속해 있기 때문에[44] 그것을 받아 ‘(鬥)’부를 세웠다. 그렇다면 마땅히 “싸우는 것이다. 두 주먹이 서로 마주 대한 모양이다. 상형이다.[爭也, 兩丮相對, 象形.]”라고 하여 두 사람이 손을 마주 잡고 대적하고 있다고 풀이해야 한다. 그런데 “두 병사가 마주 대한 것이며 병기로 쓰는 막대기는 뒤에 있다.”라고 하면 앞의 부수의 설해와 어긋난다. 또 鬥의 자형은 두 개의 손으로 구성되어 있는 것이지 두 사

40 제12편 上 ‘手’부 ‘持’자 說解: 持, 握也.

41 《詩·秦風·無衣》 “豈曰無衣, 與子同澤, 脩我矛戟, 與子偕作.”

42 여기에서는 ‘从’자가 ‘從’자로 쓰여 있다. 원래 徐鉉本에는 ‘从’으로 되어 있다. 段玉裁 注 판본에서는 대부분의 경우 “凡某之屬皆从某”에서의 ‘从’자는 ‘从’자로 되어 있는데 간간이 예외가 보인다.

43 《說文解字》 敍.

44 ‘𠃨’자는 ‘丮’부의 맨 마지막 부속자다. 許愼은 “이 또한 잡는다는 뜻이다. 丮자를 좌우로 뒤집은 모양으로 구성되었다. (발음에 대하여) 비워 둔다.”라고 설명하였으며 段注에서는 “허신이 발음에 대하여 비워 둔다[闕]고 하였으니 어떻게 읽는지 알 수 없지만 ‘搹(국)’자처럼 발음하지 않을까?”라고 말하였다.

람이 아니다. 이것은 분명히 다른 사람의 괴이한 설명을 천인(淺人)들이 가져다가 마음대로 허신의 책에 고쳐 넣은 것이다. 비록 《효경(孝經)》의 <음의(音義)>에서 이대로 인용하였다 해도 믿을 수 없다.[45] '鬥'의 발음은 都(도)와 豆(두)의 반절이다. 4부에 속한다.

(1) 按此非許語也. 許之分部次弟, 自云據形系聯. 丮厈在前部, 故受之以𨺅, 然則當云, 爭也. 兩丮相對, 象形. 謂兩人手持相對也. 乃云, 兩士相對, 兵杖在後. 與前部說自相戾. 且文從兩手, 非兩士也. 此必他家異說. 淺人取而竄改許書, 雖孝經音義引之, 未可信也. 都豆切. 四部.

076. 又(우)부

 手也. 象形.(1) 三指者,(2) 手之列多, 略不過三也.(3) 凡又之屬皆从又.

'又'는 손이다. 상형(象形)이다. 세 개의 손가락만을 그린 것은 손가락으로 많은 것을 나열할 때 대략 셋을 넘지 않도록 하기 때문이다. 又에 부속된 글자는 모두 又의 의미를 따른다.

(1) 이 글자가 지금의 '右(우)'자다. 又에 대해서 '又手(오른손)'라고 말하지 않은 것은 본래 왼손[𠂇]과 오른손[又]를 겸하여 말하기 때문이다. '𠂇(좌)'자로써 (왼손을) 구별하게 되면서 ⺕(又)자가 오직 '오른손'만을 뜻하게 되었다. 마치 고문상서(古文尚書)가 생긴 이후에 금문상서(今文尚書)라는 이름이 생긴 것, 후한서(後漢書)가 생긴 이후에 전한서(前漢書)라는 이름이 생긴 것, 하곡례(下曲禮)가 생긴 이후에 상곡례(上曲禮)[46]라는 이름이 생긴 것과 같다. 또 '右'자가 만들어지자 '又'는 '또한'이라는 뜻의 허사[更然之詞]가 되었다. 《곡량전(穀梁傳)》에서 '又'는 "이어주는 내용이 있다는 말[有繼之辭]이다."[47]라고 하였다.

---

45 《孝經》 第十五 <諫諍>章의 《釋文》: 諍, 鬭也. 此字從丮, 音飢逆反, 兩丮相對鬥也. 象鬥之形而非門, 若從門者非, 他皆放此, 二士對戟曰鬭.

46 《禮記》에 있는 편명인 <曲禮>를 말하며 '上曲禮'라는 것은 <曲禮>上을 말한다. 段玉裁의 뜻은 애초에 <曲禮>라는 편명만 있다가 上下로 나누어지면서 <曲禮>上, <曲禮>下가 생겨났으니 이것은 곧 '下'편이 필요해지면서 '上'편이 나타나게 된 것을 의미한다는 것이다.

47 《穀梁傳》 成公 七年, 昭公 二十五年 참조.

(2) (자형에서) 셋으로 갈라진 것은 세 개의 손가락을 상형한다.

(3) 손가락으로 수를 세는 것은 혹 전부를 사용하기도 하고 혹 셋을 쓰기도 한다. '略(략)'은 그 대략을 의미한다. '又'의 발음은 于(우)와 救(구)의 반절이다. 고음으로 1부에 속한다.

(1) 此卽今之右字. 不言又手者, 本兼𠂇又而言. 以屮別之. 而ㅋ專謂右, 猶有古文尙書而後有今文尙書之名, 有後漢書而後有前漢書之名, 有下曲禮而後有上曲禮之名也. 又作右而又爲更然之詞. 穀梁傳曰, 又, 有繼之辭也. (2) 三岐象三指. (3) 以指記數者, 或全用, 或用三. 略者言其大略. 于救切. 古音在一部.

077. 𠂇(좌)부

 左手也.(1) 象形.(2) 凡𠂇之屬皆从𠂇.

'𠂇'는 도와주는 손이다. 상형(象形)이다. 𠂇부에 속하는 한자는 모두 𠂇의 의미를 따른다.

(1) 서현(徐鉉)의 책에는 '𠂇手(좌수)'라고 되어 있는데[48] 잘못이다. 여기서의 '左(좌)'는 지금의 '佐(좌)'자다. '左'부에 '左'는 "왼손이 서로 도와주는 것이다.[𠂇手相左也]"라고 한 것이 그 뜻이다.[49] 오른손이 왼손을 얻으면 외롭지 않다. 그래서 도와주는[左助] 손이라고 말하였다.

(2) 'ㅋ(우)'를 뒤집어 '𠂇(좌)'로 썼다. 그래서 서로 어긋나는 것을 '𠂇'라 한다.[50] '𠂇'의 발음은 臧(장)과 可(가)의 반절이다. 17부에 속한다. 세속에서 '左右'를 '𠂇又'자의 의미로 사용하게 되면서 '佐佑(좌우)'자를 '左右'자로 여기게 되었다.

(1) 鉉本作𠂇手也, 非. 左, 今之佐字. 左部曰, 左, 𠂇手相左也, 是也. 又手得𠂇手則不孤, 故曰左

48 徐鉉本에는 "𠂇, 𠂇手也."라고 되어 있고 徐鍇本에는 "𠂇, 左手也."로 되어 있다.

49 제5편 上 '左'부 說解 참조.

50 《禮記・王制》에 "執左道以亂政, 殺."에 쓰인 '左'자가 그 뜻이다. 鄭玄의 注: 左道, 若巫蠱及俗禁.

助之手. (2) 反又爲ナ, 故相戾曰ナ. 臧可切. 十七部. 俗以左右爲ナ又字, 乃以佐佑爲左右字.

078. 史(사)[51]부

 記事者也.(1) 从又持中. 中, 正也.(2) 凡史之屬皆从史.

'史'는 일을 기록하는 사람이다. 오른손으로 '中(중)'을 잡고 있는 모양으로 구성되었다. '中'은 바르다[正(정)]는 뜻이다. 史부에 속하는 한자는 모두 史의 의미를 따른다.

(1) 《예기・옥조(玉藻)》에 "행동은 좌사(左史)가 기록하고 말은 우사(右史)가 기록한다.[動則左史書之, 言則右史書之.]"라고 하였다.[52] (허신이 여기에서) '말한 것을 기록하였다.[記言]'라고 하지 않은 이유는 '記事(기사)'라는 말로 (그 의미까지) 포괄하였기 때문이다.[53]

(2) 군주의 행동은 반드시 기록으로 남기는데 훌륭한 사관의 서법(書法)은 숨김이 없다. '史'의 발음은 疏(소)와 士(사)의 반절이다. 1부에 속한다.

(1) 玉藻, 動則左史書之, 言則右史書之. 不云記言者, 以記事包之也. (2) 君擧必書, 良史書法不隱. 疏士切. 一部.

51 段玉裁는 '史'의 篆書 자형을 보다 정확하게 반영하는 楷書 자형인 '史'를 사용하고 있다.

52 《禮記・玉藻》: 動則左史書之, 言則右史書之.

53 '史'의 임무는 활동[動]과 말[言]을 모두 기록하는 것인데 許愼이 說解에서 '記事'라고만 하고 '記言'을 언급하지 않은 것에 대하여 段玉裁가 설명하고 있다.

079. 支(지)부

 去竹之枝也. 从手持半竹.(1) 凡支之屬皆从支.  古文支.(2)

'支'는 대나무 가지를 제거하는 것이다. 손으로 반절의 대나무를 잡은 모양으로 구성되었다. 支부에 속하는 한자는 모두 支의 의미를 따른다. ''은 支의 고문이다.

(1) 이 글자는 자형을 보면 그 뜻을 알 수 있다. '支'의 발음은 章(장)과 移(이)의 반절이다. 16부에 속한다.

(2) (고문의 자형을 보면) 위 아래로 각각 대나무의 반씩을 나누었고 손이 그 가운데 있다.

(1) 此於字形得其義也. 章移切. 十六部. (2) 上下各分竹之半, 手在其中.

080. 聿(녑)부

 手之疌巧也. 从又持巾.(1) 凡聿之屬皆从聿.

'聿'은 손이 민첩하고 정교하다는 뜻이다. 손으로 수건을 잡은 모양으로 구성되었다. 聿부에 속하는 한자는 모두 聿의 의미를 따른다.

(1) '聿'의 발음은 尼(니)와 輒(첩)의 반절이다. 8부에 속한다.

(1) 尼輒切. 八部.

081. 聿(율)부

 所㠯書也.(1) 楚謂之聿, 吳謂之不律, 燕謂之弗.(2) 从聿一.(3) 凡聿之屬皆从聿.

'聿'은 쓰는 데 사용하는 도구다. 초(楚)지방에서는 '聿'이라 하고 오(吳)지방에서는 '不律(불률)'이라 하고 연(燕)지방에서는 '弗(불)'이라 한다. '聿(녑)'과 '一(일)'로 구성되었다. 聿부에 속하는 한자는 모두 聿의 의미를 따른다.

(1) '㠯(以: 이)'는 사용한다[用(용)]는 뜻이다.[54] '聿[붓]'이란 글씨를 쓸 때 사용하는 물건이다. 일반적으로 (허신의 책에서) '所以'라고 말한 것은 모두 이렇게 (어딘가에 '사용하는 도구'라는 의미로) 볼 수 있다.

(2) 같은 말이면서도 발음과 글자가 각각 지방에 따라 다르다. 《이아 · 석기(釋器)》에 "不律(불률)을 筆(필)이라 한다."라고 하였는데 이것에 대해 곽박(郭璞)은 "촉(蜀)지방 사람들은 筆을 不律이라고 부른다. 말이 달라진 것[語之變轉]이다."라고 하였다.[55] 살펴보면 곽박이 촉지방의 말이라고 언급한 것과 허신의 설명이 다르다. 곽박이 주석한 《이아》나 《方言(方言)》에서는 모두 《설문》을 언급한 적이 없다. '弗'은 떨어버린다[拂拭]는 뜻의 '拂(불)'자와 같은 뜻이다.

(3) 각 판본에 "一(일)이 발음을 나타낸다.[一聲]"라고 되어 있는 것을 지금 바로잡는다.[56] 이 '聿'자는 '聿(녑)'으로 구성되었으며 ('一'은) 글씨를 쓰는 판[牘(독)]을 상형하였다.[57] '聿'의 발음은 余(여)와 律(율)의 반절이다. 15부에 속한다.

(1) 以, 用也. 聿者, 所用書之物也. 凡言所以者視此. (2) 一語而聲字各異也. 釋器曰, 不律謂之

---

54 제14편 下 '巳'부 '㠯'자 說解: 㠯, 用也.
'㠯'는 '以'의 古字다.

55 《爾雅 · 釋器》 "不律謂之筆."의 郭樸의 注: 蜀人呼筆爲不律也. 語之變轉.

56 徐鉉本 · 徐鍇本에는 "从聿一" 다음에 "一聲"이라는 구절이 나오는데 段玉裁는 빼버렸다.

57 徐鉉本이나 徐鍇本처럼 "从聿一, 一聲."이라고 說解하게 되면 '聿'자는 會意 겸 形聲字가 된다. 그러나 段玉裁는 "一聲"이라는 구절을 빼고 '聿'자가 '聿'의 의미와 '一'의 상형을 합한 會意 겸 象形字로서 설명하려고 하였다.

筆. 郭云, 蜀人呼筆爲不律也, 語之變轉. 按郭云蜀語與許異. 郭注爾雅方言, 皆不偁說文. 弗同拂拭之拂. (3) 各本作一聲, 今正. 此從聿而象所書之牘也. 余律切. 十五部.

082. 畫(획)부

介也.(1) 從聿.(2) 象田四介.(3) 聿所㠯畫之.(4) 凡畫之屬皆从畫. 𦘕 古文畫.(5) 𠟭 亦古文畫.(6)

'畫'[58]은 경계를 나눈다[介(개)]는 뜻이다. '聿(율)'로 구성되었으며 밭이 네 개의 경계로 나뉜 모양을 상형하였다. '聿'을 사용하여 구분한다. 畫부에 속하는 한자는 모두 畫의 의미를 따른다. '𦘕'은 畫의 고문(古文)이다. '𠟭' 또한 畫의 고문이다.

(1) '介(개)'자는 각본에 '畍(개)'로 되어 있다.[59] 이것은 글자의 뜻을 모르는 사람이 바꾼 것이니 지금 바로잡는다. '八(팔)'부에 "介는 나눈다[畫]는 뜻이다. 八과 人으로 구성되어 있다.[介, 畫也, 從八從人.]"라고 하였다.[60] 사람마다 각자 구역[介]이 있다.

(2) "從聿(종율)"의 두 글자를 지금 보충한다.[61]

(3) '田(전)'의 바깥쪽에 가로획이 둘, 세로획이 둘이어야 하는데 지금 소전(小篆)에서 가로획 하나를 생략하였으니 잘못이다.

(4) '畫'이 '聿'로 구성된 원리를 설명하였다. 인신(引伸)되어 繪畫(회화)의 '畫'자가 되었다. '畫'의 발음은 胡(호)와 麥(맥)의 반절이다. 16부에 속한다.

(5) 고문의 자형은 '聿'과 '田'으로 구성되어 있다. 이 글자의 자형은 소서본(徐鍇本)에 따른다.[62]

(6) 이 글자도 서개본(徐鍇本)에 따른다.[63] 살펴보면 '刀(도)'부에 '劃(획)'자가 있다.[64]

---

58 전서 자형을 따르면 '畵'로 써야 하지만 段玉裁 注에는 '畫'로 되어 있으므로 이하는 '畫'로 쓴다.

59 徐鉉本·徐鍇本에 "畫, 界也."라고 되어 있다. 段玉裁가 인용한 '畍'자는 '界'와 같은 글자다.

60 제2편 上 '八'부 '介'자 說解 참조.

61 徐鉉本·徐鍇本에는 "從聿"이라는 구절이 없다. 段玉裁 注에는 '从'으로 쓰여 있어야 하는데, '從'자로 되어 있다.

62 徐鉉本에는 古文의 자형이 '聿'와 '田'으로 구성되어 있다.

(1) 介各本作畍, 此不識字義者所改, 今正. 八部曰, 介, 畫也, 從八從人. 人各有介. (2) 二字今補. (3) 田之外橫者二直者二, 今篆體省一橫, 非也. (4) 說從聿之意. 引伸爲繪畫之字. 胡麥切. 十六部. (5) 古文從聿田. 此依鍇本. (6)依鍇本. 按刀部有劃字.

083. 隶(대)부

 及也.(1) 从又尾省. 又持尾者從後及之也.(2) 凡隶之屬皆从隶.

'隶'는 따라잡는다는 뜻이다. '又(우)'와 '尾(미)'[65]의 생략형으로 구성되었다. 손으로 꼬리를 잡고 있는 것은 뒤에서 따라잡는다는 뜻이다. 隶부에 속하는 한자는 모두 隶의 의미를 따른다.

(1) 이 글자와 '辵(착)'부의 '逮(체)'는 발음과 의미가 모두 같다.[66] '逮'가 주로 유행하면서 '隶'자는 없어졌다.

(2) '隶'의 발음은 徒(도)와 耐(내)의 반절이다. 고음으로 15부에 속한다.

(1) 此與辵部逮音義皆同. 逮專行而隶廢矣. (2) 徒耐切. 古音在十五部.

084. 臤(간)[67]부

 堅也. 从又臣聲.(1) 凡臤之屬皆从臤. 讀若鏗鎗.(2) 古文目爲賢字.(3)

---

63 徐鉉本 역시 '隶'와 '田'과 '刀'로 구성되어 있다.

64 제4편 下 '刀'부 참조.

65 '尾'자는 '尾'의 본래 자형이다. 段注에서는 尾로 되어 있다.

66 제2편 下 '辵'부 '逮'자 說解: 逮, 唐逮, 及也.

67 '臤'자는 賢의 古字라고 하여 '현'이라는 발음도 있다. 여기에서는 段注의 반절 발음에 따라 '간'으로 발음한다.

'臤'은 견고하다는 뜻이다. '又(우)'로 구성되어 있으며 '臣(신)'은 발음을 나타낸다. 臤부에 속하는 한자는 모두 臤의 의미를 따른다. '鏗鎗(갱창)'의 ('鏗'자와) 동일하게 발음한다. 고문(古文)에서는 이 글자를 '賢(현)'자로 여긴다.

(1) 꽉 잡고 있다는 뜻이다. 그래서 '又(우)'(오른손)로 구성되었다.

(2) '鏗(갱)'과 동일하게 발음한다는 뜻이다. '鏗'은 성부가 '堅(견)'으로 구성되고 '堅'은 성부가 '臤(간)'으로 구성된다. 고음은 12부에 속한다. 지금 '鏗'의 발음은 '耕(경)'운에 들어 있는데 잘못이다. '臤'의 지금 발음은 苦(고)와 閑(한)의 반절이다.

(3) "고문에서 어느 글자로 여긴다.[古文以爲]"라고 말한 것은 모두 고문의 가차(假借)다. 그 예는 '屮(철)'부에서 설명하였다.68 <한교관비(漢校官碑)>에 "어진 사람을 친히 하고 지혜로운 사람를 보배로 여긴다.[親臤寶智]"라고 되어 있고 또 "어진 사람을 스승 삼고 친구를 사귄다.[師臤作朋]"라고 되어 있다.69 <국삼로원량비(國三老袁良碑)>에는 "뛰어나고 어진 사람의 총애[優臤之寵]"라는 말이 나온다.70 살펴보면 한위(漢魏) 시대 사람들이 '優賢(우현)'이라는 글자를 사용한 것은 《금문상서(今文尙書)·반경(般庚)》의 "優賢揚歷[높고 현명함을 널리 드날려]"이라는 구절에 근거한 것이다.71 아마도 《금문상서·반경》에서 '臤'자를 '賢'자의 의미로 사용하였을 것이다.

(1) 謂握之固也, 故從又. (2) 謂讀同鏗也. 鏗從堅聲, 堅從臤聲. 古音在十二部. 今音鏗在耕韻, 非也. 臤, 今音苦閑切. (3) 凡言古文以爲者, 皆言古文之假借也. 例見屮部. 漢校官碑, 親臤寶智, 又師臤作朋. 國三老袁良碑, 優臤之寵. 按漢魏人用優賢字, 皆本今文般庚, 優賢揚歷句. 蓋今文般庚, 固以臤爲賢也.

---

68 제1편 下 '屮'부 說解 및 段玉裁 注 참조.

69 《隸釋》 卷五에 수록된 <溧陽長潘乾校官碑>에 "親臤寶智, 進直遏慝."이라고 되어 있으며 그 다음의 문장에 "咨疑元老, 師臤作朋."이라고 되어 있다.

70 《隸釋》 卷六에 수록된 <國三老袁良碑>에 "君子曰, 優臤之寵, 於斯盛矣."라고 되어 있다.

71 지금 전하는 《尙書·盤庚》에는 "今予其敷心腹腎腸……."이라고 되어 있을 뿐 "優賢揚歷"이라는 구절이 없다. 그런데 《文選》의 <魏都賦>注에서 《尙書》를 인용하여 "盤庚曰, 優賢揚歷."이라고 하였는데 이 문장은 《今文尙書》의 것이라고 되어 있다.

085. 臣(신)부

 牽也.(1) 事君者.(2) 象屈服之形.(3) 凡臣之屬皆从臣.

'臣'은 끌고 간다는 뜻이다. 군주를 섬기는 사람이다. 구부려 복종하는 모양을 상형하였다. 臣부에 속하는 한자는 모두 臣의 의미를 가진다.

(1) '臣'과 운모가 같은 '牽(견)'자로 풀이하였다. 《춘추설(春秋說)》,[72] 《광아(廣雅)》[73]에 모두 "臣은 견고하다[堅(견)]는 뜻이다."라고 하였고 《백호통(白虎通)》에서는 "臣은 묶는다[纏(단)]는 뜻이다. 뜻을 품고 스스로를 굳게 지킨다."[74]라고 하였다.

(2) ("事君者"의) '者(자)'자가 각 판본에 '也(야)'자로 되어 있다. 지금 바로잡는다.[75]

(3) '臣'의 발음은 植(식)과 鄰(린)의 반절이다. 12부에 속한다.

살펴보면 《논어(論語)》의 <음의(音義)>[76]에서 "恵(신)의 발음은 植(식)과 鄰(린)의 반절이며, 臣의 고자(古字)다."라고 하였다. 육덕명(陸德明)의 시대에는 무후(武后)의 글자가 아직 나오지 않았을 때였다. 무후의 글자 중에 '恵(신)' · '埊(지)' 두 글자는 《전국책(戰國策)》에 보이는데 육조(六朝)시대에는 속자(俗字)였던 것 같다.[77]

---

72 《說文解字段注考正》에는 《太平御覽》 卷621에 "孝經說曰, 臣者堅也. 守節明道, 修義奉職也."라고 되어 있다고 지적하면서 여기에서 段玉裁가 인용한 《春秋說》은 무엇인가 잘못된 것 같다고 말하고 있다.

73 《廣雅 · 釋詁》 卷一下 참조.

74 《白虎通 · 德論》 卷七: 君臣者何謂也. 君, 群也. 下之所歸心. 臣者纏堅也, 屬志自堅固.

75 徐鉉本 · 徐鍇本에 "事君也"로 되어 있다.

76 《論語 · 泰伯》의 "天下有道則見, 無道則隱."의 苞注가 "亂謂臣弑君, 子弑父."라고 되어 있는데 《釋文》에 "恵, 植鄰反, 古臣字."라고 되어 있다.

77 段玉裁는 여기에서 陸德明의 《釋文》에 '臣'의 古字에 대하여 나오는 것을 소개하고 있다. 그런데 그 글자가 唐의 則天武后 시대에 제정한 글자와 일치하고 있어서 그 경위를 설명하고 있는 대목이다. 則天武后의 글자는 모두 18자다. 段玉裁가 인용한 '埊'자는 '地'자이며, '恵'자는 '臣'자다.(《新唐書》 <后妃傳>, 鄭樵의 《通志》 <六書略> 참조.) 사실 陸德明의 시대에는 武后의 글자를 보았을 리 없으니 그것을 연결시킬 수 없다. 그러나 武后가 만든 글자들이 《戰國策》 같은 곳에 간간이 나오는 것을 보면 그것들 중에 어떤 글자들은 자형이 다른 오래된 글자들로서 이전 시대부터 내려오던 것이었을 가능성이 크다. 段玉裁가 보기에는 陸德明의 시대에는 그런 글자들이 속자로 전해져 내려왔었던 것 같다는 뜻이다. 그래서 '臣'의 古字인 '恵'자가 陸德明의 책에 실리게 되었다는 것이다.

(1) 以疊韻釋之. 春秋說廣雅皆曰, 臣, 堅也. 白虎通曰, 臣者, 繵也, 屬志自堅固也. (2) 者各本作也, 今正. (3) 植鄰切. 十二部. 按論語音義, 恧, 植鄰切, 古臣字. 陸時武后字未出也. 武后恧埊二字見戰國策. 六朝俗字也.

086. 殳(수)부

以杖殊人也.(1) 周禮,(2) 殳以積竹,(3) 八觚,(4) 長丈二尺, 建於兵車,(5) 旅賁以先驅.(6) 从又几聲.(7) 凡殳之屬皆从殳.

'殳'는 장대를 사용하여 사람을 멀리 떼어놓는다는 뜻이다. 《주례(周禮)》에서 "殳는 여덟 개의 긴 대쪽을 쌓아서 만들며 길이는 1장(丈) 2척(尺)이다. 병거(兵車)에 세워서 여분(旅賁)에게 선봉에 서게 한다."라고 하였다. '又(우)'로 구성되어 있으며 '几(수)'는 발음을 나타낸다. 殳부에 속하는 한자는 모두 殳의 의미를 따른다.

(1) '杖(장)'자가 각본에 '投(수)'자로 되어 있다. 《태평어람(太平御覽)》에 근거하여 바로잡는다.[78] '杖'이라고 한 것은 '殳'가 대나무를 쌓아서 만들며 칼날이 없기 때문이다. <모전(毛傳)>에 "殳는 길이가 1장(丈) 2척(尺)이고 날이 없다."[79]라고 하였는데 바로 이 말이다. '殊(수)'는 '끊는다[斷(단)]'는 뜻이다.[80] "以杖殊人(이장수인)"이라는 것은 장대로 멀리 떼어놓는다는 말이다. 《석명(釋名)》에서는 "殳는 殊이다. 수레 위에서 때리며 휘둘러서 멀리 떼어놓게 한다."라고 하였다.[81] '殳'와 '殊'는 발음이 같으므로 (멀리 떼어놓는 병기를) '殳'라고 말한 것이다. ('弓'과 '窮(궁)'이 발음이 같아서) 가까운 것으로써 먼 것을 다하는 것[以近窮遠]을 '弓(궁)'이라고 말하는 것과 같다.[82]

(2) ('周禮'의) '周(주)'자는 지금 보충한다.[83] 이어서 다음 문장에서 말하고 있는 것은 모두

78 徐鉉本·徐鍇本에 "以投殊人也"로 되어 있는 것을 段玉裁는 《太平御覽》 卷352 '兵'부 84의 '殳'항에 인용된 《說文》에 근거하여 '投'를 '杖'으로 수정하였다.

79 《詩·衛風·伯兮》의 "伯也執殳, 爲王前驅."의 <毛傳>.

80 제4편 下 '歺'부 '殊'자 說解: 殊, 殺也. …… 一曰斷也.

81 《釋名·釋兵》: 殳, 殊也. 長丈二尺而無刃, 有所撞挃於車上, 使殊離也.

82 제12편 下 '弓'부 說解: 弓, 窮也. 以近窮遠者, 象形.

《周禮》에서 나온 말이다.

(3) '以積竹(이적죽)'이란 대나무 쪽을 쌓아서 만들었다는 뜻이다. 《한서(漢書)》에 "창읍왕(昌邑王)이 길에서 적죽장(積竹杖)을 샀다.[昌邑王道買積竹杖]"라고 되어 있는데 문영(文穎)은 "대나무[竹]를 합하여 杖(장)을 만든다."라고 하였다.[84] '竹(죽)'부에 "籚(로)는 대나무를 엮어 만든 창의 자루이다.[積竹矛戟矜]"[85]라고 하였고 '木(목)'부에서 "欑(찬)은 대나무를 엮어 만든 막대[積竹杖]다."라고 하였고 "柲(비)는 欑(찬)이다."라고 하였다.[86] 《주례 · 고공기(考工記)》의 주석에서는 "廬(려)는 창의 자루를 말한다. 대나무로 된 欑과 柲를 말한다."라고 하였다.[87] 일반적으로 창의 자루는 대나무를 겹쳐서 만들었으며 '殳'에는 칼날이 없어서 '積竹杖'이라는 이름으로 불리게 되었다. 여인(廬人)[88]들이 그것을 만들었다.

(4) 《주례 · 고공기》의 주석에서 "대체로 창 자루는 여덟 개의 대쪽으로 되어 있다.[凡矜八觚]"라고 하였다.[89] 여기에서도 날이 없기 때문에 '八觚(팔고)'라고 말하고 있다.

(5) 《주례 · 고공기》에서 "여인(廬人)이 여기(廬器)를 만들었는데 殳(수)는 길이가 1심(尋) 4 척(尺)이었다."[90]라고 하였으며 "수레에 여섯 등급의 수(數)가 있는데 수레턱[車軫(거진)]은 4척 높이이고 창[戈(과)]은 수레턱[軫(진)]보다 4척 높게, 사람[人(인)]은 창[戈]보다 4척 높게, 장대[殳(수)]는 사람[人]보다 4척 높게, 수레창[車戟(거극)]은 장대[殳]보다 4척 높게, 자루 긴 창[酋矛(추모)]은 수레창[戟(극)]보다 4척 높게 하였다."라고 하였다. 주석에서는 "여기서 말한 것은 모두 병거(兵車)다. 殳나 戟 · 矛는 모두 수레 옆의 병기 꽂는 곳[車輢(거의)]에 꽂는다."[91]라고 하였다.

---

83 徐鉉本 · 徐鍇本에는 "禮殳以積竹八觚"라고 되어 있어서 '禮'자 앞에 '周'자가 없다. 段玉裁는 그것을 '周禮'라고 보고 '周'자를 더해 놓았다.

84 《漢書》 卷63 <武五子傳>의 昌邑王賀의 傳에 "賀到濟陽, 求長鳴雞, 道買積竹杖."이라고 되어 있으며 文穎의 注에 "合竹作杖也."라고 되어 있다.

85 제5편 上 '竹'부 참조.

86 제6편 上 '木'부 '欑'자, '柲'자 說解 참조.

87 《周禮 · 考工記 · 序官》의 "粵無鎛, 燕無函, 秦無廬, 胡無弓車."의 注에 "廬讀爲纑, 謂矛戟柄竹欑柲."라고 되어 있다.

88 '廬人'은 《周禮 · 考工記》에 보이는 官名이다.

89 《周禮 · 考工記 · 廬人》의 "凡爲殳, 五分其長, 以其一爲之被而圍之."의 注: 被, 把中也. 圍之, 圜之也. 大小未聞. 凡矜八觚.

90 《周禮 · 考工記 · 廬人》: 廬人爲廬器, 戈柲六尺有六寸, 殳長尋有四尺.

91 《周禮 · 考工記 · 序官》: 有六等之數, 車軫四尺, 謂之一等. 戈柲六尺有六寸, 既建而迤, 崇於軫四尺, 謂之二等, 人長八尺, 崇於戈四尺, 謂之三等, 殳長尋有四尺, 崇於人四尺, 謂之四等, 車戟常崇於殳四尺, 謂之五等, 酋矛常有四尺, 謂之六等.

(6) 《주례》에 "여분씨(旅賁氏)는 창과 방패를 잡고 왕의 수레를 호위하며 달려가는 일을 관장하였다.[旅賁氏, 掌執戈盾, 夾王車而趨.]"[92]라고 되어 있다. (여기에서 창과 방패[戈盾]를 잡았다는 말은) 아마 '殳'를 잡았다는 말일 것이다. 《시》에서는 "백(伯)이 창[殳]을 잡고 왕의 선구가 되었다.[伯也執殳, 爲王前驅.]"라고 하였다.[93]

(7) '殳'의 발음은 市(시)와 朱(주)의 반절이다. 고음은 4부에 있다.

(1) 杖各本作杸. 依太平御覽正. 云杖者, 殳用積竹而無刃. 毛傳殳長丈二而無刃是也. 殊, 斷也. 以杖殊人者, 謂以杖隔遠之. 釋名, 殳, 殊也. 有所撞挃於車上使殊離也. 殳殊同音, 故謂之殳, 猶以近窮遠謂之弓也. (2) 周字今補. 下文所說, 皆出於周禮也. (3) 以積竹者, 用積竹爲之. 漢書, 昌邑王道買積竹杖. 文穎曰, 合竹作杖也. 竹部曰, 籚, 積竹矛戟矜也. 木部曰, 欑, 積杖杖也. 柲, 欑也. 考工記注曰, 廬謂矛戟柄, 竹欑柲. 凡戈矛柄皆積竹, 而殳無金刃, 故專積竹杖之名. 廬人爲之. (4) 考工記注云, 凡矜八觚. 此無刃亦八觚也. (5) 考工記曰, 廬人爲廬器, 殳長尋有四尺. 車有六等之數, 車軫四尺, 戈崇於軫四尺, 人崇於戈四尺, 殳崇於人四尺, 車戟崇於殳四尺, 酋矛崇於戟四尺. 注云, 此所謂兵車也, 殳戟矛皆插車輢. (6) 周禮旅賁氏, 掌執戈盾, 夾王車而趨. 蓋亦執殳矣. 詩曰, 伯也執殳, 爲王前驅. (7) 市朱切. 古音在四部.

087. 殺(살)부

戮也.(1) 从殳杀聲.(2) 凡殺之屬皆从殺.  古文殺.(3)  古文殺.  古文殺.  古文殺.(4)  籀文殺.(5)

'殺'은 죽인다[戮(륙)]는 뜻이다. '殳(수)'로 구성되어 있으며 '杀(살)'은 발음을 나타낸다. 殺부에 속하는 한자는 모두 殺의 의미를 따른다. ''은 殺의 고문이다. ''은 殺의 고문이다. ''은 殺의 고문이다. '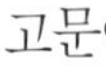'은 殺의 고문이다. ''은 殺의 籀文이다.

(1) '戈(과)'부에 "戮(륙)은 殺(살)이다."라고 하였다.[94]

92 《周禮·夏官·旅賁氏》: 掌戈盾夾王車而趨, 左八人, 右八人, 車止則持輪.
93 《詩·衛風·伯兮》 참조.

(2) 서현(徐鉉) 등은 "《설문》에 '杀(살)'자가 없다. 전해지기로는 발음이 '察(찰)'이라고 한다." 라고 하였다.[95] 살펴보면 장참(張參)이 "杀은 殺의 고자(古字)다."[96]라고 하였는데 장(張)의 설이 옳은 것 같다. 이것은 마치 처음에는 '朮(출)'자로 쓰다가 간혹 '禾(화)' 편방을 더해 '秫(출)'자로 쓰는 것[97]과 같다. '殺'의 발음은 所(소)와 八(팔)의 반절이다. 15부에 속한다.

(3) 살펴보면 서현본(徐鉉本)의 송각본(宋刻本)에는 이 글자가 없다. 이도본(李燾本)[98]도 같다.

(4) 내 생각에는 이 글자들(즉 '殺'의 古文들)은 모두 '杀'자를 옮겨 쓰는 과정에서 잘못 변한 글자일 뿐이다. '杀'에 '殳(수)'편방을 더하여 소전(小篆)의 '殺'자를 만들었다. 이런 유형은 아주 많다. 《고문사성운(古文四聲韻)》은 '杀'자가 최희유(崔希裕)의 《찬고(纂古)》에 나오는 자형이라고 하였는데[99] '𣏂'가 《설문》에 나오는 자형이므로 하송(夏竦)이 근거한 《설문》이 선본(善本)이었던 듯하다. 이것은 그대로 장참의 설과도 부합한다. (위의 논의를 근거로 하면) 맨 앞의 글자 아래에 "殳와 '杀'로 구성되었다.[從殳從杀]"라는 말이 제거되었음이 분명하다. 어쩌다 잘못되어 "杀이 발음을 나타낸다.[杀聲]"라고 바뀌었다.

(5) 살펴보면 서현본(徐鉉本) 송각본(宋刻本)에는 이 글자가 없고 이도본(李燾本)도 같다. 《유편(類篇)》에서 "역사문[史文]에서는 殺을 '𣪠'로 쓴다. 신(臣) 사마광(司馬光)은 '이 글자는 《설문》에 실려 있지 않다. 그래서 《집운(集韻)》에서도 지금 실려 있지 않다.'고 하였다."[100]라고 되어 있다. 따라서 사마광이 근거한 서현본에는 '𣪠'자가 없었음이 확실하다. 지금 판본은 서개본(徐鍇本)에 근거해서 더했을 뿐이다. 《주례·고공기(考工記)》의 '閷(살)'자는[101] 왜 이 글자가 '閃(섬)'으로 구성되었는지 알 수 없다. 지금 '殳(수)'부 '役(역)'의 고문[102]이나 '殺'부의 '殺(자)'의 주문(籒文)에서 '殳'편방이 모두 '𠬝'모양으로 되어 있는 것에 근거하여 생각하면 '𠬝' 모양이 잘못되어 '閃'으로 되었음을 알 수 있다. 삼가 이 의문을 풀어 보려고 하니 학자들은 (자형이 비슷한 것들 때문에 잘못이 확산되었음을) 유사한 예를 통하여 미루어 짐작함이 좋겠다.

---

94 제12편 下 '戈'부 '戮'자 說解.

95 徐鉉本 '殺'부의 徐鉉의 말: 臣鉉等曰, 說文無杀字, 相傳云音察. 未知小出.

96 《五經文字》 卷下 '殳'부: 殺, 從殳杀聲, 杀, 古殺字.

97 제7편 上 '禾'부 '秫'자 說解 참조.

98 宋代 李燾가 撰한 《說文解字五音韻譜》를 말한다. 이 책은 《說文》의 540부를 四聲으로 배열한 책이다.

99 《古文四聲韻》 卷五 入聲 十五 '黠'운부에 보인다.

100 《類編》 三篇下 '殺'부.

101 《周禮·考工記·梓人》 참조.

102 제3편 下 '殳'부 '役'자 說解 참조.

(1) 戈部曰, 㦯, 殺也. (2) 鉉等曰, 說文無杀字, 相傳音察. 按張參曰, 杀, 古殺字. 張說似近是. 此如本作朮, 或加禾爲秫. 所八切. 十五部. (3) 按鉉本宋刻無此字. 李燾本同. (4) 按此蓋卽杀字轉寫譌變耳. 加殳爲小篆之殺. 此類甚多. 古文四聲韻, [illegible]爲崔希裕纂古. [illegible]爲說文, 則夏氏所據說文爲善本. 正與張參說合. 首字下當去從殳從杀. 或譌爲杀聲也. (5) 按鉉本宋刻無此字. 李燾本同. 類篇云, 史文殺作[illegible]. 臣光曰, 說文失收, 故集韻今不載. 然則司馬公所據鉉本無[illegible]信矣. 今版本依錯本增之耳. 考工記[illegible]字, 不識何以從閃. 今據殳部古文役, 殺部籒文殺, 殳皆作[illegible]求之, 知[illegible]譌爲閃. 頓釋此疑, 學者觸類而長之[103]可也.

088. 几(수)부

 鳥之短羽飛几几也. 象形. 凡几之屬皆从几. 讀若殊.(1)

'几'는 새가 짧은 깃털로 几几(수수)하며 날아간다는 뜻이다. 상형(象形)이다. 几부에 속하는 한자는 모두 几의 의미를 따른다. '殊(수)'와 동일하게 발음한다.

(1) '几'의 발음은 市(시)와 朱(주)의 반절이다. 내 생각에는 '殳'가 '几' 성부(聲符)로 구성된 것[104]을 가지고 '几'의 발음을 찾아야 한다. 고음은 4부에 속한다.

(1) 市朱切. 按以殳從几聲求之. 古音在四部.

089. 寸(촌)부

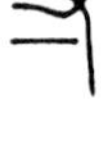 十分也.(1) 人手卻一寸動衇謂之寸口. 从又一.(2) 凡寸之屬皆从寸.

---

103 《易・繫辭傳》 上: 引而伸之, 觸類而長之, 天下之能事畢矣.

104 제3편 下 '殳'부 說解 참조.

'寸'은 10분(分)의 길이이다. 사람의 손에서 1촌(寸)을 물러나 맥이 뛰는 곳을 '촌구(寸口)'라고 한다. '又(우)'와 '一(일)'로 구성되어 있다. 寸부에 속하는 한자는 모두 寸의 의미를 따른다.

(1) 길이를 잴 때에는 '分(분)'으로 구별하고 '寸(촌)'으로 헤아린다.[105] '禾(화)'부에서 "10발(髮)을 '程(정)'이라 하고 1정(程)이 '分(분)'인데 10분(分)이 1촌(寸)이다."[106]라고 하였다.

(2) '卻(각)'은 뒤로 물러난다[退]는 뜻과 같다. 손에서 10분의 거리만큼 뒤로 물러나 맥이 뛰는 곳을 '寸口'[107]라고 하므로 이 글자가 '又'와 '一'로 구성되었다. 회의(會意)자다. 《주례(周禮)》 주석에서 "맥(脈)의 대후(大候)는 중요한 지점이 양명(陽明)과 촌구(寸口)에 있다.[脈之大候要在陽明寸口]"라고 하였다.[108] '寸'의 발음은 倉(창)과 困(곤)의 반절이다. 13부에 속한다.

(1) 度別於分, 忖於寸. 禾部曰, 十髮爲程, 一程爲分, 十分爲寸. (2) 卻猶退也. 距手十分動衇之處謂之寸口, 故字從又一. 會意也. 周禮注云, 脈之大候要在陽明寸口. 倉困切. 十三部.

090. 皮(피)부

 剝取獸革者謂之皮.(1) 从又(2)爲省聲.(3) 凡皮之屬皆从皮.  古文皮.(4)  籀文皮.

짐승 가죽을 벗겨 낸 것을 '皮'라 한다. '又(우)'로 구성되어 있으며 '爲(위)'[109]의 생

105 《漢書·律曆志》: 度者, 分·寸·尺·丈·引也. 所以度長短也. …… 寸者忖也. ……. 夫度者, 別於分, 忖於寸. …….

106 제7편 上 '禾'부 '程'자 설해 참조. '分'은 대략 0.3cm, 따라서 '寸'은 약 3cm, '尺'은 약 30.3cm에 해당한다.

107 '寸口'는 전통적인 의학용어다. 손목의 맥이 뛰는 곳으로서 그 맥을 통하여 肝·心臟·腎臟 등의 맥을 알 수 있다고 한다.

108 《周禮·天官·疾醫》의 "兩之以九竅之變, 參之以九藏之動."의 注. 賈公彦의 疏에는 "陽明者, 在大拇指本骨之高處與第二指間. 寸口者, 大拇指本高骨後一寸, 是也."라고 하였다. 제8편 下 '尺'부 段注 참조.

략형이 발음을 나타낸다. 皮부에 속하는 한자는 모두 皮의 의미를 따른다. '𠬪'는 皮의 고문(古文)이다. '𠬰'는 皮의 주문(籒文)이다.

(1) '剝(박)'은 찢는다[裂(열)]는 뜻이다.110 가죽과 살을 서로 나누어 찢는다는 말이다. '革(혁)'이라고 말한 이유는 '皮'와 석언(析言)하면 털을 제거한 것만을 '革'이라고 하기 때문이다.111 통언(通言)하면 '皮'와 구별되지 않는다. ("剝取獸革者"에서) '者(자)'라고 한 것은 그 일을 하는 사람을 뜻한다. 짐승 가죽을 취하는 사람을 '皮'라 한다는 뜻이다. '皮'는 '柀(피)'이며 '柀'는 갈라낸다[析(석)]의 뜻이다.112 '柀'자·'析'자 모두 '木(목)'부에 보인다. 그런 방법으로 얻은 것을 '皮'라 한다. 인신(引伸)되어 모든 물건의 표면을 '皮'라 한다. 또 대체로 사물에서 표면을 벗기는 것도 '皮'라 한다. 《전국책(戰國策)》에 "얼굴 가죽을 벗기고 눈을 뽑는다.[皮面抉眼]"113라고 한 것, 왕포(王褒)의 <동약(僮約)>에 "뽕[桑(상)]을 떨어뜨리고 종려[椶(종)]의 껍질을 벗긴다.[落桑皮椶]"114라고 한 것, 《석명(釋名)》에 "호박 껍질을 벗겨 겨울저장용 야채로 삼는다.[皮瓠以爲蓄]"115라고 한 것 등이 모두 '皮'자가 그렇게 쓰인 예들이다.
(2) '又'는 손이다. 그것으로 벗겨 낸다.
(3) '皮'의 발음은 符(부)와 羈(기)의 반절이다. 고음으로 '爲(위)'와 '皮'는 모두 17부에 있다.116
(4) '𠬪'가 '竹(죽)'으로 구성된 것은 대나무를 가지고 벗겨 내기 때문이다.

(1) 剝, 裂也. 謂使革與肉分裂也. 云革者, 析言則去毛曰革, 統言則不別也. 云者者, 謂其人也. 取獸革者謂之皮. 皮, 柀. 柀, 析也. 見木部. 因之所取謂之皮矣. 引伸凡物之表皆曰皮. 凡去物之表亦皆曰皮. 戰國策言皮面抉眼, 王褒僮約言落桑皮椶, 釋名言皮瓠以爲蓄, 皆是. (2) 又, 手也. 所以剝取也. (3) 符羈切. 古音爲皮皆在十七部. (4) 从竹者, 蓋用竹以離之.

---

109 '𦥑'는 '爲'의 篆文이다. 제3편 下 '爪'부 '爲'의 篆文 참조.
110 제4편 下 '刀'부 '剝'자 說解 참조.
111 제3편 下 '革'부 說解 참조.
112 제6편 上 '木'부 '柀'자 說解: 柀, 黏也. 一曰, 析也.
113 《戰國策》 <韓策> 二 참조.
114 《古文苑》 卷十七에 王褒의 <僮約>이 실려 있다.
115 《釋名·釋飮食》: 瓠蓄, 皮瓠以爲脯, 蓄積以待冬月時用之也.
116 '𦥑'(爲)의 생략형이 발음을 나타내므로 '皮'와 같은 韻部에 있음을 말하고 있다.

091. 甍(연)부

 柔韋也.(1) 从北(2)从皮省.(3) 夐省聲.(4) 凡甍之屬皆从甍. 讀若耎. 一曰若儁.(5)  古文甍.(6)  籀文甍. 从夐省.(7)

'甍'은 가죽을 부드럽게 한다는 뜻이다. '北(북)'으로 구성되었다. '皮'의 생략형으로 구성되었다. '夐(형)'의 생략형이 발음을 나타낸다. 甍부에 속하는 한자는 모두 甍의 의미를 따른다. '耎(연)'과 동일하게 발음한다. 일설에는 '儁(준)'과 동일하게 발음한다고도 한다. ''은 甍의 고문(古文)이다. ''은 甍의 주문(籀文)이며 '夐'의 생략형으로 구성되었다.

(1) '柔(유)'는 다듬어서 가죽을 부드럽게 하는 것이다. '韋(위)'는 사용할 수 있는 가죽이다. 《주례·고공기(考工記)》의 주석에 "《창힐편(倉頡篇)》에 '가죽을 부드럽게 한다.[鞄甍]'라는 말이 있다."[117]라고 하였다.

(2) 서현(徐鉉)은 "甍이 '北(북)'으로 구성된 것은 뒤집어서 부드럽게 다듬기 때문이다."[118]라고 하였다.

(3) '皮'의 생략형이란 '' 모양을 말한다. '耳(이)'도 아니고 '瓦(와)'도 아닌데 지금 예서에서는 아랫부분을 모두 '瓦'로 쓴다.

(4) 각 판본에는 '聲(성)'자가 없다.[119] 지금 보충한다. '夐(형)'은 고음 14부에 속한다. "夐省聲(형생성)"은 '甍'에서 '夐'의 위와 아래 모양을 생략해 버리고 가운데의 ''부분만을 취하여 성부로 삼았다는 말이다. '甍'의 발음은 而(이)와 兗(연)의 반절이다. 14부에 속한다.

(5) '儁(준)'은 '俊(준)'과 같은 글자다. '人'부에는 '俊'자만 있고[120] '儁'자는 없다.

(6) 고문은 '皮'의 생략형과 사람이 그것을 다듬는 모습으로 구성되었다.

(7) 주문은 아래는 '皮'의 생략형으로, 위는 '夐'의 생략형으로 구성되었다.

(1) 柔者, 治之使鞣也. 韋, 可用之皮也. 考工記注曰, 蒼頡篇有鞄甍. (2) 鉉曰, 從北者, 反覆柔治

117 《周禮·考工記·序官》 "攻皮之工, 函鮑韗韋裘." 및 《周禮·考工記·鮑人》의 "鮑人之事"의 注 참조.
118 徐鉉本: 臣鉉等曰北者反覆柔治之也.
119 徐鉉本·徐鍇本 모두 "夐省"으로만 되어 있다. 段玉裁는 '聲'자를 더하여 "夐省聲"으로 고쳤다.
120 제8편 上 '人'부 '俊'자 說解: 俊, 材過千人也.

之也. (3) 謂[illegible]也. 非耳, 非瓦. 今隸下皆作瓦矣. (4) 各本無聲, 今補. 敻古音在十四部. 此省其上下, 取冂爲聲也. 而兖切. 十四部. (5) 儁同俊. 人部有俊無儁. (6) 从皮省, 从人治之. (7) 下從皮省, 上從敻省.

092. 攴(복)부

 小擊也.(1) 从又卜聲.(2) 凡攴之屬皆从攴.

'攴'은 살짝 두드린다는 뜻이다. '又(우)'로 구성되었고 '卜(복)'은 발음을 나타낸다. 攴부에 속하는 한자는 모두 攴의 의미를 따른다.

(1) '手(수)'부에서 "擊(격)은 攴(복)이다."121라고 하고 여기 '攴'부에서는 "小擊이다"라고 하였으니 의미는 같지만 조금 차이가 있다. 내 생각에 이 글자는 '又'로 구성되고 '卜'이 발음을 나타내는 것 같다. '又'는 "손[手]이라는 뜻이다."122 경전에서는 예서로 변한 글자인 '扑(복)'으로 썼다. 일반적으로 《상서(尙書)》나 《삼례(三禮)》에서 '鞭扑(편복)'의 扑자를 모두 '扑'으로 썼다. ('扑'은 '攴'과 비교하면) '又'가 '手'로 변한 것뿐이며 발음을 나타내는 '卜'은 바뀌지 않았다. 아마 한석경(漢石經)에 쓰이던 자체였던 것 같다. 이것이 '手'부에 '扑'자가 없는 이유다. 당석경(唐石經)의 초각(初刻)에는 '朴(박)'이라고 써서 '木'으로 구성된 글자로 되어 있었는데 당(唐)의 현도(玄度)가 다시 교정하여 '手'로 구성된 글자로 바로잡았다. 그것이 옳다. 《시 · 빈풍(豳風)》의 "팔월에는 대추를 턴다.[八月剝棗]"123라는 구절에서는 '剝(박)'을 빌어 '攴'의 의미로 썼다. 모씨(毛氏)는 "'剝'은 두드린다[擊]는 뜻이다."124라고 하였다. <음의(音義)>에서는 "普(보)와 卜(복)의 반절이다."125라고 하였다.

(2) '攴'의 발음은 普(보)와 木(목)의 반절이다. 3부에 속한다.

---

121 제12편 上 '手'부 '擊'자 說解 참조.

122 제3편 下 '又'부 說解: 又, 手也.

123 《詩 · 豳風 · 七月》 "八月剝棗, 十月穫稻."

124 《詩 · 豳風 · 七月》 "八月剝棗, 十月穫稻."의 <毛傳>.

125 《詩 · 豳風 · 七月》 "八月剝棗, 十月穫稻."의 <釋文>.

(1) 手部曰, 擊, 攴也. 此云小擊也, 同義而微有別. 按此字從又卜聲. 又者, 手也. 經典隸變作扑. 凡尙書三禮鞭扑字, 皆作扑, 又變爲手, 卜聲不改. 蓋漢石經之體. 此手部無扑之原也. 唐石經初刻作朴, 從木者, 唐元度覆挍正之從手, 是也. 豳風, 八月剝棗. 假剝爲攴. 毛曰, 擊也. 音義曰, 普卜反.
(2) 普木切. 三部.

093. 敎(고)부

上所施, 下所效也.(1) 从攴孝.(2) 凡敎之屬皆从敎.  古文敎.(3)  亦古文敎.(4)

'敎'는 위에서 베풀고 아래에서 본받는다는 뜻이다. '攴(복)'과 '孝(효)'로 구성되어 있다. 敎부에 속하는 한자는 모두 敎의 의미를 따른다. ''는 敎의 고문이다. '' 역시 敎의 고문이다.

(1) '敎'와 '效(효)'는 운모가 같다.
(2) '孝(효)'는 '子(자)'부에 "본받는다[效]는 뜻이다."[126]라고 하였다. 위에서 베풀기 때문에 '攵(복)'[127]으로 구성되고 아래서 본받으므로 '孝'로 구성된다. '敎'의 발음은 古(고)와 孝(효)의 반절이다. 2부에 속한다.
(3) 고문의 오른쪽 부분은 '言(언)'의 고문으로 구성되었다.
(4) 이 글자는 '攴'과 '爻(효)'로 구성되었다.

(1) 敎效疊韻. (2) 孝見子部, 效也. 上施故從攵, 下效故從孝. 古孝切. 二部. (3) 右从古文言. (4) 從攴從爻.

---

126 제14편 下 '子'부 '孝'자 說解 및 段玉裁 注 참조.
127 허신의 원문은 '攴'의 자형으로 되어 있고 段注에는 '攵'의 자형으로 되어 있다. 아마도 攴으로 쓰는 것이 옳은 것 같다.

094. 卜(복)부

 灼剝龜也.(1) 象灸龜之形.(2) 一曰象龜兆之縱衡也.(3) 凡卜之屬皆从卜.  古文卜.

'卜'은 거북을 구워 쪼갠다는 뜻이다. 거북이를 굽는 모양을 상형하였다. 일설에 거북점을 칠 때 상하좌우로 균열된 모양을 상형한 것이라고도 한다. 卜부에 속하는 한자는 모두 卜의 의미를 따른다. ''은 卜의 고문이다.

(1) '火(화)'부에서 "灼(작)은 굽는다[灸(자)]는 뜻이다."[128]라고 하고 '刀(도)'부에서 "剝(박)은 쪼갠다[裂]는 뜻이다."[129]라고 하였다. 따라서 '灼剝'은 구워서 쪼개 보는 것을 말한다. '灼'은 卜과 성모가 같고 '剝'은 卜과 운모가 같다.

(2) (卜의 자형에서) 수직선은 거북의 모양을 상형하였고 가로선은 거북점을 칠 때 쓰던 나무[楚焞(초돈)][130]를 가지고 거북을 굽는 모양을 상형하였다.

(3) 이는 자형에 대한 다른 주장이다. '卜'의 발음은 博(박)과 木(목)의 반절이다. 3부에 속한다.

(1) 火部, 灼, 灸也. 刀部, 剝, 裂也. 灼剝者, 謂灸而裂之. 灼雙聲, 剝疊韻. (2) 直者象龜, 横者象楚焞之灼龜. (3) 字形之別說也. 博木切. 三部.

095. 用(용)부

 可施行也. 从卜中. 衛宏說.(1) 凡用之屬皆从用.  古文用.

---

128 제10편 上 '火'부 '灼'자 說解 참조.

129 제4편 下 '刀'부 '剝'자 說解 참조.

130 '楚焞'은 거북점을 칠 때 사용하던 나무를 말한다. 《儀禮·士喪禮》에 "楚焞置於燋, 在龜東."이라고 하였다.

'用'은 시행할 수 있다는 뜻이다. '卜(복)'과 '中(중)'으로 구성된다. 위굉(衛宏)의 설이다. 用부에 속하는 한자는 모두 用의 의미를 따른다. '𠂾'자는 用의 고문이다.

(1) 점쳐서[卜] 맞으면[中] 실행할 수 있게 되므로 두 글자를 취하여 회의(會意)자로 만들었다. '用'의 발음은 余(여)와 訟(송)의 반절이다. 9부에 속한다.

(1) 卜中則可施行, 故取以會意. 余訟切. 九部.

096. 爻(효)부

 交也.(1) 象易六爻頭交也.(2) 凡爻之屬皆从爻.

'爻'는 교차한다는 뜻이다. 역(易)의 육효(六爻)의 머리가 교차하는 것을 상형하였다. 爻부에 속하는 한자는 모두 爻의 의미를 따른다.

(1) '交(교)'와 '爻(효)'는 운모가 같다. 《역(易)・계사전(繫辭傳)》에서 "爻란 천하의 움직임을 본받는 것이다.[爻也者, 效天下之動者也.]"[131]라고 하였다.
(2) '爻'의 발음은 胡(호)와 茅(모)의 반절이다. 2부에 속한다.

(1) 疊韻. 曰繫辭曰, 爻也者, 效天下之動者也. (2) 胡茅切. 二部.

097. 㸚(리)부

 二爻也.(1) 凡㸚之屬皆从㸚.

131 《易・繫辭傳》 下: 爻也者, 效天下之動者也. 是故吉凶生而悔吝著也.

‘㸚’는 두 개의 ‘爻(효)’다. 㸚부에 속하는 한자는 모두 㸚의 의미를 따른다.

(1) ‘두 개의 爻(효)[二爻]’란 교차한 것이 넓다는 뜻이다. 자형으로 의미를 나타내었으므로 다음에서 다시 “두 개의 爻로 구성된다.[從二爻]”라고 말하지 않았다. ‘珏(각)’[132]이나 ‘㡭(여)’[133]가 모두 그런 예로서 “두 개의 玉으로 구성된다.[從二玉]”라든지 “두 개의 余로 구성된다.[從二余]”라고 보충할 필요가 없다. ‘㸚’의 발음은 《옥편(玉篇)》에서는 “力(력)과 爾(이)의 반절이다.”[134]라고 하였고, 《광운(廣韻)》에서는 “力(력)과 紙(지)의 반절이다.”라고 하고 “㸚尒(리이)는 분명하게 펴져 나가는 것이다. 상형이다.[㸚尒布明白, 象形也.]”라고 하였다.[135] 이는 ‘爾(이)’와 합운할 수 있는 같은 운모[同韻][136]의 글자로 (‘㸚’자의) 발음을 삼은 것이다. 대서본(大徐本)에는 “力(력)과 几(궤)의 반절이다.”[137]라고 하였다.

(1) 二爻者, 交之廣也. 以形爲義, 故下不云從二爻. 珏㡭疑皆此例, 無庸補從二玉從二余也. 玉篇, 力爾切. 廣韻, 力紙切. 云㸚尒布明白, 象形也. 此附合爾之同韻爲音. 大徐, 力几切.

---

132 제1편 上 ‘玉’부 ‘珏’자 참조.

133 제2편 上 ‘八’부 ‘㡭’자 참조.

134 《玉篇》 ‘㸚’부 제281: 㸚, 力爾切. 二爻也. 又力計切.

135 《廣韻》 上聲 四 ‘紙’운 ‘㸚’자 참조.

136 ‘爾’는 《廣韻》 上聲 四 ‘紙’운에 속한다.

137 徐鉉本에는 “力几切”로 되어 있다.

제 4 편 上

旻 目 䀠 眉 盾 自

白 鼻 皕 習 羽 隹

奞 萑 𦫳 𥄕 羊 羴

瞿 雔 雥 鳥 烏

098. 旻(혈)부

舉目使人也.(1) 从攴目.(2) 凡旻[1]之屬皆从旻. 讀若颰.(3)

'旻'은 눈을 들어 사람을 부린다는 뜻이다. '攴(복)'과 '目(목)'으로 구성되었다. 旻부에 속하는 한자는 모두 旻의 의미를 따른다. '颰(혈)'과 동일하게 발음한다.

(1) 이 글자는 '言(언)'부의 '訹(술)'[2]자와 발음이 같다. 의미 또한 유사하다. 《사기(史記)·항우본기(項羽本紀)》에 "항량(項梁)이 항적(項籍)에게 눈을 부라리면서[眴(현)] '행해도 좋다'고 말하자 적(籍)이 마침내 검을 뽑아 수(守)의 머리를 베었다."[3]라고 하였는데 여기에서 쓰인 '眴(현)'이 '旻'과 같은 뜻이다. '目(목)'부에서 "旬(현)은 눈이 움직이는 것이다.[目搖也]"라고 하였다. 이는 눈동자를 움직이지만 사람을 부리지는 않는다는 뜻이다.[4]

(2) 눈동자를 움직인다는 말이다. 회의(會意)자다.

(3) '旻'의 발음은 火(화)와 劣(열)의 반절이다. 15부에 속한다.

---

1 段玉裁는 이 글자를 '旻'로 쓰고 있지만 전서의 자형을 미루어 해서로 쓴다면 '旻'이 옳은 것 같다. 段注에서는 두 글자를 혼용하였다.

2 제3편 上 '言'부 '訹'자 說解: 訹, 誘也.

3 《史記·項羽本紀》 참조. 지금 판본에는 '籍遂' 위에 '於是' 두 글자가 더 있다. '守'자는 段注本에는 '首'로 되어 있지만 《史記·項羽本紀》에는 '守'로 되어 있다.

4 제4편 上의 '目'부에는 '旬'자가 나오고 '眴'자는 이 글자의 或字로서 등장한다. 그래서 段玉裁는 《史記·項羽本紀》에 나오는 '眴'자가 '旻'자의 의미로 쓰인 것을 인용하면서도 원래 《說文》의 설해로 보면 '旬'자가 '旻'자처럼 사람을 부린다는 의미로까지 확대되고 있지 않음을 보이고 있다.

(1) 此與言部詵音同, 義亦相似. 項羽本紀, 梁眴籍曰可行矣, 籍遂拔劍斬首頭. 然則眴同旻也. 目部曰, 旬, 目搖也, 謂有目搖而不使人者. (2) 動其目也. 會意. (3) 火劣切. 十五部.

099. 目(목)부

 人眼也.[5] 象形. 重, 童子也.(1) 凡目之屬皆从目. ◎ 古文目.(2)

'目'은 사람의 눈이다. 상형(象形)이다. 안에 두 번 줄을 그은 것은 눈동자다. 目부에 속하는 한자는 모두 目의 의미를 따른다. '◎'은 目의 고문이다.

(1) "상형이다."라는 말로 전체적인 자형을 총괄해서 말하였다. 하지만 사람들이 '目' 안의 두 번 그은 획의 의미를 이해하지 못할까 봐 눈동자를 겹쳐 놓은 것이라고 해석하였다. 《석명(釋名)》에 "눈동자[瞳(동)]는 겹쳐져 있다. 피부막이 안으로 중복되어 있는 것이다. '子(자)'는 작은 것을 부르는 말이다. 주로 그중에서 아주 깨끗하고 밝은 것을 일컫는다. 혹은 '眸子(모자)'라고 한다. 眸는 감싸다[冒(모)]는 뜻이며 서로 안으로 싸고 있다는 말이다."[6]라고 하였다. 내 생각에 사람의 눈은 흰 것에서 검은 것으로, 겹쳐진 것에서 작고 중요한 것으로 층층이 안으로 싸고 있기 때문에 획을 두 번 중복하여 그 모양을 상형한 것이며 《사기·항우본기(項羽本紀)》에서 말하는 '겹눈동자[重瞳子]'와 같은 것은 아니다. '目'이 인신(引伸)되어 指目(지목), 條目(조목)의 '目'이 되었다. '目'의 발음은 莫(막)과 六(육)의 반절이다. 3부에 속한다.

(2) ('◎'의 자형에서 바깥의) '囗'는 얼굴을 상형하였고 가운데는 눈썹과 눈을 상형하였다. 강원(江沅)은 "밖은 눈자위[匡(광)]를 상형하고 안은 속눈썹[睫(첩)]과 눈[目]을 상형하였다."[7]라고 하였다.

5　徐鉉本에는 '也'자가 없고 徐鍇本에는 '眼'자가 '目'자로 되어 있다.

6　《釋名·釋形體》 "童子童重也. ……(이하 段注 인용과 같음)."

7　江沅의 《說文解字音均表》 三에는 "今案蓋外匡, 內睫毛及珠也."라고 되어 있어서 段玉裁 注에 인용된 것과 조금 다르다.

(1) 象形, 總言之. 嫌人不解二, 故釋之曰, 重其童子也. 釋名曰, 瞳, 重也. 膚幕相裹重也. 子, 小稱也. 主謂其精明者也. 或曰眸子. 眸, 冒也. 相裹冒也. 按人目由白而盧, 童而子, 層層包裹. 故重畫以象之, 非如項羽本紀所云重瞳子也. 目之引伸爲指目, 條目之目. 莫六切. 三部. (2) 囗象面, 中象眉目. 江沅曰, 外象匡, 內象𣭲目.

100. 䀠(구)부

 𠂇又視也.(1) 从二目.(2) 凡䀠之屬皆从䀠. 讀若拘. 又若良士瞿瞿.(3)

'䀠'는 좌우로 본다는 뜻이다. 두 개의 '目(목)'으로 구성되었다. 䀠부에 속하는 한자는 모두 䀠의 의미를 따른다. '拘(구)'와 동일하게 발음한다. 또는 "良士瞿瞿(양사구구)"[8]의 ('瞿'자와) 동일하게 발음한다.

(1) '𠂇又(좌우)'가 각본에는 '左右'로 되어 있다.[9] 잘못이다. 지금 바로잡는다. 《시 · 제풍(齊風)》,[10] 《시 · 당풍(唐風)》, 《예기》의 <단궁(檀弓)>,[11] <(증자문)曾子問>,[12] <잡기(雜記)>,[13] <옥조(玉藻)>[14]에 '瞿(구)'라고 하고 '瞿瞿'라고도 한 것은 모두 '䀠'의 가차다. '瞿'자가 유행하면서 '䀠'자는 없어졌다. '瞿'자 아래에서 "雁隼之視[새매가 먹이를 노려보는 것]"라고 하였다.[15] 《시 · 제풍》의 <모전(毛傳)>에서 "瞿瞿無守之皃[좌우로 두리번거리며 자리를 지키지 못하는 모양이다.]"라고 하였다.[16] 《시 · 당풍》의 <모전(毛傳)>[17]에

---

8 《詩 · 唐風 · 蟋蟀》의 한 구절이다.

9 徐鉉本 · 徐鍇本 모두 '左右'로 되어 있다.

10 《詩 · 齊風 · 東方未明》에 "狂夫瞿瞿"라고 되어 있다.

11 《禮記 · 檀弓》 上에 "曾子聞之, 瞿然曰, 呼." "既殯瞿瞿如有求而弗得"이라고 되어 있다.

12 《禮記 · 曾子問》에서는 '瞿'자를 볼 수 없다. 段玉裁가 <檀弓> 上의 "曾子聞之"를 보고 <曾子問>의 구절로 오해한 것 같다.

13 《禮記 · 雜記》 下에 "見似目瞿, 聞名心瞿."라고 되어 있다.

14 《禮記 · 玉藻》에 "視容瞿瞿梅梅"라고 되어 있다.

15 제4편 上 '瞿'부 설해.

16 《詩 · 齊風 · 東方未明》의 "狂夫瞿瞿"의 <毛傳>.

17 《詩 · 唐風 · 蟋蟀》의 "良士瞿瞿"의 <毛傳>.

서는 "瞿瞿然, 顧禮義也.[이리저리 둘러보며 예의를 살핀다.]"라고 하였다. 각기 문맥에 따라 의미를 제시한 것이지만 놀라고 황급해하는 형상으로 여긴 것은 같다.

(2) 회의(會意)자다.

(3) '眀'의 발음은 九(구)와 遇(우)의 반절이다. 5부에 속한다.

(1) 𠂇又各本作左右, 非也, 今正. 凡詩齊風唐風, 禮記檀弓曾子問雜記玉藻, 或言瞿, 或言瞿瞿, 蓋皆眀之假借. 瞿行而眀廢矣. 瞿下曰, 䧹隼之視也. 若毛傳於齊曰瞿瞿無守之皃, 於唐曰瞿瞿然顧禮義也. 各依文立義, 而爲驚遽之狀則一. (2) 會意. (3) 九遇切. 五部.

101. 眉(미)부

 目上毛也.(1) 从目. 象眉之形.(2) 上象頟理也.(3) 凡眉之屬皆从眉.

'眉'는 눈 위의 털이다. '目(목)'으로 구성되어 있고 눈썹 모양을 상형하였다. 그 위는 이마의 주름을 상형하였다. 眉부에 속하는 한자는 모두 眉의 의미를 따른다.

(1) 사람이 늙으면 긴 눈썹이 생긴다. 《시·빈풍(豳風)》,[18] 《시·소아(小雅)》[19]에는 모두 '眉壽(미수)'로 되어 있다. <모전(毛傳)>에서는 '豪眉(호미)'[20]라고도 하고 '秀眉(수미)'[21]라고도 하였다. 《방언(方言)》에 "眉(미)·黎(려)·耋(질)·鮐(태)는 늙었다[老]는 뜻이다. 동제(東齊)지방에서는 眉라고 한다."[22]라고 하였다. 《의례·사관례(士冠禮)》에서는 고문으로 '麋(미)'[23]라고 쓰고 《의례·소뢰궤식례(少牢饋食禮)》에서는 고문으로 '微(미)'[24]로 쓴다고 하였다. 모두 가차자다.

---

18 《詩·豳風·七月》의 "以介眉壽".

19 《詩·小雅·南山有臺》의 "遐不眉壽".

20 《詩·豳風·七月》의 "以介眉壽"의 <毛傳>에 "眉壽, 豪眉也."라고 되어 있다.

21 《詩·小雅·南山有臺》의 "遐不眉壽"의 <毛傳>에 "眉壽, 秀眉也."라고 되어 있다.

22 《方言》 卷一.

23 《儀禮·士冠禮》 "眉壽萬年"의 注에 "古文眉作麋"라고 되어 있다.

24 《儀禮·小牢饋食禮》 "眉壽萬年"의 注에서 "古文眉作微"라고 되어 있다.

(2) (눈썹 모양을 상형했다는 것은) '⺁'모양을 설명한 것이다.

(3) (이마의 주름이란) '仌'이 양 눈썹 위에 있는 것을 말한다. 두 눈썹이 옆으로 나란히 있으므로 이마의 주름은 眉間(미간) 위에 있다. '眉'의 발음은 武(무)와 悲(비)의 반절이다. 15부에 속한다.

(1) 人老則有長眉. 豳風小雅皆言眉壽. 毛曰, 豪眉也. 又曰, 秀眉也. 方言, 眉黎耋鮐老也. 東齊曰眉. 士冠禮古文作麋, 少牢饋食禮古文作微, 皆假借字也. (2) 謂⺁. (3) 謂仌在兩眉上也. 並二眉則頟理在眉間之上. 武悲切. 十五部.

102. 盾(순)부

盾 瞂也.(1) 所㠯扞身蔽目.(2) 从目.(3) 象形.(4) 凡盾之屬皆从盾.

'盾'은 방패라는 뜻이다. 그것으로 몸을 막고 눈을 가린다. '目(목)'으로 구성되었다. 상형(象形)이다. 盾부에 속하는 한자는 모두 盾의 의미를 따른다.

(1) 경전(經典)에서는 방패를 '干(간)'이라고 쓴다.[25] '戈(과)'부에서는 '戦(한)'으로 썼다.[26]

(2) 그것으로 몸을 막으므로 '干'이라고 한 것이다. <모전(毛傳)>에서 "'干'은 막는다[扞(한)]는 뜻이다."라고 하였다.[27] 그것으로 눈을 가리므로 글자가 '目'으로 구성된 것이다.

(3) 각 판본에 두 글자("从目")가 없다.[28] 지금 현응(玄應)의 책에 의하여 보충한다.[29]

(4) 서개(徐鍇)는 "厂모양은 방패를 상형하였다."라고 하였다. 내 생각에는 지금 서개본(徐鍇

25 예를 들면 《詩·大雅·公劉》의 "干戈戚羽"에 대하여 <鄭箋>에서 "干, 盾也."라고 하였고 《尙書·牧誓》의 "比爾干"에 대하여 <孔傳>에서는 "干, 楯也."라고 하였으며 《論語·季氏》의 "而謀動干戈於邦內"에 대하여 孔注에서 "干, 楯也."라고 하였다.

26 제12편 下 '戈'부 '戦'자 說解: 戦, 盾也.

27 《詩·周南·兎罝》의 "公侯干城", 《詩·小雅·采芑》의 "師干之試"의 <毛傳>.

28 徐鉉本·徐鍇本 모두 "从目"의 두 글자가 없다.

29 玄應의 《一切經音義》 卷三 <仁王般若經> 上卷 '鉾盾' 아래에 "說文, 盾瞂也. 所以捍身蔽目也."라고 되어 있다. 卷十七 <阿毗曇毗婆沙論> 四六卷 '執盾' 아래에 "盾, 所以捍身蔽目也. 以目自蔽, 從目, 象形, 盾聲."이라고 되어 있다. 段玉裁는 아마 후자를 《說文》의 원문으로 삼은 것 같다.

本)에 어떤 사람이 "厂聲[厂(엄)이 발음을 나타낸다.]"이라는 두 자를 함부로 더해 놓은 것 같다.[30] '盾'의 발음은 食(식)과 閏(윤)의 반절이다. 13부에 속한다. 《광운(廣韻)》에서는 食(식)과 尹(윤)의 반절이라고 하였다.[31]

(1) 經典謂之干. 戈部作戦. (2) 用扞身, 故謂之干. 毛傳曰, 干, 扞也. 用蔽目, 故字从目. (3) 各本少二字. 今依玄應補. (4) 鍇曰, 𠂆象盾形. 按今鍇本或妄增厂聲二字. 食閏切. 十三部. 廣韻, 食尹切.

103. 自(자)부

 鼻也. 象鼻形.(1) 凡自之屬皆从自. 𦣹 古文自.

'自'는 코라는 뜻이다. 코의 모양을 상형하였다. 自부에 속하는 한자는 모두 自의 의미를 따른다. '𦣹'는 自의 고문이다.

(1) 여기서는 코[鼻(비)]로 '自'를 풀이하고 다시 덧붙여 "코의 모양을 상형하였다."라고 하였다. '王(왕)'부에서 "自는 鼻와 같이 발음한다. 지금 세속에서는 처음 태어난 아이를 '鼻子(비자)'라고 한다."[32]라고 하였다. 그렇다면 허신은 '自'와 '鼻'가 뜻도 같고 발음도 같다고 말한 셈이다. 그러나 '自'를 가지고 '鼻'의 의미로 사용하는 경우는 대단히 적다. '自'로 구성된 글자로는 '尸(시)'부의 '眉(해)'자가 있는데 "누워서 쉰다[臥息(와식)]는 뜻이다."[33]라고 하였고, 또 '言(언)'부의 '詯(회)'에서는 "膽(담)의 기운이 가득찬 소리가 사람의 위에 있다는 뜻이다.[膽气滿聲在人上]"[34]라고 하였다. 모두 '코로 숨쉰다'는 의미를 가지고 만들어진 회의(會意)자다. '自'의 지금 의미에는 '--부터[從(종)]', '자기자신[己(기)]', '스스로 그러하다[自然(자연)]' 등이 있다. 모두 인신(引伸)된 의미다. '自'의 발음은 疾(질)과 二(이)의 반절이다. 15부에 속한다.

---

30 徐鍇本에는 "象形" 뒤에 "厂聲"이라는 두 글자가 있다.
31 《廣韻》 上聲 十七 '準'부 '盾'자 참조.
32 제1편 上 '王'부 '皇'자 說解 참조.
33 제8편 上 '尸'부 '眉'자 說解 참조.
34 제3편 上 '言'부 '詯'자 說解 참조.

(1) 此以鼻訓自, 而又曰象鼻形. 王部曰, 自讀若鼻. 今俗以作始生子爲鼻子是. 然則許謂自與鼻義同音同. 而用自爲鼻者絶少也. 凡从自之字, 如尸部, 眉, 臥息也. 言部, 詯, 膽气滿聲在人上也. 亦皆於鼻息會意. 今義從也, 己也, 自然也. 皆引伸之義. 疾二切. 十五部.

104. 白(자)[35]부

此亦自字也. 省自者. 詞[36]言之气, 从鼻出, 與口相助.(1) 凡白之屬皆从白.

이 글자 또한 '自(자)'자다. '自'의 (자형을) 생략한 것이다. 어사(語詞)로 말할 때[37]의 기운이 코로부터 나와서 입과 서로 도와준다. 白부에 속하는 한자는 모두 白의 의미를 따른다.

(1) '詞(사)'라는 것은 "의미는 안에 있으나 말은 밖에 있다.[意內而言外]"[38]는 뜻이다. 말은 입에서 나오고 기운은 코에서 나와서 입과 코가 서로 도와주므로 이 글자의 위는 '自'의 생략형으로, 아래는 입 모양으로 구성되어 있다. 따라서 '自'와 동일하게 발음한다. '白'의 발음은 疾(질)과 二(이)의 반절이다. 15부에 속한다.

(1) 詞者, 意內而言外也. 言从口出, 而气从鼻出, 與口相助, 故其字上从自省, 下从口. 而讀同自. 疾二切. 十五部.

---

35 이 부수는 전서 자형인 '𦣹'로부터 해서를 白로 쓰지만 발음이 '백'이 아니라 '자'다. '희다'는 의미의 白(백)자와는 전혀 다른 글자다. 白(백)자는 전서 자형이 '白'으로 되어 있고 《설문》 제7편 下에 실려 있다. 𦣹와 白은 전서에서는 분명히 다른 글자였는데 𦣹자가 해서로 '白'로 표기되어서 서로 혼동되었다.

36 '詞'자는 지금은 '詞'로 쓴다. 그런데 段注에서는 '詞'자로 쓰지 않고 주로 '詞'자를 썼다.

37 '白(자)'부에 부속된 글자들은 모두 '詞'라고 설해되어 있다. 예컨대 "皆, 俱詞也." "魯, 鈍詞也." "者, 別事詞也." 등이다. 許愼이 말하는 '詞'는 일반적인 단어를 말하는 것이 아니고 문장에서 語氣를 전해 주는 虛詞類를 뜻한다. 즉 문장의 기운이나 억양을 전달해 주는 말은 '코[自]'와 깊은 관련을 가진다고 본 것이다.

38 제9편 上 '司'부 '詞'자 說解 참조.

105. 鼻(비)부

 所吕引气自畀也.(1) 从自畀.(2) 凡鼻之屬皆从鼻.

'鼻'는 기운을 끌어들였다가 내보내는 기관이다.[39] '自(자)'와 '畀(비)'로 구성되었다. 鼻부에 속하는 글자는 모두 鼻의 의미를 따른다.

(1) '所以(소이)' 두 글자는 지금 보충한다.[40] '口(구)' 아래에 "所以言食也[말하고 먹는 기관이다.]"[41]라고 하고 '舌(설)' 아래에 "所以言別味也[말하고 맛을 가려내는 기관이다.]"[42]라고 한 것이 ('所以'가) 그렇게 쓰인 예다. 《노자(老子)》 주석에 "하늘은 사람을 다섯 가지 기운으로 먹이는데 그것은 코로부터 들어오고, 땅은 사람을 다섯 가지 맛으로 먹이는데 그것은 입으로부터 들어온다."[43]라고 하였다. 《백호통(白虎通)》에서는 <원명포(元命苞)>를 인용하여 "코는 폐의 사신이다."[44]라고 하였다. 내 생각에는 코에서 들숨과 날숨이 서로 타고 들면서 무궁한 곳에서 기(氣)를 끌어들이는 것 같다. '自'는 지금 사람들이 '自家(자가)'라고 말할 때의 '自'처럼 발음한다. '自'는 본래 코[鼻]라는 뜻이었는데 인신(引伸)되어 자기 자신[自家]이라는 뜻이 되었다.

(2) 두 가지 의미를 합하여 자형을 만들었다. '鼻'의 발음은 父(부)와 二(이)의 반절이다. 15부에 속한다.

(1) 所以二字今補. 口下曰, 所以言食也, 舌下曰, 所以言別味也, 是其例. 老子注曰, 天食人以五氣, 从鼻入. 地食人以五味, 从口入. 白虎通引元命苞曰, 鼻者, 肺之使. 按鼻一呼一吸相乘除, 而引氣於無窮. 自讀如今人言自家之自. 自本訓鼻, 引伸爲自家. (2) 以義爲形也. 父二切. 十五部.

---

39 "引气自畀를 이렇게 해석한 이유는 段玉裁가 '自'자에 대하여 "自讀如今人言自家之自['自'는 지금 사람들이 '自家[자기 자신, 스스로]'라고 말할 때의 '自'와 동일하게 발음한다.]"라고 注하였고 제5편 上 '丌'부의 '畀'자 說解에서 "畀, 相付與之.[畀는 물건을 건네준다는 뜻이다.]"라고 하였기 때문이다.

40 徐鉉本·徐鍇本에는 '所以' 두 글자가 없다.

41 제2편 上 '口'부 說解 참조.

42 제3편 上 '舌'부 說解 참조.

43 《老子》 六章 "是謂玄牝"의 河上公 注 참조.

44 《白虎通》 卷八 '情性' 참조.

106. 皕(벽)부

 二百也.(1) 凡皕之屬皆从皕. 讀若逼.(2)

'皕'은 이백(二百)이라는 뜻이다. 皕부에 속하는 한자는 모두 皕의 의미를 따른다. '逼(핍)'과 동일하게 발음한다.

(1) 자형을 보면 의미를 알 수 있으므로 "두 개의 百(백)으로 구성되었다.[从二百]"라고 말하지 않았다.

(2) '逼(핍)'자가 각 본에는 '祕(비)'로 되어 있다.[45] 《오경문자(五經文字)》에서 "皕은 逼으로 발음한다."[46]라고 하였다. 《광운(廣韻)》에서는 "彼(피)와 側(측)의 반절이다."[47]라고 하여 '至(지)'운에는 싣지 않았다. 이인보(李仁甫)의 《오음운보(五音韻譜)》 목록에서는 "逼과 동일하게 발음한다."[48]라고 하였다. 여기 주석에서는 "彼(피)와 力(력)의 반절이다."[49]라고 하였으니 모두 옛 발음을 따른 것이다. '䀀(혁)'·'奭(석)' 두 자가 '皕'으로 성부를 삼는다.[50] 5부에 속한다. '逼'과 발음이 비슷하다.

(1) 卽形爲義, 不言从二百. (2) 逼各本作祕. 按五經文字, 皕音逼. 廣韻, 彼側切, 至韻不收. 李仁甫五音韻譜目錄云, 讀若逼. 本注云, 彼力切, 皆由舊也. 䀀奭字以爲聲. 在弟五部. 逼音相近也.

45 徐鉉本에는 '秘'로 되어 있고 徐鍇本에는 '祕'로 되어 있다.
46 《五經文字》 卷下 '血'부 '䀀'지 참조.
47 《廣韻》 入聲 24 '職'운부 참조.
48 《說文解字五音韻譜》 卷12 目錄 참조.
49 《汲古閣說文訂》에서 "皕, 彼力切."이라고 하였다.
50 '奭'은 '皕'부의 부속자다. "奭, ……皕亦聲."이라고 되어 있다. '䀀'은 '血'부에 "皕聲"이라고 되어 있다.

107. 習(습)부

 數飛也.(1) 从羽白聲.[51](2) 凡習之屬皆从習.

'習'은 자주 날개짓한다는 뜻이다. '羽(우)'로 구성되어 있고 '白(자)'가 발음을 나타낸다. 習부에 속하는 한자는 모두 習의 의미를 따른다.

(1) '數(삭)'의 발음은 所(소)와 角(삭)의 반절이다. 《예기・월령(月令)》에 "鷹乃學習[새매가 나는 법을 배운다.]"[52]이라는 말이 나온다. 인신(引伸)되어 '익혀서 익숙하게 하다.[習孰(습숙)]'의 뜻이 되었다.

(2) 내 생각에 ('習(습)'과 '白(자)'는) 합운(合韻)이 된다. '又(우)'부의 '彗(혜)'는 고문으로 '習'으로 쓴다.[53] 이 또한 '習'의 발음을 따르므로 합운이 된다. '習'의 발음은 似(사)와 入(입)의 반절이다. 7부에 속한다.

(1) 數, 所角切. 月令, 鷹乃學習. 引伸之義爲習孰. (2) 按此合韻也. 又部彗, 古文作習. 亦是从習聲合韻. 似入切. 七部.

108. 羽(우)부

 鳥長毛也.(1) 象形.(2) 凡羽之屬皆从羽.

'羽'는 새의 긴 깃털이다. 상형(象形)이다. 羽부에 속하는 한자는 모두 羽의 의미를 따른다.

---

51 徐鉉本에는 "白聲"이 "从白"로 되어 있다.

52 《禮記・月令》 季夏之月.

53 제3편 下 '又'부의 '彗'자 說解 참조.

(1) 긴 털은 가늘고 약한 털과 구별된다. 인신(引伸)되어 오음(五音: 宮商角徵羽)의 '羽'로 쓰인다. 《진서(晋書)·악지(樂志)》에서는 "羽는 펴다[舒(서)]의 뜻이다. 양기(陽氣)가 다시 회복되어 만물이 잉태되고 자라나서 태어난다."[54]라고 하였다. 《한서(漢書)·율력지(律曆志)》에서는 "羽는 집[宇(우)]이다. 사물이 모이면 보관하고 덮어 둔다."[55]라고 하였다. 《이아(爾雅)》에서는 "羽를 栁(류)라고 한다."[56]라고 하였다.

(2) 긴 깃털은 반드시 짝으로 되어 있기 때문에 (새의 깃털 모양인) '彡'를 병렬시켰다. '𠘧(수)'부[57]에서 '㐱(진)'은 "새로 깃털이 생겨서 날아가는 것이다.[新生羽而飛也]"[58]라고 하였다. '㐱㐱(羽)'는 '㐱'을 나란히 쓴 것이다. '羽'의 발음은 王(왕)과 矩(구)의 반절이다. 5부에 속한다.

(1) 長毛, 別於毛之細縟者. 引伸爲五音之羽. 晉書樂志云, 羽,舒也. 陽氣將復, 萬物孳育而舒生. 漢志曰, 羽, 宇也. 物聚臧宇覆之. 爾雅, 羽謂之栁. (2) 長毛必有耦. 故竝彡. 𠘧部曰, 㐱, 新生羽而飛也. 㐱㐱, 竝㐱也. 王矩切. 五部.

109. 隹(추)부

 鳥之短尾總名也.(1) 象形.(2) 凡隹之屬皆从隹.

'隹'는 꼬리가 짧은 새의 총명이다. 상형(象形)이다. 隹부에 속하는 한자는 모두 隹의 의미를 따른다.

(1) 짧은 꼬리를 가진 새를 '隹'라 하여 긴 꼬리를 가진 새의 이름 '鳥(조)'[59]와 구별한다. '總名(총명)'이라고 한 것은 취하는 수가 많기 때문이다. '隹'는 새의 이름이기도 하다. "鷴鷴者

54 《晋書·樂志》 上 참조.
55 《漢書·律曆志》 上 참조.
56 《爾雅·釋樂》 참조.
57 '𠘧'자는 바로 '几'자다.
58 제3편 下 '几'부 '㐱'자 說解 참조.
59 제4편 上 '鳥'부 說解: 鳥, 長尾禽總名也.

鵻[저 날아가는 鵻(추)새여!]"60라고 할 때의 ('鵻'는) '夫不(부불)'이라는 새다. 본래 '隹'라고도 썼다.61

(2) '隹'의 발음은 職(직)과 追(추)의 반절이다. 15부.

(1) 短尾名隹, 別於長尾名鳥. 云總名者, 取數多也. 亦鳥名. 翩翩者鵻. 夫不也, 本又作隹. (2) 職追切. 十五部.

110. 奞(수)부

 鳥張毛羽自奮奞也.(1) 从大隹.(2) 凡奞之屬皆从奞. 讀若睢.(3)

'奞'는 새가 깃털을 펴고 스스로 날개짓한다는 뜻이다. '大(대)'와 '隹(추)'로 구성되었다. 奞부에 속하는 한자는 모두 奞의 의미를 따른다. '睢(수)'와 동일하게 발음한다.

(1) ("奮奞"의) '奞'자는 《옥편(玉篇)》, 《광운(廣韻)》에 의하여 보충한다.62 '奮'과 '奞'는 성모가 같은 글자다.63

(2) 짧은 꼬리 깃털을 펼치는 것이다. 깃털을 펴기 때문에 '大'로 구성되었다.

(3) '奞'의 발음은 息(식)과 遺(유)의 반절이다. 15부에 속한다. 내 생각에는 발음이 先(선)과 晉(진)의 반절이기도 하다.

(1) 奞依篇韻補. 奮奞, 雙聲字. (2) 大其隹也. 張毛羽, 故从大. (3) 息遺切. 十五部. 按又先晉切.

---

60 《詩・小雅・四牡》의 구절. <毛傳>에서 "鵻, 夫不也."라고 하였다.

61 《詩・小雅・四牡》의 이 구절에 대한 <釋文>에서 '隹'라고 쓴 것을 볼 수 있다.

62 徐鉉本에는 '奞'자가 없고, 徐鍇本에는 "奞也"의 두 글자가 없다. 《玉篇》 '奞'부 392 참조. 《廣韻》 上平聲 六 '脂'운에 "奞, 說文曰鳥張毛羽自奮奞也."라고 되어 있으며, 去聲 二一 '震'운에 "奞, 奮奞也."라고 되어 있다.

63 段玉裁는 奮과 奞이 雙聲이라 하였는데 그렇게 되면 非母와 心母가 雙聲이 된다. 이것은 段玉裁만의 독특한 견해다.

111. 雈(환)부

𨾴[64]屬.(1) 从隹从𦫳. 有毛角,(2) 所鳴其民有旤. 凡雈之屬皆从雈. 讀若和.(3)

'雈'은 올빼미[𨾴]에 속하는 새다. '隹(추)'와 '𦫳(개)'로 구성되었다. 뿔 모양의 털이 있으며 이 새가 울 때에는 그 백성들에게 화가 생긴다. 雈부에 속하는 한자는 모두 雈의 의미를 따른다. '和(화)'와 동일하게 발음한다.

(1) '𨾴(치)'는 '올빼미[𨿽(수)]'다.[65] 《이아(爾雅)·석조(釋鳥)》에서 "雈은 늙은 토끼다."라고 하였다. 곽박(郭樸)은 "木兎(목토)다. '부엉이[鴟鵂(치휴)]'와 비슷하지만 작다. 토끼의 머리 모양을 하였다."[66]라고 하였다.

(2) 이 글자가 '𦫳(개)'로 구성된 의미를 해설하였다. '毛角(모각)'이란 머리에 뿔처럼 생긴 털이 모여 있는 것이다.

(3) "桓(환)과 동일하게 발음한다."라고 해야 하는데 "和(화)와 동일하게 발음한다."라고 한 것은 합운(合韻)이기 때문이다.[67] '萑葦(추위: 물억새풀)'[68]의 '萑(추)'자는 '雈'이 성부다. '雈'의 발음은 胡(호)와 官(관)의 반절이다. 14부에 속한다.

(1) 𨾴, 𨿽也. 釋鳥, 雈, 老兔. 郭云, 木兔也, 似鴟鵂而小, 兔頭. (2) 說从𦫳之意. 毛角者, 首有蔟毛如角也. (3) 當若桓, 云若和者, 合韻也. 萑葦字以爲聲. 胡官切. 十四部.

---

64 '𨾴'자가 徐鉉本·徐鍇本에는 '鴟'자로 되어 있다.

65 제4편 上 '隹'부 '𨾴'자 說解 참조.

66 《爾雅·釋鳥》와 郭樸의 注 참조.

67 '桓'과 '和'는 合韻이 되면서 雙聲이기도 하다.

68 제1편 下 '艸'부 '萑'자 說解 참조.

112. 𦫳(개)부

 羊角也.(1) 象形.(2) 凡𦫳之屬皆从𦫳. 讀若乖.(3)

'𦫳'는 양의 뿔이다. 상형(象形)이다. 𦫳부에 속하는 한자는 모두 𦫳의 의미를 따른다. '乖(괴)'와 동일하게 발음한다.

(1) 《옥편(玉篇)》에서 "𦫳𦫳는 두 개의 뿔의 모양이다."[69]라고 하였다. 《광운(廣韻)》에는 "𦫳𦫳는 양의 뿔이 벌어진[開] 모양이다."[70]라고 하였다.

(2) '𦫳'가 양의 뿔인 것은 '羊(양)'자[71]에서 알 수 있다.

(3) '𦫳'의 발음은 工(공)과 瓦(와)의 반절이다. 《옥편》,[72] 《광운》[73]에서는 乖(괴)와 買(매)의 반절이라고 하였다. 고음으로 16, 17부에 속한다.

(1) 玉篇曰, 𦫳𦫳, 兩角皃. 廣韻曰, 𦫳𦫳, 羊角開皃. (2) 知爲羊角者, 於羊字知之也. (3) 工瓦切. 篇韻又乖買切. 古音在十六十七部.

113. 苜(멸)부

 目不正也. 从𦫳目.(1) 凡苜之屬皆从苜. 讀若末.(2)

'苜'은 눈이 바르지 못하다는 뜻이다. '𦫳(개)'와 '目(목)'으로 구성되었다. 苜부에 속하는 한자는 모두 苜의 의미를 따른다. '末(말)'과 동일하게 발음한다.

---

69 《玉篇》 '𦫳'部 第362.

70 《廣韻》 上聲十二 '蟹'운부 참조.

71 제4편 上 '羊'부 說解 참조.

72 《玉篇》 '𦫳'部 第362 참조.

73 《廣韻》 上聲 十二 '蟹'운부 '𦫳'자 참조.

(1) '丫'는 (자형이) 밖으로 향한 모양이므로 그래서 바르지 못하다는 뜻이 된다.
(2) '苜'의 발음은 模(모)와 結(결)의 반절이다. 15부에 속한다.

(1) 丫者, 外向之象, 故爲不正. (2) 模結切. 十五部.

114. 羊(양)부

祥也.(1) 从丫. 象四足尾[74]之形.(2) 孔子曰, 牛羊之字, 以形擧也.(3) 凡羊之屬皆从羊.

'羊'은 상서롭다는 뜻이다. '丫(개)'로 구성되었으며 네 발과 꼬리의 모양을 상형하였다. 공자(孔子)는 "牛(우)나 羊(양)과 같은 글자는 모두 형체를 가지고 만들어졌다."라고 하였다. 羊부에 속하는 한자는 모두 羊의 의미를 따른다.

(1) '羊'과 '祥(상)'은 운모가 같다. 《주례·고공기(考工記)》의 주석에 "羊은 좋다[善(선)]는 뜻이다."[75]라고 하였다. 살펴보면 '譱(선)'·'義(의)'·'羑(유)'·'美(미)'[76]가 모두 '羊'으로 구성되었다.
(2) ("象四足尾之形"이란 羊자 중에 있는) '干'의 자형을 설명한 것이다. '羊'의 발음은 與(여)와 章(장)의 반절이다. 10부에 속한다.
(3) 허신(許愼)은 공자(孔子)의 말을 많이 인용하였다. 예컨대 '王(왕)'·'士(사)'·'儿(인)'·'黍(서)'·'羊(양)'·'犬(견)'[77]·'貉(맥)'·'烏(오)'에서 모두 공자의 말을 인용하였다.[78]

(1) 疊韻. 考工記注曰, 羊, 善也. 按譱義羑美字, 皆从羊. (2) 謂干也. 與章切. 十部. (3) 許多引孔子言, 如王士儿黍羊大貉烏, 皆是也.

74 "四足尾"가 徐鉉本에는 "頭角足尾"라고 되어 있다.
75 《周禮·考工記》 <車人>, <羊車> 참조.
76 제3편 上 '言'부 '善'자, 제12편 下 '我'부 '義'자, 제4편 上 '羊'부 '羑'자, '美'자 등의 說解 참조.
77 段玉裁 注 원문의 '大'자는 '犬'의 誤字다.
78 제1편 上 '王'부의 주석 참조.

115. 羴(선)부

羊臭也.(1) 从三羊.[79](2) 凡羴之屬皆从羴. 羶 羴或从亶.(3)

'羴'은 양의 냄새라는 뜻이다. 세 개의 '羊(양)'으로 구성되었다. 羴부에 속하는 한자는 모두 羴의 의미를 따른다. '羶'은 羴의 혹자(或字)로 '亶(단)'으로 구성되었다.

(1) '臭(취)'는 기(氣)가 코로 통하는 것이다. 양이 많으면 양 냄새가 코를 찌른다. 그래서 세 개의 羊으로 구성되었다.

(2) '羴'의 발음은 式(식)과 連(연)의 반절이다. 14부에 속한다.

(3) '亶'은 발음을 나타내는 부분이다. 지금 경전(經傳)에서는 대부분 혹자[羶(선)]를 따른다.[80]

(1) 臭者, 气之通於鼻者也. 羊多則气羴, 故从三羊. (2) 式連切. 十四部 (3) 亶聲也. 今經傳多从或字.

116. 瞿(구)부

雁[81]隼之視也.(1) 从隹䀠, 䀠亦聲. 凡瞿之屬皆从瞿. 讀若章句之句.(2) 又音衢.[82](3)

'瞿'는 새매가 노려보는 것이다. '隹(추)'와 '䀠(구)'로 구성되었으며 '䀠'가 발음을 나타내기도 한다. 瞿부에 속하는 한자는 모두 瞿의 의미를 따른다. '章句(장구)'의 '句'와 동일하게 발음한다. 또는 발음이 '衢(구)'이기도 하다.

---

79 徐鍇本에는 '羊'자 다음에 '也'자가 더 있다.

80 예를 들면 《禮記·內則》에 "羊泠毛而毳羶" 등이 있다.

81 二徐本에서는 '雁'을 '鷹'으로 쓰고 있다. '鷹'은 '雁'의 籀文이다. 제4편 上 '隹'부 '雁'자 說解 참조.

82 "又音衢"는 徐鉉本의 說解에는 없고 反切인 "九遇切" 다음에 나온다.

(1) ‘隼(준)’은 또한 ‘鷻(단)’자다.[83] 이 글자가 새매[鷹隼]의 눈초리임을 알 수 있는 것은 이 글자가 ‘隹(추)’와 ‘朋(구)’로 구성되어 있다는 점에서다. <오도부(吳都賦)>에서 “鷹瞵鶚視[새매가 노려보고 물수리가 쳐다보네.]”[84]라고 하였다. 경전에서는 대부분 ‘瞿’를 假借하여 ‘朋’로 쓴다. 이에 대해서는 ‘朋’자 아래의 주석을 참조하라.[85]

(2) 고음(古音)에서 ‘句讀(구두)’의 (‘句’자는) ‘鉤(구)’와 같이 발음하고 ‘章句(장구)’의 ‘句’와 구별하였다. 이것으로 허신(許愼)의 시절에 이미 ‘章句’의 (‘句’가) ‘鉤’로 발음되지 않았음을 알 수 있다.[86] ‘瞿’의 발음은 九(구)와 遇(우)의 반절이다. 4부에 속한다.

(3) 서개본(徐鍇本)에 이 세 글자[又音衢]가 있다. ‘音(음)’자는 ‘若(약)’자로 써야 한다.

(1) 隼亦鷻字也. 知爲鷹隼之視者, 以从隹朋知之也. 吳都賦曰, 鷹瞵鶚視. 經傳多假瞿爲朋, 見朋下. (2) 古音句讀如鉤, 別之曰章句之句. 知許時章句已不讀鉤矣. 九遇切. 四部. (3) 鍇本有此三字. 音當作若.

117. 雔(수)부

 雙鳥也.(1) 从二隹. 凡雔之屬皆从雔. 讀若醻.(2)

‘雔’는 두 마리 새다. 두 개의 ‘隹(추)’로 구성되어 있다. 雔부에 속하는 한자는 모두 雔의 의미를 따른다. ‘醻(수)’와 동일하게 발음한다.

(1) 《이아·석고(釋詁)》에 “仇(구)·讎(수)·敵(적)·妃(비)·知(지)·儀(의)는 짝[匹(필)]의 뜻이다.”[87]라고 하였다. 여기서의 ‘讎(수)’자를 ‘雔’로 쓰게 되면 뜻이 더욱 적절해진다. ‘응수한다[應]’는 뜻이나 ‘대적하다[當]’, ‘물건값을 갚는다[醻物賈]’, ‘원수로 대한다[怨]’,

83 제4편 上 ‘鳥’부 ‘鵻’자 說解에 “隼, 鵻或从隹一, 一曰鶉字.”라고 되어 있고 段玉裁 注에 “此鶉字卽鷻字”라고 말하고 있다. 결국 段玉裁는 隼자를 鷻자와 같은 글자로 보고 있다.

84 《文選》 卷五 <吳都賦> 참조.

85 제4편 上 ‘朋’부 說解 참조.

86 句와 瞿, 衢는 《廣韻》 上平聲 十 ‘虞’운부에 실려 있다. 鉤는 下平聲 十九 ‘侯’운부에 실려 있다.

87 《爾雅·釋詁》 上 참조.

'원수삼다[寇]' 등의 의미는 '讎'로 써야 한다.[88] 고서(古書)를 살펴보면 반드시 '雔'로 쓴 경우가 있다. 지금은 '讎'자가 유행하면서 '雔'자는 없어졌다.

(2) '雔'의 발음은 市(시)와 流(류)의 반절이다. 3부에 속한다.

(1) 按釋詁仇讎敵妃知儀匹也. 此讎字作雔, 則義尤切近. 若應也, 當也, 讎物價也, 怨也, 寇也, 此等義則當作讎. 度古書必有用雔者. 今則讎行而雔廢矣. (2) 市流切. 三部.

118. 雥(잡)부

羣鳥也.(1) 从三隹.(2) 凡雥之屬皆从雥.

'雥'은 새의 무리다. 세 개의 '隹(추)'로 구성되었다. 雥부에 속하는 한자는 모두 雥의 의미를 따른다.

(1) 허선심(許善心)의 <신작송(神雀頌)>에 "嘉貺雥集[아름답게 새들이 모여드네.]"[89]이라고 하였다.

(2) '雥'의 발음은 徂(저)와 合(합)의 반절이다. 7부에 속한다.

(1) 許善心神雀頌, 嘉貺雥集. (2) 徂合切. 七部.

119. 鳥(조)부

長尾禽總名也.(1) 象形. 鳥之足佀匕, 从匕.(2) 凡鳥之屬皆从鳥.

---

88 제3편 上 '言'부 '讎'자 段注 참조.

89 《隋書》 <許善心傳>에 보인다.

'鳥'는 긴 꼬리를 가진 새의 총명이다. 상형(象形)이다. 새의 발이 숟가락[匕(비)]과 같이 생겨서 '匕'로 구성되었다. 鳥부에 속하는 한자는 모두 鳥의 의미를 따른다.

(1) 《이아 · 석조(釋鳥)》의 <음의(音義)>에는 이 구절이 "長尾羽衆禽揔名[꼬리가 길고 털이 많은 새들의 총명이다.]"이라고 인용되어 있다.[90] '厹(유)'부에서 "'禽(금)'은 달리는 짐승의 총명이다.[走獸總名]"[91]라고 하였다. 그것이 여기에서 말하는 '禽'과 의미가 조금 다른 이유는 이 설명이 《이아 · 석조》의 "다리가 둘이고 날개가 있는 것을 '禽'이라고 한다."[92]라고 한 말에 근거하였기 때문이다. 짧은 꼬리를 가진 새를 '隹'라 하고 긴 꼬리를 가진 새를 '鳥'라 하는데 석언(析言)하면 그렇지만 혼언(渾言)하면 구별되지 않는다.

(2) '鳥'는 발 하나를 그려서 둘을 포함하고, '能(능)'이나, '鹿(록)'은 발 두 개를 그려서 넷을 포함한다. '鳥'의 발음은 都(도)와 了(료)의 반절이다. 2부에 속한다.

(1) 釋鳥音義, 引長尾羽衆禽揔名也. 按厹部云, 禽, 走獸總名. 此不同者, 此依釋鳥二足而羽謂之禽也. 短尾名隹, 長尾名鳥. 析言則然, 渾言則不別也. (2) 鳥足以一該二, 能鹿足以二該四. 都了切. 二部.

120. 烏(오)부

孝鳥也.(1) 象形.(2) 孔子曰, 烏, 亏呼也.(3) 取其助气, 故㠯爲烏呼.(4) 凡烏之屬皆从烏. [illegible] 古文烏, 象形. [illegible] 象古文烏省.(5)

'烏'는 효성스런 새다. 상형(象形)이다. 공자(孔子)는 "烏는 부르는 감탄사[亏呼]다."라고 하였다. 그 억양[語氣]을 돕는 것을 취했기 때문에 '烏呼(오호)'의 ('烏'로) 삼았다. 烏부에 속하는 한자는 모두 烏의 의미를 따른다. '[illegible]'는 烏의 고문(古文)이며 상형(象形)이다. '[illegible]'는 烏의 고문의 생략형을 본떴다.

---

90 《爾雅 · 釋鳥》의 《釋文》에서는 '長'을 '短'으로 쓰고 있다.

91 제14편 下 '厹'부 '禽'자 說解 참조.

92 《爾雅 · 釋鳥》 참조.

(1) 까마귀가 돌아와 그 어미를 먹이는 것을 말한다. 《소이아(小爾雅)》에 "완전히 까만색에다 돌아와 그 어미를 먹이는 새가 바로 까마귀다."[93]라고 하였다.

(2) '烏'자는 눈동자를 찍었지만 '烏'는 안 찍었다. 까마귀는 완전히 검은색이기 때문에 그 눈동자를 볼 수 없다. '烏'의 발음은 哀(애)와 都(도)의 반절이다. 5부에 속한다.

(3) '亏(우)'[94]자는 각 판본에 '盱(우)'로 되어 있는데[95] 지금 바로잡는다. "亏는 於(어)와 같은 뜻이다. 기(氣)가 펴지는 모양을 상형하였다."[96] '亏呼'는 새가 기를 잘 펴서 스스로 우는 것을 말한다. 그래서 '烏'라고 하였다.

(4) 이것은 허신의 말이다. 그 글자의 발음이 어기[語氣]를 도와줄 수 있다는 점을 취하였다. 그래서 '烏呼'자로 삼았다. 이것은 가차(假借)를 발명해 내는 법이다. '朋'[97]이 朋黨의 뜻으로, '韋'[98]가 皮革의 뜻으로, '來'[99]가 行來의 뜻으로, '西'[100]가 東西의 뜻으로, '止'[101]가 足의 뜻으로, '子'[102]가 인칭으로 쓰인 예와 같다. 옛날에는 짧게는 '於'라고 말하고 길게는 '烏呼'라고 말했다. '於'와 '烏'는 사실상 같은 글자다. 《광무정속(匡繆正俗)》에서 "《금문상서(今文尙書)》에는 모두 '於戲(어희)'자로 쓰였고, 《고문상서(古文尙書)》에는 모두 '烏呼(오호)'자로 쓰였으며, 《시》에서는 모두 '於乎(어호)'라고 했고 중고(中古) 시대 이래의 문헌에서는 모두 '烏呼'자로 쓰였다."[103]라고 하였다. 살펴보면 경전이나 한대(漢代)의 책에서 '烏呼'는 '嗚呼(오호)'로 쓰인 적이 없다. 당석경(唐石經)에 '烏'가 '嗚(오)'로 잘못된 것은 1할일 따름이다. 요즘 학자들이 모두 烏에 '口'를 더해 '嗚'자로 쓰는데 특히 《詩·大雅》와 어긋난다. 또 小顔이 "《古文尙書》에서는 烏呼로 쓴다."라고 한 것은 枚頤本을 말하는 것이고 "《今文尙書》에서는 於戲로 쓴다."라고 한 것은 漢石經을 말하는 것이다. 洪适은 <石經尙書殘碑>에서 '於戲'자를 4번이나 실었다.[104] 그것이 그 증거다. 지금의 《匡繆正俗》은 古字와 今字가 서로 잘못되어 있다.[105]

---

93 《小爾雅》 <廣鳥>九 참조.
94 '亏'자가 곧 '于(우)'자다.
95 徐鉉本·徐鍇本에 '盱'자로 되어 있다.
96 제5편 上 '亏'부 說解 참조.
97 제4편 上 '烏'부 '鳳'자 說解 참조.
98 제5편 下 '韋'부 說解 참조.
99 제5편 下 '來'부 說解 참조.
100 제12편 上 '西'부 說解 참조.
101 제2편 上 '止'부 說解 참조.
102 제14편 下 '子'부 說解 참조.
103 《匡繆正俗》 卷二 <烏呼>참조.
104 《隷釋》 卷十四 <石經尙書殘碑> 참조.

(5) 이 글자가 즉 지금의 '於(어)'자다. '烏'의 고문모양을 상형하고 생략한 것이다. '革'의 생략형을 '革'으로 쓰는 것과 같은 예다.[106] 이 글자는 아마도 '烏'자의 古文이 나온 뒤에 나왔을 것이다. 이 글자가 나오자 다시 '于'와 '於'는 고금자(古文字)의 관계가 되었다. 《이아·석고(釋詁)》,[107] <모전(毛傳)>,[108] 정현(鄭玄)의 주석에서 모두 "亏는 於다."라고 하였다. 대체로 경(經)에서는 '于'자를 많이 쓰고 전(傳)에서는 '於'자를 많이 썼는데, 그러면서 까마귀를 뜻하는 '烏'자는 그 의미로 쓰이지 않게 되었다.

(1) 謂其反哺也. 小爾雅曰, 純黑而反哺者謂之烏. (2) 烏字點睛, 烏則不. 以純黑, 故不見其睛也. 哀都切. 五部. (3) 亏各本作盱, 今正. 亏, 於也. 象气之舒. 亏呼者, 謂此烏善舒气自叫, 故謂之烏. (4) 此許語也. 取其字之聲可以助气, 故以爲烏呼字. 此發明假借之法, 與朋爲朋黨, 韋爲皮韋, 來爲行來, 西爲東西, 止爲足, 子爲人偁一例. 古者短言於, 長言烏呼, 於烏一字也. 匡繆正俗曰, 今文尚書悉爲於戲字, 古文尚書悉爲烏呼字, 而詩皆云於乎. 中古以來文籍皆爲烏呼字. 按經傳漢書, 烏呼無有作嗚呼者. 唐石經誤爲嗚者, 十之一耳. 近今學者無不加口作嗚, 殊乖大雅. 又小顔云, 古文尚書作烏呼, 謂枚頤本也. 今文尚書作於戲, 謂漢石經也. 洪适載石經尙書殘碑於戲字尙四見, 可證也. 今匡繆正俗古今字互譌. (5) 此卽今之於字也. 象古文烏而省之. 亦革省爲革之類. 此字蓋古文之後出者. 此字旣出, 則又于於爲古今字. 釋詁毛傳鄭注經皆云, 亏, 於也. 凡經多用于, 凡傳多用於, 而烏烏不用此字.

---

105 《匡繆正俗》의 원문은 段玉裁가 인용한 것에 비하여 今文, 古文이 바뀌어 있다.

106 제3편 下 '革'부 說解 참조.

107 《爾雅·釋詁》 上 참조.

108 《詩·召南·采蘩》의 <毛傳> 및 《詩·邶風·燕燕》의 <毛傳> 참조.

제 4 편 下

121. 華(반)부

華 箕屬. 所㠯推糞之器也.(1) 象形.(2) 凡華之屬皆从華. 官溥說.(3)

'華'는 키[箕]의 일종이다. 오물을 밀쳐 내는 도구다. 상형(象形)이다. 華부에 속하는 한자는 모두 華의 의미를 따른다. 관부(官溥)의 주장이다.

(1) '糞(분)'자가 각 판본에는 '弃(기)'자로 되어 있다.[1] 이제 《옥편(玉篇)》, 《광운(廣韻)》에 의해서 바로잡는다.[2] '推糞(추분)'이란 밀어서 제거해 낸다는 뜻이다.

(2) 이 물건에는 자루가 있다. 가운데 직선이 자루를 상형하였고 그 위에는 담는 곳을 상형하였다. 자루를 쥐고 땅에 대어 앞으로 밀어 낸다면 더러운 것을 그 안에 담아서 버릴 수 있다. 키[箕(기)]는 자루가 없지만 오물을 받는 것에서는 같다. 그래서 키[箕]의 일종이라고 말한 것이다. '華'의 발음은 北(북)과 潘(반)의 반절이다. 14부에 속한다. 《옥편》, 《광운》에 의하면 발음이 '畢(필)'이다. 옛날과 지금의 발음이 다르다.

(3) '관부(官溥)'는 허신(許愼)이 "통인(通人)의 설(說)을 널리 취했다.[博採通人]"[3](고 한 通人) 중의 한 사람이다.

(1) 糞各本作弃, 今依篇韻正. 推糞者, 推而除之也. (2) 此物有柄. 中直象柄, 上象其有所盛. 持柄

---

1 徐鉉本에는 '棄'로 되어 있고 徐鍇本에는 '弃'로 되어 있다.

2 《玉篇》 '華'부 제219와 《廣韻》 上平聲 二十六 '桓'부에는 "華, 弃糞器."라고 되어 있다.

3 《說文解字》 敍 참조.

追地推而前, 可去穢, 納於其中. 箕則無柄, 而受穢一也, 故曰箕屬. 北潘切. 十四部. 按篇韻, 皆音畢. 此古今音不同也. (3) 官溥者, 博採通人之一也.

122. 冓(구)부

冓 交積材也.[4](1) 象對交之形.(2) 凡冓之屬皆从冓.

'冓'는 목재를 엇갈려 쌓아 놓은 것이다. 서로 교차한 모양을 상형하였다. 冓부에 속하는 한자는 모두 冓의 의미를 따른다.

(1) 고유(高誘)가 《회남자(淮南子)》의 주석에서 "構(구)는 架(가)다. 목재가 서로 위에 얹어진 것이다."라고 하였다.[5] '結冓(결구)'의 '冓'자는 당연히 이렇게 써야 한다. 금자(今字)인 '構'가 유행하면서 '冓'가 없어졌다. '木(목)'부에서 "構는 덮개[蓋(개)]다."[6]라고 하였다. 의미가 '冓'와는 다르다.

(2) 冓가 만들어지는 데는 치밀한 계획과 정교한 솜씨가 필요하다. '冓'의 발음은 古(고)와 候(후)의 반절이다. 4부에 속한다. 《광운(廣韻)》의 '侯(후)'·'候(후)'의 두 개 운에 모두 "冓는 수(數)의 단위를 나타내는 말이다."[7]라고 하였다. 이는 옛날 산경(筭經)의 설(說)이다. 그리고 《광운(廣韻)》의 '紙(지)'운에서 《풍속통(風俗通)》을 인용하여 "壤(괴)에서 溝(구)가 나오고 溝에서 澗(간)이 나온다."[8]라고 하였다. 《오경산술(五經算術)》이나 《수술기유(數術記遺)》 등의 책에서 수(數)의 단위를 나타낼 때는[9] 모두 '溝'로 썼다.

(1) 高注淮南曰, 構, 架也, 材木相乘架也. 按結冓當作此. 今字構行而冓廢矣. 木部曰, 構, 蓋也.

4 徐鍇本에는 "小也, 象交積材也."라고 되어 있다.

5 《淮南子·氾論訓》의 "爲之築土構木以爲宮室"의 高誘의 注.

6 제6편 上 '木'부 '構'자 說解 참조.

7 《廣韻》 下平聲 十九 '侯'운부와 去聲 五十 '候'운부 참조.

8 이 인용문은 《廣韻》 上聲 四 '紙'운부에 나오지 않고 上聲 五 '秭'운부에 나온다.

9 《五經算術》에 의하면 '億' 이상의 數 단위가 나오는데 그 순서는 '億'·'兆'·'京'·'垓'·'秭'·'穰'·'溝'·'澗'·'正'·'載'로 되어 있다.

義別. (2) 冓造必鉤心鬬角也. 古候切. 四部. 廣韻侯候二韻皆曰, 冓, 數也. 此古筭經說也, 而紙韻引風俗通作壤生溝, 溝生澗. 五經筭術, 數術記遺等書亦皆作溝矣.

123. 幺(요)부

 小也.(1) 象子初生之形.(2) 凡幺之屬皆从幺.

'幺'는 작다는 뜻이다. 아이가 처음 태어났을 때의 모양을 상형하였다. 幺부에 속하는 한자는 모두 幺의 의미를 따른다.

(1) 《통속문(通俗文)》에 "자라지 않은 것을 '幺'라 하고 가늘고 작은 것을 '麽(마)'라 한다."[10] 라고 하였다. 허신의 책에는 '麽'자가 없다.

(2) 아이가 처음 태어났을 때는 대단히 작다. 속어(俗語)에서는 '一(일)'을 '幺'라고 말한다. 또 늦게 태어난 아이도 '幺'라고 한다.[11] 모두 그 작음을 말한다. '幺'의 발음은 於(어)와 堯(요)의 반절이다. 2부에 속한다.

(1) 通俗文曰, 不長曰幺, 細小曰麽. 許無麽字. (2) 子初生, 甚小也. 俗謂一爲幺. 亦謂晚生子爲幺. 皆謂其小也. 於堯切. 二部.

124. 幺幺(유)부

 微也.(1) 从二幺.(2) 凡幺幺之屬皆从幺幺.

---

10 《文選》 卷52, 班彪의 <王命論>의 "又況幺麽不及數子"의 李善의 注에 이 문장이 보인다. 또 玄應의 《一切經音義》 卷四 <密迹金剛力士經>의 卷1의 '諸麽'아래에서 "通俗文, 細小曰麽也."라고 하였다.

11 《爾雅・釋獸》의 "幺, 幼"의 注에서 "最後生者, 俗呼爲幺豚."이라고 하였다.

‘𢆶’는 지극히 작다는 뜻이다. 두 개의 ‘幺(요)’로 구성되어 있다. 𢆶부에 속하는 한자는 모두 𢆶의 의미를 따른다.

(1) ‘微(미)’자는 ‘𢼸’로 써야 한다.[12] ‘人(인)’부에 “𢼸(미)는 대단히 작은 것[眇(묘)]이다.”[13]라고 하였다. 정말 작은 것을 ‘𢼸’라 한다.

(2) ‘두 개의 幺[二幺]’는 대단히 작다는 뜻이다. ‘𢆶’의 발음은 於(어)와 虯(규)의 반절이다. 3부에 속한다.

(1) 微當作𢼸. 人部曰, 𢼸, 眇也. 小之又小則曰𢼸. (2) 二幺者, 幺之甚也. 於虯切. 三部.

125. 叀(전)부

小謹也.(1) 从幺省(2)从屮.(3) 屮, 財見也.(4) 田象謹形.(5) 屮亦聲.(6) 凡叀之屬皆从叀.  古文叀.  亦古文叀.(7)

‘叀’은 작은 것을 삼가한다는 뜻이다. ‘幺(요)’의 생략형으로 구성되었으며 ‘屮(철)’로 구성되었다. ‘屮’은 이제 막 보인다는 뜻이다. ‘田’은 삼가는 모양을 상형하였다. ‘屮’은 또한 발음을 나타낸다. 叀부에 속하는 한자는 모두 叀의 의미를 따른다. ‘’은 叀의 고문(古文)이다. ‘’도 叀의 고문이다.

(1) 각 판본에는 ‘小(소)’자 위에 ‘專(전)’자가 더해져 있다. 이것은 표제자가 잘못하여 다시 한 번 쓰인 것[複擧字(복거자)][14]인데 이것을 없애지 못하였고 게다가 그 위에 잘못하여 ‘寸(촌)’편방을 더하였다.[15]

---

12 제2편 下 ‘彳’부 ‘微’자 說解: 微, 隱行也.

13 제8편 上 ‘人’부 ‘𢼸’자 說解: 𢼸, 眇也. 제4편 上 ‘目’부 ‘眇’자 說解: 眇, 小目也.(段玉裁 注: 引伸爲凡小之偁.)

14 ‘複擧字’에 대해서는 제1편 下 ‘艸’부 ‘莧’자 說解, “莧, 莧菜也.”(段玉裁 注: 菜上莧字, 乃複寫隸字. 刪之僅存者也.) 참조. ‘複擧字’란 篆書인 표제자를 楷書로 바꾸어 다시 제시한 글자를 말한다.

15 이 說解의 “小謹也. …… 屮亦聲.”의 열아홉 개 글자는 徐鉉本·徐鍇本에서는 “專小謹也. 从幺省, 屮財

(2) (幺의 생략형으로 구성되었다는 것은) 작다는 뜻이다.

(3) 두 글자("从屮")는 지금 보충한다.

(4) (屮로 구성된 것) 역시 작다는 뜻을 나타낸다.

(5) ("田象謹形"의) 네 글자는 각 판본에 없다.16 지금 보충한다. 아마 이양빙(李陽冰)이 '수레 축머리[墨斗(묵두)]'라고 설명하였기 때문에 빼 버렸던 것 같다.17 '叀'의 윗부분은 '屮'로 구성되었고 아랫부분은 '幺'의 생략형으로 구성되었으며 가운데 부분[田]은 조심하고 삼가는 모양을 상형하였다.

(6) '叀'의 발음은 職(직)과 緣(연)의 반절이다. 14부에 속한다.

(7) '斤(근)'부의 '斷(단)'의 고문18과 '殳(수)'부의 '𣪠(구)'19가 모두 이 고문의 모양으로 구성되어 있다.

(1) 各本小上有專字. 此複舉字未刪, 又誤加寸也. (2) 小意. (3) 二字今補. (4) 亦小意. (5) 四字各本無, 今補. 蓋李陽冰爲墨斗之說而有所刪也. 上從屮, 下從幺省. 中象顓顓謹皃. (6) 職緣切. 十四部. (7) 斤部古文斷, 殳部𣪠皆從此.

見也. 屮亦聲."의 열네 글자로 되어 있다. 段玉裁는 '專'자가 각 판본에 잘못 들어 있는 이유를 설명하고 있다. 段玉裁의 설명에 의하면 원래 '叀'자의 篆書가 표제자로 있었는데 그것이 楷書로 바뀌어 함께 제시되어 있던 것을 후대 사람들이 빼버리지 못하고 許慎의 설해에다 남겨 놓으면서 잘못된 것이다. 게다가 楷書로 바꾸려면 '叀'의 자형으로 써야 하는데 아래에다 '寸'을 더하여 '專'자로 씀으로써 자형조차 잘못 바꾸었다.

16 二徐本 참조.

17 《說文解字繫傳》 <祛妄>편에서 "說文, 叀, 小謹也. 從幺省屮才見, 屮亦聲, 陽冰云, 墨斗中形象車軸頭叀墨之形. 上書平引, 不從屮也."라고 하였다. 즉 李陽冰은 '叀'자의 자형이 수레축 머리에 까맣게 생긴 '墨斗'를 본뜬 것이라고 설명하였다. 그러나 단옥재는 '叀'자를 '삼간다'는 의미를 나타내는 글자로 해석하고 있다. 따라서 '叀'자 가운데 부분의 자형을 '삼가하는 모양을 상형한 것'으로 說解하는 구절을 보충해 넣었다.

18 제14편 下 '斤'부 '斷'자 說解 참조. '斷'의 古文 자형 '𢇍'의 왼쪽 편방이 '叀'의 古文 자형인 '𠤕'으로 구성되었다는 말이다.

19 제3편 下 '殳'부 '𣪠'자 說解 참조. '𣪠'의 篆書 자형 '𣪠'의 왼쪽 편방이 '叀'의 古文 자형인 '𠤕'으로 구성되었다는 말이다.

幽遠也.(1) 象幽(2)而入覆之也.(3) 黑而有赤色者爲玄.[20](4) 凡玄之屬皆从玄. 𢆯 古文.[21]

'玄'은 아득하다는 뜻이다. 아주 작은 것이 있는 상태에서 '入'으로 그 위를 덮은 모양을 상형하였다. 검으면서 붉은색을 띠는 것을 玄이라 한다. 玄부에 속하는 한자는 모두 玄의 의미를 따른다. '𢆯'은 고문(古文)이다.

(1) 《노자(老子)》에 "그윽하고 더 그윽한 것이 신묘함으로 들어가는 문이다."라고 하였다.[22] 고유(高誘)가 《회남자(淮南子)》에 주석하여 "(玄은) 하늘[天(천)]이다."라고 하였다.[23] 성인(聖人)[24]의 경전(經典)에는 '玄妙(현묘)'라는 말이 없다. 위(僞)《상서(尙書)》에 와서야 "玄德升聞[玄德이 드높이 알려지네.]"이라는 말이 있다.[25]

(2) ('幽(유)라고 말한 것은) '幺'모양을 말한다. 작으면 숨는다.

(3) 깊고 아득하다는 뜻이다. '玄'의 발음은 胡(호)와 涓(연)의 반절이다. 12부에 속한다.

(4) 이는 '玄'의 또 다른 뜻이다. 색깔을 들일 때 처음 들이는 것은 '縓(원)'이라 하고 두 번째 들이는 것은 '赬(정)'이라 하고, 세 번째 들이는 것은 '纁(훈)'이라 하고, 다섯 번째 들이는 것은 '緅(추)'라 하고, 일곱 번째 들이는 것은 '緇(치)'라고 한다. 그러나 (색을 들일 때의) '朱(주)'와 '玄(현)'에 대해서는 《주례(周禮)》나 《이아(爾雅)》에 밝혀 놓은 문장이 없다. 정현(鄭玄)이 주석한 《의례(儀禮)》에는 "朱는 네 번째 들이는 것이 아닌가?"라고 하였고[26] 《주례》에서 주석하기를 "玄色이란 緅와 緇의 사이이니 여섯 번째 들이는 것이

---

20 徐鉉本·徐鍇本 모두 "象幽而入覆之也"가 "黑而有赤色者爲玄"의 다음에 나온다. '入'자도 '入'으로 쓰여 있다.

21 徐鉉本·徐鍇本에는 '古文' 다음에 '玄'자가 나온다.

22 《老子》 제1장 참조.

23 《淮南子》 <原道訓>, <叔眞訓>, <覽冥訓>, <本經訓>, <說山訓> 등 참조.

24 여기에서 말하는 '聖人'은 儒家의 聖人만을 지칭하는 것 같다.

25 段玉裁는 今本《尙書》 경전이 魏晉시대의 假託에 의한 것이라는 閻若璩의 《尙書古文疏證》과 惠棟의 《古文尙書考》의 주장을 따른다. 그 자신도 《古文尙書撰異》를 지어서 眞本 《尙書》를 복원하려고 하였다. "玄德升聞"은 今本 《尙書》의 <舜典>에 보이지만 眞本에는 없는 구절로서 후대에 잘못 들어간 것으로 보고 있다.

아니겠는가?"라고 하였다.27 살펴보면 세 번째 물을 들이고[纁] 검은색이 되면 '緅'라고 한다. '緅'는 한대(漢代)에는 《금문례(今文禮)》에서 '爵(작)'으로 썼으니 '爵頭色(작두색)'과 같았기 때문에 썼던 말이다.28 허신의 책에서는 '纔(재)'로 쓴다.29 '纔'는 원래 미미한 흑색[微黑(미흑)]인데 다시 물들이면 더욱 검어지면서 붉은색[赤色]이 은은히 드러난다. 그래서 "黑而有赤色"이라고 말한 것이다. 일곱 번째 물들이는 단계에 가면 적색이 보이지 않는다.30 '緇'와 '玄'은 서로 통하는 말이다. 그래서 예가(禮家)에서는 '검은 베옷[緇布衣(치포의)]'을 '玄瑞(현단)'이라고 한다.

(1) 老子曰, 玄之又玄, 衆妙之門. 高注淮南子曰, 天也. 聖經不言玄妙. 至僞尙書乃有玄德升聞之語. (2) 謂㓜也. 小則隱. (3) 幽遠之意. 胡涓切. 十二部. (4) 此別一義也. 凡染, 一入謂之縓, 再入謂之赬, 三入謂之纁, 五入謂緅, 七入謂緇. 而朱與玄, 周禮爾雅, 無明文. 鄭注儀禮曰, 朱則四入與. 注周禮曰, 玄色者, 在緅緇之閒, 其六入者與. 按纁染以黑則爲緅. 緅, 漢時今文禮作爵, 言如爵頭色也. 許書作纔. 纔旣微黑, 又染則更黑, 而赤尙隱隱可見也, 故曰黑而有赤色. 至七入則赤不見矣. 緇與玄通偁, 故禮家謂緇布衣爲玄端.

127. 予(여)부

 推予也.(1) 象相予之形.(2) 凡予之屬皆从予.

'予'는 내밀어 준다는 뜻이다. 서로 주는 모양을 상형하였다. 予부에 속하는 한자는 모두 予의 의미를 따른다.

---

26 《儀禮 · 士冠禮》 "爵弁服, 纁裳."의 疏.

27 《周禮 · 考工記 · 鍾氏》 "三入爲纁, 五入爲緅, 七入爲緇."의 注.

28 《周禮 · 考工記 · 鍾氏》 "三入爲纁, 五入爲緅, 七入爲緇."의 注에 "緅, 今禮俗文作爵, 言如爵頭色也."라고 되어 있다.

29 제13편 上 '糸'부 '纔'자 說解: 纔, 帛雀頭色也.

30 段玉裁 注에 의하면 물들이는 단계는 모두 일곱으로, 縓(1단계), 赬(2단계), 纁(3단계), 緅(5단계), 緇(7단계)인데 네 번째와 여섯 번째가 무엇인지가 알 수 없다. 그런데 鄭玄注를 참고하여 보면 '玄'의 단계는 3단계[纁]에서 5단계[緅] 사이에 걸친 것으로 볼 수 있다. 즉 玄은 은은한 붉은색을 띠는 검은색이며 완전히 검은색은 아니다.

(1) '予'와 '與(여)'는 고금자(古今字)다. 《이아・석고(釋詁)》에 "台(이)・朕(짐)・賚(뢰)・畀(비)・卜(복)・陽(양) 등은 '予[주다, 나]'의 뜻이다."[31]라고 하였다. 살펴보면 '주다[推予]'는 뜻의 '予'는 '나 자신'이란 뜻의 '予'자로 가차(假借)되었는데[32] 모두 함께 '予'로 쓰게 되었다. 그러므로 《이아・석고》에서 '台'・'朕'・'陽'과 '賚'・'畀'・'卜' 등이 모두 '予'의 뜻으로 풀이된 것이다.[33] 《이아》에는 그런 예가 있다. 《광아(廣雅)》에는 그런 예가 더 많이 사용된다. '나[予我]'라는 의미의 '予'는 《의례(儀禮)》의 고문[34]으로 언급된 것이나 《좌씨전(左氏傳)》에 모두 '余(여)'로 쓰여 있다. 정현(鄭玄)은 "余와 予는 고금자(古今字)다."라고 하였다.

(2) 손을 내밀어 물건을 주고받는 모양을 상형하였다. '予'의 발음은 余(여)와 呂(려)의 반절이다. 5부에 속한다. 옛날에 '나[予我]'라는 의미의 '予'자는 상성(上聲)으로도 발음하였다.

(1) 予與古今字. 釋詁曰, 台朕賚畀卜陽予也. 按推予之予, 假借爲予我之予. 其爲予字一也, 故台朕陽與賚畀卜皆爲予也. 爾雅有此例, 廣雅尙多用此例. 予我之予, 儀禮古文左氏傳, 皆作余. 鄭曰, 余予古今字. (2) 象以手推物付之. 余呂切. 五部. 古予我字, 亦讀上聲.

128. 放(방)부

 逐也. 从攴方聲.(1) 凡放之屬皆从放.

'放'은 내쫓는다는 뜻이다. '攴(복)'으로 구성되었으며 '方(방)'이 발음을 나타낸다. 放부에 속하는 한자는 모두 放의 의미를 따른다.

---

31 《爾雅・釋詁》 下 "台・朕・賚・畀・卜・陽, 予也."

32 《爾雅・釋詁》 下 "予, 我也."

33 《爾雅・釋詁》의 위 인용문에서 '台'・'朕'・'陽'은 '자기 자신'이라는 뜻이며 '賚'・'畀'・'卜'는 '주다'라는 뜻이다. 이렇게 의미가 서로 다른데도 '予'자에 이미 本義와 假借義인 그 두 가지 뜻이 모두 담겨 있었으므로 의미가 다른 두 개의 漢字群을 하나로 묶었다.

34 《禮記・曲禮》 下 "君天下曰天子, 朝諸侯分職授政任功曰予一人."의 鄭玄의 注에서 "覲禮曰, 伯父實來, 余一人嘉之. 余予古今字."라고 하였다. 지금의 《儀禮・覲禮》에는 "予一人嘉之"로 쓰여 있다.

(1) '放'의 발음은 甫(포)와 妄(망)의 반절이다. 10부에 속한다.

(1) 甫妄切. 十部.

129. 𠬪(표)부

 物落也.(1) 上下相付也.(2) 从爪又.(3) 凡𠬪之屬皆从𠬪. 讀若詩摽有梅.(4)

'𠬪'는 물건이 떨어진다는 뜻이다. 위아래로 서로 주는 것이다. '爪(조)'와 '又(우)'로 구성되었다. 𠬪부에 속하는 한자는 모두 𠬪의 의미를 따른다. 《시(詩)》의 '摽有梅(표유매)'의 '摽'와 같이 발음한다.

(1) ("物落也"의) '也(야)'자는 《운회(韻會)》에 의해 보충한다.[35] 풀이 (떨어지는 것에) 대해서는 '苓(령)'이라 하고 나무에 대해서는 '落(락)'이라 한다.[36] 인신(引伸)하여 모든 사물이 (떨어지는 것을) '落'이라고 한다.

(2) '付(부)'는 '준다[与]'는 뜻이다.[37]

(3) (위의) 엎은 손으로 주고 (아래의) 손으로 그것을 받는다. 위아래가 서로 주고받는 모양을 상형하였다. 사물이 변화하고 영락(苓落)하는 모습을 보자면 모두가 이와 같다.

(4) 이 구절은 《시·주남(周南)》에 보인다.[38] <모전(毛傳)>에서는 "摽(표)는 떨어진다[落]는 뜻이다."라고 하였다. 살펴보면 '摽'는 '친다[擊(격)]'는 뜻이다.[39] 따라서 《모시(毛詩)》의 '摽'는 바로 '𠬪'의 가차다. 《맹자(孟子)》의 "野有餓莩[들판에 굶주려 죽는 사람이 있다.]"라는 구절에서 조기(趙岐)는 "굶어죽은 사람을 '莩(표)'라 한다. 《시》의 '莩有梅(표유매)'라는 구절에서 '莩'는 떨어진다[苓落]는 뜻이다."라고 하였다.[40] 정공저(丁公著)는 "표유매

---

35 徐鉉本·徐鍇本에는 '也'자가 없다. 《韻會》 上聲 十七條 '蔈'자 아래에 "說文, 𠬪, 物落也. 上下相付也."라고 되어 있다.

36 제1편 下 '艸'부 '落'자 說解: 落, 凡艸曰零, 木曰落.

37 제8편 上 '人'부 '付'자 說解: 付, 予也.

38 《詩·召南·摽有梅》에 나오는 구절이며 '周南'이라고 한 것은 잘못된 것이다.

39 제12편 上 '手'부 '摽'자 說解: 摽, 擊也.

(莩有梅)는 한시(韓詩)다."[41]라고 하였다. 《한서(漢書) · 식화지(食貨志)》에 "野有餓莩"라고 되어 있는데 정씨(鄭氏)가 "'莩(표)'의 발음은 '蔈有梅'의 '蔈(표)'다."라고 하였다.[42] 《맹자》에 '莩'로 쓰인 것은 '莩'자가 잘못 쓰인 것이다. 《한서 · 식화지》에 '莩'라고 쓰인 것은 '𠬪'자의 속자이며 한시(韓詩)에 '𠬪'라고 쓰인 것이 정자(正字)다. 《모시》에 '摽'라고 쓰인 것은 가차자이며 정덕(鄭德)[43]이 '蔈'라고 쓴 것도 가차자다. 《시 · 제풍(鄭風)》의 "風其漂女[바람이 당신을 불어 날리네.]"[44]라는 구절의 <모전>에서 "漂(표)는 분다[吹(취)]는 뜻이다."라고 하였으니 <모전>도 '漂'가 '𠬪'의 가차임을 뜻한다.[45] '𠬪'의 발음은 平(평)과 小(소)의 반절이다. 2부에 속한다.

(1) 也字依韻會補. 草曰苓, 木曰落. 引伸之凡物皆曰落. (2) 付, 与也. (3) 以覆手与之, 以手受之. 象上下相付. 凡物陊落, 皆如是觀. (4) 見周南. 毛曰, 摽, 落也. 按摽, 擊也. 毛詩摽字正𠬪之假借. 孟子, 野有餓莩. 趙曰, 餓死者曰莩. 詩云, 莩有梅. 莩, 零落也. 丁公箸云, 莩有梅, 韓詩也. 食貨志, 野有餓莩. 鄭氏, 莩音蔈有梅之蔈. 孟子作莩者, 莩之字誤. 漢志作莩者, 又𠬪之俗字. 韓詩作𠬪是正字, 毛詩作摽是假借字, 鄭德作蔈亦假借也. 鄭風, 風其漂女. 毛曰, 漂猶吹也. 毛意漂亦𠬪之假借. 平小切. 二部.

130. 𣦼(잔)부

 殘穿也.(1) 从又歺.(2) 歺亦聲.(3) 凡𣦼之屬皆从𣦼. 讀若殘.

'𣦼'은 살을 발라내고 뼈를 남긴다[殘穿]는 뜻이다. '又(우)'와 '歺(알)'로 구성되었

---

40 《孟子》 <梁惠王> 上 및 <滕文公> 下에 이 구절이 보인다. 趙岐의 注는 <梁惠王> 上의 "塗有餓莩" 구절 아래에서 볼 수 있다.

41 宋代 孫奭이 撰한 《孟子音義》 上에 <梁惠王> 上의 "莩有梅" 아래에 이 구절이 보인다.

42 《漢書 · 食貨志》 下의 贊과 그 아래의 注 참조.

43 《漢書 · 食貨志》 注에 나오는 '鄭氏'를 段玉裁는 '鄭德'으로 보고 있다.

44 《詩 · 鄭風 · 蘀兮》의 구절.

45 段玉裁의 논의를 정리해 보면, '𠬪'가 '摽'라는 독음을 가지게 되면서 假借되는 글자로 《詩》에 쓰인 '摽' · '蔈' · '漂'자 등이 있다. 그리고 《漢書》에 쓰인 '莩'자는 '𠬪'의 속자이고 《孟子》에 쓰인 '莩'자는 𠬪의 잘못된 글자다.

다. '𣦵'은 또한 발음을 나타낸다. 𣦼부에 속하는 한자는 모두 𣦼의 의미를 따른다. '殘(잔)'과 같이 발음한다.

(1) '殘穿(잔천)'이란 죽여서 살을 발라내는 것이다. '㕡(준)'[46]자 아래에서 "𣦵은 '殘'의 뜻이다."[47]라고 하였으니 역시 '殘穿'을 말하는 것이다.
(2) ('又'로 구성된 것은) 손을 가지고 살을 발라내고 뼈를 남기기 때문이다. 살을 발라서 그 썩은 것을 없애므로 '又'와 '𣦵'로 구성된 회의(會意)자가 되었다.
(3) '𣦼'의 발음은 昨(작)과 干(간)의 반절이다. 14부에 속한다. '𣦵'은 '櫱(얼)'과 같이 발음한다. 15부와 14부는 합운(合韻)된다.

(1) 殘穿者, 殘賊而穿之也. 㕡字下曰, 𣦵, 殘也. 亦謂殘穿. (2) 又所以殘穿也. 殘穿之去其穢襍, 故從又𣦵, 會意. (3) 昨干切. 十四部. 𣦵, 讀若櫱. 十五十四合韻也.

131. 歺(알)[48]부

列骨之殘也.(1) 从半冎.(2) 凡歺之屬皆从歺. 讀若櫱岸之櫱.(3) 𣦶 古文歺.(4)

'歺'은 분해된 뼈의 나머지다. '冎(과)'자의 반 쪼개진 모양으로 구성되었다. 歺부에 속하는 한자는 모두 歺의 의미를 따른다. '櫱岸(얼안)'의 '櫱'과 같이 발음한다. '𣦶'은 歺의 고문(古文)이다.

(1) '刀(도)'부에서 "列(열)은 나누어 해체하는[分解] 것이다."[49]라고 하였다. ("列骨之殘也"의)

46 '㕡'자는 발음이 '준'과 '예' 두 가지다. 여기에서는 段注의 반절에 따라 '준'으로 한다.

47 제11편 下 '谷'부 '㕡'자 說解: 㕡, 深通川也. 从谷从𣦵. 𣦵殘土也. 阬坎意也.

48 '𣦵'과 '歺'은 같은 글자인데 '𣦵'은 篆書[𣦵]의 자형에 가까운 楷書體이고 '歺'은 篆書에서 楷書로 변환될 때 자형이 많이 기울어진 것이다. 段玉裁는 경우에 따라 '𣦵'로 쓰기도 하였는데 여기에서는 '歺'의 자형을 사용하였다.

49 제4편 下 '刀'부 '列'자 說解 참조.

'殘(잔)'은 '歺(잔)'으로 써야 한다. 허신은 '殘'은 "죽이는 것[賊(적)]이다."[50]라고 풀이하고 '歺'은 "나머지[餘(여)]다."[51]라고 풀이하여 (서로 의미를 구별하였다.) 후인들은 그것을 같이 써 버렸다.

(2) '冎(과)'는 사람의 살을 도려내고 뼈만 남겨 둔 것이다.[52] (歺자는 거기에서) 冎를 또 반으로 나누었으니 뼈만 남았다는 뜻이다. 서현(徐鉉)은 "(歺의) 가운데 '一(일)'이 있어서는 안 되는데 진대(秦代)에 새긴 석문(石文)에는 그것이 있다."[53]라고 말하였다.

(3) '櫱岸(얼안)'에 대해서는 들은 적이 없다. '櫱'은 '屵(알)'로 써야 한다. '屵'은 언덕이 높다는 뜻이다.[54] '歺'의 발음은 五(오)와 割(할)의 반절이다. '櫱'과 발음이 같다. 옮겨 쓰는 사람들이 발음 때문에 그 글자를 바꾸었을 뿐이다. 15부에 속한다. 《오경문자(五經文字)》, 《구경자양(九經字樣)》에서 "발음이 兢(경)이다."[55]라고 하였는데 옳지 않다.

(4) '殂(조)'의 고문·'殪(에)'의 고문·'死(사)'의 古文·'伊(이)'의 고문이 모두 이 글자[歺]로 구성되었다.[56]

(1) 刀部曰, 𠜂, 分解也, 殘當作歺. 許殘訓賊, 歺訓餘, 後人輒同之也. (2) 冎, 剔人肉置其骨也. 半冎則骨殘矣. 鉉曰, 不當有中一, 秦刻石文有之. (3) 櫱岸未聞. 櫱當作屵. 屵者, 岸高也. 五割切. 櫱音同. 蓋轉寫者以其音改其字耳. 十五部. 五經文字九經字樣, 音兢, 非. (4) 古文殂·古文殪·古文死·古文伊·皆從此.

---

50 제4편 下 '歺'부 '殘'자 說解 참조.

51 제4편 下 '歺'부 '歺'자 說解: 歺, 禽獸所食餘也.

52 제4편 下 '冎'부 說解 참조.

53 段注에 인용된 徐鉉의 문장은 "不當有中一"이라고 하였으나 徐鉉本에는 '當'자가 '應'자로 되어 있다.

54 제9편 下 '冎'부 說解 참조.

55 《五經文字》卷下 '歹'부의 아래에는 "발음이 几와 承의 반절이다.[几承反]"이라고 되어 있다. 《九經字樣》 '歺'부 참조.

56 제4편 下 '歺'부의 '殂'자 고문 자형 '𣦸', '殪'자의 고문 자형 '𣧢', '死'자의 고문 자형 '𣦵'와 제8편 上 '人'부의 '伊'자 고문 자형 '𠈌'이 모두 '歺'으로 구성되어 있다.

132. 死(사)부

澌也.(1) 人所離也.(2) 从歺人.(3) 凡死之屬皆从死. 㱙[57] 古文死如此.(4)

'死'는 다한다는 뜻이다. 사람이 떠나는 것이다. '歺(알)'과 '人(인)'으로 구성되었다. 死부에 속하는 한자는 모두 死의 의미를 따른다. '㱙'는 死의 고문(古文)으로 이와 같다.

(1) '水(수)'부에 "澌(시)는 물가[水索(수색)]라는 뜻이다."[58]라고 하였다. 《방언(方言)》에는 "澌는 다한다[索(색)], 마친다[盡(진)]는 뜻이다."[59]라고 하였다. 그래서 '澌'가 모든 다한다는 뜻의 말로 불리게 되었다. 사람의 (수명이) 다하는 것은 '死'라 한다. '死'와 '澌'는 다른 운부에 속하지만 운모가 같다.

(2) 형체와 혼백은 서로 떨어지기 때문에 이 글자가 '歺(알)'과 '人'으로 구성된다.

(3) '死'의 발음은 息(식)과 姊(자)의 반절이다. 15부에 속한다.

(4) 이 고문의 글자는 '歺'의 고문[60]과 '人'의 고문[61]으로 구성되었다.

(1) 水部曰, 澌, 水索也. 方言, 澌, 索也, 盡也. 是澌爲凡盡之偁. 人盡曰死. 死澌異部疊韻. (2) 形體與䰟魄相離, 故其字從歺人. (3) 息姊切. 十五部. (4) 從古文歺古文人.

133. 冎(과)부

剔人肉置其骨也.(1) 象形. 頭隆骨也.(2) 凡冎之屬皆从冎.

57 徐鉉本·徐鍇本 등에 나오는 古文 자형은 段玉裁注本과 조금 다르다.

58 제11편 上 '水'부 '澌'자 說解 참조.

59 《方言》 卷三에는 "澌, 盡也."라고 되어 있고 卷十三에는 "澌, 索也."라고 되어 있다.

60 제4편 下 '歺'부 說解 참조. '歺'의 古文 자형은 '[illegible]'이다.

61 제8편 上 '儿'부 說解 참조. '人'의 古文 자형은 '[illegible]'이다.

'冎'는 사람의 살을 도려내고 뼈만 남겨둔 것이다. 상형(象形)이다. 머리의 튀어나온 뼈다. 冎부에 속하는 한자는 모두 冎의 의미를 따른다.

(1) '剔(척)'은 '𩰫'으로 써야 한다. 분해한다[解(해)]는 뜻이다.[62] (이 구절의 의미는) 《주례(주례)》에서 말하는 '포뜨고[膊(포)]', '불태우고[焚(분)]', '찢어죽이는[辜(고)]' 형벌을 말하는 것일 것이다.[63] 《열자(列子)》에는 "염인(炎人)의 나라에서는 그 친척이 죽으면 살을 도려내어 버린다."라고 되어 있다.[64] '刀(도)'부에는 '剔'자가 없다. '冎'는 속자(俗字)로 '剮(과)'로 쓴다.

(2) '隆(륭)'은 넓고 크다[豐大(풍대)]는 뜻이다.[65] 이 글자를 상형이라고 설명한 것은 위는 크고 아래는 작아 뼈가 튀어나온 모양을 상형하였기 때문이다. '冎'의 발음은 古(고)와 瓦(와)의 반절이다. 17부에 속한다. '口(구)'부의 '咼(괘)'자가 '冎(과)'를 성부로 삼고 있다.[66]

(1) 剔當作𩰫, 解也. 其周禮膊之, 焚之, 辜之之刑與. 列子曰, 炎人之國, 其親戚死, 冎其肉而棄之. 刀部無剔字. 冎俗作剮. (2) 隆, 豐大也. 說此字爲象形者, 謂上大下小, 象骨之隆起也. 古瓦切. 十七部. 口部咼以爲聲.

134. 骨(골)부

 肉之覈也.(1) 从冎有肉.(2) 凡骨之屬皆从骨.

'骨'은 살의 핵이다. '冎(과)'에 살이 붙어 있는 모양으로 구성되었다. 骨부에 속하는 한자는 모두 骨의 의미를 따른다.

(1) '襾(아)'부에 "覈(핵)은 열매[實]다."라고 하였다.[67] 육질 속의 뼈를 '覈'이라고 한다. 채옹

62 제4편 下 '刀'부 마지막의 "文六十四" 다음의 段注 참조.
63 《周禮・秋官・掌戮》 참조.
64 《列子・湯問》 참조.
65 제6편 下 '生'부 '隆'자 說解 참조.
66 제2편 上 '口'부 '咼'자 說解 참조.
67 제7편 下 '襾'부 '覈'자 說解 참조.

(蔡邕)이 <전인(典引)>에 주석하여 "肴覈(효핵)은 먹는 것이다. 살은 '肴'라 하고 뼈는 '覈'이라 한다."라고 하였다.[68] 《주례(周禮)》의 "구릉(丘陵)에서는 씨앗이 있는 식물이 맞는다.[丘陵, 其植物宜覈物.]"라는 문장의 주석에서 "核物(핵물)이라 한 것은 매화나무, 자두나무 같은 종류를 말한다."라고 하였다.[69] 《시・소아(小雅)》의 "殽核維旅[고기와 과실이 널려 있네.]"라고 한 전(箋)에서 "두(豆)에는 절인 고기[菹醢(저해)]를 담고, 변(籩)에는 복숭아, 매실 같은 것을 담는다."라고 하였다.[70] 내 생각에 '覈'과 '核'은 고금자(古今字)다. 그러므로 《주례》의 경문(經文)에는 '覈'으로 쓰고 주석에서는 '核'으로 쓴 것이다.[71] 옛날 책에서는 대개 그와 같은 경우가 많다. 《시》의 '殽核(효핵)'을 채옹은 <노시(魯詩)>에 근거하여 '肴覈(효핵)'으로 쓰고 있다.[72] 매실이나 자두를 일컬어 역시 '覈'이라고 하는 이유는 육질 속에 뼈가 있기 때문이다.

(2) 살을 제거하면 '冎'가 되고[73] 살 속에 있으면 '骨'이 된다. '骨'의 발음은 古(고)와 忽(홀)의 반절이다. 15부에 속한다.

(1) 襾部曰, 覈, 實也. 肉中骨曰覈. 蔡邕注典引曰, 肴覈, 食也. 肉曰肴, 骨曰覈. 周禮, 丘陵, 其植物宜覈物. 注云, 核物, 梅李之屬. 小雅, 殽核維旅. 箋云, 豆實菹醢也. 籩實有桃梅之屬. 按覈核古今字, 故周禮經文作覈, 注文作核. 古本皆如是. 詩殽核, 蔡邕所據魯詩作肴覈. 梅李謂之覈者, 亦肉中有骨也. (2) 去肉爲冎, 在肉中爲骨. 古忽切. 十五部.

135. 肉(육)부

胾肉.(1) 象形.(2) 凡肉之屬皆从肉.

---

68 《文選》卷48 班固의 <典引>의 "肴覈仁誼之林藪"의 注에 보인다.

69 《周禮・地官・大司徒》 참조.

70 《詩・小雅・賓之初筵》 참조.

71 《周禮・地官・大司徒》의 "丘陵에서는 씨앗이 있는 식물이 자란다.[丘陵, 其植物宜覈物.]"라고 한 注에서 "核物이라 한 것은 매화나무, 자두나무 같은 종류를 말한다.[核物, 梅李之屬.]"라고 하였다. 즉 經文에서는 '覈'으로 쓰고 注文에서는 '核'으로 썼다.

72 <典引>의 蔡邕 注에 인용된 《詩》구절에는 이렇게 되어 있다.

73 제4편 下 '冎'부 說解 참조.

'肉'은 크게 자른 살코기다. 상형(象形)이다. 肉부에 속하는 한자는 모두 肉의 의미를 따른다.

(1) ('肉'부) 아래 부속자에서 '胾(자)'는 "크게 자른 덩어리 고기[大臠(대련)]다."라고 하였다.[74] '肉'은 새나 짐승의 고기를 말한다. 《설문》의 일반적인 예는 사람에 대한 글자를 앞에 두고 물건에 대한 글자는 뒤에 둔다. 그런데 (여기서는) 무엇 때문에 짐승의 살코기[肉]에 대하여 우선 먼저 설명하였는가? 그것은 '肉'을 부수자로 삼았으므로 먼저 말하지 않을 수 없기 때문이다. 인간이 처음 살아갈 때부터 짐승의 고기를 먹었으므로 '肉'자는 가장 오래된 것이다. 그런데 사람의 신체에 관계되는 글자를 만들게 되면서 '肉'으로 편방을 썼으니 이는 또한 가차다. 사람의 살은 '肌(기)'라 하고 짐승의 살은 '肉'이라 하는데 이는 분별한 것이다. 인신(引伸)되어 《이아(爾雅)》의 '肉好(육호)'[75]라고 할 때의 '肉', 《예기·악기(樂記)》의 '廉肉(염육)'[76]이라고 할 때의 '肉'의 의미로 쓰인다.

(2) '肉'의 발음은 如(여)와 六(육)의 반절이다. 3부에 속한다.

(1) 下文曰, 胾, 大臠也. 謂鳥獸之肉. 說文之例, 先人後物, 何以先言肉也. 曰以爲部首, 不得不首言之也. 生民之初, 食鳥獸之肉, 故肉字冣古, 而製人體之字, 用肉爲偏旁, 是亦假借也. 人曰肌, 鳥獸曰肉, 此其分別也. 引伸爲爾雅肉好, 樂記廉肉字. (2) 如六切. 三部.

136. 筋(근)부

 肉之力也.(1) 从肉力从竹. 竹, 物之多筋者.(2) 凡筋之屬皆从筋.

'筋'은 살의 힘줄이다. '肉(육)'과 '力(력)'으로 구성되어 있고 '竹(죽)'으로 구성되었

74 제4편 下 '肉'부 '胾'자 說解 참조.

75 《爾雅·釋器》: 肉倍好謂之璧, 好倍肉謂之瑗, 肉好若一謂之環. 일반적으로 구멍이 있는 원형의 주변, 즉 마치 도너츠 모양 같이 생긴 것을 '肉'이라 하고 그 구멍을 '好'라고 한다.

76 《禮記·樂記》: 使其曲直, 繁瘠, 廉肉, 節奏, 足以感動人之善心而已矣. 음악소리가 귀에 가득하게 들려오는 것을 '肉'이라 한다.

다. 竹은 사물 가운데 힘줄이 많은 것이다. 筋부에 속하는 한자는 모두 筋의 의미를 따른다.

(1) '力(력)'자 아래에서 "힘줄[筋]이다."[77]라고 하였으니 '筋'과 '力'은 같은 것이다. 지금 사람들이 구별한 것일 뿐이다. 《주례 · 고공기(考工記)》 고서(故書)에는 '筋'이 간혹 '葪(계)'로 쓰였다.[78]

(2) '筋'이 '竹(죽)'으로 구성되는 이유를 설명하였다. '筋'의 발음은 居(거)와 銀(은)의 반절이다. 13부에 속한다.

(1) 力下曰, 筋也. 筋力同物, 今人殊之耳. 考工記故書筋或作葪. (2) 說從竹之意. 居銀切. 十三部.

137. 刀(도)부

 兵也.(1) 象形.(2) 凡刀之屬皆从刀.

'刀'는 병기다. 상형(象形)이다. 刀부에 속하는 한자는 모두 刀의 의미를 따른다.

(1) '刀'는 병기의 일종이다. 《시 · 위풍(衛風)》에서는 ('刀'를) '작은 배[舠(조)]'를 뜻하는 글자로 가차하였다.[79]

(2) '刀'의 발음은 都(도)와 牢(뢰)의 반절이다. 2부에 속한다.

(1) 刀者, 兵之一也. 衛風假借爲舠字. (2) 都牢切. 二部.

---

77 제13편 下 '力'부 說解 참조.

78 《周禮 · 考工記 · 弓人》 "强者在內而摩其筋, 夫筋之所由幨, 恒有此作."의 注에 "故書筋作或葪"라고 되어 있다.

79 《詩 · 衛風 · 河廣》의 "曾不容刀" 구절을 말한다. 《釋文》에는 "容刀, 如字, 刀小船也. 字書作舠, 說文作舠, 並音刀."라고 되어 있고, 《正義》에는 "小船曰刀, 說文作舠, 舠小船也. 字異音同."이라고 되어 있다. 현재 《說文》의 각 판본에는 '舠'자가 없지만 段玉裁는 제8편 下 '舟'부에 '舠'자를 싣고 《詩 · 衛風 · 河廣》의 《釋文》과 《正義》에 의해 보충한다고 설명하였다.

138. 刃(인)부

 刀鋻也.(1) 象刀有刃之形.(2) 凡刃之屬皆从刃.

'刃'은 칼날이다. 칼에 날이 있는 모양을 상형하였다. 刃부에 속하는 한자는 모두 刃의 의미를 따른다.

(1) '鋻(견)'이 각 판본에 '堅(견)'으로 되어 있다. 지금 바로잡는다.[80] '刀'부에서 "㓵(악)은 칼날이다."[81]라고 하였으며 '金'부에서 "鋻은 㓵이다."[82]라고 하였다. 곽박(郭璞)의 《삼창해고(三倉解詁)》에 "불에 구워 칼날을 만든다."라고 하였다.[83]

(2) '刃'의 발음은 而(이)와 振(진)의 반절이다. 13부에 속한다.

(1) 鋻各本作堅, 今正. 刀部曰, 㓵, 刀劍刃也. 金部曰, 鋻, 㓵也. 郭璞三倉解詁曰, 焠作刀鋻也.
(2) 而振切. 十三部.

139. 㓞(갈)부

 巧㓞也.(1) 从刀丯聲.(2) 凡㓞之屬皆从㓞.

'㓞'은 정교하게 칼질한다는 뜻이다. '刀(도)'로 구성되었으며 '丯(개)'가 발음을 나타낸다. 㓞부에 속하는 한자는 모두 㓞의 의미를 따른다.

(1) '巧㓞(교갈)'이란 한대(漢代) 사람들의 말일 것이다.

---

80 徐鉉本·徐鍇本에는 '鋻'자가 '堅'으로 되어 있다.

81 제4편 下 '刀'부 '㓵'자 說解: 㓵, 刀劒刃也.

82 제14편 上 '金'부 '鋻'자 說解: 鋻, 㓵也.(段玉裁 注: 㓵各本作剛, 今正.)

83 《文選》 卷47 王褒 <聖主得賢臣頌>의 "清水淬其鋒"의 李善 注에 이 말이 보인다.

(2) '㓞'의 발음은 恪(각)과 八(팔)의 반절이다. 15부에 속한다.

(1) 巧㓞, 蓋漢人語. (2) 恪八切. 十五部.

140. 丯(개)부

丯 艸蔡也.(1) 象艸生之散亂也.(2) 凡丯之屬皆从丯. 讀若介.(3)

'丯'는 풀이 어지럽게 나 있다는 뜻이다. 풀이 나서 어지럽게 흩어진 모양을 상형하였다. 丯부에 속하는 한자는 모두 丯의 의미를 따른다. '介(개)'와 같이 발음한다.

(1) '艸(초)'부에 "蔡(채)는 艸丯(초개)다."[84]라고 하였다. 운모가 같은 글자로 풀이해 준 것이나. 《맹자(孟子)》에 "君之視臣, 如土芥.[군주가 신하 보기를 풀 강아지 보듯 한다.]"라고 하였는데 조기(趙岐)가 "芥(개)는 草芥(초개)다."라고 주석하였다.[85] 《좌전(左傳)》의 "以民爲土芥[백성을 풀강아지로 여긴다.]"에 대한 두예(杜預)의 주석도 같다.[86] 《방언(方言)》에 "蘇(소)와 芥(개)는 곧 풀[草]이다. 장강(長江)지역, 회남(淮南)지방, 초(楚)지방에서는 蘇라고 말하고 관서(關西)쪽 지역에서는 草라고도 하고, 芥라고도 하고 남초(南楚), 강상(江湘) 사이에서는 莽(망)이라고 한다."[87]라고 되어 있다. 내 생각에 '艸芥'라고 할 때의 '芥'는 모두 '丯'의 가차자인 것 같다. '芥'가 유행하면서 '丯'가 없어졌다.

(2) '散(산)'은 '㪔'으로 써야 한다.[88] 《외전(外傳)》에 "길 여기저기에 풀이 나서 갈 수 없다."라고 하였다.[89] '丯'자의 가운데 곧은 선[丨]은 길을 상형한 것이고 '彡'모양은 여기저기

84 제1편 下 '艸'부 '蔡'자 說解 참조.

85 《孟子·離婁》 下의 문장이다. 趙岐 注에 쓰인 '草芥'는 '艸丯'와 발음이 완전히 같다.

86 《左傳》 哀公 元年.

87 《方言》 卷三.

88 제4편 下 '肉'부 '㪔'자 참조.

89 여기서의 《外傳》이란 《春秋外傳》을 말한다. 예컨대 《春秋》에 있어서는 《左傳》이 '內傳'이고 《國語》가 '外傳'이다. 漢代 王充이 《論衡·案書》에서 "國語, 左氏之外傳也. 左氏傳經, 辭語尙略, 故復選錄國語之辭以實."이라고 하였다. 여기 段玉裁 注의 인용문은 《國語·周語》에서 볼 수 있다.

난 풀을 상형한 것이다.

(3) ‘丯’의 발음은 古(고)와 拜(배)의 반절이다. 15부에 속한다.

(1) 艸部曰, 蔡, 艸丯也. 疊韻互訓. 孟子曰, 君之視臣, 如土芥. 趙云, 芥, 草芥也. 左傳, 以民爲土芥. 杜注同. 方言, 蘇, 芥草也, 江淮南楚之閒曰蘇, 自關而西, 或曰草, 或曰芥, 南楚江湘之閒, 謂之莽. 按凡言艸芥皆丰之假借也. 芥行而丯廢矣. (2) 散當作㪔. 外傳曰, 道茀不可行. 中直象道. 彡象茀. (3) 古拜切. 十五部.

141. 耒(뢰)부

耒 耕曲木也.(1) 从木推丯.(2) 古者垂作耒枱,(3) 吕振民也.(4) 凡耒之屬皆从耒.

‘耒’는 밭갈 때 쓰는 굽은 나무다. ‘나무[木(목)]’로 ‘잡초[丯(개)]’를 밀어내는 모양으로 구성되어 있다. 옛날에 수(垂)가 가래와 삽을 만들어 백성들을 격려하였다. 耒부에 속하는 한자는 모두 耒의 의미를 따른다.

(1) 각 판본에 ‘耕(경)’자 위에 ‘手(수)’자가 있었다.[90] 이제 《광운(廣韻)》의 ‘隊(대)’운,[91] 《주역(周易)》[92]의 <음의(音義)>에 의하여 바로잡는다. 아래에서 “耕은 밭을 갈다[犁(리)]의 뜻이다.”[93]라고 하였으니 (耒란) 밭을 가는 데 쓰는 굽은 나무를 말하는 것이다. 《예기》의 <음의(音義)>에서도 《자림(字林)》을 인용하여 말하기를 ‘밭갈 때 쓰는 굽은 나무[耕曲木]’라고 하였다.[94] 《주례 · 고공기(考工記)》에는 “거인(車人)이 耒를 만들 때 머리 부분 가

---

90 徐鉉本 · 徐鍇本에는 ‘耕’자 위에 ‘手’자가 있다.

91 《廣韻》 去聲 18 ‘隊’운부에 “耒, 耒耜, 世本曰, 倕作耒. 古史考曰 神農作耒, 說文云, 耕曲木也.”라고 하였다.

92 《周易 · 繫辭傳》 下의 “神農氏作, 斲木爲耜, 揉木爲耒, 耒耨之利, 以敎天下.”의 <釋文>에는 “爲耜, 音似, 京云 耒下耓也.” “爲耒, 力對切. 京云 耜上句木也. 說文云 耜木垂所作, 字林同.”이라고 되어 있다.

93 제4편 下 ‘耒’부 ‘耕’자 說解 참조.

94 《禮記 · 月令》의 “天子親載耒耜”의 <釋文>에 “載耒, 力對反. 字林云, 耕曲木垂所作.”이라고 되어 있다.

로대[庛(자)]는 길이가 1척 2촌이고, 가운데 곧은 것은 3척 3촌, 위의 굽은 곳은 2척 2촌이다. 그 가로대[庛]로부터 밖으로 이어서 머리에 이르게 하고 그 안을 구부렸는데 전체의 길이가 6척 6촌에 이른다."[95]라고 하였다. 주석에는 "庛는 棘刺(극자)의 '刺'로 발음해야 한다. 刺는 耒 아래 앞으로 구부려 쟁기날[耜(사)]에 닿게 하여 밖으로 연결시키면 6척 6촌이 된다. 안쪽의 弦(현)은 6척이므로 1보(步)의 척수에 해당한다."[96]라고 하였다. 살펴보면 경(經)에서는 대부분 '耒耜'라고 하였는데 정현(鄭玄)의 주장에 근거하면 '耒'는 나무로 만들고 '耜'는 쇠로 만들어져[97] 耒의 가로대에 더해진 것이다. 경방(京房)이 말하기를 "耜는 耒 아래의 쟁기술[耓(정)]이다." "耒는 쟁기날[耜] 위의 굽은 나무다."[98]라고 하였다. 허신은 '木(목)'부에서 '耜'를 '枱(이)'로 쓰고, "耒의 끝부분[耑(단)]이다."[99]라고 하였으며 "耕은 밭을 갈다[犂]의 뜻이다."라고 하였다. 허신의 설명은 경방의 설명과는 같지만 정현과는 다르다. 정현은 <장인(匠人)>[100]에 근거하여 '犂'를 '耜'라고 하였는데 이는 통언(統言)한 것이다. 허신은 구별하여 쇠로 된 것을 '犂'라 하고 나무로 된 것을 '枱'라고 하였으니 이는 석언(析言)한 것이다.

(2) 《주례·고공기(考工記)》에서는 "耒의 머리가로대[庛]를 수직으로 하면 미는 네 편리하다."[101]라고 하였다. '耒'는 '木'으로 잡초[丯]를 밀어내는 자형으로 구성되어 있으니 회의(會意)자다. '耒'의 발음은 盧(로)와 對(대)의 반절이다. 15부에 속한다.

(3) '枱(이)'는 '木(목)'부에 보인다. 지금의 '耜(사)'자다. 각 본에서는 '梠(사)'로 쓰였는데[102] 잘못이다. '梠'는 臿(삽)이다.[103]

(4) 이 말은 《세본(世本)》[104]에 나온다. 《세본》에 <작편(作篇)>이 있다. '振(진)'은 진작시키

---

95 《周禮·考工記·車人》 참조.

96 《周禮·考工記·車人》의 위 문장의 鄭玄의 注.

97 《禮記·月令》의 "脩耒耜"의 鄭玄의 注에는 "耜者, 耒之金也."라고 되어 있다.

98 《周易·繫辭傳》下의 "神農氏作, 斲木爲耜, 揉木爲耒, 耒耨之利, 以敎天下."의 <釋文>에는 "爲耜, 音似, 京云 耒下耓也." "爲耒, 力對切. 京云 耜上句木也. 說文云 耜木垂所作, 字林同."이라고 되어 있다.

99 제6편 上 '木'부 '枱'자 설해: 枱, 耒耑也.

100 《周禮·考工記·匠人》의 "耜廣五寸"을 말한다.

101 《周禮·考工記·車人》 참조.

102 徐鉉本·徐鍇本에는 '梠'로 쓰여 있다.

103 제6편 上 '木'부 '梠'자 설해 참조.

104 《世本》이라는 책은 《漢書·藝文志》 <六藝略>에 "世本 十五篇"으로 거명되고 司馬遷도 이책을 언급한 적이 있다. 黃帝 이후로 春秋 시대까지 列國의 諸侯 大夫들의 氏姓·世系·居(都邑)·作(制作) 등을 기록한 책이다. 唐代 이후로 이미 파손되었다가 宋代 末에는 亡佚되었다. 淸代에 여러 가지 輯本이 있고 1957년 商務印書館에서 《世本》 八種을 合印하였다.

고 구제한다는 뜻이다.[105]

(1) 各本耕上有手. 今依廣韻隊韻周易音義正. 下文云, 耕, 犂也. 謂犂之曲木也. 禮記音義引字林亦云耕曲木. 考工記, 車人爲耒, 庛長尺有一寸, 中直者三尺有三寸, 上句者二尺有二寸. 自其庛緣其外, 以至於首, 以弦其內, 六尺有六寸. 注云, 庛讀爲棘刺之刺. 刺耒下前曲接耜, 緣外六尺有六寸, 內弦六尺, 應一步之尺數. 按經多云耒耜. 據鄭說耒以木, 耜以金, 沓於耒刺. 京房云, 耜, 耒下耓也. 耒, 耜上句木也. 許木部耜作枱, 耒耑也, 耕, 犂也. 許說與京同, 與鄭異. 鄭本匠人, 謂犂爲耜, 統言之也. 許分別金謂之犂, 木謂之枱, 析言之也. (2) 考工記曰, 直庛則利推. 從木推丯, 會意. 盧對切. 十五部. (3) 枱見木部, 今之耜字也. 各本作相, 誤. 相, 臿也. (4) 此出世本, 世本有作篇. 振, 擧救也.

142. 角(각)부

 獸角也.(1) 象形.(2) 角與刀魚相佀.(3) 凡角之屬皆从角.

'角'은 짐승의 뿔이다. 상형(象形)이다. '角'자는 '刀(도)'·'魚(어)'자와 (자형 윗부분이) 비슷하다. 角부에 속하는 한자는 모두 角의 의미를 따른다.

(1) 사람 몸에 '角'이라고 불리는 곳이 있다. 예를 들어 '日月角(일월각: 이마에 튀어나온 뼈)'[106]이나, '角犀豐盈(각서풍녕: 풍성히 튀어나온 이마)'[107] 같은 것이다. 분명히 가차된 말일 것이다.

(2) '角'의 발음은 古(고)와 岳(악)의 반절이다. 3부에 속한다. 내 생각에 옛날에는 '穀(곡)'과 같이 발음하였거나 또는 '鹿(록)'과 같이 발음하였을 것이다.

(3) '角'자의 윗부분의 모양이 '刀'·'魚'자와 비슷하다는 말이다. 이것은 '龜(귀)'자의 머리가 '蛇(사)'자의 머리 부분과 비슷하고[108] '虎(호)'자의 발이 '人(인)'자의 발 부분과 비슷한

---

105 제12편 上 '手'부 '振'자 說解: 振, 擧救之也.

106 '日角'이나 '月角'이라 하여 이마의 뼈가 해나 달처럼 두드러져 나온 것을 말하는데 이것들은 보통 貴人의 相이라고 여겨졌다.

107 '角犀'는 얼굴에서 이마가 머리카락이 나오는 부분과 만나는 지점이다. 그곳이 튀어나오면 현명한 사람이라고 여겼다. 《國語·鄭語》에 "惡角犀豐盈"이라는 말이 나온다.

예109와 유사하다.

(1) 人體有俩角者, 如日月角, 角犀豐盈之類. 要是假借之辭耳. (2) 古岳切. 三部. 按舊音如㲉, 亦如鹿. (3) 其字形與刀魚相似也. 此龜頭似蛇頭, 虎足似人足之例.

108 제13편 下 '龜'부 說解 참조.
109 제5편 上 '虍'부 說解 참조.

제 5 편 上

竹 箕 丌 左 工 㠭

巫 甘 旨 曰 乃 丂

可 兮 号 亏 喜 壴

鼓 豈 豆 豊 豐 䖒

虍 虎 虤 皿 凵 去

血 丶

143. 竹(죽)부

 冬生艸也.(1) 象形.(2) 下垂者, 箁箬[1]也.(3) 凡竹之屬皆从竹.

'竹'은 겨울에 나는 풀이다. 상형(象形)이다. 아래로 드리워진 것은 대껍질이다. 竹부에 속하는 한자는 모두 竹의 의미를 따른다.

(1) "겨울에 난다.[冬生]"고 한 것은 대나무의 태(胎)가 겨울에 생기며 또 겨울에도 가지와 잎이 시들지 않는다는 것을 말한다. '풀[艸]'이라고 말한 것은 《이아(爾雅) · 석초(釋艸)》에 竹이 있고,[2] 《산해경(山海經)》에 "其艸多竹[그곳의 풀로는 대나무가 많다.]"[3]이라고 하였기 때문이다. 그래서 대나무를 겨울에 나는 풀[冬生艸]이라고 하였다. 대개지(戴凱之)[4]는 "식물 중에 풀, 나무, 대나무가 있는 것은 동물 중에 물고기, 새, 짐승이 있는 것과 같다."[5]라고 하였다.

(2) 줄기가 두 개씩 나란히 생겨나는 모양을 상형하였다. '竹'의 발음은 陟(척)과 玉(옥)의 반절

---

1 제5편 上 '竹'부 '箁(부)'자 說解: 箁, 竹箬也. / '箬'자 說解: 箬, 楚謂竹皮曰箬.

2 《爾雅 · 釋草》에는 '竹'으로 구성된 글자들이 나온다.

3 《山海經》 <西山經> <西次二經>의 '高山'에 "其木多棕, 其草多竹."이라고 되어 있다.

4 戴凱之는 晉代에 《竹譜》라는 책을 지은 인물이다. 《竹譜》는 70여 종에 이르는 대나무에 관하여 기록하면서 四言으로 된 韻語로 서술하였으며 자신이 직접 注를 달았다. 注 가운데에는 晉代 이선의 서적들이 인용되어 있어서 古義가 많이 남겨져 있다.

5 《竹譜》 "植物之中有物曰竹. 不剛不柔, 非草非木."의 注에 "…… 竹是一族之總名. 一形之偏稱也. 植物之中有草木竹, 猶動品之中有魚鳥獸也.……"라고 되어 있다.

이다. 3부에 속한다. 《광운(廣韻)》에 의하면 張(장)과 六(육)의 반절이다.[6]

(3) 이는 아마도 사람들이 (竹의 자형에서) 아래로 획이 늘어진 의미를 모를까 하여 설명한 것이다.

(1) 云冬生者, 謂竹胎生於冬, 且枝葉不凋也. 云艸者, 爾雅竹在釋艸, 山海經有云其艸多竹, 故謂之冬生艸. 戴凱之云, 植物之中有艸木竹, 猶動品之中有魚鳥獸也. (2) 象𠆭𠆭竝生. 陟玉切. 三部. 按廣韻, 張六切. (3) 恐人未曉下㚒之恉, 故言之.

144. 箕(기) 부

 所目簸者也.(1) 从竹𠀠. 象形. 丌其下也.(2) 凡箕之屬皆从箕.  古文箕.(3)  亦古文箕.(4)  亦古文箕.(5)  籒文箕.(6)  籒文箕.(7)

'箕'는 키질하는 기구다. '竹(죽)'과 '𠀠(기)'[7]로 구성되었다. ('𠀠'는) 상형(象形)이다. '丌(기)'는 그 아래(받침)이다. 箕부에 속하는 한자는 모두 箕의 의미를 따른다. ''는 箕의 고문(古文)이다. ''도 箕의 고문이다. ''도 箕의 고문이다. ''는 箕의 주문(籒文)이다. ''는 箕의 주문이다.

(1) '所目(소이)'와 '者(자)' 세 글자는 지금 보충한다.[8] 허신(許愼)의 책 전체에서 '所目'라는 글자는 천인(淺人)들이 제거해 버린 것이 많다. 《시(詩)·소아(小雅)》에는 "維南有箕, 不可以簸揚.[남쪽에 키 모양의 기성(箕星)이 있지만 곡식을 까부를 수는 없네.]"이라고 되어 있다.[9] 《광운(廣韻)》에서는 《세본(世本)》을 인용하여 "쓰레받기[箕帚]는 소강(少康)이 만들었다."라고 하였다.[10] 살펴보면 곡식을 까부르거나 쓰레받기의 용도로 모두 '箕'를 썼던 것

6 《廣韻》 入聲 一 '屋' 韻部에 보인다.

7 '𠀠'자는 '箕'자의 고문으로 되어 있다. 《설문》에 의하면 '箕'자에는 세 개의 고문과 두 개의 주문 자형이 있다. 그렇다면 '𠀠'자는 고문의 하나이면서 '箕'의 구성성분이 된다.

8 徐鉉本·徐鍇本 모두 "箕, 簸也."라고 되어 있다.

9 《詩·小雅·大東》 참조.

10 《廣韻》 上平聲 七 '之' 韻部 참조.

같다.

(2) ("丌下其也(기하기야)"의) 네 자는 《운회(韻會)》본에 의한 것이다.[11] 지금 각 본에는 '亓'자와 '下'자가 잘못 바뀌어 있다.[12] '箕'의 발음은 居(거)와 之(지)의 반절이다. 1부에 속한다.

(3) '𠀠'자는 키에서 다리를 사용하지 않는 모양을 상형하였다. 지금의 키는 대부분 다리를 사용하지 않는다.

(4) '𠔁'자의 아랫부분은 손으로 받쳐 든 모양을 상형하였다.

(5) '𠀠'자는 키의 벌어진 입구를 상형하였다.

(6) 대서본(大徐本)에 근거해서 '籒(주)'자로 쓴다.[13] 살펴보면 경적에서 이 글자[𠔁,즉 其(기)자]를 어사(語詞)로 통용하였던 것 같다. '其'의 발음은 渠(거)와 之(지)의 반절이다. 혹은 居(거)와 之(지)의 반절이기도 한다.

(7) '匚'자는 원래 '匚(방)'으로 구성된 회의자다. '匚'부에서 "匚(방)자는 匚의 주문(籒文)이다."[14]라고 하였다.

(1) 所㠯者三字, 今補. 全書中所㠯字, 爲淺人刪者多矣. 小雅曰, 維南有箕, 不可以簸揚. 廣韻引世本曰, 箕帚, 少康作. 按簸揚與受坌皆用箕. (2) 四字依韻會本. 今各本亓下互譌. 居之切. 一部. (3) 象形不用足. 今之箕多不用足者. (4) 下象竦手. (5) 此象箕之哆口. (6) 依大徐作籒. 按經籍通用此字爲語詞. 渠之切. 或居之切. (7) 从匚, 會意. 匚部曰, 匚籒文匚.

145. 丌(기)[15]부

丌 下基也.(1) 荐物之亓. 象形.(2) 凡丌之屬皆从丌. 讀若箕同.(3)

'丌'는 아래 받침이다. 물건을 올려놓는 받침이다. 상형(象形)이다. 丌부에 속하는

---

11 《韻會》 平聲 四 '支'韻 참조.

12 徐鉉本 · 徐鍇本 모두 "下其丌也"라고 되어 있다.

13 徐鉉本에는 "𠀠, 亦古文箕. 𠔁, 籒文箕."라고 되어 있는데 徐鍇本에는 "𠀠, 籒文箕, 𠔁, 古文箕."라고 되어 있다.

14 제12편 下 '匚'부 說解 참조. '匚'자가 '匚'의 籒文으로 실려 있다.

15 段注本에는 '亓'자와 '丌'자가 混用되고 있다. 같은 글자다.

한자는 모두 丌의 의미를 따른다. '箕(기)'와 동일하게 발음한다.

(1) 이 글자는 '亓(기)'로도 쓴다. 옛날에는 대부분 지금 渠(거)와 之(지)의 반절로 발음하는 '其(기)'자로 사용하였다. 《묵자(墨子)》에서는 '其'를 대부분 '亓'로 썼다.[16] '亓'는 '𠀀'와 같은 글자다.
(2) 위가 평평하고 다리가 있어서 물건을 놓을 수가 있다.
(3) '丌'의 발음은 居(거)와 之(지)의 반절이다. 1부에 속한다.

(1) 字亦作亓. 古多用爲今渠之切之其. 墨子書其字多作亓. 亓如𠀀同也. (2) 平而有足, 可以薦物. (3) 居之切. 一部.

146. 左(좌)부

ナ手相左也.(1) 从ナ工.(2) 凡左之屬皆从左.

'左'는 왼손으로 도와준다는 뜻이다. 'ナ(좌)'와 '工(공)'으로 구성되어 있다. 左부에 속하는 한자는 모두 左의 의미를 따른다.

(1) ("ナ手相左也(좌우상좌야)"가) 각 판본에 모두 잘못되어 있어서 지금 바로잡는다.[17] '左(좌)'는 지금의 '佐(좌)'자다. 《설문》에는 '佐'자가 없다. 'ナ(좌)'자는 바로 지금의 '左'자다. 'ナ'부에 "왼손이다[左手]"[18]라고 한 것은 '도와주는 손'을 말한 것이다. 손으로 손을 돕는 것을 '左'라고 하고 입으로 손을 돕는 것을 '右(우)'라고 한다.[19]

16 《墨子》 畢氏靈巖山館本의 <公孟>편에 "子墨子曰, 教人學而執有名, 是猶命人葆, 而去丌冠也."라고 되어 있는데 畢沅의 注에 "舊作亦, 知是此字之訛, 丌卽其字, 以意改."라고 하였다. 孫詒讓의 《墨子閒詁》에서는 위 구절을 "…… 而去亓冠也."라고 쓰고 "亓畢本作丌"라고 注하였다.

17 徐鉉本에는 "左, 手相左助也."라고 되어 있고 徐鍇本에는 "左, 手左相佐也."라고 되어 있다.

18 제3편 下 'ナ'부 說解: ナ, 左手也.

19 제2편 上 '口'부 '右'자 說解: 右, 助也. 从口又. 段注는 "又者, 手也. 手不足, 以口助之, 故曰助也."라고 하였다.

(2) 工(공)이란 도와준다는 뜻이다. '左'의 발음은 則(즉)과 箇(개)의 반절이다. 17부에 속한다.

(1) 各本俱誤, 今正. 左者, 今之佐字. 說文無佐也. ナ者, 今之左字. ナ部曰, 左手也. 謂左助之手也. 以手助手是曰左, 以口助手是曰右. (2) 工者, 左助之意. 則箇切. 十七部.

147. 工(공)부

工 巧飾也.(1) 象人有規榘.(2) 與巫同意.(3) 凡工之屬皆从工. 㣉 古文工. 从彡.

'工'은 정교한 장식이라는 뜻이다. 사람들이 자[規榘(규구)]를 가지고 있는 것을 상형하였다. '巫(무)'자와 글자의 구성원리가 같다.[同意(동의)] 工부에 속하는 한자는 모두 工의 의미를 따른다. '㣉'자는 工의 고문(古文)이며 '彡(삼)'으로 구성되었다.

(1) '飾(식)'과 '拭(식)'은 고금자(古今字)다. '又(우)'부에서 "㕞(쇄)는 장식한다[飾]는 뜻이다."[20]라고 하였다. '巾(건)'부에서 "飾은 장식한다[㕞]의 뜻이다."[21]라고 하였다. '聿(율)'부에서 "𦘒(진)은 붓으로 그린 장식[聿飾(율식)]이다."[22]라고 하였다. '彡(삼)'부에서는 "彡은 털 장식으로 그린 무늬[毛飾畫文(모식화문)]다."[23]라고 하였다. 모두 지금의 '拭(식)'자다. 여기에서 '정교한 장식[巧飾(교식)]'이라고 말한 것은 고문이 '㣉'으로 쓰인 것을 가지고 풀이하고 있는 것이다. (고문 자형에 보이는) '彡'은 장식해 그린 모양이다. '巧飾(정교하게 장식하는 일)'이란 '논인(幔人)'[24]이 "테두리가 넓은 소매 옷으로 흙손질을 하여도 소

---

20 제3편 下 '又'부 '㕞'자 說解 참조.

21 제7편 下 '巾'부 '飾'자 說解 참조.

22 제3편 下 '聿'부 '𦘒'자 說解 참조.

23 제9편 上 '彡'부 說解 참조.

24 '幔(논)'은 《明文大玉篇》에는 "수건으로 땅을 훔치다.[以巾拭地]"의 뜻이라고 되어 있다. 그런데 《說文》 제7편 下 '巾'부의 '幔'자 說解 및 段玉裁 注에 의하면 흙 바르는 일을 말하는 것 같다. "幔, 墀地也."의 段玉裁 注에는 "墀地卽涂地也. 漢書楊雄傳曰, 幔人亡則匠石輟斤而不敢妄斲. 服虔曰, 幔古之善塗墍者. 施廣領大袖以仰塗而領袖不汚."라고 하였다.

매가 더럽혀지지 않는다."와 같은 일을 말한다. '規榘'를 사용하는 일에 익숙해야만 그렇게 할 수 있다. 인신(引伸)되어 어떤 일이든 잘하는 것을 '工'이라 하였다. 인신된 의미로 쓰인 예는 《시·소아(小雅)》의 <모전(毛傳)>에 보인다.[25]

(2) '工'자는 가운데 곧은 줄로 두 평행선의 가운데를 맞추었다. 이것이 '規榘'이다.

(3) '𢒄(공)'에는 '規榘'가 있으며 '彡'으로 훌륭한 장식을 상형하고 있다. '㠭(무)'는 무형(無形)의 것을 섬긴다는 뜻이다. 그 자형에도 '規榘'가 있고 '𠆢𠆢'으로 양 소매를 상형하고 있다.[26] 그래서 '工'자와 '巫(무)'자가 '동의(同意)'라고 한 것이다.[27] 일반적으로 어느 자와 어느 자가 '동의(同意)'라는 말은 두 자형이 만들어진 제작의도가 유사하다는 뜻이다.

'工'의 발음은 古(고)와 紅(홍)의 반절이다. 9부에 속한다.

(1) 飾拭, 古今字. 又部曰, 㕞, 飾也. 巾部曰, 飾, 㕞也. 聿部曰, 𦘔, 聿飾也. 彡部曰, 彡, 毛飾畫文也. 皆今之拭字也. 此云巧飾也者, 依古文作𢒄爲訓. 彡者, 飾畫文. 巧飾者, 謂如嫚人施廣領大袖以仰涂而領袖不汚, 是也. 惟孰於規榘乃能如是. 引伸之, 凡善其事曰工. 見小雅毛傳. (2) 直中繩, 二平中準, 是規榘也. (3) 𢒄有規榘, 而彡象其善飾. 㠭事無形, 亦有規榘, 而𠆢𠆢象其兩褎, 故曰同意. 凡言某與某同意者, 皆謂字形之意有相似者. 古紅切. 九部.

148. 㠭(전)부

㠭 極巧視之也.(1) 从四工.(2) 凡㠭之屬皆从㠭.

'㠭'은 대단히 정교하게 보는 것이다. 네 개의 '工(공)'으로 구성되었다. 㠭부에 속하는 한자는 모두 㠭의 의미를 따른다.

(1) '工'이 기술이 뛰어나다[巧]는 뜻이므로 네 개의 '工'은 대단히 정교하다는 뜻이 된다. 대

---

25 《詩·小雅·楚茨》의 "工祝致告"의 <毛傳>에서 "善其事曰工"이라고 되어 있다.

26 제5편 上 '巫'부 說解 참조.

27 '𢒄'은 '工'과 '彡'으로 구성되어 있고 '巫'는 '工'과 '𠆢𠆢'로 구성되어 있다. 따라서 字形으로는 구성된 원리가 같다. 이것이 '同意'의 뜻이다.

단히 정교하게 보는 것이란 이루(離婁)의 눈썰미, 공수자(公輸子)의 교묘한 기술 같은 것으로써 그 안목의 힘을 다 쏟아 넣는 경지다.[28] '展布(전포)'의 '展(전)'자는 당연히 이 글자[㠭]로 써야 하는데 '展'자가 유행하면서 '㠭'자는 없어졌다. 《옥편(玉篇)》에 "㠭은 지금 展으로 쓴다."[29]라고 하였다.

(2) '㠭'의 발음은 知(지)와 衍(연)의 반절이다. 14부에 속한다.

(1) 工爲巧, 故四工爲極巧. 極巧視之, 謂如離婁之明, 公輸子之巧, 旣竭目力也. 凡展布字當用此. 展行而㠭廢矣. 玉篇曰, 㠭今作展. (2) 知衍切. 十四部.

149. 巫(무)부

巫祝也.(1) 女能事無形, 㠯舞降神者也.(2) 象人兩褎舞形.(3) 與工同意.(4) 古者巫咸初作巫.(5) 凡巫之屬皆从巫.  古文巫.(6)

'巫'는 무당이다. 여자 중에 무형(無形)의 것을 섬겨서 춤으로써 신을 내리게 할 수 있는 사람이다. 사람의 두 소매가 춤추는 모양을 상형하였다. '工(공)'과 문자구성원리가 같다[동의(同意)]. 옛날에 무함(巫咸)이 처음으로 '무당[巫]'이 되었다. 巫부에 속하는 한자는 모두 巫의 의미를 따른다. ''는 巫의 고문(古文)이다.

(1) 《운회(韻會)》본에 의하면 "巫祝也(무축야)"의 세 글자가 한 문장[句]이 되어야 한다.[30] 내 생각에 '祝(축)'은 '覡(격)'자가 잘못된 것인 듯하다. 왜냐하면 '巫'나 '覡'은 모두 무당[巫]이라는 뜻이기 때문이다. 그래서 '覡'의 전문(篆文) 아래에서 그 의미를 총괄해서 말하고 있다.[31] '示(시)'부에 "祝은 제사지낼 때 칭송의 말을 주관하는 사람이다."[32]라고 하였다.

---

28 《孟子·離婁》 上에 "孟子曰, 離婁之明, 公輸子之巧, 不以規矩, 不能成方員. …… 聖人旣竭目力焉, 繼之以規矩準繩, 以爲方員平直, 不可勝用也. ……."이라고 되어 있다.

29 《玉篇》 '㠭'부 제275에 "㠭, 知輦切. 極巧視之也. 今作展."이라고 되어 있다.

30 徐鉉本·徐鍇本 모두 "巫, 祝也."라고 되어 있다. 《韻會》 平聲 上 七 '虞'韻에 "巫, 說文巫祝也. 女能事無形, 以舞降神也."라고 되어 있다.

31 제5편 上 '巫'부 '覡'자 說解: 覡, 能齊肅事神明者. 在男曰覡, 在女曰巫.

《주례(周禮)》에 의하면 祝과 巫는 직분이 다르다.33 따라서 두 글자는 비록 서로 통용될 수는 있지만 '祝'으로 '巫'를 해석할 수는 없다.

(2) '無'(무), '舞(무)'는 모두 '巫'와 운모가 같다. 《주례》에는 "女巫無數[여자 무당은 셀 수 없이 많다.]"라고 하고, "旱暵則舞雩[가뭄에는 비 내리기를 기원하는 춤을 춘다.]"라고 하였다.34 허신은 "能以舞降神[춤을 추어 신을 내리게 할 수 있다.]"이라고 하였다. 그러므로 巫자가 춤추는 소매를 상형하게 된 것이다.

(3) '𠂢'모양을 말한다. 태사공(太史公)이 "한자(韓子)는 긴 소매로 춤을 잘 추어 유명하다."라고 하였다.35 허신이 ('巫'자에 대하여) "工으로 구성되었다.[从工]"라고 설명하지 않은 이유는 '工'자는 소전(小篆)이지만 '巫'자는 소전이면서도 고문 자형으로 구성되었기 때문이다. 고문이 소전으로 구성될 수는 없다. 또한 허신이 ('巫'자에 대하여) "工은 사람들이 가지고 있는 자[規榘(규구)]의 모양을 상형하였다.[工象人有規榘]"라고 설명하지 않은 이유는 이미 위의 글자 '工' 아래에 그 설명이 보이기 때문이다. '式(식)'자와 '巧(교)'자는 무엇 때문에 '工'으로 구성되었는가? '式'·'巧'의 고문이 원래 '𢒄'(工자의 古文)으로 구성되어 있기 때문이다. '巨(거)'자는 왜 '工'으로 구성되어 있는가? '巨'자 아래에서 말하기를 "공으로 구성되었다.[从工]"라고 하였으니 이 말은 '자[規榘]'를 상형하였다고 말한 것과 같다.36

(4) 여기서는 '𢒄'과 '동의(同意)'라고 해야 한다. ('동의'에 관해서는) '工'자에 설명이 보인다. '巫'의 발음은 武(무)와 扶(부)의 반절이다. 5부에 속한다.

(5) 이 내용은 아마 《세본(世本)·작편(作篇)》에 나올 것이다.37 《상서(尙書)·군석(君奭)》에 "태무(大戊)의 시대에는 무함(巫咸)이 왕가(王家)를 다스리는 경우도 있었다."라고 하였다.38 《상서》 서(序)에 "이척(伊陟)이 태무(大戊)의 재상이 되었다." "이척(伊陟)이 무함(巫

32 제1편 上 '示'부 '祝'자 說解 참조.

33 《周禮·春官》에 나오는 大祝·小祝·喪祝·甸祝·詛祝·司巫, 男巫·女巫 등의 관직이름으로 보아 祝과 巫는 서로 다른 기능을 가진 관직이었던 것 같다.

34 《周禮·春官》 序官에 "男巫無數, 女巫無數, …….”라고 되어 있고 <女巫>에서 "女巫掌歲時祓除釁浴, 旱暵則舞雩."라고 되어 있다.

35 《史記·范雎蔡澤列傳》의 贊에 "太史公曰, 韓子稱長袖善舞, 多錢善賈, 信哉是言也."라고 되어 있다.

36 제5편 上 '工'부의 '工'·'式'·'巧'·'巨'자 說解 참조. 段玉裁가 말하려는 것은 '工'부에 속하는 '式'·'巧'·'巨' 자 등이 왜 '工'으로 구성되어 있는가를 설명하려는 것이다. 段玉裁에 의하면 '式'과 '巧'는 본질적으로 '工의 古文자형'으로 구성되어 있으므로 '工'부에 속하고 '巨'는 '規榘'라는 의미의 '工'으로 구성되어 있으므로 '工'부에 속한다.

37 《周禮·春官·龜人》의 "上春釁龜祭祀先卜"의 注에는 "世本作曰巫咸作筮"라고 되어 있다.

咸)을 도왔다."39라고 되어 있는데 마융(馬融)은 "巫는 남자무당[男巫]이고 이름이 함(咸)이며 은(殷)나라의 무당이었다."40라고 하였고 정현(鄭玄)은 "巫咸이란 무관(巫官)이 된 사람이다."41라고 하였다. 《사기(史記)・봉선서(封禪書)》에 "이척(伊陟)이 무함(巫咸)을 도왔다. 무함(巫咸)의 흥기는 여기에서 시작되었다."42라고 하였으니 무격(巫覡)이 거기에서 시작됨을 말하는 것이다. 어떤 사람은 "대신(大臣)은 무관(巫官)이 될 수 없다."라고도 하는데 그건 《국어(國語)・초어(楚語)》를 읽어보지 않았기 때문이다.43 성현(聖賢)이라고 해서 왜 '巫'가 되어서는 안 되는가?

(6) '筮(서)'의 소전(小篆)은 이 고문 자형[[illegible]]으로 구성된다.44

(1) 依韻會本, 三字一句. 按祝乃覡之誤. 巫覡皆巫也, 故覡篆下總言其義. 示部曰, 祝, 祭主贊辭者. 周禮祝與巫分職. 二者雖相須爲用, 不得以祝釋巫也. (2) 無舞皆與巫疊韻. 周禮, 女巫無數, 旱暵則舞雩. 許云, 能以舞降神. 故其字象舞褎. (3) 謂[illegible][illegible]也. 太史公曰, 韓子稱長袖善舞. 不言从工者, 工, 小篆也, 巫, 小篆之仍古文者也. 古文不从小篆也. 不言工象人有規榘者, 已見上文工下矣. 式巧, 何以从工. 式巧之古文, 本从彡也. 巨, 何以从工也. 巨下云, 从工, 猶云象規榘也. (4) 此當云與彡同意. 說見工下. 武扶切. 五部. (5) 蓋出世本作篇. 君奭曰, 在大戊, 時則有巫咸乂王家. 書序曰, 伊陟相大戊. 伊陟贊于巫咸. 馬云, 巫, 男巫, 名咸, 殷之巫也. 鄭云, 巫咸謂爲巫官者. 封禪書曰, 伊陟贊巫咸, 巫咸之興自此始. 謂巫覡自此始也. 或云, 大臣必不作巫官. 是未讀楚語矣. 賢聖何必不作巫乎. (6) 筮之小篆从此.

150. 甘(감)부

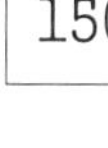 美也.(1) 从口含一. 一, 道也.(2) 凡甘之屬皆从甘.

---

38 《尚書・君奭》 참조.
39 《尚書・咸乂》 序의 문장.
40 《釋文》에 馬融의 注가 인용되어 있다.
41 疏에 鄭玄의 注가 인용되어 있다.
42 《史記・封禪書》 참조.
43 《國語・楚語》 下의 문장 참조. 제5편 上 '巫'부 '覡'자 段注 참조.
44 제5편 上 '竹'부 '筮'자의 小篆은 '[illegible]'으로 되어 있다. 즉 巫의 고문 자형인 '[illegible]'로 구성된 것이다.

'甘'은 아름답다는 뜻이다. '입[口]'이 '一(일)'을 머금은 모양으로 구성되었다. 一은 도(道)다. 甘부에 속하는 한자는 모두 甘의 의미를 따른다.

(1) '羊(양)'부에 "美(미)는 맛있다[甘]는 뜻이다."[45]라고 하였다. 甘은 다섯 가지 맛 가운데 하나이지만 다섯 가지 맛이 모두 입에 맞으면 '甘'이라고 한다.

(2) 먹는 것은 하나가 아니지만 (맛있다고 느끼는) 도(道)는 하나다. 소위 "아름다운 도(道)를 맛본다.[味道之腴]"[46]라는 것이다. '甘'의 발음은 古(고)와 三(삼)의 반절이다. 고음 제7부에 속한다.

(1) 羊部曰, 美, 甘也. 甘爲五味之一, 而五味之可口皆曰甘. (2) 食物不一, 而道則一, 所謂味道之腴也. 古三切. 古音在七部.

151. 旨(지)부

 美也.(1) 从甘匕聲.(2) 凡旨之屬皆从旨. 𠤚 古文旨.(3)

'旨'는 아름답다는 뜻이다. '甘(감)'으로 구성되었고 '匕(비)'는 발음을 나타낸다. 旨부에 속하는 한자는 모두 旨의 의미를 따른다. '𠤚'는 旨의 고문이다.

(1) '旨'와 '美(미)'는 운모가 같다. 지금은 '旨'자를 '뜻[意恉(의지)]'이라는 의미의 '恉(지)'자로 사용하고 있다.

(2) '旨'의 발음은 職(직)과 雉(치)의 반절이다. 15부에 속한다.

(3) 고문의 자형은 '千(천)'과 '甘(감)'으로 구성되었는데 대단히 맛있다는 말이다.

(1) 疊韻. 今字以爲意恉字. (2) 職雉切. 十五部. (3) 从千甘者, 謂甘多也.

---

45 제4편 上 '羊'부 '美'자 說解 참조.

46 《文選》 卷45 班固의 <答賓戲>에 "味道之腴"라는 말이 나오는데 注에서 "項岱曰, 腴, 道之美者也."라고 되어 있다.

152. 曰(왈)부

 詈也.(1) 从口L. 象口气出也.(2) 凡曰之屬皆从曰.

'曰'은 어사[詈]다. '口(구)'와 'L'[47]으로 구성되었다. 입에서 기운이 나오는 것을 상형하였다. 曰부에 속하는 한자는 모두 曰의 의미를 따른다.

(1) '詈(사)'란 "말하고자 하는 뜻이 안에 있어서 말이 밖으로 나온 것[意內而言外]"이다.[48] 말하고자 하는 뜻이 있어 그 말을 하게 되면 그때 '말하다'는 의미를 '曰'이라고도 하고 '云(운)'이라고도 한다. '云'과 '曰'은 성모가 같다. 《이아(爾雅)·석고(釋詁)》에 "粵(월)·于(우)·爰(원)은 말한다[曰]는 뜻이다."[49]라고 하였는데 이것은 《시》, 《서(書)》의 고문에서 대부분 '曰'을 '爰'으로 썼음을 말해 준다. 그래서 '粵'·'于'·'爰'·'曰' 네 자는 서로 풀이해 줄 수 있다. 성모가 같은 글자나 운모가 같은 글자로 서로 가차한 것이다.

(2) 이 구절("从口L. 象口气出也.")을 각 판본에서 "从口乙聲, 亦象口气出也."[50]라고 하였는데 옳지 않다. 《효경(孝經)》의 <음의(音義)>에서 "曰자는 '乚'이 입 위에 있는 모양으로 구성되었다. '乚'은 기운을 상형한 것이다. 사람이 말을 하려고 하면 입가에 기운이 돈다.[从乚在口上, 乚象氣, 人將發語, 口上有氣.]"[51]라고 하였다. 이제 그것에 근거하여 바로잡는다. '曰'의 발음은 王(왕)과 伐(벌)의 반절이다. 15부에 속한다.

(1) 詈者, 意內而言外也. 有是意而有是言, 亦謂之曰, 亦謂之云. 云曰, 雙聲也. 釋詁, 粵于爰曰也. 此謂詩書古文多有以曰爲爰者, 故粵于爰曰四字可互相訓, 以雙聲疊韻相假借也. (2) 各本作从口乙聲, 亦象口气出也. 非是. 孝經音義曰, 从乚在口上, 乚象氣, 人將發語, 口上有氣. 今據正. 王伐切. 十五部.

---

47 曰자를 구성하고 있는 'L'는 '乙(을)'자도, 'L(은)'자도 아니다. 전서 '𠙵'에서 입의 가운데에 위쪽으로 기운이 나오는 것을 상형한 부분이며 발음과 의미를 가진 완전한 문자가 아니다. 여기에서는 해당하는 자형이 없어서 'L'로 쓴다.

48 제9편 上 '司'부 '詈'자 說解 참조.

49 《爾雅·釋詁》 上 참조.

50 徐鉉本·徐鍇本에 모두 "詞也, 从口乙聲. 亦象口气出也."라고 되어 있다.

51 《孝經·開宗明義》의 "子曰先王有至德要道, 以順天下, 民用和睦, 上下無怨."의 《音義》에서 "曰, 語辭也, 從乙在口上, 乙象氣, 人將發語, 口上有氣, 故曰字缺上也."라고 말하고 있다.

153. ㄋ(내)[52]부

曳詞之難也.(1) 象气之出難也.(2) 凡ㄋ之屬皆从ㄋ. 𠄍 古文乃. 𠄎 籒文乃.(3)

'ㄋ'는 말[詞]을 끌어내기 어렵다는 뜻이다. 기(气)가 나오기 어려운 모양을 상형하였다. ㄋ부에 속하는 한자는 모두 ㄋ의 의미를 따른다. '𠄍'는 乃의 고문(古文)이다. '𠄎'는 乃의 주문(籒文)이다.

(1) 《옥편(玉篇)》에서 '詞'자를 '離(리)'자로 썼는데[53] 잘못이다. ('也(야)'자) 앞에 '者(자)'자가 있어야 한다. '曳(예)'에는 '구부려 당긴다[臾㧜(교불)]'는 뜻이 있다. 즉 그 말을 끌어서 돌린다는 뜻이다. '若而(약이)', '若乃(약내)'가 모두 바로 그 뜻이다. '乃'란 즉, 그것을 끌어다 쓰기 어렵다는 말이다. 《춘추(春秋)》 선공(宣公) 8년에 "日中而克葬[해가 중천에 떠야 장사지낼 수 있다.]"[54]라고 하였고, 정공(定公) 15년에 "日下昃乃克葬[해가 기울어서야 장사지낼 수 있다.]"[55]라고 하였다. 《공양전(公羊傳)》에서는 "而(이)가 무엇인가? (기운이 나오기) 어려움이다. 乃가 무엇인가? 어려움이다. 왜 혹은 而라고 하고 혹은 乃라고 하는가? 乃는 而보다도 더 어려운 것을 말한다."라고 하였다. 하휴(何休)는 "乃를 말하는 것은 안으로 깊은 것이고 而를 말하는 것은 밖으로 얕은 것이다."라고 주석하였다.[56] 살펴보면 '乃(내)'·'然(연)'·'而(이)'·'汝(녀)'·'若(약)' 등은 '같은 말을 여러 가지로 표현한 것[一語之轉]'이다. 그래서 '乃'를 '汝'라고 풀이하기도 한다.

(2) 기(气)가 곧바로 솟아 나오지 못하는 것이다. 상형자다. '乃'의 발음은 奴(노)와 亥(해)의 반절이다. 1부에 속한다.

(3) 주문(籒文)은 乃자를 세 개나 겹쳐 써서 (기(气)가 나오기 어렵다는) 뜻을 나타내었다.

---

52 段注本에는 'ㄋ'로 되어 있다. '乃'는 현재 우리가 쓰는 楷書의 자형이며 'ㄋ'는 篆書의 모양을 따라 쓴 자형이다. 따라서 같은 글자다. 段玉裁는 두 글자를 혼용하였다.

53 《玉篇》 '乃'부 제93에 "乃, …… 說文曰, 曳離之難也."라고 되어 있다.

54 《春秋》 宣公 八年에 "己丑, …… 雨, 不克葬, 庚寅, 日中而克葬."이라고 되어 있다. 杜預의 注에 "克, 成也."라고 하였다.

55 《春秋》 定公 十五年에 "丁巳, …… 雨, 不克葬, 戊午, 日下昃乃克葬."이라고 되어 있다.

56 《公羊傳》 宣公 八年의 傳과 何休의 注 참조.

之難者也. 春秋宣八年, 日中而克葬. 定十五年, 日下昃乃克葬. 公羊傳曰, 而者何, 難也, 乃者何, 難也, 曷爲或言而, 或言乃, 乃難乎而也. 何注, 言乃者內而深, 言而者外而淺. 按乃然而汝若, 一語之轉, 故乃又訓汝也. (2) 气出不能直遂. 象形. 奴亥切. 一部. (3) 三之以見其意.

154. 丂(고)[57]부

气欲舒出ㄅ上礙於一也.(1) 丂, 古文以爲亏字.(2) 又以爲巧字.(3) 凡丂之屬皆从丂.

'丂'는 기(气)가 나오려고 하는데[ㄅ] 위가 '一(일)'에 의해 막혀 있는 것이다. 丂는 고문에서는 '亏(우)'자로 사용하였다. 또는 '巧(교)'자로도 사용하였다. 丂부에 속하는 한자는 모두 丂의 의미를 따른다.

(1) 'ㄅ'의 모양은 기(气)가 막 나오려는 모양이다. '一'은 위에서 기(气)가 지나가지 못하게 한다. 여기에서는 글자의 의미를 해석하고 있지만 글자의 모양에 이미 보이는 것이므로 다시 따로 자형을 설명하지 않았다. '丂'의 발음은 苦(고)와 浩(호)의 반절이다. 고음은 3부에 있다.

(2) '亏(우)'자[58]와 '丂'자는 발음이 다르지만 자형이 비슷하고 의미가 서로 가까워서 고문에서는 '丂'를 '亏'로 쓰기도 한다.

(3) '巧(교)'자[59]와 '丂'자는 같은 발음의 가차(假借)다.

(1) ㄅ者, 气欲舒出之象. 一其上不能徑達. 此釋字義而字形已見, 故不別言形也. 苦浩切. 古音在三部. (2) 亏與丂音不同, 而字形相似, 字義相近, 故古文或以丂爲亏. (3) 此則同音假借.

---

57 '丂'자는 段注에 의하면 '巧(교)'자와 동음 가차라고 하였으니 '교'로 발음되어야 하겠지만 여기서는 段注의 반절 발음에 근거하여 '고'로 발음한다.

58 제5편 上 '亏'부 說解 참조.

59 제5편 上 '工'부 '巧'자 참조.

155. 可(가)부

 肎也.(1) 从口ㄛ.(2) ㄛ亦聲.(3) 凡可之屬皆从可.

'可'는 긍정하다[肎(긍)]의 뜻이다. '口(구)'와 'ㄛ(하)'[60]로 구성되었다. ㄛ는 또한 발음을 나타낸다. 可부에 속하는 한자는 모두 可의 의미를 따른다.

(1) '肎'이란 "뼈 사이 살이 그럭저럭 보인다는 뜻이다.[骨閒肉肎肎箸也]"[61] 대체로 중간에 끼어 있는 것을 '肎'이라고 한다. '可', '肎'은 성모가 같다.
(2) 입의 기운이 펴져 나가는 것이다.
(3) '可'의 발음은 肯(긍)과 我(아)의 반절이다. 17부에 속한다.

(1) 肎者, 骨閒肉肎肎箸也. 凡中其肎綮曰肎. 可肎雙聲. (2) 口气舒. (3)肯我切. 十七部.

156. 兮(혜)부

 語所稽也.(1) 从丂八. 象气越亏也.(2) 凡兮之屬皆从兮.

'兮'는 말이 멈추는 곳을 뜻한다. '丂(고)'와 '八(팔)'로 구성되었다. 기(气)가 (막혀 있던 곳에서) 넘어가는 것을 상형하였다. 兮부에 속하는 한자는 모두 兮의 의미를 따른다.

(1) '兮'와 '稽(계)'는 운모가 같다. '稽'부에서 "멈춘다[留止(류지)]는 뜻이다."[62]라고 하였다.

---

60 'ㄛ(하)'자는 5편 上 '丂'부의 마지막 부속자다. 許愼은 "丂자를 좌우로 뒤집은 모양이다."라고 하였다. 段注의 반절 발음에 따라 '하'로 발음한다.
61 제4편 下 '肉'부 '肎'자 說解 참조.
62 제6편 下 '稽'부 說解 참조.

말이 여기에서 잠깐 멈춘다는 뜻이다. 이는 "哉(재)는 말하는 사이[言之閒]라는 뜻이다."[63] 라는 풀이와 비슷하다. '猗(의)'를 가차하여 '兮'로 쓰기도 한다. 《시》의 "河水淸且漣猗[황하의 물은 맑고도 넘실거리네.]"[64]가 그 예다.

(2) '越亏(월우)'란 기(气)가 모두 드러나는 것이다. '八'은 기(气)가 분산되어 드러나는 모양을 상형하였다. '兮'의 발음은 胡(호)와 雞(계)의 반절이다. 16부에 속한다.

(1) 兮稽疊韻. 稽部曰, 留止也. 語於此少駐也. 此與哉言之閒也相似. 有假猗爲兮者, 如詩河水淸且漣猗, 是也. (2) 越亏, 皆揚也. 八象气分而揚也. 胡雞切. 十六部.

157. 号(호)부

 痛聲也.(1) 从口在丂上.(2) 凡号之屬皆从号.

'号'는 아파서 지르는 소리다. '口(구)'가 '丂(고)' 위에 있는 모양으로 구성되었다. 号부에 속하는 한자는 모두 号의 의미를 따른다.

(1) '号'는 '소리를 지르다[嗁(호)]'라는 뜻이다. '嗁(호)'·'號(호)'자는 옛날에는 '号'로 썼다. '口(구)'부에서 "嗁는 号다."[65]라고 하였다. 지금 글자인 '號'자가 유행하면서 '号'자는 없어졌다네.

(2) '丂(고)'는 기(氣)가 나오려다 막힌 것이다.[66] 비록 막혔으나 반드시 입을 벌려 그 소리를 지르게 된다. 그러므로 ('号'자는) '口'가 '丂' 위에서 소리 지르는 모양이다. '号'의 발음은 胡(호)와 到(도)의 반절이다. 2부에 속한다. 내 생각에는 평성(平聲)으로 발음해야 한다.

(1) 号, 嗁也. 凡嗁號字古作号. 口部曰, 嗁, 号也. 今字則號行而号廢矣. (2) 丂者, 气舒而礙. 雖

63 제2편 上 '口'부 '哉'자 說解 참조.
64 《詩·魏風·伐檀》의 구절이다.
65 제2편 上 '口'부 '嗁'자 說解 참조.
66 제5편 上 '丂'부 說解 참조.

礙而必張口出其聲, 故口在丂上, 号咷之象也. 胡到切. 二部. 按當讀平聲.

158. 亏(우)[67] 부

亏 於也.(1) 象气之舒亏. 从丂从一. 一者, 其气平也.(2) 凡亏之屬皆从亏.

'亏'는 '於(어)'의 뜻이다. 기(气)가 나와서 고르게 되는 모양을 상형하였다. '丂(고)'와 '一(일)'로 구성되었다. 一은 기(气)가 고르게 되었다는 뜻이다. 亏부에 속하는 한자는 모두 亏의 의미를 따른다.

(1) '烏(오)'의 고문이다. 허신은 '烏'자 아래에서 "공자(孔子)는 '烏는 亏呼(오호)라는 (감탄사다).'라고 하였다. 어기(語气)를 돕는 것을 취했으므로, '烏呼'의 '烏'자로 삼았다.[孔子曰烏亏呼也, 取其助气, 故以爲烏呼.]"라고 하였다.[68] 여기에서는 '於'자를 가지고 '亏'자를 해석하였으니 역시 어기(語气)를 돕는다는 의미를 취한 것이다. 《이아(爾雅)·석고(釋詁)》, <모전(毛傳)>에서 "亏는 於다."라고 하였다.[69] 대체로 《시》, 《서》에서는 '亏'자를 쓰는데 《논어(論語)》에서는 '於'자를 쓴다. 아마 于(亏)·於 두 글자는 주대(周代)에는 고금자(古今字)였을 것이다. 그래서 《이아·석고》, <모전>에서 금자(今字)[於]로 고자(古字)[亏]를 해석한 것이다. 대체로 '於'를 말할 때 모두 '여기에서, 저기에서' 등의 (의미를 나타내는) '어사[詈]'로 쓰이기 때문에 "그 气가 고르게 펴진다.[气之舒亏]"라고 설해하였다. 《예기(禮記)·단궁(檀弓)》에 "易則易, 于則于.[간이하고도 간이하며 광대하고도 광대하도다.]"[70]라 되어 있고, 《논어(論語)》에 "有是哉, 子之于也.[그렇습니까? 선생님의 광대함이여.]"[71]라고 되어 있는데 여기서의 '于'는 모두 '廣大(광대)하다'는 뜻이다. 《좌전(左

---

67 '亏'는 지금은 '于'로 쓴다. 여기에서는 篆書의 자형을 따라 '亏'로 표기한다. 段注에도 그렇게 되어 있다.

68 제4편 上 '烏'부 說解 참조.

69 《爾雅·釋詁》上 참조. 《詩·召南·采蘩》, 《詩·邶風·燕燕》의 <毛傳>참조.

70 《禮記·檀弓》下 참조.

71 《論語·子路》참조. 지금 판본은 "子之迂也"로 되어 있는데 《釋文》에서 "之迂, …… 鄭本作于, ……."라고 하였다.

傳)》에 "于民生之不易[민생을 바꿀 수 없다고 말하였다.]"라고 되어 있는데 두예(杜預)는 "于는 말한다[曰(왈)]는 뜻이다."라고 주석하였다.[72] 이것은 '于'자를 빌려 '曰'로 쓴 것인데 《이아 · 석고》에 "于는 曰이다."[73]라는 말과 합치된다.

(2) 기(气)가 나와서 고르게 퍼지는 것이 '舒亏(서우)'다. '亏'의 발음은 羽(우)와 俱(구)의 반절이다. 5부에 속한다. 살펴보면 지금의 발음으로 '于'자는 羽와 俱의 반절로 발음하고, '於'자는 央(앙)과 居(거)의 반절로 발음하며 '烏'자는 哀(애)와 都(도)의 반절로 발음한다. 옛날에는 이런 구별이 없었다. 주대(周代)부터 이미 글을 지을 때의 용도에 맞추어 나누어져 있었다. 여러 경전이나 《이아》에 그런 용례가 보이므로 허신이 그것을 따른 것이다.

(1) 於者, 古文烏也, 烏下云, 孔子曰, 烏亏呼也, 取其助气, 故以爲烏呼. 然則以於釋亏, 亦取其助气. 釋詁毛傳皆曰, 亏, 於也. 凡詩書用亏字. 凡論語用於字, 蓋于於二字在周時爲古今字, 故釋詁毛傳, 以今字釋古字也. 凡言於皆自此之彼之詈, 其气舒亏. 檀弓, 易則易, 于則于. 論語, 有是哉, 子之于也. 于皆廣大之義. 左傳, 于民生之不易. 杜云, 于, 曰也. 此謂假于爲曰, 與釋詁于曰也合. (2) 气出而平, 則舒亏矣. 羽俱切. 五部. 按今音于, 羽俱切. 於, 央居切. 烏, 哀都切. 古無是分別也, 自周時已分別於爲屬辭之用. 見於羣經爾雅, 故許仍之.

159. 喜(희)부

 樂也.(1) 从壴从口.(2) 凡喜之屬皆从喜. 歖 古文喜. 从欠.(3) 與歡同.(4)

'喜'는 즐거워한다[樂]의 뜻이다. '壴(주)'와 '口(구)'로 구성되었다. 喜부에 속하는 한자는 모두 喜의 의미를 따른다. '歖'는 喜의 고문이다. '欠(흠)'으로 구성되었다. '歡(환)'자와 (문자 구성 원리가) 같다[同意(동의)].

(1) '樂'은 오성(五聲)과 팔음(八音)의 총명(總名)이다.[74] 《예기(禮記) · 악기(樂記)》에 "樂은 즐

72 《左傳》 宣公 十二年의 傳과 杜預의 注 참조.

73 《爾雅 · 釋詁》 上 참조.

74 제6편 上 '木'부 '樂'자 說解 참조. 五聲八音에 대해서는 제3편 上 '音'부 說解 참조.

겁다는 뜻이다.”라고 하였다. 옛날에 ‘音樂(음악)’의 (‘樂’과) ‘喜樂(희락)’의 (‘樂’은) 두 글자가 아니었고 발음도 다르지 않았다.

(2) ‘壴(주)’는 “악기를 세워 두어 위가 보이는 것[陳樂立而相見]”[75]을 상형한 것이다. (‘喜’자가) ‘口’로 구성된 것[从口]은 ‘笑(소)’자에서 “웃음[笑]이란 기뻐하는 것[喜]이다.”[76]라고 하였고 음악을 들으면 웃기 때문이다. 따라서 喜는 ‘壴’와 ‘口’로 구성된 회의(會意)자다. ‘喜’의 발음은 虛(허)와 里(리)의 반절이다. 1부에 속한다.

(3) 아마 고문으로는 ‘歖(희)’라고 써야 맞을 것이다. (각 판본에 ‘歖’로 쓰인 것은) 잘못 옮겨 쓴 것일 따름이다.[77]

(4) “與歡同(여환동)”의 ‘同(동)’자 아래에 ‘意(의)’자가 있어야 한다.[78] 이는 ‘歖’와 ‘歡(환)’ 모두 ‘欠(흠)’으로 구성되었다는 것을 뜻한다.

(1) 樂者, 五聲八音總名. 樂記曰, 樂者, 樂也. 古音樂與喜樂無二字, 亦無二音. (2) 壴象陳樂立而上見. 从口者, 笑下曰喜也. 聞樂則笑, 故从壴从口, 會意. 虛里切. 一部. (3) 蓋古文作歖, 轉寫誤耳. (4) 同下當有意, 謂皆从欠也.

160. 壴(주)부

壴 陳樂立而上見也.(1) 从屮豆.(2) 凡壴之屬皆从壴.

‘壴’는 악기를 진열해 세우고 그 위가 보인다는 뜻이다. ‘屮(철)’과 ‘豆(두)’로 구성되어 있다. 壴부에 속하는 한자는 모두 壴의 의미를 따른다.

(1) 악기에 받침대[虡(거)][79]가 있어서 그것을 세워 그 꼭대기가 위로 나오게 만들어서 멀리서

75 제5편 上 ‘壴’부 說解 참조.

76 제5편 上 ‘竹’부 ‘笑’자 說解 참조.

77 徐鉉本 · 徐鍇本 모두 古文의 자형이 ‘歖’로 되어 있다.

78 즉 “與歡同”이 아니라 “與歡同意”로 되어 있어야 옳다는 말이다. 段玉裁에 의하면 ‘歖’자는 ‘歡’자와 같이 오른쪽 편방이 ‘欠’으로 구성되어 있으므로 문자구성의 원리가 같다는 ‘同意’라고 해야 한다.

79 제5편 上 ‘虍’부 ‘虡’자 說解: 虡, 鐘鼓之柎也. 飾爲猛獸.

도 볼 수가 있다는 말이다. 《시(詩)》·《예(禮)》에서 말하는 '崇牙(숭아: 북 위에 다는 짐승장식)'[80]나 '金(금)'부에서 말한 '鎛鱗(박린: 종 위의 가로대 나무 위의 장식)'[81] 등이 바로 그런 예다. '厂(한)'부에서 "屵(악)은 언덕 위에 보이는 것"[82]이라 하였다. 역시 멀리서도 볼 수 있다는 것을 말한다.

(2) '豆(두)'란 '豎(수)'의 뜻이며, '豎'는 굳건히 세운다는 뜻이다.[83] '豆'에는 다리가 있어서 곧바로 서므로 '侸(두)'·'豎' 등이 '豆'로 구성되었다. '壴'자도 '豆'로 구성되었다. '屮(철)'이란 위에 보이는 모양이다. 초목이 처음 나면 그 꼭대기가 보인다. 그래서 (壴가) '屮'로 구성되었다. '壴'의 발음은 中(중)과 句(구)의 반절이다. 4부에 속한다.

(1) 謂凡樂器有虡者豎之, 其顛上出可望見, 如詩禮所謂崇牙, 金部所謂鎛鱗也. 厂部曰, 屵, 岸上見也. 亦謂遠可望見. (2) 豆者, 豎也. 豎, 堅立也. 豆有骹而直立, 故侸豎从豆. 壴亦从豆. 屮者, 上見之狀也. 艸木初生則見其顛, 故从屮. 中句切. 四部.

161. 鼓[84](고)부

郭也.(1) 春分之音. 萬物郭皮甲而出, 故曰鼓.(2) 从壴(3)从屮又. 屮象𠂹飾, 又象其手擊之也.(4) 周禮六鼓, 靁鼓八面, 靈鼓六面, 路鼓四面, 鼖鼓, 臯鼓, 晉鼓皆兩面.(5) 凡鼓之屬皆从鼓.  籒文鼓. 从古.

'鼓'는 밖의 테두리라는 뜻이다. 춘분(春分)의 소리다. 만물이 껍질을 깨고 나오기 때문에 鼓라고 하였다. '壴(주)'로 구성되었고 '屮(철)'과 '又(우)'로 구성되었다. 屮은 늘어진 장식을 상형하였다. 又는 손으로 두드리는 모양을 상형하였다. 《주례(周禮)》

80 《詩・周頌・有瞽》에서 "崇牙樹羽"라고 하였고 《禮記・明堂位》에서 "夏后氏之龍簨虡, 殷之崇牙, 周之璧翣."이라고 하였다.

81 제14편 上 '金'부 '鎛'자 說解: 鎛, 鎛鱗也. 鐘上橫木上金華也.

82 제9편 下 '厂'부 '屵'자 說解 참조.

83 제3편 下 '臤'부 '豎'자 說解 참조.

84 '鼓'자는 지금은 '鼓', '鼔' 등의 자형으로 쓴다. 그런데 段玉裁는 지금의 자형들이 모두 정확한 자형이 아니라고 하면서 鼓자를 고집해서 사용하였다. 여기에서도 段注의 자형을 살려서 표기한다.

에 육고(六鼓)에 대하여 설명하기를, 뇌고(靁鼓)는 여덟 면, 영고(靈鼓)는 여섯 면, 노고(路鼓)는 네 면, 분고(鼖鼓), 고고(皐鼓), 진고(晉鼓)는 모두 두 면이라고 하였다. 鼓부에 속하는 한자는 모두 鼓의 의미를 따른다. '[illegible]'는 鼓의 주문(籒文)이다. '古(고)'로 구성되었다.

(1) '城𩫏(성곽)'의 '𩫏(곽)'자는 속자(俗字)로 쓰면 '郭'이 된다.[85] 밖에서 안을 막는 것을 '郭'이라 하며 안에서부터 채워서 밖으로 나가는 것도 '郭'이라 한다. '郭'이나 '廓(곽)'자는 바로 속자(俗字)다. '鼓'와 '郭'은 운모가 같다.
(2) 《풍속통(風俗通)》에서 전적으로 이 설을 인용하였다.[86]
(3) '鼓'에는 반드시 매다는 받침대[虡(거)]가 있다.
(4) 각 판본에는 전문(篆文)이 '[illegible]'로 되어 있다. 이 구절의 14자가 "从支, 支象其手擊之也."로 쓰여 있는데[87] 지금 바로잡는다. '弓(궁)'부의 '弢(도)'자 아래에서 "弓으로 구성되었다. 屮과 又로 구성되었는데 屮은 늘어진 장식이다.[从弓, 从屮又, 屮垂飾.]"[88]이라고 하였으니 '鼓'자와 구성원리가 같다. 그러므로 '鼓'가 '屮'로 구성된 것은 분명하다. '弢'와 '鼓'는 모두 '屮'로 장식을 상형했는데 하나는 활옷의 장식을 상형하였고 하나는 북의 짐승 장식을 상형하였다. 또 모두 '又'로 구성되었는데 하나는 손으로 잡은 것이고 하나는 손으로 두드리는 것이다. 몽영(夢英)이 쓴 책[89]이나 곽씨(郭氏)의 《패휴(佩觿)》에는 모두 '鼓'로 쓰였는데[90] 그것이 맞다. '鼓'로 쓰거나, '皷'로 쓰거나 '鼔'로 쓴 것은 모두 잘못이다. '屮'과 '又'로 구성된 것이지 '미끄러지다[㞙滑(도활)]'는 뜻의 '㞙(도)'[91]로 구성된 것이 아닌데 후인들이 잘못해서 "从屮从又"를 빼 버렸다. 활옷의 장식이란 '紛綬(분수)'[92]와 같은 것이고 북

85 제5편 下 '𩫏'부 說解 참조.

86 《風俗通義》 <聲音>의 '鼓'조에서 "鼓者郭也, 春分之音也, 萬物郭皮甲而出, 故謂之鼓, 周禮六鼓, 雷鼓八面, 路鼓四面, 鼖鼓晉鼓皆二面."이라고 하였다.

87 徐鉉本·徐鍇本 모두 "鼓, 郭也. …… 故謂之鼓, 從壴支, 象其手擊之也……."라고 되어 있으며 段玉裁의 인용과 조금 다르다.

88 제12편 下 '弓'부 '弢'자 說解는 "弢, 弓衣也, 从弓㞙, 㞙垂飾, 與鼓同意."라고 되어 있어서 段玉裁가 여기에 인용한 것과 다르다.

89 夢英의 《篆書目錄偏旁字源》 참조.

90 《佩觿》의 '上聲入聲相對'에 이 자형이 나와 있다.

91 제3편 下 '又'부 '㞙'자 說解: 㞙, 滑也.

92 《周禮·春官·司几筵》의 "依前南鄉設莞筵紛純"의 鄭玄의 注 참조. '紛'은 흰색 수를 놓은 장식이고 '綬'는 얇게 무늬를 새겨 끼운 장식을 말한다.

의 짐승 장식이란 '崇牙(숭아)'나 '樹羽(수우)' 같은 것이다. '鼓'의 발음은 工(공)과 戶(호)의 반절이다. 5부에 속한다.

(5) '육고(六鼓)'는 《주례·고인(鼓人)》93에 보인다. 여섯 면, 네 면, 두 면 북에 대해 정현(鄭玄)도 똑같이 말하였다.

(1) 城郭字俗作郭. 凡外障內曰郭, 自內盛滿出外亦曰郭. 郭廓正俗字, 鼓郭疊韻. (2) 風俗通全用此說. (3) 鼓必有虡也. (4) 各本篆文作鼓. 此十四字作从支, 支象其手擊之也, 今正. 弓部弢下云, 从弓从屮又, 屮垂飾. 與鼓同意, 則鼓之从屮, 憭然矣. 弢鼓皆从屮以象飾, 一象弓衣之飾, 一象鼓虡之飾也. 皆从又, 一象手執之, 一象手擊之也. 夢英所書郭氏佩觿, 皆作鼓, 是也. 凡作鼓, 作皷, 作鼔者, 皆誤也. 从屮从又, 非从岦滑之岦, 後人譌刪. 弓衣之飾, 如紛綬, 是也. 鼓虡之飾, 如崇牙樹羽, 是也. 工戶切. 五部. (5) 六鼓見周禮鼓人. 六面, 四面, 兩面, 鄭與此同.

162. 豈(기)[94]부

還師振旅樂也.(1) 一曰, 欲登也.(2) 从豆(3)㣲省聲.(4) 凡豈之屬皆从豈.

'豈'는 군대가 돌아왔을 때 연주하는 음악이다. 일설에는 올라가려고 하는 것이라고 하기도 한다. '豆(두)'로 구성되었으며 '㣲(미)'의 생략형이 발음을 나타낸다.95 豈부에 속하는 한자는 모두 豈의 의미를 따른다.

(1) 《공양전(公羊傳)》에 "출정할 때의 음악을 '祠兵(사병)'이라 하고 돌아왔을 때의 음악을 '振旅(진려)'라 한다."라고 하였다.96 《주례(周禮)·대사악(大司樂)》에 "왕의 군대가 승전보를 바치자 愷樂(개악)을 연주하게 하였다.[王師大獻則令奏愷樂]"라고 하였는데 주석에서 "'大獻(대헌)'이란 승보를 조상(祖上)께 바치는 것이고, '愷樂(개악)'이란 공을 바치는 음악이다.

93 《周禮·地官·鼓人》과 그에 대한 鄭玄의 注 참조.

94 豈자는 '기'와 '개'의 두 가지 발음이 있다. 段注에 제시된 반절음과 다르다.

95 제8편 上 '人'부의 '㣲(미)'자에서 허신은 "豈의 생략형이 발음을 나타낸다."라고 하였다. 그렇다면 㣲자와 豈자는 발음상 연관이 깊다는 말이 된다.

96 《公羊傳》 莊公 八年 참조.

정사농(鄭司農(鄭衆))은 《춘추(春秋)》의 '진문공(晉文)公이 성복(城濮)에서 초(楚)를 패배시켰다.'라는 경문의 전(傳)에서 '이에 개선의 음악을 연주하여 진(晉)나라로 돌아갔다.'라고 설명하였다."[97]라고 되어 있다. 내 생각에 경전에서는 '豈'자를 '愷(개)'자로 쓴 것 같다.

(2) 이 구절이 각 본에는 "欲也, 登也."로 되어 있어서[98] '也(야)'자가 많은데 지금 빼고 바로잡는다. '欲登(욕등)'이란 끌고 올라가려는 것이다. '豈(기)'라고 할 때는 모두 '…… 하는 것일 것이다. …… 하기를 바란다[庶幾(서기)]'를 뜻하는 어사[詞]로 쓰인 것이다. 어떤 사건의 징조가 현재 시점에서 분명해지고 있다는 것을 말한다. 그래서 '欲登'이라고 하였다. 《예기 · 증자문(曾子問)》의 "주공(周公)께서 안 된다고 말씀하신 것이다.[周公曰, 豈不可.]"라는 구절에 대한 주석에서는 "그 일이 아마도 禮에 안 맞는다는 것을 말한다."라고 하였다.[99] 내 생각에 이것은 예(禮)에 있어서 불가(不可)함에 가깝다는 말이다. 《한서(漢書) · 병길전(丙吉傳)》의 "豈宜褒顯(기의포현)"[100]이라는 구절은 "마땅히 상을 주어 드러내야 한다."라는 뜻이다. 주대(周代) · 한대(漢代)의 문자에서 '豈'를 이런 의미로 쓴 경우가 대단히 많다. 두 가지 예를 들어 증명할 수 있다. '欠(흠)'부에 '钦(기)'자가 나오는데 '바란다[幸(행)]'는 뜻이다.[101] 《예기 · 문왕세자(文王世子)》의 주석[102]과 <공묘예기비(孔廟禮器碑)>[103]에 '豈(기)'자가 나온다. 모두 '豈(기)'와 의미가 서로 가깝다. '豈'는 곧 '豈'자가 변한 자형이다. '豈'는 본래 대단히 어렵다는 것을 나타내는 '어사[詞]'이다. 그래서 인신되어 의문사[疑詞]로 쓰인다. 예를 들어 《시 · 소남(召南)》의 전(傳)에서 "豈不[어찌 ……이 아닌가?]은 바로 그것임을 긍정하는 말이다."[104]라고 하였다. 후인들의 문자에서 '豈'를 말한 것은 그 의미가 지금 속어에서의 "難道[……이 아니겠는가?]"와 같다. 이것은 <증자문(曾子問)>이나 《한서 · 병길전》에 나온 두 '豈'자와 상반되는 것 같지만 조심하고 신중한 의도를 드러내는 것은 마찬가지다.

(3) 여기서의 '豆'는 '壴省(주생)'의 두 글자로 써야 한다. '豈(개)'는 공(功)을 바치는 음악이고 '壴(주)'란 악기를 진열한 것이다.[105]

---

97 《周禮 · 春官 · 大司樂》 經文과 鄭玄의 注 참조.

98 徐鉉本 · 徐鍇本 모두 "一曰欲也, 登也."라고 되어 있다.

99 《禮記 · 曾子問》 참조.

100 《漢書 · 丙吉傳》 참조.

101 제8편 下 '欠'부 '钦'자 說解 참조.

102 《禮記 · 文王世子》 "王乃命公侯伯子男及羣吏曰, 反養老幼于東序, 終之以仁也."의 注에 "……孝經說所謂諸侯歸, 各帥於國, 大夫勤於朝, 州里豈於邑, 是也."라고 되어 있다.

103 《隷釋》 卷1 <魯相韓勑造孔廟禮器碑>에 "自天王以下至于初學, 莫不豈思嘆卬."이라고 되어 있다.

104 《詩 · 召南 · 行露》의 "豈不夙夜"의 <毛傳> 참조.

(4) '䝵(미)'자가 각 판본에는 '微(미)'자로 되어 있다. 잘못이다. 지금 서현본(徐鉉本)에 나와 있는 아래 주석에 의하여 바로잡는다.[106] '豈'의 발음은 墟(허)와 豨(희)의 반절이다. 15부에 속한다. 살펴보면 서현(徐鉉)은 (反切 下字)인 '豨'자를 '喜(희)'자로 썼는데 잘못이다.[107]

(1) 公羊傳曰, 出曰祠兵, 入曰振旅. 周禮大司樂曰, 王師大獻, 則令奏愷樂. 注曰, 大獻, 獻捷於祖, 愷樂, 獻功之樂. 鄭司農說以春秋晉文公, 敗楚於城濮. 傳曰, 振旅愷以入於晉. 按經傳豈皆作愷. (2) 各本作欲也登也, 多也字, 今刪正. 欲登者, 欲引而上也. 凡言豈者, 皆庶幾之詈, 言幾至於此也. 故曰欲登. 曾子問, 周公曰, 豈不可. 注言, 是豈於禮不可. 按此謂於禮近於不可也. 漢書丙吉傳, 豈宜褒顯. 猶言蓋庶幾宜褒顯也. 周漢文字用豈同此者甚多, 擧二事足以明矣. 欠部有欯字, 幸也. 文王世子注孔廟禮器碑, 有驩字, 意皆與豈相近. 驩卽豈之變也. 豈本重難之詈, 故引伸以爲疑詈. 如召南傳曰, 豈不言有, 是也. 後人文字言豈者, 其意若今俚語之難道. 是與曾子問丙吉傳二豈字, 似若相反, 然其徘徊審顧之意, 一也. (3) 豆當作壴省二字. 豈爲獻功之樂, 壴者陳樂也. (4) 䝵各本作微, 誤. 今依鉉本䝵下注語正. 墟豨切. 十五部. 按鉉豨作喜, 誤.

163. 豆(두)부

 古食肉器也.(1) 从口.(2) 象形.(3) 凡豆之屬皆从豆.  古文豆.(4)

'豆'는 옛날에 고기를 담아먹던 그릇이다. '口(위)'로 구성되었다. 상형(象形)이다. 豆부에 속하는 한자는 모두 豆의 의미를 따른다. ''는 豆의 고문이다.

(1) 《주례(周禮)·고공기(考工記)》에 "1두(豆)의 고기를 먹는 것이 중인(中人)들의 식사다."[108]

---

105 段玉裁는 '豈'자가 '豆'로 구성된 것이 아니라 音樂과 관계된 '壴'의 생략형으로 구성된 것이 맞다고 보고 있다.

106 徐鉉本·徐鍇本 모두 "微省聲"으로 되어 있다. 徐鉉本 제8편 上 '人'부 '䝵'자 說解에 "䝵, 妙也. 从人从攴. 豈省聲."이라고 되어 있고 그 아래의 注에는 "臣鉉等案, 豈字从䝵省, 䝵不應从豈省, 蓋傳寫之誤."라고 되어 있다.

107 徐鉉本에 나오는 反切은 "墟喜切"이다.

108 《周禮·考工記·梓人》에 "食一豆肉, 飮一豆酒, 中人之食也."라고 되어 있다.

라고 하였다. 《좌전(左傳)》에는 "네 되[四升]가 1두(豆)다."[109]라고 하였다. 《주례·해인(醢人)》에는 "네 종류의 두(豆)에 담는 음식을 관장한다."[110]라고 하였다.

(2) '囗'는 발음이 '圍(위)'이고 그릇의 (음식)담는 곳을 상형하였다.

(3) 위의 '一'은 덮는 천을 상형하였다. 《의례(儀禮)·특생궤식례(特牲饋食禮)》에서 "籩(변)은 굵은 칡베로 덮었고 안은 세 번 물을 들였기 때문에 분홍빛이다."라고 하였다.[111] 《의례·사혼례(士昏禮)》에서 "간장 2두(豆)와 절인 젓갈 4두(豆)를 모두 巾(건)으로 덮는다."[112]라고 하였고, 《의례·사상례(士喪禮)》에서 "籩豆(변두)는 천을 사용한다."[113]라고 한 것이 그것이다. 아래의 '一'은 받침[丌]을 상형하였다. 《예기·제통(祭統)》의 주석에 "鐙(등)은 豆 아래의 다리다."[114]라고 한 것이 그것이다. '||'은 다리를 상형하였다. 《예기·제통》에 "夫人薦豆執校[夫人이 豆를 올릴 때 다리를 잡는다.]"라고 하였다. 여기서의 '校(교)'는 ('아랫다리'라는 뜻의) '骹(교)'의 가차자다. 주석에서 '豆의 가운데 곧은 것'이라고 한 것이 그것이다. '豆'는 원래 다리 자루[柄]가 하나뿐인데 둘로 쓴 것은 멀리서 보면 둘로 보이기 때문이다. 글자를 그려내는 방법이 그렇다. 《주례·고공기》 '豆中縣(두중현)'의 주석에서 "줄을 걸어 豆의 자루[柄]에 맞춘다."[115]라고 할 때의 '柄(병)'이 곧 '豆'의 다리를 말한다. '豆'의 자루[柄]는 수직으로 서 있으므로 ('서 있다'는 의미를 가진) '豎(수)'·'侸(두)'·'壴(주)'자가 모두 '豆'로 구성되었다. '豆'의 발음은 徒(도)와 候(후)의 반절이다. 4부에 속한다.

(4) (고문의 자형이) 서개본(徐鍇本)에 이렇게 되어 있다.[116] 《옥편(玉篇)》에서도 "𣅜(두)는 豆의 고문(古文)이다."[117]라고 하였으니 여기서의 고문 모양과 가깝다.

(1) 考工記曰, 食一豆肉, 中人之食也. 左傳曰, 四升爲豆. 周禮醢人, 掌四豆之食. (2) 音圍, 象器之容也. (3) 上一象幎也. 特牲, 籩巾以絡纁裏. 士昏, 醯醬二豆, 菹醢四豆, 兼巾之. 士喪, 籩豆用布

---

109 《左傳》 昭公 三年의 傳 참조.

110 《周禮·天官·醢人》 참조. 疏에 의하면 "四豆之實者, …… 朝事·饋食·加豆·羞豆之實, 是也."라고 되어 있다. 이어서 각각의 용도에 따라 그릇에 담는 음식의 종류를 설명하였다.

111 《儀禮·特牲饋食禮》 참조.

112 《儀禮·士昏禮》 참조.

113 《儀禮·士喪禮》 참조.

114 《禮記·祭統》의 "夫人薦豆執校, 執醴授之執鐙."의 注 참조.

115 《周禮·考工記·旊人》의 "器中膞, 豆中縣."의 注 참조.

116 徐鍇本의 古文자형과 徐鉉本의 古文자형이 다르다. 段玉裁는 徐鍇本을 따르고 있다.

117 《玉篇》 '豆'부 제236 참조.

巾, 是也. 下一象丌也. 祭統注曰, 鐙豆下跗, 是也. ‖象骹也. 祭統曰, 夫人薦豆執校. 校者, 骹之假借字. 注云, 豆中央直者, 是也. 豆柄一而已, 兩之者, 望之則兩也. 畫繪之法也. 考工記曰, 豆中縣. 注, 縣繩正豆之柄, 是也. 豆柄直立, 故豎侸壴字, 皆从豆. 徒候切. 四部. (4) 鍇本如此作. 玉篇亦曰, 豆古文. 當近是.

164. 豊(례)부

 行禮之器也.(1) 从豆. 象形.(2) 凡豊之屬皆从豊. 讀與禮同.

'豊'는 예(禮)를 행할 때 쓰는 그릇이다. '豆(두)'로 구성되었다. (나머지 자형은) 상형한 것이다. 豊부에 속하는 한자는 모두 豊의 의미를 따른다. '禮(례)'와 동일하게 발음한다.

(1) '豊'와 '禮'는 운모가 같다.

(2) ('豆'를 제외한 자형의) 윗부분이 모양을 상형하였다. 임한(林罕)의 《자원(字源)》에서 "윗부분은 '𠁩'(冊(책)자의 전문)으로 구성되었다.[上从𠁩]"라고 하였는데 곽충서(郭忠恕)는 그것이 틀렸다고 하였다.[118] 살펴보면 《설문》의 例는 완전한 글자로 구성된 부분에 대해서는 "某로 구성되었다.[从某]"라고 말한다. 만약 위가 '𠁩'자로 된 것이라면 "상형한 것이다[象形]"라고 말하지 않았을 것이다. '豊'의 발음은 盧(로)와 啓(계)의 반절이다. 15부에 속한다.

(1) 豊禮疊韻. (2) 上象其形也. 林罕字源云, 上从𠁩. 郭氏忠恕非之. 按說文之例, 成字者則曰从某. 假令上作𠁩, 則不曰象形. 盧啓切. 十五部.

118 郭忠恕의 《佩觿》 <辨證篇>에는 "豊, 辨證曰, 按說文豊从𠁩, 不从冊, 云从冊者, 出林罕字源."이라고 되어 있다.

165. 豐(풍)부

 豆之豐滿也.(1) 从豆. 象形.(2) 一曰鄉飮酒有豐侯者.(3) 凡豐之屬皆从豐.  古文豐.

‘豐’은 豆(두) 중에서 풍성하게 담을 수 있는 것이다. ‘豆(두)’로 구성되었다. (나머지 자형은) 상형한 것이다. 일설에는 ‘향음주(鄉飮酒)’에 나오는 풍후(豐侯)를 (가리키는 말이라고) 한다. 豐부에 속하는 한자는 모두 豐의 의미를 따른다. ‘’은 豐의 고문이다.

(1) ‘豆’ 중에서 큰 것을 말한다. 인신(引伸)되어 대체로 큰 것을 ‘豐’이라 하게 되었다. 《방언(方言)》에 “豐은 크다는 뜻이다. 사물의 큰 모양을 豐이라 한다.”[119]라고 하였고, 또 말하기를 “朦(몽), 尨(방)은 크다[豐]는 뜻이다. 豐이 통용어[通語]다. 조(趙)지방이나 위(魏)지방의 주변, 연(燕) 북쪽의 변방에서는 ‘큰 사람[大人]’을 일컬어 豐이라 한다. 연기(燕記)에 ‘豐人杼首[큰 사람은 얼굴이 길다.]’라는 말이 있다. 연(燕)지방과 조(趙)지방 사이에서는 둘레가 큰 것을 豐이라 한다.”[120]라고 하였다. 허신이 ‘豐’에 대해서 ‘豆之豐滿’이라고 설명한 것은 인신된 의미를 가지고 본의를 밝힌 것이다. 《시·주송(周頌)·풍년(豐年)》의 전(傳)에 “豐은 大다.”[121]라고 하였으니 ‘豐年’의 ‘豐’ 또한 인신된 뜻으로 쓰인 것이다. 가씨(賈氏)의 《의례(儀禮)》 소(疏)에서는 그 풀이가 옳지 않다.[122]

(2) ‘曲’은 ‘豆’가 큰 것을 상형한 것이다. 여기에서 말하는 ‘상형(象形)’이란 ‘豐’자의 윗부분이 ‘상형한 것’이라는 말이다. 대동(戴侗)은 “당본(唐本)에서는 ‘豆와 山으로 구성되었으며 丰丰부분이 발음을 나타낸다.[从豆, 从山, 丰丰聲.]’라 하고 촉본(蜀本)에서는 ‘丰이 발음이다. 山의 자형은 그 높고 크다는 의미로써 취한 것이다.[丰聲. 山取其高大.]’라고 하였다.”[123]라고 하였다. 살펴보면 ‘生(생)’부에서 “丰(봉)은 풀이 무성하여 많다는 뜻이다.”[124]라고 하

119 《方言》 卷一 참조.
120 《方言》 卷二 참조.
121 《詩·周頌·豐年》 “豐年多黍多稌”의 <毛傳>참조.
122 《儀禮·大射儀》 “膳尊兩甒在南, 有豐.”의 注와 疏 참조.
123 戴侗의 《六書故》 卷28 <工事>四의 ‘豆之諧聲’ ‘豐’조 참조.
124 제6편 下 ‘生’부 ‘丰’자 說解 참조.

였으므로 '丰'은 '豐'과 발음과 의미가 모두 같다. 《의례·대사례(大射禮)》 주석에 "豐은 글자가 豆(두)로 구성되었으며 '䡛'이 발음을 나타낸다. 豆와 비슷하지만 더 크고 낮다."[125] 라고 하였다. 아마도 정현(鄭玄)의 시대에는 '䡛'자가 있었던 듯하다. 그러나 정현의 주석도 전사되는 과정에서 지금에 이르기까지 오류가 많다. (정현의 주석에서) '䡛聲'의 '聲(성)'자는 쓸데없는 글자인지도 모른다. 《의징(儀徵)》에서 완원(阮元)은 <䢅字瓦>를 설명하면서 "豐(풍)자는 '䢅'이 발음을 나타내고 '凵'부분은 상형이다. '豊(례)'자는 '𡴀'이 발음을 나타내고 '凵'부분이 상형이다."라고 하였다. 그렇다면 '豐'자는 '풀이 성하다[艸盛]'는 의미의 '丯(봉)'으로 구성되고 '豊'자는 '풀이 어지럽게 나 있다.[艸蔡]'라는 의미의 '丰(개)'으로 구성된 것이다. 내(玉裁)가 살펴본 바로는 '丯'을 나란히 한 것이나 '丰'을 나란히 한 것이나 《설문》에는 그런 글자가 없다. 예를 들어 '朁(잠)'·'䰼(심)'자가 '兓(침)' 성부로 구성된 것, '蒜(산)'자가 '祘(산)' 성부로 구성된 것, '飆(표)'·'贔(신)'자가 '猋(표)' 성부·'驫(표)' 성부로 구성된 것, '㯁(류)'·'㯂(섭)'자가 '㳄(추)'로 구성된 것 등은 모두 그런 글자가 없는 것은 아니다.[126] 그러므로 당본(唐本), 촉본(蜀本)이 완전히 믿을 것은 못된다. '豐'의 발음은 敷(부)와 戎(융)의 반절이다. 9부에 속한다.

(3) 이것은 豊의 또 다른 뜻이다. '鄉(향)'자는 '禮(예)'자로 써야 한다. 허신이 '觚(호)'자나 '觶(치)'자에서 ('禮飲酒'를 '鄉飲酒'로) 잘못 쓴 것과 같다.[127] "예음주(禮飲酒)에 풍후(豐侯)라는 말이 나온다."라는 부분은 《의례》의 <향사례(鄉射禮)>·<연례(燕禮)>·<대사례(大射禮)>·<공식대부례(公食大夫禮)>에 나와 있는 '豐'자를 말한다. 정현(鄭玄)은 그 모양을 "豆와 비슷하지만 낮고 크다."라고 하고 "해설가들은 '井鹿盧(정록로)'[128]와 같은 것이라고 여겼다."라고 하였다. 그 용도에 대해서는 <향사례>에는 '爵(작)을 받치는 것[承爵]'이라 하고 <대사례>에는 '尊(준)을 받치는 것[承尊]'이라 하고 <공식대부례>의 '豐'도 '爵을 받치는 것[承爵]'이라 하였고, <연예>의 '豐'도 '尊을 받치는 것'이라 하였으니[129] 모두 각기 그 편의 문장 맥락에서 해석하였다. 《예》에는 '豐'이라고만 했는데 허신이 '豐侯'라고 한 것은 한대(漢代) 예전문가[禮家]들의 말인 듯하다. 《한서(漢書)·율력지(律曆志)》에 "王命作策豐刑[王이 策을 만드는 관리인 豐刑에게 命하다.]"라는 말이 나오

125 《儀禮·大射儀》 "膳尊兩甒在南, 有豐."의 注 참조.

126 '朁'·'䰼'자는 제5편 上 '曰'부와 제3편 下 '鬲'부 참조. '蒜'자는 제1편 下 '艸'부 참조. '飆'·'贔'자는 제13편 上 '風'부와 제6편 上 '木'부 참조. '㯁'·'㯂'자는 제11편 下 '㳄'부 참조.

127 제4편 下 '角'부 '觚'자와 '觶'자 說解 및 段玉裁 注 참조.

128 '井鹿盧'는 우물에서 물을 긷기 위하여 줄에 걸어 내려뜨리던 도구다.

129 《儀禮》 <鄉射禮>·<燕禮>·<大射禮>·<公食大夫禮>의 經文 및 注 참조.

고[130] 《죽서기년(竹書紀年)》 성왕(成王) 19년에는 "黜豐侯[豐侯를 내쳤다.]"라고 되어 있다. 완심(阮諶)은 "豐은 나라 이름이다. 풍후가 술에 빠져 나라를 망쳤다."라고 하였다. 최인(崔駰)은 <주잠(酒箴)>에서 "豐侯가 술독에 빠져 앵부(罌缶)를 짊어지고 스스로 세상에서 죽임 당했다. 그 모양을 그려서 후세에 권계한다."라고 하였고 이우(李尤)는 <풍후명(豐侯銘)>에서 "豐侯가 대단히 잘못에 빠져 어지러이 취하고 미혹되었으니 그 모양을 본떠 禮에 경계하는 표식으로 삼아 후세에 그것을 전한다. 그러나 실제로 그에 대한 정설(正說)은 없다."라고 하였다.[131] 위 세 사람은 모두 후한(後漢) 시대 사람이다. 완심(阮諶)이 《삼례도(三禮圖)》를 편찬한 사실을 가지고 한대(漢代) 사람들은 《예경(禮經)》에 '豐侯'가 있었다는 주장으로 억지로 끌어다 설명하였다. 그러나 '豐侯'에 대해서 이우(李尤)는 "정설(正說)은 없다."라고 하였고 정현(鄭玄)은 그것에 대해 언급하지 않았다. 허신은 예가(禮家)들의 주장을 따랐다.

(1) 謂豆之大者也. 引伸之凡大皆曰豐. 方言曰, 豐, 大也. 凡物之大皃曰豐. 又曰, 朦尨, 豐也, 豐其通語也, 趙魏之郊, 燕之北鄙, 凡大人謂之豐. 燕記, 豐人杼首. 燕趙之閒, 言圍大謂之豐. 許云豆之豐滿者, 以其引伸之義明其本義也. 周頌豐年傳曰, 豐, 大也. 然則豐年亦此字引伸之義, 而賈氏儀禮疏不得其解. (2) 𡴀象豆大也. 此與豐上象形同耳. 戴侗云, 唐本曰, 从豆从山丯丯聲. 蜀本曰, 丰聲, 山取其高大. 按生部云, 丰, 艸盛丰丰也. 與豐音義皆同. 大射儀注曰, 豐其爲字, 从豆𡴀聲, 近似豆, 大而卑矣. 似鄭時有𡴀字, 但鄭注轉寫至今亦多譌誤. 𡴀聲之聲或是賸字. 儀徵阮氏元說𡴀字瓦云, 豐字當是𡴀聲而凵象形, 豐字當是丯丯聲而凵象形. 一从艸聲之丰, 一从艸蔡之丰也. 玉裁按, 竝丰, 竝丰, 說文無字. 如朁鬵字从兓聲, 蒜字从祘聲, 飆䆮字从猋聲驫聲, 㯉㯉字从林, 皆非無字者也. 則唐本蜀本, 未可遽信. 敷戎切. 九部. (3) 此別一義. 鄉當作禮, 與觚下觶下之誤同. 禮飲酒有豐侯, 謂鄉射燕大射公食大夫之豐也. 鄭言其形云, 似豆卑而大, 說者以爲若井鹿盧. 言其用, 於鄉射云, 所以承爵也, 於大射云, 以承尊也, 公食大夫之豐, 亦當是承爵, 燕禮之豐, 亦當是承尊, 皆各就其篇之文釋之. 禮但云豐, 許云豐侯者, 蓋漢時說禮家之語. 漢律曆志, 王命作策豐刑. 竹書紀年, 成王十九年黜豐侯. 阮諶曰, 豐, 國名也. 坐酒亡國. 崔駰酒箴曰, 豐侯沈湎, 荷罌負缶, 自戮於世, 圖形戒後. 李尤豐侯銘曰, 豐侯荒謬, 醉亂迷迭, 乃象其形, 爲禮戒式, 後世傳之. 固無正說. 三君皆後漢人, 諶撰三禮圖者, 漢人傅會禮經有豐侯之說. 李尤以爲無正說, 鄭不之用, 許則襲禮家說也.

---

130 《漢書·律曆志》 下 참조.

131 《太平御覽》 卷762 <器物>부의 '豐'조에서 崔駰의 <酒箴>과 李尤의 <豐侯銘>을 인용하고 있다.

166. 壴(희)부

 古陶器也.(1) 从豆虍聲.(2) 凡壴之屬皆从壴.

'壴'는 옛날의 질그릇이다. '豆(두)'로 구성되었고 '虍(호)'가 발음을 나타낸다. 壴부에 속하는 한자는 모두 壴의 의미를 따른다.

(1) '陶(도)'는 '匋(도)'로 써야 한다. 그러나 서법(書法)에서는 대부분 통용된다. 원래는 '匋'가 "질그릇을 만든다.[作瓦器]"라는 뜻이다.[132]

(2) '壴'의 발음은 許(허)와 羈(기)의 반절이다. 내 생각에 '虍'의 발음은 5부에 있어야 한다. 그런데 ('虍'가 성부인) '壴(희)'·'戲(희)'[133]자가 16부, 17부로 옮겨 들어간 것은 합음(合音)의 이치 때문이다.

(1) 陶當作匋. 書多通用. 匋, 作瓦器也. (2) 許羈切. 按虍聲當在五部, 而壴戲轉入十六部十七部, 合音之理也.

167. 虍(호)부

 虎文也. 象形.(1) 凡虍之屬皆从虍. 讀若春秋傳曰虍有餘.(2)

'虍'는 호랑이의 무늬다. 상형(象形)이다. 虍부에 속하는 한자는 모두 虍의 의미를 따른다. 《춘추전(春秋傳)》의 '虍有餘(호유여)'와 같이 발음한다.

(1) 소서본(小徐本)에서 "그 무늬가 구불구불한 것을 상형하였다."[134]라고 하였다. '虍'의 발음

132 제5편 下 '缶'부 '匋'자 說解 참조.

133 제10편 下 '戈'부 '戲'자 說解 참조.

134 徐鍇本에는 '其'자가 없다.

은 荒(황)과 烏(조)의 반절이다. 5부에 속한다.

(2) 이 구절에는 잘못된 글자가 있어서 (뜻이) 통하지 않는다.[135] 아마도 "賈余餘勇[내게 남은 용기를 팔다.]"의 '賈(고)'자를 말하는 듯하다.[136]

(1) 小徐曰, 象其文章屈曲也. 荒烏切. 五部. (2) 有譌字不可通, 疑是賈余餘勇之賈.

168. 虎(호)부

 山獸之君. 从虍从儿.(1) 虎足象人足也.(2) 凡虎之屬皆从虎.  古文虎.  亦古文虎.

'虎'는 산짐승 중에 으뜸이다. '虍(호)'로 구성되었고 '儿(인)'으로 구성되었다. 호랑이의 발은 사람의 발 모양을 상형하였다. 虎부에 속하는 한자는 모두 虎의 의미를 따른다. ''는 虎의 고문이다. ''도 虎의 고문이다.

(1) '虎'는 회의(會意)자다.

(2) 이상의 여덟 자("从儿. 虎足象人足也.")는 서현본(徐鉉本)에서 잘못 고쳐지고 장차립(張次立)이 다시 서현본(徐鉉本)에 의해 서개본(徐鍇本)을 고쳤다.[137] 《운회(韻會)》만 이렇게 되어 있으니 그것이 고본(古本)의 참모습이다.[138] 다만 "儿으로 구성되었다.[从儿]"가 《운회》에서는 "从𠘧(종인)"으로 되었으니 이는 그 글자의 오류가 이미 오래되었기 때문이다. '儿'

135 '讀若' 이하의 아홉 자는 徐鉉本에는 없다. 여기에서 段玉裁는 徐鍇本에 따른 것이다.

136 《左傳》 成公 二年의 <傳>에 "欲勇者, 賈余餘勇."이라는 말이 나온다. 注에서는 "賈, 賣也. 言已勇有餘, 欲賣之."라고 하였으며 《釋文》에서는 "賈, 音古."라고 하였다. 그러나 이 구절이 成公 二年에 해당하는 것에 대해서는 異論이 많으며 《公羊傳》 昭公 三十一年의 "盱有餘"에 해당한다고 주장하는 사람들도 있다.

137 徐鉉本·徐鍇本에 모두 "虎, 山獸之君, 从虍, 虎足象人足, 象形."이라고 되어 있다. 張次立은 宋代의 사람으로 徐鍇本을 교정하였다.

138 《韻會》 上聲 七 '麌'韻에 "虎, 說文虎, 山獸之君, 从虍从儿. 虎足象人足也."라고 되어 있다.(光緒九年淮南書局重刊本) "从虍从儿"이 다른 판본(慶長古活字版)에는 "从虍从刀"라고 되어 있는데 段玉裁가 본 것은 아마 이 판본인 것 같다. 왜냐하면 '人'자의 小篆자형이 '刀'와 유사하기 때문이다.

부에서 "공자(孔子)가 '사람의 아래쪽에 있는 것이므로 굽었다.'라고 하였다."[139]라고 하였다. 이것은 사람의 무릎 아래의 정강이와 발을 말한다. 호랑이의 무릎, 발의 모양이 사람의 것과 유사하므로 '虎'의 위는 '虍'이고 아래는 '儿'이다. '虍'는 그 무늬를 말하고 '儿'은 그 발을 말한다. 《설문》에서 '龜(귀)'자의 머리와 '黽(민)'자의 머리는 '它(사)'자의 머리와 비슷하고[140] '燕(연)'자의 꼬리는 '魚(어)'자의 꼬리와 비슷하고[141] '兔(토)'자의 머리는 '㲋(착)'자의 머리와 비슷하고[142] '萈(환)'자의 발은 '兔(토)'자의 발과 비슷하고[143] '能(능)'자의 발과 '彘(체)'자의 발이 '鹿(록)'자의 발과 비슷하며[144] '㲋(착)'자의 머리는 '兔(토)'자와 비슷하고 발은 '鹿(록)'자와 비슷하다.[145] 이들은 모두 자형이 나타내는 의미가 서로 같다. ('虎'자의 설명에서) '儿'은 해당되는 글자가 있기 때문에 먼저 "儿으로 구성된다[从儿]"라고 하고 그 다음에 "호랑이의 발은 사람 발을 상형하였다.[虎足象人足也]"라고 하였다. ('儿'을 '人'으로) 바꾸어 소전(小篆)으로 ''로 쓰게 되면 '사람 발을 상형하였다.[象人足]'라고 한 말이 통하지 않게 된다. 고애길(顧藹吉)은 (从虎)의 '虎'자 아래에 당연히 "从爪(종조)"라는 구절이 있어야 한다고 의심하였다.[146] 지금 바로잡는다. 전문(篆文)의 '虎'자는 예서(隸書)를 따라 '儿'으로 구성되는 것이 옳다. '虎'의 발음은 呼(호)와 古(고)의 반절이다. 5부에 속한다. 5부와 17부는 통한다. 그래서 《좌씨(左氏)》의 '陽虎(양호)'[147]가 《논어(論語)》에는 '陽貨(양화)'로 되어 있는데[148] 하나는 이름이고 하나는 자(字)가 아니다. 그러나 형병(邢昺), 손석(孫奭)은 "이름이 '虎'이고 '貨'는 자(字)다."라고 주장하였다.[149]

(1) 會意. (2) 已上八字, 鉉本妄改, 張次立復以鉉本改鍇本. 惟韻會如是, 此古本之眞也. 从儿, 韻

139 제8편 下 '儿'부 說解 참조.
140 제13편 下 '龜'부와 '黽'부 說解 참조.
141 제11편 下 '魚'부 說解 참조.
142 제10편 上 '兔'부 說解 참조.
143 제10편 上 '萈'부 설해 참조.
144 제10편 上 '能'부와 제9편 下 '彑'부의 '彘'자 說解 참조.
145 제10편 上 '㲋'부 說解 참조.
146 《隷辨》 卷六 <偏旁五百四十部> '虎'조 참조. 顧藹吉은 淸代 사람으로서 《隷辨》을 편찬하였다.
147 《左傳》 昭公 二十七年의 <傳>에 "孟懿子, 陽虎伐鄆."이라고 하였다.
148 《論語·陽貨》에 "陽貨欲見孔子, 孔子不見."라고 되어 있다.
149 《論語·陽貨》 "陽貨欲見孔子, 孔子不見."의 邢昺의 疏에 "陽貨, 陽虎也. 蓋名虎, 字貨."라고 되어 있다. 《孟子·滕文公》上 "陽虎曰爲富不仁矣, 爲仁不富矣."의 孫奭의 疏에 "是則姓陽, 名虎, 字貨也."라고 되어 있다. 段玉裁의 주장은 '虎'와 '貨'가 서로 발음이 통하므로 '陽虎'가 즉 '陽貨'이며 邢昺이나 孫奭처럼 '虎'는 이름이고 '貨'는 字가 되는 것은 아니라는 말이다.

會作从儿, 此其誤已久耳. 儿部曰, 孔子曰, 在人下, 故詰屈. 謂人之股脚也. 虎之股脚似人, 故其字上虍下儿. 虍謂其文, 儿謂其足也. 說文, 龜頭黽頭似它頭, 燕尾似魚尾, 兔頭似㲋頭, 萈足似兔足, 能足㲋足似鹿足, 㲋, 頭似兔, 足似鹿. 文義相同. 儿有其字, 故先言从儿而後言虎足象人足. 篆體改作, 則象人足之云不可通. 顧氏藹吉乃疑虎下當从爪矣, 今正之. 凡篆虎字依隸體从儿爲是. 呼古切. 五部. 五部與十七部通, 故左氏陽虎, 論語作陽貨, 非一名一字也. 邢昺孫奭, 乃有虎名貨字之說.

169. 虤(안)부

 虎怒也. 从二虎.(1) 凡虤之屬皆从虤.

'虤'은 호랑이가 성났다는 뜻이다. 두 개의 '虎(호)'로 구성되었다. 虤부에 속하는 한자는 모두 虤의 의미를 따른다.

(1) '虤'은 "두 마리 개가 서로 물고 있는 것이다.[两犬相齧也]"[150]라는 뜻의 '犾(은)'자와 글자 구성원리가 같다. '虤'의 발음은 五(오)와 閑(한)의 반절이다. 14부에 속한다.

(1) 此與犾, 两犬相齧也, 同意. 五閑切. 十四部.

170. 皿(명)부

 飯食之用器也.(1) 象形. 與豆同意.(2) 凡皿之屬皆从皿. 讀若猛.(3)

'皿'은 밥 먹을 때 사용하는 그릇이다. 상형(象形)이다. '豆(두)'자와 글자 구성원리가 같다[同意(동의)]. 皿부에 속하는 한자는 모두 皿의 의미를 따른다. '猛(맹)'과 같

150 제10편 上 '犾'부 說解 참조.

이 발음한다.

(1) '飯(반)'자가 급고각본(汲古閣本)에서는 '飮(음)'자로 되어 있는데[151] 잘못이다. 《맹자(孟子)》에 "牲殺器皿[희생물과 그릇]"이라고 하였는데 조기(趙岐)의 주석에서 "皿은 그릇을 덮는 것이다."라고 하였다.[152] 이것은 '皿'을 '幎(명)'의 가차로 여긴 것인데 《맹자》의 본래 의미는 아닐 것이다.

(2) 위는 담을 수 있는 모양을 상형한 것이고 가운데는 몸체를 상형하였고 아래는 바닥을 상형하였다. 皿은 '豆'와 글자 구성이 대략 같지만[153] 조금 차이가 있다.

(3) 내 생각에 옛날에는 '孟(맹)'·'猛(맹)'이 모두 '芒(망)'과 같이 발음하였던 것 같다.

皿은 10부에 속한다. 지금 '皿'의 발음은 武(무)와 永(영)의 반절이다.

(1) 飯汲古閣作飮, 誤. 孟子, 牲殺器皿. 趙注, 皿所以覆器者. 此謂皿爲幎之假借, 似非孟意. (2) 上象其能容, 中象其體, 下象其底也. 與豆略同而少異. (3) 按古孟猛皆讀如芒. 皿在十部. 今音武永切.

171. 凵(거)부

凵盧,(1) 飯器.(2) 以柳作之. 象形.(3) 凡凵之屬皆从凵. 𥫱 凵或从竹去聲.(4)

'凵'는 凵盧(거로)다. 밥그릇이다. 버드나무로 그것을 만든다. 상형(象形)이다. 凵부에 속하는 한자는 모두 凵의 의미를 따른다. '𥫱'는 凵의 혹자(或字)로서 '竹(죽)'으로 구성되었으며 '去(거)'가 발음을 나타낸다.

(1) ('凵'와 '盧'의) 운모가 같은 글자로 이름을 삼은 것이다.

---

151 汲古閣本과 祁刻小徐本이 모두 "飮食之用器也"라고 되어 있다.

152 《孟子·滕文公》下 "惟士無田則亦不祭, 牲殺, 器皿, 衣服不備, 不敢以祭 則不敢以宴, 亦不足弔乎." 및 趙岐의 注 참조.

153 제5편 上 '豆'부 篆文 참조.

(2) ‘凵盧’에 대해서는 ‘皿(명)’부의 ‘盧(로)’자 아래 상세히 설명되어 있다.[154] 내 생각에 ‘皿’부에서 ‘凵’를 말하지 않은 것은 한 글자로 부를 때는 ‘盧’이고 두 글자로 이어서 부를 때는 ‘凵盧’라고 하기 때문이다.

(3) 이 그릇의 모양이 아래는 넓적하고 위는 좁다. ‘凵’의 발음은 去(거)와 魚(어)의 반절이다. 5부에 속한다.

(4) 살펴보면 《의례 · 사혼례(士昏禮)》 주석에는 ‘筥簏(거로)’로 되어 있다.[155] 《광운(廣韻)》에서 “筥(거)는 밥그릇[飯器]이다.”[156]라고 하였다.

(1) 疊韻爲名. (2) 凵盧詳皿部盧下. 按皿部不言凵者, 單評曰盧, 絫評曰凵盧也. (3) 下侈上斂. 去魚切. 五部. (4) 按士昏禮注, 作筥簏. 廣韻曰, 筥, 飯器.

172. 去(거)부

 人相違也.(1) 从大凵聲.(2) 凡去之屬皆从去.

‘去’는 사람이 서로 헤어진다는 뜻이다. ‘大(대)’로 구성되어 있고 ‘凵(거)’가 발음을 나타낸다. 去부에 속하는 한자는 모두 去의 의미를 따른다.

(1) ‘違(위)’는 ‘떠난다[離(리)]’는 뜻이다.[157] 사람이 이별하므로 ‘大(대)’로 구성되었다. ‘大’는 사람이다.[158]

(2) ‘去’의 발음은 丘(구)와 據(거)의 반절이다. 5부에 속한다.

(1) 違, 離也. 人離故从大. 大者, 人也. (2) 丘據切. 五部.

154 제5편 上 ‘皿’부 ‘盧’자 段玉裁 注 참조.
155 《儀禮 · 士昏禮》의 “婦執笲棗栗自門入”의 注 참조.
156 《廣韻》 上平聲 九 ‘魚’韻 참조.
157 제2편 下 ‘辵’부 ‘違’자 說解 참조.
158 제10편 下 ‘大’부 說解 참조.

173. 𧖧[159](혈)부

 祭所薦牲𧖧也.(1) 从皿.(2) 一, 象𧖧形.(3) 凡𧖧之屬皆从𧖧.

'𧖧'은 제사에서 드리는 희생의 피다. '皿(명)'으로 구성되어 있다. '一'은 피의 모양을 상형하였다. 𧖧부에 속하는 한자는 모두 𧖧의 의미를 따른다.

(1) '肉(육)'부에서 "膟(율)은 혈제(血祭)에 쓰는 고기다."[160]라고 하였고 '爨(찬)'부에서 "釁(흔)은 혈제(血祭)다."[161]라고 하였다. 《예기·교특생(郊特牲)》의 "毛血告幽全之物也[털짐승의 피는 피가 온전한 것임을 알려 준다.]"라고 한 주석에서 "幽(유)는 血이다."라고 하였다.[162] 《모시(毛詩)》에서 "血以告殺, 膋以升臭.[피로써 희생을 알리고 기름을 태워서 냄새를 올린다.]"[163]라고 하였다. 이것은 모두 혈제(血祭)의 일이다. 내 생각에 '人血'[사람의 피]이라 하지 않은 것은 그 글자가 '皿'으로 구성되었고 '人血'은 '皿'에 담을 수 없기 때문에 '제사에서 드리는 희생의 피'라고 한 것 같다. 그런데 왜 사람의 (피도) '血'이라고 부르는가? 원래는 사물의 이름이었지만 사람에게 적용하여 썼기 때문이다. 옛날엔 털짐승을 먹고 그 피를 마시며[164] 그 피를 바쳐서 신(神)께 보답했으므로 그래서 '血'자를 만들었는데 이 글자를 사람에게 적용하여 쓴 것이다.

(2) 여기서의 '그릇[皿]'은 《주례(周禮)》의 '珠槃(주반)'·'玉敦(옥돈)'(구슬로 장식하여 제사음식을 담던 그릇)과 같은 종류이다.[165]

(3) 피가 그릇[皿] 속에 있다는 말이다. '血'의 발음은 呼(호)와 決(결)의 반절이다. 12부에 속한다.

---

159 '𧖧'은 篆書의 자형을 반영하는 楷書體다. 지금은 '血'로 쓴다. 段玉裁는 許愼의 說解와 자신의 注에서 '𧖧'자를 일관되게 사용하고 '血'자를 사용하지 않았다.

160 제4편 下 '肉'부 '膟'자 說解 참조.

161 제3편 上 '爨'부 '釁'자 說解 참조.

162 《禮記·郊特牲》 참조.

163 《詩·小雅·信南山》의 鄭玄의 箋 참조.

164 《禮記·禮運》 참조.

165 《周禮·天官·玉府》 참조.

(1) 肉部曰, 膋, 血祭肉也. 爨部曰, 釁, 血祭也. 郊特牲曰, 毛血告幽全之物也. 注, 幽謂血也. 毛詩, 血以告殺, 膋以升臭. 此皆血祭之事. 按不言人血者, 爲其字从皿, 人血不可入於皿, 故言祭所薦牲血. 然則人何以亦名血也. 以物之名加之人. 古者茹毛飮血, 用血報神, 因製血字, 而用加之人. (2) 皿者, 周禮珠槃玉敦之類. (3) 在皿中也. 呼決切. 十二部.

174. 丶(주)부

有所絶止, 丶而識之也.(1) 凡丶之屬皆从丶.

'丶'는 끊고 멈추어야 하는 곳에서 점[丶]을 찍어 표시한다는 뜻이다. 丶부에 속하는 한자는 모두 丶의 의미를 따른다.

(1) 내 생각에 이 글자는 육서(六書) 중에서 지사(指事)다. 대체로 사물에는 분별이 있고 일에는 가(可), 불가(不可)가 있다. 사람의 생각에 위주로 삼는 바가 있어서 마음속으로 그 지점을 아는 것이 모두 여기에 해당한다. 단순히 '글을 읽다가 멈추면 곧바로 그 자리에 표시하는'[166] 것만을 말하지 않는다. '丶'의 발음은 知(지)와 庾(유)의 반절이다. 고음(古音) 4부에 속한다.

(1) 按此於六書爲指事. 凡物有分別, 事有可不, 意所存主, 心識其處者, 皆是. 非專謂讀書止, 輒乙其處也. 知庾切. 古音在四部.

166《史記・滑稽列傳》<東方朔傳> 참조.

제 5 편 下

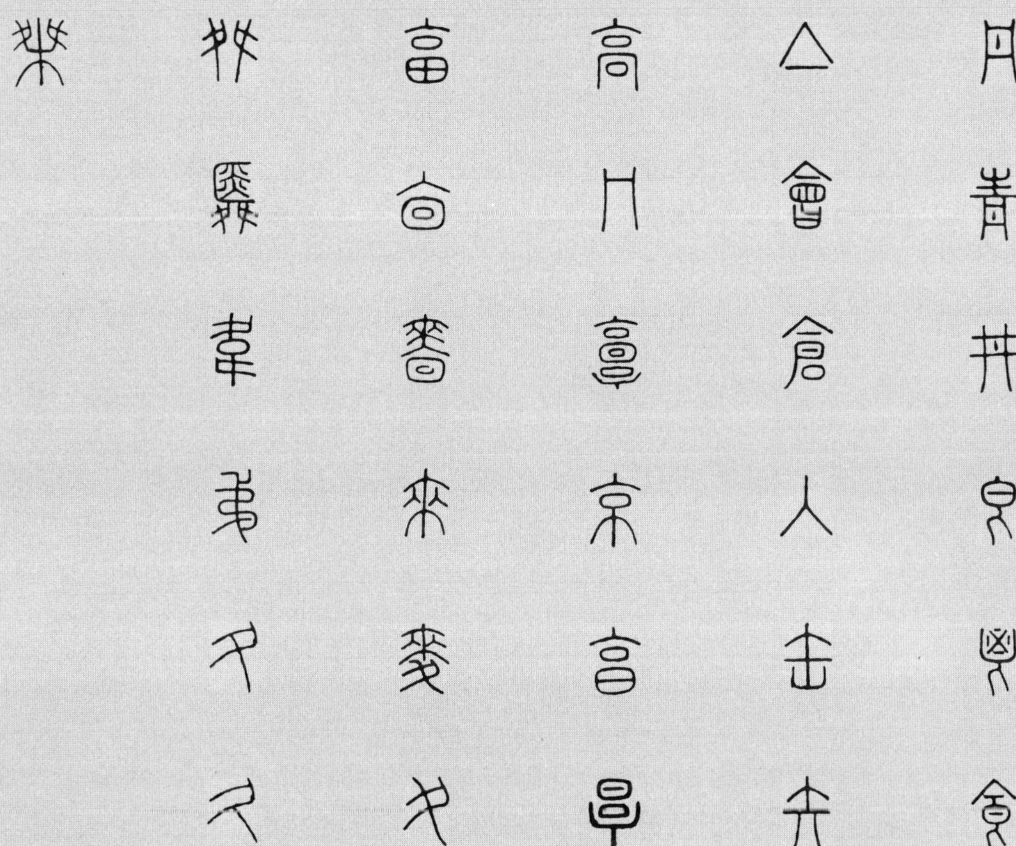

175. 丹(단)부

巴越之赤石也.(1) 象采丹井.(2) 丶象丹形.(3) 凡丹之屬皆从丹. ㅂ 古文丹. 彬 亦古文丹.(4)

'丹'은 파월(巴越)지방에서 나는 붉은 돌이다. 붉은 돌[丹]을 캐는 우물의 모양을 상형하였다. '丶'는 붉은 돌[丹]의 모양을 상형하였다. 丹부에 속하는 한자는 모두 丹의 의미를 따른다. 'ㅂ'은 丹의 고문이다. '彬'도 丹의 고문이다.

(1) 파군(巴郡), 남월(南越) 지방에서는 모두 붉은 모래[丹沙(단사)]가 나온다. <촉도부(蜀都賦)>에 "丹沙赩熾出其坂[丹沙는 불붙는 듯한 새빨간 색으로 그 언덕에서 나온다.]"[1]라고 한 것은 '巴'지방의 일을 말한 것이고, <오도부(吳都賦)>에서 "赬丹明璣[붉은 단사와 밝은 구슬]"[2]라고 한 것은 '越'지방의 일을 말한 것이다. '丹'은 돌 가운데 핵심적인 것[精][3]이다. 그러므로 약물(藥物)의 정액[精]을 '丹'이라 한다.

(2) '井'을 설명한 것이다. '丹'을 캐는 우물이란 《사기(사기)》에서 말하는 '丹穴(단혈)'이다.[4] <촉도부>와 <오도부>의 주석에서 모두 "산속에서 나오는데 그것이 나오는 구멍[穴]이 있다."라고 하였다.[5]

---

1 《文選》 卷四 左思의 <蜀都賦>참조.

2 《文選》 卷五 左思의 <吳都賦> 참조.

3 제7편 上 '米'부 '精'자 說解 및 段玉裁 注 참조.(段玉裁 注: 引伸爲凡宜好之俑.)

4 《史記·貨殖列傳》에 "巴寡婦清, 其先得丹穴, 而擅其利數世, 家亦不訾."라고 되어 있다.

5 <蜀都賦>와 <吳都賦>의 劉逵의 注 "丹砂出山中, 有穴." 참조.

(3) '丹'의 발음은 都(도)와 寒(한)의 반절이다. 14부에 속한다.

(4) 내 생각에 '𢒈'은 ('丹'의 고문이 아니라) '彤(동)'자의 고문인 것 같다.[6]

(1) 巴郡南越, 皆出丹沙. 蜀都賦, 丹沙赩熾出其坂, 謂巴也. 吳都賦, 赬丹明璣, 謂越也. 丹者, 石之精, 故凡藥物之精者曰丹. (2) 謂冃也. 采丹之井, 史記所謂丹穴也. 蜀吳二都賦注皆云, 出山中, 有穴. (3) 都寒切. 十四部.(4) 按此似是古文彤.

176. 青(청)부

東方色也.(1) 木生火. 从生丹.(2) 丹青之信言必然.(3) 凡青之屬皆从青.  古文青.

'青'은 동방[東方]의 색이다. 木(목)은 火(화)를 낳는다. '生(생)'과 '丹(단)'으로 구성되었다. '丹青(단청)의 믿음[信]'이란 반드시 그렇게 하는 것[必然]을 말한다. 青부에 속하는 한자는 모두 青의 의미를 따른다. ''은 青의 고문(古文)이다.

(1) 《주례(周禮)・고공기(考工記)》에서 "동쪽에 해당하는 색깔을 青이라 한다."[7]라고 하였다.

(2) '丹'은 붉은 돌이다.[8] '赤(적)'은 남쪽의 색이다.[9] '青'의 발음은 倉(창)과 經(경)의 반절이다. 11부에 속한다.

(3) 세속에 "믿음이 丹青같다."라는 말이 있다. 붉은색의 '丹'과 푸른색의 '青'이 서로 살려 주는 이치[相生之理][10]가 반드시 그러함[必然]을 말한다. 이것을 끌어다 ('青'이) '生'과 '丹'으로 구성된 뜻을 설명하고 있다.

---

6 제5편 下 '丹'부 '彤'자 참조.

7 《周禮・冬官・考工記》에 "畫繢之事, 雜五色, 東方謂之青, 南方謂之赤, 西方謂之白, 北方謂之黑, 天謂之玄, 地謂之黃."이라고 되어 있다.

8 제5편 下 '丹'부 說解 참조.

9 제10편 下 '赤'부 說解 참조.

10 《春秋繁露》 <五行相生>에 "東方者, 木農之本, …… 故曰木生火."라고 되어 있다.

(1) 考工記曰, 東方謂之青. (2) 丹, 赤石也. 赤, 南方之色也. 倉經切. 十一部. (3) 俗言信若丹青, 謂其相生之理有必然也. 援此以說从生丹之意.

177. 井(정)[11]부

丼 八家爲一丼.(1) 象構韓形.(2) 罋象也.(3) 古者伯益初作井.(4) 凡丼之屬皆从丼.

'丼'은 여덟 집이 하나의 우물을 갖는다는 뜻이다. 우물을 짠 나무틀의 모습을 상형하였으며 (가운데는) 두레박의 상형이다. 옛날에 백익(伯益)이 처음 우물을 만들었다. 丼부에 속하는 한자는 모두 丼의 의미를 따른다.

(1) 《곡량전(穀梁傳)》에 "옛날에는 공전(公田)에다 거주지를 만들고 우물[井], 아궁이[竈(조)], 파[葱(총)], 배추[韭(구)] 등을 그곳에서 취하였다."[12]라고 하였다. 《풍속통(風俗通)》에 "옛날에 20무(畝)마다 하나의 우물[井]을 만들고 그에 따라 시장[市]을 만들어 교역하게 하였다. 그래서 '市井(시정)'이라고 부른다."[13]라고 하였다. 모두 여덟 가구가 하나의 우물을 공유했음을 말한 것이다. 《맹자(孟子)》에 "사방 1리(里)가 井이니 井은 900무(畝)다. 그 가운데 공전(公田)을 두었다."[14]라고 하였다. 이것은 옛날의 정전(井田) 제도다. 우물 벽 틀의 모양을 상형하였기 때문에 (井田制라고) 이름 붙인 것이다.

(2) '井'을 말한다. '韓(한)'은 우물 위의 나무틀이다. 그 모양은 4각 혹은 8각이었다. 그것을 또는 '銀牀(은상)'이라고도 부른다.

(3) '缶(부)'부에서 '罋(옹)'은 물을 긷는 두레박이라고 하였다.[15] '丼'의 발음은 子(자)와 郢(영)의 반절이다. 11부에 속한다.

---

11 지금은 楷書體로 '井'자인데 篆書에서는 가운데 점이 찍혀 있어서 段玉裁의 판본에는 '丼'자로 나와 있다.

12 《穀梁傳》 宣公 十五年 참조.

13 應劭의 《風俗通義》 참조.

14 《孟子·滕文公》 上 참조.

15 제5편 下 '缶'부 '罋'자 說解 참조.

(4) (伯益에 관한 이야기는) 《세본(世本)》에 나온다.[16]

(1) 穀梁傳曰, 古者公田爲居, 井竈葱韭盡取焉. 風俗通曰, 古者二十畝爲一井, 因爲市交易, 故稱市井. 皆謂八家其一井也. 孟子曰, 方里而井, 井九百畝, 其中爲公田. 此古井田之制. 因象井韓而命之也. (2) 謂井也. 韓, 井上木闌也. 其形四角或八角. 又謂之銀牀. (3) 缶部曰, 罋, 汲缾也. 丼, 子郢切. 十一部. (4) 出世本.

178. 皀(핍)부

穀之馨香也.(1) 象嘉穀在裹中之形.(2) 匕, 所㠯扱之.(3) 或說, 皀, 一粒也.(4) 凡皀之屬皆从皀. 又讀若香.(5)

'皀'은 알곡 중에 향기 나는 것이다. 맛있는 곡식이 쌀집 속에 있는 모양을 상형하였다. '匕(비)'는 그것으로 퍼 올리는 것이다. 혹은 皀은 하나의 낟알이라고 주장하기도 한다. 皀부에 속하는 한자는 모두 皀의 의미를 따른다. 또한 '香(향)'과 같이 발음한다.

(1) '禾(화)'부에서 "穀(곡)은 續(속)이다."라고 하였는데[17] 이때의 '續'자는 '粟(속)'으로 써야 한다. '粟'은 맛있는 곡식의 열매다.[18] 《예기(禮記)·곡례(曲禮)》에서 "黍(서)를 薌合(향합)이라 하고 粱(량)을 薌萁(향기)라 한다."[19]라고 하였는데 여기서의 '薌(향)'[20]자가 곧 '香'자다. 《좌전(左傳)》에서 《주서(周書)》를 인용하여 "黍稷非馨, 明德惟馨.[좋은 곡식의 향기는 멀리 퍼지지 않지만 훌륭한 덕은 고루 냄새가 퍼져 나간다.]"[21]이라고 하였는데 여기서

---

16 《初學記》 卷七 井第六에 "世本云, 伯益作井."이라고 하였다.

17 제7편 上 '禾'부 '穀'자 說解: 穀, 續也. 百穀之總名也.

18 제7편 上 '鹵'부 '粟'자 說解: 粟, 嘉穀實也.

19 《禮記·曲禮》 下 참조.

20 徐鉉本 제1편 下 '艸'부의 끝에 新附字로서 '薌'자가 실려 있다. 그곳에는 "薌, 穀气也. 从艸鄉聲. 許良切."이라고 되어 있다.

21 《左傳》 僖公 五年 참조.

'馨(형)'은 향기가 멀리 퍼지는 것을 의미한다.[22] '香'이란 좋은 냄새[芳]다.[23]

(2) 이것은 '𦥑'모양을 설명한 것이다. 《시·대아(大雅)》에서는 '찰기장[秬(거)]'·'차조[虋(문)]'·'흰차조[芑(기)]'를 좋은 곡식[嘉穀(가곡)]이라고 하였으며[24] <모전(毛傳)>에서는 "苗(묘)는 嘉穀(가곡)이다."[25]라고 하였으며 허신의 책에서는 '禾(화)'를 嘉穀(가곡)이라고 하였으니[26] '虋(문)'·'芑(기)'·'苗(묘)'·'禾(화)'가 같은 물건이다. 껍질까지 있는 것을 '穀(곡)'이라 하고[27] '粟(속)'이라고도 하며[28] 껍질을 벗겨낸 것을 '米(미)'라 한다.[29] '米' 중에서 향기 나는 것을 '皀(핍)'이라고 한다. '쌀집[裹(과)]'[30]이란 '禾'부에서 말한 '稃(부)'·'檜(괴)'·'穅(강)' 등의 곡식의 껍질[穀皮(곡피)][31]을 가리킨다.

(3) 이 글자가 아래의 '匕(비)'로 구성된 의미를 설명한 것이다. '匕'부에서 "匕는 밥을 퍼 담는 도구다. 일명 '柶(사)'라고도 한다."[32]라고 하였다. ("匕所㠯扱之"의) '扱(급)'이란 퍼서 담는다[收(수)]는 뜻이다.[33]

(4) 《안씨가훈(顔氏家訓)》에 다음과 같은 기록이 있다. "익주(益州)에서 여러 사람과 좌담하는데 처음 날이 밝아서 땅 아래 조그맣게 빛나는 것을 발견하였다. 좌우에서 무엇이냐고 묻자 촉(蜀)지방의 어떤 늙은이가 보고 '豆逼(두핍)입니다.'라고 대답했다. 모두 무엇을 말하는지 몰랐다. 가져다 보니 작은 콩이었다. 촉(蜀)지방 사람들은 '豆'를 '逼'이라 부르는데 그때에는 그런 말을 몰랐다. 내가 '《삼창(三蒼)》·《설문》에 모두 皀자가 있는데 그것이 곡식의 낟알이란 뜻이다. 《통속문(通俗文)》에 方(방)과 力(력)의 반절이 발음이라고 되어 있다.'라고 하였더니 사람들이 모두 깨닫고 좋아하였다."[34]

---

22 제7편 上 '香'부 '馨'자 說解 참조.

23 제7편 上 '香'부 說解 참조.

24 《詩·大雅·生民》에서는 "誕降嘉種, 惟秬惟秠, 惟穈惟芑."라고 되어 있는데 段玉裁는 제1편 下 '艸'부의 '芑'자의 說解와 제7편 上 '禾'부의 '秠'자의 說解에 인용되어 있는 《詩》 구절에 의하여 "誕降嘉穀, 惟秬惟秠, 惟虋惟芑."라고 바로잡았다.

25 《詩·魏風·碩鼠》의 "碩鼠碩鼠, 無食我苗."의 <毛傳>에 "苗, 嘉穀也."라고 되어 있다.

26 제7편 上 '禾'부 說解 참조.

27 제7편 上 '禾'부 '穀'자 段玉裁 注 참조.

28 제7편 上 '𠧪'부 '粟'자 段玉裁 注 참조.

29 제7편 上 '米'부 說解 및 段玉裁 注 참조.

30 제8편 上 '衣'부 '裹'자 說解: 裹, 纏也.

31 제7편 上 '禾'부의 '秠'자와 '稃'자, 그리고 '檜'자와 '穅'자 說解 및 段玉裁 注 참조. 여기 '皀'부에서는 糠자로 되어 있으나 禾부의 穅자로 쓰는 것이 옳은 것 같다.

32 제8편 上 '匕'부 說解 참조.

33 제12편 上 '手'부 '扱'자 說解 참조.

34 《顔氏家訓》 <勉學篇> 참조.

(5) (“又讀若香(우독약향)”의) ‘又(우)’자는 위에서 이어진 내용이 없으니 아마도 빠진 글자가 있을 것이다. 살펴보면 안지추(顔之推)[35]가 “《통속문》에 발음이 方과 力의 반절이다.”라고 하였지만 “《설문》에 (발음이) 나온다.”라고는 하지 않았으니 안지추가 근거하였던 발음이 方(방)과 力(력)의 반절이었던 것은 아니다. 그런데 허신의 책에는 ‘鄕(향)’·‘卿(경)’자가 ‘皀’ 성부로 구성되어[36] 있으니 이것은 ‘皀’을 ‘香’과 같이 발음한다는 증거다. (그러나) 또한 ‘鳥(조)’부 ‘鵖鴔(핍핍)’의 ‘鴔(핍)’자는 ‘皀’이 성부로 구성되었으며,[37] 《이아(爾雅)》 <音義>에는 “鴔의 발음은 彼(피)와 及(급)의 반절이다. 곽박(郭璞)은 房(방)과 汲(급)의 반절이라고 하고 《자림(字林)》에서는 方(방)과 立(립)의 반절이라고 하였다.”[38]라고 하였다. 그렇다면 ‘皀’은 7부에 있는 하나의 발음을 가진다. 여기서는 “某자와 같이 발음한다.[讀若某]”라는 말이 “又讀若香(우독약향)” 앞에 있어야 하는데 지금 빠진 것 같다.

(1) 禾部曰, 穀, 續也. 續當作粟. 粟者, 嘉穀實也. 曲禮曰, 黍曰薌合, 粱曰薌其. 薌卽香字. 左傳引周書曰, 黍稷非馨, 明德惟馨. 馨者, 香之遠聞者也. 香者, 芳也. (2) 謂皀也. 大雅謂秬虋芑爲嘉穀, 毛傳謂苗爲嘉穀, 許書謂禾爲嘉穀, 虋芑苗禾, 一物也. 連㲋曰穀, 曰粟. 去㲋曰米, 米之馨香曰皀. 㲋者, 禾部所謂稃也, 穭也, 糠也, 穀皮, 是也. (3) 說下體从匕之意. 匕部曰, 匕, 所以比取飯, 一名柶. 扱者, 收也. (4) 顔氏家訓曰, 在益州, 與數人同坐. 初晴, 見地下小光. 問左右是何物. 一蜀豎就視云, 是豆逼耳, 皆不知所謂. 取來乃小豆也. 蜀土呼豆爲逼, 時莫之解. 吾云, 三蒼說文, 皆有皀字, 訓粒, 通俗文音方力反. 衆皆歡悟. (5) 又字上無所承, 疑有奪文. 按顔黃門云, 通俗文音方力反, 不云出說文. 然則黃門所據未嘗有方力反矣, 而許書中卿鄕字, 从皀聲, 讀若香之證也. 又鳥部鵖鴔字, 从皀聲. 爾雅音義云, 鴔, 彼及反, 郭房汲反, 字林方立反. 是則皀有在七部一音. 當云讀若某, 在又讀若香之上, 今奪.

---

35 ‘黃文’은 顔之推의 字다.

36 제9편 上 ‘卯’부의 ‘卿’자 說解와 제6편 下 ‘𨛜’부의 ‘鄕’자 說解 참조. ‘卿’자와 ‘鄕’자 모두 ‘皀’이 발음을 나타낸다고 되어 있다.

37 제4편 上 ‘鳥’부 ‘鴔’자 說解 참조.

38 《釋文》 <爾雅音義> ‘釋鳥’의 말이다.

179. 鬯(창)부

以鬱釀鬱艸, 芬芳攸服以降神也.(1) 从凵.(2) 凵, 器也.(3) 中象米.(4) 匕, 所以扱之.(5) 易曰, 不喪匕鬯.(6) 凡鬯之屬皆从鬯.

'鬯'은 울초(鬱艸)로 빚은 술이다. 그 향기를 널리 퍼뜨려서 신(神)을 내리는 제사[降神]에 사용한다. '凵(거)'로 구성되어 있다. 凵는 그릇을 뜻한다. 가운데는 알곡의 모양을 상형하였으며 '匕(비)'는 퍼 올리는 도구다. 《역(易)》에서 "숟가락과 울창주(鬱鬯酒)를 잃지 않았다.[不喪匕鬯]"라고 하였다. 鬯부에 속하는 한자는 모두 鬯의 의미를 따른다.

(1) ("芬芳攸服以降神也"의) '攸服(유복)'은 '條暢(조창)'으로 써야 한다. 《주례(周禮)·창인(鬯人)》의 주석39과 《시(詩)·대아(大雅)·강한(江漢)》의 전(箋)에 모두 "芬香條暢[향기가 널리 퍼진다.]"40이라고 한 것이 그 증거다. 《예기(禮記)·교특생(郊特牲)》에 "周人尙臭, 灌用鬯臭, 鬱合鬯, 臭陰達於淵泉.[주나라 사람들은 향기를 숭상하는데 鬯의 향기를 부어다가 鬱(울)과 鬯을 합하니 향기가 그윽하게 깊은 연못에까지 이른다.]"41라고 하였다. 여기서 말하는 '鬱과 鬯을 합한다.[鬱合鬯]'라는 것은 《예기·교특생》의 그 아래 문장에서 "쑥[蕭(소)]과 기장[黍稷(서직)]을 합한다."라고 말한 것처럼 두 물건이 서로 어울림을 말한 것이다. 《주례·울인(鬱人)》의 하는 일이 "제사에서 빈객(賓客)이 강신제를 지낼 때 鬱과 鬯을 섞어서 그릇[彝]에 담아낸다.[凡祭祀賓客之祼事, 和鬱鬯以實彝而陳之.]"라고 되어 있는데 이 문장에 대한 주석에서 "鬱金(울금)을 쌓아서 불에 때워 鬯酒(창주)와 섞었다."42라고 하였다. 내 생각에는 이것이 바로 "鬱과 鬯을 합한다.[鬱合鬯]"라는 것을 설명한 것 같다.

39 《周禮·春官·序官》 <鬯人>의 鄭玄 注에 "鬯, 釀秬爲酒, 芬香條暢於上下也."라고 하였다.

40 《詩·大雅·蕩之什》 <江漢>의 "秬鬯一卣"의 鄭玄의 箋에는 "秬鬯, 黑黍酒也. 謂之鬯者, 芬香條鬯也."라고 하였다. 《漢書·律曆志》 上에 "然後陰陽萬物, 靡不條鬯該成."이라 하였는데 顏師古는 "鬯與暢同"이라고 하였다.

41 《禮記·郊特牲》에 "周人尙臭, 灌用鬯臭, 鬱合鬯, 臭陰達於淵泉. 灌以圭璋, 用玉氣也. 旣灌, 然後迎牲, 致陰氣也. 蕭合黍稷, 臭陽達於牆屋, 故旣奠, 然後焫合羶薌."이라고 되어 있다.

42 《周禮·春官·鬱人》의 經文 및 鄭玄 注 참조.

정현(鄭玄)은 《주례 · 서관(序官)》의 '울인(鬱人)'을 주석하여 "鬱은 鬱金의 향초인데 항상 鬯과 어울린다."[43]라고 하였고 '창인(鬯人)'을 주석하여 "鬯은 검은 기장을 빚어서 술로 만든 것인데 향기가 위아래로 퍼져 나간다."[44]라고 하였다. 이것은 '鬯'과 '鬱'을 비교하여 구분을 명확하게 한 것이다. 즉 검은 기장으로 빚은 것은 '鬯'이고 향초를 쌓아서 불사르는 것이 '鬱'이다. 두 가지가 서로 어울리면 '鬱鬯(울창)'이 된다. 허신의 설도 대략 이와 같아서 '鬯'에서는 "검은 기장으로 빚은 것[秬釀(거양)]"이라 하고 '鬱'에서는 "향기로운 풀[芳艸]"이라고 하였다. '鬯'자 아래에서 아울러 풀[艸]이라고 말한 것은 '鬯'과 '鬱'이 차이가 있으면서도 합치되는 점을 보인 것이다. 즉 검은 기장으로 빚어낸 술과 불에 그을린 鬱艸가 함께 어울려서 神을 내리게 한다는 말이다. '鬯'은 검은 기장으로 빚어낸다는 뜻이므로 자형에서 "가운데는 알곡[米]의 모양을 상형하였으며 匕(비)는 퍼올리는 도구다."라고 설명하였다. 《시 · 강한(江漢)》의 <모전(毛傳)>에서 "秬(거)는 검은 기장이고 鬯(창)은 향초이다. 쌓아서 함께 불에 태워 향기를 내는 것[鬱]을 鬯이라 한다.[秬, 黑黍也. 鬯, 香草也. 築煮合而鬱之曰鬯.]"[45]라고 하였다. 이 말은 '鬱'과 '鬯'이 다른 것이 아니라는 말이다. 또 <모전>에서는 '鬯'을 향초라고 하였으니 후에 나온 허신이나 정현(鄭玄)과는 설이 다르다. 《왕도기(王度記)》를 살펴보면 "천자(天子)는 鬯(창)으로 하고 제후는 薰(훈)으로 하고 대부는 蘭芝(란지)로 하고 사(士)는 蕭(소)로 하고 서인(庶人)은 艾(애)로 한다."[46]라고 하였다. 《예위(禮緯)》에서 "鬯艸는 郊(교)에서 난다."[47]라고 하였고, 《중후(中候)》에서 "鬯艸는 庭(정)에서 난다."[48]라고 하였으며, 서씨(徐氏)의 《중론(中論)》에서는 "鬯을 태우고 熏을 불살라 그 향기를 날린다."[49]라고 하였으니 위의 예들은 모두 '鬯'을 풀이름으로 여긴 것이다. 이것은 <모전>의 주장과 합치된다. 내 생각에는 '鬱'이란 쌓아 두는 것이요, '鬯'이란 향기를 널리 퍼뜨리는 것 같다. 모든 물건은 쌓아서 저장한 이후에야 냄새가 퍼져 나간다. 따라서 검은 기장으로 빚는다고 '鬱'이라고 말할 수 없는 것은 아니며, 향초라고 해서 '鬯'이라고 말할 수 없는 것이 아니다. 검은 기장[秬]과 풀[艸]은 다른 것이므

43 《周禮 · 春官 · 序官》 <鬱人>의 鄭玄 注 參조.

44 《周禮 · 春官 · 序官》 <鬯人>의 鄭玄 注 參조.

45 《詩 · 大雅 · 江漢》의 "秬鬯一卣"의 <毛傳> 참조.

46 《周禮 · 春官 · 鬱人》의 "凡祭祀, 賓客之祼事, 和鬱鬯以實彝而陳之."의 疏에 인용된 문장이다.

47 前注와 같은 곳에 인용된 문장이다.

48 《詩 · 大雅 · 江漢》의 疏에 인용된 문장이다.

49 漢代 徐幹의 《中論》 <夭壽> 十四에 "槌鐘擊磬, 所以發其聲也. 煮鬯燒薰, 所以揚其芬也."라고 되어 있다.

로 각각 두 가지 이름('鬯'과 '鬱')을 겸할 수 있다.

(2) 'ㄩ(거)'는 발음이 '袪(거)'다.

(3) 'ㄩ'부에 "ㄩ盧(거로)는 밥그릇이다."50라고 하였다.

(4) ('鬯'의 자형에서) '※'모양을 말한다. '※'은 즉 '米'자를 기울여 쓴 것이다.

(5) 《의례(儀禮)·사관례(士冠禮)》, 《의례·사혼례(士昏禮)》에 모두 "국자[柶(사)]로 단술[醴(례)]을 푼다."51라고 하였으니 여기서 말하는 '柶(국자)'가 곧 '匕(비)'다.52

(6) 《역·진괘(震卦)》의 괘사(卦辭)다. 경전에는 '鬯'에 대해 말한 곳이 많은데 이 문장만을 말한 것은 '鬯'이 '匕(비)'로 구성된 의미를 설명하고 있기 때문이다. '豐(풍)'·'麓(리)' 등의 글자에서 《역》을 인용했을 때53도 마찬가지다. '鬯'의 발음은 丑(축)과 諒(량)의 반절이다. 10부에 속한다.

(1) 攸服當作條暢. 周禮鬯人注, 大雅江漢箋, 皆云芬香條暢, 可證也. 郊特牲云, 周人尙臭, 灌用鬯臭, 鬱合鬯, 臭陰達於淵泉. 云鬱合鬯, 與下文蕭合黍稷皆謂二物相合也. 周禮鬱人職, 凡祭祀賓客之祼事, 和鬱鬯以實彝而陳之. 注云, 築鬱金煮之以和鬯酒. 按此正所謂鬱合鬯也. 鄭注序官鬱人云, 鬱鬱金香草, 宜以和鬯. 注鬯人云, 鬯, 釀秬爲酒, 芬香條暢於上下也. 是鬯與鬱之分較然矣. 秬釀爲鬯, 芳艸築煮爲鬱, 二者攪和之爲鬱鬯. 許說略同, 故於鬯言秬釀, 於鬱言芳艸. 其鬯下兼言鬱艸者, 於分中見其合, 謂用秬釀及築煮之鬱艸合和之降神. 鬯主於秬釀也, 故說字形曰, 中象米, 匕所以扱之. 又按江漢傳云, 秬, 黑黍也, 鬯, 香草也, 築煮合而鬱之曰鬯. 此鬱鬯不爲二物. 又謂鬯爲香艸, 皆與後來許鄭異. 攷王度記云, 天子以鬯, 諸侯以薰, 大夫以蘭芝, 士以蕭, 庶人以艾. 禮緯云, 鬯艸生郊. 中候云, 鬯艸生庭. 徐氏中論云, 煮鬯燒薰以揚其芬. 皆謂鬯爲艸名, 與毛說合者也. 竊謂鬱者蘊積, 鬯者條暢. 凡物必蘊積而後條暢, 秬釀非不可言鬱, 香艸未嘗不言鬯也. 則秬艸二物, 固可各兼二名矣. (2)音袪. (3) ㄩ部云, ㄩ盧, 飯器. (4) 謂※也. ※卽米字斜書之. (5) 士冠士昏禮, 皆以柶扱醴. 柶卽匕也. (6) 震卦辭. 經言鬯者多矣, 獨偁此文者, 說鬯从匕之意也. 與豐麓等字引易同. 鬯, 丑諒切. 十部.

---

50 제5편 上 'ㄩ'부 說解 참조.

51 《儀禮·士冠禮》, 《儀禮·士昏禮》에는 "以柶祭醴三"이라고 되어 있다.

52 제6편 上 '木'부 '柶'자 說解: 柶, 禮有柶, 柶, 匕也.

53 제7편 下 '宀'부 '豐'자 說解와 제1편 下 '艸'부 '麓'자 說解 참조.

180. 𠊊[54](식)부

亼米也.(1) 从皀亼聲. 或說, 亼皀也.(2) 凡𠊊之屬皆从𠊊.(3)

'𠊊'은 쌀알이 모여 있다는 뜻이다. '皀(핍)'으로 구성되어 있으며 '亼(집)'은 발음을 나타낸다. 혹은 쌀알을 모은 것[亼皀]이라고도 설명한다. 𠊊부에 속하는 한자는 모두 𠊊의 의미를 따른다.

(1) ("亼米也(집미야)"가) 각 판본에 "一米也(일미야)"로 되어 있으며[55] 《옥편(玉篇)》[56]도 똑같이 되어 있다. 손강(孫强)[57]의 시대에 이미 잘못되었던 것 같다. 《운회(韻會)》본에는 "米也(미야)"로 되어 있는데[58] 역시 옳지 않아서 이제 "亼米也"로 바로잡는다. '亼'자가 세속에서는 거의 쓰이지 않아서 잘못된 것이다. '合(합)' 아래에서 "亼口(집구)"[59]라고 말한 예로 보면 여기서는 당연히 "亼米"로 썼던 것이 확실하다. '亼'은 모은다[集(집)]는 뜻이다.[60] 쌀알[米(미)]이 모여서 '食'이 되는 것이다. 인신(引伸)되어 사람의 입과 배에 공급되는 음식 또한 '食'이라 한다. 이는 서로 의미의 연관이 긴밀한 것을 동일한 글자로 표현하는 방법[相生之名義]이다. 아래 부속자에서 "飯(반)은 먹는다[食]는 뜻이다."[61]라고 하였는데 이것은 '食'의 인신된 의미다. 사람이 먹는다는 뜻에서 '飯'이라 한다. 그것으로 인하여 먹는 것을 '飯'이라 한다. '亼米'를 '食'이라 하고 그것으로 입과 배를 채우니 '먹는다[食]'라고 하는 것과 같다. '食' 아래에서 "飯이다"라고 하지 않은 이유는 '食'은 (먹는) 음식물을 기준으로 한 것이고 '飯'은 사람의 (먹는 행위를) 기준으로 한 것이라, 그 의미가 분명해지지 않을까 봐 그렇게 한 것이다. 그래서 '飯'자를 가지고 '食'을 풀이하지 않았다. 그런데

---

54 '𠊊'은 篆書의 자형을 따르는 楷書體다. 지금의 '食'자다. 段玉裁는 許愼의 說解에는 '𠊊'으로 쓰고 자신의 注에는 '食'을 사용하였다.

55 徐鉉本·徐鍇本 모두 "一米也"로 되어 있다.

56 《玉篇》 '食'부 제112 참조.

57 唐 上元 元年(760년)에 富春의 孫强이 顧野王의 《玉篇》에 文字를 증보했다는 기록이 《大廣益會玉篇》의 卷首에 보인다.

58 《韻會》 卷29 入聲 十三 '職'韻에 "食, 實職切, 音與實同. 說文, 食, 米也. …….."라고 하였다.

59 제5편 下 '亼'부 '合'자 說解 참조.

60 제5편 下 '亼'부 說解 참조.

61 제5편 下 '食'부 '飯'자 說解 참조.

왜 '飯'아래에서는 "먹는다[食]는 뜻이다."라고 하였는가? '食'부의 '饔(찬)'의 전문(篆文) 다음에 나오는 글자들이 모두 사람에 대하여 말하는 글자들이므로 꺼리지 않고 그렇게 말한 것이다. 《주례》의 '膳夫職(선부직)'에 대한 주석에서 "食은 飯이다."[62]라고 하였고 《예기·곡례(曲禮)》 "食居人左[밥은 사람의 왼쪽에 둔다.]"의 주석에서 "食은 밥의 일종[飯屬]이다."[63]라고 하였다. 지금 사람들은 '食'을 거성(去聲)과 입성(入聲)으로 나누어 발음하고 '飯'은 상성(上聲)과 거성(去聲)으로 나누어 발음하는데 옛날에는 그와 같은 구별이 없었다.

(2) ("从皀亼聲. 或說, 亼皀也."의) 이 아홉 글자는 "从亼皀(종집핍)"의 세 글자로 써야 한다. 천인(淺人)들이 마음대로 고쳐 놓았기 때문에 의미가 통할 수 없게 되었다. '皀(핍)'은 향그러운 곡식[穀之馨香]을 말한다.[64] '食'자는 '亼'과 '皀'으로 구성되어 있다. (곡식이라는 뜻을 가진 '皀'으로 구성되어 있기 때문에) 그래서 "쌀알이 모여 있는 것[亼米]이다."라고 풀이한 것이다. 이것은 자형에서 의미를 알 수 있는 글자의 예다. '倉'의 발음은 乘(승)과 力(력)의 반절이다. 1부에 속한다.

(3) 서개본(徐鍇本)에서는 ("凡食之屬皆从食"의) 다음에 "讀若粒(독약립)"의 세 글자가 있는데[65] 쓸데없는 문장이다.

(1) 各本作一米也, 玉篇同. 蓋孫强時已誤矣. 韻會本作米也, 亦未是, 今定爲亼米也. 由亼字俗罕用而誤也. 以合下云亼口例之, 則此當爲亼米信矣. 亼, 集也. 集衆米而成食也. 引伸之人用供口腹亦謂之食. 此其相生之名義也. 下文云, 飯, 食也. 此食字引伸之義也. 人食之曰飯, 因之所食曰飯, 猶之亼米曰食, 因之用供口腹曰食也. 食下不曰飯也者何也. 食者自物言, 飯者自人言. 嫌其義不顯, 故不以飯釋食也. 飯下何以云食也. 自饔篆以下皆自人言, 故不嫌也. 周禮膳夫職注曰, 食, 飯也. 曲禮食居人之左注, 食, 飯屬也. 凡今人食分去入二聲, 飯分上去二聲, 古皆不如此分別. (2) 此九字, 當作从亼皀三字, 經淺人竄改, 不可通. 皀者, 穀之馨香也. 其字从亼皀, 故其義曰亼米. 此於形得義之例. 乘力切. 一部. (3) 鍇本此下有讀若粒三字, 衍文.

---

62 《周禮·天官》에 "膳夫, 掌王之食飮膳羞, 以養王及后世子."라고 한 구절의 注에 "食, 飯也."라고 하였다.

63 《禮記·曲禮》上 "凡進食之禮, 左殽右胾, 食居人之左, 羹居人之右."의 鄭玄의 注에 "食, 飯屬也."라고 하였다.

64 제5편 下 '皀'부 說解 참조.

65 徐鍇本 참조.

181. 亼(집)부

 三合也. 从人一. 象三合之形.(1) 凡亼之屬皆从亼. 讀若集.(2)

'亼'은 셋을 합하였다는 뜻이다. '人(입)'과 '一(일)'로 이루어져 있다. 셋을 합한 모양을 상형하였다. 亼부에 속하는 한자는 모두 亼의 의미를 따른다. '集(집)'과 같이 발음한다.

(1) 허신 책의 통례(通例)는 구성부분이 완전한 글자일 때는 반드시 "从某(종모)"라고 말한다. 즉 여기와 같이 "从入一(종입일)"처럼 말하는 것은 바로 (구성부분들이 완전한 글자라는) 말이다. (그러나 '亼'자의 경우에) '入'과 '一'로 구성되었는데도 회의(會意)자가 아니다. 그래서 또 이 구절 다음에 덧붙이기를 "象三合之形[셋을 합한 모양을 상형하였다.]"라고 하였다. 이는 즉 '亼'자가 회의자인 것 같지만 실은 상형(象形)자임을 설명한 것이다.[66]

(2) '亼'의 발음은 秦(진)과 入(입)의 반절이다. 7부에 속한다.

(1) 許書通例, 其成字者必曰从某, 如此言从入一, 是也. 从入一而非會意, 則又足之曰, 象三合之形, 謂似會意而實象形也. (2) 秦入切. 七部.

182. 會(회)부

 合也.(1) 从亼曾省.(2) 曾, 益也.(3) 凡會之屬皆从會. 㣛 古文會如此.

'會'는 모은다는 뜻이다. '亼(집)'으로 구성되어 있으며 '曾(증)'의 생략형으로 구성되었다. '曾(증)'은 더한다는 뜻이다. 會부에 속하는 한자는 모두 會의 의미를 따른다. '㣛'는 會의 고문으로 이와 같은 자형이다.

66 徐鉉本은 "臣鉉等曰, 此疑只象形, 非从入一也."라고 하였다.

(1) 《이아(爾雅)·석고(釋詁)》에 "會는 合이다."[67]라는 말이 보인다. 《예경(禮經)》에 "그릇의 덮개를 '會'라고 한다."[68]라고 하였다. ('會'의 자형이) 위와 아래가 서로 합해져 있기 때문이다. 흔히 말하는 '會計(회계)'[69]라는 것은 "合하여 계산하다"는 뜻이니 이때의 '會'가 다른 의미는 아니다.

(2) 셋을 합하여 더한다는 말이다. 회의(會意)자다. '會'의 발음은 黃(황)과 外(외)의 반절이다. 15부에 속한다.

(3) ('會'가) '曾(증)'자로 구성된 의미를 설명하고 있다. '土(토)'부에서 "增(증)은 더한다[益(익)]는 뜻이다."[70]라고 하였다. 이는 '曾'이 '增'의 가차자임을 뜻한다. 예컨대 '曾祖(증조)'·'曾孫(증손)'의 '曾'도 '더한다'는 의미를 포함하고 있다.

(1) 見釋詁. 禮經, 器之蓋曰會. 爲其上下相合也. 凡曰會計者, 謂合計之也, 皆非異義也. (2) 三合而增之. 會意. 黃外切. 十五部. (3) 說从曾之意. 土部曰, 增, 益也. 是則曾者, 增之假借字. 如曾祖曾孫之曾, 卽含益義.

183. 倉(창)부

倉 穀藏也.(1) 蒼黃取而臧之,(2) 故謂之倉.(3) 从倉省. 口象倉形.(4) 凡倉之屬皆从倉. 仺 奇字倉.(5)

'倉'은 곡식 저장소다. 서둘러 가져다가 그것을 저장하므로 그것을 倉이라고 부른다. '倉(식)'의 생략형으로 구성되었으며 '口'은 창고의 모양을 상형하였다. 倉부에 속하는 한자는 모두 倉의 의미를 따른다. '仺'은 倉의 기자(奇字)다.

(1) '藏(장)'은 '臧(장)'으로 써야 한다.[71] '臧'은 원래 '좋다[善(선)]'는 뜻인데[72] 파생된 의미로

67 《爾雅·釋詁》 참조.
68 《儀禮·士喪禮》 "敦啓會"의 鄭玄의 注에 "會, 蓋也."라고 되어 있다.
69 《周禮·天官·司會》에 "以逆羣吏之治, 而聽其會計."라는 말이 나온다.
70 제13편 下 '土'부 '增'자 說解 참조.
71 '藏'자는 《說文》에 실려 있지 않다.

서 잘 보관해 두는 것도 '臧'이라고 하게 되었다. 따라서 보관해 두는 창고[府(부)]도 '臧'이라 하게 되었는데 세속에서는 '藏'으로 쓴다. 평성(平聲)과 거성(去聲) 두 가지로 발음한다. '穀臧(곡장)'이란 곡식을 저장해 두는 곳이다. '广(엄)'부에 '府(부)'는 문서 창고, '庫(고)'는 병기와 수레 창고, '廥(괴)'는 여물을 저장하는 창고라고 하였다.[73] 지금 발음은 ('藏'자와 '臧'자) 모두 徂(저)와 浪(랑)의 반절이다.

(2) ('蒼黃(창황)'의) '蒼(창)'을 옛날에는 '倉(창)'으로 썼다.[74] 지금 바로잡는다. '蒼黃'이란 서둘러 급하게 한다는 뜻이다.[75] 수확물을 벨 때는 신속한 것을 귀히 여긴다.

(3) '蒼'과 '倉'은 운모가 같다.

(4) '倉'의 발음은 七(칠)과 岡(강)의 반절이다. 10부에 속한다.

(5) 이 글자는 아마도 '巨(거)'자의 고문으로 구성된 것 같다.[76]

(1) 藏當作臧. 臧, 善也. 引伸之義, 善而存之亦曰臧. 臧之之府亦曰臧. 俗皆作藏. 分平去二音. 穀臧者, 謂穀所臧之處也. 广部曰, 府, 文書藏. 庫, 兵車藏. 廥, 芻稾藏. 今音皆徂浪切. (2) 蒼, 舊作倉, 今正. 蒼黃者, 匆遽之意. 刈穫貴速也. (3) 蒼倉疊韻. (4) 七岡切. 十部. (5) 蓋从古文巨.

184. 入(입)부

內也.(1) 象從上俱下也.(2) 凡入之屬皆从入.

'入'은 안이라는 뜻이다. 위로부터 아래를 감싸는 모양을 상형하였다. 入부에 속하는 한자는 모두 入의 의미를 따른다.

---

72 제3편 下 '臣'부 '臧'자 說解 참조.

73 제9편 下 '广'부 '府'자, '庫'자, '廥'자 說解 참조. 여기 段玉裁 注에 인용된 '藏'자는 說解에서는 '臧'으로 되어 있다.

74 徐鉉本·徐鍇本 모두 '倉'으로 되어 있다.

75 급하다는 의미의 '蒼黃'은 '倉皇'·'倉惶'·'蒼皇' 등으로 쓰여진다. 王筠은 《說文句讀》에서 "古多作蒼黃, 然疊韻形容之語, 本無正字."라고 하였으므로 굳이 '蒼'자를 '倉'으로 고쳐야 할 필요는 없다.

76 제5편 上 '工'부 '巨'자 說解 참조. 巨의 고문 자형은 '𢀚'이다. 段玉裁는 '倉'의 奇字인 '仺'이 𢀚으로 구성되었다고 설명한 것이다. 여기서 말하는 '奇字'는 아무래도 古文奇字를 의미하는 것 같다. '一'부 번역 참조.

(1) 밖으로부터 가운데 안으로 들어온다는 뜻이다.

(2) '위'와 '아래'란 바깥쪽과 가운데 안의 모양을 말한다. '入'의 발음은 人(인)과 汁(즙)의 반절이다. 7부에 속한다.

(1) 自外而中也. (2) 上下者, 外中之象. 人汁切. 七部.

185. 缶(부)부

 瓦器所㠯盛酒漿.(1) 秦人鼓之㠯節謌.(2) 象形.(3) 凡缶之屬皆从缶.

'缶'는 질그릇으로 술과 장을 담는다. 진(秦)나라 사람들은 이것을 두드려서 노래 박자를 맞추었다. 상형(象形)이다. 缶부에 속하는 한자는 모두 缶의 의미를 따른다.

(1) 《이아(爾雅)·석기(釋器)》, 《시·진풍(陳風)》의 <모전(毛傳)>에서는 모두 "盎(앙)은 항아리[缶]다."라고 하였다.[77] 허신은 "盎(앙)은 동이[盆(분)]다."[78]라고 하고 "罌(앵)은 항아리[缶]다."[79]라고 하였다. 아마도 허신과 《이아》의 설명이 다른 것 같다. '缶'에는 작은 것과 큰 것이 있다. 예컨대 물 긷는 항아리[缶]는 작을 것이다. 그러나 "오헌례(五獻禮)에 쓰이는 술동이 가운데 문 밖에 놓이는 항아리[五獻之尊, 門外缶.]"[80]는 '한 석 들이 壺(호)'나 '다섯 말 들이 瓦甒(와무)'보다 큰 것이니 그중에 제일 큰 것일 것이다. 모두 술과 장을 담을 수 있다.

(2) '鼓(격)'의 발음은 之(지)와 錄(록)의 반절이며 '친다'는 뜻이다.[81] 《운회(韻會)》에서는 '鼓' 자를 '擊(격)'의 뜻으로 썼다.[82] 《사기(史記)·이사전(李斯傳)》, 《사기·염린전(廉藺傳)》,

---

77 《爾雅·釋器》, 《詩·陳風·宛丘》 "坎其擊缶, 宛丘之道."의 <毛傳> 참조.

78 제5편 上 '皿'부 '盎'자 說解 참조.

79 제5편 下 '缶'부 '罌'자 說解 참조.

80 《禮記·禮器》의 "五獻之尊, 門外缶, 門內壺, 君尊瓦甒, 此以小爲貴也."에 대한 鄭玄의 注에는 "五獻子男之饗禮也. 壺大一石, 瓦甒五斗, 缶大小未聞也."라고 되어 있다.

81 《玉篇》 '攴'부 제270 참조.

82 《韻會》 上聲 二十六 '九'韻에 "缶, 俯九切. 次宮淸音, 說文, 缶, 瓦器, 所以盛酒漿, 秦人擊之以節謌, 象

《한서(漢書)·양운전(楊惲傳)》 등에 모두 (진(秦)나라 사람들이 항아리를 두드려서 노래 박자를 맞추었다는 사실을) 증명할 만한 구절들이 나온다.[83]

(3) 이 글자는 그릇의 모양을 상형하였다. '缶'의 발음은 方(방)과 九(구)의 반절이다. 3부에 속한다. 속자(俗字)로 '缻(부)'라고 쓴다.

(1) 釋器陳風傳皆云, 盎謂之缶. 許云, 盎, 盆也. 罌, 缶也. 似許與爾雅說異. 缶有小有大. 如汲水之缶, 蓋小者也. 如五獻之尊, 門外缶大於一石之壺, 五斗之瓦甒, 其大者也. 皆可以盛酒漿. (2) **鼓**, 之錄切, 擊也. 韻會**鼓**作擊. 李斯傳, 廉藺傳, 漢楊惲傳, 皆可證. (3) 字象器形. 方九切. 三部. 俗作缻.

186. 矢(시)부

弓弩矢也.(1) 从入.(2) 象鏑栝羽之形.(3) 古者夷牟初作矢.(4) 凡矢之屬皆从矢.

'矢'는 궁수가 쏘는 화살이다. '入(입)'으로 구성되었고 화살촉과 활 시위대와 깃털의 모양을 상형하였다. 옛날에 이모(夷牟)가 처음으로 화살[矢]를 만들었다. 矢부에 속하는 한자는 모두 矢의 의미를 따른다.

(1) 궁수가 활쏘기에 사용하는 화살이다.

(2) ('入'으로 구성된 이유는) 화살이 가운데를 맞추기 때문이다.[84]

(3) 화살촉[鏑(적)]은 '丨'모양을 말한다. '金(금)'부에 "鏑은 화살 끝[矢鏠(시봉)]이다."[85]라고 하였다. '栝(괄)'자[활시위대]는 '括(괄)'자로 쓰는데 잘못이다.[86] '활시위대[栝]'는 '八'모양을 말한다. '木(목)'부에서 "桰(괄)은 '矢桰(시괄)'로서 활시위를 거는 곳이다."[87]라고 하

形."이라고 하였다.

83 《史記·李斯列傳》, 《史記·廉頗藺相如列傳》, 《漢書·楊惲傳》 참조.

84 제5편 下 '入'부 說解와 段玉裁 注 참조.

85 제14편 上 '金'부 '鏑'자 說解 참조.

86 徐鍇本에는 '括'로 쓰여 있다.

였다. 양끝이 나누어져 있어서 활시위를 걸 수 있다. '깃털[羽(우)]'는 '一'모양을 말한다. '羽(우)'부에서 "翦(전)은 활 깃[矢羽(시우)]이다."[88]라고 한 것이 이것이다. 활 깃은 세로여야 하는데 가로로 쓴 것은 무엇 때문인가? 그 물건을 분명하게 표시하기 위해서이다. '矢'의 제작에 대해서는 《주례·고공기(考工記)·시인(矢人)》에 상세히 나온다. '矢'의 발음은 式(식)과 視(시)의 반절이다. 15부에 속한다.

(4) 《산해경(山海經)》에서 "소호(少皞)가 반(般)을 낳았는데 반(般)이 처음으로 활과 화살[弓矢]을 만들었다."[89]라고 하였다. 곽박(郭璞)은 "《세본(世本)》에서 모이(牟夷)가 화살[矢]을 만들고 휘(揮)는 활[弓]을 만들었다 하였지만 활과 화살은 같은 일에 쓰이는 기구인데 두 사람에게서 만들어졌다고 한다면 그 의미가 의심스럽다. 여기 《산해경》에서 말한 대로 반(般)이 만들었다는 것이 옳겠다."[90]라고 하였다. 내 생각에는 "나무를 굽힌 것이 '弧(호)'이고 나무를 펴서 만든 것이 '矢'이다.[弦木爲弧, 掞木爲矢.]"[91]라는 말을 《역·계사전(毄辭傳)》에서는 황제(黃帝)·요(堯)·순(舜)의 다음에 연결시켰으니 (활과 화살은) 대략 같은 시기에 합쳐 만든 것이라고 해도 무방할 것이다. '夷牟(이모)'를 곽박(郭璞)은 '牟夷(모이)'로 썼고 손경(孫卿)은 '浮游(부유)'로 썼다.[92]

(1) 弓弩所用鉃之矢也. (2) 矢欲其中. (3) 鏑謂丨也. 金部曰, 鏑, 矢鏠也. 栝作括者, 誤. 栝謂八也. 木部曰, 栝, 矢栝檃弦處. 岐其耑以居弦也. 羽謂一也. 羽部曰, 翦矢羽, 是也. 矢羽從而橫之, 何也. 以識其物耳. 矢之制, 詳於考工記矢人. 式視切. 十五部. (4) 山海經曰, 少皞生般, 般是始爲弓矢. 郭曰, 世本云牟夷作矢, 揮作弓, 弓矢一器, 作之兩人, 於義有疑, 此言般之作是. 按弦木爲弧, 掞木爲矢, 毄傳系諸黃帝堯舜之下, 蓋不妨有同時, 合成之者. 夷牟, 郭作牟夷, 孫卿作浮游.

---

87 第6편 上 '木'부 '栝'자 說解 참조.
88 第4편 上 '羽'부 '翦'자 說解 참조.
89 《山海經》 <海內經>에 나오는 말이다.
90 위에 나온 《山海經》 구절의 郭璞의 注다.
91 《周易·繫辭傳》 下에 나오는 말이다.
92 《荀子·解蔽》篇에 "倕作弓, 浮游作矢, 而羿精於射."라고 하였다.

187. 高(고)부

高 崇也.(1) 象臺觀高之形.(2) 从冂口.(3) 與倉舍同意.(4) 凡高之屬皆从高.

'高'는 높다는 뜻이다. 대(臺)에서 높게 바라보는 모양을 상형하였다. '冂(멱)'과 '口(위)'로 구성되었다. ('高'자는) '倉(창)'자·'舍(사)'자와 문자구성원리가 같다[同意(동의)]. 高부에 속하는 한자는 모두 高의 의미를 따른다.

(1) '山(산)'부에서 "崇(숭)은 높다[嵬高(외고)]는 뜻이다."[93]라고 하였다.

(2) (대(臺)에서 높게 바라보는 모양이란) '⿱亠口' 모양을 말한다.

(3) 위의 (구성부분[冂]의) 발음은 莫(막)과 狄(적)의 반절이다. 아래 (구성부분[口]의) 발음은 '圍(위)'다.

(4) '倉'자나 '舍'자가 모두 '口(위)'로 구성되었는데 건축물을 상형하였다.[94] '⿱亠口'과 '屮'은 모두 높은 것을 상형한다. '高'의 발음은 古(고)와 牢(뢰)의 반절이다. 2부에 속한다.

(1) 山部曰, 崇, 嵬高也. (2) 謂⿱亠口也. (3) 上音莫狄切, 下音圍. (4) 倉舍, 皆从口, 象築也. ⿱亠口與屮, 皆象高. 古牢切. 二部.

188. 冂(경)[95]부

冂 邑外謂之郊, 郊外謂之野, 野外謂之林, 林外謂之冂.(1) 象遠介也.(2) 凡冂之屬皆从冂. 冋 古文冂. 从口, 象國邑.(3) 坰 冋或从土.(4)

읍(邑) 밖을 교(郊)라 하고 교(郊) 밖을 야(野)라 하고 야(野)의 밖을 림(林)이라 하고

93 제9편 下 '山'부 '崇'자 說解 참조.

94 제5편 下 '倉'부와 '亼'부 說解 참조.

95 '冂'자는 段注에서 사용한 자형이다. 지금은 冂으로 쓴다. 여기 번역문에서는 혼용하였다.

리(林)의 밖을 '冂(경)'이라 한다. 멀리 경계 지은 것을 상형한 것이다. 冂부에 속하는 한자는 모두 冂의 의미를 따른다. '冋'은 冂의 고문이다. '囗(위)'로 구성되었는데 국읍(國邑)을 상형하였다. '坰'은 冋의 혹자(或字)로서 '土(토)'로 구성되었다.

(1) (許愼의 이 說解는) 《詩 · 魯頌》의 <毛傳>과 같다.[96] "邑은 國이다."[97] "國에서 백 리 떨어진 곳을 郊라고 한다."[98] "野는 郊의 밖이다."[99] "평야에 숲 풀이 우거진 곳을 林이라 한다."[100]라고 하였는데 모두 許愼의 설이다. 《爾雅 · 釋地》에서는 "邑 밖을 郊라 하고 郊 밖을 牧이라 하고 牧 밖을 野라 하고 野 밖을 林이라 하고 林 밖을 坰이라 한다.[邑外謂之郊, 郊外謂之牧, 牧外謂之野, 野外謂之林, 林外謂之坰.]"[101]라고 하였다. 이는 (허신보다) '謂之牧, 牧外'의 다섯 글자가 더 많은 것이다. 《詩》의 <野有死麕> · <燕燕> · <干旄>의 傳과 <叔于田>의 箋[102]으로 판단해 보면 이 글자들은 淺人들이 함부로 덧붙인 것이다. '牧'을 李巡[103]은 '田'이라고 썼으며 王砅[104]은 《黃帝內經素問》 注에서 "邑 밖을 郊라 하고 郊 밖을 甸이라 하고 甸 밖을 牧이라 하고 牧 밖을 林이라 하고 林 밖을 坰이라 하고 坰 밖을 野라 한다.[邑外謂之郊, 郊外謂之甸, 甸外謂之牧, 牧外謂之林, 林外謂之坰, 坰外謂之野.]"[105]라고 하였으니 더욱 잘못되었다.

(2) '介'는 각 판본에 '界'로 되어 있는데 잘못이다. 지금 바로잡는다. '八'부에서 "介는 경계를 나눈다[畫]는 뜻이다."[106]라고 하였다. '| |'은 멀리 서로 이어져 있는 모양을 상형하였고 '一'은 각기 구획이 나누어진 것을 상형하였다. '冂(冂)'의 발음은 古와 熒의 반절이다. 11

---

96 《詩 · 魯頌 · 駉》 "駉駉牧馬, 在坰之野."의 <毛傳>에 "坰, 遠野也. 邑外曰郊, 郊外曰野, 野外曰林, 林外曰坰."이라고 하였다.

97 제6편 下 '邑'부 說解 참조.

98 제6편 下 '邑'부 '郊'자 說解 참조.

99 제13편 下 '里'부 '野'자 說解 참조.

100 제6편 上 '林'부 說解 참조.

101 《爾雅 · 釋地》 참조.

102 《詩 · 召南 · 野有死麕》의 "野有死麕, 白茅包之."의 <毛傳>, 《詩 · 邶風 · 燕燕》 "之子于歸, 遠送于野."의 <毛傳>, 《詩 · 鄘風 · 干旄》의 <毛傳>에 모두 "郊外曰野"라고 되어 있다. 《詩 · 鄭風 · 叔于田》 "叔適野, 巷無服馬."의 鄭玄의 箋에도 "郊外曰野"라고 되어 있다.

103 李巡은 後漢代 사람으로서 그의 주장은 《釋文》 <爾雅音義> '釋地'에 대한 설명에서 인용되어 있다.

104 王砅은 唐대 사람으로서 王冰이라고도 쓰며 《黃帝內經素問》에 注를 달았다.

105 《黃帝內經素問》 卷三 "三而三之合則爲九, 九分爲九野, 九野爲九藏."의 王冰의 注에 《爾雅》의 설이 인용되어 있다.

106 제2편 上 '八'부 '介'자 說解 참조.

부에 속한다.

(3) 이 글자는 國邑이 경계 안에 있는 것을 상형하였다.

(4) 《詩》와 《爾雅》에는 모두 이렇게 ('冂'자가 '坰'자로) 쓰여 있다.

(1) 與魯頌毛傳同. 邑, 國也. 距國百里曰郊. 野, 郊外也. 平土有叢木曰林. 皆許說也. 爾雅釋地, 邑外謂之郊, 郊外謂之牧, 牧外謂之野, 野外謂之林, 林外謂之坰. 多謂之牧牧外五字. 依野有死麇, 燕燕干旄傳, 叔于田箋, 斷之, 淺人妄增也. 牧, 李巡作田. 王砅注素問作, 邑外謂之郊, 郊外謂之甸, 甸外謂之牧, 牧外謂之林, 林外謂之坰, 坰外謂之野. 所偁更繆. (2) 介各本作界, 誤, 今正. 八部曰, 介, 畫也. 丨丨像遠所聯互, 一象各分介畫也. 古熒切. 十一部. (3) 像國邑在介內也. (4) 詩爾雅皆如此作.

189. 𩫏(곽)[107] 부

度也.(1) 民所度居也.(2) 从回. 象城𩫏之重.(3) 兩亭相對也.(4) 或但从囗.(5) 凡𩫏之屬皆从𩫏.

'𩫏'은 헤아리다・재다[度(탁)]라는 뜻이다. 백성들이 잘 헤아려 거주하는 곳이다. '回'모양은 성(城)과 곽(𩫏)의 두 겹으로 겹친 모양을 상형하였다. 나머지 자형은 두 개의 정(亭)이 마주 대하고 있는 모양이다. 혹은 '囗(위)'만으로 구성되기도 한다. 𩫏부에 속하는 한자는 모두 𩫏의 의미를 따른다.

(1) 이것은 '度(탁)'자의 발음을 가져다가 '𩫏(곽)'자의 의미를 설명한 것이다. 이것은 "蒦(확)은 재다[度(탁)]의 뜻이다."[108]라고 (度의) 발음으로 (蒦의) 의미를 설명한 방법과 같다.

(2) 《석명(釋名)》에 "郭(곽)은 廓(곽)이다. 廓落(곽락)은 성(城) 밖에 있다."[109]라고 하였다. 내

107 段注에서는 𩫏의 반절음이 나오지 않는다. 徐鉉本에서는 "古와 博의 반절로 발음한다.[古博切]"라고 되어 있다. 郭(곽)과 같은 글자라고 하므로 '곽'으로 발음한다.

108 제4편 上 '萑'부 '蒦'자 說解 참조.

109 《釋名・釋宮室》 第十七 참조.

생각에는 '城𩫏'의 '𩫏'자는 지금은 '郭'자로 쓴다. '郭'자가 유행하면서 '𩫏'은 없어졌다. '邑(읍)'부에서 "䣓(곽)은 제(齊)나라 곽씨(郭氏)의 터다.[䣓齊之郭氏虛也]"[110]라고 하였을 때와 '鼓(고)' 아래에서 "만물이 껍질을 깨고 나온다.[萬物郭皮甲而出]"[111]라고 하였을 때의 '郭(곽)'자는 '𩫏'으로 써야 한다. 이 글자가 즉 지금의 '廓(곽)'자다.

(3) '回'자형의 안은 '城(성)'이고 밖은 '𩫏(곽)'이다.

(4) 두 개의 정(亭)이 마주 대하고 있는 모양이란 위의 '亼'모양과 아래의 '𠕓'모양을 두고 한 말이다. 안의 '城'과 밖의 '𩫏'에 두 정자가 마주 대하고 있는 모양이라는 뜻이다. 《한전략(漢典略)》에 "낙양(雒陽)에는 스무 개의 가(街)가 있는데 하나의 가(街)마다 하나의 정(亭)이 있고, 열두 개의 성문(城門)이 있는데 문마다 하나의 정(亭)이 있다."라고 하였는데 이것은 성(城) 안의 '亭'을 말한다. 《한서·백관공경표(百官公卿表)》에서 "현의 도로[縣道] 10리(里)마다 하나의 정(亭)이 있다."[112]라고 하였는데 이것은 성(城) 밖의 '亭'을 말한다.

(5) ('囗'는) 발음이 '韋(위)'다. 이 혹자(或字)의 전문(篆文)은 '亯'으로 쓴다는 뜻이다. 내 생각에는 전문 '亯'이 "皆从𩫏(개종곽)"의 다음에 제시되어야 할 듯하다.

(1) 此以音說義, 與蒦度也, 音義略同. (2) 釋名曰, 郭, 廓也. 廓落在城外也. 按城𩫏字今作郭. 郭行而𩫏廢矣. 邑部曰, 䣓, 齊之郭氏虛也. 鼓下云, 萬物郭皮甲而出. 當作𩫏, 卽今之廓字也. (3) 內城外𩫏. (4) 謂上亼下𠕓也. 內城外𩫏, 兩亭相對. 漢典略曰, 雒陽二十街, 街一亭, 十二城門, 門一亭. 此城內亭也. 百官公卿表, 縣道十里一亭. 此城外亭也. (5) 音韋. 謂篆作亯也. 按當出亯篆, 在皆从𩫏之下.

190. 京(경)부

京 人所爲絶高丘也.(1) 从高省. 丨象高形.(2) 凡京之屬皆从京.

'京'은 사람이 만든 대단히 높은 언덕이다. '高(고)'의 생략형으로 구성되어 있고

110 제6편 下 '邑'부 '䣓'자 說解 참조.

111 제5편 上 '鼓'부 說解 참조.

112 《漢書》 卷十九 <百官公卿表> 上 참조.

‘丨’은 높은 모양을 상형하였다. 京부에 속하는 한자는 모두 京의 의미를 따른다.

(1) 《이아 · 석구(釋丘)》에서 “대단히 높게 만들어 놓은 것을 ‘京’이라 하고 사람이 만들지 않은 것을 ‘丘(구)’라 한다.[絶高爲之京, 非人爲之丘.]”라고 하였는데 곽박(郭璞)은 “爲之(위지)라고 말한 것은 사람의 힘으로 만들었다는 뜻이다.”라고 하였다.113 살펴보면 《이아 · 석고(釋詁)》에 “京은 크다[大(대)]는 뜻이다.”114라고 하였는데 이것은 인신(引伸)된 의미다. 대체로 높은 것은 반드시 크기 마련이다.

(2) ‘京’의 발음은 擧(거)와 卿(경)의 반절이다. 고음 10부에 속한다.

(1) 釋丘曰, 絶高爲之京, 非人爲之丘. 郭云, 爲之者, 人力所作也. 按釋詁云, 京, 大也. 其引伸之義也. 凡高者必大. (2) 擧卿切. 古音在十部.

191. 亯(향)부

獻也.(1) 从高省.(2) ⊖象孰物形.(3) 孝經曰, 祭則鬼亯之.(4) 凡亯之屬皆从亯. 亯 篆文亯.(5)

‘亯’은 바친다는 뜻이다. ‘高(고)’의 생략형으로 구성되어 있고 ‘⊖’은 익힌 물건을 상형하였다. 《효경(孝經)》에서 “제사지내는 것은 귀신에게 바치는 것이다.”라고 하였다. 亯부에 속하는 한자는 모두 亯의 의미를 따른다. ‘亯’은 亯의 전문(篆文)이다.

(1) ‘獻(헌)’은 아래에서 위로 올린다는 말이다. 살펴보면 《주례(周禮)》의 ‘亯’자 사용예로는 ‘祭亯(제향: 제사지내 바친다)’이라고 할 때는 ‘亯’자를 쓰고 ‘饗燕(향연: 바친 음식으로 잔치한다)’이라 할 때는 ‘饗’자를 쓴다. 《주례 · 대종백(大宗伯)》의 ‘길례(吉禮)’에 대한 언급 아래에서 여섯 번 ‘亯先王(향선왕: 선왕에게 바친다)’이라고 말했고 ‘가례(嘉禮)’에 대한 언급 아래에 “饗燕(향연)의 예로써 사방의 빈객과 친하게 지낸다.”115라고 말한 것이

113 《爾雅 · 釋丘》에서 “絶高爲之京. 非人爲之丘.”라고 하였다. 郭樸의 注에서는 “人力所作”이라고 하였다.
114 《爾雅 · 釋詁》 第一 참조.

더욱 분명한 증거다. 《예경(禮經)》 17편의 용자(用字)의 예를 살펴보면 《의례·빙례(聘禮)》116에서 '內臣亯君(내신향군)'이라고 할 때는 글자가 '亯'으로 쓰여 있으며 《의례·사우례(士虞禮)》, 《의례·소뢰궤식례(少牢饋食禮)》에서 '尙饗(상향)'이라고 할 때는 글자가 '饗'으로 쓰여 있다.117 《소대례기(小戴禮記)》의 용자(用字)의 예는 '祭亯'의 亯, '饗燕'의 饗이 모두 '饗'으로 쓰여 있으며 '亯(향)'으로 쓰인 것은 없다.118 《좌전(左傳)》은 모두 '亯'으로 쓰였고 饗으로 쓰인 것이 없다. 《모시(毛詩)》의 예는 신(神)에게 바치는 것은 '亯'으로 쓰고, 신(神)이 그 바친 것을 먹는 것을 '饗'이라 하였다. 예컨대 《시·초자(楚茨)》에서 "以亯以祀[제물을 바치고 제사지낸다.]"라고 하였고, 아래 구절에서 "神保是饗[신께서 제사음식을 잡수시니]"라고 하였으며,119 《시·주송(周頌)》에서는 "我將我亯[받들어 올려 제사지내고]"라 하고, 아래 구절에서 "旣右饗之[도와서 제사를 흠향하게 하시네.]"라고 하였으며,120 《시·노송(魯頌)》에서 "亯祀不忒[어김없이 제사를 올리고]", "亯以騂犧[붉은 희생소를 바치니]"이라고 한 그 아래 구절에서 "是饗是宜[제물을 흠향하고 제사를 받아들이시네.]"라고 하였으며,121 《시·상송(商頌)》에서 "以假以亯[신이 내려오시라는 제사를 바치니]"이라고 한 아래 구절에서 "來假來饗[내려오셔서 제사를 흠향하시고]"이라고 한 것122 등이 모두 분명한 증거다. 귀신이 와서 먹는 것을 '饗'이라 하는 것은 즉 《예경》의 '尙饗(상향)'의 예와 같다. 신(神)에게 바치는 것을 '亯'이라 하는 것은 《주례》에서 '祭亯(제향)'을 '亯'으로 쓰는 예와 같다. 각 경전에서의 용자(用字)는 이렇듯 제각기 예가 있다. 《주례》에 '饗燕'으로 쓰인 것이 《좌전》에는 모두 '亯燕'으로 쓰여 있는데 아마 본래부터 그 책들이 정말 그렇게 되어 있었을 것이고 후인들의 개찬(改竄)을 거친 것은 아니다.

(2) ('高(고)'의 생략형으로 구성된 이유는) 바치는 사람은 반드시 높이[高] 받들어 바치기 때문이다. 《예기·곡례(曲禮)》에서 "천자(天子)의 그릇을 잡아 바칠 때는 심장의 높이[衡(형)]보다 높이고 국군(國君)에게 바칠 때는 심장높이[衡]와 나란히 한다."123라고 하였다.

115 《周禮·春官·大宗伯》 참조.

116 《儀禮·聘禮》 第八 참조.

117 《儀禮·士虞禮》 第十四, 《儀禮·少牢饋食禮》 第十六 참조.

118 《禮記·祭義》 第二十四 참조.

119 《詩·小雅·谷風之什·楚茨》 참조.

120 《詩·周頌·淸廟之什·我將》 참조.

121 《詩·魯頌·閟宮》 참조.

122 《詩·商頌·烈祖》 참조.

후세에도 상을 들어 눈썹에 맞추는 것을 공경한다고 여겼다.

(3) 《예경》에서 말하는 '饋食(궤식: 제사에 올리는 음식)'[124]은 익은 음식을 올리는 것이다. '亯'의 발음은 許(허)와 兩(량)의 반절이다. 10부에 속한다. '亯'은 바쳐 올려진 익은 음식을 상형하였으므로 익은 물건[飪物(임물)]도 '亯'이라고 부른다. 그래서 발음이 普(보)와 庚(경)의 반절이기도 하다. 또한 '亯'자의 의미가 신에게 드린다[薦神(천신)]는 뜻으로 풀이되는데 정성스러운 뜻은 신과도 통할 수 있으므로 許(허)와 庚(경)의 반절로도 발음한다. 고음은 모두 10부에 속한다. 자형에 대하여 말한다면 신에게 드린다[薦神]고 할 때는 '亨(형)'으로도 쓰고 '享(향)'으로도 쓴다. 익힌 물건[飪物]이란 뜻일 때는 '亨(형)'으로도 쓰고 '烹(팽)'으로 쓰기도 한다. 《역》의 '元亨(원형)'의 亨은 모두 '亨'으로 쓰였다. 모두 지금 글자[今字]다.

(4) 이것은 《효경》 <효치장(孝治章)>의 문장이다.

(5) '亯'의 전문(篆文)을 뒤에다 둔 것은 '丄(상)'부의 예와 같다.[125] 현응(玄應)의 책에 의하면 '亯'은 주문(籒文)이다.[126] 소전(小篆)으로는 '亭'자로 쓰고 예서(隷書)에서는 '亨'으로 쓰거나 '享'으로 쓰는데 소전에서 변화한 것이다.

(1) 下進上之詈也. 按周禮用字之例, 凡祭亯用亯字, 凡饗燕用饗字. 如大宗伯吉禮下六言亯先王, 嘉禮下言以饗燕之禮親四方賓客, 尤其明證也. 禮經十七篇用字之例, 聘禮內臣亯君字作亯, 士虞禮少牢饋食禮尙饗字作饗. 小戴記用字之例, 凡祭亯饗燕字皆作饗, 無作亯者. 左傳則皆作亯, 無作饗者. 毛詩之例, 則獻於神曰亯, 神食其所亯曰饗. 如楚茨, 以亯以祀, 下云神保是饗. 周頌, 我將我亯, 下云旣右饗之. 魯頌, 亯祀不忒, 亯以騂犧, 下云是饗是宜. 商頌以假以亯, 下云來假來饗. 皆其明證也. 鬼神來食曰饗, 卽禮經尙饗之例也. 獻於神曰亯, 卽周禮祭亯作亯之例也. 各經用字自各有例. 周禮之饗燕左傳, 皆作亯宴, 此等蓋本書固尒, 非由後人改竄. (2) 獻者必高奉之. 曲禮曰, 執天子之器則上衡, 國君則平衡. 後世亦以擧案齊眉爲敬. (3) 禮經言饋食者, 薦孰也. 許兩切. 十部. 亯象薦孰, 因以爲飪物之偁, 故又讀普庚切. 亯之義訓薦神, 誠意可通於神, 故又讀許庚切. 古音則皆在十部. 其形, 薦神作亨, 亦作享. 飪物作亨, 亦作烹. 易之元亨, 則皆作亨. 皆今字也. (4) 孝經孝治章文. (5) 後篆者, 丄部之例也. 據玄應書則亯者籒文也. 小篆作亭, 故隷書作亨, 作享, 小篆之變也.

123 《禮記·曲禮》下 第二 참조.

124 예를 들면 《儀禮》에 나오는 <少牢饋食禮>, <特牲饋食禮>의 '饋食' 등을 말한다.

125 제1편 上 '丄'부 설해 참조.

126 玄應 《一切經音義》 卷十二 <雜寶藏經音義> 참조.

192. 𣆪[127](후)부

 厚也.(1) 从反亯.(2) 凡𣆪之屬皆从𣆪.

‘𣆪’는 독실하다[厚(후)]는 뜻이다. ‘亯(향)’의 뒤집어진 모양으로 구성되었다. 𣆪부에 속하는 한자는 모두 𣆪의 의미를 따른다.

(1) ‘厚(후)’자는 ‘䈞(독)’자로 써야 한다. 위의 ‘亯’부에서 “䈞(독)은 㫗(후)다.”[128]라고 하였으니 여기에는 “㫗는 篤(독)이다.”라고 해야 한다. 이것은 전주(轉注)[129]다. 지금의 글자인 ‘厚’자가 유행하면서 ‘㫗’자는 없어졌다. 경전에서는 ‘㫗薄(후박)’의 ‘㫗’자는 모두 ‘厚’로 쓰여 있다.

(2) ‘亯(향)’을 뒤집었다는 것은 다른 사람을 봉양하지 않고 스스로를 봉양한다는 말이다. 그것이 ‘㫗(후)’의 의미다.[130] ‘𣆪’의 발음은 胡(호)와 口(구)의 반설이다. 4부에 속한다.

(1) 厚當作䈞. 上文曰, 䈞, 㫗也. 此曰, 㫗, 篤也. 是爲轉注. 今字厚行而㫗廢矣. 凡經典㫗薄字皆作厚. (2) 倒亯者, 不奉人而自奉, 㫗之意也. 胡口切. 四部.

---

127 ‘𣆪’자는 篆書의 자형을 보다 충실하게 반영한 楷書體로서 段玉裁는 許愼의 說解에서는 ‘𣆪’자를 사용하고 자신의 注에서는 ‘㫗’자를 사용하였다. 이는 현재 사용하고 있는 ‘厚’자에서 안의 구성부분이 ‘㫗’로 되어 있기 때문에 ‘㫗’자를 사용한 것이며 정확하게 쓴다면 아래의 구성부분이 ‘子’처럼 바뀐 ‘㫗’자가 아니라 ‘𣆪’자가 올바른 字形이다.

128 제5편 下 ‘亯’부 ‘䈞’자 說解 참조. 䈞자는 바로 지금의 ‘篤’자다.

129 제15편 上 <敍>의 “五曰轉注”의 段玉裁 注에 “轉注猶言互訓也”라고 되어 있다.

130 ‘亯’자는 아래에서 위로 신에게 바친다는 뜻이다. 그러므로 ‘亯’자를 뒤집어 만든 ‘㫗’자는 밖으로부터 자기자신에게로 바친다는 의미, 즉 스스로를 봉양한다는 의미가 되었다고 段玉裁는 설명하고 있다.

193. 畐(복)[131] 부

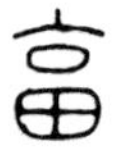 滿也.(1) 从高省.(2) 象高厚之形.(3) 凡畐之屬皆从畐. 讀若伏.(4)

'畗'은 가득 차 있다는 뜻이다. '高(고)'의 생략형으로 구성되어 있다. 높고 두터운 모양을 상형하였다. 畐부에 속하는 한자는 모두 畐의 의미를 따른다. '伏(복)'과 같이 발음한다.

(1) 《방언(方言)》에 "悀(용)·偪(핍)은 가득 찬다[滿(만)]는 뜻이다. 그릇에 가득 찬 것을 '悀(용)'이라 한다."라고 하였고 주석에서는 "가득 차서 넘쳐 나오는 것[涌出(용출)]이다."라고 하였다. "배가 가득 차는 것[腹滿(복만)]을 '偪(핍)'이라 한다."라고 하였는데 주석에서는 "많이 차 있는 것[勑偪(칙핍)]을 말한다."[132]라고 하였다. 살펴보면 《광아(廣雅)》에서 "悀·愊은 가득 찬다[滿]는 뜻이다."[133]라고 한 것은 이것에 근거한 것이다. 또 《옥편(玉篇)》에서는 "배가 차는 것을 涌이라 하고 창자가 차는 것을 畐이라 한다."[134]라고 하였으니 지금의 《방언》과는 다르다. 현응(玄應)의 책에서는 '畐塞(복색)'의 주석에서 "普(보)와 逼(핍)의 반절로 발음한다."[135]라고 하고 《방언》의 "畐은 가득 차다[滿(만)]의 뜻이다."를 인용하고 있다. 이것을 보면 고야왕(顧野王)[希馮(희풍)][136]과 현응(玄應)이 근거한 《방언》이 모두 '畐'자로 쓰여 있음을 알 수 있다. 허신의 책에는 '偪(핍)'·'逼(핍)'자가 없다. 대서본(大徐本)에서는 '逼(핍)'자를 '辵(착)'부에 붙였다. 지금에야 '逼仄(핍측)'·'逼迫(핍박)'의 '逼'자를 '畐'으로 써야 한다는 것을 알 수 있다. '偪'·'逼'자가 유행하면서 '畐'자는 없어졌다. 《순경자(荀卿子)》에 "充盈大宇而不窕, 入郤穴而不偪.[큰 집을 가득 채워도 빈틈이

131 이 부수자는 篆書 자형을 그대로 따라서 楷書 자형으로 만든다면 '畗'이 되지만 단옥재는 '畗'으로 사용하지 않고 '畐'으로 사용하고 있다. 아마 현재 통용되는 '偪', '逼'자 등이 '畐'으로 구성되어 있기 때문에 연관지어 설명하기 위하여 '畐'자를 선택한 것 같다. 畐자의 발음은 段注에 의하면 偪(핍), 逼(핍)자들의 원래 글자가 畐이므로 '핍'으로 하는 것이 맞겠지만 지금의 발음을 확정하는 반절에 의하면 '복'자가 맞기 때문에 '복'으로 하였다. 아마 '핍'은 고음에 가깝고 '복'은 지금 발음에 가까울 것이다.

132 《方言》 第六 "悀偪, 滿也."의 원문과 郭樸의 注 참조. '勑偪'의 勑자는 '飭'의 의미로 쓴 것 같다.

133 《廣雅·釋詁》 卷一 참조.

134 《玉篇》 '畐'부 第210 참조.

135 玄應 《一切經音義》 卷十二 <雜寶藏經> 참조.

136 《玉篇》을 편찬한 顧野王의 字가 希馮이다.

없고 구멍으로 들어가도 막히지 않는다.]"[137]이라 하였고 《회남자(淮南子)·병략훈(兵略訓)》에 "入小而不偪, 處大而不窕[작은 곳으로 들어가도 막히지 않고 큰 곳에 거처하여도 빈틈이 없다.]"라고 하였으니 여기서 말하는 '不偪(불핍)'이란 모두 막히지 않는다[不塞]는 말이다. 《회남자·숙진훈(俶眞訓)》에 "處小隘而不塞[좁은 곳에 거처하지만 막히지 않고]"이라고 하고 <요략훈(要略訓)>에서 "置之尋常而不塞[심상한 곳에 있어도 막히지 않고]"이라 하고 <범론훈(氾論訓)>에 "內之尋常而不塞[심상한 곳에 들어가도 막히지 않는다.]"이라 하고 <제속훈(齊俗訓)>에 "大則塞而不入, 小則窕而不周.[크면 막혀 있어서 들어갈 수가 없고 작으면 틈새가 있어 조밀하지 않다.]"라고 했으니 '偪(핍)'과 '塞(색)'은 의미가 같다. '畐'과 '偪'은 정자(正字)·속자(俗字)의 관계다. 《이아(爾雅)·석언(釋言)》에 "逼은 다가온다[迫]는 뜻이다."[138]라고 하였는데 본래는 '偪'으로 쓰기도 한다. 두 글자 모두 '畐'의 속자다.

(2) '高(고)'의 생략형으로 구성되어 있다는 것은 '亠'모양을 말한다.

(3) 높고 두터운 모양을 상형하였다는 것은 '田'모양을 말한다.

(4) '畐'의 발음은 芳(방)과 逼(핍)의 반절이다. 내 생각에 '畐(복)', '伏(복)' 두 글자는 고음이 같이 1부에 있다. 지금 발음은 모두 房(방)과 六(육)의 반절이다.

(1) 方言, 悀偪滿也, 凡以器盛而滿謂之悀. 注言涌出也. 腹滿曰偪. 注言勅偪也. 按廣雅, 悀愊滿也, 本此. 而玉篇云, 腹滿謂之涌, 腸滿謂之畐. 與今本方言異. 玄應書畐塞注曰, 普逼切, 引方言畐滿也. 是則希馮玄應所據方言皆作畐也. 許書無偪逼字, 大徐附逼於辵部. 今乃知逼仄, 逼迫字, 當作畐. 偪逼行而畐廢矣. 荀卿子, 充盈大宇而不窕, 入郤穴而不偪. 淮南兵略訓, 入小而不偪, 處大而不窕. 凡云不偪者, 皆謂不塞. 淮南俶眞訓, 處小隘而不塞. 要略訓, 置之尋常而不塞. 氾論訓, 內之尋常而不塞. 齊俗訓, 大則塞而不入, 小則窕而不周. 偪與塞義同, 畐偪正俗字也. 釋言曰, 逼, 迫也, 本又作偪. 二皆畐之俗字. (2) 謂亠也. (3) 謂田也. (4) 芳逼切. 按畐伏二字古音同在第一部. 今音同房六切.

137 《荀子·賦篇》 참조.

138 《爾雅·釋言》 第二 참조.

194. 亩(름)부

 穀所振入也.(1) 宗廟粢盛.(2) 蒼黃亩而取之, 故謂之亩.(3) 从入(4)从回.(5) 象屋形.(6) 中有戶牖.(7) 凡亩之屬皆从亩. 廩 亩或从广稟.(8)

'亩'은 곡식을 거두어들이는 곳이다. 종묘(宗廟)에서 곡식을 제기에 담기 위하여 서둘러 거두어들여 보관하기 때문에 亩(름)이라 한다. '入(입)'으로 구성되어 있으며 '回(회)'로 구성되어 있다. 지붕[屋]의 모양을 상형하였다. 가운데 창문이 있다. 亩부에 속하는 한자는 모두 亩의 의미를 따른다. '廩'은 亩의 혹자(或字)다. '广(엄)'과 '稟(품)'으로 구성되었다.

(1) '穀(곡)'은 온갖 곡식의 총명이다.[139] 《중용(中庸)》의 주석에 "振(진)은 들인다[收(수)]는 뜻과 같다."[140]라고 하였고 '手(수)'부에서 "振은 들어올린다[擧(거)]는 뜻이다."[141]라고 하였다. 《주례(周禮)》 주석에서는 "쌀을 저장하는 곳을 廩(름)이라 한다."[142]라고 하였다.

(2) "宗廟粢盛(종묘자성)"의 '粢(자)'자가 각 판본에 '粢(자)'자로 되어 있다.[143] 지금 바로잡는다. '粢'는 떡[稻餅(도병)]이라는 뜻을 가진 ('餈(자)'의) 혹자(或字)[144]이고, '粢'는 기장[稷(직)]이라는 의미를 가진 ('齋'자의) 혹자(或字)[145]다. (《주례·천관(天官)》 <전사(甸師)>에 "以共齍盛[기장을 그릇에 담아 올린다.]"이란 문장의 정현(鄭玄) 주석에서 "齍(자)를 '粢'로 쓴다."라고 하고 "粢라고 한 것은 바로 기장이다. 곡식은 기장을 으뜸으로 친다. 때문에 그 이름으로 부른 것이다. 그릇에 담긴 것을 '盛(성)'이라 한다."[146]라고 하였다. 살펴보면 《주례·소종백(小宗伯)》 주석에 "齍는 粢로 읽는다. 六粢(육자)란 六穀(육곡)인데, 黍(서)·稷(직)·稻(도)·粱(량)·麥(맥)·苽(고)의 여섯 가지 곡식을 말한다."[147]라고 하였다.

---

139 제7편 上 '禾'부 '穀'자 說解 참조.

140 《禮記·中庸》 "今夫天地一撮土之多, 及其廣大, 載華嶽而不重, 振河海而不洩, 萬物載焉."의 鄭玄의 注 참조.

141 제12편 上 '手'부 '振'자 說解 참조.

142 《周禮·地官·序官》 <廩人>의 鄭玄의 注 참조.

143 徐鉉本·徐鍇本 모두 '粢'로 되어 있다.

144 제5편 下 '食'부 '餈'자 說解 참조.

145 제7편 下 '禾'부 '齋'자 說解 참조.

146 《周禮·天官·甸師》의 經文과 鄭玄의 注 참조.

여기에서는 六穀 중에 기장[稷(직)]이 으뜸이라서 단지 '粢'만 들어놓은 것이다. 허신은 '皿(명)'부에서 "齍는 黍稷(서직)을 담는 그릇이다."라고 하고 "盛은 黍稷이 그릇 속에 담겨 있는 것이다."[148]라고 하였으니 이 글자들('齍'·'盛')은 《주례》를 따른 것이다. 그런데 여기의 ("宗廟粢盛"에서) '粢盛'으로 쓴 것은 '齍'와 '粢'가 고금자(古今字)이기 때문이다. 《예기(禮記)》에서는 대부분 '粢盛'으로 썼으므로 허신이 그것을 따랐으며 정현도 그렇게 하였다.

(3) '蒼(창)'자는 이전에는 '倉(창)'자로 썼다.[149] 지금 바로잡는다. '㐭而取之(름이취지)'의 '㐭'자는 '凜(름)'으로 써야 한다. "凜凜은 춥다[寒(한)]는 뜻이다."[150] 대체로 경계하여 신중한 것을 '凜凜'이라고 한다. 또 '懍懍(름름)'이라고도 쓴다. 《한서(漢書)》에서는 전부 '廩廩(름름)'으로 썼다.[151] 허신이 말한 의미는 '삼가하며 그것을 들여온다[凜而取之]'는 뜻이므로 그래서 '㐭'이라고 한다고 설명한 것이다. '凜'과 '㐭'은 운모가 같다. 위의 '倉(창)'부에서 "蒼黃取而藏故謂之倉"[152]이라고 할 때 '藏(장)'자와 '倉(창)'자의 운모가 같았던 것과 같다. 허신이 처음에 "穀所振入也"라고 설명한 것은 《주례》에서 "름인(廩人)은 구곡(九穀)의 수(數)를 관장한다. 직분에 맞게 나누기[匪頒(비반)], 왕의 하사품으로 사용하기[賙賜(주사)], 녹으로 주기 위해 저장하기[稍食(초식)] 등의 일에 대비한다."[153]라고 한 말에 근거한 것이다. 그리고 다시 여기에서 "宗廟粢盛, 蒼黃廩而取之."라고 한 것은 《곡량전(穀梁傳)》의 "마을의 곡식을 삼궁(三宮)에 들이고 삼궁(三宮)의 쌀은 임금의 곳집에 보관한다.[甸粟而內之三宮, 三宮米而藏之御廩.]"[154]라는 것과 《주례》에서 "름인(廩人)은 큰 제사를 지낼 때 곡식을 그릇에 담아 바친다.[廩人大祭祀則共其接盛]"[155]라고 말한 것에 근거한 것이다. 두 번이나 반복해서 설명한 이유는 '㐭'자의 발음과 의미를 해석하기 위해서다. 정현은 "큰 제사에 쓰는 곡식은 적전(藉田)에서 거두어들여 신창(神倉)에 저장한다. 소소한 용도로 공급되지 않는다."[156]라고 하였다. 《이아·석언(釋言)》에 "廩은 廯(선)"이라 하였

147 《周禮·春官·小宗伯》"辨六齍之名物與其用"의 鄭玄의 注.
148 제5편 上 '皿'부 '齍'자와 '盛'자 說解 참조.
149 徐鉉本·徐鍇本이 '倉'으로 되어 있다.
150 제11편 下 '冫'부 '凜'자 說解 참조.
151 《漢書》 <循吏傳>, <食貨志> 등 참조.
152 제5편 下 '倉'부 說解 참조.
153 《周禮·地官·廩人》 참조.
154 《穀梁傳》 桓公 十四年의 傳 참조.
155 《周禮·地官·廩人》 참조.
156 《周禮·地官·廩人》의 鄭玄의 注 참조.

다.[157] 이에 대하여 장용당(臧鏞堂)[158]은 다음과 같이 말하였다. "廯은 고본(古本)에 鮮(선)으로 되어 있을 것이다. 《사인(舍人)》에서 '㐭은 적다, 드물다[少鮮]의 뜻이다.'라고 하였다. 《공양전(公羊傳)》 '羣公㐭(군공름)'의 주석에 '連新於上, 財令半相連耳.[새 것과 이어서 위에 놓되 서로 반 정도만 이어지도록 할 뿐이다.]'라고 하였다.[159] 양공(襄公) 23년 '所傳聞(소전문)'의 주석에도 "㐭㐭近升平[(승평(升平)시대에 가까움이 적다.]"라 하였다. 모두 㐭은 적다[鮮]의 뜻이다. 그러나 내 생각에 이것과 《한서(漢書)》의 '㐭㐭庶幾(름름서기)'와 가의(賈誼)가 말한 '爲此㐭㐭(위차름름)'은 모두 ('삼가하다'의 의미인) '凜凜(름름)'의 가차자다.

(4) 곡식이 들어가므로 '入(입)'으로 구성된다.

(5) 원래 '回(회)'자의 뜻은 돈다[轉(전)]는 것이다. 그러나 여기에서 '回'로 구성된 의미는 아래 (注 (6)과 (7)에서) 말한 것과 같다.

(6) 지붕[屋]의 모양을 상형하였다는 것은 ◎의 바깥쪽의 '□'모양을 말한다. '舍(사)'자에서 "□은 건축물을 상형한 것이다."라고 하고 여기에서는 "지붕[屋]을 상형한 것이다."라고 하였는데 그 이유는 지붕은 위에 있는 것이며 '㐭'의 문과 창은 대부분 지붕에 있기 때문이다.

(7) 가운데 창문이 있다는 것은 ◎의 안쪽 '□'모양을 말한다. 소서본(小徐本)에 "창문[戶牖(호유)]으로 더운 것을 막는다."[160]라고 하였다. '㐭'의 발음은 力(력)과 甚(심)의 반절이다. 7부에 속한다.

(8) 이 혹자는 회의(會意)자다. '稟(품)'이 또한 발음을 나타내기도 하다.

(1) 穀者, 百穀總名. 中庸注曰, 振, 猶收也. 手部曰, 振, 擧也. 周禮注曰, 米藏曰㐭. (2) 粢各本作粢, 今正. 粢, 稻餅之或字也. 粢者, 稷之或字也. 甸師, 以共齍盛. 鄭注齍作粢, 云粢, 稷也, 穀者稷爲長, 是以名云, 在器曰盛. 按小宗伯注云, 齍讀爲粢, 六粢謂六穀, 黍稷稻粱麥苽. 是則六穀稷爲長, 故單擧粢也. 許於皿部曰, 齍, 黍稷器也. 盛, 黍稷在器中也. 字依周禮, 此作粢盛者, 齍粢古今字. 禮記多用粢盛, 故許從之, 與鄭同也. (3) 蒼舊作倉, 今正. 㐭而取之之㐭, 當作凜. 凜凜, 寒也. 凡戒愼曰凜凜, 亦作懍懍. 漢書通作㐭㐭. 許云, 凜而取之, 故謂之㐭. 凜㐭疊韻. 如上文蒼黃取而

---

157 《爾雅·釋言》 참조.

158 臧鏞堂: 臧庸. 江蘇 武進 사람이고 初名이 鏞堂. 字는 在東, 號가 拜經이다. 阮元의 막료였으며 《經籍纂詁》, 《十三經注疏校勘記》의 편찬에 참가하였다.

159 《公羊傳》 文公 十三年 傳文과 何休의 注 참조.

160 徐鍇本에 "臣鍇曰, 振擧也. 倉㐭有戶牖以防蒸熱也."라고 되어 있다.

藏, 故謂之倉, 藏倉疊韻也. 上文云穀所振入也者, 周禮所謂, 廩人掌九穀之數, 以待國之匪頒賙賜稍食也. 此云, 宗廟粢盛, 蒼黃㐭而取之者, 穀梁傳所謂, 甸粟而內之三宮, 三宮米而藏之御廩. 周禮所謂, 廩人大祭祀則共其接盛. 擧其重者, 以釋㐭之音義也. 鄭云, 大祭祀之穀, 藉田之收, 臧於神倉者也, 不以給小用. 釋言, 廩, 𢊁也. 臧氏鏞堂曰, 𢊁, 古本當作鮮. 舍人云, 廩, 少鮮也. 公羊羣公廩注云, 連新於上財令半相連耳. 襄卄三年所傳聞注亦云, 廩廩近升平, 皆廩鮮也之義. 玉裁按, 此與漢書廩廩庶幾, 賈誼爲此廩廩, 皆㐭㐭之假借也. (4) 穀所入, 故从入. (5) 回之訓轉也. 而此从回之意, 則如下所云. (6) 謂外囗. 舍下云, 囗, 象築. 此云象屋者, 屋在上者也. 㐭之戶牖多在屋. (7) 謂內口. 小徐曰, 戶牖以防蒸熱也. 力甚切. 七部. (8) 會意也. 稟亦聲.

195. 嗇(색)부

愛濇也.(1) 从來㐭. 來者㐭而臧之, 故田夫謂之嗇夫.(2) 一曰, 棘省聲.(3) 凡嗇之屬皆从嗇. 𤲞 古文嗇. 从田.

'嗇'은 아낀다는 뜻이다. '來(래)'와 '㐭(름)'으로 구성되었다. 하늘에서 내려온 것을 거두어 보관하므로 전부(田夫)를 색부(嗇夫)라고 한다. 일설에는 '棘(극)'의 생략형이 발음을 나타내는 부분이라고 한다. 嗇부에 속하는 한자는 모두 嗇의 의미를 따른다. '𤲞'은 嗇의 고문으로 '田(전)'으로 구성되었다.

(1) '嗇'자와 '濇(색)'자는 운모가 같다. 《광운(廣韻)》에서는 '澀(삽)'으로 인용하고 있는데[161] '澀'과 '濇'은 모두 매끄럽지 못하다[不滑(불활)]는 뜻이다. 《시・대아(大雅)》에서는 "好是家嗇, 力民代食.[좋구나. 민가의 곡식 쌓아 둠이여. 힘쓰는 백성들이 현자의 식록을 대신하네.]"이라고 하였는데 전(箋)에서 "민가에서 쌓아 놓은 곡식을 잘 운용하는 것은 곡식을 거두어들이느라 애쓰는 사람들에게 어진 사람이 바른 위치에서 일하며 얻어먹는 식록(食祿)을 대신하게 하는 것이다."라고 하였다. 또 그 다음 구절인 "家嗇維寶, 代食維好.[민가의 곡식 쌓아둔 것은 보배로구나. 식록을 대신하니 얼마나 좋은가!]"의 전(箋)에서는 "왕이

161 《廣韻》 入聲 二十四 '職'부 참조.

현명한 사람을 숭상하지는 않지만 곡식 저장하는 사람이 현자의 식록을 대신하기를 좋아하는 것을 귀히 여기고 있다는 것을 이 구절에서 설명하고 있다."라고 하였다.[162] 《노자(老子)》에서 말하기를 "治人事天莫若嗇[사람을 다스리고 하늘을 섬길 때에는 '아끼는 일' 만한 것이 없다.]"[163]라고 하였다. <시서(詩序)>에서는 "其君儉嗇褊急[그 임금이 검소하고 아끼느라 급한 때에 조달할 수 있다.]"[164]라고 하였다.

(2) '嗇(색)'이 '來(래)'와 '㐭(름)'으로 구성된 의미를 해설하였다. '嗇'은 많이 들어오고 적게 나가는 것이다. 마치 전부(田夫)가 덮어서 저장하는 일에 힘쓰는 것과 같다. 그래서 (嗇은) '來'와 '㐭'으로 만든 회의(會意)자다. '嗇夫(색부)'는 《좌전(左傳)》에서 인용한 <하서(夏書)>에 보인다.[165] 한(漢)나라의 제도는 '10정(亭)'마다 '향(鄕)'을 두는데, 하나의 향에는 '삼로(三老)'·'유질(有秩)'·'색부(嗇夫)'·'유요(游徼)'가 있다. 모두 하급관리[少吏(소리)]에 속한다.[166] 허신이 "전부(田夫)를 색부(嗇夫)라 한다."라고 말한 것은 《예기·교특생(郊特牲)》에 '선색(先嗇)'·'사색(司嗇)'·'보색(報嗇)'의 '嗇'을 모두 농부[農(농)]라고 풀이하는 것과 같다.[167] 옛날에는 '嗇(색)'과 '穡(색)'이 서로 가차되었다. 대부분 '가색(稼穡: 수확하여 아껴 둔 것)'을 '가색(稼嗇)'이라고 쓴 것이 그 예다. 《좌전(左傳)》에 "작은 나라에서는 산흰쑥을 쓰고 큰 나라에서는 아껴서 저장해 둔 것을 사용하였다.[小國爲蘩, 大國省穡而用之.]"[168]라고 하였으니 여기서 말하는 '省穡(생색)'이 곧 '省嗇(생색)'이다. '嗇'의 발음은 所(소)와 力(력)의 반절이다. 1부에 속한다.

(3) '來'와 '㐭'으로 구성되었다면 회의(會意)다. "棘(극)의 생략형이 발음을 나타내는 부분이다."라고 하면 형성(形聲)이라는 설명이니 이것은 또 하나의 주장이다. '棘'의 생략형이란 '朿(자)'를 병립한 것을 생략하여 하나의 '朿'를 썼으며 '來'가 또한 가시[朿]를 상형하였다는 말이다. 그래서 "棘이 발음을 나타낸다.[棘聲]"라고 말한 것이다. 그러나 조금 무리한 설명이다.

(1) 嗇濇疊韻. 廣韻引作澀, 澀與濇皆不滑也. 大雅云, 好是家嗇, 力民代食. 箋云, 但好任用是居

---

162 《詩·大雅·蕩之什·桑柔》 및 鄭玄의 箋 참조.
163 《老子》 下篇 제59장 참조.
164 《詩·魏風·葛屨》의 序 참조.
165 《左傳》 昭公十七年 傳 참조.
166 《漢書·百官公卿表》 참조.
167 《禮記·郊特牲》 鄭玄의 注 참조.
168 《左傳》 昭公 元年의 傳 참조.

家之吝嗇，於聚斂作力之人，令代賢者處位食祿．又云，家嗇維寶，代食維好．箋云，言王不尙賢，但貴吝嗇之人與愛代食者而已．老子曰，治人事天莫若嗇．詩序云，其君儉嗇褊急．(2) 說從來㐭之意也．嗇者，多入而少出，如田夫之務蓋藏，故以來㐭會意．嗇夫見左傳所引夏書．漢制，十亭一鄕，鄕有三老有秩嗇夫游徼，皆少吏之屬．許云，田夫謂之嗇夫者，若郊特牲先嗇司嗇報嗇，嗇皆謂農．古嗇穡互相假借，如稼穡多作稼嗇．左傳小國爲蘇，大國省穡而用之．卽省嗇也．所力切．一部．(3) 來㐭者，會意．𣏌省聲者，形聲．別一說也．𣏌省，謂省竝束爲單束，來亦象束，故云𣏌聲．然少迂矣．

196. 來(래)부

周所受瑞麥來麰也.(1) 二麥一夆．象其芒朿之形.(2) 天所來也，故爲行來之來.(3) 詩曰，詒我來麰.(4) 凡來之屬皆从來．

‘來’는 주(周)나라가 받은 상서로운 보리 來麰(래모)다. 두 개의 보리가 한 봉(夆)에 있다. 그 까풀[芒朿]의 모양을 상형하였다. 하늘이 보내 준 것이므로 ‘오고 가다[行來]’의 來로 쓰게 되었다. 《시(詩)》에서 “詒我來麰[우리에게 보리를 내려주시니]”라고 하였다. 來부에 속하는 한자는 모두 來의 의미를 따른다.

(1) (“周所受麥來麰也”의) ‘也(야)’자를 지금 보충한다.[169] 《시》의 《정의(正義)》에는 이 구절이 “周受來麰也”의 다섯 자로 되어 있다.[170] 《시 · 주송(周頌)》의 “詒我來麰[우리에게 보리를 내려주시니]”의 전(箋)에 “무왕(武王)이 맹진(孟津)을 건너는데 흰 물고기가 왕의 배로 뛰어 들어왔다. 물가에 나와서 하늘에 제사를 올렸다. 그 후 5일이 지나 불빛이 흘러와 까마귀로 변하였다. 다섯 마리가 왔는데 알곡과 함께 왔다. 이것이 바로 “내게 來麰(래모)를 주었다.”라는 일이다. 《서(書)》에서는 ‘以穀俱來[곡식과 함께 왔다네.]’라고 말하였다. 여기서의 ‘穀(곡)’이란 후직(后稷)의 덕을 기념하는 것이다.”[171]라고 하였나. 살펴보면 이 정현(鄭玄) 전(箋)의 내용은 《상서(尙書) · 태서(大誓)》, 《상서 · 선기령(旋機鈐)》, 《상서 · 합부

169 徐鉉本 · 徐鍇本 모두 ‘也’자가 없다.
170 《毛詩 · 周頌 · 思文》의 《正義》 참조.
171 《詩 · 周頌 · 淸廟之什 · 思文》의 “詒我來麰”에 대한 鄭玄의 箋 참조.

후(合符后)》에 보인다. 《시》에서 말한 '來牟(래모)'와 《서》에서 말한 '穀(곡)'은 사실 같은 것이다. 아래 부속자에서는 "來麰는 麥(맥)이다."172라고 하고 여기서는 "瑞麥來麰(서맥래모)"라고 하였으니 '來麰'의 두 글자로 이름을 삼은 것이다. 《시》의 <모전(毛傳)>에서는 "牟(모)는 보리[麥]다."173라고 하였는데 본래는 "來麰(래모)는 보리[麥]다."라고 써야 한다. 왜냐하면 이는 허신의 '麰(모)'자 설명에 근거한 것인데 후인(後人)들이 《시》 <모전>에서 '來'자를 빼 버렸기 때문이다. 옛날에는 '來'를 '小麥(소맥)'이라 하고 '麰'를 '大麥(대맥)'이라 하여 구분하는 말이 없었다. 《광아(廣雅)》에서 비로소 "麳(래)는 소맥이고 麰(무)는 대맥이다."174라고 하였지만 허신의 설은 아니다. 《한서·유향전(劉向傳)》에는 '釐麰(리모)'라고 썼는데175 《문선(文選)》 <전인(典引)>의 주석에서 《한시내전(韓詩內傳)》을 인용하여 "貽我嘉麰(이아가무)"라고 썼으며 설군(薛君)은 "麰(무)는 大麥(대맥)이다."라고 하였다고 설명하였다.176 이 설명은 조기(趙岐)의 《맹자(孟子)》주석과 같다.177 그러나 《한전(韓傳)》에서는 '來'를 '小麥(소맥)'이라고 한 적이 없다.

(2) "二麥一夆(이맥일봉)"이 각 본에는 "一來二縫(일래이봉)"으로 되어 있는데178 통하지 않는다. 《시·사문(思文)》의 《정의(正義)》에는 "一麥二夆(일맥이봉)"으로 되어 있다. 지금 "二麥一夆"으로 바로잡는다. '夆(봉)'은 곧 '鏠(봉)'의 생략형이다. 허신의 책에는 '峯(봉)'자가 없다. 그렇다면 산꼭대기[山耑]를 의미하는 것도 '夆'으로 쓸 수 있다. 일반적으로 물건의 뾰족한 끝을 夆이라고 한다. 또한 夆이란 가시[朿(자)]와 같이 뾰족한 것을 나타낸다. 두 개의 보리가 한 까풀에 있는 것이 상서로운 보리가 된다. '二米一稃(이미일부: 두 개의 알곡이 한 까풀에 들어 있는 것)'을 '상서로운 기장[瑞黍(서서)]'이라고 하는 것과 같다. '夆'이 같으면 '稃'도 같다. 《광운(廣韻)》 16 '咍(해)'운에서 《비창(埤蒼)》을 인용하여 "秾麰(래모)라는 보리는 하나의 보리 이삭에 두 까풀이 달려 있는데 주나라에서 이 상서로운 보리를 받았다.[秾麰之麥, 一麥二稃, 周受此瑞麥.]"179라고 하였으니 여기서 '一', '二' 두 자

172 제5편 下 '麥'부 '麰'자 說解 참조.

173 《詩·周頌·淸廟之什·思文》의 <毛傳> 참조.

174 《廣雅·釋草》 참조.

175 《漢書·劉向傳》 "飴我釐麰, 釐麰, 麥也. 始自天降." 참조.

176 《文選》 卷48 班固의 <典引> "昔姬有素雉朱烏玄秬黃麰之事耳"의 蔡邕의 注에 "韓詩外傳曰, 貽我嘉麰, 薛君曰, 麰, 大麥也, 音莫侯切."이라고 하였다. 段玉裁는 《詩經小學》 권26에 이 대목을 인용하면서 "今本譌作外"라 하여 '韓詩內傳'이 '韓詩外傳'으로 잘못되었다고 고증하였다.

177 《孟子·告子》 上 "今夫麰麥"에 대한 趙岐의 注 참조.

178 徐鉉本·徐鍇本이 모두 이렇게 되어 있다.

179 《廣韻》 上平聲 제16 '咍'운 참조. 《埤蒼》은 《隋書·經籍志》에 의하면 三卷이며 張揖이 편찬한 것으

도 서로 잘못되었다. '二麥一稃'란 '異畮同穎(이무동영)',[180] '雙觡共柢(쌍격공저)'[181] 등과 같은 것이다. '來'가 'ΛΛ' 모양으로 구성된 것은 두 개의 보리를 상형한 것이고 '朩' 모양은 하나의 까풀의 모양을 상형하였다. 그래서 "그 '까풀[芒朿(망자)]'의 모양을 상형하였다." 라고 하였다. '來'의 발음은 洛(락)과 哀(애)의 반절이다. 고음은 1부에 속한다.

(3) 하늘로부터 내려준 보리이므로 '來麰(래모)'라 하고 간단히 '來'라 한다. 그에 따라서 물건이 오는 것을 '來'라고 하게 되었다. 허신이 설명하는 '來'의 의미는 그와 같다. 예컨대 서로 어긋난다[相背韋(상배위)]는 의미의 '韋(위)'가 가죽이라는 뜻으로 쓰인 것, 새[朋鳥(붕조)]라는 의미의 '朋(붕)'이 무리라는 뜻이 된 것, 새가 깃들다[鳥西(조서)]는 의미의 '西(서)'가 방위를 나타내는 글자가 된 것, '子月(자월)'이라 할 때의 '子(자)'가 사람을 나타내는 인칭이 된 것, 까마귀라는 의미의 '烏(오)'가 감탄을 뜻하는 '烏'가 된 것 등으로[182] 이 글자들은 모두 인신의가 유행하자 본의가 사라진 것이다. 허신의 설과 같다면 주대(周代) 초에야 처음으로 '來'자가 만들어졌다는 것인데 과연 그런지는 자세히 알 수 없다.

(4) 지금 《모시》에서는 "詒我來麰"의 '詒(이)'를 '貽(이)'로 쓰고 있는데 속자(俗字)다. '麰(모)'는 '牟(모)'로 쓰는데 고문의 가차자다.

(1) 也字今補. 詩正義此句, 作周受來牟也五字. 周頌, 詒我來麰. 箋云, 武王渡孟津, 白魚躍入王舟, 出涘以燎. 後五日, 火流爲烏, 五至, 以穀俱來. 此謂遺我來牟. 書說以穀俱來, 云穀紀后稷之德. 按鄭箋見尚書大誓尚書璇機鈐合符后. 詩云來牟, 書云穀, 其實一也. 下文云, 來麰, 麥也. 此云, 瑞麥來麰, 然則來麰者, 以二字爲名. 毛詩傳曰, 牟, 麥也. 當是本作來牟, 麥也. 爲許麰下所本, 後人刪來字耳. 古無謂來小麥, 麰大麥者, 至廣雅乃云麳小麥, 麰大麥, 非許說也. 劉向傳作釐麰. 文選典引注引韓詩內傳, 貽我嘉麰. 薛君曰, 麰, 大麥也. 與趙岐孟子注同. 然韓傳未嘗云來小麥. (2) 二麥一夆, 各本作一來二縫, 不可通. 惟思文正義, 作一麥二夆. 今定爲二麥一夆. 夆卽鏠字之省. 許書無峯, 則山耑字可作夆. 凡物之標末, 皆可偁夆. 夆者, 朿也. 二麥一夆爲瑞麥, 如二米一稃爲瑞黍. 蓋同夆則亦同稃矣. 廣韻十六咍引埤蒼曰, 秾麰之麥, 一麥二稃, 周受此瑞麥. 此一二兩字亦是互譌. 二麥一稃, 亦猶異畮同穎, 雙觡共柢之類. 其字以ΛΛ象二麥, 以朩象一芒, 故云象其芒朿之形. 洛哀切. 古音在一部. (3) 自天而降之麥, 謂之來麰. 亦單謂之來. 因而凡物之至者皆謂之來. 許意如是, 猶之相背

로 되어 있다.

180 다른 가지에 생겨나지만 하나의 이삭으로 합해지는 곡물을 말한다.

181 두 개의 뿔의 근본이 하나가 되는 것을 말한다.

182 제5편 下 '韋'부, 제4편 上 '鳥'부 '鳳'자, 제12편 上 '西'부, 제14편 下 '子'부, 제4편 上 '烏'부 說解 참조.

韋之爲皮韋, 朋鳥之爲朋攩, 鳥西之爲東西之西, 子月之爲人偁, 烏之爲烏呼之烏, 皆引伸之義行而本義廢矣. 如許說, 是至周初始有來字, 未詳其恉. (4) 今毛詩詒作貽, 俗字也. 麰作牟, 古文假借字也.

197. 麥(맥)부

芒穀.(1) 秋穜厚薶, 故謂之麥.(2) 麥, 金也. 金王而生, 火王而死.(3) 从來, 有穗者也.(4) 从夊.(5) 凡麥之屬皆从麥.

'麥'은 까풀 있는 곡식이다. 가을에 심고 깊이 묻는다. 그래서 '麥'이라고 한다. '麥'은 금(金)이다. 금(金)이 왕성하면 살고 화(火)가 왕성하면 죽는다. '來(래)'로 구성되어 있으니 이삭이 있는 것이다. '夊(쇠)'로 구성되었다. 麥부에 속하는 한자는 모두 麥의 의미를 따른다.

(1) '芒穀(망곡)'이란 '까풀[芒朿(망자)]'이 있는 곡식이라는 뜻이다. 벼[稻(도)][183]도 까풀[芒(망)]이 있지만 '芒穀'이라고 부르지 않는 것은 '보리[麥(맥)]'가 주대(周代) 초기에 '두 보리 이삭이 한 까풀에 달린 것[二麥一鏠(이맥일봉)]'으로 두드러졌기 때문이다. 정현(鄭玄)이 《상서(尙書)·태서(大誓)》에서 주석할 때 <예설(禮說)>을 인용하여 "武王赤烏, 芒穀應.[무왕의 붉은 까마귀, 까풀 있는 곡식으로 갚아 주네.]"[184]이라고 하였는데 허신의 설명도 이 <예설>에 근본한다.

(2) '薶(매)'와 '麥(맥)'은 운모가 같다. <하소정(夏小正)>에 "九月樹麥[九월에 보리를 심는다.]"[185]라고 하였고 <월령(月令)>에서 "仲秋之月, 乃勸種麥, 毋或失時.[中秋의 달인 9월에 보리를 심도록 권장하여 때를 잃지 않도록 해야 한다.]"[186]라고 하였다. '麥'은 가을에 씨를 뿌린다. 《상서대전(尙書大傳)》, 《회남자(淮南子)》, 《설원(說苑)》에서 모두 "虛昏中可以種麥[가을의 별이 뜨는 때에 보리를 심을 수 있다.]"[187]라고 하였다. 《한서(漢書)·무제

183 제7편 上 '禾'부 '稻'자 說解 참조.

184 鄭玄의 말은《毛詩·周頌·思文》의《正義》에 인용된 것이다.

185 《大戴禮記·夏小正》 참조.

186 《禮記·月令》 참조.

187 《尙書·堯典》, 《淮南子·主術訓》, 《說苑》 卷十八 <辨物> 참조.

기(武帝紀)》에서는 이것을 '宿麥(숙맥)'이라 하였다.

(3) 정요전(程瑤田)은 다음과 같이 말하였다. "《황제내경(黃帝內經)·소문(素問)》에서 '升明之紀, 其類火, 其藏心, 其穀麥.[升明之紀는 화(火)로 분류되고 장기로는 심장이며 곡식으로는 보리다.]'라고 하였고 정현(鄭玄)의 《예기(禮記)·월령(月令)》의 주석에서는 '麥實有孚甲, 屬木.[보리열매는 까풀이 있는데 목(木)에 속한다.]'이라고 하였다. 허신은 파종하는 시기[時]를 가지고 '금(金)'이라고 하였고 정현은 보리의 모양[形]을 가지고 '목(木)'이라고 하였으며 <소문(素問)>에서는 그 기능[功性]을 가지고 '화(火)'라고 하였으니 각각 그 설이 다르다."[188]

(4) ("有穗者也(유수자야)"의) '也(야)'는 지금 보충한다.[189] '이삭[穗(수)]'이 있다는 것은 '까풀[芒(망)]'이 있다는 말과 같다. 까풀이 있으므로 '麥'이 '來'로 구성되었다. '來'는 '까풀[芒朿]'을 상형한 글자이기 때문이다.

(5) '夊(쇠)'의 발음은 思(사)와 隹(추)의 반절이다. 가는 것이 느려 질질 끌고 가는 것이다.[190] '夊(쇠)'로 구성된 글자들은 오고 가는 모양을 상형하였다. '麥'의 발음은 莫(막)과 獲(획)의 반절이다. 고음은 1부에 속한다.

(1) 有芒朿之穀也. 稻亦有芒, 不偁芒穀者, 麥以周初二麥一鏠箸也. 鄭注大誓引禮說曰, 武王赤烏, 芒穀應. 許本禮說. (2) 穜麥疊韻. 夏小正, 九月樹麥. 月令, 仲秋之月, 乃勸種麥, 毋或失時. 麥以秋穜. 尙書大傳, 淮南子, 說苑皆曰, 虛昏中可以穜麥. 漢書武帝紀謂之宿麥. (3) 程氏瑤田曰, 素問云, 升明之紀, 其類火, 其藏心, 其穀麥. 鄭注月令云, 麥實有孚甲, 屬木. 許以時, 鄭以形, 而素問以功性, 故不同耳. (4) 也字今補. 有穗猶有芒也. 有芒故从來. 來象芒朿也. (5) 夊, 思隹切. 行遲曳夊夊也. 从夊者, 象其行來之狀. 莫獲切. 古音在一部.

188 程瑤田 《九穀考》 卷二 '麥'에 대한 조항 참조. 이 대목은 《本草綱目》에서 인용된 것이다. '許以時' 이하의 말은 李時珍의 말이다. 《本草綱目》 卷22 '穀'부 '小麥'조 참조.

189 徐鉉本·徐鍇本에 '也'자가 없다.

190 제5편 下 '夊'부 설해 참조.

198. 夊(쇠)부

 行遲曳夊夊也.(1) 象人兩脛有所躧也.(2) 凡夊之屬皆从夊.

'夊'는 가는 것이 느려서 질질 끌며 가는 것이다. 사람이 두 다리에 뒤축 없는 신을 신은 모양을 상형하였다. 夊부에 속하는 한자는 모두 夊의 의미를 따른다.

(1) ("行遲曳夊夊也"의) '也(야)'자는 지금 보충한다.[191] 《예기(禮記)·곡례(曲禮)》에 "行不擧足, 車輪曳踵.[걸을 때는 발을 들지 않고 수레의 바퀴처럼 뒤꿈치를 끌며 간다.]"라고 하였다.[192] 《예기·옥조(玉藻)》에서는 "圈豚行不擧足, 齊如流.[넓적다리를 구부려 걸으며 발을 들지 않으니 물 흘러가듯 가지런히 걷는다.]"라고 하였다. 주석에서 "공자께서 홀을 들고 걸으실 때는 발을 끌며 걸으셔서 마치 따라가는 듯한 모습이셨다."[193]라고 한 것이 그 걷는 모양을 말하고 있는 것이다. 《옥편(玉篇)》에서는 "《시(詩)》에 '雄狐夊夊[용맹스러운 여우 느릿느릿 걷네.]'라 되어 있는데 '夊'를 지금은 '綏(수)'로 쓴다."[194]라고 하였다.

(2) 《통속문(通俗文)》에 "신발에 뒤축이 매어 있지 않은 것을 屣(사)라고 한다.[履不箸跟曰屣]"[195]라고 하였으니 '屣(사)'는 '躧(사)'와 같은 글자다. '躧'와 '屣'는 고금자(古今字)다. 천천히 가는 모습이 마치 발에 끄는 것이 있는 것 같으므로 그 모양을 상형하였다. '夊'의 발음은 楚(초)와 危(위)의 반절이다. 《옥편(玉篇)》에서는 思(사)와 隹(추)의 반절이라고 하였다.[196] 15부에 속한다.

(1) 也字今補. 曲禮曰, 行不擧足, 車輪曳踵. 玉藻曰, 圈豚行不擧足, 齊如流. 注云, 孔子執圭, 足縮縮如有循是也. 玉篇曰, 詩云雄狐夊夊, 今作綏. (2) 通俗文, 履不箸跟曰屣. 屣同躧, 躧屣古今字也. 行遲者, 如有所拕曳然, 故象之. 楚危切. 玉篇, 思隹切. 十五部.

---

191 徐鉉本·徐鍇本에 '也'자가 없다.
192 《禮記·曲禮》下 참조.
193 《禮記·玉藻》經文과 鄭玄의 注 참조.
194 《玉篇》'夊'부 제124 참조.
195 《釋文》卷28 <莊子音義>에서 讓王 제28조에 '縰'자에 대한 설명에 이 말이 인용되어 있다.
196 《玉篇》'夊'부 제124 참조.

199. 舛(천)부

 對臥也.(1) 从夊中相背.(2) 凡舛之屬皆从舛. 踳: 楊雄作舛从足萅.(3)

'舛'은 마주 누워 있다[對臥]는 뜻이다. '夊(쇠)'와 '㐄'이 서로 어긋난 모양으로 구성되었다. 舛부에 속하는 한자는 모두 舛의 의미를 따른다. '踳': 양웅(楊雄)은 舛을 '足(족)'과 '萅(춘)'으로 구성된 글자로 썼다.

(1) 사람과 사람이 서로 마주하고 쉰다는 뜻이다. 인신(引伸)되어 발과 발이 서로 맞닿아 누워 있는 것도 '舛'이라 한다. '舛'자를 '僢(천)'이라고 쓰기도 한다. 《예기(禮記)·왕제(王制)》에서 '交趾(교지)'를 해석하여 "浴則同川, 臥則僢足.[목욕은 같은 시내에서 하고 누워서 쉴 때는 발을 서로 마주한다.]"197이라고 한 것이 그 예다. 또 인신되어 발이 서로 밀치는 것을 '僢'이라 한다. 《주례(周禮)·전서(典瑞)》의 "兩圭有邸(양규유저)"의 수석에서 "僢而同本[어그러져 있으나 근본은 같다.]"198이라고 한 것이 그 예다. 《회남자(淮南子)》 및 《주례》 주석에도 '僢'자가 많이 쓰였다.

(2) '相背(상배)'란 서로 마주 대한다[相對(상대)]는 의미와 같다. '舛'의 발음은 昌(창)과 兗(연)의 반절이다. 고음 13부에 속한다.

(3) 이 글자는 '春(춘)'이 발음을 나타낸다. 이선(李善)은 《위도부(魏都賦)》를 주석하면서 사마표(司馬彪)의 《장자주(莊子注)》를 인용하여 "踳(준)은 '舛(천)'으로 발음한다. '舛'은 어그러진다[乖(괴)]는 뜻이다."199라고 하였다. 내 생각에 사마표(司馬彪)의 뜻은 '舛(천)'과 '踳(준)'을 각각 다른 글자로 보고 함께 설명하려고 한 것이며 양웅(楊雄)과 허신은 '踳'을 '舛'의 혹자(或字)로 여긴 것이다. 아마 《훈찬편(訓纂篇)》에서 그렇게 썼을 것이다. 여러 사람들이 '踳駁(준박)'라는 말을 많이 사용하는데 이는 잘못되고 어긋나 있다는 말이다.

(1) 謂人與人相對而休也. 引伸之足與足相抵而臥亦曰舛. 其字亦作僢. 王制注釋交趾云, 浴則同川, 臥則僢足, 是也. 又引伸之凡足相抵皆曰僢. 典瑞, 兩圭有邸. 注云, 僢而同本, 是也. 淮南書及周

---

197 《禮記·王制》 "雕題交趾"의 鄭玄의 注 참조.

198 《周禮·春官》 <典瑞職>의 鄭玄의 注 참조.

199 《文選》 卷六 左思의 <魏都賦>의 李善 注 참조.

禮注, 多用僢字. (2) 相背猶相對也. 昌兗切. 古音在十三部. (3) 舂聲也. 李善注魏都賦引司馬彪莊子注曰, 踳讀曰舛, 舛, 乖也. 按司馬意舛踳各字而合之, 楊許則云踳爲舛之或也. 蓋訓纂篇如此作. 諸家多用踳駮, 謂譌舛也.

200. 舜(순)부

䑞[200]艸也. 楚謂之葍, 秦謂之藑.(1) 蔓地生而連華. 象形.(2) 从舛.(3) 舛亦聲.(4) 凡䑞之屬皆从䑞. 𩰞 古文䑞.

'舜'은 䑞艸(순초)다. 초(楚)에서는 '葍(복)'이라 하고 진(秦)에서는 '藑(경)'이라고 한다. 땅에서 덩굴로 뻗어 자라나고 꽃잎이 연이어 있다. 상형(象形)이다. '舛(천)'으로 구성된다. '舛(천)'이 또한 발음을 나타내기도 한다. 䑞부에 속하는 한자는 모두 䑞의 의미를 따른다. '𩰞'은 䑞의 고문이다.

(1) '艸(초)'부에서 "藑(경)은 茅葍(모복)이다. 일명 䑞(순)이다."[201]라고 하였으니 이것은 같은 물건이 세 가지 이름을 가진 것이다.

(2) '生而(생이)'의 두 글자는 《이아(爾雅)》 <음의(音義)>에 의해 보충한다.[202] '' 모양은 잎이 덩굴지고 꽃잎이 이어진 모양을 상형한 것이다.

(3) ('舛(천)'으로 구성되었다는 것은) 덩굴이 이어져 서로 향하거나 어긋난 모양을 상형하였음을 의미한다.

(4) '舜'의 발음은 舒(서)와 閏(윤)의 반절이다. 13부에 속한다. 예서로 '舜'으로 쓴다. 살펴보면 이 글자와 '艸(초)'부의 '蕣(순)'은 발음은 같으나 뜻이 다르다.[203] 유우씨(有虞氏)는 '舜'을 시호[謚]로 사용하였다. '堯(요)'는 높다는 뜻이고[204] '舜(순)'은 크다는 뜻이다. '舜'이란 '俊(준)'과 동음 가차자다. 그래서 《산해경(山海經)》에서는 '帝俊(제준)'으로 썼다.

200 '䑞'자는 篆書 자형에 근거한 해서체다. 지금은 '舜'으로 쓴다. 段注에서는 혼용하였다.

201 제1편 下 '艸'부 '藑'자 說解 참조.

202 徐鉉本・徐鍇本에는 '生而'의 두 글자가 없다. 《釋文》 <爾雅音義> '釋草' 참조.

203 제1편 下 '艸'부 '蕣'자 說解 참조. '蕣'은 '무궁화'라는 뜻이다.

204 제13편 下 '垚'부 '堯'자 說解 참조.

(1) 艸部曰, 蕧, 茅葍也, 一名䑜. 是一物三名也. (2) 生而二字, 依爾雅音義補. 㐫象葉蔓華連之形也. (3) 亦狀蔓連相鄉背之皃. (4) 舒閏切. 十三部. 隸作舜. 按此與艸部䑜音同義別. 有虞氏以爲謚者. 堯, 高也. 舜, 大也. 舜者, 俊之同音假借字, 山海經作帝俊.

201. 韋(위)부

 相背也.(1) 从舛囗聲.(2) 獸皮之韋,(3) 可㠯束物枉戾相韋背,(4) 故借㠯爲皮韋.(5) 凡韋之屬皆从韋.  古文韋.

'韋'는 서로 어긋나 있다[相背(상배)]는 뜻이다. '舛(천)'으로 구성되고 '囗(위)'는 발음을 나타낸다. 짐승의 가죽으로 묶으면 비틀어지고 어긋난 물건을 쌀 수 있으므로 빌어서 가죽이라는 뜻의 글자로 삼았다. 韋부에 속하는 한자는 모두 韋의 의미를 따른다. ''는 韋의 고문이다.

(1) 어긋나 있으므로 '舛(천)'으로 구성되었다.205 금자(今字)인 '違(위)'자가 유행하면서 '韋(위)'의 본래 의미는 사라졌다. 《상서(尚書)·주고(酒誥)》의 "薄韋農父[이리저리 비틀거리며 걷는 농부]"에 대해 마융(馬融)은 "韋는 어긋나게 걷는 것[違行]이다."라고 주석하였다.206 《군경음변(羣經音辨)》에 의하면 《고문상서(古文尚書)》도 그렇게 되어 있어야 한다.
(2) '韋'의 발음은 宇(우)와 非(비)의 반절이다. 15부에 속한다.
(3) "獸皮之韋"에서의 '韋'자는 '圍(위)'자로 써야 한다. 두르다[繞(요)]는 뜻이다.
(4) ("可㠯束物枉戾相韋背")에서의 '物(물)'자는 《운회(韻會)》에 의해 보충한다.207 생가죽으로 끈을 만들어 사물을 둘러서 싸는 이유는 그것으로 어긋나고 틀린 것을 교정할 수 있기 때문이다.
(5) 처음에는 가죽 끈으로 사물을 묶는다는 (뜻의) 글자로 쓰였는데 그 후에 모든 가죽을 '韋'라고 부르게 되었다. 이것은 '西(서)'·'朋(붕)'·'來(래)'·'子(자)'·'烏(오)'의 다섯 자 아래

205 제5편 下 '舛'부 說解 참조.
206 《尚書·周書·酒誥》 참조.
207 《韻會》 平聲 上 五 '微'운 참조.

에서의 설명 방식[文法]과 대략 같다.[208] 모두 가차된 뜻을 말하고 있다. 가차된 의미만이 통행되면서 본래의 의미는 없어졌다.

(1) 故从舛. 今字違行而韋之本義廢矣. 酒誥, 薄韋農父. 馬云, 韋, 違行也. 據羣經音辨, 則古文尚書當如是. (2) 宇非切. 十五部. (3) 此韋當作圍, 謂繞也. (4) 物字依韻會補. 生革爲縷圍束物, 可以矯枉戾而背其故也. (5) 其始用爲革縷束物之字, 其後凡革皆偁韋. 此與西朋來子烏五字下文法略同. 皆言假借之恉也. 假借專行而本義廢矣.

202. 弟(제)부

韋束之次弟也.(1) 从古文之象.(2) 凡弟之屬皆从弟. 𢎨 古文弟. 从古文韋省(3)丿聲.(4)

‘弟’는 가죽 끈으로 묶는 순서라는 뜻이다. 고문의 자형으로 구성되었다. 弟부에 속하는 한자는 모두 弟의 의미를 따른다. ‘𢎨’는 弟의 고문이다. 韋의 고문의 생략형으로 구성되었으며 ‘丿(별)’이 발음을 나타내는 부분이다.

(1) 가죽으로 사물을 묶는다는 것은, 예컨대 “수레 채[輈(주)]는 다섯 번 묶는다”, “가로로 세 번 묶는다”는 것과 같은 것이다.[209] 묶는 것이 일정치 않아 순서가 생기게 되었다. 인신(引伸)되어 ‘순서[次弟(차제)]’라는 뜻의 ‘弟’, ‘형과 아우[兄弟(형제)]’라는 뜻의 ‘弟’, ‘즐겁다[豈弟(개제)]’는 뜻의 ‘弟’가 되었다. 《시(詩)》의 《정의(正義)》에서는 《설문》에 ‘第(제)’자가 나온다고 인용하였다.[210]

(2) (“从古文之象”의) ‘文(문)’자가 각 판본에 ‘字(자)’자로 되어 있어서 지금 바로잡는다. 《설

208 제5편 下 ‘來’부, 제4편 上 ‘鳥’부 ‘鳳’자, 제12편 上 ‘西’부, 제14편 下 ‘子’부, 제4편 上 ‘烏’부 說解 참조.

209 《詩 · 秦風 · 小戎》 “五楘梁輈”의 <毛傳>에 “一輈五束, 束有歷錄.”이라고 하였다. 《禮記 · 檀弓》 上에서는 “棺束, 縮二, 衡三.”이라고 하였다.

210 원래 《說文》 大徐本에는 ‘第’자가 없었다. 그런데 《毛詩注疏》 卷1의 제목인 ‘周南關雎詁訓傳第一’의 ‘第’자에 관하여 《正義》에서는 “說文云, 第, 次也, 字從竹弟. 稱第一者, 言其次第當一.”이라고 하였다.

문》의 소전(小篆)이 고문의 모양으로 구성된 경우는 모두 셋이다.[211] '弟(제)'자 · '革(혁)'자 · '民(민)'자가 각기 고문의 모양을 상형하여 글자를 만들었다.[212] '弟'의 발음은 特(특)과 計(계)의 반절이다. 15부에 속한다.

(3) '韋'의 고문은 '韋'부에 보인다.[213]

(4) '丿(별)'은 오른쪽이 어그러졌다는 뜻이다. 房(방)과 密(밀)의 반절이거나, 匹(필)과 蔑(멸)의 반절로 발음하는 두 가지 방법이 있다.

(1) 以韋束物, 如輈五束衡三束之類. 束之不一則有次弟也. 引伸之, 爲凡次弟之弟, 爲兄弟之弟, 爲豈弟之弟. 詩正義引說文有第字. (2) 文各本作字, 今正. 說文小篆有从古文之像似者凡三, 曰弟, 曰革, 曰民, 皆各像其古文爲之. 特計切. 十五部. (3) 古文韋, 見韋部. (4) 丿, 右戾也. 房密, 四蔑二切.

203. 夂(치)부

從後至也.(1) 象人兩脛後有致之者.(2) 凡夂之屬皆从夂. 讀若黹.(3)

'夂'는 뒤를 따라온다는 뜻이다. 사람의 두 다리 뒤에 (무엇이) 따라온 것을 상형하였다. 夂부에 속하는 한자는 모두 夂의 의미를 따른다. '黹(치)'와 같이 발음한다.

(1) '至(지)'자[214]는 '致(치)'로 써야 한다.

(2) '致'는 보내오다[送詣(송예)]는 뜻이다.[215]

(3) '夂'의 발음은 陟(척)과 侈(치)의 반절이다. 《옥편(玉篇)》에는 "竹(죽)과 几(궤)의 반절이다."[216]라고 되어 있다. 15부에 속한다.

---

211 그 외에도 제14편 下 '酉'부 說解를 보면 古文의 자형을 상형하였다고 하였다.

212 제3편 下 '革'부 說解, 제12편 下 '民'부 說解 참조.

213 제5편 下 '韋'부 說解 참조.

214 제12편 上 '至'부 說解 참조.

215 제5편 下 '夂'부 '致'자 說解 참조.

216 《玉篇》 '夂'부 제123 참조.

(1) 至當作致. (2) 致, 送詣也. (3) 陟侈切. 玉篇, 竹几切. 十五部.

204. 久(구)부

 從後灸之也.(1) 象人兩脛後有距也.(2) 周禮曰, 久諸牆以觀其橈. 凡久之屬皆从久.

'久'는 뒤에서 막고 있는 모양으로 구성되었다. 사람의 두 정강이 뒤에 막힌 것이 있는 모양을 상형하였다. 《주례(周禮)》에 "久諸牆以觀其橈[담 사이에 끼어 막아서 휘어졌는지 살핀다.]"라고 하였다. 久부에 속하는 한자는 모두 久의 의미를 따른다.

(1) ("從後灸之也"의) '也(야)'자는 지금 보충한다. '久'와 '灸(구)'는 운모가 같다. '火(화)'부에서 "灸(구)는 굽는다[灼(작)]는 뜻이다."[217]라고 하였고 "灼은 灸의 뜻이다."[218]라고 하였다. '灸'에는 '가까이 붙인다[迫箸(박저)]'의 뜻이 있으므로[219] '灸(구)'자로 '久'를 풀이하였다. 《의례(儀禮) · 사상례(士喪禮)》에 "鬲幎, 用疏布久之.[솥을 덮을 때에는 성근 베로 덮는다.]"라고 하였는데 정현(鄭玄)이 "久는 '灸(구)'로 발음한다. 덮개로 솥의 입구를 막는 것이다."라고 하였다.[220] 《의례 · 기석(旣夕)》에 "苞筲甕甒皆木桁久之[대솥이나 항아리는 모두 나무마개로 막는다.]"라고 하였는데 정현은 "久는 '灸'로 발음한다. 덮개로 그 구멍을 막는 것이다."라고 하였다.[221] 그러나 이 경전의 두 '久'자는 본래 '灸'로 바꾸어 발음할 필요가 없다. '久'의 본의는 '뒤에서 막고 있는 것[從後距之]'이다. 인신(引伸)하여 모든 '막다'라는 뜻을 말할 때 '久'라고 한다. 정현은 '久'를 오래되다[長久(장구)]라는 뜻으로 많이 풀이하였기 때문에 ('久'를) '灸'로 바꾸어 그 의미를 해석하였다. 《주례(周禮) · 고공기(考工記)》의 "灸諸牆以眡其橈之均[창 자루를 만들고 나면 담 사이에 끼어 막아서 그 휘어짐이 고른지를 살핀다.]"에 대해 정현은 "灸는 끼워 막다[柱(주)]라는 뜻과 같다. 양 담

217 제10편 上 '火'부 '灸'자 說解 참조.
218 제10편 上 '火'부 '灼'자 說解 참조.
219 제10편 上 '火'부 '灸'자 段玉裁 注 참조.
220 《儀禮 · 士喪禮》 참조.
221 《儀禮 · 旣夕禮》와 鄭玄의 注 참조.

의 사이에 막는다."라고 하였다.[222] 결국 허신이 말하고 있는 '夂'의 의미와 《예경(禮經)》에서 사용한 ('灸'는) 그대로 똑같은 의미다. 허신은 일반적으로 경전의 의미에서 조자(造字)의 의미를 추론하고, 조자의 의미에서 경전의 의미를 추론하였으니 틀림이 없다. 서로 막혀 떨어져 있으니 반드시 오래도록 기다려야 한다. 그래서 '오래되다'는 뜻으로 인신되었다. '오래되다'라는 의미가 유행하자 본의는 없어졌다.

(2) ("象人兩脛後有歫也"의) '歫(거)'자[223]가 각 판본에는 '距(거)'자로 되어 있다. 지금 바로잡는다. '距'는 닭의 발[雞距(계거)]이라는 뜻이다.[224] '夂'의 발음은 擧(거)와 友(우)의 반절이다. 고음 1부에 속한다.

(1) 也字今補. 夂灸疊韻. 火部曰, 灸, 灼也. 灼, 灸也. 灸有迫箸之義, 故以灸訓夂. 士喪禮, 鬲幎, 用疏布夂之. 鄭曰, 夂讀爲灸, 謂以蓋塞鬲口也. 旣夕, 苞筲罋甒, 皆木桁夂之. 鄭曰, 夂讀爲灸, 謂以蓋案塞其口. 此經二夂字, 本不必改讀. 蓋夂本義訓從後歫之, 引伸之則凡歫塞皆曰夂. 鄭以夂多訓長久, 故易爲灸以釋其義. 考工記, 灸諸牆以眡其橈之均. 鄭曰, 灸猶柱也, 以柱兩牆之閒. 許所偁作夂, 與禮經用字正同. 許蓋因經義以推造字之意, 因造字之意以推經義, 無不合也. 相歫則其候必遲, 故又引伸爲遲久. 遲久之義行而本義廢矣. (2) 歫各本作距, 今正. 歫, 止也. 距, 雞距也. 擧友切. 古音在一部.

205. 桀(걸)부

 磔也.(1) 从舛在木上也.(2) 凡桀之屬皆从桀.

'桀'은 배와 등을 찢어 죽인다는 뜻이다. '舛(천)'이 나무 위에 있는 모양으로 구성되었다. 桀부에 속하는 한자는 모두 桀의 의미를 따른다.

---

222 《周禮·冬官·考工記》<廬人職>과 鄭玄의 注 참조. '廬人'은 창자루를 만드는 사람이다. 만들고 나면 휘지 않고 튼튼하게 잘 만들어졌는지 시험해 보기 위하여 벽 사이에 끼어 보는 일을 했다.

223 제2편 上 '止'부 '歫'자 說解 참조.

224 제2편 下 '足'부 '距'자 說解 참조.

(1) 배인(裴駰)이 '시법(諡法)'을 인용하여 "사람을 적(賊)으로 만들어 많이 죽이는 것을 '桀(걸)'이라 한다."라고 하였다.225 그래서 인신(引伸)되어 교활하다[桀黠(걸힐)]는 뜻의 글자로 쓰인다.

(2) 《통속문(通俗文)》에 "길게 늘이는 것을 '磔(책)'이라 한다."226라고 하였으니 여기서 말하는 '舛在木上(천재목상)'이란 길게 늘인다는 뜻이다. 《모시(毛詩)》에 "雞棲於杙爲桀[닭이 말뚝에 자리 잡는 것을 桀이라 한다.]"227라고 한 것은 인신된 의미다. 《이아(爾雅)·석궁(釋宮)》에 '榤(걸)'이라고 쓴 것은228 속자(俗字)다. '桀'의 발음은 渠(거)와 列(열)의 반절이다. 15부에 속한다. 《좌전(左傳)》에 "桀石以投人[돌을 들어서 사람에게 던진다.]"229이라고 하였으니 이것은 '桀'자를 빌어다 '揭(게)'자의 의미로 쓴 것이다. '揭(게)'는 높이 든다는 뜻이다.230

(1) 裴駰引諡法曰, 賊人多殺曰桀. 故引伸爲桀黠字. (2) 通俗文曰, 張伸曰磔. 舛在木上, 張伸之意也. 毛詩, 雞棲於杙爲桀, 其引伸之意. 釋宮作榤, 俗字也. 渠列切. 十五部. 左傳, 桀石以投人, 此假桀爲揭也. 揭, 高擧也.

---

225 《史記·夏本紀》 "帝發崩, 子帝履癸立, 是爲桀."에 대한 裴駰의 集解에서 "諡法, 賊人多殺曰桀."이라고 하였다.

226 玄應의 《一切經音義》 卷十四 <四分律音義>에 이 내용이 인용되어 있다.

227 《詩·王風·君子于役》 "雞棲于桀"의 <毛傳> 참조.

228 《爾雅·釋宮》에 "雞棲於弋爲榤"이라고 되어 있다.

229 《左傳》 成公 二年의 傳 참조.

230 제12편 上 '手'부 '揭'자 說解 참조.

제 6 편 上

木

東

林

才

206. 木(목)부

冒也.(1) 冒地而生. 東方之行. 从屮. 下象其根.(2) 凡木之屬皆从木.

'木'은 머리로 밀고 나온다[冒(모)]는 뜻이다. 땅을 머리로 밀면서 뚫고 나온다. 동방(東方)의 행(行)이다. '屮(철)'로 구성되어 있고 아랫부분은 뿌리를 상형하였다. 木부에 속하는 한자는 모두 木의 의미를 따른다.

(1) 운모가 같은 '冒(모)'자로 '木'자를 풀이하였다. '冃(모)'부에서 "冒는 머리를 내밀고 앞으로 향하는 것이다."라고 하였다.[1]

(2) '⋔' 모양을 말한다. 'ψ'은 위로 나오는 모습을 상형하였고 '⋔'은 아래로 드리운 모습을 상형하였다. '木'의 발음은 莫(막)과 卜(복)의 반절이다. 3부에 속한다.

(1) 以疊韻爲訓. 冃部曰, 冒, 冡而前也. (2) 謂⋔也. ψ象上出, ⋔象下垂. 莫卜切. 三部.

1　第7편 下 '冃'부 '冒'자 說解 참조.

207. 東(동)부

 動也.(1) 從木. 官溥說, 從日在木中.(2) 凡東之屬皆從東.[2]

'東'은 움직인다는 뜻이다. '木(목)'으로 구성되었다. 관부(官溥)의 설(說)에 의하면 해가 나무 사이에 있는 모습으로 구성되었다고 한다. 東부에 속하는 한자는 모두 東의 의미를 따른다.

(1) 이 설명은 《한서(漢書) · 율력지(律曆志)》에 보인다.[3]

(2) 여기서 말하는 '나무'는 부상(榑桑)의 나무[4]를 말한다. 해가 나무 사이에 있는 것을 '東(동)'이라 하며, 나무 위에 있는 것은 '杲(고)'라 하고[5] 나무 아래 있는 것은 '杳(묘)'라 한다.[6] '東'의 발음은 得(득)과 紅(홍)의 반절이다. 9부에 속한다.

(1) 見漢律曆志. (2) 木, 榑木也. 日在木中曰東, 在木上曰杲, 在木下曰杳. 得紅切. 九部.

208. 林(림)부

 平土有叢木曰林.(1) 從二木.(2) 凡林之屬皆從林.

평지에 수풀이 우거져 있는 것을 '林'이라 한다. 두 개의 '木(목)'으로 구성되어 있

---

2 제6편 上 '東'부에서 '𣎳'부까지 段玉裁의 《說文解字注》에서 許愼이 설해에 사용하는 '从'자가 '從'자로 되어 있다. 段玉裁가 다른 곳에서는 모두 '从'으로 통일하였는데 왜 이곳에서는 그 '從'자로 썼는지 알 수 없다. 아마 誤字인 것 같다.

3 《漢書 · 律曆志》 上에 "東, 動也."라고 되어 있다.

4 제6편 上 '木'부 '榑'자 說解 참조. '榑桑'이란 전설상의 신령한 나무로 알려져 있는데 해가 처음으로 이 나무로부터 떠오른다고 하여 '해돋이 뽕나무'라고 불린다.

5 제6편 上 '木'부 '杲'자 說解 참조.

6 제6편 上 '木'부 '杳'자 說解 참조.

다. 林부에 속하는 한자는 모두 林의 의미를 따른다.

(1) 《주례(周禮)·임형(林衡)》의 주석에 "竹木生平地曰林[대와 나무가 평지에 나는 것을 林이라 한다.]"이라고 하였다.[7] 《시(詩)·소아(小雅)》에 "依彼平林[저 평지의 무성한 나무숲]"이라고 하였는데 <모전(毛傳)>에서 "평림(平林)은 수풀이 평지에 있는 것이다."라고 하였다.[8] '冂(冂)(경)'부에서 "야외(野外)를 林이라 한다."[9]라고 하였는데 이것은 인신된 뜻이다. 《이아(爾雅)·석고(釋詁)》와 <모전>에서 "林은 임금[君(군)]이라는 뜻이다."라고 하였다.[10] 이것은 가차된 의미다.

(2) '林'의 발음은 力(력)과 尋(심)의 반절이다. 7부에 속한다.

(1) 周禮林衡注曰, 竹木生平地曰林. 小雅依彼平林傳曰, 平林, 林木之在平地者也. 冂部曰, 野外謂之林. 引伸之義也. 釋詁毛傳皆曰, 林, 君也. 假借之義也. (2) 力尋切. 七部.

209. 才(재)부

艸木之初也.(1) 從丨上貫一, 將生枝葉也. 一, 地也.(2) 凡才之屬皆從才.

'才'는 초목이 처음 생겨난 것이다. '丨(곤)'이 위로 '一(일)'을 뚫고 가지와 잎이 생겨나려고 하는 모양으로 구성되었다. '一'은 땅이다. 才부에 속하는 한자는 모두 才의 의미를 따른다.

(1) 인신되어 시작하는 모든 것을 일컫는 말이 되었다. 《이아(爾雅)·석고(釋詁)》에 "初(초)·哉(재)는 처음[始(시)]이라는 뜻이다."라고 하였다.[11] '哉'는 '才'이므로 '哉生明(재생명)'[12]

---

7 《周禮·地官·序官》의 '林衡'에 대한 鄭玄의 注 참조.

8 《詩·小雅·車舝》 및 <毛傳> 참조.

9 第5편 下 '冂'부 說解 참조.

10 《爾雅·釋詁》 上 참조. 《詩·小雅·賓之初筵》 "有壬有林"의 <毛傳> 참조.

11 《爾雅·釋詁》 上 참조.

12 '哉生明'이란 陰曆으로 每月 初三日을 말한다. 달빛이 그때에 비로소 밝아지기 시작한다는 뜻이다. 《尚書·武成》편 참조.

을 '才生明(재생명)'이라고도 한다. '才(재)'・'材(재)'・'財(재)'・'裁(재)'・'纔(재)'자는 같은 발음의 글자들로서 통용된다.

(2) '一(일)'은 위의 획이다. 가지와 잎이 생겨나려 한다고 한 것은 아래 획을 말한다. '才'는 줄기가 땅으로 나온 모습만 있고 가지, 잎은 아직 나오지 않았다. 그래서 '장차[將(장)]'라고 한 것이다. '才'는 초목의 시초이지만 가지, 잎이 반드시 그곳에 기탁하고 있다. 사람은 처음 태어날 때에 온갖 선(善)함이 그곳에 갖추어져 있다. 그래서 사람의 재주를 '才'라 한다. 사람에게 저장되어 있는 것을 말한다. 초목에 대한 글자 중에서 '才'는 초목이 처음 나와서 가지와 잎이 아직 안 보이는 것이다. '屮(철)'은 생겨나서 가지에 줄기가 뻗어나는 것이다.[13] '㞢'(之)(지)는 줄기와 가지가 더욱 커진 것이며[14] '𡳿'(出)(출)은 더욱더 위로 자라나는 것이다.[15] 이 네 글자의 앞뒤 순서는 위와 같다. '才'의 발음은 昨(작)과 哉(재)의 반절이다. 1부에 속한다.

(1) 引伸爲凡始之偁. 釋詁曰, 初哉始也. 哉卽才, 故哉生明亦作才生明. 凡才材財裁纔字, 以同音通用. (2) 一謂上畫也. 將生枝葉謂下畫. 才有莖出地而枝葉未出, 故曰將. 艸木之初而枝葉畢寓焉. 生人之初而萬善畢具焉, 故人之能曰才, 言人之所蘊也. 凡艸木之字, 才者, 初生而枝葉未見也. 屮者, 生而有莖有枝也. 㞢者, 枝莖益大也. 𡳿者, 益茲上進也. 此四字之先後次弟. 昨哉切. 一部.

---

13 제1편 下 '屮'부 說解 참조.
14 제6편 下 '之'부 說解 참조.
15 제6편 下 '出'부 說解 참조.

제 6 편 下

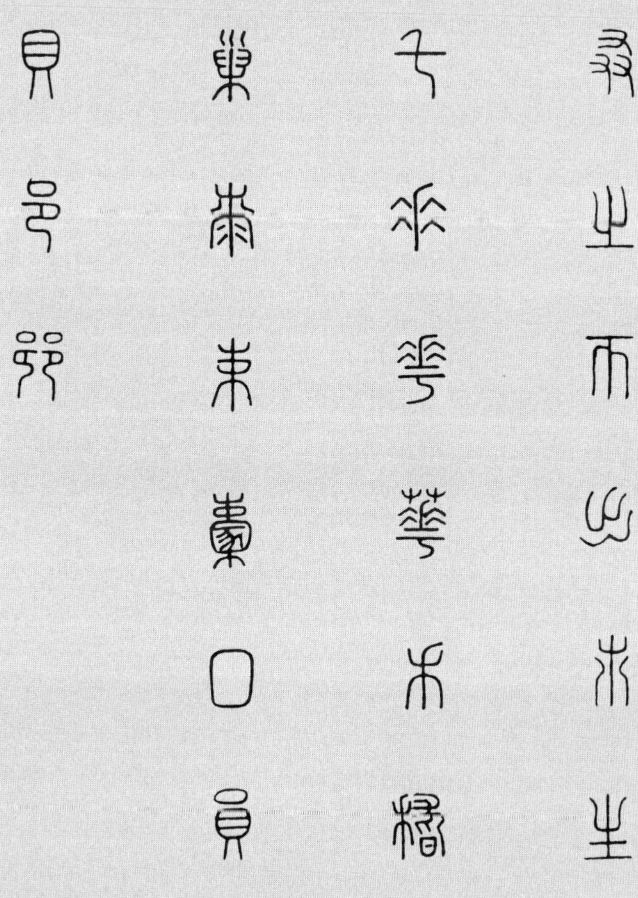

210. 叒(약)부

 日初出東方湯谷所登榑桑. 叒木也.(1) 象形.(2) 凡叒之屬皆从叒.  籒文.

'叒'은 해가 처음 동쪽의 탕곡(湯谷)에서 나와서 오르는 곳인 부상(榑桑)이다. 약목(叒木)이다. 상형(象形)이다. 叒부에 속하는 한자는 모두 叒의 의미를 따른다. ''은 주문(籒文)이다.

(1) 내 생각에 이 구절은 "叒木, 榑桑也. 日初出東方湯谷所登也.[叒木(약목)은 부상(榑桑)이다. 해가 처음에 동방의 탕곡(湯谷)에서 나와서 오르는 곳이다.]"라고 되어 있어야 할 것 같다. '榑桑(부상)'은 이미 '木(목)'부에 보인다.[1] 여기에서의 문장은 당연히 그와 같이 되어야 한다. (湯谷의 '湯'이) 송본(宋本),[2] 엽본(葉本),[3] 송각(宋刻)의 《오음운보(五音韻譜)》,[4] 《집운(集韻)》, 《유편(類篇)》에서는 모두 '湯(탕)'자로 쓰였으나 별각(別刻)은 '暘(양)'자로 쓰였다. 모의(毛扆)[5]는 '湯'자를 '暘'자로 고쳤는데 잘못이다. 《상서(尙書)》에서부터 '양곡(暘谷)'은 청주(靑州) 우이(嵎夷)의 땅이라고 설명하였으니 그곳은 일출지(日出地)가 아니다.

---

1 제6편 上 '木'부 '榑'자 說解 "榑桑, 神木, 日所出也. 從木尃聲." 참조.

2 段玉裁가 汲古閣本을 교정할 때 사용했던 宋本은 靑浦의 王昶이 소장하던 宋刊小字本이다. 여기서의 宋本은 그것을 말한다.

3 葉本이란 周錫瓚이 소장한 것으로 明代에 葉萬이 베낀 宋鈔本을 말한다.

4 宋刻의 《說文解字五音韻譜》를 말한다.

5 毛扆는 明末淸初 대장서가이자 善本의 覆刻에 노력했던 汲古閣 毛晉의 아들이다. 汲古閣 刊行의 《說文解字》 大徐本은 제5차 印本에 이르도록 대대적으로 수정되었다.

일출하는 곳에 어찌 희중(羲仲)이 이를 수 있겠는가?[6] 《초사(楚辭)·천문(天問)》에서 "탕곡(湯谷)에서 나와서 몽사(蒙汜)에 머문다."라고 하였고[7] 《회남자(淮南子)·천문훈(天文訓)》에서 "탕곡(湯谷)에서 나와서 함지(咸池)에서 목욕하고 부상(扶桑)에 이른다. 이것을 신명(晨明)이라고 한다."라고 하였다.[8] 《회남자·추형훈(墬形訓)》의 주석에 "부목(扶木)은 부상(扶桑)이다. 탕곡(湯谷)의 남쪽에 있다."라고 하였고,[9] 《산해경(山海經)·해외동경(海外東經)》에서는 "탕곡(湯谷) 위에 부상(扶桑)이 있다. 열 개의 해가 목욕하는 곳이다."라고 하였으며 《산해경·대황동경(大荒東經)》에서는 "탕곡(湯谷) 위에 부목(扶木)이 있는데 하나의 해가 이르면 하나의 해가 나간다. 모두 까마귀에 실려 있다."라고 하였다. 살펴보면 지금의 《회남자·천문훈(天文訓)》에 '暘谷(양곡)'으로 쓰인 것을 왕일(王逸)의 《초사(楚辭)》 주석, 《사기(史記)》의 색은(索隱), 《문선(文選)》 주석에 인용된 내용으로 바로잡자면, '暘(양)'자는 역시 천인(淺人)들이 고친 것일 뿐이다. 《초사·이소(離騷)》에 "總余轡乎扶桑, 折若木以拂日.[나의 고삐를 부상(扶桑)에 매어 두고 약목(若木)을 꺾어 해를 흔들어본다.]"의 두 구를 연결시켜 보면 '若木(약목)'은 곧 '扶桑(부상)'을 말한다. '扶(부)'자와 '若(약)'자는 곧 '榑(부)'자와 '叒(약)'자다.

(2) 가지와 잎이 햇빛을 가린 모양을 상형하였다는 뜻이다. '叒'의 발음은 而(이)와 灼(작)의 반절이다. 5부에 속한다.

(1) 按當云, 叒木, 榑桑也. 日初出東方湯谷所登也. 榑桑已見木部. 此處立文當如是. 宋本, 葉本, 宋刻五音韻譜, 集韻, 類篇皆作湯, 別刻作暘. 毛扆改湯爲暘, 非也. 尙書暘谷, 自說青州嵎夷之地, 非日出之地也. 日出之地, 豈羲仲所能到. 天問曰, 出自湯谷, 次于蒙汜. 淮南天文訓曰, 日出于湯谷, 浴于咸池, 拂于扶桑, 是謂晨明. 墬形訓注曰, 扶木, 扶桑也, 在湯谷之南. 海外東經曰, 湯谷上有扶桑, 十日所浴. 大荒東經曰, 湯谷上有扶木, 一日方至, 一日方出, 皆載於烏. 按今天文訓作暘谷, 以王逸楚辭注, 史記索隱文選注所引正之, 則暘亦淺人改耳. 離騷, 總余轡乎扶桑, 折若木以拂日. 二語相聯, 蓋若木卽謂扶桑. 扶若字, 卽榑叒字也. (2) 枝葉蔽翳. 而灼切. 五部.

---

6 《尙書·堯典》에 "分命羲仲, 宅嵎夷, 曰暘谷."이라고 되어 있다.

7 《楚辭·天問》 참조.

8 《淮南子·天文訓》 참조. 지금 판본은 '暘谷'으로 되어 있다.

9 《淮南子·墬形訓》 "扶木在陽州, 日之所曊."의 注 참조.

211. 㞢[10](지) 부

 出也.(1) 象艸過屮.(2) 枝莖漸益大, 有所之也.(3) 一者, 地也. 凡㞢之屬皆从㞢.(4)

'㞢'(之)는 나온다는 뜻이다. 풀이 어린 잎[屮(철)]의 단계를 넘어서 자라나는 것을 상형하였다. 가지와 줄기가 점차 자라나면서 뻗어나가는 것[之(지)]이 있음을 뜻한다. '一(일)'은 땅이다. 㞢부에 속하는 한자는 모두 㞢의 의미를 따른다.

(1) 인신되어 간다[往(왕)]는 뜻이 되었다. 《이아(爾雅) · 석고(釋詁)》에서 말한 "之는 간다[往]는 뜻이다."[11]라고 한 것이 그것이다. 살펴보면 '之'에는 '이[此(차)]'이라는 뜻도 있다. "之人也, 之德也.[이 사람, 이 덕]",[12] "之條條, 之刀刀.[이것이 길고, 이것이 짧다.]"[13] 등이 그렇게 쓰인 예다. 《좌전(左傳)》에 "鄭人醢之三人也[정나라 사람들이 이 세 사람을 젓 담갔다.]"라고 한 것과[14] 《시(詩) · 소남(召南)》의 <모전(毛傳)>에 "之事, 祭事也.[이 일이란 제사지내는 일이다.]"라고 한 것과[15] 《시 · 주남(周南)》에서 "之子, 嫁子也.[이 처자는 시집간 처자다.]"라고 한 것[16] 등은 '之'자가 모두 '이[此]'의 의미로 풀이된 것이다. '之'를 '위로 나온다[上出(상출)]'라고 풀이한 경우가 있다. 대진(戴震)은 《주례(周禮) · 재인(梓人)》의 구절을 풀이하여 "頰側上出者曰之, 下垂者曰而, 須鬣, 是也.[뺨 옆에 위로 나온 것을 '之(지)'라 하고 아래로 늘어진 것을 '而(이)'라 하는데 수염[須鬣(수렵)]이 그것이다.]"라고 하였다.[17]

(2) '屮(철)'보다 더 많이 자랐다는 말이다.

(3) 가지가 점차 커지면 줄기도 점차 커지는데 기세가 날로 새로워져 그치지 않는 것이 그러

---

10 '㞢'는 篆書의 자형을 반영한 楷書자형이다. 지금의 글자는 '之'다. 段玉裁는 자신의 注에서 '㞢'자를 많이 사용하였다.

11 《爾雅 · 釋詁》 上 참조.

12 《莊子 · 逍遙遊》에 이 구절이 나온다.

13 《莊子 · 齊物論》에 나오는 구절이다.

14 《左傳》 襄公 十五年의 傳 참조.

15 《詩 · 召南 · 采蘩》 "公侯之事"의 <毛傳> 참조.

16 《詩 · 周南 · 도요》 "之子于歸"의 <毛傳> 참조.

17 戴震은 《考工記圖》에서 《周禮 · 考工記 · 梓人》 "作其鱗之而"에 이와 같이 注하였다.

하다.

(4) ‘㞢(之)’의 발음은 止(지)와 而(이)의 반절이다. 1부에 속한다.

(1) 引伸之義爲往. 釋詁曰, 之, 往, 是也. 按之有訓爲此者, 如之人也, 之德也, 之條條, 之刀刀. 左傳, 鄭人醢之三人也. 召南毛傳曰, 之事, 祭事也. 周南曰, 之子, 嫁子也. 此等之字皆訓爲是. 之有訓爲上出者. 戴先生釋梓人曰, 頰側上出者曰之, 下垂者曰而, 須鬣, 是也. (2) 過於屮也. (3) 莖漸大, 枝亦漸大, 勢有日新不已者然. (4) 止而切. 一部.

212. 帀(잡)부

 匊也.(1) 从反㞢而帀也.(2) 凡帀之屬皆从帀. 周盛說.(3)

‘帀’은 ‘빙 두르다[匊(주)]’라는 뜻이다. ‘㞢(지)’를 뒤집어 ‘帀’으로 만든 모양으로 구성되었다. 帀부에 속하는 한자는 모두 帀의 의미를 따른다. 주성(周盛)의 설(說)이다.

(1) ‘匊(주)’자가 각 판본에는 ‘周(주)’자로 되어 있다.[18] 잘못되어 지금 바로잡는다. ‘勹(포)’부에서 ‘匊(주)’는 “두른다[帀徧(잡편)]는 뜻이다.”[19]라고 하였기 때문에 여기서는 전주가 된다. 옛날에는 ‘褋(잡)’자를 빌어다 ‘帀(잡)’의 의미로 쓴 것 같다.

(2) ‘反㞢(반지)’란 ‘㞢(지)’모양을 거꾸로 했다는 뜻이다. 일반적으로 바로 가다가 거꾸로 가다가 하면서 왕복하는 일이 두루 돈다는 의미가 된다. ‘帀’의 발음은 子(자)와 荅(답)의 반절이다. 7・8부에 속한다.

(3) ‘주성(周盛)’은 “널리 통인(通人)의 설을 취하였다.[博采通人]”[20]라고 하였을 때의 ‘통인’ 가운데 한 사람이다.”

(1) 匊各本作周, 誤, 今正. 勹部, 匊, 帀徧也. 是爲轉注. 按古多假褋爲帀. (2) 反㞢謂倒之也. 凡

18 二徐本에 모두 ‘周’로 되어 있다.

19 제9편 上 ‘勹’부 ‘匊’자 說解 참조.

20 제15편 上 ‘敍’에 나오는 구절이다.

物順屰[21]往復則周偏矣. 子荅切. 七八部. (3) 周盛者, 亦博采通人之一也.

213. 出(출)부

 進也.(1) 象艸木益兹上出達也.(2) 凡出之屬皆从出.

'出'은 나아간다는 뜻이다. 초목이 더욱 우거져 위로 뻗어나는 것을 상형하였다. 出부에 속하는 한자는 모두 出의 의미를 따른다.

(1) '出'은 본래 초목(艸木)에 대한 글자였는데 인신되어 모든 생장(生長)하는 것을 칭하게 되었다. 또 일반적으로 밖으로 나간다는 뜻의 '出'은 안으로 들어온다는 뜻의 '入(입)'의 반대말로 쓰인다.

(2) '兹(자)'자가 각 판본에는 '滋(자)'자로 쓰였다.[22] 지금 바로잡는다. '兹'는 초목(艸木)이 더욱 많아진다는 뜻이다.[23] 초목이 '才(재)'로부터 '屮(철)'로 자라나고 '屮(철)'에서 '㞢(之)(지)'로 자라나서 '㞢(之)'에서 '出(출)'로 자라나므로 날로 더욱 커지는 것이다.[24] '出'의 발음은 尺(척)과 律(율)의 반절이다. 15부에 속한다.

(1) 本謂艸木. 引伸爲凡生長之偁. 又凡言外出爲內入之反. (2) 兹各本作滋, 今正. 兹, 艸木多益也. 艸木由才而屮而㞢而出, 日益大矣. 尺律切. 十五部.

---

21 '屰'은 '逆'의 古字다. 제3편 上 '干'부 '屰'자 段玉裁 注 참조.

22 二徐本에 '滋'로 되어 있다.

23 제1편 下 '艸'부 '兹'자 說解 참조.

24 제6편 上 '才'부, 제1편 下 '屮'부, 제6편 下 '之'부 說解 참조.

214. 𣎵(발)[25] 부

艸木盛𣎵𣎵然.(1) 象形.(2) 八聲.(3) 凡𣎵之屬皆从𣎵. 讀若輩.(4)

'𣎵'은 초목이 무성한 모양이다. 상형(象形)이다. '八(팔)'이 발음을 나타낸다. 𣎵부에 속하는 한자는 모두 𣎵의 의미를 따른다. '輩(배)'와 같이 발음한다.

(1) '𣎵𣎵(발발)'이란 나무 가지의 잎이 무성하여 바람에 따라 서서히 날리는 모양이다. 《시(詩)·소아(小雅)》의 "萑葦淠淠[갈대는 무성하고]"를 <모전(毛傳)>에서는 "淠淠(비비)는 많은 모양이다."라고 하였다.[26] 여기서의 '淠淠(비비)'란 '𣎵𣎵(발발)'의 가차다. 《시·소아》의 "胡不旆旆[깃발이 어찌 바람에 펄럭이지 않겠는가?]"에 대해 <모전>에서는 "旆旆(패패)는 깃발이 늘어진 모양이다."라고 하였으니[27] '旆旆(패패)'도 역시 '𣎵𣎵(발발)'의 가차다. (여기서의 '旆(패)'는) "旐(조)에 이어붙이는 깃발[繼旐(계조)]"이라는 의미의 '旆(패)'자[28]가 아니다. 《시·노송(魯頌)》에서는 '伐伐(벌벌)'로 쓴다.[29] 내가 살펴본 바로는 《옥편(玉篇)》에서 '𣎵(발)'을 '巿(불)'자로 쓴 것은[30] <모전>에서 "蔽巿(폐불)은 작은 모양이다."라고 한 것을 인용한 것이다.[31] 내 생각에 《모시(毛詩)》의 '蔽巿(폐불)'의 '巿(불)'자는 아마도 무릎덮개라는 뜻의 '巿(불)'자인 것 같다.[32] 경전에서는 무릎덮개라는 의미의 '韍(불)'을 '芾(불)'나 '茀(불)'로 많이 썼는데 그것이 증거다.

(2) '屮(철)'을 말한다. "从屮[屮로 구성되었다.]"이라고 하지 않고 "상형이다."라고 한 이유는 초목이 너무 무성해져서 "从屮(종철)"이라고 말할 수 있는 단계가 아니기 때문이다.

(3) '八'은 '賓(빈)'의 입성(入聲)이다. 12부이나 15부에도 합한다.

(4) '𣎵'의 발음은 普(보)와 活(활)의 반절이다. 15부에 속한다.

---

25 '𣎵'의 楷書 자형은 제7편 下 '朩(빈)'의 자형과 유사하므로 구별하여야 한다.

26 《詩·小雅·小弁》의 "萑葦淠淠"에 대한 <毛傳> 참조.

27 《詩·小雅·出車》의 "胡不旆旆"에 대한 <毛傳> 참조.

28 제7편 上 '㫃'부 '旆'자 說解 참조.

29 《詩·魯頌·泮水》 참조.

30 《玉篇》 제169 '巿'부 참조. 《설문》 제7편 下 '巿'부 참조.

31 《詩·召南·甘棠》의 <毛傳> 참조.

32 제7편 下 '巿'자 說解 참조.

(1) 𣎵𣎵者, 枝葉茂盛因風舒散之皃. 小雅, 萑葦淠淠. 毛曰, 淠淠, 衆皃. 淠淠者, 𣎵𣎵之假借也. 小雅, 胡不旆旆. 毛曰, 旆旆, 旒垂皃. 旆旆者, 亦𣎵𣎵之假借字, 非繼旐之旆也. 魯頌作伐伐. 按玉篇𣎵作巿, 引毛傳蔽巿小皃. 玉裁謂, 毛詩蔽巿字, 恐是用蔽厀之巿字. 經傳韍多作芾作茀, 可證也. (2) 謂屮也. 不曰从屮而曰象形者, 艸木方盛, 不得云从屮也. (3) 八爲賓之入聲. 在十二部而合於十五部. (4) 普活切. 十五部.

215. 生(생)부

 進也. 象艸木生出土上.(1) 凡生之屬皆从生.

'生'은 나아간다는 뜻이다. 초목이 나와서 흙 위로 솟아나는 것을 상형하였다. 生부에 속하는 한자는 모두 生의 의미를 따른다.

(1) 아래는 땅을 상형하였고, 위는 올라오는 모양을 상형하였다. 이 '生(생)'과 '㞢(之)(지)', '出(출)', '𣎵(발)'은 같은 류(類)로서 서로 따르고 있다.[33] '生'의 발음은 所(소)와 庚(경)의 반절이다. 11부에 속한다.

(1) 下象土, 上象出. 此與㞢出𣎵以類相從. 所庚切. 十一部.

216. 乇(탁)부

 艸葉也.(1) 𠂹采.(2) 上毌一, 下有根.(3) 象形字.(4) 凡乇之屬皆从乇.

'乇'은 풀잎이다. 이삭이 드리운 것이다. 위는 '一(일)'을 뚫고 있는 모양이고 아래는

33 제6편 下 '之'부, '出'부, '𣎵'부 說解 참조.

뿌리가 있다. 상형자(象形字)다.[34] 乇부에 속하는 한자는 모두 乇의 의미를 따른다.

(1) ("艸葉也(초엽야)"는) "艸華皃(초화모: 풀에 꽃이 핀 모양)"라고 써야 한다. 아래 구절에서 "垂采, 上貫一.[이삭이 드리운 것이다. 위로 一을 뚫고 있는 모양이다.]"라고 하였으며 꽃[華(화)]에는 이삭이 있으나 잎[葉(엽)]에는 '이삭[采(수)]'[35]이 있다고 말할 수 없기 때문이다.

(2) 곧은 것은 줄기다. 비스듬히 드리운 것은 꽃의 이삭이다. '禾(화)'자의 전문(篆文)도 아래로 드리워져 있으니 그 이삭을 상형한 것이다.[36]

(3) '一(일)'의 아래에 있는 것은 뿌리이다. '一'은 땅이다.

(4) 비록 가운데가 '一'자로 구성되었지만 육서(六書)에서는 상형자라는 말이다. '乇'의 발음은 陟(척)과 格(격)의 반절이다. 5부에 속한다. '乇'을 성부(聲符)로 삼는 모든 글자는 5부에 속한다. 이 '乇'자를 가지고 회의(會意)자를 만든 경우가 있다. (예를 들면) '𠂹(수)'자의 고문(古文) 자형인 '⿰乇豕(⿰乇勿)'의 왼쪽 편방은 '乇'으로 구성되어 있다.[37]

(1) 當作艸華皃. 下云, 垂采, 上貫一. 華則有采, 葉不當言采也. (2) 直者, 莖也. 斜垂者, 華之采也. 禾篆亦以下垂, 象其采. (3) 在一之下者, 根也. 一者, 地也. (4) 謂雖中从一, 而於六書爲象形字也. 陟格切. 五部. 凡乇聲字皆在五部. 用以會意者, 古文𠂹字, 𠂇旁从此.

217. 𠂹(수)부

 艸木華葉𠂹.(1) 象形.(2) 凡𠂹之屬皆从𠂹. ⿰乇豕 古文.(3)

'𠂹'는 초목에 꽃잎이 늘어져 있는 것이다. 상형(象形)이다. 𠂹부에 속하는 한자는 모두 𠂹의 의미를 따른다. '⿰乇豕'는 고문(古文)이다.

---

34 허신은 "象形字"라고 말한 경우보다는 "象形"이라고 말한 경우가 더 많다. 여기에서는 '字'자가 쓸데없이 덧붙여진 것 같은데 段注에서는 아무런 언급이 없다.

35 제7편 上 '禾'부 '采'자 說解 참조.

36 제7편 上 '禾'부 篆書 자형 참조.

37 제6편 下 '𠂹'부 說解 참조.

(1) 인신되어 모든 아래로 늘어진 것[下𠂹(하수)]을 '𠂹'라고 한다. 금자(今字)인 '𡍮(垂)(수)'자가 유행하면서 '𠂹'자는 없어졌다.

(2) 줄기와 가지와 꽃잎을 상형하였다. '𠂹'의 전문(篆文)은 각 판본에 가운데가 곧게 직선으로 되어 있다. 오직 《광운(廣韻)》 오(五) '支(지)'부[38] 및 몽영(夢英)[39]이 쓴 것에 의하면 가운데 획이 굽어져 '𠂹' 자형으로 되어 있다. '𠂹'의 발음은 是(시)와 爲(위)의 반절이다. 고음(古音)은 17부에 속한다.

(3) 《한서(漢書)·지리지(地理志)》에서 "무공현(武功縣)의 '𠂹山(수산)'은 고문(古文)으로 敦物(돈물)이라 한다."[40]라고 하였다. 이것은 '𠂹'의 고문자형[𢼸]이 '物(물)'자와 서로 비슷하기 때문에 나온 말이 아닌가 한다.

(1) 引伸爲凡下𠂹之偁. 今字𡍮行而𠂹廢矣. (2) 象其莖枝華葉也. 此篆各書中直. 惟廣韻五支及夢英所書作𠂹. 是爲切. 古音在十七部. (3) 地理志曰, 武功𠂹山, 古文㠯爲敦物. 豈古文𠂹與物字相似故與.

218. 𠌶(화) 부

 艸木華也.(1) 从𠂹亏聲.(2) 凡𠌶之屬皆从𠌶. 荂 𠌶或从艸从夸.(3)

'𠌶'는 초목의 꽃이다. '𠂹(수)'로 구성되었고 '亏(우)'는 발음이다. 𠌶부에 속하는 한자는 모두 𠌶의 의미를 따른다. '荂'는 𠌶의 혹자로 '艸(초)'와 '夸(과)'로 구성되었다.

(1) 이 글자와 다음 부수로 나오는 '蕐(화)'자는 발음과 의미가 똑같다.[41] "蕐는 꽃[榮(영)]이다."라고 하였다. 《이아(爾雅)·석초(釋艸)》에는 "蕐(화)는 荂(화)다. 蕐와 荂는 꽃[榮(영)]이라는 뜻이다."[42]라고 되어 있다. 금자(今字)인 '花(화)'자가 유행하면서 '蕐'자는 없어

---

38 《廣韻》 上平聲 五 '支'운부 참조.

39 夢英은 釋 夢英을 말한다. 篆籒의 文字學에 정통하여 《說文》의 부수를 小篆으로 새겨서 그 비석을 長安의 府學에 세웠다고 전해지며 현재는 '篆書目錄偏傍字源五百四十部'로써 그 이름이 전해지고 있다.

40 《漢書·地理志》 上 '武功縣'조 참조.

41 제6편 下 '蕐'부 說解 참조.

졌다.

(2) ‘𠌶’의 발음은 況(황)과 于(우)의 반절이다. 5부에 속한다.

(3) ‘夸(과)’자의 성부도 ‘亏(우)’다. 《이아・석초》에는 이 글자[荂(화)]가 있다. 곽박(郭璞)은 “지금 강동(江東)지방에서는 ‘華(화)’를 ‘荂’라고 한다. 발음이 敷(부)다.”라고 하였다.43 살펴보면 지금 강소(江蘇)지방에서는 ‘花’를 呼(호)와 瓜(과)의 반절로 발음한다. 《방언(方言)》에서는 “華, 荂는 ‘晠(성)’44이다. 제초(齊楚) 지방에서는 혹은 華라고 하고 혹은 荂라고 한다.”라고 하였다.45 <오도부(吳都賦)>에서 “異荂蓲蘛[색다른 꽃들이 만발하네.]”이라고 되어 있는데 이선(李善)은 “荂의 발음은 枯(고)와 瓜(과)의 반절이다.”라고 하였다.46

(1) 此與下文蕐音義皆同. 蕐, 榮也. 釋艸曰, 蕐, 荂也. 蕐, 荂, 榮也. 今字花行而蕐廢矣. (2) 況于切. 五部. (3) 夸聲亦亏聲也. 釋艸有此字. 郭曰, 今江東呼華爲荂, 音敷. 按今江蘇皆言花. 呼瓜切. 方言曰, 華荂晠也, 齊楚之間或謂之華, 或謂之荂. 吳都賦曰, 異荂蓲蘛. 李善曰, 荂, 枯瓜切.

219. 蕐(화)부

 榮也.(1) 从艸𠌶.(2) 凡蕐之屬皆从蕐.

‘蕐’는 꽃이다. ‘艸(초)’와 ‘𠌶(화)’로 구성되었다. 蕐부에 속하는 한자는 모두 蕐의 의미를 따른다.

(1) (“‘華’는 榮(영)이다.”라는 풀이는) 《이아(爾雅)・석초(釋艸)》에 보인다. ‘艸(초)’부에서는 “葩(파)는 華다.”47라고 하고 ‘舜(순)’부에서는 “䑏(황)은 華榮(화영)이다.”48라고 하였다. 살

42 《爾雅・釋草》 참조.

43 《爾雅・釋艸》의 郭樸의 注 참조.

44 《方言》 箋疏에 의하면 ‘晠’자는 ‘盛’자의 異文(이체자)라고 되어 있다. 즉 ‘무성하다’는 뜻이다. 《설문》에는 이 글자가 없다.

45 《方言》 一 참조.

46 《文選》 卷五에 수록된 左思의 <吳都賦> “異荂蓲蘛”의 李善의 注 참조.

47 제1편 下 ‘艸’부 ‘葩’자 說解 참조.

펴보면 《이아·석초》에서 "蕍(유)·芛(순)·葟(황)·華(화)는 꽃[榮]이다."라고 한 것은 혼언(渾言)한 것이고 "나무에 피는 꽃은 '華(화)'라 하고 풀에 피는 꽃은 '榮(영)'이라 하며 꽃이 피어 열매가 달린 것을 '秀(수)'라 하고, 꽃은 피지만 열매가 없는 것은 '英(영)'이라 한다."[49]라고 한 것은 석언(析言)한 것이다. 인신(引伸)되어 《예기(禮記)·곡례(曲禮)》의 "削瓜爲國君華之[국군(國君)을 위하여 오이[瓜(과)]를 자를 때는 가운데를 쪼갠다.]"[50]라고 할 때의 '華(화)'자가 되었고, '光華(광화)'·'華夏(화하)'의 ('華'자가) 되었다.

(2) '𠌶'는 또한 발음을 나타내기도 한다. 이것은 회의의 방법으로 형성을 포괄한 것이다. '𠌶'의 발음은 戶(호)와 瓜(과)의 반절이다. 또는 呼(호)와 瓜(과)의 반절이기도 하다. 고음은 5부에 속한다. 속자(俗字)로는 '花(화)'자로 쓰는데 이 글자는 북조(北朝) 시대부터 생긴 글자다.[51]

(1) 見釋艸. 艸部曰, 葩, 華也. 舜部曰, 䑞, 華榮也. 按釋艸曰, 蕍芛葟華榮. 渾言之也. 又曰, 木謂之華, 艸謂之榮, 榮而實者謂之秀, 榮而不實者謂之英. 析言之也. 引伸爲曲禮削瓜爲國君華之之字, 又爲光華華夏字. (2) 𠌶亦聲. 此以會意包形聲也. 戶瓜切. 又呼瓜切. 古音在五部. 俗作花, 其字起於北朝.

220. 禾(계)부

 木之曲頭止不能上也.(1) 凡禾之屬皆从禾.

'禾'는 나무의 머리가 꺾여 성장을 멈추고 더 이상 자라 오르지 못하는 것이다. 禾부에 속하는 한자는 모두 禾의 의미를 따른다.

---

48 제5편 하 '舜'부 '䑞'자 說解 참조.

49 《爾雅·釋草》 참조. <釋草>에는 "不英而實者謂之秀"라고 하여 段玉裁가 인용한 것보다 '不'자가 더 있다.

50 《禮記·曲禮》 上에 "爲天子削瓜者, 副之巾以絺, 爲國君者, 華之巾以綌."이라고 되어 있으며 注에는 "副, 析也." "華, 中裂之, 不四析也."라고 되어 있다.

51 顧炎武는 《唐韻正》 卷四 '華'자조에 '花'자를 제시하고 '花'자는 南北朝 시대 이전의 책에서는 볼 수 없다고 하였다.

(1) 이 글자[禾(계)]는 옛날에는 거의 쓰이지 않았다. 《옥편(玉篇)》에서 "('禾'자는) '㝵(애)'라고도 쓴다."[52]라고 하였으나 옳지 않다. '礙(애)'는 1부이고 '禾(계)'는 15, 16부여야 한다. '禾'의 발음은 古(고)와 兮(혜)의 반절이다. 《옥편》에는 古(고)와 溉(개)의 반절과 古(고)와 兮(혜)의 반절의 두 가지 발음법이 나와 있다.

(1) 此字古少用者. 玉篇曰, 亦作礙, 非是. 礙在一部, 禾當在十五, 十六部. 古兮切. 玉篇, 古溉古兮二切.

221. 稽(계)부

 畱止也.(1) 从禾从尤(2)旨聲.(3) 凡稽之屬皆从稽.

'稽'는 머무른다[留止(류지)]는 뜻이다. '禾(계)'와 '尤(우)'로 구성되어 있으며 '旨(지)'가 발음을 나타낸다. 稽부에 속하는 한자는 모두 稽의 의미를 따른다.

(1) 현응(玄應)의 책에서 인용하기를 "머물러 있는 것[留止]을 '稽'라 한다."[53]라고 하였다. 고유(高誘)가 《전국책(戰國策)》을 주석하여 "그 기일을 머물게 한다[留其日]는 것은 그 기일을 稽留(계류)시키는 것이다."[54]라고 하였다. 일반적으로 '稽留'란 신중히 생각해서 상세함을 구한다는 뜻이기 때문에 '머물러 생각해 보다[稽攷(계고)]'의 의미로 쓰이게 되었다. "우(禹)가 제후(諸侯)를 회계(會稽)에서 만난다."[55]라고 할 때의 '稽(계)'는 계산한다[計]는 뜻이다. '머물러 생각해 본다[稽攷]'라는 것은 같고 다름을 살피는 것이다. 그러므로 《상서(尙書)》에 나오는 '稽古(계고)'를 '同天(동천)'의 의미로 풀이하였다.[56] '稽'를 '같다[同

52 《玉篇》 제174 '禾'부 참조.

53 玄應의 《一切經音義》 卷25 <阿毗達磨順正理論> 卷70의 '稽遲'에 관한 조항 참조.

54 《戰國策·宋策》 "徐其攻而留其日"의 高誘의 注 참조.

55 《史記·夏本紀》 "或言禹會諸侯江南, 計功而崩, 因葬焉, 命曰會稽, 會稽者, 會計也." 참조.

56 《尙書·堯典》의 "曰若稽古帝堯"의 '稽古'에 대하여 《正義》에 "鄭玄信緯, 訓稽爲同, 訓古爲天, 言能順天而行之, 與之同功."이라고 해석하였다. 稽古를 同天으로 풀이한 것은 鄭玄이었으며 정현은 緯書의 해석을 따르고 있다. 이것에 의하면 稽古는 帝堯를 수식하는 단어이며 同天이라 하면 요임금이 이룬 업적이 하늘과 같은 정도라는 해석이 된다.

(동)]'라고 풀이하는 것은 마치 '流(류)'를 '구한다[求]'는 의미로 풀이하는 것[57]과 같은 예다.

(2) ('稽'가 尤(우)'로 구성된 이유는) 끌어서 나가려고 하지만 막혔다는 의미를 취하기 때문이다.[58]

(3) '稽'의 발음은 古(고)와 兮(혜)의 반절이다. 15부에 속한다.

(1) 玄應書引畱止曰稽. 高注戰國策曰, 畱其日, 稽畱其日也. 凡稽畱則有審愼求詳之意, 故爲稽攷. 禹會諸侯於會稽. 稽, 計也. 稽攷則求其同異, 故說尙書稽古爲同天. 稽同也, 如流求也之例. (2) 取乙欲出而見閡之意. (3) 古兮切. 十五部.

222. 巢(소)[59]부

 鳥在木上曰巢, 在穴曰窠.(1) 从木. 象形.(2) 凡巢之屬皆从巢.

새가 나무 위에 지은 집을 '巢(소)'라 하고 (나무) 구멍 속에 지은 것을 '窠(과)'라 한다. '木(목)'으로 구성되었다. (나머지 자형은) 상형한 것이다. 巢부에 속하는 한자는 모두 巢의 의미를 따른다.

(1) '穴(혈)'부에서 "穴中曰窠, 樹上曰巢.[구멍 속에 지은 것을 窠라 하고 나무 위에 지은 것을 巢라 한다.]"[60]라고 하였다. '巢'는 높다[高(고)]는 말이고 '窠'는 비었다[空(공)]는 말이다. 둥지를 구멍에 만드는 새로 '鴝鵒(구욕)'새 같은 것이 있다. 지금 강소(江蘇) 지방의 말로

57 《詩·周南·關雎》 "左右流之"의 <毛傳> 및 《爾雅·釋詁》 참조. '流'[흐르다, 흘러 다니다]의 의미를 '求[구한다, 찾는다]'의 의미로 풀이하는 것은 의미의 연관성에서 동일한 사건의 시간적인 경과, 혹은 궁극적으로 지향하는 목표이 명료화를 전제로 한다. 마찬가지로 '稽[머물러 생각해 보다]'의 의미를 '同[같이한다, 통일되다]'의 의미로 풀이하는 것이 "流, 求"의 의미의 관련성과 같다고 段玉裁는 보고 있다.

58 제14편 下 '乙'부 '尤'자 참조. 허신에 의하면 '乙'자의 의미 자체가 초목이 구부러져서 땅의 강한 음기를 뚫고 나오는 것이라고 설명되어 있다. 즉 '나오기 어려움'을 뜻한다.

59 段玉裁는 篆書를 따라서 '巢'로 쓰고 있다. 현재는 '巢'자로 통용되므로 이하 '巢'로 통일한다.

60 제7편 下 '穴'부 '窠'자 說解 참조.

흔히 새와 짐승이 머무는 곳을 통틀어 '窠'라고 한다.

(2) 높이 걸려 있는 모양을 상형하였다. '巢'의 발음은 鉏(서)와 交(교)의 반절이다. 2부에 속한다.

(1) 穴部曰, 穴中曰窠, 樹上曰巢. 巢之言高也, 窠之言空也. 在穴之鳥, 如鴝鵒之屬. 今江蘇語言, 通名禽獸所止曰窠. (2) 象其架高之形. 鉏交切. 二部.

223. 桼(칠)부

木汁, 可㠯髹物.(1) 从木.(2) 象形.(3) 桼如水滴而下也.(4) 凡桼之屬皆从桼.

'桼'은 나무에서 나는 즙으로서 그것으로 물건을 검게 칠할 수 있다. '木(목)'으로 구성되었다. (나머지 자형은) 상형한 것이다. 나무즙이 마치 물방울처럼 아래로 떨어지는 것이다. 桼부에 속하는 한자는 모두 桼의 의미를 따른다.

(1) 나무즙을 '桼'이라 하게 되면서 즙을 내는 나무를 '桼'이라고 부르게 되었다. 금자(今字)로는 '漆(칠)'자로 쓰고 '桼'자는 없어졌다. 원래 '漆(칠)'자는 강의 이름[水名(수명)]이고[61] 나무즙이라는 뜻이 아니다. 《시(詩)》, 《서(書)》에 '梓桼(재칠: 가래나무 즙)', '桼絲(칠사: 칠한 실)'[62] 등에서 '桼'이 모두 '漆'로 쓰여 있는데 이는 세속에서 금자(今字)인 '漆'로 바꾸어 놓은 것이다. 《주례(周禮)·재사(載師)》에 "桼林之征, 二十而五.[칠나무 숲의 조세는 20분의 5다.]"라고 되어 있는데 대정(大鄭)은 "(지금은) 옛날 책의 '桼林(칠림)'자를 '漆林(칠림)'으로 쓰고 있다."라고 하고 두자춘(杜子春)은 "마땅히 桼林으로 되어야 한다."라고 하였다.[63] 한대(漢代) 사람들은 이 두 글자를 엄격히 구분해 썼던 것을 알 수 있다. 지금의

61 제11편 上 '水'부 '漆'자 說解 참조.

62 《詩·鄘風·定之方中》 "椅桐梓桼", 《尚書·禹貢》 "厥貢桼絲" 참조.

63 《周禮·地官·載師》 "漆林之征, 二十而五."의 鄭玄의 注 참조. 鄭玄의 注에는 "鄭司農曰, …… 故書漆林爲桼林."이라고 되어 있다. 段玉裁가 인용한 것과 다르다.

주소(注疏)는 잘못되었기에 이처럼 바로잡는다. 《주례 · 건거(巾車)》의 주석에는 '옻칠한다[髹桼(휴칠)]'의 '桼'이 모두 '桼'로 쓰여 있으며 '漆'로 쓰이지 않았다.[64] 한(漢)나라 사람들은 대부분 '桼'자를 빌어다가 '七(칠)'의 의미로 썼다. 《사기(史記)》에 "六律五聲八音來始"[65]의 '來始(래시)'는 바로 '桼始(칠시)'의 잘못이다. 《상서대전(尙書大傳)》, 《한서(漢書) · 율력지(律曆志)》에 모두 '七始'로 쓰여 있다.[66] 《사기》와 《한서》는 똑같이 《금문상서(今文尙書)》를 인용하였다.

(2) ("从木(종목)"의 두 글자가) 각 판본에는 없다.[67] 이제 보충한다. 《운회(韻會)》에서는 "象木形(상목형)"이라고 말했는데 역시 틀렸다.[68]

(3) 좌우의 각각 세 획이 나무에서 즙이 나오는 모양을 상형하였다는 말이다. '桼'의 발음은 親(친)과 吉(길)의 반절이다. 12부에 속한다.

(4) ("桼如水滴而下也"의) '也(야)'자를 보충한다.[69] 상형하였다[象形]라는 의미를 설명하고 있다. 즉 좌우의 각 세 획이 물방울이 떨어지는 것을 상형하였다는 말이다.

(1) 木汁名桼, 因名其木曰桼. 今字作漆而桼廢矣. 漆, 水名也, 非木汁也. 詩書梓桼桼絲, 皆作漆, 俗以今字易之也. 周禮載師, 桼林之征二十而五. 大鄭曰, 故書桼林爲漆林. 杜子春云, 當爲桼林. 是則漢人分別二字之嚴. 今注疏譌舛, 爲正之如此. 周禮巾車注, 髹桼字皆作桼, 不作漆. 漢人多假桼爲七字. 史記六律五聲八音來始, 來始正桼始之誤. 尙書大傳漢律曆志, 皆作七始. 史漢同用今文尙書也. (2) 各本無, 今補. 韻會作象木形, 亦誤. (3) 謂左右各三皆象汁自木出之形也. 親吉切. 十二部. (4) 也字補. 說象形之意也. 左右各三象水滴下.

---

64 《周禮 · 春官 · 巾車》의 鄭玄의 注 참조.

65 《史記 · 夏本紀》 참조.

66 《漢書 · 律曆志》 上 참조.

67 徐鉉本에는 이 두 글자가 없다.

68 徐鍇本과 《韻會》 入聲 四 '質'운에는 "象木形"이라는 구절이 있다.

69 二徐本에 모두 '也'자가 없다.

224. 束(속)부

縛也.(1) 从囗木.(2) 凡束之屬皆从束.

'束'은 묶는다는 뜻이다. '囗(위)'와 '木(목)'으로 구성되었다. 束부에 속하는 한자는 모두 束의 의미를 따른다.

(1) '糸(멱)'부에서 "縛(박)은 묶는다[束(속)]는 뜻이다."[70]라고 하였으니 이것은 전주이다. 《예기(禮記)·잡기(襍記)》에 "(혼례에) 바치는 폐백은 1속(束)으로 한다. 1속(束)은 (길이를) 5량(网)으로 하고 1량(网)의 (너비는) 5심(尋)으로 한다."[71]라고 하였다.

(2) '囗(위)'는 발음이 '韋(위)'이고 '돈다[回(회)]'는 뜻이다.[72] 《시》에서 "束薪(속신: 땔나무를 묶는다)", "束楚(속초: 가시나무를 묶는다)", "束蒲(속포: 부들을 묶는다)"라고 한 것[73]은 모두 나무를 둘러싼다는 뜻이다. '束'의 발음은 書(서)와 玉(옥)의 반절이다. 3부에 속한다.

(1) 糸部曰, 縛, 束也. 是爲轉注. 襍記曰, 納幣一束, 束五网, 网五尋. (2) 囗音韋, 回也. 詩言束薪, 束楚, 束蒲, 皆囗木也. 書玉切. 三部.

225. 㯻(혼)부

㯻也.(1) 从束圂聲.(2) 凡㯻之屬皆从㯻.

---

70 제13편 上 '糸'부 '縛'자 說解 참조.

71 《禮記·襍記》 "納幣一束. 束五兩. 兩五尋." 1束은 한 묶음인데 (그 길이는) 5兩에 해당하고 1兩의 (너비는) 5尋으로 한다는 뜻이다. '兩'은 布帛의 길이를 재는 단위로서 '匹'이라고도 한다. '匹'은 2'段'에 해당하고 '段'은 1丈 8尺, 혹은 2丈의 길이이다. 1'尋'은 8尺이므로 5尋은 40尺이다. 옛날 1'尺'은 지금 약 22.5cm에 해당한다.

72 제6편 下 '囗'부 說解 참조.

73 《詩·王風·揚之水》 참조.

'橐'은 자루[橐(탁)]다. '束(속)'으로 구성되었고 '圂(환)'이 발음을 나타낸다. 橐부에 속하는 한자는 모두 橐의 의미를 따른다.

(1) 《광운(廣韻)》에서 "橐(혼)은 크게 묶는 것[大束(대속)]이다."[74]라고 하였다.
(2) '橐'의 발음은 胡(호)와 本(본)의 반절이다. 13부에 속한다. 살펴보면 《오경문자(五經文字)》에서는 "捕(포)와 幺(요)의 반절이다."[75]라고 하였고 《광운》에서는 "符(부)와 霄(소)의 반절이다."라고 하였는데 이는 '櫜(보)'[76]자의 발음을 가지고 '橐(혼)'자의 발음으로 삼은 것이다.

(1) 廣韻曰, 橐, 大束. (2) 胡本切. 十三部. 按五經文字云捕幺反, 廣韻云符霄切, 是以櫜音爲橐音也.

226. 囗(위)부

囗 回也.(1) 象回帀之形.(2) 凡囗之屬皆从囗.

'囗'는 돈다는 뜻이다. 둘러싸는 모양을 상형하였다. 囗부에 속하는 한자는 모두 囗의 의미를 따른다.

(1) '回'는 돈다[轉(전)]는 뜻이다.[77] 내 생각에는 '圍繞(위요: 주위를 두른다)'・'週圍(주위: 둘러싼 주변)'의 '圍(위)'자는 당연히 이 글자[囗]로 써야 할 것 같다. '圍'자가 유행하면서 '囗'자가 사라졌다.
(2) '帀'은 두른다[周(주)]는 뜻이다. '囗'의 발음은 羽(우)와 非(비)의 반절이다. 15부에 속한다.

---

74 《廣韻》 上聲 21 '混'운 참조.
75 《五經文字》 卷下 '橐'부 참조.
76 제6편 下 '橐'부 '櫜'자 段玉裁 注 참조. "符宵切"이라고 하였다.
77 제6편 下 '囗'부 '回'자 說解 참조.

(1) 回, 轉也. 按圍繞週圍字當用此. 圍行而囗廢矣. (2) 帀, 周也. 羽非切. 十五部.

227. 員(원)부

 物數也.(1) 从貝(2)囗聲.(3) 凡員之屬皆从員. 鼎 籒文. 从鼎.(4)

'員'은 물건의 수[物數(물수)]다. '貝(패)'로 구성되었으며 '囗(위)'는 발음을 나타낸다. 員부에 속하는 한자는 모두 員의 의미를 따른다. '鼎'은 주문(籒文)이다. '鼎(정)'으로 구성되었다.

(1) '員'은 본래 '물건의 수'라는 뜻인데 인신되어 '사람의 수'를 뜻하게 되었다. 세속에서 관리(官吏)를 칭할 때 '員'이라고 부른다. 《한서(漢書)·백관공경표(百官公卿表)》에서 "吏員, 自佐史至丞相, 十二萬二百八十五人.[관리의 수[吏員]가 좌사(佐史)로부터 승상(丞相)에 이르기까지 12만 285人이다.]"[78]이라고 한 것이 그 예다. 나무를 셀 때에는 '枚(매)'라고 하거나[79] 또는 '梃(정)'이라고 하고[80] 대나무[竹(죽)]를 셀 때에는 '箇(개)'라 하고[81] 실[絲]을 셀 때에는 '紽(타)' 또는 '總(총)'이라고 하고[82] 물건[物(물)]을 셀 때에는 '員(원)'이라 한다. 《시(詩)·소아(小雅)》의 "員于爾輻[너의 복을 더해 주네.]"에 대하여 <모전(毛傳)>에서는 "員은 더한다[益(익)]는 뜻이다."[83]라고 하였는데 이것은 인신된 의미다. 또 '員'은 (어사(語詞)인) '云(운)'자로 가차되기도 하였다. 예컨대 《상서(尚書)·진서(秦誓)》의 "若弗員來[돌아오지 않는 듯한저]",[84] 《시·정풍(鄭風)》의 "聊樂我員[오로지 나를 즐겁게 해 주네]",[85] 《시·상송(商頌)》의 "景員維河[크기로는 오직 황하이며]"의 전(箋)에서 "員은 云

---

78 《漢書·百官公卿表》 上 참조.

79 제6편 上 '木'부 '枚'자 段玉裁 注 참조.

80 제6편 上 '木'부 '梃'자 說解 및 段玉裁 注 참조.

81 제5편 上 '竹'부 '箇'자 說解 및 段玉裁 注 참조.

82 제13편 上 '糸'부 '總'자 說解 및 段玉裁 注 참조. 《說文》에는 '紽'자가 없다. 《詩·召南·羔羊》의 <毛傳>에서 "紽, 數也."라고 하였다.

83 《詩·小雅·正月》의 "員于爾輻"에 대한 <毛傳> 참조.

84 《尚書·秦誓》에는 "若弗云來"라고 되어 있다.

85 《詩·鄭風·出其東門》 참조.

의 고문이다."라고 하였다.[86]

(2) '貝(패)'는 옛날 물건 중에 귀중히 여기던 것이다.

(3) '員'의 발음은 王(왕)과 權(권)의 반절이다. 옛날 발음으로 '云(운)'은 13부에 있고, '囗(위)'의 발음은 15부에 있다. 합운(合韻)으로 가까운 것을 취했다.

(4) '鼎(정)'자 아래에서 "주문(籀文)으로는 '鼎'을 '貝'자로 썼다."라고 하였다.[87] 그래서 '員'자의 (주문은) '鼑'으로 되어 있고 '則(즉)'자의 (주문은) '鼎刂'자[88]로 되어 있다.

(1) 本爲物數, 引伸爲人數. 俗偁官員. 漢百官公卿表曰, 吏員, 自佐史至丞相十二萬二百八十五人, 是也. 數木曰枚, 曰梃. 數竹曰箇. 數絲曰紽, 曰總. 數物曰員. 小雅. 員于爾輻. 毛曰, 員, 益也. 此引伸之義也. 又假借爲云字, 如秦誓, 若弗員來, 鄭風, 聊樂我員, 商頌, 景員維河. 箋云, 員, 古文云. (2) 貝, 古以爲貨物之重者也. (3) 王權切. 古音云在十三部. 囗聲在十五部. 合韻冣近. (4) 鼎下曰, 籀文以鼎爲貝字, 故員作鼑, 則作鼎刂.

228. 貝(패)부

海介蟲也.(1) 居陸名猋, 在水名蜬.(2) 象形.(3) 古者貨貝而寶龜.(4) 周而有泉,(5) 至秦廢貝行錢.(6) 凡貝之屬皆从貝.

'貝'는 바다의 두꺼운 껍질 벌레[海介蟲(해개충)]이다. 육지에 있으면 '猋(표)'라고 부르고 물에 있으면 '蜬(함)'이라 부른다. 상형(象形)이다. 옛날에 '貝'를 화폐로 쓰고 '龜(귀)'를 보물로 여겼다. 주대(周代)에는 (화폐 단위로) '泉(천)'이 있었다. 진대(秦代)에 '貝'를 없애고 '錢(전)'을 유통시켰다. 貝부에 속하는 한자는 모두 貝의 의미를 따른다.

(1) 껍질 벌레 중에 바다에서 사는 것이다.

86 《詩・商頌・玄鳥》의 "景員維河"에 대한 鄭玄의 箋 참조.

87 제7편 上 '鼎'부 說解 참조.

88 제4편 下 '刀'부 '則'자 說解 참조. '鼎刂'은 '則'의 籀文이다.

(2) 이 구절은 《이아(爾雅) · 석어(釋魚)》에 보이며 그곳에는 '猋(표)'가 '鰾(표)'로 쓰여 있는데[89] 이는 속자(俗字)다. '蜬(함)'은 '函(함)'으로 써야 한다. 천인(淺人)들이 '函'에 '虫(훼)' 편방을 더해 놓았다. '虫(훼)'부에서 "蜬은 좀벌레[毛蠹(모두)]다."[90]라고 하였으니 '조개[貝]'를 부르는 이름이 아니다.

(3) 그 등이 불룩하고 배 아래가 튀어나온 모양을 상형하였다. '貝'의 발음은 博(박)과 盖(개)의 반절이다. 15부에 속한다.

(4) 그 껍질을 화폐로 썼다는 말이다. 《시(詩) · 소아(小雅)》의 "旣見君子, 錫我百朋.[군자를 만났으니 내게 100붕(朋)이 내려진 듯]"이라고 한 구절에 대한 전(箋)에서 "옛날에는 '貝'를 화폐단위로 하여 5패(貝)를 1붕(朋)으로 환산하였다."라고 하였다.[91] 《주역(周易)》에서 "10붕(朋)의 거북이[龜]"라는 말이 나오므로[92] 그래서 허신이 '貝'와 '龜'를 함께 말한 것이다. 《한서(漢書) · 식화지(食貨志)》에 의하면 왕망(王莽) 시대의 패화(貝貨)는 5등급[品]이었다. 대패(大貝) · 장패(壯貝) · 요패(幺貝) · 소패(小貝)는 모두 2매(枚)를 1붕(朋)으로 하였다. 나머지 貝를 이루지 못하는 것은 朋이 될 수 없었다.[93] 귀화(龜貨)는 4등급[品]이었는데 원귀(元龜)는 대패(大貝) 10붕(朋)에 해당되고, 공귀(公龜)는 장패(壯貝) 10붕(朋)에 해당되고 후귀(侯龜)는 요패(幺貝) 10붕(朋)에 해당되고 자귀(子龜)는 소패(小貝) 10붕(朋)에 해당되었다.[94] 이것은 왕망(王莽) 시대부터의 法이었다. 정현(鄭玄)은 《시(詩)》를 전(箋)하면서 "옛날에 5패(貝)를 붕(朋)이라 한다."라고 하였고[95] 《역(易)》을 注하면서 《이아(爾雅)》의 '십귀(十龜)'를 가지고 말하였다.[96] 이는 유흠(劉歆), 왕망(王莽)의 설을 사용하지 않고 주석한 것이다.

(5) 《주례(周禮) · 외부(外府)》에서 "나라에 포(布)의 출입을 관장하여 온갖 물건을 제공하고 나라의 쓰임에 대비한다."라고 하고[97] 《주례 · 천부(泉府)》에서는 "시(市)의 정포(征布)[98]를

---

89 《爾雅 · 釋魚》에는 "貝居陸鰾, 在水者蜬."이라고 되어 있다.

90 제13편 上 '虫'부 '蜬'자 說解 참조.

91 《詩 · 小雅 · 菁菁者莪》의 鄭玄의 箋 참조.

92 《周易》 <損>卦 六五 爻辭 참조.

93 《漢書 · 食貨志》에 의하면 大貝는 길이가 4촌 8푼 이상의 것, 壯貝는 3촌 6푼 이상의 것, 幺貝는 2촌 4푼 이상의 것, 小貝는 1촌 2푼 이상의 것이어야 하고 길이가 1촌 2푼이 되지 못하는 것은 貝를 이루지 못하므로[不成貝] 朋을 만들 수 없었다.

94 《漢書 · 食貨志》 下 '龜寶四品'에 대한 설명 참조.

95 《詩 · 小雅 · 菁菁者莪》의 鄭玄의 箋 참조.

96 《周易》 <損>卦 六五 爻辭에 대한 《正義》에 鄭玄의 說이 인용되어 있다. 그것에 의하면 鄭玄은 《爾雅》에서 '十朋之龜'를 神龜 · 靈龜 등 거북의 열 가지 종류를 들고 있는 것에 근거하여 주석하였다.

관장하여 시(市)의 팔리지 않는 것을 거두고 백성들의 일용에서 막혀 있는 것을 화폐로 유통시킨다."라고 하였다.[99] 그 주석에서 "포(布)는 천(泉)이다. '宣布(선포)'의 '布(포)'처럼 읽는다. 그 저장된 것을 '泉(천)'이라 하고 유통되는 것을 '布(포)'라 한다. 물의 샘에서 그 이름을 취하였는데 (물은) 그 흐름이 고루 퍼져 나가기 때문이다. '泉'은 처음에 한 등급[品]뿐이었는데 주경왕(周景王) 때 대천(大泉)을 주조하여 두 개의 등급[品]이 되었다."라고 하였다.[100] 내 생각에는 허신이 주대(周代)에 처음으로 '泉'이 생겨났지만 '貝'를 없애지는 않았음을 말하려는 것 같다.

(6) 진대(秦代)에 비로소 '貝'를 없애고 '錢(전)'만을 썼다. 즉 '泉'을 바꾸어 '錢'이라고 말하게 되었다. 주대(周代)에는 '泉'이라고 하고 진대(秦代)에는 '錢'이라고 하였다. 이것이 주대와 진대 사이에서 고금자(古今字)가 된 것이다. '金(금)'부의 '錢(전)'자에서 서개본(徐鍇本)은 "일설에 貨(화)라고 한다."라고 하였다. 《예기(禮記)·단궁(檀弓)》의 주석에 "옛날에 錢을 泉布(천포)라 하였다."[101]라고 하였으니 진한(秦漢) 시대는 '錢'이라 하고 주대(周代)에는 '泉'이라 하였다는 것을 알 수 있다. 《주례·천부(泉府)》주석에서 "정사농(鄭司農)이 '옛 책에 泉이 혹은 錢으로 쓰였다.'라 하였다."[102]라고 하였으니 주대(周代) 사람들이 혹 가차자를 썼으며 진대(秦代)에 와서야 정자로 쓰게 되었는지도 모른다.

(1) 介蟲之生於海者. (2) 見釋魚. 猋作贆, 俗字也. 蛹亦當作函, 淺人加之偏傍耳. 虫部曰, 蛹, 毛蠹也. 則非貝名. (3) 象其背穹隆而腹下岐. 博蓋切. 十五部. (4) 謂以其介爲貨也. 小雅, 旣見君子, 錫我百朋. 箋云, 古者貨貝, 五貝爲朋. 周易亦言十朋之龜, 故許以貝與龜類言之. 食貨志, 王莽貝貨五品. 大貝壯貝幺貝小貝, 皆二枚爲一朋, 不成貝, 不得爲朋. 龜貨四品, 元龜當大貝十朋, 公龜當壯貝十朋, 侯龜當幺貝十朋, 子龜當小貝十朋. 此自莽法. 鄭箋詩云, 古者五貝爲朋, 注易以爾雅之十龜, 未嘗用歆莽說也. (5) 周禮外府, 掌邦布之入出, 以共百物而待邦之用. 泉府, 掌以市之征布, 斂市之

---

97 《周禮·天官·外府》 参조.

98 '征布'란 조세로 거두어들이는 돈을 말한다. 여기에서는 화폐의 단위가 布이므로 征布라고 말한 것이다.

99 《周禮·地官·泉府》 参조.

100 《周禮·天官·外府》의 鄭玄의 주석 참조. 段注에서는 그것을 節錄하였다. 《漢書·食貨志》 下에 의하면 '布貨'에도 모두 大布, 次布 등 10개의 등급[品]이 있었다. 화폐로 유통되던 布는 삽과 비슷한 고대 농기구 형상이어서 괭이를 뜻하는 '鎛(박)'자와 통용되기도 하였다고 한다. 주경왕(周景王) 때의 일은 정현의 이 주석에서 언급되었다. 《國語·周語》 下에 의하면 "景王二十一年, 將鑄大錢."이라 하였으니 정현은 여기서의 '大錢'을 '大泉'으로 해석한 것이다. 泉과 錢은 古今字의 관계에 있다.

101 《禮記·檀弓》 上 "旣葬, 子碩欲以賻布之餘具祭器."의 鄭玄의 注 참조.

102 《周禮·地官·序官》의 '泉府'에 관한 鄭玄의 注에 이 말이 인용되어 있다.

不售, 貨之滯於民用者. 注云, 布, 泉也. 讀爲宣布之布. 其藏曰泉, 其行曰布. 取名於水泉, 其流行無不徧. 泉始蓋一品, 周景王鑄大泉而有二品. 按許謂周始有泉, 而不廢貝矣. (6) 秦始廢貝專用錢. 變泉言錢者, 周曰泉, 秦曰錢, 在周秦爲古今字也. 金部錢下錯本云, 一曰貨也. 檀弓注曰, 古者謂錢爲泉布, 則知秦漢曰錢, 周曰泉也. 周禮泉府注云, 鄭司農云, 故書泉或作錢. 蓋周人或用假借字, 秦乃以爲正字.

229. 邑(읍)부

 國也.(1) 从囗.(2) 先王之制, 尊卑有大小. 从卩.(3) 凡邑之屬皆从邑.

'邑'은 나라[國(국)]다. '囗(위)'로 구성되었다. 선왕의 제도는 존비(尊卑)에 대소(大小)의 차가 있다. '卩(절)'로 구성되었다.[103] 邑부에 속하는 한자는 모두 邑의 의미를 따른다.

(1) 정장공(鄭莊公)이 "우리 선군(先君)께서 여기에 새로운 나라[新邑(신읍)]를 세웠다."라고 하였다.[104] 《좌전(左傳)》에서는 보통 남의 나라를 칭하여 '대국(大國)'이라 하고 자신의 나라를 칭하여 '폐읍(敝邑)'이라 하였으니 옛날 '國'과 '邑'은 통하는 호칭이었다. 《백호통(白虎通)》에서 "하(夏)나라는 하읍(夏邑)이라 하고 상(商)나라는 상읍(商邑)이라 하고 주(周)나라는 경사(京師)라고 하였다."라고 하고[105] 《상서(尙書)》에서 "서읍(西邑) 하(夏)"라 하고 "천읍(天邑) 상(商)"이라 하고 "동국(東國) 락(雒)에 새로운 대읍(大邑)을 세웠다."라고 말한 것[106]이 모두 그 예다. 《주례(周禮)》에 "네 개의 정(井)을 하나의 邑(읍)으로 한다."[107]라고 하였다. 《좌전》에 "읍(邑)에 종묘와 선군(先君)의 신주(神主)가 있는 것을 '都(도)'라 하고

---

103 제9편 上 '卩'부 說解 참조.

104 《左傳》 隱公 十一年 참조.

105 《白虎通・京師》편 참조.

106 《尙書》의 <太甲> 上, <多士>, <康誥> 편 참조.

107 《周禮・地官・小司徒》 참조. 여기에 언급된 것은 都鄙를 제정하는 것에 대한 것이다. 그래서 "九夫爲井, 四井爲邑, 四邑爲丘, 四丘爲甸, 四甸爲縣, 四縣爲都."라 하였다. 井田制에 의한 토지제정에 의하여 땅의 단위를 설정하였다. 즉 邑은 네 개의 井을 합한 만큼의 토지를 말한다.

없으면 '邑(읍)'이라 한다."[108]라고 하였는데 이것은 다시 하나의 國(국) 안에서 나누어 말한 것이다.

(2) '囗(위)'는 발음이 韋(위)다. 봉해진 지역을 말한다.

(3) '尊卑(존비)'는 公(공)·侯(후)·伯(백)·子(자)·男(남)을 말한다. '大小(대소)'는 사방 500리, 사방 400리, 사방 300리, 사방 200리, 사방 100리의 나라를 말한다. '土(토)'부에서 "공후(公侯)는 사방 100리, 백(伯)은 사방 70리, 자남(子男)은 사방 50리의 나라를 가진다."[109]라고 하였는데 이는 맹자(孟子)의 설(說)을 따른 것[110]이다. '尊卑大小'는 왕명(王命)으로부터 나온다. 그래서 '邑'이 '卩(절)'로 구성된 것이다.[111] '邑'의 발음은 於(어)와 汲(급)의 반절이다. 7부에 속한다.

(1) 鄭莊公曰, 吾先君新邑於此. 左傳凡偁人曰大國. 凡自偁曰敝邑. 古國邑通偁. 白虎通曰, 夏曰夏邑, 商曰商邑, 周曰京師. 尙書曰西邑夏, 曰天邑商, 曰作新大邑於東國雒, 皆是. 周禮, 四井爲邑. 左傳, 凡邑有宗廟先君之主曰都, 無曰邑. 此又在一國中分析言之. (2) 音韋. 封域也. (3) 尊卑謂公侯伯子男也. 大小謂方五百里, 方四百里, 方三百里, 方二百里, 方百里也. 土部曰, 公侯百里, 伯七十里, 子男五十里. 從孟子說也. 尊卑大小出於王命, 故從卩. 於汲切. 七部.

230. 䢼(항)[112]부

 鄰道也.(1) 从邑从邑.(2) 凡䢼之屬皆从䢼. 闕.(3)

'䢼'은 이웃하는 나라[鄰道(린도)]이다. '邑(읍)'으로 구성되었고 '邑'[113]으로 구성되

108 《左傳》 莊公 二十八年의 傳 참조.

109 제13편 下 '土'부 '封'자 說解 참조.

110 《孟子·萬章》 下 참조.

111 제9편 上 '卩(절)'자 참조. '卩'이란 임금이 관리들에게 하사하는 신표라는 뜻이다. 그래서 邑자를 설명하면서 '왕의 명령'이라는 의미와 卩자를 연결시켰다.

112 '䢼'자의 발음에 대하여 段注에서는 알 수 없다고 하였으나 여기에서는 일단 大徐本의 반절 발음에 근거하여 '항'으로 한다.

113 '邑'자는 '邑'부의 맨 마지막 부속자이며 邑자를 좌우로 뒤집은 모양이다. 발음에 대해서는 闕이라 하여 설명이 없다.

었다. 㗊부에 속하는 한자는 모두 㗊의 의미를 따른다. 비워 둔다.

(1) ("鄰道也"의) '道(도)'자는 '邑(읍)'자가 되어야 한다. 글자가 잘못되었다. 이 글자[㗊]는 두 개의 '邑(읍)'으로 구성된 회의(會意)자다.

(2) '㗊'자는 예서(隸書)로 변하여 '郒'으로 쓴다.

(3) "비워 둔다.[闕(궐)]"고 한 것은 그 발음 방법에 대하여 들은 적이 없다는 뜻이다. 대서본(大徐本)에서는 '㗊'의 발음이 胡(호)와 絳(강)의 반절이라고 하였는데 이는 '鄉(향)'자의 발음[114]에 의한 것이므로 근거할 만한 설이 아닌 듯하다. 예컨대 '䢅(수)'자가 혹은 '䢔(수)'자의 발음에 의하거나 혹은 '自(부)'자의 발음에 의한다고 하는 설이 모두 옳지 않은 것[115]과 같다.

(1) 道當爲邑, 字之誤也. 其字從二邑, 會意. (2) 隸變作郒. (3) 闕者謂其音未聞也. 大徐云, 胡絳切. 依鄉字之音, 非有所本. 如䢅字或依䢔字之音, 或依自字之音, 皆非是.

114 제6편 下 '㗊'부 '鄉'자 段玉裁 注 참조. '鄉'의 反切이 '胡絳切'로 되어 있다.

115 제14편 下 '䢅'부 段玉裁 注 참조. 䢅자를 段注는 '似醉切'로 발음하였다. 《廣韻》이나 《玉篇》처럼 '扶救切'로 발음하거나 自(부)자의 발음에 의거하는 것이 옳지 않다고 주장하였다.

제 7 편 上

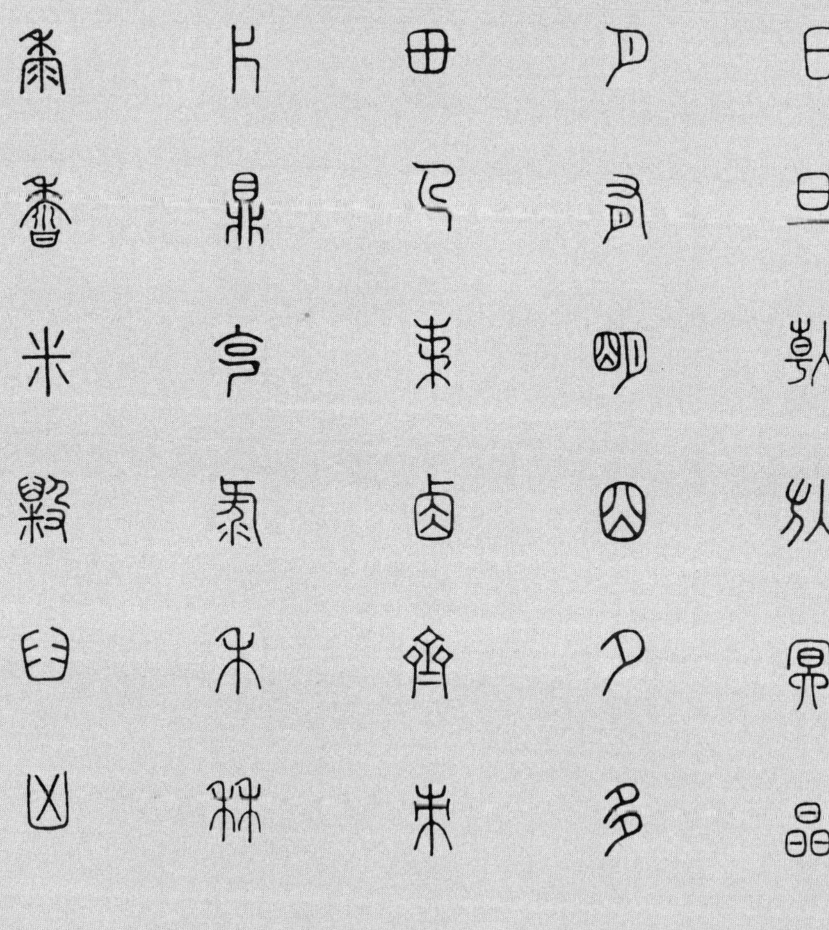

231. 日(일)부

 實也.(1) 大昜之精不虧.(2) 从◯一. 象形.(3) 凡日之屬皆从日. Θ 古文. 象形.(4)

'日'은 가득 차 있다는 뜻이다. 태양(大昜)[1]의 정수는 어그러지지 않는다.[2] '◯'과 '一(일)'로 구성되었다. 상형(象形)이다. 日부에 속하는 한자는 모두 日의 의미를 따른다. 'Θ'은 고문(古文)으로 상형(象形)이다.

(1) '日(일)'과 운모가 같은 '實(실)'자로 풀이한 것이다. 《예기(禮記)·월령(月令)》의 《정의(正義)》에서 《춘추원명포(春秋元命包)》를 인용하여 "日은 가득 차다[實]라는 뜻이다."[3]라고 하였다. 《석명(釋名)》에서는 "日은 가득 차다[實]는 뜻이다. 밝은 빛으로 가득 찼다는 뜻이다."[4]라고 하였다.

(2) 그래서 '實'이라고 한 것이다.

(3) '◯'모양은 태양의 테두리를 상형하였다. '一'모양은 그 가운데가 어그러짐이 없음을 상형하였다. '日'의 발음은 人(인)과 質(질)의 반절이다. 12부에 속한다.

---

1 제9편 下 '昜'부 段玉裁 注에서 "此陰陽正字也"라고 하였다. 二徐本에는 '大昜'이 '太陽'으로 되어 있다.

2 여기에서의 '虧'자는 달[月]의 차고 기우는 성질에 대하여 하는 말이다. 제7편 上 '冥'부의 說解에는 "十六日而月始虧"라고 하여 분명하게 '月'과 '虧'의 관계를 명시하고 있다. 따라서 '日'은 '不虧(어그러지지 않은 것)'이며 '實[꽉 찬 것]'이 된다.

3 《禮記·月令》 疏에 "元命包云, 日之爲言實也. 月闕也."라고 하였다.

4 《釋名·釋天》 참조.

(4) 이 글자[⊖]는 아마 그 가운데 검은 점[烏(오)], (즉 태양의 흑점이 있음을) 상형한 것일 것이다. 무후(武后)가 이 글자를 나중에 '囸'자로 고쳤는데[5] 잘못이다.

(1) 以疊韻爲訓. 月令正義引春秋元命包云, 日之爲言實也. 釋名曰, 日, 實也, 光明盛實也. (2) 故曰實. (3) ○象其輪郭, 一象其中不虧. 人質切. 十二部. (4) 蓋象中有烏. 武后乃竟作囸, 誤矣.

232. 旦(단)부

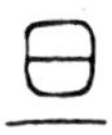 朙[6]也.(1) 从日見一上. 一, 地也.(2) 凡旦之屬皆从旦.

'旦'은 밝다는 뜻이다. 해가 '一(일)' 위로 보이는 모양으로 구성되었다. '一(일)'은 땅이다. 旦부에 속하는 한자는 모두 旦의 의미를 따른다.

(1) '明(명)'자는 '朝(조)'자로 써야 한다. 다음 부수인 '倝(간)'부에서 "朝는 아침[旦(단)]이라는 뜻이다."[7]라고 하였으니 두 글자는 서로 풀이해 주는 관계다. 《시(詩)·대아(大雅)·판(板)》의 <모전(毛傳)>에서 "旦은 밝다[明]는 뜻이다."[8]라고 하였지만 이것은 '旦'자의 인신된 의미이고 본래 의미는 아니다. 《시·위풍(衛風)》의 "信誓旦旦[믿음으로 맹세한 것이 밝디밝아서]"이라는 구절에 대하여 <모전>에서는 "信誓旦旦然[믿음으로 맹세한 것이 밝은 모양]"이라고 하였으니[9] 밝디밝은 모습으로 '旦'을 풀이하였다.

(2) 《역(易)》에 "밝게 땅 위로 나오는 것이 '晉(진)'이다.[明出地上晉]"[10]라고 하였다. '旦'의

5 唐의 則天武后 시대에 18개의 글자를 새로 제정했는데 '囸'자도 그중의 하나였다. 《集韻》 入聲 5 '質'운에 이 글자가 실려 있다. 나머지 武后의 글자에 대해서는 제3편 下 '臣'부 段注 (3)번의 설명과 주석 참조.

6 '朙'자는 篆書의 자형을 근거하여 바꾼 해서체다. 본래 '明'자는 '朙'자의 고문이다. 段注에서는 '朙'자와 '明'자를 혼용하였다. 제7편 상 '朙'부 설명 참조.

7 제7편 上 '倝'부 '朝'자 說解 참조. '倝'부는 '旦'부의 바로 다음에 나온다.

8 《詩·大雅·板》 "昊天旦旦"의 <毛傳> 참조.

9 《詩·衛風·氓》 經文과 <毛傳> 참조.

10 《易》 '晉卦' <象傳> 참조. '晉(진)'자는 지금의 글자로 '晋'이다. 《易》의 '晋'괘는 上괘가 '火'이고 下괘가 '地'다. 즉 땅에서 불이 나오는 모양이다. 段玉裁는 이것과 '旦'자의 자형이 '땅[一]' 위로 뜨거운

발음은 得(득)과 案(안)의 반절이다. 14부에 속한다.

(1) 明當作朝. 下文云, 朝者, 旦也. 二字互訓. 大雅板毛傳曰, 旦, 明也. 此旦引伸之義, 非其本義. 衛風, 信誓旦旦. 傳曰, 信誓旦旦然. 謂明明然也. (2) 易曰, 明出地上晉. 得案切. 十四部.

233. 倝(간)부

 日始出(1)光倝倝也. 从旦㫃聲.(2) 凡倝之屬皆从倝.

'倝'은 해가 나오기 시작하여 빛이 번쩍번쩍 나는 것이다. '旦(단)'으로 구성되었으며 '㫃(언)'은 발음을 나타낸다. 倝부에 속하는 한자는 모두 倝의 의미를 따른다.

(1) ("日始出"의) '始(시)'자의 발음은 式(식)과 吏(리)의 반절이다.
(2) '倝'의 발음은 古(고)와 案(안)의 반절이다. 14부에 속한다.

(1) 始, 式吏切. (2) 古案切. 十四部.

234. 㫃(언)부

 旌旗之游㫃蹇之皃.(1) 从屮曲而垂下㫃相出入也.(2) 讀若偃.(3) 古人名㫃字子游.(4) 凡㫃之屬皆从㫃.  古文㫃字. 象旌旗之游及㫃之形.(5)

'㫃'은 깃발이 날려 춤추는 모양이다. '屮(철)'이 구부러져 아래로 드리워져 깃발이 날려 들락거리는 모양으로 구성되었다.[11] '偃(언)'과 같이 발음한다. 옛날 사람들은 이

'태양[日]'이 나오는 것과 같은 형상이라는 데서 '晉'괘의 <像傳>을 인용하였다.

11 段玉裁는 이 구절이 "从屮, 曲而下垂者游. 从入, 游相出入也."로 되어 있어야 옳다고 하였다. 그 의견에

름[名]이 '㫃(언)'이면 자(字)를 '子游(자유)'라고 붙였다. 㫃부에 속하는 한자는 모두 㫃의 의미를 따른다. '𠃑'은 㫃의 고문이다. 깃발이 날려서 펄럭거리는 모양을 상형하였다.

(1) '旌旗(정기)'는 깃발의 통칭이다. '旌(정)'에는 깃이 있는 것도 있고 깃이 없는 것도 있다. 각각 그런 특징을 가지고 '九旗(구기)'12를 만든다. 왕일(王逸)은 《초사(楚辭)・구가(九歌)》의 주석에서 "언건(偃蹇)은 춤추는 모양이다."13라고 하였다. <대인부(大人賦)>에서는 '旌旗'를 "掉指橋以偃蹇[높이 들어 올려 춤추게 한다.]"라고 하였다. 장읍(張揖)은 "偃蹇(언건)은 높은 모양이다."라고 하였다.14

(2) ("从屮曲而垂下㫃相出入也"15의) 열 한 글자는 "从屮, 曲而下垂者游. 从入, 游相出入也."[屮로 구성된 것은 구부러져 아래로 드리운 것이 깃발이 날리는 것[游(유)]이기 때문이다. 入으로 구성된 것은 날리는 깃발이 들고 나는[出入(출입)] 모양이기 때문이다.]의 열다섯 글자로 바꾸어야 한다. '㫃'이 "屮(철)로 구성되었다.[从屮]"라는 것은 '壴(주)'16・'肯(강)'17・'屵(악)'18과 문자구성원리가 같다. '屮'모양은 깃대 머리 부분이 위로 솟아 보이는 것이다. 그 아래로 "구부러져 아래쪽으로 드리워져 있다.[曲而下垂者]"라는 것은 날리는 깃발[游(유)]모양을 상형한 것이다. "깃발[游]이 들락거린다.[游相出入]"라는 것은 깃발이 바람에 따라 가고 옴이 마치 한 번 나가고 한 번 들어오는 것 같은 모양을 말한다. 그래서 "入(입)으로 구성되었다.[从入]"라고 하였다. 대서본(大徐本)에서 말하기를 "이 글자는 屮이 아래로 드리워져 있는 모양으로 구성되었으므로 '㫃'라고만 써야 하는데 전문(篆文)을 옮겨 적다가 하나의 획이 더해져 있다."19라고 하였다. 내 생각에는 "屮로 구성되었

의하면 '从屮'에서 문장을 끊어야 한다. 그러나 본고에서는 모두 이어서 번역하였다. 段玉裁 注 (2)번 참조.

12 《周禮・春官・司常》에 '九旗'에 대한 설명이 나온다.

13 《楚辭・九歌》 "靈偃蹇兮姣服"의 王逸 注 참조.

14 《史記・司馬相如傳》에 <大人賦>를 인용하여 "掉指橋以偃蹇兮"라고 하였다. 그 구절에 대한 索隱에 張揖의 설이 인용되어 있다.

15 二徐本 모두 이렇게 되어 있다.

16 第5편 上 '壴(주)'부 說解 참조. 段玉裁 注에는 篆書[壴]의 자형을 반영한 楷書體로 제시되어서 마치 '豈'자인 것 같이 보이지만 이 글자는 '豈'자가 아니라 '壴(주)'자다. '壴'자가 '屮'로 구성되어 있다.

17 第7편 下 '冃'부 '肯'자 참조. 肯(강)자는 '屮'모양이 冃의 머리 부분 위로 솟아 보이는 것이다.

18 第9편 下 '厂'부 '屵'자 참조. 屵(악)자는 厂과 屮로 구성되어 있는데 '屮'모양이 厂의 머리 부분 위로 솟아 보이는 것이다.

19 徐鉉本 第15편 下 <篆文筆迹相承> 참조.

다.[从屮(종철)]"라고 한 것은 깃대머리를 가리킨 것이고 "아래로 드리워졌다.[下垂(하수)]"라고 한 것은 날리는 깃발[游]을 말한 것이다. 정신(鼎臣)[20]은 잘못 알고 있었던 것 같다.

(3) '㫃'의 발음은 於(어)와 幰(헌)의 반절이다. 14부에 속한다.

(4) 진(晉)나라에 '적언(籍偃)'·'순언(荀偃)'[21]이 있었고, 정(鄭)나라에는 '공자언(公子偃)'·'사언(駟偃)'[22]이 있었고 공자(孔子) 제자로 '언언(言偃)'[23]이 있었는데 모두 자(字)가 '游(유)'였다. 지금의 경전에서는 '㫃(언)'이 모두 '偃(언)'으로 바뀌어 있다. '偃'자가 유행하자 '㫃'자는 없어졌다.

(5) (고문자형과 이 구절은) 소서본(小徐本)에 이렇게 되어 있다.[24] 대서본(大徐本)에서는 "象形及象旌旗之游"라고 되어 있는데[25] 어느 것이나 모두 뜻이 통하지 않는다. 전문(篆文)의 형태로만 보면 각 판본의 고문과 위의 소전 자형이 모두 분별되지 않는다. 오직 소서본만이 그 윗부분을 연결시켜 다른 판본들과 조금 다른데 이 자형은 《고문사성운(古文四聲韻)》,[26] 《한간(汗簡)》과 합치된다. 이러한 것들은 억지로 설명할 수는 없다. 어떤 사람들은 이 구절이 분명히 "㫃古文以爲偃字"의 일곱 자가 잘못된 것이라고 말하는 경우도 있다.

(1) 旌旗者, 旗之通偁. 旌有羽者, 其未有羽者, 各擧其一以該九旗也. 王逸九歌注云, 偃蹇, 舞皃. 大人賦說旌旗曰, 掉指橋以偃蹇. 張揖曰, 偃蹇, 高皃. (2) 此十一字當作, 从屮曲而下垂者游, 从入游相出入也, 十五字. 从屮者, 與㞢肯屵同意, 謂杠首之上見者. 曲而下垂者, 象游. 游相出入者, 謂从風往復如一出一入然, 故从入. 大徐云, 此字从屮下垂當只作㫃, 相承多一畫. 玉裁謂, 从屮謂竿首, 下垂謂游也. 鼎臣殊誤會. (3) 於幰切. 十四部. (4) 晉有籍偃荀偃, 鄭有公子偃駟偃, 孔子弟子有言偃, 皆字游. 今之經傳皆變作偃. 偃行而㫃廢矣. (5) 此小徐本也. 大徐作象形及象旌旗之游, 皆不可通. 其篆形各本古文與上小篆文皆不可分別. 惟小徐本牽連其上端略異, 與古文四聲韻及汗簡合. 此等不能强爲之說. 或曰當是㫃古文以爲偃字七字之誤.

---

20 '鼎臣'은 徐鉉의 字다.

21 《左傳》 成公 十八年, 襄公 十三年 등 참조.

22 《左傳》 襄公 二十六年 참조.

23 《論語·陽貨》 참조.

24 徐鍇本 참조.

25 徐鉉本 참조. 古文의 자형도 篆書와 거의 구별되지 않게 제시되어 있다.

26 《古文四聲韻》 上聲 二十九 '選'韻 참조.

235. 冥(명)부

窈也.(1) 从日六. 从冖.(2) 日數十, 十六日而月始虧, 冥也.(3) 冖亦聲.(4) 凡冥之屬皆从冥.

'冥'은 깊고 어둡다[窈(요)]는 뜻이다. '日(일)'과 '六(육)'으로 구성되었고 '冖(멱)'으로 구성되었다. 날짜는 십을 단위로 하여 세는데 십육 일째가 되면 비로소 달이 이지러져 어두워진다. '冖(멱)'이 또한 발음을 나타내기도 한다. 冥부에 속하는 한자는 모두 冥의 의미를 따른다.

(1) '窈(요)'자가 각 판본에는 '幽(유)'자로 되어 있다.[27] 당(唐) 현응(玄應)의 책도 그렇게 되어 있다.[28] 그러나 이선(李善)이 <사현부(思玄賦)>와 <탄서부(歎逝賦)>, 도연명(陶淵明)의 <부가환강릉(赴假還江陵)>시(詩)의 세 곳에 주석하면서 모두 "'冥'은 '窈'의 뜻이다."라고 하였다.[29] 허신의 책은 대부분 《이아(爾雅)》와 <모전(毛傳)>의 설을 따른다. 《이아·석언(釋言)》에서 "冥은 窈이다."라고 하였고 손염(孫炎)은 "深闇之窈(심암지요: 깊고 깊은 어두움)"라고 하였다. 곽박(郭璞)의 책에는 '幼(유)'라고 쓰여 있으며 "어리석은 사람은 몽매한 구석이 많다."[30]라고 해석하였는데 의미가 너무 멀다. 《시(詩)·소아(小雅)·사간(斯干)》의 <모전>에서 "正(정)은 길다[長]는 뜻이다. 冥(명)은 어둡다[窈]는 뜻이다."[31]라고 하였는데 바로 궁실의 넓고 큰 곳과 깊고 으슥한 곳을 두고 한 말이다. 왕숙본(王肅本)에는 (冥을) '幼'라고 새기고 사람의 장유(長幼)를 열거한 대구[對文]라고 하였다.[32] 그러나 그렇게 해석하면 (《시·소아·사간》 다음 구절의) "君子攸寧[군자가 편안히 여기는 것이다.]"과 의미가 서로 어울리지 않는다. 그러므로 위의 세 가지를 서로 증거로 해 보면 모두 '冥'을 '窈'의 의미로 풀이해야 한다는 것을 알 수 있다. '穴(혈)'부에서 "窈는 깊고 멀다.[深遠

27 二徐本 모두 "幽也"로 되어 있다.

28 《一切經音義》 卷十七 <俱舍論> 참조.

29 《文選》 張衡의 <思玄賦>, 陸機의 <歎逝賦>, 陶淵明의 <赴假還江陵>詩의 李善 注에서 모두 《說文》을 인용하면서 "冥, 窈也."라고 하였다.

30 《爾雅·釋言》 참조. 郭樸本에는 "冥, 幼也."라고 되어 있다.

31 《詩·小雅·斯干》 "噲噲其正, 噦噦其冥, 君子攸寧."의 <毛傳> 참조.

32 《詩·小雅·斯干》 "噲噲其正, 噦噦其冥, 君子攸寧."의 疏 참조.

(심원)]는 뜻이다."[33]라고 하였다. '窈'와 '어둡다'는 의미의 '杳(묘)'는 발음과 의미가 같다. 그래서 '杳'는 '어두운 것이다.[冥也]'라고 풀이되는 것이다.[34] '莫(모)'는 "해가 막 어두워지려는 것이다.[日且冥也]"라고 풀이되고[35] '昏(혼)'은 "해가 어두워지는 것이다.[日冥也]"[36]라고 풀이된다 《시·사간》의 정현(鄭玄)의 전(箋)에서는 "正은 낮이고 冥은 밤이다."[37]라고 하였다. '冥'은 인신되어 모든 어두운 것을 칭하게 되었다.

(2) "从冖[冖(멱)으로 구성되었다.]"이 각 판본에는 "冖聲[冖은 발음을 나타낸다.]"으로 되어 있다.[38] 다음 구절에서 "冖亦聲[冖은 또한 발음을 나타내기도 한다.]"이라고 하였으니 여기에서는 단지 "从冖"이라고 해야 할 것이다. '冖'이란 덮는다[覆(복)]는 뜻이다.[39] 그 위를 덮으면 어두워진다.

(3) ("十六日而月始虧. 冥也."의) '冥'자가 각 판본에 '幽(유)'자로 쓰여 있는데[40] 그것은 지금 현응(玄應)의 책에 따른 것이다.[41] "冥也" 두 자는 "冥之意也"의 네 자로 써야 한다. 여기에서는 '冥'이 '日(일)'과 '六(육)'으로 구성된 의미를 해석하였기 때문이다. "날짜를 셀 때는 십을 단위로 한다.[日之數十]"는 말은 《좌전(左傳)》 소공(昭公) 5년의 문장이다.[42] '갑일(甲日)'에서 '계일(癸日)'까지를 말한다. 10일을 지나고 다시 6일을 더하면 날이 이지러지기 시작한다. 이것이 '冥'의 뜻이다. 그러므로 '日'과 '六'으로 구성된 것이다.

(4) ("冖亦聲"의) '亦(역)'자가 오래전에 탈락되었으므로 소서(小徐)(徐鍇)의 설(說)에 의해 보충한다.[43] '冖'은 지금 발음으로 莫(막)과 狄(적)의 반절이다. '솥뚜껑'이라는 뜻의 '鼏(멱)'자[44]가 '冖'을 성부로 삼는다. '蚰(곤)'부의 '蠠(밀)'[45]은 다시 '鼏(멱)'을 성부로 삼는다. '冥'은 11부에 속한다. '冥'의 발음은 莫(막)과 經(경)의 반절이다. ('冥'은) 성모가 같은 글자인 '冖'을 성부를 삼는다.

---

33 第7편 下 '穴'부 '窈'자 說解 참조.
34 第6편 上 '木'부 '杳'자 說解 참조.
35 第1편 下 '茻'부 '莫'자 說解 참조.
36 第7편 上 '日'부 '昏'자 說解 참조.
37 《詩·小雅·斯干》 "噲噲其正, 噦噦其冥, 君子攸寧."의 鄭玄의 箋 참조.
38 二徐本 모두 '冖聲'으로 되어 있다.
39 第7편 下 '冖'부 說解 참조.
40 二徐本에 '幽也'로 되어 있다.
41 《一切經音義》 卷十七 <俱舍論> 참조. "諸冥, 莫庭莫定二反, 說文, 冥, 幽也."라고 되어 있다.
42 《左傳》 昭公 5年 杜預 注 참조.
43 徐鍇本에 "臣鍇曰 當言冖亦聲. 轉寫脫誤."라고 하였다.
44 第7편 上 '鼎'부의 '鼏'자 참조.
45 第13편 下 '蚰'부의 '蠠'자 참조.

(1) 窈各本作幽. 唐玄應同, 而李善思玄賦歎逝賦陶淵明赴假還江陵詩三注, 皆作窈. 許書多宗爾雅毛傳. 釋言曰, 冥, 窈也. 孫炎云, 深闇之窈也. 郭本作幼, 釋云, 幼稺者多冥昧. 頗紆洄. 小雅斯干傳曰, 正, 長也. 冥, 窈也. 正謂宮室之寬長深窈處. 王肅本作幼, 其說以人之長幼對文, 與下君子攸寧不相屬. 然則三者互相證, 知皆當作窈. 穴部曰, 窈, 深遠也. 窈與杳音義同, 故杳之訓曰冥也. 茻之訓曰, 日且冥也. 昏之訓曰, 日冥也. 鄭箋斯干曰, 正, 晝也. 冥, 夜也. 引伸爲凡闇昧之偁. (2) 从冖各本作冖聲. 下文曰, 冖亦聲, 則此祇當云从冖矣. 冖者, 覆也. 覆其上則窈冥. (3) 冥各本作幽, 今依玄應本. 冥也二字, 當作冥之意也四字. 此釋从日六之義也. 日之數十, 昭五年左傳文, 謂甲至癸也. 歷十日復加六日而月始虧, 是冥之意, 故从日六. (4) 亦字舊奪, 依小徐說補. 冖今音莫狄切. 鼎蓋之鼏用爲聲, 蛀部䵢又用鼏爲聲. 冥在十一部. 莫經切. 以雙聲爲聲也.

236. 晶(정)부

 精光也.(1) 从三日.(2) 凡晶之屬皆从晶.

'晶'은 정광(精光)이라는 뜻이다. 세 개의 '日(일)'로 구성되었다. 晶부에 속하는 한자는 모두 晶의 의미를 따른다.

(1) 물건이 대단히 많다는 것을 나타낼 때에는 모두 그 문자를 세 번 쓴다. '日'을 세 개 썼다는 것은 해[日]를 많이 쌓는다는 말이다.
(2) '晶'의 발음은 子(자)와 盈(영)의 반절이다. 11부에 속한다.

(1) 凡言物之盛, 皆三其文. 日可三者, 所謂絫日也. (2) 子盈切. 十一部.

237. 月(월)부

 闕也. 大侌[46]之精.(1) 象形.(2) 凡月之屬皆从月.

'月'은 비어 있다는 뜻이다. 태음(大侌)의 정수[精]다. 상형(象形)이다. 月부에 속하는 한자는 모두 月의 의미를 따른다.

(1) '月(월)'과 '闕(궐)'은 운모가 같다. 《석명(釋名)》에 "月은 이지러진다[缺(결)]는 뜻이다. 가득 차면 이지러진다."[47]라고 하였다.

(2) 달이 완전히 차지 않은 모양을 상형하였다. '月'의 발음은 魚(어)와 厥(궐)의 반절이다. 15부에 속한다.

(1) 月闕疊韻. 釋名曰, 月, 缺也, 滿則缺也. (2) 象不滿之形. 魚厥切. 十五部.

238. 有(유)부

 不宜有也.(1) 春秋傳曰, 日月有食之. 从月(2)又聲.(3) 凡有之屬皆从有.

'有'는 있어서는 안 된다는 뜻이다. 《춘추전(春秋傳)》에서 "日月有食之[해가 달에 먹히는 때가 있다.]"라고 하였다. '月(월)'로 구성되었으며 '又(우)'가 발음을 나타낸다. 有부에 속하는 한자는 모두 有의 의미를 따른다.

(1) '有'는 본래 '있어서는 안 되는 일인데 있는 경우'를 부르는 말이라는 뜻이다. 인신(引伸)되어 모든 '있는 것'을 '有'라고 부르게 되었다. 《춘추(春秋)》에 '有'라고 쓰인 것은 모두 ('있어서는 안 되는 일이 생겼다.'라는 의미에서) '有'의 본의를 나타낸다.

---

46 二徐本에는 '太陰'으로 되어 있다. 段玉裁는 '侌'자가 '陰'자의 본자라고 여기고 '大侌'으로 썼다.

47 《釋名·釋天》 참조.

(2) ("日月有食之"의) '日(일)'자 아래의 '月(월)'자는 쓸데없는 글자다.[48] 여기에서는 경문을 인용하여 '有'자가 '있어서는 안 된다'는 뜻이라고 해석한 것이며 또한 '有'가 '月'로 구성된 의미를 해석한 것이다. 즉 '日'은 먹혀서는 안 되는데도 그것을 먹는 것이 있는데 누구인가 하면 바로 '月'이 먹는다. 그래서 '그런 일이 있어서는 안 된다.'라는 의미의 '有'자가 '月'로 구성된 것이다. 하휴(何休)는 《공양전(公羊傳)》의 주석에서 "'달이 해를 먹었다.[月食之]'라고 말하지 않는 것은 실제로 달이 해를 먹는 모양을 볼 수는 없기 때문이다. 그래도 그렇지 않은가 의심하면서[疑] '해를 먹는 일이 있어서는 안 된다.[有食之]'라고 말한다."[49]라고 하였다. 그리고 나서 하휴(何休)는 공자(孔子)의 말을 인용하여 "많이 듣고 의심나는 것은 비워 두고 그 나머지를 신중히 말한다면 잘못이 적을 것이다."[50]라고 하였다.

(3) '有'의 발음은 云(운)과 九(구)의 반절이다. 고음 1부에 속한다. 옛날에는 '有'를 '又(우)'로 가차(假借)한 경우가 많았다.

(1) 謂本是不當有而有之偁. 引伸遂爲凡有之偁. 凡春秋書有者, 皆有字之本義也. (2) 日下之月, 衍字也. 此引經釋不宜有之恉, 亦卽釋从月之意也. 日不當見食也. 而有食之者. 孰食之. 月食之也. 月食之, 故字从月. 公羊傳注曰, 不言月食之者. 其形不可得而覩也, 故疑言曰有食之. 引孔子曰, 多聞闕疑, 愼言其餘, 則寡尤. (3) 云九切. 古音在一部. 古多叚有爲又字.

239. 朙(명)부

 照也.(1) 从月囧.(2) 凡朙之屬皆从朙.  古文. 从日.(3)

朙은 비춘다[照(조)]는 뜻이다. '月(월)'과 '囧(경)'으로 구성되었다. 朙부에 속하는 한자는 모두 朙의 의미를 따른다. ''은 고문이다. '日(일)'로 구성되었다.

---

48 《公羊傳》 隱公 三年에는 "日有食之"라고 되어 있다.

49 《公羊傳》 隱公 三年의 何休의 注 참조.

50 何休 注의 孔子 인용은 《論語·爲政》편 참조. 何休가 孔子를 인용한 것은 의심나는 것에 확실하게 단정하지 않는 태도를 표명하기 위해서였던 것 같다. 실제로 누구도 달이 해를 먹는 것을 본 적이 없기 때문이다.

(1) '火(화)'부에서 "照(조)는 밝다[明]는 뜻이다."[51]라고 하였다. 소서본(小徐本)에서는 '照'를 '昭(소)'자로 썼다.[52] '日(일)'부에서 "昭는 밝다[明]는 뜻이다."[53]라고 하였다. 《시(詩)·대아(大雅)·황의(皇矣)》의 <모전(毛傳)>에서 "사방을 두루 비추는 것[照臨(조림)]을 '明'이라 한다."[54]라고 하였다. 밝음[明]이 지극하면 '明明'이라 한다. '明明'은 '昭昭'와 같다. 《시·대아·대명(大明)》, 《시·상무(常武)》의 <모전>에서 모두 "明明은 살핀다[察(찰)]는 뜻이다."라고 하였다.[55] 《시》에서 '明明'을 말한 것은 다섯 번이고[56] 《상서(尙書)·요전(堯典)》에서 '朙朙'을 말한 것이 한 번이다. 《예기(禮記)·대학(大學)》에서 "대학(大學)의 도(道)는 명명덕(明明德)에 있다.[大學之道在明明德]"라고 한 문장에 대하여 정현(鄭玄)은 "明明德이란 그 지극한 덕을 밝히는 것이다."[57]라고 하였다. 《시·유필(有駜)》에서 "在公明明[공의 처소에는 지극한 덕이 밝혀져 있다.]"에 대한 정현(鄭玄)의 전(箋)은 "공이 머무는 곳에는 밝은 덕이 밝혀져 있다.[在於公之所但明明德也]"라고 하면서[58] 《예기》의 "大學之道在明明德"을 인용하고 있다. 미세한 것에서 드러나고 드러나서 극에 이르게 되면 빛이 사방을 비춘다.[59] 이것이 '천하에 덕을 밝힌다.[明明德於天下]'라는 것이다. 공영달(孔穎達) 이후로 제대로 읽지 못하여 경전의 의미가 숨어 버렸다.

(2) "月로 구성되었다[从月]"고 한 것은 달이 해의 빛으로 (자신의) 빛을 삼기 때문이다. "창문[囧(경)]으로 구성되었다.[从囧]"고 한 것은 '비단 걸린 창문이 열려 밝다.[麗廔闓明(려루개명)]'[60]는 의미를 취하고 있기 때문이다. '囧'은 또한 발음을 나타내기도 하는데 ("囧亦聲"이라고) 말하지 않은 이유는 ("从月囧"이라는) 회의(會意)의 방법을 들어 형성(形聲)을 포괄하고 있기 때문이다. '朙'의 발음은 武(무)와 兵(병)의 반절이다. 고음은 10부에 속한다.

(3) 고문으로 '明'으로 쓴다고 하였으니 '朙'은 고문이 아니다. 아마 주문(籒文)으로 '朙'이라

51 제10편 上 '火'부 '照'자 說解 참조.
52 徐鍇本 참조.
53 제7편 上 '日'부 '昭'자 說解 참조.
54 《詩·大雅·皇矣》의 <毛傳> 참조.
55 《詩·大雅·大明》 "明明在下", 《詩·大雅·常武》 "赫赫明明"의 <毛傳> 참조.
56 《詩·大雅·大明》, 《詩·大雅·常武》, 《詩·魯頌·有駜》, 《詩·大雅·江漢》, 《詩·小雅·小明》, 《詩·魯頌·泮水》 참조.
57 《禮記·大學》의 疏 참조.
58 《詩·魯頌·有駜》의 "在公明明"에 대한 鄭玄의 箋 참조.
59 "光被四表"는 《尙書·堯典》의 말이다.
60 제7편 上 '囧'부 說解 참조.

썼는데 소전(小篆)과 예서(隷書)는 그것을 따랐을 것이다. 《간록자서(干祿字書)》에서 "明(명)은 유통하는 글자이고 '朙'이 정자(正字)다."[61]라고 하였는데 안노공(顔魯公)[62]의 冊에는 '朙'자로 쓰이지 않은 것이 없다. 《개성석경(開成石經)》에서는 '明'으로 쓰였는데 장참(張參)의 설(說)을 따른 것이다.[63] 한대(漢代) 석경(石經)에서는 '明(명)'으로 쓰였다.

(1) 火部曰, 照, 明也. 小徐作昭. 日部曰, 昭, 明也. 大雅皇矣傳曰, 照臨四方曰明. 凡明之至則曰明明. 明明猶昭昭也. 大雅大明常武傳皆云, 明明, 察也. 詩言明明者五, 堯典言朙朙者一. 禮記大學篇曰, 大學之道, 在明明德. 鄭云, 明明德, 謂顯名其至德也. 有駜, 在公明明. 鄭箋云, 在於公之所但明明德也. 引禮記大學之道在明明德. 夫由微而著, 由著而極, 光被四表, 是謂明明德於天下. 自孔穎達不得其讀而經義隱矣. (2) 从月者, 月以日之光爲光也. 从囧, 取窗牖麗廔闓明之意也. 囧亦聲不言者, 擧會意包形聲也. 武兵切. 古音在十部. (3) 云古文作明, 則朙非古文也. 蓋籒作朙, 而小篆隷从之. 干祿字書曰, 明通, 朙正. 顔魯公書無不作朙者. 開成石經作明, 從張參說也. 漢石經作明.

240. 囧(경)[64]부

窗牖麗廔闓朙也.(1) 象形.(2) 凡囧之屬皆从囧. 讀若獷.(3) 賈侍中說讀與朙同.(4)

囧은 창문에 빛이 들어 밝아진다는 뜻이다. 상형(象形)이다. 囧부에 속하는 한자는 모두 囧의 의미를 따른다. '獷(광)'과 같이 발음한다. 가시중(賈侍中)[65]의 설(說)에 의하면 '朙(명)'과 같이 발음한다고 하였다.

---

61 《干祿字書》에는 "明, 朙, 上通下正."으로 되어 있다.

62 顔魯公은 顔眞卿을 말한다.

63 《五經文字》 卷上30 '月'부에 "明, 朙, 明. 上古文, 中說文, 下石經. 今並依上字."라고 되어 있다.

64 '囧'의 발음은 이미 許愼 설명에 '광'·'명' 등으로 되어 있어서 현재의 발음과 다르다. 단옥재는 고음으로 獷(광)자와 가깝다는 것을 설명하였다. 여기에서는 현재의 발음이라고 쓰인 반절에 의하여 '경'으로 발음한다.

65 賈侍中은 許愼의 스승 賈逵를 말한다.

(1) '麗(려)'와 '廔(루)'는 성모가 같다. '離婁(이루)'와 같이 발음한다. 서로 비추어 주며 밝은 것을 말한다. '闓明(개명)'은 열려져 밝다[開明(개명)]는 뜻이다.

(2) 창이 밝게 빛나는 모양을 상형하였다는 말이다.

(3) '獷(광)'의 고음은 '廣(광)'이다. '囧(경)'과 발음이 같다. '䛁(광)'은 '誑(광)'과 같이 발음한다.[66] '䛁'이 성부로 구성된 '𦨴(광)'자를 고문에서는 '囧'자로 삼았으므로[67] 이것으로 ('囧'의 발음이 '獷'과 가까운 것을) 증명할 수 있다. 고음은 10부에 속한다. '囧(경)'의 지금 발음은 俱(구)와 永(영)의 반절이다.

(4) 가시중(賈侍中)의 설(說)은 ('囧'을) '芒(망)'과 같이 발음한다는 말이다.

(1) 麗廔雙聲, 讀如離婁, 謂交延玲瓏也. 闓明謂開明也. (2) 謂象窗牖玲瓏形. (3) 獷古音如廣, 囧音同也. 䛁讀若誑. 䛁聲之𦨴爲古文囧字, 可以證矣. 古音在十部. 今音俱永切. (4) 賈侍中說讀若芒也.

241. 夕(석)부

茻[68]也.(1) 从月半見.(2) 凡夕之屬皆从夕.

'夕'은 저녁이라는 뜻이다. 달이 반쯤 보이는 모습으로 구성되었다. 夕부에 속하는 한자는 모두 夕의 의미를 따른다.

(1) '茻(모)'는 해가 있으면서도 어두워진다는 뜻이다.[69] 해가 장차 어두워지려고 하면 달이 점차 나온다. 그래서 '夕'이 '月(월)'이 반쯤 보인 모양으로 구성되었다. '旦(단)'은 해가 완전히 땅 위로 보이는 것이고[70] '茻(모)'는 해가 수풀 사이에 있는 것이고, '夕'은 달이 반쯤

66 제3편 下 '臣'부 '䛁'자 說解 참조.

67 제10편 下 '夰(고)'부 '𦨴(광)'자에서 "古文䛁古文囧字"라고 되어 있고 段注는 이 구절을 "古文以爲囧字"자로 고쳐야 한다고 하였다.

68 '茻'는 篆書의 자형을 반영하는 楷書體이며 지금은 '莫'자로 유통되고 있다. 제1편 下 '茻'부 '莫'자 참조. 발음이 '모'와 '막'의 두 가지가 있는데 여기에서는 저녁이라는 뜻이므로 '모'로 발음한다.

69 제1편 下 '茻'부 '莫'자 說解 참조.

보이는 것이니 모두 회의이면서 상형이다.

(2) '夕'의 발음은 祥(상)과 易(역)의 반절이다. 고음 5부에 속한다.

(1) 茻者, 日且冥也. 日且冥而月且生矣, 故字从月半見. 旦者, 日全見地上. 茻者, 日在茻中. 夕者, 月半見. 皆會意象形也. (2) 祥易切. 古音在五部.

242. 多(다)부

緟也.(1) 从緟夕.(2) 夕者, 相繹也, 故爲多.(3) 緟夕爲多, 緟日爲曡. 凡多之屬皆从多. 𡖋 古文. 並夕.(4)

'多'는 포개었다는 뜻이다. '夕(석)'을 포갠 모양으로 구성되었다. 저녁[夕]은 서로 이어져 있기 때문에 多가 된다. 夕을 포개면 多가 되고 日(일)을 포개면 曡(첩)이 된다. 多부에 속하는 한자는 모두 多의 의미를 따른다. '𡖋'는 고문(古文)으로 夕을 옆으로 나란히 한 모양이다.

(1) '緟(중)'이란 더한다[益(익)]는 뜻이다.[71] 그래서 '多'가 되었다. '多'는 '적은 것[少(소)]'을 이긴다. 그래서 '이긴다[勝(승)]'는 의미의 글자로 인신되었다. '전공(戰功)'을 '多'라고 하니[72] 다른 사람을 이긴다는 뜻이다.

(2) 회의(會意)다. '多'의 발음은 得(득)과 何(하)의 반절이다. 17부에 속한다.

(3) '相繹(상역)'이란 서로 이어져 끝이 없는 것이다. 실을 뽑는 것을 '繹(역)'이라고 한다.[73] '夕'과 '繹'은 운모가 같다. '多'자가 '夕'을 포개어 구성된 뜻을 해설하였다.

(4) 나란히 옆으로 중복한 자형과 위 아래로 포갠 자형이 다른 글자가 된 것은 '棘(극)'과 '棗(조)' 등이 그 예다. 나란히 옆으로 중복한 자형과 위아래로 포갠 자형이 다르지 않고 (같

70 제7편 上 '旦'부 참조.

71 제13편 上 '糸'부 '緟'자 說解 참조.

72 《周禮·春官·司勳》에 "戰功曰多"라고 하였다.

73 제13편 上 '糸'부 '繹'자 說解 참조.

은 글자인 것은) '夕夕(다)'와 '多'가 그 예다.

(1) 緟者, 增益也. 故爲多. 多者勝少者, 故引伸爲勝之偁. 戰功曰多, 言勝於人也. (2) 會意. 得何切. 十七部. (3) 相繹者, 相引於無窮也. 抽絲曰繹. 夕繹疊韻, 說从重夕之意. (4) 有並與重別者, 如棘棗是也. 有並與重不別者, 夕夕多是也.

243. 毌(관)부

 穿物持之也. 从一橫**毌**.(1) **毌**象寶貨之形.(2) 凡毌之屬皆从毌. 讀若冠.(3)

'毌'은 물건을 꿰어 가지고 있다는 뜻이다. '一(일)'이 '**毌**'74을 가로로 꿴 모습으로 구성되었다. '**毌**'은 보화의 모양을 상형하였다. 毌부에 속하는 한자는 모두 毌의 의미를 따른다. '冠(관)'과 같이 발음한다.

(1) 각 판본에서는 ("从一橫**毌**"의) '**毌**'이 '貫(관)'자로 되어 있는데75 천인(淺人)들이 고친 것이다. 지금 바로잡는다.

(2) 각 판본에서는 ("**毌**象寶貨之形"의) '**毌**'이 빠져 있는데 지금 보충한다.76 '**毌**'은 보화의 모양이다. (꿰는 물건 중에서) 보화만을 들어 말한 것은 그 나머지 (꿰어지는 물건들을) 대표하여 예시한 것이다. '一'이란 꿰어서 가지게 하는 것이다. 옛날에는 꿴다[貫穿(관천)]는 뜻의 글자를 이 '毌'자로 썼다. 지금은 '貫'자가 유행하면서 '毌'자는 없어졌다. '毌(물건을 꿰는 방법)'의 용도는 광범위하다. 예컨대 '鼏(멱)'자에서 "솥의 귀에 물건을 가로로 꿰어 매다는 것이다.[以物橫毌鼎耳而擧之也]"77라고 하였고 '軸(축)'자에서 "바퀴를 꿰었다.[所以持輪也]"78라고 말한 것이 모두 그런 예다. (꿴다는 의미로서는) '貫'자만 주로 쓰이다가 후에 '串(관)'자 · '弗(관)'자가 생겨났는데 이 글자들은 모두 '毌'자의 변형이다. '毌'자는

74 '**毌**'은 글자가 아니므로 발음을 줄 수가 없다.

75 二徐本 모두 '貫'으로 되어 있다.

76 二徐本 모두 "象寶貨之形"이라고만 되어 있다.

77 제7편 上 '鼎'부 '鼏'자 說解 참조.

78 제14편 上 '車'부 '軸'자 說解 참조.

경전에는 보이지 않는다. 오직 《사기(史記)·전완세가(田完世家)》의 "宣公取毌丘[선공이 관구(毌丘)를 취하였다.]"라고 한 구절에 대한 색은(索隱)에서 "毌은 발음이 貫이다."라고 하였다.[79]

(3) '毌'의 발음은 古(고)와 丸(환)의 반절이다. 14부에 속한다.

(1) 各本毌作貫, 淺人所改也, 今正. (2) 各本脫毌, 今補. 毌者寶貨之形. 獨言寶貨者, 例其餘. 一者, 所以穿而持之也. 古貫穿用此字. 今貫行而毌廢矣. 毌之用廣, 如鼏下云以物橫毌鼎耳而擧之也, 軸下云所以持輪也, 皆是. 貫之用專, 後有串字有弗字, 皆毌之變也. 毌不見於經傳. 惟田完世家宣公取毌丘. 索隱曰, 毌音貫. (3) 古丸切. 十四部.

244. 㔾(함)[80]부

 嘾也.(1) 艸木之𠌶未發圅然.(2) 象形.(3) 凡㔾[81]之屬皆从㔾. 讀若含.(4)

'㔾'은 가득 머금고 있다는 뜻이다. 초목의 꽃이 아직 피지는 않았으나 봉오리가 터지려고 가득 머금은 모양이다. 상형자다. 㔾부에 속하는 한자는 모두 㔾의 의미를 따른다. '含(함)'과 같이 발음한다.

(1) '口(구)'부에서 "嘾(담)은 깊이 머금는다[含深(함심)]는 뜻이다."[82]라고 하였다.

(2) '圅(함)'은 품는다[含]의 뜻이다.[83] 깊이 품고 있지만 아직 꽃봉오리가 열리지는 않은 것이다.

(3) 아래는 꽃에 이어진 줄기를 상형하였고 위는 아직 열리지 않은 꽃봉오리를 상형하였다.

(4) '㔾'의 발음은 乎(호)와 感(감)의 반절이다. 고음은 7부에 속한다.

---

79 《史記·田完世家》 "宣公與鄭人會西城, 伐衛取毌丘."에 대한 索隱 참조.

80 지금의 楷書體로는 '马'자로 쓰는데 段玉裁 注의 판본에서는 '㔾'자로 되어 있다.

81 '㔾'자는 段注本에 나와 있는 글자다. 그러나 篆書의 자형에서 미루어 볼 때 '马'으로 쓰는 것이 옳은 것 같다.

82 제2편 上 '口'부 '嘾'자 說解 참조.

83 제7편 上 '㔾'부 '圅'자 段玉裁 注 참조.

(1) 口部曰, 嘾者, 含深也. (2) 圅之言含也. 深含未放. (3) 下象承㐶之莖, 上象未放之蓓蕾. (4) 乎感切. 古音在七部.

245. 㮻(함)부

 艸木𠂹㐶實也.(1) 从木𢎘.[84](2) 𢎘亦聲.(3) 凡㮻之屬皆从㮻.

'㮻'은 초목에 늘어진 꽃과 열매다. '木(목)'과 '𢎘(함)'으로 구성되었다. 𢎘(함)이 또한 발음을 나타내기도 한다. 㮻부에 속하는 한자는 모두 㮻의 의미를 따른다.

(1) ("艸木𠂹㐶實也"의) '艸(초)'자는 《옥편(玉篇)》에 의해 보충한다.[85]

(2) ("从木𢎘"이라는 구절은) 소서본(小徐本) 및 대서본(大徐本) 송본(宋本)이 모두 똑같이 되어 있다. 오직 조씨(趙氏)의 초송본(抄宋本)만 "从木𢎙, 𢎙亦聲."이라고 되어 있고 《오음운보(五音韻譜)》에도 그와 비슷한 자형인 ('**東**'으로) 되어 있는데 대단히 잘못된 것이다.[86] 그렇게 된 이유는 아마도 원래는 '㮻'의 전문(篆文) 자형이 하나의 '𢎘'이 '木'의 사이에 있는 것이었는데 옮겨 쓰면서 구부려 그리는 것을 반복하다 보니 마치 ['**東**'의 자형처럼] 두 개의 '𢎘'으로 구성된 것 같아 보여서 이 허신의 원문을 그렇게 고쳤기 때문일 것이다. 또 (조씨(趙氏)의 초송본(抄宋本)에서) 앞의 '𢎘(함)'부의 끝에 '𢎙'의 전문을 덧붙여 놓았으며 '𢎙'의 발음은 胡(호)와 先(선)의 반절이라 하였다. 그러나 그런 발음을 성부로 삼는 전문(篆文)은 발음이 胡(호)와 感(감)의 반절일 수가 없다.

(3) '㮻'의 발음은 胡(호)와 感(감)의 반절이다. 고음 7부에 속한다.

(1) 艸字依玉篇補. (2) 小徐本及大徐宋本皆同. 惟趙抄宋本作从木𢎙, 𢎙亦聲. 五音韻譜有同之者, 殊誤. 蓋篆體一𢎘在木中, 寫者屈曲反覆似从二𢎘, 因改此解. 又於前部末增𢎙篆耳. 𢎙音胡先切, 則

---

84 이 '𢎘'자가 段注本에는 '㔾'으로 쓰여 있다. 그러나 篆書의 자형으로 미루어 볼 때 '𢎘'으로 쓰는 것이 옳은 것 같다.

85 二徐本에는 '艸'자가 없다. 《玉篇》 제180 '**東**'부 참조.(《玉篇》에는 '㮻'이 아니라 '**東**'으로 제시되어 있다. 자형에 대한 설명은 段玉裁 注 (2)번을 참조.)

86 《說文解字五音韻譜》 卷八, 上聲 四 '**東**'자 참조.

用爲聲之篆, 不當胡感切也. (3) 胡感切. 古音在七部.

246. 鹵(조)[87] 부

 艸木實垂鹵鹵然.(1) 象形. 凡鹵之屬皆从鹵. 讀若調.(2)  籒文. 从三鹵作.(3)

'鹵'는 초목의 열매가 늘어져 주렁주렁한 모양이다. 상형(象形)이다. 鹵부에 속하는 한자는 모두 鹵의 의미를 따른다. '調(조)'와 같이 발음한다. ''는 주문(籒文)이다. 세 개의 鹵로 구성되었다.

(1) '鹵鹵(조조)'는 늘어진 모양이다. 《장자(莊子)》에서 "之調調. 之刀刀.[이것이 길다. 이것이 짧다.]"라고 하였는데[88] (여기서의) '之'는 '이것[此]'이라는 뜻이고 '調調(조조)'는 길다는 뜻이며 '刀刀(도도)'는 짧다는 뜻이다. 여기서의 '調調'가 곧 '鹵鹵'이다. '鹵'는 예서(隸書)로 변하면서 '卣(유)'자가 되었다. 《상서(尙書)·주서(周書)·낙고(雒誥)》에 "秬鬯二卣[기장술 두 잔]"라고 하였다.[89] 《시(詩)·대아(大雅)·강한(江漢)》에서도 "秬鬯一卣"라고 하였는데 <모전(毛傳)>에서는 "卣는 그릇[器]이다."라고 하였다.[90] 정현(鄭玄)이 《주례(周禮)》의 "廟用修[종묘용 술잔]"라는 구절에 주석하여 "修(수)는 卣로 발음한다. 卣는 중간 술잔이다. 대개 '彝(이)'는 상급 술잔[上尊(상준)]이고 '卣'는 중급 술잔[中尊]이고 '罍(뢰)'는 하급 술잔[下尊]이다. 중급의 술잔[中尊]이란 '獻象(헌상)'과 같은 종류를 말한다."라고 하였다.[91] 허신의 설(說)를 따른다면 ('鹵'자는) 나무 열매가 늘어져 있다는 것이 본의이고 가차(假借)되어 중급의 술잔이란 의미가 되었다.

(2) '鹵'의 발음은 徒(도)와 遼(료)의 반절이다. 2부에 속한다. 내 생각에는 '調'는 본래 '周(주)'가 성부다. 중준(中尊)의 의미로 사용할 때에는 발음이 양(羊)과 久(구)의 반절이다. 또한 발

87 '鹵'자는 段注에 의하면 '조'와 '유'의 두 가지 발음이 있다. 여기에서는 본의에 따라 '조'로 발음한다.
88 《莊子·齊物論》 참조.
89 《尙書·周書·洛誥》 참조.
90 《詩·大雅·江漢》 "秬鬯一卣"의 <毛傳> 참조.
91 《周禮·春官·鬯人》의 注 참조.

음이 '由(유)'이기도 하다. '乃(내)'부의 '𠧪(잉)'자는 '卣'가 성부이다.92 고음(古音)으로 3부와 2부는 합음(合音)되며 가장 가까운 발음이다.

(3) ('𠧪'가 주문이라면) '卣'는 고문이 된다. 소전(小篆)으로는 고문을 사용하였다.

(1) 卣卣, 垂皃. 莊子曰, 之調調, 之刀刀. 之, 此也. 調調謂長者, 刀刀謂短者. 調調卽卣卣也. 卣之隸變爲卣. 周書雒誥曰, 秬鬯二卣. 大雅江漢曰, 秬鬯一卣. 毛云, 卣, 器也. 鄭注周禮廟用修曰, 修讀曰卣, 卣中尊. 凡彝爲上尊, 卣爲中尊, 罍爲下尊, 中尊謂獻象之屬. 按如許說則木實垂者其本義, 叚借爲中尊字也. (2) 徒遼切. 二部. 按調本周聲. 中尊之義, 羊久反. 又音由, 乃部之𠧪用卣聲. 古三部與二部合音冣近. (3) 然則卣爲古文, 小篆用之.

247. 齊(제)부

禾麥吐穗上平也. 象形.(1) 凡齊之屬皆从齊.

'齊'는 벼, 보리가 이삭을 토해 내어 위가 고르게 되었다는 뜻이다. 상형(象形)이다. 齊부에 속하는 한자는 모두 齊의 의미를 따른다.

(1) ('齊'가) '二(상)'으로 구성된 것93은 땅에 높고 낮음이 있음을 상형한 것이다. 벼, 보리는 땅의 고하에 따라 높고 낮아지는 것이므로 마치 고르지 않은 것 같지만 사실은 고르다. ('齊'의 자형에서) 위로 울퉁불퉁 솟아 있는 것은 고르지 않으면서도 고른 모습을 보여 주려는 것이다. 인신(引伸)되어 모든 '같다[齊等(제등)]'는 의미로 쓰인다. 옛날에는 '臍(제)'자로 가차되었고94 또 '齋(재)'로도 가차되었다.95 '齊'의 발음은 徂(저)와 兮(혜)의 반절이다. 15부에 속한다.

92 제5편 上 '乃'부 '𠧪'자 段玉裁 注 참조. '𠧪'자에 대하여 "以周切, 三部."라고 하였다.

93 '二'은 발음이 '이'가 아니라 '상'이다. '上'의 고문이다. 제1편 상 '上'부 참조.

94 제4편 下 '肉'부 '臍'자 段玉裁 注 참조.

95 제1편 上 '示'부 '齋'자 참조.

(1) 从二者, 象地有高下也. 禾麥隨地之高下爲高下, 似不齊而實齊. 參差其上者, 蓋明其不齊而齊也. 引伸爲凡齊等之義. 古叚爲臍字, 亦叚爲齍字. 徂兮切. 十五部.

248. 朿(자)[96]부

 木芒也.(1) 象形.(2) 凡朿之屬皆从朿. 讀若刺.(3)

'朿'는 나무가시다. 상형(象形)이다. 朿부에 속하는 한자는 모두 朿의 의미를 따른다. '刺(자)'와 같이 발음한다.

(1) '芒(망)'이란 풀의 끝 부분이다.[97] 인신(引伸)되어 모든 날카로운 것을 칭하게 되었다. 지금 세속에서 쓰는 '鋒鋩(봉망: 칼날)'의 '鋩(망)'자는 옛날에는 단지 '芒'이라고만 썼다. '朿'는 금자(今字)로는 '刺'로 쓴다. '刺'자가 유행하면서 '朿'자는 없어졌다. 《방언(方言)》에서는 "초목에는 사람을 찌르는 것이 있는데 북연(北燕)이나 조선(朝鮮) 지방에서는 '茦(책)'이라고 하거나 혹은 '壯(장)'이라고 한다. 관동(關東) 지방에서는 '梗(경)'이라고 하거나 '劌(귀)'라고 한다. 관서(關西) 지방에서는 '刺(자)'라고 하며 강상(江湘) 지방에서는 '棘(극)'이라고 한다."라고 하였다.[98]

(2) '朿'에 대하여 "木(목)으로 구성되었다.[从木]"라고 하지 않은 이유는 가시[朿]가 나무에 붙어 있는 것이기 때문이다. 그래서 단지 "상형(象形)"이라고만 하였다.

(3) '朿'의 발음은 七(칠)과 賜(석)의 반절이다. 16부에 속한다.

(1) 芒者, 艸耑也. 引伸爲凡鐵銳之偁. 今俗用鋒鋩字古祇作芒. 朿今字作刺. 刺行而朿廢矣. 方言曰, 凡草木刺人. 北燕朝鮮之閒, 謂之茦, 或謂之壯. 自關而東或謂之梗, 或謂之劌. 自關而西謂之刺. 江湘之閒謂之棘. (2) 不言从木者, 朿附於木, 故但言象形也. (3) 七賜切. 十六部.

---

96 '朿'자는 段注 반절 발음에 의하면 '척'으로 발음되지만 현재 사용되는 발음이 '자'이기 때문에 '자'로 발음한다.

97 제1편 下 '艸'부 '芒'자 說解 참조.

98 《方言》 卷三 참조.

249. 片(편)부

 判木也.(1) 从半木.(2) 凡片之屬皆从片.

'片'은 쪼개진 나무이다. 반으로 잘린 나무의 모양으로 구성되었다. 片부에 속하는 한자는 모두 片의 의미를 따른다.

(1) 하나를 나누어 두 조각이 된 나무를 말한다. '片'과 운모가 같은 '判(판)'자로 풀이하였다. 判이란 나눈다[分(분)]는 뜻이다.[99] 《주례(周禮)·매씨(媒氏)》에서 "온 백성의 반쪽[判]찾기를 관장한다."라고 하였다.[100] 《의례(儀禮)·상복(喪服)》의 전(傳)에서 "남편과 아내는 반쪽으로 합해진다.[夫妻牉合也]"라고 하였는데[101] 이때의 '牉(반)'은 '片'으로 써야 한다. '片'은 곧 《주례·매씨》에 나온 '判'자다. 정현(鄭玄)은 《주례·매씨》의 주석에서 "判은 半(반)이다. 짝을 얻어 합해진다. 주로 그 반쪽들을 합하여 부부를 만드는 것을 관장한다."라고 하였다.[102] 내 생각에는 부부는 각기 반쪽이 합해지는 것이므로 표주박이 합해지는 것에서 그 모양을 취한다. 《한서(漢書)》에 '一半冰[반쪽의 얼음]'이라는 말이 나오는데[103] 이 또한 '半'을 빌어 '片'(의 의미로) 쓴 것이다.

(2) ('片'은) '木(목)'자를 반으로 나눈 것이다.[104] '片'의 발음은 匹(필)과 見(견)의 반절이다. 14부에 속한다.

(1) 謂一分爲二之木. 片判以疊韻爲訓. 判者, 分也. 周禮媒氏, 掌萬民之判. 喪服傳曰, 夫妻牉[105]合也. 牉當作片, 片卽媒氏判字. 鄭注周禮云, 判, 半也. 得耦爲合. 主合其半成夫婦也. 按夫婦各半而合, 故取象於合巹. 漢書一半冰, 亦叚半爲片字. (2) 木字之半也. 匹見切. 十四部.

---

99 제4편 下 '刀'부 '判'자 說解 참조.

100 《周禮·地官·媒氏》 참조.

101 《儀禮·喪服》의 傳 참조.

102 《周禮·地官·媒氏》 鄭玄의 注 참조.

103 《漢書·李陵傳》 참조.

104 徐鍇本에 "臣鍇曰, 木字之半也."라고 되어 있다.

105 段注本에는 '牉'이 '胖'으로 되어 있다. 《儀禮》에 '牉'으로 되어 있는 것을 보면 誤字인 것 같다.

250. 鼎(정)[106]부

三足兩耳, 和五味之寶器也.(1) 象析木㠯炊.(2) 貞省聲.(3) 昔禹收九牧之金, 鑄鼎荊山之下, 入山林川澤者.(4) 离魅蛧蜽, 莫能逢之, 㠯協承天休.(5) 易卦巽木於下者爲鼎.(6) 古文㠯貝爲鼎, 籒文㠯鼎爲貝.(7) 凡鼎之屬皆从鼎.

'鼎'은 세 발과 두 귀를 가졌으며 다섯 가지 맛을 조화시키는 보배로운 그릇이다. 나무를 잘라서 불을 때는 모양을 상형하였다. '貞(정)'의 생략형이 발음을 나타낸다. 옛날 우(禹)가 구목(九牧)의 쇠[金]를 거두어서 형산(荊山) 아래에서 솥[鼎]을 주조하여 산림과 천택(川澤)에 들여놓았다. 도깨비나 귀신 같은 것은 그것에 접할 수 없으니 그것으로 하늘의 아름다운 덕을 계승하였기 때문이다. 《역(易)》의 괘(卦)에서 손(巽)인 목(木)이 아래에 있는 것을 '정(鼎)'괘로 삼았다. 고문(古文)에서는 '貝(패)'를 '鼎'자로 사용하였고 주문(籒文)에서는 '鼎'을 '貝'자로 사용하였다. 鼎부에 속하는 한자는 모두 鼎의 의미를 따른다.

(1) 발 셋과 귀 둘[三足兩耳]은 그릇의 모양을 말하는 것이고 글자의 모양을 말하는 것이 아니다. 《구가역(九家易)》에서 "鼎은 세 다리로 삼태(三台)를 상형하였다."[107]라고 하였다. 《역》에서는 "鼎은 누런 귀[黃耳(황이)]를 가졌다."[108]라고 하였다. ("和五味之寶器也"의) '和'자는 '盉(화)'자로 써야 한다.[109] 허신이 세속에서 통용되는 글자를 따라 쓴 것이다.

(2) 이하의 구절의 순서는 《운회(韻會)》에서 근거한 소서본(小徐本)에 의해 바로잡는다.[110] '爿(편)(片)'은 반으로 쪼갠 나무조각이다. '爿(片)'을 뒤집으면 '爿(장)'이 된다.[111] 나무 하나를

---

106 '鼎'은 段玉裁가 사용하는 자형이다. 段玉裁는 今字인 '鼎'이 옳지 않다고 여기고 許愼의 說解와 자신의 注에서 모두 '鼎'자를 사용하였다. 그는 '鼎'을 구성하는 것은 나무가 반으로 잘린 것(片)이며 솥의 귀를 상형한 것이 아니라고 주장하였다. (段注 (2) 참조.) 여기에서는 許愼의 說解만 '鼎'을 쓰고 段玉裁의 注에서는 '鼎'자를 사용하였다.

107 《周易集解》 '鼎'괘 <彖傳>의 注 참조.

108 《易》 '鼎'괘 六五爻辭 참조.

109 제5편 上 '皿'부 '盉'자 說解: 盉, 調味也.

110 《韻會》 上聲 二十四 '迥'韻 참조.

잘라 둘이 된 모습이다. 솥에 불을 땔 때는 반드시 땔나무[薪(신)]를 쓴다. 그래서 ('鼎'에서) 나무를 반으로 쪼갠 모습을 상형하였다. 당(唐)나라의 장참(張參)이 '三足兩耳'를 자형에 대한 설명으로 오해하여 잘린 나무의 양쪽을 높여 솥귀라고 생각하였다.[112] 그래서 당(唐)나라 사람들은 모두 '鼎'으로 쓰는데 잘못이다. 당(唐)의 현도(玄度)가 이미 그것을 밝혀 놓았다.[113]

(3) ("貞省聲"이라는 구절이) 대서본(大徐本)에는 없다. 그러나 이 세 글자가 없으면 '鼎' 윗부분의 자형을 설명할 수가 없다. 이것은 '鼎'자 상체(上體)의 '目'모양이 '貞(정)'의 생략형이라는 말이다. 어떤 사람이 "불[離(리)]을 '目'으로 하고 바람[巽(손)]을 '木'으로 하므로 '鼎'는 상괘가 離(리)이고 하괘가 巽(손)인데[上離下巽]인데 왜 이것으로 글자를 설명하지 않는가?"[114]라고 물었다. 나는 다음과 같이 대답하였다. "《역》의 괘에서 '상(象)'을 취하였다고 말하는 것은 옳다. 하지만 육서(六書)의 회의(會意)의 경우에는 반드시 두 글자가 서로 합하여 문자(文字)를 만드는데 '人(인)'과 '言(언)'으로 '信(신)'자를 만들거나, '止(지)'와 '戈(과)'자로 '武(무)'자를 만드는 것과 같은 경우가 그 예다. 그러나 ('鼎'을 구성하는) '目'과 '木'은 서로 합해질 수 없으므로 아래 자형은 모양을 상형한 것으로 해석하고, 위의 자형은 발음을 나타내는 부분으로 해석하였다." 옛날에는 '鼎'을 가차하여 '丁(정)'(의 의미로) 삼았다. 예컨대 《한서(漢書)·가의전(賈誼傳)》의 "春秋鼎盛[天子의 나이가 막 들어가고]"[115]이나 《한서·광형전(匡衡傳)》에 "匡鼎來[匡이 장차 오려 하니]"가 모두 그렇다.[116] 이때의 '鼎'은 당하다[當], 바로 그때[正]의 뜻이다. '鼎'의 발음은 都(도)와 挺(정)의 반절이다. 11부에 속한다.

(4) ("入山林川澤者"의) '者(자)'자는 《운회(韻會)》에 의해 보충한다.[117]

(5) ("离魅蛧蜽"의) '离(리)'자는 세속에서 '螭(리)'자로 쓴다. 그러나 '内(유)'부에 의하면 '离'로 써야 한다.[118] 이것은 《좌전(左傳)》 선공(宣公) 3년의 왕손만(王孫滿)의 설을 인용한 것이

---

111 第7편 上 '片'부 說解와 '爿'자 說解 참조.

112 張參《五經文字》24 "鼎部, 象足耳形."이라고 하였다.

113 唐玄度《九經字樣》<雜辨部> 참조.

114 《易》의 '鼎'괘는 上괘가 '火'이고 下괘가 '風'이다. 風은 오행 가운데 '木'에 해당하므로 '鼎'자의 아랫부분의 자형을 '木'과 연결시켜 《易》의 괘상 해석을 빌어다 설명하려는 것이다. 許愼의 해석도 '鼎'자와 易像을 바로 연결시키고 있다. 그러나 段玉裁는 六書의 원리에 충실하여 자형을 해석하고자 하였으므로 이 설명에 찬동하지 않았다.

115 《漢書·賈誼傳》 "春秋鼎盛"의 注에는 "應劭曰, 鼎, 方也."라고 되어 있다.

116 《漢書·匡衡傳》 "匡鼎來"의 注에서는 "服虔曰, 鼎猶言當也, 若言匡且來也."라고 하였다.

117 《韻會》 上聲 二十四 '迥'韻 참조. 二徐本에는 '者'자가 없다.

다.[119] 《좌전》에서 "형산(荊山)의 아래에서 정(鼎)을 주조하였다.[鑄鼎荊山之下]"라고는 말하지 않았다. 《상서고문소증(尙書古文疏證)》에서 "섬서(陝西)의 동주(同州) 조읍현(朝邑縣)의 서남쪽 32리(里) 되는 곳에 회덕성(懷德城)이 있는데 한(漢)의 현(縣)이었다. 《한지(漢志)》 '풍익군(馮翊郡)의 왼쪽 회덕현(褱德縣)' 아래에서 '우공(禹貢)의 북조(北條) 형산(荊山)은 남쪽에 있다.'라고 하였다. 황보밀(皇甫謐)의 《제왕세기(帝王世紀)》에서 '우(禹)가 정(鼎)을 형산(荊山)에서 주조하였는데 풍익(馮翊) 회덕(懷德)의 남쪽이며 산 아래 형거(荊渠)가 있다.'라고 하였다. 여씨(酈氏)의 《수경주(水經注)》에서 '회덕현(懷德縣)의 고성(故城)은 위수(渭水)의 북쪽, 사원(沙苑)의 남쪽에 있다. 우공(禹貢)의 북조형산(北條荊山)은 남쪽에 있고 산 아래 형거(荊渠)가 있으니 즉 하후씨(夏后氏)가 구정(九鼎)을 주조하던 곳이다.'라 하였다."[120]라고 하였다.

(6) 여기서는 《역》을 인용하여 '鼎'의 아래 자형이 나무를 쪼갠 모양을 상형하였다는 것을 풀이하였다. 마치 '晉(진)'자에서 《역》을 인용하여 '晉'이 '日(일)'로 구성된 것을 증명한 것과 같은 예다.[121]

(7) 두 개의 '貝(패)'자가 소서본(小徐本)에는 모두 '貞(정)'으로 쓰여 있다. 곽충서(郭忠恕)의 《패휴(佩觿)》에서 "고문은 '貞'자를 '鼎'자로 삼고 주문은 '鼎'자를 '則(즉)'자로 삼는다."[122]라고 한 것도 역시 잘못이니 지금 바로잡는다. 경방(京房)은 '貞'자를 '鼎'이 성부(聲符)라고 설명하였으니[123] 이것은 고문에서 '貝'를 '鼎'으로 삼았다는 증거다. 허신은 '鼎(즉)'·'鼎(원)'·'霣(운)'·'鼎(운)'자에 대하여 각각 '則(즉)'·'員(원)'·'霣(운)'·'妘(운)'자의 주문(籀文)이라고 설명하고 있다.[124] 이것은 주문에서 '鼎'을 '貝'로 삼았다는 증거다.

(1) 三足兩耳謂器形, 非謂字形也. 九家易曰, 鼎三足以象三台也. 易曰, 鼎黃耳. 和當作盉, 許亦從俗通用. (2) 已下次第依韻會所據小徐本訂. 片者, 判木也. 反片爲爿. 一木析爲二之形. 炊鼎必用薪, 故像之. 唐張氏參誤會三足兩耳爲字形, 乃高析木之兩旁爲耳. 唐人皆作鼎, 非也. 唐氏玄度旣辨之

118 제14편 下 '内'부 '离'자 說解 참조.

119 《左傳》 宣公 3年 참조.

120 閻若璩 《尙書古文疏證》 卷六下, 第九十四蔡傳不諳本朝輿地 참조.

121 제7편 上 '日'부 '晉'자 說解 참조. '晉'자는 지금은 '晉'으로 쓴다. 허신은 이 글자를 《易》의 '晉'괘의 像과 연관을 지어 해석하려고 하였다.

122 《佩觿》 卷上 참조.

123 제3편 下 '卜'부 '貞'자 說解 참조. "一曰鼎省聲, 京房小說."

124 제4편 下 '刀'부 '則'자, 제6편 下 '員'부, 제11편 下 '雨'부 '霣'자, 제12편 下 '女'부 '妘'자 참조.

矣. (3) 大徐本無. 無此三字則上體未說. 此謂上體⊟者貞省聲也. 或曰離爲目, 巽爲木, 鼎卦上離下巽, 何不以此說字乎. 曰言易卦之取象則可, 若六書之會意, 必使二字相合成文, 如人言止戈是. 目與木不相合也, 故釋下體爲象形, 上體爲諧聲. 古叚鼎爲丁, 如賈誼傳春秋鼎盛, 匡衡傳匡鼎來皆是. 鼎之言當也, 正也. 都挺切. 十一部. (4) 此字依韻會補. (5) 离俗用螭. 依内部則當作离. 此用宣三年左傳王孫滿說. 傳不言鑄荊山之下. 尙書古文疏證云, 陝西同州朝邑縣西南三十二里有懷德城, 漢縣也. 漢志左馮翊褱德下曰, 禹貢北條荊山在南. 皇甫謐帝王世紀, 禹鑄鼎於荊山, 在馮翊懷德之南, 山下有荊渠. 酈氏水經注, 懷德縣故城在渭水之北, 沙苑之南. 禹貢北條荊山在南, 山下有荊渠, 卽夏后鑄九鼎處也. (6) 此引易證下體象析木之意. 與暜下引易證从日一例. (7) 二貝字小徐皆作貞. 郭忠恕佩觿云, 古文以貞爲鼎, 籒文以鼎爲則. 亦誤, 今正. 京房說貞字鼎聲, 此古文以貝爲鼎之證也. 許說, 鼎鼏鼒者, 籒文之則員貫妘字. 此籒文以鼎爲貝之證也.

251. 克(극)부

 肩也.(1) 象屋下刻木之形.(2) 凡克之屬皆从克.  古文克.  亦古文克.

'克'은 이겨낸다는 뜻이다. 지붕 아래에 있는 깎은 나무의 모양을 상형하였다. 克부에 속하는 한자는 모두 克의 의미를 따른다. ''은 克의 고문이다. ''도 克의 고문이다.

(1) 《시(詩)・주송(周頌)》의 <모전(毛傳)>에서 "仔肩(자견)은 이긴다[克]는 뜻이다."라고 하였다.[125] '人(인)'부에서 "仔는 이긴다[克]는 뜻이다."[126]라고 하고 여기에서 "克은 이겨낸다[肩(견)]는 뜻이다."라고 하였으니 《시・주송》에 나온 '仔肩'이라는 말은 두 글자를 이어서 말한 것이다. <모전>에서는 두 글자가 모두 '克'으로 풀이된다고 하였다. '肩'은 맡긴다[任(임)]는 뜻이며 일을 맡겨 해내는 것이므로 '任'을 '肩'이라고 하고 또 '克'이라고 말한다. 《이아(爾雅)・석고(釋詁)》에서 "肩은 克이다."라고 하고 또 "肩은 勝(승)이다."라고 하였으며[127] 정현(鄭玄)의 전(箋)에서는 "仔肩은 任이다."라고 하였으며[128] 허신은 "勝은 任

125 《詩・周頌・敬之》"佛時仔肩"의 <毛傳> 참조.
126 제8편 上 '人'부 '仔'자 說解 참조.

이고", "任은 保(보)이고", "保는 當(당)이다."라고 하였다.[129] 일반적으로 사물이 위에서 누르는 것을 '克'이라 한다. 지금 소(蘇) 지방의 일상 속어가 그와 같다. 《이아 · 석언(釋言)》에 "克은 할 수 있다[能(능)]는 뜻이다."[130]라고 되어 있는 것은 인신된 의미다. 《좌전(左傳)》에 "凡師得儁曰克[군대가 용맹한 적장을 사로잡는 것을 克이라 한다.]"이라 하고[131] "鄭伯克段於鄢[정백(鄭伯)이 언(鄢)에서 단(段)을 이겼다.]"에서 "如二君故曰克.[두 명의 군주가 전쟁을 한 것과 같았기 때문에 '克'이라고 하였다.]"라고 하였다.[132] 이것은 바로 '용맹한 적장을 사로잡는 것[得儁(득준)]'에 대한 설명과 같다. 《곡량전(穀梁傳)》에서 "克이란 무엇인가? 能이다. 무엇에 능한 것인가? 죽이는 데 능한 것이다."[133]라고 하였는데 이것은 바로 《이아 · 석언》의 설이다. 《공양전(公羊傳)》에서 "克이란 무엇인가? 죽이는 것이다."[134]라고 하였으니 이것은 서로 이기는 것으로 의미를 삼은 것이다. 《시 · 대아(大雅)》의 <모전>에서 "掊克(부극)이란 스스로 자랑하고 남을 이기기 좋아하는 것이다.[自伐而好勝人也]"라고 하였다.[135] 속자(俗字)로 '剋(극)'이라고 쓴다.

(2) '克'의 자형에서 위는 지붕의 모양을 상형하였고 아래는 깎인 나무의 분명한 모양[136]을 상형하였다. 나무가 견고하여 안전하게 지붕 아래 깎아 넣을 수 있으므로 일을 할 수 있다는 의미가 되었고 이긴다는 의미가 되었다.[137] '克'의 발음은 苦(고)와 得(득)의 반절이다. 1부에 속한다. '刻(각)'과 '克'은 운모가 같다.

(1) 周頌傳曰, 仔肩, 克也. 人部曰, 仔, 克也. 此曰, 克, 肩也. 然則周頌仔肩絫言之. 毛謂二字皆訓克也. 肩謂任. 任事以肩, 故任謂之肩, 亦謂之克. 釋詁云, 肩, 克也. 又曰, 肩, 勝也. 鄭箋云, 仔肩, 任也. 許云, 勝, 任也. 任, 保也. 保, 當也. 凡物壓於上謂之克,. 今蘇常俗語如是. 釋言曰, 克,

127 《爾雅 · 釋詁》 참조.
128 《詩 · 周頌 · 敬之》 "佛時仔肩"의 鄭玄의 箋 참조.
129 제13편 下 '力'부 '勝'자 說解, 제8편 上 '人'부 '任'자 說解, '保'자 說解 참조.
130 《爾雅 · 釋言》 참조.
131 《左傳》 莊公 十一年 참조.
132 《左傳》 隱公元年의 經文과 傳 참조.
133 《穀梁傳》 隱公 元年 참조.
134 《公羊傳》 隱公 元年 참조.
135 《詩 · 大雅 · 蕩》 "曾是掊克"의 <毛傳> 참조.
136 제7편 上 '彔'부 說解 참조.
137 許愼과 段注의 설명에 의하면 '克'자는 지붕 아래 나무를 깎아 세워 지붕을 지탱하게 하는 모양의 글자다. 그렇다면 '나무가 지붕의 무게를 이기다'가 원래 의미가 되고 '전쟁에서 이기다', 그리고 '할 수 있다' 등으로 의미 확장[引伸]이 이루어졌다.

能也. 其引伸之義. 左傳曰, 凡師得儁曰克. 於鄭伯克段於鄢曰, 如二君, 故曰克. 卽得儁之說也. 穀梁曰, 克者何, 能也. 何能也, 能殺也. 此釋言之說也. 公羊曰, 克之者何, 殺之也. 此以相勝爲義. 大雅毛傳云, 掊克, 自伐而好勝人也. 俗作剋. (2) 上象屋, 下象刻木彔彔形. 木堅而安居屋下栔刻之, 能事之意也, 相勝之意也. 苦得切. 一部. 刻克疊韻.

252. 彔(록)부

 刻木彔彔也.(1) 象形.(2) 凡彔之屬皆从彔.

'彔'은 나무를 깎아 새긴 모양이 분명하게 드러나는 것이다. 상형(象形)이다. 彔부에 속하는 한자는 모두 彔의 의미를 따른다.

(1) 소서본(小徐本)에 "彔彔(록록)은 歷歷(력력)과 같다. 하나하나 셀 수 있는 모양이다."[138]라고 하였다. 살펴보면 '剝(박)'자에서 "彔은 쪼개고 새기는 것[刻割(각할)]이다."[139]라고 하였으니 '彔彔'이란 '아름답게 새겨 넣는[麗廔嵌空(여루감공)]' 모양이다. 《모시(毛詩)》에서 수레에 대하여 '歷錄(역록)'이라고 한 것[140]도 '歷彔(역록)'으로 써야 한다.
(2) '彔'의 발음은 盧(노)와 谷(곡)의 반절이다. 3부에 속한다.

(1) 小徐曰, 彔彔猶歷歷也, 一一可數之皃. 按剝下曰, 彔, 刻割也. 彔彔, 麗廔嵌空之皃. 毛詩車歷錄, 亦當作歷彔. (2) 盧谷切. 三部.

---

138 徐鍇本 참조.
139 제4편 下 '刀'부 '剝'자 說解 참조.
140 《詩・秦風・少戎》"五楘梁輈"의 <毛傳>에 "一輈五束, 束有歷錄."이라고 하였다.

253. 禾(화)부

 嘉穀也.(1) 㠯二月始生, 八月而孰. 得之中和, 故謂之禾.(2) 禾, 木也. 木王而生, 金王而死.(3) 从木.(4) 象其穗.(5) 凡禾之屬皆从禾.

'禾'는 좋은 곡식이라는 뜻이다. 2월에 처음 나고 8월에 익는다. 중화(中和)를 얻으므로 禾라고 하였다. 禾는 목(木)이다. 목(木)이 왕성하면 살고 금(金)이 왕성하면 죽는다. '木'으로 구성되었다. 그 이삭의 모양을 상형하였다. 禾부에 속하는 한자는 모두 禾의 의미를 따른다.

(1) '嘉(가)'와 '禾'는 운모가 같다. 《시(詩)·생민(生民)》에서 "天降嘉穀, 維虋維芑.[하늘이 좋은 곡식을 내려주시니 붉은 벼, 흰 벼라네.]"라고 하였다.[141] '虋(문)'과 '芑(기)'는 《이아(爾雅)》에서 붉은 벼[赤苗(적묘)], 흰 벼[白苗(백묘)]라고 하였다.[142] 허신은 '艸(초)'부에서 모두 "좋은 곡식[嘉穀(가곡)]이다."[143]라고 하였으니 '禾'를 말한 것이다. 《공양전(公羊傳)》 하휴(何休)의 주석에서 "아직 이삭이 맺지 않은 것[未秀(미수)]을 '苗(묘)'라 하고 이삭이 이미 맺힌 것[已秀(이수)]을 '禾'라 한다."라고 하였다.[144] 《시·위풍(魏風)》의 "無食我黍[우리 기장을 먹지 마라.]" "無食我麥[우리 보리를 먹지 마라.]" "無食我苗[우리 벼싹을 먹지 마라.]"에 대해 <모전(毛傳)>에서는 "苗는 좋은 곡식[嘉穀]이다."라고 하였으니[145] '嘉穀'이란 '禾(벼)'를 말한다. 《시·생민》의 <모전>에서 "黃(황)은 좋은 곡식[嘉穀]이다."라고 하였을 때[146]의 '嘉穀'도 역시 '禾(벼)'를 말한다. 백성의 음식은 '禾'보다 귀중한 것이 없으므로 그래서 '嘉穀'이라고 하였다. 嘉穀이 줄기까지 합쳐진 것을 '禾'라 하고 그 열매는 '㮚(속)(粟)'이라 한다. '㮚'의 씨[人(인)]를 '米(미)'라고 하며 '米'를 '粱(량)'이라고도 한다. 지금 세속에서 말하는 '小米(소미)'가 바로 그것이다.

(2) (이 구절은) <사현부(思玄賦)>의 주석과 《제민요술(齊民要術)》에 의하여 바로잡는다.[147]

---

141 《詩·大雅·生民》 經文과 <毛傳> 참조.

142 《爾雅·釋草》 참조.

143 제1편 下 '艸'부 '虋'자, '芑'자 說解 참조.

144 《公羊傳》 莊公 七年 "無麥苗, 無苗, 則曷爲先言無麥, 而後言無苗."의 何休의 注 참조.

145 《詩·魏風·碩鼠》의 <毛傳> 참조.

146 《詩·大雅·生民》의 <毛傳>참조.

'和(화)'와 '禾'는 운모가 같다.

(3) 2월에 싹이 나고 8월에 익는다는 말이다. 복생(伏生)의 책, 《회남자(淮南子)》, 유향(劉向)이 지은 책에는 모두 "장혼(張昏) 중에 곡(穀)을 심는다."라고 하였으니 '禾'를 '穀'이라고 부른 것이다.[148] <사현부>의 주석에서는 이 구절을 인용한 다음에 "故曰木禾"의 네 글자가 더 있다.

(4) '禾'는 나무[木]다. 그래서 '木'으로 구성되었다.

(5) ("从木, 象其穗."는) 각 판본에 "从木从𠂹省, 𠂹象其穗."의 아홉 글자로 되어 있다.[149] 천인(淺人)들이 (가운데에 '从𠂹省, 𠂹'의) 네 글자를 더하여 (뜻이) 통하지 않으니 지금 바로잡는다. 아랫부분은 '木'으로 구성되었고 윗부분의 늘어져 그려진 것은 이삭을 상형한 것이다. 즉 '禾'자는 '木'으로 구성되면서 그 이삭을 상형하였다는 말이다. 벼이삭은 반드시 아래로 드리워진다. 《회남자》에서 "선생님께서 벼[禾]가 세 번 변하는 것을 보시고 숙연하게 말씀하시기를 '여우는 제가 낳은 언덕을 향하고 죽는데 나의 머리도 벼이삭[禾]처럼 구부러지겠는지.'라고 하셨다."라고 하였다. 고유(高誘)의 주석에서는 "벼 이삭이 늘어져 뿌리를 향하는 것처럼 군자도 근본을 잊지 않는다."라고 하였다.[150] 장형(張衡)은 <사현부>에서 "嘉禾는 목을 늘어뜨려 근본을 돌아본다."라고 하였다.[151] 왕념손(王念孫)의 설에 의하면 '莠(유)(가라지)'와 '禾(벼)'는 생김새가 대단히 비슷하여 비록 노련한 농부라도 구별치 못한다. 그 이삭을 토해 낼 때가 되면 벼이삭은 구부러져 아래로 드리워지는데 가라지 이삭은 구부러지지 않아서 식별할 수 있게 된다. '艸'부에서 '莠(유)'는 '뻗쳐서 자란다[揚生(양생)]'고 하였다.[152] 옛날 '禾'자를 만들 때 아래로 구부러지게 써서 (벼이삭의 모양을) 상형하였다. '禾'의 발음은 戶(호)와 戈(과)의 반절이다. 17부에 속한다.

(1) 嘉禾疊韻. 生民詩曰, 天降嘉穀, 維虋維芑. 虋芑, 爾雅謂之赤苗白苗. 許艸部皆謂之嘉穀, 皆謂禾也. 公羊何注曰, 未秀爲苗, 已秀爲禾. 魏風, 無食我黍, 無食我麥, 無食我苗. 毛曰, 苗, 嘉穀也. 嘉穀謂禾也. 生民傳曰, 黃, 嘉穀也. 嘉穀亦謂禾. 民食莫重於禾, 故謂之嘉穀. 嘉穀之連稿者曰禾,

---

147 《文選》 卷十五 <思玄賦>의 李善 注 참조. 《齊民要術》 卷一 <種穀> 참조.

148 《尙書大傳・堯典》에 "張昏中可以種穀", 《淮南子・主術訓》에 "張昏中, 則務種穀", 《說苑・辨物》편에 "張昏而中可以種穀"이라 하였다.

149 二徐本에 모두 이렇게 되어 있다.

150 《淮南子・繆稱訓》 참조.

151 《文選》 卷十五 <思玄賦> 참조.

152 제1편 下 '艸'부 '莠'자 說解 참조.

實曰稾, 稾之人曰米, 米曰粱. 今俗云小米, 是也. (2) 依思玄賦注齊民要術訂. 和禾疊韻. (3) 謂二月生, 八月孰也. 伏生淮南子劉向所著書, 皆言張昏中種穀. 呼禾爲穀. 思玄賦注引此下有故曰木禾四字. (4) 禾, 木也. 故从木. (5) 各本作从木从𠂹省𠂹象其穗九字, 淺人增四字, 不通, 今正. 下从木, 上筆𠂹者象其穗, 是爲从木而象其穗. 禾穗必下穗. 淮南子曰, 夫子見禾之三變也, 滔滔然曰, 狐向丘而死, 我其穗禾乎. 高注云, 禾穗垂而向根, 君子不忘本也. 張衡思玄賦曰, 嘉禾垂穎而顧本. 王氏念孫說莠與禾絕相似, 雖老農不辨. 及其吐穗, 則禾穗必屈而倒垂, 莠穗不垂, 可以識別. 艸部謂莠揚生. 古者造禾字, 屈筆下垂以象之. 戶戈切. 十七部.

254. 秝(력)부

 稀疏適秝也.(1) 从二禾.(2) 凡秝之屬皆从**秝**. 讀若歷.(3)

‘秝’은 (곡식을 심은 간격이) 드문드문하여 뚜렷하다는 뜻이다. 두 개의 禾로 구성되었다. 秝부에 속하는 한자는 모두 秝의 의미를 따른다. ‘歷(력)’과 같이 발음한다.

(1) (“稀疏適秝也”에서) 각 판본에 ‘秝’자가 없다.[153] 지금 강성(江聲), 왕념손(王念孫)의 설에 의해 보충한다.[154] ‘適秝(적력)’에서 위 글자의 발음은 ‘旳(적)’이고 아래 글자의 발음은 ‘歷(력)’이다. 운모가 같은 글자들이다. 《옥편(玉篇)》에서는 “드문드문 떨어져 있어서 뚜렷하다.[稀疏厤厤然]”라고 하였다.[155] “뚜렷하게 셀 수 있다[歷歷可數]”, “뚜렷하게 묶은 모양[歷錄束文]”이라고 할 때의 ‘歷(력)’은 모두 ‘秝’으로 써야 한다. ‘歷’자가 유행하면서 ‘秝’자는 없어졌다. 《주례(周禮)·수사(遂師)》의 “及窆抱磿[하관할 때 상여 삿바꾼을 관장한다.]”이라는 구절에 대하여 정현(鄭玄)은 “磿(력)이란 질서정연하게 뚜렷하다[適歷]는 뜻으로 상여 줄을 잡은 사람의 이름을 (뚜렷하게) 호명하는 것이다. 수인(遂人)들이 주로 늘어서 있고 수사(遂師)는 (장부대로 뚜렷하게) 그 이름을 불러 대조한다.”라고 하였다. 가공언(賈公彦)은 “천자(天子)의 장례에는 천 명이 여섯 가닥의 상여줄 위에 늘어서는데 간격

153 二徐本에는 ‘秝’자가 없다.

154 王念孫, 《廣雅疏證》 卷三上 <釋詁>참조.

155 《玉篇》 第195 ‘秝’부 참조.

을 두고 그 자리를 잡아 서 있으며 그 자리에 해당하는 이름을 불러 확인하는데 그것이 '適歷'이다."라고 하였다.[156] 왕념손(王念孫)은 《광아소증(廣雅疏證)》에서 다음과 같이 말하였다. "<자허부(子虛賦)>, <칠발(七發)>, 양웅(揚雄)의 <촉도부(蜀都賦)>, <남도부(南都賦)>, 《논형(論衡)·견고(譴告)》, 혜강(嵇康)의 <성무애락론(聲無哀樂論)>에서 모두 '勺藥(작악)'이라는 말이 나오는데 복엄(伏儼)·문영(文穎)·진작(晋灼)·이선(李善)이 모두 '調和'로운 것을 부르는 이름이라고 하였다. 윗 글자인 '勺'은 丁(정)과 削(삭)의 반절로 발음하고 아래 글자인 '藥'은 旅(려)와 酌(작)의 반절로 발음한다. 여기서 말하는 '勺藥'이란 말은 바로 '適歷'을 말한 것이다. 《주례》의 정현의 주석에서나 《설문》에서 모두 '適歷'이라고 하였다."[157] 《설문》의 '厤(력)'자에서는 "다스린다[治(치)]는 뜻이다."[158]라고 하였고 '甂(감)'자에서는 "조화롭게 한다[調]는 뜻이다."[159]라고 하였다. 일반적으로 고르게 조절하는 것을 '適歷'이라고 한다.

(2) 벼를 드문드문하게 간격이 고르게 심은 모양이 질서 있다는 말이다.

(3) '秝'의 발음은 郎(랑)과 擊(격)의 반절이다. 16부에 속한다.

(1) 各本無秝字, 今依江氏聲王氏念孫說補. 適秝, 上音的, 下音歷, 疊韻字也. 玉篇曰, 稀疏厤厤然. 蓋凡言歷歷可數, 歷錄束文皆當作秝. 歷行而秝廢矣. 周禮遂師, 及窆抱磿. 鄭云, 磿者, 適歷, 執綍者名也. 遂人主陳之, 而遂師以名行校之. 賈公彥云, 天子千人分布於六綍之上, 稀疏得所, 名爲適歷也. 王氏念孫廣雅疏證云, 子虛賦, 七發, 楊雄蜀都賦, 南都賦, 論衡譴告篇, 嵇康聲無哀樂論, 皆云勺藥. 伏儼, 文穎, 晉灼, 李善皆說是調和之名. 上丁削反, 下旅酌反. 勺藥之言適歷也, 周禮注及說文皆云適歷. 說文厤字下云治也, 甂字下云調也. 凡均調謂之適歷. (2) 禾之疏密有章也. (3) 郎擊切. 十六部.

156 《周禮·地官·遂師》 鄭玄의 注와 賈公彥의 疏 참조.
157 《廣雅疏證》 卷十上 <釋草> 참조.
158 제9편 下 '厂'부 '厤'자 說解 참조.
159 제5편 上 '甘'부 '甂'자 說解 참조.

255. 黍(서)부

 (1) 禾屬而黏者也.(2) 吕大暑而穜, 故謂之黍.(3) 从禾雨省聲.(4) 孔子曰, 黍可爲酒,(5) 故从禾入水也.(6) 凡黍之屬皆从黍.

'黍'는 벼에 속하며 점성이 있는 것이다. 대서(大暑)에 파종하므로 黍라고 하였다. '禾(화)'로 구성되었고 '雨(우)'의 생략형이 발음을 나타낸다. 공자(孔子)는 "黍로 술을 만들 수 있으므로 (黍는) 벼[禾]가 물[水]로 들어가는[入] 모양으로 구성되었다."라고 하였다. 黍부에 속하는 한자는 모두 黍의 의미를 따른다.

(1) 허신이 "雨의 생략형이 발음을 나타낸다.[雨省聲]"라고 하였으니 전문(篆文)의 자형은 마땅히 이와 같아야 한다.[160] 허신이 '孔子曰'을 인용한 것은 ('黍'에 대한) 다른 주장이다.

(2) 《구곡고(九穀攷)》[161]에서는 다음과 같이 말하였다. "禾(화)로 黍를 포괄하여 말한다. 그러므로 '黍'가 '禾'에 속하면서 점성이 있는 것이라고 말하며 '禾'가 '黍'에 속한 것이며 점성이 없는 것이라고 말하지는 않는다. '禾'에 속하면서 점성이 있는 것은 '黍'이고, '禾'에 속하면서 점성이 없는 것은 '縻(마)'다. 댓귀에서는 달라지지만 산문(散文)에서는 통칭하여 '黍'라고 한다. '黍'를 禾屬(화속)이라고 한 이유는 요컨대 '禾'는 아니기 때문이다." "지금 산서(山西)지방 사람들은 점성 여부를 논하지 않고 함께 '縻黍'라고 부른다." "태원(太原)지방의 동쪽에서는 점성이 있는 것을 '黍子'라 부르고 점성이 없는 것을 '縻子'라고 부른다." "'黍'로는 술도 만들고 수변(羞籩)의 인절미, 경단도 만들고 미음도 만들지만 '縻'로는 밥을 만들어 먹는다." "禾(화)·黍(서)·稻(도)·稷(직)이 각각 점성 있는 것과 없는 것의 두 종류가 있다." 내 생각에 '黍'는 '禾'에 속하므로 그 알곡의 크기는 비슷하지만 그 이삭의 모양은 다른 것 같다. '禾'의 이삭은 아래로 드리워져 길게 낟알이 모여 있는데 '黍'의 이삭은 '稻'와 비슷하지만 낟알이 흩어져 있다.

(3) ("吕大暑而穜"의) '大(대)'자는 쓸데없는 글자다. 《구곡고》에서는 다음과 같이 말하였다. "복생(伏生)의 《상서대전(尙書大傳)》, 《회남자(淮南子)》, 유항(劉向)의 《설원(說苑)》에서 모두 '대화(大火)' 중에 기장[黍]과 콩[菽(숙)]을 심는다고 하였는데 《여씨춘추(呂氏春

160 段玉裁는 원래 ''로 되어 있던 篆書 자형을 ''으로 바꾸었다.

161 程瑤田의 《九穀攷》 卷1 '黍' 참조.

秋)》에서는 '일지(日至)'에 마[麻(마)]와 콩[菽]을 심는다고 하였다. 여기에서의 '麻'자는 '穈'자가 잘못된 것이다." "또 《하소정(夏小正)》에서 '5월 초순 대화(大火) 중에 黍와 菽과 糜를 심는다.'라고 하였는데 여기에서의 '糜'자는 아래 문장 때문에 잘못 덧붙여진 것이다." "여러 책에서 모두 '黍'는 하지(夏至)에 심는다고 하였는데 《설문》에서만 '大暑'라고 하였다. 아마 가장 더울 때 심는다는 말일 것이다. 그 바른 시간은 '夏至'이다." 내 생각에 식물을 심을 때에 정해진 시간이 있는 것은 고금(古今)이 같으니 (그 때문에 '黍'을 '暑'라고) 가차(叚借)할 수 있는 것이 아니다. ('大暑'라고 쓰인 것은) 허신의 책이 옮겨 적히면서 잘못한 글자('大'자)가 더해진 것일 뿐이다. '더운 때[暑]'에 파종하므로 '黍'라고 말한다. 마치 2월에 싹이 나고 8월에 익어 '中和'를 얻으므로 '禾'라 한다는 것과 같다.[162] 모두 운모가 같은 글자로 풀이한 것이다.

(4) '黍'의 발음은 舒(서)와 呂(려)의 반절이다. 5부에 속한다.

(5) 찰벼나 차조로도 모두 술을 만든다.

(6) (이 구절은) 《광운(廣韻)》에 의하여 '故从' 두 글자를 보충한다.[163] 이것은 '黍'의 자형에 대한 이설을 설명하고 있는 것이다. "孔子曰"이라고 한 것은 대체로 통인(通人)들의 설을 전한 것이다. '禾'와 '入'과 '水'로 구성된 것으로는 (기장을 가지고) 반드시 술을 만든다는 의미를 나타낼 수 없다. 그러므로 먼저 '雨'의 생략형이 발음을 나타낸다는 주장을 먼저 제시하고, '黍'자가 '禾'·'入'·'水'로 구성되었다는 회의설을 그 다음에 제시하였다. '黍'의 지금 예서 자형은 '禾'·'入'·'水'로 구성되어 있으며 '雨'의 생략형으로 구성되어 있지 않다.

(1) 許云雨省聲, 則篆體當如是. 引孔子曰者, 其別說也. (2) 九穀攷曰, 以禾況黍, 謂黍爲禾屬而黏者, 非謂禾爲黍屬而不黏者也. 禾屬而黏者黍, 禾屬而不黏者穈. 對文異, 散文則通偁黍. 謂之禾屬, 要之皆非禾也. 今山西人無論黏與不黏, 統呼之曰穈黍. 太原以東則呼黏者爲黍子, 不黏者爲穈子. 黍宜爲酒爲羞籩之餌餈爲酏粥, 穈宜爲飯. 禾黍稻稷各有黏不黏二種. 按黍爲禾屬者, 其米之大小相等也, 其采異. 禾穗下垂如椎而粒聚, 黍采略如稻而舒散. (3) 大, 衍字也. 九穀攷曰, 伏生尚書大傳淮南劉向說苑皆云, 大火中種黍菽, 而呂氏春秋則云, 日至樹麻與菽. 麻, 正穈之誤. 又夏小正, 五月初昏大火中種黍菽糜. 糜字因下文誤衍. 諸書皆言種黍以夏至, 說文獨言以大暑, 蓋言種暑之極時, 其正時實夏至也. 玉裁謂, 種植有定時, 古今所同, 非可叚借. 許書經轉寫妄增一字耳. 以暑種故謂之黍, 猶

162 제7편 上 '禾'부 說解 참조.

163 《廣韻》 上聲八 '語'韻 참조.

二月生, 八月孰, 得中和, 故謂之禾, 皆以疊韻訓釋. (4) 舒呂切. 五部. (5) 如稴與秫皆宜酒. (6) 依廣韻補故从二字. 此說字形之異說也. 凡云孔子曰者, 通人所傳. 以禾入水不見其必爲酒, 故先雨省聲之說, 而禾入水會意之說次之. 今之隸書則从禾入水, 不从雨省.

256. 香(향)[164]부

 芳也.(1) 从黍从甘.(2) 春秋傳曰, 黍稷馨香.(3) 凡香之屬皆从香.

'香'은 향기다. '黍(서)'와 '甘(감)'으로 구성되었다. 《춘추전(春秋傳)》에 "黍稷馨香[기장의 좋은 향기]"이라고 하였다. 香부에 속하는 한자는 모두 香의 의미를 따른다.

(1) '艸(초)'부에서 "芳(방)은 풀의 향기[艸香]다."라고 하였다.[165] '芳'은 풀의 향기에 대해서 말한 것이며 '香(향)'이란 광범위하게 말한 것이다. 《시(詩)·대아(大雅)》에 "其香始升[그 향기 이제 오르려 한다.]"[166]이라고 하였다.

(2) 회의(會意)다. '香'의 발음은 許(허)와 良(랑)의 반절이다. 10부에 속한다.

(3) 《좌전(左傳)》 희공(僖公) 5년의 문장을 간략히 든 것이다. 이 구절은 '香'의 증명이 아니지만 '香'자가 '黍'자로 구성된 의미를 설명하고 있다.

(1) 艸部曰, 芳, 艸香也. 芳謂艸, 香則氾言之. 大雅曰, 其香始升. (2) 會意. 許良切. 十部. (3) 約擧左傳僖五年文. 此非爲香證, 說香必从黍之意也.

---

164 '香'자는 篆書의 자형을 반영하는 楷書體다. 지금은 '香'으로 쓴다. 段玉裁는 許愼의 說解에서는 '香'자를 사용하고 注에서는 '香'을 사용하였다.

165 제1편 下 '艸'부 '芳'자 說解 참조.

166 《詩·大雅·生民》 참조.

257. 米(미)부

米 粟實也.(1) 象禾黍之形.(2) 凡米之屬皆从米.

'米'는 곡식의 씨라는 뜻이다. 벼와 기장의 (씨)모양을 상형하였다. 米부에 속하는 한자는 모두 米의 의미를 따른다.

(1) '卤(조)'부에서 "粟(속)은 좋은 곡식[嘉穀(가곡)]의 열매다."[167]라고 하였다. 여기서의 '嘉穀'은 벼와 기장[禾黍(화서)]이다. '實(실)'은 '人(인)'으로 써야 한다. '粟'은 껍질 쌀알이 연이어 있는 것을 말하는 것이고 '米'는 껍질 속의 씨[人]이다. 과실(果實)에 '씨[人]'가 있는 것과 같다. '果人(과인)'의 '人'자는 고서(古書)에는 모두 '人'으로 쓰여 있다. 금대(金代)에 각인(刻印)한 《본초(本艸)》에는 '仁(인)'자로 쓰여진 것이 없었는데 명각본(明刻本)에 와서 모두 '人'을 '仁'으로 고쳤다. 정현(鄭玄)은 《주례(周禮)·총재(冢宰)》직(職)의 '九穀(구곡)'에 대하여 주석하면서[168] '粟(속)'에 대하여 말하지 않았다. 《주례·창인(倉人)》의 "掌粟入之藏[粟을 들여와 보관하는 것을 관장한다.]"에 주석하여 "아홉 가지 곡식을 다 보관하는데 粟을 주로 한다.[九穀盡藏焉, 以粟爲主.]"라고 하였다.[169] 여기서의 '粟'은 바로 벼와 기장[禾黍]이다. '禾'는 백성들이 모두 함께 먹는 것이고 '黍'는 먹는 곡식 중에서도 귀한 것이다. 그러므로 '嘉穀'이라 하였다. 껍질을 벗기고 핵심만 남긴 것을 '米'라 하는데 그래서 모든 곡물의 명칭이 되었다. 그래서 '禾'와 '黍'의 씨를 '人'이라 하고 '稻(도)'·'稷(직)'·'麥(맥)'·'苽(고)' 등의 씨도 '米'라 한다. 이것이 《주례·사인(舍人)》의 주석에서 말한 '六米(육미)'다.[170] '六米'란 곧 《주례·선부(膳夫)》와 《주례·식의(食醫)》에서 말한 "食用六穀(식용육곡)"이다.[171] 빈객(賓客)에게 사용하는 '車米(거미)'·'筥米(거미)', 상기(喪紀)에 제공하는 '飯米(반미)'가 '黍(서)'·'粱(량)'·'稻(도)'·'稷(직)'의 네 가지를 벗어나지 않는다. 모든 곡식은 반드시 '씨[人]'가 생긴 후라야 '이삭[秀(수)]'이라고 한다. 때문에 '秀'가 '禾'와 '人'으로 구성되었다.

167 제7편 上 '卤'부 '粟'자 說解 참조.
168 《周禮·天官·冢宰》 참조.
169 《周禮·地官·倉人》 참조.
170 《周禮·地官·舍人》 참조.
171 《周禮·天官·膳夫》와 《周禮·天官·食醫》 참조.

(2) 대서본(大徐本)에서는 ('禾黍'가) '禾實(화실)'로 쓰였는데 옳지 않다.[172] '米'는 벼와 기장[禾黍]의 씨를 말한다. 그래서 '米'자가 그 두 가지 곡식 모양을 상형하였다. 네 개의 점은 씨알을 모은 것이다. '十(십)'이 그 사이에 있는 것은 네 개의 씨알로 나눈 것이다. 전서(篆書)에서 네 개의 둥근 점으로 그려야 하는데 지금은 긴 점으로 되어 있다. 잘못이다. '米'의 발음은 莫(막)과 禮(례)의 반절이다. 15부에 속한다.

(1) 鹵部曰, 粟, 嘉穀實也. 嘉穀者, 禾黍也. 實當作人. 粟擧連秠者言之, 米則秠中之人, 如果實之有人也. 果人之字古書皆作人. 金刻本艸尙無作仁者, 至明刻乃盡改爲仁. 鄭注冢宰職, 九穀不言粟. 注倉人掌粟入之藏云, 九穀盡藏焉, 以粟爲主. 粟正謂禾黍也. 禾者, 民食之大同. 黍者, 食之所貴. 故皆曰嘉穀. 其去秠存人曰米, 因以爲凡穀人之名. 是故禾黍曰米, 稻稷麥苽亦曰米, 舍人注所謂六米也. 六米卽膳夫食醫之食用六穀也. 賓客之車米, 筥米, 喪紀之飯米, 不外黍粱稻稷四者. 凡穀必中有人而後謂之秀, 故秀从禾人. (2) 大徐作禾實, 非是. 米謂禾黍, 故字象二者之形. 四點者, 聚米也. 十其閒者, 四米之分也. 篆當作四圜點以象形. 今作長點, 誤矣. 莫禮切. 十五部.

258. 毇(훼)부

 糲米一斛舂爲九斗也.(1) 从臼米(2)从殳.(3) 凡毇之屬皆从毇.

'毇'는 애벌 찧은 쌀 열 말을 빻아서 아홉 말을 만든다는 뜻이다. '臼(구)'와 '米(미)'로 구성되었으며 '殳(수)'로 구성되었다. 毇부에 속하는 한자는 모두 毇의 의미를 따른다.

(1) '九斗(구두)'가 각 판본에서는 '八斗(팔두)'로 잘못되었다.[173] 또 '糳(착)'자에서의 '八斗'가 각 판본에서는 '九斗'로 잘못되어 있다. 지금 모두 바로잡는다.[174] 《구장산술(九章算術)》에서 "(도정한 쌀을 비율로 말하자면) 애벌 찧은 쌀 '糲米(여미)'를 30으로 하면 '粺米(패

172 徐鉉本 참조.

173 二徐本 참조.

174 제7편 上 '毇'부 '糳'자 說解 및 段玉裁 注 참조.

미)'는 27이고 '糳米(착미)'는 24이며 '御米(어미)'는 21이 된다."라고 하였다.[175] 《모시(毛詩)》 정현(鄭玄)의 전(箋)에서 "도정한 쌀의 비율은 '糲'가 10이면 '粺'가 9이고 '糳'이 8이며 '侍御(시어)'가 7이다."라고 하였다.[176] '米'부에서는 "粺는 毇이다."[177]라고 하였으니 '毇'와 '粺'는 모두 쌀 열 말을 찧어서 아홉 말이 되는 것이 매우 분명하다. '毇'가 '粲(찬)' 자의 설명에 보이는데 이는 '毇'가 도정한 쌀[稻米]이라는 것을 말하고 있다.[178] 맨 처음 도정한 쌀을 또한 '糲'라고 부른다. 그런데 여기에서 말하는 '糲米'는 도정한 쌀[稻米]과 도정하지 않은 쌀[粟米]을 겸하여 말한 것이다.

(2) ("从臼米"는) 《운회(韻會)》본에 의한다.[179]

(3) '臼'와 '米'로 구성되었다는 것은 찧는다[舂(용)]는 뜻이다.[180] 또 '殳'로 구성되었는데 '殳'는 절구방망이[杵(저)]와 비슷하다. '毇'의 발음은 許(허)와 委(위)의 반절이다. 15부에 속한다. 서현본(徐鉉本)에서는 "从臼米"가 "从臼(종구)"로 되어 있다.[181]

(1) 九斗各本譌八斗, 糳下八斗各本譌九斗, 今皆正. 九章筭術曰, 糲米率三十, 粺米二十七, 糳米二十四, 御米二十一. 毛詩鄭箋, 米之率, 糲十, 粺九, 糳八, 侍御七. 米部曰, 粺, 毇也. 是則毇與粺皆一斛舂爲九斗明甚. 毇見粲下, 謂稻米也. 稻米之始亦得云糲. 此云糲米者, 兼稻米, 粟米言也. (2) 依韻會本. (3) 从臼米者, 謂舂也. 从殳者, 殳猶杵也. 許委切. 十五部. 鉉本从臼米作从臼.

259. 臼(구)부

舂臼也.(1) 古者掘地爲臼,(2) 其後穿木石.(3) 象形.(4) 中象米也.(5) 凡臼之屬皆从臼.

---

175 《九章算術》 卷二 <粟米> 참조.

176 《詩・大雅・召旻》 "彼疏斯粺"의 鄭玄의 箋 참조.

177 제7편 上 '米'부 '粺'자 說解 참조.

178 제7편 上 '米'부 '粲'자 說解: 稻重一秳爲粟二十斗. 爲米十斗曰毇. 爲米六斗大半斗曰粲.

179 《韻會》 上聲四 '紙'韻 참조.

180 제7편 上 '臼'부 說解 및 '臼'부의 '舂'자 說解 참조.

181 二徐本 모두 이렇게 되어 있다.

'臼'는 쌀 찧는 절구다. 옛날에는 땅을 파서 절구를 만들었으며 그 후에 나무나 돌을 뚫어서 만들었다. 상형(象形)이다. 가운데는 쌀의 모양을 상형한 것이다. 臼부에 속하는 한자는 모두 臼의 의미를 따른다.

(1) 각 판본에 ("春臼也"의) '臼(구)'자가 없어서[182] 지금 보충한다. '杵(저)'자에서 "쌀 찧는 방망이[春杵(용저)]이다."[183]라고 하였으니 여기에서도 마땅히 "쌀 찧는 절구[春臼]다."라고 해야 한다. 인신되어 모든 구멍 파인 것[凹(요)]을 '臼'라 한다.

(2) 이 구절은 《역(易)·계사전(毄辭傳)》에 보인다.[184] 절구는 아마 황제(黃帝)시대 옹보(雍父)가 처음으로 만들었던 것 같다.

(3) 혹은 나무를 파고 혹은 돌을 파서 만들었다.

(4) '凵'모양은 나무나 돌의 절구모양을 상형한 것이다.

(5) (여기서 말하는 쌀[米(미)]은) 절구 안에 넣고 찧는 쌀을 말한다. '臼'의 발음은 其(기)와 九(구)의 반절이다. 3부에 속한다.

(1) 各本無臼字, 今補. 杵下云, 春杵也. 則此當云春臼也明矣. 引伸凡凹者曰臼. (2) 見易毄辭傳. 蓋皇帝時雍父初作如此. (3) 或穿木, 或穿石. (4) 凵象木石臼也. (5) 所春也. 其九切. 三部.

260. 凶(흉)부

 惡也.(1) 象地穿交陷其中也.(2) 凡凶之屬皆从凶.

'凶'은 나쁘다[惡]는 뜻이다. 땅이 파인 곳에 다리가 엇갈려 그 가운데로 빠지는 모양을 상형하였다. 凶부에 속하는 한자는 모두 凶의 의미를 따른다.

(1) '凶(흉: 나쁘다)'이란 말은 '吉(길: 좋다)'의 반대말이다.

---

182 二徐本 참조.

183 제6편 上 '木'부 '杵'자 說解 참조.

184 《易·繫辭傳》 下 참조.

(2) 이것은 지사(指事)자다. '凶'의 발음은 許(허)와 容(용)의 반절이다. 9부에 속한다.

(1) 凶者, 吉之反. (2) 此爲指事. 許容切. 九部.

제 7 편 下

261. 𣎵(빈)부

𣎵 分枲莖皮也.(1) 从屮.(2) 八象枲皮.(3) 凡𣎵之屬皆从𣎵. 讀若髕.(4)

'𣎵'은 삼 줄기의 껍질을 벗긴다는 뜻이다. '屮(철)'로 구성되었다. '八'모양은 삼의 껍질을 상형하였다. 𣎵부에 속하는 한자는 모두 𣎵의 의미를 따른다. '髕(빈)'과 같이 발음한다.

(1) 삼 줄기의 껍질을 나누었다는 말이다.
(2) 삼의 줄기를 상형하였다.
(3) 양쪽으로 있는 것은 그 껍질이 나누어진 모양이다. '𣎵'은 '輩(배)'자와 같이 발음하는 '𣏟(발)'자와는 다른 글자다.[1]
(4) '𣎵'의 발음은 匹(필)과 刃(인)의 반절이다. 12부에 속한다.

(1) 謂分擘枲莖之皮也. (2) 象枲莖. (3) 兩旁者, 其皮分離之象也. 此字與讀若輩之𣏟別. (4) 匹刃切. 十二部.

1 '𣏟(발)'자는 제6편 下에 나오는 部首字다. '초목이 무성하다.'라는 뜻이다. '𣏟(발)'자는 '𣎵(빈)'자와 小篆의 자형으로 보면 차이가 나지만 楷書의 자형으로는 거의 차이를 알아볼 수가 없다. 그래서 段玉裁가 특별히 여기에서 구별해 놓은 것이다.

262. 𣏟(패)부

 萉之總名也.(1) 𣏟之爲言微也.(2) 微纖爲功.(3) 象形.(4) 凡𣏟之屬皆从𣏟.

'𣏟'는 삼의 총명이다. 𣏟는 미세하다[微(미)]는 뜻이다. 미세하게 짜는 것을 공(功)으로 여긴다. 상형(象形)이다. 𣏟부에 속하는 한자는 모두 𣏟의 의미를 따른다.

(1) 각 판본에서 '萉(비)'자가 '葩(파)'자로 쓰였는데 잘못되었다.[2] 《여람(呂覽)・계동기(季冬紀)》 주석에도 똑같이 잘못되어 있다.[3] 지금 바로잡는다. '艸(초)'부에서 "萉는 삼의 열매[枲實(시실)]이다. '黂(비)'는 '萉'의 혹자(或字)다."[4]라고 하였다. '萉'는 본래 삼베의 열매이므로 '苴麻(저마)'라는 이름이 있다. 이 구절에는 빠진 글자가 있는 것 같다. "治萉枲之總名[삼을 다듬는 것의 총명이다.]"라고 말해야 할 것 같다. 아래 '麻(마)'부에서 '𣏟'는 "사람이 다듬는 것이다.[人所治也]"[5]라고 말한 것으로 증명할 수 있다. '萉枲'라는 것은 열매가 있는 것이나 없는 것이나 합해서 말한 것이다. 《맹자(孟子)》의 "妻辟纑[아내는 베틀에서 베를 짠다.]"의 주석에서 조기(趙岐), 유희(劉熙)가 모두 "그 삼베를 길쌈하는 것을 '辟(벽)'이라 한다."라고 하였다.[6] 내 생각에 '辟'의 발음은 '劈(벽)'이다. 지금의 속어(俗語)로는 삼을 길쌈하다가 그 실을 끊는 것을 '劈'이라 한다. 그것이 곧 '𣏟(패)'다.

(2) '𣏟'와 '微'는 발음이 비슷하다. <춘추설제사(春秋說題辭)>에서 "麻(마)는 微라는 말이다."라고 하였으니 '𣏟'와 '麻'는 옛날에 같은 글자였을 것이다.

(3) '絲(사)'는 '糸(멱)'에서 나왔고 '麻'의 실은 '𣏟'에서 나온 것이다.

(4) 내 생각에는 "象形(상형)"의 두 글자는 "从二朮(종이빈)"의 세 글자로 써야 할 것 같다. '朮(빈)'은 줄기에서 껍질을 벗겨 내는 것이고 '𣏟'는 그 껍질을 가지고 가늘게 나누는 것이다. '𣏟'의 발음은 匹(필)과 卦(괘)의 반절이다. 16부에 속한다.

(1) 各本萉作葩, 字之誤也, 與呂覽季冬紀注誤同, 今正. 艸部曰, 萉, 枲實也. 黂, 或萉字也. 萉本

---

2 二徐本 참조.

3 《呂氏春秋・季冬紀》 <士節>편 참조.

4 제1편 下 '艸'부 '萉'자 說解 참조.

5 제7편 下 '麻'부 說解 참조.

6 《孟子・滕文公》 下 참조.

謂麻實, 因以爲苴麻之名. 此句疑尙有奪字, 當云治萉枲之總名. 下文云, 𣏟, 人所治也, 可證. 萉枲則合有實無實言之也. 趙岐劉熙注孟子妻辟纑皆云, 緝績其麻曰辟. 按辟音劈, 今俗語緝麻析其絲曰劈, 卽𣏟也. (2) 𣏟微音相近. 春秋說題辭曰, 麻之爲言微也. 𣏟麻古蓋同字. (3) 絲起於糸, 麻縷起於𣏟. (4) 按此二字當作从二𣎳三字. 𣎳謂析其皮於莖, 𣏟謂取其皮而細析之也. 匹卦切. 十六部.

263. 麻(마)부

枲也.(1) 从𣏟从广.(2) 𣏟, 人所治也. 在屋下.(3) 凡麻之屬皆从麻.

'麻'는 삼이다. '𣏟(패)'와 '广(엄)'으로 구성되었다. 𣏟는 사람이 다듬는 것이다. (广은) 지붕 아래에 있다는 의미다. 麻부에 속하는 한자는 모두 麻의 의미를 따른다.

(1) '麻'와 '枲(시)'는 서로 풀이해 주는 글자다. 모두 '씨 있는 삼[苴麻(저마)]'과 '씨 없는 삼[牡麻(모마)]'을 겸하여 말하고 있다.

(2) 회의(會意)다. '麻'의 발음은 莫(막)과 遐(하)의 반절이다. 고음 17부에 속한다.

(3) ("在屋下"는) '麻'가 '广'으로 구성된 의미를 설명하고 있다. '𣏟'는 반드시 집 아래서 길쌈하므로 '广'으로 구성되었다. 아직 안 다듬어진 것이 '枲'이고 다듬어진 것이 '麻'다. 이미 다듬어진 것으로 안 다듬어진 것을 더하여 부르게 되면 통칭 '麻'라고 한다. 이 부분("𣏟, 人所治也. 在屋下.")은 지금 각 판본에 모두 글자가 빠지고 잘못되어 있다.[7] 《운회(韻會)》에서 근거한 소서본(小徐本)만이 잘못된 것이 없어서 지금 그것에 따른다.[8]

(1) 麻與枲互訓, 皆兼苴麻, 牡麻言之. (2) 會意. 莫遐切. 古音在十七部. (3) 說从广之意. 𣏟必於屋下績之, 故从广. 然則未治謂之枲, 治之謂之麻. 以巳治之偁加諸未治, 則統謂之麻. 此條今各本皆奪誤, 惟韻會所據小徐本不誤, 今從之.

7 徐鉉本・徐鍇本 참조.

8 《韻會》 下平聲 六 '麻'韻 참조.

264. 尗(숙)부

 豆也.(1) 尗象豆生之形也.(2) 凡尗之屬皆从尗.

‘尗’은 콩이다. 尗은 콩이 나는 모양을 상형하였다. 尗부에 속하는 한자는 모두 尗의 의미를 따른다.

(1) ‘尗’과 ‘豆(두)’는 고금어(古今語)이기도 하고 고금자(古今字)이기도 하다. 이것은 (허신이 당시의) 한(漢)나라 때의 말로 고어(古語)를 풀이한 것이다. 《전국책(戰國策)》에 “한(韓)나라 땅에서 나는 오곡(五穀)은 보리 아니면 콩이었다. 그래서 백성들이 먹는 것은 대체로 콩밥에 콩잎 국이다.”라고 하였다.[9] 《사기(史記)》에는 ‘豆’가 ‘菽(숙)’으로 쓰여 있다.[10]

(2) (“尗象豆生之形也”에서의) ‘尗象(숙상)’이 각 판본에서는 ‘象尗’으로 되어 있는데 잘못된 것이므로 지금 바로잡는다.[11] (앞에서 뜻풀이를 하고 나서) 다시 ‘尗’을 말한 것은 그 모양을 밝히기 위해서다. 콩이 자라는 모양은 씨를 담은 콩깍지가 반드시 두 쪽으로 나뉘어 붙고 그것이 줄기의 꼭대기에 얹혀진다. 그러므로 ‘一’은 땅을 상형하였고 아랫부분은 그 뿌리를 상형하였으며 윗부분은 얹혀서 자라는 모양을 상형하였다. ‘尗’의 발음은 式(식)과 竹(죽)의 반절이다. 3부에 속한다. 금자(今字)는 ‘菽’으로 쓴다.

(1) 尗豆古今語, 亦古今字. 此以漢時語釋古語也. 戰國策, 韓地五穀所生, 非麥而豆, 民之所食, 大抵豆飯藿羹. 史記豆作菽. (2) 尗象各本作象尗, 誤, 今正. 重言尗者, 著其形也. 豆之生也, 所種之豆必爲兩瓣, 而戴於莖之頂. 故以一象地, 下象其根, 上象其戴生之形. 式竹切. 三部. 今字作菽.

---

9 《戰國策》 <韓策> 참조.

10 《史記》 <張儀列傳> 참조.

11 二徐本 참조.

265. 耑(단)부

 物初生之題也.(1) 上象生形,(2) 下象根也.(3) 凡耑之屬皆从耑.

'耑'은 사물이 처음으로 나오면서 내미는 머리다. 위의 부분은 나오는 모양을 상형하였으며 아랫부분은 뿌리의 모양을 상형하였다. 耑부에 속하는 한자는 모두 耑의 의미를 따른다.

(1) '題(제)'는 이마[額(액)]라는 뜻이다. 사람의 몸에서 이마는 가장 위에 있으며 사물에서 처음 보이는 곳은 바로 이마다. 옛날에 '發端(발단)'의 '端(단)'자는 '耑'으로 썼다. 지금은 '端'자가 유행하고 '耑'자는 없어졌다. 그러면서 '耑'을 '전일하다[專(전)]'의 뜻으로 많이 쓰게 되었다. 《주례(周禮)·경씨(磬氏)》에서 "巳下則摩其耑[태하성(太下聲)을 낼 때는 머리 끝부분을 문질러 간다.]"라고 하였다.[12] 이것이 '耑'의 본래 의미다. 《좌전(左傳)》에서 "履端於始[한 해의 시작에서 첫머리를 잘 잡는다.]"[13]라고 한 것은 '端'자를 빌어서 '耑'의 의미로 쓴 것이다.

(2) '才(재)'·'屯(둔)'·'韭(구)'자[14] 등의 예를 살펴보면 '一'모양은 땅이다. '山'모양은 처음 나오는 모양을 상형한 것이다.

(3) '一'의 아래는 뿌리를 상형하였다. '耑'의 발음은 多(다)와 官(관)의 반절이다. 14부에 속한다.

(1) 題者, 頟也. 人體頟爲冣上, 物之初見卽其頟也. 古發端字作此. 今則端行而耑廢, 乃多用耑爲專矣. 周禮磬氏, 巳下則摩其耑. 耑之本義也. 左傳, 履端於始. 假端爲耑也. (2) 以才屯韭字例之, 一, 地也. 山象初生. (3) 一下則象其根也. 多官切. 十四部.

---

12 《周禮·冬官·考工記》<磬氏>: "已上則摩其旁, 已下則摩其耑." 鄭司農의 注에 의하면 여기서의 上은 太上聲을 말하고 下는 太下聲을 말하는데 太上聲은 淸한 소리를 말하고 太下聲은 濁한 소리를 말한다. 鄭玄은 덧붙여서 악기가 두꺼우면 淸한 소리가 나고 악기가 얇으면 濁한 소리가 난다고 하였다.

13 《左傳》 文公 元年: "先王之正時也, 履端於始." 이것은 왕이 律曆을 제대로 정하는 일에 관하여 서술한 것이다. 한 해의 시작을 바로잡아야 사계절의 순서에 맞고 백성들도 혼란스럽지 않다는 의미의 문장이다.

14 제6편 上 '才'부 說解, 제1편 下 '屮'부 '屯'자 說解, 제7편 下 '韭'부 說解 참조.

266. 韭(구)부

非菜也.(1) 一種而久生者也, 故謂之韭.(2) 象形.(3) 在一之上. 一, 地也. 此與耑同意.(4) 凡韭之屬皆从韭.

'韭'는 부추다. 한 번 심으면 오래 살기 때문에 韭라고 한다. 상형(象形)이다. (상형 부분은) '一'모양의 위에 있는데 '一'은 땅이다. 이 글자는 '耑(단)'자와 글자 구성 원리가 같다[同意(동의)]. 韭부에 속하는 한자는 모두 韭의 의미를 따른다.

(1) "韭菜也"의 세 글자가 한 구다.[15]

(2) '久(구)'자로 '韭'를 설명하는 것과 '和(화)'자로 '禾(화)'를 설명한 것[16]은 그 예가 같다. '韭'와 '久'는 운모가 같다.

(3) '상형'이라고 한 것은 '非'모양을 말한다.

(4) '耑(단)'도 상형 부분이 '一'모양의 위에 있다.[17] '耑'자에서 "一은 땅이다."라고 말하지는 않았지만 비교해 보아 서로 보충해 줄 수 있다. '韭'의 발음은 擧(거)와 友(우)의 반절이다. 3부에 속한다.

(1) 三字一句. (2) 此與說禾同例. 韭久疊韻. (3) 謂非. (4) 耑亦象形, 在一之上也. 耑下不言一地也, 錯見互相足. 擧友切. 三部.

---

15 徐鉉本·徐鍇本과 段玉裁注本의 說解가 다르다. 徐鉉本은 "菜名, 一種而久者, 故謂之韭, 象形."이라고 되어 있고 徐鍇本은 "菜名也, 一種而久生者也, 象形."이라고 되어 있다.

16 제7편 上 '禾'부 說解 참조.

17 제7편 下 '耑'부 說解 참조.

267. 瓜(과)부

 蓏也.(1) 象形.(2) 凡瓜之屬皆从瓜.

'瓜'는 풀에서 나는 열매다. 상형(象形)이다. 瓜부에 속하는 한자는 모두 瓜의 의미를 따른다.

(1) '蓏(라)'자가 대서본(大徐本)에는 '胍(유)'자로 쓰여 있는데[18] 잘못이다. '艸(초)'부에서 "열매가 나무에 있으면 '果(과)'라 하고 땅에 있으면 '蓏'라고 한다."[19]라고 하였다. '瓜'는 덩굴이 자라 땅에 퍼져 있는 것이다.

(2) 서개(徐鍇)는 ('瓜'는) "바깥 부분은 그 덩굴을 상형하였고 가운데는 열매를 상형한 것이다."[20]라고 하였다. '瓜'의 발음은 古(고)와 華(화)의 반절이다. 고음 5부에 속한다.

(1) 蓏大徐作胍, 誤. 艸部曰, 在木曰果, 在地曰蓏. 瓜者, 縢生布於地者也. (2) 徐鍇曰, 外象其蔓, 中象其實. 古華切. 古音在五部.

268. 瓠(호)부

 匏也.(1) 从瓜夸聲.(2) 凡瓠之屬皆从瓠.

'瓠'는 박이다. '瓜(과)'로 구성되었으며 '夸(과)'가 발음을 나타낸다. 瓠부에 속하는 한자는 모두 瓠의 의미를 따른다.

---

18 徐鉉本 참조. '胍'자는 '瓜'부 아래의 부속자이며 "本不勝末, 微弱也.[뿌리가 가지를 이기지 못하여 미약하다는 뜻이다.]"라고 해설되어 있다.

19 제1편 下 '艸'부 '蓏'자 說解 참조.

20 徐鍇本 참조.

(1) '包(포)'부에서 "匏(포)는 瓠다."[21]라고 하였으니 ('瓠'와 '匏'의) 두 전문(篆文)은 서로 전주(轉注)관계다. 《시(詩)·칠월(七月)》의 <모전(毛傳)>에서 "壺(호)는 박[瓠]이다."[22]라고 하였다. 여기서의 '壺'는 '瓠'의 가차자다.

(2) '瓠'의 발음은 胡(호)와 誤(오)의 반절이다. 5부에 속한다.

(1) 包部曰, 匏, 瓠也. 二篆左右轉注. 七月傳曰, 壺, 瓠也. 此謂叚借也. (2) 胡誤切. 五部.

269. 宀(면)부

交覆突[23]屋也.(1) 象形.(2) 凡宀之屬皆从宀.

'宀'은 (지붕을) 교차하여 덮어서 만든 깊숙한 집이다. 상형(象形)이다. 宀부에 속하는 한자는 모두 宀의 의미를 따른다.

(1) 옛날에는 지붕[屋(옥)]이 사각추(四角錐) 모양으로 되어 있어서 동서(東西)와 남북(南北)으로 교차해서 덮었다. 마루[堂(당)]도 있고 방[室(실)]도 있는 것이 깊숙한 집[深屋(심옥)]이다. '自(자)'부의 '𦤎(면)'[24] 아래에서 "깊고 깊어서[宀宀] 보이지 않는다."[25]라고 하였는데 여기서는 '宀宀'이 깊다[深]는 뜻이다.

(2) 지붕이 양쪽으로 내려온 모양을 상형하였다. 또는 지붕의 사각추 모양을 상형한 것이기도 하다. '宀'의 발음은 武(무)와 延(연)의 반절이다. 고음은 12부여야 한다.

(1) 古者屋四注, 東西與南北皆交覆也. 有堂有室是爲深屋. 自部𦤎下曰, 宀宀不見也. 是則宀宀謂深也. (2) 象兩下之形, 亦象四注之形. 武延切. 古音當在十二部.

---

21 제9편 上 '包'부 '匏'자 說解 참조.

22 《詩·豳風·七月》 "七月食瓜, 八月斷壺."의 <毛傳> 참조.

23 지금 楷書로는 '深(심)'으로 쓴다.

24 지금 楷書로는 '𦤎(면)'으로 쓴다.

25 제4편 上 '自'부 '𦤎'자 說解 참조.

270. 宮(궁)부

 室也.(1) 从宀躳省聲.(2) 凡宮之屬皆从宮.

'宮'은 집이다. '宀(면)'으로 구성되었고 '躳(궁)'의 생략형이 발음을 나타낸다. 宮부에 속하는 한자는 모두 宮의 의미를 따른다.

(1) 《이아(爾雅) · 석궁(釋宮)》에서 "宮을 室(실)이라 하고 室을 宮이라 한다."라고 하였는데 곽박(郭璞)이 "('宮'과 '室'을 이렇게) 풀이해 주는 것은 고금(古今)의 다른 이름을 서로 통하게 하는 방법이다. 실제는 같은 것인데 이름이 다르다는 것을 밝혀 준다."[26]라고 말하였다. 내 생각에는 '宮'이란 그 밖의 테두리를 말한 것이고 '室'은 그 안을 말한 것이다. 석언(析言)하면 다르지만 통언(統言)하면 구별하지 않는다. 《모시(毛詩)》에서 "초궁(楚宮)을 짓는다.[作于楚宮]"라고 하고 "초실(楚室)을 짓는다.[作于楚室]"라고 하였는데 <모전>에서는 "室은 宮과 같다."라고 하였다.[27] 이것은 '室'과 '宮'을 통언한 것이다. '宮'은 (본래 의미가) 집의 둘러친 주위를 말한 것에서 시작하여 그 가운데에 있는 것을 '宮'이라고 하게 되었다. 오음(五音)인 "宮(궁) · 商(상) · 角(각) · 徵(치) · 羽(우)"에 대해 유흠(劉歆)은 "宮은 가운데[中]이다. 가운데 있으면서 사방(四方)의 소리에 화답하여 노래한다. 처음 노래하기 시작하므로 나머지 네 가지 소리의 벼리가 된다."라고 하였다.[28]

(2) 내 생각에는 '宮'을 설명하면서 '宀'과 '呂(려)'로 구성된 회의(會意)라고 해도 틀린 것은 아니다. '宀'은 그 밖을 두르는 것이고 '呂'는 가운데에 있다는 의미다. '呂'는 척추뼈[脊骨(척골)]라는 뜻이다.[29] 사람의 몸 가운데에 있다. '宮'의 발음은 居(거)와 戎(융)의 반절이다. 9부에 속한다.

(1) 釋宮曰, 宮謂之室, 室謂之宮. 郭云, 皆所以通古今之異語, 明同實而兩名. 按宮言其外之圍繞, 室言其內. 析言則殊, 統言不別也. 毛詩, 作于楚宮, 作丁楚室. 傳口, 室猶宮也. 此統言也. 宮白其圍

26 《爾雅 · 釋宮》 郭樸의 注 참조.

27 《詩 · 鄘風 · 定之方中》의 經文 및 <毛傳> 참조.

28 劉歆의 말은《漢書 · 律曆志》 上에 나온다.

29 제7편 下 '呂'부 說解 참조.

繞言之, 則居中謂之宮. 五音, 宮商角徵羽. 劉歆云, 宮, 中也, 居中央, 唱四方, 唱始施生, 爲四聲綱也. (2) 按說宮謂从宀呂會意. 亦無不合. 宀繞其外. 呂居其中也. 呂者, 膂骨也. 居人身之中者也. 居戎切. 九部.

271. 呂(려)부

 膂骨也. 象形.(1) 昔大嶽爲禹心呂之臣, 故封呂侯.(2) 凡呂之屬皆从呂.  篆文呂. 从肉旅聲.(3)

'呂'는 등뼈다. 상형(象形)이다. 옛날 대악(大嶽)이 우(禹)의 '심장, 척추와 같은 신하[心呂之臣]'가 되었으므로 그래서 려후(呂侯)에 봉해졌다. 呂부에 속하는 한자는 모두 呂의 의미를 따른다. ''는 呂의 전문(篆文)이다. '肉(육)'으로 구성되었고 '旅(려)'가 발음을 나타낸다.

(1) '呂'는 하나하나가 서로 이어진 것을 상형하였고 가운데는 그 연결된 모양을 상형하였다. 심동(沈彤)[30]은 <석골(釋骨)>에서 "목뒤의 큰 뼈마디[項大椎(항대추)] 아래 21개의 등뼈마디[椎]를 보통 '脊骨(척골)'이라고도 하고 '脊椎(척추)'라고도 하고 '膂骨(려골)'이라고도 한다. 어떤 경우에는 위의 일곱 마디를 '背骨(배골)'이라 하고 아래 여덟 마디 이하를 '膂骨'이라 한다."라고 하였다. '呂'의 발음은 力(력)과 擧(거)의 반절이다. 5부에 속한다.

(2) 《국어(國語) · 주어(周語)》에는 다음과 같이 되어 있다. "태자진(大子晋)이 말하였다. '백우(伯禹)가 이전의 제도가 갖추어져 있지 않음을 헤아려 제도 · 도량을 고치고 천지에서 사물[物]을 본뜨고 온갖 법칙에 유사하게 비교하여 그것으로 백성에게 모범으로 정하고 여러 생활양식에 법도로 삼게 하였습니다. 공(共)의 종손(從孫)인 사악(四嶽)이 그를 보좌하였는데 높은 것은 높이고 낮은 것은 낮추어 내를 뚫고 막힌 것을 인도하였습니다.' '우(禹)의 공(功)을 따라서 의궤[軌儀]로 제도화했는데 훌륭한 업적이 아닐 수 없어 대단히 제(帝)의 마음에 들었습니다. 황천(皇天)이 그것을 기뻐하여 천하를 다스리게 하였으며 성(姓)을 내

30 沈彤(1688-1752): 淸 吳江 사람으로 字는 冠雲이다. 三禮에 정통했다고 알려졌다.

려 姒(사)라 하고 씨(氏)를 有夏(유하)라 했습니다. 이는 그가 아름다운 복으로 만물을 풍성하게 해 줄 수 있기 때문입니다. 사악(四嶽)에게는 국(國)을 만들게 하고 후백(侯伯)으로 명해 주었으며 성(姓)을 내려 姜(강)이라 하고 씨(氏)를 有呂(유려)라고 하였습니다. 이는 그가 능히 우(禹)의 팔다리, 심장, 척추가 되어 만물을 풍성히 하여 백성을 길러줄 수 있기 때문입니다.'"[31] 살펴보면 (《국어·주어》에서) '공(共)의 종손(從孫)'이라 한 것에 대해서 가규(賈逵)·위소(韋昭)가 모두 "共은 共工(공공)이다."라고 하였다. ('四嶽'에 대해서는) <외전(外傳)>[32]에서는 '四嶽'이라 하고 <내전(內傳)>[33]에서는 '大嶽(대악)'이라 하였으나 똑같이 관명(官名)이다. <외전>은 '복[祉(지)]'이라는 의미로 '姒(사)'자를 풀이하고 '풍성하게 해 주다[殷富(은부)]'의 의미로 '夏(하)'자를 풀이하고 '척추[膂(려)]'라는 의미로 '呂(려)'자를 풀이하고 '길러주다[養(양)]'의 의미로 '姜(강)'자를 풀이하였다. 위소(韋昭)도 "呂는 膂라는 말이다."[34]라고 하였는데 그렇게 풀이하면 '呂'자와 '膂'자가 각각 다른 글자가 된다. 그런데 '呂'는 나라 이름이고 그것으로 '氏'를 삼았다. 허신은 "대악(大嶽)이 우(禹)의 심려(心呂)의 신하가 되어 려후(呂侯)에 봉해졌다."라고 하였으며 '膂(려)'자를 '呂'의 소전(小篆)으로 풀이하였는데 그 이유는 허신이 근거한 《국어》의 "股肱心膂" 구절이 "股肱心呂"로 되어 있었기 때문이었다. ('呂'자와 '膂'자는) 본래부터 다른 글자가 아니었다. 《국어》를 연구하던 사람들이 그 뜻을 깨닫지 못하고 '씨(氏)'를 '有呂'라고 고문 자형인 '呂'로 쓰고 '股肱心膂'는 소전 자형인 '膂'로 썼다. 위소(韋昭)도 그것을 답습하고 살피지 않아 "呂는 膂라는 말이다."라고 한 것이다. 결국 '心呂'라는 뜻으로 그 땅을 이름 짓고 그에게 후(侯)를 명하고 씨(氏)를 내린 것이다. <잠부론(潛夫論)>에서 "완(宛)의 서쪽 30리에 呂라는 땅이 있다."[35]라고 하였는데 려도원(酈道元), 서광(徐廣), 사마정(司馬貞)의 설이 모두 같다. 완성(宛城)은 지금의 남양부(南陽府) 치부곽(治附郭) 남양현(南陽縣)이다. 허신은 스스로 서(序)에서 "대악(大岳)이 하(夏)를 돕고 여숙(呂叔)이 주(周)의 번병(藩屛)이 되었다. 허(許)땅에 제후로 삼아 후손들에게 대대로 녹을 받도록 하였다."[36]라고 하였다. '大岳'은 허신의 조상이다. 그래서 상세히 설명하였다.

(3) '呂'는 본래 고문이다. 고문으로 부수를 삼은 이유는 '躳(궁)'이 '呂'로 구성되어 있기 때문

31 《國語·周語》 下 참조.
32 <外傳>이란 《國語·周語》下의 문장을 가리킨다.
33 <內傳>이란 《左傳》 隱公 十一年 傳 및 莊公 二十二年 傳에 기록된 관련된 문장들을 말한다.
34 위에 인용된 《國語·周語》 下의 문장에 대한 韋昭의 注 참조.
35 《潛夫論》 志氏姓第二十五 참조.
36 제15편 下 <敍> 참조.

이다.[37] 이것은 '上(상)'부의 예와 같다.[38] 《상서(尙書)・진서(秦誓)》의 "旅力旣愆[척추의 힘이 이제 다하여]", 《시(詩)・소아(小雅)》의 "旅力方剛[척추의 힘이 굳세었다.]"에 대해서 고주(古注)는 모두 '旅力(여력)'을 '衆力[여러 사람의 힘]'이라고 풀이하고[39] 감히 '旅(려)'와 '膂'를 같은 글자라고 말하지는 못했다. 그것은 《시》나 《서》에서 '心膂'의 '膂'라는 의미로 사용하려면 그 글자가 마땅히 '呂'로 구성되어야 한다고 생각했기 때문이었다. 위(僞) 《고문상서(古文尙書)・군아(君牙)》에서 《국어》를 따라서 '股肱心膂[팔다리와 심장과 척추]'라고 하였다.[40] (그런데 그렇게 표기한 것은) 원래 고문에서는 '膂'자가 없고 진대(秦代)의 문자에 와서야 '膂'자가 있음을 몰랐기 때문이다.[41] 《급취편(急就篇)》에서 "尻寬脊膂要背僂, 股脚膝臏脛爲柱."[42]라고 하였는데 '要背僂(요배루)'라 하고 또 '脛爲柱(경위주)'라고 한 것은 문장의 의미가 서로 상대된다. 이 구절이 <황상비(皇象碑)>본에는 잘못되지 않았다.[43] 그런데 (《급취편》) 안사고(顔師古)본은 '膂'자와 '呂'자가 한 구절 안에 거듭나온다.[44] 그래서 안사고는 부득불 ('膂'와 '呂'를) '脊內肉(척내골)'과 '脊骨(척골)'로 나누어 해석하지 않을 수 없었다.[45] 사유(史游)는 애초에 이 글자[呂]를 몰랐던 것 같다. '膂'는 혹 '裔(예)'자로 잘못되기도 했다.[46] 《화양국지(華陽國志)》에서 "효자 외통(隗通)이 어머니를 위해 강려수(江膂水)를 긷는데 하늘이 그를 위하여 평평한 돌을 내려 강의 가운데로 이르게 해 주었다."[47]라고 하였다. 이때의 '江膂水'란 곧 '江心水'다.

---

37 제7편 下 '呂'부 '躳'자 說解 참조.

38 제1편 上 '上'부 說解 참조.

39 《尙書・秦誓》 "旅力旣愆"의 孔傳 및 《詩・小雅・北山》 "旅力方剛"의 <毛傳> 참조.

40 지금의 《尙書》 <君牙>에 "今命爾予翼, 作股肱心膂."라고 되어 있다.

41 段注에서 지금 설명하고 있는 것은 '呂'자와 '膂'자가 '고문'과 '전문'임을 밝혀 말하고 시대적으로 만들어진 선후가 분명하다는 것이다. '膂'자는 秦代 이후로 만들어진 小篆으로서 '肉'과 '旅'로 구성된 글자다. 그런데 더 오래된 원래 글자는 '呂'인데 《詩》, 《書》에서 '旅'자를 '呂'의 의미로 사용한 것을 주석가들이 밝히지 못했으며 僞《古文尙書》는 '고문'을 따라 써야 하는데 오히려 '소전'을 따라 '膂'자를 써놓은 것이 語不成說이라는 지적이다. 즉 僞《古文尙書》의 작자들이 呂자의 '고문'과 '소전' 자형을 제대로 알지 못했다는 것이다.

42 《急就篇》 第十八章 참조.

43 皇象碑本은 王應麟의 《玉海》에 수록된 《急就篇》注에 인용되어 있다.

44 <皇象碑>本은 "尻寬脊膂要背僂"라고 되어 있는 구절이 顔師古本에서는 "尻髖脊膂腰背呂"로 되어 있다.

45 顔師古本에 "尻髖脊膂腰背呂"로 되어 있는 구절의 注에서 "膂, 夾脊內肉也, 呂, 脊骨也."라고 하였다.

46 '膂'자가 혹 '裔(예)'자로 잘못되기도 한 예는 바로 다음 구절의 《華陽國志》의 인용문에 나온다. 그런데 段注에 인용된 것은 잘못된 원문이 아니라 '膂'자가 제대로 쓰여 있다.

47 《華陽國志》 卷三 蜀志에는 "又有孝子隗通, 爲母汲江裔水, 天爲出平石, 生江中, 今石在馬湖江."이라 하여 段注에 인용된 것과 두 글자가 다르다. 즉 '江膂水'가 '江裔水'로 되어 있고 '至江中'이 '生江中'으로 되

(1) 呂象顆顆相承, 中象其系聯也. 沈氏彤釋骨曰, 項大椎之下二十一椎通曰脊骨, 曰脊椎, 曰膂骨. 或以上七節曰背骨. 第八節以下乃曰膂骨. 力擧切. 五部. (2) 周語, 大子晉曰, 伯禹念前之非度, 釐改制量, 象物天地, 比類百則, 儀之于民, 而度之于群生. 共之從孫四嶽佐之. 高高下下, 疏川道滯. 帥象禹之功, 度之于軌儀, 莫非嘉績, 克厭帝心. 皇天嘉之, 胙以天下, 賜姓曰姒, 氏曰有夏, 謂其能以嘉祉殷富生物也. 胙四嶽國, 命爲侯伯, 賜姓曰姜, 氏曰有呂, 謂其能爲禹股肱心膂, 以養物豐民人也. 按曰共之從孫, 賈逵韋昭皆曰, 共, 共工也. 外傳曰四嶽, 內傳曰大嶽, 一也, 官名也. 外傳以祉訓姒, 以殷富訓夏, 以膂訓呂, 以養訓姜. 韋解云, 呂之爲言膂也. 是呂膂各字. 呂者, 國名以國爲氏. 許云, 大嶽爲禹心呂之臣, 故封呂侯. 膂爲小篆呂, 是許所據國語股肱心膂作股肱心呂. 本無二字. 後之爲國語學者不得其解, 乃以氏曰有呂作古文, 股肱心膂作小篆. 韋氏習而不察, 乃云呂之爲言膂矣. 以心呂之意名其地, 而侯之, 而氏之. 潛夫論曰, 宛西三十里有呂. 酈道元徐廣司馬貞說皆同. 宛城今南陽府治附郭南陽縣, 是也. 許自序曰, 大岳左夏, 呂叔作藩, 俾侯於許, 世胙遺靈. 大岳者, 許之先也, 故詳之. (3) 呂本古文. 以古文爲部首者, 因躳从呂也. 此二部之例也. 秦誓, 旅力旣愆. 小雅, 旅力方剛. 古注皆訓爲衆力. 不敢曰旅與膂同者, 知詩書倘以心膂爲義, 則其字當从呂矣. 僞君牙襲國語云, 股肱心膂. 此未知古文無膂, 秦文乃有膂也. 急就篇, 尻寬脊膂要背僂, 股腳膝臏脛爲柱. 云要背僂, 曰脛爲柱, 辭意相對. 皇象碑本不誤. 若顏本膂呂重出, 師古不得不以脊內肉, 脊骨分釋之. 似史游早不識字矣. 膂之譌或爲膐. 華陽國志, 孝子隗通爲母汲江膂水, 天爲出平石至江中. 江膂水, 謂江心水也.

272. 穴(혈)부

土室也.(1) 从宀(2)八聲.(3) 凡穴之屬皆从穴.

'穴'은 흙집이다. '宀(면)'으로 구성되었고 '八(팔)'이 발음을 나타낸다. 穴부에 속하는 한자는 모두 穴의 의미를 따른다.

(1) 인신되어 모든 구멍을 穴이라고 한다.

(2) ('宀'으로 구성되었다는 것은) 그 위를 덮는다는 뜻이다.

어 있다.

(3) '穴'의 발음은 胡(호)와 決(결)의 반절이다. 12부에 속한다.

(1) 引伸之凡空竅皆爲穴. (2) 覆其上也. (3) 胡決切. 十二部.

273. 㝱(몽)부

寐而覺者也.(1) 从宀从疒夢聲.(2) 周禮, 㠯日月星辰占六㝱之吉凶.(3) 一曰正㝱,(4) 二曰噩㝱,(5) 三曰思㝱,(6) 四曰寤㝱,(7) 五曰喜㝱,(8) 六曰懼㝱.(9) 凡㝱之屬皆从㝱.

'㝱'은 자면서도 깨어 있는 것이다. '宀(면)'과 '疒(녁)'으로 구성되었으며 '夢(몽)'은 발음을 나타낸다. 《주례(周禮)》에 "일월성신(日月星辰)으로 육몽(六㝱)의 길흉(吉凶)을 점친다. 첫째는 정몽(正㝱)이고 둘째는 악몽(噩㝱)이고 셋째는 사몽(思㝱)이고 넷째는 오몽(寤㝱)이고 다섯째는 희몽(喜㝱)이고 여섯째는 구몽(懼㝱)이다."라고 하였다. 㝱부에 속하는 한자는 모두 㝱의 의미를 따른다.

(1) "자면서도 깨었다"는 것은 '酲(정)'자에서 "취하여도 깨어 있다."[48]라고 한 것과 글자 구성 원리가 같다. 금자(今字)는 '夢(몽)'으로 가차하여 쓴다. '夢'자가 유행하면서 '㝱'자는 없어졌다.

(2) '宀(면)'은 덮는다는 뜻이다. '疒(녁)'은 누워 기댄다는 뜻이다. '夢'은 분명하지 않다는 뜻이다.[49] '夢'은 또한 발음을 나타낸다. 고음은 6부에 있다. '㝱'의 지금 발음은 莫(막)과 鳳(봉)의 반절이다.

(3) 이 구절에 대해서는 정현(鄭玄)의 주석[50]에서 상세하게 설명하였다.

(4) 정현이 정몽(正㝱)은 "마음에 동요가 없이 편안하게 꿈을 꾸는 것이다."라고 하였다.

---

48 제14편 下 '酉'부 '酲'자 說解 및 段玉裁 注 참조. 《說文》에는 '醒'자가 없다. 段玉裁는 '酲'자가 '醒'자의 의미를 가진다고 하였다.

49 제7편 上 '夕'부 '夢'자 說解 참조.

50 《周禮 · 春官 · 占夢》의 鄭玄의 注 참조.

(5) ‘咢(악)’이란 시끄럽게 말한다는 뜻이다.[51] 이 글자를 빌어다 ‘驚遻(경악)’의 ‘遻’자로 쓴다. 《주례》에는 ‘噩夢(악몽)’이라고 되어 있다. 두자춘(杜子春)은 “驚愕(경악)의 ‘愕’자로 써야 한다. 놀라서 꾼 꿈을 말한다.”라고 하였다.[52]

(6) 정현이 사몽(思㝰)은 “깨었을 때 생각하던 것을 꿈꾼다.”라고 하였다. ‘思(사)’자가 소서본(小徐本)에서는 ‘觭(기)’자로 되어 있는데 잘못이다.[53]

(7) 정현이 오몽(㝑㝰)은 “깨었을 때 말하던 것을 꿈꾼 것이다.”라고 하였다. ‘㝑(오)’자가 대서본(大徐本)에는 ‘悟(오)’자로 되어 있다.[54]

(8) 정현이 희몽(喜㝰)은 “기뻐서 꾸는 꿈이다.”라고 하였다.

(9) 정현이 구몽(懼㝰)은 “두려워서 꾸는 꿈이다.”라고 하였다. 이상은 《주례·점몽(占夢)》의 문장이다.

(1) 寐而覺, 與酲字下醉而覺同意. 今字叚夢爲之. 夢行而㝰廢矣. (2) 宀者, 覆也. 疒者, 倚著也. 夢者, 不明也. 夢亦聲. 古音在六部. 今莫鳳切. (3) 鄭注詳矣. (4) 鄭云, 無所感動, 平安自夢也. (5) 咢者, 譁訟也. 借爲驚遻之遻. 周禮作噩夢. 杜子春云, 當爲驚愕之愕. 謂驚愕爲夢也. (6) 鄭云, 覺時所思念之而夢也. 思小徐作觭, 誤. (7) 鄭云, 覺時所道之而夢也. 㝑, 大徐作悟. (8) 鄭云, 喜悅而夢也. (9) 鄭云, 恐懼而夢也. 巳上周禮占夢文.

274. 疒(녁)[55]부

疒 倚也.(1) 人有疾痛也.(2) 象倚箸之形.(3) 凡疒之屬皆从疒.

‘疒’은 의지한다는 뜻이다. 사람이 병이 들어서 의지하여 붙어 있는 모양을 상형하였다. 疒부에 속하는 한자는 모두 疒의 의미를 따른다.

---

51 제2편 上 ‘吅’부 ‘咢’자 說解 참조.

52 《周禮·春官·占夢》의 杜子春 注 참조.

53 徐鍇本 참조.

54 徐鉉本 참조.

55 ‘疒’자는 篆書의 자형을 충실하게 반영하는 楷書體다. 지금은 ‘疒’으로 쓴다. 段玉裁는 許愼의 說解와 자신의 注에서 ‘疒’으로 쓰고 있다.

(1) '倚(의)'와 '疒(녁)'은 발음이 서로 가깝다.

(2) ("人有疾痛也"의) '也(야)'자가 《옥편(玉篇)》에 있다.[56]

(3) 가로획과 세로획은 서로 떨어져 있으므로 "의지하여 붙어 있는 모양을 상형하였다."라고 말한 것이다. 어떤 사람들은 이 글자[疒]가 '牀(상)'·'狀(상)'·'牆(장)'·'戕(장)'[57]자 등의 왼쪽 편방이라고도 하는데 그것은 ('疒'자가 이런 글자들과) 발음이 서로 상당히 다르다는 것을 모르기 때문에 하는 말이다. '疒'의 발음은 女(녀)와 戹(액)의 반절이다. 16부에 속한다.

(1) 倚與疒音相近. (2) 也字玉篇有. (3) 橫者直者相距, 故曰象倚著之形. 或謂卽牀狀牆戕之左旁, 不知其音迥不相同也. 女戹切. 十六部.

275. 冖(멱)부

 覆也.(1) 从一下𠂹.(2) 凡冖之屬皆从冖.

'冖'은 덮는다는 뜻이다. '一(일)'이 아래로 드리운 모습으로 구성되었다. 冖부에 속하는 한자는 모두 冖의 의미를 따른다.

(1) '覆(복)'은 덮는다[蓋(개)]는 뜻이다.[58]

(2) '一'은 그것으로 덮는다는 뜻이다. 덮으면 사면에서 아래로 내려온다. 《광운(廣韻)》에서는 《문자음의(文字音義)》를 인용하여 "수건으로 덮어서 一이 아래로 내려오는 모양으로 구성되었다."라고 하였다.[59] '冖'의 발음은 莫(막)과 狄(적)의 반절이다. 16부에 속한다. 살펴보면 '冥(명)'자에서 "冖이 발음을 나타낸다.[冖聲]"[60]라고 하고 '鼏(멱)'자에서도 "冖이 발음

---

56 《玉篇》 卷十一 '疒'부 第148 참조. 二徐本 참조.

57 이 글자들의 왼쪽 편방을 구성하는 '爿'자는 제7편 上의 '片'부에 부속되어 있는 글자이며 독립된 부수자가 아니다. 따라서 '牀', '狀', '牆', '戕' 등의 글자들은 모두 오른쪽 편방의 부수들 '木', '犬', '嗇', '戈'부에 각각 속해 있다.

58 제7편 下 '襾'부 '覆'자 說解 참조.

59 《廣韻》 入聲 二十三 '錫'韻 참조.

을 나타낸다.[冖聲]"[61]라고 하였으니 역시 '冖'은 11부의 '支(지)'·'耕(경)'과 합운(合韻)인 것 같다.

(1) 覆者, 葢也. (2) 一者所以覆之也. 覆之則四面下垂. 廣韻引文字音義云, 以巾覆, 从一下垂. 莫狄切. 十六部. 按冥下曰冖聲, 鼏亦冖聲, 則亦在十一部, 支耕之合也.

276. 冃(모)부

 重覆也.(1) 从冖一.(2) 凡冃之屬皆从冃. 讀若艸苺苺.(3)

'冃'는 거듭 덮는다는 뜻이다. '冖(멱)'과 '一(일)'로 구성되었다. 冃부에 속하는 한자는 모두 冃의 의미를 따른다. '艸苺苺(초매매)'의 ('苺'자와) 같이 발음한다.

(1) 아래의 '一'은 한 번 덮는 것이고 위에 다시 '冖'을 더하였으니 두 번 덮는다는 뜻이 된다.
(2) 회의(會意)다.
(3) 급고각본(汲古閣本)에서는 ("艸苺苺"가) '艸苺之苺'라고 되어 있는데[62] '之'자는 쓸데없이 잘못 들어 있는 것이다. 지금은 송본(宋本)에 따른다. '苺'자는 '毒(매)'자로 써야 한다. '屮(철)'부에서 "毒는 풀이 성하여 위로 나오는 것이다.[艸盛上出也]"[63]라고 하였다. '毒'자가 예서(隷書)로는 '毒'로 쓰였다. 《좌전(左傳)》에서 "여러 사람들이 들판의 밭에 풀이 무성하다고 노래하였다.[輿人誦曰原田毒毒]"라고 하였는데 두예(杜預)의 주석에서는 "진(晋)나라 군대의 아름답고 성한 모습이 마치 들판의 밭에 풀이 무성한 듯하다는 뜻이다."라고 하였다.[64] <위도부(魏都賦)>에서는 "蘭渚苺苺[물가의 난초 무성하구나.]"라고 하여 '每(매)'자 위에 '艸(초)'편방을 더했는데 잘못이다.[65] 내 생각에는 고음은 아마 '之(지)'부와 '尤(우)'부

---

60 제7편 上 '冥'부 說解 참조.

61 제7편 上 '鼎'부 '鼏'자 說解 참조.

62 汲古閣毛本에는 "讀若艸苺之苺"으로 되어 있다.

63 제1편 下 '屮'부 '每'자 說解 참조.

64 《左傳》 僖公 二十八年의 傳 및 杜預의 注 참조. 杜預의 주에 의하면 "晉軍美盛, 若原田之草每每然."이라고 하여 段注本에 인용된 것과 한 글자가 다르다. 段注는 '晉君美盛'이라 하여 軍을 君으로 썼다.

사이에 있었을 것이다. ‘冃’의 지금 발음은 莫(막)과 保(보)의 반절이다.

(1) 下一覆也, 上又加冖, 是爲重覆. (2) 會意. (3) 汲古閣作艸苺之苺, 之字誤滕. 今依宋本, 苺當作毒. 屮部曰, 毒, 艸盛上出也. 毒, 隸書作毐.[66] 左傳輿人誦曰, 原田毐毐. 杜注, 晉君美盛, 若原田之草毐毐然. 魏都賦, 蘭渚莓莓. 每上加艸, 非. 按古音蓋在之尤二部閒. 今音莫保切.

277. 冃(모)부

冃 小兒及蠻夷頭衣也.(1) 从冂, 二其飾也.(2) 凡冃之屬皆从冃.

‘冃’는 어린아이나 이민족이 머리에 쓰는 것이다. ‘冂(멱)’으로 구성되었으며 (가운데의) ‘二’모양은 그 장식이다. 冃부에 속하는 한자는 모두 冃의 의미를 따른다.

(1) (‘冃’자가 어린아이들이 쓰는 것과 이민족이 쓰는 것) 이렇게 두 종류의 사람의 머리 옷을 가리켜 쓰는 말이라는 뜻이다. 어린아이들은 ‘冠(관)’을 쓰지 않으며 이민족들도 ‘冠’을 쓴다고 말할 수 없다. 그러므로 이들은 ‘冠’을 쓰지 않고 머리를 덮는다.[冃] 손경(荀卿)이 “옛날의 왕들은 머리에 모자를 덮고 옷깃을 구부려 입었다.[古之王者, 有務而拘領者矣.]” 라고 하였는데 양경(楊倞)이 주석하기를 “務(무)는 ‘冒(모)’자로 해석되어야 하고 拘(구)는 ‘구부리다[勾(구)]’의 뜻과 같다.”라고 하였다.[67] 《회남자(淮南子)》에 “옛날에는 모자를 쓰고 옷깃을 구부려 두르고 천하를 다스렸다.[古者有鍪而綣領以王天下者]”라고 하였는데 고유(高誘)의 주석에서는 “옛날[古者]이란 삼황(三皇) 이전을 말한다. ‘鍪(무)’는 머리 수건[兜鍪帽(두무모)]을 쓴 것이다. 아직 ‘冠’을 만들 줄을 모르던 시대의 일을 말하였다.”라고 하였다.[68] 내 생각에 고유의 주석에서 ‘兜鍪帽’라고 하였을 때의 ‘兜鍪’의 두 글자는 천인들이 덧붙인 것 같다. ‘務’와 ‘鍪’는 모두 ‘冃’로 발음한다. ‘冃’자는 즉 지금의 ‘帽(모)’자

65 《文選》 卷六 <魏都賦> 참조.
66 이 글자는 지금 ‘毎’로 쓴다.
67 《荀子·哀公》篇 및 楊倞의 注 참조.
68 《淮南子·氾論訓》 및 高誘의 注 참조.

다. 후대의 성인(聖人)들이 나오면서 '冃'로부터 발전한 '冠(관)'과 '冕(면)'을 만들게 되었고 마침내 '冃'자는 어린아이나 이민족들의 머리 옷을 뜻하게 되었다.

(2) '冃'의 발음은 古(고)[69]와 報(보)의 반절이다. 고음 3부에 속한다.

(1) 謂此二種人之頭衣也. 小兒未冠, 夷狄未能言冠, 故不冠而冃. 荀卿曰, 古之王者有務而拘領者矣. 楊注, 務讀爲冒, 拘與勾同. 淮南書曰, 古者有鍪而綣領以王天下者. 高注, 古者, 蓋三皇以前也, 鍪著兜鍪帽, 言未知制冠. 按高注兜鍪二字蓋淺人所加. 務與鍪皆讀爲冃. 冃卽今之帽字也. 後聖有作, 因冃以制冠冕, 而冃遂爲小兒蠻夷頭衣. (2) 古報切. 古音在三部.

278. 㒳(양)부

再也.(1) 从冂(2)从从(3)从丨.(4) 易曰, 參天㒳地.(5) 凡㒳之屬皆从㒳.

'㒳'은 두 번이라는 뜻이다. '冂(멱)'으로 구성되었고 从(량)으로 구성되었으며 '丨(곤)'으로 구성되었다. 《역(易)》에서 "參天㒳地[하늘은 셋이고 땅은 둘이다.]"라고 하였다. 㒳부에 속하는 한자는 모두 㒳의 의미를 따른다.

(1) '冓(구)'부[70]에서 "再(재)란 하나로 둘을 들어 올리는 것이다.[一擧而二也]"라고 하였다. 대체로 사물이 둘이 있는 것을 말할 때 그 글자는 '㒳'자를 쓰고 '兩(양)'자로 쓰지는 않았다. '兩'이란 무게 단위로서 24수(銖)를 일컫는다.[71] 금자(今字)인 '兩'자가 유행하면서 '㒳'자는 없어졌다.

(2) '冂'으로 구성된 것은 그 위를 덮고 있다는 의미다.

(3) '入(입)'부에서 "从은 두 개의 入이다. 㒳은 이것으로 구성되었다."[72]라고 하였으니 여기

69 段注에는 反切 上字가 '古'자로 되어 있으나 徐鉉本에는 '莫'자로 되어 있다. 段注의 글자가 잘못된 것 같다. 冃자는 莫'과 '報'의 반절로 발음하는 것이 옳겠다.

70 제4편 下 '冓'부 참조. 段玉裁의 책에 이 글자가 잘못되어 있다. '爯(칭)'자는 부수자가 아니며 '冓'부에 속한 글자다. '再'자도 '冓'부에 속해 있다.

71 1兩은 24銖와 맞먹는 중량이다. 漢代의 제도에 의하면 16兩이 1斤이었고, 1斤의 무게는 약 248g에 해당한다. 그러므로 1兩(24銖)의 무게는 약 15.5g에 해당한다.

'㒳'자의 설명과 딱 들어맞는다. 서현본(徐鉉本)에서는 ("从冂. 从从."이) "从冂, 闕.[冂으로 구성되었다. 비워 둔다.]"이라고 되어 있는데 이는 대단히 잘못된 것이다.[73]

(4) ("从丨"의) 두 글자를 지금 보충한다.[74] 이는 두 개의 '入'자 사이에 끼인 부분[丨]을 말하는 것이다. '㒳'의 발음은 良(량)과 獎(장)의 반절이다. 10부에 속한다.

(5) ("參天㒳地"는) 《역(易)·설괘전(說卦傳)》의 문장이다.[75] 《맹씨역(孟氏易)》에 (이와 같은 글자로) 쓰여 있었을 것이다.

(1) 冓部曰, 再者, 一擧而二也. 凡物有二, 其字作㒳不作兩. 兩者, 二十四銖之偁也. 今字兩行而㒳廢矣. (2) 覆其上也. (3) 入部曰, 从, 二入也, 㒳从此. 與此正相印合. 而鉉本此作从冂闕, 其誤甚矣. (4) 二字今補. 蓋爲二入之介也. 良獎切. 十部. (5) 說卦傳文. 蓋孟氏易如此.

279. 网(망)부

庖犧氏所結繩㠯田㠯漁也.(1) 从冖.(2) 下象网交文.(3) 凡网之屬皆从网. 罔 网或加亡.(4) 䋄 或从糸.(5) 𦉪 古文网. 从冖亡聲. 冈 籒文. 从冂.

'网'은 포희씨(庖犧氏)가 끈을 묶어 사냥하고 고기를 잡던 것이다. '冖(멱)'으로 구성되었다. 아랫부분은 그물의 교차된 무늬를 상형한 것이다. 网부에 속하는 한자는 모두 网의 의미를 따른다. '罔'은 网의 혹자로서 (网에) '亡(망)'을 더하였다. '䋄'도 혹자로서 '糸(멱)'으로 구성되었다. '𦉪'은 网의 고문이다. '冖'으로 구성되었고 '亡'이 발음을 나타낸다. '冈'은 주문(籒文)이며 '冂(모)'로 구성되었다.

(1) '以田(이전)' 두 글자는 《광운(廣韻)》과 《태평어람(太平御覽)》에 의하여 보충한다.[76] 이 구절은 《주역(周易)·계사전(繫辭傳)》의 문장이다.

---

72 제5편 下 '入'부 '从'자 說解 참조.

73 徐鉉本 참조.

74 二徐本에는 없는 구절이다.

75 지금 책에는 '兩'으로 되어 있다.

76 《廣韻》 上聲 三十六 '養'韻 참조. 《太平御覽》 834 '網罟' 참조.

(2) ('冖'으로 구성된 것은) 그 위를 덮었기 때문이다.

(3) '㐅'모양은 그물눈을 상형하였다. '网'의 발음은 文(문)과 紡(방)의 반절이다. 10부에 속한다. 《오경문자(五經文字)》에서 말하기를 "《설문》에서는 '网'이라 썼다. 지금은 석경(石經)에 의하여 '冂'으로 쓴다."라고 하였다.[77]

(4) '亡'이 발음을 나타낸다.

(5) ('糸'으로 구성된 이유는) 끈을 묶어서[結繩(결승)] 만들었기 때문이다.

(1) 以田二字依廣韻太平御覽補. 周易毄辭傳文. (2) 冪其上也. (3) 㐅象网目. 文紡切. 在十部. 五經文字曰, 說文作网, 今依石經作冂. (4) 亡聲也. (5)以結繩爲之也.

280. 襾(아)부

襾 覆也. 从冂. 上下覆之.(1) 凡襾之屬皆从襾. 讀若晋.(2)

'襾'는 덮는다는 뜻이다. '冖(멱)'으로 구성되었다. 위아래로 덮는 모양이다. 襾부에 속하는 한자는 모두 襾의 의미를 따른다. '晋(아)'자와 같이 발음한다.

(1) ("从冂. 上下覆之."에서의) '下(하)'자는 쓸데없는 글자다. '冂'모양은 위부터 아래로 내려온 것이다. '凵'모양은 아래로부터 위로 올린 것이다. 그래서 "위에서 덮었다.[上覆之]"라고 할 때의 '覆(복)'자 위에서 엎는다[覂(봉)]는 뜻이다.[78] '襾'가 '一'로 구성되어 있는 것은 하늘을 나타낸다. 위는 덮여 있다 해도 하늘을 벗어나지 않는다.

(2) '襾'의 발음은 呼(호)와 訝(아)의 반절이다. 고음 5부에 속한다.

(1) 下字賸. 冂者自上而下也, 凵者自下而上也, 故曰上覆之. 覆者, 覂也. 从一者, 天也. 上覆而不外乎天也. (2) 呼訝切. 古音在五部.

---

77 《五經文字》 卷上 참조.

78 제7편 下 '襾'부 '覆'자 說解 참조.

281. 巾(건)부

 佩巾也.(1) 从冂.(2) 丨象糸也.(3) 凡巾之屬皆从巾.

'巾'은 허리에 차는 수건이다. '冂(멱)'으로 구성되었다. '丨'은 매어 있는 모양을 상형하였다. 巾부에 속하는 한자는 모두 巾의 의미를 따른다.

(1) '帶(대)'자에서 "(허리에) 찰 때에는 반드시 巾으로 한다.[佩必有巾.]"라고 하였다.[79] '佩巾(패건)'은 《예(禮)》에서 말하는 '紛帨(분세)'다. 정현(鄭玄)은 "紛帨란 물건을 닦을 수 있게 차는 수건이다."라고 하였다.[80] 살펴보면 '巾'으로 물건을 닦는 것도 '巾'이라고 하는 것 같다. 마치 '帨'로 손을 닦는 것을 '帨'이라고 하는 것과 같다. 《주례(周禮)》의 '巾車之官(건거지관)'에 대해서 정현이 주석하기를 "巾은 옷[衣(의)]과 같은 것이다."라고 하였다.[81] 하지만 <오도부(吳都賦)>에서 "吳王乃巾玉路[오왕(吳王)은 옥으로 된 수레 축을 닦았다.]"라고 한 것이나[82] 도연명(陶淵明)의 문장에서 "或巾柴車, 或權孤舟.[나무수레를 닦고 외로운 뱃전을 두드리네.]"라고 한 것[83]을 보면 '巾'은 모두 털고 닦는 데 썼음을 말해 준다. 정현의 설과는 다르다. (제대로 된) 도연명의 위 문장은 《문선(文選)》의 강엄(江淹)의 <잡체시(雜體詩)>에 대한 주석에 보인다.[84] 지금 판본에는 "或巾柴車"가 "或命巾車"라고 되어 있는데[85] 그렇게 되면 뜻이 통하지 않는다. 《옥편(玉篇)》에서는 "본래 물건을 닦는 것이었는데 후인들이 그것을 머리에 썼다."라고 하였다.[86]

(2) '巾'으로 물건을 덮을 수도 있다. 그래서 '冖'으로 구성되었다. 《주례·멱인(冪人)》 주석에 "巾으로 물건을 덮는 것을 '冪(멱)'이라 한다."라고 하였다.[87]

---

79 제7편 下 '巾'부 '帶'자 說解 참조.

80 《禮記·內則》 "左佩紛帨"의 鄭玄의 注 참조.

81 《周禮·春官·序官》 '巾車'에 대한 鄭玄의 注 참조.

82 《文選》 卷五 <吳都賦> 참조.

83 《文選》 卷四十三 <歸去來辭> 참조.

84 《文選》 卷三十一 江淹의 <雜體詩>의 '陶徵君田居'詩의 注 참조. 江淹의 원문은 "日暮巾柴車, 路闇光已夕."이라 되어 있고 주석은 "歸去來曰, 或巾柴車, 鄭玄周禮注曰, 巾猶衣也."라고 되어 있다.

85 《文選》 卷四十三 <歸去來辭>에는 "或命巾車, 或棹孤舟."라고 되어 있다.

86 《玉篇》 卷二十八 '巾'부 第432 참조.

87 《周禮·天官·序官》 '冪人'에 대한 鄭玄의 注 참조.

(3) '묶는 끈[系]'이 있어야 허리에 찰 수 있다. '巾'의 발음은 居(거)와 銀(은)의 반절이다. 12부에 속한다.[88]

(1) 帶下云, 佩必有巾. 佩巾, 禮之紛帨也. 鄭曰, 紛帨帨物之佩巾也. 按以巾拭物曰巾, 如以帨拭手曰帨. 周禮, 巾車之官. 鄭注, 巾猶衣也. 然吳都賦, 吳王乃巾玉路. 陶淵明文曰, 或巾柴車, 或櫂孤舟. 皆謂拂拭用之, 不同鄭說也. 陶句見文選江淹雜體詩注. 今本作或命巾車, 不可通矣. 玉篇曰, 本以拭物, 後人著之於頭. (2) 巾可覆物, 故从冖. 周禮冪人注, 以巾覆物曰冪. (3) 有系而後佩於帶. 居銀切. 十二部.

282. 巿(불)부

巿 韠也.(1) 上古衣蔽前而已, 巿㠯象之.(2) 天子朱巿, 諸侯赤巿, 卿大夫葱衡.(3) 从巾. 象連帶之形.(4) 凡巿之屬皆从巿. 韍 篆文巿. 从韋从犮.(5) 俗作紱.(6)

'巿'은 앞가리개다. 상고(上古) 시대의 옷은 앞만을 가렸으며 巿은 그것을 상형한 것이다. 천자(天子)는 주불(朱巿)로 가렸고, 제후(諸侯)는 적불(赤巿)로 가렸으며 경대부(卿大夫)는 총형(葱衡)으로 가렸다. '巾(건)'으로 구성되었고 이어서 허리띠로 맨 모양을 상형하였다. 巿부에 속하는 한자는 모두 巿의 의미를 따른다. '韍'은 巿의 전문(篆文)이다. '韋(위)'로 구성되었고 '犮(발)로 구성되었다. 속자(俗字)는 '紱(불)'로 쓴다.

(1) '韋(위)'부에서 "韠(필)은 韍(불)이다."[89]라고 하였으니 '韠'과 '韍'의 두 글자는 서로 전주(轉注)의 관계에 있다. 정현(鄭玄)은 "韠은 가린다[蔽(폐)]는 뜻이다. 韍도 역시 가린다[蔽]는 뜻이다."라고 하였다.[90] 제복(祭服)에서는 '韍'이라고 부르고 현단복(玄端服)에서는 '韠'이라고 부른다.

88 皇淸經解本에는 "十三部"로 되어 있다.
89 제5편 下 '韋'부 '韠'자 說解 참조.
90 《禮記・玉藻》 "韠, 君朱, 大夫素, 士爵韋."의 鄭玄의 注 참조.

(2) 정현이 《예(禮)》를 주석하면서 "옛날에 사냥하고 물고기를 잡아먹고 잡은 짐승의 가죽으로 옷을 해 입었다. 먼저 앞을 가리는 것을 알고 나중에 뒤를 가릴 줄 알게 되었다. 후대의 왕들이 그것을 천으로 바꾸어 입게 되면서 앞을 가리는 것만은 남겼는데 그것은 근본을 잊지 않기 위해서였다."라고 하였다.91

(3) ("卿大夫蔥衡"의) '卿大夫(경대부)' 다음에 '赤市(적불)'의 두 글자가 있어야 하는데 글자가 빠져 있다. 《시(詩)·사간(斯干)》의 전(箋)에서 "앞가리개[芾(불)]를 천자(天子)는 빨간색으로 하고 제후(諸侯)는 주황색으로 하였다."라고 하였다.92 《시·채기(采芑)》의 <모전(毛傳)>에서는 "앞가리개[芾]는 주황색 가리개[黃朱芾]다."라고 하였다.93 정현이 《역(易)》에 주석하기를 "朱는 赤보다 진한 빨간색이므로 주황색[黃朱]이라고 하면 곧 赤色이 된다."라고 하였다.94 《역건착도(易乾鑿度)》에서 "곤(困)괘의 구오(九五) 효사는 문왕(文王)이 주(紂)임금의 삼공(三公) 벼슬이 되는 것을 말한다. 그래서 '신하로 곤란을 겪다.[困於赤紱]'라고 하였다. 구이(九二) 효사는 주(周)가 장차 왕이 되려는 것을 말하는 것이므로 '천자의 자리가 오려고 한다.[朱紱方來]'라고 하였다."라고 하였다. 그리고 공자(孔子)를 인용하면서 "천자·삼공(三公)·구경(九卿)은 '朱紱'을 사용하고 제후(諸侯)는 '赤紱'을 사용한다."라고 하였다.95 《예기·옥조(玉藻)》에서는 "일명(一命)은 주황색 앞가리개에 검은 구슬장식[縕韍幽衡]을 하고, 재명(再命)은 적색 앞가리개에 검은 구슬 장식[赤韍幽衡]을 하고, 삼명(三命)은 적색 앞가리개에 푸른 구슬장식[赤韍蔥衡]을 한다."라고 하였다. 정현의 주석에서는 "縕(온)은 붉은색[赤]과 노란색[黃] 사이의 색이므로 '韎(매)'라고 불린다. 衡(형)은 달아매는 구슬[佩玉之衡]을 말한다.(衡은 珩(형)과 같다.) 幽(유)는 '黝(유)'라고 풀이되는데 검은 것을 '黝'라 하고 푸른 것을 '蔥'이라 한다. 《주례(周禮)》에 공(公)·후(侯)·백(伯)의 '卿'은 三命, 그 '대부'는 再命, 그 '士'는 一命이며, 자(子)·남(男)의 '卿'은 再命, 그 '大夫'는 一命, 그 '士'는 命이 없다고 하였다."라고 하였다.96 내 생각에 (許愼이 卿大夫에 대해서) '赤市蔥衡'이라고 한 것은 再命의 '赤市'과 구별하기 위한 것 같다.

91 여기 인용된 鄭玄의 注는 《禮》에 대한 注에 나오는 것이 아니라 《詩·小雅·采菽》 "赤芾在股, 邪幅在下."의 孔疏 가운데에 인용된 내용이다. 馮桂芬의 《說文解字段注攷正》 참조.

92 《詩·小雅·斯干》의 鄭玄의 箋 참조.

93 《詩·小雅·采芑》의 <毛傳> 참조.

94 여기 인용된 鄭玄의 注도 《易》에 대한 注에 나오는 것이 아니라 《詩·小雅·采菽》 "赤芾在股, 邪幅在下."의 鄭箋에 대한 孔疏 가운데에 인용된 것이다.

95 《易乾鑿度》 上 참조.

96 《禮記·玉藻》 經文과 鄭玄의 注 참조.

(4) ('이어서 허리띠로 맨 모양을 상형하였다.'라는 것은) '一' 모양을 말한다. 《예기·옥조》에서 "(巿의) 가운데[頸(경)]는 너비 5촌(寸)이며, 양 모서리[肩(견)]와 가죽 끈[革帶(혁대)]은 너비가 2촌이다."라고 하였는데 정현은 "頸이 5촌이라는 것도 너비를 말한다. '頸'은 가운데이며 '肩'은 양쪽 모서리다. 모두 위로 혁대에 연결시켜 매었다. 肩과 革帶는 너비가 같다."라고 하였다.[97] '巿'의 발음은 分(분)과 勿(물)의 반절이다. 15부에 속한다.

(5) '犮'이 발음을 나타낸다. '韍'이 전문이라면 '巿'은 고문인 것을 알 수 있다. 고문을 앞에 표제자로 세우고 전문을 뒤로 한 것은 '二'(상)부의 예와 같다.[98] '巿'로 구성된 '韐(겹)'자가 있기 때문에 고문 자형인 '巿'을 부수로 삼고 전문 자형의 '韍'을 그 아래에 두었다. 만약 '巿'로 구성된 글자가 없었다면 '韍'자를 '韋(위)'부로 넣고 '巿'의 자형을 그 아래에 두었을 것이다.

(6) ("俗作紱"이라는 구절은) 아마도 전문 하나를 들어 놓고 그것을 주석한 문장인 듯하다. 살펴보면 경전에서 간혹 '黻(불)'자를 빌어다 '韍'로 쓰기도 하였다. 예컨대 《예기(禮記)·명당위(明堂位)》의 주석에서 "韍을 혹은 黻로 쓴다."라고 한 것이 그것이다.[99] 혹은 '芾(불)'자를 빌어다 '韍'로 쓰기도 하였다. 《시》의 <후인(候人)>·<사간(斯干)>·<채숙(采菽)> 등이 그 예다.[100] 혹은 '沛(패)'자를 빌어다 그렇게 쓰기도 하였는데 예컨대 《역》의 "豐其沛"에서 '沛'가 '芾'로 쓰인 것이 그것이다. 정현은 '芾'이 '무릎가리개[蔽厀]'라고 하였다.[101] '芾'과 '沛'는 본래 고문으로 '巿'로 썼는데 후인들이 그것을 고치거나 혹은 '茀(불)'자를 빌어다 쓰기도 하였다. 《석문(釋文)》에 실린 시와 이선(李善)에 의해 인용된 시가 모두 그런 예다.[102] 혹은 '紱'로도 썼다. 지금 《주역건착도(周易乾鑿度)》에서 말하는 '朱紱'·'赤紱'이 그 예다.[103] 《창힐편(蒼頡篇)》에서는 "紱은 인끈[綬(수)]이다."라고 하였는데 앞가리개[韍佩]는 없어지고 그것을 매었던 끈만 남은 것이다. 진(秦)나라 때에 와서 여러 가지 색으로 천을 짜서 인끈에 연결하였는데 그것은 앞가리개 천의 화려한 무늬가 밖으로 드러나게 하면서 인끈과 서로 연결된 것이었다. 그래서 '綬'라고 하고 '紱'이라고

---

97 《禮記·玉藻》 經文과 鄭玄의 注 참조.

98 제1편 上 '上'부 說解 및 段玉裁 注 참조.

99 《禮記·明堂位》 "有虞氏服韍"의 鄭玄의 注 참조.

100 《詩·曹風·候人》, 《詩·小雅·斯干》, 《詩·小雅·采菽》 참조.

101 《易》의 '豐卦'와 그에 대한 《釋文》 참조.

102 《詩·小雅·采菽》에 대한 《釋文》 참조. 《文選》 卷二十, 范曄의 <樂遊應詔詩>에 대한 李善의 注 참조.

103 《易乾鑿度》 上 참조.

도 하였다. '糸(멱)'부에 "綬는 앞가리개의 끈[韍維(불유)]이다."[104]라고 하였으니 앞가리개[韍]가 없어지고 나서 인끈[綬]이 나오게 되었고 그래서 앞가리개란 의미의 '韍'자가 없어지자 '紱'자가 나오게 된 것이다.

(1) 韋部曰, 韠, 韍也. 二字相轉注也. 鄭曰, 韠之言蔽也, 韍之言亦蔽也. 祭服偁韍, 玄端服偁韠. (2) 鄭注禮曰, 古者佃漁而食之, 衣其皮, 先知蔽前, 後知蔽後. 後王易之以布帛, 而獨存其蔽前者, 不忘本也. (3) 卿大夫下當有赤市二字, 奪文也. 斯干箋云, 芾, 天子純朱, 諸侯黃朱. 采芑傳曰, 芾, 黃朱芾也. 鄭注易云, 朱深於赤, 則黃朱爲赤也. 乾鑿度曰, 困九五, 文王爲紂三公, 故言困於赤紱. 至於九二, 周將王, 故言朱紱方來. 引孔子曰, 天子三公九卿朱紱, 諸侯赤紱. 玉藻曰, 一命緼韍幽衡, 再命亦韍幽衡, 三命亦韍蔥衡. 鄭注, 緼, 赤黃之閒色, 所謂韎也. 衡, 佩玉之衡也. [同珩] 幽讀爲黝, 黑謂之黝, 青謂之蔥. 周禮, 公侯伯之卿三命, 其大夫再命, 其士一命. 子男之卿再命, 其大夫一命, 其士不命. 按云赤市蔥衡者, 以別於再命之赤市也. (4) 謂一也. 玉藻云, 頸五寸, 肩革帶博二寸. 鄭曰, 頸五寸亦謂廣也, 頸中央, 肩兩角, 皆上接革帶以繫之, 肩與革帶廣同. 分勿切. 十五部. (5) 犮聲也. 此爲篆文, 則知市爲古文也. 先古文後小篆, 此亦二部之例. 以有从市之韐, 故以市爲部首, 而韍次之. 假令無从市之字, 則以韍入韋, 而以市次之. (6) 疑當出一篆而注之. 按經傳或借黻爲韍, 如明堂位注曰, 韍或作黻, 是也. 或借芾爲之, 如詩侯人斯干采菽, 是也. 或借沛爲之, 如易豐其沛一作芾, 鄭云蔽厀, 是也. 芾與沛蓋本用古文作市, 而後人改之. 或借茀爲之, 如詩釋文所載及李善所引詩, 皆是也. 或作紱, 如今周易乾鑿度朱紱赤紱, 是也. 倉頡篇曰, 紱, 綬也. 韍佩廢而存其係襚. 秦乃以采組連結於襚. 光明章表, 轉相結受, 故謂之綬, 亦謂之紱. 糸部曰, 綬, 韍維也. 然則韍廢而綬乃出, 韍字廢而紱字乃出.

283. 帛(백)부

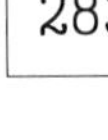 繒也.(1) 从巾白聲.(2) 凡帛之屬皆从帛.

'帛'은 비단이다. '巾(건)'으로 구성되었고 '白(백)'이 발음을 나타낸다. 帛부에 속하

104 제13편 上 '糸'부 '綬'자 說解 참조.

는 한자는 모두 帛의 의미를 따른다.

(1) '糸(멱)'부에서 "繒(증)은 비단[帛]이다."라고 하였다.[105] 《의례(儀禮)·빙례(聘禮)》, 《주례(周禮)·대종백(大宗伯)》의 주석에서 모두 "帛은 지금의 벽색(璧色) 비단이다."라고 하였다.[106]

(2) '帛'의 발음은 旁(방)과 陌(맥)의 반절이다. 고음 5부에 속한다.

(1) 糸部曰, 繒, 帛也. 聘禮大宗伯注皆云, 帛, 今之璧色繒也. (2) 旁陌切. 古音在五部.

284. 白(백)부

西方色也. 侌用事, 物色白. 从入合二.(1) 二, 侌數.(2) 凡白之屬皆从白.
 古文白.

'白'은 서방(西方)의 색이다. 음(侌)이 작용할 때에는 사물의 색이 희다. '入(입)'이 '二(이)'와 합해진 모양으로 구성되었다. 二는 음수(侌數)다. 白부에 속하는 한자는 모두 白의 의미를 따른다. ''은 白의 고문이다.

(1) 나가는 것은 '양(陽)'이고 들어오는 것은 '음(陰)'이다. 그래서 '白'이 '入'으로 구성되었다.

(2) '二'로 구성된 의미를 해설하였다. '白'의 발음은 旁(방)과 陌(백)의 반절이다. 고음 5부에 속한다.

(1) 出者陽也, 入者陰也, 故从入. (2) 說从二之恉. 旁陌切. 古音在五部.

---

105 제13편 上 '糸'부 '繒'자 說解 참조.

106 《儀禮·聘禮》 "受享束帛加璧"의 鄭玄의 注 참조. 《周禮·春官·大宗伯》 "孤執皮帛"의 鄭玄의 注 참조.

285. 㡀(폐)부

 敗衣也.(1) 从巾. 象衣敗之形.(2) 凡㡀之屬皆从㡀.

'㡀'는 해진 옷이라는 뜻이다. '巾(건)'으로 구성되었고 옷이 떨어진 모양을 상형하였다. 㡀부에 속하는 한자는 모두 㡀의 의미를 따른다.

(1) 이 글자가 해진 옷[敗衣(패의)]이라는 뜻의 정자(正字)인데 '敝(폐)'자가 유행하면서 '㡀'자가 없어졌다.
(2) '㡀'의 발음은 毗(비)와 際(제)의 반절이다. 15부에 속한다.

(1) 此敗衣正字, 自敝專行而㡀廢矣. (2) 毗際切. 十五部.

286. 黹(치)부

 箴縷所紩衣也.(1) 从㡀丵省. 象刺文也.(2) 凡黹之屬皆从黹.

'黹'는 바늘과 실로 꿰맨 옷이다. '㡀(폐)'로 구성되었으며 '丵(착)'의 생략형으로 구성되었다. 찔러서 꿰맨 무늬를 상형하였다. 黹부에 속하는 한자는 모두 黹의 의미를 따른다.

(1) '箴(잠)'자는 '鍼(침)'자로 써야 한다. '箴'을 가지고 옷을 잇고 '鍼'을 가지고 옷을 바느질한다. '紩(질)'은 바느질한다[縫(봉)]는 뜻이고[107] '縷(루)'는 실을 가늘게 한다[綫(선)]는 뜻이다.[108] 실[絲]로도 가늘게 하는 일[綫]을 할 수 있다. 바늘로 실을 꿰어 옷에 바느질하는 것을 '黹'라고 한다. 《이아(爾雅)·석언(釋言)》에서 "黹는 꿰맨다[紩]는 뜻이다."라

107 제13편 上 '糸'부 '紩'자 說解 참조.
108 제13편 上 '糸'부 '縷'자 說解 참조.

고 하였다.[109] 《상서(尙書)・고요모(皐陶謨)》에서는 "絺繡(치수: 바느질하다)"라고 되어 있다.[110] 정현(鄭玄)본에서는 '絺'가 '希(희)'로 되어 있으며 주석에서 "希는 黹로 발음한다. 黹는 바느질한다[紩(질)]는 뜻이다."라고 하였다.[111] 《주례(周禮)・사복(司服)》에 나오는 '希冕(희면)'이라는 구절에 대한 정현의 주석에서 《서》의 "希繡"를 인용하여 "希는 黹로 발음한다. 혹은 '絺'로도 쓰는데 잘못된 글자다."라고 하였다.[112] 지금 판본의 《주례》의 주소(注疏)는 옮겨 적다가 오히려 어지러워졌다. 지금 속어(俗語)에서 말하는 '鍼黹(침치)'라는 것이 그것이다. 살펴보면 허신이 "希聲[希가 발음을 나타낸다.]"이라고 말한 곳은 많지만 정작 '希'의 전문(篆文)은 없다. 아마도 '希'자는 '黹'자의 고문인 것 같다. '希'는 '巾'으로 구성되었고 위는 수놓은 모양을 상형하였다.

(2) 《운회(韻會)》에 "象刺文也" 네 글자가 있다.[113] '丵'은 무더기로 나는 풀[叢生艸]이다.[114] ('黹'가 '丵'의 생략형으로 구성된 것은) 여러 번 바느질한 것이 그 모양을 상형하였기 때문이다. '黹'의 발음은 陟(척)과 几(기)의 반절이다. 15부에 속한다.

(1) 箴當作鍼. 箴所以綴衣, 鍼所以縫也. 紩, 縫也. 縷, 綫也. 絲亦可爲綫矣. 以鍼貫縷紩衣曰黹. 釋言曰, 黹, 紩也. 皐陶謨曰, 絺繡. 鄭本作希. 注曰, 希讀爲黹. 黹, 紩也. 周禮司服, 希冕. 鄭注引書希繡, 又云, 希讀爲黹, 或作絺, 字之誤也. 今本周禮注疏傳寫倒亂. 今俗語云鍼黹是此字. 按許多云希聲而無希篆. 疑希者古文黹也. 从巾, 上象繡形. (2) 韻會有此四字. 丵者, 叢生艸也. 鍼縷之多象之. 陟几切. 十五部.

---

109 《爾雅・釋言》 참조.

110 지금 책 《尙書・益稷》 참조.

111 《周禮・春官・司服》 "祭社稷五祀則希冕"의 鄭玄의 注 참조.

112 《周禮・春官・司服》 "祭社稷五祀則希冕"의 鄭玄의 注 참조.

113 《韻會》 上聲 四 '紙'韻 참조. 그것에 의하여 이 구절을 보충한다는 뜻이다. 원래 徐鉉本에는 "象刺文也"의 네 글자가 없다.

114 제2편 下 '丵'부 說解 참조.

제 8 편 上

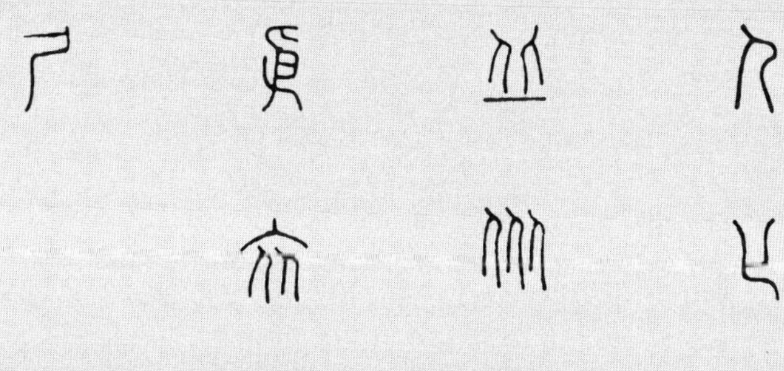

287. 人(인)부

 天地之性冣貴者也.(1) 此籒文.(2) 象臂脛之形.(3) 凡人之屬皆从人.

'人'은 천지(天地)의 태어난 것[性] 가운데 가장 귀한 것이다. 이 글자는 수문(籒文)이다. 팔과 다리의 모양을 상형하였다. 人부에 속하는 한자는 모두 人의 의미를 따른다.

(1) '冣(최)'자는 본래 '最'로 쓴다.[1] '性(성)'은 고문에서는 '生(생)'의 의미로 사용하였다. 《좌전(左傳)》에 "正德, 利用, 厚生.[德을 바로 하고 쓰임을 이롭게 하며 삶을 후하게 한다.]"[2]이라고 되어 있는 것을 《국어(國語)》에서는 "厚性(후성)"[3]이라고 쓴 것이 그 예다. 허신은 고어(古語)로 쓰고 그 글자를 바꾸지 않았다. 《예기(禮記)·예운(禮運)》에서 "사람은 천지의 덕이요, 음양의 교합이요, 귀신의 만남이며, 오행(五行)의 빼어난 기운이다."라고 하였고 또 "사람은 천지의 핵심[心]이요, 오행의 단서[端]다. 그러므로 맛있는 것을 먹고 소리를 구별하며 색 있는 옷을 입고 산다."라고 하였다.[4] 내 생각에는 짐승과 초목은 모두 천지가 낳은 것이지만 천지의 핵심[心]이 될 수 없다. 사람만이 천지의 '心'이 되므로 천지에 살아 있는 것 가운데 가장 귀하다. 천지의 '心'을 '人'이라 하는 것은 천지와 '德(덕)'을

---

1 二徐本에서는 '最'자로 되어 있다.
2 《左傳》 文公 七年의 傳 참조.
3 《國語》 <晉語> 四 참조.
4 《禮記·禮運》 卷九 참조.

합할 수 있기 때문이다. 과실(果實)의 핵심[心] 역시 '人'이라고 하는 이유는 씨앗이 다시 초목을 낳아 열매를 맺을 수 있기 때문이다. 모두 지극히 작지만 전체를 구비한 것들이다. '果人(과인)'의 '人'자는 송원(宋元)시대 이전의 《본초(本艸)》, 방서(方書), 시가(詩歌)에 기재된 바로는 모두 '人'자로 쓰여 있는데 명대(明代) 성화(成化) 연간에 중간(重刊)한 《본초》에서는 모두 '仁(인)'자로 바꾸었다. 그렇게 되면 이치가 통하지 않으니 배우는 사람들은 반드시 알아야 할 것이다. '仁'이란 사람의 '德'이다. '人'을 곧바로 '仁'이라 할 수 없는데 '果人'을 어떻게 '果仁'이라고 할 수 있는가? 금대(金代) 태화(泰和) 연간에 간행된 《본초》에는 모두 '人'으로 쓰였는데 이 책은 원정도(袁廷檮)의 집에 보관되어 있다.

(2) 이것은 '儿(인)'이 '人'의 고문기자(古文奇字)인 것에 대하여 한 말이다.[5] 예컨대 '大(대)'자에 고문, 주문(籀文)의 차이가 있는 것과 같다.[6] 대부분의 글자는 주문을 따르므로 먼저 주문을 싣고 고문을 뒤에 둔다.

(3) 사람은 직립하여 살아가므로 좌우로 바닥에 엎드려 살아가는 것들보다 귀하다. 그래서 ('人'은) 위의 팔과 아래의 다리를 상형하였다. '人'의 발음은 如(여)와 鄰(린)의 반절이다. 12부에 속한다.

(1) 宋本作最. 性古文以爲生字. 左傳, 正德利用厚生, 國語作厚性, 是也. 許偁古語, 不改其字. 禮運曰, 人者, 其天地之德, 陰陽之交, 鬼神之會, 五行之秀氣也. 又曰, 人者, 天地之心也, 五行之端也, 食味別聲被色而生者也. 按禽獸艸木皆天地所生, 而不得爲天地之心. 惟人爲天地之心, 故天地之生此爲極貴. 天地之心謂之人, 能與天地合德. 果實之心亦謂之人, 能復生艸木而成果實, 皆至微而具全體也. 果人之字, 自宋元以前本艸方書詩歌紀載無不作人字. 自明成化重刊本艸, 乃盡改爲仁字, 於理不通, 學者所當知也. ○ 仁者, 人之德也. 不可謂人曰仁, 其可謂果人曰果仁哉. 金泰和閒所刊本艸皆作人, 藏袁廷檮所. (2) 此對儿爲古文奇字人言之, 如大之有古文籒文之別也. 字多从籒文者, 故先籒而後古文. (3) 人以從生, 貴於橫生, 故象其上臂下脛. 如鄰切. 十二部.

5 제8편 下 '儿'부 說解 참조.

6 제10편 下 '大'부 說解 참조.

288. 𠤎(화)부

變也.(1) 从到人.(2) 凡𠤎之屬皆从𠤎.

'𠤎'는 변한다는 뜻이다. '人(인)'이 거꾸로 된 모양으로 구성되었다. 𠤎부에 속하는 한자는 모두 𠤎의 의미를 따른다.

(1) '變(변)'이란 바뀐다[㪅(경)[7]]는 뜻이다.[8] '變𠤎(변화)'의 '𠤎'자는 '𠤎'로 써야 하고 '敎化(교화)'의 '化(화)'자는 '化'로 써야 한다. (이것이) 허신이 글자를 설명하는 요지다. 지금은 '變𠤎'의 '𠤎'자가 모두 '化'로 되어 있다. '化'자가 유행하면서 '𠤎'자는 없어졌다. 《주례(周禮)·대종백(大宗伯)》에 "예악(禮樂)으로 천지의 변화와 만물의 생산을 합한다.[以禮樂合天地之化百物之產]"라고 하였는데 주석에서 "같은 류(類)가 아닌 것을 낳을 수 있는 것을 '化'라 하고 그 종(種)을 낳는 것을 '產(산)'이라 한다."라고 하였다.[9] 살펴보면 우번(虞翻), 순상(荀爽)이 《역(易)》에 주석하면서 '天變地化(천변지화)'와 '陽變陰化(양변음화)'로 (變자와 化자를 天地와 陰陽에) 나누어 말한 것[10]은 '變'과 '化'를 석언(析言)한 것이고 허신이 '𠤎'로 '變'을 해석한 것은 혼언(渾言)한 것이다.

(2) '到(도)'는 지금의 '倒(도)'자다.[11] 사람[人]이지만 거꾸로 되었으니 변화하다[𠤎]라는 뜻을 나타낸다. '𠤎'의 발음은 呼(호)와 跨(과)의 반절이다. 17부에 속한다.

(1) 變者, 㪅也. 凡變𠤎當作𠤎, 教化當作化, 許氏之字指也. 今變𠤎字盡作化, 化行而𠤎廢矣. 大宗伯, 以禮樂合天地之化百物之產. 注曰, 能生非類曰化, 生其種曰產. 按虞荀注易, 分別天變地化, 陽變陰化, 析言之也. 許以𠤎釋變者, 渾言之也. (2) 到者, 今之倒字. 人而倒, 變𠤎之意也. 呼跨切. 十七部.

---

7 '㪅'자는 지금은 '更'으로 쓴다.

8 제3편 下 '攴'부 '變'자 說解 참조.

9 《周禮·春官·大宗伯》 經文과 鄭玄의 注 참조.

10 《易·繫辭傳》 上 "在天成象, 在地成形, 變化見矣."에 대한 李鼎祚의 《集解》 참조.

11 《說文》에 '倒'자는 없다.

289. 匕(비)부

相與比敘也.(1) 从反人.(2) 匕亦所㠯用比取飯.(3) 一名柶.(4) 凡匕之屬皆从匕.

'匕'는 나란히 조밀하게 순서 짓는다는 뜻이다. '人(인)'이 (좌우로) 반대로 된 모양으로 구성되었다. 匕는 밥을 먹는 데 사용하는 도구다. '柶(사)'라고 부르기도 한다. 匕부에 속하는 한자는 모두 匕의 의미를 따른다.

(1) '比(비)'는 조밀하다[密(밀)]는 뜻이다.[12] '敘(서)'는 순서 짓는다[次弟(차제)]는 뜻이다.[13] '妣(비)'자의 주문(籒文)이 '𡛷'로 쓰이고[14] '祉(비)'자가 혹 '𥘵'로 쓰이며 '秕(비)'자가 혹 '𥝠'로 쓰인 것 등[15]의 예에서 살펴보면 '比'도 '𠤎(匕)'로 써야 한다. (조밀하게 순서 짓는다)는 것이 글자를 만든 본의인데 지금은 밥 먹을 때 쓰는 도구란 의미가 유행하여 본의는 없어졌다.

(2) ('人'이 앞뒤 반대로 뒤집힌 모양은) 나란히 조밀하게 순서 짓는다는 의미를 나타낸다. '匕'의 발음은 卑(비)와 履(리)의 반절이다. 15부에 속한다.

(3) '㠯(이)'란 사용한다[用(용)]는 뜻이다.[16] 따라서 ("所㠯用比取飯"의) '用'자는 쓸데없는 글자다. '比'는 '匕'로 써야 한다. 한(漢)나라 사람들이 "匕黍稷[기장을 떠 담는다.]" "匕牲體[희생의 고기를 떠 담는다.]"라고 말할 때 모두 숟가락으로 떠 담는 것을 '匕'라고 한 것이다. '匕'는 곧 지금의 숟가락이다. 《의례(儀禮)·소뢰궤식례(少牢饋食禮)》의 주석에서 말하는 "飯橾(반수)"다.[17] 《의례·소뢰궤식례》에서 "廩人摡甑獻[18]匕與敦[름인(廩人)이 시루[甑(증)], 발 없는 시루[甗(언)], 숟가락[匕]과 곡식 담는 그릇[敦(대)]을 씻어 놓는다[摡

12 제8편 上 '比'부 說解 참조.

13 제3편 下 '攴'부 '敘'자 說解 참조.

14 제12편 下 '女'부 '妣'자 說解 참조.

15 《集韻》 上聲 五 '旨'韻 참조.

16 제14편 下 '巳'부 '㠯'자 說解 참조.

17 이 주석은 《儀禮·少牢饋食禮》에서 볼 수 없다. 《儀禮·有司》의 "二手執桃匕枋, 以挹湆注于疏匕."의 鄭玄 주석에서 "此二匕者, 皆有淺升, 狀如飯橾."이라고 하였다. 《釋文》에는 '飯橾'라고 되어 있다. 그런데 阮元이 본 《釋文》의 판본에는 '飯操'라고 되어 있다.

18 '獻'자는 《儀禮·少牢饋食禮》의 원문에 의하면 '甗(언)'자로 되어 있다. 段注本의 誤字다.

(개)].]"이라고 하였는데 주석에서 "匕는 서직(黍稷)을 떠 담는 도구다."라고 하였으니 이것도 숟가락이다.

살펴보면 《예경(禮經)》에 '匕'는 두 가지 의미로 나온다. (첫째로) '밥숟가락[匕飯]'이나 '기장을 숟가락질한다[匕黍稷]'는 의미의 '匕'는 대개 작은 것으로 경(經)에서는 많이 보이지 않는다. (둘째로) '희생물의 살을 떼어 담아내는 도구[所以別出牲體]'라는 의미의 '匕'는 (《예경(禮經)》의) 17편 중에 자주 보인다. 상례(喪禮)에는 뽕나무[桑(상)]로 만들고 제례(祭禮)에는 가시나무[棘]로 만든 것을 쓴다. 또는 '疏(소)'라고 부르거나 '挑(도)'라고 불러서 구별하는데 모두 밥숟가락보다 크지만 그 모양은 대략 밥숟가락과 같다. 그래서 또한 '匕'라고 부른다. 정현(鄭玄)은 이에 대하여 "淺斗(천두)란 것이 있는데 모양이 밥숟가락[飯橾]과 같다."라고 하였다.[19] 그것을 가지고 희생물의 살을 떠 담을 때에는 '匕載(비재)'라고 한다. '取黍稷(취서직)'을 '匕黍稷(비서직)'이라고 하는 것과 같다. '희생의 살을 떼어낸다[匕牲]'는 의미의 '匕'는 《역(易)》과 《시(詩)》에서도 모두 '匕'로 썼다. 《시・대동(大東)》의 <모전(毛傳)>과 《역・진괘(震卦)》의 왕필(王弼) 주석에서 모두 "匕所以載鼎實[匕는 솥에 담긴 음식을 떠내는 도구다.]"이라고 한 것이 그 말이다.[20]

《예기(禮記)・잡기(雜記)》에서 '枇(비)'자로 쓰인 것은 본래는 '朼(비)'자로 써야 한다. 정현이 《의례・특생궤식례(特牲饋食禮)》에 주석하면서 그것을 인용하여 "朼畢同材"라고도 하고 "朼載"라고도 하였다. 그러나 이 글자는 아마 옛날 경전에서는 '匕'자로 썼을 것이다. 한(漢)나라 사람들이 혹 '朼'로 쓴 것은 잘못이다. 즉 퍼서 담는 도구의 이름은 '匕'자로 쓰고, 퍼서 담는다[匕載]는 의미는 '朼'자로 써서 분별하려고 한 것이다. 《의례》의 <사상(士喪)>・<사우(士虞)>・<특생(特牲)>・<유사(有司)> 등의 편에서 '퍼서 담는다[匕載]'는 뜻의 글자는 모두 '朼'로 쓰여 있는데 이것은 천인(淺人)들이 고쳐서 그렇게 만든 것이다. 정현은 《역》에 주석하면서 "匕牲體薦鬯[희생의 고기를 떠 담고 울창주를 바쳤다.]"이라고 썼으며[21] "朼牲體"라고 쓰지는 않았다. 주석 가운데에 간혹 '木'편방으로 구성된 '朼'자가 있긴 해도 경(經)의 원문에는 없다. 유창종(劉昌宗)이 구별하였으나 옳지 않다.

(4) '木(목)'부에서 "예(禮)에서는 숟가락을 사용한다. '柶(사)'는 곧 '匕'다."라고 하였다.[22] 그것을 사용하여 밥을 먹는다.

---

19 《儀禮・有司》 經文 "二手執桃匕枋, 以挹湆注于疏匕."와 鄭玄의 注 참조.

20 《詩・小雅・大東》의 <毛傳>과 《易・震卦》 卦辭의 王弼 注 참조.

21 《易》 '震'卦에 대한 《集解》에 인용된 鄭玄의 注 참조.

22 제6편 下 '木'부 '柶'자 說解 참조.

(1) 比者, 密也. 敘者, 次弟也. 以妣籒作妣, 祉或作祉, 秕或作秕等求之, 則比亦可作𠤎也. 此製字之本義, 今則取飯器之義行而本義廢矣. (2) 相與比敘之意也. 卑履切. 十五部. (3) 㠯者, 用也. 用字衍. 比當作匕. 漢人曰, 匕黍稷, 匕牲體. 凡用匕曰匕也. 匕卽今之飯匙也. 少牢饋食禮注所謂飯橾也. 少牢饋食禮, 廩人摡甑甗匕與敦. 注曰匕所以匕黍稷者也. 此亦當卽飯匙. 按禮經匕有二. 匕飯匕黍稷之匕蓋小, 經不多見. 其所以別出牲體之匕, 十七篇中屢見. 喪用桑爲之, 祭用棘爲之. 又有名疏名挑之別, 蓋大於飯匙, 形製略如飯匙, 故亦名匕. 鄭所云, 有淺斗, 狀如飯橾者也. 以之別出牲體謂之匕載, 猶取黍稷謂之匕黍稷也. 匕牲之匕, 易詩亦皆作匕. 大東傳震卦王注皆云, 匕所以載鼎實, 是也. 禮記褋記乃作朼, 本亦作朼. 鄭注特牲, 引之而曰朼畢同材, 曰朼載. 蓋古經作匕, 漢人或作朼, 非. 器名作匕, 匕載作朼, 以此分別也. 若士喪士虞特牲有司篇匕載字皆作朼, 乃是淺人竄改所爲. 鄭注易亦云, 匕牲體薦鬯, 未嘗作朼牲體也. 注中容有木旁之朼, 經中必無. 劉昌宗分別, 非是. (4) 木部曰, 禮有柶. 柶, 匕也. 所以取飯.

290. 从(종)부

相聽也.(1) 从二人.(2) 凡从之屬皆从从.

'从'은 듣는다는 뜻이다. 두 개의 '人(인)'으로 구성되었다. 从부에 속하는 한자는 모두 从의 의미를 따른다.

(1) '聽(청)'이란 듣는다[聆(령)]는 뜻이다.[23] 인신되어 허락한다[許(허)]는 뜻이 되었다. '言(언)'부에서 "許는 듣는다[聽]는 뜻이다."[24]라고 하였다. 내 생각에 '从'자는 지금의 '從(종)'자다. '從'자가 유행하면서 '从'자는 없어졌다. 《주례(周禮)·사의(司儀)》에 "客从拜辱於朝[객도 따라서 조정에서 엎드려 절한다.]"[25]라고 되어 있는데 육덕명(陸德明)의 판본도 그와 같이 되어 있다. 허신의 책에 "从某[무엇으로 구성되었다.]"라고 하였을 때의 '从'자가 대서본(大徐本)에는 '从'으로 되어 있고 소서본(小徐本)에는 '從(종)'으로 되어 있다.[26]

23 제12편 上 '耳'부 '聽'자 說解 참조.
24 제3편 上 '言'부 '許'자 說解 참조.
25 《周禮·秋官·司儀》 참조.

강성(江聲)은 "从이라고 쓴 것이 옳다. 같은 류(類)로 서로 (의미를) 주고받는 것을 '从'이라 하기 때문이다."라고 하였다.

(2) '从'의 발음은 疾(질)과 容(용)의 반절이다. 9부에 속한다. 지금 발음으로 말하면 '从'은 거성(去聲)이기도 하다.

(1) 聽者, 聆也. 引伸爲相許之偁. 言部曰, 許, 聽也. 按从者今之從字, 從行而从廢矣. 周禮司儀, 客从拜辱於朝. 陸德明本如此. 許書凡云从某, 大徐作从, 小徐作從. 江氏聲曰, 作从者, 是也, 以類相與曰从. (2) 疾容切. 九部. 以今音言之, 从亦可去聲.

291. 比(비)부

 密也.(1) 二人爲从, 反从爲比.(2) 凡比之屬皆从比.  古文比.(3)

'比'는 가깝다는 뜻이다. 두 개의 '人(인)'으로 구성되면 '从(종)'이 되고 '从'이 뒤집히면 比가 된다. 比부에 속하는 한자는 모두 比의 의미를 따른다. ''는 比의 고문(古文)이다.

(1) 지금 《광운(廣韻)》 평상거입(平上去入)의 네 가지 발음[聲]에 모두 이 글자가 수록되어 있다.[27] (네 가지로 발음되는 比의 다양한 의미는) '가깝다, 조밀하다[密(밀)]'의 뜻으로 요약하면 포괄할 수 있다. '比'의 본의는 서로 가깝다는 것이다. 나머지 뜻으로는 돕다[俌(보)], 미치다[及(급)], 순서 짓다[次(차)], 고치다[校(교)], 예로 들다[例(례)], 비슷하다[類(류)], 자주[頻(빈)], 옳은 것을 따르다[擇善而從之(택선이종지)], 아부하다[阿黨(아당)] 등이 있는데 모두 인신된 것이다. 허신의 책에는 '篦(비)'자가 없는데 옛날에는 이 글자도 '比'라고 썼다. 《창힐편(蒼頡篇)》[28] · 《석명(釋名)》[29] · 《한서(漢書) · 흉노전(匈奴傳)》[30] 등에 그

26 二徐本 참조.

27 《廣韻》 上平聲 六 '脂'韻 · 上聲 五 '旨'韻 · 去聲 六 '至'韻 · 入聲 五 '質'韻 참조.

28 《史記 · 匈奴列傳》 "比余一"의 索隱에 《倉頡篇》의 말이 인용되어 있다.

29 《釋名 · 釋首飾》 참조.

30 《漢書 · 匈奴傳》 上 "比疏一"에 대한 顔師古의 注 참조.

예가 보인다. 《주례(周禮)》[31]를 보면 혹 '比'를 빌어다 '갖추다[庀(비)]'의 의미로 썼다.

(2) ('从'을 뒤집으면 '比'자가 되는 것은) '人(인)'을 뒤집으면 '匕(화)'자가 되는 것과 같다.[32] '比'의 발음은 毗(비)와 二(이)의 반절이다. 내 생각에 '比'가 사성(四聲)마다 모두 들어가 있는 것은 의미는 본래 하나인데 발음을 억지로 나눈 것일 뿐이다. 당(唐)나라 사람들의 시에서는 입성(入聲)으로 발음하는 경우가 많다. 15부에 속한다.

(3) 내 생각에 (고문 자형은) 아마 두 개의 '大(대)'로 구성된 듯하다. 두 개의 '大'란 두 사람을 의미한다.

(1) 今韻平上去入四聲皆錄此字, 要密義足以括之, 其本義謂相親密也. 餘義, 俌也, 及也, 次也, 校也, 例也, 類也, 頻也, 擇善而從之也, 阿黨也, 皆其所引伸. 許書無篦字, 古祇作比, 見蒼頡篇釋名漢書匈奴傳. 周禮或叚比爲庀. (2) 猶反人爲匕也. 毗二切. 按四聲俱收, 其義本一, 其音强分耳. 唐人詩多讀入聲者. 十五部. (3) 按蓋从二大也. 二大者, 二人也.

292. 北(북)부

 𠁥[33]也.(1) 从二人相背.(2) 凡北之屬皆从北.

'北'은 어긋난다는 뜻이다. 두 사람이 서로 등진 모양으로 구성되었다. 北부에 속하는 한자는 모두 北의 의미를 따른다.

(1) '乖(괴)'란 어긋난다[戾(려)]는 뜻이다.[34] '北'의 자형에서 그 의미를 알 수 있다. 군대에서 달아나는 것을 '北(배)'이라고 하는데 그것은 인신된 의미다. 즉 등을 보이고 달아난다는 말이다. 위소(韋昭)가 《국어(國語)》에 주석하여 "北은 옛날의 背(배)자다."라고 하였다.[35] 또 인신되어 '북쪽[北方]'이라는 뜻도 가진다. 《상서대전(尙書大傳)》·《백호통(白虎通)》·

31 《周禮·春官·世婦》 "比其具"의 鄭玄의 注 참조. "鄭司農, 比讀爲庀, 庀, 具也."라고 하였다.

32 제8편 上 '匕'부 說解 참조.

33 𠁥자는 지금은 '乖'자로 쓴다. 段注에서는 두 글자를 혼용하였다.

34 제4편 上 '𦫵'부 '𠁥'자 說解 참조.

35 《國語·吳語》 "吳師大北"의 韋昭의 注 참조.

《한서(漢書)·식화지(律曆志)》에서 모두 "北方은 숨어 있는 방향[伏方(복방)]이다."라고 하였다.36 양기(陽氣)가 아래 있고 만물이 엎드려 숨어 있으므로37 역시 '어긋나다[乖]'라는 의미를 가지고 있다.

(2) '北'의 발음은 博(박)과 墨(묵)의 반절이다. 1부에 속한다.

(1) 乖者, 戾也. 此於其形得其義也. 軍奔曰北, 其引伸之義也, 謂背而走也. 韋昭注國語曰, 北者, 古之背字. 又引伸之爲北方. 尙書大傳白虎通漢律曆志皆言, 北方, 伏方也. 陽氣在下, 萬物伏藏, 亦乖之義也. (2) 博墨切. 一部.

293. 丠[38](구)부

 土之高也.(1) 非人所爲也.(2) 从北从一.(3) 一, 地也.(4) 人凥在丠南, 故从北.(5) 中邦之凥, 在昆侖東南.(6) 一曰, 四方高中央下爲丘.(7) 象形.(8) 凡丠之屬皆从丠.  古文. 从土.(9)

'丠'는 땅이 높은 곳이다. 사람의 (힘으로) 만든 것은 아니다. '北(북)'과 '一(일)'로 구성되었다. '一'은 땅이다. 사람은 높은 언덕의 남쪽에 살기 때문에 (丘가) '北'으로 구성되었다. (그런데) 중방(中邦)의 거주지는 곤륜(昆侖)언덕의 동남쪽에 있었다. 일설에 사방이 높고 가운데가 낮은 곳을 丘(구)라 한다고 하였다. 상형(象形)이다. 丠부에 속하는 한자는 모두 丠의 의미를 따른다. ''는 고문(古文)으로 '土(토)'로 구성되었다.

(1) 《주례(周禮)·대사도(大司徒)》의 주석에서 "땅이 높은 곳을 丘라고 한다.[土高曰丘]"라고 하였다.39

36 《白虎通》 <五行>, 《漢書·律曆志》 上 참조.

37 "陽氣在下, 萬物伏藏." 구절은 《白虎通》의 "北方者, 伏方也. 萬物伏藏也."와 《漢書·律曆志》의 "北, 伏也. 陽氣伏於下, 於時爲冬."에서 각각 절취한 것이다.

38 '丠'자는 篆書의 자형을 따르는 楷書體다. 지금의 楷書體로는 '丘'로 쓴다. 段玉裁는 許愼의 說解에서는 '丠'자와 '丘'자를 혼용하였고 자신의 注에서는 '丘'자를 사용하였다.

39 《周禮·地官·大司徒》의 鄭玄의 注 참조.

(2) 《이아(爾雅)·석구(釋丘)》에서 "사람이 만들지 않은 것은 丘라고 한다.[非人爲之丘]"[40]라고 하였는데 '丘'가 인력으로 만들어지는 높은 언덕을 말하는 것이 아니라는 뜻이다.

(3) 회의(會意)다. '𠀉'의 발음은 去(거)와 鳩(구)의 반절이다. 고음은 1부에 속한다. '欺(기)'와 같이 발음한다. 한(漢)나라 때 발음이 지금의 '尤(우)'운에 속한다. 《예기(禮記)》의 '혐명(嫌名)'[41]에 대한 주석에서 "(嫌名이란) '宇(우)'와 '禹(우)', '丘(구)'와 '區(구)' 같은 글자들이다."라고 하였으니 한대에는 '區'도 역시 去와 鳩의 반절로 발음한 것 같다.

(4) 이 구절은 '丘'가 '一'로 구성된 의미를 풀이한 것이다.

(5) 이 구절은 '丘'가 '北'으로 구성된 의미를 풀이한 것이다.

(6) '곤륜(昆侖)' 아래에 '丘'자가 있어야 한다. 사람들의 거주지가 반드시 '丘'의 남쪽이었던 것은 아니었던 것 같다. 그래서 처음 창힐이 글자를 만들던 때에는 (곤륜산 언덕의 동남쪽에 살던 시절의 모양을) 가져다 만들었음을 말하고 있는 것이다.

(7) 《회남자(淮南子)·추형훈(墬形訓)》의 주석에서 "사방이 높은 것을 丘라 한다.[四方而高曰丘]"라고 하였다.[42]

(8) (이 설명에서는 "상형이다.[象形]"라고 하였으니) 위에서 '회의'라고 설명한 것과는 다르다.

(9) ('㙻'자가) '土'로 구성된 것은 ('𠀉'자가) '一'로 구성된 것과 같다.

(1) 大司徒注曰, 土高曰丘. (2) 釋丘曰, 非人爲之丘. 謂非人力所爲也. (3) 會意. 去鳩切. 古音在一部. 讀如欺. 漢時讀入今之尤韻, 故禮記嫌名注曰, 宇與禹, 丘與區之類. 漢時區亦去鳩切也. (4) 釋从一之意. (5) 釋从北之意. (6) 昆侖下當有丘字. 嫌人居不必在丘南, 故言倉頡造字之初取意於此. (7) 淮南墬形訓注曰, 四方而高曰丘. (8) 與上會意別. (9) 从土猶从一.

---

40 《爾雅·釋丘》 邢昺의 疏 참조.

41 《禮記·曲禮》 "禮不諱嫌名[禮에서는 嫌名을 諱하지 않는다.]"의 鄭玄의 注 참조. '嫌名'이란 발음이 서로 비슷한 글자들을 말한다.

42 《淮南子·墬形訓》 참조. 이것은 '丘'자에 대한 또 다른 설명이다.

294. 㐺(음)부

眾[43]立也.(1) 从三人.(2) 凡㐺之屬皆从㐺. 讀若欽崟.(3)

'㐺'은 여러 사람이 서 있다는 뜻이다. 세 개의 '人(인)'으로 구성되었다. 㐺부에 속하는 한자는 모두 㐺의 의미를 따른다. '欽崟(흠음)'의 '崟(음)'과 같이 발음한다.

(1) 《옥편(玉篇)》에서는 "眾立也(중립야)"가 "眾也"로 쓰여 있다.[44]

(2) 회의(會意)다. 《국어(國語)》에 "사람이 셋이면 무리가 된다.[人三爲眾]"라고 하였다.[45]

(3) '山(산)'부에서 "崟은 산이 높고 험한 것[岑崟(잠음)]이다."라고 하였다.[46] 여기에서 말하는 '欽崟(흠음)'이 곧 '岑崟'이다. 《공양전(公羊傳)》 및 <상림부(上林賦)>에서 모두 '嶔巖(금암)'이라는 글자가 나온다.[47] '㐺'은 '崟'과 같이 발음한다. '㐺'의 발음은 魚(어)와 音(음)의 반절이다. 7부에 속한다.

(1) 玉篇作眾也. (2) 會意. 國語曰, 人三爲眾. (3) 山部曰, 崟, 山之岑崟也. 欽崟, 蓋卽岑崟. 公羊傳及上林賦又皆有嶔巖字. 㐺讀如崟. 魚音切. 七部.

295. 𡈼[48](정)부

善也. 从人士.(1) 士, 事也.(2) 一曰, 象物出地挺生也.(3) 凡𡈼之屬皆从𡈼.

43 '眾'자는 지금은 '衆'으로 쓴다. 《說文》에는 '㐺'부에 부속되어 있다.

44 《玉篇》 '㐺'부 제449 참조.

45 《國語·周語》 上 참조.

46 제9편 下 '山'부 '崟'자 說解 참조.

47 《公羊傳》 僖公 三十三年 및 《文選》 卷八 <上林賦> 참조.

48 이 글자는 '정'으로 발음되며 제14편 下에 실린 天干 중의 하나인 '壬(임)'자와는 다른 글자다.

'壬'은 좋다는 뜻이다. '人(인)'과 '士(사)'로 구성되어 있다. '士'는 일한다는 뜻이다. 일설에 '壬'자는 사물이 땅에서 꼿꼿하게 뻗어 나오는 것을 상형하였다고 한다. 壬부에 속하는 한자는 모두 壬의 의미를 따른다.

(1) 회의(會意)다. '壬'의 발음은 他(타)와 鼎(정)의 반절이다. 11부에 속한다.
(2) '壬'이 '士'로 구성된 의미를 설명한 것이다. 사람들이 각자 일에 종사하는 것 그것이 곧 좋은 것이다.
(3) '壬'과 '挺(정)'은 운모가 같다. ("一曰象物出地挺生也"는) '壬'이 상형(象形)이라는 설명이다. 앞에서 '회의'라고 설명한 것과는 다르다. 위는 뻗어 나오는 모양을 상형하였고 아래는 '土(토)'자가 되어야 한다. 옛날에는 이처럼 '土(토)'자와 '士(사)'자를 구별하기 힘들었다.

(1) 會意. 他鼎切. 十一部. (2) 說从士之意. 人各事其事, 是善也. (3) 壬挺疊韻. 此說象形, 與前說別. 上象挺出形, 下當是土字也. 古土與士不甚可分如此.

296. 重(중)부

厚也.(1) 从壬東聲.(2) 凡重之屬皆从重.

'重'은 두껍다는 뜻이다. '壬(정)'으로 구성되었고 '東(동)'이 발음을 나타낸다. 重부에 속하는 한자는 모두 重의 의미를 따른다.

(1) '㫗(후)'[49]는 두껍다[𣆪(후)]는 뜻이다.[50] 두꺼우면 무겁다. 인신되어 '정중하다[鄭重(정중)]', '중첩되다[重疊(중첩)]'의 '重'이 되었다. 옛날에는 평성(平聲)으로만 발음하였으며 거성(去聲) 발음은 없었다.
(2) '重'의 발음은 柱(주)와 用(용)의 반절이다. 9부에 속한다.

---

49 '㫗'자는 篆書의 자형을 반영한 楷書體다. 지금의 '厚'자다.
50 제5편 下 '𣆪'부 說解 참조.

(1) 厚者, 㫗也. 厚斯重矣. 引伸之爲鄭重重疊. 古祇平聲, 無去聲. (2) 柱用切. 九部.

297. 臥(와) 부

 伏也.(1) 从人臣. 取其伏也.(2) 凡臥之屬皆从臥.

'臥'는 엎드린다는 뜻이다. '人(인)'과 '臣(신)'으로 구성되었다. 엎드리는 (모양을) 취하였다. 臥부에 속하는 한자는 모두 臥의 의미를 따른다.

(1) '伏(복)'자가 대서본(大徐本)에는 '休(휴)'자로 되어 있다.[51] 잘못이다. '엎드리는 것[臥(와)]'과 '누워 있는 것[寑(침)]'은 다르다. 눕는 것[寑]은 침상[牀(상)]에서 한다. 《논어(論語)》에 "누워 있지 엎드리지 않는다.[寢不尸]"[52]라고 한 것이 그 예다. 평상[几(궤)]에서는 엎드린다[臥]. 《맹자(孟子)》에서 "几에 기대어 엎드린다.[隱几而臥]"[53]라고 한 것이 그 예다. '几'에서 엎드리므로 '伏'이라고 한 것이다. '尸'자의 전문(篆文) 아래에서 "엎드리는 모양을 상형하였다.[象臥之形]"[54]라고 한 것이 그 예다. 이것은 석언(析言)한 것이고 통언(統言)하면 구별되지 않는다. 그래서 '宀(면)'부에서 "寑이란 엎드린다[臥]는 뜻이다."[55]라고 한 것이다. 《예기(禮記)·곡례(曲禮)》에서 "寢毋伏[눕되 엎드리지 말라.]"[56]이라고 한 것은 '牀'에 누운 사람은 엎드려선 안 된다는 것을 말한다. 인신되어 '쉬다[休息(휴식)]'의 뜻으로 쓰인다.

(2) '臣(신)'자에서 "구부리고 있는 모양을 상형하였다.[象屈服之形]"[57]라고 하였으므로 '臥'는 '人'과 '臣'으로 구성된 회의(會意)자다. '臥'의 발음은 吾(오)와 貨(화)의 반절이다. 17부에 속한다.

---

51 二徐本 모두 "休也"로 되어 있다.
52 《論語·鄕黨》 참조.
53 《孟子·公孫丑》 下 참조.
54 제8편 上 '尸'부 說解 참조.
55 제7편 下 '宀'부 '寑'자 說解 참조.
56 《禮記·曲禮》 上 참조.
57 제3편 下 '臣'부 說解 참조.

(1) 伏大徐作休, 誤. 臥與寢異. 寑於牀, 論語, 寢不尸, 是也. 臥於几, 孟子, 隱几而臥, 是也. 臥於几, 故曰伏, 尸篆下曰象臥之形, 是也. 此析言之耳, 統言之則不別. 故宀部曰, 寑者, 臥也. 曲禮云, 寢毋伏. 則謂寢於牀者, 毋得俯伏也. 引伸爲凡休息之偁. (2) 臣下曰, 象屈服之形. 故以人臣會意. 吾貨切. 十七部.

298. 身(신)부

 躳也.(1) 从人申省聲.(2) 凡身之屬皆从身.

'身'은 몸이라는 뜻이다. '人(인)'으로 구성되었고 '申(신)'의 생략형이 발음을 나타낸다. 身부에 속하는 한자는 모두 身의 의미를 따른다.

(1) '吕(려)'부에서 "躳(궁)은 몸[身]이라는 뜻이다."[58]라고 하였으니 '身'과 '躳' 두 글자는 서로 풀이해 준다. 그런데 '躳'이 ('身'부에 속하지 않고) '吕'부에 들어가야 하는 이유는 '躳'자가 몸을 구부릴 때 반드시 척추[吕]가 중심이 된다는 것을 뜻하는 말이기 때문이다.

(2) 대서본(大徐本)에서 "사람의 몸을 상형하였다. 人으로 구성되고 厂(예)가 발음을 나타낸다.[象人之身, 从人厂聲.]"라고 하였는데 내 생각에 이는 앞뒤로 조리를 잃은 듯하다. '厂'자는 고음으로 16부에 있으니[59] '身'자의 발음이 될 수 없다. 지금 《운회(韻會)》에서 근거한 소서본(小徐本)에 의해서 바로잡는다.[60] 《운회》에 "从人" 위에 "象人身" 세 자가 있는데 역시 잘못이다. '申'자는 주문(籀文)으로는 '𤰈'자로 쓰므로[61] 이 글자의 생략형이 성부로 구성된다. '身'의 발음은 失(실)과 人(인)의 반절이다. 12부에 속한다.

(1) 吕部曰, 躳, 身也. 二字爲互訓. 躳必入吕部者, 躳謂身之傴主於脊骨也. (2) 大徐作象人之身, 从人厂聲. 按此語先後失倫. 厂古音在十六部, 非聲也. 今依韻會所據小徐本正. 韻會从人之上有象人

58 제7편 下 '吕'부 說解 참조.
59 제12편 下 '厂'부 段玉裁 注 참조.
60 《韻會》 平聲上 十一 '眞'韻 참조.
61 제14편 下 '申'부 說解 참조.

身三字, 亦非也. 申, 籒作𢑚, 故从其省爲聲. 失人切. 十二部.

299. 㐆(의) 부

 歸也.(1) 从反身.(2) 凡㐆之屬皆从㐆.

'㐆'는 돌아간다는 뜻이다. '身(신)'자를 뒤집은 모양으로 구성되었다. 㐆부에 속하는 한자는 모두 㐆의 의미를 따른다.

(1) ('㐆'와) 운모가 같은 '歸(귀)'자로 풀이하였다.

(2) ('身'을 좌우로 뒤집어 '㐆'로 만든 것은) '人(인)'자를 뒤집어 '匕(화)'자로 만들고 '从(종)'자를 뒤집어 '比(비)'자로 만든 방법과 같다.[62] '㐆'의 발음은 於(어)와 機(기)의 반절이다. 15부에 속한다.

(1) 疊韻爲訓. (2) 此如反人爲匕, 反从爲比. 於機切. 十五部.

300. 衣(의) 부

 依也.(1) 上曰衣, 下曰常.(2) 象覆二人之形.(3) 凡衣之屬皆从衣.

'衣'는 의지한다는 뜻이다. 상의를 '衣'라 하고 하의를 '常(상)'이라 한다. 두 개의 '人(인)'을 덮은 모양을 상형하였다. 衣부에 속하는 한자는 모두 衣의 의미를 따른다.

(1) ('衣'자와) 운모가 같은 '依(의)'자로 풀이한 것이다. '依'란 기댄다[倚(의)]는 뜻이다.[63] 옷

62 제8편 上 '匕'부와 '比'부 說解 참조.

63 제8편 上 '人'부 '依'자 說解 참조.

이란 사람이 기대어 몸을 가리는 것이다.

(2) '常'은 아랫도리 치마[下帬(하군)]를 말한다.[64]

(3) 손성연(孫星衍)은 "("象覆二人之形"의 '二人'은) '二𠃑'으로 써야 한다. '𠃑'은 '肱(굉)'자의 고문이다."라고 하였다.[65] 살펴보면 '人(인)'부로부터 '衣'부 그리고 다음의 '老(로)'부, '尸(시)'부의 글자에 이르기까지 모두 '人'으로 구성되어 있다. 그러므로 '衣'의 전문이 '人'으로 구성되어 있지 않다면 여기에 있을 이유가 없다. 그래서 서개(徐鍇)(楚金)가 <의의(疑義)>편에서 (人으로 구성된) '㑹'로 쓰고 "《설문》에 나오는 자형과 소전이 차이가 있다." 라고 말한 것이다.[66] 지금 사람들은 소전으로 '仌'로 쓰는데 자형을 변화시켜 교묘히 한 것일 뿐이다. '衣'부 아래의 부속자인 '表(표)'·'襲(습)'·'衺(무)'·'裔(예)' 등 네 개 글자의 고문이 모두 '㑹' 자형으로 구성되어 있다.[67] 이것으로 고문은 두 개의 '人'으로 구성되었다는 것을 알 수 있다. 지금 사람들은 '卒(졸)'자를 쓸 때도 두 개의 '人'으로 구성하여 쓴다.[68] 허신은 무엇 때문에 "두 개의 '人(인)'을 덮었다.[覆二人]"라고 말했는가? 그것은 귀한 사람이나 천한 사람이나 모두 덮어 주기 때문이다. 윗사람이나 아랫사람이나 옷을 입고 (몸을) 덮는 것은 같다. '衣'의 발음은 於(어)와 稀(희)의 반절이다. 15부에 속한다.

(1) 疊韻爲訓. 依者, 倚也. 衣者, 人所倚以蔽體者也. (2) 常, 下帬也. (3) 孫氏星衍曰, 當作二𠃑, 𠃑, 古文肱也. 玉裁謂, 自人部至此部, 及下文老部尸部字, 皆从人. 衣篆非從人, 則無由次此. 故楚金疑義篇作㑹, 云說文字體與小篆有異. 今人小篆作仌, 乃是變體求工耳. 下文表襲衺裔四古文皆从㑹, 則知古文从二人也. 今人作卒字亦从二人. 何以云覆二人也. 云覆二人, 則貴賤皆覆. 上下有服而覆同也. 於稀切. 十五部.

---

64 제7편 下 '巾'부 '常'자 說解 참조.

65 《說文校議》'衣' 아래에 孫星衍의 說이 인용되어 있다.

66 徐鍇《說文解字繫傳》卷三十九 <疑義> 참조. '楚金'은 徐鍇의 字다.

67 제8편 上 '衣'부 '表'자·'襲'자·'衺'자·'裔'자 說解 참조.

68 제8편 上 '衣'부 '卒'자 篆文 참조.

301. 裘(구)부

 皮衣也. 从衣. 象形.(1) 與衰同意.(2) 凡裘之屬皆从裘. 求 古文裘.(3)

'裘'는 가죽옷이다. '衣(의)'로 구성되었다. (나머지 자형은) 상형(象形)이다. (裘는) '衰(쇠)'자와 글자 구성원리가 같다[同意(동의)]. 裘부에 속하는 한자는 모두 裘의 의미를 따른다. '求'는 裘의 고문(古文)이다.

(1)각 판본에서 "衣로 구성되었고 求(구)가 발음을 나타낸다. 일설에 상형이라고도 한다.[从衣. 求聲. 一曰象形.]"[69]라고 되어 있다. 그러나 이것은 천인(淺人)들이 함부로 글자를 더해 놓은 것이다. 가죽옷을 만들 때에는 털을 밖으로 한다. 그래서 털 모양을 상형하였다.

(2) ('同意'는 '裘'나 '衰(쇠)'가) 모두 '衣'로 구성되었고 (그사이에) 상형한 부분이 (들어가 있다는) 말이다. '裘'의 발음은 巨(거)와 鳩(구)의 반절이다. 고음 1부에 속한다.

(3) 이 글자 ('求(구)'자)가 본래 '裘'의 고문이다. 후에 '衣'를 더하여 '裘'를 만들고 '求'는 요구하다[干請(간청)]라는 뜻으로만 전용하였다. 마치 ('衰'자에) '艸(초)'를 더하여 '蓑(사)'자를 만들고 '衰'는 줄어들다[等差(등차)]라는 뜻으로 쓰인 예와 같다.[70] '求'에 '衣'를 더한 ('裘'는) 소전의 자형이라고 볼 수 없을 것 같다.

(1) 各本作从衣求聲, 一曰象形. 淺人妄增之也. 裘之制毛在外, 故象毛文. (2) 皆从衣而象其形也. 巨鳩切. 古音在一部. (3) 此本古文裘字. 後加衣爲裘, 而求專爲干請之用. 亦猶加艸爲蓑, 而衰爲等差之用也. 求之加衣, 蓋不待小篆矣.

69 二徐本 참조.

70 제8편 上 '衣'부 '衰'자 段玉裁 注 참조.

302. 老(로)부

 考也.(1) 七十曰老.(2) 从人毛匕.(3) 言須髮變白也.(4) 凡老之屬皆从老.

'老'는 나이가 들었다는 뜻이다. 70세를 老라고 한다. '人(인)'과 '毛(모)'와 '匕(화)'로 구성되었다. 수염과 머리카락이 하얗게 변했다는 말이다. 老부에 속하는 한자는 모두 老의 의미를 따른다.

(1) 허신이 《설문》 서(序)에서 "五曰轉注, 建類一首, 同意相受, 考老是也.[다섯 번째를 전주(轉注)라고 하는데 류(類)를 세워 하나의 부수로 삼아 동의(同意)를 서로 주고받을 수 있는 글자들이다. '考(고)'자와 '老(로)'자가 그 예다.]"[71]라고 하였는데 학자들은 대부분 이 말을 이해하지 못하였다. 대진(戴震)은 "(허신이) '老'자에서 '考의 뜻이다'라고 하였고 '考'자에서는 '老의 뜻이다'라고 하였다. 이것은 허신이 글자는 다른데 뜻이 같은 것을 예로 든 것이다. 뜻이 같은 글자들을 하나로 하여 '類'로 묶었으니 그것이 이른바 '類를 세워 하나의 부수로 한다[建類一首]'는 것이고 그 글자들이 서로 풀이해 주고[訓詁(훈고)] 있으니 그것이 이른바 '의미가 같아 서로 풀이해 준다[同意相受]'는 것이다."라고 하였다.[72] '考'와 '老'가 허신의 책에 같은 부수에 속해 있기는 하다. 그러나 허신의 책에서는 부수를 달리하더라도 이 글자와 저 글자를 전문(篆文)으로 서로 풀이해 주는 경우는 일반적으로 전주(轉注)로 보아야 할 것이다. 예컨대 "𡫳(색)은 막는다[窒(질)]라는 뜻이다."와 "窒은 막는다[𡫳]라는 뜻이다."[73] 및 "但(단)은 윗통을 벗다[裼(석)]라는 뜻이다."와 "裼은 윗통을 벗다[但]의 뜻이다."[74]와 같은 부류가 그렇다. '老'와 '考'는 운모가 같은 글자로 풀이해 준 것이다.

(2) 《예기(禮記)·곡례(曲禮)》의 문장이다.[75]

(3) '匕'는 발음이 '化(화)'다. 내 생각에 '老'의 전문은 본래 毛와 匕로 구성되었던 것 같다. ('毛'모양 아래로 내려온 것은) 긴 털의 끝 부분을 그린 것이며 '老'의 전문 가운데에 '人'

71 제15편 上 '敍' 참조.

72 《戴東原集》 卷三 <答江愼修先生論小學書> 참조.

73 제5편 上 '㠭'부 '𡫳'자 說解 및 제7편 下 '穴'부 '窒'자 說解 참조.

74 제8편 上 '人'부 '但'자 說解 및 제8편 上 '衣'부 '裼'자 說解 참조.

75 《禮記·曲禮》 上 참조.

자가 있는 것 같지는 않다. 《운회(韻會)》에는 ("从人毛七"에서) '人'자가 없다.

(4) 이 구절은 ('老'가 '毛'와 '七'로 구성된) 회의(會意)의 뜻을 풀이한 것이다. '老'의 발음은 盧(로)와 皓(호)의 반절이다. 고음 3부에 속한다.

(1) 序曰, 五曰轉注, 建類一首, 同意相受, 考老, 是也. 學者多不解. 戴先生曰, 老下云考也, 考下云老也, 此許氏之恉, 爲異字同義擧例也. 一其義類, 所謂建類一首也. 互其訓詁, 所謂同意相受也. 考老適於許書同部. 凡許書異部而彼此二篆互相釋者視此. 如寏窒也, 窒寏也, 但裼也, 裼但也之類. 老考以疊韻爲訓. (2) 曲禮文. (3) 音化. 按此篆蓋本从毛七. 長毛之末筆, 非中有人字也. 韻會無人字. (4)說會意之恉. 盧皓切. 古音在三部.

303. 毛(모)부

 眉髮之屬及獸毛也.(1) 象形.(2) 凡毛之屬皆从毛.

'毛'는 사람의 눈썹이나 머리털 및 짐승의 털이라는 뜻이다. 상형(象形)이다. 毛부에 속하는 한자는 모두 毛의 의미를 따른다.

(1) '眉(미)'는 눈 위의 털이다.[76] '髮(발)'은 머리 위의 털이다.[77] '而(이)'는 수염[須(수)]이다.[78] '須'는 '而'로서 턱수염을 말한다.[79] '髥(염)'은 구렛나루다. '髭(자)'는 콧수염이다.[80] "及獸毛[짐승의 털까지 뜻하게 되었다.]"라고 말한 이유는 사람을 귀히 여기고 짐승의 것은 천하게 여긴 것이다.

(2) '毛'의 발음은 莫(막)과 袍(포)의 반절이다. 고음 2부에 속한다.

(1) 眉者, 目上毛也. 髮者, 首上毛也. 而者, 須也. 須者, 而也, 臣下之毛也. 髥者, 頰須也. 髭,

76 제4편 上 '眉'부 說解 참조.
77 제9편 上 '髟'부 '髮'자 說解 참조.
78 제9편 下 '而'부 說解 참조.
79 제9편 上 '須'부 說解 참조.
80 제9편 上 '須'부 部屬字 참조.

口上須也. 及獸毛者, 貴人賤畜也. (2) 莫袍切. 古音二部.

304. 毳(취)부

 獸細毛也.(1) 从三毛.(2) 凡毳之屬皆从毳.

'毳'는 짐승의 가는 털이다. 세 개의 '毛(모)'로 구성되었다. 毳부에 속하는 한자는 모두 毳의 의미를 따른다.

(1) 《주례(周禮)·장피(掌皮)》의 주석에서 "毳毛(취모)는 가늘고 화려한 털이다."[81]라고 하였다.

(2) 털이 가늘면 촘촘해진다. 그러므로 세 개의 毛로 구성되었다. 털이 많다는 의미다. '毳'의 발음은 此(차)와 芮(예)의 반절이다. 15부에 속한다.

(1) 掌皮注曰, 毳毛, 毛細縟者. (2) 毛細則叢密, 故从三毛. 衆意也. 此芮切. 十五部.

305. 尸(시)부

 陳也.(1) 象臥之形.(2) 凡尸之屬皆从尸.

'尸'는 늘어놓는다는 뜻이다. 엎드려 있는 모양을 상형하였다. 尸부에 속하는 한자는 모두 尸의 의미를 따른다.

(1) '陳(진)'자는 '敶(진)'자로 써야 한다. '攴(복)'부에서 "敶은 늘어놓다[列(열)]의 뜻이다."[82]

81 《周禮·天官·掌皮》 "共其毳毛爲氈"의 鄭玄의 注 참조.
82 제3편 下 '攴'부 '敶'자 說解 참조.

라고 하였고 《시(詩)·소아(小雅)·기보(祈父)》의 <모전(毛傳)>에서 "尸는 진열한다[陳]는 뜻이다."[83]라고 하였다. 살펴보면 대체로 제사에서의 '尸'는 '제사의 신주[主]'이라고 풀이된다. 《예기(禮記)·교특생(郊特牲)》에서 "尸는 늘어놓다[陳]의 뜻이다."라고 하였는데 주석에서 "이 '尸'는 신의 형상[神象]이다. 따라서 '제사의 신주[主]'이라는 풀이를 따라야 하며 '늘어놓다[陳]'라고 풀이한 것은 잘못이다."라고 하였다.[84] 나(玉裁)는 그것에 대하여 다음과 같이 생각한다. 제사에서의 '尸'는 본래 신(神)의 모양을 본떠서 만들어 그것을 진열한 것인데 제사지내는 사람이 그것을 제사의 신주[主]로 삼기 때문에 ('陳'과 '主'의) 두 가지 뜻은 실은 서로 연결되어 생겨난 것이다. 그러므로 허신은 단지 '陳'이라고만 하였던 것이다. 침상[牀(상)]에 모시게 되면 '屍(시)'라고 한다. '屍'자는 '尸'로 구성되고 '死(사)'로 구성되었다.[85] 따로 이 '屍'자를 만들었으나 경적에서는 대부분 '尸'자를 빌어다 '屍'의 (의미로) 사용하였다.

(2) '臥(와)'자에서 "엎드린다[伏(복)]는 뜻이다."라고 하였다.[86] '尸'자는 머리를 수그리고 등이 굽은 모양을 상형하였다. '尸'의 발음은 式(식)과 脂(지)의 반절이다. 15부에 속한다.

(1) 陳當作敶. 攴部曰, 敶, 列也. 小雅祈父傳曰, 尸, 陳也. 按凡祭祀之尸訓主. 郊特牲曰, 尸, 陳也. 注曰, 此尸神象. 當從主訓之, 言陳非也. 玉裁謂, 祭祀之尸本象神而陳之, 而祭者因主之, 二義實相因而生也, 故許但言陳. 至於在牀曰屍, 其字从尸从死, 別爲一字, 而經籍多借尸爲之. (2) 臥下曰, 伏也. 此字象首俯而曲背之形. 式脂切. 十五部.

---

83 《詩·小雅·祈父》"有母之尸饔"의 <毛傳> 참조.

84 《禮記·郊特牲》經文과 鄭玄의 注 참조.

85 제8편 上 '尸'부 '屍'자 說解 참조.

86 제8편 上 '臥'부 說解 참조.

제 8 편 下

尸尺尾履舟方儿

兄兂皃𠘧先禿

見覞欠㱃次旡

306. 尺(척)부

十寸也.(1) 人手卻十分動脈爲寸口.(2) 十寸爲尺.(3) 尺, 所㠯指尺規榘事也.(4) 从尸(5)从乙.(6) 乙, 所識也.(7) 周制, 寸尺咫㝷常仞諸度量, 皆㠯人之體爲法.(8) 凡尺之屬皆从尺.

'尺'은 10촌(寸)의 길이를 뜻한다. 사람의 손에서 10분(分)의 길이를 물러나 맥(脈)이 뛰는 곳을 촌구(寸口)라고 한다. 10촌이 1尺이다. 尺은 눈금을 표시하여 재는 일을 할 때 쓰는 도구다. '尸(시)'로 구성되었고 '乙(을)'로 구성되었다. '乙'은 표시된 (눈금)이다. 주대(周代)의 제도에서 촌(寸)·척(尺)·지(咫)·심(㝷)[1]·상(常)·인(仞) 등의 도량형(度量衡)은 사람의 몸을 기준으로 만들었다. 尺부에 속하는 한자는 모두 尺의 의미를 따른다.

(1) '寸'은 10分의 길이를 말한다.[2] '禾(화)'부에서 "10 髮(발)을 1程(정)이라 하고 1程이 곧 1分이 되는데 10分은 1寸이 된다."라고 하였다.[3] 또 "율수(律數)는 12이다. 12禾秒(화초)가 1分에 해당하고 10分이 1寸이다."라고 하였다.[4] 《한서(漢書)·율력지(律曆志)》에서 "90分이

1 '㝷'자는 段注에 실려 있는 자형이다. 지금은 '尋'으로 쓴다. 그런데 제3편 下 '寸'부에 의하면 '尋'자의 전문은 '𡬶'으로 실려 있다. 여기에서는 '尋'으로 통일한다.

2 제3편 下 '寸'부 說解 참조.

3 제7편 上 '禾'부 '程'자 說解 참조. 漢代의 유물로 출토된 尺들을 가지고 길이를 환산해 보면 漢代의 1尺은 대략 23.2cm가 된다. 尺을 중심으로 하여 이곳에 언급된 다른 단위들을 환산해 보면 寸은 대략 2.3cm, 分과 程은 23mm, 髮은 약 2.3mm, 禾秒는 약 1.95mm에 해당한다.

황종(黃鐘)의 길이이다. 1分을 기준으로 하여 10分이 1寸이고, 10寸이 1尺이고, 10尺이 1丈(장)이며, 10丈이 1引(인)이다. 이로써 다섯 가지 길이 단위가 갖추어진다."[5]라고 하였다.

(2) '寸'부 아래에도 "사람의 손에서 1寸을 물러나 맥이 뛰는 곳을 촌구(寸口)라 한다."라고 하였다.[6] 정현(鄭玄)이 《주례(周禮)》에서 주석하기를 "맥(脈)의 대후(大候)는 요컨대 양명(陽明), 촌구(寸口)에 있다."라고 하였다. 소(疏)에서는 "양명(陽明)은 큰 엄지손가락과 본골(本骨)[7]의 높은 곳과 두 번째 손가락 사이에 있는 것이고 촌구(寸口)란 엄지손가락 본고골(本高骨) 아래의 1寸 되는 곳이다."라고 하였다.[8] 내 생각에 '큰 엄지손가락의 본고골(本高骨) 아래의 1寸 되는 곳'이란 바로 허신이 말한 "사람의 손에서 10分을 물러난 곳[人手卻十分]"이다. '卻(각)'이란 '㡿(척)'이며 '㡿'이란 물러난다[拓(척)]는 뜻이다.[9] 사람의 손바닥이 끝나는 곳에서 또 10分을 내려가면 맥이 뛰는 곳을 찾을 수 있는데 이것이 '寸口'다. '寸'이라는 길이의 단위는 여기에서 모양을 취한 것이다.

(3) '寸'을 열 배 하면 '尺'이 된다.

(4) ("所㠯指尺規榘事也"의) '指尺'은 '指㡿(지척)'으로 써야 한다. 발음 때문에 잘못된 것이다. '指㡿'이란 눈금[標目]과 같은 말이다. 길이를 재는 일에 사용한다. '尺'이 아니면 길이를 잴 수가 없다. '尺'은 길이 단위 가운데에서 중간에 있으므로 아래의 짧은 길이단위인 '寸'과 '分'을 포괄하고 위의 긴 길이단위인 '丈'과 '引'을 포함한다. 《한서·율력지》에서 "寸이란 헤아린다[忖(촌)]의 뜻이다. 尺이란 재다[蒦(약)]의 뜻이다."라고 하였다.[10] '尺'·'㡿'·'蒦'의 세 글자는 모두 운(韻)이 같다.

(5) ('尺'이 '尸'로 구성된 것은 다른 길이 단위의) 중심[主]이 된다는 뜻이다.

(6) 회의(會意)자다. '尺'의 발음은 昌(창)과 石(석)의 반절이다. 고음 5부에 속한다. 고서(古書)에서는 또한 '赤(적)'자를 빌어다 '尺'의 뜻으로 썼다. 모황(毛晃)은 "송대(宋代)의 편지글을 살펴보면 그렇게 되어 있다."라고 하였다.

---

4 제7편 上 '禾'부 '稱'자 說解 참조.

5 《漢書·律曆志》 上 참조. 尺의 길이 23.2cm를 중심으로 환산하면 丈은 2m 32cm가 되고 引은 23.2m가 된다.

6 제3편 下 '寸'부 '㝷'자 說解 참조.

7 여기에서 말하는 本骨, 本高骨이란 손바닥에서 엄지손가락 아래쪽에 손목과 만나는 부분의 튀어나온 부분의 뼈를 말하는 것 같다.

8 《周禮·天官·疾醫》 "兩之以九竅之變, 參之以九藏之動."의 鄭玄의 注 및 그에 해당하는 疏 참조.

9 제9편 下 '广'부 '庌'자 참조. 그런데 段注에 '庌'으로 실려 있는 자형은 《說文》의 전문 자형에 따르면 '㡿(척)'으로 되어 있어야 한다. 단주에 俗字로 실려 있는 것이다. 여기에서는 원자로 바꾸어 놓는다.

10 《漢書·律曆志》 上 참조.

(7) 한무제(漢武帝)는 동방삭(東方朔)의 상서(上書)를 읽으면서 미진한 점이 있으면 곧 그곳에 '乙' 표시를 하였다. 그래서 '乙'은 표시한다는 뜻이다. 자를 가지고 잰 곳을 표시하기 때문에 '尺'은 '乙'로 구성되었다.

(8) '寸'은 사람의 '寸口'를 기준으로 만들어졌다. '尺'은 '寸'에서 생겨났다. '咫'의 기준은 중년 부인의 손이다.[11] '尋'은 8尺의 길이를 말한다. 사람이 양팔을 벌린 길이를 기준으로 하여 만들었다.[12] '常'은 '尋'을 두 배한 것이다. 어떤 사람은 "常은 丈(장)으로 써야 한다."라고 하였다. 주대(周代)의 제도에서는 8寸이 1尺이고 10尺이 1丈이다. 사람은 키가 8尺이므로 丈夫라 한다.[13] '人(인)'부에서 "仞은 팔을 편 길이로서 즉 그것이 1尋이다."[14]라고 하였으니 그렇게 되면 '仞'과 '尋'은 다른 길이 단위가 아니다. 그런데 여기에서 '尋'과 '仞'을 나란히 들어 놓은 것은 아마도 허신이 7尺이 1仞에 해당한다는 설을 근거로 했기 때문일 것이다.[15] 아마도 '人'부의 허신의 설해는 후인들이 잘못 고친 것이며 허신의 원문이 아닌 듯하다. 그에 대한 설명은 '人'부에 상세하다.

(1) 寸, 十分也. 禾部曰, 十髮爲程, 一程爲分, 十分爲寸. 又曰, 律數十二, 十二禾秒而當一分, 十

---

11 제8편 下 '尺'부 '咫'자 說解 참조. 許愼에 의하면 "중년부인의 손의 길이 8촌이다. 周代의 1尺이다."라고 하였으니 咫는 대략 18.4cm로 환산할 수 있다. 그렇다면 周代의 1尺도 그와 같은 길이라는 말이 된다.

12 제3편 下 '寸'부 '尋'자 說解 참조. 《說文》의 '寸'부에 의하면 '尋'자의 전문은 '㝷'으로 실려 있다. 漢代 제도를 기준으로 환산하면 尋은 약 184cm에 해당한다.

13 제10편 下 '夫'부 說解 참조. 여기에서 周代의 제도를 언급했는데 이것이 漢代의 제도와는 달랐던 것 같다. 실제로 商代의 유물로 출토된 尺의 길이는 약 15.8cm에 해당된다. 그렇다면 商代의 1尺은 대략 漢代의 7寸에서 8寸 사이에 해당한다고 말할 수 있다. 漢代의 1寸은 대략 2.3cm에 해당된다. 周代의 尺이 정확히 얼마의 길이였는지는 알 수 없다. 그러나 출토된 유물들의 길이로 환산해 보면 戰國시대를 거쳐 漢代로 오면서 尺의 길이가 늘어난 것만은 분명하다. '尺'부의 '咫'자에서 8寸이 周代의 1尺이라 하였으니 周代에는 약 18.4cm가 1尺이 된다. 따라서 周代의 제도로 丈의 길이를 환산하면 1丈은 184cm에 해당된다.

14 제8편 上 '人'부 '仞'자 說解 참조. 段玉裁의 주장처럼 仞도 尋과 같은 길이라면 약 184cm에 해당된다.

15 《說文》 원문에 의하면 許愼은 仞에 대하여 "양팔을 벌린 길이로서 1尋 8尺이다."라고 하였다. 그런데 역대로 주석가들은 仞의 길이가 7尺이라고 설명하였다. 그에 관해서는 제8편 上 '人'부 '仞'자 段注에 상세하게 나와 있다. 段注에 의하면 인간의 전체 신장이 8尺이므로 팔을 벌린 길이가 키와 같다는 것은 옳지 않으니 仞이 7尺의 길이인 것이 상식적으로 맞는다는 것이다. 기본적으로 段玉裁는 許愼이 仞의 길이를 7尺으로 썼으며 그것을 후인들이 8尺으로 잘못 고쳐놓았다고 주장한다. 段玉裁의 주장대로라면 尋과 仞은 인체를 기준으로 한 서로 다른 길이를 말하며 그렇게 되어야만 許愼이 그 두 가지를 병렬한 의도가 살아난다. 같은 길이 단위를 나열했을 리가 없다는 것이다.

分而寸. 漢志曰, 九十分黃鐘之長. 一爲一分, 十分爲寸, 十寸爲尺, 十尺爲丈, 十丈爲引, 而五度審矣. (2) 寸部下亦曰, 人手卻一寸動衇謂之寸口. 鄭注周禮曰, 脈之大候要在陽明寸口. 疏云, 陽明在大拇指本骨之高處與弟二指閒. 寸口者, 大拇指本高骨後一寸是也. 按大拇指本高骨後一寸, 許所謂人手卻十分也. 卻者, 庍也. 庍者, 拓也. 人手竟又開拓十分得動脈之處, 是曰寸口. 凡寸之度取象於此. (3) 十其長是爲尺. (4) 指尺當作指庍, 聲之誤也. 指庍猶標目也. 用規榘之事. 非尺不足以爲程度. 尺居中, 下可晐寸分, 上可包丈引也. 漢志曰, 寸者, 忖也, 尺者, 蒦也. 尺庍蒦三字同韻. (5) 主也. (6) 會意. 昌石切. 古音在五部. 古書亦借赤爲之. 毛晃曰, 宋時案牘如此. (7) 漢武帝讀東方朔上書未盡, 輒乙其處, 題識之意也. 以榘尺記識所度, 故從乙. (8) 寸法人寸口, 尺起於寸. 咫法中婦人手. 尋八尺也, 法人兩臂之長. 常倍尋. 或曰, 常當作丈. 周制, 八寸爲尺, 十尺爲丈. 人長八尺, 故曰丈夫. 人部曰, 仞, 伸臂一尋也. 是仞尋無二, 而此尋仞並擧, 疑許主七尺曰仞之說. 人部之解出後人改竄, 非許原文. 說詳人部.

307. 尾(미)부

微也.(1) 从到毛在尸後.(2) 古人或飾系尾.(3) 西南夷皆然.(4) 凡尾之屬皆从尾.

'尾'는 작다는 뜻이다. '毛(모)'가 뒤집혀 '尸(시)'의 뒤에 있는 모양으로 구성되었다. 고인(古人)들은 간혹 실로 꼬리를 달아 장식하였다. 서남(西南)의 오랑캐들은 모두 그렇게 하였다. 尾부에 속하는 한자는 모두 尾의 의미를 따른다.

(1) '微(미)'자는 '𢼸'로 써야 한다. '𢼸'는 가늘다[細(세)]는 뜻이다.[16] '尾'를 '微'라고 한 것은 같은 운모의 글자로 풀이한 것인데 "門(문)은 捫(문)이다." "戶(호)는 護(호)다."의 예와 같다.[17] 《방언(方言)》에서 "尾는 다한다[盡(진)]는 뜻이다. 尾는 끝[梢(초)]이라는 뜻이다."라고 하였다.[18] 인신(引伸)되어 '뒤[後(후)]'라는 의미로도 풀이된다. 《국어(國語) · 진어(晋

16 제8편 上 '人'부 '𢼸'자 段玉裁 注 참조.
17 제12편 上 '門'부 및 '戶'부 說解 참조.
18 《方言》 卷十二 참조.

語)》에 "歲之二七, 其靡有微兮.[열네 살이 되면 가는 털이 없어진다.]"라고 하였다.19 옛날에도 '微'를 빌어다 '尾'의 의미로 썼던 것 같다.

(2) '到(도)'는 지금의 '倒(도)'자다. '尾'의 발음은 無(무)와 斐(비)의 반절이다. 15부에 속한다. 지금은 예서(隸書)로 변하여 '尾'로 쓴다.

(3) (꼬리 장식에 대한 설은) 들어보지 못했다. 정현(鄭玄)이 앞가리개[韍(불)]에 대하여 설명하면서 "옛날 사냥하고 물고기를 잡아먹을 때 그 가죽으로 옷을 해 입었다. 먼저 앞을 가리는 것을 알았고 뒤에 뒤를 가리는 것을 알게 되었다. 후대의 왕들이 천으로 바꾸어 입으면서 앞가리는 것만은 남겼는데 그것은 근본을 잊지 않기 위해서였다."라고 하였다.20 내 생각에 여기에서 뒤를 가렸다는 것이 혹시 "꼬리를 달아 장식하였다.[飾系尾]"라는 말인지도 모르겠다.

(4) 《후한서(後漢書)·서남이열전(西南夷列傳)》에서 "반호(槃瓠)의 후손은 다섯 가지 색의 의복을 좋아했는데 옷을 만들 때는 모두 꼬리의 모양이 있었다."라고 하였다. 내 생각에 '尾'가 짐승의 꼬리를 말한다는 것은 대단히 이해하기 쉬운 일인데도 허신이 '尾'를 '人(인)'의 부수 계열에 붙인 것은 '尾'자가 '尸(시)'로 구성되었기 때문이다. 사람에게만 '尸'라고 할 수 있고 짐승에게는 '尸'라고 할 수 없다. 허신이 책 전체에서 사람과 사물을 구별하는 것은 이처럼 엄격하다. 그러나 사람이 장식으로 꼬리를 붙이게 되면 짐승도 그와 유사해진다. 허신이 말하려는 뜻은 그와 같다.21

(1) 微當作㣲. 㣲, 細也. 此以疊韻爲訓, 如門捫也, 戶護也之例. 方言曰, 尾, 盡也. 尾, 梢也. 引伸訓爲後, 如晉語, 歲之二七, 其靡有微兮. 古亦叚微爲尾. (2) 到者, 今之倒字. 無斐切. 十五部. 今隸變作尾. (3) 未聞. 鄭說韍曰, 古者佃漁而食之, 衣其皮, 先知蔽前, 後知蔽後, 後王易之以布帛, 而獨存其蔽前者, 不忘本也. 按蔽後卽或飾系尾之說也. (4) 後漢書西南夷列傳曰, 槃瓠之後, 好五色衣服, 製裁皆有尾形. 按尾爲禽獸之尾, 此甚易解耳, 而許必以尾系之人者, 以其字從尸. 人可言尸, 禽獸不得言尸也. 凡全書內嚴人物之辨每如此. 人飾系尾, 而禽獸似之, 許意如是.

---

19 《國語·晋語》 三 참조.

20 《詩·小雅·采菽》 "赤芾在股, 邪幅在下."의 孔疏 가운데에 설명된 鄭玄의 箋 참조.

21 '尾'는 尸로 구성되어 사람에게 사용하는 글자이지만 꼬리를 장식으로 붙이면 짐승과 같아지므로 짐승의 꼬리라는 의미로도 쓰이게 되었다는 것이다.

308. 履(리)[22]부

足所依也.(1) 从尸. 服履者也. 从彳夊.(2) 从舟. 象履形.(3) 一曰, 尸聲.(4) 凡履之屬皆从履. 𩑶 古文履. 从頁从足.(5)

'履'는 발이 의지하는 곳이다. '尸(시)'로 구성되었다. 신발을 신은 사람이다. '彳(척)'과 '夊(치)'로 구성되었다. '舟(주)'로 구성되었다. 신발의 모양을 상형하였다. 일설에는 '尸'가 발음을 나타내는 부분이라고 한다. 履부에 속하는 한자는 모두 履의 의미를 따른다. '𩑶'는 履의 고문(古文)이다. '頁(혈)'과 '足(족)'으로 구성되었다.

(1) '履'자와 '依(의)'자는 운모가 같다. 옛날에 '屨(구)'라고 하던 것을 지금은 '履'라고 하며 옛날에는 '履'라고 하던 것을 지금은 '鞵(혜)'라고 한다. 이름이 시대에 따라 다른 것이다. 인신(引伸)되어 '밟는다[踐(천)]'는 뜻이 되었다. "君子所履[군자가 실천해야 하는 것이다.]"[23]와 같은 것이 그렇게 쓰인 예다. 또한 복록[祿(록)]이라는 의미로 인신되어 풀이되기도 한다. 《시(詩)》의 "福履綏之[복록을 편안히 여기네.]"라는 구절에 대하여 <모전(毛傳)>에서는 "履는 복록[祿]이라는 뜻이다."라고 하였다.[24] 또한 인신되어 '禮(예)'라는 의미로 풀이되기도 한다. 《역(易)·서괘전(序卦傳)》, 《시·장발(長發)》의 <모전>에 쓰인 것이 그러한 예다.[25] '履'자와 '禮'자는 운모가 같다. '履'자와 '祿'자는 성모가 같다.

(2) '夊'의 발음은 楚(초)와 危(위)의 반절이다. '彳'과 '夊'는 모두 간다[行(행)]는 뜻이다.

(3) (尸·彳·夊·舟의) 네 글자의 (의미를) 합하여 글자를 만들었으니 회의(會意)다. '履'의 발음은 良(량)과 止(지)의 반절이다. 그런데 내 생각에는 이 글자를 良과 止의 반절로 발음하는 방법은 틀렸다. 마땅히 《옥편(玉篇)》과 《광운(廣韻)》에 의거하여 力(력)과 几(궤)의 반절로 발음하여야 한다.[26] 15부에 속한다.

(4) ('尸'가 성부라는 것은) 또 다른 하나의 설이다.

---

22 '履'자는 篆書의 자형을 반영한 楷書體다. 지금의 '履'자다. 段玉裁는 許愼의 說解와 자신의 注에서 '履'를 사용하고 '履'를 사용하지 않았다.

23 《詩·小雅·大東》 참조.

24 《詩·周南·樛木》의 經文과 <毛傳> 참조.

25 《易·序卦傳》 "受之以履"의 注 및 《詩·商頌·長發》의 <毛傳> 참조.

26 《玉篇》 '履'부 제146 및 《廣韻》 上聲 五 '旨'韻 참조.

(5) 신발은 머리를 중하게 여긴다. 그래서 '頁(혈)'로 구성되었다.

(1) 履依疊韻. 古曰屨, 今曰履. 古曰履, 今曰鞵. 名之隨時不同者也. 引伸之訓踐, 如君子所履, 是也. 又引伸之訓祿. 詩, 福履綏之. 毛傳曰, 履, 祿也. 又引伸之訓禮. 序卦傳詩長發傳, 是也. 履禮爲疊韻, 履祿爲雙聲. (2) 夂, 楚危切. 彳夂皆行也. (3) 合四字會意. 良止切. 按良止, 誤也. 當依篇韻, 九几切. 十五部. (4) 別一說也. (5) 履重首, 故从頁.

309. 舟(주)부

船也.(1) 古者共鼓貨狄, 刳木爲舟, 剡木爲楫, 以濟不通.(2) 象形.(3) 凡舟之屬皆从舟.

'舟'는 배라는 뜻이다. 옛날 공고(共鼓)와 화적(貨狄)이 나무를 쪼개어 배를 만들고 나무를 베어 노를 만들어 통하지 못하던 곳을 건너게 하였다. 상형(象形)이다. 舟부에 속하는 한자는 모두 舟의 의미를 따른다.

(1) 《시(詩)・패풍(邶風)》의 "方之舟之[뗏목과 배를 띄우네.]"라고 한 구절의 <모전(毛傳)>에서 "舟는 배[船(선)]이다."라고 하였다.[27] 옛날 사람들은 '舟'라고 하고 한(漢)나라 사람들은 '船'이라고 하였으니 <모전>에서는 당시의 말[今語]로 옛날 말[古語]을 해석한 것이다. 그러므로 '舟'는 곧 지금의 '船'이라고 한 것이다. 그런데 (<모전>이 《시・패풍》에서 앞에 나오는) 《시・백주(柏舟)》에서 해석하지 않고[28] 여기에서 해석한 것은 ("方之舟之"의) '方'이 뗏목을 말하는 것이며 ('舟'와 같은) 배[船]가 아니라는 것을 보이기 위해서다.

(2) 곽박(郭璞)이 《산해경(山海經)》에서 주석하기를 "《세본(世本)》에 공고(共鼓)・화적(貨狄)이 배[舟]를 만들었다 하였다."라고 하였다.[29] 《역(易)・계사전(繫辭傳)》에는 "나무를 쪼개

27 《詩・邶風・谷風》 "方之舟之"의 <毛傳> 참조.

28 《詩・邶風・柏舟》에 "汎彼柏舟"라는 구절이 나오며 이 詩는 <谷風>보다 앞에 있다.

29 《山海經・海內經》 참조.

배[舟]를 만들고 나무를 베어 노를 만들었다. 배와 노의 이로움은 통하지 않는 곳을 건너게 해주고 멀리 이르러 천하를 이롭게 하는데 있으니 '渙(환)'괘에서 얻는 것이다."라고 하였다.[30] '共鼓'와 '貨狄'은 황제(黃帝) 시대와 요순(堯舜) 시대 사이의 사람이다. '貨狄'은 아마도 '化益(화익)'같은데 '化益'이란 곧 '伯益(백익)'이다. 《주례(周禮)·고공기(考工記)》에는 "고서(故書)에는 '舟'자가 '周(주)'자로 되어 있다."라고 하였다.[31]

(3) '舟'의 발음은 職(직)과 流(류)의 반절이다. 3부에 속한다.

(1) 邶風, 方之舟之. 傳曰, 舟, 船也. 古人言舟, 漢人言船. 毛以今語釋古, 故云舟卽今之船也. 不傳於柏舟而傳於此者, 以見方之爲泭而非船也. (2) 郭注山海經曰, 世本云, 共鼓貨狄作舟. 易繫辭曰, 刳木爲舟, 剡木爲楫, 舟楫之利, 以濟不通, 致遠以利天下, 蓋取諸渙. 共鼓貨狄, 黃帝堯舜閒人. 貨狄疑卽化益. 化益卽伯益也. 考工記故書舟作周. (3) 職流切. 三部.

310. 方(방)부

 併船也.(1) 象兩舟省緫頭形.(2) 凡方之屬皆从方.  方或从水.

'方'은 나란히 묶인 배라는 뜻이다. 배 두 척(모양)을 생략하여 뱃머리 부분을 묶은 모양을 상형하였다. 方부에 속하는 한자는 모두 方의 의미를 따른다. '汸'은 方의 혹자(或字)로서 '水(수)'로 구성되었다.

(1) 《시(詩)·주남(周南)》에서 "不可方思[뗏목을 띄울 수 없네.]"라고 하였고[32] 《시·패풍(邶風)》에서 "方之舟之[뗏목과 배를 띄우네.]"라고 하였다.[33] 《이아(爾雅)·석언(釋言)》 및 <모전(毛傳)>에서 모두 "方은 뗏목[泭(부)]이다."라고 하였다. 지금 《이아》는 '方'자를 '舫(방)'으로 고쳤는데[34] (그렇게 되면 '方'자의) 의미가 아니다. '併船(병선)'이란 두 척의

30 《易·繫辭傳》 下 참조.

31 《周禮·考工記·序官》 鄭玄의 注 참조.

32 《詩·周南·漢廣》 참조.

33 《詩·邶風·谷風》 참조.

34 《爾雅·釋言》에서는 "舫, 泭也."라고 하였다. 제8편 下 '舟'부 '舫'자 설해는 "舫, 船也."라고 되어 있다.

배를 나란히 하나로 만드는 것이다. 《이아 · 석수(釋水)》에서 "大夫方舟"라고 한 것은 두 척 배를 나란히 했다는 말이다.[35] '뗏목[泭]'이란 나무를 엮어서[編木(편목)] 물 건너는 데 쓰는 것으로 '併船'과는 다르다. 그렇다면 왜 모공(毛公)이 '方'을 해석하여 '併船'이라 하지 않고 '泭'라고 하였는가? 그 이유는 '배를 나란히 묶은 것[併船]'이나 '나무를 엮은 것[編木(편목)]'이나 그 용도가 대체로 같기 때문이다. 그러므로 함께 그 이름을 사용한 것이다. '方舟[배 두 척을 나란히 하는 것]'는 대부(大夫)의 예(禮)다. 그러나 《시》에서 말한 구절이 반드시 大夫에 대한 것은 아니다. 따라서 '뗏목[泭]'으로 해석해도 좋다. 그렇지만 허신의 글자 설명에 의하면 '方'의 아랫부분은 배가 생략된 모양으로 구성되었고 윗부분은 뱃머리를 나란히 한 모양을 상형하였다고 하였으니 '併船'이 본래의 의미이고 '編木'은 인신된 뜻이라는 것을 알 수 있다.

또한 인신되어 '비교한다[比方(비방)]'는 뜻으로 쓰인다. "子貢方人[자공이 사람을 비교하였다.]"이라고 한 것이 그 예다.[36] 《시 · 진풍(秦風)》의 "百夫之防[백 사람과 비교되네.]"이라는 구절의 <모전>에서는 "防(방)은 비교한다[比]는 뜻이다."라고 하였으니[37] '防'자는 곧 '方'자의 가차다. 또 인신되어 네모난 것[方圓(방원)], 바른 것[方正(방정)], 방향(方向) 등의 뜻으로 쓰이게 되었다. 또한 '旁(방)'으로도 가차되었다. '丄(상)'부에서 "旁은 넓다[溥(박)]는 뜻이다."라고 하였다.[38] 《금문상서(今文尙書)》에 '旁'으로 쓰인 것이 《고문상서(古文尙書)》에서는 '方'으로 쓰였는데 크다[大(대)]는 뜻이다.[39] 《시 · 생민(生民)》에 "實方實苞[커지고 통통해지네]"라고 한 것에 대해 <모전>에서는 "方은 대단히 크다[極畝(극무)]는 뜻이다."라고 하였다.[40] '極畝'란 크다[大]는 뜻이다. 또 가차되어 '甫(보)'로 쓰이기도 한다. 《시 · 소남(召南)》의 "維鳩方之[구욕새가 차지하였네.]"라고 한 것을 <모전>에서는 "方之란 '차지해서 가진다[方有之]'는 뜻이다."라고 하였다.[41] '方有之'란 '甫有之[땅을 차지한다]'와 같은 말이다.

(2) '兩'자는 '㒳'으로 써야 한다.[42] '方'의 아랫부분은 배 두 척이 나란히 하나가 되는 모양이

---

35 《爾雅 · 釋水》 참조.

36 《論語 · 憲問》 참조.

37 《詩 · 秦風 · 黃鳥》에는 "維此中行, 百夫之防."이라고 되어 있다. <毛傳>에 "防, 比也."라고 하였다.

38 제1편 上 '丄'부 '旁'자 說解 참조.

39 《尙書 · 堯典》에 "共工方鳩僝功"이라고 되어 있다.

40 《詩 · 大雅 · 生民》의 <毛傳> 참조.

41 《詩 · 召南 · 鵲巢》의 <毛傳> 참조.

42 제7편 下 '㒳'부 참조.

고 윗부분은 두 뱃머리가 한 곳에 묶여 있는 모양이다. '方'의 발음은 府(부)와 良(량)의 반절이다. 10부에 속한다. 《통속문(通俗文)》에서 "배를 연이어 놓은 것[連舟(연주)]을 '舫'이라 한다."라고 한 것은 허신의 ('舫'자) 해설과는 다르다.[43] '方'은 정자(正字)이고 속자(俗字)는 '舫(방)'으로 쓴다.

(1) 周南, 不可方思. 邶風, 方之舟之. 釋言及毛傳皆曰, 方, 泭也. 今爾雅改方爲舫, 非其義矣. 併船者, 並兩船爲一. 釋水曰, 大夫方舟, 謂併兩船也. 泭者, 編木以爲渡, 與併船異事. 何以毛公釋方, 不曰併船而曰泭也. 曰併船編木, 其用略同, 故俱得名方. 方舟爲大夫之禮, 詩所言不必大夫, 則釋以泭可矣. 若許說字, 則見下從舟省而上有竝頭之象, 故知併船爲本義, 編木爲引伸之義. 又引伸之爲比方, 子貢方人, 是也. 秦風, 西天之防. 毛曰, 防, 比也. 謂防卽方之假借也. 又引伸之爲方圓, 爲方正, 爲方向. 又假借爲旁. 丄部曰, 旁, 溥也. 凡今文尚書作旁者, 古文尚書作方, 爲大也. 生民, 實方實苞. 毛曰, 方, 極畝也. 極畝, 大之意也. 又假借爲甫. 召南, 維鳩方之. 毛曰, 方之, 方有之也. 方有之猶甫有之也.(2) 兩當作网 下象兩舟併爲一, 上象兩船頭總於一處也. 府良切. 十部. 通俗文, 連舟曰舫. 與許說字不同. 蓋方正字俗用舫.

311. 儿(인)부

 古文奇字人也.(1) 象形. 孔子曰, 儿在下, 故詰詘.(2) 凡儿之屬皆从儿.

'儿'은 人(人)의 고문기자(古文奇字)다. 상형(象形)이다. 공자(孔子)는 "儿은 아래에 있으므로 구부렸다."라고 하였다. 儿부에 속하는 한자는 모두 儿의 의미를 따른다.

(1) 이것은 '人'부에 이어받아서 말한 것이다. '사람[人]'은 천지(天地)에 태어난 것 가운데 가장 귀한 것이다.[44] 이 ('人'의) 주문(籒文)자형[人]은 사람의 팔과 다리의 모양을 상형하였다. '儿'이라고 쓴 것은 人의 고문기자(古文奇字)다. (이 '儿'의 허신 설해는) 마치 '大(大)' 아래에서 "하늘은 위대하고 땅이 위대하고 사람도 위대하다. 그러므로 大는 사람의 모양

43 제8편 下 '舟'부 '舫'자 說解 참조.

44 제8편 上 '人'부 說解 참조.

을 상형하였다. '亣(대)'의 고문이다."라고 하였고 '亣' 아래에서는 "大의 주문이다."라고 하였던 예와 정말 똑같다.[45] '亣'와 '儿'의 뜻은 모두 '大'와 '人' 아래에 보였으므로 다시 그 뜻을 설명할 필요가 없다. 지금 세속의 판본에서 '古文奇字' 위에 "仁人也"의 세 자를 잘못 더하여 놓았는데[46] 이것은 사족이다. ('人'과 '儿'이) 같은 글자이면서도 부수를 달리 한 것은 각각 그것으로 구성된 글자가 다르기 때문이다.

(2) ("孔子曰, 儿在下, 故詰詘."의) '儿在(인재)'가 각 판본에서는 '在人'으로 되어 있다. 지금 《옥편(玉篇)》에 의하여 바로잡는다.[47] '詘(굴)'자는 각 판본에 '屈(굴)'자로 쓰였는데[48] 잘못이다. 지금 바로잡는다. 공자의 설을 들어 '儿'이 상형임을 증명하였다. 주문(籀文)은 팔과 다리를 아울러 상형하였지만 고문기자(古文奇字)는 다리와 발만을 상형하였다. '詰詘(힐굴)'이라는 말은 지금 '구부러졌다[屈曲(굴곡)]'라고 하는 말과 같다. '儿'의 발음은 如(여)와 鄰(린)의 반절이다. 12부에 속한다.

(1) 此冢人部而言. 人者, 天地之性冣貴者也. 此籀文象臂脛之形. 其作儿者, 則古文奇字之人也. 如大下曰, 天大地大人亦大, 故大象人形, 古文亣也. 亣下曰, 籀文大. 則例正同. 亣與儿之義已見於大與人之下, 故皆不必叓言其義. 今俗本古文奇字之上, 妄添仁人也三字, 是爲蛇足. 同字而必異部者, 異其从之之字也. (2) 儿在各本作在人, 今依玉篇. 詘各本作屈, 誤, 今正. 擧孔子說證象形也. 籀文兼象臂脛, 古文奇字則惟象股脚. 詰詘猶今云屈曲也. 如鄰切. 十二部.

312. 兄(형)부

 長也.(1) 从儿从口.(2) 凡兄之屬皆从兄.

'兄'은 나이가 많다는 뜻이다. 儿과 口로 구성되었다. 兄부에 속하는 한자는 모두 兄의 의미를 따른다.

---

45 제10편 下 '大'부 및 '亣'부 說解 참조.

46 二徐本 참조.

47 《玉篇》 '儿'부 제24 참조.

48 二徐本 참조.

(1) 옛날에는 '長(장)'이 평성(平聲)과 상성(上聲)으로 나뉘지 않고 발음과 의미가 하나였다. '길다'는 의미와 '더하다'라는 의미와 '나이가 많다'는 의미가 모두 다른 뜻이 아니었다. '兄'을 '長'이라고 해석한 것은 운모가 같은 글자로 풀이한 것이다. 《시(詩)·소아(小雅)》에 "兄也永歎[더욱 길게 탄식하네.]"이라는 구절의 <모전(毛傳)>에서 "兄은 더한다[玆(자)]는 뜻이다."라고 하였다.[49] 《시·대아(大雅)》의 "倉兄填兮[더욱 황급히 채우네.]"라는 구절의 <모전>에서는 "兄은 더한다[滋(자)]는 뜻이다."라고 하였다.[50] "職兄斯引[더욱 끌어당기고]", "職兄斯弘[더욱 넓히고]"이라는 구절의 <모전>에서는 "兄은 더해 간다[玆]는 뜻이다."라고 하였다.[51] 또 《시·소아(小雅)》의 "僕夫兄瘁[종놈은 더욱 병이 들고]"이라는 구절의 전(箋)에서는 "兄은 더해 간다[滋]는 뜻이다."라고 하였다.[52] 또 《시·대아(大雅)》의 "亂兄斯削[난은 더욱 심해지고]"이라는 구절의 전(箋)에서는 "게다가 난리가 더욱 심해진다[而亂玆甚]는 뜻이다."라고 하였다.[53] '玆'자와 '滋'자는 의미가 같다. '玆'란 초목이 더 많이 자라난다는 뜻이며[54] '滋'란 더해진다[益(익)]는 뜻이다.[55] 대체로 그러한 의미로 쓸 때에는 《모시(毛詩)》의 판본에서 모두 '兄'으로 썼다. 속인(俗人)들이 '兄'자를 고쳐서 '水(수)'로 구성된 '況(황)'으로 바꾸거나 잘못하여 '况(황)'으로 고치기도 하였다. 육덕명(陸德明)의 <음의(音義)>에서 바르게 통일하여 고쳐 놓지 않았기 때문에 바른 글자와 틀린 글자가 섞여 나온다. 또한 《시·상체(常棣)》에서 "兄이라 쓴 것은 잘못이다."[56]라고 하였는데 그것은 더해진다[玆益]는 것이 '兄'의 본의임을 모르기 때문이었다. '兄'의 본의는 더해진다[益]라고 풀이되며 그것이 바로 허신이 말한 '長'의 뜻이기도 하다. 허신이 '兄'을 "더해 간다[玆]는 뜻이다."라고 말하지 않은 이유는 '長'으로 '兄'을 해석하면 나이가 많다는 의미를 포괄할 수 있기 때문이었다. '矢(시)'부의 '矤(신)'자에서 "兄詞이다"라고 하였다.[57] ('兄詞'란) '문장의 기운을 더해 주는 역할을 하는 말[加益之詞]'이라는 뜻이다. 이는 '더해진다[滋長]'는 의미로 '兄'을 사용한 것이다. 《상서(尙書)·무일(無逸)》의 "無皇曰(무황왈)"이라는 구절이 《금문상서(今文尙書)》에는 "毋兄曰(무형왈)"로 되어 있고 왕숙

---

49 《詩·小雅·常棣》 "兄也永歎"의 <毛傳> 참조.

50 《詩·大雅·桑柔》 "倉兄填兮"의 <毛傳> 참조.

51 《詩·大雅·召旻》의 <毛傳> 참조.

52 《詩·小雅·出車》의 箋 참조.

53 《詩·大雅·桑柔》의 箋 참조.

54 제1편 下 '艸'부 '玆'자 說解 참조.

55 제11편 上 '水'부 '滋'자 說解 참조.

56 《詩·小雅·常棣》 "兄也永歎"의 《釋文》 참조.

57 제5편 下 '矢'부 '矤'자 說解 참조.

(王肅)의 판본에는 '皇'자가 '況'으로 쓰여 있다. 주석에서 "況은 더해진다[滋]는 뜻이다." 라고 하였다.[58] 위소(韋昭)가 《국어(國語)》를 주석하면서 말하기를 "況은 더해진다[益]는 뜻이다."라고 하였다.[59] 이것들은 모두 '兄'이 더해진다[益]는 의미로 풀이되는 증거다. 인신되어 《이아(爾雅)》에서 말한 대로 "남자들 중에 먼저 난 사람[先生(선생)]은 兄이라고 부르고 뒤에 난 사람[後生(후생)]은 弟(제)라고 부른다."[60] 先生의 나이가 後生보다 자연히 많으므로 '兄'이라고 부른다. ('兄'이 이렇게 쓰이는 것은) '弟'자의 본의가 '가죽으로 묶는 순서'였는데[61] 그것으로 남자 後生을 부르는 이름으로 삼은 것과 같다. '君(군)'이나 '父(부)'는 그보다 중요한 것이 없으므로 정자(正字)를 사용하고 '兄'과 '弟'는 발음에 의지하여 그 이름을 삼는다. 옛날에는 '나이가 많다[兄長]'는 뜻의 '兄'과 '더해진다[兄益]'는 뜻의 '兄'은 다른 발음이 아니었다. 천인(淺人)들은 '兄'의 본의가 '男子 先生'이라고 하는데 그것은 주종(主從)이 도치된 것이다. 어떻게 '弟'의 본의가 '男子 後生'이겠는가? 세상에서 소학(小學)을 말하는 자는 이 원리를 알아야만 《설문》에 대하여 말할 수 있고 경전의 의미를 더불어 이야기할 수 있다. 고야왕(顧野王)(希馮)의 《옥편(玉篇)》에서는 이것을 모르고 "男子 先生은 兄이라 하고 男子 後生을 弟라고 한다."라고 하였다.[62] 그는 '兄'·'弟'의 두 부수를 '男'부와 '女'부 사이에 끼워 넣었으니 그가 부수를 나열한 순서를 보면 글자의 의미를 알지 못했다는 것을 알 수 있다.

(2) 입[口]에서 나오는 말은 끝이 없다. 그러므로 '兄'이 '儿'과 '口'로 구성되어 더해진다[滋長]는 의미를 나타낸다. '兄'의 지금 발음은 許(허)와 榮(영)의 반절이다. 고음 10부에 속한다. '荒(황)'과 같이 발음한다. 그 후 발음이 변하여 거성(去聲)이 되었으며 許(허)와 訪(방)의 반절로 발음한다. 지금 사람들은 兄을 부를 때 '況老(황로)'라고 하는데 고어(古語)다. '況(황)'이라고 쓰는 것은 옛날에 가차된 것이다. '貺(황)'이나 '况(황)'자는 모두 속자(俗字)다. '貺'은 의도적으로 만든 글자인데 《좌전(左傳)》·《국어(國語)》에서 이 글자를 많이 썼다.[63] '况'은 '況'에서 변한 자형인데 가장 나중에 나왔다.

---

58 《尙書·無逸》 참조.

59 《國語·晉語》 一 참조.

60 《爾雅·釋親》 참조.

61 제5편 下 '弟'부 說解 참조.

62 《玉篇》 '弟'부 第34 참조.

63 《左傳》 僖公 十五年 "史蘇占之, 曰, 不吉. 其繇曰, 士刲羊, 亦無衁也, 女承筐, 亦無貺也." 《國語·魯語》 下 "君以諸侯之故, 貺使臣以大禮." 등에 貺자가 쓰인 예가 보인다.

(1) 古長不分平上, 其音義一也. 長短, 滋長, 長幼皆無二義. 兄之爲長, 以疊韻爲訓也. 小雅, 兄也永歎. 傳曰, 兄, 兹也. 大雅, 倉兄塡兮. 傳曰, 兄, 滋也. 職兄斯引, 職兄斯弘. 傳曰, 兄, 兹也. 又小雅, 僕夫兄瘁. 箋云, 兄, 兹也. 又大雅, 亂兄斯削. 箋云, 而亂兹甚. 兹與滋義同. 兹者, 草木多益也. 滋者, 益也. 凡此等, 毛詩本皆作兄. 俗人乃改作从水之況, 又譌作况. 陸氏音義不能諟正畫一, 正僞錯出. 且於常棣云作兄者, 非. 由未知兹益乃兄之本義故耳. 兄之本義訓益, 許所謂長也. 許不云兹者, 許意言長則可晐長幼之義也. 矢部矤下曰, 兄詈也. 謂加益之詈, 此滋長之義也. 無逸無皇曰, 今文尚書作毋兄曰, 王肅本皇作況. 注曰, 況, 滋. 韋昭注國語云, 況, 益也. 皆兄訓益之證. 引伸之, 則爾雅曰男子先生爲兄, 後生爲弟. 先生之年自多於後生者, 故以兄名之. 猶弟本義爲韋束之次弟, 以之名男子後生者也. 莫重於君父, 故有正字. 兄弟之字, 則依聲託事. 古兄長與兄益無二音也. 淺人謂兄之本義爲男子先生, 則主從倒置, 豈弟之本義爲男子後生乎. 世之言小學者, 知此而後可與言說文, 可與言經義. 顧希馮玉篇不知此, 則直云男子先生爲兄, 男子後生爲弟而已. 以兄弟二部次於男部女部閒, 觀其列部之次第, 可以知其不識字義. (2) 口之言無盡也, 故以儿口爲滋長之意. 今音許榮切. 古音在十部. 讀如荒. 轉爲去聲. 許訪切. 今人評兄爲況老, 乃古語也. 用況者, 於古爲假借. 貺況皆俗字. 貺以意製. 左國多用之. 况乃況之變, 寅爲後出.

313. 兂(잠)부

 首笄也.(1) 从儿, ㄷ象形.(2) 凡兂之屬皆从兂. 簪 俗兂.(3) 从竹从朁.(4)

'兂'은 머리비녀다. '儿(인)'으로 구성되고 'ㄷ'은 상형한 것이다. 兂부에 속하는 한자는 모두 兂의 의미를 따른다. '簪'은 兂의 속자(俗字)다. '竹(죽)'으로 구성되고 '朁(참)'으로 구성된다.

(1) '竹(죽)'부에서 "笄(계)는 비녀[簪(잠)]이다."라고 하였다.[64] 그러므로 '兂'과 '笄'의 두 글자는 전주(轉注)가 된다. 옛날에는 '笄'라고 부르고 한대(漢代)에는 '兂'이라고 하였다. 즉 지금 '비녀[兂]'라는 뜻의 글자로 옛날에는 '笄'가 쓰였다는 말이다. 옛날 경전에는 '簪'자가

64 제5편 上 '竹'부 '笄'자 說解 참조.

없다. 《역(易) · 예괘(豫卦)》의 구사(九四) 효사(爻辭)에서 "朋盍簪(붕합잠)"이라고 되어 있는데 정현(鄭玄)은 여기서의 '簪'은 "빠르다[速(속)]는 뜻이다."라고 하였다.[65] 실은 '簪'자는 '寁(잠)'자의 가차(假借)자로 쓰인 것이다. 장읍(張揖)의 《고금자고(古今字詁)》에서 "㨘(첩)자는 '撍(잠)'으로 쓴다."라고 하였고 《비창(埤蒼)》에서 "撍은 빠르다[疾(질)]는 뜻이다."라고 하였다. '寁' · '㨘' · '撍'은 같은 글자다. 경방(京房)은 '撍'이라고 썼다. (위의 예를 살펴보건대) 경문(經文)에 나오는 '簪'자는 옛날에는 비녀[笄]라고 해석되지 않았다. 또한 《의례(儀禮) · 사상례(士喪禮)》에서 "復者一人, 以爵弁服, 簪衣于裳.[복자(復者)는 한 사람으로 관을 쓰고 변복(弁服)을 입는데 상의를 하의에 이어서 입는다.]"이라고 하였는데 주석에서 "簪은 연결한다[連(연)]는 뜻이다."라고 하였다.[66] 그렇다면 여기에서 쓰인 '簪'자는 '鐕(잠)'자의 가차자다. '金(금)'부에서 "鐕은 옷에 물건을 붙이는데 사용하는 도구다."라고 하였다.[67] 경전에서는 이 두 가지로 '簪'을 사용한 것 이외에는 '簪'에 대해 말한 적이 없다.

(2) 이 모양은 '서로 나란하다[相與比敘]'는 뜻의 '匕(비)'자[68]가 아니라 비녀의 모양을 상형한 것이다. 비녀[兂]에는 반드시 갈라져서 (끼우는) 곳이 있다. 그래서 '叉(차)'라고도 한다. 속자(俗字)로는 '釵(차)'로 쓴다. 《석명(釋名)》에는 "叉는 가지[枝(지)]다. 모양 때문에 그렇게 이름 붙인 것이다."라고 하였다. '兂'의 전문(篆文)의 오른쪽은 끼우는 곳[叉]을 상형하고 왼쪽은 눌러서 고깔을 고정시키는 것을 상형하였다. '兂'의 발음은 側(측)과 琴(금)의 반절이다. 7부에 속한다.

(3) 지금은 속자인 '簪(잠)'자가 유행하고 정자인 '兂'자가 없어졌다.

(4) '朁'이 발음을 나타낸다.

(1) 竹部曰, 笄, 簪也. 二字爲轉注. 古言笄, 漢言兂. 此謂今之兂卽古之笄也. 古經無簪字. 惟易豫九四, 朋盍簪. 鄭云, 速也. 實寁之假借字. 張揖古今字詁, 㨘作撍. 埤蒼云, 撍, 疾也. 寁㨘撍同字, 京作撍. 經文之簪, 古無釋爲笄者. 又士喪禮, 復者一人, 以作弁服, 簪衣于裳. 注云, 簪, 連也. 然則此實鐕之假借字. 金部曰, 鐕, 可以衣箸物者. 凡經典此二簪字外, 無言簪者. (2) 此非相與比敘之匕, 乃象兂之形也. 兂必有岐, 故又曰叉. 俗作釵. 釋名曰, 叉, 枝也. 因形名之也. 篆右象其叉, 左象其所抵以固弁者. 側琴切. 七部. (3) 今俗行而正廢矣. (4) 朁聲.

---

65 《易 · 豫卦》의 九四 爻辭의 《釋文》 참조.

66 《儀禮 · 士喪禮》의 鄭玄의 注 참조.

67 제14편 上 '金'부 '鐕'자 說解 참조.

68 제8편 上 '匕'부 說解 참조.

314. 皃(모)부

頌儀也.(1) 从儿. 白象面形.(2) 凡皃之屬皆从皃. 貌 皃或从頁豹省聲.(3) 貌 籒文皃. 从豸.(4)

'皃'는 밖으로 드러나는 모습이다. '儿(인)'으로 구성되었다. '白'은 얼굴의 모양을 상형한 것이다. 皃부에 속하는 한자는 모두 皃의 의미를 따른다. '貌'는 皃자의 혹자로서 頁로 구성되었고 '豹(표)'의 생략형이 발음을 나타내는 부분이다. '貌'는 皃의 주문(籒文)이다. '豸(치)'로 구성되었다.

(1) '頁(혈)'부에서 "頌(송)은 모습[皃]이라는 뜻이다."69라고 하고 여기서는 "皃는 밖으로 보이는 모습[頌儀(송의)]이다."라고 하였으니 '頌'자와 '皃'자는 전주(轉注)가 된다. '頌'은 지금의 '容(용)'자다. 허신이 '儀(의)'자를 (굳이 덧붙여) 말한 이유는 밖으로 드러나는 행위의 법도는 모양으로 상형된다는 것을 말하기 위해서다. '容'은 내면을 말한 것이고 '皃'는 외면을 말한 것이다. 인신되어 그 모양[狀(상)]을 갖춘 경우에 '皃'라고 하였다. 석언(析言)하면 '容'과 '皃'는 각기 해당되는 뜻이 있다. 예컨대 숙향(叔向)의 "貌不道容[외모가 내면을 말해 주지 않는다.]"이라는 말이 그렇게 쓰인 것이다.70 이어서 말하면 '容貌'라고 한다. 예를 들어 "動容貌斯遠暴慢[용모를 갖출 때에는 포악함과 태만함을 멀리한다.]"71이라는 말이 그렇게 쓰인 것이다.

(2) ('皃'의 윗부분의 '白'모양은) '黑白(흑백)'의 '白'이 아니라 사람의 얼굴을 상형한 것이다. '皃'의 발음은 莫(막)과 教(교)의 반절이다. 2부에 속한다.

(3) 내 생각에 이 글자[貌]는 아마도 주문(籒文) 자형[貌]의 '皃'가 '頁'로 바뀐 듯하다.

(4) 대서본(大徐本)에는 "从豹省[豹의 생략형으로 구성되었다.]"으로 되어 있다.72 지금 '皃'자는 주문(籒文) 자형인 '貌(모)'자로 쓴다.

---

69 제9편 上 '頁'부 '頌'자 說解 참조.

70 《左傳》 昭公 十一年 "視不登帶, 言不過步, 貌不道容, 而言不昭矣." 참조.

71 《論語·泰伯》편 참조.

72 徐鉉本 참조.

(1) 頁部曰, 頌, 皃也. 此曰, 皃, 頌儀也. 是爲轉注. 頌者今之容字. 必言儀者, 謂頌之儀度可皃象也. 凡容言其內, 皃言其外. 引伸之, 凡得其狀曰皃. 析言則容皃各有當, 如叔向曰貌不道容, 是也. 絫言則曰容貌, 如動容貌斯遠暴慢, 是也. (2) 上非黑白字, 乃象人面也. 莫教切. 二部. (3) 按此蓋易籒文之皃爲頁. (4) 大徐本作从豹省. 今字皆用籒文.

315. 兜(고)부

廱蔽也.(1) 从儿. 象左右皆蔽形.(2) 凡兜之屬皆从兜. 讀若瞽.(3)

'兜'는 가린다는 뜻이다. '儿(인)'으로 구성되었다. 좌우가 모두 가려진 모양을 상형하였다. 兜부에 속하는 한자는 무두 兜의 의미를 따른다. '瞽(고)'와 같이 발음한다.

(1) '廱(옹)'자는 '邕(옹)'자로 써야 한다. 속자(俗字)는 '壅(옹)'으로 쓴다. 이 '兜'자는 경전에 거의 보이지 않는다. '兜'의 발음이 '蠱(고)'자와 같으니 ('兜'에도 '蠱'처럼) 미혹하게 한다는 뜻이 있다. 《국어(國語) · 진어(晉語)》에 "열후(列侯)의 자리에 있는 사람은 시(詩)를 바쳐서 의혹됨이 없게 하라.[在列者獻詩, 使勿兜疑.]"라고 하였는데 여기에 쓰인 '兜(두)'자는 아마도 '兜'자로 되어야 할 것 같다. 위소(韋昭)는 "兜는 미혹된다[惑(혹)]는 뜻이다."라고 하였다.[73]

(2) ("象左右皆蔽形"의) '左右(좌우)'자는 'ナ又(좌우)'자로 써야 한다. (좌우를 가린 모양이란) '匚コ'모양을 말한다.

(3) '兜'의 발음은 公(공)과 戶(호)의 반절이다. 5부에 속한다.

(1) 廱當作邕. 俗作壅. 此字經傳罕見. 音與蠱同, 則亦蠱惑之意也. 晉語曰, 在列者獻詩, 使勿兜疑. 兜或當爲兜. 韋曰, 兜, 惑也. (2) 左右當作ナ又. 謂匚コ也. (3) 公戶切. 五部.

73 《國語 · 晉語》 六 참조.

316. 先(선)부

 前進也.(1) 从儿之.(2) 凡先之屬皆从先.

'先'은 앞으로 나아간다는 뜻이다. '儿(인)'과 '之(지)'로 구성되었다. 先부에 속하는 한자는 모두 先의 의미를 따른다.

(1) '前(전)'자는 '歬(전)'으로 써야 한다. "가지 않으면서 앞서 있는 것[不行而進]"을 '歬'이라고 한다.[74] '歬'이라고 한 것은 늦추는 말[緩詞(완사)]이고, '先'이라고 한 것은 급히 하는 말[急詞(급사)]이다. 앞서 있다는 뜻은 같다.

(2) '之'는 나온다[出(출)]는 뜻인데[75] 인신되어 '간다[往(왕)]'는 뜻이 되었다. '先'의 발음은 蘇(소)와 前(전)의 반절이다. 고음 13부에 속한다. '先'이 성부인 '詵(선)'자와 같이 발음한다.

(1) 前當作歬. 不行而進曰歬. 凡言歬者緩詞, 凡言先者急詞也, 其爲進一也. (2) 之者, 出也. 引伸爲往也. 蘇前切. 古音在十三部. 讀若先聲之詵.

317. 秃(독)부

 無髮也.(1) 从儿. 上象禾粟之形. 取其聲.(2) 凡秃之屬皆从秃. 王育說.(3) 倉頡出見秃人伏禾中, 因目制字. 未知其審.(4)

'秃'은 머리카락이 없다는 뜻이다. '儿(인)'으로 구성되었다. 윗부분은 벼이삭의 모양을 상형하였다. (그래서 벼이삭이라는 글자[秀]의) 발음을 취한다. 秃부에 속하는 한자는 모두 秃의 의미를 따른다. 왕육(王育)의 설(說)이다. 창힐(倉頡)이 길을 나가다

---

74 제2편 上 '止'부 '前'자 說解 참조.

75 제6편 下 '之'부 說解 참조.

가 벼 가운데 머리카락이 없는 사람이 엎드려 있는 것을 보고 글자를 만들었다고 한다. 상세한 것은 알 수 없다.

(1) 《예기(禮記)・상복사제(喪服四制)》에서 "대머리[禿]는 틀어 앉힌 머리[髽(좌)]를 하지 못한다."라고 하였고,[76] 《예기・명당위(明堂位)》의 주석에서 "제(齊)나라 사람들은 머리카락이 없는 것을 '禿楬(독갈)'이라고 한다."라고 하였다.[77] 《주례(周禮)・의사(醫師)》의 주석에서 "疕(비)는 머리에 난 상처[頭瘍(두상)]다. 또한 대머리[禿]를 말하는 것이기도 하다."라고 하였다.[78] 인신되어 모나지 않은 모든 것을 '禿'이라 한다. 《석명(釋名)》에서 "沐(목)과 禿은 모두 위의 모양이 없는 것을 일컫는 말이다."라고 하였다.[79] '沐'이란 《관자(管子)》에서 말한 "沐涂樹之枝[길가의 나뭇가지를 베어 버린다.]"[80]라고 할 때의 '沐'과 같은 뜻이다. 즉 베어 떨어뜨린다는 말이다.

(2) 내 생각에 이 구절의 '粟(속)'자는 '秀(수)'자로 써야 할 것 같다. '휘(諱)'를 하느라 고친 것이다. '采(수)'자에서 "벼가 익어 이삭이 된 것이다.[禾成秀也]"[81]라고 하였으니 '秀'와 '采'는 전주(轉注)가 된다. "벼이삭의 모양을 상형하였다.[象禾秀之形]"라는 것은 벼이삭의 목이 구부러져 아래로 드리워져 있는 것을 말한다. 줄기가 굽은 곳이 둥글게 구부러져 빛이 나는 것이 마치 구부러진 비녀의 다리와 같다. '禿'은 전혀 머리카락이 없는 것이므로 머리에 빛이 나는 것이 그것과 흡사하다. 그래서 "象禾秀之形"이라고 하였다. '秀'와 '禿'은 고음(古音)이 모두 3부에 있다. 그래서 '禿'은 '秀'의 발음을 가지고 자신의 발음으로 삼는다. 허신의 책에 "그 발음을 취한다.[取其聲]"라고 말한 곳이 두 군데 있다. 첫 번째는 '世(세)'자에서 "从卅而曳長之, 亦取其聲.[卅(삽)으로 구성되었고 끌어 길게 만든 것이다. 또한 그 발음을 취하였다.]"이라고 하였다.[82] 여기에서 말하는 "取其聲"이란 '世'자가 '曳(예)'의 발음을 취했다는 말이다. 두 번째는 여기 '禿'부에서인데 "象禾秀之形, 取其聲.[벼이삭의 모양을 상형하였다. 그 발음을 취하였다.]"이라고 하였으니 '禿'이 '秀'의 발음을 취했다는 뜻이다. 모두 회의(會意)이면서 형성(形聲)임을 말한다. 사실 '秀'와 '禿'은 옛날에 서로 다

---

76 《禮記・喪服四制》 참조.

77 《禮記・明堂位》 經文과 鄭玄의 注 참조.

78 《周禮・天官・醫師》 鄭玄의 注 참조.

79 《釋名・釋容姿》 참조.

80 《管子》 <輕重丁>篇 참조.

81 제7편 上 '禾'부 '采'자 說解 참조.

82 제3편 上 '卅'부 '世'자 說解 참조.

른 글자가 아니었다. 아마 소전(小篆)부터 나뉘었을 것이다. 지금 사람들도 '禿頂(독정)'을 '秀頂(수정)'이라고 하는데 이것은 옛날부터 내려온 말이다. 대체로 사물이 오래되면 둔해지는데 그것을 '秀'라 한다. 철에 녹이 나는 것[鐵生衣]을 '銹(수)'라고 하는 것과 같다. '禿(수)'의 발음은 他(타)와 谷(곡)의 반절이다.

(3) 이상이 왕육(王育)의 주장이라는 말이다.

(4) 한 순간 우연히 본 것으로 천고(千古)의 시간을 지속하는 서계(書契)의 글자로 정했다는 점에서 보나, 대머리[禿]인 사람이 반드시 벼 속으로 엎드릴 필요가 없다는 점에서 보나 이 설은 옳지 않은 것 같다. 《광운(廣韻)》의 '禿'자에 "《설문》에서 '無髮也, 从儿, 上象禾粟之形.'이라고 되어 있다고 하였고 《문자음의(文字音義)》에서는 '倉頡出現禿人伏於禾中, 因以制字.'라고 하였다."라고 하였다.[83] 이것으로 보면 《광운》에서는 "창힐(倉頡)" 운운한 것을 《설문》의 말이라고 여기지 않았다. 따라서 고본(古本)에는 "倉頡" 이하의 17자가 없으니 "王育說" 세 글자가 위의 문장을 마무리하는 말임을 알 수 있다. 책 전체의 통례가 원래 이와 같다. 《문자음의(文字音義)》라는 책에 대하여 《당서(唐書)·예문지(藝文志)》에서 "《현종개원문자음의(玄宗開元文字音義)》 30권이 있다."라고 하였다.

(1) 喪服四制曰, 禿者不髽. 明堂位注曰, 齊人謂無髮爲禿楬. 周禮醫師注曰, 疕, 頭瘍, 亦謂禿也. 引伸之, 凡不銳者曰禿. 釋名曰, 沐禿皆無上皃之偁. 沐者, 管子云沐涂樹之枝, 謂刊落之也. (2) 按粟當作秀, 以避諱改之也. 采下云, 禾成秀也. 然則秀采爲轉注. 象禾秀之形者, 謂禾秀之穎屈曲下쬬, 莖屈處圓轉光潤, 如折釵股. 禿者全無髮, 首光潤似之, 故曰象禾秀之形. 秀與禿古音皆在三部, 故云禿取秀之聲爲聲也. 許書兩言取其聲. 世下曰, 从卅而曳長之, 亦取其聲. 謂取曳聲也. 此云象禾秀之形, 取其聲. 謂取秀聲也. 皆會意兼形聲也. 其實秀與禿古無二字, 殆小篆始分之. 今人禿頂亦曰秀頂, 是古遺語. 凡物老而椎鈍皆曰秀, 如鐵生衣曰銹. 他谷切. (3) 謂以上爲王育說也. (4) 因一時之偶見, 遂定千古之書契, 禿人不必皆伏禾中, 此說殆未然矣. 廣韻禿下曰, 說文云, 無髮也, 从儿, 上象禾粟之形. 文字音義云, 倉頡出見禿人伏於禾中, 因以制字. 廣韻不以倉頡云云爲說文語, 則知古本無倉頡以下十七字, 而王育說三字爲結上之辭. 全書例固如此. 文字音義者, 唐書藝文志有玄宗開元文字音義三十卷, 是也.

83 《廣韻》 入聲 一 '屋'운 참조.

318. 見(견)부

 視也.(1) 从目儿.(2) 凡見之屬皆从見.

'見'은 본다는 뜻이다. '目(목)'과 '儿(인)'으로 구성되었다. 見부에 속하는 한자는 모두 見의 의미를 따른다.

(1) 석언(析言)하면 "視而不見, 聽而不聞.[보아도 보이지 않고 들어도 들리지 않는다.]"이란 말이 있고 혼언(渾言)하면 '視(시)'와 '見', '聞(문)'과 '聽(청)'은 같은 말이다. '耳(이)'부에서 "聽은 듣는다[聆(령)]는 뜻이다."[84]라고 하였고 "聞은 소리를 아는 것[知聲(지성)]이다."[85]라고 하였으니 이것은 석언한 것이다.

(2) ('目'과 '儿'으로 구성되었다고 한 것은) '見'이 눈[目]을 사용하는 사람[儿]이라는 말이다. 회의(會意)다. '見'의 발음은 古(고)와 甸(전)의 반절이다. 14부에 속한다.

(1) 析言之, 有視而不見者, 聽而不聞者. 渾言之, 則視與見, 聞與聽一也. 耳部曰, 聽, 聆也. 聞, 知聲也. 此析言之. (2) 用目之人也. 會意. 古甸切. 十四部.

319. 覞(요)[86]부

 竝視也.(1) 从二見.(2) 凡覞之屬皆从覞.

'覞'는 나란히 놓고 본다는 뜻이다. 두 개의 '見(견)'으로 구성되었다. 覞부에 속하는 한자는 모두 覞의 의미를 따른다.

---

84 제12편 上 '耳'부 '聆'자 說解 참조.

85 제12편 上 '耳'부 '聞'자 說解 참조.

86 여기에서 覞자는 '요'로 발음한다. 徐鉉本에는 "弋과 笑의 반절로 발음한다.[弋笑切]"라고 되어 있는데 단주와 반절이 다르다.

(1) 《광운(廣韻)》에 "두루 본다[普視(보시)]는 뜻이다."라고 하였다.[87] 이것이 '覞'의 지금 의미다.

(2) '覞'의 발음은 弋(익)과 笑(소)의 반절이다. 살펴보면 《예기(禮記)·제의(祭義)》에서 "見以蕭光[쑥빛을 아울러 살피고]", "見閒以俠甒[두 개의 술 단지를 아울러 살펴본다.]"라고 하였는데 주석에서는 "여기에서 '見'자와 '見閒'자는 분명히 '覵(한)'자가 잘못된 것이다."라고 하였다.[88] '覵'자는 허신의 책에는 보이지 않으니 곧 '覞'자인 것 같다. (《예기·제의》에서 말한 것은 제사를 올릴 때) 쑥을 '향료[燔燎(번료)]'와 아울러 살펴보고[並見], 두 개의 술 단지를 '희생의 간·폐·머리·심장[肝肺首心(폐간수심)]'과 아울러 살펴봐야 한다[並見]는 뜻이다. 이때의 '見'은 '본다[視]'는 뜻이다. '覞'의 발음은 古(고)와 莧(현)의 반절이 되어야 한다. 14부에 속한다.

(1) 廣韻曰, 普視. 此今義也. (2) 弋笑切. 按祭義, 見以蕭光, 見閒以俠甒. 注云, 見及見閒皆當爲覵字之誤也. 覵不見於許書, 蓋卽覞字. 謂蕭光與燔燎並見, 俠甒與肝肺首心並見也. 見者, 視也. 覞應古莧切. 十四部.

320. 欠(흠)부

 張口气悟也.(1) 象气从儿上出之形.(2) 凡欠之屬皆从欠.

'欠'은 입을 벌려 기운이 풀어져 나가는 것이다. 기운이 사람 위로 따라서 나오는 모양을 상형하였다. 欠부에 속하는 한자는 모두 欠의 의미를 따른다.

(1) '悟(오)'자는 깨다[覺(각)]라는 뜻이다.[89] 인신되어 풀어져 흩어진다[解散(해산)]는 의미를 가진다. '口(구)'부의 '嚏(체)'자에서 "기운을 풀어내는 것이다.[悟解氣也]"라고 하였다.[90]

87 《廣韻》 去聲 三十五 '笑'운 참조.

88 《禮記·祭義》에는 "二端旣立, 報以二禮. 建設朝事, 燔燎羶薌, 見以蕭光, 以報氣也, 此敎衆反始也. 薦黍稷, 羞肝肺首心, 見間以俠甒, 加以鬱鬯, 以報魄也."라고 되어 있다. 鄭玄의 注 "見及見閒皆當爲覵字之誤也" 참조. 鄭玄은 "…… 光猶氣也. …… 俠甒謂雜之兩甒醴酒也."라고 하였다.

89 제10편 下 '心'부 '悟'자 說解 참조.

정현(鄭玄)이 《주역(周易)》의 "草木皆甲宅[초목이 껍질을 풀어내고]"이라는 구절에 주석하기를 "皆(개)는 '人倦解[사람이 게으르게 풀어진다]'의 '解(해)'자처럼 발음한다."라고 하였다. '人倦解'란 소위 "입을 벌려 기운이 풀어져 나간다[張口氣悟(장구기오)]"는 뜻이다. 그것을 '欠'이라고 하고 '嚏'라고도 한다. 《예기(禮記)·곡례(曲禮)》에서 "君子欠伸[군자가 하품하고 기지개 편다.]"이라고 하였는데 《정의(正義)》에서는 "마음이 피로하면 하품하고[欠] 몸이 피로하면 기지개 편다[伸(신)]."라고 하였다.[91] 《통속문(通俗文)》에서는 "입을 크게 벌리고 기운을 내보내는 것[張口運氣]을 '欠故(흠거)'라고 한다."라고 하였다. 살펴보면 《시(詩)》의 "願言則疐[당신을 생각하면 기운이 풀어지네.]"라는 구절의 <모전(毛傳)>에서 "疐(체)는 하품하다[刧(겁)]의 뜻이다."라고 하였다. 손육(孫毓)도 똑같이 말하였다. 그러나 최영은(崔靈恩)은 《집주(集注)》에서 "<모전>에서는 疐(체)자를 풀이하기를 '故(거)'라고 하였는데 지금 속인(俗人)들이 말하는 '欠欠故故(흠흠거거: 하품하여 기운을 내보내는 것)'라는 말이 그런 의미로 쓰인 것이다. '刧'자로 쓰인 것이 아니다. 사람이 몸이 피곤하면 기지개를 펴고 마음이 피곤하면 하품한다."라고 하였다.[92] 나는 다음과 같이 생각한다. 허신의 설은 대부분 <모전>을 종주(宗主)로 삼았으니 허신이 '嚏(체)'자를 해석하여 "悟解氣[기운을 풀어내는 것이다.]"라고 한 것은 아마 <모전>의 설을 사용한 듯하다. '故'자의 발음은 丘[邱](구)와 據(거)의 반절이다. '欠故'라는 말은 옛날부터 있었다. 지금 세속에서는 '呵欠(아흠)'이라고 한다. 또 '欠'은 기(氣)가 부족한 것이다. 그래서 인신되어 부족하다[欠少(흠소)]는 의미의 '欠'자가 되었다.

(2) '彡' 모양은 '≋'[93]와 같다. 이양빙(李陽冰)이 '欠'의 전문(篆文)을 고쳐서 '𠂒'으로 썼는데 이것은 '兂(잠)'자의 고문일 뿐이다. 또 이양빙은 '欠'자의 "위는 사람이 입을 벌린 것을 상형하였고 아래는 기(氣)가 나오는 모양을 상형하였다."라고 말하였다.[94] 잘못이다. '欠'의 발음은 去(거)와 劔(인)의 반절이다. 8부에 속한다.

(1) 悟, 覺也. 引伸爲解散之意. 口部嚏下曰, 悟解气也. 鄭注周易草木皆甲宅曰, 皆讀如人倦解之

90 제2편 上 '口'부 '嚏'자 說解 참조.

91 《禮記·曲禮》 上 "君子欠伸"의 《正義》 참조.

92 《詩·邶風·終風》에는 "寤言不寐, 願言則嚏."라고 되어 있고 지금 <毛傳>에는 "嚏, 跲也."라고 되어 있다. 段玉裁 注의 "傳曰, 疐, 刧也. 孫毓同. 崔靈恩集注云, 毛訓疐爲故, 今俗人云, 欠欠故故, 是也. 不作刧字. 人體倦則伸, 志倦則故."는 《詩》의 위 구절에 해당하는 《釋文》에 나온 말에 근거한 것이다.

93 '≋'은 '气'자의 篆文이다. 제1편 上 '气'부 참조.

94 徐鍇의 《說文解字繫傳》 <袪妄>篇 참조.

解. 人倦解, 所謂張口气悟也. 謂之欠, 亦謂之嚏. 曲禮, 君子欠伸. 正義云, 志疲則欠, 體疲則伸. 通俗文曰, 張口運氣謂之欠㰦. 按詩, 願言則嚔. 傳曰, 嚔, 劫也. 孫毓同. 崔靈恩集注云, 毛訓嚔爲㰦, 今俗人云, 欠欠㰦㰦, 是也. 不作劫字. 人體倦則伸, 志倦則㰦. 玉裁謂, 許說多宗毛, 許釋嚔爲悟解气, 蓋用毛說也. 㰦音邱據切. 欠㰦古有此語. 今俗曰, 呵欠. 又欠者, 气不足也, 故引伸爲欠少字. (2) 彡與彡同. 李陽冰改篆作, 乃是古文先耳. 云上象人開口下象气出, 非也. 去劒切. 八部.

321. 㱃(음)[95] 부

 歠也.(1) 从欠酓聲.(2) 凡㱃之屬皆从㱃.  古文㱃. 从今水.(3)  古文㱃. 从今食.(4)

'㱃'은 마신다는 뜻이다. '欠(흠)'으로 구성되었고 '酓(염)'이 발음을 나타낸다. 㱃부에 속하는 한자는 모두 㱃의 의미를 따른다. ''은 㱃의 고문(古文)이다. '今(금)'과 '水(수)'로 구성되었다. ''은 㱃의 고문이다. '今'과 '食(식)'으로 구성되었다.

(1) 《역(易)·몽괘(蒙卦)》의 우번(虞翻)의 주석에서 "물이 입으로 흘러 들어가는 것이 飮이다. [水流入口爲飮]"라고 하였다.[96] 인신되어 마실 수 있는 것을 '飮'이라 한다. 예컨대 《주례(周禮)》의 '四飮(사음)'과 같은 것이다.[97] 사람에게 주어 마시게 하는 것을 '飮'이라 하고 세속에서는 거성(去聲)으로 읽는다. 《좌전(左傳)》의 "飮之酒[그에게 술을 마시게 하였다.]"와 같은 것이다.[98] 또 다 없어지고 흔적이 없는 것을 '飮'이라고 하는데 《한서(漢書)·주가전(朱家傳)》의 "飮其德[덕을 없앤다]"[99]이라는 말은 "隱其德[덕을 숨긴다]"이라는 말과 같다.

(2) '酓'은 '酉(유)'로 구성되었고 '今(금)'이 발음을 나타낸다. '酉'부에 보인다. '㱃'의 발음은 於(어)와 錦(금)의 반절이다. 7부에 속한다. 예서(隷書)로는 '飮(음)'으로 쓴다.

---

95 '㱃'은 篆書의 자형을 따르는 隷書이고 지금의 隷書는 '飮'으로 쓴다.
96 《周易集解》'需'卦 <象傳>의 注 참조.
97 《周禮·天官·酒正》 참조.
98 《左傳》 莊公 十二年 참조.
99 《漢書·游俠傳》의 '朱家'에 대한 조항 참조.

(3) 이 글자는 '水'로 구성되었고 '今'이 발음을 나타낸다.
(4) 이 글자는 '食'으로 구성되었고 '今'이 발음을 나타낸다. 예서는 이 글자를 사용한다.

(1) 易蒙卦虞注曰, 水流入口爲飮. 引伸之, 可飮之物謂之飮, 如周禮四飮, 是也. 與人飮之謂之飮, 俗讀去聲, 如左傳飮之酒, 是也. 又消納無迹謂之飮, 漢書朱家傳, 飮其德, 猶隱其德也. (2) 酓從酉, 今聲. 見酉部. 於錦切. 七部. 隸作飮. (3) 从水, 今聲也. (4)从食, 今聲也. 隸用此.

322. 次(선)부

 慕欲口液也.(1) 从欠水.(2) 凡次之屬皆从次.  次或从侃.(3)  籀文次.(4)

'次'은 하고 싶은 욕망에 입에 침이 고인다는 뜻이다. '欠(흠)'과 '水(수)'로 구성되었다. 次부에 속하는 한자는 모두 次의 의미를 따른다. ''은 次의 혹자(或字)로서 '侃(간)'으로 구성되었다. ''은 次의 주문(籀文)이다.

(1) 하고 싶은 것이 있어서 입에 침이 생기는 것이다. 그래서 이 글자가 '欠'과 '水'로 구성되었다.
(2) 회의(會意)자다. '次'의 발음은 敍(서)와 連(련)의 반절이다. 14부에 속한다. 속자는 '涎(연)'으로 쓴다. 곽박(郭璞)은 《이아(爾雅)》에 주석하면서 '唌(연)'으로 썼다.[100]
(3) 이 글자에서 '侃'은 발음을 나타낸다.
(4) '𣶒'·'𣻮' 등도 모두 주문(籀文)이다.[101]

(1) 有所慕欲而口生液也, 故其字从欠水. (2) 會意. 敍連切. 十四部. 俗作涎. 郭注爾雅作唌. (3)

100 《爾雅·釋言》 "漦, 盝也."에 대한 郭樸의 注 참조.
101 제11편 下 '沝'부 '𣶒'字 및 '𣻮'자 說解 참조. 이들 說解에 의하면 '𣶒'자·'𣻮'자 등의 篆文은 '流'자 '涉'자이므로 '𣶒'자·'𣻮'자는 결국 籀文이 된다는 뜻이다. '沝'로 구성된 '次'자의 籀文도 결국 이들 글자들과 동일하게 구성되었다고 할 수 있다.

侃聲也. (4) 如𢻿𢻿皆籒文.

323. 㒫[102](기) 부

 歙食屰气不得息曰旡[103].(1) 从反欠.(2) 凡㒫之屬皆从㒫.  古文㒫.(3)

음식이 기(氣)를 막아서 숨을 쉴 수 없는 것[歙食屰氣不得息]을 '旡'라고 한다. 欠을 뒤집은 모양으로 구성되었다. 㒫부에 속하는 한자는 모두 㒫의 의미를 따른다. '𣱵'는 㒫의 고문이다.

(1) '屰气(역기)'는 각본에 '气屰'이라고 되어 있다.[104] 지금 《옥편(玉篇)》과 《광운(廣韻)》에 의해 바로잡는다.[105] '不得息(부득식)'이란 목에 숨이 트이지 않는 것이다. 《시(詩)・왕풍(王風)》, 《시・정풍(鄭風)》의 <모전(毛傳)>에서 모두 "噎不得息[목이 막혀 숨쉴 수 없다.]"이라 한 것[106]이 이것이다. 기(氣)를 거스르므로 '旡'자는 "欠자를 (좌우로) 뒤집은 모양으로 구성된다." '旡'자를 경전에서는 고증해 볼 수 없다. 《시・대아(大雅)・상유(桑柔)》에서 "如彼遡風, 亦孔之僾.[바람을 거스르는 듯하니 매우 숨이 막힌다.]"라고 한 구절의 <모전>에서 "僾(애)는 목이 메다[唈(읍)]라는 뜻이다."라고 하였다.[107] 《이아(爾雅)・석언(釋言)》에도 같다.[108] 전(箋)에서는 "사람에게 목이 메게 한 것이 마치 질풍에 대고서는

102 '㒫'는 篆書의 자형을 충실히 반영한 楷書體로서 段玉裁는 許愼의 說解에서는 '㒫'자를 쓰고 자신의 注에서는 '旡'자를 사용하였다. '旡'자는 오히려 古文의 자형을 반영하는 楷書자형이지만 지금은 '㒫'자보다는 '旡'자가 유통되고 있으므로 이 글자를 사용한 것 같다. 이 글자의 발음은 '기'로 되어 있으나 段玉裁는 '이'로 발음하는 것이 옳다고 주장하였다.

103 段注本에는 '旡'자가 '先'로 되어 있다. 그러나 篆書의 자형을 따른다면 '旡'로 쓰는 것이 옳다. '先'로 쓰게 되면 제8편 下 '先'부와 혼동된다는 면에서 보아도 '旡'로 쓰는 것이 옳은 것 같다.

104 二徐本 참조.

105 《玉篇》 '旡'부 第488 및 《廣韻》 去聲 八 '未'운 참조.

106 《詩・王風・黍離》 "中心如噎"의 <毛傳> 참조.

107 《詩・大雅・桑柔》에는 "如彼遡風, 亦孔之僾."로 되어 있다. 段玉裁가 "亦恐之僾"라고 '孔'을 '恐'으로 쓴 것은 誤字인 것 같다.

108 《爾雅・釋言》 "僾, 唈也."

숨을 쉴 수 없게 한 것과 같다는 말이다.[使人唈然如鄉疾風不能息也]”라고 하였다.[109] 지금 허신의 책을 보면 ‘旡’자가 바른 글자이고 ‘僾’는 가차자임을 알 수 있다. “숨을 쉴 수 없다.[不得息]”라는 의미를 가진 ‘歖(알)’자 · ‘歅(인)’자[110] · ‘嚘(우)’자 · ‘噎(일)’자[111] · ‘唈(읍)’자[112] 등은 모두 성모가 같은 글자들로서 의미가 비슷하다. 그렇다면 ‘旡’는 반드시 於(어)와 未(미)의 반절로 발음하여야 한다. ‘僾’는 “보일 것만 같다[仿佛見也]”[113]는 뜻으로 풀이되었다. 그런데 <모전>이나 정현(鄭玄)은 무엇에 근거하여 ‘僾’가 “唈然不能息[목이 메어 숨을 쉴 수 없다.]”이라는 뜻이라고 알았는가? 그것은 (아마도) ‘旡’자가 있었기 때문이었을 것이다. ‘僾(애)’자[114]는 ‘㤅(애)’자가 성부로 구성되고, ‘㤅’는 ‘㤅(애)’자가 성부로 구성되며,[115] ‘㤅’는 ‘旡’가 성부로 구성되어 있다.[116] 여기에서 동음가차(同音假借)의 이치를 살펴볼 수 있다. 고문자(古文字)를 고증할 수 있는 방법은 이와 같다. 어떤 사람이 “《이아 · 석언》과 <모전>에서의 ‘唈’자는 어떤 글자가 되어야 하는가?”라고 묻기에 이 ‘唈’자가 곧 ‘旡’(旡)자라고 대답하였다. ‘唈’자가 옛날에는 ‘邑(읍)’자로 많이 쓰였다. 예컨대 《사기(史記) · 상군전(商君傳)》, 《한서(漢書) · 두업전(杜鄴傳)》, 《한서 · 사단전(師丹傳)》을 증거로 삼을 수 있다. 고음 7, 8부와 15부는 서로 통하여 가차(假借)하여 사용할 수가 있다. <모전>에서 “僾는 ‘旡’이다.”라고 하였다. 이것은 곧 “壺(호)는 瓠(호)다.”라고 하는 예와 같다. 즉 ‘壺’는 ‘瓠’의 가차다.

(2) ‘旡’의 발음은 居(거)와 未(미)의 반절이다. 15부에 속한다. 내 생각에 居와 未의 반절은 於(어)와 未(미)의 반절로 발음하는 것으로 바뀌어야 한다.

(3) 이 ‘旡’자를 보면 소서본(小徐本)의 ‘欠’이 ‘欠’[117]으로 쓰여 있어서 이 글자와 함께 하나는 바로 쓰여 있고 하나는 좌우 반대로 쓰여 있는 것을 알 수 있다. 바로 쓰여 있는 것은 欠의 고문이다. 아마 지금의 판본에는 ‘欠’자의 소전(小篆)자형만 있으며 고문(古文)은 없다. ‘旣’(旣)(기)는 ‘旡’의 소전[旡]으로 구성된 것이고 ‘㤅’(㤅)(애)는 ‘旡’의 고문[旡]으로 구

---

109 《詩 · 大雅 · 桑柔》의 箋 참조.

110 제8편 下 ‘欠’부 ‘歖’자 및 ‘歅’자 說解 참조.

111 제2편 上 ‘口’부 ‘嚘’자 및 ‘噎’자 說解 참조.

112 제6편 下 ‘邑’부 ‘唈’자 說解 참조.

113 제8편 上 ‘人’부 ‘僾’자 說解 참조.

114 ‘僾’자는 곧 ‘僾’자다. 段玉裁가 발음을 설명하려고 篆書에 충실한 楷書體로 쓴 것이다. 제8편 上 ‘人’부 ‘僾’자 篆文 및 說解 참조.

115 제5편 下 ‘夊’부 ‘愛’자 說解 참조.

116 제10편 下 ‘心’ 부 ‘㤅’자 說解 참조.

117 徐鍇本 참조.

성된 것이다. 지금의 예서는 '**㒫**'를 '旡'로 쓰는데 고문을 따르면서 조금 잘못되었다.

(1) 屰气各本作气屰. 今依篇韻正. 不得息者, 咽中息不利. 毛傳於王鄭皆曰, 嚘不得息, 是也. 屰气, 故从反欠. 旡之字經傳無徵. 大雅桑柔曰, 如彼遡風, 亦恐之僾. 傳曰, 僾, 唈也. 釋言同, 箋云, 使人唈然如鄉疾風不能息也. 今觀許書, 則知旡乃正字, 僾乃假借字. 凡云不得息者, 如歑字, 欭字, 嚘字, 噎字, 唈字皆雙聲像意, 然則旡必讀於未切也. 僾之訓仿佛見也. 毛鄭何從知其訓唈然不能息, 則以有旡字在也. 僾从㤅聲, 㤅从㤅聲, 㤅从旡聲, 可得其同音假借之理矣. 凡古文字之可考者如此. 或問釋言毛詩傳唈字當作何字. 曰此卽㒫字也. 於唈, 古多作邑, 如史記商君傳漢書杜鄴師丹傳, 可證. 古音七八部與十五部, 關通相假之理也. 毛謂僾㒫也, 此卽壺瓠也之例, 謂壺卽瓠之假借也. (2) 居未切. 十五部. 按居未當作於未. (3) 觀此則知小徐欠作㒫, 與此爲一正一反, 正是古文欠也. 蓋今本欠有小篆, 而失古文矣. 䬤, 从小篆者也, 㤅者, 从古文者也. 今隸㒫作旡, 从古文而小誤也.

제 9 편 上

頁 百 面 丏 首 県

須 彡 彣 文 髟 后

司 卮 卩 印 色 卯

辟 勹 包 茍 鬼 甶

厶 嵬

324. 頁(혈)[1]부

頭也. 从百从儿. 古文䭫[2]首如此.(1) 凡頁之屬皆从頁.(2)

'頁'은 머리다. '百(수)'와 '儿(인)'으로 구성되었다. 고문(古文)의 '䭫首(계수: 머리를 조아리다)'는 이 글자처럼 쓴다. 頁부에 속하는 한자는 모두 頁의 의미를 따른다.

(1) 내 생각에 ("頭也. 从百从儿. 古文䭫首如此."의) 열두 자는 모두 후인(後人)들이 마음대로 고친 것이며 허신의 원문은 아닌 듯하다. 원문은 "頁, 古文𩒨首字如此, 从百. 从儿."의 모두 열 한 글자여야 한다. '𩒨(계)'는 다음의 '首(수)'부에 보인다.[3] '𩒨'자는 소전(小篆)이다. 따라서 상례(常例)에 의하면 당연히 '𩒨'자가 (먼저 표제의 글자로 나오고) 그 아래에 '頁'자가 나온 다음에 "'頁'은 𩒨의 고문(古文)이다."라고 설명되어야 한다. 그러나 그렇게 문자를 배열하게 되면 '頁'로 구성된 93개의 글자를 붙일 곳이 없다. 그래서 '頁'를 부수로 세운 것이다. 이런 예는 마치 '儿(인)'이 '人(인)'의 고문기자(古文奇字)이고 '亣'가 '大'의 주문(籒文)인데도 모두 각기 따로 부수로 세우고, '儿'에 대해서는 "人의 고문기자다."라고 하였고 '亣'에 대해서는 "大의 주문으로서 고문의 자형을 고친 것이다."라고 설명하였던

1 '頁'자는 篆書의 자형을 따른 楷書體다. 篆書에는 아랫부분이 '儿'으로 구성되어 있으므로 段玉裁는 許愼의 說解와 자신의 注에서 '頁'자를 사용하고 있다. 지금 통용되는 楷書體는 '頁(혈)'이다.

2 '䭫'자는 '稽'자의 古字다. 段玉裁는 許愼의 說解에는 '䭫'자를 사용하고 자신의 注에서는 '𩒨'자를 사용하였는데 같은 글자다. '䭫'자의 오른쪽 편방이 篆書의 자형을 보다 충실히 따르고 있다는 차이가 있을 뿐이다.

3 제9편 上 '首'부 '䭫'자 說解 참조.

것과 같다.[4] 그러므로 굳이 '儿'자·'亣'자·'頁'자의 의미를 다시 밝혀 말할 필요는 없는 것이다. 후인들이 '儿'자 아래에 쓸데없이 "仁人也"라던가[5] '頁'자 아래에 "頭也"라고 덧보태어 그 원문을 혼란시켰다. 이는 모두 허신이 문자를 배열했던 변례(變例)를 모르기 때문이다. '頁'부를 '首(丏)'부의 뒤에다 두지 않고 앞에다 배열한 것은 8편의 '儿'으로 구성되는 글자들을 이어 그 차례를 따라 '頁'부를 세우려고 했기 때문이다. 소전(小篆)으로 '百(丏)'인 것은 고문(古文)으로는 '首'로 쓰고 소전으로 '䭫'인 것은 고문으로는 '頁'로 쓴다. 지금의 예서(隸書)는 '頁'자에 대해서는 고문 자형[首]을 사용하고 '䭫'자는 '稽(계)'자로 쓴다. 그래서 '百'·'頁'·'䭫'자는 모두 통용되지 않는다. ('頁'자가) '百'와 '儿'으로 구성되어 머리[頁首]라는 뜻의 글자가 된 것은 마치 '气(기)'와 '儿(인)'으로 구성되어 '欠(흠)'자가 되고[6] '目(목)'과 '儿'으로 구성되어 '見(견)'자가 된 것[7]과 같은 경우다. 회의(會意)자다. '頁'는 본래 '䭫'자와 발음이 같은 康(강)과 禮(례)의 반절이었다. 15부에 속한다. 지금은 발음이 바뀌어 胡(호)와 結(결)의 반절이 되었다.

(2) 대서본(大徐本)에는 "百者䭫首字也"라는 말이 이 구절 아래에 있다.[8] 소서본(小徐本)에는 '百'자가 '頁'로 되어 있다.[9] 이는 (허신의 원문에 대한) 옛날의 주석[古注]으로 '頁'자를 곧 '䭫'자라고 풀이한 것이며 허신의 원문이 아니므로 지금은 뺀다.

(1) 按此十二字蓋後人所改竄, 非許氏原文. 原文當云, 𦣻, 古文䭫首字如此, 从百, 从儿, 共十一字. 䭫字見下文首[10]部. 䭫者, 小篆. 依常例當於䭫下出頁, 解云, 古文䭫. 而以如是立文, 則从頁之九十三文無所附, 故別出頁爲部首. 正如儿卽古文奇字人, 亣卽籒文大, 而皆必別出之爲部首. 云儿古文奇字人也, 云亣籒文大改古文也, 皆不必再釋儿字亣字頁字之義. 後人乃於儿下贅之云仁人也, 頁下贅之云頭也, 而倒亂其文, 皆由不知許氏立言之變例故爾. 頁部不廁首部後而列於前者, 蒙八篇从儿之字爲次也. 小篆百, 古文作首, 小篆䭫, 古文作頁. 今隸則百用古文, 䭫用稽字, 而百頁䭫皆不行矣. 从百儿爲頁首字, 如从气儿爲欠, 从目儿爲見, 會意. 字本與䭫同音, 康禮切. 十五部. 今音轉爲胡結

---

4 제8편 下 '儿'부 및 제10편 下 '亣'부 說解 참조.

5 徐鉉本 '儿'부 說解 참조.

6 제8편 下 '欠'부 說解 참조.

7 제8편 下 '見'부 說解 참조.

8 徐鉉本 참조.

9 徐鍇本 참조.

10 段玉裁는 '首'를 '𩠐'로 쓰고 있다. '𩠐'는 篆書의 자형을 따르는 것이고 '首'는 지금 통용되는 楷書體다. 許愼의 說解나 자신의 注에서 段玉裁는 대부분의 경우 '𩠐'자를 사용하고 있으나 여기에서는 '𩠐'를 '首'로 통일하여 사용한다.

切. (2) 大徐本此下有百者𩠐首字也, 小徐本百作𦣻. 此古注謂𦣻卽𩠐字也. 要非許語, 今刪.

325. 百(수)부

 頭也.(1) 象形.(2) 凡百之屬皆从百.

'百'는 머리다. 상형(象形)이다. 百부에 속하는 한자는 모두 百의 의미를 따른다.

(1) '頭(두)'자에서 "머리[百]다."[11]라고 하였으니 '百'와 '頭'는 전주 관계다. 고문자형인 '首'자가 유행하자 '百'자는 없어졌다. 《백호통(白虎通)》, 《공양전(公羊傳)》의 하휴(何休)의 주석, 《초사(楚辭)》의 왕일(王逸)의 주석에서 모두 "首는 머리[頭]다."라고 하였다.[12] 인신된 의미인 시작하다[始(시)]·근본하다[本(본)] 등의 뜻을 나타내는 글자로 사용된다. 《의례(儀禮)》 고문(古文)에서는 '手(수)'자를 빌어 '首'의 뜻으로 썼다.

(2) 사람 머리의 측면을 상형하였다. 왼쪽은 앞모습을 상형하였고 오른쪽은 뒷모습을 상형하였다. '百'의 발음은 書(서)와 九(구)의 반절이다. 3부에 속한다.

(1) 頭下曰, 百也. 與此爲轉注. 自古文首行而百廢矣. 白虎通何注公羊王注楚辭皆曰, 首, 頭也. 引伸之義爲始也本也. 儀禮古文假借手爲首. (2) 象人頭之側面也. 左象前, 右象後. 書九切. 三部.

326. 面(면)부

 顏前也.(1) 从百. 象人面形.(2) 凡面之屬皆从面.

---

11 제9편 上 '頁'부 '頭'자 說解 참조.

12 《白虎通德論》 <姓名>편, 《公羊傳》 莊公 十二年 "碎其首"의 何休의 注, 《楚辭》 <離騷> "厥首用夫顚隕"의 王逸의 注 참조.

‘面’은 앞 얼굴이다. 𦣻로 구성되었다. (나머지 자형은) 사람의 얼굴 모양을 상형하였다. 面부에 속하는 한자는 모두 面의 의미를 따른다.

(1) ‘顔(안)’은 양 눈썹의 사이라는 뜻이다.[13] 그렇게 되면 ‘顔前(안전)’은 양 미간의 앞에 나와 있는 것이니, 눈, 코, 눈 아래, 뺨 사이가 된다. 즉 정면으로 다른 사람을 향해 있는 부분이다. 그러므로 ‘背(배)’와 반대하는 말이 되었다. 인신되어 서로 마주 향하고 있다[相鄉(상향)]는 말로 쓰이게 되었으며 또한 인신되어 서로 등지고 있다[相背(상배)]는 말로도 쓰이게 되었다. 《역(易)》에서 말한 대로 “窮則變, 變則通.[다하면 변하고 변하면 통한다.]”이라는 이치를 (‘面’의 인신된 의미에서 알 수 있다.) ‘面縛(면박)’이라는 말은 손을 뒤로 하여 묶는다[反背而縛之]는 말이다.[14] ‘偭(면)’자는 ‘面’으로 구성된다.[15]

(2) (사람의 얼굴 모양을 상형하였다는 것은) ‘口’모양을 말한다. 왼쪽으로 얼굴을 상형하였다. ‘面’의 발음은 彌(미)와 箭(전)의 반절이다. 14부에 속한다.

(1) 顔者, 兩眉之中閒也. 顔前者, 謂自此而前, 則爲目爲鼻爲目下爲頰之閒, 乃正鄉人者. 故與背爲反對之偁. 引伸之爲相鄉之偁, 又引伸之爲相背之偁. 易, 窮則變, 變則通也. 凡言面縛者, 謂反背而縛之. 偭从面. (2) 謂口也. 左象面. 彌箭切. 十四部.

327. 丏(면)부

 不見也. 象壅蔽之形.(1) 凡丏之屬皆从丏.

‘丏’은 보이지 않는다는 뜻이다. 가린 모양을 상형하였다. 丏부에 속하는 한자는 모두 丏의 의미를 따른다.

---

13 제9편 上 ‘頁’부 ‘顔’자 說解 참조.

14 ‘面縛’이라는 말은 스스로 손을 등 뒤로 하여 묶고 정면을 향하는 것으로서 투항하려는 뜻을 보이는 자세다.

15 제8편 上 ‘人’부에 “偭, 鄉也. 从人面聲.”이라고 되어 있다. ‘偭’자의 說解에 의하면 ‘偭’자는 형성자다. 그러나 段玉裁는 여기 ‘面’부에서 ‘偭’자의 구성부분인 ‘面’이 발음을 나타내는 부분이 아니라 의미를 나타내는 부분이라고 해석하고 있다.

(1) '雝(옹)'자가 각 판본에는 '壅(옹)'자로 쓰여 있다.[16] 지금 바로잡는다. 사실 허신의 책에서는 '邕(옹)'으로 써야 한다. 《예경(禮經)》에서 "乏參侯道, 居侯黨之一, 西五步.[화살 가리개는 과녁의 한 쪽에 두는데 전체 화살 길이의 삼분의 일이 되는 곳에서 과녁 서쪽으로 다섯 보 정도 떨어지는 곳에 둔다.]"라고 하였는데 정현(鄭玄)은 주석하기를 "가리개[容(용)]를 '乏(핍)'이라 한다. 그것으로 과녁에서 화살 뽑아주는 사람이 화살을 막는다."라고 하였다.[17] 《주례(周禮)》의 정사농(鄭司農)의 주석에서는 "가리개[容]란 '乏'이다. 화살 뽑는 것을 대기하는 사람이 가리는 것이다."라고 하였다.[18] '乏'의 전문[乏][19]과 '丏'의 전문[丏]이 비슷하여 ('丏'이 가린다는 뜻을 가졌기 때문에) '乏'의 의미를 '화살을 가리다'라는 뜻으로 본 것 같다. 그렇다면 아마 《예경》에 (쓰인 '乏'자는) 본래 '丏'자로 되어 있었을 것이다. '丏'의 발음은 彌(미)와 兗(연)의 반절이다. 고음 12부에 속한다. ('丏'이 성부인) '宾(면)'[20]자나 '賓(빈)'[21]자로 이 글자의 발음을 알 수 있다.

(1) 雝各本作壅, 今正. 其實許書當作邕也. 禮經, 乏參侯道, 居侯黨之一, 西五步. 鄭曰, 容謂之乏, 所以爲獲者御矢也. 周禮鄭司農注云, 容者, 乏也, 待獲者所蔽. 按乏與丏篆文相似, 義取蔽矢, 豈禮經本作丏與. 彌兗切. 古音在十二部. 以宾賓字知之.

328. 𩠐(수)[22]부

 古文百也.(1) 巛象髮.(2) 髮謂之鬊.(3) 鬊卽巛也.(4) 凡𩠐之屬皆从𩠐.

'𩠐'는 '百(수)'의 고문이다. '巛'은 머리카락을 상형하였다. 머리카락이란 '틀어 올

16 二徐本 참조.
17 《儀禮·鄉射禮》의 經文과 鄭玄의 注 참조.
18 《周禮·夏官·射人》"以射法治射儀, 王以六耦射, 三侯三獲三容."의 鄭玄의 注 참조.
19 제2편 下 '正'부 '乏'자 참조.
20 제7편 下 '宀'부 '宾'자 참조.
21 '賓'은 '賔'의 正字다. 제6편 下 '貝'부 '賓'자 篆文 참조
22 '𩠐'는 篆書의 자형을 따르는 楷書體다. 지금의 '首'자다. 段玉裁는 대부분의 경우 '𩠐'를 사용하였다. 여기 번역문에서는 '𩠐'를 '首'로 썼다.

린 머리[鬊(순)]'를 말하는 것이다. 틀어 올린 머리의 모양이 곧 '巛'이다. 𡿺부에 속하는 한자는 모두 𡿺의 의미를 따른다.

(1) 각 판본에는 '古文(고문)' 앞에 '百同(수동)'의 두 글자가 더 있다.[23] 망인(妄人)들이 더한 것이다. 허신의 책에는 절대로 그런 예가 없다. 오직 '𣏟(마)'자에서 "與𣏟同(여패동)"[24]이라 하였는데 이것도 망인(妄人)들이 더한 것이다. 지금은 뺀다. '首'의 올바른 의미는 이미 위에서 설명하였으므로 여기서는 "'百'의 고문(古文)이다."라고만 하였다. 마치 '儿(인)'자에서 "人의 고문기자(古文奇字)다."라고 하고[25] '亣'자에서 "大의 주문(籒文)이다."라고 하였으며,[26] '頁(혈)'자에서 "䭫(계)의 고문(古文)이다."[27]라고 하였던 것 등이 모두 이러한 예들이다. 그런데 (고문 자형인) '首'자를 (전문(篆文) 자형이 표제 글자로 되어 있는) '百'부에서 볼 수 없었던 이유는 '首'로 구성된 전문이 따로 있어서 부수로 세우지 않을 수 없었기 때문이다. 금자(今字)는 고문인 '首(수)'자가 통용되고 소전인 '百'자는 없어졌다.

(2) 이 구절은 '百' 위에 '巛'이 있는 의미를 설명한 것이다. 머리카락의 모양을 상형하였다. 소전의 자형은 머리의 모양만을 상형하였다.

(3) ("髮謂之鬊"의) '髮(발)'자가 옛날에는 빠져 있어서[28] 지금 보충한다.

(4) ("鬊卽巛也"는) "巛卽鬊也['巛'은 곧 '鬊'이다.]"라고 써야 한다. "𠫓卽易突字也['𠫓'은 곧 《역(易)》에서 나온 '突'자다.]"라고 말한 것[29]과 같은 예다. '鬊(순)'은 언덕머리[髮隋(발수)]라는 뜻이다. 혼언(渾言)하면 '鬊'을 '髮'이라고 한다. ("髮謂之鬊, 鬊卽巛也."의) 여덟 글자는 ('首'에 대한) 또 다른 설인 것 같다. 위의 문장에서는 ('巛'이) 상형한 것이라고 하고 여기서는 '巛(천)'을 山川의 (川자라고) 설명하였다. 이는 '巛'이 고음으로 '春(춘)'과 같아서 '巛'을 빌어다 '鬊'으로 쓴 것으로 설명하고 있으니 회의(會意)자라는 말이다.

(1) 各本古文上有百同二字, 妄人所增也. 許書絶無此例. 惟𣏟下云與𣏟同, 亦妄人所增也, 今刪. 正義已見上矣, 故祇言古文百. 如儿下曰古文奇字人, 亣下曰籒文大, 頁下曰古文䭫, 皆此例也. 不見

---

23 二徐本 참조.
24 제7편 下 '𣏟'부 說解 徐鉉本 참조.
25 제8편 下 '儿'부 說解 참조.
26 제10편 下 '亣'부 說解 참조.
27 제9편 上 '頁'부 說解 참조.
28 二徐本 참조.
29 제14편 下 '𠫓'부 說解 참조.

首於百篆之次者, 以有从首之篆, 不得不出之爲部首也. 今字則古文行而小篆廢矣. (2) 說百上有巛之意. 象髮形也. 小篆則但取頭形. (3) 髮字舊奪, 今補. (4) 當作巛卽鬊也, 與𠫓卽易突字也例同. 鬊之訓髮隋也. 渾言之則爲髮. 偁此八字, 蓋別一說. 上文謂象形, 此謂巛卽山川字. 古音同春, 故可假爲鬊字, 會意.

329. 県(교)부

 到首也.(1) 賈侍中說.(2) 此斷首到縣県字.(3) 凡県之屬皆从県.

'県'는 '首(수)'자를 거꾸로 한 것이다. 가시중(賈侍中)의 설(說)에 의하면 이것은 머리를 잘라 거꾸로 매어 달았다는 뜻의 글자다. 県에 부속된 글자는 모두 県의 의미를 따른다.

(1) '到(도)'자는 지금의 '倒(도)'자다. '県'자 또한 자형으로 의미를 삼은 예다.

(2) '가시중(賈侍中)'이라고 관직으로 부르고 이름[賈逵(가규)]을 부르지 않은 것은 자신의 스승을 존중하기 때문이다.

(3) 《광운(廣韻)》에서 《한서(漢書)》를 인용하여 "三族令先黥劓, 斬左右趾, 県首, 葅其骨.[삼족령(三族令)에서는 먼저 먹물을 새기고 다음에 코를 베며 좌우발꿈치를 베어내고 목을 베어서 매어 달고 그 뼈를 발라낸다.]"라고 하였다.[30] 내가 살펴보니 지금의 《한서·형법지(刑法志)》에는 '県'자가 '梟(효)'자로 쓰였다. 아마도 손면(孫愐)이 보았던 옛날의 《한서》가 아닌 듯하다. '県首'의 '県'자는 당연히 이렇게 써야 한다. '梟'로 쓰게 되면 해당되는 의미가 없다. "从到首"라 말하지 않은 것은 자형에 의미가 드러나기 때문이다. '珏(각)'자에서 "从二玉"이라고 말하지 않은 예와 같다.[31] 県의 발음은 古(고)와 堯(요)의 반절이다. 2부에 속한다.

(1) 到者, 今之倒字. 此亦以形爲義之例. (2) 偁官不偁名者, 尊其師也. (3) 廣韻引漢書曰, 三族令

30 《廣韻》 下平聲 三 '蕭'운 참조.

31 제1편 上 '珏'부 說解 참조.

先黥劓, 斬左右趾, 県首, 菹其骨. 按今漢書刑法志作梟, 蓋非孫愐所見之舊矣. 県首字當用此, 用梟於義無當. 不言从到首者, 形見於義, 如玨下不言从二玉也. 古堯切. 二部.

330. 須(수)부

 頤下毛也.(1) 从頁彡.(2) 凡須之屬皆从須.

'須'는 턱수염이다. '頁(혈)'과 '彡(삼)'으로 구성되었다. 須부에 속하는 한자는 모두 須의 의미를 따른다.

(1) 각 판본에는 잘못하여 이 구절이 "面毛也(면모야)"의 세 글자로 쓰여 있다.[32] 지금 바로잡는다. 《예기(禮記)·예운(禮運)》의 《정의(正義)》에서 "살펴보면 《설문》에서 '耐(내)는 턱수염[鬚(수)]이다.'라고 하였다. '鬚(수)'란 턱 아래에 난 털로써 상형자다."라고 하였다.[33] 지금 판본에서는 '而(이)'자의 전문(篆文)에서 "뺨에 난 털[頰毛(협모)]이다."[34]라고 하고 '須'의 전문에서 "얼굴에 난 털[面毛(면모)]이다."[35]라고 하였으니 말이 모두 통하지 않는다. (허신은) '毛(모)'자의 전문에서 "눈썹이나 머리카락과 같은 것[眉髮之屬(미발지속)]이다."[36]라고 하였으므로 '眉(미)'자를 "눈 위에 난 털[目上毛(목상모)]이다."라고 하고[37] '須'를 "턱 아래에 난 털[頤下毛(이하모)]이다."라고 풀이한 것이다. 뺨에 난 수염은 '頿(염)'이라 부르며 '而'라고는 하지 않는다. 게다가 '須'를 "얼굴에 난 털[面毛]이다."라고 한 것은 더욱 이치에 맞지 않는다. '須'는 턱 아래에 난 털이고 '頿(자)'는 입 위에 난 털이고 '頿'은 뺨에 난 털로서 각각 그 이름을 분별하여 정한 것이다. 《석명(釋名)》에서도 "입 위에 난 털은 '髭(자)'라고 하고, 입 아래에 난 털은 '承漿(승장)'이라 하고 턱 아래에 난 털은 '鬚(수)'라 하며 뺨과 귀 양쪽에 난 털은 '髯(염)'이라 한다."라고 하였으니[38] 이것은 허신의

32 二徐本 참조.

33 《禮記·禮運》"故聖人耐以天下爲一家"의 《正義》 참조.

34 제9편 下 '而'부 說解 참조.

35 제9편 上 '須'부 二徐本 참조.

36 제8편 上 '毛'부 說解 참조.

37 제4편 上 '眉'부 說解 참조.

설과 일치한다. 《역(易)·비괘(賁卦)》에서 "六二, 賁其須.[六二는 그 수염을 꾸민다.]"라고 한 것에 대해 후과(侯果)가 말하기를 "九三 爻에서부터 上九까지는 턱을 가진 모양이다. 따라서 六二는 턱 아래 있으니 수염[須]의 모양이다."라고 하였다.[39] 인신되어 아래로 드리운 모든 것을 '須'라고 한다. 아마 <상림부(上林賦)>의 '鶡蘇(갈소)', <오도부(吳都賦)>의 '流蘇(류소)',[40] 지금 세속에서 말하는 '蘇頭(소두)'의 '蘇'자는 모두 (아래로 늘어졌다는 의미의) '須'자일 것이다. 세속에서는 '須'를 빌어 '需(수)'의 의미로 사용하고 따로 (수염을 뜻하는) '鬚(수)'자와 '鬚'자를 만들었다.

(2) '彡'이란 털로 장식된 무늬다.[41] 턱수염[須]과 콧수염[頾]은 크게 세 갈래로 갈리므로 모양이 비슷하다. '須'의 발음은 相(상)과 兪(유)의 반절이다. 고음 4부에 속한다. '捜(수)'자와 같이 발음한다. 《석명(釋名)》에서는 "鬚는 秀(수)다."라고 하였다.[42]

(1) 各本譌作面毛也三字, 今正. 禮記禮運正義曰, 案說文云, 耐者鬚也, 鬚謂頤下之毛, 象形字也. 今本而篆下云, 頰毛也. 須篆下云, 面毛也. 語皆不通. 毛篆下云, 眉髮之屬. 故眉解目上毛, 須解頤下毛. 須在頰者謂之顄, 不謂之而. 釋須爲面毛則尤無理. 須在頤下, 頾在口上, 顄在頰, 其名分別有定. 釋名亦曰, 口上曰髭, 口下曰承漿, 頤下曰鬚, 在頰耳旁曰髯, 與許說合. 易, 賁六二, 賁其須. 侯果曰, 自三至上, 有頤之象, 二在頤下, 須之象也. 引伸爲凡下垂之偁. 凡上林賦之鶡蘇, 吳都賦之流蘇, 今俗云蘇頭, 皆卽須字也. 俗假須爲需, 別製鬚鬚字. (2) 彡者, 毛飾畫之文. 須與頾每成三綹, 形似之也. 相俞切. 古音在四部. 讀如捜. 釋名曰, 鬚, 秀也.

---

38 《釋名·釋形體》 참조.

39 《周易集解》 <賁卦> 참조. 賁(비)괘는 上괘가 山(艮)이고 下괘가 火(離)이다. 侯果는 卦象을 얼굴과 수염으로 연관시켜 설명하려고 한 것 같다. 그래서 아래서 세 번째[九三]부터 맨 위쪽[上九]의 爻까지는 턱의 모양을 의미하고 그 아래 두 번째 효[六二]는 수염의 모양을 의미한다는 것이다.

40 《文選》 卷八 司馬相如 <上林賦>, 《文選》 卷五 左思 <吳都賦> 참조.

41 제9편 上 '彡'부 說解 참조.

42 《釋名·釋形體》 참조.

331. 彡(삼)부

彡 毛飾畫文也.(1) 象形.(2) 凡彡之屬皆从彡.

'彡'은 붓으로 그린 무늬다. 상형(象形)이다. 彡부에 속하는 한자는 모두 彡의 의미를 따른다.

(1) '巾(건)'부에서 "飾(식)은 쓸다[㕞(쇄)]의 뜻이다."라고 하였다.[43] 그러므로 '飾畫(식화)'는 쓸며 그린다는 뜻이다. '毛(모)'는 붓[聿(율)]이다. '不律(불율)'이라고도 하며 '弗(불)'이라고도 하고 '筆(필)'이라고도 하는데 그것으로 그림을 그린다.[44] 그렇게 그려진 무늬를 '彡'이라 한다. 손가락으로 많은 것을 나열할 때에는 대략 셋을 넘지 않게 하므로[45] '彡'의 (세 획으로 붓질하는) 모양을 상형하였다. 즉 붓으로 쓸면서 그려놓은 무늬가 '彡'모양을 이룬다는 말이다. '須(수)'나 '髮(발)'은 모두 털[毛]의 일종이다.[46] 그래서 이 글자들은 '彡'의 의미를 가진 것으로서 '彡'으로 구성되었다고 생각한 것 같다.

(2) '彡'의 발음은 所(소)와 銜(함)의 반절이다. 7부에 속한다.

(1) 巾部曰, 飾者, 㕞也. 飾畫者, 㕞而畫之. 毛者, 聿也, 亦謂之不律, 亦謂之弗, 亦謂之筆, 所以畫者也. 其文則爲彡. 手之列多略不過三, 故以彡象之也. 毛所飾畫之文成彡. 須髮皆毛屬也, 故皆以爲彡之屬而从彡. (2) 所銜切. 七部.

---

43 제7편 下 '巾'부 '飾'자 說解 참조.

44 제3편 下 '聿'부 說解 참조.

45 제3편 下 '又'부 說解 참조.

46 제9편 上 '須'부 說解 및 제9편 上 '髟'부 '髮'자 說解 참조.

332. 彣(문)부

戫也.(1) 从彡文.(2) 凡彣之屬皆从彣.

'彣'은 빛이 난다는 뜻이다. '彡(삼)'과 '文(문)'으로 구성되었다. 彣부에 속하는 한자는 모두 彣의 의미를 따른다.

(1) '有(유)'부에서 "戫(욱)은 빛나는 것이 있다[有彣彰(유문장)]는 뜻이다."[47]라고 하였으니 "빛나는 것이 있다[有彣彰]"라는 것이 '彣'자의 뜻이 된다는 말이다. '彣'자와 '文(문)'자는 뜻이 다르다. 흔히 '文章(문장)'이라고 말할 때는 모두 '彣彰'으로 써야 하며 '文章'이라고 쓰는 것은 생략된 것이다. '文'은 "섞어서 그린다[逪畫]는 뜻이다."[48]라고 풀이되어 있으니 '彣'과는 뜻이 다르다.

(2) 털로 쓸며 그려서 빛남을 이룬다. 회의(會意)자다. '文'이 또한 발음을 나타내기도 한다. '彣'의 발음은 無(무)와 分(분)의 반절이다. 13부에 속한다.

(1) 有部曰, 戫有彣彰也. 是則有彣彰謂之彣. 彣與文義別. 凡言文章皆當作彣彰, 作文章者, 省也. 文訓逪畫, 與彣義別. (2) 以毛飾畫而成彣彰, 會意. 文亦聲. 無分切. 十三部.

333. 文(문)부

錯畫也.(1) 象交文.(2) 凡文之屬皆从文.

'文'은 교차하여 그린다는 뜻이다. 교차하는 무늬를 상형하였다. 文부에 속하는 한자는 모두 文의 의미를 따른다.

---

47 제7편 上 '有'부 '戫'자 說解 참조.

48 제9편 上 '文'부 說解 참조.

(1) '錯(착)'자는 '逪(착)'자로 써야 한다. '逪畫(착화)'는 획을 교차하여 그린다는 뜻이다.[49] 《주례(周禮) · 고공기(考工記)》에 "푸른색[青]과 붉은색[赤]으로 교차하여 그린 것을 文이라 한다."[50]라고 하였으니 이것이 섞어서 그리는 한 방법이다. '교차하여 그리다[逪畫]'는 '文'자의 본의이고 '빛이 나다[彣彰(문장)]'는 '彣'자의 본의이니 (文과 彣은) 뜻이 다르다. 황제(黃帝)의 사관 창힐(倉頡)은 새, 짐승의 발자국을 보고 그 무늬[分理(분리)]가 서로 다른 것을 알고 처음으로 서계(書契)를 만들었는데 종류[類]에 따라 모양[形]을 상형하였으므로 그것을 '文'이라 한다.[51]

(2) 두 가지 무늬가 서로 얽혀 있는 모양을 상형하였다. '紋(문)'자는 '文'의 속자(俗字)다. '文'의 발음은 無(무)와 分(분)의 반절이다. 13부에 속한다.

(1) 錯當作逪. 逪畫者迹逪之畫也. 考工記曰, 青與赤謂之文. 逪畫之一耑也. 逪畫者, 文之本義, 彣彰者, 彣之本義, 義不同也. 黃帝之史倉頡見鳥獸蹏迒之迹, 知分理之可相別異也, 初造書契. 依類象形, 故謂之文. (2) 像兩紋交互也. 紋者, 文之俗字. 無分切. 十三部.

334. 髟(표)부

 長髮猋猋也.(1) 从長彡.(2) 一曰, 白黑髮襍而髟.(3) 凡髟之屬皆从髟.

'髟'는 긴 머리가 늘어져 있다는 뜻이다. '長(장)'과 '彡(삼)'으로 구성되었다. 일설에 흰 머리카락과 검은 머리카락이 섞여 '髟'가 된다고 하였다. 髟부에 속하는 한자는 모두 髟의 의미를 따른다.

(1) '猋(표)'와 '髟'는 운모가 같다. '猋猋'는 《옥편(玉篇)》에 의하여 '髟髟'로 써야 한다.[52] 《통속문(通俗文)》에서 "머리카락이 늘어진 것을 髟라 한다."라고 하였다.[53] 반악(潘岳)의 <추

49 제14편 上 '金'부 '錯'자 說解 및 제2편 下 '辵'부 '逪'자 說解 참조.

50 《周禮 · 冬官 · 考工記》 참조.

51 제15편 上 '敍' 참조.

52 《玉篇》 '髟'부 第65 참조.

53 《文選》 卷十三 潘岳의 <秋興賦> "斑鬢髟以承弁兮"의 李善 注에 《通俗文》의 말이 인용되어 있다.

흥부(秋興賦)>에서 "斑鬢髟以承弁[얼룩진 귀밑머리 늘어져 머리에서 흘러내리네.]"라고 하였다.[54] 살펴보면 마융(馬融) <장적부(長笛賦)>의 "特麚昏髟[송아지와 사슴의 늘어진 털]"의 주석에서는 "髟는 긴 털[長髦(장모)]이다."라고 하였다.[55] <광성송(廣成頌)>에서는 "羽旄紛其髟鼬[깃털장식 깃발은 바람에 나부끼네.]"[56]라고 하였는데 여기서의 '髟鼬(표유)'는 '旚繇(표요: 깃발이 이리저리 날리다)'의 가차자다.

(2) '彡'은 털[毛(모)]과 같은 의미다. 회의(會意)자다. 《오경문자(五經文字)》에는 '髟'의 발음이 必(필)과 由(유)의 반절이라고 되어 있다.[57] 고음 3부에 속한다. '桼(칠)'부의 '髹(휴)'자는 '髟'를 성부로 삼는다.[58] 이것으로 '髟'자의 올바른 발음을 알 수 있다. 발음이 바뀌어 必(필)과 周(주)의 반절이나 匹(필)과 妙(묘)의 반절이 되었다. '髟'의 발음을 所(소)와 銜(함)의 반절이라고 한 것은 대단히 잘못되었다. '彡'이 성부인 줄 알고 잘못 파악한 것이다.

(3) 이선(李善)의 <추흥부(秋興賦)> 주석[59]에 의해서 ("一曰白黑髮襍而髟"의) 여덟 글자를 보충한다. '而(이)'는 '曰(왈)'로 써야 옳은 것 같다.

(1) 猋與髟疊韻. 猋猋當依玉篇作髟髟. 通俗文曰, 髮垂曰髟. 潘岳秋興賦, 斑鬢髟以承弁. 按馬融長笛賦, 特麚昏髟. 注, 髟, 長髦. 廣成頌曰, 羽旄紛其髟鼬, 旚繇之假借字也. (2) 彡, 猶毛也. 會意. 五經文字必由反. 在古音三部. 桼部髹从此爲聲, 可得此字之正音矣. 音轉乃爲必凋切, 匹妙切. 其云所銜切者, 大謬, 誤認爲彡聲也. (3) 依李善秋興賦注補此八字. 而似當作曰.

335. 后(후)부

繼體君也.(1) 象人之形.(2) 从口.(3) 易曰, 后㠯施令告四方.(4) 凡后之屬皆从后.

---

54 《文選》 卷十三 潘岳의 <秋興賦> 참조.

55 《文選》 卷十八 馬融의 <長笛賦> "特麚昏髟"의 李善 注 참조.

56 《後漢書·馬融傳》에 인용된 <廣成頌> 참조.

57 《五經文字》 卷中 部首目錄에 "四十五髟部, 必由反."이라고 되어 있다.

58 제6편 下 '桼'부 '髹'자 說解 참조.

59 《文選》 卷十三 潘岳의 <秋興賦> "斑鬢髟以承弁兮"의 李善 注 참조.

'后'는 정체(政體)를 이어가는 군주라는 뜻이다. 사람의 모양을 상형하였다. '口(구)'로 구성되었다. 《역(易)》에 "后以施令告四方[제후는 명령을 내려 사방에 알린다.]"라고 하였다. 后부에 속하는 한자는 모두 后의 의미를 따른다.

(1) 《이아(爾雅)·석고(釋詁)》, <모전(毛傳)>에서 모두 "后는 군주[君(군)]라는 뜻이다."라고 하였다.[60] 허신이 ('后'의 의미를) '정체(政體)를 이어가는 군주'라고 알고 있는 것은 '后'가 '뒤[後(후)]'의 뜻으로 풀이되기 때문이다. 왕조를 개창한 군주는 앞[先(선)]에 있고 그 정체를 잇는 군주는 뒤[後]에 있다. 그것을 석언(析言)하면 그와 같이 (선후를 나누게 되고) 혼언(渾言)하면 구별하지 않는다. 《역(易)·상전(象傳)》 하(下)에서 "后以施命誥四方[군주가 명령을 내려 사방에 알린다.]"[61]라고 하였는데 우번(虞翻)은 "后는 체(體)를 잇는 군주[繼體之君]라는 뜻이다."[62]라고 하였다. 이것은 바로 허신의 설이니, 허신이나 우번 모두 맹씨역(孟氏易)의 설명을 쓴 것 같다. 경전에서는 대부분 '后'를 가차하여 '後'자로 썼다. 《의례(儀禮)·대사(大射)》의 주석에서 《효경(孝經)》의 說을 인용하여 "后란 뒤[後]라는 뜻이다."[63]라고 하였으니 이것은 '后'가 '後'의 가차임을 말하는 것이다.

(2) (사람의 모양을 상형하였다는 것은) 자형의 윗부분에 있는 '𠂆'모양을 말한다. '𠂆'모양은 '𠆢(人)'자를 가로로 그린 것일 것이다. "𠆢(人)으로 구성되었다.[从𠆢]"라고 말하지 않고 "사람의 모양을 상형하였다.[象人形]"라고 한 것은 서 있는 사람이 아니기 때문이다. 다음의 부수자인 '卮(치)'[64]자에서도 "사람을 상형하였다.[象人]"라고 풀이하고 있다.

(3) '后'의 발음은 胡(호)와 口(구)의 반절이다. 4부에 속한다.

(4) 이것은 《역》의 '遘(구)'괘의 <상전(象傳)>을 가지고 ('后'가) '口'로 구성된 의미를 설명한 것이다. <상전>에서 말하기를 "천하에 바람이 있으니 遘이다. 군주는 그것으로 명령을 내려 사방에 알린다."라고 하였다.[65] (사방에 알린다는 뜻의 '告(고)'자를) 정현(鄭玄)은 '誥(고)'자로 쓰고 허신은 '告'자로 썼다. 살펴보면 이 조목이 각 판본에서는 "象人之形, 施令以告四方, 故厂之, 从一口, 發號者, 君后也."라고 되어 있는데,[66] 천인(淺人)들이 고친 것

60 《爾雅·釋詁》 上, 《詩·大雅·文王有聲》 "王后烝哉"의 <毛傳> 참조.
61 《易·姤卦》의 象辭에 "象曰 天下有風, 姤, 后以施命誥四方."라고 하였다.
62 《周易集解》 卷九 '姤'卦 참조.
63 《儀禮·大射》는 《儀禮·鄉射禮》가 잘못된 것이다. 《說文解字段注攷正》 '后'부 참조.
64 제9편 上 '卮'부 說解 참조.
65 실제로 <象傳>에는 '姤'자로 되어 있으며 '遘'자로 되어 있지 않다.
66 二徐本 모두 이렇게 되어 있다.

같다. 문리(文理)가 전혀 통하지 않는다. 자형의 윗부분에 대한 설명에서 이미 “사람의 모양을 상형하였다[象人]”라고 해놓고 또 어떻게 余(여)와 制(제)의 반절로 발음하는 ‘厂(예)’로 구성되며 또 ‘一’로 구성된다고 말할 수 있는가? 지금은 다음의 부수자인 ‘卮’자를 해설한 문장의 체제에 의하여 (‘后’자의 說解를) 다시 정하여 놓았다. 즉 ‘易曰(역왈)’이 있어야 할 곳을 살펴서 정해 놓았다.

(1) 釋詁毛傳皆曰, 后, 君也. 許知爲繼體君者, 后之言後也. 開刱之君在先, 繼體之君在後也. 析言之如是, 渾言之則不別矣. 易象下傳曰, 后以施命誥四方. 虞云, 后, 繼體之君也. 此許說也, 蓋同用孟易. 經傳多假后爲後. 大射注引孝經說曰, 后者, 後也. 此謂后卽後之假借. (2) 謂上體𠂆也. 𠂆蓋人字橫寫. 不曰从人, 而曰象人形者, 以非立人也. 下文卮解亦曰象人. (3) 胡口切. 四部. (4) 此用遘象傳說从口之意. 傳曰, 天下有風, 遘, 后以施命誥四方. 鄭作詰,[67] 許作告. 按此條各本作, 象人之形, 施令以告四方, 故厂之, 从一口, 發號者, 君后也. 淺人所竄, 不成文理. 上體既象人, 又何得云从余制切之厂, 且从一乎. 今以下卮字解文法更定, 則宜有易曰審矣.

336. 司(사)부

 臣司事於外者.(1) 从反后.(2) 凡司之屬皆从司.

‘司’는 신하로서 밖에서 일을 주관하는 사람이다. ‘后(후)’를 뒤집은 모양으로 구성되었다. 司부에 속하는 한자는 모두 司의 의미를 따른다.

(1) ‘外(외)’는 군주에 대해서 하는 말이다. 군주[君(군)]는 안에 있고 신하[臣(신)]는 밖의 사방에서 힘을 편다. 그러므로 ‘司’자는 ‘后’자를 (좌우로) 뒤집은 모양으로 구성되었다. 《시(詩)·정풍(鄭風)》의 “邦之司直[나랏일을 바르게 주관하네.]”의 <모전(毛傳)>에서 “司는 주관한다[主]는 뜻이다.”라고 하였다.[68] 어느 일을 주관하면 반드시 자세히 살펴보고 나중을 두려워한다. 그래서 옛날에는 따로 (살핀다는 의미의) ‘伺(사)’자가 없었으며 ‘司’가 곧

---

67 段注本에는 ‘詰’로 되어 있으나 ‘誥’자가 잘못된 것 같다.

68 《詩·鄭風·羔裘》 “邦之司直”의 <毛傳> 참조.

'伺'자였다. '見(견)'부에 "𥌭(미)는 살핀다[司]는 뜻이다." "䙿(시)는 살피는 사람[司人]이다."라고 하고[69] '人(인)'부에서 "伏(복)은 살핀다[司]는 뜻이다." "候(후)는 살펴본다[司望]는 뜻이다."라고 하였고[70] '頁'부에서 "䫫(혜)는 살피는 사람[司人]이다."라고 하고[71] '㹜(은)'부에서 "獄(사)는 살핀다[司]는 뜻이다."[72]라고 하고, '豸(치)' 아래에 "틈을 엿보아 죽이려는 것이다.[欲有所司殺]"라고 한 것[73] 등에서 쓰인 '司'자는 모두 지금의 (살핀다는 의미의) '伺'자다. 《주례(周禮)》의 <사씨(師氏)>·<매씨(媒氏)>·<금살육(禁殺戮)>의 주석에서 모두 "司는 살핀다[察(찰)]는 뜻과 같다."라고 하였다.[74] 속자(俗字)는 '覗(사)'로 쓰기도 한다. 대체로 그 일을 살펴서(주관하는) 사람을 모두 '有司(유사)'라고 할 수 있다.

(2) '后'를 뒤집어야만 군주[后]에게 향하게 된다.[75] '司'의 발음은 息(식)과 兹(자)의 반절이다. 1부에 속한다.

(1) 外對君而言. 君在內也, 臣宣力四方在外, 故从反后. 鄭風, 邦之司直. 傳曰, 司, 主也. 凡主其事必伺察恐後, 故古別無伺字, 司卽伺字. 見部曰, 𥌭, 司也. 䙿, 司人也. 人部曰, 伏, 司也. 候, 司望也. 頁部曰, 䫫, 司人也. 㹜部曰, 獄, 司也. 豸下曰, 欲有所司殺. 皆卽今之伺字. 周禮, 師氏媒氏禁殺戮之注皆云, 司猶察也. 俗又作覗. 凡司其事者皆得曰有司. (2) 惟反后乃鄉后矣. 息兹切. 一部.

337. 卮(치)[76]부

圜器也.(1) 一名觛.(2) 所㠯節飮食.(3) 象人.(4) 卪在其下也.(5) 易曰, 君子節飮食.(6) 凡卮之屬皆从卮.

---

69 제8편 下 '見'부 '𥌭'자 및 '䙿'자 說解 참조.

70 제8편 上 '人'부 '伏'자 및 '候'자 說解 참조.

71 제9편 上 '頁'부 '䫫'자 說解 참조.

72 제10편 上 '㹜'부 '獄'자 說解 참조.

73 제9편 下 '豸'부 說解 참조.

74 《周禮·地官·師氏》, 《周禮·地官·媒氏》, 《周禮·秋官·禁殺戮》 참조.

75 신하는 밖에서 군주를 향해 일하는 사람이므로 '后'자를 뒤집어 '司'자를 만들었다는 뜻이다. 段玉裁는 '后'를 좌우로 뒤집으면 '后'를 향하게 된다고 해설하였다.

76 '卮'자는 篆書의 자형을 따르면 '巵'가 된다. 그러므로 사실은 같은 글자이며 현재 두 글자 모두 통용된다.

‘卮’는 둥근 그릇이다. 일명 ‘觛(단)’이라고도 한다. 먹고 마시는 것을 조절하는 그릇이다. 사람의 모양을 상형하였다. (조절한다는 의미의) ‘卪(절)’이 자형의 아랫부분에 있다. 《역(易)》에서 “군자(君子)는 마시고 먹는 것을 조절한다.”라고 하였다. 卮부에 속하는 한자는 모두 卮의 의미를 따른다.

(1) 《예기(禮記) · 내칙(內則)》에서 “卮와 匜(이)는 술이나 간장을 담는 그릇[酒漿器(주장기)]이다.”라고 주석하였다.[77]

(2) ‘角(각)’부에서 “觛(단)은 작은 술잔[卮]이다.”[78]라고 하였다. 《급취편(急就篇)》에도 ‘卮’와 ‘觛’이 나란히 등장한다.[79] 이것은 혼언(渾言)과 석언(析言)의 차이이다. 《사기(史記) · 항우본기(項羽本紀)》에서 “항왕(項王)이 ‘그[번쾌(樊噲)]에게 치주(卮酒)를 주어라’ 하니 두치주(斗卮酒)를 주었다.”라고 하였다.[80] 여기에서 말하는 ‘斗卮’는 술잔[卮] 중에서 큰 것이다. 이것은 (《사기 · 항우본기》의) 그 다음 문장에서 번쾌(樊噲)에게 멧돼지 어깨살[彘肩(체견)]을 주었을 때도 ‘익히지 않은[生(생)]’이라고 말한 것과 의도가 같다.

(3) 먹고 마시는 것이 이 (술잔)에 있으니 먹고 마심을 조절하는 것도 이 (술잔)에 있다. 그래서 (‘卮’가) ‘卪(절)’로 구성된다.

(4) (사람의 모양을 상형하였다는 것은) 자형의 윗부분이 ‘人(인)’자가 가로로 그려진 것과 같은 모양임을 말한다.

(5) ‘卮’는 ‘人’과 ‘卪’로 구성되었으니 (앞의 부수자인) ‘后(후)’자가 ‘人’과 ‘口(구)’로 구성된 것과 문자구성원리가 같다.[81] ‘卮’의 발음은 章(장)과 移(이)의 반절이다. 16부에 속한다.

(6) 《역(易) · 이괘(頤卦)》 <상전(象傳)>의 문장이다.[82] 이것을 인용하여 ‘卮’가 ‘卪’로 구성된 의미를 설명하였다. 옛날에는 대부분 ‘節(절)’자를 빌어 ‘卪’자의 의미로 사용하였다.

(1) 內則注曰, 卮匜, 酒漿器. (2) 角部曰, 觛者, 小卮也. 急就篇亦卮觛並擧. 此渾言析言之異也. 項羽本紀, 項王曰, 賜之卮酒, 則與斗卮酒. 斗卮者, 卮之大者也. 與下文彘肩言生意同. (3) 飮食在

---

77 《禮記 · 內則》 “敦牟卮匜”의 鄭玄의 注 참조.

78 제4편 下 ‘角’부 ‘觛’자 說解 참조.

79 《急就篇》에 “蠡斗參升半卮觛”이라고 되어 있다.

80 《史記 · 項羽本紀》 “項王曰, 壯士, 賜之卮酒. 則與斗卮酒. 噲拜謝, 起, 立而飮之. 項王曰, 賜之彘肩. 則與一生彘肩.” 참조.

81 제9편 上 ‘后’부 說解 참조.

82 《周易 · 頤卦》의 <象傳>에 “山下有雷頤, 君子以愼言語, 節飮食.”이라고 되어 있다.

是, 節飮食亦在是也, 故从卩. (4) 謂上體似人字横寫也. (5) 卮从人卩, 與后从人口同意. 章移切. 十六部. (6) 頤象傳文. 俩此說从卩之意. 古多假節爲卩.

338. 卩(절)부

瑞信也.(1) 守邦國者用玉卩, 守都鄙者用角卩,(2) 使山邦者用虎卩, 土邦者用人卩, 澤邦者用龍卩,(3) 門關者用符卩, 貨賄用璽卩, 道路用旌卩.(4) 象相合之形.(5) 凡卩之屬皆从卩.

'卩'은 옥으로 만든 신표(信表)다. 방국(邦國)을 지키는 제후는 '玉卩(옥절)'을 쓰고 도비(都鄙)를 지키는 공경대부는 '角卩(각절)'을 사용하고 (경대부가 천자나 제후에게 조빙갈 때) 산악지방[山邦(산방)]의 경대부는 '虎卩(호절)'을 사용하고 평야지대[土邦(토방)]의 경대부는 '人卩(인절)'을 사용하고, 물이 많은 지방[澤邦(택방)]에서는 '龍卩(용절)'을 사용한다. 국경을 통관하는 자는 '符卩(부절)'을 쓰고, 돌아다니는 장사치[貨賄(화회)]는 '璽卩(새절)'을 쓰며 국도[道路(도로)]를 사용하는 사람은 '旌卩(정절)'을 사용한다. 서로 합한 모양을 상형하였다. 卩부에 속하는 한자는 모두 卩의 의미를 따른다.

(1) '瑞(서)'는 옥으로 신표[信]를 삼는 것이다.83 《주례(周禮)·전서(典瑞)》의 주석에서 "瑞는 節信(절신)이다."라고 하였다.84 '典瑞(전서)'는 지금의 '符璽郎(부새랑)'과 같다. 《주례·장절(掌節)》의 주석에서 "節(절)은 신표[信]와 같다. 행인이 가지고 다니는 신분증명서[信]이다."85라고 하였다. 또 "邦節(방절)은 珍圭(진규)·牙璋(아장)·穀圭(곡규)·琬圭(완규)·琰圭(염규)다."라고 하였다.86 내 생각에는 이 다섯 가지의 옥(玉)은 모두 왕의 사신이 지니는 '瑞卩(서절)'인 것 같다. 인신되어 모든 사신이 가지고 다니는 것을 '信'이라 하고

83 제1편 上 '玉'부 '瑞'자 說解 참조.

84 《周禮·春官·典瑞》"典瑞掌玉瑞玉器之藏"의 鄭玄의 注 참조.

85 《周禮·地官·序官》"掌節上士二人"의 鄭玄의 注 참조.

86 《周禮·地官·掌節》의 鄭玄 注 참조.

옥을 재료로 사용하지 않은 것은 모두 '卩'이라 하였다. 아래 문장이 그것에 대한 설명이다.

(2) 정현(鄭玄)은 "제후는 그가 다스리는 나라 안에서, 공(公)·경(卿)·대부(大夫)·왕의 자제는 그가 다스리는 채읍(采邑) 안에서, 사신을 파견하는 경우가 있으면 역시 각각의 신표[節]가 있었다."라고 하였다.[87]

(3) 정현은 ('虎卩'·'人卩'·'龍卩' 등은) "경대부에게 천자나 제후의 조빙(朝聘)에 응하여 길을 갈 때 가지고 가게 하던 신표[信]다. 이 세 가지 신표[卩]는 모두 쇠로 만들어서 호랑이·사람·용의 모양으로 주조하였으니 반드시 그 나라에 흔한 것으로서 서로 구별하여 신표[信]를 만들었을 것이다."라고 하였**다**.[88]

(4) 정현이 "'문관(門關)'은 사문(司門)이나 사관(司關)을 말한다.(통관을 담당하는 관리다). '貨賄(화회)'는 통화를 주로 관리하는 관직으로 사시(司市)를 말한다. '道路(도로)'는 오도(五涂)를 주로 다스리는 관직으로 향수대부(鄕遂大夫)를 말한다. 백성들이 멀리 나가서 이웃나라에 이르게 되거나 이웃나라의 백성들이 만약 자기나라로 들어오게 되어 '門'을 지나게 되면 '司門'이 그를 위해 신표[節]를 주고 '關'을 경유하는 자는 '司關'이 그를 위해 신표[節]를 준다. 상인들은 '司市'가 신표[節]를 주고 징집령을 받았거나 집안이 이사를 갈 때는 '鄕遂大夫'가 신표[節]를 준다."라고 하였다.[89] '符節'은 지금 궁중(宮中)에서 관리들이 사용하는 '詔符(조부)'다. '璽節'은 지금의 '印章(인장)'이다. '旌節'은 지금 사자(使者)들이 사용하는 '擁節(옹절)'이 그것이다. 이상의 여덟 구절은 모두 《주례·장절(掌節)》직(職)의 문장이다. 마지막 세 구에서는 허신이 말한 의미가 정현의 주석과는 다른 것 같다.[90] 따라서 "門關者"라고 한 것은 위 문장의 '使'를 이어서 한 말로서 "門과 關을 통과하는 사람 등으로 하여금 사용하게 한다."라는 뜻이다.

(5) '**卯**(제)'자의 전문[卯] 같은 경우는 ('卩'을) 두 개 합친 것이다.[91] '卩'의 발음은 子(자)와 結(결)의 반절이다. 12부에 속한다.

---

87 《周禮·地官·掌節》"守邦國者用玉節, 守都鄙者用角節."의 鄭玄의 注 참조.

88 《周禮·地官·掌節》"凡邦國之使節, 山國用虎節, 土國用人節, 澤國用龍節, 皆金也. 以英蕩輔之."의 鄭玄의 注 참조.

89 《周禮·地官·掌節》의 鄭玄의 注 참조.

90 許愼은 통관관리·시장관리·호구관리 등이 그런 신표[卩]를 사용한다는 의미로 해석하였고, 鄭玄은 통관하는 사람·상인·길가는 사람이 그런 신표를 사용한다고 해석하였다.

91 제9편 上 '**卯**'부 說解 참조.

(1) 瑞者, 以玉爲信也. 周禮典瑞注曰, 瑞, 節信也. 典瑞若今符璽郎. 掌節注曰, 節猶信也, 行者所執之信. 邦節者, 珍圭, 牙璋, 穀圭, 琬圭, 琰圭也. 按是五玉者皆王使之瑞卪. 引伸之凡使所執以爲信, 而非用玉者皆曰卪, 下文是也. (2) 鄭云, 謂諸侯於其國中, 公卿大夫王子弟於其采邑, 有所使亦自有節也. (3) 鄭云, 謂使卿大夫聘於天子諸侯行道所執之信也, 是三卪者, 皆以金爲之, 鑄虎人龍象焉, 必自以其國所多者於以相別爲信. (4) 鄭云, 門關, 司門司關也. 貨賄者, 主通貨賄之官, 謂司市也. 道路者, 主治五涂之官, 謂鄉遂大夫也. 凡民遠出至於邦國, 邦國之民若來入, 由門者, 司門爲之節, 由關者, 司關爲之節. 其商, 則司市爲之節. 其以徵令及家徒, 則鄉遂大夫爲之節. 符節者, 如今宮中諸官詔符也. 璽節者, 今之印章也. 旌節, 今使者所擁節是也. 已上八句皆周禮掌節職文. 此三句許意蓋與鄭注不同. 云門關者者, 蒙上文使字而言, 謂使於門關者也. (5) 若**卯**篆則兩合矣. 子結切. 十二部.

339. 印(인)부

 執政所持信也.(1) 从爪卪.(2) 凡印之屬皆从印.

'印'은 행정 관료가 지니는 신표다. '爪(조)'와 '卪(절)'로 구성되었다. 印부에 속하는 한자는 모두 印의 의미를 따른다.

(1) 관직이 있는 사람은 모두 '執政(집정)'이라고 부른다. 그들이 가진 신표[卪信(절신)]를 '印'이라고 하는데 옛날에는 상하 관료 모두 '璽(새)'라고 하였다. 《주례(周禮)》의 '璽節(새절)'에 대한 주석에서는 '璽'란 "지금의 印章(인장)이다."라고 하였다.[92] 살펴보면 《주례》에서 "방국(邦國)을 지키는 사람은 옥절(玉節)을 쓰고 도비(都鄙)를 지키는 사람은 각절(角節)을 쓴다."[93]라고 하고 "제후는 그의 나라에서 사용하고 공경대부는 그의 채읍(采邑)에서 사용하였다는 말이다."[94]라고 하였으니 이것이 곧 '印'을 사용했던 시초였던 것 같다. 계무자(季武子)가 《주례》에서 말한 도비(都鄙)를 지키는 자가 되어 새서(璽書)를 노(魯)의 군주에

92 《周禮·地官·掌節》"貨賄用璽節"에 대한 鄭玄의 注 참조.

93 《周禮·地官·掌節》 참조.

94 《周禮·地官·掌節》 鄭玄의 注 참조.

게 보냈다고 하였으니[95] 이것으로 보아서 옛날에 '印'이 있었음이 분명하다. 아마 '간책(簡冊)'에다 내용을 쓴 다음 그 글을 멀리 보낼 때에는 반드시 '포백(布帛)'으로 봉하고 '璽'를 가지고 인주에 묻혀 찍었던 것 같다. 죽간(竹簡) 대신에 비단이나 천에다 쓰게 되자 그곳에 '印'을 사용하는 용도가 더욱 넓어졌다. 《한관의(漢官儀)》에서 ('印'에 대하여 설명하기를) "제후왕(諸侯王)은 황금에 낙타 장식 손잡이인데 그 (찍힌) 글자는 '璽'라고 하고, 열후(列侯)들은 황금에 거북 장식 손잡이를 사용하고 그 찍힌 글자는 '章'이라 하고 어사대부들은 금인(金印)에 자주색의 장식 손잡이인데 그 찍힌 글자는 '章'이라 하고 이천 석(石)의 녹을 받는 중대부(中大夫)는 은인(銀印)에 거북 장식 꼭지인데 그 찍힌 글자는 '章'이라 하고 천 석에서 사백 석에 이르는 녹을 받는 대부는 동인(銅印)에 그 찍힌 글자를 '印'이라 한다." 라고 하였다.[96]

(2) 회의(會意)자다. 손[手]에 잡고 있는 卩이다. 《좌전(左傳)》에서 "司馬握節以死[사마가 절(節)을 쥐고 죽었다.]"라고 하였다.[97] '印'의 발음은 於(어)와 刃(인)의 반절이다. 13부에 속하다.

(1) 凡有官守者皆曰執政. 其所持之卩信曰印, 古上下通曰璽. 周禮璽節注曰, 今之印章. 按周禮, 守邦國者用玉節, 守都鄙者用角節. 謂諸侯於其國中, 公卿大夫於其采邑用之. 是卽用印之始也. 季武子於周禮爲守都鄙者, 而以璽書達於魯君. 是古有印明矣. 蓋以簡冊書之, 而寓書於遠必用布帛檢之, 以璽泥印之. 至用縑素爲書, 而印之用更廣. 漢官儀, 諸侯王黃金橐駝鈕, 文曰璽. 列侯黃金龜紐, 文曰章. 御史大夫金印紫綬, 文曰章. 中二千石銀印龜紐, 文曰章. 千石至四百石皆銅印, 文曰印. (2) 會意. 手所持之卩也. 左傳, 司馬握節以死. 於刃切. 十三部.

340. 色(색)부

 顔气也.(1) 从人卩.(2) 凡色之屬皆从色.  古文.

'色'은 얼굴의 기운이다. '人(인)'과 '卩(절)'로 구성되었다. 色부에 속하는 한자는 모

95 《左傳》 襄公 二十九年 "季武子取卞, 使公冶問, 璽書追而與之."

96 《初學記》 卷二十六 '印'에 관한 조항에 衛宏의 《漢舊儀》의 설이 인용되어 있다.

97 《左傳》 文公 八年 참조.

두 色의 의미를 따른다. '𩔁'은 고문이다.

(1) '顔(안)'은 양 눈썹의 사이를 말한다.[98] 마음[心(심)]이 기(气)에 이르고 기(气)가 눈썹 사이에 이른 것이 '色'이다. 따라서 '얼굴에 비추어진 기[顔气(안기)]'와 '마음[心]'은 마치 부절(符卪)이 합쳐진 것 같기 때문에 '色'자가 '人'과 '卪'로 구성되었다. 《예기(禮記)》에서 "효자 가운데 (부모를) 깊이 사랑하는 사람은 반드시 화기(和氣)가 있고 화기가 있는 사람은 반드시 기뻐하는 얼굴색이 있으며 기뻐하는 얼굴색이 있는 사람은 반드시 아름다운 용모가 있다."라고 하였다.[99] 또한 "'융용(戎容)'은 가득한 기(氣)가 진실하고 아름다워 옥색을 띠는 것이다."[100]라고 하였다. 《맹자(孟子)》에서 "인의예지(仁義禮智)는 마음에 근본한다. 그것이 색(色)을 만드는데 부드럽고 윤택하게 얼굴에 나타난다."라고 하였다.[101] 이런 예들은 모두 '色'이 '人'과 '卪'로 구성된 이치를 설명해 준다. (마음의 기운을 반영하는) '色'이 중심이 된 후에 그것이 얼굴에 나타난다. 그것이 "양기(陽氣)가 뚫고 들어와 얼굴에 가득한 것 같다.[陽氣浸淫, 幾滿大宅.]"[102]라는 말이다. 허신이 "面(면)은 얼굴의 앞[顔前(안전)]이다."[103]라고 한 것이 그 말이다. 《시(詩)·노송(魯頌)》의 "載色載笑[얼굴색이 온화하게 미소 짓네.]"라고 한 구절의 <모전(毛傳)>에서 "色은 얼굴색[色]이 온화한 것이다."라고 하였고,[104] 《시·대아(大雅)》의 "令儀令色[아름다운 용모와 아름다운 얼굴색]"이라고 한 구절의 전(箋)에서 "아름다운 위의(威儀)와 아름다운 안색이다."라고 하였다.[105] 《예기(禮記)·내칙(內則)》에서 "柔色以溫之[부드러운 얼굴색으로 온화하다.]"라고 하였고 《예기·옥조(玉藻)》에서 "色容莊[얼굴색이 장엄하다.]", "色容顚顚[얼굴색이 위태롭다.]", "色容厲肅[얼굴색이 엄숙하다.]"이라고 하였으며, 《논어(論語)》에서는 "色難[얼굴색을 올바로 가지기가 어렵다.]",[106] "色思溫[얼굴색이 사려 깊고 온화하다.]",[107] "色勃如也[얼굴색이 붉어지고]",[108] "正顔色[얼굴색을 바로 하고]"[109]이라고 하였다. 인신되

98 제9편 上 '頁'부 '顔'자 說解 참조.
99 《禮記·祭義》 참조.
100 《禮記·玉藻》 참조.
101 《孟子·盡心》 上 참조.
102 《文選》 卷三十四 枚乘의 <七發>에 나오는 구절이다. 劉良이 "大宅謂面也"라고 주석하였다.
103 제9편 上 '面'부 說解 참조.
104 《詩·魯頌·泮水》의 經文과 <毛傳> 참조.
105 《詩·大雅·蒸民》의 經文과 鄭玄의 箋 참조.
106 《論語·爲政》 참조.
107 《論語·季氏》 참조.

어 볼 수 있는 형체를 가진 모든 것을 '色'이라고 부르게 되었다.

(2) 이 '色'부가 '人'으로 구성된 부수자과 함께 배열되지 않고 '卩'로 구성된 부수자의 대열에 있는 것은 '卩'의 의미를 더욱 중시하였기 때문이다. '色'의 발음은 所(소)와 力(력)의 반절이다. 1부에 속한다.

(1) 顔者, 兩眉之間也. 心達於气, 气達於眉間, 是之謂色. 顔气與心若合符卩, 故其字从人卩. 記曰, 孝子之有深愛者, 必有和气, 有和气者, 必有愉色, 有愉色者, 必有婉容. 又曰, 戎容, 盛氣顚實陽休, 玉色. 孟子曰, 仁義理智根於心, 其生色也, 睟然見於面. 此皆从人卩之理也. 主色而後見於面, 所謂陽氣浸淫, 幾滿大宅. 許曰, 面顔前也, 是也. 魯頌, 載色載笑. 傳曰, 色, 色溫潤也. 大雅, 令儀令色. 箋云, 善威儀, 善顔色也. 內則曰, 柔色以溫之. 玉藻曰, 色容莊, 色容顚顚, 色容厲肅. 論語曰, 色難, 色思溫, 色勃如也, 正顔色. 引伸之爲凡有形可見之偁. (2) 此部不與从人爲伍而與从卩爲伍者, 重卩也. 所力切. 一部.

341. 𠨍(제)부

 事之制也. 从卩彐.(1) 凡**𠨍**之屬皆从**𠨍**. 闕.(2)

'**𠨍**'는 일을 조절한다[事之制也]는 뜻이다. '卩(절)'과 '彐(주)'로 이루어졌다. **𠨍**부에 속하는 한자는 모두 **𠨍**의 의미를 따른다. 비워 둔다.

(1) '卩彐(절주)'는 지금 사람들이 '節奏(절주)'라고 발음한다. '節奏'에 합해져야만 일을 다스릴 수 있다.

(2) 여기서 "비워 둔다[闕(궐)]"는 말은 발음방법에 대하여 비워 둔다는 말이다. 즉 '**𠨍**'자의 의미와 자형은 분명하지만 "某와 같이 발음한다.[讀若某]"라고 자음을 설명한 것을 들어보지 못했으므로 (비워 둔다)는 뜻이다. 지금의 《설문》에는 "去(거)와 京(경)의 반절이다."110라고 하였고 《옥편(玉篇)》·《광운(廣韻)》에서는 "《설문》에서 발음은 '卿(경)'이라

108 《論語·鄕黨》 참조.

109 《論語·泰伯》 참조.

고 하였다."라고 하였는데,[111] 이것들은 모두 천인(淺人)들이 억측하여 '卿'의 독음으로 발음을 삼은 것이다. '卿'자는 '卯'자를 의부(義符)로서 취할 뿐, 성부(聲符)로 취하지는 않는다. 《옥편》에서 발음이 "子(자)와 兮(혜)의 반절이다."[112]라고 한 것은 '卪'의 평성(平聲)을 취하여 발음한 것이고 《광운》에서 "子(자)와 禮(례)의 반절이다."[113]라고 한 것은 '卪'의 상성(上聲)을 취하여 발음한 것이다. 모두 '卪'의 발음에서 이어받은 것이 있음을 보여 준다.

(1) 卪曰, 今人讀節奏. 合乎節奏, 乃爲能制事者也. (2) 此闕謂闕其音也. 其義其形旣憭矣, 而讀若某則未聞也. 今說文去京切. 玉篇廣韻皆云, 說文音卿. 此蓋淺人肊以卿讀讀之, 卿用卯爲義形, 不爲聲形也. 玉篇, 子兮切, 取卪字平聲讀之. 廣韻, 子禮切, 取卪上聲讀之. 蓋其音必有所受之矣.

342. 辟(벽)부

 法也.(1) 从卪辛, 節制其辠也.(2) 从口, 用法者也.(3) 凡辟之屬皆从辟.

'辟'은 법이다. '卪(절)'과 '辛(신)'으로 구성되어 있는데 이는 죄를 절도 있게 다스린다는 뜻이다. '口(구)'로 구성되어 있는데 이는 (입을 가지고) 법(法)을 사용한다는 뜻이다. 辟부에 속하는 한자는 모두 辟의 의미를 따른다.

(1) '法(법)'자는 '灋(법)'으로 써야 한다.[114] 《시(詩)·소아(小雅)》의 "辟言不信[법으로 공포한 말이 미덥지 못하네.]",[115] 《시·대아(大雅)》의 "無自立辟[스스로 법을 세울 수 없네.]"[116]이라고 한 구절의 <모전(毛傳)>에서 모두 "辟은 법(法)이라는 뜻이다."라고 하였다. 또한

110 徐鉉本 참조.
111 《玉篇》'卯'부 第439 및 《廣韻》 上聲 十一 '薺'운 참조.
112 《玉篇》'卯'부 第439 참조.
113 《廣韻》 上聲 十一 '薺'운 참조.
114 제10편 上 '廌'부 '灋'자 說解 참조.
115 《詩·小雅·雨無正》 참조.
116 《詩·大雅·板》 참조.

《시·문왕유성(文王有聲)》의 전(箋), 《시·억(抑)》의 전(箋), 《주례(周禮)·향사(鄕師)》의 주석, 《주례·융우(戎右)》의 주석, 《주례·소사구(小司寇)》의 주석, 《예기(禮記)·곡례(曲禮)》 하(下)의 주석에도 모두 같다. 인신되어 '죄를 준다[罪(죄)]'라는 뜻으로 쓰인다. 이것은 《이아(爾雅)·석고(釋詁)》에 보인다. 법을 어긴 사람에 대해서는 '法'을 집행하여 그를 단죄한다[罪]는 뜻이다. 또 인신되어 '물리치다[辟除(벽제)]'라는 뜻을 가진다. 예컨대 《주례·혼인(閽人)》의 "爲之辟[그를 위해 물리치다.]", 《맹자(孟子)》의 "行辟人[길에서 사람들을 물리치게 하다.]" 및 "辟寒[추위를 물리치다.]", "辟惡[악을 물리치다.]" 등이 그와 같이 쓰인 예다. 또 인신되어 '피해 숨는다[盤辟(반벽)]'라는 뜻으로 쓰인다. 《예경(禮經)》에 나온 '辟'을 정현(鄭玄)의 주석에서 "물러나 숨는다[逡遁(준둔)]는 뜻이다."라고 한 것이 그 예다. 또 인신되어 '치우친 한 쪽[一邊(일변)]'이라는 뜻으로 쓰이는데 《좌전(左傳)》에서 "闕西辟[궁궐의 서쪽 편]"이라고 한 것이 그 예다. 혹은 '僻(벽)'으로 가차하고 혹은 '避(피)'로 가차하고, 혹은 '譬(비)'로 가차하고, 혹은 '闢(벽)'으로 가차하고, 혹은 '壁(벽)'으로 가차하고, 혹은 '襞(벽)'으로 가차한다.

(2) '節(절)'자는 '卪(절)'로 써야 한다. 세속에서 고친 것이다. (허신은) '卪制'라는 글자를 가지고 ('辟'이) '卪'로 구성된 의미를 설명하였고 '辠(죄)'라는 글자로 '辟'이 '辛'으로 구성된 의미를 설명하였다. (원래) '辛'은 '䇂(건)'으로 구성되었으며[117] '䇂'은 곧 '죄(辠)'라는 뜻이니,[118] '辛' 역시 '죄(辠)'라고 풀이한 것이다.

(3) '用法(용법)' 위에 다시 한 번 '口(구)'자가 나와야 한다. "用法[입으로 법을 사용한다.]"이라는 글자로 '辟'이 '口'로 구성되었음을 설명하였다. '辟'은 세 글자(卪·口·辛)가 합해진 회의(會意)자다. '辟'의 발음은 必(필)과 益(익)의 반절이다. 16부에 속한다.

(1) 法當作灋. 小雅, 辟言不信. 大雅, 無自立辟. 傳皆曰, 辟, 法也. 又文王有聲箋, 抑箋, 周禮鄕師注, 戎右注, 小司寇注, 曲禮下注, 皆同. 引伸之爲罪也. 見釋詁. 謂犯法者, 則執法以罪之也. 又引伸之爲辟除, 如周禮閽人爲之辟, 孟子行辟人, 以及辟寒, 辟惡之類, 是也. 又引伸之爲盤辟, 如禮經之辟, 鄭注逡遁, 是也. 又引伸爲一邊之義, 如左傳曰闕西辟, 是也. 或借爲僻, 或借爲避, 或借爲譬, 或借爲闢, 或借爲壁, 或借爲襞. (2) 節當作卪, 俗所改也. 以卪制說卪, 以辠說辛. 辛从䇂, 䇂, 辠也, 故辛亦訓辠. (3) 用法上當再出口字, 以用法說从口, 辟合三字會意. 必益切. 十六部.

117 제14편 下 '辛'부 說解 참조.
118 제3편 上 '䇂'부 說解 참조.

343. 勹(포)부

裹也.(1) 象人曲形, 有所包裹.(2) 凡勹之屬皆从勹.

'勹'는 싼다는 뜻이다. 사람이 구부러져 있는 모양을 상형한 것이며 싸서 안고 있는 것이 있다. 勹부에 속하는 한자는 모두 勹의 의미를 따른다.

(1) 금자(今字)인 '包(포)'자[119]가 유행하면서 '勹'자는 없어졌다.

(2) 이 구절에서의 '包'자는 '勹'로 써야 하는데 천인(淺人)들이 고친 것이다. '勹'의 발음은 布(포)와 交(교)의 반절이다. '包'·'苞(포)'·'匏(포)'자의 예로 보면 '勹'는 고음 3부에 속한다.

(1) 今字包行而勹廢矣. (2) 包當作勹, 淺人改也. 布交切. 以包苞匏字例之, 古音在三部.

344. 包(포)부

妊也.(1) 象人裹妊. 巳在中, 象子未成形也.(2) 元气起於子. 子, 人所生也.(3) 男左行三十, 女右行二十, 俱立於巳爲夫婦.(4) 裹妊於巳, 巳爲子.(5) 十月而生.(6) 男起巳至寅, 女起巳至申. 故男年始寅, 女年始申也.(7) 凡包之屬皆从包.

'包'는 임신한다는 뜻이다. 사람이 아이를 밴 모양을 상형하였다. 巳은 가운데에 있으며 子가 아직 형태가 이루어지지 않은 모양을 상형하였다. 원기(元氣)는 '子(자)'에서 시작한다. '子'는 사람이 생기는 (지지(地支)다). 남자는 왼쪽으로 서른 번째 지지(地支), 여자는 오른쪽으로 스무 번째 지지(地支)에 가서 함께 '巳(사)'에서 부부가 된

119 제9편 上 '包'부 說解 참조. '包'와 '勹'는 다른 글자다.

다. ‘巳’에서 회임하므로 ‘巳’는 ‘子’가 된다. (아이는) 열 달 만에 태어난다. 남자는 ‘巳’에서 시작하여 ‘寅(인)’에 이르고 여자는 ‘巳’에서 시작하여 ‘申(신)’에 이른다. 그래서 남자는 나이[年]를 ‘寅’에서 시작하고 여자는 나이[年]를 ‘申’에서 시작한다. 包부에 속하는 한자는 모두 包의 의미를 따른다.

(1) “妊也(임야)” 두 글자가 각 판본에는 없다.[120] 이제 문장의 의미를 미루어 보충한다. 그 아래 “象人裹妊. 巳在中. 象子未成形也.”의 열세 글자는 자형을 설명한 것이지 의미를 설명한 것이 아니다. 그러므로 반드시 이보다 먼저 의미를 설명한 글자가 있었을 것이다. ‘女(녀)’부에서 “妊이란 잉태한다[孕(잉)]는 뜻이다.”[121]라고 하였고, ‘子’부에서 “孕이란 아이를 가진다[裹子(회자)]는 뜻이다.”라고 하였다.[122] 인신되어 모든 밖을 싸는 것을 ‘包’라고 부르게 되었다. ‘苞’라고도 하는데 가차자다. 경전에서는 ‘苞’라고도 하고 ‘苴(저)’라고도 하는데 싸는 것을 ‘苞’라고 하고 까는 것은 ‘苴’라고 한다.

(2) ‘勹’는 그 가운데를 싼 것을 상형한 것이며 ‘巳’자는 아직 이루어지지 않은 아이[子]를 상형한 것이다. ‘勹’는 또한 소리를 나타낸다. ‘包’의 발음은 布(포)와 交(교)의 반절이다. 고음 3부에 속한다.

(3) ‘子’ 아래에서 “11월에 양기(陽氣)가 움직여 만물이 자라니 사람들이 그것으로 호칭을 쓴다.”라고 하였다.[123]

(4) ‘左右(좌우)’는 ‘ナ又(좌우)’로 써야 한다. 남자는 ‘子’로부터 왼쪽으로 세어 다음이 ‘丑(축)’, 다음이 ‘寅(인)’, 다음이 ‘卯(묘)’의 순서로 계속 왼쪽으로 간다. 바로 가는 것[順行(순행)]이다. 서른 번째에서 ‘巳(사)’를 얻는다. 여자는 ‘子’로부터 오른쪽으로 세어 다음이 ‘亥(해)’, 다음이 ‘戌(술)’, 다음이 ‘酉(유)’의 순서로 계속 오른쪽으로 간다. 거꾸로 가는 것[逆行(역행)]이다. 스무 번째에서 역시 ‘巳’를 얻는다. 여기에 이르러 남자와 여자가 회합한다. 그래서 《주례(周禮)》에서 “남자는 30세가 되어 장가들게 하고 여자는 20세가 되어 시집가게 한다.”라고 하였다.[124] 그래서 부부가 된다.

(5) (“巳爲子”의) ‘巳’자는 쓸데없는 글자다. ‘巳’부에서 “巳란 이미[已(이)]라는 뜻이다. 4월에 양기가 이미 나왔고, 음기는 이미 숨었다. 만물이 보이고 문장(文章)을 이룬다.”라고 하였

120 二徐本 참조.
121 제12편 下 ‘女’부 ‘妊’자 說解 참조.
122 제14편 下 ‘子’부 ‘孕’자 說解 참조.
123 제14편 下 ‘子’부 說解 참조.
124 《周禮·地官·媒氏》 참조.

다.[125] 그래서 부부가 회합하여 임신을 하게 되니 이것이 '子'가 된다.

(6) '十月(십월)' 위에 '子'자가 있어야 한다. ≪역(易)≫에서 본래 명명하기를 "天一地二人三[하늘은 '一'이고 땅은 '二'이며 사람은 '三'이다.]"라고 하였다.[126] 3×3은 9이고, 9×9는 81이다. '一'은 날[日]을 위주로 하고, 날[日]은 '十'으로 헤아리므로 그래서 사람은 열 달 만에 태어난다.

(7) ≪회남자(淮南子)·범론훈(氾論訓)≫에서 "예(禮)에서는 서른에 장가든다."라고 하였는데 고유(高誘)가 말하기를 "서른에 장가든다는 말은 (다음과 같은 이치에서다.) 음양(陰陽)이 아직 나뉘지 않을 때에는 함께 '子'에서 생겨난다. 남자는 '子'로부터 세어 왼쪽으로 30년을 가면 '巳'에서 서고 여자는 '子'로부터 세어 오른쪽으로 20년을 가면 역시 '巳'에 서서 부부로 합해진다. 그러므로 성인이 이것으로 인해 예(禮)를 제정했다. 즉 남자는 30살이 되어 장가들게 하고 여자는 20살이 되어서 시집가게 한다. 남자는 '巳'에서 세어 왼쪽으로 열 번째가 '寅'이다. 사람이 열 달 만에 寅에서 생겨나니 男子는 수(數)가 '寅'에서부터 시작한다. 여자는 '巳'로부터 세어 오른쪽으로 가서 열 번째에 '申'을 얻으니 역시 열 달이 되어 '申'에서 태어난다. 그래서 여자는 수(數)가 '申'으로부터 시작하는 것이다."라고 하였다.[127] 고유의 설명은 허신의 설명과 같다. ≪신선전(神仙傳)≫에서는 다음과 같이 말하고 있다. "왕강(王綱)이 '양(陽)은 寅에서 생겨나니 순목(純木)의 精(정)이고 음(陰)은 申에서 생겨나니 순금(純金)의 精(정)이다. 무릇 나무[木]를 쇠[金]에다 던지면 상하지 않을 나무가 없다. 이런 까닭에 金은 木 때문에 굴하지 않으며 木은 항상 金을 두려워한다.'라고 하였다."[128] 살펴보면 지금 사람들이 수명을 점칠 때 남자의 명은 '寅'에서 시작하고 여자의 명은 '申'에서 시작한다. 이것이 고법(古法)이다. '元氣(원기)'부터 이 구절까지는 '包'가 '巳'로 구성된 의미를 상세하게 설명하였다.

(1) 二字各本無, 今推文意補. 下文十三字, 乃說字形, 非說義, 則必當有說義之文矣. 女部曰, 妊者, 孕也. 子部曰, 孕者, 裹子也. 引伸之爲凡外裹之偁. 亦作苞, 皆假借字. 凡經傳言苞苴者, 裹之曰苞, 藉之曰苴. (2) 勹象裹其中, 巳字象未成之子也. 勹亦聲. 布交切. 古音在三部. (3) 子下曰, 十一月陽气動, 萬物滋, 人以爲偁. (4) 左右當作𠂇又. 男自子左數次丑, 次寅, 次卯爲左行, 順行, 凡三十

---

125 제14편 下 '巳'부 說解 참조.

126 ≪周易·繫辭傳≫ 上 참조.

127 ≪淮南子·氾論訓≫ 高誘의 注 참조.

128 葛洪의 ≪神仙傳≫ 卷八 <天門子> 참조.

得巳. 女自子右數次亥, 次戌, 次酉爲右行, 逆行, 凡二十亦得巳. 至此會合, 故周禮令男三十而娶, 女二十而嫁, 是爲夫婦也. (5) 下巳字衍. 巳部曰, 巳者, 巳也, 四月陽气巳出, 陰气巳藏, 萬物見, 成文章. 故夫婦會合而褢妊, 是爲子也. (6) 十月上當有子字. 易本命曰, 天一地二人三. 三三而九, 九九八十一. 一主日, 日數十, 故人十月而生. (7) 淮南氾論曰, 禮三十而娶. 高云, 三十而娶者, 陰陽未分時俱生於子. 男從子數左行三十年立於巳, 女從子數右行二十年亦立於巳, 合夫婦, 故聖人因是制禮, 使男三十而娶, 女二十而嫁. 其男子自巳數左行十得寅, 故人十月而生於寅, 男子數從寅起. 女自巳數右行十得申, 亦十月而生於申, 故女子數從申起. 高說與許說同. 神仙傳, 王綱云, 陽生立於寅, 純木之精, 陰生立於申, 純金之精. 夫以木投金無往不傷, 是以金不爲木屈, 而木常畏於金. 按今日者卜命, 男命起寅, 女命起申, 此古法也. 自元气至此, 又詳說从巳之意.

345. 茍(극)[129]부

自急敕也.(1) 从羊省, 从勹口.(2) 勹口,(3) 猶愼言也.(4) 从羊, 與義善美同意.(5) 凡**茍**之屬皆从**茍**.  古文不省.

'**茍**'은 스스로를 단속하고 급히 삼가한다는 뜻이다. '羊(양)'의 생략형으로 구성되었고 '勹(포)'와 '口(구)'로 구성되었다. '勹口'는 말을 삼간다는 뜻과 같다. '羊'으로 구성된 것은 '義(의)'·'善(선)'·'美(미)'와 글자구성원리가 같다[同意(동의)]. **茍**부에 속하는 한자는 모두 **茍**의 의미를 따른다. ''는 고문(古文)으로 ('羊'자를) 생략하지 않았다.

(1) '急(급)'과 '**茍**(극)'은 성모가 같다. '敕(칙)'과 '**茍**(극)'은 운모가 같다. '急'은 급하다[褊(편)]는 뜻이고[130] '敕'은 삼간다[誡(계)]는 뜻이다.[131] 이 '**茍**'자는 경전(經典)에 보이지 않는다. 《이아(爾雅)·석고(釋詁)》에서 "寁(첩)·駿(준)·亟(극)·遄(천)은 빠르다[速(속)]는

---

129 '**茍**(극)'자는 '艸'로 구성된 '苟(구)'자와는 전혀 다른 글자다. 許愼의 설명에 의하면 '**茍**'자의 윗부분은 '羊'자의 생략형으로 구성된 것이다. '艸'와는 관련이 없다.

130 제10편 下 '心'부 '急'자 說解 참조.

131 제3편 下 '攴'부 '敕'자 說解 참조.

뜻이다."라고 하였는데[132] 《석문(釋文)》에서 "亟자는 또는 茍이라고 쓰는데 같은 글자다. 居(거)와 力(력)의 반절로 발음한다. 경전에서는 '棘(극)'이라고도 쓰는데 같은 글자다."[133] 라고 한 것이 '茍'자가 나오는 유일한 증거다. '엄청난 가치를 지닌 한 글자[一字千金]'라고 할 만하다. 《석문》의 통지당(通志堂) 판각본에서는 '茍'자를 '急'자로 바꾸었는데 아마 '艸(초)'로 구성된 '苟(구)'자로 오인한 것 같다. '急'은 居(거)와 力(력)의 반절로 발음할 수 없으며 '亟'·'棘'과는 발음이 크게 다르다. 다행히 포경당(抱經堂)의 판각본에 의해 바로잡는다. 어떤 경우에는 《예경(禮經)》에 나오는 "苟敬(구경)"의 '苟'를 '茍'으로 쓰는데 역시 잘못이다. 《시(詩)·소아(小雅)·유월(六月)》에서 옛날에는 "我是用戒"라고 쓰거나 또는 "我是用棘"이라고 썼는데 속본에서 '棘'을 '急'으로 고쳐 놓아서 나머지 구절의 운자(韻字)인 '飭(칙)'·'服(복)'·'國(국)'과 운이 맞지 않는다.[134] (《예경》에서 글자를 바꾼 경우는) 바로 이 경우와 같다.

(2) "从勹口"의 세 글자가 각 판본에 "从包省从口"의 다섯 글자로 되어 있다.[135] 잘못이다. '茍'의 발음은 己(기)와 力(력)의 반절이다. 1부에 속한다.

(3) 여기에서 구절을 뗀다. 각 판본에는 '勹'자가 없다.[136] 지금 보충한다.

(4) '茍'이 '勹'와 '口'로 구성된 의미를 설명하였다.

(5) 각 판본에서 '羊(양)'자를 두 번 썼는데[137] 잘못이어서 지금 뺀다. '茍'이 '羊'으로 구성된 의미를 설명하였다. '羊'은 상서롭다[祥(상)]는 뜻이다.

(1) 急與茍雙聲, 敕與茍疊韻. 急者, 褊也. 敕者, 誡也. 此字不見經典. 惟釋詁, 疐駿肅亟遄速也. 釋文云, 亟字又作茍, 同, 居力反, 經典亦作棘, 同. 是其證, 可謂一字千金矣. 而通志堂刻乃改爲急字, 蓋誤仞爲从艸之苟也. 急不得反居力, 與亟棘音大殊. 幸抱經堂刻正之. 或欲易禮經之苟敬爲茍, 則又繆. ○ 小雅六月, 古作我是用戒, 亦作我是用棘. 俗本改作急, 與飭服國不韻, 正同此. (2) 从勹口三字, 各本作从包省从口五字, 誤也. 己力切. 一部. (3) 逗. 各本無勹字, 今補. (4) 說从勹口之意. (5) 各本疊羊字, 誤, 今刪. 說从羊之意. 羊者, 祥也.

---

132 《爾雅·釋詁》 下 참조.

133 《爾雅·釋詁》 下의 인용된 구절에 대한 《釋文》 참조.

134 《詩·小雅·六月》에는 "六月棲棲, 戎車旣飭. 四牡騤騤, 載是常服. 玁狁孔熾, 我是用急. 王于出征, 以匡王國."이라고 되어 있다.

135 二徐本 참조.

136 二徐本 참조.

137 二徐本 참조.

346. 鬼(귀)부

人所歸爲鬼.(1) 从儿, 甶象鬼頭.(2) 从厶.(3) 鬼陰气賊害, 故从厶.(4) 凡鬼之屬皆从鬼. 𩲡 古文从示.

사람이 돌아갈 바를 '鬼'라고 한다. '儿(인)'으로 구성되었고 '甶(불)'은 귀신의 머리를 상형하였다. '厶(사)'로 구성되었다. 귀신[鬼]의 음기(陰气)가 해로우므로 '厶'로 구성되었다. 鬼부에 속하는 한자는 모두 鬼의 의미를 따른다. '𩲡'는 고문(古文)으로 '示(시)'로 구성되었다.

(1) ('鬼'와) 운모가 같은 '歸(귀)'자로 풀이하였다. 《이아(爾雅)·석언(釋言)》에서 "鬼는 돌아간다[歸]는 말이다"라고 하였다.[138] 곽박(郭璞)의 주석에서는 《시자(尸子)》를 인용하여 "옛날에는 죽은 사람[死人(사인)]을 돌아간 사람[歸人(귀인)]이라 하였다."라고 하였다.[139] 《좌전(左傳)》에서 "자산(子産)이 말하기를 '귀신[鬼]은 돌아갈 바가 있으므로 해[厲(려)]가 되진 않는다.'라고 하였다."라고 하였다.[140] 《예기(禮記)·예운(禮運)》에서 "혼기(䰟氣)는 하늘로 돌아가고 형백(形魄)은 땅으로 돌아간다."라고 하였다.[141]

(2) '儿[사람]'으로부터 '鬼[귀신]'으로 돌아간다.

(3) "从厶(종사)"의 두 글자를 지금 보충한다. '厶'는 '私(사)'와 같이 발음한다.

(4) '陰(음)'자는 '侌(음)'으로 써야 한다. 이 구절은 '鬼'자가 '厶'로 구성된 의미를 해설한 것이다. '神'은 양(陽)이고 '鬼'는 음(陰)이며, '陽'은 공(公)하고 '陰'은 사(私)하다. '鬼'의 발음은 居(거)와 偉(위)의 반절이다. 15부에 속한다.

(1) 以疊韻爲訓. 釋言曰, 鬼之爲言歸也. 郭注引尸子, 古者謂死人爲歸人. 左傳, 子産曰, 鬼有所歸, 乃不爲厲. 禮運曰, 䰟氣歸於天, 形魄歸於地. (2) 自儿而歸於鬼也. (3) 二字今補. 厶讀如私. (4) 陰當作侌. 此說从厶之意也. 神陽鬼陰, 陽公陰私. 居偉切. 十五部.

---

138 《爾雅·釋言》이 아니라 《爾雅·釋訓》에 나오는 구절이다.

139 《爾雅·釋訓》의 인용된 구절에 대한 郭樸의 注 참조.

140 《左傳》 昭公 七年 참조.

141 《禮記·禮運》이 아니라 《禮記·郊特牲》에 나오는 구절이다.

347. 甶(불)[142] 부

鬼頭也. 象形.(1) 凡甶之屬皆从甶.

'甶'은 귀신머리[鬼頭(귀두)]다. 상형(象形)이다. 甶부에 속하는 한자는 모두 甶의 의미를 따른다.

(1) '甶'의 발음은 敷(부)와 勿(물)의 반절이다. 15부에 속한다.

(1) 敷勿切. 十五部.

348. 厶(사) 부

姦衺也.(1) 韓非曰, 倉頡作字, 自營爲厶.(2) 凡厶之屬皆从厶.

'厶'는 간교하게 (자신을 위해) 둘러싼다는 뜻이다. 한비(韓非)는 "창힐(倉頡)이 글자를 만들 때 스스로를 위해 둘러싼다는 의미로 厶를 만들었다."라고 하였다. 厶부에 속하는 한자는 모두 厶의 의미를 따른다.

(1) '衺(사)'자는 천인(淺人)들이 더한 것이니 마땅히 빼야 한다. '女(여)'부에서 "姦(간)은 厶의 뜻이다."[143]라고 하였으니 '厶'와 '姦' 두 글자는 전주관계다. '衺'는 '삐뚤어지다[㩻(위)]'는 뜻이고[144] '㩻'는 '衺'의 뜻이라고 하였으니[145] 역시 이 두 개의 전문(篆文)이 전주관계

142 '甶'자는 篆書의 자형을 반영하는 楷書體이며 段玉裁가 許愼의 說解에 이 글자를 사용하였다. 그러나 일반적인 楷書體로는 '鬼'자의 구성 부분으로서 '甶'로 쓰기도 한다.

143 제12편 下 '女'부 '姦'자 說解 참조.

144 제8편 上 '衣'부 '衺'자 說解 참조.

145 제10편 下 '交'부 '㩻'자 說解 참조.

이고 '姦'이나 '厶'와는 의미가 서로 섞일 수 없다. '公私(공사)'의 '私(사)'자는 원래는 '厶'로 썼는데 금자(今字)인 '私'가 유행하면서 '厶'는 없어졌다. '私'는 벼를 부르는 말이다.[146]

(2) 《한비자(韓非子)·오두(五蠹)》편에 이 말이 보인다. 지금 판본의 《한비자》에는 '營(영)'자가 '環(환)'으로 되어 있는데[147] 두 글자는 성모가 같은 글자로서 서로 말이 바뀔 수도 있다. '營'은 둘러싼다[帀居(잡거)]는 뜻으로 풀이되고[148] '環'은 둘러서 묶는다[旋繞(선요)]는 뜻으로 풀이되므로 그 의미가 역시 통한다. "스스로를 위해 둘러싼다는 의미로 '厶'자를 만든다.[自營爲厶]"라고 하면 육서 가운데 지사(指事)이고 "스스로를 위해 둘러싼 것을 나눈다는 의미로 '公'자를 만든다.[八厶爲公]"라고 하면 육서 가운데 회의(會意)다. '厶'의 발음은 息(식)과 夷(이)의 반절이다. 15부에 속한다.

(1) 衺字淺人所增, 當刪. 女部曰, 姦者, 厶也. 二篆爲轉注. 若衺者, 㝁也. 㝁者, 衺也, 亦二篆爲轉注, 不與姦厶相淆也. 公私字本如此. 今字私行而厶廢矣. 私者, 禾名也. (2) 見五蠹篇. 今本韓非營作環. 二字雙聲語轉. 營訓帀居, 環訓旋繞, 其義亦相通. 自營爲厶, 六書之指事也. 八厶爲公, 六書之會意也. 息夷切. 十五部.

349. 嵬(외)부

 山石崔嵬, 高而不平也.(1) 从山鬼聲.(2)

'嵬'는 산에 얹힌 돌이 높고 고르지 않다는 뜻이다. '山(산)'으로 구성되었고 '鬼(귀)'가 발음을 나타낸다.[149]

(1) 각 판본에서는 ("高而不平也"가) "高不平也"의 네 글자로 되어 있는데[150] 지금 <남도부(南都賦)>의 이선(李善)의 주석에 의해 고친다.[151] 높으면서도 위가 고르다는 뜻을 가진 글자

146 제7편 上 '禾'부 '私'자 說解 참조.

147 《韓非子·五蠹》 참조.

148 제7편 下 '宮'부 '營'자 說解 참조.

149 이 뒤에 "凡嵬之屬皆从嵬"가 나와야 하는데 段注本에 없다. 段玉裁가 실수하여 빠트린 것 같다.

150 二徐本 참조.

가 있는데 바로 '兀(올)'자에서 "높지만 위가 고르다[高而上平]"라고 하였고[152] 《이아(爾雅)》에서는 "위가 평평하고 아래가 물이 깊은 곳을 '漘(순)'이라 한다."[153]라고 하였는데 이 글자들이 바로 이런 예다. 《시(詩)·주남(周南)》에서 "陟彼崔嵬[저 높고 험한 산을 오르다]"[154]라고 하였는데 《이아(爾雅)·석산(釋山)》에서는 "돌산에 흙이 얹어진 것을 崔嵬(최외)라고 한다."라고 하였다. <모전(毛傳)>에서는 "崔嵬는 흙산이 돌을 인 것이다."라고 하였으니[155] 설명이 서로 다른 것 같다. 허신이 "높지만 고르지 않다[高不平]"라고 한 말에 의하면 <모전>이 옳다. 흙산이 돌을 이었으므로 높고 고르지 않은 것이다. '岨(저)'자에서 "돌산이 흙을 이었다.[石戴土也]"라고 하였는데[156] 역시 <모전>과 같다.

(2) 이 '嵬'의 전문(篆文)은 '山(산)'부에 들어갈 수도 있었는데 왜 꼭 부수로 세웠는가? 그 이유는 '巍(외)'자가 '嵬'로 구성되어 있기 때문이다. '嵬'의 발음은 五(오)와 灰(회)의 반절이다. 15부에 속한다.

(1) 各本作高不平也四字, 今依南都賦李注訂. 有高而上平者, 兀下曰高而上平, 爾雅曰, 夷上洒下曰漘, 是也. 周南, 陟彼崔嵬. 釋山曰, 石戴土謂之崔嵬. 毛傳曰, 崔嵬, 土山之戴石者. 說似互異. 依許云高不平, 則毛傳是矣. 惟土山戴石, 故高而不平也. 岨下云, 石山戴土. 亦與毛同. (2) 此篆可入山部, 而必立爲部首者, 巍从此也. 五灰切. 十五部.

---

151 《文選》 卷四 張衡 <南都賦>의 李善의 注 참조.
152 제8편 下 '儿'부 '兀'자 說解 참조.
153 《爾雅·釋丘》 참조.
154 《詩·周南·卷耳》 참조.
155 《詩·周南·卷耳》의 인용된 구절에 대한 <毛傳> 참조.
156 제9편 下 '山'부 '岨'자 說解 참조.

제 9 편 下

山 屾 屵 广 厂 丸

危 石 長 勿 冄 而

豕 㣇 彑 豚 豸 𤉡

易 象

350. 山(산)부

 宣也. 謂能宣㪔气, 生萬物也.(1) 有石而高. 象形.(2) 凡山之屬皆从山.

'山'은 널리 편다는 뜻이다. 기운을 널리 펴서 만물을 낳을 수 있다는 말이다. 돌이 있고 높다. 상형(象形)이다. 山부에 속하는 한자는 모두 山의 의미를 따른다.

(1) ("謂能宣㪔气, 生萬物也."의) 아홉 글자는 《장자(莊子)》의 《석문(釋文)》에 의하여 고친다.[1] '㪔(산)'자는 '㪚(산)'으로 써야 한다.[2]

(2) '山'의 발음은 所(소)와 閒(한)의 반절이다. 14부에 속한다.

(1) 九字依莊子釋文訂. 㪔當作㪚. (2) 所閒切. 十四部.

351. 屾(신)부

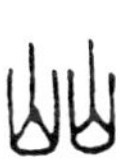 二山也.(1) 凡屾之屬皆从屾. 闕.(2)

---

1 二徐本은 "宣气㪔生萬物"로 되어 있다. 《莊子》 <外篇> 山木第二十의 《釋文》 참조.

2 제4편 下 '肉'부 '㪔'자 說解 및 제7편 下 '𣏟'부 '㪚'자 說解 참조.

'屾'은 두 개의 산이다. 屾부에 속하는 한자는 모두 屾의 의미를 따른다. 비워 둔다.

(1) ("二山"이라고 하면) '屾'자의 의미를 설명하면서 자형에 대한 (설명도) 있다. '玨(각)'자의 설명방식과 같은 예다.[3]

(2) 여기에서 "비워 둔다[闕(궐)]"[4]고 한 것은 "某와 같이 발음한다.[讀若(독약)]"라는 말이 있어야 할 곳에서 (잘 모르므로) 비워 둔다는 말이다. '屾'의 지금 발음은 所(소)와 臻(진)의 반절이다. 이는 아마도 억측일 것이다.

(1) 此說義而形在是, 如玨之例. (2) 此闕謂闕其讀若也. 今音所臻切, 恐是肊說.

352. 屵(알)[5]부

 岸高也.(1) 从山厂. 厂亦聲.(2) 凡屵之屬皆从屵.

'屵'은 언덕이 높다는 뜻이다. '山(산)'과 '厂(한)'으로 구성되었다. '厂'은 또한 발음을 나타낸다. 屵부에 속하는 한자는 모두 屵의 의미를 따른다.

(1) '屵'이라는 말은 높고 높은[巘巘(얼얼)][6] 모양이라는 뜻이다. 《광운(廣韻)》에서 '屵'은 "높은 산의 모양이다."[7]라고 하였다.

(2) '屵'의 발음은 五(오)와 葛(갈)의 반절이다. 14, 15부에 속한다.

(1) 屵之言巘巘然也. 廣韻, 高山狀. (2) 五葛切. 十四十五部.

---

3 제1편 上 '玨'부 說解 참조.

4 徐鉉本에는 '闕'자가 없다. 여기에서는 徐鍇本을 따른 것이다.

5 '屵(알)'자는 山과 厂으로 구성된 글자이며 '厂'부의 부속자인 '屵(악)'자와는 다른 글자다.

6 '巘巘(얼얼)'이란 수레에 높이 싣고 가는 모양으로서 높다랗다는 뜻이다.

7 《廣韻》 入聲 十二 '曷'운 참조.

353. 广(엄)부

因厂爲屋也.(1) 从厂.(2) 象對刺高屋之形.(3) 凡广之屬皆从广. 讀若儼然之儼.(4)

'广'은 산 절벽으로 올라가 집을 짓는다는 뜻이다. 厂(한)으로 구성되었다. 서로 마주한 높은 집의 모양을 상형하였다. 广부에 속하는 한자는 모두 广의 의미를 따른다. '儼然(엄연)'의 '儼'자와 같이 발음한다.

(1) ("因厂爲屋也"에서의) '厂(한)'자는 각 판본에 '广(엄)'으로 되어 있다.[8] 잘못된 것이므로 지금 바로잡는다. '厂'은 돌산의 절벽[山石之厓巖]이다.[9] (산 절벽[厂]으로) 올라가서[因(인)][10] 집을 만드니 '广'이라고 한다. 《광운(廣韻)》 '琰(염)'과 '儼(엄)'의 두 운부(韻部) 및 《창려집(昌黎集)》의 주석에 모두 '因巖(인암)'으로 쓰여 있는데 그것이 ('因厂'으로 써야 한다는) 증거다. '因巖'은 곧 '因厂'이라는 말이다.

(2) 각 판본에 "从厂" 두 글자가 없어서 지금 보충한다.[11]

(3) '刺(척)'자는 각 판본에 '刺(랄)'자로 되어 있는데 지금 바로잡는다. '刺'의 발음은 七(칠)과 亦(역)의 반절이다. 마주 대한 높은 집이 우뚝 솟아 위를 찌른다는 말이다. '广'의 머리 꼭대기의 획이 바위 위에 있는 집을 상형하였다.

(4) '广'의 발음은 魚(어)와 儉(검)의 반절이다. 8부에 속한다.

(1) 厂各本作广, 誤, 今正. 厂者, 山石之厓巖. 因之爲屋, 是曰广. 廣韻琰儼二韻及昌黎集注, 皆作因巖, 可證. 因巖卽因厂也. (2) 各本無此二字, 今補. (3) 刺各本作剌, 今正. 讀七亦切. 謂對面高屋森聳上刺也. 首畫象巖上有屋. (4) 魚儉切. 八部.

---

8 二徐本 참조.

9 제9편 下 '厂'부 說解 참조.

10 제6편 下 '囗'부 '因'자 說解 참조. "因, 就也."(段玉裁 注: 就下曰就, 高也.)

11 二徐本 참조.

354. 厂(한)부

 山石之厓巖. 人可凥.(1) 象形.(2) 凡厂之屬皆从厂. 厈 籒文. 从干.(3)

'厂'은 돌산의 가장자리 언덕이다. 사람이 살 수 있다. 상형(象形)이다. 厂부에 속하는 한자는 모두 厂의 의미를 따른다. '厈'은 주문(籒文)이다. '干(간)'으로 구성되었다.

(1) '凥(거)'자는 옛날에는 '居(거)'자로 되어 있었다.[12] 지금 바로잡는다. '厓(애)'는 산의 가장자리의 (절벽 언덕)이다.[13] '巖(암)'은 '절벽언덕[厓]'이라는 뜻이다. 사람이 살 수 있다는 것은 그 언덕 아래에 살 수 있다는 말이다. 그 위에 집에 있으면 '广'이라 한다.
(2) 구멍을 파서 살 수 있게 만든 모양을 상형하였다는 말이다. '厂'의 발음은 呼(호)와 旱(한)의 반절이다. 14부에 속한다.
(3) 이 글자[厈]는 상형(象形)자이면서도 '干'이 성부(聲符)로 구성되어 있다.

(1) 凥舊作居, 今正. 厓, 山邊也. 巖者, 厓也. 人可居者, 謂其下可居也. 屋其上則謂之广. (2) 謂象嵌空可居之形. 呼旱切. 十四部. (3) 象形而从干聲.

355. 丸(환)부

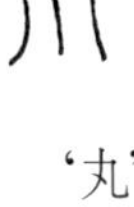 圜也.(1) 傾側而轉者. 从反仄.(2) 凡丸之屬皆从丸.

'丸'은 둥글다는 뜻이다. 옆으로 기울어 도는 것이다. '仄(측)'을 뒤집은 모양으로 구성되었다. 丸부에 속하는 한자는 모두 丸의 의미를 따른다.

(1) ("圜也(환야)"의) '也'자는 각 판본에는 없다.[14] 《운회(韻會)》에 의해 보충한다.[15] ('丸'과

12 제8편 上 '尸'부 '居'자 說解 및 제14편 上 '几'부 '凥'자 說解 참조.
13 제9편 下 '厂'부 '厓'자 說解 참조.

운모가 같은 글자인) '圜(환)'자로 풀이한 것이다. 지금 '丸藥(환약: 둥근 알약)'이라고 하는 것이 ('丸'이 둥글다는 의미를 가진다는 것을 보여 주는) 단서다. 《시(詩)·상송(商頌)》에서 "松栢丸丸[소나무 잣나무 곧게 자라네.]"이라고 한 구절의 <모전(毛傳)>에서 "丸丸(환환)은 매끄럽고 곧게 뻗은 것[易直(이직)]이다."라고 하였다.[16] 살펴보면 여기서의 ('丸丸'은) 그 매끄럽고 쭉 곧은 모양을 말하는데 그것은 '丸'의 뜻이 인신된 것이다. 《시·대아(大雅)》에 "松栢斯兌[소나무 잣나무 곧게 자라네.]"라고 한 구절의 <모전>에서도 "兌(태)는 매끄럽고 곧은 것이다."라고 하였다.[17] '兌'와 '丸'은 옛날에 발음도 같고 의미도 같았던 것 같다.

(2) 둥글기 때문에 평평하게 서 있을 수 없다. 그래서 '仄(측)'을 (좌우로) 뒤집은 모양으로 상형하였다. 한쪽으로 기울었다 다시 돌아가는 것이 바로 '丸'의 의미다. '丸'의 발음은 胡(호)와 官(관)의 반절이다. 14부에 속한다.

(1) 也字各本無, 今依韻會補. 以疊韻爲訓也. 今丸藥其一耑也. 商頌, 松栢丸丸. 傳曰, 丸丸, 易直也. 按謂其滑易而調直也, 丸義之引伸也. 大雅, 松柏斯兌. 傳亦云, 兌, 易直也. 兌與丸, 古蓋音同而義同矣. (2) 圜則不能平立, 故从反仄以象之. 仄而反復, 是爲丸也. 胡官切. 十四部.

356. 危(위)부

 在高而懼也.(1) 从厃. 人在厓上, 自卪止之.(2) 凡危之屬皆从危.

'危'는 높은 곳에 있어서 두렵다는 뜻이다. '厃(위)'로 구성되었다. 사람이 절벽 위에서 스스로 몸을 구부려 멈춘다. 危부에 속하는 한자는 모두 危의 의미를 따른다.

(1) 인신(引伸)되어 '危'는 모든 두려운 것을 일컫는 말이 되었다. 《예기(禮記)·상대기(喪大

14 二徐本 참조.

15 《韻會》 上平聲 十四 '干'운 참조.

16 《詩·商頌·殷武》의 經文과 <毛傳> 참조.

17 《詩·大雅·皇矣》의 經文과 <毛傳> 참조.

記)》의 주석에서 "危는 대들보 위에 있는 것이다."라고 하였다.[18]

(2) "人在厓上(인재애상)"의 네 글자는 《운회(韻會)》에 의해 보충한다.[19] '危'의 발음은 魚(어)와 爲(위)의 반절이다. 16부에 속한다.

(1) 引伸爲凡可懼之偁. 喪大記注, 危, 棟上也. (2) 人在厓上四字, 依韻會補. 魚爲切. 十六部.

357. 石(석)부

 山石也.(1) 在厂之下. 口象形.(2) 凡石之屬皆从石.

'石'은 산의 돌이다. 절벽 아래에 있다. '口(구)'는 (돌의) 모양을 상형한 것이다. 石부에 속하는 한자는 모두 石의 의미를 따른다.

(1) '石'은 어떤 경우에 '크다[碩大(석대)]'는 의미의 '碩(석)'자로 가차되기도 하고[20] 혹은 '柘(석)'자로 가차되기도 한다. '柘'은 120근의 무게를 말하는 글자다.[21]

(2) '石'의 발음은 常(상)과 隻(척)의 반절이다. 고음(古音) 5부에 속한다.

(1) 或借爲碩大字, 或借爲柘字. 柘, 百二十斤也. (2) 常隻切. 古音在五部.

---

18 《禮記·喪大記》 참조.

19 二徐本 참조. 《韻會》 上平聲 四 '支'운 참조.

20 제9편 上 '頁'부 '碩'자 段玉裁 注 참조.

21 제7편 上 '禾'부 '柘'자 說解 참조. 漢代의 1斤은 약 250g에 해당되므로 120斤이라 하면 30kg의 무게가 된다.

358. 長(장)부

 久遠也.(1) 从兀从七.(2) 亾聲.(3) 兀者, 高遠意也.(4) 久則變七.(5) 𠂔者, 到亾也.(6) 凡長之屬皆从長.  古文長.  亦古文長.

'長'은 오래되다, 멀다는 뜻이다. '兀(올)'로 구성되고 '七(화)'로 구성되었다. '亾(망)'은 발음을 나타낸다. '兀'이란 높고 멀다는 뜻이다. 오래되면 변화한다. '𠂔'은 '亾'을 (거꾸로) 뒤집은 것이다. 長부에 속하는 한자는 모두 長의 의미를 따른다. ''은 長의 고문이다. ''도 長의 고문이다.

(1) '久(구)'는 잠시가 아니라는 뜻이다. '遠(원)'은 가깝지 않다는 뜻이다. 인신되어 더해가다[滋長(자장)], 나이가 많다[長幼(장유)]는 의미의 '長'자가 되었다. 이런 의미일 때에는 지금 발음이 知(지)와 丈(장)의 반절이다. 또 많다[多餘(다여)]라고 할 때의 '長', 길이[長度(장도)]라고 할 때의 '長'이 되었다. 모두 지금은 直(직)과 亮(량)의 반절로 발음한다. '兄(형)'자에서 "長의 뜻이다."[22]라고 한 것은 더해가다[滋長], 나이가 많다[長幼]는 뜻의 '長'이다.

(2) 회의(會意)다. '七'의 발음은 呼(호)와 覇(패)의 반절이다.

(3) "亾聲(망성)" 두 글자가 각 판본에는 "變七(변화)"의 다음에 있다.[23] 지금 《운회(韻會)》에 의해 바로잡는다.[24] '長'의 발음은 直(직)과 良(량)의 반절이다. 10부에 속한다.

(4) '長'이 '兀'로 구성된 의미를 설명한 것이다. '儿(인)'부에서 "兀은 높고도 위가 평평한 것이다.[高而上平也]"라고 하였다.[25]

(5) '七'자는 각 판본에 '化(화)'자로 쓰여 있다.[26] 지금 바로잡는다. '長'이 '七'로 구성된 의미를 설명한 것이다. '七'자에서 "변한다[變(변)]는 뜻이다."라고 하였다.[27]

(6) '到(도)'자는 각 판본에 '倒(도)'자로 되어 있어서[28] 지금 고친다. '𠂔'이 곧 '亾'자임을 말한

22 제8편 下 '兄'부 說解 참조.
23 二徐本 참조.
24 《韻會》 下平聲 七 '陽'운 참조.
25 제8편 下 '儿'부 '兀'자 說解 참조.
26 二徐本 참조.
27 제8편 上 '七'부 說解 참조.

다. 망하고 뒤집어지므로 변화한다는 뜻이다.

(1) 久者, 不暫也. 遠者, 不近也. 引伸之爲滋長長幼之長. 今音知丈切. 又爲多餘之長, 度長之長. 皆今音直亮切. 兄下曰, 長也. 是滋長, 長幼之長也. (2) 會意. 匕, 呼覇切. (3) 二字各本在變匕之下, 今依韻會正. 直良切. 十部. (4) 說从兀之意. 儿部曰, 兀者, 高而上平也. (5) 匕各本作化, 今正. 說从匕之意. 匕下曰, 變也. (6) 到各本作倒, 今正. 說[illegible]卽亾字. 亾而倒, 變匕之意.

359. 勿(물)부

州里所建旗.(1) 象其柄.(2) 有三游,(3) 襍帛, 幅半異.(4) 所𠍴趣民,(5) 故遽偁勿勿.(6) 凡勿之屬皆从勿. 㫿 勿或从㫃.(7)

'勿'은 마을에 세운 깃발이다. 깃대의 모양을 상형하였다. 삼유(三游)가 있으며 잡색의 천(을 사용하므로) 폭의 반이 다르다. 그것으로 백성을 모이게 하므로 급한 것을 '勿勿'이라고 한다. 勿부에 속하는 한자는 모두 勿의 의미를 따른다. '㫿'은 勿의 혹자(或字)로 '㫃(언)'으로 구성되었다.

(1) '勿'은 '구기(九旗)'[29] 가운데 하나를 말한다. '州里(주리)'는 '大夫士(대부사)'로 써야 한다. 《주례(周禮)·사상(司常)》에서 "대부(大夫)와 사(士)는 物(물)을 세우고 수도(師都)는 旗(기)를 세우고 주리(州里)는 旟(여)를 세운다."라고 하였다.[30] 허신도 '旟'자에서 이미 "州里에서 旟를 세운다."라고 하였으니[31] 여기 '勿'자에서는 "大夫와 士가 勿을 세운다.[大夫士建勿]"라고 말하는 것이 옳다. 어느 때에 옮겨 적다가 잘못된 것이다. 《주례·대사마(大司馬)》의 "鄕家載物[향가에서 物을 싣는다.]"이라고 한 구절의 주석에서 "鄕家는 향대부(鄕

28 二徐本 참조.

29 《周禮·春官·司常》에 '九旗'에 관한 설명이 나온다. 常·旂·旜·物·旗·旟·旐·旞·旌의 아홉 가지 깃발을 말한다.

30 《周禮·春官·司常》 참조.

31 제7편 上 '㫃'부 '旟'자 說解 참조.

大夫)를 말한다."라고 하였다.[32] 《의례(儀禮)·향사례(鄕射禮)》의 "旌各以其物[旌은 각기 그 物로 한다.]"이라고 한 구절의 주석에서 '旌(정)'이란 "잡색의 천으로 物을 만들어 대부(大夫)와 사(士)가 세우던 것이다."라고 하였다.[33] 《의례·사상례(士喪禮)》의 "爲銘, 各以其物[銘을 만들 때에는 각기 그 物로써 한다.]"이라고 한 구절의 주석에서도 "잡색의 천으로 物을 만들어 대부(大夫)가 세우던 것이다."라고 하였다.[34] '勿'의 발음은 文(문)과 弗(불)의 반절이다. 15부에 속한다. 경전(經傳)에서는 대부분 '勿'을 '物'자로 쓰고 '勿'자를 빌어다 '毋(무)'자로 썼다. 또한 가차하여 '沒(몰)'자로 쓴 경우도 있다. 《예기(禮記)》에서 "勿勿乎其欲其饗之[열심히 잔치하려고 하네.]"[35]의 '勿勿'은 곧 '沒沒'이며 '勉勉(면면)'과 같은 말이다.

(2) (깃대의 모양을 상형하였다는 것은) '勿'의 오른쪽 획을 말한다.

(3) 삼유(三游)는 '彡'모양을 말한다. '三游'는 '旂(기)'의 '九游', '旟(여)'의 '七游', '旗(기)'의 '六游', '旐(조)'의 '四游'와 다르다.[36]

(4) 《주례·사상(司常)》에서 "순색의 천[通帛(통백)]으로 된 것을 '旜(전)'이라 하고 잡색의 천[雜帛(잡백)]으로 된 것을 '物'이라 한다."라고 하였는데 주석에서 "通帛이란 붉은색이다. 주(周)나라의 정색(正色)을 따른다. 장식이 없다. 雜帛이란 천의 흰 바탕색에 그 가장자리를 장식한 것이다. 흰색은 은(殷)나라의 정색이다."라고 하였으며 또한 "대체로 구기(九旗)의 천[帛]은 모두 붉은 것을 쓴다."라고 하였다.[37] 살펴보면 허신은 "幅半異[폭의 반이 다르다.]"라고 하였으니 곧 전체 폭의 반은 적색이고 반은 백색이라는 말이다. 정현(鄭玄)은 ('雜帛'이란) 흰 바탕에 가장자리를 수식한 것이라고 하였고 《석명(釋名)》에서는 "잡색으로 그 가장자리를 이어 깃과 꼬리를 만든다."[38]라고 하였으니 설이 각각 다르다. 아마 허신의 설이 가장 나은 듯하다.

(5) '趣(취)'는 빠르다는 말이다.[39] 색이 순수하면 느리고 색이 섞이면 급하다. 그래서 잡색 천으로 백성을 재촉한다.

---

32 《周禮·夏官·大司馬》 經文과 鄭玄의 注 참조.
33 《儀禮·鄕射禮》 鄭玄의 注 참소.
34 《儀禮·士喪禮》 鄭玄의 注 참조.
35 《禮記·祭義》의 經文과 鄭玄의 注 참조.
36 제7편 上 '㫃'부 '游'자 說解, '旗'자 說解, '旐'자 說解 참조.
37 《周禮·春官·司常》의 經文과 鄭玄의 注 참조.
38 《釋名·釋兵》 참조.
39 제2편 上 '走'부 '趣'자 說解 참조.

(6) '遽(거)'자는 《운회(韻會)》에는 '穴遽(혈거)'의 두 글자로 되어 있다.[40] '偁(칭)'자는 옛날에는 '稱(칭)'자로 되어 있었다. 지금 바로잡는다.[41] 급한 것을 '勿勿'이라 부르는데 이것은 인신된 가차(假借)다. '子(자)'자에서 "11월에 양기가 동하니 만물이 자란다. 이 글자를 사람의 호칭으로 삼는다."[42]라고 한 것이 그런 예다.

(7) 경전에서는 대부분 '物'[43]자로 쓰고 있는데 아마 (勿의 혹자인) '㫚(물)'의 잘못인 듯하다.

(1) 九旗之一也. 州里當作大夫士. 周禮司常, 大夫士建物, 師都建旗, 州里建旟. 許於旟下, 旣偁州里建旟矣, 則此偁大夫士建勿必也. 蓋亦一時筆誤耳. 大司馬, 鄕家載物. 注云, 鄕家, 鄕大夫也. 鄕射禮, 旌各以其物. 注, 襍帛爲物, 大夫士之所建也. 士喪禮, 爲銘各以其物. 注, 襍帛爲物, 大夫之所建也. 文弗切. 十五部. 經傳多作物, 而假借勿爲毋字, 亦有借爲沒字者. 禮記, 勿勿乎其欲其饗之. 勿勿卽沒沒, 猶勉勉也. (2) 謂右筆也. (3) 謂彡也. 三游別於旂九游. 旟七游. 旗六游. 旐四游. (4) 司常曰, 通帛爲旜, 襍帛爲物. 注云, 通帛謂大赤, 從周正色, 無飾. 襍帛者, 以帛素飾其側. 白, 殷之正色. 凡九旗之帛皆用絳. 按許云幅半異, 直謂正幅半赤半白. 鄭則云以素飾側, 釋名則云以襍色綴其邊爲翅尾, 說各不同, 似許爲長. (5) 趣者, 疾也. 色純則緩, 色駁則急, 故襍帛所以促民. (6) 遽韻會作穴遽二字, 偁舊作稱, 今正. 凡穴遽偁勿勿, 此引伸假借. 子下曰, 十一月陽氣動, 萬物滋, 人以爲偁. 亦是此例. (7) 經傳多作物, 蓋㫚之訛也.

360. 冄(염)부

 毛冄冄也.(1) 象形.(2) 凡冄之屬皆从冄.

'冄'은 털이 약하게 늘어졌다는 뜻이다. 상형(象形)이다. 冄부에 속하는 한자는 모두 冄의 의미를 따른다.

---

40 《韻會》 入聲 五 '勿'운 참조.

41 제8편 上 '人'부 '偁'자 段玉裁 注 참조.

42 제14편 下 '子'부 說解 참조.

43 '物'자는 제2편 上 '牛'부의 部屬字로 따로 제시되어 있다.

(1) '冄冄'이란 유약하여 아래로 늘어진 모양이다. '須(수)'부의 '䰾(염)'자는 아래로 늘어졌다[下垂(하수)]는 뜻을 취한 것이다.[44] '女(여)'부의 '姌(염)'자는 약하다[弱(약)]는 뜻을 취한 것이다.[45] <이소(離騷)>에서 "老冄冄其將至[장차 늙어서 약해지려고 하네.]"[46]라고 하였는데 여기서는 '冄冄'을 빌어 '冘冘(유유: 유약하다)'의 (뜻으로) 쓴 것이다. 《시(詩)》에 "荏染柔木[늘어진 연약한 나무]"이라고 하였는데 <모전(毛傳)>에서 "荏染(임염)은 여리다는 뜻이다."라고 하였다.[47] '染(염)'자는 곧 '冄'의 가차다. '冄'이건 '姌'이건 모두 약하다는 말이다.

(2) '冄'의 발음은 而(이)와 琰(염)의 반절이다. 7부에 속한다.

(1) 冄冄者, 柔弱下垂之皃. 須部之䰾, 取下垂意. 女部之姌, 取弱意. 離騷, 老冄冄其將至. 此借冄冄爲冘冘. 詩, 荏染柔木. 傳曰, 荏染, 柔意也. 染卽冄之假借. 凡言冄言姌, 皆謂弱. (2) 而琰切. 七部.

361. 而(이)부

 須也. 象形.(1) 周禮曰, 作其鱗之而.(2) 凡而之屬皆从而.

'而'는 턱수염이다. 상형(象形)이다. 《주례(周禮)》에 "作其鱗之而[비늘과 수염을 다듬는다.]"라고 하였다. 而부에 속하는 한자는 모두 而의 의미를 따른다.

(1) ("須也. 象形."이) 각 판본에는 "頰毛也. 象毛之形."이라고 되어 있다.[48] 지금 바로잡는다. '頰毛(협모: 구렛나루 수염)'는 '須(수)'부에서 말한 수염[顲須(염수)]의 일종이다.[49] 《예기(禮記)·예운(禮運)》의 《정의(正義)》에서 《설문》을 인용하여 "而는 수염[須]이다. '須'란 턱 아

44 제9편 上 '須'부 部屬字 참조.
45 제12편 下 '女'부 部屬字 참조.
46 《楚辭》 卷一 <離騷> 참조.
47 《詩·小雅·巧言》의 經文 및 <毛傳> 참조.
48 二徐本 참조.
49 제9편 上 '須'부 部屬字 참조.

래 털이다. 상형자다.[而, 須也. 須謂頤下之毛. 象形字也.]”라고 하였다.[50] (《설문》의) 당초본(唐初本)에서는 ‘須’의 전문(篆文) 아래에서 “턱에 난 털[頤毛(이모)]이다.”라고 하고[51] ‘而’의 전문 아래서는 “수염[須]이다.”라고 하였으니 ‘而’와 ‘須’의 두 개 전문은 서로 전주가 됨을 알 수 있다. 상형한 부분은 ‘而’자의 맨 꼭대기 획이 코 끝단을 상형한 것이고 그 아래는 인중(人中)을 상형한 것이며, 그 아래는 입 위의 콧수염[頾(자)]을 상형한 것이고 그 아래는 턱[承漿(승장)]과 턱 아래를 상형하였다. ‘而’는 입 위아래 (털의) 총칭[總名(총명)]인데 나누게 되면 입 위는 ‘頾[콧수염]’, 입 아래는 ‘須[턱수염]’이다. ‘須’는 본래 턱 아래의 털만을 부르는 말이었는데 콧수염[頾]과 턱수염[承漿], 구레나룻 수염[頰顩]까지 모두 ‘須’라고 부르게 되었다. 그래서 ‘而’를 풀이하여 “須也. 象形.”이라고 한 것이다. 인신된 이후에 가차(假借)되어 ‘어사(語詞)’가 되었는데 문장의 처음에 쓰이기도 하고 문장 중간에 쓰이기도 하고 문장 끝에 쓰이기도 한다. ‘그리하여, 그러나[然(연)]’이라고 해석되기도 하고 ‘……처럼[如(여)]’, ‘너[汝(여)]’라고 해석되기도 한다. ‘할 수 있다[能(능)]’ 등으로 해석되기도 하는 것은 고음으로 ‘能’과 ‘而’는 발음이 같아서 ‘而’를 가차하여 ‘能’으로 쓴 것이다. 또한 ‘耐(내)’를 가차하여 ‘能’으로 쓰기도 한다. ‘而’의 발음은 如(여)와 之(지)의 반절이다. 1부에 속한다.

(2) 이것은 《주례(周禮)·고공기(考工記)·재인(梓人)》의 문장이다. 정현(鄭玄)은 “之而(지이)는 구레나룻 수염[頰頌(협굴)]이다.”라고 하였다.[52] 대진(戴震)이 말하기를 “비늘 달린 것들의 뺨 옆으로 난 수염을 ‘之’라 하고 아래로 드리워져 있는 것을 ‘而’라 한다.”라고 하였다. 이것은 사람 몸에 쓰이는 호칭으로 여타 사물에 적용한 것이다. 살펴보면 고야왕(顧野王)의 《옥편(玉篇)》에서는 ‘而’부를 (동물에 적용되는 글자들인) ‘毛(모)’·‘毳(취)’·‘冄(염)’부의 뒤, 그리고 ‘角(각)’·‘皮(피)’부의 앞에 두었으며 ‘而’의 뜻을 풀이하여 “짐승의 털[獸毛(수모)]이다.”라고 하였는데[53] 절대로 허신의 뜻은 아닌 것 같다.

(1) 各本作, 頰毛也, 象毛之形. 今正. 頰毛者, 須部所謂顩須之類耳. 禮運正義引說文曰, 而, 須也, 須謂頤下之毛, 象形字也. 知唐初本須篆下頤毛也, 而篆下云須也, 二篆相爲轉注. 其象形, 則首畫象鼻耑, 次象人中, 次象口上之頾, 次象承漿及頤下者. 蓋而爲口上口下之總名, 分之則口上爲頾, 口下爲須. 須本頤下之專偁, 頾與承漿與頰顩皆得偁須, 是以而之訓曰, 須也, 象形. 引伸假借之爲語

50 《禮記·禮運》“故聖人耐以天下爲一家”의 《正義》 참조.
51 제9편 上 ‘須’부 說解 참조.
52 《周禮·考工記·梓人》의 經文과 鄭玄의 注 참조.
53 《玉篇》 ‘毛’부 第416에서 ‘皮’부 第421까지의 部首 순서 참조.

詈, 或在發端, 或在句中, 或在句末, 或可釋爲然, 或可釋爲如, 或可釋爲汝. 或釋爲能者, 古音能與而同, 叚而爲能. 亦叚耐爲能. 如之切. 一部. (2) 考工記梓人文. 鄭云, 之而頰頜也. 戴先生云, 鱗屬頰側上出者曰之, 下垂者曰而. 此以人體之偁施於物也. 按顧氏玉篇, 以而部次於毛毳冄之後角皮之前, 則其意訓而爲獸毛, 絶非許意.

362. 豕(시)부

彘也.(1) 竭其尾, 故謂之豕.(2) 象毛足而後有尾.(3) 讀與豨同.(4) 按今世字誤目豕爲豕, 目彖爲彖. 何目刞之. 爲啄琢从豕, 蠡从彖, 皆取其聲, 目是刞之.(5) 凡豕之屬皆从豕.  古文.(6)

'豕'는 돼지다. 꼬리가 말려올라가 있어서 豕라고 한다. 털과 다리, 그리고 뒤에 꼬리가 있는 모양을 상형하였다. '豨(희)'와 같이 발음한다. 살펴보면 지금 세속에 쓰이는 글자가 잘못되어 '豖(축)'자를 '豕'자로 여기고 '彖(시)'자를 '彖(단)'자로 여긴다. 무엇으로 밝힐 수 있는가? '啄(탁)'과 '琢(탁)'은 '豕'으로 구성되었고 '蠡(려)'자는 '彖'로 구성되었는데 모두 발음을 나타내는 부분으로 (각각) 취하였으니 이것으로 ('豖'과 '豕', '彖'와 '彖'이 다른 글자임을) 밝힐 수 있다. 豕부에 속하는 한자는 모두 豕의 의미를 따른다. ''는 고문(古文)이다.

(1) '彑(계)'부에서 "彘(체)는 돼지[豕]다."라고 하였으니[54] '豕'와 '彘' 두 전문(篆文)은 전주이다. 《시(詩)·소아(小雅)》의 <모전(毛傳)>에서 "豕는 돼지[豬(저)]다."라고 하였다.[55] <모전>에서는 '豕'와 '豬'를 혼언(渾言)하였으나 허신은 각 글자를 나누어서 '豕'라 하고 '彘'라 하고 '豬'라고 한 까닭을 설명하였다.

(2) "竭其尾故謂之豕[꼬리가 말아 올려 있어서 豕라고 한다.]"라고 한 것은 ('彘'자에서) "後蹏廢故謂之彘[뒷다리를 다쳤으므로 彘라고 한다.]"[56]라고 한 것과 서로 대비되는 문장이 된

54 제9편 下 '彑'부 '彘'자 說解 참조.

55 《詩·小雅·漸漸之石》"有豕白蹢"의 <毛傳> 참조.

56 제9편 下 '彑'부 '彘'자 說解 참조.

다. ('豕'는 '尾(미)'에서 의미를 얻고 '彘'는 '廢(폐)'에서 그 의미를 얻었으니) 비슷한 발음의 글자를 통하여 의미를 구한 것이다. '立(립)'부에서 "竭(갈)이란 들어올린다[負擧(부거)]는 뜻이다."라고 하였다.[57] 돼지는 화가 나면 그 꼬리[尾]를 세우므로 그래서 '豕'라 한다.

(3) ("象毛足而後有尾"의) '毛(모)'자는 '頭四(두사)'의 두 글자로 써야 하는데 옮겨 쓰는 과정에서 잘못되었다. '馬(마)'자의 전문에서 "象馬頭髦尾四足之形[말의 머리, 갈기털, 꼬리와 네 발의 모양을 상형하였다.]"이라고 하였고 '象(상)'자의 전문에서 "象耳牙四足之形[귀와 어금니, 네 발의 모양을 상형하였다.]"이라고 하였으며 '羊(양)'자의 전문에서 "从丫, 象四足尾之形[丫(개)로 구성되었고 네 발과 꼬리의 모양을 상형하였다.]"라고 하였다.[58] '豕'의 꼭대기 획은 돼지의 머리를 상형한 것이고, 다음은 네 발을 상형한 것이며 끝 부분은 꼬리를 상형한 것이다.

(4) ('豨(희)'자와 같이 발음했던 예를 보면) 《좌전(左傳)》에 나오는 "封豕長蛇(봉시장사)"[59]라는 구절이 《회남자(淮南子)》에서는 "封豨脩蛇(봉희수사)"라고 되어 있다.[60] '豕'의 발음은 式(식)과 視(시)의 반절이다. 15부에 속한다. 《광운(廣韻)》에서 施(시)와 是(시)의 반절이라고 하였다.[61]

(5) ("按今世……目是䫡之"의) 서른 세 글자는 반드시 허신의 말은 아닌 것 같다. 각 판본에서 잘못되고 어그러짐이 특히 심해서 지금 바로잡는다. '啄(탁)'자와 '琢(탁)'자는 "豕絆足行[돼지의 발을 묶었다.]"이라는 뜻을 가진 '豖(축)'자[62]를 성부로 삼는데 세속에서 '豕(시)'로 구성된 '啄', '琢'자로 쓰게 되었다. 즉 '豖'이 '豕'로 잘못된 것이다. '蠡(려)'자는 '彑(계)'부에서 "豕[돼지]"라는 뜻을 가진 '彖(시)'자[63]를 성부로 삼았는데 세속에서는 '彖(단)'[64]으로 구성된 '蠡(려)'자로 쓰게 되었다. 즉 이것은 '彖(시)'를 '彖(단)'으로 잘못 쓴 것이다. 그러므로 모두 지금 세속에서 잘못된 글자들이다. '彑'부에서 "彖는 '弛(이)'자와 같이 발음한다.[讀若弛]"라고 하였는데 허신의 책에서 '䖵(곤)'부의 '蠡', '心(심)'부의 '憏(휴)'자가 모두 '彖'를 성부로 삼는다. 고음 16부에 속한다. 각 판본에서 잘못하여 "今世字

57 제10편 下 '立'부 '竭'자 說解 참조.
58 제10편 上 '馬'부 說解, 제9편 下 '象'부 說解, 제4편 上 '羊'부 說解 참조.
59 《左傳》 定公 四年 참조.
60 《淮南子·脩務訓》 참조.
61 《廣韻》 上聲 四 '紙'운 참조.
62 제9편 下 '豕'부 '豖'자 說解 참조.
63 제9편 下 '彑'부 '彖'자 說解 참조.
64 제9편 下 '彑'부 '彖'자 說解 참조.

誤以豕爲彖, 以彖爲豕, 何以明之, 爲啄琢从豕, 蠡从彖, 皆取其聲."[65]이라고 하였는데 전혀 독해되지 않는다. 어쩌다 바로잡은 경우가 있어도 '蠡'가 본래 '彖'를 성부로 삼은 것이며 '象'으로 구성된 글자가 아닌 것을 알지 못한다.

(6) 이 글자의 고문자형은 '亥(해)'자와 같다. 해설은 '亥'부에 상세하다.[66] 살펴보면 이 아래 마땅히 "象毛足(상모족)"의 세 글자가 있어야 한다. '㣇(이)'자에서 "털과 다리의 모양을 상형하였다.[象毛足也]"[67]라고 말한 것과 같다. '丿'은 털[毛]을 상형하였고 '𠄌'모양은 발[足]을 상형하였으며 '𠄌'모양은 발톱[爪(조)]을 상형한 것이다.

(1) 彑部, 彘, 豕也. 是二篆, 爲轉注. 小雅傳曰, 豕, 豬也. 毛渾言之, 許分別言名豕, 名彘, 名豬之故. (2) 此與後蹏廢故謂之彘, 相對成文, 於其音求其義也. 立部曰, 竭者, 負擧也. 豕怒而豎其尾則謂之豕. (3) 毛當作頭四二字, 轉寫之誤. 馬篆下曰, 象馬頭髦尾四足之形. 象篆下曰, 象耳牙四足之形. 羊篆下曰, 从𦍌, 象四足尾之形. 豕首畫象其頭, 次象其四足, 末象其尾. (4) 左傳, 封豕長蛇, 淮南書作, 封豨脩蛇. 式視切. 十五部. 廣韻, 施是切. (5) 此三十三字未必爲許語, 而各本譌舛特甚, 今正之. 啄琢, 用豕絆足行之豖爲聲. 俗乃作啄琢, 是豖誤爲豕也. 蠡从彑部訓豕之彖爲聲. 俗乃作蠡, 是彖誤爲象也, 故皆爲今世字誤. 彑部曰, 彖, 讀若弛. 許書䖵部之蠡, 心部之㨾, 皆从彖爲聲, 在古音十六部. 各本譌云, 今世字誤以豕爲彖, 以彖爲豕, 何以明之, 爲啄琢从豕, 蠡从彖, 皆取其聲. 不可讀. 或正之, 又不知蠡之本彖聲, 而非从象也. (6) 古文與亥同字. 說詳亥部. 按此下當有象毛足三字, 猶㣇下云象毛足也. 丿象毛, 𠄌象足, 𠄌象爪字也.

363. 㣇(이)부

 脩豪獸.(1) 一曰, 河內名豕也.(2) 从彑.(3) 下象毛足.(4) 凡㣇之屬皆从㣇. 讀若弟.(5)  籒文.  古文.

'㣇'는 털이 긴 짐승이다. 일설에 의하면 하내(河內)(군)에서는 '豕(시)'라고 부른다

65 二徐本 참조.
66 제14편 下 '亥'부 說解 참조.
67 제9편 下 '㣇'부 說解 참조.

고 한다. '彑(계)'로 구성되었다. 아래는 털과 다리의 모양을 상형하였다. 㣇부에 속하는 한자는 모두 㣇의 의미를 따른다. '弟'와 같이 발음한다. '𢑏'는 주문(籒文)이다. '𢑐'는 고문(古文)이다.

(1) 《시(詩)·유월(六月)》, 《시·한혁(韓奕)》의 <모전(毛傳)>에서 "脩(수)는 길다[長(장)]는 뜻이다."라고 하였다.[68] 주(周)·진(秦) 시대의 문장에서 '攸(유)'를 길다[長]는 뜻으로 풀이하였는데 그 후에 '脩'자를 빌어 '攸'자의 의미로 쓰면서 길다[長]는 뜻으로 풀이하게 되었다. (아래 부속자 설명에서) "豪豕(호시)다. 털이 붓대처럼 길다.[豪豕, 鬣如筆管者.]"라고 하였다.[69] 그래서 모든 털이 긴 짐승[髦鬣(모렵)]을 '豪(호)'라고 부른다. 《이아(爾雅)·석수(釋獸)》에서 "貄(이)는 털이 긴 짐승[脩豪(수호)]이다."라고 하였다.[70] '㣇'자가 정자이고 '貄'자는 속자다. 혹은 '肆(사)'라고도 쓰는데 가차자다. 내 생각에는 '㣇'에 대하여 짐승[獸]이라고 하였으니 '㣇'부에 부속된 '豪豕(호시: 멧돼지)'[71]와 같은 동물은 아닌 것 같다. 그러므로 안사고(顔師古)가 《한서(漢書)》의 주석에서 "豪豬(호저)는 일명 㣇이다."[72]라고 한 것은 잘못이다.

(2) 하내군(河內郡)에서는 '豕'를 '㣇'로 불렀다는 말이다. 상곡군(上谷郡)에서 '豛(의)'로 부른 것과 같다. '河內'는 한(漢)나라 때의 군명(郡名)이다. 하내군 안에는 영회현(嶺懷縣) 등 열여덟 개 현(縣)이 있다. 지금의 회경(懷慶), 위휘(衛輝) 및 장덕부(彰德府) 남쪽 경계가 모두 그 땅이었다.[73]

(3) ("从彑"는) 주둥이가 뾰족한 모양을 상형하였다는 말이다.

(4) '𠂊' 모양은 그 털을 상형한 것이다. '毛'는 '髦(모)'자로 써야 한다. '巾'모양은 발을 상형하였다.

(5) '㣇'의 발음은 羊과 至의 반절이다. 15부에 속한다.

(1) 毛詩六月韓奕傳曰, 脩, 長也. 周秦之文, 攸訓爲長, 其後乃叚脩爲攸而訓爲長矣. 豪豕, 鬣如筆管者. 因之凡髦鬣皆曰豪. 釋獸曰, 貄脩豪. 㣇者正字, 貄者俗字. 或作肆者, 叚借字也. 按此言獸,

68 《詩·小雅·六月》 "四牡脩廣", 《詩·大雅·韓奕》 "孔脩且張"의 <毛傳> 참조.

69 제9편 下 '㣇'부 '豪'자 說解 참조.

70 《爾雅·釋獸》 참조.

71 '豪'자는 篆書를 따른 해서체이고 지금 글자는 '豪'로 쓴다.

72 《漢書·楊雄傳》 <長楊賦> "拕豪豬"의 顔師古 注 참조.

73 《漢書·地理志》 <河內郡> 참조.

與下文㣇豕, 非一物. 顔氏注漢書曰, 豪豬一名䝐, 非也. (2) 謂河內評豕爲䝐, 猶上谷之評豭也. 河內, 漢郡名, 領懷縣等縣十有八, 今懷慶, 衛輝以及彰德府南境, 皆是其地. (3) 象頭銳. (4) ⼑者, 象其鬣也. 毛當作髦. 巾象足. (5) 羊至切. 十五部.

364. 彑(계)부

彑 豕之頭.(1) 象其銳而上見也.(2) 凡彑之屬皆从彑. 讀若罽.(3)

'彑'는 돼지의 머리다. 그 뾰족하게 튀어나온 모양을 상형하였다. 彑부에 속하는 한자는 모두 彑의 의미를 따른다. '罽(계)'자와 같이 발음한다.

(1) 《옥편(玉篇)》·《광운(廣韻)》에서 '彑'는 "고슴도치[彙(휘)]류다."라고 하였다.[74] 그것은 지금의 뜻이다.

(2) 상형(象形)이다.

(3) '㓹(예)'자는 '銳(예)'의 주문(籀文)이므로 ('銳'와 같은 운부인 '彑'자와, '㓹'가 성부로 구성된 '罽(계)'는) 발음이 서로 통한다.[75] '彑'의 발음은 居(거)와 例(례)의 반절이다. 15부에 속한다.

(1) 篇韻曰, 彙類. 今義也. (2) 象形也. (3) 㓹者, 籀文銳, 故音相通也. 居例切. 十五部.

74 《玉篇》 '彑'부 第369, 《廣韻》 去聲 十三 '祭'운 참조.

75 제7편 下 '网'부 '罽'자 說解 및 제14편 上 '金'부 '銳'자 說解 참조.

365. 𧰼(돈)[76]부

 小豕也.(1) 从古文豕.(2) 从又持肉. 以給祠祀也.(3) 凡𧰼之屬皆从𧰼.(4)  篆文. 从肉豕.(5)

'𧰼'은 작은 돼지다. '豕(시)'의 고문모양으로 구성되었다. '손[又(우)]'으로 '고기[肉(육)]'를 잡은 모양으로 구성되었다. 그것을 제사에 바친다. 𧰼부에 속하는 한자는 모두 𧰼의 의미를 따른다. ''은 전문(篆文)이다. '肉'과 '豕'로 구성되었다.

(1) 《방언(方言)》에서는 "돼지[豬(저)] 새끼를 혹은 '豚(돈)'이라도 하고 혹은 '豯(혜)'라고도 한다."라고 하였다.[77]

(2) ("从古文豕"가) 각 판본에는 "从豸省. 象形."의 다섯 글자로 되어 있는데 잘못이다.[78] 지금 바로잡는다.

(3) "대체로 종묘에서 제사지내는 예(禮)에서는 '豕'는 '剛鬣(강렵)'이라고 부르고 '豚'은 '腯肥(돌비)'라고 부른다."라고 하였다.[79] '又'는 손이다.[80] '𧰼'의 발음은 徒(도)와 魂(혼)의 반절이다. 13부에 속한다.

(4) 각 판본에서 '𧰼'자를 '豚'으로 썼는데[81] 잘못이다. 지금 바로잡는다.

(5) 위에서 든 글자[𧰼]가 고문(古文)이고 이 글자[豚(돈)]는 소전(小篆)이다. 이 글자 역시 '上'자가 '二[上자의 고문]' 아래에 붙여진 예와 같은 것으로 볼 수 있다. '豚'(소전)을 '豕'부에 부속시키지 않고 '𧰼'부를 세워 뒤에 '𧰼'의 고문으로 붙인 것은 '𧰼'으로 구성된 '𧳧(위)'자가 있어서 이것을 부수로 세우지 않을 수 없었기 때문이다. 《이아(爾雅)》 <음의(音義)>에서 "주문(籀文)은 豚으로 쓴다."[82]라고 하고 《옥편(玉篇)》에서도 "豚은 주문(籀

---

76 '𧰼'은 古文의 자형을 따르는 楷書體이고 '豚'은 篆書를 따라 쓴 楷書體다. 段注本에는 '𧰼'과 '豚'자가 혼용되고 있다.

77 《方言》 卷八 참조.

78 二徐本 참조.

79 《禮記·曲禮下》의 문장이다.

80 제3편 下 '又'부 說解 참조.

81 二徐本 참조.

82 《爾雅·釋獸》 "猩猩小而好啼"의 《釋文》 참조.

文)이다."[83]라고 하였지만 모두 잘못이다. 그렇게 말한 것은 아마 학자들이 혼동하였기 때문이다. 그래서 여기에서 기록해 둔다.

(1) 方言, 豬, 其子, 或謂之豚, 或謂之豯. (2) 各本作从希省象形五字, 非也, 今正. (3) 凡祭宗廟之禮, 豕曰剛鬣, 豚曰腯肥. 又, 手也. 徒魂切. 十三部. (4) 各本𧰨作豚, 誤, 今正. (5) 上古文, 此小篆也. 亦以上附二之例. 不入豚於豕部, 附以古文𧰨者, 以有从𧰨之屬, 則不得不立此部首也. 爾雅音義曰, 籒文作豚. 玉篇亦曰, 豚者, 籒文. 皆誤. 恐學者惑焉, 故箸於此.

366. 豸(치)부

獸長脊行豸豸然, 欲有所司殺形.(1) 凡豸之屬皆从豸.

'豸'는 긴 등뼈를 가진 짐승이 느릿느릿 가면서 엿보다 죽이려고 하는 모양이다. 豸부에 속하는 한자는 모두 豸의 의미를 따른다.

(1) 종합해서 그 의미와 자형을 말했기 때문에 다시 "상형(象形)이다."라고 말하지 않았다. 어떤 사람은 이 구절 아래에 당연히 "象形"의 두 글자가 있어야 한다고 하였다. '司(사)'는 지금의 '伺(사)'자다.[84] 허신의 책에는 '伺'자가 없다. 야수가 엿보다 죽이려는 먹잇감이 생기면 걸음걸이가 조밀해지고 그 등뼈는 더욱 길어지는 것처럼 보인다. '豸豸然(치치연)'이란 긴 모양이다. 이 글자의 자형[文(문)]이 그 모양을 상형하였다. 《주례(周禮)·사인(射人)》에서 "以貍步張三侯[이리의 걸음걸이로 삼후(三侯)를 벌려놓는다.]"라고 하였는데 주석에서 "貍(리)는 먹이를 잘 잡는 짐승이다. 가다가 멈추어서 헤아리며 기다리고 있다가 뛰어오르면 반드시 잡는다. 그래서 활 쏘는 법도[侯道(후도)]를 생각할 때 그것을 본받는다."라고 하였다.[85] 허신이 말하는 '獸(수)'는 대체로 동물을 죽이는 맹수다. 《이아(爾雅)·

---

83 《玉篇》 '豚'부 제367 참조.

84 제9편 上 '司'부 段玉裁 注 참조.

85 《周禮·夏官·射人》의 經文 "以貍步張三侯" 참조. 鄭玄의 注에 의하면 이리의 걸음걸이란 보통 걸음의 반 보에 해당한다 하였다. 三侯는 과녁으로 虎侯·熊侯·豹侯를 말한다.

석충(釋蟲)》에서는 "발이 있는 것은 '蟲(충)'이라 하고 발이 없는 것을 '豸'라 한다."라고 하였다.[86] 그러나 살펴보면 발이 없는 '蟲'은 몸이 대단히 긴 뱀[蛇蚓(사인)]과 같은 종류이므로 (《이아·석충》에서 발이 없는 벌레를 '豸'라고 한 것은) 바로 "긴 등뼈[長脊(장척)]"라는 뜻에서 인신된 것이다. <상림부(上林賦)>에서 "陂池貏豸[언덕과 연못이 길게 늘어져 있네.]"라고 한 것은 곧 <자허부(子虛賦)>의 "罷池陂陀(파지피타)"라는 말이다. <서경부(西京賦)>에서는 "增嬋娟以此豸[느릿느릿 요염함을 더하네.]"라고 하였다.[87] 살펴보면 '貏豸(피치)'는 '길게 늘어진 것[池邐之長(이리지장)]'을 말하고, '此豸(차치)'는 '요염하게 길게 늘어진 것[婀娜之長(아나지장)]'을 말하니 역시 길다[長]는 뜻의 인신된 의미다. 옛날에는 대부분 '豸'를 빌어다 '解廌(해치: 전설상의 수호동물)'라는 의미의 '廌(치)'자로 썼다.[88] '豸'와 '廌' 두 글자가 옛날엔 같은 발음이었기 때문이다. '廌'자와 '解(해)'자는 고음이 같은 부(部)에 있다. 그래서 '廌'자로 '解'자를 풀이한다. 《방언(方言)》에서 "廌는 解다."라고 하였다.[89] 《좌전(左傳)》에 나오는 "庶有豸乎"의 '豸'자가 《석문(釋文)》에서는 '廌(치)'자로 쓰여 있다. 이는 《방언》에서 말한 "廌는 解이다."라고 한 것을 인용한 것이다. 《정의(正義)》에서는 '豸'로 쓰여 있는데 《방언》의 "豸는 解다."라고 한 것을 인용한 것이다.[90] 지금의 《석문》본은 '廌'를 '鳩(구)'자로 잘못 적고 있다. 지금의 《방언》본은 '廌'를 胡(호)와 計(계)의 반절로 발음하는 '𢉖(계)'자로 잘못 적고 있다. 대체로 고서(古書)를 독해하기가 이처럼 어렵다. '豸'의 발음은 池(지)와 爾(이)의 반절이다. 16부에 속한다.

(1) 總言其義其形, 故不更言象形也. 或曰, 此下當有象形二字. 司, 今之伺字, 許書無伺. 凡獸欲有所伺殺, 則行步詳宷, 其脊若加長. 豸豸然, 長皃. 文象其形也. 周禮射人, 以貍步張三侯. 注云, 貍, 善搏者也. 行則止而擬度焉. 其發必獲, 是以量侯道法之也. 許言獸者, 謂凡殺物之獸也. 釋蟲曰, 有足謂之蟲, 無足謂之豸. 按凡無足之蟲, 體多長, 如蛇蚓之類, 正長脊義之引伸也. 上林賦曰, 陂池貏豸, 卽子虛賦之罷池陂陀. 西京賦曰, 增嬋娟以此豸. 按貏豸謂池邐之長, 此豸謂婀娜之長, 亦皆長義之引伸. 古多叚豸爲解廌之廌, 以二字古同音也. 廌與解古音同部, 是以廌訓解. 方言曰, 廌, 解也. 左傳, 庶有豸乎. 釋文作廌, 引方言, 廌, 解也. 正義作豸, 引方言, 豸, 解也. 今本釋文廌譌爲鳩, 今本方言廌譌爲𢉖, 音胡計切. 蓋古書之難讀如此. 池爾切. 十六部.

---

86 《爾雅·釋蟲》 참조.

87 《文選》 卷八 <上林賦>, 《文選》 卷七 <子虛賦>, 《文選》 卷二 <西京賦> 참조.

88 제10편 上 '廌'부 說解 참조.

89 《方言》 卷十二 참조.

90 《左傳》 宣公 十七年 참조.

367. 𧰼(시)[91]부

 如野牛, 青色, 其皮堅厚可制鎧.(1) 象形.(2) 𧰼頭,(3) 與禽离頭同.(4) 凡𧰼之屬皆从𧰼.  古文. 从儿.(5)

'𧰼'는 들소와 비슷하고 청색이며 가죽이 질기고 두터워 갑옷을 만들 수 있다. 상형(象形)이다. 𧰼의 머리모양은 '禽(금)'·'离(리)'의 머리모양과 같이 생겼다. 𧰼부에 속하는 한자는 모두 𧰼의 의미를 따른다. ''는 고문(古文)이다. '儿(인)'으로 구성되었다.

(1) "青色"이 각 판본에는 "而青"으로 되어 있다.[92] "其皮堅厚可制鎧"는 각 판본에 이 일곱 글자가 없어서 지금 보충한다. 《논어(論語)·계씨(季氏)》의 소(疏), 《이아(爾雅)·석수(釋獸)》의 소(疏), 《시(詩)·하초불황(何草不黃)》의 《정의(正義)》, 그리고 《춘추좌전(春秋左傳)》 선공(宣公) 2년의 《정의(正義)》에 모두 이 일곱 글자가 나온다.[93] 모두 "青色(청색)"이라고 썼는데 어떤 경우에는 "青毛(청모)"라고 쓰기도 하였다. 《이아·석수》에서 "兕는 소와 비슷하다.[似牛]"[94]라고 했는데 허신은 "들소 같이 생겼다.[如野牛]"라고 하였으니 그 뜻이 같다. '野牛(야우)'는 즉 지금의 물소다. 누런 소[黃牛(황우)]와는 달라서 옛날에는 들소[野牛]라고 불렀다. 《이아》에서 "소와 비슷하다[似牛]"라고 한 것은 바로 이 들소와 비슷하다는 말이다. 곽박(郭璞)이 《산해경(山海經)》에서 "犀(서)는 물소와 비슷하다. 돼지[豬(저)]의 머리모양을 하고 다리가 짧다. 兕도 역시 물소와 비슷한데 청색이고 뿔이 하나다. 무게가 3,000근(斤)이다."라고 주석하였다.[95] 《주례(周禮)·고공기(考工記)》에서 "함인(函人)이 갑옷[甲]을 만든다. 물소 갑옷[犀甲]은 칠속(七屬)이고 들소 갑옷[兕甲]은 육속(六屬)이다. 물소[犀]의 갑옷은 100년을 가고 들소[兕]의 갑옷은 200년을 간다."라고 하였다.[96]

---

91 '𧰼'자는 篆書의 자형을 반영한 楷書體이고 '兕'자는 古文의 사형을 반영한 楷書體다. 지금 통용되는 글자는 '兕'자다.

92 二徐本 참조.

93 《論語·季氏》 "虎兕出於柙"의 邢昺 疏, 《爾雅·釋獸》의 邢昺 疏, 《詩·小雅·何草不黃》 "匪兕匪虎"의 《正義》, 《左傳》 宣公 2년 "犀兕尚多"의 《正義》 참조.

94 《爾雅·釋獸》 참조.

95 《山海經·南山經》 <禱過之山>의 "其下多犀兕"의 郭樸의 注 참조.

(2) '𧰼'의 윗부분은 머리 모양을 상형하였고 아랫부분은 발과 꼬리의 모양을 상형하였다는 말이다. '𧰼'의 발음은 徐(서)와 姊(자)의 반절이다. 15부에 속한다.

(3) "𧰼頭(시두)"의 두 글자는 지금 보충한다.

(4) '禸(유)'부 '禽(금)'자에서도 "禽과 离와 𧰼는 머리모양이 비슷하다."라고 하였다.[97] 지금 사람들은 해서(楷書)로 쓸 때 '𧰼'(의 머리)는 '凹'로 쓰고 '禽'과 '离'(의 머리)는 '凶'으로 써서 머리 모양이 같지 않다. 옛날 전문(篆文)의 필법에서는 같았을 것이다.

(5) ('兕'가 '儿'으로 구성된 것은) '𧰼'의 다리가 또한 사람의 다리와 비슷하였다는 것을 설명해 준다. '虎(호)'의 발도 역시 사람의 발 모양과 같다.[98] 금자(今字)인 '兕(시)'자가 유행하면서 '𧰼'자는 유행하지 않게 되었다. 한대(漢代) 예서로는 '光'자로 쓴다. 《경전석문(經典釋文)》에는 "본래 '光'로도 쓴다."라고 하였다.[99]

(1) 青色各本作而青. 其皮堅厚可制鎧, 各本無此七字, 今補. 論語季氏疏, 爾雅釋獸疏, 詩何草不黃正義, 春秋左傳宣二年正義, 皆有此七字, 皆作青色, 或作青毛. 釋獸曰, 兕, 似牛. 許云如野牛者, 其義一也. 野牛卽今水牛, 與黃牛別, 古謂之野牛. 爾雅云似牛者, 似此也. 郭注山海經曰, 犀似水牛, 豬頭庳脚, 兕亦似水牛, 青色一角, 重三千斤. 考工記, 函人爲甲, 犀甲七屬, 兕甲六屬, 犀甲壽百年, 兕甲壽二百年. (2) 謂上象其頭, 下象其足尾也. 徐姊切. 十五部. (3) 二字今補. (4) 内部禽下亦曰, 禽离𧰼頭相似. 今人作楷, 𧰼作凹, 禽离作凶, 其頭不同矣. 篆法古當同. (5) 蓋亦謂其似人䯒也. 虎足亦與人足同. 今字兕行而𧰼不行. 漢隸作光. 經典釋文云, 本又作光.

368. 易(역)부

蜥易, 蝘蜓, 守宮也.(1) 象形.(2) 秘書說曰, 日月爲易.(3) 象侌昜也.(4) 一曰, 从勿.(5) 凡易之屬皆从易.

---

96 《周禮·考工記·函人》 참조. 經文에 대한 注疏에 의하면 七屬·六屬의 '屬'은 갑옷을 견고하게 만들기 위하여 덧대는 가죽 껍질의 숫자를 말하는 것 같다. 즉 '일곱 겹', '여섯 겹' 등의 의미인 것 같다.

97 제14편 下 '禸'부 '禽'자 說解 참조.

98 제5편 上 '虎'부 說解 참조.

99 《詩·豳風·七月》의 《釋文》 참조.

'易'은 '蜥易(석역)'·'蝘蜓(언정)'·'守宮(수궁)' 등으로 (불리는 도마뱀의 일종)이다. 상형(象形)이다. 비서(秘書)의 설(說)에 "日(일)과 月(월)자를 가지고 易을 만들었다."라고 하였다. 그렇게 되면 음양[侌昜]을 상형한 것이다. 일설에는 '勿(물)'로 구성되었다고도 한다. 易부에 속하는 한자는 모두 易의 의미를 따른다.

(1) '虫(훼)'부 '蜥(석)'자에서 "蜥易(석역)이다."라고 하였고 '蝘(언)'자에서 "벽에 붙어 있으면 '蝘蜓(언정)'이라 하고 풀에 있으면 '蜥易'이라 한다."라고 하였다.100 《이아(爾雅)·석어(釋魚)》에서 "榮蚖(영원)은 '蜥蜴(석척)'이다. '蜥易'은 '蝘蜓'이다. '蝘蜓'은 '守宮'이다."라고 하였다. 곽박(郭璞)은 "돌아가면서 해석하여 다른 이름으로 널리 구해 보자면 네 개의 이름으로 구별할 수 있다."라고 하였다.101 《방언(方言)》에는 "守宮은 진(秦)·진(晉)·서하(西夏)에서는 '守宮'이라 하거나 혹은 '蠦蝘(노전)'이라 부르거나 혹은 '蜥蜴'이라고 부른다. 연못 속에 있는 것은 '易蜴(역척)'이라고 부른다. 남초(南楚)에서는 '蛇醫(사의)'라고 부르거나 혹은 '蠑螈(영원)'이라고 부르고, 동제(東齊)나 해대(海岱)에서는 '螔蝬(이후)'라고 부르고 북연(北燕)에서는 '祝蜓(축정)'이라고 부른다. 계림(桂林) 중에 있는 守宮 가운데 크고 잘 우는 것을 '蛤解(합해)'라고 부른다."라고 하였다.102 허신이 세 가지 (이름을) 든 것은 대략을 말한 것이다. '易'은 본래 도마뱀[蜥易]이라는 뜻이었는데 말이 가차되어 '쉽다[難易(난이)의 易]'는 뜻이 생겨나게 되었다. 정현(鄭玄)은 《역(易)》을 찬(贊)하여 "易이라는 이름은 하나의 말로 세 가지의 의미를 포함한다. 쉽고 간단하다[簡易(간이)]는 의미가 그 하나요, 변한다[變易(변역)]는 의미가 두 번째요, 바뀌지 않는다[不易(불역)]는 의미가 세 번째다."라고 하였다.103 살펴보면 '易'과 '彖(단)'의 두 글자는 모두 가차하여 이름을 삼은 것이다. '象(상)'이 '모양을 비슷하게 상형한다[像似(상사)]'는 의미의 '像'자로 쓰이는 것과 같다. 그래서 허신은 '易'에 대한 설명에서 먼저 본래 의미[蜥易(도마뱀)]를 말하고 그 후에 '비서(秘書)의 설(說)'을 인용하였다. '秘書'라고 말한 것은 그 설이 반드시 옳지는 않다는 것을 밝힌 것이다.

(2) '易'의 윗부분은 머리모양을 상형하였고 아랫부분은 네 다리의 모양을 상형하였다. 꼬리는 너무 가늘어서 상형하지 않았다. '易'의 발음은 羊(양)과 益(익)의 반절이다. 16부에 속한다. 옛날에는 '易'에 거성(去聲)과 입성(入聲)의 구분이 없었다. 또한 以(이)와 豉(시)의 반절

---

100 제13편 上 '虫'부 '蜥'자 및 '蝘'자 說解 참조.

101 《爾雅·釋魚》의 郭樸의 注 참조.

102 《方言》 卷八 참조.

103 <周易正義序> '第一論易之三名'에 鄭玄의 說이 인용되어 있다.

로 발음하기도 한다. 지금의 속서(俗書)에서는 도마뱀[蜥易]을 뜻하는 글자를 '蜴(척)'자로 많이 쓰는데 잘못이다. 《방언》을 살펴보면 "蜥易은 그것이 못 가운데 있을 때는 '易蜴'이라 한다."라고 하였는데 곽박(郭璞)은 "蜴자는 발음이 '析(석)'이다."라고 하였으니[104] 이것으로 '蜴'자는 '蜥(석)'자임을 증명할 수 있다. 이 글자는 羊(양)과 益(익)의 반절로 발음하는 글자가 아니다. 《시(詩)·소아(小雅)》의 "胡爲虺蜴[어째서 독사, 도마뱀이 되었는가]"에 대하여 <모전(毛傳)>에서는 "蜴은 螈이다."라고 하였다.[105] 《석문(釋文)》에서는 "蜴은 星(성)과 歷(력)의 반절로 읽는다. 글자를 '蜥'으로도 쓴다."라고 하였다. 《설문》에서 이 《시》를 인용할 때는 바로 '蜥'으로 썼다.[106] <모전>의 언급은 바로 《방언》과 합치된다. 《방언》에서는 "易蜴은 남초(南楚)에서는 '蛇醫'라고 하거나 '蠑螈'이라고 하는데 연못 속에 있는 것을 부르는 말이다."라고 하였다.[107] '螈'은 곧 '虫'부의 '蚖(원)'자다. '蛇醫'를 말한다. 육기(陸璣)가 말하기를 "蜴은 일명 '蠑螈'이며 '水蜴'이다. 혹은 '蛇醫'라고도 한다. '蜥易'과 같다."라고 하였다. 그러므로 '蜥易'은 이 모든 이름의 통칭[通名(통명)]이다. 반대로 '易蜥'이라고 하거나 단지 '蜥'을 말할 때에는 연못 속에 있는 것을 말한다.

(3) '비서(秘書)'는 '위서(緯書)'를 뜻한다. '目(목)'부에서도 "秘書에 瞋(진)은 戌(술)로 구성되었다."[108]라는 말이 나온다. 살펴보면 《참동계(參同契)》에서 "日과 月로 易를 만든다. (日과 月은) 강(剛)과 유(柔)가 서로 대응한다."라고 하였다.[109] 육덕명(陸德明)은 우번(虞翻)의 《참동계》 주석을 인용하여 "이 '易'자는 日 아래 月이 있는 (모양으로) 구성되었다."라고 하였다.

(4) '易'의 윗부분은 '日'로 구성되어 양(陽)을 상형하였고 아랫부분은 '月'로 구성되어 음(陰)을 상형하였다는 말이다. '위서(緯書)'에서 글자를 설명할 때에는 대부분 자형을 가지고 말하였으며 그 자의(字義)를 설명한 것이 아니었다. 그것이 이치에는 가까워 보이지만 결코 육서(六書)의 근본은 아니다. '易'의 아랫부분 자형도 '月'이 아니다.

(5) 또 하나의 설은 '易'의 아랫부분이 깃발[旗勿(기물)]이라는 의미의 '勿'[110]자로 구성되었다는 것인데 모두 자형에 대한 다른 설명이다.

---

104 《方言》 卷八 참조.

105 《詩·小雅·正月》의 <毛傳> 참조.

106 제13편 上 '虫'부 '虺'자 說解 참조.

107 《方言》 卷八 참조.

108 제4편 上 '目'부 '瞋'자 說解 참조.

109 《周易參同契》 上 참조.

110 제9편 下 '勿'부 說解 참조.

(1) 虫部蜥下曰, 蜥易也. 蝘下曰, 在壁曰蝘蜓, 在艸曰蜥易. 釋魚曰, 榮螈, 蜥蜴. 蜥蜴, 蝘蜓. 蝘蜓, 守宮也. 郭云, 轉相解, 博異語, 別四名也. 方言曰, 守宮, 秦晉西夏謂之守宮, 或謂之蠦蝘, 或謂之蜥蜴. 其在澤中者謂之易蜴, 南楚謂之蛇醫, 或謂之蠑螈, 東齊海岱謂之螔**螏**, 北燕謂之祝蜓. 桂林之中守宮大者而能鳴, 謂之蛤解. 按許舉其三者, 略也. 易本蜥易, 語言假借而難易之義出焉. 鄭氏贊易曰, 易之爲名也, 一言而函三義, 簡易一也, 變易二也, 不易三也. 按易象二字, 皆古以語言假借立名, 如象, 卽像似之像也. 故許先言本義, 而後引祕書說. 云祕書者, 明其未必然也. (2) 上象首, 下象四足. 尾甚微, 故不象. 羊益切. 十六部. 古無去入之分. 亦以豉切. 今俗書蜥易字多作蜴, 非也. 按方言, 蜥易, 其在澤中者謂之易蜴. 郭云, 蜴音析. 是可證蜴卽蜥字, 非羊益切. 小雅, 胡爲虺蜴. 毛傳曰, 蜴, 螈也. 釋文, 蜴星歷反, 字又作蜥. 說文引詩正作蜥. 毛語正與方言合. 方言, 易蜴, 南楚謂之蛇醫, 或謂之蠑螈, 謂在澤中者也. 螈卽虫部之蚖字, 蛇醫也. 陸璣云, 蜴一名蠑螈, 水蜴也, 或謂之蛇醫, 如蜴易. 然則蜴易者統名, 倒言易蜥及單言蜥者, 別其在澤中者言也. (3) 祕書謂緯書. 目部亦云, 祕書瞋从戌. 按參同契曰, 日月爲易, 剛柔相當. 陸氏德明引虞翻注參同契云, 字从日下月. (4) 謂上从日象陽, 下从月象陰. 緯書說字, 多言形而非其義. 此雖近理, 要非六書之本, 然下體亦非月也. (5) 又一說从旗勿之勿, 皆字形之別說也.

369. 象(상)부

南越大獸.(1) 長鼻牙,(2) 三年一乳.(3) 象耳牙四足尾之形.(4) 凡象之屬皆从象.

'象'은 남월(南越) 지방의 큰 짐승이다. 긴 코와 어금니를 가졌으며 3년에 한 번 새끼를 낳는다. 귀와 어금니, 그리고 네 다리와 꼬리의 모양을 상형하였다. 象부에 속하는 한자는 모두 象의 의미를 따른다.

(1) 짐승 중에 가장 큰 것이고 남월(南越) 지방에서 나온다.

(2) 긴 코와 긴 어금니를 가졌다. 이상 ("南越大獸. 長鼻牙."의) 일곱 글자는 《운회(韻會)》에서 근거한 소서본(小徐本)에 따른다.[111]

(3) 《좌전(左傳)》 정공(定公) 4 년의 《정의(正義)》에서 "三年一乳字[3년에 한 번 새끼를 낳아

젖을 먹인다.]"라고 하였다.[112] 살펴보면 고서(古書)에서는 '象'자를 빌어 '像(상)'자의 의미로 썼다. '人(인)'부에서 "像이란 비슷하다[似(사)]는 뜻이다."라고 하였으며 "似란 모양이 같다[像]는 뜻이다."라고 하였다.[113] '像'은 '人'으로 구성되고 '象'이 성부다. 허신의 책에서 "(육서를 설명하면서) 첫 번째는 지사(指事)이고 두 번째는 상형(象形)이다."[114]라고 하였는데 이때의 '象形'은 '像形'으로 써야 한다. 허신의 전체 책에서 "象某形(상모형)"이라고 하였을 때의 '象'자도 그 글자가 모두 '像'자로 쓰여야 한다. 그러나 지금의 판본은 모두 생략된 '象'자를 따르고 있으니 학자들이 이해할 수가 없는 것이다. 《주역(周易)·계사전(繫辭傳)》에는 "象也者, 像也.[象이란 像의 뜻이다.]"[115]라고 하였으니 이것은 옛날부터 《주역》에서 쓰인 '象'자가 곧 '像'자의 가차(假借)임을 말해 준다. 《한비자(韓非子)》에서 "사람들이 살아 있는 코끼리[象]를 거의 본 적이 없어서 그림을 그려서 그 실제 모습을 상상하였다. 그래서 여러 사람들이 머릿속으로 실물처럼 상상하는 것[意想(의상)]을 모두 '象'이라 한다."라고 하였다.[116] 아마 옛날에는 '象'자만 있었고 '像'자는 없었던 것 같다. 그래서 '像'자가 아직 만들어지기 이전에 '생각으로 모양을 그려본다[想像(상상)]'라는 뜻이 미리 생겨서 《주역》에서 '象'자를 '모양을 머릿속으로 유사하게 그린다[想像]'라는 뜻으로 사용하게 되었다. 마치 '易'자를 가지고 '간단하고 쉽다[簡易(간이)]', '변한다[變易(변역)]'라는 뜻의 글자로 사용한 것과 같다. 모두 발음에서 그 의미를 얻은 것이며 자형에서 의미를 얻은 것이 아니다. '한비(韓非)'의 설명은 세속에서 유행하던 이야기를 가지고 설명한 것이며 "본래 그 의미에 해당하는 글자가 없어서 어떤 글자의 소리에만 기탁해서 나타내려는 의미를 드러낸다.[本無其字, 依聲托事.]"[117]라는 '가차'의 원리를 설명해 주는 것은 아니다.

(4) '象'은 '像'으로 써야 한다. '耳牙(이아)'는 아마도 '鼻耳(비이)'로 써야 할 것이다. '尾(미)'자가 각 판본에는 없어서 지금 보충한다.[118] '象'의 발음은 徐(서)와 兩(량)의 반절이다. 10부에 속한다.

---

111 《韻會》 上聲 二十二 '養'운 참조.

112 《左傳》 定公 4年 "王使執燧象"의 《正義》 참조.

113 제8편 上 '人'부 '像'자 및 '似'자 說解 참조.

114 제15편 上 '敍' 참조.

115 《周易·繫辭傳》 下 참조.

116 《韓非子·解老》 참조.

117 제15편 上 '敍'의 '假借'에 대한 항목 참조.

118 二徐本 참조.

(1) 獸之㝡大者, 而出南越. (2) 有長鼻長牙. 以上七字, 依韻會所據小徐本. (3) 左傳定四年正義作, 三年一乳字. 按古書多假象爲像. 人部曰, 像者, 似也. 似者, 像也. 像从人象聲. 許書, 一曰指事, 二曰象形. 當作像形. 全書凡言象某形者, 其字皆當作像, 而今本皆从省作象, 則學者不能通矣. 周易繫辭曰, 象也者, 像也. 此謂古周易象字卽像字之假借. 韓非曰, 人希見生象, 而案其圖以想其生, 故諸人之所以意想者, 皆謂之象. 似古有象無像. 然像字未製以前, 想像之義已起, 故周易用象爲想像之義, 如用易爲簡易變易之義. 皆於聲得義, 非於字形得義也. 韓非說同俚語, 而非本無其字依聲托事之恉. (4) 象當作像. 耳牙疑當作鼻耳. 尾字各本無, 今補. 徐兩切. 十部.

제10편 上

馬 廌 鹿 麤 㲋 兔

萈 犬 㹜 鼠 能 熊

火 炎 黑

370. 馬(마)부

 怒也, 武也.(1) 象馬頭髦尾四足之形.(2) 凡馬之屬皆从馬.  古文.  籒文馬. 與影同有髦.(3)

‘馬’는 화내다[怒(노)], 씩씩하다[武(무)]는 뜻이다. 말의 머리, 갈기 털, 꼬리, 네 다리의 모양을 상형하였다. 馬부에 속하는 한자는 모두 馬의 의미를 따른다. ‘’는 고문(古文)이다. ‘’는 馬의 주문(籒文)이다. (고문 자형인) ‘影’[1]자처럼 갈기 털이 있다.

(1) (‘馬’자와 운모가 같은) ‘怒’자와 ‘武’자로 풀이하였다. 역시 (운모가 같은 글자로 풀이한) “門(문)은 듣는다[聞(문)]라는 뜻이다.” “戶(호)는 보호한다[護(호)]라는 뜻이다.”의 예와 같다.[2] 《석명(釋名)》에 “대사마(大司馬)의 ‘馬’자는 ‘武’의 뜻이다. 대체로 전쟁[武]에 관한 일을 총괄한다.”라고 하였다.[3]

(2) 고문 자형・주문 자형은 모두 ‘彡(삼)’ 모양으로 갈기 털을 상형하였다. 석건(石建)이 상주 문서를 관리하는 직책에 있을 때 어떤 상주 문건이 하달되었다. 석건(石建)이 그 글을 읽어 보고는, “馬자를 잘못 썼다. 꼬리까지 모두 다섯 획이 되어야 하는데 지금은 네 획뿐이니 하나가 부족하다. 주상께서 죽임을 내려야 한다.”라고 했다.[4] ‘馬’의 발음은 莫(막)과 下(하)

1 ‘影(마)’자는 ‘馬’의 古文 자형인 ‘’를 楷書로 바꾼 것이다.

2 제12편 上 ‘門’부 및 ‘戶’부 說解 참조.

3 《藝文類聚》 卷四十七 <職官部三>에 韋昭가 《釋名》을 해석한 이 구절이 인용되어 있다.

의 반절이다. 고음 5부에 속한다.

(3) 《설문》의 각 판본에는 주문 자형이나 고문 자형이 모두 '𩢔'로 쓰여 있어서 구별되지 않는다.[5] 여기에서는 《옥편(玉篇)》에 의해 고문으로는 '𩢔'로 쓰고 주문으로는 '影'[6]로 쓴다.[7] 고문 자형은 '帀'로 구성된 데다 갈기 털[髦(모)]의 모양 '彡'을 더한 것이고 주문의 자형은 '㸚'로 구성된 데다 갈기 털의 모양을 더한 것이므로 허신이 두 가지 자형에 "모두 갈기 털[髦]이 있다."라고 말한 것이다. 갈기 털은 목을 덮고 있으므로 덮는 모양을 상형하였다.

(1) 以疊韻爲訓, 亦門聞也戶護也之例也. 釋名曰, 大司馬. 馬, 武也, 大摠武事也. (2) 古籒文皆以彡象髦. 石建奏事, 事下, 建讀之曰, 誤書馬字, 與尾當五, 今乃四, 不足一, 上譴死矣. 莫下切. 古音在五部. (3) 說文各本籒文古文皆作𩢔, 無別. 據玉篇古文作𩢔, 籒文作影. 是古文从帀加髦, 籒从㸚加髦, 故云二者同有髦也. 毛髦覆於頸, 故象覆形.

371. 廌(치)부

解廌獸也.(1) 佀牛一角.(2) 古者決訟, 令觸不直者.(3) 象形.(4) 从豸省.(5) 凡豸之屬皆从廌.

'廌'는 '解廌(해치)'라는 짐승이다. 소와 비슷하고 뿔이 하나다. 옛날에는 송사(訟事)를 판결할 때 정직하지 못한 사람들을 이 짐승에게 받치게 하였다. 상형(象形)이다. '豸(치)'의 생략형으로 구성되었다. 廌부에 속하는 한자는 모두 廌의 의미를 따른다.

(1) ("解廌獸也"의) 네 글자가 한 문장이다.

(2) 각 판본에는 "似山牛(사산우)"라고 되어 있다.[8] 지금 '山'자를 빼고 바로잡는다. 《옥편(玉

4 《史記 · 萬石張叔列傳》에 이 이야기가 보인다.

5 二徐本 說解 참조.

6 '影'자는 '馬'의 籒文 자형을 楷書로 바꾼 것이다.

7 《玉篇》 '馬'부 第357 참조.

8 二徐本 참조.

篇)》·《광운(廣韻)》 및 《태평어람(太平御覽)》에 인용된 바에 의하면 모두 '山'자가 없다.[9]

(3) ("令觸不直者"에서의) '者(자)'자는 《옥편》에 의해서 보충한다.[10] 《신이경(神異經)》에서는 "동북황중(東北荒中)에 짐승이 있는데 사람이 싸우는 것을 보면 바르지 못한 사람을 받는다. 사람이 논쟁하는 것을 들으면 옳지 못한 쪽을 문다. 이름을 '解豸(해치)'라고 한다."라고 하였다.[11] 《논형(論衡)》에서는 "獬豸(해치)는 뿔이 하나인 양이다. 천성적으로 죄가 있는 사람을 알아보는 능력이 있어서 고요(皐陶)가 옥(獄)을 다스릴 때 죄가 있는 사람은 이 양(羊)을 시켜 받게 하였다."라고 하였다.[12] 살펴보면 옛날에 이런 신령스러운 짐승이 있었다고는 하지만 반드시 고요(皐陶)가 그에 의지하여 옥사(獄事)를 다스리지는 않았을 것이다. 《광운(廣韻)》에서는 "《자림(字林)》과 《자양(字樣)》에 글자 모양이 '解廌'로 되어 있고, 《광아(廣雅)》에는 '觟觽'로 되어 있으며 육(陸)은 '獬豸'로 썼다."라고 하였다.[13] 여기서의 육(陸)은 육법언(陸法言)의 《절운(切韻)》을 말한다. '廌'와 '解'는 운모가 같다. '廌'자는 '豸'자와 같은 발음의 글자로 통용되었다. '廌'가 옳지 못한 것을 멈출 수 있으므로 그래서 옛날에는 '해결하다[解]'는 의미로 풀이되었던 것이다. 《좌전(左傳)》 선공(宣公) 17년에 "庶有廌乎[아마도 해결되겠지]"라고 한 구절에 대한 두예(杜預)의 주석에서는 "廌는 해결한다[解]는 뜻이다."라고 하였다. 《석문(釋文)》에서는 본래 '廌'자로 썼고 《정의(正義)》에서는 본래 '豸'자로 썼다. 육덕명(陸德明)이 말하기를 "廌가 해결한다[解]라고 풀이된 것은 《방언(方言)》에 보인다."라고 하였고 공안국(孔安國)이 말하기를 "豸는 해결한다[解]는 뜻이다."라고 하였다.[14] (육덕명이) 《방언》에 보인다고 말한 글자는 지금 《방언》 권12에서 "瘛(제)는 解의 뜻이다."[15]라고 한 것인데 여기에서의 '瘛'는 분명히 '廌'의 오자(誤字)일 것이다. 이왕에 글자가 그렇게 잘못된 이후부터는 '廌'자를 도리어 胡(호)와 計(계)의 반절로 발음하게 되었다. 《좌전》의 《석문》에서는 대부분 '廌'자를 썼는데 세속에서 바꾸어 '鳩(구)'자로 썼으니 잘못을 바로잡을 수가 없게 되었다.[16]

---

9 《廣韻》 上聲 十二 '蟹'운 참조. 《玉篇》 '廌'부 第371 참조. 《太平御覽》 卷890 '獸'부 <獬豸>에 대한 항목 참조.

10 《玉篇》 '廌'부 第371 참조.

11 지금 《神異經》에는 이 구절이 없다. 《太平御覽》 卷890 '獸'부 <獬豸>에 대한 구절에 이 인용문이 나온다.

12 《論衡·是應》 참조.

13 《廣韻》 上聲 十二 '蟹'운 '獬'자에 대한 설명에 보인다.

14 《左傳》 宣公 十七年 經文과 杜預의 注 및 그에 대한 《釋文》과 《正義》 참조.

15 《方言》 卷十二 참조.

16 지금의 《釋文》에는 《左傳》 宣公 17年의 "庶有廌乎"가 "庶有鳩乎"로 되어 있다.

(4) 머리와 뿔의 모양을 상형하였다는 말이다.

(5) ("从豸省"의) 아래에 "豸亦聲['豸(치)'는 또한 발음을 나타내는 부분이다.]"이라는 말이 있어야 한다. '廌'의 발음은 宅(택)과 買(매)의 반절이다. 16부에 속한다.

(1) 四字一句. (2) 各本皆作似山牛, 今刪正. 玉篇廣韻及太平御覽所引, 皆無山也. (3) 下者字依玉篇補. 神異經曰, 東北荒中有獸, 見人鬥則觸不直, 聞人論則咋不正, 名曰獬豸. 論衡曰, 獬豸者, 一角之羊, 性識有罪, 皐陶治獄, 有罪者令羊觸之. 按古有此神獸, 非必皐陶賴之聽獄也. 廣韻曰, 字林字樣作解廌, 廣雅作[豸甬][豸弟], 陸作獬豸. 陸謂陸法言切韻也. 廌與解疊韻, 與豸同音通用. 廌能止不直, 故古訓爲解. 左傳宣十七年, 庶有廌乎. 杜注, 廌, 解也. 釋文本作廌, 正義本作豸. 陸云, 廌解之訓見方言. 孔云, 豸, 解也. 方言文, 今方言卷十二, 瘛, 解也. 瘛, 必廌之誤字. 旣誤後乃反以胡計耳. 左釋文大書廌字, 俗改爲鳩, 莫能諟正. (4) 謂象其頭角也. (5) 此下當有豸亦聲. 宅買切. 十六部.

372. 鹿(록)부

鹿獸也.(1) 象頭角四足之形.(2) 鳥鹿足相比. 从比.(3) 凡鹿之屬皆从鹿.

'鹿'은 사슴이다. 머리, 뿔, 네 다리의 모양을 상형하였다. 새와 사슴은 다리가 서로 가깝다. 그래서 '比(비)'로 구성되었다. 鹿부에 속하는 한자는 모두 鹿의 의미를 따른다.

(1) ("鹿獸也"의) '鹿'자는 지금 보충한다.[17] 세 글자가 하나의 문장을 이룬다. 《운회(韻會)》에는 "산짐승이다[山獸(산수)]"라고 되어 있다.[18]

(2) '鹿'의 발음은 盧(로)와 谷(곡)의 반절이다. 3부에 속한다.

(3) (이 구절은) 《운회》에 의해 바로잡는다.[19] 이는 '鹿'이 '比'로 구성된 이유를 설명한 것이다. 위에서 이미 '巛'모양이 발의 모양을 상형한 것이라고 말하였으므로 여기서는 당연히

17 二徐本 참조.

18 《韻會》 入聲 一 '屋'운 참조.

19 《韻會》 入聲 一 '屋'운 참조.

"一曰(일설에 말하기를)"이라는 두 글자가 있어야 한다. 새와 사슴은 모두 두 발 사이 거리가 가까워서 다른 짐승처럼 (발 사이가) 서로 넓게 벌어진 것과는 다르다. 그래서 '鳥(조)'는 '匕(비)'로 구성되었고[20] '鹿'은 '比'로 구성되었다. '比'는 가깝다[密(밀)]는 뜻이다.[21] 옛날에 '匕'와 '比'는 통용되었다. 그래서 (새나 사슴이나) 통틀어 '比'로 구성되었다고 하였다.

(1) 鹿字今補. 三字句. 韻會作山獸. (2) 盧谷切. 三部. (3) 依韻會訂. 說从比之意也. 上言巛象其足矣, 此當有一曰二字. 鳥鹿皆二足相距密, 不同他獸相距寬, 故鳥从匕, 鹿从比. 比, 密也. 古匕與比通用, 故槩之曰从比.

373. 麤(추)부

 行超遠也.(1) 从三鹿.(2) 凡麤之屬皆从麤.

'麤'는 멀리 달려간다는 뜻이다. 세 개의 '鹿(록)'으로 구성되어 었다. 麤부에 속하는 한자는 모두 麤의 의미를 따른다.

(1) 사슴은 놀라 뛰기를 잘 하므로 '麤'가 세 마리의 '鹿'으로 구성되었다. 인신되어 '거칠다[鹵莽(로망)]'라는 (뜻으로) 쓰이게 되었다. 《옥편(玉篇)》, 《광운(廣韻)》에서는 "정밀하지 않다[不精(부정)]는 뜻이다", "크다[大(대)]는 뜻이다", "성글다[疏(소)]는 뜻이다"라고 하였는데[22] 모두 '麤'자의 지금의 의미다. 속자(俗字)는 '麁(추)'로 쓴다. 지금 사람은 대개 ('거칠다'는 의미로) '粗(조)'자를 쓴다.[23] '粗'자가 유행하면서 '麤'자는 없어졌다. '粗'의 발음은 徂(저)와 古(고)의 반절이다.

(2) 세 마리 사슴이 일제히 뛰어 오르니 멀리 뛰어 간다는 뜻이다. 《자통(字統)》에서는 "경계

---

20 제4편 上 '鳥'부 說解 참조.

21 제8편 上 '比'부 說解 참조.

22 《玉篇》 '麤'부 제373 참조. 《廣韻》 上平聲 十一 '模'운 참조.

23 제7편 上 '米'부 '粗'자 說解: 粗, 疏也.

하고 막는다[警防(경방)]는 뜻이다. 사슴의 습성은 서로 등지고 먹는데 사람이나 야수의 해를 당할까 염려해서다. 그래서 '麤'가 세 개의 '鹿'으로 구성된 것이다."라고 하였는데[24] 양승경(楊承慶)의 설명이 허신과 어긋나는 것이 이와 같다. '麤'의 발음은 倉(창)과 胡(호)의 반절이다. 5부에 속한다.

(1) 鹿善驚躍, 故从三鹿. 引伸之爲鹵莽之偁. 篇韻云, 不精也, 大也, 疏也, 皆今義也. 俗作麁. 今人槩用粗. 粗行而麤廢矣. 粗音徂古切. (2) 三鹿齊跳, 行超遠之意. 字統云, 警防也, 鹿之性, 相背而食, 慮人獸之害也, 故从三鹿. 楊氏與許乖異如此. 倉胡切. 五部.

374. 䨲(착) 부

䨲獸也.(1) 佀兎青色而大.(2) 象形. 頭與兎同, 足與鹿同.(3) 凡䨲之屬皆从䨲.  籒文.

'䨲'이라는 짐승이다. 토끼와 비슷하지만 푸른색이고 크다. 상형(象形)이다. 머리모양은 토끼와 같고 발모양은 사슴과 같다. 䨲부에 속하는 한자는 모두 䨲의 의미를 따른다. ''은 주문(籒文)이다.

(1) '䨲'자는 지금 보충한다.[25] ("䨲獸也"의) 세 글자가 하나의 문장이다.

(2) 《산해경(山海經)·중산경(中山經)》에서 "윤산(綸山)에 사는 짐승으로는 閭麈麢㚟(여주령착)이 많다."라고 하였는데 곽박(郭璞)이 주석하기를 "㚟(착)은 토끼와 비슷한데 사슴의 발을 가지고 있다. 청색이다. 발음이 綽(작)이다."라고 하였다.[26] 살펴보면 《산해경》에 나오는 '㚟(착)'자는 곧 '䨲'자의 속체(俗體)일 뿐이다. 《집운(集韻)》에서 두 글자로 나눈 것은 잘못이다.[27]

24 《字統》은 北魏의 楊承慶이 편찬한 책이다. 이 구절은 《廣韻》 上平聲 十一 '模'운의 '麤'자 설명에 인용된 것이다.

25 二徐本 참조.

26 《山海經·中山經》 經文 및 郭樸의 注 참조.

27 《集韻》 入聲 十八 '藥'에서 '㚟'자와 '䨲'자를 다른 의미를 가진 글자로 풀이하였다.

(3) (즉 '兎'와 '鹿'의) 두 자형을 합하여 하나의 자형을 만들었다. '㲋'의 발음은 丑(칙)과 略(략)의 반절이다. 살펴보면 '言(언)'부에서 "訬(초)는 '㲋'과 같이 발음한다."[28]라고 하였으니 고음 2부에 속한다.

(1) 㲋字今補. 三字句. (2) 中山經, 綸山其獸多閭麈麢㚟. 郭注, 㚟似兔而鹿脚, 青色, 音綽. 按㚟乃㲋之俗體耳. 集韻別爲兩字, 非也. (3) 合二形爲一形也. 丑略切. 按言部曰, 訬讀若㲋, 則古音在二部.

375. 兔[29](토)부

兔獸也.(1) 象兔踞(2)後其尾形.(3) 兔頭與㲋頭同. 凡兔之屬皆从兔.

'兔'는 토끼다. 토끼가 쭈그리고 있는 모양과 뒤에 꼬리가 달린 모양을 상형하였다. 兔의 머리모양과 '㲋(착)'의 머리모양은 같다. 兔부에 속하는 한자는 모두 兔의 의미를 따른다.

(1) 각 판본에 ("兔獸也"가) "獸名(수명)"이라고 되어 있다.[30] 지금 바로잡는다. 이 세 글자가 한 문장이다.
(2) '兔'자는 지금 보충한다. '踞(거)'자는 속자이므로 '居(거)'자로 써야 한다.[31]
(3) 이 글자는 토끼가 쭈그리고 앉아 있는 모습과 그 뒤로 꼬리가 드러나 있는 모양을 상형한 것이다. '兔'의 발음은 湯(탕)과 故(고)의 반절이다. 5부에 속한다. 속자는 '菟'로 쓴다.

(1) 各本作獸名, 今正. 三字句. (2) 兔字今補. 踞俗字也, 當作居. (3) 其字象兔之蹲, 後露其尾之形也. 湯故切. 五部. 俗作菟.

---

28 제3편 上 '言'부 '訬'자 說解 참조.
29 '兔'자는 段玉裁가 篆文에 따른 楷書체로 사용한 것이다. 지금은 '兎'자로 쓴다.
30 二徐本 참조.
31 제8편 上 '尸'부 '居'자 說解 참조.

376. 萈(환)부

山羊細角者. 从兔足从苜聲.(1) 凡**萈**之屬皆从**萈**. 讀若丸. 寬字从此.(2)

'**萈**'은 가는 뿔을 가지고 있는 산양이다. 토끼의 다리모양으로 구성되었고 '苜(멸)'이 발음을 나타내는 부분으로 구성되어 있다. **萈**부에 속하는 한자는 모두 **萈**의 의미를 따른다. '丸(환)'자와 같이 발음한다. '寬(관)'자가 이 글자로 구성되었다.

(1) '苜(멸)'부에서 "丫(개)와 目(목)으로 구성되었다."[32]라고 하였다. '**萈**'은 '苜'로 구성되었다. '**萈**'의 발음은 胡(호)와 官(관)의 반절이다. 14부에 속한다. '苜'은 15부에 있으니 (14부와) 합음(合音)에서 가장 가깝다. 속자는 '羱(완)'으로 쓴다.

(2) '寬'자에서 '**萈**'이 발음을 나타내는 부분이다.[33]

(1) 苜部下曰, 从丫从目. **萈**从苜. 胡官切. 十四部. 苜在十五部. 合音冣近. 俗作羱. (2) 寬用爲聲.

377. 犬(견)부

狗之有縣蹏者也.(1) 象形.(2) 孔子曰, 視犬之字, 如畫狗也.(3) 凡犬之屬皆从犬.

'犬'은 개가 한쪽 발을 들고 있는 것이다. 상형(象形)이다. 공자(孔子)는 "'犬'자를 보면 마치 개를 그린 것 같다."라고 하였다. 犬부에 속하는 한자는 모두 犬의 의미를 따른다.

(1) '有縣蹏[한쪽 발을 들고 있는 개]'를 '犬'이라고 하고 '叩氣吠[공기를 진동시키면서 짖는

---

32 제4편 上 '苜'부 說解 참조.

33 제7편 下 '宀'부 '寬'자 說解 참조.

개]'를 '狗(구)'라고 하니 모두 발음에서 의미를 얻은 것이다.[34] 이것은 '後蹄廢[뒷다리를 다친 돼지]'를 '彘(체)'라고 하고, '三毛聚居[하나의 구멍에 세 가닥의 털이 난 돼지]'를 '豬(저)'라 하며, '竭尾[꼬리를 말아 올린 돼지]'를 '豕(시)'라고 한 것과 같다. 모두 한 가지 사물이 이름을 달리하게 된 유래를 밝힌 것이다.[35] 《장자(莊子)》에서 "狗는 犬이 아니다."라고 하였는데 사마표(司馬彪)는 "실제[實(실)]는 같고 이름[名(명)]만 다른 것이다."라고 하였다.[36] 그러나 대체로 이름[名]이 다를 때에는 반드시 실질[實]이 다르다. 그러므로 군자는 세상 이치에 밝아 (여러 가지 지식에 두루 통달하는 것을) 귀하게 여긴다.

(2) '犬'의 발음은 苦(고)와 泫(현)의 반절이다. 14부에 속한다.

(3) 또 (공자는) "牛(우)와 羊(양)은 그 형체를 가지고 만든 글자들이다."라고 하였다.[37] 지금의 '牛'·'羊'·'犬'은 소전(小篆)의 자형이며 곧 공자 시대의 고문(古文)이다. 공자가 말한 것을 보면 '犬'은 곧 '狗'라는 뜻이니 이는 혼언(渾言)한 것이다.

(1) 有縣蹏謂之犬, 叩氣吠謂之狗, 皆於音得義. 此與後蹄廢謂之彘, 三毛聚居謂之豬. 竭尾謂之豕同, 明一物異名之所由也. 莊子曰, 狗非犬. 司馬彪曰, 同實異名. 夫異名必由實異, 君子必貴游藝也. (2) 苦泫切. 十四部. (3) 又曰, 牛羊之字以形聲. 今牛羊犬小篆, 卽孔子時古文也. 觀孔子言, 犬卽狗矣, 渾言之也.

378. 㹜(은)부

㒳犬相齧也.(1) 从二犬.(2) 凡㹜之屬皆从㹜.

---

34 '有縣蹏(유현제)'의 '縣(현)'자는 '犬(견)'자와 발음이 비슷하고 '叩氣吠(고기폐)'의 '叩(고)'자는 '狗(구)'자와 발음이 비슷하므로 이 글자의 의미를 나타내어 준다는 말이다. '叩氣吠'는 제10편 上 '犬'부의 '狗'자에 대한 許愼의 說解에 나오는 말이다.

35 제9편 下 '彑'부 '彘'자 說解, 제9편 下 '豕'부 說解 및 '豕'부 '豬'자 說解 참조. '後蹄廢(후제폐)'의 '廢'자와 '彘(체)'자의 관계, '三毛聚居(삼모취거)'의 '居'자와 '豬(저)'자의 관계, '竭尾(갈미)'의 尾자와 '豕(시)'자의 관계와 같다는 말이다.

36 《莊子·天下》 참조. 司馬彪의 말은 《莊子·天下》 인용 구절의 《釋文》에 나온다.

37 제4편 上 '羊'부의 說解에서는 "孔子曰, 牛羊之字, 以形擧也."라고 되어 있어서 段玉裁가 인용한 것과 글자가 다르다. 아마도 '擧'자를 '聲'자로 잘못 인용한 것 같다. '聲'으로 해 놓으면 해석이 되지 않는다.

‘㹜’은 두 마리 개가 서로 물고 있다는 뜻이다. 두 개의 ‘犬(견)’으로 구성되어 있다. 㹜부에 속하는 한자는 모두 㹜의 의미를 따른다.

(1) (“㒳犬相齧也”에서의) ‘㒳(량)’자가 각 판본에는 ‘兩(량)’자로 쓰여 있다.[38] 지금 바로잡는다.
(2) 의미가 자형에 그대로 드러난다. ‘㹜’의 발음은 語(어)와 斤(근)의 반절이다. 13부에 속한다.

(1) 㒳各本作兩, 今正. (2) 義見於形也. 語斤切. 十三部.

379. 鼠(서)부

 穴蟲之總名也.(1) 象形.(2) 凡鼠之屬皆从鼠.

‘鼠’는 굴에서 살아가는 동물의 총칭[總名(총명)]이다. 상형(象形)이다. 鼠부에 속하는 한자는 모두 鼠의 의미를 따른다.

(1) (굴속에서 사는 것은) 그 종류가 달라도 모두 ‘鼠’라 한다. 인신되어 ‘병들다[病(병)]’라는 뜻으로 쓰인다. 《이아(爾雅)・석고(釋詁)》에 그 의미로 나온다. 《시(詩)・정월(正月)》에서는 ‘癙(서)’로 썼으며 《시・우무정(雨無正)》에서는 ‘鼠’로 썼으나 같은 뜻의 글자다.[39]
(2) ‘鼠’의 윗부분은 머리의 모양을, 아래는 발의 모양과 꼬리의 모양을 상형하였다. ‘鼠’의 발음은 書(서)와 呂(려)의 반절이다. 5부에 속한다.

(1) 其類不同而皆謂之鼠. 引伸之爲病也. 見釋詁. 毛詩正月作癙, 雨無正作鼠, 實一字也. (2) 上象首, 下象足尾. 書呂切. 五部.

---

38 二徐本 참조.

39 《詩・小雅・正月》“癙憂以痒”, 《詩・小雅・雨無正》“鼠思泣血” 참조.

380. 能(능)부

熊屬.(1) 足佀鹿.(2) 从肉(3)㠯聲.(4) 能獸堅中, 故偁賢能.(5) 而彊壯, 偁能傑也.(6) 凡能之屬皆从能.

'能'은 곰의 일종이다. 발의 모양은 사슴과 비슷하다. '肉(육)'으로 구성되었으며 '㠯(이)'가 발음을 나타내는 부분이다. 곰은 중용의 도(道)를 견지하므로 '현능(賢能)'이라 한다. 또한 강하고 위엄이 있으므로 '능걸(能傑)'이라고 한다. 能부에 속하는 한자는 모두 能의 의미를 따른다.

(1) 《좌전(左傳)》과 《국어(國語)》에서 모두 "晉侯夢黃能入於寢門[진후(晉侯)가 누런 곰이 침실 문으로 들어오는 꿈을 꾸었다.]"라고 하였는데 위소(韋昭)의 주석에서 말하기를 "能은 熊(웅)과 비슷하다."라고 하였다.[40] 《좌전》과 《국어》에 '能'자가 '熊'자로 되어 있는 것은 천인(淺人)들이 고친 것이다.

(2) (발 모양이 사슴[鹿(록)]과 비슷하므로)[41] 그래서 '比(비)'로 구성되었다. '㲋(착)'의 발과 '㲋(체)'의 발모양도 역시 같다.[42]

(3) ('能'자가 '肉'으로 구성된 것은) '龍(용)'자가 '肉'으로 구성된 것과 같다.[43]

(4) '能'의 발음은 奴(노)와 登(등)의 반절이다. 옛날에는 1부에 속했다. '之(지)'부로부터 '咍(해)'부로 들어가면서 奴(노)와 來(래)의 반절이 되었다. 1부에서 6부로 들어가면서 奴와 登의 반절이 되었다. 그 의미는 같다.

(5) '賢(현)'자는 고문(古文)으로 '臤'으로 쓴다. '臤'은 견고하다[堅(견)]는 뜻이다.[44]

(6) ("能獸堅中, 故偁賢能. 而彊壯, 偁能傑也.") 이 네 구절은 '能'의 가차된 의미를 설명한 것이다. '현능(賢能)'·'능걸(能傑)'이라는 뜻이 유행하자 ('곰'이라는) 본의는 거의 없어졌다. '子(자)'자에서 "11월에 양기(陽氣)가 발동하여 만물이 이에 자라난다. 사람들이 이 글자를 호칭으로 삼았다."라고 한 것도 그러한 예다.[45] '韋(위)'·'朋(붕)'·'來(래)'·'西(서)'·'烏

---

40 《左傳》 昭公 七年 및 《國語》 <晉語> 八 참조.

41 제10편 上 '鹿'부 說解 및 段玉裁 注 참조.

42 제10편 上 '㲋'부 說解 및 제9편 下 '彑'부 '㲋'자 說解 참조.

43 제11편 下 '龍'부 說解 참조.

44 제3편 下 '臤'부 說解 참조.

(오)' 등의 다섯 자 전문(篆文)에서의 설명이 모두 가차를 설명하는 예다.[46]

(1) 左傳國語, 皆云晉侯夢黃能入於寢門. 韋注曰, 能似熊. 凡左傳國語能作熊者, 皆淺人所改也. (2) 故皆从比也. 㲋足𦫵足亦同. (3) 猶龍之从肉也. (4) 奴登切. 古者在一部. 由之而入於咍則爲奴來切. 由一部而入於六部則爲奴登切. 其義則一也. (5) 賢古文作臤. 臤, 堅也. (6) 此四句發明叚借之恉. 賢能能傑之義行, 而本義幾廢矣. 子下曰, 十一月陽氣動, 萬物滋, 人以爲偁. 亦此例也. 韋朋來西烏五篆下說解皆此例.

381. 熊(웅)부

熊獸. 佀豕, 山凥,(1) 冬蟄.(2) 从能, 炎省聲.(3) 凡熊之屬皆从熊.

'熊'은 곰이란 짐승이다. 돼지[豕(시)]와 모양이 비슷한데 산에서 산다. 겨울에는 잠을 잔다. '能(능)'으로 구성되고 '炎(염)'의 생략형이 발음을 나타낸다. 熊부에 속하는 한자는 모두 熊의 의미를 따른다.

(1) 속자(俗字)에서는 '凥(거)'자를 '居'자로 쓴다.[47]

(2) (곰이 겨울잠을 잔다는) 말은 <하소정(夏小正)>에 보인다.[48]

(3) '炎'의 생략형이 발음을 나타낸다면 고음 8부에 속해야 한다. 지금은 羽(우)와 弓(궁)의 반절로 발음한다. 《상서(尙書)·낙고(雒誥)》에 "火始燄燄[불꽃이 활활 타오르기 시작하네.]"이라는 구절이 있는데 《한서(漢書)》에서는 ('燄燄(염염)'이) '庸庸(용용)'으로 쓰여 있다.[49] 《회남자(淮南子)》에서 "동북쪽에서 부는 바람을 炎風(염풍)이라 한다."[50]라고 하였다. 일설에는 '炎風'을 '融風(융풍)'이라고 한다.[51] 모두 ('炎'의) 고음(古音)이 쓰인 증거다. 《좌전

45 제14편 下 '子'부 說解 참조.

46 제5편 下 '韋'부, 제4편 上 '鳥'부 '鳳'자, 제5편 下 '來'부, 제12편 上 '西'부, 제4편 上 '烏'부 說解 참조.

47 제14편 上 '几'부 '凥'자와 제8편 上 '尸'부 '居'자는 뜻이 다른 글자다.

48 《大戴禮記》 <夏小正> 참조.

49 《漢書·梅福傳》 第三十七 참조.

50 《淮南子·墬形訓》 참조.

(左傳)》의 《정의(正義)》에서 다음과 같이 말하였다. "장숙(張叔)의 《반론(反論)》에서 '賓爵下革, 田鼠上騰, 牛哀虎變, 鯀化爲熊, 久血爲燐, 積灰生蠅.[참새는 아래로 바뀌어 내려오고 밭의 쥐는 위로 올라가며 소는 슬퍼하여 호랑이로 바뀌며 큰 물고기가 변화하여 곰이 되고 피가 오래되면 도깨비불이 되며 재가 쌓이면 파리가 생긴다.]'이라고 하였는데 혹자는 (아마도 여기서의) '熊'은 (다른 운자인 '騰(등)'·'蠅(승)'에 맞추어) '能'이 되어야 한다고 의심하였다.[52] 왕소(王劭)는 '고인(古人)은 雄(웅)과 熊을 모두 于(우)와 陵(릉)의 반절로 발음한다. 그러므로 장숙(張叔)은 옛날의 발음을 사용한 것이고 부현(傅玄)의 《잠통부(潛通賦)》는 '終(종)'자와 운(韻)을 맞추어 새로운 발음을 사용한 것이다.'[53]라고 하였다." 내 생각에 '熊'은 옛날 발음인 于와 陵의 반절로 발음하여도 안 될 것은 없다. 그러나 《반론》에서는 반드시 '能'자로 쓰여 있어야 할 것 같다. 《춘추좌전(春秋左傳)》의 '敬嬴(경영)'이 《공양전(公羊傳)》과 《곡량전(穀梁傳)》에는 '頃熊(경웅)'으로 되어 있다.[54] '炎(염)'·'熊(웅)'·'嬴(영)'의 세 글자는 성모가 같았을 것이다.

(1) 俗作居. (2) 見夏小正. (3) 按炎省聲則當在古音八部. 今音羽弓切. 雒誥, 火始燄燄, 漢書作庸庸. 淮南書, 東北曰炎風. 一作融風, 皆古音之證. 左傳正義曰, 張叔反論云, 賓爵下革, 田鼠上騰, 牛哀虎變, 鯀化爲熊, 久血爲燐, 積灰生蠅. 或疑熊當爲能. 王劭曰, 古人讀雄與熊皆于陵反, 張叔用舊音, 傅玄潛通賦與終韻, 用新音也. 玉裁謂, 熊不妨古反于陵. 要之反論必是能字. 春秋左氏敬嬴, 公穀作頃熊, 蓋炎熊嬴三字雙聲.

---

51 《淮南子·墬形訓》 인용문의 注 참조.

52 《左傳》 昭公 七年 "黃熊入于寢門"의 《正義》 참조. 여기에 인용된 張叔의 문장 "賓爵下革, 田鼠上騰, 牛哀虎變, 鯀化爲熊, 久血爲燐, 積火生蠅."은 '騰'·'熊'·'蠅'이 韻字로 사용되었다. 그런데 원문을 확인해 보면 張叔의 《反論》이 아니라 《皮論》으로 되어 있다.

53 《左傳》 昭公 七年 "黃熊入于寢門"의 《正義》에 원문에는 부현(傅玄)의 《잠통부(潛通賦)》를 인용하여 "聲伯忌瓊瑰而不占兮, 晝言諸而暮終, 嬴正沈璧以祈福兮, 鬼告凶而命窮, 黃母化而黿兮, 鯀殛變而成熊."이라고 하였다. 여기에서는 '終'·'窮'·'熊'이 韻字로 사용되었다.

54 《左傳》 宣公 八年의 經文 "冬十月己丑, 葬我小君敬嬴."에서 《公羊傳》과 《穀梁傳》은 '敬嬴'이 '頃熊'으로 되어 있다.

382. 火(화)부

火 焜也.(1) 南方之行. 炎而上.(2) 象形.(3) 凡火之屬皆从火.

‘火’는 불이다. 남방(南方)의 행(行)이다. 불이 나서 위로 솟아오르는 것이다. 상형(象形)이다. 火부에 속하는 한자는 모두 火의 의미를 따른다.

(1) ‘焜(훼)’자는 각 판본에 ‘燬(훼)’자로 되어 있는데[55] 지금 바로잡는다. ‘火’부의 부속자에서 “焜는 火이다.”[56]라고 하였으니 ‘焜’와 ‘火’는 전주(轉注)가 된다.

(2) (‘火’를 南方의 行이라고 한 것은) ‘木’을 동방(東方)의 行이라 하고, ‘金’을 서방(西方)의 行이라 하고, ‘水’를 북방(北方)의 行이라 한 것과 서로 짝이 되어 문장을 이룬다.[57]

(3) ‘火’의 자형은 아랫부분은 넓고 윗부분은 좁고 예리하게 되어 있다. ‘火’의 발음은 呼(호)와 果(과)의 반절이다. 고음(古音) 15부에 속한다.

(1) 焜各本作燬, 今正. 下文曰, 焜, 火也. 爲轉注. (2) 與木曰東方之行, 金曰西方之行, 水曰北方之行, 相儷成文. (3) 大其下, 銳其上. 呼果切. 古音在十五部.

383. 炎(염)부

炎 火光上也.(1) 从重火.(2) 凡炎之屬皆从炎.

‘炎’은 불빛이 위로 오르는 것이다. ‘火(화)’를 위 아래로 중복한 모양으로 구성되었다. 炎부에 속하는 한자는 모두 炎의 의미를 따른다.

---

55 二徐本 참조.

56 제10편 上 ‘火’부 ‘焜’자 說解 참조.

57 제6편 上 ‘木’부, 제14편 上 ‘金’부, 제11편 上 ‘水’부 說解 참조.

(1) 《상서(尙書)·홍범(洪範)》에 "火는 불꽃이 위로 올라간다[炎上(염상)]는 말이다."라고 하였다. 그것이 '炎'자의 본의다. 《시(詩)·운한(雲漢)》의 <모전(毛傳)>에서 "炎炎은 뜨거운 기운이다."라고 하였고[58] 《시·대전(大田)》의 <모전>에서는 "炎火는 성(盛)한 양(陽)이다."라고 하였다.[59] 모두 인신된 의미다.

(2) 회의(會意)자다. '炎'의 발음은 于(우)와 廉(렴)의 반절이다. 8부에 속한다.

(1) 洪範曰, 火曰炎上. 其本義也. 雲漢傳曰, 炎炎, 熱氣也. 大田傳曰, 炎, 火盛陽也. 皆引申之義也. (2) 會意. 于廉切. 八部.

384. 黑(흑)부

 北方色也.(1) 火所熏之色也.(2) 从炎. 上出囪.(3) 凡黑之屬皆从黑.

'黑'은 북방(北方)의 색이다. 불에 그을린 색이다. '炎(염)'으로 구성되었다. 윗부분[囪]은 (연기가) 나오는 창이다. 黑부에 속하는 한자는 모두 黑의 의미를 따른다.

(1) ("北方色也"의) 네 글자가 각 판본에는 없다.[60] '靑(청)'·'赤(적)'·'白(백)'의 세 개 부수에서 "동방(東方)의 色이다." "남방(南方)의 色이다." "서방(西方)의 色이다."라고 하였고 '黃(황)'부에서도 역시 "땅[地(지)]의 色이다."라고 하였으니[61] ('黑'부에) 이 네 글자가 있는 것이 분명하므로 지금 보충한다.

(2) ("火所熏之色也"에서의) '熏(훈)'은 불 땐 연기가 위로 나온다는 말이다.[62] 이 말은 (다음에 나오는) "从炎"이라는 구절을 위하여 근거를 제시한 것이다.

(3) 회의(會意)자다. '囪'은 '囱(창)'자의 고문이다. 지붕으로 난 창을 '囱'이라 한다.[63] 대서본

58 《詩·大雅·雲漢》"赫赫炎炎"의 <毛傳> 참조.
59 《詩·小雅·大田》"秉畀炎火"의 <毛傳> 참조.
60 二徐本 참조.
61 제5편 下 '靑'부, 제10편 下 '赤'부, 제7편 下 '白'부, 제13편 下 '黃'부 說解 참조.
62 제1편 下 '屮'부 '熏'자 說解 참조.
63 제10편 下 '囱'부 說解 참조.

(大徐本)에서는 이 구절의 다음에 "囪古窻字"라는 구절을 더해 놓고 있으나[64] 허신의 책에는 본래 없다. '黑'의 발음은 呼(호)와 北(북)의 반절이다. 1부에 속한다. 예서(隸書)로는 '黑'으로 쓴다.

(1) 四字各本無. 依青赤白三部下云, 東方色, 南方色, 西方色, 黃下亦云, 地之色, 則當有此四字明矣. 今補. (2) 熏者, 火煙上出也. 此語爲从炎起本. (3) 會意. 囪古文囱字. 在屋曰囱. 大徐本此下增囪古窻字, 許本無之. 呼北切. 一部. 隸作黑.

64 徐鉉本 참조.

제10편 下

385. 囱(창)부

 在牆曰牖,(1) 在屋曰囪.(2) 象形.(3) 凡囪之屬皆从囪.  古文.(4)

벽에 있으면 '牖(유)'라 하고 지붕에 있으면 '囪'이라고 한다. 상형(象形)이다. 囪부에 속하는 한자는 모두 囪의 의미를 따른다. ''은 고문(古文)이다.

(1) '片(편)'부에서 '牖'는 "벽을 뚫고 그곳에 나무를 교차시켜 만든 창이다.[穿壁以木爲交窗也]"라고 하였다.[1]

(2) '屋(옥)'은 위에 있는 것이다.[2]

(3) (창문은) 모두 나무를 교차시켜 만든다. 그러므로 ('囪'자는) 나무를 교차시킨 모양을 상형하였다. 밖의 테두리는 창문의 경계를 나타낸 것이다. '囪'의 발음은 楚(초)와 江(강)의 반절이다. 고음 9부에 속한다. 지금의 '굴뚝[竈突(조돌)]'이라는 뜻으로는 일찍이 倉(창)과 紅(홍)의 반절로 발음하였다.[3]

(4) '黑(흑)'자·'曾(증)'자가 이 고문의 자형[囮]으로 구성되었다.[4] '黑'은 불꽃이 위로 올라가 창문으로 나가는 모양으로 구성되었으므로 그래서 ('黑'부를 이어받아서) '囪'부가 있게 되었다.

---

1 제7편 上 '片'부 '牖'자 說解 참조.

2 제8편 上 '尸'부 '屋'자 段玉裁 注 참조.

3 《廣韻》 上平聲 一 '東'韻의 '怱' 小韻에 '囪'자를 제시하고 "竈突"이라고 풀이하였다.

4 제10편 上 '黑'부 說解, 제2편 上 '八'부 '曾'자 說解 참조.

(1) 片部曰, 牖, 穿壁以木爲交窗也. (2) 屋在上者也. (3) 此皆以交木爲之, 故象其交木之形. 外域之也. 楚江切. 古音在九部. 今竈突尚讀倉紅切. (4) 黑字曾字从此. 黑从炎上出囪, 故受之以囪部.

386. 焱(염) 부

火荂也.(1) 从三火.(2) 凡焱之屬皆从焱.

'焱'은 불꽃이다. 세 개의 '火(화)'로 구성되었다. 焱부에 속하는 한자는 모두 焱의 의미를 따른다.

(1) 고서(古書)에서 '焱'과 '猋(표)'[5] 두 글자는 잘못 바뀐 적이 많다. 조식(曹植)의 <칠계(七啓)>의 "風厲猋擧"는 "焱擧(염거)"로 써야 한다. 반고(班固)의 <동도부(東都賦)>의 "焱焱炎炎"은 "猋猋炎炎"으로 써야 한다.[6] 왕일(王逸)은 "猋는 빠르게 가는 모양이다."라고 하였는데 이선(李善)의 주석에서는 거의 두 글자를 구별하지 않았다.[7]

(2) 대체로 물건이 많다는 의미를 나타내려면 반드시 세 번을 거듭하여 쓴다. '焱'의 발음은 以(이)와 冉(염)의 반절이다. 8부에 속한다. 《광운(廣韻)》에서는 "以(이)와 贍(섬)의 반절이다."라고 하였다.[8]

(1) 古書焱與猋二字多互譌, 如曹植七啓, 風厲猋擧, 當作焱擧. 班固東都賦, 焱焱炎炎, 當作猋猋炎炎. 王逸曰, 猋, 去疾皃也. 李善注幾不別二字. (2) 凡物盛則三之. 以冉切. 八部. 廣韻, 以贍切.

---

5 제10편 上 '犬'부 '猋'자 說解 참조.

6 《文選》 卷三十四 曹植의 <七啓>, 《文選》 卷一 班固의 <東都賦> 참조.

7 《文選》 卷三十四 曹植의 <七啓>와 《文選》 卷一 班固의 <東都賦> 인용 구절에 해당하는 李善의 注 참조.

8 《廣韻》 去聲 五十五 '豔'운 참조.

387. 炙(자)부

 炙肉也.(1) 从肉在火上.(2) 凡炙之屬皆从炙. 𤊶 籒文.(3)

'炙'는 고기를 굽는다는 뜻이다. 고기가 불 위에 놓여 있는 모양으로 구성되었다. 炙부에 속하는 한자는 모두 炙의 의미를 따른다. '𤊶'는 주문(籒文)이다.

(1) "炙肉(자육)"이 각 본에는 "炮肉(포육)"으로 되어 있다.9 지금 《시(詩)·초자(楚茨)》의 <모전(毛傳)>에 의해 바로잡는다. 《시·소아(小雅)·초자》의 <모전>에서 "炙는 고기를 굽는다[炙肉]는 뜻이다."라고 하였다.10 《시·호엽(瓠葉)》의 <모전>에서는 "불에 높이 올려놓는 것[炕火(항화)]을 '炙'라고 한다."라고 하였는데 《정의(正義)》에서는 "炕은 높이 들어올린다[擧(거)]는 뜻이다."라고 하였다. 즉 물건을 꿰어서 불 위에 높이 들어 그것을 굽는다는 뜻이다.11 살펴보면 '炕'은 속자(俗字)이며 옛날에는 '抗(항)'자로 썼다. '手(수)'부에서 "抗은 막는다[扞(한)]는 뜻이다."12라고 하였고 《방언(方言)》에서 "抗은 들어올린다[縣(현)]는 뜻이다."13라고 한 것이 그 예다. 《시·호엽》에서는 (굽는다는 뜻으로) '炮(포)'라 하고 '燔(번)'이라 하고 '炙(자)'라고 하였는데14 <모전>에서는 "털이 있는 채로 굽은 것을 '炮'라 하고 불 위에 대어 놓고 굽는 것을 '燔'이라 하며 높이 올려서 굽는 것을 '炙'라고 한다."라고 하였다. 그렇다면 '燔'과 '炙'는 ('炮'와 같이) 반드시 털이 있는 채로 굽지 않아도 되며 ('炙'에 대하여) 높이 올려 굽는다고 말한 것은 ('燔'처럼) 불에 바로 가까이 대고 굽는 것과는 다르다. 이것은 <모전>의 설명이다. 전(箋)에서 말하기를 "토끼를 다듬을 때에는 먼저 신선한 것은 털이 있는 채로 굽고, 부드러운 것은 높이 올려 굽고, 마른 것은 불에 대어 굽는다."15라고 하였으니 이것은 <모전>에서 설명한 의미를 확장시킨 것이

---

9 二徐本 참조.

10 《詩·小雅·楚茨》"或燔或炙"의 <毛傳> 참조.

11 《詩·小雅·瓠葉》"有兎斯首, 燔之炙之."의 <毛傳>과 그에 대한 《正義》 참조.

12 제12편 上 '手'부 '抗'자 說解 및 段玉裁 注 참조.

13 《方言》 卷七 참조.

14 《詩·小雅·瓠葉》"幡幡瓠葉, 采之亨之. 君子有酒, 酌言嘗之./ 有兎斯首, 炮之燔之. 君子有酒, 酌言獻之. / 有兎斯首, 燔之炙之. 君子有酒, 酌言酢之./ 有兎斯首, 燔之炮之. 君子有酒, 酌言酬之."

15 《詩·小雅·瓠葉》"有兎斯首, 燔之炙之."의 鄭玄의 箋 참조.

다. 그렇다면 《시 · 부예(鳧鷖)》와 《시 · 초자》와 《시 · 행위(行葦)》에서 '燔'과 '炙'를 병렬한 것은 모두 의미를 달리하기 때문이다.16 《시 · 생민(生民)》의 <모전>에서는 "불 위에 가까이 대고 굽는 것[傅火(부화)]을 '燔'이라 하고 꿰어서 불 위에 올려놓는 것[貫之加於火]을 '烈(열)'이라 한다."17라고 하였으니 꿰어서 불 위에 올려놓는다고 한 말은 곧 '抗火[불 위에 높이 올려놓는다.]'라는 말과 같다. 따라서 《시 · 생민》에서의 '烈'자는 곧 '炙'의 의미다. 《예기(禮記) · 예운(禮運)》의 주석에서는 "'炮'는 싸서 굽는 것이다. '燔'은 불 위에 올려놓는 것이고 '炙'는 꿰어서 불 위에 올려놓는 것이다."18라고 하였으니 이 세 글자에 대한 설명은 《시 · 호엽》의 <모전>에서의 설명과 꼭 맞는다. 그렇다면 '炙'와 '炮'가 서로 다른 의미를 가진 것을 또한 여기에서 알 수 있다. 허신은 <모전>의 뜻을 따른다. 그러므로 '炙'에 대한 설해에서 "炙肉"이라고 한 것이다. 즉 《시 · 초자》의 <모전>의 설명을 ('炙'자를 설명하는) 문장으로 인용한 것이다. 이는 곧 《詩 · 瓠葉》의 <毛傳>에서 "불에 높이 올려 굽는 것[抗火]을 '炙'라 한다."라는 설명과 같은 말이다. (그런데 허신이 '炙'자의 설명으로) 《시 · 호엽》의 <모전>을 인용하지 않고 《시 · 초자》의 <모전>을 인용한 것은 '炙'자가 '肉'으로 구성되었으므로 (《시 · 초자》 <모전>의) "炙肉"이라는 문장을 취하였기 때문이다. '火'부에서 "熹(희)는 炙이다." "炰(포)는 털이 있는 채로 구운 고기다." "衮(은)은 싸서 구운 것이다." "煑(증)은 생선을 통속에 넣어 구운 것이다."19라고 한 것이 모두 '炙'의 뜻이다. 인신된 의미로 '가까이에서 연기로 굽는다[熏炙(훈자)]'는 뜻이 되었다. 《시 · 상유(桑柔)》의 <모전>에서 "赫(혁)은 굽는다[炙]는 뜻이다."20라고 한 것이 그것이다.

(2) (이 구절은) 꿰어서 불 위에 올려놓는다는 뜻이라는 말이다. 이것으로 '불 위에 높이 올려놓는다[抗火]'라는 의미를 얻게 된다. '炙'의 발음은 之(지)와 石(석)의 반절이다. 고음 5부에 속한다. '炙'를 거성(去聲)으로 발음하면 之(지)와 夜(야)의 반절이다. 하나의 의미에는 하나의 글자가 대응될 뿐이다. 그 의미가 달라지면 그 글자의 모양도 달라진다. 장손눌언(長孫訥言)이 말하기를 "한 획의 차이가 천리(千里)의 차이에 이르게 하는 법이다. '炙'자는 '肉'으로 구성된 글자인데도 그 이유는 묻지 않고 '炙'자가 형성(形聲)자라는 것에만 염두

16 《詩 · 大雅 · 鳧鷖》 "燔炙芬芬", 《詩 · 小雅 · 楚茨》 "或燔或炙", 《詩 · 大雅 · 行葦》 "或燔或炙"라고 되어 있다.

17 《詩 · 大雅 · 生民》 "載燔載烈"의 <毛傳> 참조.

18 《禮記 · 禮運》 "以炮, 以燔, 以享, 以炙."의 鄭玄의 注 참조.

19 제10편 上 '火'부 '熹'자, '炰'자, '衮'자, '煑'자 說解 참조.

20 《詩 · 大雅 · 桑柔》 "反予來赫"의 <毛傳> 참조.

에 두고서 '夕(석)'으로 구성되어야 한다고 고집한다. 이 점이 분명히 밝혀지면 저들의 설은 지리멸렬하여 의지할 곳이 없게 될 것이다. 다른 것도 모두 그와 같다."라고 하였다.21 이것을 보면 소서본(小徐本)의 '火(화)'부에 '炙'자로 나오고 "굽는다[炙]는 뜻이다. 火로 구성되었고 夕(석)이 발음을 나타낸다."22라고 하였던 것은 아마 당대(唐代) 이전에 잘못된 것이 허신의 책에 들어간 듯하다.

(3) 서개(徐鍇)가 말하기를 "지금 동경(東京)의 문장에 이 글자[錬]가 있다."23라고 하였지만 여기에서의 '東京'이 어떻게 <동경부(東京賦)>를 말하는 것이겠는가? 지금 《문선(文選)》의 <동경부>에는 '燔炙'로 되어 있으며24 (주문 자형이 나오지 않는다.)

(1) 炙肉各本作炮肉, 今依楚茨傳正. 小雅楚茨傳曰, 炙, 炙肉也. 瓠葉傳曰, 炕火曰炙. 正義云, 炕, 擧也. 謂以物貫之而擧於火上以炙之. 按炕者俗字. 古當作抗. 手部曰抗扞也, 方言曰抗縣也, 是也. 瓠葉言炮, 言燔, 言炙. 傳云, 毛曰炮, 加火曰燔, 抗火曰炙. 燔炙不必毛也, 抗火不同加火之逼近也. 此毛意也. 箋云, 凡治兔之首宜, 鮮者毛炮之, 柔者炙之, 乾者燔之. 此申毛意也. 然則鳧鷖楚茨行葦, 燔炙並言, 皆必異義. 生民傳曰, 傅火曰燔, 貫之加於火曰烈. 貫之加於火, 卽抗火也. 生民之烈, 卽炙也. 禮運注曰, 炮, 裹燒之也. 燔, 加於火上也. 炙, 貫之火上也. 三者正與瓠葉傳相合. 然則炙與炮之別異又可知矣. 許宗毛義, 故炙下云, 炙肉也. 用楚茨傳爲文, 卽瓠葉傳之抗火曰炙也. 不用瓠葉而用楚茨者, 其字从肉, 故取炙肉之文也. 火部曰, 熹, 炙也. 炮, 毛炙肉也. 衮, 炮炙也. 䙰, 置魚筒中炙也, 皆是. 其引申之義爲逼近熏炙, 如桑柔傳曰, 赫, 炙也, 是. (2) 有弗貫之加火上也. 此可以得抗火之意. 之石切. 古音在五部. ○ 炙讀去聲則之夜切. 一義一字耳, 或乃別其義併異其形. 長孫訥言曰, 差之一畫, 詎惟千里, 見炙从肉, 莫問厥由, 輒意形聲, 固當从夕. 及其晤矣, 彼乃乖斯, 若靡馮焉. 他皆倣此. 據此知小徐本火部有炙字, 云炙也, 从火, 夕聲. 蓋唐以前或用羼入許書. (3) 徐鍇曰, 今東京文有此字. 豈謂東京賦與. 今文選東京賦作燔炙.

---

21 長孫訥言의 <切韻箋注序> 참조. 《廣韻》 書頭에 陸法言의 <切韻序>에 이어서 인용되어 있다.

22 徐鍇本 '火'부 部屬字 참조.

23 徐鍇本 참조.

24 《文選》 卷三 <東京賦> 참조.

388. 赤(적)부

南方色也.(1) 从大火.(2) 凡赤之屬皆从赤. 烾 古文. 从炎土.(3)

'赤'은 남방(南方)의 색(色)이다. '大(대)'와 '火(화)'로 구성되었다. 赤부에 속하는 한자는 모두 赤의 의미를 따른다. '烾'은 고문(古文)이다. '炎(염)'과 '土(토)'로 구성되었다.

(1) 《이아(爾雅)》에서는 "첫 번째 물들이는 것을 縓(전)이라 하고 두 번째 물들이는 것을 竀(탱)이라 하고 세 번째 물들이는 것을 纁(훈)이라 한다."[25]라고 하였다. 정현(鄭玄)은 《의례(儀禮)·사관례(士冠禮)》에서 주석하기를 "朱는 네 번째 물들이는 것이다."라고 하였다.[26] 내 생각에는 이 네 번째 (물들인 색깔이) 바로 모두 붉은색[赤]의 일종인 것 같다. 정현은 《역(易)》을 주석하면서 "朱(주)는 赤보다 진한 색이다.[朱深於赤]"라고 하였다. 살펴보면 적색(赤色)이 대단히 밝은 색이라서 인신되어 모든 밝히 드러나는 것을 '赤'이라 하게 되었다. 예컨대 '赤體(적체)'란 옷을 입지 않았다는 말이고 '赤地(적지)'는 풀이 자라나지 않는 땅[不毛地(불모지)]을 말한다.

(2) '火(화)'는 남방(南方)의 행(行)이다.[27] 그래서 '赤'은 남방의 색이다. '大'로 구성되었다는 것은 크고 밝다는 말이다. '赤'의 발음은 昌(창)과 石(석)의 반절이다. 고음 5부에 속한다. 세속에서는 '赤'자를 빌어다 '尺(척)'의 뜻으로 쓴다.

(3) '불[火]'은 '흙[土]'를 낳는다.

(1) 爾雅, 一染謂之縓, 再染謂之竀, 三染謂之纁. 鄭注士冠禮云, 朱則四入與. 按是四者皆赤類也. 鄭注易曰, 朱深於赤. 按赤色至明, 引申之, 凡洞然昭著皆曰赤, 如赤體謂不衣也, 赤地謂不毛也. (2) 火者, 南方之行, 故赤爲南方之色. 从大者, 言大明也. 昌石切. 古音在五部. 俗借爲尺. (3) 火生土.

---

25 《爾雅·釋器》 참조.

26 《儀禮·士冠禮》 "服纁裳"의 鄭玄의 注 참조.

27 第10편 上 '火'부 說解 참조.

389. 大(대)부

大 天大, 地大, 人亦大焉.(1) 象人形.(2) 古文亣也.(3) 凡大之屬皆从大.

하늘이 위대하고 땅이 위대하고 사람도 위대하다. 사람의 모양을 상형하였다. '亣(대)'의 고문(古文)이다. 大부에 속하는 한자는 모두 大의 의미를 따른다.

(1) (이 구절은) 《운회(韻會)》에 의해서 고친다.[28]

(2) 《노자(老子)》에서 "도(道)가 위대하고 하늘이 위대하고 땅이 위대하며 사람도 위대하다. 사람은 땅을 본받고 땅은 하늘을 본받고 하늘은 도(道)를 본받는다."라고 하였다.[29] 살펴보면 '天(천)'이라는 글자는 '一(일)'과 '大(대)'로 구성되었으므로[30] ('天'보다) 먼저 '大'자를 만들었다. '人(人)'이나 '儿(儿)'자는 단지 사람의 팔과 다리 모양만을 상형하였지만[31] '大'자는 사람의 머리와 손과 발이 모두 갖추어져 있어서 천지(天地)와 나란할 만하다. 그래서 '위대하다[大]'는 뜻이 되었다. '大'의 발음은 徒(도)와 盇(익)의 반절이다. 15부에 속한다.

(3) '大(大)'자에서는 "'亣'의 고문이다."라고 하였고 '亣'자에서는 "大(大)의 주문(籒文)이다."[32] 라고 하였으니 이것은 고문 자형과 주문 자형으로 서로를 해석한 것이다. 즉 같은 글자인데 자형이 조금 다른 것뿐임을 밝혔다. 후에 소전(小篆)의 편방(偏旁)으로 사용될 때 어떤 글자는 고문으로 구성되기도 하고 어떤 글자는 주문으로 구성되기도 해서 따로 두 개의 부수로 나누지 않을 수 없었다. 마치 '人(人)'으로 구성된 글자들과 '儿(儿)'으로 구성된 글자들이 나뉘어 있어서 (사실은 같은 글자이지만 '人'부와 '儿'부의) 두 개의 부수를 세우게 된 것과 같다. 그렇다면 ('大'자의) 소전은 어떤 자형인가? 소전은 곧 고문의 자형이다.

(1) 依韻會訂. (2) 老子曰, 道大, 天大, 地大, 人亦大. 人法地, 地法天, 天法道. 按天之文从一大, 則先造大字也. 人儿之文但象臂脛, 大文則首手足皆具, 而可以參天地, 是爲大. 徒蓋切. 十五部. (3) 大下云, 古文亣. 亣下云, 籒文大. 此以古文籒文互釋. 明祇一字而體稍異. 後來小篆偏旁或从古, 或从

28 《韻會》 去聲 九 '泰'운 참조.

29 《老子》 第25章 참조.

30 제1편 上 '一'부 '天'자 說解 참조.

31 제8편 上 '人'부 說解, 제8편 下 '儿'부 說解 참조.

32 제10편 下 '亣'부 說解 참조.

籒, 故不得不殊爲二部, 亦猶从人, 从儿必分系二部也. 然則小篆作何字. 曰, 小篆作古文也.

390. 亦(역)부

 人之臂亦也.(1) 从大. 象两亦之形.(2) 凡亦之屬皆从亦.

'亦'은 사람의 겨드랑이이다. '大(대)'로 구성되었다. (나머지 자형은) 두 겨드랑이의 모양을 상형하였다. 亦부에 속하는 한자는 모두 亦의 의미를 따른다.

(1) 《옥편(玉篇)》에서는 ('亦'자를) "지금은 '掖(액)'자로 쓴다."고 하였다.[33] 살펴보면 '手(수)'부의 '掖'자에서 "손으로 다른 사람의 팔뚝을 잡고 땅으로 던진다는 뜻이다." "일설에는 팔뚝의 아래 겨드랑이를 뜻한다고도 한다.[一曰臂下]"[34]라고 하였다. 그러나 "一曰臂下"라는 말은 천인(淺人)들이 속자(俗字)에 근거하여 덧붙여 놓은 말인 듯하다. 서현(徐鉉) 등은 "亦은 지금은 따로 腋(액)자로 쓴다."[35]라고 하였다. 《광운(廣韻)》에서는 '肘腋(주액)'의 '腋'자를 이 글자(亦)로 썼다.[36] 세속에서 '亦'자를 어사(語詞)로 쓰게 되자 따로 이 '腋'자를 만들었다. '肉(육)'부에서 "胳(각)은 겨드랑이 아래[亦下]이다."라고 하였고 "胠(거)는 겨드랑이 아래[亦下]다."라고 하였다.[37] 지금 《예기(禮記)·심의(深衣)》에 나오는 "袼之高下[겨드랑이 높이 아래]"라는 구절의 주석에서 "袼(각)은 옷소매에서 겨드랑이에 닿는 부분의 솔기다."라고 하였다.[38] '袼'·'腋'은 모두 속자(俗字)다. 사람의 팔을 양쪽으로 내려서 팔과 몸 사이를 겨드랑이라고 하므로 (겨드랑이는) 팔에도 속하고 몸에도 속하므로 '중첩되다'는 뜻을 가지게 된다. 그래서 인신되어 '또한 거듭하다'는 의미의 어사(語詞)가 되었다. 《공양전(公羊傳)》에 "대화(大火)는 대진(大辰)이 되고, 벌(伐)은 대진(大辰)이 되고, 북진(北辰) 또한[亦] 대진(大辰)이 된다."라고 하였는데 하휴(何休)의 주석에서 "亦이란 둘

33 《玉篇》 '亦'부 第331 참조.
34 제12편 上 '手'부 '掖'자 說解 참조.
35 徐鉉本 참조.
36 《廣韻》 入聲 二十二 '昔'운 참조.
37 제4편 下 '肉'부 '胳'자, '胠'자 說解 참조.
38 《禮記·深衣》 "袼之高下"의 鄭玄의 注 참조.

이 서로 따른다[网相須]는 뜻이다."라고 하였다.[39] 살펴보면 경전에 쓰인 '亦'자는 위에서 이어받은 내용이 있는 것도 있고 받은 내용이 없는 것도 있다. 《논어(論語)》의 "不亦說乎[즐겁지 않은가.]", "亦可宗也[으뜸으로 삼을 만하다.]", "亦可以弗畔[배반하지 않을 수 있다.]", "亦可以爲成人矣[성인이라고 여길 수 있다.]"[40]가 모두 위 문맥에서 이어받는 내용이 없다. 황간(皇侃)이 말하기를 "亦은 重(중)과 같다."라고 하였는데[41] 위의 예들은 ('亦'이) 찬미하는 의미를 강조할 때 사용하는 '어사(語詈)'로 쓰인 것이다. '亦'은 '크다[大]'나 '정도가 심하다[甚(심)]'는 말과 같이 쓰인다. 《시(詩)·주송(周頌)》의 "亦有高廩[크도다! 저 높은 창고여.]", "亦服爾耕[대단하구나! 밭갈이하는 모습이여.]"에 대해 정현(鄭玄)의 전(箋)에서 "亦은 大의 뜻이다."라고 하였다.[42] 이것은 '亦'이 '奕奕(혁혁)'의 가차라는 말이다. '亣'부에서 "奕(혁)은 大의 뜻이다."라고 하였다.[43] '亦'자를 빌어 '射(석)'자의 의미로 쓰기도 하고 '易(역)'자의 의미로 쓰기도 한다.

(2) 좌우의 곧은 획을 말한다. 그것으로 형상이 없는 모양을 상형하였다. '亦'의 발음은 羊(양)과 益(익)의 반절이다. 고음 5부에 속한다.

(1) 玉篇今作掖. 按手部, 掖者, 以手持人臂投地也, 一曰臂下也. 一曰臂下之語, 蓋淺人據俗字增之耳. 徐鉉等曰, 亦今別作腋. 按廣韻肘腋作此字. 俗用亦爲語詈, 乃別造此. 肉部曰, 胳, 亦下也. 胠, 亦下也. 今禮記深衣袼之高下注云, 袼, 衣袂當腋之縫. 袼, 腋乃皆俗字. 人臂网垂, 臂與身之間則謂之臂亦. 臂與身有重疊之意, 故引申爲重累之詈. 公羊傳, 大火爲大辰, 伐爲大辰, 北辰亦爲大辰. 何注云, 亦者, 网相須之意. 按經傳之亦, 有上有所蒙者, 有上無所蒙者. 論語, 不亦說乎, 亦可宗也, 亦可以弗畔, 亦可以爲成人矣, 皆上無所蒙. 皇侃曰, 亦猶重也. 此等皆申重贊美之詈. 亦之言猶大也甚也, 若周頌, 亦有高廩, 亦服爾耕. 鄭箋云, 亦, 大也. 是謂亦卽奕奕之叚借也. 亣部曰, 奕, 大也. 又或叚爲射, 或叚爲易. (2) 謂左右网直, 所以象無形之形. 羊益切. 古音在五部.

---

39 《公羊傳》 昭公 十六年 經文과 何休의 注 참조. 여기에서 '大火'·'大辰'·'伐'·'北辰'은 모두 북극성을 부르는 말이다.

40 《論語》 <學而>의 "不亦說乎", "亦可宗也", <雍也>의 "亦可以弗畔", <憲問>의 "亦可以爲成人矣" 참조.

41 《論語》 <學而>의 "不亦說乎"에 대한 皇侃의 <義疏> 참조.

42 《詩·周頌·豐年》 "亦有高廩"의 鄭玄의 箋 참조.

43 제10편 下 '亣'부 '奕'자 說解 참조.

391. 夨(녈)[44]부

傾頭也.(1) 从大. 象形.(2) 凡夨之屬皆从夨.

'夨'은 머리를 기울인다는 뜻이다. '大(대)'로 구성되었다. (나머지 자형은) 상형한 것이다. 夨부에 속하는 한자는 모두 夨의 의미를 따른다.

(1) '人(인)'부에서 "傾(경)은 머리를 기울인다[夨]라는 뜻이다."라고 하였다.[45] '夨'은 머리가 기울어진 모양을 상형하였으므로 그것 때문에 모든 기울어진 것을 ('夨'이라고) 부르게 되었다.

(2) 머리가 바로 세워지지 못한 모양을 상형하였다. '夨'의 발음은 阻(저)와 力(력)의 반절이다. 11부에 속한다.

(1) 人部曰, 傾者, 夨也. 夨象頭傾, 因以爲凡傾之偁. (2) 象頭不直也. 阻力切. 十一部.

392. 夭(요)부

屈也. 从大. 象形.(1) 凡夭之屬皆从夭.

'夭'는 구부러졌다는 뜻이다. '大(대)'로 구성되었다. (나머지 자형은) 상형한 것이다. 夭부에 속하는 한자는 모두 夭의 의미를 따른다.

(1) ('夭'는) 머리가 구부러진 모양을 상형하였다. 《시(詩) · 습유장초(隰有萇楚)》의 <모전(毛傳)>에서 "夭는 어리다[少(소)]는 뜻이다."라고 하였고[46] 《시 · 도요(桃夭)》의 <모전>에

---

44 '夨'자는 段注에 주어진 反切에 의하면 '적'으로 발음하게 되지만 사전에 '녈'로 올라 있어서 '녈'로 표기하였다.

45 제8편 上 '人'부 '傾'자 說解 참조.

서는 “夭夭는 복숭아나무가 젊고 싱싱한 것이다.”라고 하였다.[47] 《시 · 개풍(凱風)》의 <모전>에서는 “夭夭는 풍성한[盛(성)] 모양이다.”라고 하였으며[48] 《예기(禮記) · 월령(月令)》의 주석에서는 “젊고 장성한 것[少長(소장)]을 ‘夭’라 한다.”라고 하였다.[49] 이는 모두 사물이 자라나 눈에 띌 정도가 되는 것을 일컫는다. 모든 물건은 처음 자라날 때에는 굽어 있고 아직 펴지 못한 상태로 있는데 만약 완전히 성장을 이루지 못한다면 ‘夭’에서 끝이 난다. 그래서 《좌전(左傳)》과 《국어(國語)》의 주석에서 “짧게 꺾인 것을 夭라 한다.”라고 하였고 또 《국어》의 주석에서 “끝맺지 못한 것을 夭라 한다.” 또 “夭는 꺾인다[折(절)]라는 뜻이다.”라고 하였다. 맹강(孟康)은 《한서(漢書) · 오행지(五行志)》에 주석하여 “사람이 순서를 지키지 못하고 죽는 것을 ‘夭’라 한다.”라고 하였다. 모두 인신된 의미다. 《논어(論語)》에 “공자께서 평소에 계실 때 펴는 듯하시고 굽힌 듯하셨다.[子之燕居, 申申如也, 夭夭如也.]”라고 하였다.[50] 앞의 구절의 “申申如(신신여)”는 편 모습을 말하고 그 다음 구절의 “夭夭如(요요여)”는 굽힌 모습을 말한다. 굽히지도 않고 펴지도 않는 그 사이에 성인의 용모가 있지 않은가? ‘夭’의 발음은 於(어)와 兆(조)의 반절이다. 2부에 속한다. 살펴보면 於(어)와 喬(교)의 반절로도 발음한다. 옛날에는 ‘夭’의 평성(平聲)과 상성(上聲)이 뜻이 다르지 않았다. 후대에 와서야 사람들이 비로소 그것을 구별하였다.

(1) 象首夭屈之形也. 隰有萇楚傳曰, 夭, 少也. 桃夭傳曰, 夭夭, 桃之少壯也. 凱風傳曰, 夭夭, 盛皃也. 月令注曰, 少長曰夭. 此皆謂物初長可觀也. 物初長者尙屈而未申, 叚令不成遂, 則終於夭而已矣. 故左傳國語注曰, 短折曰夭. 國語注又曰, 不終曰夭. 又曰, 夭, 折也. 孟康注五行志曰, 用人不以次弟爲夭. 皆其引申之義也. 論語, 子之燕居, 申申如也, 夭夭如也. 上句謂其申, 下句謂其屈. 不屈不申之閒, 其斯爲聖人之容乎. 於兆切. 二部. 按亦於喬切. 古平上無異義, 後人乃別之.

---

46 《詩 · 檜風 · 隰有萇楚》 “夭之沃沃”의 <毛傳> 참조.

47 《詩 · 周南 · 桃夭》 “桃之夭夭”의 <毛傳> 참조.

48 《詩 · 邶風 · 凱風》 “棘心夭夭”의 <毛傳> 참조.

49 《禮記 · 月令》 “行春令則胎夭多傷”의 鄭玄의 注 참조.

50 《論語 · 述而》 참조.

393. 交(교)부

交脛也.(1) 从大. 象交形.(2) 凡交之屬皆从交.

‘交’는 다리를 교차시켰다는 뜻이다. ‘大(대)’로 구성되었다. 교차된 모양을 상형하였다. 交부에 속하는 한자는 모두 交의 의미를 따른다.

(1) ‘다리가 교차된 것[交脛(교경)]’을 ‘交’라 한다. 인신되어 모든 교차된 것을 ‘交’라고 부르게 되었다. 그래서 ‘爻(효)’자에서 “교차된 것[交]이다.”라고 하였고,51 ‘烄(교)’자에서는 “교차된 나무를 태운다[交木然]는 뜻이다.”라고 하였으며, ‘[illegible](교)’자에서는 “교차시켜 태우는 나무이다.[交灼木]”라고 하였으며,52 ‘楢(성)’자에서는 “나무를 세 번 교차시켜서 조리를 받치게 만든 물건이다.[木參交, 以枝炊籅者也.]”라고 하였으며,53 ‘衿(금)’자에서는 “옷깃을 교차시킨 것[交衽(교임)]이다.”라고 하였다.54 일반적으로 둘이 서로 합하는 것을 ‘交’라고 한다. (‘交’의 다른 의미들은) 모두 이 의미에서 인신, 가차된 것이다. 《시(詩)·초자(楚茨)》의 <모전(毛傳)>에서 “동서(東西)로 가는 것을 ‘交’라고 하고 위아래로 엇갈리게 가는 것을 ‘造(작)’이라고 한다.”라고 하였다.55 여기서의 ‘交’는 ‘迹造(교작)’라고 할 때의 ‘迹(교)’자의 가차자다. 《시·소아(小雅)》의 “交交桑扈[상호(桑扈)새가 이리저리 날아다니네.]”의 전(箋)에 “交交란 佼佼(교교)와 같다. 날아서 왔다 갔다 하는 모양이다.”라고 하였다.56 그리고 《시·황조(黃鳥)》와 《시·소완(小宛)》의 <모전>에서 모두 “交交는 작은 모양이다.”라고 한 것57은 본의와는 다르다. 아마 방언(方言)에 ‘小交交(소교교)’란 말이 있었던 듯하다.

(2) (‘交’는) ‘大’로 구성되었고 교차된 다리의 모양을 상형하였다는 말이다. ‘交’의 발음은 古(고)와 爻(효)의 반절이다. 2부에 속한다.

---

51 제3편 下 ‘爻’부 說解 참조.

52 제10편 上 ‘火’부 ‘烄’자 說解 및 ‘[illegible]’자 說解 참조.

53 제6편 上 ‘木’부 ‘楢’자 說解 참조.

54 제8편 上 ‘衣’부 ‘衿’자 說解 참조.

55 《詩·小雅·楚茨》의 <毛傳> 참조.

56 《詩·小雅·桑扈》의 鄭玄의 箋 참조.

57 《詩·秦風·黃鳥》, 《詩·小雅·小宛》의 <毛傳> 참조.

(1) 交脛謂之交. 引申之爲凡交之偁. 故爻下曰, 交也. 烄下曰, 交木然也. 𢾾下曰, 交灼木也. 楮下曰, 木參交, 以枝炊䉛者也. 衿下曰, 交衽也. 凡兩者相合曰交, 皆此義之引申段借耳. 楚茨傳, 東西曰交, 邪行曰遺. 这遺字之段借也. 小雅, 交交桑扈. 箋云, 交交猶佼佼, 飛往來皃. 而黃鳥小宛傳皆曰, 交交, 小皃, 則與本義不同. 蓋方語有謂小交交者. (2) 謂从大而象其交脛之形也. 古爻切. 二部.

394. 尢(왕)부

尳也.(1) 曲脛人也.(2) 从大. 象偏曲之形.(3) 凡尢之屬皆从尢. 尪 篆文从㞷.(4)

'尢'은 절름발이다. 다리가 구부러진 사람이다. '大(대)'로 구성되었다. 한쪽으로 구부러진 모양을 상형하였다. 尢부에 속하는 한자는 모두 尢의 의미를 따른다. '尪'은 전문(篆文)으로 '㞷(왕)'으로 구성되었다.

(1) 각 판본에는 '也(야)'자가 없어서 읽을 수가 없으니 지금 보충한다.[58] '尳(파)'는 절름발이[蹇(건)]라는 뜻이다.[59] '尢'은 다리가 구부러진 것을 일컫는 말이었는데 인신되어 등뼈가 구부러져 있는 것도 '尢'이라고 하게 되었다. 그래서 '人(인)'부의 '僂(루)'자에서 "'尪(왕)'의 뜻이다."라고 하였다.[60]

(2) ("曲脛人也"의) '人'자는 《구경자양(九經字樣)》에 의해 보충한다.[61] 절름발이는 대부분 다리가 구부러졌기 때문에 (다리를 절게 된다.) 그러므로 ("다리가 구부러진 사람이다."라고) 하여 다음 구절의 "象偏曲之形[한쪽으로 구부러진 모양을 상형하였다.]"이라고 말할 수 있는 근거로 삼고 있다.

(3) ('尢'은) '大'로 구성되었고 한쪽 다리가 구부러진 모양을 상형하였다는 것을 말한다. '尢'

58 二徐本 참조.

59 제10편 下 '尢'부 '尳'자 說解 참조.

60 제8편 上 '人'부 '僂'자 說解 참조.

61 《九經字樣》 <雜辨部> 참조.

의 발음은 烏(오)와 光(광)의 반절이다. 10부에 속한다.

(4) '篆文(전문)'이 각 판본에 '古文(고문)'으로 되어 있어서 지금 바로잡는다.[62] '尢'은 고문 자형으로 상형(象形)자이며 '尣(왕)'은 소전(小篆) 자형으로 형성(形聲)자다. 이것 역시 고문으로는 '二(上)'자가 전문(篆文)의 자형으로는 '丄'이 되는 예와 같다.[63] 굳이 고문을 취하여 부수로 세운 이유는 그 부속자가 모두 고문으로 구성되었기 때문이다. '尪'자는 《좌전(左傳)》과 《예기(禮記)·단궁(檀弓)》에 보인다. 정현(鄭玄)은 이 글자를 주석하여 "얼굴이 하늘로 향해 있다[面鄕天(면향천)]는 뜻이다."라고 해석하였다.[64] 어떤 사람은 짧은 것을 '尫'이라 한다고 하였다. 이 글자[尪]는 본래 '㞷'이 성부로 구성되었는데 생략하여 '尪'으로 썼다.

(1) 各本少也字, 遂不可讀, 今補. 尳者, 蹇也. 尢本曲脛之偁, 引申之爲曲脊之偁, 故人部僂下曰, 尪也. (2) 人字依九經字樣補. 尳者多由曲脛, 故言此爲下象偏曲張本. (3) 謂从大而象一脛偏曲之形也. 烏光切. 十部. (4) 篆文各本作古文, 今正. 尢者, 古文象形字. 尪者, 小篆形聲字. 此亦古文二篆文丄之例. 必取古文爲部首者, 以其屬皆从古文也. 尪見左傳檀弓, 鄭注釋爲面鄕天. 或云短小曰尪. 本从㞷聲, 省作尪.

395. 壺(호)부

 昆吾圜器也.(1) 象形.(2) 从大, 象其蓋也.(3) 凡壺之屬皆从壺.

'壺'는 곤오(昆吾)가 만든 둥근 그릇이다. 상형(象形)이다. '大(대)'로 구성되었으며 그 덮개의 모양을 상형하였다. 壺부에 속하는 한자는 모두 壺의 의미를 따른다.

(1) '缶(부)'부에서 "옛날에 곤오(昆吾)가 도자기[匋]를 만들었다."라고 하였다.[65] '壺'는 곤오

62 二徐本 참조.

63 제1편 上 '上'부 說解 참조.

64 《左傳》 僖公 二十一年 "巫尪何爲" 및 《禮記·檀弓》 下 "天久不雨, 吾欲暴尪而奚若." 참조.

65 제5편 下 '缶'부 '匋'자 說解 참조.

(昆吾)가 처음으로 만들었다. 《의례(儀禮)·빙례(聘禮)》의 주석에 "壺는 술독이다."라고 하였고[66] 《공양전(公羊傳)》의 주석에서 "壺는 예기(禮器)다. 배는 네모난 모양이고 주둥이 모양은 둥글어 '壺'라고 하였다. 그것과 반대의 모양, 즉 배는 둥글고 주둥이는 네모난 것을 '方壺(방호)'라고 한다. 작(爵)의 장식이 있다."라고 하였다.[67] 또 《예기(禮記)·상대기(喪大記)》의 "狄人出壺[狄人이 壺를 내어놓고]"의 '壺'나 《대대례기(大戴禮記)》, 《소대례기(小戴禮記)》의 '投壺(투호)'라고 할 때[68]의 '壺'가 모두 여기에서 말하는 '壺'의 일종이다.

(2) (상형이라는 것은) '[illegible]' 모양을 말한다.

(3) '奄(엄)'자에서 "덮개[蓋(개)]다. (덮으려면) 크기에 여유가 있어야 한다."라고 하였다.[69] '壺'의 발음은 戶(호)와 姑(고)의 반절이다. 5부에 속한다.

(1) 缶部曰, 古者昆吾作匋. 壺者, 昆吾始爲之. 聘禮注曰, 壺, 酒尊也. 公羊傳注曰, 壺, 禮器, 腹方口圓曰壺, 反之曰方壺, 有爵飾. 又喪大記狄人出壺, 大小戴記投壺, 皆壺之屬也. (2) 謂[illegible]. (3) 奄下曰, 蓋也, 大有餘也. 戶姑切. 五部.

396. 壹[70](일)부

嫥壹也.(1) 从壺吉. 吉亦聲.(2) 凡壹之屬皆从壹.

'壹'은 전일(嫥壹)하다는 뜻이다. '壺(호)'와 '吉(길)'로 구성되었다. '吉'이 또한 발음을 나타낸다. 壹부에 속하는 한자는 모두 壹의 의미를 따른다.

(1) '嫥(전)'자가 각 판본에 '專(전)'자로 되어 있어서 지금 바로잡는다.[71] '嫥'자에서 말하기를

---

66 《儀禮·聘禮》"八壺設于西序北上二"의 注 참조.

67 《公羊傳》昭公 二十五年 "國子執壺漿"의 注 참조.

68 《大戴禮記》·《小戴禮記》 모두 <投壺>편이 있다.

69 제10편 下 '大'부 '奄'자 說解 참조.

70 '壹'자는 篆書의 자형을 따르는 楷書體다. 段玉裁는 '壺'와 '吉'로 구성되도록 '壹'자를 만들고 許愼의 說解에는 이 글자를 사용하였다. 현재 통용되는 楷書體는 '壹'자이며 段玉裁 注에서는 두 글자를 혼용하였다.

"하나가 된다[壹(일)]는 뜻이다."라고 하였으니[72] '壹'과 '嫥'은 서로 전주(轉注)가 된다. (2) '壹'의 발음은 於(어)와 悉(실)의 반절이다. 2부에 속한다. 속자(俗字)로는 '壹(일)'로 쓴다.

(1) 嫥各本作專, 今正. 嫥下云, 壹也. 與此爲轉注. (2) 於悉切. 十二部. 俗作壹.

397. 㚔(녑)부

所㠯驚人也. 从大从𢆉.(1) 一曰, 大聲也.(2) 凡㚔之屬皆从㚔. 一曰, 讀若瓠.(3) 一曰, 俗語㠯盜不止爲㚔.(4) 讀若籋.(5)

'㚔'은 사람을 놀라게 하는 도구다. '大(대)'와 '𢆉(간)'으로 구성되었다. 일설에 소리를 크게 지른다[大聲(대성)]는 뜻이라고도 한다. 㚔부에 속하는 한자는 모두 㚔의 의미를 따른다. 일설에는 '瓠(호)'자와 같이 발음한다고 한다. 일설에는 속어(俗語)로 "도적질을 그치지 않는 것을 㚔이라 한다."라고 하였다. '籋(섭)'자와 같이 발음한다.

(1) ("从𢆉"이) 각 판본에서는 "从羊"으로 되어 있다.[73] 《오경문자(五經文字)》에서 말하기를, "《설문》에서는 ('㚔'은) '大'와 '𢆉'으로 구성되어 있다. '𢆉'은 발음이 '干'이다. 지금 한석경(漢石經)에서는 幸(행)으로 쓴다."고 하였다.[74] 또 "'㚖(집)'자는 《설문》에 나오는 글자이고 '執(집)'자는 경전(經典)에서 서로 이어져 내려오던 글자다. 아마 '報(보)'자도 (구성 부분이 '㚔'에서 '幸'으로 바뀐) 종류의 글자인 것 같다."라고 하였다. 장참(張參)이 근거한 《설문》판본과 지금의 판본은 이처럼 현격하게 다르다. 지금 예서에서는 '㚔'을 석경체(石經體)인 '幸'으로 쓰고 또 《설문》의 '㚔'부를 고쳐서 모두 '幸'으로 쓰는데 잘못된 것이다. 지금 모두 바로잡는다. '干'은 '범한다[犯]'는 말이다.[75] 어떤 사람이 크게 범하면 죄(罪)를 받게 된다. 그래서 '㚔'의 의미가 "사람을 놀라게 하는 도구"다. '㚔'은 '大'와 '干'으로 이루어진 회의(會意)자다.

---

71 二徐本 참조.

72 제12편 下 '女'부 '嫥'자 說解 참조.

73 二徐本 참조.

74 《五經文字》 下 '幸'部 참조.

75 제3편 上 '干'부 說解 참조.

(2) ("소리를 크게 지른다."는 것은) '卒'의 또 다른 의미다.

(3) ("一曰讀若瓠"의) 다섯 글자에 대해서는 상세히 알 수 없다. 아마 "一曰讀若執[일설에 '執'과 같이 발음한다고 한다.]"라는 구절을 "讀若籋"의 다음에 붙여야 할 것 같다.

(4) 이것 역시 또 다른 뜻이다. 살펴보면 《옥편(玉篇)》에서 이 뜻은 《설문》의 원문으로 연결되어 있지 않고[76] 《광운(廣韻)》에서도 《설문》을 인용할 때 역시 이 말이 없으므로[77] 이 구절의 열 글자는 아마 후인들이 더해 놓은 것 같다. 대서본(大徐本)에서는 '卒'자[78]를 두 번 거듭하여 썼다.[79]

(5) '卒'의 발음은 尼(니)와 輒(첩)의 반절이다. 7부에 속한다.

(1) 各本作从羊. 五經文字曰, 說文从大从𢆉, 𢆉音干, 今依漢石經作幸. 又曰, 執者, 說文. 執者, 經典相承. 凡報之類同是. 則張氏所據說文與今本迥異如是. 今隸用石經體, 且改說文此部皆作幸, 非也, 今皆正. 干者, 犯也. 其人有大干犯而觸罪, 故其義曰所以驚人. 其形从大干, 會意. (2) 此別一義. (3) 五字未詳. 疑當作一曰讀若執, 在讀若籋之下. (4) 又一義. 按玉篇此義不系說文, 廣韻引說文亦無此語, 十字恐後人所沾. 大徐本疊卒字. (5) 尼輒切. 七部.

398. 奢(사)부

奢 張也.(1) 从大者聲.(2) 凡奢之屬皆从奢. 奓 籒文.(3)

'奢'는 펼친다는 뜻이다. '大(대)'로 구성되고 '者(자)'가 발음을 나타낸다. 奢부에 속하는 한자는 모두 奢의 의미를 따른다. '奓'는 주문(籒文)이다.

---

76 《玉篇》 '卒'부 제116에는 "卒, 女涉切, 盜不止也. 說文曰, 所以驚人也, 一曰, 大聲也. 今作幸."이라고 되어 있다. 즉 "盜不止"라는 구절이 《說文》을 인용한 곳 앞에 제시되어 있으므로 《설문》을 직접 인용한 것이 아니다.

77 《廣韻》 去聲 二十九 '聶'운 참조.

78 '卒'자는 '卒'자의 俗字인 것 같다. 篆文을 따른다면 '卒'자로 쓰는 것이 옳고 段注에서도 이 글자를 사용하였기 때문이다. 二徐本에 모두 '卒'자로 되어 있다.

79 徐鉉本 참조.

(1) '張(장)'은 활줄을 맨다[施弓弦]는 뜻이다.[80] 인신되어 모든 가득 차 있는 것을 '奢'라고 부르게 되었다. '侈(치)'자에서 "일설에 '奢'의 뜻이라고 한다."라고 하였다.[81]

(2) '奢'의 발음은 式(식)과 車(차)의 반절이다. 고음 5부에 속한다.

(3) 살펴보면 주문(籒文)인 '奓(사)'자는 ('大'와 '多(대)'로 구성된) 회의(會意)자이고 전문(篆文)인 '奢'자는 ('大'로 구성되고 '者'가 발음을 나타내는) 형성(形聲)자인 것 같다. <서경부(西京賦)>에 풍허공자(馮虛公子)라는 사람이 나오는데 "心奓體泰[마음이 해이하고 용모가 거만하였다.]"라고 되어 있다. 설종(薛綜)은 주석하기를, "공자(公子)가 부귀한 태생이라 마음이 해이하고 몸이 편안하여 교만해졌다."라고 하고 '奓'가 곧 '侈'자라고 말한 적은 없다. 그러나 이선(李善)은 《성류(聲類)》를 인용하여 "奓는 곧 侈(치)자다."라고 하였는데[82] 이는 이등(李登)이 처음 말한 것 같으며 처음부터 허신의 뜻은 아닐 것이다. (<서경부>를 지은) 장형(張衡)(平子)의 문장에서는 '奢'의 주문(籒文) 자형인 '奓'자로 쓴 것이다. 《광운(廣韻)》에서는 발음이 陟(척)과 加(가)의 반절이라고 하였다.[83]

(1) 張者, 施弓弦也. 引申爲凡充庌之偁. 侈下曰, 一曰奢也. (2) 式車切. 古音在五部. (3) 按籒會意, 篆形聲. 西京賦, 有馮虛公子者, 心奓體泰. 薛注, 言公子生於貴戚, 心志奓溢, 體安驕泰也. 未嘗云奓卽侈字. 李善引聲類云, 奓, 侈字也. 疑李登始爲此說, 初非許意. 平子文章用籒文奢也. 廣韻讀陟加切.

399. 亢(항)부

 人頸也.(1) 从大省.(2) 象頸脈形.(3) 凡亢之屬皆从亢. 頏 亢或从頁.(4)

'亢'은 사람의 목이다. '大(대)'의 생략형으로 구성되었다. 경맥(頸脈)의 모양을 상형하였다. 亢부에 속하는 한자는 모두 亢의 의미를 따른다. '頏'자는 亢의 혹자로서 '頁(혈)'로 구성되었다.

80 제12편 下 '弓'부 '張'자 說解 참조.

81 제8편 上 '人'부 '侈'자 說解 참조.

82 《文選》 卷二 <西京賦> 참조.

83 《廣韻》 下平聲 九 '麻'운 참조.

(1) 《사기(史記)・장이열전(張耳列傳)》과 《한서(漢書)・장이전(張耳傳)》에 "이에 머리를 들어 목을 자르고 죽었다.[乃仰絶亢而死]"라고 되어 있는데 위소(韋昭)는 "亢은 목[咽(인)]이다."라고 하였고 소림(蘇林)은 "肮(항)은 목의 대맥(大脈)이다. 세속에서 말하는 호맥(胡脈)이다."라고 하였다.84 《한서・루경전(婁敬傳)》에서 "그 목을 움켜잡았다.[搤其亢]"라고 하였는데 장안(張晏)은 "亢은 목[喉嚨(후롱)]이다."라고 하였다.85 살펴보면 《이아(爾雅)・석조(釋鳥)》에서 "亢은 새의 목[鳥嚨(조롱)]이다."86라고 하였으니 '亢'은 사람의 목을 부르는 말이 새의 목을 부르는 말로 쓰인 것 같다. '亢'의 인신된 의미는 높다[高(고)], 들다[擧(거)], 당하다[當(당)] 등이다.

(2) ('大'의 생략형이란) 윗부분의 '亼' 모양을 말한다.

(3) (경맥(頸脈)의 모양을 상형하였다는 것은) 아랫부분의 '几' 모양을 말한다. 소림(蘇林)의 설(說)과 이 말이 부합한다. '亢'의 발음은 古(고)와 郎(랑)의 반절이다. 10부에 속한다. 살펴보면 古와 郎의 반절로 발음하기도 하고 下(하)와 浪(랑)의 반절로 발음하기도 한다. 속자(俗字)는 '肮(항)'으로 쓰고 '吭(항)'으로도 쓴다.

(4) 이 '頏'자가 경전에 보이는 것은 《시(詩)・패풍(邶風)》에서다. "燕燕于飛, 頡之頏之.[날아가는 제비, 오르락내리락하네.]"의 <모전(毛傳)>에서 "날아서 위로 오르는 것이 '頡(힐)'이요, 날아서 아래로 내려오는 것이 '頏'이다."87라고 하였다. (그러나 이것은) 주석자가 올바른 설명을 하지 못한 것이다. 나(段玉裁)라면 "날아서 내려오는 것을 '頡'이라 하고 날아서 올라가는 것을 '頏'이라 한다."고 설명할 것이다. 옮겨 쓰는 과정에서 오래전에 잘못되었다. '頡'은 '頁'과 발음이 같다. '頁'은 '䭫(계)'자의 고문(古文)이다.88 날아서 내려오는 것이 마치 머리를 조아리는 것 같기 때문에 "頡之"라고 썼다. 아마 고본(古本)에서는 "頁之"라고 쓰여 있었을 것이다. '頏'은 곧 '亢'자다. '亢'의 인신된 뜻이 높다[高]는 것이므로 "頡之"라고 썼으며 고본(古本)에서는 "亢之"라고 되어 있었을 것이다. 발음에서 의미를 찾는다면 날아 내려오는 것을 '頏'이라고 할 수는 없다. 양웅(揚雄)의 <감천부(甘泉賦)>에서는 "柴虒參差, 魚頡而鳥胻.[가시나무가 들쭉날쭉, 물고기는 물속으로 가라앉고 새들은 날아오르네.]"이라고 되어 있다. 이선(李善)은 "頡胻(힐행)은 頡頏과 같다."라고 하였고 안사고(顔師古)는 "頡胻은 上下(상하)다."라고 하였다.89 이는 모두 《모시(毛詩)》에 나오는 '頡

84 《史記・張耳陳餘列傳》 韋昭의 注 및 《漢書・張耳陳餘傳》의 顔師古 注 참조.

85 《漢書・婁敬傳》 顔師古 注 참조.

86 《爾雅・釋鳥》 참조.

87 《詩・邶風・燕燕》의 <毛傳> 참조.

88 제9편 上 '頁'부 說解 참조.

頏'의 의미를 가지고 풀이한 것이다. 즉 물고기는 연못 속으로 가라앉고 새는 하늘로 닿을 듯 날아올라간다는 말이다. 여기에서도 역시 '頡'이 내려오고 '頏'이 올라간다는 뜻으로 쓰인 것을 증명할 수 있다. 속본(俗本) 《한서》에는 '胻(행)'자가 잘못되어 '目'으로 구성된 '眆(항)'자로 되어 있다.[90] 《집운(集韻)》에서는 이 글자를 '唐(당)'운에 집어넣고 곧 《시·연연(燕燕)》에 나오는 '頏'자라고 말하였다.[91] 속자(俗字)를 참고하기 어려운 것이 이 정도이다. 양웅(揚雄)의 ＜해조(解嘲)＞에서는 "추연(鄒衍)은 거만한 행동으로[頡亢] 세상에 용납되기를 바란다."고 했는데 《한서》는 이 구절을 '亢'으로 썼고 《문선(文選)》은 '頏'으로 썼다.[92] 이는 바로 '亢'과 '頏'이 같은 글자라는 증거다. '頁'부에서 "頡은 목을 곧게 편다[直項(직항)]는 뜻이다."[93]라고 하였고 '亢'은 "사람의 목[人頸]"이라는 뜻이니 '頡亢'은 곧 목을 곧게 세운다는 뜻이다. 《회남자(淮南子)·수무훈(修務訓)》에서는 "비록 왕공대인(王公大人) 중에 엄정한 뜻을 가지고 고고한 행동을 하는[嚴志頡頏之行] 사람이라 해도 탐욕이 마음을 괴롭혀서 그 색(色)을 좋아하지 않는 사람이 없다."[94]라고 하였다. 여기에 쓰인 '頡頏'이 바로 "목을 곧게 세우다[直項]"라는 의미로 풀이된 것이다. ＜해조＞에 쓰인 '頡亢' 역시 추연(鄒衍)이 '목에 힘을 주고' 밖의 사물을 오만하게 대하는 데도 세상에서는 오히려 그를 본받으려 하는 것을 말한다. 여기에서는 '亢'자가 본의로 사용된 것이다. ＜동방삭화찬(東方朔畵贊)＞에서 "어차피 구차하게 바른 도(道)로 나아갈 수 없는 바에야 목을 꼿꼿이 세우고[頡頏] 세상에 거만하였다."[95]라고 하였다. 이것도 "목을 곧게 세운다."라는 뜻을 취하였다.

(1) 史漢張耳列傳, 乃仰絶亢而死. 韋昭曰, 亢, 咽也. 蘇林云, 肮, 頸大脈也, 俗所謂胡脈. 婁敬傳, 搤其亢. 張晏曰, 亢, 喉嚨也. 按釋鳥曰, 亢, 鳥嚨. 此以人頸之偁爲鳥頸之偁也. 亢之引申爲高也擧也當也. (2) 上人. (3) 下几. 蘇林說與此合. 古郎切. 十部. 按亦胡郎切, 亦下浪切. 俗作肮, 作吭. (4) 此字見於經者, 邶風曰, 燕燕于飛, 頡之頏之. 毛傳曰, 飛而上曰頡, 飛而下曰頏. 解者不得其說. 玉裁謂當作飛而下曰頡, 飛而上曰頏. 轉寫互譌久矣. 頡與頁同音. 頁古文䭫. 飛而下如䭫首然, 故曰頡

---

89 《文選》 卷七 楊雄의 ＜甘泉賦＞ 참조.

90 《漢書》 ＜楊雄傳＞ 上 참조.

91 《集韻》 下平聲 十一 '唐'운 참조.

92 《文選》 卷四十五 楊雄의 ＜解嘲＞ 및 《漢書·楊雄傳》 下 참조.

93 제9편 上 '頁'부 '頡'자 說解 참조.

94 《淮南子·修務訓》 참조.

95 《文選》 卷四十七 夏侯湛의 ＜東方朔畵贊＞ 참조.

之. 古本當作頁之. 頏卽亢字. 亢之引申爲高也, 故曰頏之. 古本當作亢之. 於音尋義, 斷無飛而下曰頏者. 若楊雄[96]甘泉賦, 柴虒參差, 魚頡而鳥䀨. 李善曰, 頡䀨, 猶頡頏也. 師古曰, 頡䀨, 上下也. 皆以毛詩頡頏爲訓, 魚潛淵, 鳥戾天, 亦可證頡下頏上矣. 俗本漢書䀨譌从目, 作䀨. 集韻入諸唐韻, 謂卽燕燕之頏字. 俗字之不可問有如此者. 楊雄解嘲, 鄒衍以頡亢而取世資. 漢書作亢, 文選作頏, 正亢頏同字之證. 頁部曰, 頡者, 直項也. 亢者, 人頸. 然則頡亢正謂直項. 淮南修務訓, 王公大人有嚴志頡頏之行者, 無不憚悇癢心而悅其色矣. 此正用直項之訓. 解嘲之頡亢, 亦正謂鄒衍强項傲物而世猶師資之也. 亢用字之本義. 東方朔畫贊云, 苟出不可以直道也, 故頡頏以傲世. 亦取直項之義.

400. 夲(토)부

進趣也.(1) 从大十.(2) 大十者,(3) 猶兼十人也.(4) 凡夲之屬皆从夲. 讀若夲.(5)

'夲'는 빠르게 나아간다는 뜻이다. '大(대)'와 '十(십)'으로 구성되었다. '大十'은 열 사람의 (능력을) 겸한다는 말과 같다. 夲부에 속하는 한자는 모두 夲의 의미를 따른다. '滔(도)'와 같이 발음한다.

(1) '趣(취)'는 빠르다[疾(질)]는 뜻이다.[97]

(2) 회의(會意)자다.

(3) ("大十者"의) '者(자)'자는 《광운(廣韻)》에 의해 보충한다.[98]

(4) '夲'가 '大'와 '十'으로 구성된 의미를 설명하였다. 빠르게 나아가는 것이 마치 열 사람의 능력을 겸한 것 같다는 말이다.

(5) '夲'의 발음은 土(토)와 刀(도)의 반절이다. 2부에 속한다.

(1) 趣者, 疾也. (2) 會意. (3) 者字依廣韻補. (4) 說从大十之意. 言其進之疾, 如兼十人之能也.

---

96 揚雄으로 써야 맞는데 段玉裁 注에는 楊雄으로 되어 있다.

97 제2편 上 '走'부 '趣'자 說解 참조.

98 《廣韻》 下平聲 六 '豪'운 참조.

(5) 土刀切. 二部.

401. 夰(고)부

 放也.(1) 从大八. 八, 分也.(2) 凡夰之屬皆从夰.

'夰'는 쫓는다는 뜻이다. '大(대)'와 '八(팔)'로 구성되었다. '八'은 나눈다는 뜻이다. 夰에 부속된 글자는 모두 夰의 의미를 따른다.

(1) '放(방)'은 쫓는다[逐(축)]는 뜻이다.[99]

(2) 각 판본에는 ("从大八. 八, 分也."가) "从大而八分也."라고 되어 있다.[100] 지금 바로잡는다. '夰'는 크게 나눈다는 뜻이다. '夰'의 발음은 古(고)와 老(로)의 반절이다. 2부에 속한다.

(1) 放者, 逐也. (2) 各本从大而八分也, 今正. 夰者, 大分之意也. 古老切. 二部.

402. 亣(대)부

 籒文大. 改古文.(1) 亦象人形.(2) 凡亣之屬皆从亣.

'亣'는 '大'의 주문(籒文)이다. 고문(古文) 자형을 고친 것이다. 또한 사람의 모양을 상형하였다. 亣부에 속하는 한자는 모두 亣의 의미를 따른다.

(1) 고문(古文)으로는 '大(大')로 쓰고 주문(籒文)으로는 고쳐서 '亣'로 쓴 것이다. 본래 같은 글자였다. 글자 가운데 어떤 것은 편방(偏旁)이 고문의 자형인 '大(大)'로 구성되고 어떤 것은

---

99 제4편 下 '放'부 說解 참조.

100 二徐本 참조.

주문의 자형인 '亣'로 구성되어 일치하지 않으므로 허신이 자서(字書)를 만들면서 두 개의 부수로 나누지 않을 수 없었다. 마치 '人(인)'과 '儿(인)'이 본래 같은 글자인데 나누어 두 개의 부수로 한 것과 같다.[101] 고야왕(顧野王)의 《옥편(玉篇)》에서는 예서(隸書)의 필법(筆法)을 써서 '大'와 '亣' 두 부수를 합쳐서 하나의 부수로 만들어 놓았다. 그것이 결국 고문 자형과 주문 자형을 구별할 수 없게 만들었다.[102]

(2) '亦(역)'이라고 한 이유는 이 글자 또한 고문(古文)이기 때문이다. '大'는 사람의 모양을 상형한 것이며 '亣' 역시 사람의 모양을 상형한 것이라는 말이다. 글자가 같으니 발음도 같다. 대서본(大徐本)에서는 '大(大)'는 "徒(도)와 蓋(개)의 반절이다."라고 하고 '亣'는 "他(타)와 達(달)의 반절이다."[103]라고 하여 발음을 구별하였는데 대단히 잘못된 것이다. 옛날에는 '大'자에 거성(去聲)과 입성(入聲)이 나뉘지 않았었다. 대체로 지금 거성의 글자는 옛날에는 모두 입성이었다. '大'가 입성으로 발음되는 것은 지금은 오직 '회계군(會稽郡) 대말현(大末縣)'이라고 할 때의 '大'자가 있는데 이것에만 고어(古語)가 남아 있을 따름이다. 사실 모든 '大'의 발음은 모두 입성으로 할 수 있으며 고문(古文)은 거성으로 발음되고 주문(籀文)은 입성으로 발음된다고 할 수는 없다.

(1) 謂古文作大, 籀文乃改作亣也, 本是一字. 而凡字偏旁或从古, 或从籀不一. 許爲字書乃不得不析爲二部, 猶人儿本一字, 必析爲二部也. 顧野王玉篇乃用隸法合二部爲一部, 遂使古籀之分不可攷矣. (2) 亦者, 亦古文也. 大象人形, 此亦象人形. 其字同, 則其音同也. 而大徐云, 大徒蓋切, 亣他達切. 分別殊誤. 古去入不分. 凡今去聲之字, 古皆入聲. 大讀入聲者, 今惟有會稽大末縣, 獨存古語耳. 實則凡大皆可入, 非古文去籀文入之謂.

403. 夫(부)부

丈夫也. 从亣一.(1) 一㠯象兂.(3) 周制八寸爲尺,(4) 十尺爲丈.(5) 人長八

---

101 제8편 上 '人'부 說解 및 제8편 下 '儿'부 說解 참조.

102 《玉篇》 '大'부 第321 참조. 《玉篇》에서는 '大'부와 '亣'부를 합하여 놓았으며 '亣'부에 부속된 글자들은 '大'부로 귀속시켰다.

103 徐鉉本 참조.

尺,(6) 故曰丈夫.(7) 凡夫之屬皆从夫.

'夫'는 장부(丈夫)다. '大(대)'와 '一(일)'로 구성되었다. '一'로 비녀[兂(잠)]의 모양을 상형하였다. 주대(周代)의 제도에서 8촌(寸)이 1척(尺)이고 10척(尺)이 1장(丈)이었다. 사람은 8척까지 키가 자라므로 그래서 장부(丈夫)라고 하였다. 夫부에 속하는 한자는 모두 夫의 의미를 따른다.

(1) '一'과 '大'로 구성되면 '天(천)'자가 되고[104] '大'와 '一'로 구성되면 '夫'자가 된다. 이렇게 보면 사람과 하늘은 같은 것이다. '天'자의 '一'은 '大' 위에 덮어 썼으니 회의(會意)가 되고 '夫'자의 '一'은 '大'의 머리를 꿰었으니 상형(象形)이 되기도 하고 회의(會意)가 되기도 한다.

(2) '兂'은 머리에 꽂은 비녀다. 속자(俗字)는 '簪(잠)'으로 쓴다.[105] 《태평어람(太平御覽)》에 의하여 "冠而後簪, 人二十而冠, 成人也.[관례(冠禮)를 올린 후에 비녀를 꽂는다. 사람은 스무 살이 되면 관례를 하는데 그때부터 성인(成人)이 된다.]"의 열두 글자를 (이곳에) 보충해야 한다.[106] 이것은 '一'이 비녀의 모양을 상형하였다는 것을 설명한 것이다. '夫'의 발음은 甫(보)와 無(무)의 반절이다. 5부에 속한다.

(3) '尺(척)'부에서 "중년 부인의 손의 길이는 8촌인데 그것을 '咫(지)'라 한다. 이것이 주대(周代)의 1척(尺)에 해당한다.[中婦人手長八寸謂之咫, 周尺也.]"라고 하였다.[107]

(4) '十(십)'부에서 "丈(장)은 10척이다. 손[又(우)]으로 '十'을 가지고 있는 모양으로 구성되었다.[丈, 十尺也. 从又持十.]"라고 하였다.[108]

(5) 이 말은 《주례(周禮)·고공기(考工記)》에 보인다.[109]

(6) 이 구절은 사람을 '丈夫'라고 부르는 이유를 설명하고 있다.

---

104 제1편 上 '一'부 '天'자 說解 참조.

105 제8편 下 '兂'부 說解 참조.

106 《太平御覽》 卷382, <人事部> 二十三 '醜大夫' 조항 참조.

107 제8편 下 '尺'부 '咫'자 說解 참조. 漢代의 尺은 약 23.2cm에 해당하므로 寸은 2.3cm가 되고 8寸은 18.4cm가 된다. 그렇다면 漢代의 8寸이 周代의 1尺이므로 周代의 尺은 18.4cm다. 그것이 중년부인의 손의 길이 '咫'이다.

108 제3편 上 '十'부 '丈'자 說解 참조. 漢代 尺이 23.2cm이므로 10尺인 232cm가 丈이다. 일반적으로 사람은 그렇게까지 키가 자라지 않으니 8尺이라 하면 약 185cm가 된다. 그것은 성인 남자의 키라고 할 수 있을 것이다.

109 《周禮·考工記》 序 참조.

(1) 从一大則爲天, 从大一則爲夫. 於此見人與天同也. 天之一, 冒大上, 爲會意. 夫之一, 毋大首, 爲象形, 亦爲會意. (2) 兂, 首笄也. 俗作簪. 依御覽宜補, 冠而後簪, 人二十而冠, 成人也, 十二字. 此說以一象簪之意. 甫無切. 五部. (3) 尺部曰, 中婦人手長八寸謂之咫, 周尺也. (4) 十部曰, 丈, 十尺也, 从又持十. (5) 見考工記. (6) 此說人偁丈夫之恉.

404. 立(립)부

 侸也.(1) 从亣. 在一之上.(2) 凡立之屬皆从立.

'立'은 선다는 뜻이다. '亣(대)'로 구성되었다. '一(일)' 위에 서 있는 것이다. 立부에 속하는 한자는 모두 立의 의미를 따른다.

(1) '侸(두)'자는 각 판본에 '住(주)'자로 되어 있다.[110] 지금 바로잡는다. '人(인)'부에서 "侸는 선다[立]는 뜻이다."[111]라고 하였으니 '立'자와 서로 풀이해 준다. 천인(淺人)들이 '侸'를 '住'로 바꾸어 놓았다. 허신의 책에는 그런 경우가 없다.

(2) ("从亣在一之上"의) '在(재)'자가 각 판본에는 '立'자로 되어 있다.[112] 지금 바로잡는다. 서현(徐鉉)이 말하기를 "大는 사람[人]이다. 一은 땅[地]이다."라고 하였다.[113] 회의(會意)자다. '立'의 발음은 力(력)과 入(입)의 반절이다. 7부에 속한다.

(1) 侸各本作住, 今正. 人部曰, 侸者, 立也. 與此爲互訓. 淺人易爲住字, 亦許書之所無. (2) 在各本作立, 今正. 鉉曰, 大, 人也. 一, 地也. 會意. 力入切. 七部.

110 二徐本 참조.
111 제8편 上 '人'부 '侸'자 說解 참조.
112 二徐本 참조.
113 徐鉉本 참조.

405. 竝(병)부

 併也.(1) 从二立.(2) 凡竝之屬皆从竝.

'竝'은 나란하다는 뜻이다. 두 개의 '立(립)'으로 구성되었다. 竝부에 속하는 한자는 모두 竝의 의미를 따른다.

(1) '人(인)'부 '併(병)'자에서 "나란히 선다[竝]는 뜻이다."[114]라고 하였으니 '併'과 '竝' 두 전문(篆文)은 전주(轉注)가 된다. 정현(鄭玄)은 《예경(禮經)》을 주석하면서 "고문(古文) '竝'자는 대부분 금문(今文)인 '併'자로 쓴다."고 하였다.[115] 이것은 두 글자가 발음과 의미가 모두 같기 때문이다. 고서(古書)에서는 '竝'을 '傍(방)'자로 쓰는 경우가 많다. '傍'은 가깝다[附(부)]는 뜻이다.[116]

(2) '竝'의 발음은 蒲(포)와 迥(형)의 반절이다. 11부에 속한다.

(1) 人部併下曰, 竝也. 二篆爲轉注. 鄭注禮經古文竝今文多作併, 是二字音義皆同之故也. 古書亦多用爲傍字者. 傍, 附也. (2) 蒲迥切. 十一部.

406. 囟(신)부

 頭會𦝫葢也.(1) 象形.(2) 凡囟之屬皆从囟.  或从肉宰.(3)  古文囟字.(4)

114 제8편 上 '人'부 '併'자 說解 참조.

115 鄭玄은 《儀禮》 <士昏禮>의 "特豚合升側載, 無魚腊, 無稷, 竝南上."의 注에 "今文竝, 當作併."이라 하였고 <聘禮>의 "堂上八豆, 設于戶西西陳, 皆二以竝東上."의 注에 "今文竝皆爲併"이라 하였으며 <公食大夫禮>의 "宰夫設黍稷六簋于俎西, 二以竝東北上."의 注에 "竝, 併也, 今文曰併."이라 하였으며 <士喪禮>의 "士盥二人, 以竝東面."의 注에 "今文竝爲併"이라 하였다.

116 제8편 上 '人'부 '傍'자 說解 참조.

'囟'은 머리의 두개골이 접합되는 곳이다. 상형(象形)이다. 囟부에 속하는 한자는 모두 囟의 의미를 따른다. '膟'은 혹자(或字)로서 '肉(육)'과 '宰(재)'로 구성되었다. '𠙹'은 囟의 고문(古文)이다.

(1) 머리가 모이는 곳이며 골수를 덮는 곳이다. 현응(玄應)이 인용한 것에는 '葢(개)'자 다음에 "頟空(액공)" 두 글자가 더 있다.[117] "頟空"이란 "두개골 사이의 틈[額腔(액강)]"이다. 《예기(禮記)·내칙(內則)》의 주석에서 "두개골의 끼인 곳[夾囟(협신)]을 '角(각)'이라 한다."라고 하였다.[118]

(2) 《예기·내칙》의 《정의(正義)》에서 (《설문》을) 인용하면서 "囟은 그 자형이 어린아이의 두개골이 합쳐지지 않은 모양을 상형하였다.[囟, 其字象小兒腦不合也.]"라고 하였다.[119] 내가 본 바로는 '人(인)'부의 '兒(아)'자에서도 "儿(인)으로 구성되었다. 위는 어린아이의 두개골이 아직 합쳐지지 않은 모양을 상형하였다.[从儿, 上象小兒頭腦未合也.]"라고 하였다.[120] 《구경자양(九經字樣)》에서 "《설문》에서는 '囟'으로 썼는데 예서(隸書)로 변하여서는 '囟'으로 쓴다. '巤(렵)'·'腦(뇌)' 등의 글자가 이것[囟]으로 구성되었고 '細(세)'·'思(사)' 등의 글자 역시 이것으로 구성되었다."라고 하였다.[121] 몽영(夢英)이 쓴 《편방자원(偏旁字源)》을 살펴보면 석각(石刻)에서는 '⊠'으로 쓰고 송대(宋代) 판각한 책에서는 모두 '囟'으로 썼다. 지금 사람들의 해서(楷書)는 '囪'으로 잘못되었으며 게다가 전서(篆書)의 자체를 고쳐서 '⊠'으로 썼다. 그렇게 되어 소위 아이의 두개골이 붙지 않았다는 의미를 알아 볼 수가 없게 되었다. '囟'의 발음은 息(식)과 進(진)의 반절이다. 12부에 속한다.

(3) 이 글자는 속자(俗字)인 것 같다.

(4) 《예기·내칙》의 《정의》에서 인용한 《설문》의 구절("囟, 其字象小兒腦不合也.")이 (맨 마지막의) '字'자 다음에 붙어야 할 것 같다.

(1) 首之會合處, 頭髓之覆葢. 玄應引葢下有頟空二字. 頟空, 謂頟腔也. 內則注曰, 夾囟曰角. (2) 內則正義引此云, 囟, 其字象小兒腦不合也. 按人部兒下亦云, 从儿, 上象小兒頭腦未合也. 九經字樣曰, 說文作囟, 隸變作囟. 巤腦等字从之, 細思等字亦从之. 攷夢英書偏傍石刻作⊠. 宋刻書本皆作

117 玄應의 《一切經音義》 卷四, 寶雲經 '頂囪' 참조.

118 《禮記·內則》 "角男女羈"의 注 참조.

119 《禮記·內則》 "角男女羈"의 注에 대한 《正義》 참조.

120 제8편 下 '儿'부 '兒'자 說解 참조. 段玉裁가 '人'자로 쓴 것은 '儿'자가 잘못된 것이다.

121 《九經字樣》 <雜辨部> 참조.

囟. 今人楷字譌囟, 又改篆體作囟, 所謂象小兒腦不合者, 不可見矣. 息進切. 十二部. (3) 蓋俗字. (4) 內則正義所引說文疑在此字之下.

407. 思(사)부

 容也.(1) 从心从囟.(2) 凡思之屬皆从思.

'思'는 깊이 통한다는 뜻이다. '心(심)'과 '囟(신)'으로 구성되었다. 思부에 속하는 한자는 모두 思의 의미를 따른다.

(1) "睿也(순야)"가 각 판본에는 "容也(용야)"라고 되어 있다.[122] 어떤 사람들은 복생(伏生)의 ≪상서(尙書)≫에 나오는 "思心曰容(사심왈용)"이라는 구절을 가지고 '思'자를 설명한다. 지금 바로잡는다. (≪상서≫에서) "皃(모)를 恭(공)이라 하고 言(언)을 從(종)이라 하고 視(시)를 明(명)이라 하고 聽(청)을 聰(총)이라 하고 思心을 容이라 한다."[123]라고 한 것은 다섯 가지의 덕(德)을 말하려는 것이다. '恭'으로 '皃'자를 해석하고 '從'으로 '言'자를 해석하고 '明·聰'으로 '視·聽'자 등을 해석할 수 있다는 말은 아니다. '谷(곡)'부에서 "'睿(순)'은 큰물에 깊이 통하게 하는 것[深通川(심통천)]이다."라고 하였고 "睿은 畎(견)과 澮(회)를 깊이 파서 큰 시내에 이르게 하는 것[睿畎澮距川]이다."라는 말을 인용하였다.[124] 그것으로부터 인신되어 모든 깊이 통하는 것을 '睿'이라고 한다. '思'와 '睿'은 성모가 같다. 이렇게 (성모가 같은 글자로 풀이하는 것은) "門(문)은 聞(문)의 뜻이다."[125] "戶(호)는 護(호)의 뜻이다."[126] "髮(발)은 拔(발)의 뜻이다."[127]의 예와 같다. '思'라고 말할 수 있는 것은 깊이 통할 수 있기 때문이다. ≪상서대전(尙書大傳)≫에서 "다음의 다섯 번째 일을 사심(思心)이라고 한다. 생각하는 마음[思心]이 깊이 통하지[容] 않는 것을 '不聖(불성)'이라고 한다."라

122 二徐本 참조.
123 ≪尙書·洪範≫ 참조.
124 제11편 下 '谷'부 '睿'자 說解 참조.
125 제12편 上 '門'부에 의하면 "門, 聞也."로 되어 있다. 段注의 "門, 捫也."는 誤字인 것 같다.
126 제12편 上 '戶'부 說解 참조.
127 ≪釋名·釋形體≫ 참조.

고 한 것과[128] 유향(劉向)・동중서(董仲舒)・반고(班固)가 모두 '관대하다[寬(관)]'는 뜻으로 '容'을 해석한 경우는, 《고문상서(古文尙書)》에 "다섯 번째가 思이고 思를 睿(예)라고 한다.[五曰思. 思曰睿.]"라고 쓰여 있는 것과 판본이 다르다. 내가 서술한 《상서찬이(尙書撰異)》에 그에 대한 내용이 상세하게 설명되어 있다.

(2) 각 판본에는 ("从囟"이) "囟聲(신성)"으로 되어 있는데[129] 지금 《운회(韻會)》에 의해 바로잡는다.[130] 《운회》에서 "囟(신)부부터 心(심)부까지는 마치 실이 서로 꿰어 끊어지지 않는 것과 같다."라고 하였다. 그렇다면 '思'는 회의(會意)자이지 형성(形聲)자가 아니다. '細(세)'자는 '囟'이 성부이므로 결코 '之(이)'・'咍(해)' 운부에 속하는 글자가 아니다. '思'의 발음은 息(식)과 兹(자)의 반절이다. 1부에 속한다.

(1) 容也各本作容也. 或以伏生尙書思心曰容說之, 今正. 皃曰恭, 言曰從, 視曰明, 聽曰聰, 思心曰容, 謂五者之德. 非可以恭釋皃, 以從釋言, 以明聰釋視聽也. 谷部曰, 容者, 深通川也. 引容畎澮距川. 引申之, 凡深通皆曰容. 思與容雙聲, 此亦門捫也, 戶護也, 髮拔也之例. 謂之思者, 以其能深通也. 至若尙書大傳, 次五事曰思心, 思心之不容, 是謂不聖. 劉向董仲舒班固, 皆以寬釋容. 與古文尙書作, 五曰思, 思曰睿, 爲異本. 詳予所述尙書撰異. (2) 各本作囟聲. 今依韻會訂. 韻會曰, 自囟至心如絲相貫不絶也. 然則會意非形聲. 細以囟爲聲, 固非之咍部字也. 息兹切. 一部.

408. 心(심)부

人心. 土臧也.(1) 在身之中. 象形.(2) 博士說㠯爲火臧.(3) 凡心之屬皆从心.

'心'은 사람의 심장이다. 토장(土臧)이다. 몸의 가운데에 있다. 상형(象形)이다. 박사(博士)의 설(說)에서는 화장(火臧)으로 여긴다. 心부에 속하는 한자는 모두 心의 의미를 따른다.

---

128 《尙書大傳》 洪範五行傳 참조.

129 二徐本 참조.

130 《韻會》 上平聲 四 '支'운 참조.

(1) ("土臧也"의) '也(야)'자를 보충한다.

(2) '心'의 발음은 息(식)과 林(림)의 반절이다. 7부에 속한다.

(3) '心'이 '土臧'이라는 것은 《고문상서(古文尙書)》의 설(說)이고 '火臧'이라는 것은 금문가(今文家)들의 설(說)이다. 이에 대하여서는 '肉(육)'부 '肺(폐)'자에 상세하게 설명되어 있다.[131]

(1) 也字補. (2) 息林切. 七部. (3) 土臧者, 古文尙書說. 火臧者, 今文家說. 詳肉部肺下.

409. 惢(쇄)부

心疑也.(1) 从三心.(2) 凡惢之屬皆从惢. 讀若易旅瑣瑣.(3)

'惢'는 의심한다는 뜻이다. 세 개의 '心(심)'으로 구성되었다. 惢부에 속하는 한자는 모두 惢의 의미를 따른다. 《역(易)》의 "旅瑣瑣(여쇄쇄)"의 '瑣'자와 같이 발음한다.

(1) <위도부(魏都賦)>에 "神惢形茹[마음에 의심이 생기고 몸이 초췌해진다.]"라는 말이 나온다.[132]

(2) 지금 세속에서는 의심하는 것을 '多心(다심)'이라고 한다. 회의(會意)자다. 지금 '꽃술[花蘂(화예)]'이라는 뜻의 '蘂(예)'자는 '惢'로 써야 한다. '蘂(예)'자 · '橤(예)'자는 모두 속자(俗字)다.

(3) 《역(易) · 여괘(旅卦)》의 초륙(初六)효의 효사(爻辭)이다.[133] '惢'는 이 '瑣'처럼 발음한다는 말이다. 내 생각에는 고음(古音) 16부에 속하는 것 같다. '惢'의 지금 발음은 才(재)와 規(규)의 반절이거나, 才(재)와 累(루)의 반절인 두 가지 발음방법이 있다.

(1) 魏都賦曰, 神惢形茹. (2) 今俗謂疑爲多心. 會意. 今花蘂字當作此, 蘂橤皆俗字也. (3) 旅初六爻辭. 惢讀如此瑣也. 按古音在十六部. 今才規才累二切, 是也.

131 제4편 下 '肉'부 '肺'자 段玉裁 注 참조.

132 《文選》 卷六 <魏都賦> 참조.

133 《易 · 旅卦》의 初六爻의 爻辭 "旅瑣瑣, 斯其所取災." 참조.

제11편 上

410. 水(수)부

 準也.(1) 北方之行.(2) 象衆水竝流，中有微陽之氣也.(3) 凡水之屬皆从水.

'水'는 고르게 한다는 뜻이다. 북방(北方)의 행(行)이다. 여러 줄기의 물이 나란히 흐르는데 가운데에 미미한 양(陽)의 기운이 있는 것을 상형하였다. 水부에 속하는 한자는 모두 水의 의미를 따른다.

(1) '準(준)'은 고음(古音)이 '追(추)'이며 상성(上聲)이다. 이것은 ('水'자와) 운모가 같은 글자로 풀이한 것이다. "戶(호)는 보호하다[護(호)]의 뜻이다." "尾(미)는 미약하다[微(미)]의 뜻이다."라고 풀이한 예와 같다.[1] 《석명(釋名)》에서 "'水'는 고르게 한다[準]는 뜻이고 '準'은 평평하게 한다[平(평)]는 뜻이다."라고 하였다.[2] 세상에 물보다 평평한 것이 없다. 그래서 장인(匠人)은 도성을 세울 때 물길을 기준으로 한다.[3]

(2) 《예기(禮記)·월령(月令)》에 "태사(太史)가 천자(天子)를 뵙고 아뢰기를 '어느 날이 입동(立冬)입니다. 성한 덕(德)이 물에 있습니다.'라고 하였다."라고 하였다.[4]

(3) '火(화)'는 밖이 양이고 안이 음인데 '水(수)'는 밖이 음이고 안이 양이다. 가운데 획이 양(陽)을 상형하였다. '微陽(미양)'이라고 한 것은 양(陽)이 안에 있기 때문이다. '微'는 숨는

---

1 제12편 上 '戶'부 說解 및 제8편 下 '尾'부 說解 참조.

2 《釋名·釋天》 참조.

3 《周禮·考工記·匠人》 참조.

4 《禮記·月令》 '孟冬之月' 참조.

다[隱(은)]는 말과 같다.[5] '水'의 자형이 '☵'괘의 모양과 대략 같다. '水'의 발음은 式(식)과 軌(궤)의 반절이다. 15부에 속한다.

(1) 準古音追上聲. 此以疊韻爲訓, 如戶護尾微之例. 釋名曰, 水, 準也. 準, 平也. 天下莫平於水, 故匠人建國必水地. (2) 月令曰, 大史謁之天子曰, 某日立冬, 盛德在水. (3) 火, 外陽內陰. 水, 外陰內陽. 中畫象其陽. 云微陽者, 陽在內也. 微猶隱也. 水之文與☵卦略同. 式軌切. 十五部.

5 제2편 下 '彳'부 '微'자 說解 참조.

제11편 下

沝瀕𡿨巜川泉
灥永𠂢谷仌雨
雲魚𩺰燕龍飛
非卂

411. 沝(주)부

 二水也.(1) 闕.(2) 凡沝之屬皆从沝.

'沝'는 두 갈래 물이다. 비워 둔다. 沝부에 속하는 한자는 모두 沝의 의미를 따른다.

(1) '沝'자의 자형을 보면 뜻을 바로 알 수 있다.

(2) "비워 둔다[闕(궐)]"고 한 것은 '沝'의 발음에 대하여 비워 둔다는 말이다. 즉 "讀若[某와 같이 발음한다.]"이 전하지 않는다. '沝'의 지금 발음을 之(지)와 壘(루)의 반절이라고 한 것은 임의대로 정한 것이다.

(1) 卽形而義在焉. (2) 此謂闕其聲也. 其讀若不傳. 今之壘切者, 以意爲之.

412. 頻(빈)[1]부

 水厓, 人所賓附也.(1) 顰戚不歬而止. 从頁从涉.(2) 凡頻之屬皆从頻.

'頻'은 물가라는 뜻이며 사람들이 가까이 갈 수 있는 곳이다. (그곳에서) 얼굴을 찌

1 '頻'은 篆書의 자형을 따른 楷書體다. 지금 통용되는 글자는 '瀕'이다. 段玉裁는 許愼의 說解에서는 '頻'을 사용하고 자신의 注에서는 '瀕'을 사용하였다.

푸리며 앞으로 나아가지 못하고 멈춘다. '頁(혈)'과 '涉(섭)'으로 구성되었다. 瀕부에 속하는 한자는 모두 瀕의 의미를 따른다.

(1) '厓(애)'자는 지금의 '涯(애)'자다. '附(부)'자는 '駙(부)'자로 써야 한다. '馬(마)'부에서 "駙는 가깝다[近]는 뜻이다."라고 하였다.[2] '瀕(빈)'자와 '賓(빈)'자가 운모가 같아서 그것으로 풀이한 것이다. '瀕'의 금자(今字)는 '濱(빈)'으로 쓴다. 《시(詩)·소민(召旻)》의 <모전(毛傳)>에서 "瀕은 가장자리[厓]라는 뜻이다."라고 하였고[3] 《시·채빈(采蘋)》, 《시·북산(北山)》의 <모전>에서 모두 "濱은 가장자리[厓]라는 뜻이다."라고 하였다.[4] 금자(今字)로는 '頻(빈)'자를 사용하고 자주 한다[數(삭)]는 뜻으로 풀이한다. 《시·상유(桑柔)》의 <모전>을 살펴보면 "頻은 급하다[急(급)]는 뜻이다."[5]라고 되어 있고 《광아(廣雅)》에서는 "頻頻은 가깝다, 나란하다[比(비)]는 뜻이다."[6]라고 하였으니 이것은 ('瀕'자의 원래 의미인) 가까이 있다[附近(부근)]는 뜻을 따라 인신된 것들이다. 본래부터 ('瀕'자와 '頻'자의) 두 글자가 있었고 두 가지 발음이 있었던 것이 아니다. 그런데 금자(今字)에서 잘못 나누어져 습관적으로 사용하다가 규칙으로 굳어졌다.

(2) '顰戚(빈척)'이 각 판본에 '顰戚'으로 되어 있다.[7] 지금 바로잡는다. 이 구절은 '얼굴을 찡그린다[顰戚]'는 말로 ('瀕'자가) 頁(혈)로 구성된 이유를 설명한 것이다. 물을 건너가려고 하는 사람이 물이 너무 깊을까 하여 눈썹과 이마를 찡그리고 멈추어 있다는 말이다. 그래서 '瀕'자가 '涉'과 '頁'로 구성되었다. '瀕'의 발음은 符(부)와 眞(진)의 반절이다. 내 생각에는 必(필)과 鄰(린)의 반절이어야 할 것 같다. 12부에 속한다.

(1) 厓今之涯字. 附當作駙. 馬部曰, 駙, 近也. 瀕賓以疊韻爲訓. 瀕今字作濱. 召旻傳曰, 瀕, 厓也. 采蘋北山傳皆曰, 濱, 厓也. 今字用頻訓數. 攷桑柔傳曰, 頻, 急也. 廣雅曰, 頻頻, 比也. 此從附近之義引申之, 本無二字二音, 而今字妄爲分別, 積習生常矣. (2) 顰戚各本作顰戚, 今正. 此以顰戚釋从頁之意也. 將涉者, 或因水深, 顰眉蹙頞而止, 故字从涉頁. 符眞切. 按當必鄰切. 十二部.

---

2 제10편 上 '馬'부 '駙'자 說解 참조.

3 《詩·大雅·召旻》 "不云自瀕"의 <毛傳>.

4 《詩·召南·采蘋》, 《詩·小雅·北山》의 <毛傳> 참조.

5 《詩·大雅·桑柔》 "國步斯頻"의 <毛傳>.

6 《廣雅·釋訓》 참조.

7 二徐本 참조.

413. く(견)부

水小流也.(1) 周禮, 匠人爲溝洫, 枱廣五寸,(2) 二枱爲耦, 一耦之伐, 廣尺深尺謂之く, 倍く謂之遂, 倍遂曰溝, 倍溝曰洫, 倍洫曰巜.(3) 凡く之屬皆从く. 𤰝 古文く. 从田川.(4) 田之川也.(5) 畎 篆文く. 从田犬聲.(6) 六畎爲一畮.(7)

'く'은 작은 냇물이라는 뜻이다. 《주례(周禮)》에서 다음과 같이 말하였다. "장인(匠人)이 도랑[溝洫(구혈)]을 만들 때의 방법은 아래와 같다. 보습[枱(이)]은 넓이가 5촌(寸)인데 두 개의 보습이 (들어갈 넓이를) '耦(우)'라고 한다. 耦(우) 하나 넓이의 둔덕[伐(벌)]을 만들고 그곳에 넓이가 1척(尺)이고 깊이가 1척(尺)이 되도록 파는데 그것은 'く'이라 한다. 'く'을 두 배 한 것을 '遂(수)'라 하고 '遂'를 두 배 한 것을 '溝(구)'라 하고 '溝'를 두 배 하면 '洫(혈)'이라 하고 '洫'을 두 배 하면 '巜(괴)'라고 한다." く부에 속하는 한자는 모두 く의 의미를 따른다. '𤰝'은 く의 고문(古文)이다. '田(전)'과 '川(천)'으로 구성되었다. 밭 사이를 흐르는 시내다. '畎'은 く의 전문(篆文)이다. '田'으로 구성되었고 '犬(견)'이 발음을 나타낸다. 6'畎(견)'이 1'畮(무)'가 된다.

(1) '水(수)'부에서 "涓(연)은 작은 냇물[小流(소류)]이다."라고 하였다.[8] 'く'과 '涓'은 발음과 의미가 같다. 《석명(釋名)》에서 "산 아래턱에 빗물이 흘러 내려오는 것을 받는 곳을 '甽(견)'이라 한다. '甽'은 빤다[吮(연)]는 뜻이다. 산의 기름지고 윤기 있는 것을 빨아들인다는 뜻이다."라고 하였다.[9] 내 생각에는 이것이 《상서(尙書)·우공(禹貢)》에 나오는 '羽畎(우견: 羽산의 냇물)', '岱畎(대견: 岱산의 냇물)'이라는 말에 대한 설명이 된다. 역시 작은 시냇물[小流]이라는 뜻이다.

(2) '枱(이)'는 허신이 말하는 '梠(사)'자다. '木(목)'부에 보인다.[10] 각 판본에서 '梠(사)'자로 되어 있는데[11] 잘못이다.

---

8 제11편 上 '水'부 '涓'자 說解 참조.

9 《釋名·釋山》 참조.

10 제6편 上 '木'부 부속자 참조.

11 二徐本 참조.

(3) 이상은 《주례(周禮)·고공기(考工記)·장인(匠人)》직(職)의 문장이다. 이에 대한 설명은 정현(鄭玄)의 주석 및 정요전(程瑤田)의 《통예록(通藝錄)》에 상세하다. 지금 《주례》에는 '㇛(견)'자가 '甽(견)'자로 되어 있고 '巜(괴)'자가 '澮(회)'자로 되어 있는데 허신이 근거한 바와 다른 것은 후인들이 고쳤기 때문이다. '㇛'·'巜'·'巛(천)'의 세 글자의 전문(篆文)에서 모두 "상형(象形)이다."라고 설명했어야 하지만 말하지 않은 것은 생략한 것이다. '㇛'의 발음은 姑(고)와 泫(현)의 반절이다. 14부에 속한다.

(4) ("古文㇛"의) '古文(고문)'은 '籀文(주문)'이라고 써야 할 것 같다. '㇛'·'巜' 모두 고문이기 때문이다. 살펴보면 정현이 《주례·고공기》에 주석하면서 "甽은 畎(견)이다."라고 하였으니 '甽'과 '畎'은 고금자(古今字)라는 말이다. '甽'은 곧 지금의 '畎'자다.

(5) ("田之川也"의) 네 글자가 소서본(小徐本)에 있다. 그런데 '田(전)'자가 잘못되어 '甽'으로 쓰여 있다.[12]

(6) '畎'은 소전(小篆) 자형이니 '㇛'과 '甽'은 각각 고문(古文) 자형이고 주문(籀文) 자형임을 알 수 있다. 이 글자 역시 '二(상)'이 앞에 부수자로 오고 '上'자를 그 뒤에 붙인 예와 같다.[13]

(7) 《한서(漢書)·식화지(食貨志)》에는 다음과 같은 내용의 말이 나온다. "조과(趙過)는 대전(代田: 밭을 번갈아 농사짓는)하는 법을 알고 있었다. 1무(畮)가 3견(甽)인 것은 옛날부터의 법(法)이었다. 후직(后稷)이 처음 '견전(甽田)'을 만들면서 보습[耜(사)] 두 개로 짝을 만들었다. 넓이가 1척(尺), 깊이가 1척인 것을 '甽'이라 한다. 장종무(長終畮)에서는 1무(畮)가 3견(畎)이며 1부(夫)는 300견(甽)의 땅을 경작한다. 견(甽) 사이에 씨를 뿌렸다."[14]

내 생각에 "장종무(長終畮)"는 100보(步)의 길이를 말하는 것이다. 6척(尺)이 1보(步)이니 100보는 (600척이 되고 사방 100보의 땅이) 1무(畮)가 된다. "견(甽) 사이에 씨를 뿌렸다.[播種於甽中]"라는 말에서 '甽中(견중)'이 '甽閒(견간)'과 같은 말이니 양 '甽' 사이에 씨를 뿌렸다는 말이다. 깊은 것은 '甽'이 되고 높은 것은 '田'이 된다. 모두 넓이가 1척이므로 300견(甽)은 면적이 600척이다. 길이가 100보라는 것은 600척의 길이라는 뜻이다. 그러므로 1부(夫)인 100무(畮)는 땅모양이 정방(正方)형이다. 허신이 "6견(甽)이 1무(畮)다."라고

---

12 徐鍇本 참조.

13 제1편 上 '上'부 說解 참조.

14 《漢書·食貨志》 참조. 여기에서 설명하는 것은 '甽'은 너비와 깊이가 1척인 도랑을 파고 그 사이에 씨를 뿌릴 수 있는 밭을 역시 1척 너비로 만든다는 것이다. 그렇게 되면 長終畮에서 1畮가 3畎이라는 말은 밭과 도랑을 합하면 너비 6척이 세 개의 '甽'을 만들 수 있게 되고 그것이 1'畮'에 해당한다는 뜻이다. 1夫가 300甽이라면 즉 너비 600척에 해당한다. 漢代 제도에 의하면 1尺은 약 23.2cm에 해당한다. 600尺이면 약 1,392m에 해당한다.

한 것은 그 땅이 6견(甽)을 수용할 수 있음을 말한 것이므로 “一晦三甽”의 제도와 다른 것이 아니다.[15] ‘甽’과 ‘田’은 다음 해에 서로 바꾸었으니 이것이 곧 대전(代田)의 제도다. 6척(尺)이 1보(步)이고 100보가 1무(晦)가 되는 것은 ‘田’부에 설명이 보인다.

(1) 水部曰, 涓, 小流也. 巜與涓音義同. 釋名曰, 山下根之受霤處曰甽. 甽, 吮也. 吮得山之肥潤也. 按此爲禹貢羽畎岱畎之說解, 亦卽小流之義. (2) 枱, 許之耜字也. 見木部. 各本作梠, 誤. (3) 已上攷工記匠人職文. 說詳鄭注及程氏瑤田通藝錄. 今周禮巜作甽. 巜作澮. 與許所據不同者, 後人所改也. 巜巜巛三篆下, 皆宜曰象形, 而不言者, 省文也. 姑泫切. 十四部. (4) 古文疑當作籒文, 蓋巜巜皆古文也. 按鄭注攷工記曰, 甽, 畎也. 謂甽畎古今字, 甽卽今之畎字也. (5) 四字小徐有, 而田譌作甽. (6) 畎爲小篆, 則巜甽爲古籒可知. 此亦先二後上之例. (7) 漢食貨志曰, 趙過能爲代田, 一晦三甽, 古法也. 后稷始甽田, 以二耜爲耦. 廣尺深尺曰甽. 長終晦, 一晦三畎. 一夫三百甽, 而播種於甽中. 按長終晦者, 長百步也. 六尺爲步, 步百爲晦. 播種於甽中者, 甽中猶甽閒, 播種於兩甽之閒也. 深者爲甽, 高者爲田, 皆廣尺. 三百甽, 積廣六百尺. 長百步, 亦長六百尺. 故一夫百晦, 其體正方. 許云六畎爲一晦者, 謂其地容六畎耳, 與一晦三畎之制非有二也. 畎與田來歲互易, 卽代田之制也. 六尺爲步, 步百爲晦. 見田部.

414. 巜(괴)부

水流澮澮也.(1) 方百里爲巜. 廣二尋, 深二仞.(2) 凡巜之屬皆从巜.

‘巜’는 물이 콸콸 흐르는 것이다. 사방 100리를 巜이라 한다. 넓이는 2심(尋)이고 깊이는 2인(仞)이다. 巜부에 속하는 한자는 모두 巜의 의미를 따른다.

15 段玉裁는 《漢書·食貨志》의 설명과 許愼의 설명을 비교하고 있다. 결국 甽이 1尺에 해당하는 너비를 가지므로, 尺으로 바꾸어 계산하면 도랑만을 가지고 계산한 ‘一晦三甽’이나 밭과 도랑을 포함하여 계산한 ‘六甽爲一晦’나 다른 이야기를 하고 있는 것은 아니라는 말이다. 그런데 ‘長終晦’는 6尺이 1步가 되는 것을 가지고 계산하여 300甽이 100步가 되고 그것이 1夫가 되고 그것이 곧 100晦가 되는 것이라고 환산한 것이다. 이것이 다시 長終晦의 1晦에 해당한다.

(1) '澮澮(회회)'는 '活活(괄괄)'로 써야 한다. <모전(毛傳)>에 "活活은 물이 흐른다[流]는 뜻이다."[16]라고 하였고 '水(수)'부에서 "活活은 물이 흐르는 소리[水流聲]다."[17]라고 하였다. 옛날에 '𠯑(괄)'성부의 글자와 '會(회)'성부의 글자는 대부분 통용되었다. 물이 졸졸[涓涓(연연)] 흐르는 것을 'ㄑ(견)'이라고 하고 콸콸[活活(괄괄)] 흐르는 것을 '巜'이라고 한다. '巜'은 'ㄑ'보다 큰 물이다. 이것이 이 글자의 본의다. 그래서 '정전제(井田制)'를 부르는 이름으로 사용하였다.

(2) 이 구절은 《주례(周禮)·고공기(考工記)·장인(匠人)》의 문장이다. '尋(심)'과 '仞(인)'은 허신의 '寸(촌)'부와 '人(인)'부의 설명에 의하면 모두 '8척(尺)'의 길이를 말한다.[18] 지금의 《주례》에서는 '巜'자를 '澮(회)'자로 쓴다. 허신이 근거한 책에서는 '巜'자로 쓰여 있었던 것을 후인들이 물 이름인 '澮'자로 바꾸어 버렸다. '巜'의 발음은 古(고)와 外(외)의 반절이다. 15부에 속한다.

(1) 澮澮當作活活. 毛傳曰, 活活, 流也. 水部曰, 活活, 水流聲也. 古𠯑聲會聲多通用. 水流涓涓然曰ㄑ, 活活然則曰巜. 巜大於ㄑ矣. 此字之本義也, 因以名井田之制. (2) 考工記匠人文. 尋仞, 依許寸部人部說皆八尺. 今周禮作澮, 許所據作巜, 後人以水名易之也. 古外切. 十五部.

415. 川(천)부

毌穿通流水也.(1) 虞書曰,(2) 濬ㄑ巜歫巛.(3) 言深ㄑ巜之水會爲川也.(4) 凡川之屬皆从川.

'川'은 뚫어서 통하게 하여 흐르는 물이다. 《상서(尙書)·우서(虞書)》에서 "ㄑ(견)과 巜(괴)의 물을 깊게 하여 巛에 이르게 한다."라고 하였다. 'ㄑ'과 '巜'의 물을 깊게 파서 모아 '川'을 만든다는 말이다. 川부에 속하는 한자는 모두 川의 의미를 따른다.

---

16 《詩·衛風·碩人》의 <毛傳> 참조.

17 제11편 上 '水'부 '活'자 說解 참조.

18 제3편 下 '寸'부 '尋'자 說解 및 제8편 下 '人'부 '仞'자 說解 참조. 漢代의 제도에 의하면 1尺은 약 23.2cm이다. 8尺이라 하면 약 185.6cm에 해당된다.

(1) '毌(관)'자가 각 판본에 '貫(관)'으로 쓰여 있다.[19] '毌'이란 물건을 꿰어서 가진다는 뜻이다.[20] '穿(천)'은 통한다[通(통)]는 뜻이다.[21] '巛'은 곧 뚫어서 통하게 하여 흐른다[毌穿通流]는 말이다. '巛'은 '巜'보다 큰 물이다. 물이 처음으로 나오는 것을 '川'이라고 한다. 예컨대 《이아(爾雅)》에 "물이 川으로 흘러드는 것이 谿(계)다."[22]라고 하였고 허신이 "泉(천)에서 나와 川으로 通하는 것을 谷(곡)이라고 한다."[23]라고 말한 것이 그런 의미로 쓰인 예다. 또 물 중에서 대단히 큰 것을 '川'이라 한다. 예컨대 《상서(尙書) · 고요모(皐陶謨)》에서 "く巜距川[く와 巜는 川으로 흘러든다.]"[24]이라고 한 것이나 《주례(周禮) · 고공기(考工記)》에서 "澮達於川[澮는 川에 이른다.]"[25]이라고 한 것이 그런 의미로 쓰인 예다. (그래서) 본래는 작은 물을 부르는 이름이었으나 큰 물을 부르는 말이 되었다.

(2) 《고문상서(古文尙書) · 고요모(皐陶謨)》의 문장이다.

(3) '歫(거)'자는 각 판본에 '距(거)'자로 되어 있다.[26] 지금 바로잡는다. 지금 《상서》에 "畎澮距川"이라고 되어 있는 것은 후인들이 고친 것이다.

(4) 이것은 《상서》의 문장을 해석한 것이다. 《상서》의 '川'자와 (여기에서의) '川'자가 차이가 있음을 보였다. '川'의 지금 발음은 昌(창)과 緣(연)의 반절이다. 고음은 13부에 속한다. '春(춘)'과 같이 발음한다. <운한(雲漢)>의 詩가 그렇다.[27]

(1) 毌各本作貫. 毌, 穿物持之也. 穿, 通也. 巛則毌穿通流, 又大於巜矣. 水有始出謂川者, 如爾雅水注川曰谿, 許云泉出通川爲谷, 是也. 有絶大乃謂川者, 如皐陶謨く巜距川, 攷工記澮達於川, 是也. 本小水之名, 因以爲大水之名. (2) 謂古文皐陶謨. (3) 歫各本作距, 今正. 今尙書作畎澮距川者, 後人所改也. (4) 此偁尙書釋之, 以見尙書之川與川字有閒矣. 川, 今昌緣切. 古音在十三部. 讀如春, 雲漢之詩, 是也.

---

19 二徐本 참조.
20 제7편 上 '毌'부 說解 참조.
21 제7편 下 '穴'부 '穿'자 說解 참조.
22 《爾雅 · 釋水》 참조.
23 제11편 下 '谷'부 說解 참조.
24 《尙書 · 皐陶謨》 참조.
25 《周禮 · 冬官 · 考工記》 참조.
26 二徐本 참조.
27 《詩 · 大雅 · 雲漢》 참조. "旱旣大甚, 滌滌山川, 旱魃爲虐, 如惔如焚, 我心憚暑, 憂心如熏, 羣公先正, 則不我聞, 昊天上帝, 寧俾我遯." 韻字가 '川' · '焚' · '熏' · '聞' · '遯'이므로 여기서의 '川'을 '春'으로 발음해야 한다는 말이다.

416. 泉(천)부

 水原也.(1) 象水流出成川形.(2) 凡泉之屬皆从泉.

'泉'은 물이 발원하는 곳이다. 물이 흘러나와 川을 이루는 모양을 상형하였다. 泉부에 속하는 한자는 모두 泉의 의미를 따른다.

(1) 《이아(爾雅)·석수(釋水)》에 "濫泉(남천)은 정출(正出)한다. '正出'은 위로 솟아 나오는 것이다. 沃泉(옥천)은 현출(縣出)한다. '縣出'은 아래로 나오는 것이다. 氿泉(궤천)은 혈출(穴出)한다. '穴出'은 옆으로 나오는 것이다."라고 하였다.[28] <모전(毛傳)>에서도 "檻泉(함천)은 위로 바로 나오는 것[正出]이고"[29] "옆에서 나오는 것[側出]은 氿泉이라 한다."라고 하였다.[30] 허신은 (<모전>에서 '檻泉'과 '氿泉'이라 쓴 것을) '濫泉'과 '厬泉(궤천)'이라고 썼다.[31] 《시(詩)·소민(召旻)》에 "泉之竭矣, 不云自中.[샘이 말라 가는데 가운데부터 마르는 것은 아니라 하네.]"의 <모전>에 "泉水란 가운데로부터 넘쳐나는 것이다."라고 하였다.[32] 인신되어 옛날에는 돈[錢(전)]을 '泉布'라고 하였다. 허신은 "옛날에는 조개[貝(패)]를 화폐[貨(화)]로 삼았고 거북[龜(귀)]을 보배로 여겼다. 주(周)나라 때에는 '泉'이 있었는데 진(秦)나라 때에 이르러 '貝'를 없애고 '錢'을 유통시켰다."라고 하였다.[33]

(2) 함께 나와서 세 갈래로 갈라진다. 대략 '巛'의 모양과 비슷하다. '泉'의 발음은 疾(질)과 緣(연)의 반절이다. 14부에 속한다.

(1) 釋水曰, 濫泉正出. 正出, 涌出也. 沃泉縣出. 縣出, 下出也. 氿泉穴出. 穴出, 仄出也. 毛傳亦云, 檻泉正出, 側出曰氿泉. 許作濫泉, 厬泉. 召旻曰, 泉之竭矣. 不云自中. 傳曰, 泉水從中以益者也. 引申之, 古者謂錢曰泉布. 許云, 古者貨貝而寶龜, 周而有泉, 至秦廢貝行錢. (2) 同出而三岐. 略似巛

28 《爾雅·釋水》 참조.

29 《詩·小雅·采菽》의 <毛傳> 참조.

30 《詩·小雅·大東》의 <毛傳> 참조.

31 제11편 上 '水'부 '濫'자에서 "詩曰觱沸濫泉"이라 하였는데 《毛詩》에는 "觱沸檻泉"이라 되어 있다. 제9편 下 '厂'부 '厬'자에 "仄出泉也"라고 하였다.

32 《詩·大雅·召旻》의 <毛傳> 참조.

33 제6편 下 '貝'부 說解 참조.

形也. 疾緣切. 十四部.

417. 灥(순)부

 三泉也.(1) 闕.(2) 凡灥之屬皆从灥.

'灥'은 세 개의 샘이다. 비워 둔다. 灥부에 속하는 한자는 모두 灥의 의미를 따른다.

(1) 세 개의 자형을 쌓아서 하나의 (자형으로) 만드는 것은 많음을 일컫는다. "从三泉[세 개의 泉(천)으로 구성되었다]"라고 하지 않은 것은 말할 필요가 없기 때문이다.

(2) ("비워 둔다[闕]"는) 것은 "讀若(독약: 某자와 같이 발음한다)"을 모르기 때문에 그 발음에 대한 설명을 비워 둔다는 뜻이다. '灥'의 지금 발음은 詳(상)과 遵(준)의 반절이다. '泉'자와 성모가 같다는 것에 의거하여 발음을 삼았다.

(1) 凡積三爲一者, 皆謂其多也. 不言从三泉者, 不待言也. (2) 此謂讀若未詳, 闕其音也. 今音詳遵切. 依附泉之雙聲爲之.

418. 永(영)부

 水長也.(1) 象水巠理之長永也.(2) 詩曰, 江之永矣.(3) 凡永之屬皆从永.

'永'은 물이 길게 흐른다는 뜻이다. 물이 흘러가는 물결이 길게 이어진 모양을 상형하였다. 《시(詩)》에서 "江之永矣[강수(江水)는 길게 흐르고]"라고 하였다. 永부에 속하는 한자는 모두 永의 의미를 따른다.

(1) ('물이 길게 흐른다[水長]'는 의미에서) 인신되어 모든 긴 것을 '永'이라고 한다. 《이아(爾

雅)·석고(釋詁)》와 <모전(毛傳)>에서 "永은 길다[長(장)]는 뜻이다."라고 하였다.[34] 《방언(方言)》에서 "많고 긴 것[衆長(중장)]에 대해서 '永'이라고 한다."고 하였다.[35]

(2) ("象水巠理之長永也"의) '巠(경)'은 물이 흘러가는 길[水脈(수맥)]이며[36] '理(리)'는 물결[水文(수문)]이다. '永'의 발음은 于(우)와 憬(경)의 반절이다. 고음 10부에 속한다.

(3) ("江之永矣"는) 《시(詩)·주남(周南)·한광(漢廣)》의 문장이다.

(1) 引申之, 凡長皆曰永. 釋詁毛傳曰, 永, 長也. 方言曰, 施於衆長謂之永. (2) 巠者, 水脈. 理者, 水文. 于憬切. 古音在十部. (3) 周南漢廣文.

419. 𠂢(파)부

水之衺流別也.(1) 从反永.(2) 凡𠂢之屬皆从𠂢. 讀若稗縣.(3)

'𠂢'는 물이 옆으로 나뉘어 흐른다는 뜻이다. '永(영)'을 뒤집은 모양으로 구성되었다. 𠂢부에 속하는 한자는 모두 𠂢의 의미를 따른다. "稗縣(패현)"의 '稗'자와 같이 발음한다.

(1) ("水之衺流別也"의) '流別(유별)'은 하나의 물이 갈라진 것을 말한다. 《상서(尙書)·우공(禹貢)》에서 "양수(漾水)가 동쪽으로 흘러 한수(漢水)가 되고 연수(沇水)가 동쪽으로 흘러 제수(泲水)가 되고 강수(江水)가 동쪽으로 나뉘어 타수(沱水)가 되었다."[37]라고 하였다. 이것은 '강물이 갈라지는[流別]' 시초를 말한 것이다. 《이아(爾雅)·석수(釋水)》에 그에 대한 내용이 상세하다. "河出爲灉, 濟爲濋.[하수(河水)에서 나와 옹수(灉水)가 되고 제수(濟水)에서 초수(濋水)가 된다.]"로부터 그 아래 구절에서의 설명이 그것이다.[38] 물의 흐름이 나뉠 때 수세는 반드시 비스듬히 간다. 그래서 "옆으로 나뉘어 흐른다.[衺流別]"라고 하였다.

---

34 《爾雅·釋詁》 및 《詩·周南·漢廣》의 <毛傳> 참조.

35 《方言》 一 참조.

36 제11편 下 '川'부 '巠'자 說解 참조.

37 《尙書·禹貢》 참조.

38 《爾雅·釋水》 참조.

'𠂢'는 '水(수)'부의 '派(파)'자와 발음과 의미가 모두 같다. '派'자가 뒤에 나온 글자일 것이다. 옆으로 나뉘어 흐르므로 본래의 바른 흐름이 길게 가는 것보다 비교적 짧지만 수맥의 모양은 같다. 그래서 이 글자가 '永'을 뒤집은 모양으로 구성된 것이다.

(2) '𠂢'의 발음은 匹(필)과 卦(괘)의 반절이다. 16부에 속한다.

(3) '禾(화)'부에서 "낭야군(琅邪郡)에 패현(稗縣)이 있다."라고 하였다.[39] 지금 《한서(漢書)·지리지(地理志)》에 '椑縣(비현)'으로 되어 있는 것은 잘못된 것이다. 소서본(小徐本)에는 '촉패현(蜀稗縣)'으로 되어 있으나 잘못된 것이다.[40] 촉(蜀) 지방에는 '비현(郫縣)'만이 있는데 '疲(피)'라고 발음한다.

(1) 流別者, 一水岐分之謂. 禹貢曰, 漾東流爲漢, 沇東流爲泲. 江東別爲沱. 此言流別之始. 釋水詳之, 自河出爲灉, 濟爲濋已下, 是也. 流別則其勢必衺行, 故曰衺流別. 𠂢與水部派, 音義皆同, 派蓋後出耳. 衺流別, 則正流之長者較短而巠理同也. 故其字从反永. (2) 匹卦切. 十六部. (3) 禾部曰, 琅邪有稗縣. 今地理志作椑縣, 誤也. 小徐本作蜀稗縣, 非. 蜀祗有郫縣, 音疲.

420. 谷(곡)부

泉出通川爲谷.(1) 从水半見出於口.(2) 凡谷之屬皆从谷.

泉(천)에서 흘러나와 川(천)으로 통하는 것이 '谷'이다. 물이 반쯤 구멍에서 나오는 것이 보이는 모양으로 구성되었다. 谷부에 속하는 한자는 모두 谷의 의미를 따른다.

(1) 《이아(爾雅)·석수(釋水)》에서 "물이 '川'으로 흘러든 것을 '谿(계)'라 하고 '谿'로 흘러들면 '谷'이라 한다."라고 하였다. 여기에서 허신이 '谿'를 말하지 않은 이유는 아마도 許慎이 '谿'자를 산의 냇물이 통하지 않는 곳이라는 뜻[41]만 관련지어 생각했기 때문이다. '川'은 "뚫어서 통하여 흐르는 물[毌穿通流水]"이다.[42] 두 산 사이에는 반드시 '川'이 있다.

---

39 제7편 上 '禾'부 '稗'자 說解 참조.

40 徐鍇本에는 "讀若蜀稗縣"이라고 되어 있다.

41 제11편 下 '谷'부 '谿'자 說解 참조.

《시(詩)》에 "進退維谷[나아감도 물러섬도 모두 계곡에 막혀 있네.]"이라 고 하였는데 여기에서는 '谷'자를 빌어 '막혀 있다[鞫(국)]'의 의미로 쓴 것이다. <모전(毛傳)>에서 "谷은 막혔다[窮(궁)]는 뜻이다."라고 하였다.[43] 곧 《시·패풍(邶風)》의 <모전>에서 "鞫은 막혔다[窮]는 뜻이다."라고 한 말과 같다.[44]

(2) '谷'는 회의(會意)자다. '谷'의 발음은 古(고)와 祿(록)의 반절이다. 3부에 속한다. '浴(욕)'으로 발음하기도 하다.

(1) 釋水曰, 水注川曰谿, 注谿曰谷. 許不言谿者, 許以谿專係之山瀆無所通也. 川者, 毌穿通流之水也. 兩山之閒必有川焉. 詩, 進退維谷, 叚谷爲鞫. 毛傳曰, 谷, 窮也. 卽邶風傳之鞫, 窮也. (2) 此會意. 古祿切. 三部. 亦音浴.

421. 仌(빙)부

 凍也.(1) 象水冰之形.(2) 凡仌之屬皆从仌.

'仌'은 언다는 뜻이다. 물이 어는 모양을 상형하였다. 仌부에 속하는 한자는 모두 仌의 의미를 따른다.

(1) '仌'과 '凍(동)' 두 전문(篆文)은 서로 전주(轉注) 관계에 있다. 연이어 말하면 '仌凍'이라고 한다. 예를 들면 《예기(禮記)·월령(月令)》의 "冰凍消釋[얼음이 녹는다.]"라고 할 때의 ('冰凍(빙동)'이) 그렇게 쓰인 것이다.

(2) ("象水冰之形"의) '冰(빙)'자가 각 판본에는 '凝(응)'자로 쓰였다.[45] 지금 바로잡는다. 이것은 '仌'자가 물이 처음 얼어붙을 때의 무늬를 상형하였다는 말이다. '仌'의 발음은 筆(필)과 陵(릉)의 반절이다. 6부에 속한다.

---

42 제11편 下 '川'부 說解 참조.

43 《詩·大雅·桑柔》의 <毛傳> 참조.

44 《詩·邶風·谷風》의 <毛傳> 참조.

45 二徐本 참조.

(1) 仌凍二篆爲轉注. 緐評之曰仌凍, 如月令冰凍消釋, 是也. (2) 冰各本作凝, 今正. 謂象水初凝之文理也. 筆陵切. 六部.

422. 雨(우)부

水從雲下也.(1) 一象天, 冂象雲, 水霝其閒也.(2) 凡雨之屬皆从雨.  古文.(3)

'雨'는 물이 구름에서 떨어진다는 뜻이다. '一(일)'은 하늘을 상형하였고 '冂'은 구름을 상형하였는데 물이 그 사이에서 떨어진다. 雨부에 속하는 한자는 모두 雨의 의미를 따른다. ''는 고문(古文)이다.

(1) 인신되어 위에서 아래로 떨어지는 모든 것은 '雨'라고 부른다.
(2) ('雨'의 자형에서 가운데의) '𣱱'는 '水(수)'자다. '雨'의 발음은 王(왕)과 矩(구)의 반절이다. 5부에 속한다.
(3) (古文 자형은) 상형(象形)한 것이다.

(1) 引申之凡自上而下者偁雨. (2) 𣱱者, 水字也. 王矩切. 五部. (3) 象形.

423. 雲(운)부

山川气也.(1) 从雨. 云象回轉之形.(2) 凡雲之屬皆从雲.  古文, 省雨.(3)  亦古文雲.(4)

'雲'은 산천의 기운이다. '雨(우)'로 구성되었다. '云(운)'은 (구름이) 돌아가는 모양을 상형하였다. 雲부에 속하는 한자는 모두 雲의 의미를 따른다. '云'은 고문(古文)으로 '雨'를 생략하였다. '?'도 雲의 고문이다.

(1) 하늘은 때맞추어 비를 내리고 산천은 구름을 낸다.

(2) ("云象回轉之形"의) '回(회)'자 앞에 각 판본에는 '雲'자가 있다.[46] 지금은 없앤다. '雲'은 고문으로 '云(운)'으로만 썼는데 소전(小篆) 자형에서 '雨'를 그 위에 더하였다. 결국 자형의 반은 회의(會意)이고 반은 상형(象形)인 글자가 되었다. "云은 (구름이) 돌아가는 모양을 상형하였다."라고 한 것은 아래의 雲의 고문 자형이 모양을 상형하였다는 것을 풀이한 것이다. '雲'의 발음은 王(왕)과 分(분)의 반절이다. 13부에 속한다.

(3) 고문 자형 윗부분에는 (원래) '雨'가 없으며 생략한 것이 아니다. 윗부분에 있는 '二'은 아마 '上(상)'자일 것이다. 아래에서 돌며 위로 올라가는 모양을 상형하였다. 《시(詩)·정월(正月)》의 "昏姻孔云[인척들과도 두루 돌아가며 잘 지내고]"라고 한 구절의 <모전(毛傳)>에서 "云은 돌아간다[旋(선)]는 뜻이다."라고 하였다.[47] 이것이 '云'의 인신된 뜻이다. 옛날에는 대부분 '云'자를 빌어 '曰(왈)'의 의미로 썼다. "詩云(시운)"이라고 한 말이 곧 "詩曰(시왈)"을 뜻하는 것이 그 예다. 또 '員(원)'자를 빌어 '云'의 의미로 썼다. (《시》) "景員維河[큰 땅은 오직 하(河)라고 해야 하며]"의 전(箋)에서 "員의 고문은 云으로 쓴다."라고 하였고,[48] (《시·정월》의) "昏姻孔云"에서는 '云'자가 본래 '員'으로 쓰였으며, (《시》의) "聊樂我員[그저 나를 즐겁게 해 주네]"에서 '員'자가 본래 '云'으로 쓰였다.[49] 그리고 《상서(尙書)》의 "云來衛包[와서 포위하라고 말하였다]"에서의 '云來'가 이전에는 '員來'로 쓰였으며[50] 소전(小篆)의 '妘(운)'자가 주문(籀文)에서는 '䶃'으로 쓰인 것 등이 그런 예다.[51] '云'과 '員'은 옛날에 통용되었다. 모두 구름이라는 뜻의 (云을) 가차하였을 뿐이다. 소전 자형에서 따로 '雲'자가 만들어지면서 '云'과 '雲' 두 개의 자형이 확실히 구별되었다.

(4) 이 '?'자가 최초의 고문이다. "돌아가는 모양을 상형하였다."라고 한 것은 이 글자 모양이 끌어서 위로 올라가기 때문이다. 즉 서(書)(《공양전(公羊傳)》)에서 말한 대로 (산천의 기운

46 二徐本 참조.

47 《詩·小雅·正月》의 <毛傳> 참조.

48 《詩·商頌·玄鳥》의 鄭玄의 箋 참조.

49 《詩·小雅·正月》의 《釋文》 및 《詩·鄭風·出其東門》의 《釋文》 참조.

50 《尙書·秦誓》 참조.

51 제6편 下 '員'부 段注 참조. '妘'자는 제12편 下 '女'부 참조. '員'자의 籀文은 '䶃'으로 쓴다. 따라서 段玉裁에 의하면 '云'·'員'·'䶃'이 서로 가차되어 통용되었고 偏旁으로도 서로 교환될 수 있었다.

은) "觸石而出, 膚寸而合.[돌을 건드려서 나왔다가 조금만 길어져도 합해진다.]"라는 것이며"[52] 그것이 변하여 구름[云]이 된다.

(1) 天降時雨, 山川出雲. (2) 回上各本有雲字, 今刪. 古文祇作云, 小篆加雨於上. 遂爲半體會意, 半體象形之字矣. 云象回轉形, 此釋下古文雲爲象形也. 王分切. 十三部. (3) 古文上無雨, 非省也. 二蓋上字. 象自下回轉而上也. 正月, 昏姻孔云. 傳曰, 云, 旋也. 此其引伸之義也. 古多叚云爲曰, 如詩云卽詩曰, 是也. 亦叚員爲云, 如景員維河箋云, 員古文作云, 昏姻孔云, 本又作員, 聊樂我員, 本亦作云, 尙書, 云來衛包, 以前作員來, 小篆妘字, 籒文作䵭, 是. 云員古通用, 皆叚借風雲字耳. 自小篆別爲雲而二形逈判矣. (4) 此冣初古文. 象回轉之形者, 其字引而上行. 書之所謂, 觸石而出, 膚寸而合也. 變之則爲云.

424. 魚(어)부

 水蟲也. 象形. 魚尾與燕尾相侣.(1) 凡魚之屬皆从魚.

'魚'는 물에 사는 동물이다. 상형(象形)이다. '魚'의 꼬리와 '燕(연)'의 꼬리는 모양이 비슷하다. 魚부에 속하는 한자는 모두 魚의 의미를 따른다.

(1) (물고기나 제비) 모두 꼬리가 갈라져 있다. 따라서 꼬리가 갈라진 모양을 상형하였다. '火(화)'로 구성된 것이 아니다. '魚'의 발음은 語(어)와 居(거)의 반절이다. 5부에 속한다.

(1) 其尾皆枝, 故象枝形, 非从火也. 語居切. 五部.

---

52 《公羊傳》 僖公 三十一年의 傳 참조. 이 구절은 山川에 望祭를 지내는 것을 설명하는 데에서 나오기 때문에 이렇게 해석하였다.

425. 䲆(어)부

二魚也.(1) 凡䲆之屬皆从䲆.(2)

'䲆'는 두 마리 물고기다. 䲆부에 속하는 한자는 모두 䲆의 의미를 따른다.

(1) 이 '䲆'자는 글자의 모양을 보면 곧 의미를 알 수 있으므로 "从二魚[두 개의 '魚(어)'로 구성되었다.]"라고 말하지 않았다. 이 글자는 두 마리 고기가 (위 아래로) 겹친 것이며 (좌우로) 나란한 것이 아니다. 《역(易)》에서 말한 "貫魚(관어)"[53]라는 것이다. 물고기들은 다닐 때에 반드시 서로 따라 다닌다. 《국어(國語)·진어(晉語)》에서 "한가하고 여유로움이 따라다니지만 새나 까마귀만 못하다.[暇豫之吾吾, 不如鳥烏.]"라고 하였는데 위소(韋昭)의 주석에서 "吾(오)자는 '魚'자와 같이 발음한다."라고 하였다.[54] 한유(韓愈)(文公)의 시(詩)에서는 "魚魚雅雅(어어아아)"라고 쓰고 있는데 아마도 그것은 《국어》에 근거하여 한 말일 것이다.[55] 두 마리의 물고기[魚]로 구성된 글자와 세 마리 물고기[魚]로 구성된 글자가 다르다. 세 마리 물고기[鱻(선)]는 그 신선함이 변치 않았다는 뜻이고 두 마리 물고기[䲆]는 물고기들이 떼를 지어 나란히 다니는 것이 볼 만하다는 뜻이다. '䲆'의 발음은 語(어)와 居(거)의 반절이다. 5부에 속한다.

(2) '䲆'를 '魚'부에 부속시키지 않고 기필코 이 부수를 세운 것은 '漁(어)'자가 '䲆'로 구성되었기 때문이다.

(1) 此卽形爲義, 故不言从二魚. 二魚重而不竝, 易所謂貫魚也. 魚行必相隨也. 晉語, 暇豫之吾吾, 不如鳥烏. 韋注, 吾讀如魚. 韓文公詩用魚魚雅雅, 豈卽本國語乎. 从二魚與从三魚不同. 三魚謂不變其新, 二魚謂連行可觀. 語居切. 五部. (2) 所以不併入魚部必立此部者, 以有漁字从䲆也.

---

53 《易·剝卦》 六五의 爻辭 참조.

54 《國語·晉語》 二에 "暇豫之吾吾, 不如鳥烏. 人皆集於苑, 己獨集於枯."라고 되어 있다.

55 韓愈(文公)의 <元和聖德詩>에 "……天兵四羅, 旗常婀娜, 駕龍十二, 魚魚雅雅……."라고 되어 있다.

426. 燕(연)부

 燕燕, 玄鳥也.(1) 籋口,(2) 布翄,(3) 枝尾.(4) 象形.(5) 凡燕之屬皆从燕.

'燕'은 연연(燕燕), 현조(玄鳥)라는 새다. 상자 모양의 입을 가지고 있고 날갯죽지를 펼쳤으며 꼬리가 갈라져 있다. 상형(象形)이다. 燕부에 속하는 한자는 모두 燕의 의미를 따른다.

(1) 각 판본에는 ("燕燕玄鳥也"의) '燕燕' 두 글자가 없다.[56] 지금 보충한다. '乙(을)'자에서 "乙은 燕燕이라는 새다."라고 하였다.[57] 제로(齊魯) 지방에서는 ('燕'을) '乙'이라고 한다. '隹(추)'부의 '巂(휴)'자에서 "巂周(휴주)는 제비[燕]다."라고 하였다.[58] 《시(詩)·패풍(邶風)》의 <모전(毛傳)>에서 "燕燕은 제비[乙]다."라고 하였고[59] 《시·상송(商頌)》의 <모전>에서는 "玄鳥는 제비[乙]다."라고 하였으며[60] 《이아(爾雅)·석조(釋鳥)》에서 "巂周, 燕燕은 제비[乙]다."라고 하였다.[61] 옛날에 대부분 '燕'을 빌어다 '宴安(연안)'·'宴享(연향)'의 '宴(연)'자로 썼다.

(2) (주둥이가 상자 모양이라서) '廿' 모양으로 그것을 상형하였다.

(3) (날개를 펼치고 있어서) '北' 모양으로 그것을 상형하였다.

(4) (제비[燕]의 꼬리는) 물고기[魚(어)]의 꼬리모양과 같다. 그래서 '火' 모양으로 그것을 상형하였다.

(5) '燕'의 발음은 於(어)와 甸(전)의 반절이다. 14부에 속한다.

(1) 各本無燕燕二字, 今補. 乙下曰, 燕燕也, 齊魯謂之乙. 隹部巂下曰, 巂周者, 燕也. 邶風傳曰, 燕燕, 乙也. 商頌傳曰, 玄鳥, 乙也. 釋鳥曰, 巂周, 燕燕, 乙也. 古多叚燕爲宴安, 宴享. (2) 故以廿像之. (3) 故以北像之. (4) 與魚尾同, 故以火像之. (5) 於甸切. 十四部.

---

56 二徐本 참조.

57 제12편 上 '乙'부 說解 참조.

58 제4편 上 '隹'부 '巂'자 說解 참조.

59 《詩·邶風·燕燕》의 <毛傳> 참조.

60 《詩·商頌·玄鳥》의 <毛傳> 참조.

61 《爾雅·釋鳥》 참조.

427. 龍(용)부

 鱗蟲之長. 能幽能明, 能細能巨, 能短能長.(1) 春分而登天, 秋分而潛淵.(2) 从肉.(3) 𦚔肉飛之形.(4) 童省聲.(5) 凡龍之屬皆从龍.

'龍'은 비늘 달린 동물 중의 우두머리다. 숨을 수도 있고 나타날 수도 있으며 아주 작아질 수도 있고 아주 커질 수도 있으며 짧아질 수도 길어질 수도 있다. 춘분(春分)이면 하늘로 오르고 추분(秋分)이면 깊은 못 속으로 잠긴다. '肉(육)'으로 구성되었다. '𦚔'은 고기가 날아가는 모양이다. '童(동)'의 생략형이 발음을 나타낸다. 龍부에 속하는 한자는 모두 龍의 의미를 따른다.

(1) ("鱗蟲之長, 能幽能明, 能細能巨, 能短能長."의) 네 구가 하나의 운(韻)으로 맞추어져 있다.

(2) ("春分而登天. 秋分而潛淵."의) 두 구가 하나의 운(韻)으로 맞추어져 있다. 《모시(毛詩)·료소(蓼蕭)》의 <모전(毛傳)>에서 "龍은 총애한다[寵(총)]는 뜻이다."[62]라고 하였으니 '龍'자가 곧 '寵'자의 가차자라는 것을 말하고 있는 것이다. 《시·작(勺)》의 <모전>에서는 "龍은 조화를 부린다[和(화)]는 뜻이다."[63]라고 하였는데 이것은 길게 펴진다[長發(장발)]는 말과 같다. 이는 '龍'이 조화를 부린다[邕和(옹화)]는 뜻의 '邕(옹)'의 가차자임을 말한다.

(3) ('龍'이 '肉'으로 구성된 것은) '能(능)'자가 '肉'으로 구성된 것과 같다.

(4) ("𦚔肉飛之形"의) '𦚔'과 '肉' 두 글자는 《운회(韻會)》에 의해 보충한다.[64] 이 두 글자가 없다면 문장의 의미가 완전하지 않다. 《육서고(六書故)》에서 참고한 (《설문》의) 당대(唐代) 판본에는 "从肉从飛及童省"이라고 되어 있다.[65] 내 생각에 "从飛[飛로 구성되었다]"라고 한 것은 'ㅌ' 모양을 말한다. 이것은 '飛(비)'의 생략형이다. "从及[及으로 구성되었다]"라고 한 것은 'ㄅ' 모양을 말한다. 이것은 '及(급)'의 고문 자형을 뒤집은 것이다. 이 자의 전문(篆文)이 '飛'로 구성되어 있기 때문에 다음에 '飛'부로 이어받았다.

(5) ('童'의 생략형은) '䇂' 모양을 말한다. '龍'의 발음은 力(력)과 鍾(종)의 반절이다. 9부에 속

62 《毛詩·小雅·蓼蕭》의 <毛傳> 참조.

63 《詩·周頌·酌》의 <毛傳> 참조.

64 《韻會》 上平聲 二 '冬'운 참조.

65 《六書故》 十八 <動物> 二 참조.

한다.

(1) 四句一韻. (2) 二句一韻. 毛詩蓼蕭傳曰, 龍, 寵也. 謂龍卽寵之叚借也. 勺傳曰, 龍, 和也. 長發同. 謂龍爲邕和之叚借字也. (3) 與能从肉同. (4) 𢀷肉二字依韻會補, 無此則文理不完. 六書故所見唐本作从肉从飛及童省. 按从飛, 謂⺄, 飛省也. 从及, 謂乁, 反古文及也. 此篆从飛, 故下文受之以飛部. (5) 謂䇂也. 力鍾切. 九部.

428. 飛(비)부

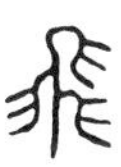

鳥翥也.(1) 象形.(2) 凡飛之屬皆从飛.

'飛'는 새가 높이 날아간다는 뜻이다. 상형(象形)이다. 飛부에 속하는 한자는 모두 飛의 의미를 따른다.

(1) '羽(우)'부에서 "翥(저)는 높이 나는 것[飛擧(비거)]이다."라고 하였다.[66] 옛날에는 간혹 '蜚(비)'자를 빌어 '飛'자의 의미로 썼다.
(2) 목을 꼿꼿이 펴고 날개를 펼친 모양을 상형하였다. '飛'의 발음은 甫(보)와 微(미)의 반절이다. 15부에 속한다.

(1) 羽部曰, 翥者, 飛擧也. 古或叚蜚爲飛. (2) 像舒頸展翄之狀. 甫微切. 十五部.

429. 非(비)부

韋也.(1) 从飛下翄.(2) 取其相背也.(3) 凡非之屬皆从非.

66 제4편 上 '羽'부 '翥'자 說解 참조.

‘非’는 어긋난다는 뜻이다. ‘飛(비)’자 아랫부분의 날개 모양으로 구성되었다. 서로 등지고 있는 것을 취하였다. 非부에 속하는 한자는 모두 非의 의미를 따른다.

(1) ‘韋(위)’자가 각 판본에 ‘違(위)’자로 되어 있다.[67] 지금 바로잡는다. ‘違’는 ‘떠난다[離(리)]’는 뜻이고 ‘韋’는 서로 등지다[相背(상배)]는 뜻이다.[68] ‘違’자가 유행하면서 ‘韋’자가 없어졌다. 그러면서 ‘韋’자를 다 ‘違’자로 고쳐 버렸다. 이것도 그 일례다. ‘非’는 서로 등진다[相背]는 것을 의미로 삼고, 떠나간다[離]는 것을 의미로 삼지 않는다.

(2) (‘非’는) ‘飛’자형의 일부를 생략하고 아랫부분의 날개 죽지모양으로 구성되었다는 말이다.

(3) 날개가 드리워지면 서로 등진 모양이 된다. 그래서 “非는 어긋난다[韋]는 뜻이다.”라고 하였다. ‘非’의 발음은 甫(보)와 微(미)의 반절이다. 15부에 속한다.

(1) 韋各本作違, 今正. 違者, 離也. 韋者, 相背也. 自違行韋廢, 盡改韋爲違, 此其一也. 非以相背爲義, 不以離爲義. (2) 謂从飛省而下其翄. (3) 翄垂則有相背之象, 故曰, 非, 韋也. 甫微切. 十五部.

430. 卂(신)부

 疾飛也.(1) 从飛而羽不見.(2) 凡卂之屬皆从卂.

‘卂’은 빨리 날아간다는 뜻이다. 날아가는데[飛(비)] 날개가 보이지 않는 모양으로 구성되었다.[69] 卂부에 속하는 한자는 모두 卂의 의미를 따른다.

(1) 인신되어 모든 빠른 것을 ‘卂’이라고 부르게 되었다. 그래서 ‘撞(당)’자에서 “빠르게 두드린다[卂擣(신도)]는 뜻이다.”라고 하였다.[70] ‘辵(착)’부의 ‘迅(신)’자는 ‘卂’으로 구성되었

67 二徐本 참조.

68 제2편 下 ‘辵’부 ‘違’자 說解 및 제5편 下 ‘韋’부 說解 참조.

69 제11편 下 ‘飛’부 篆書 자형 참조.

70 제12편 上 ‘手’부 ‘撞’자 說解 참조.

다.[71]

(2) 날아가는데 날개가 보이지 않는다는 것은 대단히 빠른 것이다. 이 글자는 역시 상형(象形)한 것이다. '卂'의 발음은 息(식)과 晉(진)의 반절이다. 12부에 속한다.

(1) 引申爲凡疾之偁, 故撞下曰卂擣也. 辵部迅, 从卂. (2) 飛而羽不見者, 疾之甚也. 此亦象形. 息晉切. 十二部.

71 제2편 下 '辵'부 '迅'자 說解 참조.

제12편 上

乚 不 至 西 鹵 鹽

戶 門 耳 𦣝 手 𠦬

431. 乙(을)[1]부

 燕燕, 乙鳥也.(1) 齊魯謂之乙. 取其鳴自謼. 象形也.(2) 凡乙之屬皆从乙.  乙或从鳥.(3)

'乙'은 연연(燕燕), 을조(乙鳥)다. 제(齊)・노(魯) 지방에서는 乙이라고 한다. 울음소리를 취하여 (이 새를 부르는) 이름으로 삼았다. 상형(象形)이다. 乙부에 속하는 한자는 모두 乙의 의미를 따른다. ''은 乙의 혹자로 '鳥(조)'로 구성되었다.

(1) '燕燕'에 대해서는 전편의 '燕(연)'부 설명에 보인다. 그곳에 '玄鳥(현조)'라는 두 글자를 천인(淺人)들이 더해 놓았다.[2]

(2) ("取其鳴自謼"의) '謼(호)'자는 옛날에는 '呼'자로 되어 있었다.[3] 지금 《운회(韻會)》에 의해 바로잡는다. ("象形也"의) '也(야)'자는 지금 《운회》에 의해 보충한다.[4] '謼'는 부른다[評(호)]는 뜻이며 부르는 이름[號(호)]이라는 뜻이다.[5] 《산해경(山海經)》에서 새나 짐승을 설명할 때 대부분 "其名自號[제 울음소리를 그 새나 짐승을 부르는 이름으로 삼는다.]"라

1 본래 '제비'라는 뜻의 '乙'자는 제14편 下에 나오는 '甲乙'의 '乙'자와는 篆書에서는 분명하게 차이가 난다. 그래서 이곳에서 段玉裁는 許愼의 說解와 자신의 注에서 '乙'자를 사용하고 '乙'자를 사용하지 않았다. 그러나 지금의 楷書體에서는 거의 구분하지 않고 쓰인다.

2 제11편 下 '燕'부 說解 및 段玉裁 注 참조.

3 徐鉉本 참조.

4 《韻會》 入聲 八 '黠'운 참조.

5 제3편 上 '言'부 '謼'자 說解 참조.

고 말한다. 제비[燕]의 울음소리가 '乙'과 같다는 말이다. '燕'과 '乙'은 성모가 같다. 《장자(莊子)》에서 "鷾鴯(의이: 제비)"라고 하였는데 여기에서의 '鷾(의)'자도 '乙'자와 성모가 같다. 먼저 (울음소리로) 발음을 얻고 (그 새의) 모양을 상형한 글자가 바로 '乙'자다. '燕'자의 전문(篆文) 자형은 상자 모양의 주둥이, 펴진 날개, 갈라진 꼬리 등, 전체의 모양을 상형하였고 '乙'자의 전문(篆文) 자형은 날아가는 모양을 상형하였다. 그래서 두 개의 전문이 모두 상형(象形)자가 된다. '⺄'은 날개를 펴고 머리를 곧추 세운 모양을 옆에서 보고 상형하여 얻은 자형이다. 본래 '甲乙(갑을)'의 '乙'자와는 다르다.[6] 속인(俗人)들이 甲乙의 '乙'자와 혼동할까 염려하여 '鳥(조)' 편방을 더해서 '鳦(을)'자를 만들었는데 쓸데없는 것이다. '乙'의 본래 발음은 烏(오)와 拔(발)의 반절이다. 15부에 속한다. 於(어)와 筆(필)의 반절로 발음하는 것은 옳지 않다.

(3) 내 생각에 이것은 고자(古字)가 아닌 것 같다. 지금 《이아(爾雅)》와 <모전(毛傳)>에 모두 이 글자[鳦(을)]로 되어 있다.[7]

(1) 燕燕見前篇. 玄鳥二字, 淺人所增. (2) 舊作呼, 今依韻會正. 也字今依韻會補. 謼者, 評也, 號也. 山海經說鳥獸多云, 其名自號. 燕之鳴如云乙. 燕乙雙聲. 莊子謂之鷾鴯. 鷾亦雙聲也. 旣得其聲而像其形, 則爲乙. 燕篆, 像其籋口, 布翄, 枝尾, 全體之形. 乙篆, 像其于飛之形. 故二篆皆曰像形也. ⺄象翅開首竦, 橫看之乃得, 本與甲乙字異. 俗人恐與甲乙亂, 加鳥旁爲鳦, 則贅矣. 本音烏拔反. 十五部. 入於筆切者, 非是. (3) 按此葢非古字. 今爾雅毛傳, 皆如此作.

432. 不(불)부

 鳥飛上翔不下來也.(1) 从一. 一, 猶天也.(2) 象形.(3) 凡不之屬皆从不.

'不'은 새가 위로 날아올라가 아래로 내려오지 않는다는 뜻이다. '一(일)'로 구성되었다. '一'은 곧 하늘이다. 상형(象形)이다. 不부에 속하는 한자는 모두 不의 의미를 따른다.

---

6 제14편 下 '乙'부 說解 참조.

7 《爾雅·釋鳥》 및 《詩·商頌·燕燕》의 <毛傳> 참조.

(1) "그렇지 않다[不然(불연)]"는 말은 이 의미에서 인신 가차된 것이다. 이 글자의 발음은 옛날에 1부에 속했다. '德(덕)' 운(韻)에 있는 '北(북)'자와 같이 발음하였는데 바뀌어 '尤(우)'·'有(유)' 운으로 들어갔다. 甫(보)와 鳩(구)의 반절이나, 甫(보)와 九(구)의 반절로 발음한다. '弗(불)'자와는 발음과 의미가 모두 다르다.[8] 발음이 다르다는 말은 즉 '弗'은 ('不'자와 달리) 15부에 속한다는 뜻이다. 의미가 다르다는 말은 즉 '不'은 (어기(語氣)가) 가볍고 '弗'은 무겁다는 뜻이다. "맛있는 고기를 먹지 않으면 그 맛을 알 수 없고, 지극한 도를 배우지 않으면 그 좋은 것을 알 수 없다.[嘉肴弗食, 不知其旨, 至道弗學, 不知其善.]"[9]라고 한 문장에서 ('不'과 '弗'의 차이를) 볼 수 있다. 《공양전(公羊傳)》에서도 "弗이란 不의 (어기가) 깊어진 것이다.[弗者, 不之深也.]"라고 하였다.[10] 세속의 운서(韻書)에서 "不은 弗과 같다."라고 하였는데 이것은 옳지 않다. 《시(詩)》의 "鄂不韡韡[꽃송이가 활짝 피었네.]"의 전(箋)에서 "'不'자는 '柎(부)'자로 써야 한다. 柎는 꽃받침[鄂足(악족)]이다."라고 하였다.[11] 옛날의 발음은 '不'과 '柎'가 같았다.

(2) 다른 곳에서는 "一은 땅[地(지)]이다."라고 하였는데 여기에서의 ('一'은) 위에 있기 때문에 하늘[天(천)]을 뜻하는 것임을 알 수 있다.

(3) ('상형'이라는 것은) '不' 모양을 말한다. 새가 날아가서 날개와 꼬리가 보이는 모양을 상형하였다. 발음에 대해서는 위에서 설명하였다.

(1) 凡云不然者, 皆於此義引申叚借. 其音古在一部. 讀如德韻之北. 音轉入尤有韻. 讀甫鳩甫九切. 與弗字音義皆殊. 音之殊, 則弗在十五部也. 義之殊, 則不輕弗重. 如嘉肴弗食, 不知其旨, 至道弗學, 不知其善之類可見. 公羊傳曰, 弗者, 不之深也. 俗韻書謂不同弗, 非是. 又詩, 鄂不韡韡. 箋云. 不當作柎. 柎, 鄂足也. 古聲不柎同. (2) 他處云一地也. 此以在上, 知爲天. (3) 謂不也. 象鳥飛去而見其翅尾形. 音見上.

---

8 제12편 下 '丿'부 '弗'자 說解 참조.

9 《禮記·學記》 참조.

10 《公羊傳》 僖公 二十六年의 注 참조.

11 《詩·小雅·常棣》의 鄭玄의 箋 참조.

433. 至(지)부

 鳥飛從高下至地也.(1) 从一. 一, 猶地也.(2) 象形.(3) 不上去而至下, 來也.(4) 凡至之屬皆从至.  古文至.

'至'는 새가 높은 곳에서 날아와 땅에 이른다는 뜻이다. '一(일)'로 구성되었다. '一'은 곧 땅[地(지)]이다. 상형(象形)이다. 위로 오르지 않고 아래로 내려오므로 온다[來(래)]는 뜻이 되었다. 至부에 속하는 한자는 모두 至의 의미를 따른다. ''는 至의 고문(古文)이다.

(1) '온다[來至]'라는 뜻의 ('至'는) 모두 이 (새가 높은 곳에서 날아온다는) 의미에서 인신 가차된 것이다. 인신되어 '간절하다[懇至(간지)]', '지극하다[極至(극지)]'의 뜻이 되었다. 허신은 "到(도)는 이른다[至]는 뜻이다." "臻(진)은 이른다[至]는 뜻이다."[12] "徦(가)는 이른다[至]는 뜻이다."[13]라고 하였다. 이것은 본의(本義)(새가 날아 내려온다는 뜻)의 인신이다. 또 "親(친)은 지극하다[至]는 뜻이다."[14] "寴(친)은 지극하다[至]는 뜻이다."[15]라고 하였는데 이것은 나머지 의미[餘義(여의)]의 인신이다.

(2) ('至'의 자형에서) '一' 모양이 아래에 있으므로 ('땅[地]'이라고) 하였다.

(3) ('상형'이라는 것은) '' 모양을 말한다. '不(불)'자는 위로 올라가는 새 모양을 상형하였으므로 머리가 위로 향하고 '至'자는 아래로 모여드는 새 모양을 상형하였으므로 머리가 아래로 향한다. '至'의 발음은 脂(지)와 利(리)의 반절이다. 고음은 '質(질)'과 같이 발음한다. 12부에 속한다.

(4) '상서로운 보리[瑞麥(서맥)]'라는 뜻의 '來'자가 '오고가다[行來(행래)]'는 뜻의 '來'자가 되었다.[16]

(1) 凡云來至者, 皆於此義引申假借. 引申之爲懇至, 爲極至. 許云, 到, 至也. 臻, 至也. 徦, 至也.

12 제12편 下 '至'부 '到'자 說解 및 '臻'자 說解 참조.

13 제2편 下 '彳'부 '徦'자 說解 참조.

14 제8편 下 '見'부 '親'자 說解 참조.

15 제7편 下 '宀'부 '寴'자 說解 참조.

16 제5편 下 '來'부 說解 참조.

此本義之引申也. 又云親, 至也. 寴, 至也. 此餘義之引申也. (2) 一在下, 故云. (3) 謂𠀚也. 不, 象上升之鳥, 首鄉上. 至, 象下集之鳥, 首鄉下. 脂利切. 古音讀如質. 在十二部. (4) 瑞麥之來, 爲行來之來.

434. 卥(서)[17] 부

鳥在巢上也. 象形.(1) 日在卥方而鳥卥.(2) 故因吕爲東卥之卥.(3) 凡卥之屬皆从卥. 棲 卥或从木妻.(4) 卤 古文卥. 卥 籀文卥.(5)

'卥'는 새가 둥지 위에 있다는 뜻이다. 상형(象形)이다. 해가 서쪽에 있으면 새가 둥지에 든다. 그래서 (방위를 나타내는) '東卥(동서)'의 '卥'로 삼게 되었다. 卥부에 속하는 한자는 모두 卥의 의미를 따른다. '棲'는 卥의 혹자(或字)로서 '木(목)'과 '妻(처)'로 구성되었다. '卤'는 卥의 고문(古文)이다. '卥'는 卥의 주문(籀文)이다.

(1) ('卥'자의) 아랫부분은 둥지 모양을 상형하고 윗부분은 새의 모양을 상형하였다. (의미를 합했다는 점에서 보면) 회의(會意)자이지만, 위아래 모두 완전한 글자가 아니므로 '회의(會意)'라고 하지 않고 '상형(象形)'이라고 하였다. 새가 둥지 위에 있다는 것이 ('卥'자) 전문(篆文)의 본의다. 卥의 지금 발음은 先(선)과 稽(계)의 반절이다. 고음(古音)은 '詵(선)'자와 같이 발음하거나, '僊(선)'자와 같이 발음한다. '西施(서시)'를 '先施(선시)'라고도 했던 것이 그렇게 발음했던 예다. 《한서(漢書)》에서는 "西는 遷(천)이다."라고 하였다.[18] 고음 12・13부에 속한다.

(2) ("日在卥方而鳥卥"에서) 먼저 나온 '卥'자는 (방위를 나타내는) '동서(東西)'의 '西'자이고 아래 나온 '卥'자가 '西'의 본의(새가 둥지에 들다)를 나타내고 있다.

(3) ("故因吕爲東卥之卥"는) 육서(六書) 가운데 '가차(假借)'의 예를 설명한 것이다. '가차'란 원

---

17 '卥'자는 篆書의 자형을 따른 楷書體다. 지금 통용되는 글자는 '西'자로서 籀文의 자형을 따르면서도 조금 변형된 楷書體다. 段玉裁는 許愼의 說解에서는 '卥'자를 사용하고 자신의 주에서는 '卥'자와 '西'자를 혼용하였다.

18 《漢書・律曆志》 上 참조.

래 그 의미의 글자가 없었는데 발음에 의지해서 의미를 나타내는 방법이다. 옛날에는 원래 (방위를 나타내는) 동서의 '西(서)'자가 없었는데 새가 둥지 위에 있다는 '西'자에 기탁해서 (서쪽이라는 의미로) 쓰게 되었다. 일반적으로 허신이 "以爲(이위)"라고 말한 것은 모두 그렇게 '가차'의 예로 볼 수 있다. '韋(위)'자는 본래 '서로 어긋나다[相背(상배)]'의 뜻이지만 '가죽[皮革(피혁)]'이란 뜻의 글자로 삼은 것이나,[19] '烏(오)'자가 본래 '효성스런 새[孝鳥(효조)]'라는 뜻이지만 '감탄할 때의 소리[烏呼(오호)]'의 (烏자)로 삼은 것이나,[20] '來(래)'자가 본래 '상서로운 보리[瑞麥(서맥)]'라는 뜻인데 '오가다[行來(행래)]'의 온다는 뜻으로 삼은 것,[21] '朋(붕)'이 본래 '봉황새[鳳(봉)]'의 고문(古文)이므로 (봉황새라는 뜻이 본의인데) '무리[朋黨(붕당)]'라는 뜻으로 삼은 것,[22] '子(자)'자가 본래 '11월 양기(昜气)가 동하여 만물이 자란다.'라는 뜻이지만 '사람을 부르는 호칭[人偁(인칭)]'으로 삼은 것[23] 등은 (모두 '가차'의 예들이다.) 후인들은 살피지 않고 습관적으로 가차된 의미만을 사용하고 본의(本義)를 버려서 '西'의 본의가 "새가 둥지 위에 있다."라는 뜻이라는 것과 '韋'의 본의가 "서로 어긋나다"라는 뜻이라는 것과 '朋'의 본의가 "봉황새"라는 것을 모르니 말단을 쫓아 근본을 잊어버린 것이 대체로 그와 같다. 허신이 말하지 않았다면 어떻게 그것을 알 수 있겠는가?

(4) (혹자(或字)인 '棲(서)'자는) '木'으로 구성되고 '妻'가 발음을 나타내는 부분일 것이다. ('棲'가) '妻'를 성부로 구성하게 된 이유는 이 전문이 만들어졌을 때 이미 '卥'는 (방위를 나타내는) 東卥의 의미로 고정되고 '棲'는 '새가 둥지에 깃든다.'라는 의미로 나누어져 있었고 발음이 '妻'에 가까웠기 때문이었다. 《시(詩)·형문(衡門)》에 "可以棲遲[편히 쉴 수 있네.]"[24]라고 되어 있는데 한(漢)의 <엄발비(嚴發碑)>에서는 위의 《시·형문》의 구절을 인용하면서 ('棲遲(서지)'를) "西遲(서지)"라고 썼다.[25] 그렇다면 "雞棲于塒[닭은 홰에 깃들고]", "雞棲于桀[닭은 우리에 깃들고]"[26]의 ('雞棲(계서)'는) 고본(古本)에는 반드시 '雞西

19 제5편 下 '韋'부 說解 참조.

20 제4편 上 '烏'부 說解 참조.

21 제5편 下 '來'부 說解 참조.

22 제4편 上 '鳥'부 '鳳'자 說解 참조.

23 제14편 下 '子'부 說解 참조.

24 《詩·陳風·衡門》 "衡門之下, 可以棲遲." 참조.

25 漢의 <嚴發碑>는 《隷續》 卷一 참조. 顧藹吉의 《隷變》 卷8에 의하면 <嚴發碑>는 어느 시대의 것인지 알 수 없다고 하였다. 《隷續》을 인용하면서 아마도 漢代에 새긴 것이 아닐 것이라고 하였다.

26 《詩·王風·君子于役》 "君子于役, 不知其期. 曷至哉, 雞棲于塒 …… 君子于役, 不日不月. 曷其有佸, 雞棲于桀……." 참조.

(계서)'라고 쓰여 있었을 것이다. 《논어(論語)》에 '棲棲'라고 쓴 것도 고본(古本)에서는 '西西'로 쓰여 있었을 것이다.[27]

(5) 살펴보면 '鹵(로)'자에서 "西의 생략형으로 구성되었다."라고 하였고[28] '西'의 주문(籀文) 자형이 이와 같이 생겼으니 '鹵'자는 바로 '西'의 주문 자형인 '卤'로 구성된 것 같다.

(1) 下象巢, 上象鳥. 會意. 上下皆非字也, 故不曰會意而曰象形. 鳥在巢上者, 此篆之本義. 今音先稽切. 古音讀如詵, 讀如僊, 如西施亦作先施. 漢書曰, 西, 遷也. 古音在十二十三部. (2) 上西, 卽下文東西之西也. 下西, 西之本義也. (3) 此說六書叚借之例. 叚借者, 本無其字, 依聲託事. 古本無東西之西, 寄託於鳥在巢上之西字爲之. 凡許言以爲者類此. 韋本訓相背, 而以爲皮韋. 烏本訓孝鳥, 而以爲烏呼. 來本訓瑞麥, 而以爲行來. 朋本古文鳳, 而以爲朋攩. 子本訓十一月昜气動萬物滋, 而以爲人偁. 後人習焉不察, 用其借義而廢其本義, 乃不知西之本訓鳥在巢, 韋之本訓相背, 朋之本訓爲鳳. 逐末忘本, 大都類是, 微許君言之, 烏能知之. (4) 蓋从木, 妻聲也. 从妻爲聲, 蓋製此篆之時, 已分別卥爲東卥, 棲爲鳥在巢, 而其音則皆近妻矣. 詩, 可以棲遲. 漢嚴發碑作衡門西遲. 然則雞棲于塒, 雞棲于桀, 古本必作雞西. 論語爲是棲棲, 古本亦必作西西. (5) 按鹵下曰从西省, 若籀文西如此, 則鹵正从籀文卤矣.

435. 鹵(로)부

西方鹹地也. 从卥省.(1) □象鹽形.(2) 安定有鹵縣.(3) 東方謂之庍, 西方謂之鹵.(4) 凡鹵之屬皆从鹵.

'鹵'는 서쪽의 소금이 나는 땅이다. '卥'의 생략형으로 구성되었다. '□' 모양은 소금의 모양을 상형하였다. 안정군(安定郡)에는 '노현(鹵縣)'(이라는 지명이) 있다. 동쪽 지방에서는 '庍(척)'[29]이라 하고 서쪽 지방에서는 '鹵'라 한다. 鹵부에 속하는 한자는 모두 鹵의 의미를 따른다.

---

27 《論語・憲問》 참조.

28 제12편 上 '鹵'부 說解 참조.

29 제9편 下 '广'부에 '庍'자가 나온다. 段注에 의하면 俗字로 '厈'・'斥' 등으로 쓴다고 하였다.

(1) ("从𡿺省"의) '省(생)'자는 쓸데없는 글자다. 이것은 ('鹵'가) 위의 '𡿺(서)'부를 이어서 '𡿺'의 주문(籒文) 자형으로 구성되었다는 말이다. 곧 '卤(서)'자를 가리킨다.[30]

(2) ("□象鹽形"에서) 대서본(大徐本)에는 '□'모양이 없고 소서본(小徐本)에는 '⊠'으로 잘못되어 있다.[31] 대체로 먼저 "무엇으로 구성되었다.[从某]"라고 하면서 또 "상형(象形)이다."라고 말하는 경우에는 '합체(合體) 상형'을 말한다. (이런 글자에서 상형하는 부분은) 대부분 글자를 이루지 못한다. 글자를 이루었다면 (합체 상형이 아니라) '회의(會意)'였을 것이다. 옮겨 쓰는 사람이 글자를 이루지 못하므로 그것을 없애 버려서 문맥을 이해할 수 없게 만들어 버렸다. 그래서 이처럼 보충해야 한다. 따라서 '합체 상형'이란 (자형의) 반은 글자가 되고 반은 글자를 이루지 못하는 것이다. 예컨대 '鹵'는 '卤'로 구성되었으며 또 '□'모양으로 (소금의) 모양을 상형한 것이 그것이다. (합체 상형 가운데) 둘 다 글자를 이루지 못하는 것이 있는데 예컨대 '𡿺'자는 'ㄹ' 모양으로 새를 상형하였고 '⊠' 모양으로 둥지를 상형한 것이 그것이다. '鹵'의 발음은 郞(랑)과 古(고)의 반절이다. 5부에 속한다.

(3) 《한서(漢書)·지리지(地理志)》에 '안정군(安定郡) 노현(鹵縣)'이라는 지명이 나온다.[32]

(4) 《상서(尙書)·우공(禹貢)》의 '청주(靑州)'에 대한 설명에서, "海濱廣厈[바닷가에 넓은 소금밭이 있다.]"[33]이라는 말이 나온다. 이곳은 동쪽 지방을 말하고 '安定郡 鹵縣'은 서쪽지방을 말한다. 태사공(太史公)은 "산동(山東)에서는 해염(海鹽)을 먹고 산서(山西)에서는 염로(鹽鹵)를 먹는다."[34]라고 하였다. 그러나 대문(對文)에서는 나누어 말하고 산문(散文)에서는 구애받지 않고 섞어 쓴다. 짠 땅에서는 소금밖에 나지 않는다. 인신되어 《춘추경(春秋經)》에서는 큰 들판[大原(대원)]을 '大鹵'라고 부른다.[35] 《석명(釋名)》에서는 "생물이 자라지 못하는 땅을 '鹵'라 한다."라고 하였다.[36]

(1) 省字衍. 此承上文𡿺部, 从𡿺之籒文也, 謂卤也. (2) 大徐本無□, 小徐譌作⊠. 凡旣从某而又象其形, 謂之合體之象形, 多不成字. 其成字者, 則會意也. 轉寫者以其不成字而刪之, 致文理不可讀,

30 제12편 上 '西'부 說解 참조.
31 二徐本 참조.
32 《漢書·地理志》 下 참조.
33 段玉裁는 "海濱廣厈"의 '厈'자를 '㡿(척)'의 俗字로 보고 이 문장을 인용한 것이다. 제9편 下 '广'부 '㡿'자 참조.
34 《史記·貨殖列傳》 참조.
35 《左傳》 昭公 元年 참조.
36 《釋名·釋地》 참조.

皆當依此補之. 合體象形, 有半成字半不成字者, 如鹵从卤, 而又以囗象之, 是也. 有兩不成字者, 如卥以弓象鳥, 以囟象巢, 是也. 鹵, 郎古切. 五部. (3) 地理志, 安定郡鹵縣. (4) 禹貢, 青州, 海濱廣斥, 謂東方也. 安定有鹵縣, 謂西方也. 大史公曰, 山東食海鹽, 山西食鹽鹵. 然對文則分析, 緐文則不拘. 鹹地僅産鹽. 引申之, 春秋經大原亦曰大鹵. 釋名, 地不生物曰鹵.

436. 鹽(염)부

鹵也. 天生曰鹵, 人生曰鹽.(1) 从鹵監聲.(2) 古者夙沙初作鬻海鹽.(3) 凡鹽之屬皆从鹽.

'鹽'은 소금[鹵(로)]이다. 천연산을 '鹵'라 하고 사람이 만들어내는 것을 '鹽'이라 한다. '鹵'로 구성되었고 '監(감)'은 발음을 나타낸다. 옛날에 '숙사(夙沙)'가 처음으로 바닷물을 끓여 소금을 만들었다. 鹽부에 속하는 한자는 모두 鹽의 의미를 따른다.

(1) ("鹵也. 天生曰鹵, 人生曰鹽."의) 열 글자가 각 판본에서는 "鹹也"의 두 글자로 되어 있다.[37] 지금 바로잡는다. '鹽'의 맛은 짜지만[鹹(함)] '鹽'을 곧바로 '짜다[鹹]'고 풀이할 수는 없다. 현응(玄應)의 책에 세 번이나 《설문》의 "天生曰鹵, 人生曰鹽."이 인용되어 있으니 당연히 (이 구절이) 이곳에 있어야 한다.[38] 처음에 "鹵也"의 두 글자로 ('鹽'자의 설명을) 시작한 이유는, ('鹵'와 '鹽'을) 혼언(渾言)할 때와 석언(析言)할 때를 두루 보여 주기 위해서다. 《주례(周禮)》에 "염인(鹽人)은 소금[鹽]에 관한 행정을 관장한다."[39]라고 하였다. 소금을 낼 때는 정련하지 않은 것을 쓰기도 하고 정련한 것을 쓰기도 한다.
(2) '鹽'의 발음은 余(여)와 廉(렴)의 반절이다. 고음(古音) 8부에 속한다.
(3) 숙사(夙沙)의 '夙'자가 대서본(大徐本)에는 '宿(숙)'자로 쓰였다.[40] 옛날에는 '夙'과 '宿'이 통용되었다. 《좌전(左傳)》에 '夙沙衛(숙사위)'라는 말이 나온다.[41] 《여람(呂覽)》의 주석에

37 二徐本 참조.
38 《一切經音義》 卷二, 卷九, 卷十四의 세 곳에 인용되어 있다.
39 《周禮·天官·鹽人》 참조.
40 徐鉉本 참조.
41 《左傳》 襄公 二年 참조.

서 "夙沙는 대정씨(大庭氏)의 후손이다."라고 하였다.[42] 《곤학기문(困學紀聞)》에서는 노련자(魯連子)의 말을 인용하여 "옛날에 고기를 잘 잡던 사람으로 숙사구자(宿沙瞿子)가 있었다."라 하고 또 "숙사구자(宿沙瞿子)는 소금을 잘 구웠다."라고 하였다.[43] 허신이 여기에서 (숙사(夙沙)가 처음으로 바닷물을 끓여 소금을 만들었다고) 한 것은 아마 《세본(世本)·작편(作篇)》에서 나온 말일 것이다. 이것이 이른바 "사람이 만들어 내는 것을 鹽이라 한다.[人生曰鹽]"라는 의미다.

(1) 十字各本作鹹也二字, 今正. 鹽之味鹹, 鹽不訓爲鹹. 玄應書三引說文, 天生曰鹵, 人生曰鹽. 當在此處. 上冠以鹵也二字, 則渾言析言者, 備矣. 周禮, 鹽人掌鹽之政令. 有出鹽直用不湅治者, 有湅治者. (2) 余廉切. 古音在八部. (3) 夙大徐作宿. 古宿夙通用. 左傳有夙沙衛. 呂覽注曰, 夙沙, 大庭氏之末世. 困學紀聞引魯連子曰, 古善漁者, 宿沙瞿子. 又曰, 宿沙瞿子善煮鹽. 許所說蓋出世本作篇, 所謂人生曰鹽也.

437. 戶(호)부

 護也.(1) 半門曰戶. 象形.(2) 凡戶之屬皆从戶. 㦿 古文戶. 从木.(3)

'戶'는 보호한다[護(호)]는 뜻이다. '門(문)'의 반쪽을 '戶'라고 한다. 상형(象形)이다. 戶부에 속하는 한자는 모두 戶의 의미를 따른다. '㦿'는 戶의 고문(古文)이다. '木(목)'으로 구성되었다.

(1) ('戶'와) 운모가 같은 '護'자로 풀이하였다.

(2) '戶'의 발음은 侯(후)와 古(고)의 반절이다. 5부에 속한다.

(3) ('戶'의 고문 자형은) '木'으로 구성되었으며 모양을 상형하였다. 내 생각에 이 글자는 (고문이 아니라) 주문(籒文) 자형에 '木'을 더한 것 같다. 고문으로는 '戶'로만 썼을 것이다. 그래서 이 부수에 부속된 아홉 글자가 모두 '戶'로 구성된 것이다.

---

42 《呂覽》 <用民訓> 참조.

43 《困學紀聞》 卷十 <諸子> 下 참조.

(1) 以疊韻爲訓. (2) 侯古切. 五部. (3) 从木而象其形. 按此當是籒文加木. 惟古文作戶, 故此部文九皆从戶也.

438. 門(문)부

 聞也.(1) 从二戶. 象形.(2) 凡門之屬皆从門.

'門'은 듣는다[聞(문)]는 뜻이다. 두 개의 '戶(호)'로 구성되었다. 상형(象形)이다. 門부에 속하는 한자는 모두 門의 의미를 따른다.

(1) ('門'자와) 운모가 같은 '聞'자로 풀이한 것이다. ('門'을) '듣는다[聞]'고 풀이한 이유는 문 밖에서 안의 소리를 들을 수 있고 문 안에서 밖의 소리를 들을 수 있기 때문이다.
(2) ('門'자가 두 개의 '戶'로 구성된 것은) 마치 '鬥(투)'자가 두 개의 '丮(극)'으로 구성되었지만 (鬥자를 만들기 위해서) 굳이 '丮'자를 뒤집은 모양이 필요하지 않는 것과 같다.[44] '門'의 발음은 莫(막)과 奔(분)의 반절이다. 13부에 속한다.

(1) 以疊韻爲訓. 聞者, 謂外可聞於內, 內可聞於外也. (2) 此如鬥从二丮, 不必有反丮字也. 莫奔切. 十三部.

439. 耳(이)부

 主聽者也.(1) 象形.(2) 凡耳之屬皆从耳.

'耳'는 듣는 것을 주로 하는 기관이다. 상형(象形)이다. 耳부에 속하는 한자는 모두

44 제3편 下 '鬥'부 說解 참조.

耳의 의미를 따른다.

(1) ("主聽者也"의) '者(자)'자는 지금 보충한다.[45] ("~일 뿐이다"라는 뜻의) '而已(이이)'를 빨리 말하면 '耳'라고만 한다. 이때의 발음은 고음으로 1부에 있다. "이와 같다"는 뜻으로 빨리 말할 때에는 '爾(이)'라고 하며 이때의 발음은 고음으로 15부에 있다. 예를 들면 《세설신어(世說新語)》에서 "聊復爾耳"[46]라고 할 때는 "또한 이와 같을 뿐이다."라는 말이다. ('耳'와 '爾'의) 두 글자의 발음과 의미는 절대로 서로 혼동되어서는 안 된다. 그러나 당대(唐代)부터 지금까지 잘못된 것이 말할 수 없을 정도다. 옛날 경전에서도 마음대로 베껴 써서 독해하기 어려운 곳이 대단히 많다. 《논어(論語)》 하나만 예를 들어 보아도 '云爾(운이)'라고 말한 대목은 "이와 같다."라는 뜻이고,[47] '謹爾(근이)'[48]·'率爾(솔이)'[49]·'鏗爾(갱이)'[50]에 쓰인 '爾'자는 '그러한 모습[然(연)]'이라는 뜻이며, "無隱乎爾[너희에게 숨기는 것이 없다.]"[51] "一日長乎爾[하루라도 너보다 나이가 많다.]"[52]의 '爾'자는 '너'라는 뜻이다. 또 "汝得人焉爾乎[너는 사람을 얻었는가?]"[53]라고 말한 것은 "이곳에서 사람을 얻었는가?"라고 한 것이다. 《공양전(公羊傳)》에서 '三年'에 대하여 물을 때 '爾'이라고 말한 것[54]은 모두 '여기에서[於此]'라고 풀이된다. (《논어》경전 전체에서) 오직 "前言戲之耳[앞에서 말한 것은 농담일 뿐이었다.]"의 '耳'자만이 '~일 뿐'이라고 해석된다.[55] 지금의 속각(俗刻)본에서는 ('爾'자를 아예 '耳'자로 고쳐) "汝得人焉耳乎"라고 되어 있으니 정말 웃음만 나온다. 조조(曹操)가 "속어에 '여자아이만 낳는다.[生女耳]'라는 말이 있다."라고 하였는데[56] 이때의 '耳'는 부족함을 나타내는 말이다. 여기에서는 옛날의 ('耳'자의) 의미가 남

45 二徐本 참조.

46 《世說新語》 卷下 <任誕> 第23 참조.

47 《論語·述而》. "子曰, 女奚不曰, 其爲人也, 發憤忘食, 樂以忘憂, 不知老之將至云爾."

48 《論語·鄉黨》. "其在宗廟朝廷, 便便言, 唯謹爾."

49 《論語·先進》. "子路, 率爾而對曰……."

50 《論語·先進》. "點, 爾何如, 鼓瑟希, 鏗爾舍瑟而作……."

51 《論語·述而》. "子曰, 二三者, 以我爲隱乎. 吾無隱乎爾…."

52 《論語·先進》. "子路曾晳冉有公西華, 侍坐. 子曰, 以吾, 一日長乎爾, 毋吾以也."

53 《論語·雍也》. "子游爲武城宰. 子曰, 女得人焉爾乎……."

54 《公羊傳》 閔公 2年 "……何以書, 譏, 何譏爾, 譏始不三年也." 《公羊傳》 文公 2年 "……此何以書, 譏, 何譏爾, ……娶在三年之外, 則何譏乎喪娶. 三年之內不圖婚……." 《公羊傳》 文公 9년 "……何以書, 譏, 何譏爾, ……."

55 《論語·陽貨》 "……子曰, 二三者, 偃之言, 是也. 前言戲之耳."

56 《三國志·魏書》 <崔琰傳> "太祖怒曰, 諺言'生女耳'……."

아 있는 것이다. 발음이 '仍(잉)'으로 바뀌기도 한다. 예를 들면 '耳孫(이손)'을 '仍孫(잉손)'이라고도 쓴다.[57]

(2) '耳'의 발음은 而와 止의 반절이다. 1부에 속한다.

(1) 者字今補. 凡語云而已者, 急言之曰耳, 在古音一部. 凡云如此者, 急言之曰爾, 在古音十五部. 如世說云, 聊復爾耳, 謂且如此而已, 是也. 二字音義, 絶不容相混, 而唐人至今譌亂至不可言. 於古經傳亦任意塡寫, 致多難讀. 卽如論語一經, 言云爾者, 謂如此也. 言謹爾, 率爾, 鏗爾者, 爾猶然也. 言無隱乎爾, 一日長乎爾, 爾猶汝也. 言汝得人焉爾乎, 言得人於此否也. 公羊傳, 三年問焉爾, 皆訓於此也. 全經惟有前言戲之耳, 乃而已之訓. 今俗刻作汝得人焉耳乎, 乃極爲可笑. 曹操曰, 俗語云生女耳, 耳是不足之詞, 此古說之存者也. 音轉讀爲仍, 如耳孫亦曰仍孫, 是也. (2) 而止切. 一部.

440. 𦣝(이)부

 顄也.(1) 象形.(2) 凡𦣝之屬皆从𦣝.  篆文𦣝.(3)  籒文. 从𩠐.(4)

'𦣝'는 턱이다. 상형(象形)이다. 𦣝부에 속하는 한자는 모두 𦣝의 의미를 따른다. ''자는 𦣝의 전문(篆文)이다. ''자는 주문(籒文)이다. '𩠐(수)'로 구성되었다.

(1) '頁(혈)'부에서 "顄(함)은 頤(이)다."[58]라고 하였으니 ('顄'과 '頤'의) 두 개의 전문(篆文)은 전주가 된다. '𦣝'자는 '頤'의 고문 자형이다. 정현(鄭玄)이 《역(易)》에 주석하여 "頤中(이중)이란 '입과 입 아래, 입 위[口車輔(구거보)]'를 말한다. (頤괘는) '震(진)'이 아래에서 움직이고 '艮(간)'이 위에서 멈추었다. 입과 입 아래 (턱이) 움직이면 위의 입 위쪽 잇몸으로 음식물을 씹어 사람을 보양한다. 그래서 '頤'라 한다. '頤'란 '기른다[養(양)]'는 뜻이다."라고 하였다.[59] 내 생각에 정현은 입 아래(턱)은 '車(거)'이고 입 위의 (광대뼈와 연결된 윗

57 《漢書・惠帝紀》"上造以上, 及內外公孫耳孫, ……"에 대하여 顔師古는 다음과 같이 주석하였다. "耳孫, …… 耳音仍. …… 據爾雅'曾孫之子爲玄孫, 玄孫之子爲來孫, 來孫之子爲昆孫, 昆孫之子爲仍孫'. …… 仍耳聲相近, 蓋一號也."

58 제9편 上 '頁'부 '顄'자 說解 참조.

59 《周易・頤卦》鄭玄의 注는 《周易集解》 참조. '頤'괘는 '上'괘가 山(☶)이고 '下'괘가 雷(☳)이다. 그래서

잇몸은) '輔(보)'라고 여긴 것 같다. 그래서 입과 입 위(광대뼈) 입 아래(턱) 세 부분을 합하여 '頤'라고 여긴 것이다. 좌씨(左氏)가 말하기를 "車와 輔는 서로 의지한다."라고 하였다.[60] '車'부에서 "輔는 사람의 광대뼈[頰車(협거)]다."라고 하였다.[61] 《역 · 서괘전(序卦傳)》에서 "頤란 기른다[養]는 뜻이다."라고 하였다. 옛날에 이름이 '頤'면 자(字)가 '眞(진)'이었다. 예를 들어 진(晉)나라 때 '매이(枚頤)'의 자는 '중진(仲眞)'이었고 '이이(李頤)'의 자는 '경진(景眞)'이었다. '枚頤(매이)'를 혹 '梅賾(매색)'이라고도 쓰는데 잘못이다.

(2) 이 자형은 가로로 놓고 보아야 한다. 가로로 놓고 보면 입 위, 입 아래, 입 가운데의 모양이 모두 보인다. '𦣝'의 발음은 與(여)와 之(지)의 반절이다. 1부에 있다.

(3) 이 '頤'자가 전문(篆文)이라면 '𦣝'자는 고문(古文)임을 알 수 있다. 먼저 고문을 (부수자로) 세우고 뒤에 전문을 둔 것은 ('上'부에서) '二(상)'을 (부수자로) 앞세우고 '上'을 뒤로 한 예와 같다.[62] ('𦣝'를 부수로) 세우지 않는다면 ('𦣝'의 부속자인) '𦣞(이)'의 전문(篆文)을 귀속시킬 곳이 없게 된다.

(4) '𦣝'는 본래 상형(象形)자다. 주문 자형[]이나 전문 자형[]의 경우는 '𦣻(수)'와 '頁(혈)'로 글자를 구성한 후에 (그 나머지 자형이) 모양을 상형한 것이다.

(1) 頁部曰, 顫, 頤也. 二篆爲轉注. 𦣝者, 古文頤也. 鄭易注曰, 頤中, 口車輔之名也. 震動於下, 艮止於上. 口車動而上, 因輔嚼物以養人, 故謂之頤. 頤, 養也. 按鄭意謂口下爲車, 口上爲輔, 合口車輔三者爲頤. 左氏云, 輔車相依. 車部云, 輔, 人頰車也. 序卦傳曰, 頤者, 養也. 古名頤字眞, 晉枚頤字仲眞, 李頤字景眞. 枚頤或作梅賾, 誤也. (2) 此文當橫視之. 橫視之, 則口上口下口中之形, 俱見矣. 與之切. 一部. (3) 此爲篆文, 則知𦣝爲古文也. 先古文後篆文者, 此亦先二後上之例. 不如是則𦣞篆無所附也. (4) 𦣝本象形. 如籒文篆文, 則从𦣻从頁, 而後象其形也.

"우레[震(진)]가 아래에서 움직이고 산[艮(간)]이 위에서 멈추었다."라고 설명한 것이다.

60 《左傳》 僖公 五年 참조.

61 제14편 上 '車'부 '輔'자 說解 참조.

62 제1편 上 '上'부 참조.

441. 手(수)부

 拳也.(1) 象形.(2) 凡手之屬皆从手.  古文手.

'手'는 주먹이다. 상형(象形)이다. 手부에 속하는 한자는 모두 手의 의미를 따른다. ''는 手의 고문이다.

(1) 지금 사람들은 손을 편 것은 '手'이고 손을 쥔 것이 '拳(권)'이라고 생각하는데 사실은 같은 것이다. 그래서 '手'와 '拳' 두 전문(篆文)은 서로 풀이해 준다.
(2) ('手'자는) 손가락과 손바닥, 그리고 팔뚝의 모양을 상형하였다. '手'의 발음은 書(서)와 九(구)의 반절이다. 3부에 속한다.

(1) 今人舒之爲手, 卷之爲拳, 其實一也. 故以手與拳二篆互訓. (2) 象指掌及𢯱也. 書九切. 三部.

442. 𠦬(괴)부

 背呂也.(1) 象脅肋形.(2) 凡𠦬之屬皆从𠦬. 讀若乖.(3)

'𠦬'는 등뼈다. 겨드랑이의 갈비뼈 모양을 상형하였다. 𠦬부에 속하는 한자는 모두 𠦬의 의미를 따른다. '乖(괴)'자와 같이 발음한다.

(1) '呂(여)'자에서 "등뼈[脊骨(척골)]다."[63]라고 하였다. '脊(척)'은 뼈와 살을 함께 말한 것이고 '呂(여)'는 그 뼈만을 가리키는 것이다. 석언(析言)하면 ('脊'과 '呂'로) 이처럼 나누어 말하고, 혼언(渾言)하면 통틀어 '背呂'라고 한다. 세속에서 말하는 '背脊(배척)'이라는 말과 같다.
(2) ("象脅肋形"의) '脅(협)'은 두 겨드랑이이며, '肋(륵)'은 겨드랑이뼈다.[64] 이 네 글자는 원래

63 제7편 下 '呂'부 說解 참조.

"象形. 巛象脅肋也."의 일곱 글자로 써야 한다. 여기에서의 "상형(象形)하였다"는 말은 (전문[巫]에서) '𠃌' 모양이 등뼈가 가운데에서 곧은 것을 상형하였고 '一' 모양은 사람의 허리를 상형하였으며 '巛' 모양은 등의 좌우의 갈비뼈의 모양을 상형한 것이라는 말이다. '巫'의 발음은 古(고)와 懷(회)의 반절이다. 《옥편(玉篇)》에서 ('巫'는) "속자(俗字)로 乖(괴)로 쓴다."라고 하였다.[65] 하지만 나의 생각에는 "俗作乖"라는 말은 '丫(개)'부의 '𠧪(괴)'자[66]의 주석 가운데 있어야 할 것 같다.

(3) ("讀若乖"의) 이 세 글자는 대서본(大徐本)에는 없다.[67]

(1) 呂下曰, 脊骨也. 脊, 兼骨肉言之, 呂則其骨. 析言之如是. 渾言之, 則統曰背呂, 猶俗云背脊也. (2) 脅者, 兩膀也. 肋者, 脅骨也. 此四字當作象形巛象脅肋也七字. 象形謂𠃌象背脊居中而直, 一象人要, 巛則象背左右脅肋之形也. 古懷切. 玉篇云, 俗作乖. 按俗作乖, 當在丫部𠧪字注中. (3) 此三字大徐無.

---

64 제4편 下 '肉'부 '脅'자, '肋'자 說解 참조.

65 《玉篇》 '巫'부 제78 참조.

66 제4편 上 '丫(개)'부 '𠧪(괴)'자 참조. 지금의 '乖'자는 俗字이고 '𠧪'자가 正字다.

67 徐鉉本 참조.

제12편 下

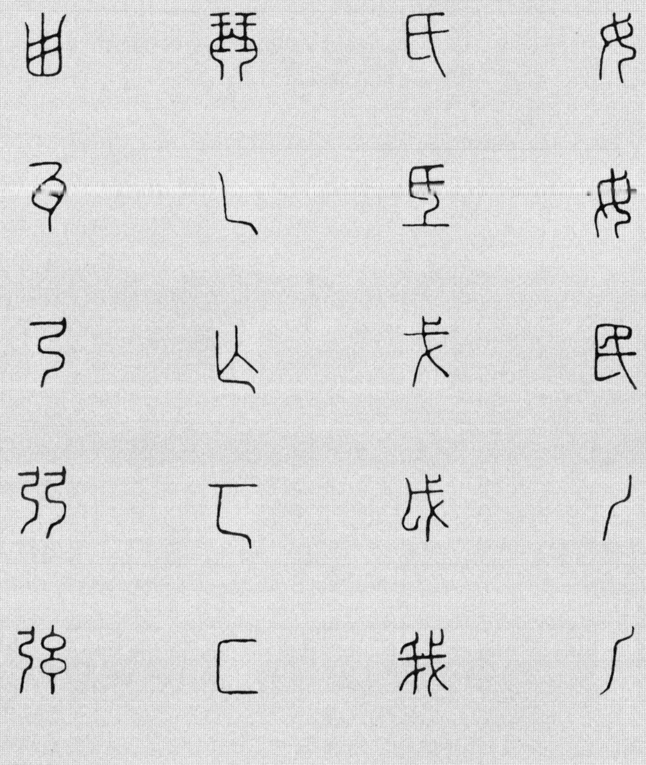

443. 女(여)부

 婦人也.(1) 象形. 王育說.(2) 凡女之屬皆从女.

'女'는 부인(婦人)이다. 상형(象形)이다. 왕육(王育)의 주장이다. 女부에 속하는 한자는 모두 女의 의미를 따른다.

(1) 남자는 '장부(丈夫)'라 하고[1] 여자는 '부인(婦人)'이라 한다. 문장을 쓸 때도 서로 대가 된다. 《의례(儀禮)·상복(喪服)》의 경문(經文)에서는 매번 '丈夫'와 '婦人'을 연이어 쓴다. 혼언(渾言)하면 모든 여자를 '婦人'이라 할 수 있지만 석언(析言)하면 시집간 사람만을 '婦人'이라 해야 한다. 《좌전(左傳)》에 "君子謂宋共姬, 女而不婦.[군자는 송(宋)나라의 공희(共姬)를 말하는데 아직 처녀이며 결혼하지 않았다.]"[2]라고 하였다. 여기서의 '女'는 사람을 기다리고 있다는 뜻이고 '婦'는 함께 일을 의논할 만하다는 의미다. 이것으로 '女道(여도)'와 '婦道(부도)'가 다르다는 것을 알 수 있다. '女子'라고 하는 말은 '男子'에 상대되는 말이다. '子(자)'는 일반적으로 미화시켜 부르는 호칭[美偁(미칭)]인데 '女子'에서 '子'자를 사용하는 이유는 부모와 (자식의 관계로) 연결시켜 말하는 것이다. 《집운(集韻)》에서 "오(吳)지방의 사람들은 '女'를 '㛊(오)'라 하는데 牛(우)와 居(거)의 반절로 발음한다."[3] "청주(青州)에서는 女를 '㚧'라 하는데 五(오)와 故(고)의 반절로 발음한다."[4] "초(楚)지방의 사람들은

1 제13편 下 '男'부 說解 참조.

2 《左傳》 襄公 三十年 참조.

3 《集韻》 上平聲 九 '魚'운 참조.

'女'를 '女'라 하는데 奴(노)와 解(해)의 반절로 발음한다."[5]라고 하였다. 모두 방언(方言)이다.

(2) ('女'자는) 육서에서 어디에 해당하는지 알 수가 없다. 왕육(王育)은 상형(象形)이라고 하였다. 손을 거두어 모아 스스로 지키는 모양을 상형하였기 때문일 것이다. '女'의 발음은 尼(니)와 呂(려)의 반절이다. 5부에 속한다. 소서본(小徐本)에는 "王育說" 세 글자가 ("凡女之屬皆从女"의) "从女"의 다음에 있다.[6]

(1) 男, 丈夫也. 女, 婦人也. 立文相對, 喪服經每以丈夫婦人連文. 渾言之女亦婦人, 析言之適人乃言婦人也. 左傳曰, 君子謂宋共姬女而不婦. 女待人, 婦義事也. 此可以知女道婦道之有不同者矣. 言女子者對男子而言. 子皆美偁也, 曰女子子者, 系父母而言也. 集韻曰, 吳人謂女爲娪. 牛居切. 靑州呼女曰娪, 五故切. 楚人謂女曰女, 奴解切. 皆方語也. (2) 不得其居六書何等, 而惟王育說是象形也. 蓋象其揜斂自守之狀. 尼呂切. 五部. 小徐, 王育說三字, 在从女下.

444. 毋(무)부

止之詈也.(1) 从女一.(2) 女有姦之者, 一禁止之, 令勿姦也.(3) 凡毋之屬皆从毋.

'毋'는 금지하는 말이다. '女(여)'와 '一(일)'로 구성되었다. 여자에게 간교한 데가 있으니 '一'로써 그것을 금지시켜 간교한 짓을 못하게 한 것이다. 毋부에 속하는 한자는 모두 毋의 의미를 따른다.

(1) ("止之詈也"의) '詈(사)'자는 《예기(禮記)》의 《석문(釋文)》에 의해 보충한다.[7] '詈'는 "의도는 속에 있고 말로 밖으로 드러낸 것[意內而言外]"이다.[8] ('毋'는) 그 뜻이 '금지시키다[禁

4 《集韻》 去聲 十一 '莫'운 참조.
5 《集韻》 上聲 十二 '蟹'운 참조.
6 徐鍇本 참조.
7 《禮記・曲禮》의 《釋文》 참조.
8 제9편 上 '司'부 '詈'자 說解 참조.

止(금지)]'이며 (밖으로) 드러난 말이 '毋'이다. 옛날에는 금지한다는 의미로 '無(무)'자가 통용되었다. 《시(詩)》·《서(書)》에서는 모두 '無'자를 썼다. 《의례(儀禮)·사혼례(士昏禮)》의 "夙夜毋違命[아침저녁으로 명을 어기지 말아야 한다.]"[9]에 대한 주석에서 "고문례(古文禮)에서는 '無'로 쓰고 금문례(今文禮)에서는 '毋'로 쓴다."고 하였다. 한대(漢代) 사람들은 대부분 '毋'자를 썼다. 따라서 《소대례기(小戴禮記)》·《금문상서(今文尙書)》에서는 모두 '毋'자를 쓴다. 《사기(史記)》에서 '毋'를 '있다 없다[有無]'의 ('無')로 쓰게 되었다. 내가 살펴본 바에 의하면 《시(詩)》의 "毋敎猱升木[10][원숭이를 나무에 오르지 말게 하라.]"에서 '毋'로 되어 있는데 정현(鄭玄)의 전(箋)에서는 "毋는 금지하는 말이다."라고 하였다.

(2) 회의(會意)자다. 毋'의 발음은 武(무)와 扶(부)의 반절이다. 5부에 속한다.

(3) ("从女一. 女有姦之者, 一禁止之, 令勿姦也."가) 각 판본에는 "从女, 有奸之者."의 여섯 글자만 남아 있다.[11] 지금 열 글자를 보충한다. 이 구절은 ('毋'가) 금지시켜 간교한 짓을 못하게 한다는 뜻으로 '一'로 구성된 이유를 설명한 것이다. '毋'와 '乍(사)'는 글자구성의 원리가 같다. '乍'자에서 "그친다[지(止)]는 뜻이다. '亡(망)'과 '一(일)'로 구성되었다. '一'은 막히는 곳이 있다는 것이다.[止也. 从亡一. 一有所礙之.]"라고 하였다.[12] 그렇다면 '毋'자 아래에도 마땅히 "从女一. 一有所礙之."라고 하여야 그 의미가 서로 증명된다. 《예기(禮記)·곡례(曲禮)》의 《석문(釋文)》과 《상서(尙書)·대우모(大禹謨)》의 《정의(正義)》에서 모두 《설문》을 인용하여 말하기를 "이 글자는 '女'로 구성되었는데 안에 한 획이 있다. 간교한[姦(간)] 모양을 상형한 것이다. 그것을 금지하여 간교하지 못하도록 한 것이다. 고인(古人)이 '毋'라고 한 것은 지금 사람이 '莫(막)'이라고 하는 말과 같다."라고 하였다. 이것은 (해석자들이) 자신이 이해한 뜻을 덧붙이고 고쳐서 허신이 말한 뜻을 잃은 것이다. 허신은 금지하여 간교하지 못하게 한 것으로 ('毋자가) '一'로 구성된 의미를 밝혔지만 육덕명(陸德明)·공안국(孔安國)은 간교한 것이 있음으로 인해 ('毋'자가) '一'로 구성되었다고 해설하였다. 그들은 "女有姦之者" 다섯 자가 '毋'자가 '一'로 구성되어 금지시킨다[禁止]는 뜻을 나타내는 복선이 된다는 것을 알지 못한 것이다. 당대(唐代) 사람들이 더하고 고친 것이나 지금의 판본에서 보이는 글자의 탈락은 모두 잘못되어 있으므로 당본(唐本)에서도 가려내어야 지금의 판본을 바로잡을 수 있을 것이다.

9 《儀禮·士昏禮》 참조.

10 《詩·小雅·角弓》 참조.

11 二徐本 참조.

12 제12편 下 '亡'부 '乍'자 說解 참조.

(1) 詈依禮記釋文補. 詈者, 意內而言外也. 其意禁止, 其言曰毋也. 古通用無, 詩書皆用無. 士昏禮, 夙夜毋違命. 注曰, 古文毋爲無. 是古文禮作無, 今文禮作毋也. 漢人多用毋, 故小戴禮記今文尚書皆用毋. 史記則竟用毋爲有無字. ○ 又按詩, 毋教猱升木. 字作毋. 鄭箋, 毋禁辭. (2) 會意. 武扶切. 五部. (3) 各本但有从女有奸之者六字, 今補十字. 禁止之令勿姦, 此說从一之意. 毋與乍同意. 乍下云, 止也, 从亡一, 一有所礙之也. 然則毋下亦當从女一, 一有所礙之. 其義可互證. 曲禮釋文大禹謨正義, 皆引說文云, 其字从女, 內有一畫, 象有姦之形, 禁止之勿令姦, 古人云毋, 猶今人言莫也. 此以己意增改而失許意. 蓋許以禁止令勿姦, 說从一. 陸孔以有姦之者, 說从一, 不知女有姦之者五字爲从一以禁止張本. 唐人之增改, 今本之奪落, 皆繆, 而唐本可摘以正今本.

445. 民(민)부

 眾萌[13]也.(1) 从古文之象.(2) 凡民之屬皆从民.  古文民.(3)

'民'은 백성이라는 뜻이다. 고문의 모양으로 구성되었다. 民부에 속하는 한자는 모두 民의 의미를 따른다. ''은 民의 고문(古文)이다.

(1) ("衆萌也"의) '萌(맹)'자가 고본(古本)에는 잘못된 것이 없으나 모본(毛本)에는 '氓(맹)'자로 되어 있으니 잘못이다.[14] 옛날엔 '民'을 '萌'이라 했다. 한(漢)나라 사람들이 그렇게 쓴 경우는 셀 수 없이 많다. 지금 《주례(周禮)》에 "以興耡利甿[가래를 사용하게 하여 백성들을 이롭게 한다.]"[15]으로 되어 있는 것을 허신이 '耒(뢰)'부에서 "以興耡利萌"으로 인용하였는데 내 생각에 정본(鄭本)도 ('甿(맹)'자가) '萌'으로 되어 있었던 것 같다. 그래서 주석에서 "귀화한 백성[變民(변민)]을 '萌'이라 하는데 안에 (있던 백성과) 밖에서 (들어온 백성의) 차이를 두었다. '萌'은 답답하게 잘 모르는 모양이다."라고 하였다. 그러므로 정본(鄭本) 역시 결코 '甿'자가 아니었을 것이다. 대체로 한인(漢人)들이 사용하던 '萌'자를 천인(淺人)들이 대

---

13 '萠'자의 현재 통용되는 자형은 '萌'자다. 段玉裁는 許愼의 說解에서는 '萠'자를 사용하고 자신의 注에서는 '萌'자를 사용하였다.

14 徐鍇本에는 '氓'으로 되어 있다. 毛本이란 毛晉의 汲古閣本을 말한다.

15 《周禮·地官·遂人》 참조.

부분 '氓'으로 고쳤다. 예를 들면 《주례(周禮)》의 <음의(音義)>에서는 이 구절을 인용하면서 '氓'으로 썼다. 게다가 더 나아가 '氓'을 '甿'으로 고쳐 놓았다. 곧 지금의 《주례》가 그렇게 되어 있다. 이에 대한 설명은 《주례한독고(周禮漢讀攷)》[16]에 자세히 보인다. '民'과 '萌'이 다른 것은 석언(析言)한 것이고, '萌'으로 '民'을 해석하는 것은 혼언(渾言)한 것이다.

(2) (전문 '民'은) 마치 고문의 자체와 비슷하지만 조금 다듬어진 모양이다. 허신의 책 전체에 "고문의 모양으로 구성되었다.[从古文之形]"고 한 곳이 네 군데다. '革(혁)'·'弟(제)'·'民(민)'·'酉(유)'자에서다.[17] 그에 대해서는 '革'자에서 설명해 놓았다. '民'의 발음은 彌(미)와 鄰(린)의 반절이다. 12부에 속한다.

(3) ('民'의 고문인 '𢀡'자는) 아마도 싹이 나서 무성해지는 모양을 상형한 것 같다.

(1) 萌古本皆不誤, 毛本作氓, 非. 古謂民曰萌, 漢人所用不可枚數. 今周禮, 以興耡利甿. 許耒部, 引以興耡利萌. 愚謂鄭本亦作萌, 故注云變民言萌, 異外內也, 萌猶懵懵無知皃也. 鄭本亦斷非甿字. 大氐漢人萌字, 淺人多改爲氓, 如周禮音義此節摘致氓, 是也. 繼又改氓爲甿, 則今之周禮, 是也. 說詳漢讀攷. 民萌異者, 析言之也. 以萌釋民者, 渾言之也. (2) 仿佛古文之體, 少整齊之也. 凡許書有从古文之形者四, 曰革, 曰弟, 曰民, 曰酉. 說見革下. 彌鄰切. 十二部. (3) 蓋象萌生緐廡之形.

446. ノ(별)부

又戾也. 象𠂇引之形.(1) 凡ノ之屬皆从ノ.

'ノ'은 오른쪽이 어그러졌다는 뜻이다. 왼쪽이 당겨진 모양을 상형하였다. ノ부에 속하는 한자는 모두 ノ의 의미를 따른다.

(1) ("又戾也. 象𠂇引之形."의) '又(우)'·'𠂇(좌)'자가 각 판본에 '右(우)'·'左(좌)'로 되어 있다.[18] 지금 바로잡는다. '戾(려)'는 굽었다[曲(곡)]는 뜻이다.[19] '右戾'는 오른쪽에서 왼쪽으

16 《周禮漢讀攷》는 段玉裁가 《周禮》를 자세히 연구하여 지은 책이다.

17 제3편 下 '革'부 說解 참조. 제5편 下 '弟'부 說解 참조. 제14편 下 '酉'부 說解 참조.

18 二徐本 참조.

로 구부러졌다는 말이다. 그래서 왼쪽이 당겨진 모양을 상형하였다. '丿'의 발음과 의미는 '撆(별)'과 같다. 서예가들의 ('永(영)'자) 팔법(八法)에서 '삐침[掠(략)]'이라고 한다. '丿'의 발음은 房(방)과 密(밀)의 반절이거나 또는 匹(필)과 蔑(멸)의 반절이다. 15부에 속한다.

(1) 又ナ各本作右左, 今正. 戾者, 曲也. 右戾者, 自右而曲於左也, 故其字象自左方引之. 丿音義略同撆. 書家八法謂之掠. 房密切. 又匹蔑切. 十五部.

447. 厂(예)부

 抴也.(1) 明也.(2) 象抴引之形.(3) 凡厂之屬皆从厂. 虒字从此.(4)

'厂'는 당긴다는 뜻이다. 밝다는 뜻이다. 끌어당기는 모양을 상형하였다. 厂부에 속하는 한자는 모두 厂의 의미를 따른다. '虒(사)'자는 이 '厂'로 구성되었다.

(1) '抴(설)'은 당긴다[捈(도)]는 뜻이다.[20] '捈'는 '臥引(와인)'이라는 뜻이다.[21] '臥引'은 가로로 당긴다는 뜻이다.

(2) ('밝다[明(명)]'는) 뜻에 대해서는 듣지 못했다.

(3) ("象抴引之形"이라는 자형 설명에) 의하면 "明也"는 쓸데없는 문장이다. '厂'의 발음은 余(여)와 制(제)의 반절이다. 16부에 속한다.

(4) 내 생각에 '虒'자는 '虎(호)'로 구성되었으며 ('厂'를) 성부(聲符)로 삼는다.[22] 또 '系(계)'자는 '糸(멱)'으로 구성되었고 '厂'가 성부다.[23] 쓰는 사람이 (획을) 짧게 해서 "오른쪽이 구부러졌다[又戾(우려)]"는 의미를 가진 '丿'과 혼동되게 썼던 것 같다. '曳(예)'자는 '申(신)'으로 구성되었고 '厂'가 성부다.[24] 이 글자 역시 쓰는 사람이 살피지 못하고 (잘못하여 놓았으

19 제10편 上 '犬'부 '戾'자 說解 참조.
20 제12편 上 '手'부 '抴'자 說解 참조.
21 제12편 上 '手'부 '捈'자 說解 참조.
22 제5편 上 '虎'부 '虒'자 說解 참조.
23 제12편 下 '系'부 說解 참조.
24 제14편 下 '申'부 '曳'자 說解 참조.

니) 모두 바로잡아야 할 것이다.

(1) 抴者, 捈也. 捈者, 臥引也. 臥引者, 横引之. (2) 此義未聞. (3) 依此則明也當爲衍文. 余制切. 十六部. (4) 按虒字, 从虎而以爲聲. 又若系, 从糸𠂆聲. 寫者短之, 乃與右戾之丿相溷. 曳字, 从申𠂆聲. 寫者亦不察, 皆當攷正者也.

448. ㇏(이)부

㇏ 流也. 从反𠂆. 讀若移.(1) 凡㇏之屬皆从㇏.

'㇏'는 흐른다는 뜻이다. '𠂆(예)'를 뒤집은 모양으로 구성되었다. '移(이)'자와 같이 발음한다. ㇏부에 속하는 한자는 모두 ㇏의 의미를 따른다.

(1) '移(이)'자는 '多(다)'가 성부로 구성되었다.[25] 17부에 속한다. 또는 16부에서 쓰이기도 한다. '㇏'와 '𠂆'는 모두 고음(古音)으로 16부에 속한다. '㇏'의 발음은 弋(익)과 支(지)의 반절이다.

(1) 移从多聲. 在十七部. 亦用於十六部. ㇏與𠂆古音同在十六部也. 弋支切.

449. 氏(씨)부

氏 巴蜀名山岸脅之𠂤旁箸欲落墮者曰氏.(1) 氏崩聲聞數百里. 象形.(2) ㇏聲.(3) 凡氏之屬皆从氏. 楊雄賦, 響若氏隤.

파촉(巴蜀) 지방에서는 산의 절벽이 한 쪽에 붙어 있기는 하지만 거의 무너질 지경

25 제7편 上 '禾'부 '移'자 說解 참조.

에 이른 것을 이름하여 '氏'라고 한다. 氏가 붕괴되는 소리는 수백 리 밖에서도 들린다. 상형(象形)이다. '乀(이)'가 발음을 나타낸다. 氏부에 속하는 한자는 모두 氏의 의미를 따른다. 양웅(揚雄)의 부(賦)에 "울리는 소리가 마치 산사태[氏]로 무너져 내리는 소리와도 같다.[響若氏隤]"라는 구절이 있다.

(1) ("巴蜀名山岸脅之自旁箸欲落墒者曰氏"의) 열여섯 글자가 한 구절이다. 이 구절은 ('氏'가) 파촉(巴蜀) 지방의 말임을 설명하고 있다. '自(퇴)'자가 대서본(大徐本)에는 없고 소서본(小徐本)에는 '堆(퇴)'자로 되어 있다.[26] ('堆'자는 '自'자의) 속자(俗字)일 뿐이다. 지금 바로잡는다. '自'는 작은 산언덕[小𠂤(소부)]이다. '箸(착)'의 발음은 直(직)과 略(략)의 반절이다. 작은 산언덕이 산허리에 붙어 있지만 곧 떨어지려고 하고 있는 모양을 '氏'라고 한다. 이 '氏'를 '坘(지)'라고도 쓰고 '阺(씨)'라고도 쓴다. '𨸏(부)'부에서 "진(秦)지방에서는 구릉의 모서리[陵阪(릉판)]를 '阺'라 한다."고 하였다.[27] '阺'와 '氏'는 발음과 의미가 모두 같다. 양웅(揚雄)의 <해조(解嘲)>에서 말하기를 "響若坘隤[울리는 소리가 마치 산사태로 무너져 내리는 소리와도 같다.]"라고 하였는데[28] 응소(應劭)는 "천수(天水) 지방에 큰 산언덕이 있는데 그 이름을 '隴坘(농지)'라고 한다. 그 산의 작은 언덕이 옆에서 붙어 있다가 떨어져 내리는 소리는 수백 리까지 들린다. 그래서 그것을 '隴坘가 무너져 내린다[坘隤(지궤)]'라고 말한다."라고 하였다. 위소(韋昭)가 말하기를 "坘는 발음이 '是理(시리)'의 '是'와 같다."라고 하였다. 이상은 《문선(文選)》의 주석에 보인다.[29] 지금 판본의 《한서(漢書)》에는 '阺隤(씨궤)'로 쓰여 있다. 안사고(顏師古)가 말하기를 "阺는 발음이 '氏'이다. 파촉(巴蜀)에서는 산의 옆으로 작은 산 무더기가 무너지려고 하는 것을 '氏'라 한다. 응소(應劭)는 그것이 천수(天水) 지방의 '隴氐(농저)'라고 하였는데 옳지 않다. '氐'의 발음은 丁(정)과 禮(례)의 반절이다."라고 하였다. 내 생각에 안사고의 설명은 옛날의 ('氏'자에 대한 올바른 설명은) 아닌 것 같다. '隴阺'는 '隴坘'라고도 쓰며 파촉(巴蜀)의 '氏'자와 형태는 조금 다르지만 소리와 의미는 모두 같다. '阺'·'坘'자는 모두 '氏'가 성부로 구성되었다. 어쩌다 丁과 禮의 반절로 발음하는 '氐(저)'를 성부로 삼게 된 것은 글자가 잘못된 것일 뿐이다. 유규(劉逵)가 <오도부(吳都賦)>에 나오는 '坘頽(지퇴)'라는 말에 대하여 주석하면서 "천수(天水) 지방의

26 二徐本 참조.

27 제14편 下 '𨸏'부 '阺'자 說解 참조.

28 《漢書·揚雄傳》 下 참조.

29 《文選》 卷五 <吳都賦> 注 참조.

큰 산 언덕을 '隴坻'라 한다."고 하였다. 안사고는 '隴坻(농지)'를 잘못 설명하고 있기 때문에 왜곡된 설명 때문에 이것이 응소(應劭)(仲遠)의 설명과 같아졌다. 또한 '坻'를 위소(韋昭)는 발음이 '是'라고 하고, '阺'를 안사고(顔師古)는 발음이 '氏'라 하였는데 모두 틀린 말은 아니다. 살펴보면 '氏'가 '是'로도 쓰이기 때문이다. 《상서(尙書)·하서(夏書)·우공(禹貢)》에 보면 "西頃因桓是來[서경(西頃)으로 환시(桓是)를 따라 내려온다.]"라는 구절에 대하여 정현(鄭玄)의 주석에서는 "'桓是(환시)'는 '隴阪'의 이름이다. (隴阪의) 길이 둥글게 굽어 돌아가면서 위로 올라가는 모양이기 때문에 '桓是'라고 하였다. 지금 그 아래 사는 백성들은 '산언덕[阪(판)]'을 '是'라고 하고 '구부러진 것[曲(곡)]'을 '桓'이라고 한다."라고 하였다. 이 설명에 의하면 '桓是'는 곧 '隴阺(농씨)'이며 또한 '隴氏(농씨)'로도 쓸 수 있다는 것도 분명한 일이다. 옛날 경전(經傳)에서 '氏'와 '是'는 대부분 통용되었다. 《대대례기(大戴禮記)》의 "昆吾者衛氏也[곤오(昆吾)는 위씨(衛氏)다.]"[30]라고 한 구절 이하에 나오는 여섯 개의 '氏'자가 모두 '是'의 가차(假借)자다. 《한서(漢書)》나 한비(漢碑)에서 '氏'를 빌어서 '是'로 쓴 것은 셀 수 없이 많다. 따라서 '姓氏(성씨)'의 ('氏'자는) 본래 '是'로 써야 하는데 '氏'를 빌어서 그렇게 썼다. 사람들이 그저 습관적으로 쓰느라고 잘 살펴서 알아보지 못했다. '姓'은 위에서 통괄해 주고 '氏'란 아래에서 구별해 주는 것이다. '是'란 분별하는 말[分別之詞]이니 ('姓氏'의 '氏'는) 본래 '是'로 썼던 것이다. 한비(漢碑)에 일찍이 "姓某是"라고 한 경우가 있었지만 지금은 오직 '氏'가 '姓氏'의 '氏'로 쓰인다. '氏'자의 본래 의미에 대해서는 허신만이 말하고 있지만 잘 모르는 사람들은 그 설명이 새롭고 괴이한 것이라고 말한다.

(2) ("상형(象形)이다."라는) 말은 ('氏'에서) '𠂢' 모양이 산 옆구리에 (산언덕이) 붙어 있는 모양을 상형하였다는 뜻이다. '氏'가 '姓'에 붙어 있는 것도 이와 같은 의미를 가지고 있다고 할 수 있다.

(3) '乀'는 '移(이)'자와 같이 발음한다. '氏'는 《옥편(玉篇)》과 《광운(廣韻)》에 모두 承(승)과 紙(지)의 반절이라고 되어 있다.[31] 16부에 속한다. 대서본(大徐本)에서는 "承(승)과 旨(지)의 반절이다."라고 하였는데 옳지 않다.[32]

30 《大戴禮記·帝繫》 편에서 "昆吾者, 衛氏也. 參胡者, 韓氏也. 彭祖者, 彭氏也. 鄶人者, 鄭氏也. 曹姓者, 邾氏也. 季連者, 楚氏也."라고 하였다.

31 《玉篇》 '氏'부 第341 참조. 《廣韻》 上聲 四 '紙'운 참조.

32 徐鉉本 참조.

(1) 十六字爲一句. 此謂巴蜀方語也. 𠂤大徐無, 小徐作堆, 俗字耳, 今正. 𠂤, 小𠂤也. 箸, 直略切. 小𠂤之旁箸於山岸脅, 而狀欲落墮者曰氏. 其字亦作坻, 亦作阺. 𨸏部曰, 秦謂陵阪曰阺. 阺與氏音義皆同. 楊雄解嘲曰, 響若坻隤. 應劭曰, 天水有大坂, 名曰隴坻, 其山堆傍箸崩落作聲聞數百里, 故曰坻隤. 韋昭曰, 坻音若是理之是. 以上見文選注. 今本漢書作阺隤. 師古曰, 阺, 音氏, 巴蜀名山旁堆欲墮落曰氏, 應劭以爲天水隴氐, 失之矣, 氐音丁禮反. 玉裁按顏說殊非古. 隴阺亦作隴坻, 與巴蜀之氏形小異, 而音義皆同. 阺坻字同氏聲, 或从氐聲而丁禮切者, 字之誤也. 劉逵注吳都賦坻頹曰, 天水之大阪, 名曰隴坻. 因爲隴坻之曲說, 與應仲遠同. 坻, 韋音是. 阺, 顏音氏. 皆不誤. 攷氏亦作是. 見夏書禹貢曰, 西頃因桓是來. 鄭注云, 桓是, 隴阪名, 其道般桓旋曲而上, 故曰桓是. 今其下民謂阪爲是, 謂曲爲桓也. 據此則桓是卽隴阺, 亦可作隴氏, 昭昭然矣. 古經傳氏與是多通用. 大戴禮, 昆吾者衛氏也, 以下六氏字, 皆是之叚借. 而漢書漢碑叚氏爲是, 不可枚數, 故知姓氏之字本當作是, 叚借氏字爲之. 人第習而不察耳. 姓者統於上者也, 氏者別於下者也. 是者分別之詞也, 其字本作是. 漢碑尙有云姓某是者, 今乃專爲姓氏字, 而氏之本義惟許言之, 淺人以爲新奇之說矣. (2) 謂𠂆象傍於山脅也. 氏之附於姓者類此. (3) 乀讀若移. 氏, 篇韻皆承紙切. 十六部. 大徐, 承旨切, 非也.

450. 氐(저)부

 至也,(1) 本也.(2) 从氏下箸一.(3) 一, 地也.(4) 凡氐之屬皆从氐.

'氐'는 이르다, 또는 근본이라는 뜻이다. '氏(씨)' 아래에 '一(일)'이 붙은 모양으로 구성되었다. '一'은 땅이다. 氐부에 속하는 한자는 모두 氐의 의미를 따른다.

(1) '氐'는 닿는다는 뜻이다. '大氐(대저)'라는 말은 '대체로[大都(대도)]'라는 말과 같다.

(2) 소서본(小徐本)에는 이 두 글자("本也")가 있다.[33] '氐'는 근본[本(본)]이라는 뜻이므로, (뿌리라는 의미의) '柢(저)'자는 회의(會意)의 방법으로 만들어졌다. 《국어(國語)》에서 "천근(天根)[34]이 보이면 물이 마른다.[天根見而水涸]"[35]라고 하였고, 위소(韋昭)는 "천근(天根)이

33 徐鍇本 참조.

34 '根(근)'자는 '根'의 本字다. 篆書의 자형을 따라 쓴 楷書 자형이다.

35 《國語·周語》中 참조.

란 항수(亢宿)와 저수(氐宿)[36]의 사이다."라고 하였다.

(3) ("从氐下箸一"에서의) '箸(착)'자의 발음은 直(직)과 略(략)의 반절이다. 회의(會意)자다. 허신의 책에는 '低(저)'자가 없다. '底(저)'자에 대하여 "일설에 아래에 있다는 뜻이라고 한다."라고 하였고[37] '昏(혼)'자의 설명에서 "日(일)로 구성되었고 氐(저)의 생략형으로 구성되었다. 氐는 아래에 있다는 뜻이다."라고 하였다.[38] 이는 허신이 '氐'자를 '높고 낮다[高低(고저)]'라고 할 때의 '低'자로 여겼다는 증거다. 《광운(廣韻)》에서는 "都(도)와 奚(혜)의 반절로 발음한다."라고 하였고[39] 《옥편(玉篇)》에서는 "정(丁)과 혜(兮)의 반절로 발음한다."라고 하였다.[40] 15부에 속한다. 대서본(大徐本)에서는 "丁(정)과 禮(례)의 반절이다."라고 하였다.[41]

(4) (자형에서) '一'의 쓰임[用例(용례)]은 매우 다양하기 때문에 매번 구별하여 해석하고 있다.

(1) 氐之言抵也. 凡言大氐, 猶大都也. (2) 小徐本有此二字. 氐爲本, 故柢以會意. 國語曰, 天根見而水涸. 韋曰, 天根, 亢氐之閒. (3) 箸, 直略切. 會意也. 許書無低字. 底, 一曰下也. 而昏解云, 从日氐省. 氐者, 下也. 是許說氐爲高低字也. 廣韻, 都奚切. 玉篇, 丁兮切. 十五部. 大徐, 丁禮切. (4) 一之用甚多, 故每分別解之.

451. 戈(과)부

 平頭戟也.(1) 从弋.(2) 一衡之. 象形.(3) 凡戈之屬皆从戈.

'戈'는 머리가 평평한 창이다. '弋(익)'으로 구성되었다. '一(일)'은 (창의 머리가) 가로지르고 있는 (모양이다.) 상형(象形)이다. 戈부에 속하는 한자는 모두 戈의 의미를 따른다.

---

36 모두 '二十八宿' 가운데 하나인 별자리들이다.

37 제9편 下 '广'부 '底'자 說解 참조.

38 제7편 上 '日'부 '昏'자 說解 참조.

39 《廣韻》 上平聲 十二 '齊'운 참조.

40 《玉篇》 '氐'부 第342 참조.

41 徐鉉本 참조.

(1) 《주례(周禮)·고공기(考工記)·야씨(冶氏)》에는 "(야씨(冶氏)가) 창[戈]을 만드는데 넓이[廣(광)]는 2촌(寸)[42]이며, 호(胡) 안쪽 날의 길이는 넓이의 두 배(4촌)가 되게 하고, 창에 붙은 갈고리[胡]는 세 배(6촌)가 되게 하며, 호(胡) 바깥쪽의 곧은 날[援(원)]은 네 배(8촌)가 되게 한다. 구부러진 갈고리는 바깥쪽을 넓게 만든다. 무게는 3렬(鋝)[43]이다."라고 하였다. 정현(鄭玄)이 말하기를 "戈는 지금의 '句孑戟(구혈극)'을 말한다. 혹은 '雞鳴(계명)'이라고 하고 혹은 '擁頸(옹경)'이라고도 한다. '날의 안쪽[內]'이란 갈고리[胡]가 안으로 창 자루에 맞닿은 곳이다. '內'의 길이는 4촌이고 '胡'는 6촌이고 '援'은 8촌이다. '戈'란 구병(句兵: 굽은 병기)이다. 주로 '갈고리 날[胡]'을 사용한다. 세속에서는 '오랑캐[曼胡(만호)]'라는 뜻으로 이 글자를 쓴다. 정사농(鄭司農)(鄭衆)은 '援'은 곧은 칼날이고 '胡'는 그 창끝 갈고리라고 하였다."라고 하였다.[44] 그런데 정중(鄭衆)의 말대로 '戈'에 곧은 칼날[直刃(직인)]이 있었다면 (허신의) 평평한 머리[平頭(평두)] 모양이란 말은 틀린 것이 된다. 그래서 송대(宋代)의 황백사(黃伯思)가 처음으로 정현의 주석을 의심하였다. 그런데 근래에 정요전(程瑤田)이 연구하여 말하기를, "戈의 날은 인(刃)이 가로로 나와 조금 구부러진 듯하다. 이른바 '援'이 8촌이라 한 것이 그것이다. '援'의 아래 창 자루에 가까운 것이 '胡'인데 위로 칼날로 연결되어 있다. '胡'가 6촌이라 한 것이 그것이다. 가로로 창 자루에 꿰뚫어 밖으로 나온 것이 모두 4촌이다. '內'가 두 배라고 한 것이 그것이다. 과극(戈戟)의 쇠는 창자루의 머리에 쓰는 것이 아니라 모두 안에다 만들었고 가로로 꿰뚫어 밖으로 나오게 되어 있다. 또 胡는 창 자루 가까운 곳에 세 개의 구멍을 뚫어 창 자루와 잘 묶어 고정시킨다. 옛날의 과극(戈戟)이 남아 있는 것이 있어서 자세히 살펴보면 알 수 있다."라고 하였다. 이 설명은 그의 《통예록(通藝錄)》에 상세하다.[45]

살펴보면 허신이 "戈는 평두극(平頭戟)이고 '弋(익)'으로 구성되었고 '一(일)'로써 그 모양을 상형하였다."라고 하였으니 창칼[戈刀]이 가로로 나와 있다는 것은 의심할 수 없는 것 같다. 가로로 나와 있기 때문에 '援'이라고 한 것이다. '援'은 당긴다[引(인)]는 뜻이다.[46] 대체로 '援'이라고 하는 경우 가로로 끌어당기는 것을 말하며 위로 곧은 것을 '援'이라고 하지는 않는다. 또 '戈'와 '戟'은 모두 구부러진 모양의 병기[句兵]이다. '矛(모)'는

42 寸은 약 2.3cm에 해당된다.

43 무게 6兩이 1鋝이었다. 3鋝이면 18兩이다. 16兩이 1斤이다. 斤은 약 250g이므로 1兩은 15.6g이다. 그러면 3鋝이면 281.2g이다.

44 《周禮·考工記·冶氏》 經文 및 鄭玄의 注 참조.

45 程瑤田의 《通藝錄》 참조.

46 제12편 上 '手'부 '援'자 說解 참조.

찌르는 병기[刺兵(자병)], '殳(수)'는 내려치는 병기[毄兵(격병)]다. '殳'로는 오로지 치기만 하고 '矛'로는 오로지 찌르기만 한다. '戟'은 찌르기와 당기기를 겸하고 '戈'는 당기기와 내려치기를 겸한다. 그 가로 날을 사용하면 구부러진 병기[句兵]가 되고 세로 날의 부리로 사람을 쪼면 내려치는 병기[毄兵]가 되니 칠 때에도 당길 때에도 모두 쓸 수 있다. 그래서 《좌씨(左氏)》에 "戈擊[戈로 내려친다]"이라는 말이 많이 나온다. (《좌전(左傳)》에) "晉中行獻子夢厲公以戈擊之[진(晉)의 중행헌자(中行獻子)는 여공(厲公)이 과(戈)로 내려치는 꿈을 꾸었다.]"[47] "齊王何以戈擊子之, 解其左肩.[제왕(齊王)이 무엇 때문에 과(戈)로 자지(子之)를 내려쳐서 그 왼쪽 어깨를 잘라내었는가?]"[48] "鄭子南逐子晳, 擊之以戈.[정자(鄭子)는 남쪽으로 자석(子晳)을 쫓아가 과(戈)로 내리쳤다.]"[49] "衛齊氏用戈擊公孟, 公魯以背蔽之, 斷肱, 以中公孟之肩.[위제씨(衛齊氏)가 과(戈)로 공맹(公孟)을 내리쳤는데 공로(公魯)가 등으로 그것을 막아서 팔뚝이 잘리고 공맹(公孟)의 어깨에 맞았다.]"[50] "魯昭公將以戈擊僚相[노소공(魯昭公)이 과(戈)로 요상(僚相)을 내려치려고 하였다.]" "楚盜以戈擊昭王, 王孫由余以背受之, 中肩.[초(楚)나라의 도적이 소왕(昭王)을 과(戈)로 내려쳤는데 왕손유여(王孫由余)가 등으로 받아서 어깨에 맞았다.]"[51] "越靈姑浮以戈擊闔廬, 傷將指.[월령고부(越靈姑浮)가 과(戈)로 합려(闔廬)를 내리쳐서 장지(將指)를 다치게 하였다.]"[52] "齊簡公執戈將擊陳成子[제간공(齊簡公)이 과(戈)를 잡고 진성자(陳成子)를 내리치려고 하였다.]"[53] "衛石乞盂黶敵子路, 以戈擊之, 斷纓.[위(衛)의 석걸우염(石乞盂黶)이 자로(子路)를 대적하여 과(戈)로 내리쳐서 갓끈을 끊었다.]"[54]이라고 한 구절 등에서는 모두 '戈'에 대하여 '내리친다[擊(격)]'라고 하였으며 '찌른다[刺]'라고 하지 않았다. 오직 "盧蒲癸以寢戈自後刺子之[노포계(盧蒲癸)가 침과(寢戈)로 뒤로부터 자지(子之)를 찔렀다.]"[55]라고 한 구절에서만 '찌른다[刺]'라고 말하였는데 아마 계(癸)와 왕하(王何)가 함께 과(戈)를 사용하고 있었고 계(癸)가 자지(子之)에게 가까웠기 때문에 찔렀다[刺]라고 말한 것 같다. 왕하(王何)였다면 자지(子之)에게서 떨어진 거리가 멀었기 때문에 내리쳤다[擊]라고 말했을 것이다. 또 두 사람 중 한 사람은

47 《左傳》 襄公 十八年 참조.
48 《左傳》 襄公 二十八年 참조.
49 《左傳》 昭公 元年 참조.
50 《左傳》 昭公 二十年 참조.
51 《左傳》 定公 四年 참조.
52 《左傳》 定公 十四年 참조.
53 《左傳》 哀公 十四年 참조.
54 《左傳》 哀公 十五年 참조.
55 《左傳》 襄公 二十八年 참조.

뒤에 있고 한 사람은 앞에 있어서 서로 치고 받던 상태였던 것 같다. 또 예컨대 "張狄僑如, 魯富父終甥搼其喉以戈殺之.[장적(張狄)은 키가 너무 커서 노(魯)의 부부종생(富父終甥)이 그 목을 과(戈)로 올려쳐서 그를 죽였다.]"56라고 하였는데 사실 장적(長狄)은 키가 3장(丈)이나 되어서 생포하였지만 죽일 수가 없었다. 그래서 아래에서 위로 그 목을 올려치려고 하였다. 아래로부터 그 목을 올려치려고 했던 것은 아마도 장적(長狄)의 키가 2장(丈)을 넘지는 못할 것이라고 계산했기 때문이었다. 그런데 이미 그를 사로잡은 후라 그의 몸을 땅에 가로누이고 죽였다. 여기서의 '搼'자 역시 친다[擊]는 뜻이다.

《방언(方言)》에 "戈를 초(楚)지방에서는 '釨(결)'이라 하는데 '창[戟]'이지만 날이 없다. 진(秦)지방과 진(晉)지방 사이에서는 '釨'이라고 하기도 하고 혹은 '鏔(인)'이라고 하기도 한다. 오양(吳楊) 사이의 지방에서는 '戈'라고 한다. 동제진진(東齊秦晋)의 사이에서는 큰 것을 '鏝胡(만호)'라고 하고 굽은 것을 '鉤釨鏝胡(구결만호)'라고 한다."라고 하였다.57 《방언》에 나오는 '鉤釨鏝(구결만)'58이라는 글자는 옮겨 쓰다가 잘못된 속자다. 옛날에는 단지 '句孑曼(구혈만)'이라고 썼다. 칼날이 없다는 것은 곧은 날이 없다는 뜻이다. '句孑'이라는 것은 구부러진 모양의 병기[句兵]를 말한다. 오른팔이 없다는 '孑(혈)'자에서 의미를 취한다. '曼胡'란 굽은 것이 마치 목이 비대한 것과 같다는 데서 의미를 취했다. 정현의 주석에 상세히 설명되어 있으니 본래 (허신과) 다른 것은 없었다. 그러나 그곳에 인용된 정중(鄭衆)의 설은 따를 수 없다.

(2) 창 자루의 길이는 6척 6촌이다.

(3) ("一衡之"에서의) '衡(형)'자가 각 판본에 '橫(횡)'자로 쓰여 있는데59 허신 책의 전체 예에 의하여 바로잡는다. 이 말은 '弋'의 머리에 '一'로 가로지른 것을 말했을 따름이다. 정중(鄭衆)은 "援은 곧은 날이고 胡는 그 창끝 갈고리다."라고 하였는데 그 말은 옳지 않다. '戈'의 발음은 古(고)와 禾(화)의 반절이다. 17부에 속한다.

(1) 攷工記, 冶氏爲戈, 廣二寸, 內倍之, 胡三之, 援四之, 倨句外博, 重三鋝. 鄭曰, 戈, 今句孑戟也. 或謂之鷄鳴, 或謂之擁頸. 內謂胡以內接柲者也, 長四寸, 胡六寸, 援八寸. 戈, 句兵也, 主於胡也, 俗謂之曼胡以此. 鄭司農云, 援, 直刃也, 胡其孑. 按依先鄭戈有直刃, 則非平頭也. 宋黃氏伯思,

56 《左傳》 文公 十一年 참조.

57 《方言》 九 참조.

58 段玉裁가 잘못하여 '釨鉤鏝'이라고 쓰고 있는데 '鉤釨鏝'으로 써야 옳은 것 같다. 《方言》의 인용에도 그렇고 그 뒤의 글자의 순서로 보아도 그렇다.

59 二徐本 참조.

始疑鄭注. 近程氏瑤田, 攷戈刃如劒橫出而稍倨, 所謂援八寸也. 援之下近柲爲胡, 連上爲刃, 所謂胡六寸也. 其橫毌於柲而外出者, 凡四寸, 所謂內倍之也. 戈戟之金, 非冒於柲之首, 皆爲之內, 橫毌外出. 且於胡之近柲處爲三孔, 纏縛於柲以固之. 古戈戟時有存者, 覈之可知也. 說詳通藝錄. 按許說戈爲平頭戟, 从弋以一象之. 然則戈刃之橫出無疑也. 橫出故謂之援. 援, 引也. 凡言援者皆謂橫引之, 直上者不曰援也. 且戈戟皆句兵. 矛刺兵, 殳毄兵. 殳㨃於毄者也, 矛㨃於刺者也. 戟者兼刺與句者也, 戈者兼句與毄者也. 用其橫刃則爲句兵, 用橫刃之喙以啄人則爲毄兵. 毄與句相因爲用, 故左氏多言戈擊. 若晉中行獻子夢厲公以戈擊之. 齊王何以戈擊子之, 解其左肩. 鄭子南逐子皙, 擊之以戈. 衛齊氏用戈擊公孟, 公魯以背蔽之, 斷肱, 以中公孟之肩. 魯昭公將以戈擊僚柤. 楚盜以戈擊昭王, 王孫由余以背受之, 中肩. 越靈姑浮以戈擊闔閭, 傷將指. 齊簡公執戈將擊陳成子. 衛石乞盂黶敵子路, 以戈擊之, 斷纓. 皆言擊不言刺. 惟盧蒲癸以寢戈自後刺子之言刺, 蓋癸與王何同用戈, 癸逼近子之故言刺. 王何去子之稍遠故言擊, 且二人一在後一在前, 相爲掎角也. 若長狄僑如, 魯富父終甥摏其喉以戈殺之. 由長狄長三丈, 旣獲之不能殺之, 故自下企上以舂其喉也. 自下舂其喉, 計長狄長不過二丈. 容旣獲之後, 身橫於地而殺之. 摏亦擊也. 方言曰, 戈, 楚謂之釨. 凡戟而無刃, 秦晉之間謂之釨, 或謂之鏔, 吳楊之閒謂之戈. 東齊秦晉之閒, 謂其大者曰鏝胡, 其曲者謂之鉤釨鏝胡. 方言釨鉤鏝字皆轉寫譌俗, 古祇作句孑曼. 云無刃者, 謂無直刃也. 云句孑者, 謂其爲句兵, 取義於無右臂之孑也. 云曼胡者, 取義於曲處如顄頷之肥大也. 詳繹鄭注本無不同, 所引先鄭乃不可從. (2) 謂柲長六尺六寸. (3) 衡各本作橫, 依許全書例正. 弋之首一橫之而已矣. 先鄭云, 援爲直刃, 胡其孑. 非也. 古禾切. 十七部.

452. 戉(월)부

大斧也.(1) 从戈𠄌聲.(2) 司馬灋曰, 夏執玄戉, 殷執白戚, 周左杖黃戉, 又把白髦.(3) 凡戉之屬皆从戉.

'戉'은 큰 도끼[大斧(대부)]다. '戈(과)'로 구성되었고 '𠄌(궐)'이 발음을 나타낸다. 《사마법(司馬灋)》60에서 "하(夏)는 검은 도끼[玄戉(현월)]를 잡았고, 은(殷)은 흰 도끼

60 '司馬法'은 원래 周나라 때의 司馬穰苴의 兵法을 말한다. 후에 齊威王이 대부를 시켜 옛날의 司馬의 兵法을 미루어 논하게 하고 그 속에 穰苴의 兵法을 덧붙이면서 그 제목을 《司馬穰苴兵法》이라고 하였다. 여기에서 말하는 《司馬法》은 이 책을 말하는 것 같다.

[白戚(백척)]을 잡았으며, 주(周)는 왼손은 황금 도끼[黃戉(황월)]를 잡고 오른손은 흰 깃발[白髦(백모)]을 잡았다."라고 하였다. 戉부에 속하는 한자는 모두 戉의 의미를 따른다.

(1) 어떤 판본에는 ("大斧也"에서) '大(대)'자가 빠져 있는데[61] 옳지 않다. '斧(부)'란 쪼개는 도구다.[62]

(2) '戉'의 발음은 王(왕)과 伐(벌)의 반절이다. 15부에 속한다. 속자는 대부분 '金(금)' 편방으로 구성된 '鉞(월)'자로 쓴다.

(3) 《상서(尚書)·주서(周書)·목서(坶[63]誓)》에서는 ("把白髦"가) "秉白旄(병백모)"라고 되어 있다.[64] 여기에서 "把白髦"라고 한 것은 아마 《사마법(司馬法)》의 문장에 (《상서》와) 다른 것이 있는 것 같다. 《시(詩)》의 <모전(毛傳)>에서 "秉(병)은 잡는다[把(파)]는 뜻이다."라고 하였다.[65] '手(수)'부에서는 "把는 잡는다[握(악)]는 뜻이다."라고 하였다.[66] '髦(모)'는 '旄(모)'의 가차(假借)자다.

(1) 一本奪大字, 非. 斧, 所以斫也. (2) 王伐切. 十五部. 俗多金旁作鉞. (3) 周書坶誓作秉白旄, 此作把白髦者, 蓋司馬法之文有不同也. 毛詩傳曰, 秉, 把也. 手部曰, 把, 握也. 髦者, 旄之叚借字.

453. 我(아)부

施身自謂也.(1) 或說, 我, 頃頓也.(2) 从戈手.(3) 手, 古文垂也.(4) 一曰, 古文殺字.(5) 凡我之屬皆从我.  古文我.

---

61 徐鉉本에는 '大'자가 없고 徐鍇本에는 있다.

62 제14편 上 '斤'부 '斧'자 說解 참조.

63 '坶誓'는 현재 《尚書·周書》에는 <牧誓>로 되어 있다. '坶'자는 武王이 紂와 싸웠던 지명으로 '坶野(목야)'라고 할 때의 원래 글자이므로 段注에서 '牧'자 대신 '坶'자를 사용한 것 같다. 제13편 下 '土'부 '坶'자에 <周書>가 인용되어 있는데 "武王與紂戰于坶野"라고 되어 있다.

64 《尚書·周書·牧誓》 "王左杖黃鉞, 右秉白旄." 참조.

65 《詩·小雅·大田》의 <毛傳> 참조.

66 제12편 上 '手'부 '把'자 說解 참조.

'我'는 자기 자신을 가리키는 말이다. 어떤 사람은 '我'자를 설명하여 옆으로 기울어졌다[頃頓(경돈)]는 뜻이라고도 하였다. '戈(과)'와 '𢦏'로 구성되었다. '𢦏'는 '垂(수)'의 고문(古文)이다. 일설에는 '殺(살)'자의 고문이라고도 한다. 我부에 속하는 한자는 모두 我의 의미를 따른다. '𢦐'는 我의 고문이다.

(1) "自謂(자위)"라고만 하지 않고 "施身自謂(시신자위)"라고 말한 것은 '施(시)'자와 '我(아)'자가 옛날에 운모가 같았다는 점을 이용한 것이다. '施'는 '施捨(시사)'의 '施'와 같이 발음한다. 많은 사람 속에 끼어 있으면서 '자기 자신'이라는 의미의 말을 쓰고자 할 때 스스로를 칭하여 '我'라고 한다. '施'란 깃발의 모습이다.[67] 인신되어 '펼치다'라는 뜻이 된 것은 깃발의 흐름이 아래로 드리워져 있는 것에서 의미를 취한 것이다. 《이아(爾雅)·석고(釋詁)》에서 "卬(앙)·吾(오)·台(이)·予(여)·朕(짐)·身(신)·甫(보)·余(여)·言(언)은 나[我]라는 뜻이다."라고 하였고 또 "朕(짐)·予(여)·躬(궁)은 자신[身]을 말한다."라고 하였으며 또 "台(이)·朕(짐)·賚(뢰)·畀(비)·卜(복)·陽(양)은 나[予]라는 뜻이다."라고 하였다.[68] 어떤 사람은 이 구절에 대하여 賚·畀·卜·予는 ('자기 자신'이라는 뜻과는) 같은 것이 아니라고 여겼다. 내 생각에 '自我'가 있으면 반드시 남에게 미치게 되므로 '賚'·'畀'·'卜' 등의 글자도 자기 자신을 가리킨다는 의미 속에서 뜻을 찾을 수 있을 것 같다. '口(구)'부에서 "吾는 나[我]를 스스로 칭하는 말[自稱(자칭)]이다."라고 하였고[69] '女(여)'부에서 "姎(앙)은 여인이 자신을 부를 때의 말로 '姎我(앙아)'라고 한다."[70]라고 하였다. <모전(毛傳)>에서는 "言은 나[我]라는 뜻이다."[71] "卬은 나[我]라는 뜻이다."[72]라고 하였고 《논어(論語)》에서는 두 개의 구절에서 '我'자와 '吾'자를 호용(互用)하고 있다.[73] 《모시(毛詩)》의 한 구절에서는 '卬'과 '我'를 섞어서 불렀다.[74] 모두 똑같은 '나'라는 의미이지만 발음의 경중과 완급이 다르다. 문장에 사용하는 것도 입에서 나오는 것과 같다.

(2) 옆으로 기울어졌다는 말이다. '頃(경)'은 머리가 바르지 못하다는 뜻이다.[75] '頓(돈)'은 고개

---

67 제7편 上 '㫃'부 '施'자 說解 참조.

68 《爾雅·釋詁》 참조.

69 제2편 上 '口'부 '吾'자 說解 참조.

70 제12편 下 '女'부 '姎'자 說解 참조.

71 《詩·周南·葛覃》의 <毛傳> 참조.

72 《詩·邶風·匏有苦葉》, 《詩·小雅·白華》, 《詩·大雅·生民》의 <毛傳> 참조.

73 《論語·公冶長》 참조.

74 《詩·邶風·匏有苦葉》 "卬須我友" 참조.

75 제8편 上 '匕'부 '頃'자 說解 참조.

를 숙인다[下首]는 뜻이다.[76] 그러므로 인신되어 옆으로 기운다[頃側(경측)]는 뜻이 되었다. 《시(詩)·빈지초연(賓之初筵)》에서 "側弁之俄[관을 비스듬히 쓰고서]"라고 되어 있는 구절의 전(箋)에 "俄(아)는 기울어진 모양[傾貌(경모)]이다."라고 하였고[77] '人(인)'부에서는 "俄는 기운다[頃]는 뜻이다."라고 하였다.[78] 그렇다면 고문에서는 '我'자를 '俄'의 의미로 여긴 것이다. 고문의 가차(假借)는 이와 같다.

(3) 두 (자형을) 모아 놓았지만 회의(會意)인지, 형성(形聲)인지를 확정할 수가 없다. 왜냐하면 '手'이 어떤 글자인지 정할 수 없기 때문이다. '我'의 발음은 五(오)와 可(가)의 반절이다. 17부에 속한다.

(4) '垂(수)'자는 '𠂹'로 써야 한다. '𠂹'와 '垂'는 17부에 속한다. 그렇다면 '我'는 '형성'이라고 생각해야 한다.

(5) '我'가 '殺'자로 구성되었다면 '형성'이 아니다. 그렇지만 역시 '회의'라고도 말하기 어렵다. '殺'의 전문 다음에 고문의 세 가지 자형이 나오는데[79] 그중 하나가 이 자형과 유사하다.

(1) 不但云自謂而云施身自謂者, 取施與我古爲疊韻. 施讀施捨之施. 謂用己廁於衆中, 而自稱則爲我也. 施者, 旗貌也. 引申爲施捨者, 取義於旗流下𠂹也. 釋詁曰, 卬吾台予朕身甫余言我也. 又曰, 朕予躬身也. 又曰, 台朕賚畀卜陽予也. 或以賚畀卜予不同義. 愚謂有我則必及人, 故賚畀卜亦在施身自謂之內也. 口部曰, 吾, 我自稱也. 女部曰, 姎, 女人自稱姎我也. 毛詩傳曰, 言, 我也. 卬, 我也. 論語二句而我吾互用. 毛詩一句而卬我襍稱. 蓋同一我義而語音輕重緩急不同. 施之於文若自其口出. (2) 謂頃側也. 頃, 頭不正也. 頓, 下首也. 故引申爲頃側之意. 賓筵, 側弁之俄. 箋云, 俄, 傾貌. 人部曰, 俄, 頃也. 然則古文以我爲俄也. 古文叚借如此. (3) 合二成字不能定其會意形聲者, 以手字不定爲何字也. 五可切. 十七部. (4) 垂當作𠂹. 𠂹垂在十七部, 然則我以爲形聲也. (5) 我从殺, 則非形聲. 會意亦難說也. 殺篆下載古文三, 有一略相似者.

---

76 제9편 上 '頁'부 '頓'자 說解 참조.

77 《詩·小雅·賓之初筵》 참조.

78 제8편 上 '人'부 '俄'자 說解 참조.

79 제3편 下 '殺'부 說解 참조.

454. 亅(궐)부

鉤逆者, 謂之亅.(1) 象形.(2) 凡亅之屬皆从亅. 讀若橜.

쇠갈고리[鉤(구)]가 위로 거슬러 올라오는 것을 '亅'이라 한다. 상형(象形)이다. 亅부에 속하는 한자는 亅의 의미를 따른다. '橜(궐)'자와 같이 발음한다.

(1) '鉤(구)'는 쇠를 구부린 것이다.[80] 《사기(史記) · 사마상여열전(司馬相如列傳)》에서 "猶時有銜橜之變[때로 구부러지는 변화가 있는 것과도 같다.]"[81]이라고 한 원문에 대하여 <집해(集解)>에서 서광(徐廣)을 인용하여 "구부러진 것[鉤逆者(구역자)]을 '橜(궐)'이라 한다."라고 하였고 <색은(索隱)>에서는 주천(周遷)의 《여복지(輿服志)》를 인용하여 "구부러진 것[鉤逆者]을 '橜'이라 한다."고 하였으니 모두 '橜'자가 '亅'의 가차(假借)자라는 것을 말하고 있다. 깨끗한 길로 가면서 가운데를 마구 달려가게 되면 결코 나무가 마르거나 기둥이 썩거나 하는[枯木朽株(고목후주)][82] 어려움이 없다. 그러므로 필연[必]을 갈고리[鉤]라고 하는 이유를 알 수 있다.[83]

(2) '亅'은 쇠갈고리[鉤]가 아래에서 위로 거꾸로 올라가 있는 모양을 상형하였다. 《옥편(玉篇)》에서는 《설문》을 인용하여 "衢(구)와 月(월)의 반절이다."라고 하였다.[84] 대서본(大徐本)도 같다.[85] 15부에 속한다.

(1) 鉤者, 曲金也. 司馬相如列傳, 猶時有銜橜之變. 集解引徐廣云, 鉤逆者謂之橜. 索隱引周遷輿

---

80 제3편 上 '句'부 '鉤'자 說解 참조.

81 《史記 · 司馬相如列傳》 참조.

82 '枯木朽株'는 세상에 쓸모없이 버림받은 불우한 신세를 비유하여 쓰는 말이다.

83 段玉裁의 이 주석은 정확히 무엇을 말하려는지 이해하기가 어렵다. 역자의 생각으로는 다음과 같이 해석될 수 있는 것 같다. 곧고 평탄한 길로만 가게 되면 어려움이 있다는 사실을 모른다. 그러나 아무리 곧은 것도 끝내 구부러지지 않는 것은 없다. 그러므로 곧게 뻗어가다가도 다시 제자리로 돌아가려고 구부러지게 된다. 구부러진다는 것은 곧 어려움을 뜻하니 '갈고리[鉤]'의 모양은 바로 그러한 세상의 필연적인 원리를 표현해 주는 데에 적합하다. 갈고리[鉤]의 모양을 본뜬 '亅'자는 바로 그런 원리에서도 설명할 수가 있는 것이다.

84 《玉篇》 '亅'부 第481 참조.

85 徐鉉本 참조.

服志云, 鉤逆者爲橜. 皆謂橜爲亅之叚借字也. 淸道而行, 中路而馳, 斷無枯木朽株之難, 故知必謂鉤也. (2) 象鉤自下逆上之形. 玉篇引說文, 衢月切, 大徐同. 十五部.

455. 珡(금)부

禁也.(1) 神農所作.(2) 洞越, 練朱五弦.(3) 周時加二弦.(4) 象形.(5) 凡珡之屬皆从珡. 鑋 古文珡. 从金.(6)

'珡'은 금지한다는 뜻이다. 신농(神農)이 만든 것이다. 구멍이 통하게 되어 있고 붉은 비단 줄로 된 다섯 개의 현(弦)으로 만들어진다. 주(周)나라 때 두 개의 현(弦)을 더하였다. 상형(象形)이다. 珡부에 속하는 한자는 모두 珡의 의미를 따른다. '鑋'자는 珡의 고문(古文)으로 '金(금)'으로 구성되었다.

(1) '禁(금)'이란 '길흉(吉凶)을 따져 꺼리다'라는 뜻이다.[86] 인신되어 '금지한다[禁止]'는 뜻으로 쓰인다. 《백호통(白虎通)》에서 말하기를 "琴이란 금지한다[禁]는 뜻이다. 음란한 것을 금지하여 사람 마음을 바로잡는 것이다."라고 하였다.[87] 이것은 ('珡'자와) 운모가 같은 글자인 '禁'자로 풀이한 것이다.

(2) 이 구절은 《세본(世本)》의 문장이다. 《송서(宋書)·악지(樂志)》에는 다음과 같이 되어 있다. "琴(금)은 마융(馬融)의 《적부(笛賦)》에서 '복희(宓羲)가 만든 것이다.'라고 하였다. 《세본》에는 '琴은 신농(神農)이 지은 것이다.'라고 하였다. '瑟(슬)'에 대해서는 마융(馬融)의 《적부》에서 '신농이 만든 것이다.'라고 하였는데 《세본》에서는 '복희가 만든 것이다.'라고 하였다." 살펴보면 《풍속통(風俗通)》·《광아(廣雅)》 모두가 《세본》과 같이 되어 있으므로[88] 마융(季長)의 설이 틀린 것 같다. 《산해경(山海經)》의 곽박(郭璞)의 전(傳)에서는 《세본》을 인용하여 "복희가 '琴'을 만들었으며 신농이 '瑟'을 만들었다."[89]라고 하였는데

---

86 제1편 上 '示'부 '禁'자 說解 참조.
87 《白虎通》 卷一 <禮樂> 참조.
88 《風俗通》 卷六 <聲音>편 참조. 《廣雅·釋樂》 참조.
89 《山海經·海內經》 참조.

이는 아마도 옮겨 쓸 때에 잘못된 것 같다.

(3) '洞(동)'자는 '迵(동)'으로 써야 한다. '迵'이란 통한다[通達(통달)]는 뜻이다.[90] '越(월)'은 琴瑟(금슬)의 아래쪽에 있는 구멍이다. 구멍을 통하게 한다[迵孔(동공)]는 것은 거문고의 뱃속을 비워 놓고 두 개의 구멍으로 서로 통하게 만든다는 말이다. '越'은 '活(괄)'로 발음한다. 혹은 '趏'로도 쓴다. "練朱五絃(연주오현)"이란 《상서(尙書)·우서(虞書)》의 전(傳)에서 "옛날 제왕이 청묘(淸廟)의 음악을 올릴 때에는 큰 거문고에 비단 견사 줄이었다."라고 하였는데 '練(련)'은 아마도 그 재질을 말하고 '朱(주)'는 그 색을 말하는 것일 것이다. 정현(鄭玄)은 《예기(禮記)·악기(樂記)》의 "淸廟之瑟朱弦[청묘(淸廟)에 쓰는 거문고는 붉은 현(弦)으로 한다.]"라는 구절에 대하여 주석하면서 "비단실로 만든 것[練]이 붉은 현[朱弦]이다."라고 하였다. 비단 실[練]을 거문고 줄로 사용하면 소리가 탁(濁)해진다. '다섯[五]'이라고 한 것은 처음 만든 거문고의 현의 개수다.

(4) 문왕(文王), 무왕(武王)이 각각 하나의 현(弦)씩 더하였다.

(5) (거문고의) 머리·몸·꼬리모양을 상형하였다. 위는 둥글고 아래는 모가 나 있다. 그러므로 둥근 것을 상형하였다. '珡'의 발음은 巨(거)와 今(금)의 반절이다. 7부에 속한다.

(6) (고문의 자형은) '金'으로 구성된 형성(形聲)자다. 지금 사람들이 쓰는 '琴(금)'자는 위는 소전(小篆)의 자형으로 구성되었고 아래는 '今(금)'이 성부로 구성되어 있다.

(1) 禁者, 吉凶之忌也. 引申爲禁止. 白虎通曰, 琴, 禁也. 以禁止淫邪, 正人心也. 此疊韻爲訓. (2) 世本文也. 宋書樂志曰, 琴, 馬融笛賦云, 宓羲造, 世本云, 神農所造也. 瑟, 馬融笛賦云, 神農造, 世本云, 宓羲所造也. 按風俗通廣雅, 皆同世本, 季長說, 誤. 山海經郭傳引世本, 伏羲作琴, 神農作瑟. 恐系轉寫舛錯. (3) 洞當作迵. 迵者, 通達也. 越謂琴瑟底之孔. 迵孔者, 琴腹中空而爲二孔通達也. 越音活. 或作趏. 練朱五絃者, 虞書傳曰, 古者帝王升歌淸廟之樂, 大琴練弦. 蓋練者其質, 朱者其色. 鄭注樂記淸廟之瑟朱弦云, 練, 朱弦也. 練則聲濁. 五者, 初制琴之弦數. (4) 文王武王, 各加一弦. (5) 象其首身尾也. 上圓下方, 故象其圓. 巨今切. 七部. (6) 以金形聲字也. 今人所用琴字乃上从小篆, 下作今聲.

90 《玉篇》'辵'부 第127 참조.

456. ㄴ(은)[91] 부

 匿也.(1) 象迟曲隱蔽形.(2) 凡ㄴ之屬皆从ㄴ. 讀若隱.

‘ㄴ’은 숨는다는 뜻이다. 구부러져서 가린 모양을 상형하였다. ㄴ부에 속하는 한자는 모두 ㄴ의 의미를 따른다. ‘隱(은)’자와 같이 발음한다.

(1) ‘匿(닉)’이란 없어진다는 뜻이다.[92]

(2) ‘迟曲(격곡)’의 ‘迟(격)’자는 ‘辵(착)’부에 보이고[93] ‘隱蔽(은폐)’의 ‘隱(은)’자는 ‘𨸏(부)’부에 보인다.[94] 도망가는 사람이 스스로를 가리는 모양을 상형하였다.

(3) ‘L’의 발음은 於(어)와 謹(근)의 반절이다. 13부에 속한다.

(1) 匿者, 亡也. (2) 迟曲, 見辵部, 隱蔽, 見𨸏部. 象逃亡者, 自藏之狀也. (3) 於謹切. 十三部.

457. 亡(망)부

 逃也.(1) 从入ㄴ.(2) 凡亡之屬皆从亡.

‘亡’은 도망간다는 뜻이다. ‘入(입)’과 ‘ㄴ(은)’으로 구성되었다. 亡부에 속하는 한자는 모두 亡의 의미를 따른다.

(1) ‘逃(도)’란 없어진다[亡]는 뜻이므로[95] ‘亡’과 ‘逃’의 두 전문은 전주(轉注)가 된다. ‘亡’의

---

91 ‘ㄴ’은 篆書의 자형을 그대로 따른 것이다. 지금은 ‘L’으로 쓴다. 그런데 段玉裁는 ‘L’을 써야 하는 경우에 대부분 ‘ㄴ’의 자형을 사용하였다.

92 제12편 下 ‘匸’부 ‘匿’자 說解 참조.

93 제2편 下 ‘辵’부 ‘迟’자 說解 참조. “曲行也”라고 되어 있다.

94 제14편 下 ‘𨸏’부 ‘隱’자 說解 참조.

95 제2편 下 ‘辵’부 ‘逃’자 說解 참조.

본래 의미는 '도망간다'는 것인데 지금 사람들은 '亡'을 '죽는다[死(사)]'는 뜻으로만 알고 있다. 그것은 잘못된 것이다. 인신되어 잃어버린다[失(실)]는 뜻을 '亡'이라 하고, 죽는다[死]는 뜻을 '亡'이라 한다. 효자는 그 부모의 죽음을 차마 인정하지 못하고 어버이가 잠시 나가신 것이 아닐까 하고 의심한다. 그래서 '喪(상)'자의 전문이 '哭(곡)'과 '亡(망)'으로 구성된 것이다. 가차(假借)하여 '있고 없다[有無(유무)]'의 '無(무)'자로 쓰기도 한다. ('亡'과 '無'는) 성모가 같아서 서로 가차(假借)된다.

(2) 회의(會意)자다. 구부러져 은폐된 곳으로 들어간다는 뜻이다. '亡'의 발음은 武(무)와 方(방)의 반절이다. 10부에 속한다.

(1) 逃者, 亡也. 二篆爲轉注. 亡之本義爲逃, 今人但謂亡爲死, 非也. 引申之則謂失爲亡, 亦謂死爲亡. 孝子不忍死其親, 但疑親之出亡耳, 故喪篆从哭亡. 亦叚爲有無之無, 雙聲相借也. (2) 會意. 謂入於迟曲隱蔽之處也. 武方切. 十部.

458. 匸(혜)부

 衺徯有所夾藏也.(1) 从乚. 上有一覆之.(2) 凡匸之屬皆从匸. 讀若徯同.(3)

'匸'는 삐딱하게 서서 기다리며 (물건을) 숨겨 품은 것이 있다는 뜻이다. '乚(은)'으로 구성되었다. 위는 '一(일)'로 덮은 것이다. 匸부에 속하는 한자는 모두 匸의 의미를 따른다. '徯(혜)'와 같이 발음한다.

(1) '夾(협)'자가 각 판본에 '俠(협)'자로 쓰여 있다. 지금 바로잡는다. '衺(사)'는 비뚤어졌다는 뜻이다.[96] '徯(혜)'는 기다린다는 뜻이다.[97] '夾'은 도둑이 훔쳐서 품고 있는 물건이다.[98] 삐딱하게 서서 기다리면서 훔쳐서 숨기고 있는 물건이 있다는 뜻이다. 그래서 '匸'자가 '乚'으로 구성되었다. 위는 다시 '一'로써 덮었다.

96 제8편 上 '衣'부 '衺'자 說解 참조.
97 제2편 下 '彳'부 '徯'자 說解 참조.
98 제10편 下 '亦'부 '夾'자 說解 참조.

(2) 회의(會意)자다.

(3) '徯'자는 각 판본에 '傒(혜)'자로 잘못되어 있어서[99] 지금 바로잡는다. '匸'의 발음은 胡(호)와 禮(례)의 반절이다. 16부에 속한다.

(1) 夾各本作俠. 今正. 衺者, 窶也. 徯者, 待也. 夾者, 盜竊褱物也. 迆衺相待有所竊臧, 故其字从乚, 而上復有一覆之. (2) 會意. (3) 徯各本譌傒, 今正. 胡禮切. 十六部.

459. 匚(방)부

匚 受物之器.(1) 象形. 凡匚之屬皆从匚. 讀若方.(2) 𠤬 籒文匚.

'匚'은 물건을 넣는 그릇이다. 상형(象形)이다. 匚부에 속하는 한자는 모두 匚의 의미를 따른다. '方(방)'자와 같이 발음한다. '𠤬'자는 匚의 주문(籒文)이다.

(1) 여기에서 말하는 그릇은 대체로 네모반듯하게 생긴 것이다. 그런데 '匚'자의 자형이 이렇게 된 것은 옆으로 놓고 본 것일 따름이다. 세로의 직선이 그릇의 바닥이고 가로 선은 네 벽이며 오른쪽의 트인 곳은 그 입구다. 《광운(廣韻)》에서 "어떤 사람들은 1두(斗)의 양을 담을 수 있는 그릇을 匚이라 한다."[100]라고 하였다.[101] 살펴보면 '囗(위)'부에서 "囿(유)는 둥근 자[規]라는 뜻이다."[102]라고 하였는데 지금 사람은 모두 이 글자를 '圜(환)'자로 쓰거나 '圓(원)'자로 쓴다. ('네모나다'는 의미의) '方(방)'자는 본래 정자(正字)가 없었다. 그래서 옛날부터 '方'자를 빌어 ('네모나다'는 의미로) 썼다. 자형에 의거하면 '匚'에도 네모난 형태가 있으므로 빌어서 '方'으로 쓸 수 있었다.

(2) '匚'의 발음은 府(부)와 良(량)의 반절이다. 10부에 속한다.

---

99 二徐本 참조.

100 출토된 유물을 가지고 측정해 보면 王莽의 '新'나라 때 方斗의 용량은 약 1,940ml에 해당한다.

101 《廣韻》 下平聲 十 '陽'운 참조.

102 제6편 下 '囗(위)'부 '圓(선)'자 說解 참조. 허신 원문은 "圓, 規也."라고 되어 있다. 여기에서 段玉裁가 인용한 '囿(유)'자는 '圓(선)'자가 잘못된 것이다.

(1) 此其器蓋正方. 文如此作者, 橫視之耳. 直者其底, 橫者其四圍, 右其口也. 廣韻曰, 或曰受一斗曰匚. 按囗部云, 囿, 規也. 今人皆作圜, 作圓. 方, 本無正字, 故自古叚方爲之. 依字, 匚有榘形, 固可叚作方也. (2) 府良切. 十部.

460. 曲(곡)부

 象器曲受物之形也.(1) 凡曲之屬皆从曲. 或說, 曲, 蠶薄也.(2)  古文曲.(3)

'曲'은 구부러진 그릇에 물건을 담는 모양을 상형하였다. 曲부에 속하는 한자는 모두 曲의 의미를 따른다. 혹자의 설에 曲은 누에발[蠶薄(잠박)]이라고도 한다. ''은 曲의 고문(古文)이다.

(1) '匚(방)'자는 네모진 그릇이 물건을 담은 모양을 상형한 것이며[103] 옆으로 본 것이다. '(곡)(曲)'자는 둥근 그릇의 가운데에 물건을 담는 모양을 상형한 것이며 똑바로 본 것이다. 인신되어 모든 구부러진 것을 '曲'이라고 부르게 되었다. 바르지 않은 것도 '曲'이라고 부른다. 《시(詩)》에서 "予髮曲局[내 머리카락이 구부러졌네.]"라고 하였고[104] 또 "亂我心曲.[어지러이 내 마음 굽이치고]"[105]라고 하였는데 전(箋)에서는 "心曲(심곡)은 마음이 구부러졌다는 뜻이다."라고 하였다. 또한 '樂章(악장)'을 '曲'이라고 하는데 그것은 소리가 완곡(宛曲)하고도 단락[章(장)]을 완성하기 때문이다. 《국어(國語)·주어(周語)》에서 "선비는 시(詩)를 바치고 장님은 곡(曲)을 바친다."라고 하였는데 위소(韋昭)가 말하기를 "曲은 악곡(樂曲)이다."라고 하였다.[106] <모전(毛傳)>에서는 "曲이 음악과 합쳐진 것이 '노래[歌(가)]'다. 음악 없이 노래만 하는 것은 '謠(요)'다."라고 하였다.[107] 《한시(韓詩)》에서는 "章·曲이 있는 것이 '歌'다. 章·曲이 없으면 '謠'다."라고 하였다.[108] 내 생각에 '曲'이 음

103 제12편 下 '匚'부 說解 참조.
104 《詩·小雅·采綠》 참조.
105 《詩·秦風·小戎》의 鄭玄의 箋 참조.
106 《國語·周語》 上 참조.
107 《詩·魏風·園有桃》의 <毛傳> 참조.

악과 합쳐진다는 말은 악기와 함께 반주한다는 뜻인 것 같다. 《시(詩)·행위(行葦)》의 <모전>에서 "歌란 거문고와 어울린 것이다."라고 하였다.[109] '曲'이 음악과 함께 반주되면 '歌'라고 한다. '曲'의 발음은 區(구)와 玉(옥)의 반절이다. 3부에 속한다.

(2) '曲'자가 ('누에발'이라는 의미를 가진 것에) 대해서는 《예기(禮記)·월령(月令)》, 《방언(方言)》, 《한서(漢書)·주발전(周勃傳)》에 보인다. 또한 '艸(초)'부의 '薄(박)'자에서 상세하게 설명하였다.[110] '누에발'이라는 물건은 물억새풀로 만든다. 《시·칠월(七月)》의 <모전>에서 "물억새풀[萑葦(환위)]을 미리 비축해 두면 曲을 만들 수 있다."라고 하였다.[111] 이 의미로 쓰일 때의 글자를 속자(俗字)로 '苖(곡)'으로 쓰기도 하고 '笛(곡)'으로 쓰기도 한다.

(3) (고문의 자형이) 소서본(小徐本)에는 없다.

(1) 匚象方器受物之形, 側視之. 象圜其中受物之形, 正視之. 引申之爲凡委曲之稱. 不直曰曲. 詩曰, 予髮曲局. 又曰, 亂我心曲. 箋云, 心曲, 心之委曲也. 又樂章爲曲, 謂音宛曲而成章也. 周語曰, 士獻詩, 瞽獻曲. 韋云, 曲, 樂曲也. 毛詩傳曰, 曲合樂曰歌, 徒歌曰謠. 韓詩曰, 有章曲曰歌, 無章曲曰謠. 按曲合樂者, 合於樂器也. 行葦傳曰, 歌者, 比於琴瑟也. 卽曲合樂曰歌也. 區玉切. 三部. (2) 曲見月令, 方言, 漢書周勃傳. 詳艸部薄下. 其物以萑葦爲之. 七月傳曰, 豫畜萑葦, 可以爲曲也. 其字俗作苖, 又作笛. (3) 小徐無.

461. 𠙹(치)[112]부

 東楚名缶曰𠙹.(1) 象形也.(2) 凡𠙹之屬皆从𠙹.  古文𠙹.

동초(東楚)지방에서는 항아리[缶(부)]를 일컬어 '𠙹'라고 한다. 상형(象形)이다. 𠙹부에 속하는 한자는 모두 𠙹의 의미를 따른다. ''는 𠙹의 고문(古文)이다.

108 《韓詩》는 《初學記》 十五 '歌'부에서 인용한 것이다.

109 《詩·大雅·行葦》의 <毛傳> 참조.

110 제1편 下 '艸'부 '薄'자 段玉裁 注 참조.

111 《詩·豳風·七月》의 <毛傳> 참조.

112 '𠙹'자는 小篆 자형을 따른 것이고 지금은 '甾'자로 쓴다.

(1) 태사공(太史公)이 말하기를 "팽성(彭城)으로부터 동쪽인 동해(東海)·오(吳)·광릉(廣陵) 지방이 동초(東楚) 지역이다."라고 하였다.113 '缶(부)'자에서 "흙으로 구워 만든 그릇[瓦器(와기)]이다. 그것으로 술과 장을 담근다. 진(秦)지방의 사람들은 그것을 두드려 노랫가락을 맞춘다. 상형(象形)이다."라고 하였다.114 그렇다면 '缶'자도 상형(象形)이고 '𠙹'자도 역시 상형(象形)이다. 따라서 실제로는 같은 물건인데 말이 다른 것일 뿐이며 실제는 같은 글자인데 쓰는 방법이 조금 다를 따름이다. 《옥편(玉篇)》에서 '𠙹'로 쓴 것은 그나마 비슷하지만115 《광운(廣韻)》에서 ('𠙹'는) "곧 艸(초)부의 '甾(치)'자다."라고 한 것은 전혀 맞지 않는 말이다.116 '甾'자는 위에서 '一'이 '川'을 막고 있는 모양으로 구성되어 있지만 이 '𠙹'자는 항아리[缶]의 목이 조금씩 줄어드는 모양을 상형한 것인데 어떻게 ('𠙹'와 '甾'를) 같은 글자라고 할 수 있는가? ('𠙹'자는) 지금의 예서(隸書)로는 ('甾'로 쓸 것이 아니라) 마땅히 '𠙹(치)'로 써야 한다.

(2) 입구가 크고 목 부분은 조금씩 줄어드는 모양이다. '𠙹'의 발음은 側(측)과 詞(사)의 반절이다.

(1) 太史公曰, 自彭城以東, 東海吳廣陵, 此東楚也. 缶下曰, 瓦器, 所以盛酒漿, 秦人鼓之以節歌, 象形. 然則缶旣象形矣, 𠙹復象形, 實一物而語言不同, 且實一字而書法少異耳. 玉篇作𠙹近之. 若廣韻謂卽艸部之甾字, 風馬牛不相及也. 甾上从一雝川, 此象缶之頸少殺, 安得云同字. 今隸當作𠙹. (2) 口大而頸少殺. 側詞切. 一部.

462. 瓦(와)부

 土器已燒之總名.(1) 象形也.(2) 凡瓦之屬皆从瓦.

'瓦'는 흙으로 구워진 그릇[器(기)]의 총명이다. 상형(象形)이다. 瓦부에 속하는 한

113 《史記·貨殖列傳》 참조.

114 제5편 下 '缶'부 說解 참조.

115 《玉篇》 '𠙹'부 第254 참조.

116 《廣韻》 上平聲 七 '之'운 참조.

자는 모두 瓦의 의미를 따른다.

(1) '土(토)'부의 '坏(배)'자에서 "'坏'는 일설에 아직 굽지 않은 토기[瓦]라고도 한다."라고 하였다.117 '瓦'는 이미 구워진 것이다. 토기 중에서 아직 안 구운 원형을 대체로 '坏'라고 하며 이미 구운 것은 '瓦'라고 한다. 《시(詩)·사간(斯干)》의 <모전(毛傳)>에서는 "瓦는 방전(紡專)118이다."라고 하였는데119 이렇게 말한 것은 토기로 만든 것 가운데 한 가지이기 때문이다. 《고사고(古史攷)》에서는 "하(夏)나라 때 곤오씨(昆吾氏)가 구운 토기[瓦]를 만들었다."라고 하였다.120 살펴보면 "유우씨(有虞氏)가 도기를 올렸다.[上陶]"121라고 하였으니 '구운 토기[瓦]'가 하(夏)나라 때 시작되지 않았음을 알 수 있다. 허신의 책에는 '缶'부에서 "옛날 곤오(昆吾)가 도자기를 만들었다."122라고 하였고 '壺(호)'자에서는 "곤오(昆吾)의 둥근 그릇[圜器(환기)]이다."라고 풀이하였다.123 위소(韋昭)는 "곤오(昆吾)는 축융(祝融)의 손자이고 육종(陸終)의 둘째 아들이다. 이름이 '黎(여)'이고 '己(기)'가 성(姓)이다. 곤오위(昆吾衛)에 봉해진 사람이 그 사람이다."라고 하였다.124 그렇다면 곤오(昆吾)가 도자기를 만들었다고 할 때는 처음 ('곤오위'에) 봉해진 '곤오'이지 하걸(夏桀) 시대의 '곤오'가 아니다. 《광운(廣韻)》에서는 《상서(尙書)·주서(周書)》를 인용하여 "신농(神農)이 구운 토기[瓦器]를 만들었다."라고 하였는데125 이 말이 분명히 사실일 것이다. '缶'부에서 이에 대하여 상세히 설명하였다. 토기 굽는 가마를 '窯(요)'라고 한다.126

(2) 구부려서 말아 놓은 모양을 상형하였다. '瓦'의 발음은 五(오)와 寡(과)의 반절이다. 고음 17부에 속한다. '阿(아)'자와 같이 발음한다.

(1) 土部坏下曰, 一曰瓦未燒. 瓦謂已燒者也. 凡土器未燒之素皆謂之坏, 已燒皆謂之瓦. 毛詩斯干傳曰, 瓦, 紡專也. 此瓦中之一也. 古史攷曰, 夏時昆吾氏作瓦. 按有虞氏上陶, 瓦之不起於夏時可知

117 제13편 下 '土'부 '坏'자 說解 참조.
118 '紡專'은 원래 길쌈할 때 쓰는 실패를 말한다.
119 《詩·小雅·斯干》의 <毛傳> 참조.
120 《古史攷》는 《廣韻》 上聲 三十五 '馬'운에 인용되어 있다.
121 《周禮·冬官·考工記》 참조. '有虞氏'는 舜 임금을 말한다.
122 제5편 下 '缶'부 說解 참조.
123 제10편 下 '壺'부 說解 참조.
124 《國語·鄭語》 참조.
125 《廣韻》 下平聲 六 '豪'부 참조.
126 제7편 下 '穴'부 '窯'자 說解 참조.

也. 許書缶部曰, 古者昆吾作匋, 壺系之昆吾圜器. 韋昭云, 昆吾祝融之孫, 陸終第二子, 名黎, 爲己姓, 封於昆吾衛, 是也. 然則昆吾作匋, 謂始封之昆吾, 非夏桀之昆吾也. 廣韻引周書, 神農作瓦器, 當得其實. 說詳缶部. 凡燒瓦器之竈曰窯. (2) 象卷曲之狀. 五寡切. 古音在十七部. 讀如阿.

463. 弓(궁)부

弓 窮也.(1) 目近窮遠者.(2) 象形.(3) 古者揮作弓.(4) 周禮六弓, 王弓弧弓, 目鉃甲革甚質, 夾弓庾弓, 目鉃干侯鳥獸, 唐弓大弓, 目授學鉃者.(5) 犯弓之屬皆从弓.

'弓'은 다한다는 뜻이다. 가까운 것으로 먼 것에 다하는 것이다. 상형(象形)이다. 옛날에 휘(揮)가 활[弓]을 만들었다. 《주례(周禮)》에 육궁(六弓)이 나온다. '왕궁(王弓)'·'고궁(孤弓)'은 갑옷이나 가죽과녁을 쏘아 맞히는 데에 쓰고 '협궁(夾弓)'·'유궁(庾弓)'은 들개가죽과녁이나 조수(鳥獸)과녁을 쏘아 맞히는 데에 쓰고 '당궁(唐弓)'·'대궁(大弓)'은 활쏘기를 배우는 데에 쓴다. 弓부에 속하는 한자는 모두 弓의 의미를 따른다.

(1) ("窮也"의) 두 글자를 보충한다.[127] ('弓'자와) 운모가 같은 글자[竆(궁)]자로 풀이한 예다.

(2) ("目近窮遠者"의) '者(자)'자는 지금 보충한다.[128]

(3) '弓'의 발음은 居(거)와 戎(융)의 반절이다. 고음 6부에 속한다. '肱(굉)'자와 같이 발음한다.

(4) 곽박(郭璞)(景純)이 《세본(世本)》을 인용하여 "모이(牟夷)가 화살[矢(시)]을 만들고 휘(揮)가 활[弓]을 만들었다."고 하였다.[129] 당연히 이 말들은 모두 《세본》의 <작편(作篇)>에서 나왔을 것이다. '揮'는 황제(黃帝)의 신하였다.

(5) 이것은 《주례(周禮)·하관(夏官)·사궁시(司弓矢)》의 문장이다.[130] 정현(鄭玄)의 주석에 해

---

127 二徐本 참소.

128 二徐本 참조.

129 《山海經·海內經》의 郭璞의 注 참조. '景純'은 郭樸의 字다.

130 《周禮·夏官·司弓矢》"…… 中春獻弓弩, 中秋獻矢箙. 及其頒之王弓弧弓, 以授射甲革椹質者, 夾弓庾弓以授射豻侯鳥獸者, 唐弓大弓以授學射者. ……."

설이 상세하다. '甚質'이 지금은 '椹質(침질)'로 쓰여 있는데 고서(古書)를 살펴보면 '甚'자는 '鞎(흔)'자로 되어 있다. 대정(大鄭)(鄭衆)은 "鞎은 椹으로 써야 한다."라고 하였다. 허신의 책에는 '椹(침)'자가 없다. 아마 허신은 정현본(鄭玄本)을 따랐을 것이고 정현본(鄭玄本)이 '甚'으로 되어 있었을 것이다. '干(간)'은 지금은 '豻(안)'으로 쓰여 있다.

(1) 補此二字, 以疊韻爲訓之例也. (2) 者字今補. (3) 居戎切. 古音在六部. 讀如肱. (4) 郭景純引世本曰, 牟夷作矢, 揮作弓. 此等皆當出世本作篇. 揮, 黃帝臣. (5) 夏官司弓矢文也. 說詳鄭注. 甚質今作椹質, 按故書作鞎. 大鄭云, 鞎當爲椹. 許書無椹字. 蓋許從鄭, 鄭本作甚也. 干今作豻.

464. 弜(강)부

 彊也, 重也.(1) 从二弓.(2) 凡弜之屬皆从弜. 闕.(3)

'弜'은 강하다는 뜻이며 겹쳐져 있다는 뜻이다. 두 개의 '弓(궁)'으로 구성되었다. 弜부에 속하는 한자는 모두 弜의 의미를 따른다. 비워 둔다.

(1) '重(중)'자는 '緟(중)'자로 써야 한다. ('緟'은) '糸(멱)'부에 보인다.[131] '弓'을 거듭했다는 것은 강하다[彊(강)]는 뜻이다. '緟'은 중첩했다는 뜻이다. 《시(詩)》의 "交韔二弓[두 활을 교차시킨다]"의 <모전(毛傳)>에서 "두 개의 활[弓]을 활집에서 교차시킨다는 말이다."라고 하였다.[132]

(2) '弜'의 발음은 其(기)와 兩(양)의 반절이다. 내 생각에는 '弜'의 발음은 후인들이 임의대로 만든 것이다.

(3) '비워 둔다[闕]'는 말은 "무슨 자와 같이 발음한다[讀若]"라는 말을 듣지 못하였다는 뜻이다.

(1) 重當作緟. 見糸部. 重弓者, 彊之意也. 緟, 疊之意也. 詩交韔二弓傳曰, 交二弓於韔中也. (2)

131 제13편 上 '糸'부 '緟'자 說解 참조.

132 《詩·秦風·小戎》의 <毛傳> 참조.

其兩切. 按此音後人以意爲之也. (3) 謂其讀若不聞也.

465. 弦(현)부

 弓弦也.(1) 从弓. 象絲軫之形.(2) 凡弦之屬皆从弦.

‘弦’은 활줄이라는 뜻이다. ‘弓(궁)’으로 구성되었다. 줄과 줄 받침의 모양을 상형하였다. 弦부에 속하는 한자는 모두 弦의 의미를 따른다.

(1) 활줄은 실로 만든다. 줄을 활에 당겨서 벌려 놓으므로 금슬(琴瑟)에 당겨 놓은 것도 ‘弦’이라고 한다. 속자로는 따로 ‘絃(현)’으로도 쓰지만 옳지 않다. ‘弦’에는 급하다는 뜻이 있다. 그래서 “동안(董安)이 성격이 느려서 ‘弦’을 차고 스스로를 급하게 만들려고 하였던 것이다.”[133] ‘心(심)’부에서 “慈(현)은 급하다는 뜻이다.”라고 하였다.[134]

(2) (줄과 줄 받침의 모양을 상형하였다는 것은) ‘’ 모양을 말한다. ‘絲(사)’자의 고문 자형으로 활줄이 줄 받침에 연결된 모양을 상형하였다. ‘軫(진)’은 활줄을 매다는 곳이다. 후인들이 거문고에서 줄을 매다는 곳도 ‘軫’이라고 불렀다. ‘弦’의 발음은 胡(호)와 田(전)의 반절이다. 12부에 속한다. 금자(今字)는 ‘弦’으로 쓴다. 내 생각에 (“象絲軫之形”의) ‘軫’자는 ‘紾(진)’자로 써야 할 것 같다. ‘車(거)’로 구성된 글자는 잘못이다. ‘紾’은 돌아간다[轉(전)]는 뜻이다.[135] 《방언(方言)》에서 “軫은 어긋난다[戾(려)]는 뜻이다.”라고 하였는데[136] ‘軫’은 ‘紾’의 가차(假借)자다. ‘絲紾(사진)’이란 줄이 감겨져 있다는 말이다.

(1) 弓弦以絲爲之. 張於弓, 因之張於琴瑟者, 亦曰弦. 俗别作絃, 非也. 弦有急意, 故董安于性緩, 佩弦以自急. 心部曰, 慈, 急也. (2) 謂也. 象古文絲而系於軫. 軫者, 系弦之處. 後人謂琴系弦者曰軫. 胡田切. 十二部. 今字作弦. ○ 按軫當作紾. 从車者, 譌也. 紾者, 轉也. 方言, 軫, 戾也. 軫乃

---

133 《韓非子》 八 <觀行> 참조.

134 제10편 下 ‘心’부 ‘慈’자 說解 참조.

135 제13편 上 ‘糸’부 ‘紾’자 說解 참조.

136 《方言》 三 참조.

紾之叚借字. 絲紾, 言弦戾也.

466. 系(계)부

縣也.(1) 从糸(2)厂聲.(3) 凡系之屬皆从系. [illegible] 系或从毄處.(4) [illegible] 籒文系. 从爪絲.(5)

'系'는 매달려 있다는 뜻이다. '糸(멱)'으로 구성되었고 '厂(예)'가 발음을 나타낸다. 系부에 속하는 한자는 모두 系의 의미를 따른다. '[illegible]'는 系의 혹자(或字)로서 '毄(계)'와 '處(처)'로 구성되었다. '[illegible]'는 系의 주문(籒文)이다. '爪(조)'와 '絲(사)'로 구성되었다.

(1) '縣(현)'자는 각 판본에 '繫(계)'자로 쓰여 있는데[137] 그 뜻이 아니니 지금 바로잡는다. '県(교)'부에서 "縣은 매단다는 뜻이다."라고 하였다.[138] 인신되어 모든 묶는 것을 '系'라고 부르게 되었다. '系'와 '縣'의 두 전문(篆文)은 전주(轉注) 관계다. '系'는 위에서 묶어 내려서 아래로 이은 것이다. '系'자와 '係(계)'자는 통용될 수 있다. 그러나 경전(經傳)에서는 대부분 '係'를 묶는다[束縛(속박)]의 의미로 많이 쓴다. 그래서 '係'자에서 묶는다[絜束(결속)]는 뜻이라고 풀이하였으니[139] (系자와 係자는) 그 의미가 같지 않다. '系'자의 뜻이 인신되어 '世系(세계)'의 '系'자가 되었다. 《주례(周禮)·고몽(瞽矇)》에 "世帝繫(세제계)[대대로 이어지는 제왕의 세대]",[140] 《주례·소사(小史)》에 "奠繫世(전계세)[제왕의 이어지는 세대]"[141]라고 한 것은 모두 제왕의 조상계보[帝繫世本]의 일종을 말한다. 이것은 즉 '系'를 가차하여 '繫(계)'로 쓴 것이니 원래는 '系'로 써야 한다. 《대전(大傳)》에서는 "성(姓)을 기준으로 이어주고 구별하지 않았다.[繫之以姓而弗別]"는 구절이 있다. 여기서의 '繫'자 또한 '系'의 가차자다.

---

137 二徐本 참조.

138 제9편 上 '県'부 '縣'자 說解 참조.

139 제8편 上 '人'부 '係'자 說解 참조.

140 《周禮·春官·瞽矇》 참조.

141 《周禮·春官·小史》 참조.

(2) ‘糸’는 가는 실이다.[142] 물건을 매다는 것은 굵을 필요가 없다.

(3) ‘厂’자의 발음은 余(여)와 制(제)의 반절이다. 끈다는 뜻이다. ‘虒(사)’자가 이것으로 구성되었고[143] ‘系’자도 역시 그렇다. 형성(形聲) 가운데 회의(會意)의 원리가 있는 것이다. ‘系’의 발음은 胡(호)와 計(계)의 반절이다. 16부에 속한다.

(4) (이 혹자 ‘𦃇’는) ‘處(처)’로 구성되었고 ‘毄(계)’가 발음을 나타낸다. ‘毄’도 16부에 속한다. 그래서 옛날에는 묶는다는 뜻의 글자는 ‘毄’자를 빌어서 많이 썼다.

(5) (주문 자형은) 회의(會意)자다. 덮고 있는 손이 ‘爪’이다. 실[絲]이 손바닥에 매달려 아래로 드리워져 있는 것이다. 이것이 곧 ‘매달려 있다[系]’는 뜻이다.

(1) 縣各本作繫, 非其義, 今正. 県部曰, 縣者, 系也. 引申爲凡總持之偁, 故系與縣二篆爲轉注. 系者, 垂統於上而承於下也. 系與係可通用. 然經傳係多謂束縛, 故係下曰絜束也. 其義不同. 系之義引申爲世系. 周禮瞽矇, 世帝繫. 小史, 奠繫世. 皆謂帝繫世本之屬. 其字借繫爲之, 當作系. 大傳, 繫之以姓而弗別, 亦系之叚借. (2) 糸, 細絲也. 縣物者, 不必麤也. (3) 厂, 余制切, 抴也. 虒字从之, 系字亦从之. 形聲中有會意也. 胡計切. 十六部. (4) 从處而毄聲也. 毄亦在十六部, 故古係縛字, 亦多叚毄爲之. (5) 此會意也. 覆手曰爪. 絲縣於掌中而下垂, 是系之意也.

142 제13편 上 ‘糸’부 說解 참조.

143 제5편 上 ‘虎’부 ‘虒’자 說解 참조.

제13편 上

467. 糸(멱)부

 細絲也.(1) 象束絲之形.(2) 凡糸之屬皆从糸. 讀若硯.(3)  古文糸.

'糸'은 가는 실이라는 뜻이다. 실을 엮는 모양을 상형하였다. 糸부에 속하는 한자는 모두 糸의 의미를 따른다. '硯(맥)'자와 같이 발음한다. ''은 糸의 고문(古文)이다.

(1) '絲(사)'는 누에가 토해 내는 실이고[1] '細(세)'는 가늘다는 뜻이다.[2] '細絲'를 '糸'이라고 하는데 '糸'은 (형체를 알아볼 수 없을 정도로 가늘어서) 없어지려고 한다[蔑(멸)]는 말이다. '蔑'은 없다[無(무)]는 말이다.

(2) (실을 엮는 모양을 상형하였다는 것은) 고문 자형에 대한 설명이다. 고문은 아래에 보인다. 소전(小篆)에서 '糸'으로 쓴 것은 (고문 자형에) 획을 더한 것이다.

(3) '糸'의 발음은 莫(막)과 狄(적)의 반절이다. 16부에 속한다.

(1) 絲者, 蠶所吐也. 細者, 微也. 細絲曰糸. 糸之言蔑也, 蔑之言無也. (2) 此謂古文也. 古文見下. 小篆作糸, 則有增益. (3) 莫狄切. 十六部.

1 제13편 上 '絲'부 說解 참조.

2 제13편 上 '糸'부 '細'자 說解 참조.

468. 素(소)[3]부

 白致繒也.(1) 从糸𠂹. 取其澤也.(2) 凡素之屬皆从素.

'素'는 흰 비단이라는 뜻이다. '糸(멱)'과 '𠂹(수)'로 구성되었다. 그 광택을 취한 것이다. 素부에 속하는 한자는 모두 素의 의미를 따른다.

(1) 비단 중에서 희고 가는 것이다. '致(치)'자는 (지금의) '緻(치)'자다. 한(漢)나라 사람들은 주석하면서 '緻'자를 쓰지 않았다. 그런데 요즘 사람들은 '緻'자로 고쳐서 썼다. 그리고 '糸'부에 '緻'자의 전문(篆文)을 더해 놓았는데 모두 잘못이다. 정현(鄭玄)은 《예기(禮記)・잡기(襍記)》에 주석하여 "素(소)는 가공하지 않은 비단[生帛(생백)]이다."라고 하였다. 그렇다면 가공하지 않은 비단을 '素'라고 하는데 이는 비단을 삶아 다듬어 놓은 것을 '練(련)'이라고 하는 것과 대비해서 말한 것이다. 색깔이 하얗기 때문에 모든 흰색을 '素'라고 부르게 되었다. 흰색은 다른 채색을 받아들이기 때문에 모든 사물의 바탕[質(질)]을 '素'라고 한다. 예를 들어 '㲉(각)'자에서 "일설에는 바탕[素]이라는 뜻이라고 한다."[4]라고 한 것이 그 예다. 바탕으로써 아직 무늬가 더해지지 않은 것이다. 그래서 '素食(소식)'・'素王(소왕)'이라는 말이 있다. 《시(詩)・벌단(伐檀)》의 <모전(毛傳)>에서는 "素는 비어 있다[空(공)]는 뜻이다."라고 하였다.[5]

(2) '澤(택)'은 빛이 난다는 뜻이다.[6] 털이 윤기가 나면 아래로 늘어지기 쉽다. 그러므로 '素'는 '糸'과 '𠂹'로 이루어진 회의(會意)자다. '素'의 발음은 桑(상)과 故(고)의 반절이다. 5부에 속한다.

(1) 繒之白而細者也. 致者, 今之緻字. 漢人作注不作緻. 近人改爲緻. 又於糸部增緻篆. 皆非也. 鄭注襍記曰, 素, 生帛也. 然則生帛曰素, 對涷繒曰練而言. 以其色白也, 故爲凡白之偁. 以白受采也, 故凡物之質曰素. 如㲉下, 一曰素也, 是也. 以質未有文也, 故曰素食, 曰素王. 伐檀毛傳曰, 素, 空

3 '素'자는 小篆 자형에 따른 楷書體다. 지금의 '素'자다.

4 제3편 下 '殳'부 '㲉'자 說解 참조. "一曰素也"라고 되어 있다.

5 《詩・魏風・伐檀》의 <毛傳> 참조.

6 제11편 上 '水'부 '澤'자 說解 참조.

也. (2) 澤者, 光潤也. 毛潤則易下來, 故从糸來會意. 桑故切. 五部.

469. 絲(사)부

 蠶所吐也.(1) 从二糸.(2) 凡絲之屬皆从絲.

'絲'는 누에가 토해 내는 것이다. 두 개의 '糸(멱)'으로 구성되었다. 絲부에 속하는 한자는 모두 絲의 의미를 따른다.

(1) '吐(토)'는 뱉는다[寫(사)]는 뜻이다.[7]
(2) '絲'의 발음은 息(식)과 兹(자)의 반절이다. 1부에 속한다.

(1) 吐者, 寫也. (2) 息兹切. 一部.

470. 率(솔)부

 捕鳥畢也.(1) 象絲网.(2) 上下其竿柄也.(3) 凡率之屬皆从率.

'率'은 새 잡는 그물이다. 실로 된 그물의 모양을 상형하였다. 그 위와 아래는 장대와 자루이다. 率부에 속하는 한자는 率의 의미를 따른다.

(1) '畢(필)'은 사냥용 그물[田网(전망)]이다.[8] 그것으로 새를 잡는다. '率'이라고도 부른다. 내 생각에는 '率'의 전문(篆文)의 본의는 유행하지 않았던 것 같다. 대체로 '衛(솔)'은 거느린다[將衛]는 뜻으로 풀이되고[9] '達(솔)'자는 앞서서 지도한다[先導]는 뜻으로 풀이된다.[10]

7 제2편 上 '口'부 '吐'자 說解 참조.
8 제4편 下 '華'부 '畢'자 說解 참조.

그런데 이 글자들은 모두 본자(本字)를 사용하지 않고 '率'자로 쓴다. 혹은 '帥(수)'자로 쓰기도 한다. 예컨대 《시(詩)·면(緜)》의 <모전(毛傳)>에서 "率은 따른다[循(순)]는 뜻이다."라고 하였다.[11] 《시·북산(北山)》의 <모전>에서도 "率은 따른다[循]는 뜻이다."라고 하였는데[12] 이때의 '率'은 '逵(솔)'자로 써야 한다. '帥'자에서 상세히 설명하였다.[13] 《좌전(左傳)》에 '藻率(조솔: 마름 풀의 장식을 그린 수건)'이라는 말이 나오는데 복건(服虔)이 말하기를 "禮有率巾[예에 솔건(率巾)이라는 것이 있다.]"이라고 하였다.[14] 여기에서의 ('率'은) 허신의 책에 설명된 '帥(수)'자다.

(2) (실로 된 그물의 모양을 상형하였다는 말은) '[illegible]' 모양을 말한다.

(3) 위는 그 장대가 드러난 것이고 아래는 손잡이이다. 새 잡는 그물에 쓰는 자루는 길다. '率'의 발음은 所(소)와 律(율)의 반절이다. 15부에 속한다.

(1) 畢者, 田网也. 所以捕鳥, 亦名率. 按此篆本義不行. 凡衛訓將衛也, 逵訓先導也, 皆不用本字而用率, 又或用帥. 如緜傳云, 率, 循也. 北山傳云, 率, 循也, 其字皆當作逵, 是也. 又詳帥下. 左傳, 藻率. 服虔曰, 禮有率巾. 卽許書之帥也. (2) 謂[illegible]. (3) 上其竿之露者, 下其柄也. 畢网長柄. 所律切. 十五部.

471. 虫(훼)부

一名蝮.(1) 博三寸, 首大如擘指.(2) 象其臥形.(3) 物之微細, 或行或飛,(4) 或毛或蠃,(5) 或介或鱗. 目虫爲象.(6) 凡虫之屬皆从虫.

'虫'는 일명 '蝮(복)'이라고 한다. 넓이가 3촌(寸)이며 머리 크기가 엄지손가락 정도 된다. 누워 있는 모양을 상형하였다. 만물 가운데 미미한 것들은 혹은 걸어다니기도

9 제2편 下 '行'부 '衛'자 說解 참조.
10 제2편 下 '辵'부 '逵'자 說解 참조.
11 《詩·大雅·緜》의 <毛傳> 참조.
12 《詩·小雅·北山》의 <毛傳> 참조.
13 제7편 下 '巾'부 '帥'자 段注 참조.
14 《左傳》 桓公 二年 참조.

하고 혹은 날기도 하며, 혹은 털이 나 있기도 하고 혹은 맨몸이기도 하며, 혹은 껍질이 있기도 하고 혹은 비늘이 있기도 하다. (이 모든 종류를) '虫'로 상형하였다. 虫부에 속하는 한자는 모두 虫의 의미를 따른다.

(1) 《이아(爾雅) · 석어(釋魚)》에서 "蝮은 虫이다."라고 하였는데 지금 판본에는 '虫(훼)'자가 '虺(훼)'자로 되어 있다.
(2) (이 구절은) 《이아 · 석어》의 문장이다. '擘指(벽지)'는 '엄지손가락[大指(대지)]'이다. 곽박(郭璞)은 "('蝮'은) 뱀[蛇(사)]의 일종이다. 사람들이 그것에 이름을 붙이기를 '蝮虺(복훼)'라고 하였다. 지금의 '蝮蛇(복사)'는 목이 가늘고 머리가 크며 새 모양의 꼬리를 가지고 있는데 색은 마치 쑥과 같고 인끈 모양의 무늬를 가지고 있으며 무늬 사이에는 돼지 갈기 같은 털이 있다. 코 위에 침[鍼]이 있다. 큰 것은 길이가 7, 8척(尺)이 된다. 일명 '反鼻(반비)'라고도 한다. '虺'의 일종은 아니다."라고 하였다.[15] 이것으로 ('虫'가) 뱀[蛇]의 일종임을 알 수 있다. (곽박의) 주석은 《시(詩) · 사간(斯干)》의 《정의(正義)》 및 소아전첨(小顏田儋)의 전주(傳注)에 보인다. 곽박의 의도는 《이아》에서 말하는 '蝮'은 지금 그런 동물이 없으며 지금 '蝮蛇'라고 하는 것은 《이아》에서 말하는 '蝮蛇'가 아니라는 말인 것 같다.
(3) '虫'의 전문(篆文)은 누워서 꼬리가 구부러진 모양을 상형하였다. '它'의 전문(篆文) 아래에서 "虫이다. 구부려서 꼬리를 늘어뜨린 모양을 상형하였다."라고 하였다.[16] '虫'의 발음은 許(허)와 偉(위)의 반절이다. 15부에 속한다.
(4) "或飛(혹비)"의 두 글자는 《이아》의 《석문(釋文)》에 의해 보충한다.[17]
(5) '臝(라)'자는 '衣(의)'부에 보인다.[18] 벌거벗다[但(단)]라는 뜻이다. 속자는 '贏(라)'자로 쓰는데 잘못이다.
(6) 내 생각에 "以爲象(이위상)"이라고 말한 것은 그것으로 모양을 상형하였다는 말인 것 같다. '虫'로 구성된 글자는 대부분 왼쪽이 형부이고 오른쪽이 성부이다. 따라서 왼쪽은 모두 '虫'로 모양을 상형하였다. 《예기(禮記) · 월령(月令)》에서 "봄에는 벌레에 비늘이 있고", "여름에는 벌레에 날개가 있고", "여름 가을 사이에는 벌레가 껍질을 벗는다. 털이 있는 짐승[虎豹]들은 이때에 털갈이를 한다." "가을에는 벌레에 털이 있고", "겨울에는 벌레

15 《爾雅 · 釋魚》의 郭樸의 注 참조.
16 제13편 下 '它'부 說解 참조.
17 《爾雅 · 釋蟲》의 《釋文》 참조.
18 제8편 上 '衣'부 '臝'자 說解 참조.

에 껍질이 있다."라고 하였다. 허신이 "或飛[날기도 한다]"라고 한 것은 곧 날개 달린 벌레이다. 옛날에는 '虫'와 '蟲(충)'을 구분하지 않았다. 그러므로 '蟲'이 성부(聲符)로 구성된 글자는 대부분 '蟲'을 생략해서 '虫'로 쓴다. '融(융)'[19]과 '赨(동)'[20] 등이 그런 예다. 비늘이나 껍질이 있는 것 중에서 '虫'를 형부(形符)로 삼은 글자[21]는 '螭(리: 작은 용)'·'虯(규: 규룡)'·'蛤(합: 방합조개의 일종)'·'蚌(방: 방합조개의 일종)' 등이 그런 예다. 날아다니는 것 중에서 '虫'를 형부로 삼은 글자는 '蝙(편: 박쥐의 일종)'·'蝠(복: 박쥐의 일종)' 등이 그런 예다. 털이 있거나 맨 몸인 것으로 '虫'를 형부로 삼은 글자는 '蝯(원: 원숭이의 일종)'·'蜼(유: 긴꼬리원숭이)'가 그와 같은 예다.

(1) 爾雅釋魚, 蝮, 虫. 今本虫作虺. (2) 釋魚文. 擘指, 大指也. 郭云, 此自一種蛇. 人自名爲蝮虺. 今蝮蛇細頸, 大頭, 焦尾, 色如艾, 綬文, 文閒有毛似豬鬣, 鼻上有鍼, 大者長七八尺, 一名反鼻, 非虺之類. 此足以明此自一種蛇. 按此注見斯干正義及小顏田儋傳注. 郭意爾雅之蝮今無此物, 今之蝮蛇非爾雅之蝮蛇也. (3) 虫篆象臥而曲尾形. 它篆下云, 虫也, 象冤曲垂尾形. 許偉切. 十五部. (4) 或飛二字依爾雅釋文補. (5) 嬴見衣部, 但也. 俗作嬴, 非. (6) 按以爲象, 言以爲象形也. 从虫之字, 多左形右聲, 左皆用虫爲象形也. 月令, 春, 其蟲鱗. 夏, 其蟲羽. 中央, 其蟲倮. 虎豹之屬. 恒淺毛也. 秋, 其蟲毛. 冬, 其蟲介. 許云或飛者, 羽也. 古虫蟲不分, 故以蟲諧聲之字多省作虫, 如融赨, 是也. 鱗介以虫爲形, 如螭虯蛤蚌, 是也. 飛者以虫爲形, 如蝙蝠, 是也. 毛嬴以虫爲形, 如蝯蜼, 是也.

---

19 제3편 下 '鬲'부 '融'자 說解 참조.

20 제10편 下 '赤'부 '赨'자 說解 참조.

21 이하 글자는 '虫'부 부속자 참조.

제13편 下

䖵 蟲 風 它 龜 黽

卵 二 土 垚 堇 里

田 畕 黃 男 力 劦

472. 䖵(곤)부

 蟲之總名也.(1) 从二虫.(2) 凡䖵之屬皆从䖵. 讀若昆.

'䖵'은 벌레의 총명이다. 두 개의 '虫(훼)'로 구성되었다. 䖵부에 속하는 한자는 모두 䖵의 의미를 따른다. '昆(곤)'자와 같이 발음한다.

(1) '蟲(충)'부에서 "발이 있는 것을 '蟲'이라 하고 발이 없는 것을 '豸(치)'라고 한다."라고 하였다.[1] 이것은 석언(析言)한 것이다. 혼언(渾言)하면 다리가 없는 것도 '蟲'이라고 한다. '虫'부에서 "혹은 걷고 혹은 날고 털이 있기도 하고 맨몸이기도 하고 껍질이 있기도 하고 비늘이 있기도 한데 모두 '虫'를 가지고 모양을 상형하였다."라고 하였다.[2] 따라서 '蟲'은 모두 '虫'로 구성되어 있으니 '虫'를 '蟲'이라고 발음할 수 있다. '벌레의 총명'을 '䖵'이라고 부르니 경전에서 '昆蟲(곤충)'이라고 한 것은 곧 "䖵蟲(곤충)"이다. '日(일)'부에서 "昆은 같다[同(동)]는 뜻이다."라고 하였다.[3] 《하소정(夏小正)》 "昆小蟲"의 전(傳)에서 "昆이란 많다[衆(중)]는 뜻이다. '䰟䰟(혼혼)'이라는 말과 같다. '䰟䰟'이란 움직인다[動(동)]는 뜻으로서 작은 벌레가 움직인다는 말이다."라고 하였다. 《예기(禮記)·월령(月令)》에 "昆蟲未蟄[곤충이 아직 깨어나지 않았다.]"이라고 한 구절에 대하여 정현(鄭玄)은 "昆은 밝다[明(명)]는 뜻이다."라고 하였다. 허신의 뜻은 《하소정》의 전(傳)에서 말한 뜻과 같다.

---

1 제13편 下 '蟲'부 說解 참조.

2 제13편 上 '虫'부 說解 참조.

3 제7편 上 '日'부 '昆'자 說解 참조.

(2) 두 개의 '虫'로 '䖵'을 만들고 세 개의 '虫'로 '蟲'을 만든다. '䖵'은 많다[昆]는 뜻이고 '蟲'은 무리가 된다[衆]는 뜻이다. '䖵'의 발음은 古(고)와 䖵(혼)의 반절이다. 13부에 속한다.

(1) 蟲下曰, 有足謂之蟲, 無足謂之豸. 析言之耳, 渾言之則無足亦蟲也. 虫下曰, 或行或飛, 或毛或蠃, 或介或鱗, 皆以虫爲象. 故蟲皆从虫, 而虫可讀爲蟲. 蟲之總名偁䖵. 凡經傳言昆蟲, 卽䖵蟲也. 日部曰, 昆, 同也. 夏小正昆小蟲傳曰, 昆者, 衆也, 猶䖵䖵也, 䖵䖵者, 動也. 小蟲動也. 月令, 昆蟲未蟄. 鄭曰, 昆, 明也. 許意與小正傳同. (2) 二虫爲䖵, 三虫爲蟲. 䖵之言昆也, 蟲之言衆也. 古䖵切. 十三部.

473. 蟲(충)부

有足謂之蟲, 無足謂之豸.(1) 从三虫.(2) 凡蟲之屬皆从蟲.

발이 있는 것을 '蟲'이라 하고 발이 없는 것을 '豸(치)'라고 한다. 세 개의 '虫(훼)로 구성되었다. 蟲부에 속하는 한자는 모두 蟲의 의미를 따른다.

(1) '혼언(渾言)'을 들어 '석언(析言)'을 포함하는 경우가 있고 '석언(析言)'을 들어 '혼언(渾言)'을 포함하는 경우가 있다. 여기에서는 '蟲'과 '豸'의 '석언(析言)'으로 '혼언(渾言)'을 포함한 것이다. '蟲'은 움직이는 모든 것을 부르는 말이다. 이전의 '虫'부에서 이미 상세히 설명하였다. 그래서 여기에서는 《이아(爾雅)·석충(釋蟲)》의 문장만을 인용하였다. '豸'는 등뼈가 긴 짐승이 느릿느릿 가는 모양으로 엿보아 죽이려는 모양을 상형한 글자다.[4] 본래 '豸'는 다리 달린 동물을 말하는 글자다. 그러나 대체로 蟲 가운데 다리가 없는 것은 가는 모양이 긴 등뼈로 느릿느릿 가는 것 같이 보이기 때문에 가차(假借)하여 '豸'라고 부르게 되었다. 지금 사람들은 속어(俗語)로 '蟲豸(충치)'라고 말한다. 《시(詩)》의 "溫隆蟲蟲[뜨거운 기운이 가득하네.]"이라고 한 구절의 <모전(毛傳)>에서 "날이 뜨거워져서 기운이 올

---

4 제9편 下 '豸'부 說解 참조.

라간 것이다.[蟲蟲而熱]"라고 하였다.[5] 내 생각에 여기에서의 '蟲蟲'은 '融融(융융)'의 가차일 것이다.[6] 《한시(韓詩)》에는 '烔(형)'으로 되어 있다.[7] 허신은 이 설을 취하지 않았다.

(2) 사람[人(인)]이 셋이면 '衆(중)'자가 되고[8] 벌레[虫]가 셋이면 '蟲'자가 된다. '蟲'은 많다[衆]는 뜻과 같다. '蟲'의 발음은 直(직)과 弓(궁)의 반절이다. 9부에 속한다.

(1) 有擧渾言以包析言者, 有擧析言以包渾言者. 此蟲豸析言以包渾言也. 蟲者, 蝡動之總名, 前文既詳之矣, 故衹引爾雅釋蟲之文. 豸者, 獸長脊行豸豸然欲有所伺殺形也. 本謂有足之蟲, 因凡蟲無足者其行但見長脊豸豸然, 故得叚借豸名. 今人俗語云蟲豸. 詩, 㴑隆蟲蟲. 毛傳曰, 蟲蟲而熱也. 按蟲蟲蓋融融之叚借. 韓詩作烔, 許所不取. (2) 人三爲衆, 虫三爲蟲. 蟲猶衆也. 直弓切. 九部.

474. 風(풍)부

 八風也. 東方曰𣈶庶風, 東南曰清𣈶風, 南方曰景風, 西南曰涼風, 西方曰閶闔風, 西北曰不周風, 北方曰廣莫風, 東北曰融風.(1) 从虫凡聲.(2) 風動蟲生. 故蟲八日而匕.(3) 凡風之屬皆从風.  古文風.

'風'은 팔풍(八風)을 말한다. 동쪽에서 부는 바람은 명서풍(𣈶庶風)이라 하고 동남쪽은 청명풍(清𣈶風)이라 하고 남쪽은 경풍(景風)이라 하고 서남쪽은 양풍(涼風)이라 하며, 서쪽은 창합풍(閶闔風)이라 하고 서북쪽은 부주풍(不周風)이라 하고 북쪽은 광막풍(廣莫風)이라 하고 동북쪽은 융풍(融風)이라 한다. '虫(훼)'로 구성되었고 '凡(범)'이 발음을 나타낸다. 바람이 불면 벌레가 생긴다. 그래서 벌레[蟲(충)]는 8일이면 변화한다. 風부에 속하는 한자는 모두 風의 의미를 따른다. '凬'은 風의 고문(古文)이다.

(1) 《예기(禮記)·악기(樂記)》에서 "八風從律而不姦[팔풍(八風)은 규율을 따르며 간사하게 굴

---

5 《詩·大雅·雲漢》의 <毛傳> 참조.

6 제3편 下 '鬲'부 '融'자 說解 참조.

7 《韓詩》는 《詩·大雅·雲漢》의 《釋文》에 인용되어 있다.

8 제8편 上 '㐺(음)'부 '衆'자 설해 참조.

지 않는다.]”라고 하였는데 정현(鄭玄)은 “八風이 정해진 규율을 따른다[從律(종율)]는 말은 절기에 맞추어 이른다는 말이다.”라고 하였다.[9] 《좌씨전(左氏傳)》에서는 “춤출 때는 팔음(八音)에 맞추어서 팔풍(八風)을 일으킨다.”라고 하였다. 복건(服虔)의 주석에서는 “(八風이란) ‘팔괘(八卦)’의 바람[風]이다. ‘건(乾)’괘의 소리는 돌 소리[石(석)]로 그 바람은 ‘부주(不周)’라고 한다. ‘감(坎)’괘의 소리는 가죽 소리[革(혁)]로 그 바람은 ‘광막(廣莫)’이라고 한다. ‘간(艮)’괘의 소리는 박 소리[匏(포)]로 그 바람은 ‘융(融)’이라고 한다. ‘진(震)’괘의 소리는 대나무 소리[竹(죽)]로 그 바람은 ‘명서(明庶)’라고 한다. ‘손(巽)’괘의 소리는 나무 소리[木(목)]로 그 바람은 ‘청명(淸明)’이라고 한다. ‘리(離)’괘의 소리는 실의 소리[絲(사)]로 그 바람은 ‘경(景)’이라고 한다. ‘곤(坤)’괘의 소리는 흙의 소리[土(토)]로서 그 바람은 ‘량(涼)’이라고 한다. ‘태(兌)’괘의 소리는 쇠의 소리[金(금)]로 그 바람은 ‘창합(閶闔)’이라고 한다.”라고 하였다.[10] 《역통괘험(易通卦驗)》[11]에서 “입춘(立春)에는 조풍(調風)이 오고, 춘분(春分)에는 명서풍(明庶風)이 오고, 입하(立夏)에는 청명풍(淸明風)이 오고 하지(夏至)에는 경풍(景風)이 오고, 입추(立秋)에는 량풍(涼風)이 오고 추분(秋分)에는 창합풍(閶闔風)이 오고 입동(立冬)에는 부주풍(不周風)이 오고 동지(冬至)에는 광막풍(廣莫風)이 온다.”라고 하였다. 《백호통(白虎通)》에서는 ‘조풍(調風)’이 ‘조풍(條風)’으로 되어 있으며 “條란 낳는다[生]는 뜻이다. 明庶는 무리를 맞는다는 뜻이다. 淸明은 까끄라기[芒(망)]라는 뜻이고 景이란 크다[大]는 뜻이니 양기(陽氣)가 자라난다는 뜻이다. 涼은 차다[寒(한)]는 뜻이다. 음기(陰氣)가 유행하기 시작한다. 閶闔이란 모두 거두어 보관한다[咸收藏(함수장)]는 말이다. 不周란 만나지 않는다[不交(불교)]는 뜻이니 아직 음양이 화합하지 않는다는 말이다. 廣莫란 큰 저녁[大莫(대모)]이다. 양기를 열어 주는 시간이다.”라고 하였다.[12] 내 생각에 ‘調風’·‘條風’·‘融風’은 같은 말인 것 같다. ‘八卦’·‘八節’·‘八方’에서 똑같이 연결되어 있기 때문이다. 단지 《통괘험(通卦驗)》은 ‘調風’에서 시작하였는데 허신은 ‘融風’에서 마친 것은 허신이 《역》의 팔괘에 의거해 ‘간(艮)’괘에서 차례를 끝마쳤기 때문이다. ‘艮’이란 만물이 끝을 맺고 시작을 이루는 곳이다. ‘바람[風]’의 쓰임[用]이 거대하므로 대체로 형태도 없이 이르는 것을 ‘風’이라 한다. <모시서(毛詩序)>에서 “風은 풍간한다[風]는 뜻이다. 가르친다[教(교)]는 뜻이다. 風으로써 움직이고 가르쳐서 변화시킨다.”라고 하였

---

9 《禮記·樂記》 鄭玄의 注 참조.

10 《左傳》 隱公 五年의 疏 참조.

11 《易通卦驗》은 《易》의 緯書 가운데 하나다.

12 《白虎通》 <八風>편 참조.

다.[13] 유희(劉熙)는 “風은 뜬다[氾(범)]는 뜻이다. 풀어 놓는다[放(방)]는 뜻이다.”라고 하였다.[14]

(2) ‘凡’의 고음은 扶(부)와 音(음)의 반절이다. ‘風’의 고음은 孚(부)와 音(음)의 반절이다. 7부에 속한다. ‘風’의 지금 발음은 方(방)과 戎(융)의 반절이다.

(3) 《운회(韻會)》에 의하면 (“風動蟲生, 故蟲八日而七.”의) 열 글자는 “从虫凡聲”의 아래에 있다.[15] 이 구절은 ‘風’이 ‘虫’자로 구성된 의미를 설명한 것이다. 《대대례기(大戴禮記)》와 《회남서(淮南書)》에서 모두 “이(二)와 구(九)는 십팔(十八)이 되고, 팔(八)은 바람[風]을 주로 하고 바람은 벌레[蟲]를 주로 한다. 그래서 벌레[蟲]가 ‘八’ 일이면 변하는 것이다.”라고 하였다.[16] 이는 ‘風’의 대수(大數)가 ‘八’에서 다하므로 ‘蟲’이 ‘八’ 일에 변화한다고 설명한 것이다. 그래서 ‘風’은 ‘虫’로 구성되었다.

(1) 樂記, 八風從律而不姦. 鄭曰, 八風從律, 應節至也. 左氏傳, 夫舞所以節八音而行八風. 服注, 八卦之風也, 乾音石, 其風不周. 坎音革, 其風廣莫. 艮音匏, 其風融. 震音竹, 其風明庶. 巽音木, 其風清明. 離音絲, 其風景. 坤音土, 其風涼. 兌音金, 其風閶闔. 易通卦驗曰, 立春, 調風至. 春分, 明庶風至. 立夏, 清明風至. 夏至, 景風至. 立秋, 涼風至. 秋分, 閶闔風至. 立冬, 不周風至. 冬至, 廣莫風至. 白虎通調風作條風. 條者, 生也. 明庶者, 迎衆也. 清明者, 芒也. 景者, 大也. 言陽氣長養也. 涼, 寒也, 陰氣行也. 閶闔者, 咸收藏也. 不周者, 不交也, 言陰陽未合和矣. 廣莫者, 大莫也, 開陽氣也. 按調風, 條風, 融風, 一也. 八卦, 八節, 八方, 一也. 通卦驗始於調風, 許終於融風者, 許依易八卦之次, 終於艮也. 艮者, 萬物之所以成終而成始也. 風之用大矣, 故凡無形而致者皆曰風. 詩序曰, 風, 風也, 教也, 風以動之, 教以化之. 劉熙曰, 風, 氾也. 放也. (2) 凡, 古音扶音切. 風, 古音孚音切. 在七部. 今音方戎切. (3) 依韻會此十字在从虫凡聲之下. 此說从虫之意也. 大戴禮淮南書皆曰, 二九十八, 八主風, 風主蟲, 故蟲八日化也. 謂風之大數盡於八, 故蟲八日而化. 故風之字从虫.

---

13 《詩・周南・關雎》의 毛序 참조.

14 《釋名・釋天》 참조.

15 《韻會》 平聲上 一 ‘東’운 참조.

16 《大戴禮記》 <易本命> 및 《淮南書》 <地形訓> 참조. 그런데 《淮南書》 <地形訓>에는 “…… 三九二十七, 七主星, 星主虎, 虎故七月而生, 二九十八, 八主風, 風主蟲, 蟲故八月而化.”이라 하여 ‘八日’이 아니라 ‘八月’로 되어 있다.

475. 它(타)[17]부

 虫也. 从虫而長. 象寃曲𡍮尾形.(1) 上古艸尻患它, 故相問無它乎.(2) 凡它之屬皆从它. 蛇 它或从虫.(3)

'它'는 벌레[虫(훼)]다. '虫'로 구성되었고 길다. 몸을 구부리고 꼬리를 내린 모양을 상형하였다. 상고(上古) 시대에는 풀 위에 살아서 뱀[它]을 두려워하였기 때문에 서로 "뱀은 없었는가?[無它乎]"라고 물었다. 它부에 속하는 한자는 모두 它의 의미를 따른다. '蛇'는 它의 혹자로서 '虫'로 구성되었다.

(1) '𡍮(수)'자가 각 판본에 '垂(수)'자로 되어 있는데[18] 지금 바로잡는다. '𡍮'란 초목의 꽃잎이 늘어졌다는 뜻이다.[19] 인신되어 모든 물건이 아래로 늘어진 것을 ('𡍮'라고) 부른다. '垂'는 가장자리[遠邊(원변)]라는 뜻이니[20] ('𡍮'자의) 의미가 아니다. "구부러졌다[冤曲(원곡)]"라고 한 것은 그 몸을 말한다. "꼬리가 늘어져있다.[𡍮尾(수미)]"라고 한 것은 그 끝의 꼬리를 말한다. '虫(虫)'는 누워 있는 모양을 상형한 글자이므로 꼬리가 구부러져 있고 짧다. '它(它)'는 상체는 굽어 있고 아래는 꼬리가 늘어져 있으므로 길다. 그래서 꼬리 구부린 것은 '虫'라고 하고 꼬리 늘어진 것은 '它'라고 한다. '它'와 '𡍮'는 고음이 같다. 《시(詩)》에서 "維虺維蛇, 女子之祥.[훼(虺)와 사(蛇)는 딸을 낳을 징조라네.]"라고 하였고[21] 《국어(國語)·오어(吳語)》에서 "훼(虺)였을 때 막지 못한다면 사(蛇)가 되면 그것을 어찌하리오.[爲虺弗摧, 爲蛇將若何.]"라고 하였다. 여기에서의 '虺'는 모두 '虫'의 가차(假借)자다. 누워 있는 것[虺]과 꼬리를 늘이고 있는 것[蛇]을 가리키는 말이다. 누워 있는 것은 비교적 제어하기 쉬우나 꼬리를 끌고 가는 것은 막기 어렵다. 그래서 "虺였을 때 막지 못한다면 蛇가 되면 그것을 어찌하리오.[爲虺弗摧, 爲蛇將若何.]"라고 말한 것이다. '它'의 발음은 託(탁)과 何(하)의 반절이다. 17부에 속한다. 지금 사람들은 '蛇(사)'자와 '它(타)'자를 다른 의미

17 '它'자는 '뱀'이라는 뜻일 때는 '사'로 발음한다. 그러나 뱀을 뜻하는 글자는 따로 '蛇'자를 만들었고 이 글자는 일반적으로 '타'라는 발음으로 통용되므로 여기에서는 '타'로 발음하겠다.

18 二徐本 참조.

19 제6편 下 '𡍮'부 說解 참조.

20 제13편 下 '土'부 '垂'자 說解 참조.

21 《詩·小雅·斯干》 참조.

와 다른 발음으로 읽는다. '蛇'의 발음은 食(식)과 遮(차)의 반절이다.

(2) '상고(上古)'는 신농(神農) 이전의 시대를 말한다. 서로 "뱀은 없었는가?[無它]"라고 물었다는 것은 후인들이 "별 탈이 없었는가?[不恙, 無恙.]"라고 말하는 것과 같다. 언어가 변하다 보니 "별고 없었는가?[無別故]"라는 말이 그에 상당한다. 이 '它'자는 혹은 '佗(타)'자를 빌어다 쓰기도 한다. 속자(俗字)로 '他(타)'로도 쓴다. 경전(經典)에서는 대부분 '它'를 '저것[彼(피)]'와 같은 말로 사용하였다. 허신은 이것으로 가차(假借)의 예를 설명한 것이다. 《시(詩)·고양(羔羊)》의 <모전(毛傳)>에서 "委蛇(위사)는 따라갈 수 있을 만큼 (어슬렁거리며 걷는 것이다.)"라고 하였는데[22] 역시 인신된 의미다.

(3) '它'의 전문(篆文)은 본래 '虫'의 전문을 길게 늘인 것일 뿐이다. 이 글자에 왼쪽 편에 '虫'를 더한 것은 속자(俗字)다.

(1) 𠂹各本作垂, 今正. 𠂹者, 艸木華葉𠂹也. 引申爲凡物下𠂹之偁. 垂者, 遠邊, 非其義. 冤曲者, 其體. 垂尾者, 其末. 象其臥形, 故詘尾而短. 象其上冤曲而下垂尾, 故長. 詘尾謂之虫. 垂尾謂之它. 它與𠂹古音同也. 詩, 維虺維蛇, 女子之祥. 吳語, 爲虺弗摧, 爲蛇將若何. 虺皆虫之叚借, 皆謂或臥或垂尾耳. 臥者較易制, 曳尾而行者難制, 故曰爲虺弗摧, 爲蛇將若何也. 託何切. 十七部. 今人蛇與它異義異音. 蛇, 食遮切. (2) 上古者, 謂神農以前也. 相問無它, 猶後人之不恙無恙也. 語言轉移, 則以無別故當之. 而其字或叚佗爲之, 又俗作他. 經典多作它, 猶言彼也. 許言此以說叚借之例. 羔羊傳曰, 委蛇, 行可從迹也. 亦引申之義也. (3) 它篆本以虫篆引長之而已. 乃又加虫左旁, 是俗字也.

476. 龜(귀)부

舊也.(1) 外骨內肉者也.(2) 从它. 龜頭與它頭同.(3) 天地之性, 廣肩無雄. 龜鼈之類, 目它爲雄.(4) 象足甲尾之形.(5) 凡龜之屬皆从龜. 古文龜.(6)

'龜'는 '오래되다'라는 뜻이다. 밖은 뼈이고 속은 살이다. '它(타)'로 구성되었다. 龜

22 《詩·召南·羔羊》의 <毛傳> 참조.

의 머리와 它의 머리는 (자형이) 같다. 자연의 생태[天地之性]에서 보면 어깨가 넓은 동물은 수컷이 없다. 거북이나 자라[龜鼈(귀별)] 종류는 뱀[它]을 수컷으로 삼는다. ‘□’은 발과 껍질, 꼬리의 모양을 상형하였다. 龜부에 속하는 한자는 모두 龜의 의미를 따른다. ‘□’는 龜의 고문(古文)이다.

(1) 이것은 (‘龜’자와) 운모가 같은 글자인 ‘舊(구)’자로 풀이한 것이다. “門(문)은 듣는다[聞(문)]는 뜻이다.”라고 하고, “戶(호)는 보호한다[護(호)]는 뜻이다.”[23]라고 한 예와 같은 것이다. ‘龜’의 고음(古音)은 ‘姬(희)’다. ‘鳩(구)’라는 발음도 있다. ‘舊’의 고음은 ‘臼(구)’다. 또 ‘忌(기)’라고 발음하기도 한다. ‘舊’는 본래 부엉이[鴟舊(치구)]류를 말하는 글자였으나[24] 가차되어 오래되었다[故舊(고구)]는 의미로 쓰게 되었으니 ‘久(구)’자의 의미와 같다. 유향(劉向)이 “시초[蓍(시)]는 늙었다[耆(기)]는 말이며 거북[龜]은 오래되었다[久]는 말이다. 거북은 천 년 동안 영험하고 시초는 백 년 동안 신험이 있으니 그 장구함으로 길흉(吉凶)을 가릴 수 있다.”[25]라고 하였는데 《백호통(白虎通)》의 말도 대략 같다.[26] ‘龜’ 가운데 큰 것을 ‘鼇(오)’라고 한다. (‘鼇’자에서 발음을 나타내는 부분인) ‘敖(오)’와 ‘久(구)’는 발음이 가깝다.

(2) (“外骨內肉者也”에서의) ‘外骨(외골)’이란 《주례(周禮)·고공기(考工記)·재인(梓人)》에 나오는 말이다.[27] 정현(鄭玄)은 “(그것은) 거북이와 같은 종류를 말한다.[龜屬]”라고 하였다.

(3) ‘黽(맹)’의 머리모양은 ‘它(타)’의 머리모양과 같고, ‘魚(어)’의 꼬리 모양은 ‘燕(연)’의 꼬리 모양과 같고, ‘兎(토)’의 머리모양은 ‘㲋(착)’의 머리모양과 같고, ‘㲋’의 다리와 ‘㲋(체)’의 다리와 ‘能(능)’의 다리모양은 ‘鹿(록)’의 다리와 같고, ‘虎(호)’의 다리는 ‘人(인)’의 다리와 같고, ‘兕(시)’의 머리와 ‘禽(금)’의 머리모양은 ‘离(리)’의 머리모양과 같다. 이것들은 모두 물건들의 형상이 비슷하여 글자를 만들 때 같은 모양으로 한 것이다. 이 구절은 ‘龜’가 ‘它’로 구성된 이유를 설명한 것이다.

(4) 《열자(列子)》에서 “암컷만 있는 것을 ‘大腰(대요)’라고 부르고 수컷만 있는 것을 ‘稺蜂(치봉)’이라고 부른다.”라고 하였는데 장담(張湛)의 주석에서 “大腰란 거북이·자라[龜鼈]의 종류에 해당된다.”라고 하였다.[28] ‘稺(치)’는 어리다[小(소)]는 뜻이다. 허신은 ‘蠣蠃(과라)’

23 제12편 上 ‘門’부 및 ‘戶’부 說解 참조.

24 제4편 上 ‘萑’부 ‘舊’자 說解 참조.

25 劉向의 말은 《禮記·曲禮》 上의 疏 참조.

26 《白虎通》 <蓍龜>편 참조.

27 《周禮·考工記·梓人》에 “外骨內骨, 卻行仄行, 連行紆行, …….”이라 하였다.

를 주석할 때에도 《열자》를 인용하였다.[29] 내 생각에 '它'를 수컷으로 삼게 되면 그 새끼는 '它子'가 되므로 그래서 '龜'가 '它'로 구성되었다고도 할 수 있을 것 같다. 이것은 '龜'가 '它'로 구성된 (이유를 설명하는) 또 하나의 설이다.

(5) "它로 구성되었다.[从它]"라는 구절은 (실제로는 龜자의 자형에서) '它'의 머리만 상형하였다는 뜻이다. (나머지 자형에서) 왼쪽은 다리를, 오른쪽은 등껍질을 상형하였고 끌고 있는 것은 꼬리의 모양을 상형한 것이다. '龜'의 발음은 居(거)와 追(추)의 반절이다. 고음 1부에 속한다. '基(기)'와 같이 발음한다. 지금은 음이 변하여 '鳩(구)'와 같이 발음한다.

(6) (고문은) 상형(象形)한 것이며 '它'로 구성되어 있지 않다.

(1) 此以疊韻爲訓, 門聞戶護之例. 龜古音姬, 亦音鳩. 舊古音臼, 亦音忌. 舊本鴟舊字, 叚借爲故舊, 卽久字也. 劉向曰, 蓍之言耆, 龜之言久, 龜千歲而靈, 蓍百年而神, 以其長久, 故能辨吉凶. 白虎通語略同. 龜之大者曰鼇, 敖與久音相近. (2) 外骨, 考工記梓人文. 鄭云, 龜屬. (3) 此如黽頭與它頭同, 魚尾與燕尾同, 免頭與㲋頭同. 㲋足彘足能足與鹿足同, 虎足與人足同, 兕頭與禽頭离頭同. 皆其物形相似, 故製字同之也. 此說从它之意也. (4) 列子曰, 純雌其名大萯, 純雄其名稺蜂. 張注, 大萯, 龜鼈之類也. 稺, 小也. 許注蠕蠃, 亦偁列子. 按以它爲雄, 則其子皆它子也, 故字从它, 此从它之又一說也. (5) 从它者, 象它頭而已. 左象足, 右象背甲, 曳者象尾. 居追切. 古音在一部. 讀如基. 音轉讀如鳩. (6) 象形而不从它.

477. 黽(맹)부

 鼃黽也.(1) 从它. 象形.(2) 黽頭與它頭同.(3) 凡黽之屬皆从黽.  籀文黽.(4)

'黽'은 두꺼비[鼃黽(와맹)]류다. '它(타)'로 구성되었다. (나머지 자형은) 상형한 것이다. 黽의 머리모양은 '它'의 머리모양과 같다. 黽부에 속하는 한자는 모두 黽의 의미

---

28 《列子 · 天瑞》편 "純雌其名大萯, 純雄其名稺蜂."의 張湛의 注 참조.

29 제13편 下 '虫'부 '蠕'자에 "蠕, 蠕蠃, ……天地之性細要純雄無子. …….."라고 하였다. 《列子 · 天瑞》에는 "純雌其名大萯, 純雄其名稺蜂."이라고 되어 있다.

를 따른다. '[illegible]'은 黽의 주문이다.

(1) 《주례(周禮)·괵씨(蟈氏)》에서 "두꺼비[鼃黽(와맹)]를 잡아 없애는 일을 주관한다.[掌去鼃黽]"라고 하였는데 정중(鄭衆)(司農)은 이에 대하여 다음과 같이 말하였다. "蟈(괵)은 蝦蟇(하마)다. 《예기(禮記)·월령(月令)》에는 '螻蟈(루괵)이 운다.'라고 하였다.30 '鼃黽(와맹)'은 '蝦蟇(하마)'에 속한다. 혹은 '蝦蟇를 잡아 없애는 일을 주관한다.[掌去蝦蟇]'라고 쓰여 있는 책도 있다."31 정현(鄭玄)은 "'蟈'은 임금께 잡아서 바치던 식용 개구리다. 제노(齊魯)지방에서는 '개구리[鼃(와)]'를 '蟈(괵)'이라고 부르고 '두꺼비[黽(맹)]'를 '耿黽(경맹)'이라고 부른다. '蟈'과 '耿黽'은 대단히 세차게 울어서 사람의 귀를 너무 시끄럽게 하므로 없애려는 것이다."라고 하였다.32

내 생각에는 '蛙(와)'자가 곧 '鼃(와)'자인 것 같다. 정중(鄭衆)의 설에 의하면 '鼃'나 '黽'은 두 글자가 같은 것을 나타낸다. 그러나 정현(鄭玄)의 설에 의하면 '鼃'는 '蟈'과 같은 것이고 '黽'은 '耿黽'이라고 하여 서로 다르다. 허신이 '黽'자에서 "鼃黽이다."라고 한 것을 보면 마치 정중의 설과 유사한 듯하다. 그러나 구별해야 할 것이 있다. 허신이 두 글자를 합하여 동일한 사물을 나타내려고 하였다면 '黽'자의 전문에서는 "鼃黽, 蝦蟆."라고 말해야 하고 '鼃'자의 전문에서는 "鼃黽"라고 말해야만 전체 책의 예에 맞는다. 그런데 '蝦蟆'는 '虫(훼)'부에 들어 있고,33 여기 '黽'부에서는 단지 '鼃'의 전문만을 들고서 "蝦蟆"라고 풀이하였으며34 '黽'의 전문 아래서는 "鼃黽"라고 풀이하였다. 이는 허신의 의도가 '鼃黽(와맹)'과 '鼃(와)'가 서로 다른 것임을 밝히려는 데에 있기 때문이었다. 대체로 두 글자로 된 이름 중에서 그중의 한 글자가 (그 이름이 아닌) 다른 사물과 같을 경우 (두 글자로 의미하는 사물이 한 글자로 의미하는) 다른 사물과 혼란되어서는 안 된다. 그러므로 '鼃黽'이 곧 '鼃'를 의미하는 것은 아니라는 것을 알 수 있다. 허신이 말하는 '鼃黽'은 곧 정현이 말한 '耿黽(경맹)'이다. '鼃'의 고음은 '圭(규)'이니 '耿'자와 성모가 같다. 그래서 같은 글자가 되었다. 함께 부를 때는 '鼃黽'·'耿黽'이지만 따로 부를 때에는 '黽'이라고 한다. 《이아(爾雅)》에서는 "鼀鼁(거추)는 두꺼비[蟾蠩(섬저)]다. 물에서 사는 것은 黽이다."라고 하였다.35 이것은 '두꺼비[詹諸]'의 일종으로 물속에 사는 것과는 구별한 것이다. 허신과 정

---

30 《禮記·月令》에 "螻蟈鳴, 蚯蚓出, 王瓜生, 苦菜秀."라고 하였다.

31 《周禮·秋官·序官》 '蟈氏'에 대한 鄭司農의 注 참조.

32 《周禮·秋官·蟈氏》의 "掌去鼃黽, 焚牡蘜以灰洒之則死. 以其煙被之, 則凡水蟲無聲." 鄭玄의 注 참조.

33 제13편 上 '虫'부 部屬字 참조.

34 제13편 下 '黽'부 部屬字 참조.

현이 '鼃'라고만 부른 것은 《본초(本艸)》에서 말하는 '鼃'로 일명 '長股(장고)'라고도 불리는 것이다.[36] 도씨(陶氏)는 "속명(俗名)으로 '土鴨(토압)'이라고도 한다. 남인(南人)은 '蛤子(합자)'라고도 부르는데 잘 운다."라고 하였고 구종석(寇宗奭)은 "그 색이 푸르고 배가 가늘며 뒷다리가 길다. 뛰기를 잘하고 소리가 큰 것을 '蛙'라 하고 소리가 작은 것을 '蛤'이라 한다."라고 하였다.[37] 이것은 '鼃'와 '鼃黽'을 구별한 것이다. 모두 물속에 살면서 시끄럽게 울기 때문에 《주례》에서 관직을 두어 그것들을 잡게 하였다. '黽'은 가차되어 '힘쓴다[黽勉(민면)]'는 의미로 쓰인다.

(2) ("从它. 象形."이라는 말은) '黽'이 '它'로 구성되어[从它] 머리모양을 상형하였고 아래는 큰 배의 모양을 상형하였다는 말이다. '黽'의 발음은 莫(막)과 杏(행)의 반절이다. 고음 10부에 속한다. '芒(망)'과 같이 발음한다.

(3) (이 구절은) 머리 모양에 대한 설명이므로 나머지 자형은 배의 모양을 상형한 것임을 알 수 있다. '두꺼비[黽]'는 본래 꼬리가 없다. 그러므로 《풍속통(風俗通)》에서 蝦蟇를 설명하면서 "꼬리를 조용히 흔든다."[38]라고 한 것은 '夏馬(하마)'라고 써야 하는 글자가 잘못된 것이다.

(4) 고문은 머리와 배의 모양만을 상형하였는데 주문(籒文)은 긴 다리로 잘 뛰어오르는 모양을 상형하였다.

(1) 周禮蟈氏, 掌去鼃黽. 鄭司農云, 蟈, 蝦蟇也. 月令曰, 螻蟈鳴. 鼃黽, 蝦蟇屬. 書或爲掌去蝦蟇. 玄謂蟈, 今御所食蛙也. 齊魯之閒謂鼃爲蟈. 黽, 耿黽也. 蟈與耿黽尤怒鳴, 爲聒人耳, 故去之. 按蛙卽鼃字. 依大鄭說則鼃黽二字爲一物. 依後鄭說則鼃卽蟈, 爲一物, 黽乃耿黽, 爲一物. 依許黽下曰鼃黽也, 似同大鄭說, 然有當辯者. 許果合二字爲一物, 則黽篆下當云鼃黽蝦蟆也, 鼃下云鼃黽也, 乃合全書之例. 而蝦蟆篆居虫部, 此則單擧鼃篆, 釋曰蝦蟆, 黽篆下則曰鼃黽也. 是許意鼃黽爲一物, 鼃爲一物. 凡兩字爲名一字與他物同者, 不可與他物牽混, 知鼃黽非鼃也. 許之鼃黽卽鄭之耿黽. 鼃古音圭, 與耿雙聲, 故得爲一字. 絫評曰鼃黽, 耿黽. 單評曰黽. 爾雅, 鼁䵷, 蟾蠩, 在水者黽. 是則詹諸之類, 而以在水中爲別也. 許鄭之單言鼃, 卽本艸所謂鼃, 一名長股. 陶云俗名土鴨, 南人名蛤子善鳴者. 寇宗奭曰, 其色靑, 腹細, 後脚長, 善躍, 大其聲曰蛙, 小其聲曰蛤. 此鼃與鼃黽之別, 皆在水中而善

35 《爾雅·釋魚》 참조.

36 《本艸》 '蟲'부 下品 참조.

37 寇宗奭의 《本艸衍義》 참조.

38 《藝文類聚》 九十三에 인용되어 있음.

鳴, 故周禮設官去之. 黽之叚借爲黽勉. (2) 謂从它象其頭, 下象其大腹也. 莫杏切. 古音在十部. 讀如芒. (3) 言頭而餘爲腹可知矣. 黽本無尾, 故風俗通辯蝦蟇掉尾肅肅, 乃夏馬之字誤. (4) 古文衹象其頭腹, 籒文又象其長足善跳.

478. 卵(란)부

 凡物無乳者卵生.(1) 象形.(2) 凡卵之屬皆从卵. 卝 古文卵.(3)

모든 동물 중에서 젖이 없는 것이 '卵生(난생)'이다. 상형(象形)이다. 卵부에 속하는 한자는 모두 卵의 의미를 따른다. '卝'은 卵의 고문이다.

(1) '乙(을)'부에서 "사람과 새가 새끼를 낳는 것을 '乳(유)'라고 하고 짐승[獸(수)]들이 새끼 낳는 것은 '產(산)'이라고 한다.[人及鳥生子曰乳, 獸曰產.]"[39]라고 하였다. 그런데 여기에서는 "모든 동물 중에서 젖이 없는 것이 '卵生'이다.[凡物無乳者卵生]"라고 하였다. 내 생각에 여기에서 말하는 '乳'자와 '乙'부에서 말하는 '乳'자는 의미가 조금 다른 것 같다. 여기에서의 '乳'는 '젖[乳汁(유즙)]'이라는 뜻이다. 오직 사람과 네 발 달린 짐승만이 그것을 가지고 있다. 그래서 그 새끼를 '胎生(태생)'이라고 한다. '날개 달린 짐승[羽蟲(우충)]', '비늘 달린 짐승[鱗蟲(린충)]', '두꺼운 껍질을 가진 짐승[介蟲(개충)]' 및 모든 '곤충(昆蟲)'에게는 모두 젖이 없다. 그 새끼는 '卵生(난생)'이라고 한다. 따라서 (허신은) "모든 동물 가운데에서 젖이 없는 것을 卵生이라고 한다."라고 한 것이다. 그렇다면 왜 ('乙'부에서는) "사람과 새가 새끼를 낳는 것을 '乳'라고 하고 짐승[獸]들이 새끼 낳는 것은 '產'이라고 한다."라고 하였는가? 여기서의 '乳'자는 안아 주다[抱(포)]나 따뜻하게 품어 준다[嫗(구)]는 뜻이다. 《방언(方言)》에서는 "북연(北燕)·조선(朝鮮)·열수(洌水) 지방에서는 '알 속에 엎드려 있는 닭의 새끼[伏雞(복계)]'를 '抱(포)'라고 한다. '이제 막 알의 껍질을 까고 나온 새끼[爵子(작자)·雞雛(계추)]는 모두 '鷇(구)'라고 한다. 그 알 속에 엎드려 있으면서 아직 알을 까고 나오지 않다가 비로소 부화하게 되면 그것을 '涅(열)'이라 한다."라고 하였

39 제12편 上 '乙'부 '乳'자 說解 참조.

다.[40] 정현(鄭玄)은 《예기(禮記)·악기(樂記)》에 주석하기를, "몸으로 품어 주는 것이 '嫗(구)'다. 오직 새는 알에 엎디어 그것을 안아 감싸고 알이 깬 이후에는 먹여서 기르니 마치 사람이 그 자식을 안아서 기르는 것과 같다. 짐승들이 새끼를 애써 돌보는 것이 그것에는 못 미친다. 그러므로 새가 새끼를 낳아 기르는 것이 사람과 함께 이야기된다."라고 하였다.

'乳[품어서 기른다]'의 뜻은 실은 '젖'이란 뜻에서 인신된 것이다. 허신이 '乙'을 새[鳥]와 연결시켜 해설하느라고 '乳'자를 풀이하면서 사람[人]과 새[鳥]를 함께 언급한 것이다. '子(자)'부에서는 "穀(누)는 젖[乳]이라는 뜻이다."라고 하였으니 여기서는 '젖'이란 뜻의 '乳'자로 쓰인 것이다. '字(자)'자나[41] '孺(유)'자에서는 모두 "젖먹이 새끼[乳子]"라고 하였으니[42] 여기에서는 '젖을 먹인다'는 뜻의 '乳'자다. 여기 '卵'부에서 말하는 "젖이 없는 것을 卵生이라 한다.[無乳者卵生]"라고 할 때의 '乳'자도 '젖'을 가리키는 말이다.

(2) ("상형(象形)이다."라는 것은) 위 부수인 '黽(맹)'을 이어서 (배의) 모양을 상형하였다는 말이다. 알이 아직 나오기 전에는 배가 크다. '卵'은 음양(陰陽)이 모인 곳이고 천지(天地)가 섞인 곳이다. 그래서 나누어지면서 합해지는 모양을 상형하였다. '卵'의 발음은 盧(로)와 管(관)의 반절이다. 14부에 속한다. '糸(멱)'부의 '綰(관)'자에서 "雞卵(계란)의 ('卵'자와) 같이 발음한다."[43]라고 하였으니 옛날에 '卵'자는 '管'자와 같은 발음이었을 것이다.

(3) (고문 자형[卝]이) 각 판본에는 없다. 지금 《오경문자(五經文字)》와 《구경자양(九經字樣)》에 의해 보충한다.[44] 《오경문자》에서 "'卝(관)'은 古(고)와 患(환)의 반절로 발음한다. (이 글자는) 《시(詩)·국풍(國風)》에서 보이고 《자림(字林)》에는 보이지 않는다. 또 古(고)와 猛(맹)의 반절로도 발음한다. 《주례(周禮)》에 보인다. 《설문》에서는 '卵'의 고자(古字)라고 여겼다."라고 하였다. 《구경자양》에서는 "《설문》에 '卝'으로 쓰여 있는데 예서로 변할 때 '卵'자가 되었다."라고 하였다. 이것으로 보아 당본(唐本)《설문》에는 이 '卝'자가 있었음을 의심할 수 없다. 그러나 장참(張參)이 (《오경문자》에서) 《설문》을 인용하면서 "('卝'이) '卵'의 고문(古文)이다."라고 해 놓고 이 글자를 빠버렸다는 것은 잘 이해되지 않는다. 아마도 장참(張參)의 의도는 '𡖈'과 '卵'에 대하여 마땅히 위의 것은 《설문》의 자형이고 아래의 것은 예서로 변화된 (자형이라고) 해야 하는데 위의 글자('𡖈')가 잘못하여 중문(重文)의 고문 자형('卝')으로 제시되어 있다고 여긴 것 같다. 그것은 옳지 않다. 그러나 그것

40 《方言》 八 참조.
41 제14편 下 '子'부 '字'자 說解: 字, 乳也.
42 제14편 下 '子'부 '孺'자 說解 참조.
43 제13편 上 '糸'부 '綰'자 說解 참조.
44 《五經文字》 '丫'부 및 《九經字樣》 <雜辨部> 참조.

이 바로 당대(唐代)의 《설문》에는 '卝'자가 있었다는 증거가 된다. 《한간(汗簡)》에서는 '卝'을 '卵'의 고문으로 여기고 있다.[45] '凬'을 '風(풍)'자의 고문으로 보고, '𪚦'를 '龜(귀)'자의 고문으로 보는 것은 모두 이 책에 근거한 것이므로 곽씨(郭氏)가 본 《설문》이 그때까지는 완전한 형태였을 것이다.

'卵'의 고음은 '管(관)'자와 같이 발음한다. 인신되어 《예기(禮記)·내칙(內則)》의 "濡魚卵醬[물고기를 삶을 때 '卵醬'을 넣는다.]"라는 구절에 대하여 정현(鄭玄)은 "卵은 '鯤(곤)'으로 읽어야 하며 '鯤'은 물고기 알[魚子(어자)]이다. 혹은 '擱(관)'으로도 쓴다."라고 하였다.[46] 위소(韋昭)가 《국어(國語)·노어(魯語)》를 주석하면서도 "鯤은 물고기 새끼[魚子]이다."라고 하였다.[47] 《예기·내칙》에서 말하는 '魚子'는 아직 나지 않은 (알을) 말하고 《국어·노어》에서 말하는 '魚子'는 이미 태어난 새끼를 말하나 그 의미는 같다. 또 인신되어 《시(詩)》의 "總角卝兮[어린 떠꺼머리총각]"이라고 할 때의 '卝'자가 되었다. <모전(毛傳)>에서 "卝은 어리다[幼穉(유치)]는 뜻이다."라고 하였으니[48] 이것은 뱃속에서 나온 지 오래지 않았다는 뜻이므로 그런 호칭을 얻게 되었다. 마치 물고기가 아직 나오지 않은 것, 이미 나온 것을 모두 '鯤'이라고 부르는 것과 같다.

또 인신되어 쓰이는 것으로는 《주례(周禮)》의 <관인(卝人)>이 있다. 정현(鄭玄)은 "卝은 쇳돌[礦(광)]이라는 말이다. 쇠나 옥이 아직 제 모양[器]이 되지 않은 것을 '卝'이라고 한다.[卝之言礦也. 金玉未成器曰卝.]"라고 하였다.[49] 여기에서는 쇠나 옥의 바탕 돌이 땅속에 저장되어 정기가 밖으로 보이는 것을 말한다. 마치 알이 뱃속에 있는 것과 같은 모양이라는 뜻이다. 대체로 한대(漢代)의 주석에서 "之言(지언)"이라 한 것은 전주(轉注)나 가차(假借)의 쓰임을 말한다. 즉 '礦'으로 '卝'을 풀이한 것은 '卝'이 '礦'의 고문(古文)이라고 말한 적도 없고 '卝'을 '礦'과 같이 발음한다고 말한 적도 없었지만 그 두 글자가 성모가 같기 때문에 그런 의미를 얻은 것일 뿐이다. '卝'은 실제로 '管'자와 같이 발음하거나, '關(관)'자와 같이 발음한다. 유창종(劉昌宗)·서선민(徐仙民) 등이 "侯(후)와 孟(맹)의 반절, 虢(괵)과 猛(맹)의 반절로 발음하고 곧 '礦'자와 같다."라고 말한 뒤로는 마침내 (올바른) 주석의 의미를 상실했다. 게다가 후에 잘 모르는 사람들이 감히 《설문》의 '礦'자의 전문 뒤에 "卝은 '礦'의 고문(古文)이다."라고 더해 놓았다. 《주례》에 <관인(卝人)>이 있었기 때문

45 郭忠恕의 《汗簡》 참조.
46 《禮記·內則》 鄭玄의 注 참조.
47 《國語·魯語》 上 "魚禁鯤鮞"의 注 참조.
48 《詩·齊風·甫田》의 <毛傳> 참조.
49 《周禮·地官·序官》의 鄭玄의 注 참조.

이었다. (그러나 그렇게 되자 《설문》에서) ‘卵’의 전문 뒤에 있던 “卝은 卵의 고문(古文)이다.”라는 말을 제거하지 않을 수 없게 되었다. 이것은 난대(蘭臺)의 칠서(桼書)를 고쳐서 사사로이 합친 것이고[50] 경(經)을 속이고 허신을 속여 천하를 이끌어 육서(六書)를 어지럽힌 것이 된다. 어찌 말을 깨뜨리고 율(律)을 어겨 이름을 혼란시키고 바꾸어 버린 죄를 받지 않을 수 있겠는가? ‘𢇍(관)’자는 ‘卝’이 성부이며 ‘關(관)’자는 ‘𢇍’이 성부다. 허신의 형성(形聲)자 설명은 이토록 조리가 정연하다.

(1) 乙部曰, 人及鳥生子曰乳, 獸曰産. 此云凡物無乳者卵生. 按此乳字與乙部乳字義少異. 此乳謂乳汁也. 惟人及四足之獸有之, 故其子胎生. 羽蟲, 鱗蟲, 介蟲及一切昆蟲, 皆無乳汁. 其子卵生, 故曰凡物無乳者卵生. 然則何以言人及鳥生曰乳, 獸曰産也. 此乳猶抱也, 嫗也. 方言, 北燕朝鮮洌水之間, 謂伏鷄曰抱. 爵子及鷄雛, 皆謂之㲉. 其卵伏而未孚, 始化謂之涅. 鄭注樂記曰, 以體曰嫗. 惟鳥於卵伏之抱之, 旣孚而或生哺之, 有似人之抱哺其子. 凡獸之恩勤遜於是, 故以鳥之將子與人竝言. 乳實乳汁之義之引申. 許泥乙爲鳥, 故訓乳曰人及鳥也. 子部曰, 㝅, 乳也. 此乳汁之乳. 字及孺皆曰乳子也, 此乳哺之乳. 此云無乳者卵生, 亦指謂乳汁也. (2) 此冡上黽象形言之. 卵未生則腹大. 卵陰陽所合, 天地之襍也, 故象其分合之形. 盧管切. 十四部. 糸部綰下云, 讀若鷄卵. 蓋古卵讀如管也. (3) 各本無, 今依五經文字九經字樣補. 五經文字曰, 卝, 古患反, 見詩風, 字林不見, 又古猛反, 見周禮, 說文以爲古卵字. 九經字樣曰, 說文作卝, 隸變作卵. 是唐本說文有此無疑. 但張引說文古文卵, 刪去文字未安. 張之意當云卝卵, 上說文, 下隸變, 乃上字誤擧其重文之古文, 非是. 然正可以證唐時說文之有卝. 汗簡以卝爲古文卵字. 與凬爲古文風, 𡆻爲古文龜皆據本書, 郭氏所見說文尙完好也. 卵之古音讀如管. 引申之, 內則, 濡魚卵醬. 鄭曰, 卵讀爲鯤, 鯤, 魚子也, 或作攔. 韋注國語亦云, 鯤, 魚子也. 內則之魚子, 言其未生者, 魯語之魚子, 言其已生者, 其意一也. 又引申之, 爲詩總角卝丫之卝. 毛傳曰, 卝, 幼穉也. 此謂出腹未久, 故仍得此偁, 如魚之未生已生皆得曰鯤也. 又引申之, 周禮有卝人. 鄭曰, 卝之言礦也, 金玉未成器曰卝. 此謂金玉錫石之樸韞於地中, 而精神見於外, 如卵之在腹中也. 凡漢注云之言者, 皆謂其轉注叚借之用. 以礦釋卝, 未嘗曰卝古文礦, 亦未嘗曰卝讀爲礦也, 自其雙聲以得其義而已. 卝固讀如管, 讀如關也. 自劉昌宗徐仙民, 讀侯猛虢猛反, 謂卽礦字, 遂失注意. 而後有妄人敢於說文礦篆後益之曰, 卝, 古文礦. 周禮有卝人, 則不得不敢於卵篆後徑刪卝古文卵, 是猶改蘭臺桼書以合其私. 其誣經誣許, 率天下而昧於六書, 不當膺析言破律, 亂名改作之誅哉. 𢇍从

50 ‘蘭臺’는 漢代에 궁중에서 책을 보관하던 곳이다. 후에는 전적을 교정하거나 문서를 총관리하는 기관으로 발전하였다. ‘桼書’는 漆書다. 옛날에 옻칠로 대쪽에 글씨를 쓴 것을 말한다. 《後漢書·儒林傳序》에 다음과 같이 말하였다. “亦有私行金貨, 定蘭臺桼書經字, 以合其私文.”

卄聲, 閞从𢍏聲, 許說形聲井井有條如是.

479. 二(이)부

二 地之數也.(1) 从耦一.(2) 凡二之屬皆从二. 弍 古文二.

'二'는 땅의 수다. '一(일)'을 나란히 한 모습으로 구성되었다. 二부에 속하는 한자는 모두 二의 의미를 따른다. '弍'는 二의 고문이다.

(1) 《역(易)》에서 "하늘은 '一'이고 땅은 '二'다. 애초에 태시(太始)가 있어서 도(道)는 '一'에서 선다.51 '一'이 있은 후에 '二'가 있다. 원기(元气)가 처음 나누어져 가볍고 맑은 것은 양(昜)으로 하늘[天]이 되고 무겁고 흐린 것은 음(侌)으로 땅[地]이 되었다."라고 하였다.52

(2) ("从耦一"의) '耦(우)'자가 각 판본에 '偶(우)'자로 되어 있는데53 잘못이다. 지금 바로잡는다. '偶'란 허수아비[桐人(동인)]라는 뜻이다.54 우연하다[偶爾(우이)]라는 뜻으로 이 글자를 사용한다. '耦'란 두 사람이 나란히 밭을 가는 것을 말한다. 그래서 홀과 짝[奇耦(기우)]이라는 뜻의 글자는 이 '耦'자를 쓴다. 고서(古書)에서는 혹 구애받지 않고 (두 글자를 섞어 쓰는 경우가 있지만) 허신은 반드시 그 처음의 의미를 따른다. 대서본(大徐本)에는 '一'자가 없다.55 잘못이다. "耦一(우일)"이란 '一'을 (나란히 하여) 둘로 만든다는 말이다. '二'자의 두 획은 위 아래로 똑같은 길이여야 하는데 지금 사람들이 위는 짧고 아래는 길게 하니 그렇게 되면 곧 '上'의 고문(古文) 자형처럼 되어 버린다.56 '三'의 전문도 세 획이 모두 같은 길이여야 한다. '二'의 발음은 而(이)와 至(지)의 반절이다. 15부에 속한다.

(1) 易曰, 天一地二, 惟初大始, 道立於一. 有一而後有二. 元气初分, 輕淸昜爲天, 重濁侌爲地. (2)

---

51 제1편 上 '一'부 說解 참조.
52 《易・繫辭傳》上 참조.
53 二徐本 참조.
54 제8편 上 '人'부 '偶'자 說解 참조.
55 徐鉉本 참조.
56 제1편 上 '上'부 篆文과 段注 참조.

耦各本作偶, 誤, 今正. 偶者, 桐人也. 凡云偶爾用之, 耦者, 二人竝耕之偁. 故凡奇耦字用之. 古書或不拘, 許必從其朔也. 大徐本無一字, 非. 耦一者, 兩其一也. 兩畫當均長, 今人上短下長便是古文上字. 三篆亦三畫均長. 而至切. 十五部.

480. 土(토)부

土 地之吐生萬物者也.(1) 二, 象地之上地之中.(2) 丨, 物出形也.(3) 凡土之屬皆从土.

'土'는 땅이 만물을 토해 내는 것이다. '二(이)'는 땅 위와 땅 속의 모양을 상형한 것이다. '丨(신)'은 사물이 나오는 모양이다. 土부에 속하는 한자는 모두 土의 의미를 따른다.

(1) '吐(토)'자와 '土(토)'자는 운모가 같다. 《석명(釋名)》에 "土는 吐다. 만물을 토한다."라고 하였다.[57]

(2) ("二, 象地之上地之中."의) '上(상)'자가 각 판본에는 '下(하)'자로 잘못되었다.[58] 지금 《운회(韻會)》에 의하여 바로잡는다.[59] '땅의 위[地之上]'란 고른 흙 표면이다. '土(토)'의 두 개의 가로획[二]의 길이는 같아야 한다. '士(사)'자는 위는 '十'자이고 아래는 '一'자다. 따라서 ('士'자에서는) 위의 '十'자의 가로획과 세로획의 길이가 같아야 하고 아래의 가로획은 임의대로 해도 좋다. 지금 세속에서는 아래 획이 긴 것은 '土(토)'자이고 아래 획이 짧은 것은 '士(사)'자라고 하는데 절대로 그런 이치가 아니다.

(3) 여기에서 말하는 '丨(신)'자는 위로 끌어 올려 써야 하므로 '囟(신)'과 같이 발음한다. ('土'는 '二'와 '丨'의) 두 글자의 상형(象形)을 합쳐 만든 회의(會意)자다. '土'의 발음은 它(타)와 魯(노)의 반절이다. 《광운(廣韻)》에서는 《문자지귀(文字指歸)》를 인용하여 말하기를 "('土'에는) 점이 없다."라고 하였다.[60] 나의 생각에 아마도 《문자지귀》에서는 점이 없는

57 《釋名·釋地》 참조.

58 二徐本 참조.

59 《韻會》 上聲 七 '麌'운 참조.

('土'자는) 它와 魯의 반절로 발음하고, 점이 있는 ('圡'자는) 徒(도)와 古(고)의 반절로 발음하였던 것 같다. (점이 있는 '圡'자는) "땅에 주인이 있다."라는 뜻이다. 석씨(釋氏) 책에서 "國土(국토)의 ('土'자는) 반드시 '杜(두)'자와 같이 발음한다."라고 한 것이 그렇게 발음한 예다. 5부에 속한다.

(1) 吐土疊韻. 釋名曰, 土, 吐也. 吐萬物也. (2) 上各本作下, 誤, 今依韻會正. 地之上, 謂平土面者也. 土二橫當齊長. 士字則上十下一, 上橫直之長相等, 而下橫可隨意. 今俗以下長爲土字, 下短爲士字, 絶無理. (3) 此所謂引而上行讀若囟也. 合二字象形爲會意. 它魯切. 廣韻引文字指歸曰, 無點. 按文字指歸, 蓋以無點者, 它魯切, 有點者, 徒古切, 田地主也. 釋氏書國土必讀如杜, 是也. 五部.

481. 垚(요)부

垚 土高皃.(1) 从三土.(2) 凡垚之屬皆从垚.

'垚'는 땅이 높은 모양이다. 세 개의 '土(토)'로 구성되었다. 垚부에 속하는 한자는 모두 垚의 의미를 따른다.

(1) (이 구절 "土高皃"는) 《운회(韻會)》에서 근거한 판본에 따른다. 그것이 《광운(廣韻)》과도 합치된다.61

(2) 회의(會意)자다. '垚'의 발음은 吾(오)와 聊(료)의 반절이다. 2부에 속한다.

(1) 依韻會所據本, 與廣韻合. (2) 會意. 吾聊切. 二部.

60 《廣韻》 上聲 十 '姥'부 참조.

61 이 구절이 大徐本에는 "土高也"로 되어 있다. 《韻會》 平聲下 二 '蕭'운 및 《廣韻》 下平聲 三 '蕭'운 참조.

482. 堇(근)부

 黏土也.(1) 从黃省从土.(2) 凡堇之屬皆从堇. 𡎸 古文堇.(3) 𡏳 亦古文.(4)

'堇'은 찰흙이다. '黃(황)'의 생략형과 '土(토)'로 구성되었다. 堇부에 속하는 한자는 모두 堇의 의미를 따른다. '𡎸'은 堇의 고문(古文)이다. '𡏳'도 고문이다.

(1) 《예기(禮記)·내칙(內則)》에서 "바를 때는 찰흙으로 바른다.[塗之以謹塗]"라고 하였는데 정현(鄭玄)이 "謹(근)자는 墐(근)자로 써야 한다. 발음 때문에 잘못된 것이다. '墐塗(근도)'란 바를 때에 볏짚[穰草(양초)]이 섞여 있는 것이다."라고 하였다.[62] 내 생각에는 정현(鄭玄)의 주석에서 말하는 '墐(근)'자는 '堇'자가 되어야 한다. 옮겨 쓰는 이가 잘못하여 '土(토)' 편방을 더한 것이다. 《옥편(玉篇)》에서는 《예기》를 인용하면서 "堇涂(근도)"라고 하였으니[63] 고야왕(顧野王)(希馮)의 시대에는 틀리지 않았던 것 같다. 정현은 흙에 볏집이 섞인 것을 '堇'이라고 한다고 하였고, 허신은 그렇게 말하지 않았을 뿐이다. 일반적으로 ('堇'은) 점성이 있는 흙이라는 뜻이며 '埴(식)'자와 글자는 달라도 의미는 같다.

(2) '堇'이 '黃'으로 구성되는 이유는 황토에 점성이 많기 때문이다. 회의(會意)자다. '堇'의 발음은 巨(거)와 斤(근)의 반절이다. 13부에 속한다. 서선민(徐仙民)·《옥편(玉篇)》·《광운(廣韻)》에 모두 "居(거)와 隱(은)의 반절이다."라고 되어 있다.[64]

(3) 고문은 생략되지 않은 자형의 '黃'으로 구성되었다.

(4) 이 글자의 전문[𡎸]은 각 판본에 모두 잘못되었다.[65] 지금 '難(난)'자 고문의 형성(形聲) 편방으로 쓰인 것('艱'·'囏'자 등)에 의거하여 바로잡는다.[66]

(1) 內則, 塗之以謹塗. 鄭曰, 謹當爲墐, 聲之誤也. 墐塗, 塗有穰草也. 按鄭注墐當爲堇, 轉寫者誤加土耳. 玉篇引禮堇涂, 是希馮時不誤也. 鄭謂土帶穰曰堇, 許說不尒. 蓋土性黏者, 與埴異字同義也. (2) 从黃者, 黃土多黏也. 會意. 巨斤切. 十三部. 按徐仙民篇韻, 皆居隱切. (3) 古文从黃不省.

---

62 《禮記·內則》. 鄭玄의 注 참조.

63 《玉篇》 十一 '堇'부 참조.

64 《玉篇》 十一 '堇'부 및 《廣韻》 上聲 十九 '隱'부 참조.

65 二徐本 참조.

66 제4편 上 '鳥'부 '難'자 說解 참조.

(4) 此篆各本皆譌. 今依難字古所用形聲更正.

483. 里(리)부

 凥也.(1) 从田从土.(2) 一曰, 士聲也.(3) 凡里之屬皆从里.

'里'는 산다는 뜻이다. '田(전)'과 '土(토)'로 구성된다. 일설에는 '士(사)'가 발음을 나타내는 성부(聲符)라고도 한다. 里부에 속하는 한자는 모두 里의 의미를 따른다.

(1) 《시(詩)·정풍(鄭風)》에서 "無踰我里[우리 마을을 넘지 마라.]"라고 한 구절의 <모전(毛傳)>에서는 "里는 산다[居(거)]는 뜻이다. 25가구가 사는 곳이 '里'가 된다."라고 하였다.[67] 《주례(周禮)·재사(載師)》의 '廛里(전리)'에 대하여 정현(鄭玄)은 "廛里란 지금 말하는 읍(邑)의 주거지다. 里는 산다[居]는 뜻이다."라고 하였고[68] 《주례·현사(縣師)》에 나오는 '郊里(교리)'에 대하여 정현은 "郊里는 교(郊)에 있는 주거지다."라고 하였으며[69] 《주례·유인(遺人)》의 '鄉里(향리)'에 대하여 정현은 "鄉里란 향(鄉)에서 주거하는 곳이다."라고 하였다.[70] 《주례·수인(遂人)》에는 "다섯 가구를 '鄰(린)'이라 하고 다섯 린(鄰)을 '里'라고 한다."라고 하였다.[71] 《곡량전(穀梁傳)》에서는 "옛날에 (사방) 300보(步)의 땅을 '里'라고 하였다."라고 하였다.[72] 《모시(毛詩)》에서는 '里'자를 '悝(리)'의 의미로 가차(假借)하였다.[73] '悝'는 근심하다[病(병)]라는 뜻이다.

(2) 밭이 있고 땅이 있으니 살 수 있다. '里'의 발음은 良(량)과 止(지)의 반절이다. 1부에 속한다.

(3) 여기에서 말하는 '一說(일설)'은 "十을 미루어 一과 합한다."라는 의미를 가진 '士(사)'자를

67 《詩·鄭風·將仲子》의 <毛傳> 참조.
68 《周禮·地官·載師》의 鄭玄의 注 참조.
69 《周禮·地官·縣師》의 鄭玄의 注 참조.
70 《周禮·地官·遺人》의 鄭玄의 注 참조.
71 《周禮·地官·遂人》 참조.
72 《穀梁傳》 宣公 十五年 참조.
73 《詩·小雅·十月之交》 "悠悠我里" 참조.

가지고[74] ('里'자를 '田(형부)'과 '土(성부)'로 구성된) 형성(形聲)자로 만들었다는 말이다.

(1) 鄭風, 無踰我里. 傳曰, 里, 居也, 二十五家爲里. 周禮載師, 廛里. 鄭云, 廛里者, 若今云邑居矣, 里, 居也. 縣師, 郊里. 鄭云, 郊里, 郊所居也. 遺人, 鄕里. 鄭云, 鄕里, 鄕所居也. 遂人曰, 五家爲鄰, 五鄰爲里. 穀梁傳曰, 古者三百步爲里. 毛詩亦借里爲悝. 悝, 病也. (2) 有田有土而可居矣. 良止切. 一部. (3) 一說以推十合一之士爲形聲.

484. 田(전)부

 敶也.(1) 樹穀曰田.(2) 象形.(3) 囗十, 千百之制也.(4) 凡田之屬皆从田.

'田'은 진열한다는 뜻이다. 곡식을 심는 곳을 '田'이라 한다. 상형(象形)이다. '囗(위)'와 '十(십)'으로 (구성된 것은) 천백(千百)의 제도를 말한다. 田부에 속하는 한자는 모두 田의 의미를 따른다.

(1) ('敶(진)'자가) 각 판본에 '陳(진)'자로 되어 있는데[75] 지금 바로잡는다. '敶'은 진열한다[列(열)]는 뜻이다.[76] '田'과 '敶'은 옛날에 모두 발음이 '陳'이었다. 그래서 ('田'자와) 운모가 같은 '敶'자로 풀이한 것이다. 가지런히 진열되어 있다는 의미를 취하여 '田'이라고 한다. 대체로 '田田'이라고 말할 때는 가지런하게 서로 이어져 있는 것[陳陳相因]을 뜻한다. 이런 뜻일 때의 '陳陳(진진)'은 '敶敶(진진)'으로 써야 한다. 진경중(陳敬仲)의 후손이 '전씨(田氏)'가 되었는데 '田'이 곧 '陳'자이기 때문이다. '田'을 빌어 '陳'으로 쓴 것이다.
(2) 채소를 심은 곳은 '圃(포)'라 하고 과일나무를 심은 곳은 '園(원)'이라 한다. '囗'부에 그 설명이 보인다.[77]
(3) ("상형(象形)이다."라는 구절이) 각 판본에는 "象四[넷의 모양을 본뜬 것이다.]"라고 되어

74 제1편 上 '士'부 說解 참조.
75 二徐本 참조.
76 제3편 下 '攴'부 '敶'자 說解 참조.
77 제6편 下 '囗'부 '圃'자 및 '園'자 說解 참조.

있는데[78] 지금 《운회(韻會)》에 의해 바로잡는다.[79] 지금 사람들은 '田'자가 '囗(위)'자와 '十(십)'자로 구성되었다고 말하는데 그것은 허신의 본의가 아니다. 이 글자는 '밭[甫田(포전)]'의 모양을 상형한 것이다. 모공(毛公)이 말하기를 "포전(甫田)은 천하전(天下田)을 말한다."라고 하였다.[80] '田'의 발음은 待(대)와 年(년)의 반절이다. 고음은 '陳'과 같다. 12부에 속한다.

(4) 이 구절은 ('田'이) 象形字라는 것을 설명하고 있다. '囗'와 '十'으로 합해진 것은 밭두둑[阡陌(천맥)]의 가로, 세로를 상형하였기 때문이다. 각 판본에서는 '千百'을 '阡陌(천맥)'으로 썼다.[81] '𨸏'부에는 ('阡'과 '陌'의) 두 글자가 없으니 지금 바로잡는다. 《주례(周禮)·수인(遂人)》에서는 다음과 같이 말하였다. "들을 다스릴 때에는 부(夫) 사이마다 수(遂)가 있고 수(遂) 위에는 경(徑)이 있다. 10부(夫)마다 구(溝)가 있는데 구(溝) 위에는 진(畛)이 있다. 100부(夫)마다 혈(洫)이 있고 혈(洫) 위에는 도(涂)가 있다. 1,000부(夫)에는 회(澮)가 있고 회(澮) 위에는 도(道)가 있다. 10,000부(夫)에는 천(川)이 있고 천(川) 위에는 로(路)가 있는데 기(畿)에 이르는 길이다."[82] 100부(夫)의 '도(涂)'를 '百'이라고 하고 1,000부(夫)의 '도(道)'를 '千'이라고 하므로 '千百'이라는 말로 (경작지 사이에) 가로세로로 난 길을 포괄하였다. 남쪽의 경작지에서는 '견(畎)'이 세로, '수(遂)'가 가로, '구(溝)'가 세로, '혈(洫)'이 가로, '회(澮)'가 세로 '천(川)'이 가로이므로 결국 경(徑)·진(畛)·도(涂)·도(道)·로(路)가 세로 가로로 같다. 동쪽 경작지이면 '견(畎)'이 가로 '수(遂)'가 세로, '구(溝)'가 가로, '혈(洫)'이 세로, '회(澮)'가 가로 '천(川)'이 세로로써 그에 따른 경(徑)·진(畛)·도(涂)·도(道)·로(路)가 가로 세로로 같다. 그래서 '十'과 '口'는 모두 그 가로 세로로 난 길의 모양을 상형하였다. '阡陌'은 속자(俗字)다.

(1) 各本作陳, 今正. 敶者, 列也. 田與敶古皆音陳, 故以疊韻爲訓. 取其敶列之整齊謂之田. 凡言田田者, 卽陳陳相因也. 陳陳當作敶敶. 陳敬仲之後爲田氏, 田卽陳字, 叚田爲陳也. (2) 種菜曰圃, 樹果曰園. 見囗部. (3) 各本作象四, 今依韻會正. 今人謂爲从囗从十, 非許意也. 此象甫田之形. 毛公曰, 甫田謂天下田也. 待年切. 古音如陳.十二部. (4) 此說象形之恉. 謂囗與十合之, 所以象阡陌之一縱一橫也. 各本作阡陌, 𨸏部無此二字, 今正. 周禮遂人曰, 凡治野, 夫間有遂, 遂上有徑. 十夫有溝,

78 二徐本 참조.
79 《韻會》 平聲下 一 '先'운 참조.
80 《詩·小雅·甫田》의 <毛傳> 참조.
81 二徐本 참조.
82 《周禮·地官·遂人》 참조.

溝上有畛. 百夫有洫, 洫上有涂. 千夫有澮, 澮上有道. 萬夫有川, 川上有路, 以達于畿. 百夫之涂謂之爲百, 千夫之道謂之爲千, 言千百以包徑畛路也. 南畝則甽巜縱遂橫, 溝縱洫橫, 澮縱川橫, 遂徑畛涂道路, 縱橫同之. 東畝則甽巜橫遂縱, 溝橫洫縱, 澮橫川縱. 徑畛涂道路之橫縱同之. 故十與囗皆象其縱橫也. 阡陌則俗字也.

485. 畕(강)부

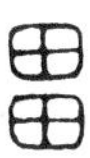 比田也.(1) 从二田.(2) 凡畕之屬皆从畕. 闕.(3)

'畕'은 나란한 밭이라는 뜻이다. 두 개의 '田(전)으로 구성된다. 畕부에 속하는 한자는 모두 畕의 의미를 따른다. 비워 둔다.

(1) '比(비)'는 가깝다[密(밀)]는 뜻이다.[83] 두 개의 '人(인)'으로 '从(종)'자가 되고 '从'자를 뒤집으면 '比'자가 된다.[84] '比田(비전)'이란 두 밭이 아주 가깝다는 말이다.

(2) 회의(會意)자다.

(3) "비워 둔다[闕]"는 말이 대서본(大徐本)에는 없는데[85] 잘못이다. 이것은 발음[音讀(음독)]에 대해서 비워 둔다는 말이다. 대서본(大徐本)에서는 "居(거)와 良(량)의 반절이다."라고 하였고 소서본(小徐本)과 《옥편(玉篇)》도 같다.[86] 그러나 이것은 '畺(강)'자의 발음으로 견강부회한 것일 뿐이다. 내 생각에 ('畕'은) '田'과 '田'이 위아래로 포개어져 있어서 '나란하게 서로 이어져 있다'는 뜻이 되므로 '敶列(진열)'의 '敶(진)'자와 같이 발음해야 할 것 같다.[87]

(1) 比, 密也. 二人爲从, 反从爲比. 比田者, 兩田密近也. (2) 會意. (3) 闕大徐本無, 非也. 此謂其音讀闕也. 大徐, 居良切. 小徐玉篇同, 以畺之音皮傅之而已. 竊謂田與田相乘, 所謂陳陳相因也, 讀

83 제8편 上 '比'부 說解 참조.

84 제8편 上 '从'부 說解 및 '比'부 說解 참조.

85 徐鉉本 참조.

86 二徐本 및 《玉篇》 十四 '畕'부 참조.

87 제3편 下 '攴'부 '敶'자 說解 참조.

如暵列之暵.

486. 黃(황)부

 地之色也.(1) 从田(2)炗聲.(3) 炗, 古文光.(4) 凡黃之屬皆从黃.  古文黃.

'黃'은 땅의 색이다. '田(전)'으로 구성되어 있고 '炗(광)'이 발음을 나타낸다. '炗'은 光(광)의 고문(古文)이다. 黃부에 속하는 한자는 모두 黃의 의미를 따른다. 은 黃의 고문이다.

(1) '玄(현)'은 "그윽하다[幽遠(유원)]"는 뜻이므로88 하늘의 색[天之色]이 된다는 것을 알 수 있다.89 《역(易)》에서 "현황(玄黃)은 천지(天地)가 섞인 것이다. 하늘은 '玄'색이고 땅은 '黃'색이다."90라고 하였다.

(2) 흙의 색은 누렇기 때문에 '黃'이 '田'으로 구성된 것이다.

(3) '黃'의 발음은 乎(호)와 光(광)의 반절이다. 10부에 속한다.

(4) ('光'자의 고문 자형[炗]은) '火(화)'부에 보인다.91

(1) 玄者, 幽遠也. 則爲天之色可知. 易曰, 夫玄黃者, 天地之襍也. 天玄而地黃. (2) 土色黃, 故从田. (3) 乎光切. 十部. (4) 見火部.

---

88 제4편 下 '玄'부 說解 참조. "玄, 幽遠也."라고 되어 있다.

89 제4편 下 '玄'부에서는 "玄, 幽遠也."라고 되어 있을 뿐 許愼이 '天之色'이라고 설명하지는 않았으니 여기에서는 段玉裁가 《易》의 "天玄而地黃"을 염두에 두고 이렇게 말한 것 같다.

90 《易·坤卦》 <文言傳> 참조.

91 제10편 上 '火'부 '光'자 참조.

487. 男(남)부

 丈夫也.(1) 从田力. 言男子力於田也.(2) 凡男之屬皆从男.

‘男’은 장부(丈夫)라는 뜻이다. ‘田(전)’과 ‘力(력)’으로 구성되어 있다. 남자는 밭에서 힘쓴다는 말이다. 男부에 속하는 한자는 모두 男의 의미를 따른다.

(1) ‘夫(부)’부에서 “주(周)나라 제도에 8촌(寸)이 1척(尺)이고 10척이 1장(丈)이다. 사람은 1장(丈)까지 자라므로 ‘丈夫’라 한다.”라고 하였다.[92] 《백호통(白虎通)》에 “男은 맡는다[任(임)]는 뜻이다.”[93]라고 하였으니 일을 맡는다는 뜻이다. 옛날에 ‘男’과 ‘任’은 발음이 같았다. 그래서 ‘공(公)·후(侯)·백(伯)·자(子)·남(男)’의 ‘男’자를 왕망(王莽)은 ‘任’이라고 썼다.

(2) 회의(會意)자다. 농사는 밭에서 힘을 쓴다. 왕공(王公) 이하로는 모두 밭에서 힘써 일하지 않는 사람이 없다. ‘男’의 발음은 那(나)와 含(함)의 반절이다. 고음 7부에 속한다.

(1) 夫下曰, 周制八寸爲尺, 十尺爲丈, 人長一丈, 故曰丈夫. 白虎通曰, 男, 任也. 任功業也. 古男與任同音, 故公侯伯子男, 王莽男作任. (2) 會意. 農力於田. 自王公以下, 無非力於田者. 那含切. 古音在七部.

488. 力(력)부

 筋也.(1) 象人筋之形.(2) 治功曰力,(3) 能禦大災.(4) 凡力之屬皆从力.

‘力’은 힘줄[筋(근)]이라는 뜻이다. 사람의 근육의 모양을 상형하였다. 다스리는 데에서 공을 이룬 것을 ‘力’이라 하는데 그것으로 큰 재난을 막을 수 있다. 力부에 속

92 제10편 下 ‘夫’부 說解 참조.

93 《白虎通》 <嫁娶> 참조.

하는 한자는 모두 力의 의미를 따른다.

(1) '筋(근)'자에서 "살의 힘[肉之力]이다."라고 하였으니[94] ('筋'과 '力'의) 두 개의 전문은 전주(轉注)가 된다. '筋'이란 그 형체[體(체)]를 말하는 것이고 '力'이란 쓰임[用(용)]을 말하는 것이므로 다른 것이 아니다. 인신되어 정신(精神)이 맡은 바의 일을 이루어 내는 것을 '力'이라고 하게 되었다.

(2) ("象人筋之形"이란) 그 결의 모양[條理(조리)]을 상형하였다는 말이다. 사람의 힘줄 무늬를 '力'이라 하므로 나무의 무늬 결은 '朸(력)'이라 하고[95] 땅의 무늬 결은 '阞(륵)'이라 하며[96] 물의 무늬 결은 '泐(륵)'이라 한다.[97] '力'의 발음은 林(림)과 直(직)의 반절이다. 1부에 속한다.

(3) ("治功曰力"은) 《주례(周禮) · 사훈(司勳)》의 문장이다.[98]

(4) ("能禦大災"는) 《국어(國語)》에서 '제법(祭法)'을 풀이한 글이다.[99] 앞의 구절의 "治功曰力"을 해석하기 위하여 인용한 것이다.

(1) 筋下曰, 肉之力也. 二篆爲轉注. 筋者其體, 力者其用也, 非有二物. 引申之, 凡精神所勝任皆曰力. (2) 象其條理也. 人之理曰力, 故木之理曰朸, 地之理曰阞, 水之理曰泐. 林直切. 一部. (3) 周禮司勳文. (4) 國語, 祭法文. 引以釋治功曰力也.

---

94 제4편 下 '筋'부 說解 참조.

95 제6편 上 '木'부 '朸'자 說解 참조.

96 제14편 下 '𨸏'부 '阞'자 說解 참조.

97 제11편 上 '水'부 '泐'자 說解 참조.

98 《周禮 · 夏官 · 司勳》 "司勳掌六鄕賞地之法以等其功. 王功曰勳. 國功曰功. 民功曰庸. 事功曰勞. 治功曰力. 戰功曰多." 참조.

99 《國語 · 魯語》 上 참조. 展禽이 爰居에게 제사지내는 것이 올바른 정치가 아님을 논한 대목에서 나오는 글이다. "夫聖王之制祀也, 法施於民則祀之. 以死勤事則祀之. 以勞定國則祀之. 能禦大災則祀之, 能捍大患則祀之. 非是族也, 不在祀典." 참조.

489. 劦(협)부

 同力也.(1) 从三力.(2) 山海經曰, 惟號之山, 其風若劦.(3) 凡劦之屬皆从劦.

'劦'은 힘을 모은다는 뜻이다. 세 개의 '力(력)'으로 구성되었다. 《산해경(山海經)》에서 "愉號之山, 其風若劦.[유호산(愉號山)에는 바람이 모여 일어나는 듯하다.]"라고 하였다. 劦부에 속하는 한자는 모두 劦의 의미를 따른다.

(1) '同力(동력)'은 조화를 이룬다[龢(화)]는 뜻이다. '龢'는 소리를 맞춘다[調(조)]는 뜻이다.[100]

(2) 회의(會意)자다. '劦'의 발음은 胡(호)와 頰(협)의 반절이다. 내 생각에 이 글자의 본래 발음은 '戾(려)'로서 力(력)과 制(제)의 반절이고 15부에 속하는 것 같다. 천인(淺人)들이 멋대로 '愶(협)'·'勰(협)'·'協(협)'자 등과 같은 발음이라고 하였는데 이 세 글자는 모두 '劦'으로 구성된 회의(會意)자이며 형성(形聲)자가 아니라는 것을 모르기 때문에 그렇게 말한 것이다. 이 글자들은 '劦'을 성부로 삼지 않으므로 세 글자가 모두 8부에 있고 '劦'으로 성부를 삼는 '荔(려)'·'珕(려)'자는 모두 力과 制의 반절로 발음한다. 15부에 속한다.

(3) 《산해경(山海經)·북산경(北山經)》에서 "毋逢之山, 北望雞號之山, 其風如颲.[모봉산(毋逢山), 북망(北望)의 계호산(雞號山)의 바람은 급한 듯하다.]"이라고 한 구절에 관한 곽박(郭璞)의 전(傳)에서는 "颲(려)는 급히 바람이 부는 모양이다. 발음은 戾(려)이다. 혹은 飄風(표풍)이라고도 한다."라고 하였다.[101] 살펴보면 (《산해경》의) 곽박본(郭璞本)과 허신이 근거한 판본이 다른 것 같다. 곽박은 <강부(江賦)>에서 '颲'자를 썼다.[102] 여기에서 허신이 이렇게 말한 뜻은 아마 바람이 마치 '힘을 모아 일어나는 듯하다'는 말인 것 같다.

(1) 同力者, 龢也. 龢, 調也. (2) 會意. 胡頰切. 按此字本音戾, 力制切, 十五部. 淺人妄謂與愶勰協同音, 而不知三字皆以劦會意, 非以形聲也. 惟不以劦爲聲, 故三字皆在八部. 而劦聲之荔珕, 則皆

---

100 제2편 下 '龠'부 '龢'자 說解 참조.

101 《山海經·北山經》 <次三經> 참조.

102 《文選》 권12 郭璞의 <江賦> 참조. "長風颲而增扇, 廣莫颷而氣整."

力制切, 在十五部. (3) 北山經曰, 母逢之山, 北望雞號之山, 其風如颲. 郭傳, 颲, 急風皃也, 音戾, 或云飄風也. 按郭本與許所據不同. 郭江賦用颲字. 許意蓋謂其風如幷力而起也.

제14편 上

金幵勺几且斤

斗矛車𠂤

490. 金(금)부

五色金也.(1) 黃爲之長.(2) 久薶不生衣, 百鍊不輕,(3) 從革不韋.(4) 西方之行.(5) 生於土, 从土, ナ又注, 象金在土中形.(6) 今聲.(7) 凡金之屬皆从金. 𨤾 古文金.(8)

'金'은 다섯 가지 색의 쇠를 말한다. 그중에서 황금[黃]을 가장 으뜸으로 한다. (金은) 오래 묻어 두어도 녹이 생기지 않고 백 번 제련해도 가벼워지지 않으며 마음대로 바꾸어도 잘못되지 않는다. 서방(西方)의 행(行)이다. '흙[土(토)]'에서 생겨나므로 '土'로 구성되었다. 좌우에서 붓는 것은 쇠가 흙속에 있는 모양을 상형한 것이다. '今(금)'이 발음을 나타낸다. 金부에 속하는 한자는 모두 金의 의미를 따른다. '𨤾'은 金의 고문(古文)이다.

(1) 쇠에는 다섯 가지 색이 있는데 모두 '金'이라고 한다. 즉 아래 부속자에 나오는 '백금(白金)[銀(은)]', '청금(靑金)[鉛(연)]', '적금(赤金)[銅(동)]', '흑금(黑金)[鐵(철)]'과 '황금(黃金)'을 합해서 다섯 가지 색의 쇠를 말한다.[1]

(2) ('황금'을 가장 으뜸으로 하기) 때문에 ('황금(黃金)'만이) '金'이라는 이름을 얻었다.

(3) 이 두 구절은 황금의 '덕(德)'을 말한 것이다.

(4) ("從革不韋"의) '韋(위)'자를 옛날에는 '違(위)'자로 썼는데[2] 지금 바로잡는다. '韋'란 어긋난

1 제14편 上 '金'부 部屬字 참조.

2 二徐本 참조.

다[背(배)]는 뜻이다. ‘從革(종혁)’이라는 말은 《상서(尚書) · 홍범(鴻範)》에 보인다.[3] 사람의 뜻에 따라 바꾸어 여러 가지 기구를 만드는데 비록 여러 차례 변경해도 손상됨이 없다는 말이다. 다섯 가지 색의 쇠가 모두 그렇다.

(5) ‘金’을 오행(五行)으로 말하면 서쪽의 행(行)이 된다.

(6) (“좌우에서 붓는 것은 쇠가 흙속에 있는 모양을 상형한 것이다.”라는 말은 ‘金’의 자형에서) ‘土’ 옆에 있는 두 획을 말하는 것이다.

(7) ‘金’은 아래가 모양을 상형한 부분이고 위가 발음을 나타내는 부분이다. ‘金’의 발음은 居(거)와 音(음)의 반절이다. 7부에 속한다.

(8) (‘金’의 고문 ‘金’은) 완전한 상형(象形)자이며 형성(形聲)자가 아니다.

(1) 凡有五色, 皆謂之金也. 下文白金, 青金, 赤金, 黑金, 合黃金爲五色. (2) 故獨得金名. (3) 此二句言黃金之德. (4) 舊作違, 今正. 韋, 背也. 從革, 見鴻範. 謂順人之意以變更成器, 雖屢改易而無傷也. 五金皆然. (5) 以五行言之爲西方之行. (6) 謂土旁二筆也. (7) 下形上聲. 居音切. 七部. (8) 象形而不諧聲.

491. 幵(견)부

幵 平也.(1) 象二干對冓.(2) 上平也.(3) 凡幵之屬皆从幵.

‘幵’은 평평하다는 뜻이다. 두 개의 ‘干(간)’이 마주하고 얽힌 모양을 상형하였다. 위가 평평하다. 幵부에 속하는 한자는 모두 幵의 의미를 따른다.

(1) 갈라진 산봉우리[岐頭(기두)]가 나란하게 평평한 것을 ‘幵’이라고 한다. ‘幵’자가 고서(古書)에서는 거의 보이지 않는다. 《상서(尚書) · 우공(禹貢)》에서는 “道岍及岐[견산(岍山)과 기산(岐山)을 인도하여]”라고 하였는데 허신의 책에는 ‘岍(견)’자가 없다. 아마도 옛날에는 ‘幵山’이라고만 불렀던 것 같다. 후인들은 ‘幵’에 ‘山(산)’ 편방을 붙여서 갈라진 봉우리[岐

3 《尚書 · 周書 · 洪範》에 “五行, 一曰水, 二曰火, 三曰木, 四曰金, 五曰土. 水曰潤下, 火曰炎上, 木曰曲直, 金曰從革, 土爰稼穡.”이라고 되어 있다.

頭]가 평평하게 올라온 산이라는 뜻으로 썼다. '幵'을 성부로 삼은 글자들은 발음이 많이 갈라졌다. 예컨대 '汧(견)'·'麉(견)'·'鳽(견)'·'研(연)'·'妍(연)'·'雃(견)' 등은 모두 '先(선)' 운부에 있고 발음이 가까운 것들이다. 또 '幷(병)'·'刑(형)'·'形(형)'·'邢(형)'·'鈃(형)' 등은 '淸(청)·靑(청)' 운부에 들어가니 이것은 발음이 멀리 전이(轉移)된 것들이다. '笄(계)'·'枅(계)' 등은 '齊(제)' 운부에 들어가니 더욱 멀리 전이되었다. '幵'은 두 개의 '干(간)'으로 구성되었으니 고음은 여전히 '干'과 같이 발음해야 한다. 무엇으로 증명할 수 있는가? 주문(籒文) '栞(간)'자는 '刊(간)'자와 같이 발음하고 소전(小篆)은 '栞(간)'으로 쓴다.[4] 그러므로 '干'과 '幵'은 발음이 같은 것을 알 수 있다. '荆罰(형벌)'의 '荆(형)'자는 본래 '井(정)'으로 구성되었으며[5] '刑剄(형경)'의 '刑(형)'자는 '幵(견)'으로 구성되어 있어서[6] ('荆'과 '刑'은) 분명히 다른 발음을 가진 다른 글자였다. 지금은 ('荆'자가) '井'으로 구성된 글자인지를 모른 채 '刑'자로 '荆'자를 대신하여 쓰고 있으니 발음과 의미를 모두 잃게 되었다. 따라서 대체로 '刑(형)'을 성부로 하는 글자와 '幷(병)'을 성부로 하는 글자는 모두 옛날의 발음을 잃어 버렸다. 내 말을 기억하고 있으면 후에 대략을 증명할 수 있다.

(2) ("象二干對冓"의 '冓(구)'자가) 원래는 '構(구)'자로 되어 있었다.[7] 지금 바로잡는다.

(3) '干'은 '竿(간)'의 생략형이다. '幵'의 발음은 古(고)와 賢(현)의 반절이다. 고음 14부에 속한다.

(1) 凡岐頭兩平曰幵. 幵字, 古書罕見. 禹貢, 道岍及岐. 許書無岍字. 蓋古祇名幵山, 後人加之山旁, 必岐頭平起之山也. 用幵爲聲之字音讀多岐, 如汧, 麉, 鳽, 研, 妍, 雃, 在先韻, 音之近是者也. 如幷, 刑, 形, 邢, 鈃, 入淸靑韻, 此轉移之遠者也. 如笄, 枅, 入齊韻, 此轉移更遠者也. 幵从二干, 古音仍讀如干. 何以證之. 籒文栞讀若刊, 小篆作栞. 然則干幵同音可知. 荆罰字本从井, 刑剄字从幵, 畫然異字異音. 今則絶不知有从井之字, 以刑代荆, 音義兩失, 而凡刑聲幷聲之字盡失古音. 得吾說存之, 而後大略可證. (2) 原作構, 今正. (3) 干卽竿之省. 古賢切. 古音在十四部.

---

4 제6편 上 '木'부 '栞'자 說解 참조. '栞'자는 籒文 자형 '栞'이 먼저 나오고 그 다음에 小篆 '栞'자가 나온다.

5 제5편 下 '井'부 '荆'자 說解 참조.

6 제4편 下 '刀'부 '刑'자 說解 참조.

7 二徐本 참조.

492. 勺(작)[8]부

 枓也.(1) 所㠯挹取也.(2) 象形. 中有實, 與包同意.(3) 凡勺之屬皆从勺.

'勺'은 국자다. 그것을 가지고 퍼 올린다. 상형(象形)이다. 가운데는 담긴 물건이 있는데 '包(포)'자와 문자구성원리가 같다[同意(동의)]. 勺부에 속하는 한자는 모두 勺의 의미를 따른다.

(1) ("枓也(두야)"의) 두 글자는 현응(玄應)의 책 권4에 의해 보충한다.[9] '木(목)'부의 '枓(두)'자에서 "勺也"라고 하였으며[10] 여기서는 "勺, 枓也."라고 하였으니 이것은 전주(轉注)로서 '考(고)'자와 '老(로)'자의 예와 같다. 《주례(周禮) · 고공기(考工記)》의 "勺은 1승(升)[11]이다."라고 한 구절의 주석에서 "勺은 술국자[尊斗(준두)]다."라고 하였다.[12] '斗'는 '枓'와 같으니 퍼서 술잔에 따르는 도구다. 《의례(儀禮) · 사관례(士冠禮)》의 주석에서도 역시 "尊斗는 그것으로 술을 뜬다."라고 하였다.[13] 지금은 모두 ('尊斗'가) '尊升(준승)'으로 잘못되었으니 뜻이 통하지 않는다. 《시(詩)》에서 "酌以大斗[대두(大斗)로 술을 따르네.]"라고 한 구절에 대하여 <모전(毛傳)>에서 ('大斗'는) "길이가 3척(尺)이다."라고 하였는데[14] 그 손잡이의 길이를 말한다.[15]

(2) '所以'의 두 글자는 《한서(漢書) · 식부궁전(息夫躳傳)》의 안사고(顔師古)의 주석에 의해 보충한다. 안사고(顔師古)의 훈고는 대부분 허신에게서 취한 것이다. '挹(읍)'은 물을 퍼 올린다[抒(서)]는 뜻이다.[16] '勺'은 물을 푸는 도구의 이름이며 '挹取(읍취)'란 그 용도를 말한 것이니 '所以'를 빼면 형체[體]와 용도[用]가 혼동된다.

---

8 '勺'자는 段注의 주장대로 따르면 '삭'으로 발음하는 것이 옳다. 그러나 현행 字典들에 '작'으로 올라 있어서 '작'으로 발음한다.

9 玄應《一切經音義》卷四 참조.

10 제6편 上 '木'부 '枓'자 說解 참조.

11 1升은 漢代 유물로 측량해 본 바에 의하여 환산하면 약 200ml에 해당한다.

12 《周禮 · 考工記 · 梓人》 참조.

13 《儀禮 · 士冠禮》 鄭玄의 注 참조.

14 《詩 · 大雅 · 行葦》의 <毛傳> 참조.

15 1尺은 약 23cm에 해당되므로 3尺이면 약 69cm가 된다.

16 제12편 上 '手'부 '挹'자 說解 참조.

(3) ('勺'의) 바깥쪽의 자형은 벌린 입 모양과 손 자루가 있는 모양을 상형한 것이고 가운데 '一'은 안에 담긴 것을 상형하였다. "包(포)자와 문자구성원리가 같다.[同意(동의)]"라는 말은 '包'가 사람이 뱃속에 자식을 밴 모양을 상형하였고[17] '勺'은 그 안에 술이나 장을 담은 그릇의 모양을 상형하였으므로 그 구성의 원리가 같다는 뜻이다. 이양빙(李陽氷)이 "勺은 감싸안는다[勹裹(포과)]라고 할 때의 '勹[18](勹)'로 구성되었다."라고 하였는데[19] 옳지 않다. '勺'은 벌어진 입 모양을 상형한 것이니 어떻게 입구를 덮는 것과 같은가? 이 '勺'자는 마땅히 《주례(周禮)·고공기(考工記)》에 따라 上(상)과 灼(작)의 반절로 발음하거나,[20] 《중용(中庸)》의 市(시)와 若(약)의 반절로 발음하거나,[21] 《옥편(玉篇)》과 《광운(廣韻)》의 時(시)와 灼(작)의 반절, 市(시)와 若(약)의 반절로 발음해야 한다.[22] 대서본(大徐本)에서 말한 대로 之(지)와 若(약)의 반절로 발음하는 것은 옳지 않다.[23] 지금 속어에서는 時(시)와 灼(작)의 반절과 같이 발음한다. 2부에 속한다. 세속에서는 '杓(작)'자로 쓴다.

(1) 二字依玄應書卷四補. 木部枓下云, 勺也. 此云, 勺, 枓也. 是爲轉注, 考老之例也. 考工記, 勺一升. 注曰, 勺, 尊斗也. 斗同枓, 謂挹以注於尊之枓也. 士冠禮注亦云, 尊斗, 所以𣂏酒也. 今皆譌尊升, 不可通矣. 詩, 酌以大斗. 毛云, 長三尺. 謂其柄. (2) 所以二字依息夫躬傳顔注補. 顔之訓詁多取諸許也. 挹者, 抒也. 勺是器名. 挹取者, 其用也. 刪所以, 則體用溷矣. (3) 外象其哆口, 有柄之形, 中一象有所盛也. 與包同意, 謂包象人裹子, 勺象器盛酒漿, 其意一也. 李陽冰曰, 勺从勹裹之勹, 失之. 勺象張口, 豈同弇口哉. 此字當依考工記, 上灼反, 中庸, 市若反. 篇韻, 時灼市若切, 大徐, 之若切, 非也. 今俗語猶時灼切. 二部. 俗作杓.

---

17 제9편 上 '包'부 說解 참조.

18 '勹'는 제9편 上에 나오는 '勹'의 篆書다. 楷書體로만 보면 이 '勺'자가 마치 '勹'로 구성된 것 같지만 篆書를 비교해 보면 확연히 다르다.

19 李陽冰의 말은《說文解字繫傳》<袪妄>편 참조.

20 《周禮·考工記·梓人》의《釋文》참조.

21 《中庸》의《釋文》참조.

22 《玉篇》卷十六 '勺'부 第247 및《廣韻》入聲 十八 '藥'운 참조.

23 徐鉉本 참조.

493. 几(궤)부

凥几也.(1) 象形.(2) 周禮五几, 玉几・彫几・彤几・髹几・綮几.(3) 凡几之屬皆从几.

'几'는 걸터앉는 의자다. 상형(象形)이다. 《周禮》에는 다섯 가지 궤(几)가 있는데 옥궤(玉几)・조궤(彫几)・동궤(彤几)・휴궤(髹几)・소궤(綮几)다. 几부에 속하는 한자는 모두 几의 의미를 따른다.

(1) '凥(거)'자는 각 판본에 '踞(거)'자로 되어 있다.[24] 지금 바로잡는다. '凥几'란 사람이 (엉덩이를 걸치고) 앉을 수 있는 의자라는 말이다. '凥'란 '멈추어 쉰다[処(처)]'는 뜻이고[25] '処'란 멈춘다[止(지)]는 뜻이다.[26] 옛날의 '凥'자를 지금은 모두 '居(거)'자로 바꾸어 쓴다. 그래서 '居几(거궤)'라고 바꾸어 말하게 되었다. 또 '꿇어앉는다[蹲踞(준거)]'라는 의미의 ('踞'자로도) 바꾸어 쓰는데 이것은 속자(俗字)다. 옛날 사람들은 앉을 때에 '几'에 걸터앉았는데 꿇어앉게 되면 '几'에 의지할 필요가 없다. '几'자는 속자(俗字)로 '机(궤)'로 쓴다. 《좌전(左傳)》에 "設机而不倚[걸상을 놓고도 기대앉지 않는다.]"[27]나 《주역(周易)・환괘(渙卦)》의 "奔其机[그 걸상으로 달아난다.]"[28]에서는 모두 속자인 '机'를 썼다.

(2) 높고도 위가 평평하여 기댈 수 있고 아래에는 다리가 있는 모양을 상형하였다. '几'의 발음은 居(거)와 履(리)의 반절이다. 15부에 속한다.

(3) 이것은 《주례(周禮)・사궤연(司几筵)》 직(職)의 문장이다.[29] '髹几(휴궤)'를 지금 《주례》에서는 '漆几(칠궤)'로 쓴다. 허신이 근거한 판본과 다른 것 같다. '髹'은 옻칠한다[桼(칠)]는 뜻이다.

(1) 凥各本作踞, 今正. 凥几者, 謂人所凥之几也. 凥, 処也. 処, 止也. 古之凥今悉改爲居, 乃改云

---

24 二徐本 참조.
25 제14편 上 '几'부 '凥'자 說解 참조.
26 제14편 上 '几'부 '処'자 說解 참조.
27 《左傳》 昭公 五年 참조.
28 《周易・渙卦》 九二爻의 爻辭 참조.
29 《周禮・春官・司几筵》의 鄭玄의 注 참조.

居几. 旣又改爲蹲踞俗字. 古人坐而凭几, 蹲則未有倚几者也. 几俗作机. 左傳, 設机而不倚, 周易渙, 奔其机, 皆俗字. (2) 象其高而上平可倚, 下有足. 居履切. 十五部. (3) 周禮司几筵職文. 髤几, 今周禮作漆几. 蓋許所據不同. 髤者, 桼也.

494. 且(차)부

所旨薦也.(1) 从几. 足有二橫. 一, 其下地也.(2) 凡且之屬皆从且. 𠀃 古文旨爲且. 又旨爲几字.(3)

'且'는 밑에서 깔고 (물건을 바칠) 때 사용하는 것이다. '几(궤)'로 구성되었다. 다리에는 두 개의 가로대가 있다. '一(일)'은 그 아래 땅이다. 且부에 속하는 한자는 모두 且의 의미를 따른다. '𠀃'는 且의 고문이다. 이 글자를 '几'자로 사용하기도 하였다.

(1) '所旨(소이)' 두 글자는 지금 보충한다.[30] '薦(천)'자는 '荐(천)'자로 써야 한다. 지금 고쳐 놓지 않은 것은 옛것을 남겨서 사람들에게 미루어 알도록 하기 위함이다. '薦'은 '짐승이 먹는 풀'이라는 뜻이고[31] '荐'은 그 풀로 만든 자리[薦席(천석)]라는 뜻이니[32] '薦席'이란 곧 '艸席(초석)'이다. 즉 풀로 만든 자리가 깔개가 되는 것을 '荐'이라고 한다. 그래서 (물건을 바칠 때에) '밑에 까는 것[藉(자)]'을 말할 때는 '荐'이라고 해야 맞다. 경전(經傳)에서는 '薦'과 '荐'을 구별하지 않고 '밑에 깐다[藉]'는 뜻으로 대부분 '薦'자를 사용하는데 실은 허신의 원뜻이 아니다.

'且'는 고음으로는 '俎(조)'다. 깔아놓은 자리 위에서 물건을 바칠 때 사용하는 도구다. 인신되어 '근거[藉]가 있는 어기를 나타내는 말[有藉之詞]'로 '且'를 쓰게 되었다. '어조사(語助詞)'로 '且'자를 말할 때에는 두 가지 용법이 있다. (첫 번째는) 전제되는 근거가 있는데 그 위에 더하는 경우다. (두 번째는) '姑且(고차)'나 '苟且(구차)'라고 말하는 경우로서 단지 하나의 근거만이 있을 뿐이며 더할 것이 없다는 뜻으로서 '대강의 어기를 나타내

---

30 二徐本 참조.

31 제10편 上 '廌'부 '薦'자 說解 참조.

32 제1편 下 '艸'부 '荐'자 說解 참조.

는 말[粗略之詈]'로 쓰일 때다.

경전(經典)의 주석에서 '且字(차자)'33라고 말한 곳이 열한 군데가 있다. 《의례(儀禮)·향음주례(鄕飮酒禮)》의 주석에 "성(姓)이 같으면 백(伯)·중(仲)으로 구별하고 또 같으면 '且字'로서 구별한다."라고 하였으니 이 말은 동성(同姓) 가운데 백(伯)·중(仲)도 같은 것이 있으면 '某甫(모보)'라고 부른다는 말이다. 《의례·소뢰궤식례(小牢饋食禮)》34의 주석에서 "伯某(백모)라고 할 때의 '某'는 '且字'다."라고 하였다. 《의례·사상례(士喪禮)》의 "父某甫"35라는 구절의 주석에서 "某甫란 '且字'다. 산보(山甫), 공보(孔甫)라는 말과 같다."라고 하였다. 《의례·사우례(士虞禮)》의 "適爾皇祖某甫"36라는 구절의 주석에서 "某甫란 '且字'다. 니보(尼甫)라고 말하는 것과 같다."라고 하였고, 《예기(禮記)·곡례(曲禮)》의 "有天王某甫"37라는 구절의 주석에서 "某甫란 '且字'다."라고 하였으며, 《예기·단궁(檀弓)》의 "烏呼哀哉尼甫"38라는 구절의 주석에서는 "且字로써 시호[謚(시)]를 삼았다."라고 하였다. 《예기·잡기(襍記)》의 "陽童某甫"39라는 구절의 주석에서는 "某甫란 '且字'다."라고 하였으며 《예기·방기(坊記)》의 "魯春秋猶去夫人之姓曰吳, 其死曰孟子卒.[노(魯)나라 《춘추(春秋)》에는 '오히려 부인의 성(姓)을 버리고 吳(오)라고 하였고 그가 죽었을 때 孟子卒(맹자졸)이라고 하였다.'라고 하였다.]"40이라는 구절의 주석에서는 "孟子의 '子'자는 아마 그 '且字'일 것이다."라고 하였다. 또 《공양전(公羊傳)》 선공(宣公) 15년의 "王札子殺召伯毛伯[왕찰자가 소백, 모백을 죽였다.]"41이라는 구절의 주석에서 "札(찰)이란 관례를 한 이후의 '且字'다."라고 하였고, 환공(桓公) 4년의 "天王使宰渠伯糾來聘[천왕은 재거백규(宰渠伯糾)에게 조빙하게 하였다.]"42이라고 한 구절의 주석에서는 "宰渠伯糾(재거백규)란 천자(天子)의 하대부(下大夫)인데 관직명에 '且字'를 이어 붙여 말한 것이다."라고 하였으며, 정공

---

33 周나라 때에 20세에는 '某甫'라고만 칭하고 그것을 '且字'라고 불렀다. "또한 字로 세울 수 있는 글자다."라는 뜻이다. 아래 段注에 그 설명이 상세하다.

34 《儀禮·小牢饋食禮》 "孝孫某, 來日丁亥, 用薦歲事于皇祖伯某, 以某妃配某氏, 尙饗."

35 《儀禮·士喪禮》 "哀子某, 爲其父某甫筮宅, 度玆幽宅, 兆基, 無有後艱."

36 《儀禮·士虞禮》 "哀子某, 哀顯相, 夙興夜處不寧. 敢用絜牲剛鬣, 香合, 嘉薦普淖, 明齊溲酒, 哀薦祫事, 適爾皇祖某甫, 饗."

37 《禮記·曲禮》 "臨諸侯畛於鬼神, 曰有天王某甫. 崩, 曰天王崩."

38 《禮記·檀弓》 "魯哀公誄孔丘曰,: 天不遺耆老, 莫相予位焉. 嗚呼哀哉, 尼父."

39 《禮記·襍記》 "有父母之喪尙功衰, 而附兄弟之殤, 則練冠附於殤, 稱陽童某甫, 不名神也."

40 《禮記·坊記》 "取妻不取同姓, 以厚別也. 故買妾不知其姓則卜之. 以此坊民, 魯春秋猶去夫人之姓曰吳, 其死曰孟子卒."

41 《公羊傳》 宣公 15년 "王札子殺召伯毛伯, 王札子者何. 長庶之號也."

42 《公羊傳》 桓公 4년 "夏, 天王使宰渠伯糾來聘, 宰渠伯糾者何. 天子之大夫也, 其稱宰渠伯糾何? 下大夫也."

(定公) 4년의 "劉卷卒"[43]이라는 구절의 주석에서는 "劉卷(유권)의 씨(氏)는 채읍(采邑)으로 받은 것으로 삼았으며 이름을 부르지 않고 '且字'를 썼다."라고 하였다. 옛날에 덕(德)을 나타내어주는 '자(字)'를 '且字'라고 불렀음을 증명할 수 있는 경우가 위와 같이 많다. 옛날에는 스무 살이 되면 관례(冠禮)를 하고 단지 '某甫(모보)'라고만 부르다가 50세 이후에야 '伯仲某甫(백중모보)'라 하여 '伯'과 '仲'을 썼던 것이다. 정현(鄭玄)이 《예(禮)》에 주석할 때 '某甫'라고 한 것이 그것이다. 하휴(何休)가 주석한 《춘추(春秋)》에서의 '札(찰)'·'卷(권)'·'糾(규)'가 모두 '且字'이니 모두 정현의 말과 일치한다. 《정의(正義)》를 지은 사람들이 대부분 분명하게 알지 못하고 옮겨 적다 잘못된 곳이 많다. 잘못되지 않은 곳은 살펴서 알 수 있다. 경전(經典)의 주석에서 쓰인 '且字'는 허신의 책이 아니면 밝혀지지 않는다. 《시(詩)·주송(周頌)》[44]의 <모전(毛傳)>에서는 "萋且(처차)는 공경하고 삼가는 모양이다."라고 하였다. 그렇게 되면 '且'는 여기[此(차)]라는 뜻이 되니 모공(毛公)은 ('且'의) 옛날의 뜻[故訓(고훈)]을 전한 것이다.

(2) ("足有二横"에서의) '横(광)'자는 발음이 '光(광)'이며 곧 '桄(광)'자다. 지금 속어(俗語)로는 '光'의 거성(去聲)으로 발음하는 것이 그것이다. 정현(鄭玄)이 《시(詩)·비궁(閟宮)》의 전(箋)에서 말한 것과[45] 《예기(禮記)·명당위(明堂位)》의 주석에서 말한 것[46]을 종합하여 말한다면 유우씨(有虞氏)는 나무를 쪼개어 네 다리를 만들었을 뿐이고 하후씨(夏后氏)는 가운데 다리를 두어 가로지르는 모양으로 만들었다. 주(周)나라 사람들은 다리 사이에 가로대 나무를 대고 가로대 나무 아래에 발을 대었으니 마치 '堂(당)' 뒤에 '房(방)'이 있는 모습과 같아서 그것을 '大房(대방)'이라고 부르게 되었다. 살펴보면 '跗(부)'자를 허신은 '柎(부)'라고 썼으며 '闌足(란족)'이라고 풀이하였다.[47] '闌足'이란 가장자리의 발인데 그 바닥의 아래는 비워둔 것이다. 글자를 만들 때 그 수직으로 내려온 네 개의 (다리와) 가로로 (댄 나무) 둘을 상형하였다. 땅에 놓았기 때문에 '一'로 땅의 모양을 상형하였다. '且'의 발음은 子(자)와 余(여)의 반절이거나 또는 千(천)과 也(야)의 반절이다. 고음(古音)은 5부에만 속해 있었다.

(3) ("古文目爲且"에서) '目爲(이위)' 두 글자는 쓸데없는 글자다. '且'자의 고문 자형[𠀀]에는 가운데의 두 가로대 나무가 없는데 정현이 《예기·명당위(明堂位)》에 주석하면서 "유우씨

---

43 《公羊傳》 定公 4年 "劉卷卒, 劉卷者何? 天子之大夫也, 外大夫不卒, 此何以卒, 我主之也."

44 《詩·周頌·有客》 "有萋有且"의 <毛傳>.

45 《詩·魯頌·閟宮》 "毛炰胾羹, 籩豆大房."의 鄭玄의 箋 참조.

46 《禮記·明堂位》 "俎, 有虞氏以梡, 夏后氏以嶡, 殷以椇, 周以房俎."의 鄭玄의 주석 참조.

47 제6편 上 '木'부 '柎'자 說解 참조.

(有虞氏)가 나무를 쪼개어 네 다리만 만들었는데 하후씨(夏后氏)가 처음으로 가운데 다리를 가로로 대었다."라고 한 것이 바로 그것이다.[48] "又以爲几字"라고 한 것은 고문(古文)에서 가차(假借)하는 방법이다. '几'도 땅에 닿는 것이므로 '几'와 '且'는 같은 글자다. 그런데 고문 자형[且]으로 쓰인 글자가 거의 없다. 이 글자가 대서본(大徐本)에는 빠져 있다.[49] 소서본(小徐本)을 따라 보충해 넣는다.

(1) 所㠯二字今補. 薦當作荐. 今不改者, 存其舊以示人推究也. 薦訓獸所食艸, 荐訓薦席, 薦席謂艸席也. 艸席可爲藉謂之荐, 故凡言藉當曰荐. 而經傳薦荐不分. 凡藉義皆多用薦, 實非許意. 且, 古音俎, 所以承藉進物者. 引申之, 凡有藉之詞皆曰且. 凡語助云且者, 必其義有二. 有藉而加之也. 云婞且, 苟且者, 謂僅有藉而無所加, 粗略之詞也. 凡經注言且字者十有一. 鄉飮酒禮注, 同姓則以伯仲別之, 又同則以且字別之. 言同姓之中有伯仲同者, 則呼某甫也. 少牢饋食禮注, 伯某之某, 且字也. 士喪禮父某甫注云, 某甫, 且字也, 若言山甫, 孔甫. 士虞禮適爾皇祖某甫注云, 某甫, 且字也, 若言尼甫. 又曲禮有天王某甫注云, 某甫, 且字也. 檀弓烏呼哀哉尼甫注云, 因且字以爲之謚. 襍記陽童某甫注云, 某甫, 且字也. 坊記, 魯春秋猶去夫人之姓曰吳, 其死曰孟子卒, 注云, 孟子之子, 蓋其且字. 又公羊傳宣十五年, 王札子殺召伯毛伯. 注云, 札者, 冠且字也. 桓四年, 天王使宰渠伯糾來聘. 注云, 宰渠伯糾, 天子下大夫, 繫官氏且字. 定四年, 劉卷卒. 注云, 劉卷氏采, 不名且字. 古言表德之字, 謂之且字, 往往可證者如是. 蓋古二十而冠, 祇云某甫, 五十而後以伯仲某甫者, 所以藉伯仲也. 故鄭注禮之某甫如是. 何注春秋之札卷糾皆爲且字, 與鄭無不合. 作正義者多不能憭, 致轉寫多譌, 而其不譌者, 固可攷而知也. 經注之且字非許書則不憭矣. 若周頌傳曰, 萋且, 敬愼皃, 且, 此也. 則毛公傳於故訓者也. (2) 横音光, 卽桄字. 今俗語讀光去聲, 是也. 合鄭閟宮箋, 明堂位注言之, 有虞氏斷木爲四足而已, 夏后氏中足爲横距之象, 周人足閒有横, 横下有跗, 似乎堂後有房, 故云大房. 按跗, 許作柎, 闌足也. 闌足者, 週圍之足, 空其底之下也. 造字之時, 象其直者四, 横者二. 置於地, 故以一象地. 子余切, 又千也切. 古音嫭在五部. (3) 上㠯爲二字衍文也. 古文且字無二横者. 鄭注明堂位曰, 有虞氏以梡斷木爲四足而已, 夏后氏始中足爲横距, 是也. 又以爲几字者, 古文叚借之法. 几亦箸於地, 故几且同字. 古文字少, 此字大徐本挩去, 从小徐本補入.

---

48 《禮記·明堂位》"俎, 有虞氏以梡, 夏后氏以嶡, 殷以椇, 周以房俎."의 鄭玄의 주석 참조.

49 徐鉉本 참조.

495. 斤(근)부

斫木斧也.(1) 象形.(2) 凡斤之屬皆从斤.(3)

'斤'은 나무를 쪼개는 도끼다. 상형(象形)이다. 斤부에 속하는 한자는 모두 斤의 의미를 따른다.

(1) (이 구절은) 소서본(小徐本)에 의한다.[50] 물건을 쪼개는 데 쓰는 것은 모두 '斧(부)'라고 한다. 나무를 쪼개는 도끼는 '斤'이라 한다.

(2) 가로획은 도끼머리의 모양, 세로획은 손잡이의 모양을 상형하였으며 그 아래는 쪼개진 나무의 모양을 상형하였다. '斤'의 발음은 擧(거)와 欣(흔)의 반절이다. 13부에 속한다.

(3) 내 생각에는 이 전문의 "상형(象形)이다."라는 구절 다음에 "一曰十六兩也[일설에는 16 량(兩)을 1근(斤)이라고 한다.]"라는 여섯 글자가 있어야 할 것 같다. 그래야만 '金(금)'부의 '銖(수)'자와 '鈞(균)'자, '㒳(량)'부의 '兩(량)'자, '禾(화)'부의 '秅(석)'과 합쳐서 '五權(다섯 가지 중량 단위)'이 된다.[51] (일반적으로 허신이 도량형을 나타내는 말을 설명할 때의 예로서) "10서(絫)는 1류(絫)가 된다."라고 하는 설명이 '絫'자에 붙어서 보이고,[52] "1두(斗) 2승(升)이 縠(곡)이다."라는 설명은 '鬲(력)'자에 붙어서 보인다.[53] 《설문》의 예는 바로 그와 같다. 반고(班固)가 '五權(오권)'을 설명하면서 "斤은 밝힌다[明(명)]는 뜻이다."라고 하였다.[54] 이는 곧 《이아(爾雅)》와 <모전(毛傳)>에서 "斤斤은 살핀다[察(찰)]는 뜻이다."라고 한 말과 같다.[55]

---

50 徐鍇本 참조. 徐鉉本에는 '斧'자가 없다.

51 제14편 上 '金'부, 제7편 下 '㒳'부, 제7편 上 '禾'부 部屬字 참조. 이들의 설명에 의하면 24銖가 1兩이고 16兩이 1斤이며 30斤이 1鈞이고 4鈞이 1秅이다. 斤이 250g인 것을 가지고 계산하면 兩은 15.625g이며 銖는 0.65g이다. 鈞은 7.5kg이고 秅은 30kg이다.

52 제14편 下 '厽'부 '絫'자 說解 참조. 이 설명에 의하면 10黍가 1絫가 되고 10絫가 1銖가 된다. 1銖가 0.65g이니 1絫는 6.5mg가 되고 1黍는 0.6mg이 된다.

53 제3편 下 '鬲'부 說解 참조. 1升은 약 200ml가 되니 1斗는 2,000ml가 된다. 그렇다면 1斗 2升은 2,400ml가 되어 그것인 1縠의 용량이 된다. 10斗가 1斛다. 약 20L에 해당된다.

54 《漢書·律曆志》 上 참조.

55 《爾雅·釋訓》 및 《詩·周頌·執競》의 <毛傳> 참조.

(1) 此依小徐本. 凡用斫物者皆曰斧. 斫木之斧, 則謂之斤. (2) 橫者象斧頭, 直者象柄, 其下象所斫木. 擧欣切. 十三部. (3) 按此篆象形之下當有一曰十六兩也六字. 乃與金部銖鈞, 㒳部兩, 禾部秖, 合成五權. 十黍爲絫, 附見於絫下. 斗二升曰觳, 附見於鬲下. 說文之例正如此. 班固說五權曰, 斤, 明也. 卽爾雅毛傳之斤斤, 察也.

496. 斗(두)부

 十升也.(1) 象形. 有柄.(2) 凡斗之屬皆从斗.

'斗'는 10승(升)(의 용량을) 말한다. 상형(象形)이다. 자루가 있다. 斗부에 속하는 한자는 모두 斗의 의미를 따른다.

(1) 가창조(賈昌朝)는 ("十升也"를) "升十之也(승십지야)"라고 썼다.[56] 이 '斗'의 전문은 낭떠러지[斗陗(두초)]라는 뜻의 '斗'를 가차(假借)하여 쓰고 있는데 왜냐하면 '斗'의 모양이 네모지고 곧기 때문이다. 그래서 속자(俗字)로 (따로 '낭떠러지'라는 뜻을 가진) '陡(두)'자를 만들었다.

(2) 위는 국자[斗]의 모양, 아래는 손잡이의 모양을 상형하였다. 국자에 손잡이가 있는 것은 '북두(北斗)'의 모양을 상형하였기 때문일 것이다. '斗'의 발음은 當(당)과 口(구)의 반절이다. 4부에 속한다. 허신은 속자(俗字)를 설명하면서 "사람[人(인)]이 '十(십)'을 잡은 것을 '斗'라 한다."라고 하였다.[57] 위진(魏晋)시대 이후에 '升(승)'자를 만들었는데 '斗'자가 '升'자와 유사하지만 '升'은 아니고 '斤'과 유사하지만 '斤'도 또한 아니다. 그래서 (세속에서 '斗'의 자형이) 사람[人]이 '十'을 잡은 모양이라고 설명했던 것이다.[58]

(1) 賈昌朝作升十之也. 此篆叚借爲斗陗之斗, 因斗形方直也. 俗乃製陡字. (2) 上象斗形, 下象其柄也. 斗有柄者, 蓋象北斗. 當口切. 四部. 許說俗字人持十爲斗. 魏晉以後作升, 似升非升, 似斤非

56 賈昌朝의 《羣經音辨》 卷五 참조.
57 제15편 上 '敍' 참조.
58 《說文解字·敍》 참조.

斤, 所謂人持十也.

497. 矛(모)부

酋矛也. 建於兵車, 長二丈.(1) 象形.(2) 凡矛之屬皆从矛. 𢦏 古文矛. 从戈.

'矛'는 (긴 창인) 추모(酋矛)를 말한다. 병거(兵車)에 세우며 길이는 2장(丈)이다. 상형(象形)이다. 矛부에 속하는 한자는 모두 矛의 의미를 따른다. '𢦏'자는 矛의 고문(古文)이다. '戈(과)'로 구성된다.

(1) (이 구절은) 《주례(周禮) · 고공기(考工記)》에 보인다. 그곳에는 '酋矛(추모)'와 '夷矛(이모)'가 나오는데 "'酋矛'는 1상(常) 4척(尺)의 길이이고 '夷矛'는 3심(尋)의 길이이다."라고 하였다.[59] 정현(鄭玄)의 주석에서는 "酋와 夷는 길고 짧은 것을 가지고 말한 것이다. 酋는 가깝다[遒(주)]라는 말이니 酋는 가깝다는 뜻이고 夷는 길다는 뜻이다."라고 하였다.[60] 내 생각에 허신이 '夷矛'에 대하여 말하지 않았던 이유는 병거(兵車)에 세우는 것이 아니며 늘 사용하는 것이 아니기 때문이었던 것 같다. 《시(詩) · 노송(魯頌)》의 전(箋)에서 "병거(兵車)의 법(法)은 왼쪽 사람이 활을 잡고 오른쪽 사람이 창을 잡고 가운데 사람이 말을 몬다."고 하였다.[61]

(2) 《주례 · 고공기》에서는 '矛'가 '찌르는 병기[刺兵(자병)]'라고 하였다.[62] 그렇다면 그 날이 당연히 곧을 것이다. 그런데 '矛' 자형의 머리 부분이 구부러져 있으니 (그 이유에 대해서

---

59 《周禮 · 考工記 · 廬人》 "廬人爲廬器, 戈柲六尺有六寸, 殳長尋有四尺, 車戟常, 酋矛常有四尺, 夷矛三尋." 鄭玄의 注에 의하면 8尺이 1尋이고 2尋이 1常이다. 이 설명은 許愼의 제3편 下 '寸'부의 '尋'자 설명과도 맞는다. 여기에서 許愼은 酋矛의 길이가 2丈이라 하였으니 그것은 20尺이 되고 《周禮》에서는 1常 4尺이라 하였으니 그것도 20척이 된다. 환산 단위가 달랐을 뿐이다. 尺은 漢代에 약 23.2cm에 해당되므로 20尺이면 약 4m 64cm에 달한다. 尋은 185.6cm이므로 3尋은 5m 56cm에 달한다.

60 《周禮 · 考工記 · 廬人》의 "酋矛常有四尺, 夷矛三尋."의 鄭玄의 注 참조.

61 《詩 · 魯頌 · 閟宮》의 "公車千乘,, 朱英綠縢, 二矛重弓."의 鄭玄의 箋 참조.

62 《周禮 · 考工記 · 廬人》의 "凡兵, 句兵欲無彈, 刺兵欲無蜎, 是故句兵椑, 刺兵摶."의 鄭玄의 注에 "刺兵矛屬"이라 하였다.

는) 듣지 못했다. 세로로 곧은 것은 창 자루의 모양을 상형한 것이고 좌우는 그 장식을 상형한 것이다. 《시·정풍(鄭風)》의 <모전(毛傳)>에서 "重英(중영)이란 창에 있는 꽃 모양의 장식이다."라고 하였고,[63] 《시·노송(魯頌)》의 <모전>에서는 "朱英(주영)이란 창의 장식이다."라고 하였다.[64] 창의 장식은 깃털이나 짐승의 털을 달아서 만들었을 것이다. 정현(鄭玄)의 전(箋)에 의하면[65] <모전>에서 말한 "重喬(중교)는 포개서 쌓았다는 뜻이다. [重喬累荷也]"라고 한 것이[66] 깃털이나 짐승 털을 창에 매어 다는 방법이다. '矛'의 발음은 莫(막)과 浮(부)의 반절이다. 3부에 속한다.

(1) 見考工記. 記有酋矛, 夷矛. 酋矛常有四尺, 夷矛三尋. 鄭注, 酋夷長短, 酋之言遒也, 酋近夷長矣. 按許不言夷矛者, 兵車所不建, 不常用也. 魯頌箋云, 兵車之法, 左人持弓, 右人持矛, 中人御. (2) 考工記謂之刺兵. 其刃當直, 而字形曲其首, 未聞. 直者象其柲, 左右蓋象其英. 鄭風傳云, 重英, 矛有英飾也. 魯頌傳云, 朱英, 矛飾也. 按矛飾蓋縣毛羽. 據鄭箋則毛傳云重喬累荷也者, 所以縣毛羽也. 莫浮切. 三部.

498. 車(거)부

車 輿輪之總名也.(1) 夏后時, 奚仲所造.(2) 象形.(3) 凡車之屬皆从車. 𨏥 籀文車.(4)

'車'는 (몸체와 바퀴를 합한) 수레[輿輪(여륜)]의 총칭[總名]이다. 하후(夏后)의 시대에 혜중(奚仲)이 만들었다. 상형(象形)이다. 車부에 속하는 한자는 모두 車의 의미를 따른다. '𨏥'는 車의 주문(籀文)이다.

(1) 수레에 관한 사물은 많지만 '수레몸체[輿]'와 '바퀴[輪]'만을 말한 것은 '바퀴통[轂

63 《詩·鄭風·淸人》 "二矛重英"의 <毛傳> 참조.
64 《詩·魯頌·閟宮》의 "朱英綠縢, 二矛重弓."의 <毛傳> 참조.
65 《詩·鄭風·淸人》의 "二矛重喬"의 箋 참조.
66 《詩·鄭風·淸人》 "二矛重喬"의 <毛傳> 참조.

(곡)]'·'바퀴살[輻(폭)]'·'바퀴덧테[牙(아)]'가 모두 '바퀴[輪]'에 관한 것으로 묶이고, '수레 앞턱 가로나무[軾(식)]'·'수레 좌우 손잡이[較(교)]'·'수레 뒤턱 가로나무[軫(진)]'·'수레 굴대 끝[軹(지)]'·'수레 난간 기둥[轛(대)]'가 모두 '수레 몸체[輿]'에 관한 것으로 묶이기 때문이다. '수레채[輈(주)]'와 '굴대[軸(축)]'로 수레 몸체와 바퀴를 가게 하기 때문에 창힐(倉頡)이 '車'자를 만들 때 하나의 수레몸체[輿]에 바퀴[輪] 두 개와 축[軸] 하나의 모양만을 상형한 것이다. 허신이 이 글자를 설명하면서 "수레[輿輪]의 총칭이다."라고 한 것은 '바퀴[輪]'를 말하면 '축[軸]'은 저절로 드러나기 때문이다. 혼언(渾言)하면 '輿輪'의 총칭이지만 석언(析言)하면 '輿'만이 '車'라고 칭할 수 있는데 사람이 앉을 수 있는 곳이기 때문이다. 그래서 《주례(周禮)·고공기(考工記)》에서는 "여인(輿人)이 수레[車]를 만든다."라고 하였다.67

(2) 《좌전(左傳)》에 "설(薛)의 황조(皇祖) 혜중(奚仲)이 설(薛) 땅에 살았는데 하거정(夏車正)으로 삼았다."라고 되어 있다. 두예(杜預)는 "혜중(奚仲)이 하우(夏禹)를 위해 거복대부(車服大夫)의 일을 맡았던 것이다."라고 주석하였다.68 그렇다면 혜중(奚仲)이 처음으로 수레를 만든 것은 아니다. 《예기(禮記)·명당위(明堂位)》에서 "구거(鉤車)는 하후씨(夏后氏)의 노거(路車)다."라고 하였고69 《시(詩)·소아(小雅)·육월(六月)》의 '元戎(원융)'에 대한 <모전(毛傳)>에서 "元은 크다[大(대)]는 뜻이다. 하후씨(夏后氏)의 시대에는 '鉤車(구거)'라고 하였으니 (수치나 법도에) 맞음을 중시하였고 은(殷)의 시대에서는 '寅車(인거)'라고 불렀으니 빠른 것을 중시하였고 주(周)에서는 '元戎'이라고 하였으니 좋은 것을 중시하였다."70라고 하였다. 전(箋)에 "鉤는 (구부러진 곳이나 똑바른 곳이나) '鉤股曲直(구고곡직)'의 (법도에) 맞음이 있다는 말이다."라고 하였다.71 속본(俗本)에는 잘못이 더욱 심하다. 지금 《석명(釋名)》과 《음의(音義)》에 의해 바로 잡는다.72 아마도 혜중(奚仲)의 시대에 처음으로 수레의 체제가 정비되어 '句股曲直'의 법에 맞았었던 것 같다. 《고사고(古史攷)》에서 "소호(少昊)의 시대에 (수레에) 소를 더하였고, 우(禹)의 시대에는 혜중(奚仲)이 (수레에) 말을 더하였다."라고 하였지만73 이는 억지 설명이다.

---

67 《周禮·考工記·輿人》 참주

68 《左傳》 定公 元年 참조.

69 《禮記·明堂位》 "鸞車, 有虞氏之路也. 鉤車, 夏后氏之路也." 참조

70 《詩·小雅·六月》 "元戎十乘, 以先啓行."의 <毛傳> 참조.

71 《詩·小雅·六月》 "元戎十乘, 以先啓行."의 鄭玄의 箋에는 "鉤鞶行曲直有正也"라고 되어 있다.

72 《釋名·釋車》 참조.

73 《古史攷》의 말은 《廣韻》 下平聲 九 '麻'운에 인용된 것 참조.

(3) 두 개의 바퀴, 하나의 축과 하나의 수레 몸체의 모양을 상형하였다는 말이다. 이 글자의 전문(篆文)은 가로로 보고 쓴 글자다. 고음(古音)은 '居'다. 5부에 속한다. '車'의 지금 발음은 尺(척)과 遮(차)의 반절이다. 《석명》에서 "옛날에는 '車(거)'라고 하였다. '居(거)'와 같이 발음한다. 즉 길을 갈 때 사람이 앉을 수 있는 기구라는 뜻이었다. 지금은 '車(차)'라고 하고 '車'를 집[舍(사)]이라고 풀이하는데 즉 여행자가 머무는 곳으로 집과 같은 역할을 하기 때문이다."라고 하였다.[74] 위소(韋昭)는 《석명》을 변호하면서 말하기를 "옛날에는 尺(척)과 遮(차)의 반절로 발음하는 방법밖에 없었는데 한대(漢代) 이후로 '居'라는 발음이 생겨났다."라고 하였다. 살펴보면 삼국(三國) 시대에 '歌(가)' 운은 있었으나 '麻(마)' 운은 없었다. '遮(차)'자는 '魚(어)·歌(가)' 운에만 있는 글자이니 ('車'의) 지금 발음과 같지 않았을 것이다. ('車'자의) 고음(古音)은 '袪(거)'와 같이 발음하였다. 그것으로 수레의 운행을 의미하였으며 '居'자와 같이 발음하지는 않았지만 사람이 탈 수 있는 곳이라는 것을 의미하였던 것 같다. 《노자(老子)》의 "當其無有車之用[아무 것도 없는 부분이 있기 때문에 수레의 쓰임이 생긴다.]"에 나오는 ('車'자에) 대해서 《음의(音義)》에서는 去(거)와 於(어)의 반절로 발음한다고 하였으니 이것이 '車'자의 고음이다. 그러나 《주례(周禮)·고공기(考工記)》의 "輿人爲車[여인(輿人)은 수레[車]를 만든다.]"라고 할 때에는 옛날부터 '居'란 발음이 있었으니 위소(韋昭)의 설명이 다 들어맞는 것은 아니다.

(4) ('車'자의 주문 자형이) '戈(과)'로 구성된 것은 수레에 세우는 병기로써 '창[戈]'보다 앞서는 것이 없기 때문이다. (주문 자형[𨏥]에서) '車'를 중첩한 것으로 구성된 것은 병기, 수레가 이어져 있는 모양을 상형한 것이다. '車'가 중첩되니 '戈'도 중첩된다.

(1) 車之事多矣, 獨言輿輪者, 以轂輻牙皆統於輪, 軾較軫軹轛皆統於輿. 輈與軸則所以行此輿輪者也. 故倉頡之制字, 但象其一輿兩輪一軸. 許君之說字, 謂之輿輪之總名, 言輪而軸見矣. 渾言之則輿輪之總名, 析言之則惟輿偁車, 以人所居也. 故攷工記曰, 輿人爲車. (2) 左傳曰, 薛之皇祖奚仲居薛, 以爲夏車正. 杜云, 奚仲爲夏禹掌車服大夫. 然則非奚仲始造車也. 明堂位曰, 鉤車, 夏后氏之路也. 毛詩元戎傳曰, 元, 大也, 夏后氏曰鉤車, 先正也, 殷曰寅車, 先疾也, 周曰元戎, 先良也. 箋云, 鉤者, 鉤股曲直有正也. 俗本譌甚, 今依釋名及音義改正. 蓋奚仲時, 車制始備, 合乎句股曲直之法. 古史攷云, 少昊時加牛, 禹時奚仲加馬, 强爲之說耳. (3) 謂象兩輪一軸一輿之形. 此篆横視之乃得. 古音居. 在五部. 今尺遮切. 釋名曰, 古者曰車, 聲如居, 言行所以居人也, 今曰車, 車, 舍也, 行者所處若屋舍也. 韋昭辯釋名曰, 古惟尺遮切, 自漢以來始有居音. 按三國時尚有歌無麻. 遮字衹在魚歌韻內, 非如

74 《釋名·釋車》 참조.

今音也. 古音讀如祛, 以言車之運行. 不讀如居, 但言人所居止. 老子, 當其無有車之用. 音義, 去於反. 此車古音也. 然考工記, 輿人爲車. 是自古有居音, 韋說未愜也. (4) 从戈者, 車所建之兵, 莫先於戈也. 从重車者, 象兵車聯綴也. 重車則重戈矣.

499. 𠂤(퇴)부

 小𠂤也.(1) 象形.(2) 凡𠂤之屬皆从𠂤.

‘𠂤’는 작은 언덕이라는 뜻이다. 상형(象形)이다. 𠂤부에 속하는 한자는 모두 𠂤의 의미를 따른다.

(1) ‘小𠂤(소부)’는 작은 언덕이다. 《광아(廣雅)》에서 이 의미에 근거하여 “𠂤는 작은 언덕[細阜(세부)]이다.”라고 하였다.75 지금은 글자가 잘못되어 발음 방법을 모른다. 작은 언덕[小𠂤]을 ‘𠂤(퇴)’라고 하는데 《국어(國語)》에서는 ‘魁(괴)’자를 가차(假借)하여 썼다. 《국어·주어(周語)》에 “夫高山而蕩以爲魁陵糞土[산이 높았는데도 탕(蕩)은 작은 구릉 산이 흙을 이고 있는 것이라고 여겼다.]”라고 하였다.76 가규(賈逵), 위소(韋昭)가 모두 “小阜를 ‘魁’라 한다.”라고 하였으니 이것이 곧 허신이 말한 ‘𠂤’자다. 가규의 주석은 <해부(海賦)>에 보인다. ‘𠂤’자를 속자(俗字)로 ‘堆(퇴)’로 쓴다. ‘堆’자가 유행하면서 ‘𠂤’자는 없어졌다. ‘氏(씨)’부에서 “山岸脅之堆旁箸欲落㮇者曰氏[산허리에 붙은 작은 산언덕[堆]이 옆으로 떨어지려는 것을 ‘氏’라고 한다.]”라고 하였는데77 소서본(小徐本)에서는 ‘堆’자로 쓰고 대서본(大徐本)에서는 글자를 빼 버렸다.78 《의례(儀禮)·사관례(士冠禮)》의 주석에서 “追(추)는 堆와 같다.”라고 하였으니 이것으로 ‘追’가 곧 ‘𠂤’의 가차자인 것을 알 수 있다. 이선(李善)의 <칠발(七發)> 주석에서는 “追는 옛날의 ‘堆’자다.”라고 하였다.79 《시(詩)》에 나온 “追琢其章[그 무늬를 다듬고 쪼네.]”이라는 구절에서의 ‘追’ 역시 ‘𠂤’와 같다.80

75 《廣雅·釋丘》 참조.

76 《國語·周語》 下 참조.

77 제12편 下 ‘氏’부 說解 참조.

78 ‘氏’부 說解 二徐本 참조.

79 《文選》 卷三十四 <七發> 참조.

아마 옛날 쇠나 옥의 튀어나온 부분을 다듬는 것을 '𠂤(퇴)'라고 하고 구멍을 뚫는 것은 '琢(탁)'이라고 했을 것이다. '𠂤'자는 말이 바뀌어 '敦(돈)'자로 쓰였다. 《이아(爾雅)》에 나오는 '敦丘(돈구)'[81]가 속자로는 '墩(돈)'으로 쓰인 것이나 《시》의 "敦彼獨宿[작은 언덕처럼 웅크리고 혼자 자네.]"라는 구절의 <모전>에서 ('敦'을) "敦敦然(돈돈연)"으로 해석한 것이 그 예다.[82]

(2) ('𠂤'는) 큰 언덕[𨸏(부)]보다 작은 모양을 상형한 것이다. 그래서 '𨸏'는 언덕이 세 개로 구성되었고 '𠂤'는 두 개로 구성되었다. '𠂤'의 발음은 都(도)와 回(회)의 반절이다. 15부에 속한다.

(1) 小𨸏, 𨸏之小者也. 廣雅本之, 曰, 𠂤, 細阜也. 今譌舛不可讀矣. 小𨸏曰𠂤, 國語叚借魁字爲之. 周語, 夫高山而蕩以爲魁陵糞土. 賈逵韋昭皆曰, 小阜曰魁. 卽許之𠂤也. 賈逵注見海賦. 其字俗作堆, 堆行而𠂤廢矣. 氏下云, 山岸脅之堆旁箸欲落墮者曰氏, 小徐作堆, 大徐則删之. 士冠禮注, 追猶堆也. 是追卽𠂤之叚借字. 李善注七發曰, 追, 古堆字. 詩, 追琢其章. 追亦同𠂤. 蓋古治金玉突起者爲𠂤, 穿穴者爲琢. 𠂤語之轉爲敦, 如爾雅之敦丘, 俗作墩. 詩, 敦彼獨宿. 傳以敦敦然釋之, 皆是也. (2) 象小於𨸏, 故𨸏三成, 𠂤二成. 都回切. 十五部.

80 《詩·大雅·棫樸》 참조.

81 《爾雅·釋丘》 참조.

82 《詩·豳風·東山》 "敦彼獨宿"의 <毛傳> 참조.

제 14 편 下

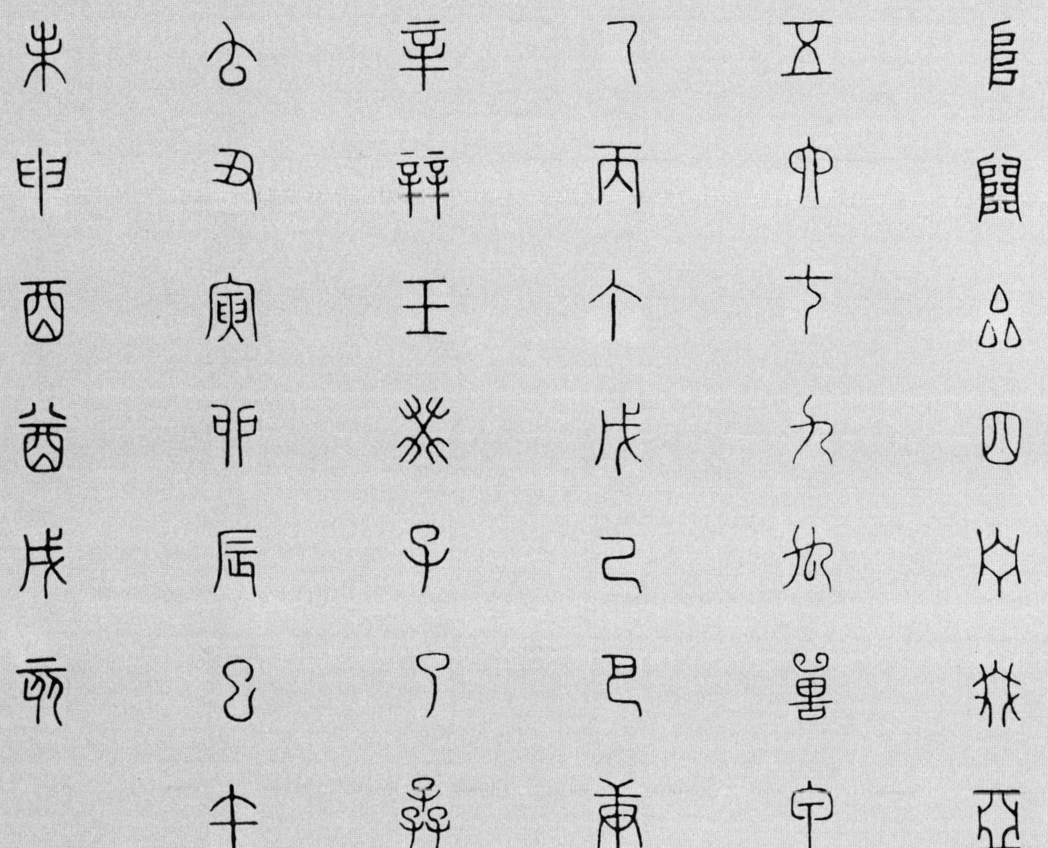

500. 𨸏(부)[1]부

 大陸也.(1) 山無石者. 象形.(2) 凡𨸏之屬皆从𨸏.  古文.(3)

'𨸏'는 큰 언덕이다. 돌이 없는 산이다. 상형(象形)이다. 𨸏부에 속하는 한자는 모두 𨸏의 의미를 따른다. ''는 고문이다.

(1) ("大陸也"의) '也(야)'자는 지금 보충한 것이다. 《이아(爾雅)·석지(釋地)》와 <모전(毛傳)>에서는 모두 "큰 언덕이 '阜(부)'다.[大陸曰阜]"라고 하였다.[2] 이순(李巡)은 "높고 평평한 곳을 '陸(육)'이라 한다.[高平曰陸]"라고 하였다.[3] 토지가 풍만하고 바르게 생긴 것을 이르는 명칭이 '陸'이다. '陸' 가운데 유달리 높고 큰 것을 '阜'라고 하고, '阜' 가운데 가장 큰 것이 '陵(릉)'이다. 인신되어 두텁고 크고 많은 것을 이르게 되었다. 《시(詩)·진풍(秦風)》의 <모전>에서는 "阜는 크다[大(대)]는 뜻이다."라고 하였고 《시·정풍(鄭風)》의 <모전>에서는 "阜는 성하다[盛(성)]는 뜻이다."라고 하였으며,[4] 《국어(國語)》의 주석에서는 "阜는 두텁다[厚(후)]는 뜻이다."라고 하였다.[5] 모두 흙산이 높으며 두텁다는 의미로부터 나온 것이다.

(2) '山(산)'자에서 "돌이 있으면서 높다. 상형이다.[有石而高. 象形.]"라고 하였다.[6] 여기서는

---

1 '𨸏'자는 篆文 자형을 따른 것이다. 지금 楷書 자형은 '阜'로 쓴다. 段注에서는 이 두 글자를 혼용하였다.

2 《爾雅·釋地》와 《詩·小雅·天保》 "如山如阜"의 <毛傳> 참조.

3 李巡의 말은 《詩·小雅·天保》의 疏 참조.

4 《詩·秦風·駟驖》의 <毛傳> 참조.

5 《國語·周語》 上 참조.

"돌이 없다[無石]"라는 말로 돌이 있는 ('山'의 의미와) 구별하였다. 《시경(詩經)》에 "如山如阜[산처럼 언덕처럼]"라는 말이 있는데,[7] '山'과 '𠂤'는 같으면서도 다르다. 《석명(釋名)》에서는 "흙산[土山]을 '阜'라 한다."라고 하였다.[8] "상형(象形)이다."라고 말한 것은 흙산이 높고 크며 위가 평평하여 쌓아서 높게 만들 수도 있는 모양을 상형하였다는 뜻이다. 위는 그 높은 모양을 상형하였고 아래는 세 부분으로 이루어졌음을 상형하였다. '𠂤'의 발음은 房(방)과 九(구)의 반절이다. 3부에 속한다.

(3) (고문 자형[𠴲]은) 위는 쌓아서 높아진 모양을 상형한 것이고 아래는 계단처럼 따라 올라갈 수 있는 모양을 상형한 것이다.

(1) 也字今補. 釋地毛傳皆曰, 大陸曰阜. 李巡曰, 高平曰陸. 謂土地豐正名爲陸. 陸土地獨高大名曰阜, 阜冣大名爲陵. 引申之爲凡厚, 凡大, 凡多之稱. 秦風傳曰, 阜, 大也. 鄭風傳曰, 阜, 盛也. 國語注曰, 阜, 厚也. 皆由土山高厚演之. (2) 山下曰, 有石而高, 象形. 此言無石, 以別於有石者也. 詩曰, 如山如阜. 山與𠂤同而異也. 釋名曰, 土山曰阜, 象形者, 象土山高大而上平, 可層絫而上, 首象其高, 下象其三成也. 房九切. 三部. (3) 上象絫高, 下象可拾級而上.

501. 𨺅(수)[9]부

𨺅 兩𠂤之閒也. 从二𠂤.(1) 凡𨺅之屬皆从𨺅.

'𨺅'는 두 개의 큰 언덕 사이이다. 두 개의 '𠂤(부)'로 구성되었다. 𨺅부에 속하는 한자는 모두 𨺅의 의미를 따른다.

(1) '𨺅'의 발음은 似(사)와 醉(취)의 반절이다. 내 생각에 이 글자에 대해서는 발음을 알 수가 없다. 서현(徐鉉)은 '隧(수)'자를 따라 발음하였다. 《광운(廣韻)》·《옥편(玉篇)》에는 "扶

6 제9편 下 '山'부 說解 참조.
7 《詩·小雅·天保》 참조.
8 《釋名·釋山》 "土山曰阜".
9 '𨺅'자는 현행 字典에는 '부'라고 발음되어 있으나 段注의 반절에 의하여 '수'로 발음한다.

(부)와 救(구)의 반절이다."라고 되어 있으니[10] 이는 '𨸏(부)'자를 따라 발음한 것이다.

(1) 似醉切. 按此字不得其音. 大徐依㒸讀也. 廣韻玉篇, 扶救切. 又依𨸏音讀也.

502. 厽(류)부

絫坺土爲牆壁.(1) 象形.(2) 凡厽之屬皆从厽.

'厽'는 벽돌[坺土(발토)]을 쌓아서 장벽을 만든다는 뜻이다. 상형(象形)이다. 厽부에 속하는 한자는 모두 厽의 의미를 따른다.

(1) '絫(유)'는 지금의 '累(루)'자다. '土(토)'부에서 "한 가래의 흙을 '坺(발)'이라 한다.[一臿土謂之坺]"라고 하였다.[11] '臿'은 지금의 '가래[鍫(초)]'다. 가래로 밭 사이의 흙덩어리를 가져다가 네모지고 반듯하게 흩어지지 않도록 만든다. 지금 시골에서 말하는 '坺頭(발두)'가 바로 이것이다. '版光(판광)'이라고도 한다. 이것을 쌓아서 장벽을 만든다. 야외의 군대 장벽에 이와 같은 것이 많다. 민가에서도 이와 같았다. 군대의 장벽은 '壘(루)'라고 한다.

(2) '발토(坺土)'를 쌓아 둔 모양을 상형하였다. '厽'의 발음은 力(력)과 詭(궤)의 반절이다. 옛날에는 16부에 속했다. 서현(徐鉉)은 "力(력)과 軌(궤)의 반절이다."라고 하였는데,[12] 이는 잘못이다. 예전에 '厽(류)'로 성부를 삼는 글자들은 모두 16부에 속하고, '畾(뢰)'로 성부를 삼는 글자는 15부에 속한다. 이것은 반드시 변별해야 할 사항이다. 《옥편(玉篇)》에서는 "'厽'자를 《상서(尙書)》에서는 '參(참)'자로 보았다."라고 하였다.[13] 내 생각에는 이것은 《상서(尙書)·서백감려(西伯龕黎)》의 "乃罪多參在上[죄가 하늘 위에 많이 쌓아져 있거늘]"[14]이라는 구절에서 '參'자가 간혹 '厽'자로 되어 있었기 때문인 것 같다.

---

10 《廣韻》 去聲 四十九 '宥'운 참조. 《玉篇》 卷二十二 '𨺅'부 第355 참조.

11 제13편 下 '土'부 '坺'자 說解 참조.

12 徐鉉本 참조.

13 《玉篇》 卷二十二 '厽'부 第356 참조.

14 《尙書·西伯龕黎》 참조.

(1) 絫者, 今之累字. 土部曰, 一臿土謂之坺. 臿者, 今之鍫. 以鍫取田閒土塊, 令方整不散, 今里俗云坺頭, 是也. 亦謂之版光. 累之爲牆壁, 野外軍壁多如是, 民家亦如是矣. 軍壁則謂之壘. (2) 像坺土積疊之形. 其音力詭切. 在古十六部. 大徐, 力軌切, 非也. 凡古厽聲之字在十六部, 畾聲之字在十五部, 此必當辨者也. 玉篇云, 厽, 尙書以爲參字. 按此謂西伯戡黎, 乃罪多參在上, 或作厽也.

503. 四(사)부

侌數也.(1) 象四分之形.(2) 凡四之屬皆从四. 𠃢 古文四如此.(3) 亖 籒文四.(4)

'四'는 음수(侌數)이다. 넷으로 나뉜 모양을 상형하였다. 四부에 속하는 한자는 모두 四의 의미를 따른다. '𠃢'는 四의 고문으로 이와 같다. '亖'는 四의 주문(籒文)이다.

(1) (《설문》의) 1편에는 '一(일)'부와 '三(삼)'부를 배열하고 13편에는 '二(이)'부를 배열하였으며 2편에 '八(팔)'부를 배열하고 3편에 '十(십)'부를 배열하였다.[15] (14편에 이르기까지) 수가 완벽하게 갖추어지지 못했기 때문에 여기에서는 숫자 류[類(류)]를 모아 배열하였다.

(2) '囗(위)'는 사방을 상형하였고 '八(팔)'은 나뉜 모양을 상형하였다. '四'의 발음은 息(식)과 利(리)의 반절이다. 15부에 속한다.

(3) 소전(小篆)은 (고문 자형[𠃢]을) 간략하게 고쳐 놓은 것이다.

(4) (주문 자형[亖]은) 산법(算法)에서 2 곱하기 2가 4라는 것을 나타낸 것이다. '二'자의 두 획이 같은 길이라면 '亖'자의 네 획도 같은 길이여야 한다. 요즘의 소전(小篆)에는 잘못된 것이 많다. 《의례(儀禮)·근례(覲禮)》의 '四享(사향)'에 대하여 정현(鄭玄)의 주석에서는 "四는 三이 맞다. 三이나 四자를 쓸 때는 두 글자 모두 획을 포개서 만들었기 때문에 서로 비슷하다. 그래서 잘못되었다."라고 하였다.[16] 《의례(儀禮)·빙례(聘禮)》의 주석에는 다음과 같이 되어 있다. "'조공례(朝貢禮)에서는 폐백의 폭이 4지(只)[17]다.[朝貢禮純四只]'라고

15 제1편 上 '一'부 '三'부, 제2편 上 '八'부, 제3편 上 '十'부 참조.

16 《儀禮·覲禮》 "四享"에 대한 鄭玄의 注 참조.

17 여기서의 '只'자는 곧 '咫'자이며 '⿰豸只'와 같은 글자다. '咫'는 8寸의 길이를 말하므로 1寸 2.3cm를 여덟

되어 있는데 정현(鄭玄)의 기록에는 조상(趙商)의 질문에 답하면서 '여기서의 四자는 三자가 되어야 한다.'라고 하였다."[18] 《주례(周禮)·내재(內宰)》직(職)의 주석에도 다음과 같이 되어 있다. "'천자(天子)의 순수례(巡守禮)에서는 폐백의 길이는 1장(丈) 8척(尺), 폭은 4지(䎾)로 만든다.[天子巡守禮制幣丈八尺純四䎾]'라고 되어 있는데 정현(鄭玄)의 기록에는 조상(趙商)의 물음에 답하면서 또한 '여기서의 四자는 三자가 되어야 한다.'라고 하였다."[19] 《좌전(左傳)》에 "是四國者, 專足畏也.[이 네 나라는 두려워할 만합니다.]"라는 구절이 있는데, 유현(劉炫)은 '四'를 '三'으로 고쳐야 한다고 보았다.[20] 이들은 모두 ('三'과 '四'의) 고자(古字)가 획을 겹쳐서 만들었기 때문에 생겨난 착오다. (일반적으로) 《설문》의 예를 살펴보면, 주문(籒文)을 앞에 두고 고문(古文)을 뒤에 두었다. (그런데 여기 '四'자에서 주문이 뒤로 온 것은) 옮겨 쓰는 과정에서 잘못된 것 같다.

(1) 自一篇列一部, 三部. 十三篇列二部. 二篇列八部. 三篇列十部. 數未備也, 故於此類列之. (2) 謂囗像四方, 八像分也. 息利切. 十五部. (3) 小篆略改之. (4) 此筭法之二二如四也. 二字兩畫均長, 則亖字亦四畫均長. 今人作篆多誤. 覲禮四享. 鄭注曰, 四當爲三, 書作三四字或皆積畫, 字相似, 由此誤. 聘禮注云, 朝貢禮純四只. 鄭志, 荅趙商問, 四當爲三. 周禮內宰職注, 天子巡守禮制幣丈八尺純四䎾. 鄭志, 荅趙商問亦云, 四當爲三. 左傳, 是四國者, 專足畏也. 劉炫謂四當爲三. 皆由古字積畫之故. 按說文之例, 先籒文, 次古文, 此恐轉寫誤倒.

504. 宁(저)부

 辨積物也.(1) 象形.(2) 凡宁之屬皆从宁.

'宁'는 물건을 갖추어 쌓아 놓는다는 뜻이다. 상형(象形)이다. 宁부에 속하는 한자는

배한 18.4cm가 1咫이다. 제8편 下 '尺'부 '咫'자 참조.

18 《儀禮·聘禮》의 鄭玄의 注 및 《正義》 참조.

19 《周禮·天官·內宰》 "凡建國, 佐后立市, 設其次, 置其敘, 正其肆, 陳其貨賄, 出其度量淳制, 祭之以陰禮."의 鄭玄의 注 및 《正義》 참조. 段注의 내용은 정확한 원문의 인용이 아니라 '三'자가 '四'자로 잘못된 것을 지적하는 鄭玄의 언급을 증거로 대기 위하여 발췌하고 節錄한 것이다.

20 《左傳》 昭公 十二年 《正義》 참조.

모두 宁의 의미를 따른다.

(1) '辨(변)'자는 지금 속자(俗字)로는 '辦(판)'자로 쓴다. 발음은 蒲(포)와 莧(현)의 반절이다. 옛날에는 ('辨'과 '辦'이) 다른 글자 다른 발음이 아니었다. 《주례(周禮)》에 "以辨民器[백성에게 기구를 갖추어 준다.]"라는 구절이 있다.[21] 이때의 '辨(변)'자는 갖춘다[具(구)]는 뜻이다. 분별하여 갖추어 놓는다는 뜻이기 때문에 '辨'자가 '刀(도)'로 구성되었다. '積(적)'자는 모은다[聚(취)]는 뜻이다.[22] '宁'자와 '貯(저)'자는 고금자(古今字)다. 《주례》의 주석에는 '褚(저)'자로 되어 있다.[23] 《사기(史記)》에는 '積著(축저)'의 ('著(저)'자로) 되어 있다.[24] 《이아(爾雅)·석궁(釋宮)》에서는 "門屏之間曰宁[문과 병풍 사이를 宁라 한다.]"라고 하였으며, 곽박(郭璞)은 "임금이 조회를 볼 때 서 있는 곳[人君視朝所宁立處]이다."라고 하였다.[25] 《시(詩)》 <모전(毛傳)>에서는 "宁立(저립)은 오래도록 서 있는다[久立(구립)]는 뜻이다."라고 하였다.[26] 그렇다면 '宁立'이라는 말은 바로 물건이 쌓여 있다는 뜻에서 인신된 말이다. 속자(俗字)로 '佇(저)'·'竚(저)'자 등을 쓰지만, 이들은 모두 잘못된 글자다. (잘 쌓아놓으면) 오래 서 있을 수 있으므로 '宁'라고 한다. 《시·제풍(齊風)》에는 '著(저)'자로 되어 있다.[27]

(2) 그 옆에는 가리개[禦(어)]가 있고, 아래에는 발[阯(지)]이 있으며, 위에는 이마[顚(전)]가 있다. 잘 갖추어 쌓아 놓는 모양이다. '宁'의 발음은 直(직)과 侶(려)의 반절이다. 5부에 속한다.

(1) 辨今俗字作辦. 音蒲莧切. 古無二字二音也. 周禮, 以辨民器. 辨, 具也. 分別而具之, 故其字从刀. 積者, 聚也. 宁與貯蓋古今字. 周禮注作褚, 史記作積著. 釋宮, 門屏之間曰宁. 郭云, 人君視朝所宁立處. 毛詩傳云, 宁立, 久立也. 然則凡云宁立者, 正積物之義之引申. 俗字作佇, 作竚, 皆非是. 以其可宁立也, 故謂之宁. 齊風作著. (2) 其旁有禦, 其下有阯, 其上有顚, 辦積之形也. 直侶切. 五部.

21 《周禮·冬官·考工記》 總目 참조.
22 제7편 上 '禾'부 '積'자 說解 참조.
23 《周禮·地官·賈師》의 注 참조.
24 《史記·貨殖列傳》 참조.
25 《爾雅·釋宮》 郭樸의 注 참조.
26 《詩·邶風·燕燕》의 <毛傳> 참조.
27 《詩·齊風·著》 참조.

505. 叕(철)부

綴聯也.(1) 象形.(2) 凡叕之屬皆从叕.

'叕'은 이어 붙인다는 뜻이다. 상형(象形)이다. 叕부에 속하는 한자는 모두 叕의 의미를 따른다.

(1) '綴(철)'자로 '叕'을 해석하였다. 마치 '絫(류)'자로 '厽(류)'자를 해석한 것과 같다. '聯(련)'은 이어졌다[連(연)]는 뜻이다.[28]

(2) '叕'의 발음은 陟(척)과 劣(열)의 반절이다. 15부에 속한다.

(1) 以綴釋叕, 猶以絫釋厽也. 聯者, 連也. (2) 陟劣切. 十五部.

506. 亞(아)부

醜也.(1) 象人局背之形.(2) 賈侍中說旨爲次第也.(3) 凡亞之屬皆从亞.

'亞'는 추하다는 뜻이다. 사람의 등이 구부러진 모양을 상형하였다. 가시중(賈侍中)[29]의 설(說)에 의하면 (亞자를) '다음으로 하다[次第(차제)]'라는 뜻의 글자로 삼았다고 한다. 亞부에 속하는 한자는 모두 亞의 의미를 따른다.

(1) 이것이 '亞'자의 본래 의미다. '亞'자와 '惡(악)'자는 발음과 의미가 모두 같다. 따라서 <저초문(詛楚文)>의 '亞駝(아타)'가 《예기(禮記)》에는 '惡池(악지)'로 되어 있고,[30] 《사기(史記)》의 "盧綰孫他之封惡谷"[31]의 ('惡谷(악곡)'이) 《한서(漢書)》에는 '亞谷(아곡)'으로 되어

28 제12편 上 '耳'부 '聯'자 說解 참조.

29 賈侍中은 賈逵를 말한다. 許愼에게 그가 스승이므로 官名으로 호명한 것이다.

30 《禮記·禮器》 참조.

있다.[32] 송대(宋代)의 옥인(玉印)에는 "周惡夫印(주악보인)"이라고 되어 있는데 유원보(劉原甫)는 이를 조후(條侯) '亞父(아보)'로 보았다.[33]

(2) 추악한 모습을 상형하였다. '亞'의 발음은 衣(의)와 駕(가)의 반절이다. 고음(古音)은 5부에 속한다.

(3) ('亞'의) 또 다른 뜻이다. 《주례(周易)·계사전(繫辭傳)》 상(上)에는 "言天下之至嘖而不可惡也"라는 구절이 있는데 순상(荀爽)은 '惡'자를 '亞'자로 기록하고 '다음으로 한다[次]'라는 뜻이라고 하였다.[34] 《상서대전(尙書大傳)》에 "王升舟入水, 鼓鐘惡, 觀臺惡, 將舟惡.[왕이 배를 타고 물에 들어가면 종을 울리는 것이 그 다음이고 臺를 관망하는 것이 그 다음이고 배의 노를 젓는 것이 그 다음이네.]"이라는 구절이 있다.[35] 정현(鄭玄)은 "惡자는 亞로 발음해야 한다."고 하였으니 '亞'는 다음 순서[次]라는 뜻이다. 모두 가규(賈逵)의 설과 부합된다.

(1) 此亞之本義. 亞與惡音義皆同, 故詛楚文亞駝, 禮記作惡池. 史記, 盧綰孫他之封惡谷, 漢書作亞谷. 宋時玉印曰周惡夫印, 劉原甫以爲卽條侯亞父. (2) 像醜惡之狀也. 衣駕切. 古音在五部. (3) 別一義. 易上繫, 言天下之至嘖而不可惡也. 荀爽惡作亞, 云次也. 尙書大傳, 王升舟入水, 鼓鐘惡, 觀臺惡, 將舟惡. 鄭注, 惡讀爲亞, 亞, 次也. 皆與賈說合.

507. 五(오)부

五行也.(1) 从二.(2) 侌昜在天地閒交午也.(3) 凡五之屬皆从五. ㄨ 古文五如此.(4)

'五'는 오행(五行)이다. '二(이)'로 구성되었다. 음양(侌昜)이 하늘과 땅 사이에서 서

31 《史記》 <惠景間侯者年表> 및 <韓王信盧綰列傳> 참조.

32 《漢書》 <景武昭宣元成功臣表> 및 <韓彭英盧吳傳> 참조.

33 《語林》 참조.

34 《周易·繫辭上》 인용문의 《釋文》 참조.

35 《尙書·大誓》 참조.

로 교차하는 것이다. 五부에 속하는 한자는 모두 五의 의미를 따른다. '㐅'는 五의 고문(古文)으로 이와 같다.

(1) 옛날 성인(聖人)이 '水(수)'·'火(화)'·'木(목)'·'金(금)'·'土(토)'의 다섯 가지가 있다는 것을 알고 난 후에야 이 '五'자를 만들었다.

(2) ('二'는) 천지의 모양을 상형하였다.

(3) (음양(侌昜)이 하늘과 땅 사이에서 서로 교차한다는 것은) '㐅' 모양을 말한다. 즉 '五'의 고문 자형[㐅]의 의미를 풀이한 것이다. '水'·'火'·'木'·'金'·'土'는 서로를 이기고 서로를 낳는[相尅相生(상극상생)] 관계이므로 음양(陰陽)이 서로 교차한다. '五'의 발음은 疑(의)와 古(고)의 반절이다. 5부에 속한다.

(4) 소전(小篆) 자형은 (이 고문 자형[㐅]에) '二'를 더했을 뿐이다. 고문은 음양이 교차하고 관통하는 모양을 상형하였다. 《모시(毛詩)》에 "七月鳴鴂[칠월에 때까치가 운다.]"이라는 구절이 있는데, 왕숙(王肅)은 (七月이 아니라) '五月'이 되어야 한다고 주장하였다.[36] 바로 고문 자형에서는 '五'자와 '七'자가 서로 비슷하기 때문이다.

(1) 古之聖人知有水火木金土五者, 而後造此字也. (2) 像天地. (3) 此謂㐅也. 即釋古文之意. 水火木金土相尅相生, 陰陽交午也. 疑古切. 五部. (4) 小篆益之以二耳, 古文像陰陽午貫之形. 毛詩, 七月鳴鴂. 王肅云, 當爲五月. 正爲古文五與七相近似.

508. 六(육)부

 易之數. 侌變於六, 正於八.(1) 从入八.(2) 凡六之屬皆从六.

'六'은 역(易)의 수(數)다. 음(侌)은 '六'에서 변하고 '八(팔)'에서 올바르게 된다. '入(입)'과 '八(팔)'로 구성되었다. 六부에 속하는 한자는 모두 六의 의미를 따른다.

---

36 《詩·豳風·七月》의 《正義》 참조.

(1) 이 구절은 '六'이 음(陰)의 변화(變化)를 나타내는 수이며 '八'은 음(陰)의 바른 위치[正(정)]를 나타내는 수라는 것을 말하고 있다. 다음 부수자로 나오는 '七(칠)'과 '九(구)'에 대한 설명도 같은 예다.[37] '八'의 전문(篆文)은 이미 2편에 보였다. 그러므로 류(類)를 가지고 말한다면 '六'은 음(陰)의 변화이고 '九'는 양(陽)의 변화이다. 성인(聖人)은 '九'와 '六'을 효(爻)에 연계시키고 '七'과 '八'은 연계시키지 않았다. 김방(金榜)은 다음과 같이 말하였다. "《건착도(乾鑿度)》에서 '七'과 '八'은 단(彖)에 해당하고 '九'와 '六'은 변(變)에 해당하므로 단(彖) 점은 '七'과 '八'을 사용하지만 효(爻) 점은 '九'와 '六'을 사용한다고 하였다. 하나의 효(爻)가 변하면 변하는 효[變爻]를 가지고 점을 보게 된다. 이것이 효(爻) 점에 '九'와 '六'을 사용한다는 뜻이다. 여섯 개 효가 모두 변하지 않거나 두 개의 효 이상이 변하면 단사(彖辭)를 가지고 점을 보게 된다. 이것이 단(彖) 점에 '七'과 '八'을 쓴다는 의미다. 공자(公子) 중이(重耳)가 산가지점을 쳐서 바른[貞(정)] 둔(屯)괘와 후회하는[悔(회)] 예(豫)괘가 나왔는데 모두 '八'이었다. 동인(董因)이 산가지점을 쳐서 태(泰)괘의 '八'을 얻었다. 목강(穆姜)은 산가지점을 쳐서 간(艮)괘의 '八'을 얻었다. 대체로 음효가 변하지 않는 것을 '八'이라 한다."[38]

(2) 회의(會意)자다. '六'의 발음은 力(력)과 竹(죽)의 반절이다. 3부에 속한다.

(1) 此謂六爲陰之變, 八爲陰之正也, 與下文言七九一例. 八篆已見二篇. 故類言之, 六爲陰之變, 九爲陽之變. 聖人以九六繫爻, 而不以七八. 金氏榜曰, 乾鑿度謂七八爲彖, 九六爲變, 故彖占七八, 爻占九六. 一爻變者, 以變爻占, 是爻占九六也. 六爻皆不變及變兩爻以上者, 占之彖辭, 是彖占七八也. 公子重耳筮得貞屯悔豫皆八, 董因筮得泰之八, 穆姜筮得艮之八. 凡陰不變者爲八也. (2) 會意. 力竹切. 三部.

509. 七(칠)부

 昜之正也.(1) 从一. 微侌從中衺出也.(2) 凡七之屬皆从七.

37 許愼은 "七, 昜之正也." "九, 昜之變也."라고 하였다.

38 金榜, 《禮箋》 一 '周易占法' 조항 참조.

'七'은 양(昜)의 바른 위치[正(정)]다. '一(일)'로 구성되었다. 미미한 음(侌)이 가운데에서 삐쳐 나오는 것이다. 七부에 속하는 한자는 모두 七의 의미를 따른다.

(1) 《역(易)》에서는 '九'를 사용하고 '七'은 사용하지 않는다. (이는) 또한 변화하는 것을 사용하고 바르게 정해진 것은 사용하지 않는 것이다. 그렇다면 시초 점에서 변하지 않는 양(陽)은 당연히 '七'이 되어야 한다. 그러나 《좌전(左傳)》과 《국어(國語)》에는 그렇게 쓰인 용례가 보이지 않는다.

(2) (미미한 음(侌)이 가운데에서 삐쳐 나오는 것은) '乚'모양을 설명한 것이다. '七'의 발음은 親(친)과 吉(길)의 반절이다. 12부에 속한다.

(1) 易用九不用七, 亦用變不用正也. 然則凡筮陽不變者當爲七. 但左傳國語未之見. (2) 謂乚. 親吉切. 十二部.

510. 九(구)부

 昜之變也.(1) 象其屈曲究盡之形.(2) 凡九之屬皆从九.

'九'는 양(昜)의 변화[變(변)]다. 끝까지 구부러지는 모양을 상형하였다. 九부에 속하는 한자는 모두 九의 의미를 따른다.

(1) 《열자(列子)》·《춘추번로(春秋繁露)》·《백호통(白虎通)》·《광아(廣雅)》에서 모두 "九는 다한다[究(구)]는 뜻이다."라고 하였다.[39]

(2) 허신의 《설문》에서는 ('구부러졌다'는 의미의 글자를) '詰詘(힐굴)'이라고 쓰는 경우가 많은데, 여기서는 '屈曲(굴곡)'이라고 하였으니, 후대 사람들이 바꾸어 놓은 듯하다. '九'의 발음은 擧(거)와 有(유)의 반절이다. 3부에 속한다.

---

39 《列子·天瑞》"九變者, 究也."《春秋繁露·暖燠常多》"九月者, 天之功大究於是月也."《白虎通·禮樂》"九之爲言究也."《廣雅·釋詁》四下 참조.

(1) 列子春秋繁露白虎通廣雅皆云, 九, 究也. (2) 許書多作詰詘, 此云屈曲, 恐後人改之. 擧有切. 三部.

511. 厹(유)부

 獸足蹂地也.(1) 象形.(2) 九聲.(3) 尒疋曰,(4) 狐貍貛貉醜, 其足蹞, 其迹厹.(5) 凡厹之屬皆从厹. 蹂 篆文厹.(6) 从足柔聲.

'厹'는 짐승의 발이 땅을 밟고 있는 것이다. 상형(象形)이다. '九(구)'가 발음을 나타낸다. 《이아(尒疋)》에 "여우[狐(호)]·이리[貍(리)]·오소리[貛(환)]·담비[貉(맥)]의 무리는 발을 '蹞(번)'이라고 하며 발자국은 '厹'라고 한다."고 하였다. 厹부에 속하는 한자는 모두 厹의 의미를 따른다. '蹂'는 厹의 전문(篆文)이다. '足(족)'으로 구성되었고 '柔(유)'가 발음을 나타낸다.

(1) 발자국을 땅에 남긴 것을 '厹'라고 한다. '蹂(유)'를 가지고 '厹'를 해석하였으니 소전(小篆)의 자형[蹂]으로 고문(古文)의 자형[厹]을 해석한 것이다. 고문을 앞에 제시하고 소전을 뒤에 제시한 것은 '上'부에서 (고문 자형인) '二(상)'자를 먼저 제시한 예가 있다.

(2) (상형(象形)이라는 것은) 'ㄩ' 모양을 말한다.

(3) '厹'의 발음은 人(인)과 九(구)의 반절이다. 3부에 속한다.

(4) 서개(徐鍇)는 "尒疋曰(이아왈)"을 "爾雅曰(이아왈)"로 고쳤는데[40] 옳다. 이것은 (원문을) 후대 사람들이 고쳐 놓은 것일 뿐이다.

(5) 《이아(爾雅)·석수(釋獸)》의 문장이다. '狐(호)'·'貍(리)'·'貛(환)'이 지금은 '貍'·'狐'·'貒(단)'의 순서로 되어 있다. 곽박(郭璞)의 주석에는 "厹는 발자국이다.[指頭處也]"라고 풀이하고 있다. 혼언(渾言)하면 모든 짐승이 남긴 발자국을 '厹'라고 하고, 석언(析言)하면 각기 다른 명칭이 있어서 《이아》의 설명과 같다.

(6) 《이아》의 《음의(音義)》에 따르면 "고문의 자형이 '蹂'이다."라고 되어 있다.[41] 그러나 그

---

40 徐鍇本 참조.

41 《爾雅·釋獸》의 《釋文》 참조.

것은 《설문》의 예를 몰랐기 때문에 고쳐 놓은 것이다.

(1) 足著地謂之厹. 以蹂釋厹, 以小篆釋古文也. 先古文後小篆者, 上部先二之例也. (2) 謂乚. (3) 人九切. 三部. (4) 小徐作爾雅曰, 是也. 此蓋後人所改耳. (5) 釋獸文. 狐貍貛, 今作貍狐貒. 郭注, 厹, 指頭處也. 蓋渾言之, 凡迹皆曰厹, 分析言之則各有名, 如爾雅所說. (6) 爾雅音義云, 古文爲蹂. 由不知說文之例而改之.

512. 嘼(휴)[42] 부

 獸牲也.(1) 象耳頭足厹地之形.(2) 古文嘼下从厹.(3) 凡嘼之屬皆从嘼.

'嘼'는 짐승이다. 귀와 머리, 그리고 땅을 밟고 있는 발의 모양을 상형하였다. 嘼의 고문 자형의 아랫부분은 '厹(유)'로 구성되었다. 嘼부에 속하는 한자는 모두 嘼의 의미를 따른다.

(1) 《이아(爾雅)》의 《석문(釋文)》에서는 《자림(字林)》을 인용하여 "嘼, 犍也."로 되어 있고, 《說文》에서는 "嘼, 牲也."로 되어 있다고 하였다.[43] 그래서 지금 판본의 《설문》에는 ("獸牲也"가) "犍也"로 되어 있다.[44] (이것은) 후대 사람이 《자림》을 근거로 《설문》을 고친 것일 뿐이다. '嘼'와 '牲(생)' 두 글자는 연문(連文)이다. 《예기(禮記)》·《좌전(左傳)》에서 모두 "자식 이름을 지을 때는 짐승[畜牲(축생)]의 (것으로) 하지 않는다."라고 한 것[45]이 그 예다. '牛(우)'부의 '犍(산)'자에서도 "짐승[嘼牲]이라는 뜻이다."라고 하였다.[46] '圈(권)'자에서는 "짐승을 기르는 울타리다.[養嘼之閑]"라고 하였고,[47] '鼳(후)'자에서는 "嘼牲의

42 '嘼'자는 段注의 反切에 의하면 '축'으로 발음하는 것이 옳지 않으며 '휴'로 발음해야 한다고 하였다. 여기에서는 단옥재의 주석에 따라 '휴'로 발음한다. 제13편 下 田(전)부에 나오는 畜(축)자는 다른 글자다.

43 《爾雅・釋畜》의 《釋文》에서 《字林》을 인용하였다.

44 二徐本 참조.

45 《禮記》의 <曲禮>・<內則> 및 《左傳》 桓公 六年 참조.

46 제2편 上 '牛'부 '犍'자 說解 참조.

47 제6편 下 '口'부 '圈'자 說解 참조.

嘼와 같이 발음한다."라고 하였다.[48] 오늘날의 속어(俗語)에는 '畜牲'이라고 하는 경우가 많다. '嘼'자를 오늘날 '畜'으로 쓰는 일이 많은 것은 세속에서 가차(假借)자를 사용하기 때문이다. 《이아》에서는 <석수(釋獸)>와 <석휵(釋嘼)>편을 두어 그 글자를 달리하였는데, 이것에 대하여 육덕명(陸德明)은 "嘼는 기르는 것의 이름이고 獸는 털 있는 짐승의 총칭[總號]이다. 그러므로 <석휵>에서는 '말[馬]'·'소[牛]'·'양[羊]'·'닭[鷄]'·'개[犬]'만을 언급하였고, <석수>에서는 모든 짐승의 이름을 두루 언급한다."라고 설명하고 있다.[49] 《상서(尙書)·무성(武成)》에 "歸嘼(귀휵)"으로 되어 있던 것이 지금은 "歸獸(귀수)"로 되어 있는 것을 보면 (嘼과 獸) 두 글자가 구별 없이 쓰인 지 오래되었다. '畜養'을 옛날에는 모두 '嘼養'이라고 썼다.

(2) 귀 모양을 상형한 것이 '吅'이고, 머리를 상형한 것이 '田'이고, 발이 땅을 밟고 있는 것을 상형한 것이 '古'다. '嘼'의 발음은 許(허)와 救(구)의 반절이다. 3부에 속한다. '六畜'라고 할 때에는 이 발음을 사용해야 한다. 오늘날 丑(축)과 育(육)의 반절로만 발음하는 것은 잘못이다.

(3) ("嘼의 고문 자형의 아랫부분이 '厹'로 구성되었다.[古文嘼下从厹]"는 말은) 고문의 자형이 '[illegible]'로 되어 있다는 것을 말한다. 이것은 고문은 본래 '厹'로 구성되어 땅을 밟고 있는 발의 모양을 상형한 것이라는 말이다. 소전에서는 비록 그 형태가 바뀌었지만, 자형이 가지런하여 쓰기 쉬운 것을 취했을 뿐이다. 그 때문에 고문의 자형을 가지고 소전을 설명한 것이다.

(1) 爾雅釋文引字林, 嘼犍也, 說文嘼牲也. 今本說文作犍也, 乃後人以字林改說文耳. 嘼牲二字連文. 禮記左傳皆云, 名子者不以畜牲, 是也. 牛部犍字下亦曰, 嘼牲也. 圈下曰, 養嘼之閑. 齅下曰, 讀若嘼牲之嘼. 今俗語多云畜牲. 嘼今多用畜者, 俗書叚借而然. 爾雅釋獸釋嘼必異其名者, 陸德明曰, 嘼是嘼養之名, 獸是毛蟲總號. 故釋嘼惟論馬牛羊鷄犬, 釋獸通說百獸之名. 按尙書武成歸嘼, 今作歸獸, 二字不分, 久矣. 凡畜養古作嘼養. (2) 象耳謂吅, 象頭謂田, 象足厹地謂古也. 許救切. 三部. 凡六畜當用此音. 今專讀丑六切. 非也. (3) 謂古文作[illegible]也. 言此者, 謂古文本从厹, 象足蹂地. 小篆雖易其形, 特取整齊易書耳, 故以古文之形釋小篆.

48 제4편 上 '鼻'부 '齅'자 說解 참조.

49 《爾雅·釋畜》의 《釋文》 참조.

513. 甲(갑)부

東方之孟. 昜气萌動.(1) 从木戴孚甲之象.(2) 大一經曰,(3) 人頭空爲甲.(4) 凡甲之屬皆从甲. ⿱宀十 古文甲. 始於一, 見於十, 歲成於木之象.(5)

'甲'은 동쪽의 처음(으뜸)이다. 양기(昜气)가 처음으로 움직이기 시작한다. 나무가 껍질을 (위에) 이고 있는 모양을 상형하였다. 《태일경(太一經)》에 이르기를, "사람 머릿속의 빈곳을 '甲'이라 한다."라고 하였다. 甲부에 속하는 한자는 모두 甲의 의미를 따른다. '⿱宀十'은 甲의 고문(古文)이다. '一(일)'에서 시작하여 '十(십)'에서 드러나고 한 해만에 나무로 자라는 형상이다.

(1) 《사기(史記)·역서(曆書)》에 "甲은 만물이 껍질을 가르고 나오는 것이다."라고 하였다. 《한서(漢書)·율력지(律曆志)》에는 "出甲於甲[甲에서 껍질을 이고 나온다.]"이라고 하였다. 《예기(禮記)·월령(月令)》의 주석에서는 "해의 움직임은 봄에 청도(靑道)[50]에서 시작되는데, 달이 해를 보좌한다. 이때 만물이 껍질을 깬다."라고 하였다. 《예기·월령》에서는 "음력 정월에 천기(天氣)가 하강하고 지기(地氣)가 상승하여, 천지가 화합하고 초목이 싹트기 시작한다."라고 하였다. 지금 전해지는 판본에는 '甲'자의 소전(小篆) 자형이 '⿱宀十'으로 되어 있고 고문(古文) 자형은 '⿱亼十'으로 되어 있는데[51] 지금 바로 잡는다. 자세한 해설은 '戈(과)'부의 '戎(융)'자에 보인다.[52]

(2) '孚(부)'는 알껍질이다. '孚甲'은 오늘날의 '殼(각)'과 같은 말이다. 모든 초목이 처음 생겨날 때는 꼭대기에 씨앗을 이고 나오는 경우도 있고, 그 잎이 먼저 보이는 경우도 있다. 그러므로 '甲'은 그 모양을 상형한 것이다. (글자의) 아랫부분은 나무에 줄기가 있는 모습을 상형하였고 윗부분은 껍질이 아래를 덮고 있는 모양을 상형하였다. '甲'의 발음은 古(고)와 狎(압)의 반절이다. 8부에 속한다. 《시(詩)·위풍(衛風)》의 <모전(毛傳)>에서 "甲은 가까이 한다[親狎(친압)]는 뜻이다."라고 하였는데,[53] 이것은 '甲'이 '狎(압)'의 가차자임을 말

50 '靑道'는 달이 가는 길이다. 立春과 春分에 달이 이 궤도에 들어간다.

51 二徐本 참조.

52 제12편 下 '戈'부 '戎'자 說解 및 段玉裁 注 참조.

53 《詩·衛風·芄蘭》의 <毛傳> 참조.

하는 것이다. 또 《시 · 대아(大雅)》의 "會朝淸明[첫 번째 아침이 밝아 왔네.]"라고 한 구절의 <모전>에서 "會(회)는 甲의 뜻이다."라고 하였는데,[54] '會'는 발음이 '檜(회)'자와 같으며 사물의 덮개를 말한다. 그러므로 '會朝'란 '第一朝[첫 번째 아침]'라는 말과 같다. 이것은 ('檜'와 '甲'이) 성모가 같다는 데서 의미를 취한 것이다. 《사기(史記) · 화식열전(貨殖列傳)》의 "蓋一州(개일주)"가 《한서(漢書)》에는 "甲一州(갑일주)"로 되어 있는 것도 그런 예다.

(3) 《한서(漢書) · 예문지(藝文志)》를 살펴보면 '음양가(陰陽家)'에 《태일병법(太壹兵法)》 1 편이 있고, '오행가(五行家)'에 《태일음양(泰一陰陽)》 23권과 《태일(泰一)》 29권이 있다. 그렇다면 허신이 말하는 《태일경(太一經)》은 이런 종류의 책일 것이다.

(4) ("人頭空爲甲"에서의) '空(공)'자가 다른 판본에는 '宜(의)'자로 되어 있다. 지금 《집운(集韻)》에 의거하여 '空'자로 하는 것이 좋겠다.[55] '空'과 '腔(강)'은 고금자(古今字)의 관계다. 허신이 말하는 '頭空(두공)' · '履空(리공)' · '頟空(액공)'의 ('空'자는) 모두 지금의 '腔'자다. '사람 머릿속의 빈 곳[人頭空]'은 곧 두개골[髑髏(촉루)]을 말한다.

(5) ("始於一, 見於十."이라는 구절이) 송대(宋代) 판본에서는 "始於十, 見於千."으로 되어 있다.[56] 혹자는 "始於下, 見於上."으로 되어야 한다고 보기도 한다.

(1) 史記曆書曰, 甲者, 言萬物剖符甲而出也. 漢書律曆志曰, 出甲於甲. 月令注曰, 日之行, 春東從靑道發生, 月爲之佐, 時萬物皆解孚甲. 月令曰, 孟春之月, 天氣下降, 地氣上騰, 天地和同, 艸木萌動. 今本小篆作[illegible], 古文作[illegible], 今正. 說詳戈部戎字下. (2) 孚者, 卵孚也. 孚甲猶今言殼也. 凡艸木初生, 或戴穜於顚, 或先見其葉, 故其字像之. 下像木之有莖, 上像孚甲下覆也. 古狎切. 八部. 衛風毛傳曰, 甲, 狎也. 言甲爲狎之叚借字也. 又大雅, 會朝淸明. 毛傳曰, 會, 甲也. 會讀如檜, 物之蓋也. 會朝猶言第一朝. 此於雙聲取義. 貨殖傳, 蓋一州, 漢書作甲一州. (3) 攷藝文志, 陰陽家有大壹兵法一篇, 五行家有泰一陰陽二十三卷, 泰一二十九卷. 然則許偁大一經者, 蓋此類. (4) 空各本作宜. 今依集韻作空爲善. 空腔古今字. 許言頭空履空頟空脛空, 皆今之腔也. 人頭空, 謂髑髏也. (5) 宋本作, 始於十, 見於千. 或疑當作, 始於下, 見於上.

---

54 《詩 · 大雅 · 大明》 "會朝淸明"의 <毛傳> 참조.

55 《集韻》 入聲 三十三 '狎'운 참조.

56 二徐本 참조.

514. 乙(을)부

象春艸木寃曲而出，侌气尙彊，其出乙乙也.(1) 與丨同意.(2) 乙承甲. 象人頸.(3) 凡乙之屬皆从乙.

'乙'은 봄에 초목이 구부러져 나오는데 음기(侌气)가 여전히 강하기 때문에 그 나오는 모습이 구불구불한 모양을 상형하였다. '丨(신)'과 글자 구성의 원리가 같다[同意(동의)]. 乙은 甲을 이어받아 (그 뒤로 이어진다.) 사람의 목의 모양을 상형하였다. 乙부에 속하는 한자는 모두 乙의 의미를 따른다.

(1) '寃(원)'은 '막히다[鬱(울)]'라는 뜻이다. '曲(곡)'은 '구부러지다[詘(굴)]'라는 뜻이다. '乙乙(을을)'은 나오기 힘든 모습이다. 《사기(史記)》에 "乙은 만물이 힘들게 생겨나는 모습을 말한다.[萬物生軋軋也]"라고 하였으며,[57] 《한서(漢書)》에서는 "奮軋於乙[乙에서 분쟁이 생긴다.]"이라고 하였다. <문부(文賦)>에서는 "생각이 힘들게 나오는 것이 마치 뽑아내는 것 같다.[思軋軋其若抽]"라고 하였다. (이상의) '軋軋(알알)'은 모두 '乙乙'의 가차자다. '軋(알)'자는 '乙'로 구성되었고 또 '乙'이 발음을 나타낸다. 따라서 '軋'과 '乙'은 같은 발음으로 가차(假借)된다. 《예기(禮記)·월령(月令)》의 정현(鄭玄)의 주석에서는 "乙은 軋의 뜻이다. 때가 되면 만물이 모두 땅을 비집고 나오는데, 사물이 땅을 비집고 나오기 어려운 것은 수레가 땅을 돌기 힘든 것과 같다."라고 하였다.

(2) 아래로부터 위로 관통하는 '丨(신)'자와 ('乙'자는) 문자 구성의 원리가 같다는 뜻이다. '乙'은 아래에서 위로 나올 때에 음기(陰氣)의 장애를 받게 된다는 뜻이므로 글자를 쓸 때는 거꾸로 쓰는 것이 옳다. '乙'의 발음은 於(어)와 筆(필)의 반절이다. 12부에 속한다. 이선(李善)의 설에 따르면 '乙'자의 발음은 '軋'이다.[58]

(3) ('甲'자 다음에 나오는 부수의 설명에서 천간(天干)의 글자를 사람의 인체에 견주어 말하는) 모든 문장은 《태일경(太一經)》에서 한 말을 근거로 한 것이다.

(1) 寃之言鬱，曲之言詘也. 乙乙，難出之皃. 史記曰，乙者，言萬物生軋軋也. 漢書曰，奮軋於乙.

57 《史記·律書》 참조.

58 <文賦>의 李善의 注 참조.

文賦曰, 思軋軋其若抽. 軋軋皆乙乙之叚借. 軋从乙聲, 故同音相叚. 月令鄭注云, 乙之言軋也, 時萬物皆抽軋而出, 物之出土艱屯, 如車之輾地澁滯. (2) 謂與自下通上之丨同意也. 乙自下出上礙於陰, 其書之也宜倒行. 於筆切. 十二部. 按李善乙音軋. (3) 以下皆冡大一經曰言之.

515. 丙(병)부

位南方. 萬物成炳然, 侌气初起, 昜气將虧.(1) 从一入冂.(2) 一者, 昜也.(3) 丙承乙. 象人肩.(4) 凡丙之屬皆从丙.

'丙'은 남쪽에 위치한다. 만물이 분명한 모습을 이루게 되면 음기가 처음으로 일어나고 양기는 사라지려고 한다. '一(일)'과 '入(입)'과 '冂(경)'으로 구성되었다. '一'은 양(陽)이다. 丙은 乙을 잇는다. 사람의 어깨를 상형하였다. 丙부에 속하는 한자는 丙의 의미를 따른다.

(1) 《예기(禮記)・월령(月令)》의 정현(鄭玄)의 주석에서 "丙은 밝다[炳(병)]는 뜻이다. 모든 사물이 밝게 드러난다."라고 하였다. 《사기(史記)・율서(律書)》에서는 "丙은 양도(陽道)가 밝게 드러나는 것이다."라고 하였다. 《한서(漢書)・율력지(律曆志)》에서 말하기를 "丙에서 밝아진다.[明炳於丙]"라고 하였다.

(2) ('丙'은 '一'과 '入'과 '冂'의) 세 글자가 합쳐진 회의(會意)자다. 즉 양(陽)[一]이 冂(경)에 들어가므로 엎드리고 숨어 있다가 어그러지려고 하는 모양이다. '丙'의 발음은 兵(병)과 永(영)의 반절이다. 고음(古音) 10부에 속한다.

(3) ('一'은 양(陽)이라고 한 것은) 전서(篆書) 자형의 '一'모양을 풀이한 것이다.

(4) 이것은 《태일경(太一經)》을 따른 말이다.

(1) 鄭注月令曰, 丙之言炳也, 萬物皆炳然箸見. 律書曰, 丙者, 言陽道箸明. 律曆志曰, 明炳於丙. (2) 合三字會意. 陽入冂, 伏臧將虧之象也. 兵永切. 古音在十部. (3) 釋篆體之一. (4) 冡大一經.

516. 丁(정)부

 夏時萬物皆丁實.(1) 象形.(2) 丁承丙. 象人心.(3) 凡丁之屬皆从丁.

'丁'은 여름에 만물이 왕성하다는 뜻이다. 상형(象形)이다. 丁은 丙을 잇는다. 사람의 심장을 상형하였다. 丁부에 속하는 한자는 모두 丁의 의미를 따른다.

(1) ("夏時萬物皆丁實"에서의) '丁實(정실)'이 서개본(徐鍇本)에는 '丁壯成實(정장성실)'로 되어 있다.[59] 《사기(史記)·율서(律書)》에 "丁은 만물이 성한 것을 말한다."라고 하였다. 《한서(漢書)·율력지(律曆志)》에는 "丁에서 크게 성하게 된다."라고 하였다. 정현(鄭玄)의 《예기(禮記)·월령(月令)》 주석에서는 "제때가 되면 만물이 모두 강대해진다.[時萬物皆强大]"라고 하였다.

(2) '丁'의 발음은 當(당)과 經(경)의 반절이다. 11부에 속한다.

(3) 《태일경(太一經)》을 따른 말이다.

(1) 丁實小徐本作丁壯成實. 律書曰, 丁者, 言萬物之丁壯也. 律曆志曰, 大盛於丁. 鄭注月令曰, 時萬物皆强大. (2) 當經切. 十一部. (3) 冡大一經.

517. 戊(무)부

 中宮也.(1) 象六甲五龍相拘絞也.(2) 戊承丁. 象人脅.(3) 凡戊之屬皆从戊.

'戊'는 중궁(中宮)이다.[60] 육갑(六甲)과 오룡(五龍)이 서로 얽혀 있는 모양을 상형하였다. 戊는 丁을 잇는다. 사람의 옆구리를 상형하였다. 戊부에 속하는 한자는 모두 戊

59 徐鍇本 참조.

60 '中宮'은 五行 중의 '土'를 의미하기도 하고 북극성을 가리키기도 함. 段玉裁 注에 의하면 五行의 土와 관계가 깊다.

의 의미를 따른다.

(1) 정현(鄭玄)은 《예기(禮記)·월령(月令)》 주석에서 "戊는 무성하다[茂(무)]는 말이다."라고 하였다. 만물이 모두 가지와 잎이 무성한 것이다. 《한서(漢書)·율력지(律曆志)》에 "戊에서 무성해진다."라고 하였다.

(2) '육갑(六甲)'이란 《한서》에서 "日有六甲[날에는 六甲이 있다.]"라고 할 때의 '六甲'을 말한다. '오룡(五龍)'이란 '五行(오행)'이다. 《수경주(水經注)》에는 《둔갑개산도(遁甲開山圖)》의 "오룡(五龍)이 교화를 받고 천황(天皇)이 쫓김을 당하였다."라는 구절을 인용하였다. 영씨(榮氏)의 주석에서는 "오룡(五龍)은 오방(五方)에서 다스리므로 오행(五行)의 신이 된다."라고 하였다.[61] 《귀곡자(鬼谷子)》의 "성신(盛神)은 오룡(五龍)을 본받는다."에 대한 도홍경(陶弘景)의 주석에서 "오룡(五龍)은 오행(五行)의 용(龍)이다."라고 하였다. 허신은 '戊'의 자형을 '육갑(六甲)'과 '오룡(五龍)'이 서로 얽혀 있는 모양이라고 설명하였다. '戊'의 발음은 莫(막)과 候(후)의 반절이다. 3부에 속한다. 세속에서는 잘못 발음하는 경우가 많다.

(3) 《태일경(太一經)》을 따른 말이다.

(1) 鄭注月令曰, 戊之言茂也. 萬物皆枝葉茂盛. 律曆志曰, 豐楙於戊. (2) 六甲者, 漢書, 日有六甲, 是也. 五龍者, 五行也. 水經注引遁甲開山圖曰, 五龍見敎, 天皇被迹. 榮氏注云, 五龍治在五方, 爲五行神. 鬼谷子, 盛神法五龍. 陶注曰, 五龍, 五行之龍也. 許謂戊字之形像六甲五行相拘絞也. 莫候切. 三部. 俗多誤讀. (3) 冡大一經.

518. 己(기)부

中宮也.(1) 象萬物辟藏詘形也.(2) 己承戊. 象人腹.(3) 凡己之屬皆从己.
 古文己.(4)

'己'는 중궁(中宮)이다. 만물이 오그라들어 구부러진 모양을 상형하였다. 己는 戊를

61 《水經注》 <河水>편 一에 《遁甲開山圖》와 榮注가 인용됨.

잇는다. 사람의 배를 상형하였다. 己부에 속하는 한자는 모두 己의 의미를 따른다. '𢀳'는 己의 고문(古文)이다.

(1) '戊'와 '己'는 모두 중궁(中宮)이다. 그래서 "가운데[中央(중앙)]는 土(토)다. 그날은 戊己(무기)다.[中央土, 其日戊己.]"62라고 하였다. 주석에서는 "己는 일어난다[起(기)]는 말이다."라고 하였다. 《한서(漢書)·율력지(律曆志)》에서는 "己에서 다스려진다.[理紀於己]"라고 하였다. 《석명(釋名)》에서는 "己는 알아볼 수 있는 일정한 형태가 있다. 인신된 의미로서 '남과 자기 자신[人己(인기)]'이라고 할 때의 '己'로 쓰인다."라고 하였다.63 '己'로 남과 구별한다는 것은 자기는 가운데에 있고 남은 밖에 있으니 식별할 수 있다는 말이다. 《논어(論語)》에서 "자기를 이기고[克己(극기)] 예(禮)를 회복하는 것이 '仁(인)'이다."라고 하였다.64 '克己'는 자기를 이기는 것이다.

(2) ("象萬物辟藏詘形也"에서의) '辟藏(벽장)'은 돌아가면서 돌며 안으로 오그라드는 것이다. 자형에서 구부러지는 모양을 상형하였다. 이 글자와 '그만두다[已止(이지)]'라는 뜻의 '已(이)'자는 절대로 같지 않다. 송대(宋代) 이전에는 구별되었지만 명대(明代) 이후로는 서적 사이에 큰 혼란이 생겼다. 《논어(論語)》의 "莫己知也. 斯己而已矣.[자기를 알아주지 않으면 거기에서 그칠 뿐이다.]"65와 같은 경우, 당석경(唐石經)에서는 잘못되지 않았지만, 송대(宋代) 학자들은 도리어 이해하지 못하였다. '己'의 발음은 居(거)와 擬(의)의 반절이다. 1부에 속한다.

(3) 《태일경(太一經)》을 따른 말이다.

(4) '己亥(기해)'가 '三豕(삼시)'로 잘못된 것은 '己'의 (고문 자형과) '三'자의 자형이 비슷하기 때문이다.66

(1) 戊己皆中宮, 故中央土, 其日戊己. 注曰, 己之言起也. 律曆志曰, 理紀於己. 釋名曰, 己, 皆有

---

62 《禮記·月令》 '季夏之月'에 나오는 구절이다.

63 《釋名·釋天》 참조.

64 《論語·顔淵》 참조.

65 《論語·憲問》 "旣而曰鄙哉, 硜硜乎, 莫己知也, 斯已而已矣."

66 子夏가 晉나라로 가면서 위나라를 지나는데 역사서를 보고 있던 사람이 "진나라 군대가 三豕에 河水를 건넜다."라고 읽었다. (그러자) 子夏가 "아니다. 己亥가 옳다. 己자는 三자와 비슷하고, 豕자는 亥자와 비슷해서 잘못된 것이다."라고 하였다. 晉나라에 도착해서 그 일을 물었더니, "晉나라 군대는 己亥년에 河水를 건넜다."라고 하였다.[子夏之晉, 過衛, 有讀史記者曰 晉師三豕涉河. 子夏曰, 非也, 是己亥也. 夫己與三相近, 豕與亥相似. 至于晉而問之, 則曰, 晉師己亥涉河也.](《呂氏春秋·愼行論·察傳》)

定形, 可紀識也, 引申之義爲人己. 言己以別於人者, 己在中, 人在外, 可紀識也. 論語, 克己復禮爲仁. 克己言自勝也. (2) 辟藏者, 盤辟收斂. 字像其詰詘之形也. 此與巳止字絕不同. 宋以前分別. 自明以來書籍閒大亂. 如論語, 莫己知也, 斯己而已矣. 唐石經不譌, 宋儒乃不能了. 居擬切. 一部. (3) 冡大一經. (4) 己亥譌三豕者, 己與三形似也.

519. 巴(파)부

 蟲也.(1) 或曰, 食象它.(2) 象形.(3) 凡巴之屬皆从巴.

'巴'는 벌레다. 혹자는 코끼리를 먹은 뱀이라고 한다. 상형(象形)이다. 巴부에 속하는 한자는 모두 巴의 의미를 따른다.

(1) ('巴'라는) 벌레의 이름이라는 뜻이다.

(2) 《산해경(山海經)》에 "巴蛇(파사)는 코끼리를 먹는다. 3년이 지나야 그 뼈를 내놓는다."라고 하였다.67

(3) '巴'의 발음은 伯(백)과 加(가)의 반절이다. 고음(古音) 5부에 속한다. 내 생각에 ('巴'에 대하여) "'己(기)'로 구성되었다.[从己]"라고 하지 않은 이유는 ('己'자와 '巴'자가) 자형이 유사하여 뒤에 붙여 놓은 것이며, '巴'자가 결코 '己'자로 구성된 것은 아니기 때문인 것 같다.

(1) 謂蟲名. (2) 山海經曰, 巴蛇食象, 三歲而出其骨. (3) 伯加切. 古音在五部. 按不言从己者, 取其形似而軵之, 非从己也.

---

67 《山海經·海內南經》 참조.

520. 庚(경)부

位西方.(1) 象秋時萬物庚庚有實也.(2) 庚承己. 象人臍.(3) 凡庚之屬皆从庚.

'庚'은 서쪽에 위치한다. 가을에 만물이 열매를 맺는 모양을 상형하였다. 庚은 己를 잇는다. 사람의 배꼽을 상형하였다. 庚부에 속하는 한자는 모두 庚의 의미를 따른다.

(1) 《사기(史記)·율서(律書)》에서 "庚은 음기가 만물을 바꿔 놓는 것이다."라고 하였다. 《한서(漢書)·율력지(律曆志)》에서 "庚에서 거두어들인다.[斂更於庚]"라고 하였다. 《예기(禮記)·월령(月令)》의 주석에서 "庚은 바꾼다[更(경)]는 뜻이다. 만물이 모두 숙연하게 모습을 바꾸고 이삭과 열매가 새롭게 영근다는 말이다."라고 하였다.[68]

(2) ("象秋時萬物庚庚有實也"에서의) '庚庚(경경)'은 열매를 맺는 모양이다. 복건(服虔)의 《한서》 주석에서 "庚庚은 옆으로 가로지른 모습이다."라고 하였다.[69] 이 글자는 상형(象形)한 것이다. '庚'의 발음은 古(고)와 行(행)의 반절이다. 고음(古音) 10부에 속한다. '岡(강)'자와 같이 발음한다.

(3) 이것은 《태일경(太一經)》을 따른 말이다. 서개(徐鍇)는 ('庚'자 설명에 대한) 이양빙(李陽冰)의 주장을 반박하였다. 이양빙은 ('庚'이) '干(간)'으로 구성되고 '𠬞'는 사람의 두 손이 방패[干]를 잡고 서 있는 모양을 상형한 것이라고 주장하였다.[70] 이양빙의 설은 따라서는 안 된다. 지금 각 판본의 소전(小篆) 자형은 모두 이양빙의 설을 따르고 있는데 이는 잘못이다. (소전 자형) 가운데에 있는 'ㅂ'모양은 사람의 배꼽을 상형한 것이다.

(1) 律書曰, 庚者, 言陰氣更萬物. 律曆志, 斂更於庚. 月令注曰, 庚之言更也, 萬物皆肅然更改, 秀實新成. (2) 庚庚, 成實皃. 服虔漢書注曰, 庚庚, 橫皃也. 字象形. 古行切. 古音在十部. 讀如岡. (3) 冡大一經. 按小徐駁李陽冰說, 从干, 𠬞象人兩手把干立, 不可從. 今各本篆皆從陽冰, 非也. 中ㅂ者, 象人臍.

68 《禮記·月令》'孟秋之月' "其日庚辛"의 注 참조.

69 《漢書·文帝紀》"大橫庚庚"의 注 참조.

70 《說文解字繫傳》 <袪妄>篇 참조.

521. 辛(신)부

秋時萬物成而孰.(1) 金剛味辛.(2) 辛痛卽泣出.(3) 从一䇂.(4) 辛, 辠也.(5) 辛承庚. 象人股.(6) 凡辛之屬皆从辛.

‘辛’은 가을에 만물이 자라서 성숙하게 된다는 뜻이다. 쇠[金(금)]는 단단하면서 맛이 맵다. 너무 매우면 눈물이 나온다. ‘一(일)’과 ‘䇂(건)’으로 구성되었다. ‘辛’은 죄(辠)이라는 뜻이다. 辛은 庚을 잇는다. 사람의 넓적다리를 상형하였다. 辛부에 속하는 한자는 모두 辛의 의미를 따른다.

(1) 《사기(史記)·율서(律書)》에 “辛은 만물이 새롭게 태어나는 것이다. 그 때문에 ‘辛’이라 한다.”라고 되어 있다. 《한서(漢書)·율력지(律曆志)》에는 “모두 ‘辛’에서 새로워진다.”라고 하였고, 《釋名》에서 “辛은 새롭다[新(신)]는 뜻이다. 사물이 처음으로 새로워진 것은 모두 거두어 이룬다.”라고 하였다.[71]

(2) (“金은 단단하면서 맛이 맵다.[金剛味辛]”는 것은) 다 자라서 익은 맛을 말하는 것이다.

(3) (“너무 매우면 눈물이 나오기[辛痛卽泣出]”) 때문에 (‘辛’자를) 고생, 괴로움을 뜻하는 글자로 삼게 되었다.

(4) ‘一’은 양(陽)이다. 양(陽)이 ‘죄[䇂(건)]’로 들어가는 것을 ‘愆陽(건양)’이라 한다. ‘辛’의 발음은 息(식)과 鄰(린)의 반절이다. 13부에 속한다.

(5) 너무 매워서 눈물이 나오는 것[辛痛泣出]이 죄를 지은 사람의 모양이다. ‘辠(죄)’·‘宰(재)’·‘辜(고)’·‘辥(辥)’·‘辭(사)’자 등이 모두 ‘辛’으로 구성된 것은 이러한 이유에서다.[72]

(6) 《태일경(太一經)》을 따른 말이다.

(1) 律書曰, 辛者, 言萬物之新生, 故曰辛. 律曆志曰, 悉新於辛. 釋名曰, 辛, 新也, 物初新者, 皆收成也. (2) 謂成孰之味也. (3) 故以爲艱辛字. (4) 一者, 陽也. 陽入於䇂, 謂之愆陽. 息鄰切. 十三部. (5) 辛痛泣出, 辠人之象. 凡辠宰辜辥辭皆从辛者, 由此. (6) 冡大一經.

---

71 《釋名·釋天》 참조.

72 제14편 下 ‘辛’부 部屬字 참조.

522. 辡(변)부

辠人相與訟也. 从二辛.(1) 凡辡之屬皆从辡.

'辡'은 죄인이 서로 송사한다는 뜻이다. 두 개의 '辛(신)'으로 구성되었다. 辡부에 속하는 한자는 모두 辡의 의미를 따른다.

(1) 회의(會意)자다. '辡'의 발음은 方(방)과 免(면)의 반절이다. 12부에 속한다.

(1) 會意. 方免切. 十二部.

523. 壬(임)부

位北方也. 侌極昜生.(1) 故易曰, 龍戰于野.(2) 戰者, 接也.(3) 象人褢妊之形.(4) 承亥壬㠯子生之敘也.(5) 壬與巫同意.(6) 壬承辛. 象人脛. 脛任體也.(7) 凡壬之屬皆从壬.

'壬'은 북쪽에 위치한다. 음(侌)이 극에 달하면 양(昜)이 생겨난다. 그러므로 《역(易)》에서는 "용이 들판에서 교접한다."라고 하였다. '戰(전)'은 '접하다[接(접)]'의 뜻이다. 사람이 임신한 모양을 상형하였다. '亥(해)'에서 잉태하여 '子(자)'가 생겨나는 순서를 이어간다는 뜻이다. 壬은 '巫(무)'자와 글자 구성의 원리가 같다[同意(동의)]. 壬은 辛을 잇는다. 사람의 다리를 상형하였다. 다리는 몸체를 지탱해 준다. 壬부에 속하는 한자는 모두 壬의 의미를 따른다.

(1) 《예기(禮記)・월령(月令)》 주석에 "壬은 임신하다[任(임)]라는 뜻이다. 때가 되면 만물이 땅속에서 회임(懷任)한다."라고 하였다.[73] 《사기(史記)・율서(律書)》에 "壬은 임신하다

73 《禮記・月令》'孟冬之月' "其日壬癸"의 注 참조.

[任]라는 뜻이다. 양기(陽氣)가 아래에서 만물을 잉태하고 길러주는 것을 말한다."라고 하였다. 《한서(漢書) · 율력지(律曆志)》에서 "壬에서 회임(懷任)한다."라고 하였다. 《석명(釋名)》은 "壬은 임신하다[妊(임)]는 뜻이다. 음양(陰陽)이 교차하면 만물이 씨앗을 잉태하여 싹이 트게 된다."라고 하였다.[74]

(2) 이것은 《역(易) · 곤괘(坤卦)》 상육(上六) 효의 효사(爻辭)다.[75]

(3) 《역(易)》에 나오는 '戰(전)'자를 풀이한 것이다. 《역》을 인용한 것은 음(陰)이 극에 달하면 양(陽)이 생겨남을 입증하기 위해서다. 《건착도(乾鑿度)》에서 "양(陽)은 '亥(해)'에서 비롯되니 건(乾)의 자리는 '亥'에 있다."라고 하였다. 《역 · 문언전(文言傳)》에서는 "양(陽)이 (있는가) 의심하기 때문에 용(龍)이라 일컫는다."라고 하였다.[76] 허신은 '亥'와 '壬'이 덕을 합하고 '亥'와 '壬'이 양기(陽氣)를 잉태하면 '子'에 이르러 낳게 된다고 생각한 것이다.

(4) '壬'의 발음은 如(여)와 林(림)의 반절이다. 7부에 속한다.

(5) 이 때문에 《역 · 곤괘(坤卦)》 상육(上六)의 효사(爻辭)를 근거로 들었다. 곤괘(坤卦)의 상육(上六)은 '亥'에 해당한다.

(6) '巫(무)'자는 사람이 두 소매로 춤을 추는 모습을 상형하였고 '壬'자는 사람의 배가 큰 모습을 상형하였다.

(7) 《태일경(太一經)》을 따른 말이다.

(1) 月令鄭注, 壬之言任也, 時萬物懷任於下. 律書曰, 壬之爲言任也. 言陽气任養萬物於下也. 律曆志曰, 懷任於壬. 釋名曰, 壬, 妊也, 陰陽交, 物懷妊, 至子而萌也. (2) 坤上六爻辭. (3) 釋易之戰字. 引易者, 證陰極陽生也. 乾鑿度曰, 陽始於亥, 乾位在亥. 文言曰, 爲其兼於陽, 故稱龍. 許君以亥壬合德, 亥壬包孕陽气, 至子則滋生矣. (4) 如林切. 七部. (5) 故舉坤上六爻辭坤上六在亥. (6) 巫像人兩袖舞, 壬像人腹大也. (7) 冡大一經.

---

74 《釋名 · 釋天》 참조.

75 《易 · 坤卦》 "上六, 戰龍於野, 其血玄黃." 上六은 坤卦의 맨 위에 있는 陰爻를 가리킨다.

76 《易 · 坤卦》 <文言傳> "陰疑於陽, 必戰. 爲其嫌於無陽也, 故稱龍焉."

524. ※(계)[77]부

冬時水土平, 可揆度也.(1) 象水從四方流入地中之形.(2) ※承壬. 象人足.(3) 凡※之屬皆从※. 癸 籒文. 从癶从矢.(4)

'※'는 겨울에 물과 땅이 고르게 되어서 잴 수 있다는 뜻이다. 물이 사방에서 땅속으로 흘러 들어가는 모양을 상형하였다. ※는 壬을 잇는다. 사람의 발 모양을 상형하였다. ※부에 속하는 한자는 모두 ※의 의미를 따른다. '癸'는 주문(籒文)이다. '癶(발)'과 '矢(시)'로 구성되었다.

(1) '揆(규)'자와 '癸(계)'자는 운모가 같다. 《사기(史記)·율서(律書)》에 "癸라는 말은 헤아리다[揆]는 뜻이다. 만물을 헤아려 볼 수 있다는 말이다."라고 하였다. 《한서(漢書)·율력지(律曆志)》에는 "癸에서 헤아려 본다."라고 하였다.

(2) '※'의 발음은 居(거)와 誄(뢰)의 반절이다. 15부에 속한다.

(3) 《태일경(太一經)》을 따른 말이다.

(4) '癸'는 사람의 발을 상형하였기 때문에 '癶(발)'[78]로 구성되었으며 '矢(시)'가 발음을 나타낸다. '※'는 본래 고문(古文)의 자형인데 소전(小篆)에서 고문을 그대로 따르고 자형을 고치지 않았다. 그래서 소전(小篆) 자형을 앞에 두고 주문(籒文) 자형을 뒤에 두었다. 그러나 '艸(초)'부에는 '葵(규)'자가 '蓌'자로 되어 있고,[79] '手(수)'부에는 '揆(규)'자로 되어 있는 것[80]으로 보건대 예전에는 '癸'로 구성된 형성(形聲)자가 두 가지 자형을 모두 취했음을 알 수 있다.

(1) 揆癸疊韻. 律書曰, 癸之爲言揆也, 言萬物可揆度. 律曆志曰, 陳揆於癸. (2) 居誄切. 十五部. (3) 冢大一經. (4) 癸象人足, 故从癶矢聲. ※本古文, 小篆因之不改, 故先篆後籒. 而艸部葵作蓌, 手部作揆, 知古形聲兼取二形也.

---

77 '※'자는 篆書의 자형을 따르는 楷書體다. 지금은 '癸'자로 사용하는데 이는 籒文의 자형이다. 段玉裁는 許愼의 說解에서는 '※'자를 사용하고 자신의 注에서는 '※'자와 '癸'자를 혼용하였다.

78 '癶(발)'자는 지금의 해서로 '癶'로 쓴다. 제2편 下 '癶'부 참조.

79 제1편 下 '艸'부 '葵'자 참조.

80 제12편 上 '手'부 '揆'자 참조.

525. 子(자)부

 十一月昜气動, 萬物滋.(1) 人目爲偁.(2) 象形.(3) 凡子之屬皆从子.  古文子. 从巛, 象髮也.(4)  籀文子. 囟有髮,(5) 臂(6)脛(7)在几上也.(8)

'子'는 11월에 양기가 움직여서 만물이 자라난다는 뜻이다. 사람은 이 글자를 가지고 호칭으로 삼는다. 상형(象形)이다. 子부에 속하는 한자는 모두 子의 의미를 따른다. ''는 子의 고문(古文)이다. '巛(천)'으로 구성되었는데 머리카락의 모양을 상형하였다. ''는 子의 주문(籀文)이다. 정수리에 머리털이 있는 모양이며 팔과 다리가 걸상[几] 위에 있는 모양이다.

(1) 《사기(史記)·율서(律書)》에 "子는 번성한다[滋(자)]는 뜻이다. 만물이 아래에서 자라남을 말한다."라고 하였고, 《한서(漢書)·율력지(律曆志)》에는 "子에서 자라난다.[孳萌於子]"라고 하였다.

(2) ("人目爲偁"에서의) '人(인)'자가 각 판본에는 '入(입)'자로 잘못되어 있다.[81] 지금 바로잡는다. ('子'자를 가지고 호칭으로 사용하는 것은) (봉황새) '朋(붕)'자로 무리[朋黨(붕당)]를 뜻하고, (어긋날) '韋(위)'자로 가죽[皮韋(피위)]을 뜻하고, (까마귀) '烏(오)'자로 감탄하는 말[烏呼(오호)]을 뜻하고, (보리) '來(래)'자로 오고가다[行來(행래)]를 뜻하고, (새가 깃들) '西(서)'자로 서쪽 방위[東西(동서)]를 뜻하는 것과 같은 예다.[82] 대체로 '以爲(이위)'라고 말하는 것은 모두 허신이 발명한 육서(六書)의 가차(假借)하는 방법을 뜻한다. '子'는 본래 양기가 움직여 만물이 자라는 것을 일컫는 것이다. 만물 중에서는 사람보다 신령스러운 것이 없다. 그러므로 가차하여 사람을 부르는 말로 사용하게 되었다.

(3) 사물이 자라는 모습을 상형하였고, 또한 사람의 머리와 손발의 모습을 상형하였다. '子'의 발음은 卽(즉)과 里(리)의 반절이다. 1부에 속한다.

(4) (고문 자형[]에서) 머리카락을 상형한 것은 '𦣻(수)'[83]와 글자 구성의 원리가 같다.[同意

81 二徐本 참조.

82 제4편 上 '鳥'부 '鳳'자 說解 참조. 제5편 下 '韋'부 說解 참조. 제4편 上 '烏'부 說解 참조. 제5편 下 '來'부 說解 참조. 제12편 上 '西'부 說解 참조.

83 제9편 上 '𦣻'부 참조.

(동의)]

(5) (주문 자형[[illegible]]에서 머리카락은) ‘巛’처럼 생긴 부분을 말한다.

(6) (주문 자형[[illegible]]에서 팔은) ‘𡿨𡿨’처럼 생긴 부분을 말한다.

(7) (주문 자형[[illegible]]에서 다리는) ‘人’처럼 생긴 부분을 말한다.

(8) ‘木(목)’부에서 “牀(상)은 몸을 편안히 하여 앉는 의자[安身之几坐]다.”라고 하였다.[84]

(1) 律書, 子者, 滋也, 言萬物滋於下也. 律曆志曰, 孳萌於子. (2) 人各本譌入, 今正. 此與以朋爲朋攩, 以韋爲皮韋, 以烏爲烏呼, 以來爲行來, 以西爲東西一例. 凡言以爲者, 皆許君發明六書叚借之法. 子本陽气動萬物滋之偁, 萬物莫靈於人, 故因叚借以爲人之偁. (3) 象物滋生之形, 亦象人首與手足之形也. 卽里切. 一部. (4) 象髮與𡿺同意. (5) 巛也. (6) 𡿨𡿨也. (7) 人也. (8) 木部曰, 牀者, 安身之几坐也.

526. 了(료)부

 尥也.(1) 从子無臂. 象形.(2) 凡了之屬皆从了.

‘了’는 두 다리가 꼬였다는 뜻이다. ‘子(자)’에 팔이 없는 모양으로 구성되었다. 상형(象形)이다. 了부에 속하는 한자는 모두 了의 의미를 따른다.

(1) ‘尥(료)’는 걸을 때 다리가 서로 교차하는 것이다. 소가 걸으면서 다리가 서로 교차하는 것을 ‘尥’라고 한다.[85] 사물 가운데 두 다리나 한 다리가 얽혀 있어서 반듯하게 펴지지 않는 것을 ‘了戾(료려)’라고 한다. 《방언(方言)》에 “軫(진)은 어그러졌다[戾(려)]는 뜻이다.”라고 하였는데 곽박(郭璞)의 주석에서는 “서로 어긋난 것이다.[相了戾也]”라고 하였다.[86] 《회남자(淮南子)・원도훈(原道訓)》의 주석[87] 및 양경(楊倞)의 《순자(荀子)》 주석,[88] 그리고 왕녜

84 제6편 上 ‘木’부 ‘牀’자 說解 참조.
85 제10편 下 ‘尢’부 ‘尥’자 說解 참조.
86 《方言》 三 참조.
87 《淮南子・原道訓》 “扶搖抮抱羊角而上”의 注 참조.
88 《荀子・修身》篇 “非擊戾也”의 注 참조.

(王砅)의 《소문(素問)》 주석,[89] 단성식(段成式)의 《유양잡조(酉陽雜組)》[90] 그 외 여러 서적에 모두 '了戾'라는 말이 있다. 그러나 어떤 경우는 누군가가 함부로 고쳐 놓았다.[91] 《방언》의 "佻(조)는 매어 달다[縣(현)]라는 뜻이다."라고 한 구절에 대하여 곽박(郭璞)의 주석에서는 "了佻(료조)는 물건을 매달아 놓은 모양이다. 丁(정)과 小(소)의 반절로 발음한다."라고 하였다.[92] 다른 전적을 살펴보면 '了𠄏'로 인용하고 있는데, 이것이 바로 허신이 말한 '了尥(료료)'다. ('了'자는) '이해한다[憭悟(료오)]'는 뜻의 '憭(료)'자로 가차되었다.

(2) 발이 어그러져 있는 모양을 상형하였다. '了'의 발음은 盧(로)와 鳥(조)의 반절이다. 2부에 속한다.

(1) 尥, 行脛相交也. 牛行脚相交爲尥. 凡物二股或一股, 結糾紾縛不直伸者, 曰了戾. 方言, 軫, 戾也. 郭注, 相了戾也. 淮南原道訓注, 楊倞荀卿注, 王砅素問注, 段成式酉陽雜組及諸書, 皆有了戾字, 而或妄改之. 方言曰, 佻, 縣也. 郭注, 了佻, 縣物皃, 丁小反. 按他書引皆作了𠄏, 亦卽許之了尥也. 叚借爲憭悟字. (2) 象其足了戾之形. 盧鳥切. 二部.

527. 孨(전)부

 謹也.(1) 从三子.(2) 凡孨之屬皆从孨. 讀若翦.(3)

'孨'은 삼가한다는 뜻이다. 세 개의 '子(자)'로 구성되었다. 孨부에 속하는 한자는 모두 孨의 의미를 따른다. '翦(전)'자와 같이 발음한다.

(1) 《대대례기(大戴禮記)》에 "널리 배우고 삼가하여 지킨다.[博學而孱守之]"고 하였다.[93] 바로 (여기에서의 '孱(잔)'자가) 삼가한다는 뜻을 나타낸다. 인신되어 작고 약하다[弱小(약소)]라는 의미로 쓰인다. 《사기(史記)》에 "우리 임금은 어진 왕이다.[吾王孱王也]"라는 구절이

---

89 《素問·五常政大論》 "其動緛戾拘緩"의 注 참조.

90 《酉陽雜組》 續集 卷八 <支動>篇에 "野牛其角了戾"라고 하였다.

91 예를 들어 《淮南子·原道訓》 "扶搖抮抱羊角而上"의 注에는 "抮抱引戾也"라고 되어 있다.

92 《方言》 七 참조.

93 《大戴禮·曾子立事》篇 참조.

있는데 위소(韋昭)는 "어질고 삼가는 모습이다."라고 하였으니[94] 허신의 설과 부합된다. 맹강(孟康)은 "기주(冀州) 사람들은 약한 것을 '孱'이라 한다."라고 하였는데,[95] 이것은 인신된 의미다. '孱'을 '孨'의 가차(假借)자로 사용하는 경우가 많다.

(2) 회의(會意)자다. 복건(服虔)은 발음이 鉏(저)와 閑(한)의 반절이라고 하였으며, 맹강(孟康)은 '潺湲(잔원)'의 '潺'자와 같이 발음한다고 하였다.[96] 14부에 보인다.

(3) '孨'의 발음은 旨(지)와 沇(연)의 반절이다. 14부에 속한다.

(1) 大戴禮曰, 博學而孱守之, 正謂謹也. 引申之義爲弱小. 史記, 吾王孱王也. 韋昭曰, 仁謹皃. 與許合. 孟康曰, 冀州人謂愞弱爲孱. 此引申之義. 其字則多叚孱爲孨. (2) 會意. 服虔音鉏閑反, 孟康音如潺湲之潺. 見十四部. (3) 旨沇切. 十四部.

528. 𠫓(돌)[97]부

不順忽出也.(1) 从到子.(2) 易曰, 突如其來如. 不孝子突出, 不容於內也.(3) 𠫔卽易突字也.(4) 凡𠫓之屬皆从𠫓. 㐬 或从到古文子.(5)

'𠫓'은 거꾸로 갑자기 나온다는 뜻이다. '子(자)'가 거꾸로 된 모양으로 구성되었다. 《역(易)》에서 "갑자기 그가 나온다.[突如其來如]"라고 하였다. 그것은 불효자(不孝子)가 갑자기 튀어나와 (모체) 안에서 용납되지 못한다는 뜻이다. '𠫔'은 《역(易)》에 나온 '突(돌)'자다. 𠫓부에 속하는 한자는 모두 𠫓의 의미를 따른다. '㐬'은 혹자로서 '子(자)'자의 고문 자형을 거꾸로 한 모양으로 구성되었다.

(1) 모든 사물에서 상도(常道)와 이치(理致)를 거슬러 앞으로 튀어나오는 것을 '𠫓'이라고 한다.

---

94 《史記·張耳陳餘傳》 集解에 인용된 것이다.

95 孟康의 說도 《史記·張耳陳餘傳》 集解에 인용된 것이다.

96 《史記·張耳陳餘傳》 索隱과 集解에 인용된 것이다.

97 '𠫓(돌)'자는 篆文에 근거하여 楷書로 바꾼 자형이다. 그런데 원래는 '子'자를 거꾸로 뒤집은 글자인 '𠫔'자가 정확한 필법이어서 段玉裁 주석문에서는 '𠫔'자를 사용하였다. 그런데 許愼의 원문에서 段玉裁는 '𠫔'자와 '𠫓'자를 혼용하였다.

사람의 자식만을 가리키는 것이 아니다.

(2) ("从到子"에서의) '到(도)'는 지금의 '倒(도)'자다. '子(자)'자를 거꾸로 하였으니 회의(會意)자다. '𠫓'의 발음은 他(타)와 骨(골)의 반절이다. 15부에 속한다.

(3) 이것은 《역(易)》을 인용하고 해석하여 '𠫓'자가 '子'자를 거꾸로 한 회의자라는 뜻을 밝힌 것이다. 《역 · 리괘(離卦)》의 구사(九四) 효사(爻辭)에 "갑자기 오는 것이다. 불사르고 죽이고 버린다.[突如其來如, 焚如死如棄如.]"라고 하였다. 정현(鄭玄)의 주석에서도 "진괘(震卦)는 장자(長子)지만, 효(爻)는 올바름을 잃었다. 돌연히 진(震)이 올바름을 잃었으나 그 간 곳을 알지 못한다. 불효의 죄는 오형(五刑) 중에서 이보다 큰 것이 없다. 따라서 태우고 죽이고 버리는 형벌이 있다."라고 하였다.[98] 여순(如淳)의 《한서(漢書) · 왕망전(王莽傳)》의 주석에서도 "태우고 죽이고 버린다는 것은 불효자를 말한다."라고 하였다.[99] 모두 허신의 견해와 합치된다. 허신의 설은 맹씨(孟氏)에게서 나온 듯하다. 순(順)하지 못한 자식을 '突如(돌여)'라고 하는데, 글자를 만든 사람이 이를 따라서 '𠫓(돌)'자를 만들어 '순하지 않다[不順(불순)]'라는 의미를 나타낼 때 사용하였다.

(4) 창힐(倉頡)이 만든 '𠫓'자가 곧 《역(易)》의 '突'자라는 것은 창힐의 시대에 이미 《역》의 효사(爻辭)에 보인다는 말이 아니라 곧 《주역(周易)》의 '突'자가 창힐(倉頡) 시대의 '𠫓'자라는 말이다. 이것은 효사(爻辭)에서 가차(假借)자를 사용하였기 때문이다. '突'자의 본의는 '개가 구멍에서 잠시 나오는 것'이다. '𠫓'의 본의는 '순하지 않다[不順]'는 것이다. 그러므로 가차(假借)자를 사용했다고 하였다. 살펴보면 서개본(徐鍇本)에는 ("𠫓卽易突字也"의) 이 여섯 글자가 있었지만 서현본(徐鉉本)에서는 지워 버렸다.[100] 이는 허신의 의도를 모르기 때문이다. 근래 혜동(惠棟)(定于)이 이정조(李鼎祚)의 《주역집해(周易集解)》를 교정하면서 "𠫯如其來如"로 개작한 것은 대단히 잘못된 것이다.

(5) '𢀈'자는 '子'자의 고문이다. 그러므로 '𠫯'은 '子'의 고문 자형을 거꾸로 한 것이다. 서현(徐鉉)이 이 다음에 "卽易突字" 네 글자를 배열하였는데[101] 혜씨(惠氏)의 착오는 이를 근거로 하였다.

(1) 謂凡物之反其常. 凡事之屰其理. 突出至前者. 皆是也. 不專謂人子. (2) 到今倒字. 倒子, 會意

98 《周禮 · 秋官 · 掌戮》의 疏에서 인용한 것이다. 그런데 段注의 원문과는 맞지 않는 것이 많다.

99 《漢書 · 王莽傳》에는 이런 주석이 없다. 그런데 <匈奴傳>에 "莽作焚如之刑"이라는 구절에 "如淳曰, 焚如死如棄如謂不孝子也."라고 하였으니 이 주석을 말하는 것 같다.

100 二徐本 참조.

101 徐鉉本 참조.

也. 他骨切. 十五部. (3) 此引易而釋之, 以明从倒子會意之恉也. 離九四曰, 突如其來如, 焚如死如棄如. 鄭注曰, 震爲長子, 爻失正. 突如震之失正, 不知其所如. 不孝之罪, 五刑莫大, 故有焚如死如棄如之刑. 如淳注王莽傳亦曰, 焚如死如棄如, 謂不孝子也. 皆與許合. 許蓋出於孟氏矣. 子之不順者, 謂之突如, 造文者因有𠫓字, 施諸凡不順者. (4) 倉頡之𠫓卽易之突字, 非謂倉頡時已見爻辭, 正謂周易之突卽倉頡之𠫓也. 此爻辭之用叚借也. 突之本義謂犬從穴中暫出, 𠫓之本義謂不順, 故曰用叚借. 按小徐本有此六字, 大徐本刪之, 由其不知許意也. 若近惠氏定于校鼎祚周易集解改作㐬如其來如, 則爲紕繆矣. (5) 孚古文子也, 故㐬爲倒古文子. 大徐於此下安則卽易突字四字, 惠氏之誤本此.

529. 丑(축)부

紐也.(1) 十二月萬物動用事.(2) 象手之形.(3) 日加丑, 亦擧手時也.(4) 凡丑之屬皆从丑.

'丑'은 묶는다는 뜻이다. 12월이면 만물이 움직인다. 손의 모양을 상형하였다. 태양이 축(丑)의 방향에 있을 때 역시 손을 움직이기 시작하는 때이다. 丑부에 속하는 한자는 모두 丑의 의미를 따른다.

(1) 《한서(漢書)・율력지(律曆志)》에서 "丑에 이빨을 묶는다.[紐牙於丑]"라고 하였다. 《석명(釋名)》에서는 "丑은 묶는다는 뜻이다. 한기(寒氣)가 저절로 꺾이는 것이다."라고 하였다.[102] 《회남자(淮南子)・천문훈(天文訓)》과 《광아(廣雅)》, 《이아(爾雅)・석언(釋言)》에서는 모두 "丑은 묶는다[紐(뉴)]는 뜻이다."라고 하였다. '糸(멱)'부에서 "紐는 맨다는 뜻이다. 일설에서는 묶여 있지만 풀 수 있다는 뜻이라고 하였다."라고 하였다.[103] 12월에 굳게 맺혀 있는 음기가 점차 풀리기 때문에 '紐'라고 한다.

(2) 《후한서(後漢書)・진총전(陳寵傳)》에 "12월이면 양기(陽氣)가 위로 통하여 꿩이 울고 닭이 알을 낳는다. 땅에서는 이때를 '정월[正]'로 삼고 은(殷)은 이때를 봄[春]으로 삼는다."라고 하였다.

102 《釋名・釋天》 참조.

103 제13편 上 '糸'부 '紐'자 說解 참조.

(3) 이때가 되면 사람들이 손을 들고 행동을 한다. '又(우)'는 손을 의미한다. ('丑'은) '又'로 구성되어 있으며 세 개의 손가락을 이어서 묶어 놓았다. 어떤 일을 하고자 하지만 차가운 한기(寒氣) 때문에 아직 하지 못하는 모양을 상형하였다. '丑'의 발음은 敕(칙)과 九(구)의 반절이다. 3부에 속한다.

(4) 위의 ("十二月萬物動用事"에서는) '달[月]'을 말하고 여기의 ("日加丑"에서는) '날[日]'을 말하고 있다. 매일 태양이 축(丑)의 방향에 있으면 또한 사람이 분주하게 활동하는 때이다. 각 판본에 ("日加丑"이) "時加丑"이라고 되어 있다.[104] 지금 바로잡는다.

(1) 律曆志曰, 紐牙於丑. 釋名曰, 丑, 紐也. 寒氣自屈紐也. 淮南天文訓廣雅釋言皆曰, 丑, 紐也. 糸部曰, 紐, 系也, 一曰結而可解. 十二月陰氣之固結已漸解, 故曰紐也. (2) 後漢書陳寵傳曰, 十二月陽氣上通, 雉雊雞乳, 地以爲正, 殷以爲春. (3) 人於是擧手有爲. 又者, 手也. 从又而聯綴其三指. 象欲爲而凓冽氣寒未得爲也. 敕九切. 三部. (4) 上言月, 此言日. 每日太陽加丑, 亦是人擧手思奮之時. 各本譌作時加丑, 今改正.

530. 寅(인)부

髕也.(1) 正月昜气動, 去黃泉欲上出, 侌尙强也.(2) 象宀不達髕寅於下也.(3) 凡寅之屬皆从寅.  古文寅.(4)

'寅'은 나오려고 꿈틀댄다는 뜻이다.[105] 정월(正月)이면 양기(昜气)는 움직여 황천(黃泉)을 떠나 위로 나오려고 하지만, 음기(侌气)가 여전히 강하다. 위에서 '덮어서[宀(면)]' 아래에서 꿈틀거리지 못하게 만드는 모양을 상형하였다. 寅부에 속하는 한자는 모두 寅의 의미를 따른다. ''자는 寅의 고문이다.

(1) '髕(빈)'자는 잘못된 글자다. '濥(인)'자가 되어야 한다. 《사기(史記)》와 《회남자(淮南子)》에는 '螾(인)'으로 되어 있다. 《사기·율서(律書)》에 보면, "寅은 만물이 처음 꿈틀거리

104 二徐本 참조.
105 段玉裁 注에 의하여 이렇게 해석한다. 段注 (1) 참조.

며 생겨나는 것이다.[寅言萬物始生螾然也]"라고 하였다. 《회남자・천문훈(天文訓)》에서는 "북두칠성이 '寅'의 방향을 가리키면 만물이 움직인다.[斗指寅則萬物螾]"라고 하였는데, 고유(高誘)의 주석에서는 "螾은 동작이 시작되는 모습이다."라고 하였다. 《한서(漢書)・율력지(律曆志)》에서는 "寅에서 자란다.[引達於寅]"라고 하였다. 《석명(釋名)》에서는 "寅은 '演(연)'의 뜻이다. '演'은 사물이 자라는 것이다."라고 하였다.[106] 《광아(廣雅)》에 "寅은 演의 뜻이다."라는 구절이 있다.[107] 《진서(晉書)・악지(樂志)》에서는 "정월의 때를 '寅'이라 한다. 寅은 나루터[津(진)]라는 뜻이며 사물이 건너야 할 길을 말한다."라고 하였다. 《한서・율력지》와 《광아》를 살펴보면, '演(연)'은 바로 '濥(인)'의 오자임을 알 수 있다. '水(수)'부에서 "濥은 수맥이 땅속으로 흐르는 것이다."라고 하였다. 반면에 '演'은 길게 흐른다[長流(장류)]는 뜻이다. 세속에서 두 글자의 차이를 알지 못하고 '濥'을 '演'으로 잘못 알고 있다. '濥'으로 '寅'을 해석하는 이유는 정월에 양기(陽氣)가 위로 나오려고 하는 것이 샘물이 위로 솟으려 하는 것과 같기 때문이다. 지렁이[螾(인)]라는 물건은 지하 황천에서 꿈틀대지만 위로 나올 수 있기 때문에 글자가 '寅'으로 구성된 것이다. 따라서 《사기・율서》나 《회남자・천문훈》에서 '螾'자로 '寅'을 해석한 것이다.

(2) 두예(杜預)는 《좌전(左傳)》의 주석에서 "땅속의 샘이기 때문에 '黃泉(황천)'이라고 한다."라고 하였다.[108] 음기(陰氣)가 위에서 강하게 자리 잡고 있어서 양기(陽氣)가 뚫고 나가지 못하는 것이 마치 지붕이 위에 덮여 있는 것[宀(면)]과 같기 때문에 '寅'이 '宀'으로 구성된 것이다.

(3) ("象宀不達髕寅於下也"에서의) '髕寅(빈인)'은 오자다. '濥濥(인인)'으로 고쳐야 한다. 혹자는 "螾螾(인인)으로 고쳐야 한다."라고 하였다. '宀'은 음기가 아직 강성한 것을 상형하였으며 '𡿺' 모양은 양기가 황천을 벗어나 위로 나오려고 하는 모양을 상형하였다. '寅'의 발음은 弋(익)과 眞(진)의 반절이다. 12부에 속한다.

(4) (고문 자형[鏊]의) 아랫부분은 '土(토)'로 구성되었고 윗부분은 모양을 상형한 것이다.

(1) 髕, 字之誤也. 當作濥. 史記淮南王書作螾. 律書曰, 寅言萬物始生螾然也. 天文訓曰, 斗指寅則萬物螾. 高注, 螾, 動生皃. 律曆志曰, 引達於寅. 釋名曰, 寅, 演也. 演生物也. 廣雅曰, 寅, 演也. 晉書樂志曰, 正月之辰謂之寅, 寅, 津也, 謂物之津塗. 按漢志廣雅, 演字皆濥之誤. 水部曰, 濥, 水脈

106 《釋名・釋天》 참조.
107 《廣雅・釋言》 참조.
108 《左傳》 隱公 元年 참조.

行地中濥濥也. 演, 長流也. 俗人不知二字之別. 濥多誤爲演, 以濥釋寅者. 正月陽氣欲上出, 如水泉欲上行也. 螾之爲物, 詰詘於黃泉, 而能上出, 故其字从寅. 律書天文訓, 以螾釋寅. (2) 杜注左傳曰, 地中之泉, 故曰黃泉. 陰上强, 陽不能徑遂, 如宀之屋於上, 故从宀. (3) 髕寅, 字之誤也. 當作濥濥, 或曰, 當作螾螾. 宀象陰尙强, 臾象陽氣去黃泉欲上出. 弋眞切. 十二部. (4) 下从土, 上象其形.

531. 卯(묘)부

 冒也. 二月萬物冒地而出.(1) 象開門之形.(2) 故二月爲天門.(3) 凡卯之屬皆从卯. 𠨦 古文卯.(4)

'卯'는 머리에 쓴다는 뜻이다. 2월이면 만물이 땅을 뚫고 나온다. 문을 여는 모양을 상형하였다. 그러므로 2월이 '천문(天門)'이 된다. 卯부에 속하는 한자는 모두 卯의 의미를 따른다. '𠨦'는 卯의 고문(古文)이다.

(1) 《사기(史記) · 율서(律書)》에서 "卯는 무성하다는 말로서, 만물이 무성한 것을 이른다."라고 하였다. 《한서(漢書) · 율력지(律曆志)》에서는 "卯에서 뒤집어쓴다.[冒茆於卯]"라고 하였다. 《회남자(淮南子) · 천문훈(天文訓)》에서는 "卯는 무성한 모습[茂茂然]이다."라고 하였다. 《석명(釋名)》에서는 "卯는 머리에 쓴다[冒(모)]는 말이다. 땅을 머리에 이고 나오는 것이다. 양기(陽氣)는 이때가 되어 비로소 땅에서 나온다."라고 하였다.

(2) 이 글자는 문을 여는 모양을 상형하였다. '卯'의 발음은 莫(막)과 飽(포)의 반절이다. 고음 3부에 속한다.

(3) '卯'를 '春門(춘문)'이라고 하는 것은 만물이 이미 나왔기 때문이다.

(4) 살펴보면 '十干(십간)'과 '十二支(십이지)'의 글자는 모두 고문(古文)이며 후대 사람들이 만들어 낼 수 있는 글자들이 아니다. 따라서 '丣(묘)'는 춘문(春門)이며 '丣(유)'는 추문(秋門)이라는 것은 더욱 분명하다. 그렇다면 '𠨦'자 · '丣'자도 모두 고문(古文) 자형이지만 다른 글자들이다.

(1) 律書曰, 卯之爲言茂也, 言萬物茂也. 律曆志, 冒茆於卯. 天文訓曰, 卯則茂茂然. 釋名曰, 卯,冒也, 戴冒土而出也, 蓋陽氣至是始出地. (2) 字象開門也. 莫飽切. 古音在三部. (3) 卯爲春門, 萬物已出. (4) 按十干十二支之字, 皆古文也, 非後人所能造者. 而丣爲春門, 丣爲秋門, 尤㬎明. 然則丣 酉, 皆古文而異者也.

532. 辰(진)부

辰 震也. 三月昜气動, 靁電振, 民農時也, 物皆生.(1) 从乙匕.(2) 匕象芒達.(3) 厂聲.(4) 辰, 房星, 天時也.(5) 从二. 二, 古文上字. 凡辰之屬皆从辰. 辰 古文辰.

'辰'은 진동한다는 뜻이다. 3월은 양기(昜气)가 움직여 우레와 번개가 치고 백성들이 농사지을 때이며 만물은 자라난다. '乙(을)'과 '匕(화)'로 구성되었다. '匕'는 까끄라기의 모양을 상형하였다. '厂(한)'이 발음을 나타낸다. 辰은 방성(房星)으로 천시(天時)를 나타낸다. '二(상)'으로 구성되었다. '二'은 '上(상)'의 고문이다. 辰부에 속하는 한자는 모두 辰의 의미를 따른다. '辰'은 辰의 고문이다.

(1) '震(진)'과 '振(진)'은 옛날에 통용되었다. '振'은 떨치다[奮(분)]라는 뜻이다. 《사기(史記)·율서(律書)》에 "辰은 만물이 꿈틀거리며 일어나는[蜄] 것을 뜻한다."라고 하였다. 《한서(漢書)·율력지(律曆志)》에서는 "辰에서 아름다움을 떨친다.[振美於辰]"라고 하였다. 《석명(釋名)》에서는 "辰은 편다[伸(신)]는 뜻이다. 만물이 펴고 일어나 나오는 것이다."라고 하였다.[109] 계춘(季春)의 달에 생기가 왕성해져서 양기(昜气)가 터져 나오니 구부러진 것은 펴고 나오며 싹튼 것은 모두 뻗어 나온다. 2월은 우레가 소리를 내고 처음으로 번개가 치며 3월이면 크게 흔들리며 움직이다. 《시(詩)·빈풍(豳風)》에 "2월에는 밭을 간다.[四之日擧止]"라고 하였다.[110] 그래서 허신이 "백성들이 농사지을 때이다."라고 하였다.

---

109 《釋名·釋天》 참조.

110 《詩·豳風·七月》 "四之日擧止"에서 '四之日'은 '四陽의 날'을 말하고 여기서의 日은 '月'을 말한다. 1년 12개월을 《周易》의 卦象에 맞추어 말한 것이다. 예를 들어 冬至에 陽爻 하나가 처음 생기기 때문에 一陽之月은 동짓달로 64괘에서는 맨 아래 陽爻가 처음 생기는 '復'괘에 해당한다. 따라서 '四陽'의 달은

(2) ‘七(화)’의 발음은 呼(호)와 跨(과)의 반절이다. ‘변한다’는 뜻이다. ‘辰’은 두 글자를 합쳐서 만든 회의(會意)자다. ‘乙(을)’은 봄에 초목이 구부러져서 나오는데 음기가 아직 강하여 나오는 것이 구불구불한 모양을 상형하였다.[111] 이 달에 양기가 크게 강성해지면 구불구불 나오기 어렵던 것도 비로소 변화하게 된다.

(3) (“七象芒達”의) ‘七’자는 《운회(韻會)》에 의하여 보충한다.[112] ‘芒達(망달)’이란 까풀이 다 져버리는 것이다.

(4) 서현(徐鉉) 등은 ‘厂’자의 발음이 呼(호)와 旱(한)의 반절이라고 생각하였지만[113] 잘못된 발음이다. 내 생각에 ‘厂’의 고음은 알 수 없는 것 같다. ‘文(문)·䰟(혼)’부와 ‘元(원)·寒(한)’부의 발음은 변화하여도 가장 가깝다. ‘辰’의 지금 발음은 植(식)과 鄰(린)의 반절이다. 고음 13부에 속한다.

(5) 이것은 ‘辰’이 ‘二(上)’으로 구성되어 있다는 것을 설명하기 위하여 먼저 그 까닭을 밝힌 것이다. ‘晶(정)’부의 ‘曟(진)’자에서 “房星(방성)이다. 백성들이 밭을 갈 때다. ‘晶’으로 구성되었고 ‘辰’이 발음을 나타낸다. 생략해서 ‘晨(신)’으로 쓰기도 한다.”라고 하였다.[114] 이 ‘曟(晨)’자가 원래 ‘房星(방성)’을 뜻하는 글자였다. 그러나 여기에서는 “辰이 房星이다.”라고 하였으며 (부속자인) ‘辱(욕)’자에서는 “房星이 ‘辰’이다. 전후(田候)다.”[115]라고 하였으니 이는 곧 (房星을 나타내는 글자는) ‘辰’으로 쓰기도 한다는 말이다. 《이아(爾雅)》에서 “房心尾(방심미)가 大辰(대진)이다.”라고 한 것이 이 말이다.[116] 위소(韋昭)가 《국어(國語)·주어(周語)》에 주석하여 “농사에서는 방성(房星)을 상서롭게 여긴다. 입춘이 되어 방성(房星)이 남쪽의 한가운데 위치하면 농사에서 그것을 우러러 받든다.”라고 하였다.[117] 그러므로 허신은 “천시(天時)다.”라고 하였다. 인신되어 모든 시간을 ‘辰’이라고 한다. 《이아(爾雅)·석훈(釋訓)》에서 “不辰은 不時다.”라고 하였다. ‘房星’은 하늘 높이 떠 있으므로 ‘辰’자가 ‘上’으로 구성된 것이다.

‘2월’이며 陽爻가 아래로부터 네 개인 ‘大壯’괘에 해당한다.

111 제14편 下 ‘乙’부 說解 참조.

112 《韻會》 平聲上 十一 ‘眞’운 참조.

113 徐鉉本 참조.

114 제7편 上 ‘晶’부 ‘晨’자 참고. 許愼의 설명에 의하면 이 글자는 제3편 上 ‘晨(신)’자와는 다른 글자다. ‘晨’자는 원래 ‘晶’과 ‘辰’으로 구성되어 별자리[房星]를 나타내는 이름이고, ‘晨’자는 ‘臼’과 ‘辰’으로 구성된 글자로서 손으로 농기구를 잡고[臼] 농사를 짓는 시기[辰]를 나타내는 글자로 해석하고 있다.

115 제14편 下 ‘辰’부 ‘辱’자 참조.

116 《爾雅·釋天》 “天駟房也. 大辰房心尾也. 大火謂之大辰.” 참조.

117 《國語·周語》 上 참조.

(1) 震振古通用. 振, 奮也. 律書曰, 辰者, 言萬物之蜄也. 律曆志曰, 振美於辰. 釋名曰, 辰, 伸也, 物皆伸舒而出也. 季春之月, 生氣方盛, 陽氣發泄, 句者畢出, 萌者盡達. 二月靁發聲, 始電至, 三月而大振動. 豳風曰, 四之日擧止. 故曰民農時. (2) 七, 呼跨切, 變也. 此合二字會意. 乙, 象春艸木冤曲而出, 陰氣尙强, 其出乙乙. 至是月陽氣大盛, 乙乙難出者始變化矣. (3) 七字, 依韻會補. 芒達, 芒者盡達也. (4) 鉉等疑厂呼旱切, 非聲. 按厂之古音不可攷. 文鼂與元寒, 音轉亦冣近也. 今植鄰切. 古音在十三部. (5) 此將言从二, 先說其故也. 晶部曟字下曰, 房星, 爲民田時者, 从晶, 辰聲, 或省作晨. 此房星之字也. 而此云, 辰, 房星. 辱下云, 房星爲辰, 田候也. 則字亦作辰. 爾雅房心尾爲大辰, 是也. 韋注周語曰, 農祥房星也, 房星晨正, 爲農事所瞻仰. 故曰天時. 引申之, 凡時皆曰辰. 釋訓云, 不辰, 不時也. 房星高高在上, 故从上.

533. 巳(사)부

巳也.(1) 四月昜气巳出, 陰气巳臧,(2) 萬物見, 成彣彰.(3) 故巳爲它象形.(4) 凡巳之屬皆从巳.

'巳'는 그친다는 뜻이다. 4월에 양기(昜气)가 이미 나오고 음기(陰气)가 이미 숨고 나면 만물이 드러나서 무늬[彣彰(문장)]를 이룬다. 그러므로 巳는 뱀[它(사)]의 모양을 가지고 상형(象形)한 것이다. 巳부에 속하는 한자는 모두 巳의 의미를 따른다.

(1) 《사기(史記)·율서(律書)》에서는 "巳는 만물이 다하였다[已盡]는 말이다."라고 하였다. 《한서(漢書)·율력지(律曆志)》에서는 "巳는 巳에서 盛한다.[已盛於巳]"라고 하였다. 《회남자(淮南子)·천문훈(天文訓)》에서는 "巳는 생겨나는 것이 이미 정해진 것이다."라고 하였다. 《석명(釋名)》에서는 "巳는 다 펴진 것[畢布已]이다."라고 하였다.[118] '辰巳'의 '巳(사)'자가 이미[已然, 已止]라는 뜻의 '已(이)'자로 쓰인 지 오래되어서 '已然(이연)'의 '已(이)'자로 '巳'자를 해석한 것이다. 《역(易)·서괘전(序卦傳)》에서도 "蒙(몽)은 어둡다[蒙]는 뜻이고 比(비)는 돕다[比]는 뜻이고 剝(박)은 작아진다[剝]는 뜻이다."라고 한 것이나 <모전

118 《釋名·釋天》 참조.

(毛傳)>에서 "虛(허)는 비었다[虛]는 뜻이다."[119]라고 한 것을 보면 옛날부터도 이런 훈고의 예가 있었다. 즉 본자(本字)를 써서 해석하고 다른 글자를 가져다 설명하지 않았다. 《시(詩) · 소아(小雅) · 사간(斯干)》의 전(箋)에서 '巳午(사오)'의 '巳(사)'처럼 읽으면서도 "已續妣祖[조부조모의 제사를 이미 계승하였다.]"의 '已(이)'자에 대하여 "이미 그 궁묘를 만들었다."라고 해석하였으니 이것은 한대(漢代) 사람들이 '巳午'의 '巳(사)'자와 '已然'의 '已(이)'자를 다른 발음으로 읽지 않았다는 것을 알려 준다. 그 뜻은 달랐지만 발음은 똑같았던 것이다. 《광아(廣雅) · 석언(釋言)》에서 "巳는 㠯(이)다."라고 한 것은 잘 모르는 사람들이 바꾸어 놓은 것이다. 지금의 대흥(大興)의 주씨(朱氏)가 중각(重刻)한 급고각(汲古閣) 《설문》에서는 '己(기)'라고 고쳐 놓았는데 더욱 잘못된 것이다.

(2) ("陰气已臧"의 '臧'은) 지금의 '藏(장)'자다.

(3) (4월에 양기(昜气)가 '이미' 나오고 음기(陰气)가 '이미' 숨고 나면 만물이 드러나서 무늬[彣彰(문장)]를 이루기 때문에) 그래서 '巳(이)'라고 말한다.[120]

(4) '巳'는 상형할 수 있는 글자가 아니므로 뱀의 모양으로 상형하였다는 말이다. 뱀은 길고 구부러진 몸통에 꼬리를 늘어뜨리고 있다. 이 글자가 뱀의 모양을 상형하였다는 것은 양(陽)은 이미 나오고 음(陰)은 이미 숨은 것을 상형하였다는 말이다. ("故巳爲它象形"의) 여섯 글자를 한 구절로 읽어야 한다. '㔾'는 뱀의 형상이고 '𢑚'는 (돼지를 뜻하는) '豕(시)'의 고문이다.[121] 이것은 '十二屬(십이속)'에 관한 설[122]과 가깝고 《논형(論衡) · 물세편(物勢篇)》[123]에 나오는 설과는 의미가 각각 다르다. '巳'의 발음은 祥(상)과 里(리)의 반절이다.

---

119 《詩 · 邶風 · 北風》의 <毛傳> 참조.

120 許愼의 설명에 의하면 '巳(사)'자와 '已(이)'자의 의미가 어디에서 나뉘는지 불분명하다. 이 문제는 段注의 해설에서도 역시 그대로 남아 있다. 그래서 '뱀의 형상을 상형한 것'과 이미 만물이 다 자라나서 밖으로 모양을 드러내면서 '그치다, 다하다'의 의미가 하나의 자형 안에 공존하게 된다. 이것은 干支의 글자와 '뱀'을 상형한 글자와 '이미'라는 부사어로 가차된 '已'자가 혼용되는 상황을 동시에 설명하려는 의도 때문에 억설을 만든 것이다.

121 제9편 下 '豕'부에 '𢑚'자가 "古文"이라고 나와 있으며 제14편 下 '亥'부에 고문 자형으로 '𢑚'자가 등장한다. 그런데 '亥'부에 "𢑚, 古文亥."라고 되어 있는 것으로 보면 여기에서는 '豕'자가 '亥'자로 되어야 할 것 같다. 왜냐하면 十二支를 十二屬과 연결하여 말하고 있는 것으로 보면 동물의 형상과 十二支를 연결시켜 말하려는 것으로 해석하여 '亥'자가 '豕'자보다 좋을 것 같기 때문이다.

122 제4편 下 '骨'부 '體'자 說解: 骨, 總十二屬也. (段玉裁 注: 十二屬, 許未詳言. 今以人體及許書覈之. 首之屬有三, 曰頂, 曰面, 曰頤. 身之屬三. 曰肩, 曰脊, 曰𡱂. 手之屬三. 曰厷, 曰臂, 曰手, 足之屬三, 曰股, 曰脛, 曰足. 合說文全書求之, 以十二者統之. 皆此十二者所分屬也.). 段玉裁에 의하면 '十二屬'은 人體에서 머리, 몸, 팔, 다리를 각각 세 부분으로 나누어 모두 12부분으로 나눈 것이다.

123 《論衡 · 物勢篇》에는 "寅, 木也, 其禽虎也. 戌, 土也, 其禽犬也. 丑·未, 亦土也, 丑禽牛, 未禽羊也. 木勝土,

1부에 속한다.

(1) 律書曰, 巳者, 言萬物之巳盡也. 律曆志曰, 巳盛於巳. 淮南天文訓曰, 巳則生巳定也. 釋名曰, 巳, 畢布巳也. 辰巳之巳, 旣久用爲巳然巳止之巳, 故卽以巳然之巳釋之. 序卦傳, 蒙者, 蒙也. 比者, 比也. 剝者, 剝也. 毛詩傳曰, 虛, 虛也. 自古訓故有此例, 卽用本字, 不叚異字也. 小雅斯干箋云, 似讀爲巳午之巳, 巳續妣祖者, 謂巳成其宮廟也. 此可見漢人巳午與巳然無二音, 其義則異而同也. 廣雅釋言, 巳, 目也. 乃淺人所改. 近大興朱氏重刻汲古閣說文, 改爲己也, 殊誤. (2) 今藏字. (3) 故曰巳也. (4) 巳不可像也, 故以蛇象之. 蛇長而冤曲垂尾, 其字像蛇, 則象陽巳出陰巳藏矣. 此六字一句讀. 㠯者, 蛇象也. 𢀳者, 古文豕也. 此近十二屬之說, 而與論衡物勢篇義各不同. 祥里切. 一部.

534. 午(오)부

午 啎也.(1) 五月侌气啎屰昜, 冒地而出也.(2) 象形.(3) 此與矢同意.(4) 凡午之屬皆从午.

'午'는 거스른다는 뜻이다. 5월이면 음기(侌气)가 양(昜)을 거스르고 땅을 뚫고 나온다. 상형(象形)이다. 이 글자와 '矢(시)'자는 글자 구성의 원리가 같다[同意(동의)]. 午부에 속하는 한자는 모두 午의 의미를 따른다.

(1) '啎(오)'란 거스르다[屰]라는 뜻이다.

(2) ("五月侌气啎屰昜"의) '啎屰(오역)'이 각 판본에 '午逆(오역)'으로 되어 있다. 지금 바로 잡는다. 《사기(史記)・율서(律書)》에 "午란 음양이 교차하는 것이다. 그래서 午라고 한다."라고 하였다. 《한서(漢書)・율력지(律曆志)》에서 "午에서 거슬러 퍼진다.[咢布於午]"라고 하였다. 《회남자(淮南子)・천문훈(天文訓)》에서는 "午는 거스른다[仵(오)]는 뜻이다. 음기가 아래에서부터 위로 올라와 양기와 서로 거슬린다."라고 하였다. 《광아(廣雅)・석언(釋言)》

故犬與牛羊爲虎所服也. 亥, 水也, 其禽豕也. 巳, 火也, 其禽蛇也. 子 亦水也, 其禽鼠也. 午亦火也, 其禽馬也. 水勝火, 故豕食蛇; 火爲水所害, 故馬食鼠屎而腹脹. …… 午, 馬也. 子, 鼠也. 酉, 雞也. 卯, 兎也. …… 亥, 豕也. 未, 羊也. 丑, 牛也. …… 巳, 蛇也. 申, 猴也. ……."라고 되어 있다.

에서 "午는 거스른다[仵]는 뜻이다."라고 하였다. 살펴보면 '仵'자는 곧 '牾'자인 것 같다. 4월은 순양(純陽)의 달이지만 5월이면 하나의 음(陰)이 양(陽)을 거슬러서 땅을 뚫고 나오므로 글자를 만들 때 그 모양을 상형하였다.[124] 옛날에는 가로와 세로가 서로 교차하는 것을 '午'라고 하였다. 의미가 인신된 것이다. 《의례(儀禮)》의 "치수를 재서 교차해 놓고[度而午]"의 주석에서 "하나가 가로이고 하나가 세로인 것이 午다."라고 하였다.[125]

(3) 각 판본에 '象形'이라는 두 글자가 없어서[126] 지금 보충한다.

(4) '矢(시)'자의 머리 부분과 '午'자의 머리 부분의 모양이 서로 비슷하다. 모두 꿰고 나오는 모양을 상형하였기 때문이다. '午'의 발음은 疑(의)와 古(고)의 반절이다. 5부에 속한다.

(1) 牾者, 屰也. (2) 牾屰各本作午逆, 今正. 律書曰, 午者, 陰陽交, 故曰午. 律曆志曰, 咢布於午. 天文訓曰, 午, 仵也, 陰氣從下上, 與陽相仵逆也. 廣雅釋言, 午, 仵也. 按仵卽牾字. 四月純陽, 五月一陰屰陽, 冒地而出, 故製字以象其形. 古者橫直交互謂之午, 義之引申也. 儀禮, 度而午. 注云, 一縱一橫曰午. (3) 各本無此二字, 今補. (4) 矢之首與午相似, 皆象貫之而出也. 疑古切. 五部.

535. 未(미)부

味也.(1) 六月滋味也.(2) 五行木老於未.(3) 象木重枝葉也.(4) 凡未之屬皆从未.

'未'는 맛이 든다는 뜻이다. 6월이면 맛이 든다. 오행(五行) 중에서 '木(목)'은 未에

---

124 4월을 '純陽'의 달이라고 말하는 것은 《易》의 卦象을 가지고 설명하는 것이다. 1년 12개월을 《周易》의 卦象에 맞추어 말하게 되면, 예를 들어 冬至에 陽爻 하나가 처음 생기기 때문에 '一陽之月'은 동짓달로 64괘에서는 맨 아래 陽爻가 처음 생기는 '復'괘에 해당한다. 따라서 '二陽'은 섣달로 陽爻가 두 개인 '臨'괘이고, '三陽'은 1월로 陽爻가 세 개인 '泰'괘이고, '四陽'의 달은 '2월'이며 陽爻가 아래로부터 네 개인 '大壯'괘에 해당한다. 이렇게 나가면 '五陽'은 3월이며 陽爻가 다섯 개인 '夬'괘이며, 여섯 개의 爻가 모두 陽인 '純陽'은 4월이며 '乾'괘에 해당한다. 따라서 '5월'이면 다시 陰爻가 아래에서부터 하나씩 생겨나는 시기가 되어 '姤'괘에 해당한다. 이 구절은 이것을 설명한 것이다.

125 《儀禮·大射》에는 "工人士與梓人升自北階, 兩楹之間, 疏數容弓, 若丹若墨, 度尺而午. 射正莅之."라고 되어 있다.

126 二徐本 참조.

서 시들게 된다. 나무에 가지와 잎이 중첩되어 있는 모양을 상형하였다. 未부에 속하는 한자는 모두 未의 의미를 따른다.

(1) '口(구)'부에서 "味(미)는 맛있다[滋味(자미)]는 뜻이다."라고 하였다.[127]

(2) 《운회(韻會)》에서는 ("六月滋味也"를) "六月之辰"이라고 인용하였다.[128] 《사기(史記)·율서(律書)》에서는 "未란 만물이 모두 자라서 맛이 생긴다는 뜻이다."라고 하였다. 《회남자(淮南子)·천문훈(天文訓)》에서는 "未는 어둡다[昧(매)]는 뜻이다."라고 하였다. 《한서(漢書)·율력지(律曆志)》에서는 "未에서 어두워진다.[昧薆於未]"라고 하였다. 《석명(釋名)》에서는 "未는 어둡다[昧]는 뜻이다. 해가 중천에 뜨면 기우는데 어두운 곳을 향해 가게 된다."라고 하였다.[129] 《광아(廣雅)·석언(釋言)》에서는 "未는 맛있다[味]라는 뜻이다."라고 하였다. 허신의 설은 《사기》의 설과 같다.

(3) 《회남자·천문훈》에서는 "木은 亥(해)에서 나고 卯(묘)에서 장성하고 未(미)에서 죽는다."라고 하였으니 이것이 바로 (《한서·율력지》에서 말한) '어두워진다[昧薆(매애)]'는 설과 같다.

(4) 늙으면 가지와 잎이 중첩된다. 그래서 이 글자가 그 모양을 상형하였다. '未'의 발음은 無(무)와 沸(비)의 반절이다. 15부에 속한다.

(1) 口部曰, 味者, 滋味也. (2) 韻會引作六月之辰也. 律書曰, 未者, 言萬物皆成, 有滋味也. 淮南天文訓曰, 未者, 昧也. 律曆志曰, 昧薆於未. 釋名曰, 未, 昧也, 日中則昃, 向幽昧也. 廣雅釋言曰, 未, 味也. 許說與史記同. (3) 天文訓曰, 木生於亥, 壯於卯, 死於未. 此卽昧薆之說也. (4) 老則枝葉重疊, 故其字象之. 無沸切. 十五部.

---

127 제2편 上 '口'부 '味'자 說解 참조.

128 《韻會》 去聲 五 '未'운 참조.

129 《釋名·釋天》 참조.

536. 申(신)[130]부

神也.(1) 七月侌气成體自申束.(2) 从臼自持也.(3) 吏旨餔時聽事, 申旦政也.(4) 凡申之屬皆从申.  古文申.(5)  籒文申.(6)

'申'은 편다는 뜻이다. 7월에는 음기(侌气)가 몸을 이루어 스스로를 폈다 오무렸다 하게 된다. '臼(국)'으로 구성되었으며 스스로 유지한다는 뜻이다. 관리들은 신시(申時)를 기준으로 식사하고 업무를 보았는데 그것이 신단(申旦)의 정치다. 申부에 속하는 한자는 모두 申의 의미를 따른다. ''은 申의 고문(古文)이다. ''은 申의 주문(籒文)이다.

(1) '神(신)'이라고 하면 뜻이 통하지 않는다. 본래 '申'자로 쓰였음이 분명하다. 마치 "巳는 巳이다."[131]라고 풀이한 예와 같다. 여기서의 '申'자와 '酉'자의 전문(篆文)은 지금은 인신된 의미로 쓰이는데 잘 모르는 사람들이 그 예를 모르고 함부로 '神'자로 고쳐놓았다. 고설(古說)을 살펴보아도 합치되는 곳이 없다.

《사기(史記)·율서(律書)》에는 "申은 음(陰)이 일을 하는 것을 말한다. 펼쳐지면 곧 만물이므로 '申'이라고 한다."라고 하였다. 《한서(漢書)·율력지(律曆志)》에서는 "申은 申에서 굳건하다.[申堅於申]"라고 하였다. 《회남자(淮南子)·천문훈(天文訓)》에서는 "申이란 그것을 펼쳐내는 것[申之]이다."라고 하였다. 이상은 모두 '申'을 '申'자로 해석하였으며 이것이 바로 허신이 근거한 것이다. 지금 판본의 《회남자》에서 '申之'를 '呻之(신지)'로 고쳐 놓았으니 정말 우스운 일이다. 어떤 경우에 '神'자는 '身(신)'자로 써야 한다고 말하는 사람도 있다. 바로 이 구절 다음의 설명에서도 "음기가 몸을 이룬다.[侌气成體(음기성체)]"라고 하였으며, 《석명(釋名)》, 《진서(晉書)·악지(樂志)》, 《옥편(玉篇)》, 《광운(廣韻)》에서 모두 "申은 몸[身]이라는 뜻이다."라고 말하였던 것이나,[132] 또 허신이 '身'자를 설명하면서 "申의 생략형이 발음을 나타낸다."라고 말한 것[133]이 모두 그 증거라는 것이

130 '申'은 篆書의 자형을 따르는 楷書體다. 지금 통용되는 글자는 '申(신)'이다. 段玉裁는 許愼의 說解와 자신의 注에서 모두 '申'자를 사용하였다.

131 제14편 下 '巳'부 참조.

132 《釋名·釋天》, 《晉書·樂志》, 《玉篇》 卷三十 '申'부 제538, 《廣韻》 上平聲 十七 '眞'운 참조.

다. 이 설명도 옳은 것 같아 보이지만 아마 허신의 뜻은 아닐 것이다.

(2) 《운회(韻會)》에는 ("侌气成體"의) '體(체)'자가 없다.[134] "侌气成"이라고 하면 세 개의 음(陰)이 '否(비)'괘를 이룬다는 말이다.[135] 옛날에 '屈伸(굴신)'은 '詘申(굴신)'으로 쓰거나 또는 '信(신)'자를 빌어서 '申'의 의미로 쓰기도 하였다. '伸(신)'자로 쓰는 것은 속자(俗字)이므로 ('伸'자가) 허신의 책 '人(인)'부에 잘못 섞여 들어간 것 같다. 《한비자(韓非子)·외저설(外儲說)》에 "申束之[늘여 주고 묶어 주고]"라고 한 것이 지금의 판본에는 '申'자가 '紳(신)'자로 되어 있다. '申'이란 늘여서 길게 만든다는 뜻이고 '束(속)'이란 맺어서 묶어 준다는 말이다. 《광운(廣韻)》에는 "申이란 편다[伸]는 뜻이다. 거듭한다[重(중)]는 뜻이다." 라고 하였다.[136]

(3) '臼(국)'은 손을 교차시킨 것이다.[137] ('臼'으로 구성된 글자인) '申'은 '晨(신)', '要(요)'자 등과 글자구성의 원리가 같다.[同意] 여기에서는 "丨(예)로 구성되어 늘어나는 모양을 상형하였고 '臼'으로 구성되어 묶어 주는 모양을 상형하였다.[从丨以象其申, 从臼以象其束.]"라는 언급이 있어야 할 것 같다. 빠진 문장이 있는 것 같다. '丨'는 余(여)와 制(제)의 반절로 발음하는 '厂(예)'자다. '申'의 발음은 失(실)과 人(인)의 반절이다. 12부에 속한다.

(4) ("吏已餔時聽事申政也"의) '餔(포)'는 날마다 신시(申時)의 식사를 하는 것이다.[138] '신단의 정치[申旦政]'는 자산(子產)이 말한 "아침에 정사를 듣고 저녁에 명령을 내보낸다."라는 말이다. 공보문백(公父文伯)의 어머니가 말하기를 "경대부(卿大夫)는 아침에 자기의 직무를 다하고 저녁에는 그 업무를 마무리하며, 사(士)는 아침에 업무를 받고 저녁에는 다시 익혀 본다."라고 하였다.

(5) '虹(홍)'자와 '陳(진)'자의 전문(篆文)에서도 (여기 '申'자의 고문 자형과) 같이 되어 있다.[139]

(6) '申'의 소전(小篆) 자형은 이 주문(籀文) 자형을 고쳐서 만든 것이다. '禸(신)'이나 '㬱(신)'자가 모두 이 주문 자형으로 구성된다.[140]

---

133 제8편 上 '身'부 說解 및 段玉裁 注 참조.

134 《韻會》 平聲上 十一 '眞'운 참조.

135 《易》의 卦象으로 보면 '否(비)'괘는 아래의 세 개 爻가 모두 陰爻다. 그리고 이것을 달로 계산하면 아래로부터 陰爻가 세 개 생겨난 7월에 해당한다.

136 《廣韻》 上平聲 十七 '眞'운 참조.

137 제3편 上 '臼'부 說解 참조.

138 제5편 下 '食'부 '餔'자 說解 및 段玉裁 注 참조.

139 제13편 上 '虫'부 '虹'자 說解의 籀文 자형 참조. 제14편 下 '阜'부 '陳'자 說解의 古文 자형 참조. '虹'의 籀文은 '申'의 籀文으로 구성되었고 '陳'의 古文은 '申'의 古文으로 구성되었다.

140 '禸(신)'자는 제1편 上 '示'부에 보이고 '㬱(신)'자는 제3편 下 '又'부에 보인다.

(1) 神不可通, 當是本作申, 如巳巳也之例. 謂此申酉之篆卽今引申之義也. 淺人不得其例, 妄改爲神. 攷諸古說, 無有合者. 律書曰, 申者, 言陰用事, 申則萬物, 故曰申. 律曆志曰, 申堅於申. 天文訓曰, 申者, 申之也. 皆以申釋申, 爲許所本, 而今本淮南改申之作呻之, 其可欸欸一而巳. 或曰神當作身, 下云陰氣成體, 釋名晉書樂志玉篇廣韻皆云, 申, 身也, 許說身字, 从申省聲, 皆其證. 此說近是, 然恐尙非許意. (2) 韻會無體字. 陰气成謂三陰成爲否卦也. 古屈伸字作詘申, 亦叚信. 其作伸者俗字, 或以羼入許書人部耳. 韓子外儲說曰, 申之束之. 今本申譌紳. 申者, 引長. 束者, 約結. 廣韻曰, 申, 伸也, 重也. (3) 𦥑, 叉手也. 申與晨要同意. 當是从丨以象其申, 从𦥑以象其束, 疑有奪文. 丨卽余制切之厂字也. 失人切. 十二部. (4) 餔者, 日加申時食也. 申旦政者, 子産所謂朝以聽政, 夕以修令. 公父文伯之母所謂, 卿大夫, 朝攷其職, 夕序其業, 士, 朝而受業, 夕而習復也. (5) 虹陳篆下如此. (6) 小篆改此作申. 䢃䢅字从此.

537. 酉(유)부

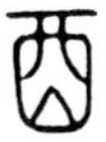 就也.(1) 八月黍成, 可爲酎酒.(2) 象古文酉之形也.(3) 凡酉之屬皆从酉. 丣 古文酉. 从丣.(4) 丣爲春門, 萬物已出. 丣爲秋門, 萬物已入. 一閉門象也.(5)

'酉'는 나아간다는 뜻이다. 8월에 기장이 익으면 술을 빚을 수 있다. '酉'의 고문[丣]의 모양을 상형하였다. 酉부에 속하는 한자는 모두 酉의 의미를 따른다. '丣'는 酉의 고문이다. '丣(묘)'로 구성되었다. '丣'는 봄의 문이라 만물(萬物)이 나온다. '丣(유)'는 가을의 문이라 만물(萬物)이 들어간다. '一(일)'은 문을 닫는 모양이다.

(1) '就(취)'는 높다[高(고)]는 뜻이다.[141] 《사기(史記)·율서(律書)》에 "酉는 만물이 늙었음을 말한다."라고 하였다. 《한서(漢書)·율력지(律曆志)》에 "酉에서 익는다.[畱孰於酉]"라고 하였다. 《회남자(淮南子)·천문훈(天文訓)》에서는 "酉는 배부르다[飽(포)]라는 뜻이다."라고 하였다. 《석명(釋名)》에서는 "酉는 익었다[秀(수)]는 뜻이다."라고 하였는데[142] '秀'는

141 제5편 下 '京'부 '就'자 說解 참조.
142 《釋名·釋天》 참조.

만물이 모두 다 자란 것을 말한다.

(2) 이것은 하나의 물건을 예로 들어 '酉'자가 '就'자로 해석되는 것을 보인 것이다. '기장[黍(서)]'은 대서(大暑)에 씨를 뿌리고 8월이면 익는다. 벼[禾(화)]가 8월에 익는 것과 같은데 벼를 말하지 않은 것은 보통 기장으로 술을 담기 때문이다. '酎(주)'는 세 번 술을 거른다는 뜻이다.143 ("可爲酎酒"에서) '酒(주)'라고 꼭 말해야 하는 이유는 옛날 '酒'자를 '酉'자를 가지고 만들었기 때문이다. 그래서 ('酉'자나 '酒'자의) 의미를 모두 '就(취)'의 뜻이라고 풀이하였다.144 그러나 '酒'의 의미를 따르는 글자들에 대해서는 따로 '酒'부를 만들고 해설하기를 "酒의 생략형으로 구성되었다.[从酒省]"라고 해야 한다. 허신은 합하여 놓았는데 그것은 (뜻의 구별을) 소홀히 한 것이다.

(3) '酉'의 고문이란 '丣'자를 말한다. '丣'자의 모양과 비슷하게 '酉'의 전문을 만들었다는 뜻이다. 이것은 '弟(제)'자가 '弟'의 고문의 모양으로 구성된 것,145 '民(민)'자가 '民'의 고문의 모양으로 구성된 것,146 '革(혁)'자가 '革'의 고문의 모양으로 구성된 것147과 똑같은 예다. 주백기(周伯琦)는 끝내 이해할 수 없다고 하였다. '酉'의 발음은 與(여)와 久(구)의 반절이다. 3부에 속한다.

(4) '丣(묘)'로 구성되었으며 '一(일)'로 (그 위를) 닫았다.

(5) 《관자(管子)·유관편(幼官篇)》에 "봄에 세 번의 '卯'날에 같은 일을 하고, 가을에 세 번의 '卯'날에 같은 일을 한다.[春三卯同事, 秋三卯同事.]"148라고 되어 있는데 혜동(惠仴)(士奇)이 말하기를 "봄[春]에는 '三丣(삼묘)'로 쓰고 가을[秋]에는 '三丣(삼유)'로 써야 한다."라고 하였는데 이것은 허신의 책에 나온 설을 취한 것이다. <우번별전(虞翻別傳)>에 "우번(虞翻)이 정현(鄭玄)의 《상서(尙書)》 해석의 잘못된 곳을 상주하여 아뢰기를 '옛날 대전(大篆)의 丣(유)자는 桺(유)로 읽어야 합니다. 옛날 桺는 丣와 같은 글자였는데 昧(매)자로 삼게 되었습니다.'라고 하였다."149 그러나 이것은 '모르면 비워 둔다[闕(궐)]'는 의미를 심히 어긴 것이다. (내—段玉裁가) 살펴본 바에 의하면 벽중(壁中)에서 나온 《고문상서(古文

143 제14편 下 '酉'부 '酎'자 說解 참조.

144 제14편 下 '酉'부 '酒'자 說解 참조.

145 제5편 下 '弟'부 說解 참조.

146 제12편 下 '民'부 說解 참조.

147 제3편 下 '革'부 說解 참조.

148 《管子·幼官篇》에는 "春行冬政, …… 十二, 始卯, 合男女. 十二, 中卯. 十二, 下卯. 三卯同事, ……." "秋行夏政, ……十二, 始卯, 合男女. 十二, 中卯. 十二, 下卯. 三卯同事. ……."라고 되어 있다.

149 <虞翻別傳>의 설은 《三國志·虞翻傳》의 注에 인용되어 있다.

尙書)》에서 '昧谷(매곡)'으로 되어 있는 것을 정현(鄭玄)이 《尙書(상서)》에서는 그것을 따라 썼다. 그런데 《금문상서(今文尙書)》에서는 '柳轂(유곡)'으로 써 놓았으며 정현(鄭玄)이 주석한 《주례(周禮)·봉인(縫人)》에서는 그것을 취하였으니 금문(今文)과 고문(古文)에는 본래 하나로 합쳐져야 한다고 단정하기 어려운 것이 있는 것 같다. 정현(鄭玄)의 판본은 틀리지 않았으며 우번(虞翻)이 '丣(유)'자를 '昧(매)'자라고 고친 것이나 그 외의 세 가지 일들은 모두 우번(虞翻)(仲翔)이 오해한 것이다. (이것에 관해서는) 《고문상서찬이(古文尙書撰異)》에서 자세히 설명하였다.150 '畱(유)'·'柳(유)'·'聊(료)'·'劉(유)'자는 모두 '丣'로 구성되었다.

(1) 就, 高也. 律書曰, 酉者, 萬物之老也. 律曆志曰, 畱孰於酉. 天文訓曰, 酉者, 飽也. 釋名曰, 酉, 秀也. 秀者, 物皆成也. (2) 此擧一物以言就. 黍以大暑而穜, 至八月而成, 猶禾之八月而孰也. 不言禾者, 爲酒多用黍也. 酎者, 三重酒也. 必言酒者, 古酒可用酉爲之. 故其義同曰就也. 凡从酒之字當別酒部, 解曰从酒省, 許合之, 疏矣. (3) 古文酉謂丣也. 仿佛丣字之形而製酉篆. 此與弟从古文弟之形, 民从古文民之形, 革从古文革之形爲一例. 周伯琦乃謂不可解矣. 與久切. 三部. (4) 从丣, 一以閉之. (5) 管子幼官篇, 春三卯同事, 秋三卯同事. 惠氏士奇云, 春當作三丣, 秋當作三丣. 取許書爲說也. 虞翻別傳曰, 翻奏鄭玄解尙書違失云, 古大篆丣字, 讀當爲柳, 古柳丣同字, 而以爲昧. 甚違不知蓋闕之義. 玉裁按壁中古文尙書作昧谷, 鄭注尙書依之. 今文尙書作柳轂, 鄭注周禮縫人取之. 今文古文本有斷難合一者也. 鄭本不誤, 而仲翔謂其改丣爲昧. 其他三事亦皆仲翔誤會. 說詳古文尙書撰異. 凡畱柳聊劉字从丣.

538. 酋(추)부

 繹酒也.(1) 从酉, 水半見於上.(2) 禮有大酋, 掌酒官也.(3) 凡酋之屬皆从酋.

'酋'는 오래 묵은 술이다. '酉(유)'로 구성되었고 물이 반쯤 위로 올라와 보인다.

150 《尙書·堯典》"分命和仲, 宅西, 曰昧谷." 구절의 '昧谷'에 관하여 段玉裁는 《古文尙書撰異》(卷1)에서 상세하게 말하였다. 이곳에서 虞翻과 鄭玄의 주장을 비교하고 분석하였다.

《예(禮)》에 대추(大酋)가 있는데 술에 관한 일을 주관하는 관리이다. 酋부에 속하는 한자는 모두 酋의 의미를 따른다.

(1) '繹(역)'은 '昔(석)'이란 말이며 '昔'은 오래되었다[久(구)]는 뜻이다. '多(다)'자에서 "夕(석)을 중첩시킨 모양으로 구성되었다. '저녁[夕]'은 서로 엮여 있다. 그러므로 '夕'을 중첩하면 많다[多]는 뜻이 된다."라고 하였다.151 그러므로 '繹酒(역주)'란 오래된 술이라는 뜻이다. '䤕(반)'이 속성으로 익힌 술[疾孰酒]이며 '醴(례)'·'酤(고)'가 하룻밤 묵은 술[一宿酒]인 것과 대비하여 말한 것이다.152 '繹'자는 속자로 '醳(역)'으로 쓴다. 《주례(周禮)·주인(酒人)》의 '三酒(삼주)'의 주석에서 "사주(事酒)는 일을 주관하는 사람이 따르는 술이니 그 술이 지금의 역주(醳酒)이다. 석주(昔酒)는 오래된 흰 술이니 오래 묵힌 술이다. 청주(淸酒)는 지금 산 속에서 겨울에 빚고 여름쯤에 익히는 술이다."라고 하였다.153 《예기(禮記)·교특생(郊特牲)》의 "舊澤之酒(구택지주)"의 주석에서 "澤은 醳(역)으로 발음한다. '舊醳之酒'란 석주(昔酒)를 말한다."라고 하였다.154 내 생각에 허신이 말한 '繹酒(역주)'는 '事酒(사주)'·'昔酒(석주)'를 겸하여 말한 것 같다. '事酒'는 역주(繹酒)라고 하고 '昔酒'는 구역지주(舊繹之酒)라고 한다. '酋'자의 뜻이 인신되어 모든 오래된 것을 '酋'라고 한다. 오래되면 끝이 있다. 《시(詩)·대아(大雅)》에 "似先公酋矣[先公께서 마치셨네.]"의 <모전(毛傳)>에서 "酋는 마친다[終(종)]는 뜻이다."라고 하였다.155

(2) (물이 반쯤 위로 올라와 보인다는 것은) '八' 모양을 두고 하는 말이다. '酋'자의 윗부분은 '谷(곡)'자의 윗부분과 완전히 모양이 같다. 그래서 모두 물이 반쯤 보이는 것이라고 한 것이다.156 술을 빚을 때 찌꺼기가 아래로 가라앉아 잠기면 물이 반쯤 위에 보이기 때문에 그것을 상형하였다. '酋'의 발음은 字(자)와 秋(추)의 반절이다. 3부에 속한다.

(3) (허신이 말하는) 《예(禮)》란 《예기(禮記)·명당(明堂)》, 《예기(禮記)·월령(月令)》을 말한다. "중동(仲冬)의 달에 대추(大酋)에게 명한다.[仲冬, 乃命大酋.]"의 주석에 "술이 익는 것을 '酋(추)'라고 한다. 대추(大酋)란 주관(酒官)의 우두머리이다."라고 하였다.157

---

151 제7편 上 '多'부 說解 참조.

152 제14편 下 '酉'부 부속자 '䤕'·'醴'·'酤'자 참조.

153 《周禮·天官·酒人》이 아니라 《周禮·天官·酒正》에 '三酒'라는 말이 나온다. "酒正, 掌酒之政令以式法授酒材. 凡爲公酒者亦如之. …… 辨三酒之物一曰事酒二曰昔酒三曰淸酒." 참조.

154 《禮記·郊特牲》의 "醆酒涚于淸, 汁獻涚于醆酒, 猶明淸與醆酒于舊澤之酒也." 참조.

155 《詩·大雅·卷阿》의 <毛傳> 참조.

156 제11편 下 '谷'부 說解 참조.

(1) 繹之言昔也. 昔, 久也. 多下曰, 从重夕, 夕者, 相繹也, 故重夕爲多. 然則繹酒謂日久之酒. 對畬爲疾孰酒, 醴酤爲一宿酒言之. 繹俗作醳. 周禮酒人三酒注曰, 事酒, 酌有事者之酒, 其酒則今之醳酒也. 昔酒, 今之酋久白酒, 所謂舊醳者也. 淸酒, 今中山冬釀接夏而成. 郊特牲, 舊澤之酒, 注曰, 澤讀爲醳, 舊醳之酒, 謂昔酒也. 玉裁按, 許云繹酒, 蓋兼事酒昔酒言之. 事酒謂繹酒, 昔酒謂舊繹之酒也. 酋之義引申之, 凡久皆曰酋. 久則有終. 大雅, 似先公酋矣. 傳曰, 酋, 終也. (2) 謂八也. 酋上與谷上正同, 皆曰水半見. 繹酒糟滓下湛, 水半見於上, 故像之. 字秋切. 三部. (3) 禮謂明堂月令, 仲冬, 乃命大酋. 注曰, 酒孰曰酋. 大酋者, 酒官之長也.

539. 戌(술)부

戌 威也. 九月昜气微, 萬物畢成, 昜下入地也.(1) 五行土生於戊, 盛於戌.(2) 从戊一.(3) 一亦聲.(4) 凡戌之屬皆从戌.

'戌'은 없어진다는 뜻이다. 9월이면 양기(昜气)가 약해져서 만물이 다 자라고 양(昜)은 내려가 땅으로 들어간다. 오행(五行)에서 '土(토)'는 '戊(무)'에서 나고 '戌'에서 성해진다. '戊(무)'와 '一(일)'로 구성되었다. '一'은 발음을 나타내기도 한다. 戌부에 속하는 한자는 모두 戌의 의미를 따른다.

(1) '威(멸)'자가 대서본(大徐本)에서는 '滅(멸)'자로 쓰여 있다.[158] 잘못이다. '火(화)'부에서 "威은 없어진다[滅]는 뜻이다."라고 하였다.[159] 《詩(시)》 <모전(毛傳)>의 훈고에 근거한 것이다. '火'는 '戌'에서 죽고 양기(陽氣)도 '戌'에 오면 다 없어지므로 '威'자가 '火'와 '戌'로 구성된 것이다. 여기에서는 '威'자로 '戌'자의 뜻을 해석하였다. 《사기(史記)·율서(律書)》에 "戌은 만물이 다 없어진다[盡滅(진멸)]는 뜻이다."라고 하였다. 《회남자(淮南子)·천문훈(天文訓)》에서는 "戌은 없어진다[滅]는 뜻이다."라고 하였다. 《한서(漢書)·율력지(律曆

157 《禮記·明堂》에는 '大酋'라는 용어가 등장하지 않는다. 《禮記·月令》에 "仲冬之月…… 乃命大酋秫稻必齊, 麴蘖必時, …….”라고 되어 있다.

158 徐鉉本 참조.

159 제10편 上 '火'부 '威'자 說解 참조.

志)》에서는 "戌에서 다 들어간다.[畢入於戌]"라고 하였다. 《석명(釋名)》에서는 "戌은 아깝게 여긴다[恤(휼)]는 뜻이다. 사물은 마땅히 거두어들여서 아껴야 한다."[160]라고 하였다. 9월에 괘는 '剝(박)'괘가 되는데 음효[陰] 다섯이 성해지려고 하고 양효[陽] 하나가 다 없어지려고 한다.[161] 양(陽)이 내려와 땅으로 들어가므로 글자가 '土(토)' 가운데에 '一'을 품은 모양으로 구성되었다.

(2) '戊(무)'와 '午(오)'가 덕(德)을 합한다. 《회남자(淮南子)・천문훈(天文訓)》에서 "土는 '午'에서 나고 '戌'에서 장성하고 '寅(인)'에서 죽는다."라고 하였다.

(3) '戊'는 중궁(中宮)이니[162] 또한 '土'다. '一'이란 하나의 양(陽)이다. '戊(무)'자의 가운데에 '一(일)'을 품었으니 '戌'은 회의(會意)자다.

(4) '戌'의 발음은 辛(신)과 聿(율)의 반절이다. 12부에 속한다.

(1) 威大徐作滅, 非. 火部曰, 威, 滅也. 本毛詩傳. 火死於戌, 陽氣至戌而盡, 故威从火戌. 此以威釋戌之恉也. 律書曰, 戌者, 萬物盡滅. 淮南天文訓, 戌者, 滅也. 律曆志, 畢入於戌. 釋名, 戌, 恤也, 物當收斂矜恤之也. 九月於卦爲剝, 五陰方盛. 一陽將盡, 陽下入地, 故其字从土中含一. (2) 戊午合德. 天文訓曰, 土生於午, 壯於戌, 死於寅. (3) 戊者, 中宮, 亦土也. 一者, 一陽也. 戊中含一會意也. (4) 辛聿切. 十二部.

540. 亥(해)부

荄也. 十月微昜起接盛侌.(1) 从二. 二古文上字也.(2) 一人男, 一人女也.(3) 从乚, 象褢子咳咳之形也.(4) 春秋傳曰, 亥有二首六身.(5) 凡亥之屬皆从亥.  古文亥.(6) 亥爲豕.(7) 與豕同.(8) 亥而生子, 復從一起.(9)

160 《釋名・釋天》 참조.

161 《易》의 卦象과 陰爻・陽爻의 개수로 열두 달을 설명하는 방법이다. 9월은 아래에서부터 생겨난 陰爻가 다섯 개가 되는 달로서 '剝'괘에 해당된다. 陽爻가 처음 생기는 동짓달(11월)을 기준으로 하면 각각 復(11월), 臨(12월), 泰(1월), 大壯(2월), 夬(3월), 乾(4월), 姤(5월), 遯(6월), 否(7월), 觀(8월), 剝(9월), 坤(10월)괘가 12달의 卦象에 해당된다.

162 제14편 下 '戊'부 참조.

'亥'는 뿌리[荄(해)]라는 뜻이다. 10월에 미미한 양(陽)이 일어나 성한 음(陰)과 접한다. '二(상)'으로 구성되었다. '二'은 '上(상)'자의 고문이다. 한 사람은 남자이고 한 사람은 여자다. '乚(은)'으로 구성되었는데, 아이를 밴 모양을 상형한 것이다. 《춘추전(春秋傳)》에서 "亥의 두 획은 머리 모양이고 여섯 획은 몸의 모양이다."라고 하였다. 亥부에 속하는 한자는 모두 亥의 의미를 따른다. '𠀅'는 亥의 고문이다. '亥'는 돼지다. '豕(시)'와 같다. 亥가 되어 자식을 낳으니 다시 '一(일)'에서 일어난다.

(1) 《한서(漢書)·율력지(律曆志)》에서 "亥에서 다하여 닫는다.[該閡於亥]"라고 하였다. 《회남자(淮南子)·천문훈(天文訓)》에 "亥는 닫는다[閡(애)]는 뜻이다."라고 하였다. 《석명(釋名)》에 "亥는 核(핵)이다. 만물을 거두어 보관하여 좋고 나쁨, 진짜 가짜를 가려서 핵심[核]만을 취한다는 말이다."라고 하였다.[163] 허신이 "뿌리이다.[荄也]"라고 한 것은 '荄'자가 '뿌리[根(근)]'의 뜻이기 때문이다.[164] 양기(陽氣)가 아래로 뿌리내린다는 말이다. 10월에는 괘가 '坤(곤)'괘가 된다. 미미한 양(陽)이 땅속에서 일어나 성한 음(陰)과 접한다.[165] 이것이 곧 '壬(임)'자에서 다음과 같이 말한 내용과 같다. "陰이 극에 달하면 陽이 생겨난다[陰極陽生] 그래서 《易》에서는 '용이 들에서 싸운다.[龍戰於野]'[166] 여기에서 '戰'자는 접한다[接]는 뜻이다."[167]

(2) ('亥'가 '二'(상)으로 구성된 것은) 음(陰)이 위에 있다는 말이다.

(3) 그 아래에는 두 사람이 있는데 하나는 남자이고 하나는 여자다. 건도(乾道)는 남자를 만들고 곤도(坤道)는 여자를 만드는 것을 상형하였다.

(4) ("象褱子咳咳之形也"의) '咳(해)'자와 '亥'자는 발음이 같다. '亥'의 발음은 胡(호)와 改(개)의 반절이다. 1부에 속한다.

(5) 이 구절은 《좌전(左傳)》 양공(襄公) 30년의 문장이다.[168] 공씨(孔氏)의 《좌전정의(左傳正

163 《釋名·釋天》 참조.

164 제1편 下 '艸'부 '荄'자 說解 참조.

165 《易》의 卦象과 陰爻·陽爻의 개수로 열두 달을 설명하는 방법에 의하면 陽爻가 처음 생기는 동짓달(11월)을 기준으로 하면 각각 復(11월), 臨(12월), 泰(1월), 大壯(2월), 夬(3월), 乾(4월), 姤(5월), 遯(6월), 否(7월), 觀(8월), 剝(9월), 坤(10월)괘가 열두 달의 卦象에 해당된다. 즉 坤괘는 모두가 陰爻인 純陰의 괘이고 10월에 해당한다. 이때 다시 陽이 일어나 陰과 만나게 된다.

166 《易·文言傳》 참조.

167 제14편 下 '壬'부 참조.

168 《左傳》 襄公 30年에 다음과 같은 기록이 나온다. "史趙曰, 亥有二首六身, 下二如身, 是其日數也. 士文伯曰, 然則二萬六千六百有六旬也."

義)》에는 "두 획은 머리가 되고 여섯 획은 몸이 된다."라고 하였다. 살펴보면 지금의 '亥'자의 전서(篆書) 쓰는 방법은 몸체에 다섯 획뿐이다. 아마도 주대(周代)에는 ('亥'자의) 머리는 두 획, 아래 몸체는 여섯 획으로 하였던 것 같으니 지금의 '亥'자 전서(篆書) 쓰는 방법과 달랐다.

(6) 각 판본에 (이 글자[𠀅]의) 전서 자형이 잘못되었다. 지금은 송본(宋本) 구본(舊本)에 의하여 바로잡는다. '希(이)'자 · '豚(돈)'자 같은 경우는 (구성된 부분이) 모두 '豕'자와 형태가 대략 비슷하다.[169]

(7) ("亥爲豕"라고 한 것은) '巳(사)'자에서 "巳는 뱀[蛇(사)]이다."[170]라고 한 것과 같다.

(8) (이것은 '亥'와 '豕'의) 두 전문(篆文)의 고문이 실은 같은 글자임을 말한 것이다. '豕(시)'의 고문 자형은 제9편의 '豕'부에 나오는데,[171] '亥'의 고문 자형과 다른 글자가 아니다. 그래서 《여씨춘추(呂氏春秋)》에서 말하기를 "자하(子夏)가 진(晉)나라로 가는데 위(衛)나라를 지나게 되었다. 역사 기록을 읽던 사람이 '진(晉)의 군대가 삼시(三豕)에 하수(河水)를 건넜다.'라고 말하자, 자하(子夏)가 '아니다. 이것은 삼시(三豕)가 아니라 기해(己亥)다. 己(기)자와 三(삼)자가 서로 비슷하고 豕(시)자와 亥(해)자가 서로 비슷하기 때문에 잘못 읽은 것이다.'라고 말하였다. 진(晉)에 가서 알아보니 과연 진(晉)의 군대가 기해(己亥)에 하수(河水)를 건넜다는 것이 사실이었다."라고 하였다.

(9) 이것은 '一(일)'에서 시작하여 '亥(해)'에서 끝난다는 말이다. '亥'에서 마쳤으니 다시 '一'에서 시작한다. '一'자에서 운(韻)을 맞춘 문장으로 시작하였으니 여기 '亥'자에서도 운을 맞춘 문장으로 끝을 맺었다.[172]

(1) 律曆志曰, 該閡於亥. 天文訓曰, 亥者, 閡也. 釋名曰, 亥, 核也, 收藏萬物, 核取其好惡眞僞也. 許云荄也者, 荄, 根也. 陽氣根於下也. 十月於卦爲坤, 微陽從地中起接盛陰, 卽壬下所云陰極陽生. 故易曰, 龍戰於野. 戰者, 接也. (2) 謂陰在上也. (3) 其下从二人. 一人男, 一人女. 像乾道成男, 坤道成女. (4) 咳與亥音同. 胡改切. 一部. (5) 左傳襄三十年文. 孔氏左傳正義曰, 二畫爲首, 六畫爲身. 按今篆法身衹有五畫, 蓋周時首二畫, 下作六畫, 與今篆法不同也. (6) 各本篆體譌繆, 今依宋本舊本

169 제9편 下 '希(이)'부, '豚(돈)'부의 篆書 자형과 古文 자형 참조. 여기에서 段玉裁가 말하는 것은 '希(이)'자는 古文 자형에 '豕'의 고문과 비슷한 자형이 포함되어 있고, '豚(돈)'자에는 篆書 자형에 '豕'의 고문 자형과 비슷한 것이 포함되어 있다는 뜻인 것 같다.

170 제14편 下 '巳'부 說解 참조.

171 제9편 下 '豕'부 說解 참조.

172 제1편 上 '一'부 說解 참조.

更正. 希𧰲字皆與豕形略相似. (7) 猶巳下云, 巳爲蛇也. (8) 謂二篆之古文實一字也. 豕之古文見九篇豕部, 與亥古文無二字. 故呂氏春秋曰, 子夏之晉過衛, 有讀史記者曰, 晉師三豕涉河. 子夏曰, 非也, 是己亥也, 夫己與三相近, 豕與亥相似. 至於晉而問之, 則曰晉師己亥渡河也. (9) 此言始一終亥. 亥終則復始一也. 一下以韻語起, 此以韻語終.

참고문헌

《說文解字注》	許愼 撰, 段玉裁 注	經韻樓本天工書局印行
《說文解字》	許愼 撰, 徐鉉 校定	香港, 中華書局, 1989
《說文解字繫傳》	徐鍇 撰	北京, 中華書局, 1987
《標點・注音 說文解字》	崔樞華・何宗慧 校點	北京師範大學出版社, 2000
《說文解字新訂》	臧克和・王平 校訂	北京, 中華書局, 2002
《說文解字今釋》	湯可敬 撰	岳麓書社, 1997
《訓讀說文解字注》	金冊　尾崎雄二郎 編	東京, 東海大學出版會, 1981
《訓讀說文解字注》	石冊　尾崎雄二郎 編	東京, 東海大學出版會, 1986
《訓讀說文解字注》	絲冊　尾崎雄二郎 編	東京, 東海大學出版會, 1989
《訓讀說文解字注》	竹冊　尾崎雄二郎 編	東京, 東海大學出版會, 1991
《訓讀說文解字注》	匏冊　尾崎雄二郎 編	東京, 東海大學出版會, 1993
《說文解字詁林》	丁福保 編纂	中華書局, 1982
《說文解字段注考正》	馮桂芬 撰	京都, 中文出版社, 1985
《說文解字讀》	段玉裁 著	北京師範大學出版社, 1995
《說文解字義證》	許愼 撰, 桂馥 注	北京, 中華書局, 1987
《說文通訓定聲》	朱駿聲	臺北, 藝文印書舘, 1975
《說文釋例》	王筠 撰	北京, 中華書局, 1987
《古今韻會擧要》	黃公紹・熊忠 著, 甯忌浮 整理	北京, 中華書局, 2000
《玉篇》	顧野王　四部備要 經部	中華書局據小學彙函本校刊
《爾雅・廣雅・方言・釋名》	淸疏四種合刊	上海古籍出版社, 1989
《中文大辭典》	中華學術院 印行	中國文化大學出版部, 1985
《明文大玉篇》	金赫濟, 金星元 編著	서울, 明文堂, 1992
《漢韓大字典》	民衆書林編輯局 編	서울, 民衆書林, 1997.
《文選》	蕭統 編, 李善 注	臺北, 文津出版社, 1987
《段玉裁遺書》	段玉裁 撰	臺北, 大化書局, 1986

《經典釋文》	陸德明 撰	上海古籍出版社, 1984
《倉頡篇》	孫星衍 學	北京, 中華書局, 1985
《匡謬正俗》	顏師古 撰	北京, 中華書局, 1985
《急就篇》	顏師古 撰	四部叢刊續編經部
《毛詩》	漢文大系 12	東京, 富山房, 1974
《尙書》	漢文大系 12	東京, 富山房, 1974
《淮南子》	漢文大系 20	東京, 富山房, 1974
《老子翼》	漢文大系 9	東京, 富山房, 1974
《周易》	漢文大系	東京, 富山房, 1974
《左傳》	漢文大系	東京, 富山房, 1974
《管子纂詁》	漢文大系 21	東京, 富山房, 1974
《詩經》	金學主 譯	서울, 明文堂, 1984
《春秋左氏傳》	文璇奎 譯	서울, 明文堂, 1985
《禮記》	李相玉 譯	서울, 明文堂, 1985
《儀禮》	吳江原 譯註	서울, 청계, 2000
《周易》	十三經注疏 1	臺北, 藝文印書館印行
《尙書》	十三經注疏 1	臺北, 藝文印書館印行
《詩經》	十三經注疏 2	臺北, 藝文印書館印行
《周禮》	十三經注疏 3	臺北, 藝文印書館印行
《儀禮》	十三經注疏 4	臺北, 藝文印書館印行
《禮記》	十三經注疏 5	臺北, 藝文印書館印行
《左傳》	十三經注疏 6	臺北, 藝文印書館印行
《公羊傳》	十三經注疏 7	臺北, 藝文印書館印行
《穀梁傳》	十三經注疏 7	臺北, 藝文印書館印行
《論語》	十三經注疏 8	臺北, 藝文印書館印行
《孟子》	十三經注疏 8	臺北, 藝文印書館印行
《史記》	司馬遷 著, 楊家駱 主編	鼎文書局, 1979
《漢書》	班固 撰, 顏師古 注	北京, 中華書局 1962
《周禮正義》	孫詒讓 撰	北京, 中華書局, 1987
《春秋繁露義證》	蘇輿 撰	華書局, 1988
《白虎通疏證》	陳立 撰	北京, 中華書局, 1994
《四書集註》	朱熹	臺北, 藝文印書館, 1974
《風俗通義全譯》	應劭 著, 趙泓 譯注	貴州人民出版社, 1998
《國語集解》	徐元誥 撰	北京, 中華書局, 2002
《說文段註指例》	呂景先 編著	正中書局, 1989
《說文段注索引》	翁世華 編	藝文印書館, 1964

《說文段注研究》	余行達 著	巴蜀書社, 1998
《許愼與說文解字研究》	董希謙·張啓煥 主編	河南大學出版社, 1988
《許愼與說文研究論集》	中國訓詁學會	河南人民出版社, 1991
《說文學源流考略》	張其昀 著	貴州人民出版社, 1998
《說文解字聲訓研究》	崔樞華 著	北京師範大學出版社, 2000
《說文解字講稿》	蔣善國 著	語文出版社, 1988
《說文解字引羣書攷》	馬宗霍 撰	臺灣, 學生書局 印行
《中國字書史の研究》	福田襄之介 著	東京, 明治書院, 1979
《說文入門》	賴惟勤 監修, 說文會 編	東京, 大修館書店, 1983
《漢字學》	阿辻哲次 著, 沈慶昊 옮김	以會文化社, 1996
《中國言語學史》	王力 著, 李種振·李鴻鎭 共譯	啓明大學校出版部, 1983
《中國小學史》	胡奇光 著, 李宰碩 譯	東文選, 1997
《漢語文字學史》	黃德寬·陳秉新, 河永三 옮김	東文選, 2000
《說文解字通論》	陸宗達 著, 金槿 譯	啓明大學校出版部, 1986
《中國文字學》	裘錫圭 著, 李鴻鎭 譯	신아사, 2001
《사료로 읽는 중국 고대 사회경제사》	박기수 외 역주	청어람미디어, 2005
《中國度量衡圖集》	中國歷史博物館 外 編, 金基協 譯	法仁文化社, 1993

부록

《설문해자》의 반절법(反切法)과
단옥재 고운분류표(古韻分類表)

원래 반절(反切)이란 고대 중국의 발음 표시 방법의 하나다. 두 글자 가운데서 앞 글자에서 성모(聲母)를 취하고 뒤의 글자에서 운모(韻母)를 취하여 그 성모와 운모를 합하여 특정 한자의 발음을 얻어내는 방법이다. 반절 이전의 발음 표시 방법은 '직음(直音)'이라고 하는데 예컨대 "樂(락)자의 발음은 洛(락)이다.[樂, 音洛也.]"와 같이 나타내는 것이다. 《설문》에 나오는 "某聲[某가 발음이나.]"이나 "讀若某[某자와 같이 발음한다.]"라는 설명은 바로 직음(直音)의 방법을 쓴 것이다. 반절의 방법은 대체로 불경의 전래와 함께 범문자모(梵文字母)의 영향으로 후한(後漢) 시대 말엽에 생겨난 것으로 보고 있으며 위대(魏代)부터는 대대적으로 성행하였다. 《설문해자주》에 실린 반절은 원래 서현본(徐鉉本)의 《설문해자》에 쓰인 것이고 또 그것은 원래 손면(孫愐)이 달아 놓은 것이다.[1]

단옥재(段玉裁)는 서현본의 반절을 기본으로 하면서 《옥편(玉篇)》이나 《광운(廣韻)》 등에서의 반절을 소개하고 있으며 더 나아가 한대(漢代) 당시의 고운(古韻)으로 분류하여 각각의 글자에 명시하였다. 다음은 '一(일)'부의 주석에서 단옥재가 자신의 고운 분류에 대하여 언급한 것이다.

---

1 본 번역문에서는 현재 잘 쓰이지 않는 한자에 대한 발음을 표기할 때 이 反切을 많이 활용하였다. 그러나 反切 上字와 反切 下字가 정확하게 한글의 자음과 모음에 등치되는 것은 아니므로 참고로 할 수 있을 뿐, 그대로 반영할 수 없는 발음들도 많았다. 특정한 글자의 발음에 있어서는 中國에서도 上古시대·中古시대·近古시대의 차별성이 엄존하여 어느 것으로 확정하기 어려운 경우도 많으며, 우리 한자음의 정착 과정에도 나름의 발음 변화의 역사를 가지고 있기 때문에 발음의 확정은 이중삼중의 어려움을 필연적으로 겪게 된다. 본고는 오류의 위험성을 무릅쓰고 이 책에 출현하는 모든 한자에 대하여 발음을 달아주었다. 음운에 대한 더 심오한 이해를 가지고 교정해 볼 수 있는 날을 기대하는 동시에 그런 능력을 갖춘 先後學들의 叱正을 기다린다.

일반적으로 주석에서 1부·2부로부터 17부에 이르기까지 "몇부에 속한다."라고 말한 것은 고운(古韻)을 말한다. 나(玉裁)는 《육서음운표(六書音均表)》2를 만들어 고운이 모두 17부임을 기록하였다. 창힐(倉頡)이 글자를 만들 때부터 당우(唐虞)·삼대(三代)·진한(秦漢)의 시대에 이르기까지, 또한 허신(許愼)이 《설문》을 만들어 "某가 발음이다.[某聲]"라던가 "某와 같이 발음한다.[讀若某]"라고 말한 것에 이르기까지 모두 조리가 합일되고 문란하지 않았다. 그래서 서현(徐鉉)의 반절음을 사용하고도 내가 어떤 글자의 발음을 기록할 때에는 "고음으로 제 몇 부에 속한다."라고 밝혔다. 그리고 혹 배우는 사람들이 육서(六書)의 음운(音韻)에 관한 책을 읽지 않으면 내가 한 말을 이해하지 못할까 봐 《설문》 15편의 뒤에 《육서음운표》 5편을 부록으로 달았다. 그곳에서는 자형[形]과 발음[聲]이 서로 표리가 되도록 하였으니 그 단서를 통해 미루어 연구하면 고형(古形)·고음(古音)·고의(古義)에 대해서는 거기에서 서로 찾아서 알아볼 수 있다.

여기에서 말하는 고음(古音)이란 즉 단옥재가 분류한 것에 따른 것이다. 명대(明代) 진제(陳第)(1541-1617)의 영향으로 청대(淸代) 고염무(顧炎武)(1613-1682)에게서 본격적으로 시작된 고음학(선진(先秦) 시대의 고음을 연구하는 학문)은 그 이후 강영(江永)·대진·단옥재·공광삼(孔廣森)·왕념손(王念孫)·강유고(江有誥) 등으로 연결되어 전체적인 고음체계의 발견이라는 단계까지 모색할 수 있도록 발전하였다. 그들의 기본 전제는 "동일한 글자는 동일한 시대와 지역에서 독음이 통일되어 있다."라는 것이었다. 그중 단옥재의 고음학은 그의 저서 《육서음운표》에 보인다. 그는 형성자(形聲字)의 편방(偏旁)과 《시경(詩經)》의 용운(用韻)을 세밀하게 관찰하여 고운(古韻)을 17부로 나누었다. 그가 말하는 '고음 몇 부'란 바로 이 분류에 근거한 것이다.

단옥재의 고운분류 작업이 이루어지기까지 고음학의 원칙을 최초로 확립한 사람은 진제(陳第)였다. 그는 "시간에는 옛날과 지금이 있고 땅은 남과 북이 있으며 글자에는 변혁이 있고 소리에는 전이(轉移)가 생기는데 그것은 반드시 그렇게 될 수밖에 없다."3라고 선언하였다. 이 말은 시대가 다르고 지역이 다르면 언어가 달라지기 마련이지만 적어도 같은 글자는 같은 시대 같은 지역에서는 그 발음이 반드시 같다는 원칙을 확인시켜 준 셈이었다. 그의 역사 개념은 송대(宋代) 사람들의 《시경》 '협운설(協韻說)'을 비판할 수 있는 중요한 근거가 되었다. 그 이후 고염무·강영 등이 상고음(上古音)의 음운체계를 연구하여 각각 10부설, 13부설을 내놓았다. 그러나 단옥재는 《시경》의 압운을 상세하게 검토하면서 고염무와 강영의 설이 완전하지

2 《說文》에는 '韻'자가 없고 '均'자만 보인다. 段玉裁가 <寄戴東原先生書>에서 "均자는 '韻'의 옛 글자다."라고 말한 것을 보면 그는 여기에서 '韻'자의 의미로 '均'자를 사용한 것이다. 따라서 '운'으로 발음한다.

3 "時有古今, 地有南北, 字有更革, 音有轉移, 亦勢所必至."

않다고 판단하여 고음은 17부로 분류하여야 한다고 주장하였다. 이것이 단옥재의 17부설이다.

단옥재의 상고음 연구 성과는 《육서음운표》에 종합되어 있다. 《육서음운표》에는 <금운고분십칠부표(今韻古分十七部表)>, <고십칠부해성표(古十七部諧聲表)>, <고십칠부합용분류표(古十七部合用分類表)>, <시경운분십칠부표(詩經韻分十七部表)>, <군경운분십칠부표(羣經韻分十七部表)>의 다섯 권으로 이루어져 있다. 여기에서 가장 중요한 것은 총론에 해당하는 첫 번째의 <금운고분십칠부표>이며 그 밖의 네 가지 표는 그 증명을 위한 고증작업을 한 것이다. 여기에서 말하는 '금운'이란 '고운'에 대비하여 말하는 것으로 《절운(切韻)》계 운서에 있는 206운의 음운체계를 가리킨다. 그러므로 <금운고분십칠부표>는 글자 그대로 《절운》시대 중고음(中古音) 206운이 상고음에서 17개의 운부로 나뉜다는 사실을 나타낸 표이다. 그것을 간단하게 소개하면: 제1부 '之(지)'부, 제2부 '宵(소)'부, 제3부 '尤(우)'부, 제4부 '侯(후)'부, 제5부 '魚(어)'부, 제6부 '蒸(증)'부, 제7부 '侵(침)'부, 제8부 '覃(담)'부, 제9부 '東(동)'부, 제10부 '陽(양)'부, 제11부 '耕(경)'부, 제12부 '眞(진)'부, 제13부 '文(문)'부, 제14부 '元(원)'부, 제15부 '指(지)'부, 제16부 '支(지)'부, 제17부 '歌(가)'부다.

상세하게 분류한 단옥재의 분류표는 다음과 같다.

제1부	7 之 16 咍	6 止 15 海	7 志 19 代	24 職 25 德
제2부	3 蕭 4 宵 5 肴 6 豪	29 篠 30 小 31 巧 32 晧	34 嘯 35 笑 36 效 37 號	
제3부	18 尤 24 幽	44 有 46 黝	49 宥 51 幼	1 屋 2 沃 3 燭 4 覺
제4부	19 侯	45 厚	50 候	
제5부	9 魚 10 虞 11 模	8 語 9 麌 10 姥	9 御 10 遇 11 暮	18 藥 19 鐸
제6부	16 蒸 17 登	42 拯 43 等	47 證 48 嶝	
제7부	21 侵 24 鹽 25 添	47 寑 50 琰 51 忝	52 沁 55 豔 56 㮇	26 緝 29 葉 30 怗

제8부	22 覃 23 談 26 咸 27 銜 28 嚴 29 凡	48 感 49 敢 52 豏 53 檻 54 儼 55 范	53 勘 54 闞 57 陷 58 鑑 59 釅 60 梵	27 合 28 盍 31 洽 32 狎 33 業 34 乏
제9부	1 東 2 冬 3 鍾 4 江	1 董 2 腫 3 講	1 送 2 宋 3 用 4 絳	
제10부	10 陽 11 唐	26 養 27 蕩	41 漾 42 宕	
제11부	12 庚 13 耕 14 清 15 青	38 梗 39 耿 40 靜 41 迥	43 映 44 諍 45 勁 46 徑	
제12부	17 眞 19 臻 1 先	16 軫 27 銑	21 震 32 霰	5 質 7 櫛 16 屑
제13부	18 諄 20 文 21 欣 23 魂 24 痕	17 準 18 吻 19 隱 21 混 22 很	22 稕 23 問 24 焮 26 慁 27 恨	
제14부	22 元 25 寒 26 桓 27 刪 28 山 2 仙	20 阮 23 旱 24 緩 25 潸 26 產 28 獮	25 願 28 翰 29 換 30 諫 31 襉 33 線	
제15부	6 脂 8 微 12 齊 14 皆 15 灰	5 旨 7 尾 11 薺 13 駭 14 賄	6 至 8 未 12 霽 13 祭 14 泰 16 怪 17 夬 18 隊 20 廢	6 術 8 物 9 迄 10 月 11 沒 12 曷 13 末 14 黠 15 鎋 17 薛

第16부	5 支 13 佳	4 紙 12 蟹	5 寘 15 卦	20 陌 21 麥 22 昔 23 錫
第17부	7 歌 8 戈 9 麻	33 哿 34 果 35 馬	38 箇 39 過 40 禡	

찾아보기

ㄴ

ㄷ

中文摘要

《說文解字注》部首字 譯解

廉丁三

本文選擇了接近《說文》本質的最重要的方法，卽將《說文》全文翻譯成現代韓文幷做了注釋. 本文通過上述工作試圖爲認識和理解《說文》內容提供一种補助手段，幷迎合《說文》研究的各種目的，在設定有體系的理論研究方向時，能夠作爲一種尺度來使用. 本文收錄了《說文》中的540個部首字作爲翻譯對象，以帮助初學者學習理解《說文》. 幷在540個部首字下面加上了精通《說文》的權威段玉裁的注釋譯文.

《說文》是一本字書，共由15篇構成，對9353個文字進行了解釋. 《說文》將這些文字分爲540個部，各部的代表字就是部首字. 因此這540個部首字就是《說文》的主幹字. 也就是說，540個部首字就是《說文》所收文字中"据形系聯"的主幹和"引而申之"的意義網. 因此，可以說理解這540個部首字就是理解《說文》的第一步. 所以本文首先選擇了這540個部首字.

淸代考證學的興盛帶來了小學的興盛，其中，漢代的文字學書《說文解字》是最爲重要的文獻而受到尊重，研究也很有深度. 《說文》研究中，段玉裁的《說文解字注》是1780年着手，1808年完成的，共經歷了30多年的時間. 段玉裁在對淸代以前所有板本的《說文》進行了校勘之后，以此作爲基礎，列出了正確而有條理的解釋《說文》的凡例. 本文經過致密的校正，復原了《說文》的原本，幷把精通《說文》全部通例和解釋的段玉裁的《說文解字注》作爲翻譯的對象.

段玉裁的《說文解字注》中最好的板本是段玉裁在經韻樓板刻的板本. 本翻譯研究的底本經韻樓本是從臺湾天工書局影印來的. 本文參考的對段注本身的注釋書有鈕樹玉的《段氏說文注訂》，徐承慶的《說文解字注匡謬》，王紹蘭的《說文段注訂補》，馮桂芬的《說文解字段注考正》，徐灝的《說文段注箋》，馬壽齡的《說文段注撰要》等. 本文主要參考的是馮桂芬的《說文解字段注考正》，同時也參考了日本的硏究成果東海大學古典叢書《訓讀說文解字注》.

An Annotated Translation of Radicals in *Commentary on Shuowen Jiezi*

Jung-Sam Yum

This book contains annotated translations of 540 passages in *Commentary on Shuowen Jiezi*, which are devoted to explaining meanings of the characters used as radicals. The translation work was launched as a first step for enhancing proper understanding of the book, *Shuowen Jiezi*. The translation not only covers the passages from the original text but also covers annotations to those passages by Duan Yucai, an eminent scholar of Qing Dynasty period and the most recognized authoritative figure in the study of annotations to *Shuowen Jiezi*.

Shuowen Jiezi is the earliest extant lexicography in China, complied circa A.D. 100 by a scholar named Xu Shen, whose exact dates of birth and death are unknown. The book consists of 15 chapters, giving explanations on 9,353 characters. Xu categorized all these characters into 540 groups of distinctive meaning, and made each group represented by a character, which is called 'Radical.' Therefore, the body of Radicals forms a core structure of the whole text of *Shuowen Jiezi*: it functions as a network in which all the characters dealt with in the text are related to each other, and also as a source from which 'extensions and developments in meanings of characters' can be detected.

The *Commentary on Shuowen Jiezi* has been regarded as the most authoritative culmination among the accumulated annotations to *Shuowen Jiezi* throughout the traditional period. This version was compiled through endeavor poured for almost 30 years (1780-1808) by Duan Yucai (1735-1815), one of the masters of *Kaozheng* scholarship in Qing Dynasty period. In this work, Duan carried out an extensive research and investigation of nearly all available editions of annotations to *Shuowen Jiezi*, verified suggestions by individual annotators, and finally reached at the most reliable logical version of interpretation.

The present translation deals with the passages on Radicals from the original text by Xu Shen and the annotations by Duan. The translation employs an infrastructure composed by four hierarchical strata to each Radical character. The first stratum presents the passage by Xu Shen in its original version, while the second being a translation of the given passage. The third stratum gives translation of Duan's annotation to Xu's text, and the fourth shows the original text of Duan's annotation. For this translation, the edition called *Jing'yunlou* Edition, which was titled after the name of his own library, published by Duan himself, was selected, since this edition is regarded as more accurate than any of other extant editions of *Commentary on Shuowen Jiezi*.

염정삼(廉丁三) (Jung-Sam Yum)
서울대학교 인문대학 중어중문학과 및 동 대학원 졸업
한국방송통신대학교 중어중문학과 시간강사
숙명여자대학교 중어중문학과 시간강사
南京 鐘山學院 外語系 전임강사
이화여자대학교 중어중문학과 시간강사
국민대학교 중어중문학과 시간강사
서울대학교 중어중문학과 시간강사
서울대학교 인문학연구원 선임연구원
서울대학교 인문학연구원 HK교수
현재 인하대학교 중국학연구소 학술연구교수
≪문선(文選) 역주≫(공역, 2010)
≪중국의 지식장과 글쓰기≫(공저, 2011)
≪묵경≫ 1, ≪묵경≫ 2(2012)
≪문헌과 주석≫(집담회총서)(공저, 2013)
<音樂에서 文字까지>(중국어문학지, 2001)
<漢字가 보여주는 순환론적 세계관>(중국문학이론, 2002)
<先秦時期 언어관에 대한 小考: 孔子, 墨子, 荀子를 중심으로>(중국학보, 2004)
<漢字 形象의 의미론적 연관 구조에 관하여>(중어중문학, 2004)
<文字로서의 ‘古文’개념의 形成過程에 대한 小考>(중국문학, 2005)
<漢字에 드러나는 ‘脫-中心’의 흔적>(중국문학, 2006)
<中國 文字의 象形性과 表音性>(중국문학, 2008)
<‘文(문)’ 개념을 통해 본 중국적 수사의 특성>(수사학, 2009)
<‘論理(Logic)’라는 개념어의 형성: 중국에서의 활용 사례를 고찰하며>(인간·환경·미래, 2009)
<≪묵경(墨經)≫ 연구의 의미>(중국문학, 2009)
<시각적 영상과 中國 文字>(중국어문학지, 2010)
<소학(小學)의 형성과 변천>(중국문학, 2010)
<서양인에게 비친 중국문자: 키르허의 인용을 중심으로>(중국어문학지, 2010)
<明代 말기 中國의 서양학문 수용: ≪西學凡≫과 ≪名理探≫의 소개를 중심으로>(중국학보, 2011)
<서양의 기억술과 중국문자의 상형성: ≪서국기법(西國記法)≫의 작상론(作象論)>(인문논총, 2012)
<≪설문해자(說文解字)≫의 사론(詈論) 연구: ‘詈(사)’자 풀이에 드러난 ‘의(意)’와 ‘언(言)’의 관계>(중국문학, 2013)
<고-금 서체의 단절과 계승에서 본 전서(篆書)의 의미>(중국어문학지, 2013)
<衛恒 ≪四體書勢≫의 역사적 의의: 許愼의 書體論에서 衛恒의 書勢論으로>(중국문학, 2014)
<先秦시기 有指와 無指의 논전: 公孫龍子 指物論을 중심으로>(중국학보, 2015)

《설문해자주》 부수자 역해

초판 1쇄 발행 2007년 8월 30일
초판 12쇄 발행 2022년 9월 30일

지은이 염정삼

펴낸곳 서울대학교출판문화원
주소 08826 서울특별시 관악구 관악로 1
도서주문 02-889-4424, 02-880-7995
홈페이지 www.snupress.com
페이스북 @snupress1947
인스타그램 @snupress
이메일 snubook@snu.ac.kr
출판등록 제15-3호

ISBN 978-89-521-1510-2 93710